GOTTHOLD EPHRAIM LESSING
WERKE IN DREI BÄNDEN

Band II
Dramaturgie · Literaturkritik
Philologie und Allgemeines

Carl Hanser Verlag

Aufgrund der in Zusammenarbeit mit Karl Eibl,
Helmut Göbel, Karl S. Guthke, Gerd Hillen,
Albert von Schirnding und Jörg Schönert besorgten
Werkausgabe in acht Bänden
herausgegeben von
HERBERT G. GÖPFERT

Redaktionelle Mitarbeit an diesem Band: Udo Zöller

ISBN 3-446-13461-1
Hanser Bibliothek

Umschlag: Christian Diener
Druck und Bindung: May & Co., Nachf., Darmstadt
Printed in Germany

INHALT

DRAMATURGIE

BEITRÄGE ZUR HISTORIE UND AUFNAHME DES THEATERS

Vorrede

Wir wollen uns nicht lange entschuldigen, daß wir der Welt eine neue periodische Schrift vorlegen, wir wollen vielmehr dem Leser alsobald unsere Absicht etwas umständlicher entdecken, und versichert sein, daß, wenn ihm diese gefällt, ihm auch unsere Arbeit nicht unangenehm sein werde. Entweder man hat etwas nützliches unter Händen, oder nicht. Im ersten Falle sind die Entschuldigungen überflüssig, im andern vergebens.

Deutschland kann sich nunmehro bald rühmen, daß es in den Werken des Witzes Stücke aufzuweisen habe, welche die schärfste Kritik und die unbilligsten Ausländer nicht scheuen dürfen. Wir trauen unsern Lesern mehr Geschmack zu, als daß wir nötig zu haben glauben, sie ihnen zu nennen. Es sind nicht nur Kleinigkeiten. Das Heldengedicht und die Fabel, das Schauspiel und das Trinklied, eines sowohl wie das andre, haben ihre Geister gefunden. Nur in der Menge dieser Geister muß unser Vaterland andern Ländern weichen. Allein man erwarte nur die Jahre, man bemühe sich nur, den guten Geschmack allgemein zu machen, so wird auch dieser Vorwurf wegfallen. Dieses letztre ist eine Zeit lang die Absicht unterschiedener Monatsschriften gewesen. Weil eben nicht lauter Meisterstücke dazu nötig sind, so hat jede ihren Nutzen gehabt. Wir wollen damit nicht die Rangordnung unter ihnen aufheben, noch Sachwalter aller unglücklichen und verwegnen Schriftsteller dieser Art werden; wir sagen nur, daß sie zu jetzigen Zeiten alle auf gewisse Weise und nach gewissen Stufen was gutes gestiftet haben. Diese Zeiten sind größtenteils Zeiten der Kindheit unsers guten Geschmacks gewesen. Kindern gehöret Milch, und nicht starke Speise. Von Weisen auf Hallern wäre ein allzugroßer Sprung gewesen, und diese schnelle Veränderung hätte vielleicht dem guten Geschmacke eben so gefährlich sein können, als es einem Kinde sein würde, welches man nach der Milch gleich zu starken Weinen gewöhnen wollte. Waren nicht also auch diejenigen nötig, die eben so weit unter den einen, als über den andern waren? Wenigstens für die Menge, die sich nur stufenweise zu bessern fähig ist. Auf diese Art haben sie die Liebhaber vermehrt, und manchen Kopf ermuntert, der vielleicht durch lauter Meisterstücke wäre abgeschreckt worden. Eines ist nur zu betauern, nämlich daß meistenteils die Einrichtung dieser Monatsschriften nicht vergönnet hat, sich in alle Teile, besonders der Poesie, gleich weit einzulassen. Wir wollen nur den dramatischen Teil anführen. Hat dieser nicht allezeit den kleinsten Teil darinnen eingenommen? In vielen hat man gar nicht an ihn gedacht. Gleichwohl hätte man ihn am wenigsten vergessen sollen, da er die meisten Liebhaber nötig hat. Wir verlangen eben nicht, daß man uns allezeit Originalstücke hätte vorlegen sollen. Hierzu gehöret allzuviel Zeit und Arbeit. Allein warum hat man uns nicht die Werke der Alten, und der Ausländer darinnen näher bekannt gemacht? Wie viele kennen die griechischen und römischen dramatischen Dichter? Wie viele kennen die Schaubühne der Italiener, Engländer, Spanier, Holländer? Die einzigen Franzosen hat man durch häufige Übersetzungen sich eigen zu machen gesucht. Dadurch hat man aber unser Theater zu einer Einförmigkeit gebracht, die man auf alle mögliche Art zu vermeiden sich hätte bestreben sollen. Wenn man auch nur in das Theoretische der Schaubühne sich etwas eingelassen hätte, entweder durch eigne oder fremde Abhandlungen das Leere in den meisten Lehrbüchern der Dichtkunst zu erfüllen: wir glauben gewiß, es würde um das Theater noch besser stehen, es würde vielleicht mehr Arbeiter und weniger Stümper gefunden haben, es würde vielleicht von mehr Gönnern sein unterstützt worden. Denn wie wir schon gesagt, dazu sind die Monatsschriften, sie breiten den guten Geschmack und die Liebe zu den Werken des Witzes aus, und ermuntern zur Nacheifrung.

Diese Betrachtung hat uns auf einen Einfall gebracht, den wir jetzt auszuführen anfangen. Wir wollen einholen, was man versäumet hat. Wir wollen uns bemühen, so viel in unsern

Kräften steht, zur Aufnahme des Theaters beizutragen. Der Plan, den wir uns zur Erhaltung dieser Absicht gemacht haben, besteht in folgenden. Wir wollen teils auf die sehen, die zu ihrer Arbeit, oder zur Verbesserung ihres Geschmacks, noch Vorschriften nötig haben; teils auf die, die nur durch Muster aufgemuntert zu werden brauchen. Der Erstern wegen wollen wir alles aufsuchen, was sowohl alte als neue, sowohl einheimische als ausländische Kunstrichter von der Einrichtung der Schauspiele geschrieben haben. Doch wollen wir gleich im voraus melden, daß wir die ersten Anfangsgründe dieser Kunst übergehen werden, sie müßten denn so genau mit wichtigern Betrachtungen verknüpft sein, daß sie nicht zu trennen wären. Die drei Einheiten sind auch Schülern bekannt. Allein Abhandlungen über die Wahrscheinlichkeit, über das Komische, über das Erhabene, über die Charaktere, über die Sittensprüche, und über andre beträchtliche Teile sowohl der Tragödie als Komödie werden vielen, wo nicht was ganz Neues, doch was Angenehmes sein. Wo wir von diesem oder jenem keine Abhandlung, in was für einer Sprache es sei, finden, wollen wir unsre eignen Gedanken mitteilen. Wir wollen uns bestreben, daß sie allezeit von der Vernunft und von den Beispielen alter und neuer Meister unterstützt sein mögen. Was wir alsdann von den Regeln sammeln, wollen wir in der Beurteilung der neusten theatralischen Stücke anzuwenden suchen. Diese Beurteilung soll allezeit ohne Bitterkeit, ohne Vorurteile angestellt werden. Wir wollen, wider die Gewohnheit der Kunstrichter, mehr das Schöne als das Schlechte aufsuchen. Wir wollen mehr loben, als tadeln. Wir glauben also, daß niemand unsre Kritik scheuen werde. Doch so sehr wir uns ein Gewissen machen werden, jemanden abzuschrecken, so sehr wollen wir uns auch hüten, die theatralische Arbeit als eine Kleinigkeit, als eine Arbeit, der jeder gewachsen sei, vorzustellen. Hierzu werden genaue Charaktere, die wir in ihrem Umfange von dem komischen und dem tragischen Dichter machen wollen, dienlich sein. Wir wollen untersuchen, wie weit sich beider Witz und beider Gelehrsamkeit erstrecken müsse, und Vorschläge tun, wie jeder seine Kräfte prüfen könne.

Was die Muster, die wir vorlegen wollen, anbelangt, so glauben wir uns in den Stand gesetzt zu haben, daß wir aus dem Griechischen und Lateinischen, aus dem Französischen, Italienischen, Englischen, Spanischen und Holländischen unsern Lesern von uns übersetzte Stücke werden liefern können. Auf die erstern zwei wollen wir unsern Fleiß besonders wenden. Wir wollen zuweilen aus dem Sophokles, Euripides und Äschylus ein Stück übersetzen; wozu wir allezeit ein solches wählen wollen, das von neuern Poeten ist nachgeahmet worden, oder von dessen Inhalte wenigstens ein ähnliches neueres Stück zu finden ist. Dieses wollen wir auch mit dem Aristophanes, Plautus, Terenz und dem tragischen Seneca tun. Wir wollen sie dabei selbst untereinander vergleichen, und zu bestimmen suchen, was Sophokles vor dem Euripides, dieser vor jenem, beide vor dem Äschylus, und dieser vor beiden eignes habe. Auf gleiche Art wollen wir mit dem Terenz und Plautus verfahren. Es soll uns nicht genug sein, ein Stück von ihnen zu übersetzen, wir wollen auch zeigen, worinne und wie Terenz den Plautus, und Plautus den Aristophanes nachahme. Wir wollen dabei mit allem Fleiße diejenigen Stücke und Stellen aufsuchen, welche die neuern Dichter von diesen geborgt haben. Wir werden daraus notwendig einsehen lernen, welches die wahre und falsche Art, nachzuahmen sei, und den Vorzug der Alten vor den Neuern, oder, in gewissen Stücken, dieser vor jenen, daraus feste setzen können. Hierzu sollen besondre Abhandlungen gewidmet werden. Von den Stücken der neuen Ausländer aber, werden wir nur solche übersetzen, die in Deutschland bisher am wenigsten sind bekannt gewesen, und die man als Muster in ihrer Art ansehen muß. Wir werden besonders unser Augenmerk auf das englische und spanische Theater richten. Shakespeare, Dryden, Wicherley, Vanbrugh, Cibber, Congreve sind Dichter, die man fast bei uns nur dem Namen nach kennet, und gleichwohl verdienen sie unsere Hochachtung sowohl als die gepriesenen französischen Dichter. Eben so ist es mit dem Lopez de Vega, Augustin Moreto, Antonio de Mendosa, Francisco de Rojas, Fernando de Zarate, Juan Perez de Montalvan, Antonio de Azevedo, Francisco Gonsalez de Bustos und andern. Diese sind alle Männer, die zwar eben so große Fehler als Schönheiten haben, von denen aber ein vernünftiger Nachahmer sich sehr vieles zu Nutze machen kann. Doch wollen wir auch die Franzosen, Italiener und Holländer nicht vergessen. Von den erstern haben die Deutschen schon sehr vieles genommen; wir werden uns also hüten, alte Stücke von ihnen aufzuwärmen, und deswegen größtenteils nur auf die itztlebenden Verfasser sehen, deren Arbeit in Ansehung der ältern Stücke viel besonders hat, und von denen jeder meistenteils einen eignen Weg zu gehen sucht. Von den Italienern und Holländern aber werden wir nur das, was sie regelmäßiges und eigentümliches haben, aufsuchen. Sollte es hernach nicht möglich sein, dasjenige fest zu setzen, was jede Nation vor der andern vorzügliches und eigentümliches habe? Wir glauben, ja, und sind so gar überzeugt, daß aus keiner andern Sache das Naturell eines Volks besser zu bestimmen sei, als aus ihrer dramatischen Poesie. Wir wollen dieses an seinem Orte weitläuftiger ausführen. Nur ist gewiß, daß es eine kleine Ausnahme in Ansehung der deutschen Schaubühne leiden werde. Wir haben zu wenig eigne Stücke; und den meisten dieser Stücke merkt man das Ausländische allzusehr an. Der sicherste Charaker also, den man daraus von dem Deutschen wird bestimmen können, ist, daß er überall das Gute, wo er es findet, billige, und es sich zu Nutze mache. Das ist gewiß, wollte der Deutsche in der dramatischen Poesie seinem eignen Naturelle folgen, so würde unsre Schaubühne mehr der englischen als französischen gleichen.

Dieses ist es, was wir zur Aufnahme des Theaters unter uns beizutragen hoffen. Wir hätten gerne noch dieses hinzugefügt, daß wir auch dann und wann einige von unsern eignen Stücken mitteilen wollten. Allein der Leser hat noch allzuwenig Grund, sich etwas Gutes davon zu versprechen, daß wir es also auf sein eigen Urteil wollen ankommen lassen, ob wir auch hierinnen unsre Absicht erreichen werden. Wir geben ihm zugleich das Recht, unsre Arbeit eben so scharf zu beurteilen, als wir es mit andrer Arbeit machen werden. Übrigens wollen wir ihm nicht vorschreiben, ob er es auf eine bescheidne oder unbescheidne Art tun wolle. Das gilt uns gleich viel. Wir werden aus dem einen sowohl als aus dem andern uns zu bessern suchen.

Eines hätten wir bald bei diesem Plane vergessen. Wer weiß nicht, daß die dramatische Poesie nur durch die Vorstellung in dasjenige Licht gesetzt werde, worinne ihre wahre Schönheit am deutlichsten in die Augen fällt? Sie reizet, wenn man sie lieset, allein sie reizet ungleich mehr, wenn man sie hört und sieht. Derjenige, der durch die bloße Lesung, zum Exempel eines Trauerspiels, bis zu süßen Tränen gebracht wird, muß schon selbst ein Mensch von Empfindungen sein. Er muß schon mehr zu denken, und mehr als der gemeine Haufe zu fühlen gewohnt sein. Und solche Leute sind selten. Mit dem größten Teile muß man zufrieden sein, wenn durch die Gewalt der Sinne ihr schweres und kaltes Herz in diejenige Bewegung gesetzt wird, die der Dichter zur Absicht hatte. Wer sieht also nicht, daß die Vorstellung ein notwendiges Teil der dramatischen Poesie sei? Die Kunst dieser Vorstellung verdienet derohalben unsrer Aufmerksamkeit eben sowohl, als die Kunst der Verfassung. Sie muß ihre Regeln haben, und diese wollen wir aufsuchen. Es sind uns einige neue Schriftsteller hierinne schon vorgegangen, und wir werden uns ihrer Arbeit auf eine erlaubte Art zu bedienen wissen. Diese Regeln erstrecken sich nicht allein auf die Schauspieler, sie können allen nutzen, welche die Beredsamkeit des Körpers brauchen. Es ist ohnedem zu betauern, daß wir die Kunst zu deklamieren, die bei den Alten so hoch geachtet war, teils verloren haben, teils geringe schätzen. Ihre größten Redner übten sich darinne, und Cicero selbst hat sich nicht geschämt, sich in einen Wettstreit mit dem Roscius einzulassen. Wenn man itziger Zeit etwas mehr Fleiß darauf wendete, so würde man gewiß mehr Redner als Stöcke auf unsern Kanzeln finden, und diejenigen, die oft einem Rasenden daselbst ähnlicher als einem Apostel sehen, würden mit mehrerer Mäßigung und Annehmlichkeit zu reden wissen. Denn wir wollen doch nimmermehr hoffen, daß diese äußerliche Anständigkeit auch unter die Eitelkeit der Welt mit gehöre. Zu der Vorstellung der dramatischen Poesie gehöret aber noch mehr, als die Beredsamkeit des Körpers; die Auszierung des Schauplatzes; die gehörige und wahrscheinliche Verkleidung der Personen ist nichts weniger nötig. Wir wollen also auch darüber dann und wann unsre Gedanken eröffnen, und die unzähligen Ungereimtheiten, die, in diesen Stücken, noch auf dem und jenem Theater sind, zu vermindern suchen.

Dieser Entwurf wäre weitläuftig genug, und wir würden an Materie sobald keinen Mangel haben: gleichwohl haben wir für dienlich befunden, mit erwähnter Absicht noch eine andre zu verbinden, damit die Abwechslung in unsrer periodischen Schrift desto größer, und der Gebrauch desto allgemeiner sein könne. Es sind nun vier Jahr, daß uns bei dem Beschlusse der deutschen Schaubühne, der Herr Professor Gottsched Hoffnung zu einer Historie des Theaters machte. Es ist gewiß, wir sind nicht die einzigen, die der Erfüllung dieses Versprechens mit Vergnügen und mit einem unruhigen Verlangen entgegen gesehen haben. Man muß gestehen, daß er sehr geschickt dazu sein würde, und daß seine Verdienste, die er unwidersprechlich um das deutsche Theater hat, dadurch zu ihrer vollkommnen Größe anwachsen würden. Es ist also um so vielmehr zu betauern, daß ihn ohne Zweifel wichtigere Geschäfte von dieser Arbeit abhalten, die fast einen eignen Mann erfodern will. Noch mehr aber würde es zu betauern sein, wenn sie gar unterbleiben sollte. Wir glauben schwerlich, daß sich außer ihm derselben jemand unterziehen möchte, wenn er weiß was für eine weitläuftige Belesenheit, und was für Hülfsmittel dazu erfodert werden. Sollte es aber nicht möglich sein, dieses schwere Werk zu erleichtern? Ein Gebäude ist leichter und geschwinder aufzuführen, wenn die Baumaterialien bei der Hand sind; und wenn man diese mit Muße herbeischaffen kann, so wird die Arbeit nicht halb so schwer. Es würde unendliche Mühe kosten, wenn der Mäurer jeden Stein, den er gebrauchet, selbst herbei schaffen sollte. Dessen Mühe aber wird nicht geringer sein, der zu Verfertigung der Geschichte des Schauplatzes alle Kleinigkeiten selbst ausspähen muß. Wir hoffen also nichts Überflüssiges oder Unnützliches zu tun, wenn wir die vornehmsten Nachrichten, die dazu nötig sind, sammeln. Diese werden teils den Ursprung, den Fortgang, den Verfall, und die Wiederherstellung der Schaubühne bei allen gesitteten Völkern; teils die Lebensbeschreibungen sowohl der dramatischen Poeten, als der Schauspieler; teils historische Auszüge aus den vornehmsten theatralischen Werken, betreffen. Wir wollen übrigens alles sammeln, was sowohl für als wider die Schauspiele ist geschrieben worden; und deswegen von den Kirchenvätern anfangen, und bis auf unsre heutigen Gottesgelehrten kommen. Hieraus wird deutlich erhellen, mit was für Grunde sich diese auf das Beispiel jener berufen; daß alle die Gründe, welche die erstern wider die Schauspiele vorgebracht haben, zu den itzigen Zeiten wegfallen; und daß die letztern sie aus Unwissenheit und Stolz verachten. Vielleicht gewinnen wir damit so viel, daß unbedachtsame Eifrer etwas gelinder urteilen, und mit ihrer Verdammung etwas mehr an sich halten lernen. Darauf zwar wollen wir uns nicht allzugroße Rechnung machen. Denn manche Leute sind gewohnt, am meisten zu eifern, wenn sie am wenigsten zu antworten haben. Sie sind genugsam durch ihren Irrtum, und durch die Schande, mit den größten und gründlichsten Gottesgelehrten nicht übereinzustimmen, gestraft. So viel ist zwar leider! wahr, daß durch ihr Schmälen bei dem Pöbel das Vorurteil wider das Theater, und wider die, die daran arbeiten, erhalten wird. Allein vielleicht kommen bald die Zeiten, da auch der Pöbel klüger, als sie, sein wird, und da sie die einzigen sein werden, denen man einen gesündern Verstand zu wünschen hat.

Bei diesen historischen Beiträgen wollen wir vornehmlich auf das deutsche Theater mit sehen. Wir wollen alle die verdienstvollen Männer hervorsuchen, die mit ihrem Witze oder mit ihrem Vermögen und Ansehen demselben nützlich gewesen sind, und ihnen zu demjenigen Ruhme zu verhelfen suchen, den nur die unparteiische Nachwelt geben kann. Von unsern alten theatralischen Stücken haben viele einen allzuverächtlichen Begriff. Es ist wahr, sie sind wenig regelmäßig, sie haben wenig von den Schönheiten, die itzo Mode sind; allein wer vielen von ihnen den Witz, das ursprünglich Deutsche, und das Bewegende abspricht, der muß sie entweder nicht gelesen, oder seinen Geschmack allzusehr verekelt haben. Wir werden zu seiner Zeit von dergleichen Stücken unsern Lesern einen Auszug machen, von welchen meistenteils nichts, als der Titel aus des Herrn Prof. Gottscheds Verzeichnissen bekannt ist.

Nunmehr kömmt es auf den geneigten Leser an, zu urteilen, ob das, was wir hier versprochen haben, und welches wir uns auf alle mögliche Art zu halten bestreben werden, seine Aufmerksamkeit verdiene. Wir wollen das Beste hoffen, und in dieser Hoffnung alle Quartale mit dieser Arbeit fortzufahren versprechen. Jedes Stück soll ohngefähr 10 Bogen, und jeder Band 4 Stück, oder ein Jahr, ausmachen. Diejenigen werden uns allezeit den angenehmsten Dienst erweisen, die uns darinne beistehen, oder, wo wir etwan irren sollten, uns zurechte führen werden.

Im Oktober, 1749 Die Verfasser

DES
HERRN JAKOB THOMSON
SÄMTLICHE TRAUERSPIELE

VORREDE

Das Vergnügen, diese Übersetzung der Thomsonschen Trauerspiele der Welt, als Vorredner, anpreisen zu können, habe ich dem gütigen Zutrauen eines Freundes zu danken.

Es wäre zu früh, wenn ich mich schon selbst ausschreiben wollte, und bei dieser Gelegenheit, anderwärts* zusammengetragne Nachrichten, von dem Leben und den Werken dieses englischen Dichters, nochmals an den Mann zu bringen suchte. Es wäre aber auch wider die Klugheit eines eben nicht zu reichen Schriftstellers, wenn ich mir hier eine Materie wegnehmen, oder wenigstens verstümmeln wollte, die ich, nach aller möglichen Ausdehnung, zu einer Fortsetzung jener Nachrichten bestimmt habe.

Man erwarte hier also keine kritische Zergliedrung irgend eines von diesen Meisterstücken, an die ich den Leser, selbst zu kommen, nicht lange aufhalten will. Nur das außerordentliche Vergnügen, mit welchem ich sie gelesen habe, und noch oft lesen werde, will ich und kann ich nicht verschweigen. Mäßigung genug, wenn es mich nicht schwatzhaft macht!

Auch die, unter den deutschen Kennern der echten Dichtkunst, welche unsern Thomson in seiner Sprache nicht verstehen, wissen es schon aus der *wohlgemeinten* Übersetzung des sel. Brockes, daß kein Weltalter in keinem Lande, einen mehr malerischen Dichter aufzuweisen habe, als ihn. Die ganze sichtbare Natur ist sein Gemälde, in welchem man alle heutere, fröhliche, ernste und schreckliche Szenen des veränderlichen Jahres, eine aus der andern entstehen, und in die andre zerfließen sieht.

* In dem 1sten Stücke der theatralischen Biblioth.

Nun ist aber das wahre poetische Genie sich überall ähnlich. Ein Sturm ist ihm ein Sturm; er mag in der großen, oder in der kleinen Welt entstehen; es mag ihn dort das aufgehabene Gleichgewicht der Luft, oder hier die gestörte Harmonie der Leidenschaften verursachen. Vermittelst einerlei scharfen Aufmerksamkeit, vermittelst einerlei feurigen Einbildungskraft, wird der Dichter, der diesen Namen verdient, dort ein stilles Tal, und hier die ruhige Sanftmut; dort eine nach Regen lechzende Saat, und hier die wartende Hoffnung; dort die auf reiner Wasserfläche ietzt sich spiegelnde, ietzt durch neidische Wolken verdunkelte Sonne, und hier die sympathetische Liebe und den mißgünstigen Haß; dort die Schatten der Mitternacht, und hier die zitternde Furcht; dort die schwindelnde Höhe über schreckliche Meerstrudel herhangender Felsen, und hier die blinde sich herabstürzende Verzweiflung, allemal gleich wahr und gleich glücklich schildern.

Dieses Vorurteil hatte ich für den tragischen Thomson, noch ehe ich ihn kannte. Jetzt aber ist es kein bloßes Vorurteil mehr; sondern ich rede nach Empfindung, wenn ich ihn, auch in dieser Sphäre, für einen von den größten Geistern halte. Denn wodurch sonst sind diese, was sie sind, als durch die Kenntnis des menschlichen Herzens, und durch die magische Kunst, jede Leidenschaft vor unsern Augen entstehen, wachsen und ausbrechen zu lassen? Dieses ist die Kunst, dieses ist die Kenntnis, die Thomson in möglichster Vollkommenheit besitzt, und die kein Aristoteles, kein Corneille lehrt, ob sie gleich dem Corneille selbst nicht fehlte. Alle ihre übrigen Regeln können, aufs höchste, nichts als ein schulmäßiges Gewäsche hervorbringen. Die Handlung ist heroisch, sie ist einfach, sie ist ganz, sie streitet weder mit der Einheit der Zeit, noch mit der Einheit des Orts; jede der Personen hat ihren besondern Charakter; jede spricht ihrem besondern Charakter gemäß; es mangelt weder an der Nützlichkeit der Moral, noch an dem Wohlklange des Ausdrucks. Aber du, der du diese Wunder geleistet, darfst du dich nunmehr rühmen ein Trauerspiel gemacht zu haben? Ja; aber nicht anders, als sich der, der eine menschliche Bildsäule gemacht hat, rühmen kann, einen Menschen gemacht zu haben. Seine Bildsäule ist ein Mensch, und es fehlt ihr nur eine Kleinigkeit; die Seele.

Ich will bei diesem Gleichnisse bleiben, um meine wahre Meinung von den Regeln zu erklären. So wie ich unendlich lieber den allerungestaltesten Menschen, mit krummen Beinen, mit Buckeln hinten und vorne, *erschaffen*, als die schönste Bildsäule eines Praxiteles gemacht haben wollte: so wollte ich auch unendlich lieber der Urheber des »Kaufmanns von London«, als des »Sterbenden Cato« sein, gesetzt auch, daß dieser alle die mechanischen Richtigkeiten hat, derenwegen man ihn zum Muster für die Deutschen hat machen wollen. Denn warum? Bei einer einzigen Vorstellung des erstern sind, auch von den Unempfindlichsten, mehr Tränen vergossen worden, als bei allen möglichen Vorstellungen des andern, auch von den Empfindlichsten, nicht können vergossen werden. Und nur diese Tränen des Mitleids, und der sich fühlenden Menschlichkeit, sind die Absicht des Trauerspiels, oder es kann gar keine haben.

Hiermit aber will ich den Nutzen der Regeln nicht ganz leugnen. Denn wenn es wahr ist, daß auf ihnen die richtigen Verhältnisse der Teile beruhen, daß das Ganze durch sie Ordnung und Symmetrie bekömmt; wie es denn wahr ist; sollte ich wohl lieber mein menschliches Ungeheuer, als einen *lebendigen* Herkules, das Muster männlicher Schönheit, erschaffen haben wollen?

Ich sage einen lebendigen *Herkules*, und nicht einen lebendigen *Adonis*. Denn wie die gedoppelte Anmerkung ihre Richtigkeit hat, daß Körper von einer allzuweichlichen Schönheit selten viel innere Kräfte besitzen, und daß hingegen Körper, die an diesen einen Überfluß haben, in ihrer äußern Proportion etwas gelitten zu haben scheinen: so wollte ich lieber die nicht zu regelmäßigen »Horazier« des Peter Corneille, als das regelmäßigste Stück seines Bruders, gemacht haben. Dieser machte lauter *Adonis*, lauter Stücke, die den schönsten regelmäßigsten Plan haben; jener aber vernachlässigte den Plan zwar auch nicht, allein er wagte es ohne Bedenken, ihn bei Gelegenheit wesentlichern Vollkommenheiten aufzuopfern. Seine Werke sind schöne *Herkules*, die oft viel zu schmächtige Beine, einen viel zu kleinen Kopf haben, als es das Verhältnis mit der breiten Brust erforderte.

Ich weiß, was man hier denken wird: »Er will einen Engländer anpreisen, drum muß er wohl von den Regeln weniger vorteilhaft sprechen.« Man irrt sich vor diesesmal. Thomson ist so regelmäßig, als stark; und wem dieses unter uns etwas neues zu hören ist, der mag es einer bekannten antibritischen Partei von Kunstrichtern danken, die uns nur allzugern bereden möchte, daß es, unter allen englischen Tragödienschreibern, der einzige Addison einmal, regelmäßig zu sein, versucht, bei seiner Nation aber keinen Beifall damit gefunden habe.

Und gleichwohl ist es gewiß, daß auch Thomson nicht allein, wie ich es nennen möchte, *französisch*, sondern *griechisch* regelmäßig ist. Ich will nur vornehmlich zwei von seinen Stücken nennen. Seine »Sophonisbe« ist von einer Simplizität, mit der sich selten, oder nie, ein französischer Dichter begnügt hat. Man sehe die »Sophonisbe« des Mairet und des großen Corneille. Mit welcher Menge von Episoden, deren keine in der Geschichte einigen Grund hat, haben sie ihre Handlung überladen! Der einzige Trissino, dessen »Sophonisbe«, als in Italien, nach langen barbarischen Jahrhunderten, die Wissenschaften wieder aufgingen, das erste Trauerspiel war, ist mit dem Engländer in diesem Punkte, welchen er den Griechen, den einzigen Mustern damals, abgelernt hatte, zu vergleichen.

Und was soll ich von seinem »Eduard und Eleonora« sagen? Dieses ganze Stück ist nichts als eine Nachahmung der »Alceste« des Euripides; aber eine Nachahmung, die mehr als das schönste ursprüngliche Stück irgend eines Verfassers bewundert zu werden verdient. Ich kann es noch nicht begreifen, durch welchen glücklichen Zufall, Thomson in der neuern Geschichte die einzige Begebenheit finden mußte, die mit jener griechischen Fabel, einer ähnlichen Bearbeitung fähig war, ohne das geringste von ihrer Unglaublichkeit zu haben. Ich weiß zwar, daß man an ihrer historischen Wahrheit zweifelt, doch dieses tut zur Sache nichts; genug daß sie unter den wirklichen Begebenheiten Statt finden könnte, welches sich von der, die den Stoff der griechischen Tragödie ausmacht, nicht sagen läßt. Es ist unmöglich, daß Racine, welcher die »Alceste« des Euripides gleichfalls modernisieren wollen, glücklicher, als Thomson, damit hätte sein können.

Doch genug von dem Dichter selbst. Ich komme auf die gegenwärtige Übersetzung, von welcher ich nur dieses zu sagen weiß. Sie hat verschiedne Urheber, die aber über die beste Art zu übersetzen, sich sehr wohl verglichen zu haben scheinen. Wenn sie sich über die beste Art der Rechtschreibung eben so wohl verglichen gehabt hätten, so würde ich den Leser, im Namen des Verlegers, nicht ersuchen dürfen, den kleinen Übelstand zu entschuldigen, eine gedoppelte Art derselben in einem Bande gebraucht zu sehen.

Eines wollte ich, daß sie bei ihrer Übersetzung nicht weggelassen hätten; nämlich die zu jedem Stücke gehörigen Prologen und Epilogen. Sie sind zwar nicht alle vom Thomson selbst; sie enthalten aber alle sehr viel artiges, und die Epilogen, die von ihm selbst sind, eifern größten Teils wider den gewöhnlichen burlesken Ton der englischen Epilogen bei Trauerspielen.

Den einzigen Prologen des »Coriolans«, desjenigen Stücks, welches erst nach dem Tode des Verfassers gespielt ward, kann ich mich nicht enthalten hier ganz zu übersetzen. Er schildert den moralischen Charakter des Dichters, welchen näher zu kennen, dem Leser nicht gleichgültig sein kann. Er hat den Herrn Lyttleton zum Verfasser, und der Schauspieler, welcher ihn hersagte, war Herr Quin. Dieses ist er:

»Ich komme nicht hierher, eure Billigkeit in Beurteilung eines Werks anzuflehen, dessen Verfasser, leider, nicht mehr ist. Er bedarf keines Vorsprechers; ihr werdet von selbst die gütigen Sachwalter des Verstorbnen sein. Seine Liebe war auf keine Partei, auf keine Sekte eingeschränkt; sie erstreckte sich über das ganze menschliche Geschlecht. Er liebte seine Freunde – verzeiht der herabrollenden Träne. Ach! ich fühle es; hier bin ich kein Schauspieler – Er liebte seine Freunde mit einer solchen Inbrunst des Herzens, so rein von allem Eigennutze, so fern von aller Kunst, mit einer so großmütigen Freiheit mit einem so standhaften Eifer, daß es mit Worten nicht auszudrücken ist. Unsre Tränen mögen davon sprechen. O unverfälschte Wahrheit, o unbefleckte Treue, o männlich reizende und edel einfältige Sitten, o teilnehmende Liebe an der Wohlfahrt des Nächsten, wo werdet ihr eine andre Brust, wie die seinige, finden? So war der Mensch – den Dichter kennt ihr nur allzuwohl. Oft hat er eure Herzen mit süßem Weh erfüllt, oft habt ihr ihn, in diesem vollen Hause, mit verdientem Beifalle, die reinsten Gesetze der schönen Tugend predigen hören. Denn seine keusche Muse brauchte ihre himmlische Leier zu nichts, als zu Einflößung der edelsten Gesinnungen. Kein einziger unsittlicher, verderbter Gedanke, keine einzige Linie, die er sterbend, ausstreichen zu können, hätte wünschen dürfen! O möchte eure günstige Beurteilung diesen Abend noch einen andern Lorbeer hinzutun, sein Grab damit zu schmücken! Jetzt, über Lob und Tadel erhaben, vernimmt er die schwache Stimme des menschlichen Ruhms nicht mehr; wenn ihr aber denen, die er auf Erden am meisten liebte, denen, welchen seine fromme Vorsorge nunmehr entzogen ist, mit welchen seine freigebige Hand und sein gutwilliges Herz, das wenige, was ihm das Glück zukommen ließ, teilte, wenn ihr diesen Freunden durch eure Gütigkeit dasjenige verschafft, was sie nicht mehr von ihm empfangen können, so wird auch noch ietzt, in jenen seligen Wohnungen, seine unsterbliche Seele Vergnügen über diese Großmut empfinden.«

Die letzten Zeilen zu verstehen, muß man sich aus dem Leben des Dichters erinnern, daß die von der Vorstellung ihm zukommenden Einkünfte seinen Schwestern in Schottland

DAS THEATER DES HERRN DIDEROT

VORREDE DES ÜBERSETZERS
[1760]

Dieses Theater des Herrn Diderot, eines von den vornehmsten Verfassern der berufenen Enzyklopädie, bestehet aus zwei Stücken, die er als Beispiele einer neuen Gattung ausgearbeitet, und mit seinen Gedanken sowohl über diese neue Gattung, als über andere wichtige Punkte der dramatischen Poesie, und aller ihr untergeordneten Künste, der Deklamation, der Pantomime, des Tanzes begleitet hat.

Kenner werden in jenen weder Genie noch Geschmack vermissen; und in diesen überall den denkenden Kopf spüren, der die alten Wege weiter bahnet, und neue Pfade durch unbekannte Gegenden zeichnet.

Ich möchte wohl sagen, daß sich, nach dem Aristoteles, kein philosophischerer Geist mit dem Theater abgegeben hat, als *er*.

Daher sieht er auch die Bühne seiner Nation bei weitem auf der Stufe der Vollkommenheit nicht, auf welcher sie unter uns die schalen Köpfe erblicken, an deren Spitze der Prof. Gottsched ist. Er gestehet, daß ihre Dichter und Schauspieler noch weit von der Natur und Wahrheit entfernet sind; daß beider ihre Talente, guten Teils, auf kleine Anständigkeiten, auf handwerksmäßigen Zwang, auf kalte Etiquette hinauslaufen etc.

Selten genesen wir eher von der verächtlichen Nachahmung gewisser französischen Muster, als bis der Franzose selbst diese Muster zu verwerfen anfängt. Aber oft auch dann noch nicht.

Es wird also darauf ankommen, ob der Mann, dem nichts angelegener ist, als das Genie in seine alte Rechte wieder einzusetzen, aus welchen es die mißverstandene Kunst verdränget; ob der Mann, der es zugestehet, daß das Theater weit stärkerer Eindrücke fähig ist, als man von den berühmtesten Meisterstücken eines Corneille und Racine rühmen kann; ob dieser Mann bei uns mehr Gehör findet, als er bei seinen Landsleuten gefunden hat.

Wenigstens muß es geschehen, wenn auch wir einst zu den gesitteten Völkern gehören wollen, deren jedes *seine* Bühne hatte.

Und ich will nicht bergen, daß ich mich einzig in solcher Hoffnung der Übersetzung dieses Werks unterzogen habe.

VORREDE DES ÜBERSETZERS, ZU DIESER ZWEITEN AUSGABE [1781]

Ich bin ersucht worden, dieser Übersetzung öffentlich meinen Namen zu geben.

Da es nun vorlängst unbekannt zu sein aufgehöret hat, daß ich wirklich der Verfasser derselben bin; da ich mich des Fleißes, den ich darauf gewandt habe, und des Nutzens, den ich daraus gezogen, noch immer mit Vergnügen erinnere: so sehe ich nicht, warum ich mich einer Anfoderung weigern sollte, die mir Gelegenheit gibt, meine Dankbarkeit einem Manne zu bezeugen, der an der Bildung meines Geschmacks so großen Anteil hat.

Denn es mag mit diesem auch beschaffen sein, wie es will: so bin ich mir doch zuwohl bewußt, daß er, ohne Diderots Muster und Lehren, eine ganz andere Richtung würde bekommen haben. Vielleicht eine eigenere: aber doch schwerlich eine, mit der am Ende mein Verstand zufriedener gewesen wäre.

Diderot scheint überhaupt auf das deutsche Theater weit mehr Einfluß gehabt zu haben, als auf das Theater seines eigenen Volks. Auch war die Veränderung, die er auf diesem hervorbringen wollte, in der Tat weit schwerer zu bewirken, als das Gute, welches er jenem nebenher verschaffte. Die Französischen Stücke, welche auf unserm Theater gespielt wurden, stellten doch nur lauter fremde Sitten vor: und fremde Sitten, in welchen wir weder die allgemeine menschliche Natur, noch unsere besondere Volksnatur erkennen, sind bald verdrängt. Aber je mehr die Franzosen in ihren Stücken wirklich finden, was wir uns nur zu finden einbilden: desto hartnäckiger muß der Widerstand sein, den ihre alten Eindrücke jeder, wie sie dafür halten, unnötigen Bemühung, sie zu verwischen oder zu überstempeln, entgegensetzen.

Wir hingegen hatten es längst satt, nichts als einen alten Laffen im kurzen Mantel, und einen jungen Geck in bebänderten Hosen, unter ein Halbdutzend alltäglichen Personen, auf der Bühne herumtoben zu sehen; wir sehnten uns längst nach etwas bessern, ohne zu wissen, wo dieses Bessere herkommen sollte: als der »Hausvater« erschien. In ihm erkannte sogleich der rechtschaffne Mann, was ihm das Theater noch eins so teuer machen müsse. Sei immerhin wahr, daß es seitdem von dem Geräusche eines nichts bedeutenden Gelächters weniger ertönte! Das wahre Lächerliche ist nicht, was am lautesten lachen macht; und Ungereimtheiten sollen nicht bloß unsere Lunge in Bewegung setzen.

Selbst unsere Schauspieler fingen an dem »Hausvater« zuerst an, sich selbst zu übertreffen. Denn der Hausvater war weder Französisch, noch deutsch: er war bloß menschlich. Er hatte nichts auszudrücken, als was jeder ausdrücken konnte, der es verstand und fühlte.

Und daß jeder seine Rolle verstand und fühlte, dafür hatte nun freilich Diderot vornehmlich gesorgt. Wenn ich aber doch gleichwohl auch meiner Übersetzung ein kleines Verdienst in diesem Punkte zuschreibe: so habe ich, wenigstens bis itzt, von den Kunstrichtern noch keinen besondern Widerspruch zu erfahren gehabt.

Nicht als ob ich meine Übersetzung frei von allen Mängeln halten wollte; nicht als ob ich mir schmeichelte, überall, auch da den wahren Sinn des Verfassers getroffen zu haben, wo er selbst in seiner Sprache sich nicht bestimmt genug ausgedrückt hat! Ein Freund zeigt mir nur erst izt eine dergleichen Stelle; und ich betaure, daß ich in dem Texte von diesem Winke nicht Gebrauch machen können. Sie ist in dem »Natürlichen Sohne« in dem dritten Auftritte des ersten Aufzuges, wo Theresia ihrer Sorgfalt um Rosaliens Erziehung gedenkt. »Ich ließ mir es angelegen sein, sagt sie, den Geist und besonders den Charakter dieses Kindes zu bilden, von welchem einst das Schicksal meines Bruders abhangen sollte. Es war unbesonnen, ich machte es bedächtig. Es war heftig, ich suchte dem Sanften seiner Natur aufzuhelfen.« Das *es* ist in allen vier Stellen im Französischen durch il ausgedruckt, welches eben sowohl auf das vorhergehende enfant, auf Rosalien, als auf den Bruder gehen kann. Ich habe es jedesmal auf Rosalien gezogen: aber es kann leicht sein, daß es die beiden erstenmale auf den Bruder gehen, und sonach heißen soll: »Er war unbesonnen, ich machte sie bedächtig. Er war heftig, ich suchte dem Sanften ihrer Natur aufzuhelfen.« Ja dieser Sinn ist unstreitig der feinere.

Es kann jemand keinen einzigen solchen Fehler sich zu Schulden kommen lassen, und doch noch eine sehr mittelmäßige Übersetzung gemacht haben!

HAMBURGISCHE DRAMATURGIE

Erster Band

ANKÜNDIGUNG

Es wird sich leicht erraten lassen, daß die neue Verwaltung des hiesigen Theaters die Veranlassung des gegenwärtigen Blattes ist.

Der Endzweck desselben soll den guten Absichten entsprechen, welche man den Männern, die sich dieser Verwaltung unterziehen wollen, nicht anders als beimessen kann. Sie haben sich selbst hinlänglich darüber erklärt, und ihre Äußerungen sind, sowohl hier, als auswärts, von dem feinern Teile des Publikums mit dem Beifalle aufgenommen worden, den jede freiwillige Beförderung des allgemeinen Besten verdienet, und zu unsern Zeiten sich versprechen darf.

Freilich gibt es immer und überall Leute, die, weil sie sich selbst am besten kennen, bei jedem guten Unternehmen nichts als Nebenabsichten erblicken. Man könnte ihnen diese Beruhigung ihrer selbst gern gönnen; aber, wenn die vermeinten Nebenabsichten sie wider die Sache selbst aufbringen; wenn ihr hämischer Neid, um jene zu vereiteln, auch diese scheitern zu lassen, bemüht ist: so müssen sie wissen, daß sie die verachtungswürdigsten Glieder der menschlichen Gesellschaft sind.

Glücklich der Ort, wo diese Elenden den Ton nicht angeben; wo die größere Anzahl wohlgesinnter Bürger sie in den Schranken der Ehrerbietung hält, und nicht verstattet, daß das Bessere des Ganzen ein Raub ihrer Kabalen, und patriotische Absichten ein Vorwurf ihres spöttischen Aberwitzes werden!

So glücklich sei Hamburg in allem, woran seinem Wohlstande und seiner Freiheit gelegen: denn es verdienet, so glücklich zu sein!

Als Schlegel, zur Aufnahme des dänischen Theaters, – (ein deutscher Dichter des dänischen Theaters!) – Vorschläge tat, von welchen es Deutschland noch lange zum Vorwurfe gereichen wird, daß ihm keine Gelegenheit gemacht worden, sie zur Aufnahme des unsrigen zu tun: war dieses der erste und vornehmste, »daß man den Schauspielern selbst die Sorge nicht überlassen müsse, für ihren Verlust und Gewinnst zu arbeiten.«* Die Principalschaft unter ihnen hat eine freie Kunst zu einem Handwerke herabgesetzt, welches der Meister mehrenteils desto nachlässiger und eigennütziger treiben läßt, je gewissere Kunden, je mehrere Abnehmer, ihm Notdurft oder Luxus versprechen.

Wenn hier also bis itzt auch weiter noch nichts geschehen wäre, als daß eine Gesellschaft von Freunden der Bühne Hand an das Werk gelegt, und nach einem gemeinnützigen Plane arbeiten zu lassen, sich verbunden hätte: so wäre dennoch, bloß dadurch, schon viel gewonnen. Denn aus dieser ersten Veränderung können, auch bei einer nur mäßigen Begünstigung des Publikums, leicht und geschwind alle andere Verbesserungen erwachsen, deren unser Theater bedarf.

An Fleiß und Kosten wird sicherlich nichts gesparet werden: ob es an Geschmack und Einsicht fehlen dürfte, muß die Zeit lehren. Und hat es nicht das Publikum in seiner Gewalt, was es hierin mangelhaft finden sollte, abstellen und verbessern zu lassen? Es komme nur, und sehe und höre, und prüfe und richte. Seine Stimme soll nie geringschätzig verhöret, sein Urteil soll nie ohne Unterwerfung vernommen werden!

Nur daß sich nicht jeder kleine Kritikaster für das Publikum halte, und derjenige, dessen Erwartungen getäuscht werden, auch ein wenig mit sich selbst zu Rate gehe, von welcher Art seine Erwartungen gewesen. Nicht jeder Liebhaber ist Kenner; nicht jeder, der die Schönheiten *eines* Stücks, das richtige Spiel *eines* Acteurs empfindet, kann darum auch den Wert aller andern schätzen. Man hat keinen Geschmack, wenn man nur einen einseitigen Geschmack hat; aber oft ist man desto parteiischer. Der wahre Geschmack ist der allgemeine, der sich über Schönheiten von jeder Art ver-

* Werke, dritter Teil, S. 252.

breitet, aber von keiner mehr Vergnügen und Entzücken erwartet, als sie nach ihrer Art gewähren kann.

Der Stufen sind viel, die eine werdende Bühne bis zum Gipfel der Vollkommenheit zu durchsteigen hat; aber eine verderbte Bühne ist von dieser Höhe, natürlicher Weise, noch weit entfernt: und ich fürchte sehr, daß die deutsche mehr dieses als jenes ist.

Alles kann folglich nicht auf einmal geschehen. Doch was man nicht wachsen sieht, findet man nach einiger Zeit gewachsen. Der Langsamste, der sein Ziel nur nicht aus den Augen verlieret, geht noch immer geschwinder, als der ohne Ziel herum irret.

Diese Dramaturgie soll ein kritisches Register von allen aufzuführenden Stücken halten, und jeden Schritt begleiten, den die Kunst, sowohl des Dichters, als des Schauspielers, hier tun wird. Die Wahl der Stücke ist keine Kleinigkeit: aber Wahl setzt Menge voraus; und wenn nicht immer Meisterstücke aufgeführet werden sollten, so sieht man wohl, woran die Schuld liegt. Indes ist es gut, wenn das Mittelmäßige für nichts mehr ausgegeben wird, als es ist; und der unbefriedigte Zuschauer wenigstens daran urteilen lernt. Einem Menschen von gesundem Verstande, wenn man ihm Geschmack beibringen will, braucht man es nur auseinander zu setzen, warum ihm etwas nicht gefallen hat. Gewisse mittelmäßige Stücke müssen auch schon darum beibehalten werden, weil sie gewisse vorzügliche Rollen haben, in welchen der oder jener Acteur seine ganze Stärke zeigen kann. So verwirft man nicht gleich eine musikalische Komposition, weil der Text dazu elend ist.

Die größte Feinheit eines dramatischen Richters zeiget sich darin, wenn er in jedem Falle des Vergnügens und Mißvergnügens, unfehlbar zu unterscheiden weiß, was und wie viel davon auf die Rechnung des Dichters, oder des Schauspielers, zu setzen sei. Den einen um etwas tadeln, was der andere versehen hat, heißt beide verderben. Jenem wird der Mut benommen, und dieser wird sicher gemacht.

Besonders darf es der Schauspieler verlangen, daß man hierin die größte Strenge und Unparteilichkeit beobachte.

Die Rechtfertigung des Dichters kann jederzeit angetreten werden; sein Werk bleibt da, und kann uns immer wieder vor die Augen gelegt werden. Aber die Kunst des Schauspielers ist in ihren Werken transitorisch. Sein Gutes und Schlimmes rauschet gleich schnell vorbei; und nicht selten ist die heutige Laune des Zuschauers mehr Ursache, als er selbst, warum das eine oder das andere einen lebhaftern Eindruck auf jenen gemacht hat.

Eine schöne Figur, eine bezaubernde Miene, ein sprechendes Auge, ein reizender Tritt, ein lieblicher Ton, eine melodische Stimme: sind Dinge, die sich nicht wohl mit Worten ausdrücken lassen. Doch sind es auch weder die einzigen noch größten Vollkommenheiten des Schauspielers. Schätzbare Gaben der Natur, zu seinem Berufe sehr nötig, aber noch lange nicht seinen Beruf erfüllend! Er muß überall mit dem Dichter denken; er muß da, wo dem Dichter etwas Menschliches widerfahren ist, für ihn denken.

Man hat allen Grund, häufige Beispiele hiervon sich von unsern Schauspielern zu versprechen. – Doch ich will die Erwartung des Publikums nicht höher stimmen. Beide schaden sich selbst: der zu viel verspricht, und der zu viel erwartet.

Heute geschieht die Eröffnung der Bühne. Sie wird viel entscheiden; sie muß aber nicht alles entscheiden sollen. In den ersten Tagen werden sich die Urteile ziemlich durchkreuzen. Es würde Mühe kosten, ein ruhiges Gehör zu erlangen. – Das erste Blatt dieser Schrift soll daher nicht eher, als mit dem Anfange des künftigen Monats erscheinen.

Hamburg, den 22. April, 1767.

ERSTES STÜCK

Den 1sten Mai, 1767

Das Theater ist den 22sten vorigen Monats mit dem Trauerspiele, Olint und Sophronia, glücklich eröffnet worden.

Ohne Zweifel wollte man gern mit einem deutschen Originale anfangen, welches hier noch den Reiz der Neuheit habe. Der innere Wert dieses Stückes konnte auf eine solche

Ehre keinen Anspruch machen. Die Wahl wäre zu tadeln, wenn sich zeigen ließe, daß man eine viel bessere hätte treffen können.

Olint und Sophronia ist das Werk eines jungen Dichters, und sein unvollendet hinterlassenes Werk. Cronegk starb allerdings für unsere Bühne zu früh; aber eigentlich gründet sich sein Ruhm mehr auf das, was er, nach dem Urteile seiner Freunde, für dieselbe noch hätte leisten können, als was er wirklich geleistet hat. Und welcher dramatische Dichter, aus allen Zeiten und Nationen, hätte in seinem sechs und zwanzigsten Jahre sterben können, ohne die Kritik über seine wahren Talente nicht eben so zweifelhaft zu lassen?

Der Stoff ist die bekannte Episode beim Tasso. Eine kleine rührende Erzählung in ein rührendes Drama umzuschaffen, ist so leicht nicht. Zwar kostet es wenig Mühe, neue Verwickelungen zu erdenken, und einzelne Empfindungen in Szenen auszudehnen. Aber zu verhüten wissen, daß diese neue Verwickelungen weder das Interesse schwächen, noch der Wahrscheinlichkeit Eintrag tun; sich aus dem Gesichtspunkte des Erzählers in den wahren Standort einer jeden Person versetzen können; die Leidenschaften, nicht beschreiben, sondern vor den Augen des Zuschauers entstehen, und ohne Sprung, in einer so illusorischen Stetigkeit wachsen zu lassen, daß dieser sympathisieren muß, er mag wollen oder nicht: das ist es, was dazu nötig ist; was das Genie, ohne es zu wissen, ohne es sich langweilig zu erklären, tut, und was der bloß witzige Kopf nachzumachen, vergebens sich martert.

Tasso scheinet, in seinem Olint und Sophronia, den Virgil, in seinem Nisus und Euryalus, vor Augen gehabt zu haben. So wie Virgil in diesen die Stärke der Freundschaft geschildert hatte, wollte Tasso in jenen die Stärke der Liebe schildern. Dort war es heldenmütiger Diensteifer, der die Probe der Freundschaft veranlaßte: hier ist es die Religion, welche der Liebe Gelegenheit gibt, sich in aller ihrer Kraft zu zeigen. Aber die Religion, welche bei dem Tasso nur das Mittel ist, wodurch er die Liebe so wirksam zeiget, ist in Cronegks Bearbeitung das Hauptwerk geworden. Er wollte den Triumph dieser, in den Triumph jener veredeln. Gewiß, eine fromme

Verbesserung – weiter aber auch nichts, als fromm! Denn sie hat ihn verleitet, was bei dem Tasso so simpel und natürlich, so wahr und menschlich ist, so verwickelt und romanenhaft, so wunderbar und himmlisch zu machen, daß nichts darüber!

Beim Tasso ist es ein Zauberer, ein Kerl, der weder Christ noch Mahomedaner ist, sondern sich aus beiden Religionen einen eigenen Aberglauben zusammengesponnen hat, welcher dem Aladin den Rat gibt, das wundertätige Marienbild aus dem Tempel in die Moschee zu bringen. Warum machte Cronegk aus diesem Zauberer einen mahomedanischen Priester? Wenn dieser Priester in seiner Religion nicht eben so unwissend war, als es der Dichter zu sein scheinet, so konnte er einen solchen Rat unmöglich geben. Sie duldet durchaus keine Bilder in ihren Moscheen. Cronegk verrät sich in mehrern Stücken, daß ihm eine sehr unrichtige Vorstellung von dem mahomedanischen Glauben beigewohnet. Der gröbste Fehler aber ist, daß er eine Religion überall des Polytheismus schuldig macht, die fast mehr als jede andere auf die Einheit Gottes dringet. Die Moschee heißt ihm »ein Sitz der falschen Götter,« und den Priester selbst läßt er ausrufen:

»So wollt ihr euch noch nicht mit Rach und Strafe rüsten,
Ihr Götter? Blitzt, vertilgt, das freche Volk der Christen!«

Der sorgsame Schauspieler hat in seiner Tracht das Costume, vom Scheitel bis zur Zehe, genau zu beobachten gesucht; und er muß solche Ungereimtheiten sagen!

Beim Tasso kömmt das Marienbild aus der Moschee weg, ohne daß man eigentlich weiß, ob es von Menschenhänden entwendet worden, oder ob eine höhere Macht dabei im Spiele gewesen. Cronegk macht den Olint zum Täter. Zwar verwandelt er das Marienbild in »ein Bild des Herrn am Kreuz;« aber Bild ist Bild, und dieser armselige Aberglaube gibt dem Olint eine sehr verächtliche Seite. Man kann ihm unmöglich wieder gut werden, daß er es wagen können, durch eine so kleine Tat sein Volk an den Rand des Verderbens zu stellen. Wenn er sich hernach freiwillig dazu bekennet: so ist es nichts mehr als Schuldigkeit, und keine Großmut. Beim Tasso läßt ihn bloß die Liebe diesen Schritt tun; er will Sophronien retten, oder mit ihr sterben; mit ihr sterben, bloß um mit ihr zu sterben; kann er mit ihr nicht *ein* Bette besteigen, so sei es *ein* Scheiterhaufen; an ihrer Seite, an den nämlichen Pfahl gebunden, bestimmt, von dem nämlichen Feuer verzehret zu werden, empfindet er bloß das Glück einer so süßen Nachbarschaft, denket an nichts, was er jenseit dem Grabe zu hoffen habe, und wünschet nichts, als daß diese Nachbarschaft noch enger und vertrauter sein möge, daß er Brust gegen Brust drücken, und auf ihren Lippen seinen Geist verhauchen dürfe.

Dieser vortreffliche Kontrast zwischen einer lieben, ruhigen, ganz geistigen Schwärmerin, und einem hitzigen, begierigen Jünglinge, ist beim Cronegk völlig verloren. Sie sind beide von der kältesten Einförmigkeit; beide haben nichts als das Märtertum im Kopfe; und nicht genug, daß *er,* daß *sie,* für die Religion sterben wollen; auch Evander wollte, auch Serena hätte nicht übel Lust dazu.

Ich will hier eine doppelte Anmerkung machen, welche, wohl behalten, einen angehenden tragischen Dichter vor großen Fehltritten bewahren kann. Die eine betrifft das Trauerspiel überhaupt. Wenn heldenmütige Gesinnungen Bewunderung erregen sollen: so muß der Dichter nicht zu verschwenderisch damit umgehen; denn was man öfters, was man an mehrern sieht, höret man auf zu bewundern. Hierwider hatte sich Cronegk schon in seinem Codrus sehr versündiget. Die Liebe des Vaterlandes, bis zum freiwilligen Tode für dasselbe, hätte den Codrus allein auszeichnen sollen: er hätte als ein einzelnes Wesen einer ganz besondern Art da stehen müssen, um den Eindruck zu machen, welchen der Dichter mit ihm im Sinne hatte. Aber Elisinde und Philaide, und Medon, und wer nicht? sind alle gleich bereit, ihr Leben dem Vaterlande aufzuopfern; unsere Bewunderung wird geteilt, und Codrus verlieret sich unter der Menge. So auch hier. Was in Olint und Sophronia Christ ist, das alles hält gemartert werden und sterben, für ein Glas Wasser trinken. Wir hören diese frommen Bravaden so oft, aus so verschiedenem Munde, daß sie alle Wirkung verlieren.

Die zweite Anmerkung betrifft das christliche Trauerspiel insbesondere. Die Helden desselben sind mehrenteils Märtyrer. Nun leben wir zu einer Zeit, in welcher die Stimme der gesunden Vernunft zu laut erschallet, als daß jeder Rasender, der sich mutwillig, ohne Not, mit Verachtung aller seiner bürgerlichen Obliegenheiten, in den Tod stürzet, den Titel eines Märtyrers sich anmaßen dürfte. Wir wissen itzt zu wohl, die falschen Märtyrer von den wahren zu unterscheiden; wir verachten jene eben so sehr, als wir diese verehren, und höchstens können sie uns eine melancholische Träne über die Blindheit und den Unsinn auspressen, deren wir die Menschheit überhaupt in ihnen fähig erblicken. Doch diese Träne ist keine von den angenehmen, die das Trauerspiel erregen will. Wenn daher der Dichter einen Märtyrer zu seinem Helden wählet: daß er ihm ja die lautersten und triftigsten Bewegungsgründe gebe! daß er ihn ja in die unumgängliche Notwendigkeit setze, den Schritt zu tun, durch den er sich der Gefahr bloß stellet! daß er ihn ja den Tod nicht freventlich suchen, nicht höhnisch ertrotzen lasse! Sonst wird uns sein frommer Held zum Abscheu, und die Religion selbst, die er ehren wollte, kann darunter leiden. Ich habe schon berühret, daß es nur ein eben so nichtswürdiger Aberglaube sein konnte, als wir in dem Zauberer Ismen verachten, welcher den Olint antrieb, das Bild aus der Moschee wieder zu entwenden. Es entschuldiget den Dichter nicht, daß es Zeiten gegeben, wo ein solcher Aberglaube allgemein war, und bei vielen guten Eigenschaften bestehen konnte; daß es noch Länder gibt, wo er der frommen Einfalt nichts befremdendes haben würde. Denn er schrieb sein Trauerspiel eben so wenig für jene Zeiten, als er es bestimmte, in Böhmen oder Spanien gespielt zu werden. Der gute Schriftsteller, er sei von welcher Gattung er wolle, wenn er nicht bloß schreibet, seinen Witz, seine Gelehrsamkeit zu zeigen, hat immer die Erleuchtesten und Besten seiner Zeit und seines Landes in Augen, und nur was diesen gefallen, was diese rühren kann, würdiget er zu schreiben. Selbst der dramatische, wenn er sich zu dem Pöbel herabläßt, läßt sich nur darum zu ihm herab, um ihn zu erleuchten und zu bessern;

nicht aber ihn in seinen Vorurteilen, ihn in seiner unedeln Denkungsart zu bestärken.

ZWEITES STÜCK

Den 5ten Mai, 1767

Noch eine Anmerkung, gleichfalls das christliche Trauerspiel betreffend, würde über die Bekehrung der Clorinde zu machen sein. So überzeugt wir auch immer von den unmittelbaren Wirkungen der Gnade sein mögen, so wenig können sie uns doch auf dem Theater gefallen, wo alles, was zu dem Charakter der Personen gehöret, aus den natürlichsten Ursachen entspringen muß. Wunder dulden wir da nur in der physikalischen Welt; in der moralischen muß alles seinen ordentlichen Lauf behalten, weil das Theater die Schule der moralischen Welt sein soll. Die Bewegungsgründe zu jedem Entschlusse, zu jeder Änderung der geringsten Gedanken und Meinungen, müssen, nach Maßgebung des einmal angenommenen Charakters, genau gegen einander abgewogen sein, und jene müssen nie mehr hervorbringen, als sie nach der strengsten Wahrheit hervor bringen können. Der Dichter kann die Kunst besitzen, uns, durch Schönheiten des Detail, über Mißverhältnisse dieser Art zu täuschen; aber er täuscht uns nur einmal, und sobald wir wieder kalt werden, nehmen wir den Beifall, den er uns abgetäuschet hat, zurück. Dieses auf die vierte Szene des vierten Akts angewendet, wird man finden, daß die Reden und das Betragen der Sophronia die Clorinde zwar zum Mitleiden hätten bewegen können, aber viel zu unvermögend sind, Bekehrung an einer Person zu wirken, die gar keine Anlage zum Enthusiasmus hat. Beim Tasso nimmt Clorinde auch das Christentum an; aber in ihrer letzten Stunde; aber erst, nachdem sie kurz zuvor erfahren, daß ihre Ältern diesem Glauben zugetan gewesen: feine, erhebliche Umstände, durch welche die Wirkung einer höhern Macht in die Reihe natürlicher Begebenheiten gleichsam mit eingeflochten wird. Niemand hat es besser verstanden, wie weit man in diesem Stücke auf dem Theater gehen dürfe, als Voltaire. Nachdem die empfindliche, edle Seele des Zamor, durch Beispiel und Bitten, durch Großmut und Ermahnungen bestürmet, und bis in das Innerste erschüttert worden, läßt er ihn doch die Wahrheit der Religion, an deren Bekennern er so viel Großes sieht, mehr vermuten, als glauben. Und vielleicht würde Voltaire auch diese Vermutung unterdrückt haben, wenn nicht zur Beruhigung des Zuschauers etwas hätte geschehen müssen.

Selbst der Polyeukt des Corneille ist, in Absicht auf beide Anmerkungen, tadelhaft; und wenn es seine Nachahmungen immer mehr geworden sind, so dürfte die erste Tragödie, die den Namen einer christlichen verdienet, ohne Zweifel noch zu erwarten sein. Ich meine ein Stück, in welchem einzig der Christ als Christ uns interessieret. – Ist ein solches Stück aber auch wohl möglich? Ist der Charakter des wahren Christen nicht etwa ganz untheatralisch? Streiten nicht etwa die stille Gelassenheit, die unveränderliche Sanftmut, die seine wesentlichsten Züge sind, mit dem ganzen Geschäfte der Tragödie, welches Leidenschaften durch Leidenschaften zu reinigen sucht? Widerspricht nicht etwa seine Erwartung einer belohnenden Glückseligkeit nach diesem Leben, der Uneigennützigkeit, mit welcher wir alle große und gute Handlungen auf der Bühne unternommen und vollzogen zu sehen wünschen?

Bis ein Werk des Genies, von dem man nur aus der Erfahrung lernen kann, wie viel Schwierigkeiten es zu übersteigen vermag, diese Bedenklichkeiten unwidersprechlich widerlegt, wäre also mein Rat: – man ließe alle bisherige christliche Trauerspiele unaufgeführet. Dieser Rat, welcher aus den Bedürfnissen der Kunst hergenommen ist, welcher uns um weiter nichts, als sehr mittelmäßige Stücke bringen kann, ist darum nichts schlechter, weil er den schwächern Gemütern zu Statten kömmt, die, ich weiß nicht welchen Schauder empfinden, wenn sie Gesinnungen, auf die sie sich nur an einer heiligern Stätte gefaßt machen, im Theater zu hören bekommen. Das Theater soll niemanden, wer es auch sei, Anstoß geben; und ich wünschte, daß es auch allem genommenen Anstoße vorbeugen könnte und wollte.

Cronegk hatte sein Stück nur bis gegen das Ende des vierten Aufzuges gebracht. Das übrige hat eine Feder in Wien dazu gefüget; eine Feder – denn die Arbeit eines Kopfes ist dabei nicht sehr sichtbar. Der Ergänzer hat, allem Ansehen nach, die Geschichte ganz anders geendet, als sie Cronegk zu enden Willens gewesen. Der Tod löset alle Verwirrungen am besten; darum läßt er beide sterben, den Olint und die Sophronia. Beim Tasso kommen sie beide davon; denn Clorinde nimmt sich mit der uneigennützigsten Großmut ihrer an. Cronegk aber hatte Clorinden verliebt gemacht, und da war es freilich schwer zu erraten, wie er zwei Nebenbuhlerinnen aus einander setzen wollen, ohne den Tod zu Hülfe zu rufen. In einem andern noch schlechtern Trauerspiele, wo eine von den Hauptpersonen ganz aus heiler Haut starb, fragte ein Zuschauer seinen Nachbar: Aber woran stirbt sie denn? – Woran? am fünften Akte; antwortete dieser. In Wahrheit; der fünfte Akt ist eine garstige böse Staupe, die manchen hinreißt, dem die ersten vier Akte ein weit längeres Leben versprachen. –

Doch ich will mich in die Kritik des Stückes nicht tiefer einlassen. So mittelmäßig es ist, so ausnehmend ist es vorgestellet worden. Ich schweige von der äußern Pracht; denn diese Verbesserung unsers Theaters erfordert nichts als Geld. Die Künste, deren Hülfe dazu nötig ist, sind bei uns in eben der Vollkommenheit, als in jedem andern Lande; nur die Künstler wollen eben so bezahlt sein, wie in jedem andern Lande.

Man muß mit der Vorstellung eines Stückes zufrieden sein, wenn unter vier, fünf Personen, einige vortrefflich, und die andern gut gespielet haben. Wen, in den Nebenrollen, ein Anfänger oder sonst ein Notnagel, so sehr beleidiget, daß er über das Ganze die Nase rümpft, der reise nach Utopien, und besuche da die vollkommenen Theater, wo auch der Lichtputzer ein Garrick ist.

Herr Eckhof war Evander; Evander ist zwar der Vater des Olints, aber im Grunde doch nicht viel mehr als ein Vertrauter. Indes mag dieser Mann eine Rolle machen, welche er will; man erkennet ihn in der kleinsten noch immer für den ersten Akteur, und betauert, auch nicht zugleich alle übrigen

Rollen von ihm sehen zu können. Ein ihm ganz eigenes Talent ist dieses, daß er Sittensprüche und allgemeine Betrachtungen, diese langweiligen Ausbeugungen eines verlegenen Dichters, mit einem Anstande, mit einer Innigkeit zu sagen weiß, daß das Trivialste von dieser Art, in seinem Munde Neuheit und Würde, das Frostigste Feuer und Leben erhält.

Die eingestreuten Moralen sind Cronegks beste Seite. Er hat, in seinem Codrus und hier, so manche in einer so schönen nachdrücklichen Kürze ausgedrückt, daß viele von seinen Versen als Sentenzen behalten, und von dem Volke unter die im gemeinen Leben gangbare Weisheit aufgenommen zu werden verdienen. Leider sucht er uns nur auch öfters gefärbtes Glas für Edelsteine, und witzige Antithesen für gesunden Verstand einzuschwatzen. Zwei dergleichen Zeilen, in dem ersten Akte, hatten eine besondere Wirkung auf mich. Die eine,

»Der Himmel kann verzeihn, allein ein Priester nicht.«

Die andere,

»Wer schlimm von andern denkt, ist selbst ein Bösewicht.«

Ich ward betroffen, in dem Parterre eine allgemeine Bewegung, und dasjenige Gemurmel zu bemerken, durch welches sich der Beifall ausdrückt, wenn ihn die Aufmerksamkeit nicht gänzlich ausbrechen läßt. Teils dachte ich: Vortrefflich! man liebt hier die Moral; dieses Parterr findet Geschmack an Maximen; auf dieser Bühne könnte sich ein Euripides Ruhm erwerben, und ein Sokrates würde sie gern besuchen. Teils fiel es mir zugleich mit auf, wie schielend, wie falsch, wie anstößig diese vermeinten Maximen wären, und ich wünschte sehr, daß die Mißbilligung an jenem Gemurmle den meisten Anteil möge gehabt haben. Es ist nur *ein* Athen gewesen, es wird nur *ein* Athen bleiben, wo auch bei dem Pöbel das sittliche Gefühl so fein, so zärtlich war, daß einer unlautern Moral wegen, Schauspieler und Dichter Gefahr liefen, von dem Theater herabgestürmet zu werden! Ich weiß wohl, die Gesinnungen müssen in dem Drama dem angenommenen Charakter der Person, welche sie äußert, entsprechen; sie können also das Siegel der absoluten Wahrheit nicht haben; genug, wenn sie poetisch wahr sind, wenn wir gestehen müssen, daß dieser Charakter, in dieser Situation, bei dieser Leidenschaft, nicht anders als so habe urteilen können. Aber auch diese poetische Wahrheit muß sich, auf einer andern Seite, der absoluten wiederum nähern, und der Dichter muß nie so unphilosophisch denken, daß er annimmt, ein Mensch könne das Böse, um des Bösen wegen, wollen, er könne nach lasterhaften Grundsätzen handeln, das Lasterhafte derselben erkennen, und doch gegen sich und andere damit prahlen. Ein solcher Mensch ist ein Unding, so gräßlich als ununterrichtend, und nichts als die armselige Zuflucht eines schalen Kopfes, der schimmernde Tiraden für die höchste Schönheit des Trauerspieles hält. Wenn Ismenor ein grausamer Priester ist, sind darum alle Priester Ismenors? Man wende nicht ein, daß von Priestern einer falschen Religion die Rede sei. So falsch war noch keine in der Welt, daß ihre Lehrer notwendig Unmenschen sein müssen. Priester haben in den falschen Religionen, so wie in der wahren, Unheil gestiftet, aber nicht weil sie Priester, sondern weil sie Bösewichter waren, die, zum Behuf ihrer schlimmen Neigungen, die Vorrechte auch eines jeden andern Standes gemißbraucht hätten.

Wenn die Bühne so unbesonnene Urteile über die Priester überhaupt ertönen läßt, was Wunder, wenn sich auch unter diesen Unbesonnene finden, die sie als die grade Heerstraße zur Hölle ausschreien?

Aber ich verfalle wiederum in die Kritik des Stückes, und ich wollte von dem Schauspieler sprechen.

DRITTES STÜCK

Den 8ten Mai, 1767

Und wodurch bewirkt dieser Schauspieler, (Hr. Eckhof) daß wir auch die gemeinste Moral so gern von ihm hören? Was ist es eigentlich, was ein anderer von ihm zu lernen hat, wenn wir ihn in solchem Falle eben so unterhaltend finden sollen?

Alle Moral muß aus der Fülle des Herzens kommen, von der der Mund übergehet; man muß eben so wenig lange darauf zu denken, als damit zu prahlen scheinen.

Es versteht sich also von selbst, daß die moralischen Stellen vorzüglich wohl gelernet sein wollen. Sie müssen ohne Stocken, ohne den geringsten Anstoß, in einem ununterbrochenen Flusse der Worte, mit einer Leichtigkeit gesprochen werden, daß sie keine mühsame Auskramungen des Gedächtnisses, sondern unmittelbare Eingebungen der gegenwärtigen Lage der Sachen scheinen.

Eben so ausgemacht ist es, daß kein falscher Accent uns muß argwöhnen lassen, der Akteur plaudere, was er nicht verstehe. Er muß uns durch den richtigsten, sichersten Ton überzeugen, daß er den ganzen Sinn seiner Worte durchdrungen habe.

Aber die richtige Accentuation ist zur Not auch einem Papagei beizubringen. Wie weit ist der Akteur, der eine Stelle nur versteht, noch von dem entfernt, der sie auch zugleich empfindet! Worte, deren Sinn man einmal gefaßt, die man sich einmal ins Gedächtnis gepräget hat, lassen sich sehr richtig hersagen, auch indem sich die Seele mit ganz andern Dingen beschäftiget; aber alsdann ist keine Empfindung möglich. Die Seele muß ganz gegenwärtig sein; sie muß ihre Aufmerksamkeit einzig und allein auf ihre Reden richten, und nur alsdann –

Aber auch alsdann kann der Akteur wirklich viel Empfindung haben, und doch keine zu haben scheinen. Die Empfindung ist überhaupt immer das streitigste unter den Talenten eines Schauspielers. Sie kann sein, wo man sie nicht erkennet; und man kann sie zu erkennen glauben, wo sie nicht ist. Denn die Empfindung ist etwas Inneres, von dem wir nur nach seinen äußern Merkmalen urteilen können. Nun ist es möglich, daß gewisse Dinge in dem Baue des Körpers diese Merkmale entweder gar nicht verstatten, oder doch schwächen und zweideutig machen. Der Akteur kann eine gewisse Bildung des Gesichts, gewisse Mienen, einen gewissen Ton haben, mit denen wir ganz andere Fähigkeiten, ganz andere Leidenschaften, ganz andere Gesinnungen zu verbinden gewohnt sind, als er gegenwärtig äußern und ausdrücken soll. Ist dieses, so mag er noch so viel empfinden, wir glauben ihm nicht: denn er ist mit sich selbst im Widerspruche. Gegenteils kann ein anderer so glücklich gebauet sein; er kann so entscheidende Züge besitzen; alle seine Muskeln können ihm so leicht, so geschwind zu Gebote stehen; er kann so feine, so vielfältige Abänderungen der Stimme in seiner Gewalt haben; kurz, er kann mit allen zur Pantomime erforderlichen Gaben in einem so hohen Grade beglückt sein, daß er uns in denjenigen Rollen, die er nicht ursprünglich, sondern nach irgend einem guten Vorbilde spielet, von der innigsten Empfindung beseelet scheinen wird, da doch alles, was er sagt und tut, nichts als mechanische Nachäffung ist.

Ohne Zweifel ist dieser, ungeachtet seiner Gleichgültigkeit und Kälte, dennoch auf dem Theater weit brauchbarer, als jener. Wenn er lange genug nichts als nachgeäffet hat, haben sich endlich eine Menge kleiner Regeln bei ihm gesammelt, nach denen er selbst zu handeln anfängt, und durch deren Beobachtung (zu Folge dem Gesetze, daß eben die Modifikationen der Seele, welche gewisse Veränderungen des Körpers hervorbringen, hinwiederum durch diese körperliche Veränderungen bewirket werden,) er zu einer Art von Empfindung gelangt, die zwar die Dauer, das Feuer derjenigen, die in der Seele ihren Anfang nimmt, nicht haben kann, aber doch in dem Augenblicke der Vorstellung kräftig genug ist, etwas von den nicht freiwilligen Veränderungen des Körpers hervorzubringen, aus deren Dasein wir fast allein auf das innere Gefühl zuverlässig schließen zu können glauben. Ein solcher Akteur soll z. E. die äußerste Wut des Zornes ausdrücken; ich nehme an, daß er seine Rolle nicht einmal recht verstehet, daß er die Gründe dieses Zornes weder hinlänglich zu fassen, noch lebhaft genug sich vorzustellen vermag, um seine Seele selbst in Zorn zu setzen. Und ich sage; wenn er nur die allergröbsten Äußerungen des Zornes, einem Akteur von ursprünglicher Empfindung abgelernet hat, und getreu nachzumachen weiß – den hastigen Gang, den stampfenden Fuß, den rauhen bald kreischenden bald verbissenen Ton, das Spiel der Augenbraunen, die zitternde Lippe, das Knirschen der Zähne u. s. w. – wenn er, sage ich, nur diese Dinge, die sich nachmachen lassen, sobald man will, gut nachmacht: so wird dadurch unfehlbar seine Seele ein dunkles Gefühl von Zorn befallen, welches wiederum in den Körper zurückwirkt, und da auch diejenigen Veränderungen hervorbringt, die nicht bloß von unserm Willen abhangen; sein Gesicht wird glühen, seine Augen werden blitzen, seine Muskeln werden schwellen; kurz, er wird ein wahrer Zorniger zu sein scheinen ohne es zu sein, ohne im geringsten zu begreifen, warum er es sein sollte.

Nach diesen Grundsätzen von der Empfindung überhaupt, habe ich mir zu bestimmen gesucht, welche äußerliche Merkmale diejenige Empfindung begleiten, mit der moralische Betrachtungen wollen gesprochen sein, und welche von diesen Merkmalen in unserer Gewalt sind, so daß sie jeder Akteur, er mag die Empfindung selbst haben, oder nicht, darstellen kann. Mich dünkt Folgendes.

Jede Moral ist ein allgemeiner Satz der, als solcher, einen Grad von Sammlung der Seele und ruhiger Überlegung verlangt. Er will also mit Gelassenheit und einer gewissen Kälte gesagt sein.

Allein dieser allgemeine Satz ist zugleich das Resultat von Eindrücken, welche individuelle Umstände auf die handelnden Personen machen; er ist kein bloßer symbolischer Schluß; er ist eine generalisierte Empfindung, und als diese will er mit Feuer und einer gewissen Begeisterung gesprochen sein.

Folglich mit Begeisterung und Gelassenheit, mit Feuer und Kälte? –

Nicht anders; mit einer Mischung von beiden, in der aber, nach Beschaffenheit der Situation, bald dieses, bald jenes, hervorsticht.

Ist die Situation ruhig, so muß sich die Seele durch die Moral gleichsam einen neuen Schwung geben wollen; sie muß über ihr Glück, oder ihre Pflichten, bloß darum allgemeine Betrachtungen zu machen scheinen, um durch diese Allgemeinheit selbst, jenes desto lebhafter zu genießen, diese desto williger und mutiger zu beobachten.

Ist die Situation hingegen heftig, so muß sich die Seele durch die Moral (unter welchem Worte ich jede allgemeine Betrachtung verstehe) gleichsam von ihrem Fluge zurückholen; sie muß ihren Leidenschaften das Ansehen der Vernunft, stürmischen Ausbrüchen den Schein vorbedächtlicher Entschließungen geben zu wollen scheinen.

Jenes erfodert einen erhabnen und begeisterten Ton; dieses einen gemäßigten und feierlichen. Denn dort muß das Raisonnement in Affekt entbrennen, und hier der Affekt in Raisonnement sich auskühlen.

Die meisten Schauspieler kehren es gerade um. Sie poltern in heftigen Situationen die allgemeinen Betrachtungen eben so stürmisch heraus, als das Übrige; und in ruhigen, beten sie dieselben eben so gelassen her, als das Übrige. Daher geschieht es denn aber auch, daß sich die Moral weder in den einen, noch in den andern bei ihnen ausnimmt; und daß wir sie in jenen eben so unnatürlich, als in diesen langweilig und kalt finden. Sie überlegten nie, daß die Stückerei von dem Grunde abstechen muß, und Gold auf Gold brodieren ein elender Geschmack ist.

Durch ihre Gestus verderben sie vollends alles. Sie wissen weder, wenn sie deren dabei machen sollen, noch was für welche. Sie machen gemeiniglich zu viele, und zu unbedeutende.

Wenn in einer heftigen Situation die Seele sich auf einmal zu sammeln scheinet, um einen überlegenen Blick auf sich, oder auf das, was sie umgibt, zu werfen; so ist es natürlich, daß sie allen Bewegungen des Körpers, die von ihrem bloßen Willen abhangen, gebieten wird. Nicht die Stimme allein wird gelassener; die Glieder alle geraten in einen Stand der Ruhe, um die innere Ruhe auszudrücken, ohne die das Auge der Vernunft nicht wohl um sich schauen kann. Mit eins tritt der fortschreitende Fuß fest auf, die Arme sinken, der ganze Körper zieht sich in den waagrechten Stand; eine Pause – und dann die Reflexion. Der Mann steht da, in einer feierlichen Stille, als ob er sich nicht stören wollte, sich selbst zu hören. Die Reflexion ist aus, – wieder eine Pause – und so wie die Reflexion abgezielet, seine Leidenschaft entweder zu mäßigen, oder zu befeuern, bricht er entweder auf einmal wieder los oder setzet allmählig das Spiel seiner Glieder wieder in Gang. Nur auf dem Gesichte bleiben, während der Reflexion, die Spuren des Affekts; Miene und Auge sind noch in Bewegung und Feuer; denn wir haben Miene und Auge nicht so urplötzlich in unserer Gewalt, als Fuß und Hand. Und hierin dann, in diesen ausdrückenden Mienen, in diesem entbrannten Auge, und in dem Ruhestande des ganzen übrigen Körpers, bestehet die Mischung von Feuer und Kälte, mit welcher ich glaube, daß die Moral in heftigen Situationen gesprochen sein will.

Mit eben dieser Mischung will sie auch in ruhigen Situationen gesagt sein; nur mit dem Unterschiede, daß der Teil der Aktion, welcher dort der feurige war, hier der kältere, und welcher dort der kältere war, hier der feurige sein muß. Nämlich: da die Seele, wenn sie nichts als sanfte Empfindungen hat, durch allgemeine Betrachtungen diesen sanften Empfindungen einen höhern Grad von Lebhaftigkeit zu geben sucht, so wird sie auch die Glieder des Körpers, die ihr unmittelbar zu Gebote stehen, dazu beitragen lassen; die Hände werden in voller Bewegung sein; nur der Ausdruck des Gesichts kann so geschwind nicht nach, und in Miene und Auge wird noch die Ruhe herrschen, aus der sie der übrige Körper gern heraus arbeiten möchte.

VIERTES STÜCK

Den 12ten Mai, 1767

Aber von was für Art sind die Bewegungen der Hände, mit welchen, in ruhigen Situationen, die Moral gesprochen zu sein liebet?

Von der Chironomie der Alten, das ist, von dem Inbegriffe der Regeln, welche die Alten den Bewegungen der Hände vorgeschrieben hatten, wissen wir nur sehr wenig; aber dieses wissen wir, daß sie die Händesprache zu einer Vollkommenheit gebracht, von der sich aus dem was unsere Redner darin zu leisten im Stande sind, kaum die Möglichkeit sollte begreifen lassen. Wir scheinen von dieser ganzen Sprache nichts als ein unartikuliertes Geschrei behalten zu haben; nichts als das Vermögen, Bewegungen zu machen, ohne zu wissen, wie diesen Bewegungen eine fixierte Bedeutung zu geben, und wie sie unter einander zu verbinden, daß sie nicht bloß eines einzeln Sinnes, sondern eines zusammenhangenden Verstandes fähig werden.

Ich bescheide mich gern, daß man, bei den Alten, den Pantomimen nicht mit dem Schauspieler vermengen muß. Die Hände des Schauspielers waren bei weiten so geschwätzig nicht, als die Hände des Pantomimens. Bei diesem vertraten sie die Stelle der Sprache; bei jenem sollten sie nur den Nachdruck derselben vermehren, und durch ihre Bewegungen, als natürliche Zeichen der Dinge, den verabredeten Zeichen der Stimme Wahrheit und Leben verschaffen helfen. Bei dem Pantomimen waren die Bewegungen der Hände nicht bloß natürliche Zeichen; viele derselben hatten eine konventionelle Bedeutung, und dieser mußte sich der Schauspieler gänzlich enthalten.

Er gebrauchte sich also seiner Hände sparsamer, als der Pantomime, aber eben so wenig vergebens, als dieser. Er rührte keine Hand, wenn er nichts damit bedeuten oder verstärken konnte. Er wußte nichts von den gleichgültigen Bewegungen, durch deren beständigen einförmigen Gebrauch ein so großer Teil von Schauspielern, besonders das Frauenzimmer, sich das vollkommene Ansehen von Drahtpuppen gibt. Bald mit der rechten, bald mit der linken Hand, die Hälfte einer krieplichten Achte, abwärts vom Körper, beschreiben, oder mit beiden Händen zugleich die Luft von sich wegrudern, heißt ihnen, Aktion haben; und wer es mit einer gewissen Tanzmeistergrazie zu tun geübt ist, o! der glaubt, uns bezaubern zu können.

Ich weiß wohl, daß selbst Hogarth den Schauspielern befiehlt, ihre Hand in schönen Schlangenlinien bewegen zu lernen; aber nach allen Seiten mit allen möglichen Abänderungen, deren diese Linien, in Ansehung ihres Schwunges, ihrer Größe und Dauer, fähig sind. Und endlich befiehlt er es ihnen nur zur Übung, um sich zum Agieren dadurch geschickt zu machen, um den Armen die Biegungen des Reizes geläufig zu machen; nicht aber in der Meinung, daß das Agieren selbst in weiter nichts, als in der Beschreibung solcher schönen Linien, immer nach der nämlichen Direktion, bestehe.

Weg also mit diesem unbedeutenden Portebras, vornehmlich bei moralischen Stellen weg mit ihm! Reiz am unrechten Orte, ist Affektation und Grimasse; und eben derselbe Reiz, zu oft hinter einander wiederholt, wird kalt und endlich ekel. Ich sehe einen Schulknaben sein Sprüchelchen aufsagen, wenn der Schauspieler allgemeine Betrachtungen mit der Bewegung, mit welcher man in der Menuett die Hand gibt, mir zureicht, oder seine Moral gleichsam vom Rocken spinnet.

Jede Bewegung, welche die Hand bei moralischen Stellen macht, muß bedeutend sein. Oft kann man bis in das Malerische damit gehen; wenn man nur das Pantomimische vermeidet. Es wird sich vielleicht ein andermal Gelegenheit finden, diese Gradation von bedeutenden zu malerischen, von malerischen zu pantomimischen Gesten, ihren Unterschied und ihren Gebrauch, in Beispielen zu erläutern. Itzt würde mich dieses zu weit führen, und ich merke nur an, daß es unter den bedeutenden Gesten eine Art gibt, die der Schauspieler vor allen Dingen wohl zu beobachten hat, und mit denen er allein der Moral Licht und Leben erteilen kann. Es sind dieses, mit einem Worte, die individualisierenden Gestus. Die Moral ist ein allgemeiner Satz, aus den besondern Umständen der handelnden Personen gezogen; durch seine Allgemeinheit wird er gewissermaßen der Sache fremd, er wird eine Ausschweifung, deren Beziehung auf das Gegenwärtige von dem weniger aufmerksamen, oder weniger scharfsinnigen Zuhörer, nicht bemerkt oder nicht begriffen wird. Wann es daher ein Mittel gibt, diese Beziehung sinnlich zu machen, das Symbolische der Moral wiederum auf das Anschauende zurückzubringen, und wann dieses Mittel gewisse Gestus sein können, so muß sie der Schauspieler ja nicht zu machen versäumen.

Man wird mich aus einem Exempel am besten verstehen. Ich nehme es, wie mir es itzt beifällt; der Schauspieler wird sich ohne Mühe auf noch weit einleuchtendere besinnen. – Wenn Olint sich mit der Hoffnung schmeichelt, Gott werde das Herz des Aladin bewegen, daß er so grausam mit den Christen nicht verfahre, als er ihnen gedrohet: so kann Evander, als ein alter Mann, nicht wohl anders, als ihm die Betrieglichkeit unsrer Hoffnungen zu Gemüte führen.

»Vertraue nicht, mein Sohn, Hoffnungen, die betriegen!«

Sein Sohn ist ein feuriger Jüngling, und in der Jugend ist man vorzüglich geneigt, sich von der Zukunft nur das Beste zu versprechen.

»Da sie zu leichtlich glaubt, irrt muntre Jugend oft.«

Doch indem besinnt er sich, daß das Alter zu dem entgegen gesetzten Fehler nicht weniger geneigt ist; er will den unverzagten Jüngling nicht ganz niederschlagen, und fähret fort:

»Das Alter quält sich selbst, weil es zu wenig hofft.«

Diese Sentenzen mit einer gleichgültigen Aktion, mit einer nichts als schönen Bewegung des Armes begleiten, würde weit schlimmer sein, als sie ganz ohne Aktion hersagen. Die einzige ihnen angemessene Aktion ist die, welche ihre Allgemeinheit wieder auf das Besondere einschränkt. Die Zeile,

»Da sie zu leichtlich glaubt, irrt muntre Jugend oft«

muß in dem Tone, mit dem Gestu der väterlichen Warnung, an und gegen den Olint gesprochen werden, weil Olint es ist, dessen unerfahrne leichtgläubige Jugend bei dem sorgsamen Alten diese Betrachtung veranlaßt. Die Zeile hingegen,

»Das Alter quält sich selbst, weil es zu wenig hofft«

erfordert den Ton, das Achselzucken, mit dem wir unsere eigene Schwachheiten zu gestehen pflegen, und die Hände müssen sich notwendig gegen die Brust ziehen, um zu bemerken, daß Evander diesen Satz aus eigener Erfahrung habe, daß er selbst der Alte sei, von dem er gelte. – Es ist Zeit, daß ich von dieser Ausschweifung über den Vortrag der moralischen Stellen, wieder zurückkomme. Was man Lehrreiches darin findet, hat man lediglich den Beispielen des Hrn. Eckhof zu danken; ich habe nichts als von ihnen richtig zu abstrahieren gesucht. Wie leicht, wie angenehm ist es, einem Künstler nachzuforschen, dem das Gute nicht bloß gelingt, sondern der es macht!

Die Rolle der Clorinde ward von Madame Henseln gespielt, die ohnstreitig eine von den besten Aktricen ist, welche das deutsche Theater jemals gehabt hat. Ihr besonderer Vorzug ist eine sehr richtige Deklamation; ein falscher Accent wird ihr schwerlich entwischen; sie weiß den verworrensten, holprichsten, dunkelsten Vers, mit einer Leichtigkeit, mit einer Präcision zu sagen, daß er durch ihre Stimme die deutlichste Erklärung, den vollständigsten Kommentar erhält. Sie verbindet damit nicht selten ein Raffinement, welches entweder von einer sehr glücklichen Empfindung, oder von einer sehr richtigen Beurteilung zeuget. Ich glaube die Liebeserklärung, welche sie dem Olint tut, noch zu hören:

» – Erkenne mich! Ich kann nicht länger schweigen;
Verstellung oder Stolz sei niedern Seelen eigen.
Olint ist in Gefahr, und ich bin außer mir –
Bewundernd sah ich oft im Krieg und Schlacht nach dir;
Mein Herz, das vor sich selbst sich zu entdecken scheute,
War wider meinen Ruhm und meinen Stolz im Streite.
Dein Unglück aber reißt die ganze Seele hin,
Und itzt erkenn ich erst wie klein, wie schwach ich bin.
Itzt, da dich alle die, die dich verehrten, hassen,
Da du zur Pein bestimmt, von jedermann verlassen,
Verbrechern gleich gestellt, unglücklich und ein Christ,
Dem furchtbarn Tode nah, im Tod noch elend bist:
Itzt wag ichs zu gestehn: itzt kenne meine Triebe!«

Wie frei, wie edel war dieser Ausbruch! Welches Feuer, welche Inbrunst beseelten jeden Ton! Mit welcher Zudringlichkeit, mit welcher Überströmung des Herzens sprach ihr Mitleid! Mit welcher Entschlossenheit ging sie auf das Bekenntnis ihrer Liebe los! Aber wie unerwartet, wie überraschend brach sie auf einmal ab, und veränderte auf einmal Stimme und Blick, und die ganze Haltung des Körpers, da es nun darauf ankam, die dürren Worte ihres Bekenntnisses zu sprechen. Die Augen zur Erde geschlagen, nach einem langsamen Seufzer, in dem furchtsamen gezogenen Tone der Verwirrung, kam endlich,

»Ich liebe dich, Olint, –«

heraus, und mit einer Wahrheit! Auch der, der nicht weiß, ob die Liebe sich so erklärt, empfand, daß sie sich so erklären sollte. Sie entschloß sich als Heldin, ihre Liebe zu gestehen, und gestand sie, als ein zärtliches, schamhaftes Weib. So Kriegerin als sie war, so gewöhnt sonst in allem zu männlichen Sitten: behielt das Weibliche doch hier die Oberhand. Kaum aber waren sie hervor, diese der Sittsamkeit so schwere Worte, und mit eins war auch jener Ton der Freimütigkeit wieder da. Sie fuhr mit der sorglosesten Lebhaftigkeit, in aller der unbekümmerten Hitze des Affekts fort:

»– – – Und stolz auf meine Liebe,
Stolz, daß dir meine Macht dein Leben retten kann,
Biet ich dir Hand und Herz, und Kron und Purpur an.«

Denn die Liebe äußert sich nun als großmütige Freundschaft: und die Freundschaft spricht eben so dreist, als schüchtern die Liebe.

FÜNFTES STÜCK

Den 15ten Mai, 1767

Es ist unstreitig, daß die Schauspielerin durch diese meisterhafte Absetzung der Worte,

»Ich liebe dich, Olint, –«

der Stelle eine Schönheit gab, von der sich der Dichter, bei dem alles in dem nämlichen Flusse von Worten daher rauscht, nicht das geringste Verdienst beimessen kann. Aber wenn es ihr doch gefallen hätte, in diesen Verfeinerungen ihrer Rolle fortzufahren! Vielleicht besorgte sie, den Geist des Dichters ganz zu verfehlen; oder vielleicht scheute sie den Vorwurf, nicht das, was der Dichter sagt, sondern was er hätte sagen sollen, gespielt zu haben. Aber welches Lob könnte größer sein, als so ein Vorwurf? Freilich muß sich nicht jeder Schauspieler einbilden, dieses Lob verdienen zu können. Denn sonst möchte es mit den armen Dichtern übel aussehen.

Cronegk hat wahrlich aus seiner Clorinde ein sehr abgeschmacktes, widerwärtiges, häßliches Ding gemacht. Und dem ohngeachtet ist sie noch der einzige Charakter, der uns bei ihm interessieret. So sehr er die schöne Natur in ihr verfehlt, so tut doch noch die plumpe, ungeschlachte Natur einige Wirkung. Das macht, weil die übrigen Charaktere ganz außer aller Natur sind, und wir doch noch leichter mit einem Dragoner von Weibe, als mit himmelbrütenden Schwärmern sympathisieren. Nur gegen das Ende, wo sie mit in den begeisterten Ton fällt, wird sie uns eben so gleichgültig und ekel. Alles ist Widerspruch in ihr, und immer springt sie von einem Äußersten auf das andere. Kaum hat sie ihre Liebe erklärt, so fügt sie hinzu:

»Wirst du mein Herz verschmähn? Du schweigst? – Entschließe dich;
Und wenn du zweifeln kannst – so zittre!«

So zittre? Olint soll zittern? er, den sie so oft, in dem Tumulte der Schlacht, unerschrocken unter den Streichen des Todes gesehen? Und soll vor ihr zittern? Was will sie denn? Will sie ihm die Augen auskratzen? – O wenn es der Schauspielerin eingefallen wäre, für diese ungezogene weibliche Gasconade »so zittre!« zu sagen: ich zittre! Sie konnte zittern, so viel sie wollte, ihre Liebe verschmäht, ihren Stolz beleidiget zu finden. Das wäre sehr natürlich gewesen. Aber es von dem Olint verlangen, Gegenliebe von ihm, mit dem Messer an der Gurgel, fodern, das ist so unartig als lächerlich.

Doch was hätte es geholfen, den Dichter einen Augenblick länger in den Schranken des Wohlstandes und der Mäßigung zu erhalten? Er fährt fort, Clorinden in dem wahren Tone einer besoffenen Marquetenderin rasen zu lassen; und da findet keine Linderung, keine Bemäntelung mehr Statt.

Das einzige, was die Schauspielerin zu seinem Besten noch tun könnte, wäre vielleicht dieses, wenn sie sich von seinem wilden Feuer nicht so ganz hinreißen ließe, wenn sie ein wenig an sich hielte, wenn sie die äußerste Wut nicht mit der äußersten Anstrengung der Stimme, nicht mit den gewaltsamsten Gebärden ausdrückte.

Wenn Shakespeare nicht ein eben so großer Schauspieler in der Ausübung gewesen ist, als er ein dramatischer Dichter war, so hat er doch wenigstens eben so gut gewußt, was zu der Kunst des einen, als was zu der Kunst des andern gehöret. Ja vielleicht hatte er über die Kunst des erstern um so viel tiefer nachgedacht, weil er so viel weniger Genie dazu hatte. Wenigstens ist jedes Wort, das er dem Hamlet, wenn er die Komödianten abrichtet, in den Mund legt, eine goldene Regel für alle Schauspieler, denen an einem vernünftigen Beifalle gelegen ist. »Ich bitte euch,« läßt er ihn unter andern zu den Komödianten sagen, »sprecht die Rede so, wie ich sie euch vorsagte; die Zunge muß nur eben darüber hinlaufen. Aber wenn ihr mir sie so heraushalset, wie es manche von unsern Schauspielern tun: seht, so wäre mir es eben so lieb gewesen, wenn der Stadtschreier meine Verse gesagt hätte. Auch durchsägt mir mit eurer Hand nicht so sehr die Luft, sondern macht alles hübsch artig; denn mitten in dem Strome, mitten in dem Sturme, mitten, so zu reden, in dem Wirbelwinde der Leidenschaften, müßt ihr noch einen Grad von Mäßigung beobachten, der ihnen das Glatte und Geschmeidige gibt.«

Man spricht so viel von dem Feuer des Schauspielers; man zerstreitet sich so sehr, ob ein Schauspieler zu viel Feuer haben könne. Wenn die, welche es behaupten, zum Beweise anführen, daß ein Schauspieler ja wohl am unrechten Orte heftig, oder wenigstens heftiger sein könne, als es die Umstände erfodern: so haben die, welche es leugnen, Recht zu sagen, daß in solchem Falle der Schauspieler nicht zu viel Feuer, sondern zu wenig Verstand zeige. Überhaupt kömmt es aber wohl darauf an, was wir unter dem Worte Feuer verstehen. Wenn Geschrei und Kontorsionen Feuer sind, so ist es wohl unstreitig, daß der Akteur darin zu weit gehen kann. Besteht aber das Feuer in der Geschwindigkeit und Lebhaftigkeit, mit welcher alle Stücke, die den Akteur ausmachen, das ihrige dazu beitragen, um seinem Spiele den Schein der Wahrheit zu geben: so müßten wir diesen Schein der Wahrheit nicht bis zur äußersten Illusion getrieben zu sehen wünschen, wenn es möglich wäre, daß der Schauspieler allzuviel Feuer in diesem Verstande anwenden könnte. Es kann also auch nicht dieses Feuer sein, dessen Mäßigung Shakespeare, selbst in dem Strome, in dem Sturme, in dem Wirbelwinde der Leidenschaft verlangt: er muß bloß jene Heftigkeit der Stimme und der Bewegungen meinen; und der Grund ist leicht zu finden, warum auch da, wo der Dichter nicht die geringste Mäßigung beobachtet hat, dennoch der Schaupieler sich in beiden Stücken mäßigen müsse. Es gibt wenig Stimmen, die in ihrer äußersten Anstrengung nicht widerwärtig würden; und allzu schnelle, allzu stürmische Bewegungen werden selten edel sein. Gleichwohl sollen weder unsere Augen noch unsere Ohren beleidiget werden; und nur alsdenn, wenn man bei Äußerung der heftigen Leidenschaften alles vermeidet, was diesen oder jenen unangenehm sein könnte, haben sie das Glatte und Geschmeidige, welches ein Hamlet auch noch da von ihnen verlangt, wenn sie den höchsten Eindruck machen, und ihm das Gewissen verstockter Frevler aus dem Schlafe schrecken sollen.

Die Kunst des Schauspielers stehet hier, zwischen den bildenden Künsten und der Poesie, mitten inne. Als sichtbare Malerei muß zwar die Schönheit ihr höchstes Gesetz sein; doch als transitorische Malerei braucht sie ihren Stellungen jene Ruhe nicht immer zu geben, welche die alten Kunstwerke so imponierend macht. Sie darf sich, sie muß sich das Wilde eines Tempesta, das Freche eines Bernini öfters erlauben; es hat bei ihr alle das Ausdrückende, welches ihm eigentümlich ist, ohne das Beleidigende zu haben, das es in den bildenden Künsten durch den permanenten Stand erhält. Nur muß sie nicht allzulang darin verweilen; nur muß sie es durch die vorhergehenden Bewegungen allmählig vorbereiten, und durch die darauf folgenden wiederum in den allgemeinen Ton des Wohlanständigen auflösen; nur muß sie ihm nie alle die Stärke geben, zu der sie der Dichter in seiner Bearbeitung treiben kann. Denn sie ist zwar eine stumme Poesie, aber die sich unmittelbar unsern Augen verständlich machen will; und jeder Sinn will geschmeichelt sein, wenn er die Begriffe, die man ihm in die Seele zu bringen giebet, unverfälscht überliefern soll.

Es könnte leicht sein, daß sich unsere Schauspieler bei der Mäßigung, zu der sie die Kunst auch in den heftigsten Leidenschaften verbindet, in Ansehung des Beifalles, nicht allzuwohl befinden dürften. – Aber welches Beifalles? – Die Galerie ist freilich ein großer Liebhaber des Lärmenden und Tobenden, und selten wird sie ermangeln, eine gute Lunge mit lauten Händen zu erwidern. Auch das deutsche Parterre ist noch ziemlich von diesem Geschmacke, und es gibt Akteurs, die schlau genug von diesem Geschmacke Vorteil zu ziehen wissen. Der Schläfrigste rafft sich, gegen das Ende der Szene, wenn er abgehen soll, zusammen, erhebet auf einmal die Stimme, und überladet die Aktion, ohne zu überlegen, ob der Sinn seiner Rede diese höhere Anstrengung auch erfodere. Nicht selten widerspricht sie sogar der Verfassung, mit der er abgehen soll; aber was tut das ihm? Genug, daß er das Parterre dadurch erinnert hat, aufmerksam auf ihn zu sein, und wenn es die Güte haben will, ihm nachzuklatschen. Nachzischen sollte es ihm! Doch leider ist es teils nicht Kenner genug, teils zu gutherzig, und nimmt die Begierde, ihm gefallen zu wollen, für die Tat.

Ich getraue mich nicht, von der Aktion der übrigen Schauspieler in diesem Stücke etwas zu sagen. Wenn sie nur immer bemüht sein müssen, Fehler zu bemänteln, und das Mittelmäßige geltend zu machen: so kann auch der Beste nicht anders, als in einem sehr zweideutigen Lichte erscheinen. Wenn wir ihn auch den Verdruß, den uns der Dichter verursacht, nicht mit entgelten lassen, so sind wir doch nicht aufgeräumt genug, ihm alle die Gerechtigkeit zu erweisen, die er verdienet.

Den Beschluß des ersten Abends machte der Triumph der vergangenen Zeit, ein Lustspiel in einem Aufzuge, nach dem Französischen des le Grand. Es ist eines von den drei kleinen Stücken, welche le Grand unter dem allgemeinen Titel, der Triumph der Zeit, im Jahr 1724 auf die französische Bühne brachte, nachdem er den Stoff desselben, bereits einige Jahre vorher, unter der Aufschrift, die lächerlichen Verliebten, behandelt, aber wenig Beifall damit erhalten hatte. Der Einfall, der dabei zum Grunde liegt, ist drollig genug, und einige Situationen sind sehr lächerlich. Nur ist das Lächerliche von der Art, wie es sich mehr für eine satyrische Erzählung, als auf die Bühne schickt. Der Sieg der Zeit über Schönheit und Jugend macht eine traurige Idee; die Einbildung eines sechszigjährigen Gecks und einer eben so alten Närrin, daß die Zeit nur über ihre Reize keine Gewalt sollte gehabt haben, ist zwar lächerlich; aber diesen Geck und diese Närrin selbst zu sehen, ist ekelhafter, als lächerlich.

SECHSTES STÜCK

Den 19ten Mai, 1767

Noch habe ich der Anreden an die Zuschauer, vor und nach dem großen Stücke des ersten Abends, nicht gedacht. Sie schreiben sich von einem Dichter her, der es mehr als irgend ein anderer versteht, tiefsinnigen Verstand mit Witz aufzuheitern, und nachdenklichem Ernste die gefällige Miene des Scherzes zu geben. Womit könnte ich diese Blätter besser auszieren, als wenn ich sie meinen Lesern ganz mitteile? Hier sind sie. Sie bedürfen keines Kommentars. Ich wünsche nur, daß manches darin nicht in den Wind gesagt sei!

Sie wurden beide ungemein wohl, die erstere mit alle dem Anstande und der Würde, und die andere mit alle der Wärme und Feinheit und einschmeichelnden Verbindlichkeit gesprochen, die der besondere Inhalt einer jeden erfoderte.

Prolog

(Gesprochen von Madame Löwen)

Ihr Freunde, denen hier das mannichfache Spiel
Des Menschen, in der Kunst der Nachahmung gefiel:
Ihr, die ihr gerne weint, ihr weichen, bessern Seelen,
Wie schön, wie edel ist die Lust, sich so zu quälen;
Wenn bald die süße Trän', indem das Herz erweicht,
In Zärtlichkeit zerschmilzt, still von den Wangen schleicht,
Bald die bestürmte Seel', in jeder Nerv' erschüttert,
Im Leiden Wollust fühlt, und mit Vergnügen zittert!
O sagt, ist diese Kunst, die so eur Herz erschmelzt,
Der Leidenschaften Strom so durch eur Inners wälzt,
Vergnügend, wenn sie rührt, entzückend, wenn sie
schrecket,
Zu Mitleid, Menschenlieb', und Edelmut erwecket,
Die Sittenbilderin, die jede Tugend lehrt,
Ist die nicht eurer Gunst, und eurer Pflege wert?
Die Fürsicht sendet sie mitleidig auf die Erde,
Zum Besten des Barbars, damit er menschlich werde;
Weiht sie, die Lehrerin der Könige zu sein,
Mit Würde, mit Genie, mit Feur vom Himmel ein;
Heißt sie, mit ihrer Macht, durch Tränen zu ergötzen,
Das stumpfeste Gefühl der Menschenliebe wetzen;
Durch süße Herzensangst, und angenehmes Graun
Die Bosheit bändigen, und an den Seelen baun;
Wohltätig für den Staat, den Wütenden, den Wilden,
Zum Menschen, Bürger, Freund, und Patrioten bilden.
Gesetze stärken zwar der Staaten Sicherheit,
Als Ketten an der Hand der Ungerechtigkeit:
Doch deckt noch immer List den Bösen vor dem Richter,
Und Macht wird oft der Schutz erhabner Bösewichter.
Wer rächt die Unschuld dann? Weh dem gedrückten Staat,
Der, statt der Tugend, nichts, als ein Gesetzbuch hat!
Gesetze, nur ein Zaum der offenen Verbrechen,
Gesetze, die man lehrt des Hasses Urteil sprechen,
Wenn ihnen Eigennutz, Stolz und Parteilichkeit
Für eines Solons Geist, den Geist der Drückung leiht!

Da lernt Bestechung bald, um Strafen zu entgehen,
Das Schwert der Majestät aus ihren Händen drehen:
Da pflanzet Herrschbegier, sich freuend des Verfalls
Der Redlichkeit, den Fuß der Freiheit auf den Hals.
Läßt den, der sie vertritt, in Schimpf und Banden schmachten,
Und das blutschuld'ge Beil der Themis Unschuld schlachten!
Wenn der, den kein Gesetz straft, oder strafen kann,
Der schlaue Bösewicht, der blutige Tyrann,
Wenn der die Unschuld drückt, wer wagt es, sie zu decken?
Den sichert tiefe List, und diesen waffnet Schrecken.
Wer ist ihr Genius, der sich entgegen legt? –
Wer? Sie, die itzt den Dolch, und itzt die Geißel trägt,
Die unerschrockne Kunst, die allen Mißgestalten
Strafloser Torheit wagt den Spiegel vorzuhalten;
Die das Geweb' enthüllt, worin sich List verspinnt,
Und den Tyrannen sagt, daß sie Tyrannen sind;
Die, ohne Menschenfurcht, vor Thronen nicht erblödet,
Und mit des Donners Stimm' ans Herz der Fürsten redet;
Gekrönte Mörder schreckt, den Ehrgeiz nüchtern macht,
Den Heuchler züchtiget, und Toren klüger lacht;
Sie die zum Unterricht die Toten läßt erscheinen,
Die große Kunst, mit der wir lachen, oder weinen.
Sie fand in Griechenland Schutz, Lieb', und Lehrbegier;
In Rom, in Gallien, in Albion, und – hier.
Ihr, Freunde, habt hier oft, wenn ihre Tränen flossen,
Mit edler Weichlichkeit, die euren mit vergossen;
Habt redlich euren Schmerz mit ihrem Schmerz vereint,
Und ihr aus voller Brust den Beifall zugeweint:
Wie sie gehaßt, geliebt, gehoffet, und gescheuet,
Und eurer Menschlichkeit im Leiden euch erfreuet.
Lang hat sie sich umsonst nach Bühnen umgesehn:
In Hamburg fand sie Schutz: hier sei denn ihr Athen!
Hier, in dem Schoß der Ruh, im Schutze weiser Gönner,
Gemutiget durch Lob, vollendet durch den Kenner;

Hier reifet – ja ich wünsch', ich hoff', ich weissag' es! –
Ein zweiter Roscius, ein zweiter Sophokles,
Der Gräciens Kothurn Germanien erneure:
Und ein Teil dieses Ruhms, ihr Gönner, wird der eure.
O seid desselben wert! Bleibt eurer Güte gleich,
Und denkt, o denkt daran, ganz Deutschland sieht auf euch!

Epilog

(Gesprochen von Madame Hensel)

Seht hier! so standhaft stirbt der überzeugte Christ!
So lieblos hasset der, dem Irrtum nützlich ist,
Der Barbarei bedarf, damit er seine Sache,
Sein Ansehn, seinen Traum, zu Lehren Gottes mache.
Der Geist des Irrtums war Verfolgung und Gewalt,
Wo Blindheit für Verdienst, und Furcht für Andacht galt.
So konnt er sein Gespinst von Lügen, mit den Blitzen
Der Majestät, mit Gift, mit Meuchelmord beschützen.
Wo Überzeugung fehlt, macht Furcht den Mangel gut:
Die Wahrheit überführt, der Irrtum fodert Blut.
Verfolgen muß man die, und mit dem Schwert bekehren,
Die anders Glaubens sind, als die Ismenors lehren.
Und mancher Aladin sieht Staatsklug oder schwach,
Dem schwarzen Blutgericht der heilgen Mörder nach,
Und muß mit seinem Schwert den, welchen Träumer hassen,
Den Freund, den Märtyrer der Wahrheit würgen lassen.
Abscheulichs Meisterstück der Herrschsucht und der List,
Wofür kein Name hart, kein Schimpfwort lieblos ist!
O Lehre, die erlaubt, die Gottheit selbst mißbrauchen,
In ein unschuldig Herz des Hasses Dolch zu tauchen,
Dich, die ihr Blutpanier oft über Leichen trug,
Dich, Greuel, zu verschmähn, wer leiht mir einen Fluch!
Ihr Freund', in deren Brust der Menschheit edle Stimme
Laut für die Heldin sprach, als Sie dem Priester Grimme

Ein schuldlos Opfer ward, und für die Wahrheit sank:
Habt Dank für dies Gefühl, für jede Träne Dank!
Wer irrt, verdient nicht Zucht des Hasses oder Spottes:
Was Menschen hassen lehrt, ist keine Lehre Gottes!
Ach! liebt die Irrenden, die ohne Bosheit blind,
Zwar Schwächere vielleicht, doch immer Menschen sind.
Belehret, duldet sie; und zwingt nicht die zu Tränen,
Die sonst kein Vorwurf trifft, als daß sie anders wähnen!
Rechtschaffen ist der Mann, den, seinem Glauben treu,
Nichts zur Verstellung zwingt, zu böser Heuchelei;
Der für die Wahrheit glüht, und, nie durch Furcht gezügelt,
Sie freudig, wie Olint, mit seinem Blut versiegelt.
Solch Beispiel, edle Freund', ist eures Beifalls wert:
O wohl uns! hätten wir, was Cronegk schön gelehrt,
Gedanken, die ihn selbst so sehr veredelt haben,
Durch unsre Vorstellung tief in eur Herz gegraben!
Des Dichters Leben war schön, wie sein Nachruhm ist;
Er war, und – o verzeiht die Trän! – und starb ein Christ.
Ließ sein vortrefflich Herz der Nachwelt in Gedichten,
Um sie – was kann man mehr? – noch tot zu unterrichten.
Versaget, hat euch itzt Sophronia gerührt,
Denn seiner Asche nicht, was ihr mit Recht gebührt,
Den Seufzer, daß er starb, den Dank für seine Lehre,
Und – ach! den traurigen Tribut von einer Zähre.
Uns aber, edle Freund', ermuntre Gütigkeit;
Und hätten wir gefehlt, so tadelt; doch verzeiht.
Verzeihung mutiget zu edelerm Erkühnen,
Und feiner Tadel lehrt, das höchste Lob verdienen.
Bedenkt, daß unter uns die Kunst nur kaum beginnt,
In welcher tausend Quins, für einen Garrick sind;
Erwartet nicht zu viel, damit wir immer steigen,
Und – doch nur euch gebührt zu richten, uns zu schweigen.

SIEBENDES STÜCK

Den 22sten Mai, 1767

Der Prolog zeiget das Schauspiel in seiner höchsten Würde, indem er es als das Supplement der Gesetze betrachten läßt. Es gibt Dinge in dem sittlichen Betragen des Menschen, welche, in Ansehung ihres unmittelbaren Einflusses auf das Wohl der Gesellschaft, zu unbeträchtlich, und in sich selbst zu veränderlich sind, als daß sie wert oder fähig wären, unter der eigentlichen Aufsicht des Gesetzes zu stehen. Es gibt wiederum andere, gegen die alle Kraft der Legislation zu kurz fällt; die in ihren Triebfedern so unbegreiflich, in sich selbst so ungeheuer, in ihren Folgen so unermeßlich sind, daß sie entweder der Ahndung der Gesetze ganz entgehen, oder doch unmöglich nach Verdienst geahndet werden können. Ich will es nicht unternehmen, auf die erstern, als auf Gattungen des Lächerlichen, die Komödie; und auf die andern, als auf außerordentliche Erscheinungen in dem Reiche der Sitten, welche die Vernunft in Erstaunen, und das Herz in Tumult setzen, die Tragödie einzuschränken. Das Genie lacht über alle die Grenzscheidungen der Kritik. Aber so viel ist doch unstreitig, daß das Schauspiel überhaupt seinen Vorwurf entweder diesseits oder jenseits der Grenzen des Gesetzes wählet, und die eigentlichen Gegenstände desselben nur in so fern behandelt, als sie sich entweder in das Lächerliche verlieren, oder bis in das Abscheuliche verbreiten.

Der Epilog verweilet bei einer von den Hauptlehren, auf welche ein Teil der Fabel und Charaktere des Trauerspiels mit abzwecken. Es war zwar von dem Hrn. von Cronegk ein wenig unüberlegt, in einem Stücke, dessen Stoff aus den unglücklichen Zeiten der Kreuzzüge genommen ist, die Toleranz predigen, und die Abscheulichkeiten des Geistes der Verfolgung an den Bekennern der mahomedanischen Religion zeigen zu wollen. Denn diese Kreuzzüge selbst, die in ihrer Anlage ein politischer Kunstgriff der Päbste waren, wurden in ihrer Ausführung die unmenschlichsten Verfolgungen, deren sich der christliche Aberglaube jemals schuldig gemacht hat; die meisten und blutgierigsten Ismenors hatte damals die wahre Religion; und einzelne Personen, die eine Moschee beraubet haben, zur Strafe ziehen, kömmt das wohl gegen die unselige Raserei, welche das rechtgläubige Europa entvölkerte, um das ungläubige Asien zu verwüsten? Doch was der Tragicus in seinem Werke sehr unschicklich angebracht hat, das konnte der Dichter des Epilogs gar wohl auffassen. Menschlichkeit und Sanftmut verdienen bei jeder Gelegenheit empfohlen zu werden, und kein Anlaß dazu kann so entfernt sein, den wenigstens unser Herz nicht sehr natürlich und dringend finden sollte.

Übrigens stimme ich mit Vergnügen dem rührenden Lobe bei, welches der Dichter dem seligen Cronegk erteilet. Aber ich werde mich schwerlich bereden lassen, daß er mit mir, über den poetischen Wert des kritisierten Stückes, nicht ebenfalls einig sein sollte. Ich bin sehr betroffen gewesen, als man mich versichert, daß ich verschiedene von meinen Lesern durch mein unverhohlnes Urteil unwillig gemacht hätte. Wenn ihnen bescheidene Freiheit, bei der sich durchaus keine Nebenabsichten denken lassen, mißfällt, so laufe ich Gefahr, sie noch oft unwillig zu machen. Ich habe gar nicht die Absicht gehabt, ihnen die Lesung eines Dichters zu verleiden, den ungekünstelter Witz, viel feine Empfindung und die lauterste Moral empfehlen. Diese Eigenschaften werden ihn jederzeit schätzbar machen, ob man ihm schon andere absprechen muß, zu denen er entweder gar keine Anlage hatte, oder die zu ihrer Reife gewisse Jahre erfordern, weit unter welchen er starb. Sein Codrus ward von den Verfassern der Bibliothek der schönen Wissenschaften gekrönet, aber wahrlich nicht als ein gutes Stück, sondern als das beste von denen, die damals um den Preis stritten. Mein Urteil nimmt ihm also keine Ehre, die ihm die Kritik damals erteilet. Wenn Hinkende um die Wette laufen, so bleibt der, welcher von ihnen zuerst an das Ziel kömmt, doch noch ein Hinkender.

Eine Stelle in dem Epilog ist einer Mißdeutung ausgesetzt gewesen, von der sie gerettet zu werden verdienet. Der Dichter sagt:

»Bedenkt, daß unter uns die Kunst nur kaum beginnt,
In welcher tausend Quins, für einen Garrick sind.«

Quin, habe ich darwider erinnern hören, ist kein schlechter Schauspieler gewesen. – Nein, gewiß nicht; er war Thomsons besonderer Freund, und die Freundschaft, in der ein Schauspieler mit einem Dichter, wie Thomson, gestanden, wird bei der Nachwelt immer ein gutes Vorurteil für seine Kunst erwecken. Auch hat Quin noch mehr, als dieses Vorurteil für sich: man weiß, daß er in der Tragödie mit vieler Würde gespielet; daß er besonders der erhabenen Sprache des Milton Genüge zu leisten gewußt; daß er, im Komischen, die Rolle des Falstaff zu ihrer größten Vollkommenheit gebracht. Doch alles dieses macht ihn zu keinem Garrick; und das Mißverständnis liegt bloß darin, daß man annimmt, der Dichter habe diesem allgemeinen und außerordentlichen Schauspieler einen schlechten, und für schlecht durchgängig erkannten, entgegen setzen wollen. Quin soll hier einen von der gewöhnlichen Sorte bedeuten, wie man sie alle Tage sieht; einen Mann, der überhaupt seine Sache so gut wegmacht, daß man mit ihm zufrieden ist; der auch diesen und jenen Charakter ganz vortrefflich spielet, so wie ihm seine Figur, seine Stimme, sein Temperament dabei zu Hülfe kommen. So ein Mann ist sehr brauchbar, und kann mit allem Rechte ein guter Schauspieler heißen; aber wie viel fehlt ihm noch, um der Proteus in seiner Kunst zu sein, für den das einstimmige Gerücht schon längst den Garrick erkläret hat. Ein solcher Quin machte, ohne Zweifel, den König im Hamlet, als Thomas Jones und Rebhuhn in der Komödie waren;* und der Rebhuhne gibt es mehrere, die nicht einen Augenblick anstehen, ihn einem Garrick weit vorzuziehen. »Was? sagen sie, Garrick der größte Akteur? Er schien ja nicht über das Gespenst erschrocken, sondern er war es. Was ist das für eine Kunst, über ein Gespenst zu erschrecken? Gewiß und wahrhaftig, wenn wir den Geist gesehen hätten, so würden wir eben so ausgesehen, und eben das getan ha-

* Teil VI. S. 15.

ben, was er tat. Der andere hingegen, der König, schien wohl auch, etwas gerührt zu sein, aber als ein guter Akteur gab er sich doch alle mögliche Mühe, es zu verbergen. Zu dem sprach er alle Worte so deutlich aus, und redete noch einmal so laut, als jener kleine unansehnliche Mann, aus dem ihr so ein Aufhebens macht!«

Bei den Engländern hat jedes neue Stück seinen Prolog und Epilog, den entweder der Verfasser selbst, oder ein Freund desselben, abfasset. Wozu die Alten den Prolog brauchten, den Zuhörer von verschiedenen Dingen zu unterrichten, die zu einem geschwindern Verständnisse der zum Grunde liegenden Geschichte des Stückes dienen, dazu brauchen sie ihn zwar nicht. Aber er ist darum doch nicht ohne Nutzen. Sie wissen hunderterlei darin zu sagen, was das Auditorium für den Dichter, oder für den von ihm bearbeiteten Stoff einnehmen, und unbilligen Kritiken, sowohl über ihn als über die Schauspieler, vorbauen kann. Noch weniger bedienen sie sich des Epilogs, so wie sich wohl Plautus dessen manchmal bedienet; um die völlige Auflösung des Stücks, die in dem fünften Akte nicht Raum hatte, darin erzählen zu lassen. Sondern sie machen ihn zu einer Art von Nutzanwendung, voll guter Lehren, voll feiner Bemerkungen über die geschilderten Sitten, und über die Kunst, mit der sie geschildert worden; und das alles in dem schnurrigsten, launigsten Tone. Diesen Ton ändern sie auch nicht einmal gern bei dem Trauerspiele; und es ist gar nichts ungewöhnliches, daß nach dem blutigsten und rührendsten, die Satyre ein so lautes Gelächter aufschlägt, und der Witz so mutwillig wird, daß es scheinet, es sei die ausdrückliche Absicht, mit allen Eindrücken des Guten ein Gespötte zu treiben. Es ist bekannt, wie sehr Thomson wider diese Narrenschellen, mit der man der Melpomene nachklingelt, geeifert hat. Wenn ich daher wünschte, daß auch bei uns neue Originalstücke, nicht ganz ohne Einführung und Empfehlung, vor das Publikum gebracht würden, so versteht es sich von selbst, daß bei dem Trauerspiele der Ton des Epilogs unserm deutschen Ernste angemessener sein müßte. Nach dem Lustspiele könnte er immer so burlesk sein, als er wollte.

Dryden ist es, der bei den Engländern Meisterstücke von dieser Art gemacht hat, die noch itzt mit dem größten Vergnügen gelesen werden, nachdem die Spiele selbst, zu welchen er sie verfertiget, zum Teil längst vergessen sind. Hamburg hätte einen deutschen Dryden in der Nähe; und ich brauche ihn nicht noch einmal zu bezeichnen, wer von unsern Dichtern Moral und Kritik mit attischem Salze zu würzen, so gut als der Engländer verstehen würde.

ACHTES STÜCK

Den 26sten Mai, 1767

Die Vorstellungen des ersten Abends, wurden den zweiten wiederholt.

Den dritten Abend (Freitags, den 24sten v. M.) ward Melanide aufgeführet. Dieses Stück des Nivelle de la Chaussee ist bekannt. Es ist von der rührenden Gattung, der man den spöttischen Beinamen, der Weinerlichen, gegeben. Wenn weinerlich heißt, was uns die Tränen nahe bringt, wobei wir nicht übel Lust hätten zu weinen, so sind verschiedene Stükke von dieser Gattung etwas mehr, als weinerlich; sie kosten einer empfindlichen Seele Ströme von Tränen; und der gemeine Praß französischer Trauerspiele verdienet, in Vergleichung ihrer, allein weinerlich genannt zu werden. Denn eben bringen sie es ungefähr so weit, daß uns wird, als ob wir hätten weinen können, wenn der Dichter seine Kunst besser verstanden hätte.

Melanide ist kein Meisterstück von dieser Gattung; aber man sieht es doch immer mit Vergnügen. Es hat sich, selbst auf dem französischen Theater, erhalten, auf welchem es im Jahre 1741 zuerst gespielt ward. Der Stoff, sagt man, sei aus einem Roman, Mademoiselle de Bontems betitelt, entlehnet. Ich kenne diesen Roman nicht; aber wenn auch die Situation der zweiten Szene des dritten Akts aus ihm genommen ist, so muß ich einen Unbekannten, anstatt des de la Chaussee, um das beneiden, weswegen ich wohl, eine Melanide gemacht zu haben, wünschte.

Die Übersetzung war nicht schlecht; sie ist unendlich besser, als eine italienische, die in dem zweiten Bande der theatralischen Bibliothek des Diodati stehet. Ich muß es zum Troste des größten Haufens unserer Übersetzer anführen, daß ihre italienischen Mitbrüder meistenteils noch weit elender sind, als sie. Gute Verse indes in gute Prosa übersetzen, erfodert etwas mehr, als Genauigkeit; oder ich möchte wohl sagen, etwas anders. Allzu pünktliche Treue macht jede Übersetzung steif, weil unmöglich alles, was in der einen Sprache natürlich ist, es auch in der andern sein kann. Aber eine Übersetzung aus Versen macht sie zugleich wäßrig und schielend. Denn wo ist der glückliche Versificateur, den nie das Sylbenmaß, nie der Reim, hier etwas mehr oder weniger, dort etwas stärker oder schwächer, früher oder später, sagen ließe, als er es, frei von diesem Zwange, würde gesagt haben? Wenn nun der Übersetzer dieses nicht zu unterscheiden weiß; wenn er nicht Geschmack, nicht Mut genug hat, hier einen Nebenbegriff wegzulassen, da statt der Metapher den eigentlichen Ausdruck zu setzen, dort eine Ellipsis zu ergänzen oder anzubringen: so wird er uns alle Nachlässigkeiten seines Originals überliefert, und ihnen nichts als die Entschuldigung benommen haben, welche die Schwierigkeiten der Symmetrie und des Wohlklanges in der Grundsprache für sie machen.

Die Rolle der Melanide ward von einer Aktrice gespielet, die nach einer neunjährigen Entfernung vom Theater, aufs neue in allen den Vollkommenheiten wieder erschien, die Kenner und Nichtkenner, mit und ohne Einsicht, ehedem an ihr empfunden und bewundert hatten. Madame Löwen verbindet mit dem silbernen Tone der sonoresten lieblichsten Stimme, mit dem offensten, ruhigsten und gleichwohl ausdruckfähigsten Gesichte von der Welt, das feinste schnellste Gefühl, die sicherste wärmste Empfindung, die sich, zwar nicht immer so lebhaft, als es viele wünschen, doch allezeit mit Anstand und Würde äußert. In ihrer Deklamation accentuiert sie richtig, aber nicht merklich. Der gänzliche Mangel intensiver Accente verursacht Monotonie; aber ohne ihr diese vorwerfen zu können, weiß sie dem sparsamern Gebrauche derselben durch eine andere Feinheit zu Hülfe zu kommen, von der, leider! sehr viele Akteurs ganz und gar nichts wissen. Ich will mich erklären. Man weiß, was in der Musik das Mouvement heißt; nicht der Takt, sondern der Grad der Langsamkeit oder Schnelligkeit, mit welchen der Takt gespielt wird. Dieses Mouvement ist durch das ganze Stück einförmig; in dem nämlichen Maße der Geschwindigkeit, in welchem die ersten Takte gespielet worden, müssen sie alle, bis zu den letzten, gespielet werden. Diese Einförmigkeit ist in der Musik notwendig, weil *ein* Stück nur einerlei ausdrücken kann, und ohne dieselbe gar keine Verbindung verschiedener Instrumente und Stimmen möglich sein würde. Mit der Deklamation hingegen ist es ganz anders. Wenn wir einen Perioden von mehrern Gliedern, als ein besonderes musikalisches Stück annehmen, und die Glieder als die Takte desselben betrachten, so müssen diese Glieder, auch alsdenn, wenn sie vollkommen gleicher Länge wären, und aus der nämlichen Anzahl von Sylben des nämlichen Zeitmaßes bestünden, dennoch nie mit einerlei Geschwindigkeit gesprochen werden. Denn da sie, weder in Absicht auf die Deutlichkeit und den Nachdruck, noch in Rücksicht auf den in dem ganzen Perioden herrschenden Affekt, von einerlei Wert und Belang sein können: so ist es der Natur gemäß, daß die Stimme die geringfügigern schnell herausstößt, flüchtig und nachlässig darüber hinschlupft; auf den beträchtlichern aber verweilet, sie dehnet und schleift, und jedes Wort, und in jedem Worte jeden Buchstaben, uns zuzählet. Die Grade dieser Verschiedenheit sind unendlich; und ob sie sich schon durch keine künstliche Zeitteilchen bestimmen und gegen einander abmessen lassen, so werden sie doch auch von dem ungelehrtesten Ohre unterschieden, so wie von der ungelehrtesten Zunge beobachtet, wenn die Rede aus einem durchdrungenen Herzen, und nicht bloß aus einem fertigen Gedächtnisse fließet. Die Wirkung ist unglaublich, die dieses beständig abwechselnde Mouvement der Stimme hat; und werden vollends alle Abänderungen des Tones, nicht bloß in Ansehung der Höhe und Tiefe, der Stärke und Schwäche, sondern auch des Rauhen und Sanften, des Schneidenden und Runden, sogar des Holprichten und Geschmeidigen, an den rechten Stellen, damit verbunden: so entstehet jene natürliche Musik, gegen die sich unfehlbar unser Herz eröffnet, weil es empfindet, daß sie aus dem Herzen entspringt, und die Kunst nur in so fern daran Anteil hat, als auch die Kunst zur Natur werden kann. Und in dieser Musik, sage ich, ist die Aktrice, von welcher ich spreche, ganz vortrefflich, und ihr niemand zu vergleichen, als Herr Eckhof, der aber, indem er die intensiven Accente auf einzelne Worte, worauf sie sich weniger befleißiget, noch hinzufüget, bloß dadurch seiner Deklamation eine höhere Vollkommenheit zu geben im Stande ist. Doch vielleicht hat sie auch diese in ihrer Gewalt; und ich urteile bloß so von ihr, weil ich sie noch in keinen Rollen gesehen, in welchen sich das Rührende zum Pathetischen erhebet. Ich erwarte sie in dem Trauerspiele, und fahre indes in der Geschichte unsers Theaters fort.

Den vierten Abend (Montags, den 27ten v. M.) ward ein neues deutsches Original, betitelt Julie, oder Wettstreit der Pflicht und Liebe, aufgeführet. Es hat den Hrn. Heufeld in Wien zum Verfasser, der uns sagt, daß bereits zwei andere Stücke von ihm, den Beifall des dortigen Publikums erhalten hätten. Ich kenne sie nicht; aber nach dem gegenwärtigen zu urteilen, müssen sie nicht ganz schlecht sein.

Die Hauptzüge der Fabel und der größte Teil der Situationen, sind aus der Neuen Heloise des Rousseau entlehnet. Ich wünschte, daß Hr. Heufeld, ehe er zu Werke geschritten, die Beurteilung dieses Romans in den Briefen, die neueste Literatur betreffend,* gelesen und studiert hätte. Er würde mit einer sicherern Einsicht in die Schönheiten seines Originals gearbeitet haben, und vielleicht in vielen Stücken glücklicher gewesen sein.

Der Wert der Neuen Heloise ist, von der Seite der Erfindung, sehr gering, und das Beste darin ganz und gar keiner dramatischen Bearbeitung fähig. Die Situationen sind alltäglich oder unnatürlich, und die wenig guten so weit von

* Teil X. S. 255 u. f.

einander entfernt, daß sie sich, ohne Gewaltsamkeit, in den engen Raum eines Schauspiels von drei Aufzügen nicht zwingen lassen. Die Geschichte konnte sich auf der Bühne unmöglich so schließen, wie sie sich in dem Romane nicht sowohl schließt, als verlieret. Der Liebhaber der Julie mußte hier glücklich werden, und Hr. Heufeld läßt ihn glücklich werden. Er bekömmt seine Schülerin. Aber hat Hr. Heufeld auch überlegt, daß seine Julie nun gar nicht mehr die Julie des Rousseau ist? Doch Julie des Rousseau, oder nicht: wem liegt daran? Wenn sie nur sonst eine Person ist, die interessieret. Aber eben das ist sie nicht; sie ist nichts, als eine kleine verliebte Närrin, die manchmal artig genug schwatzet, wenn sich Herr Heufeld auf eine schöne Stelle im Rousseau besinnet. »Julie, sagt der Kunstrichter, dessen Urteils ich erwähnet habe, spielt in der Geschichte eine zweifache Rolle. Sie ist Anfangs ein schwaches und sogar etwas verführerisches Mädchen, und wird zuletzt ein Frauenzimmer, das, als ein Muster der Tugend, alle, die man jemals erdichtet hat, weit übertrifft.« Dieses letztere wird sie durch ihren Gehorsam, durch die Aufopferung ihrer Liebe, durch die Gewalt, die sie über ihr Herz gewinnet. Wenn nun aber von allen diesen in dem Stücke nichts zu hören und zu sehen ist: was bleibt von ihr übrig, als, wie gesagt, das schwache verführerische Mädchen, das Tugend und Weisheit auf der Zunge, und Torheit im Herzen hat?

Den St. Preux des Rousseau hat Herr Heufeld in einen Siegmund umgetauft. Der Name Siegmund schmecket bei uns ziemlich nach dem Domestiquen. Ich wünschte, daß unsere dramatischen Dichter auch in solchen Kleinigkeiten ein wenig gesuchterer, und auf den Ton der großen Welt aufmerksamer sein wollten. – St. Preux spielt schon bei dem Rousseau eine sehr abgeschmackte Figur. »Sie nennen ihn alle, sagt der angeführte Kunstrichter, den Philosophen. Den Philosophen! Ich möchte wissen, was der junge Mensch in der ganzen Geschichte spricht oder tut, dadurch er diesen Namen verdienet? In meinen Augen ist er der albernste Mensch von der Welt, der in allgemeinen Ausrufungen Vernunft und Weisheit bis in den Himmel erhebt, und nicht den geringsten Funken davon besitzet. In seiner Liebe ist er abenteuerlich, schwülstig, ausgelassen, und in seinem übrigen Tun und Lassen findet sich nicht die geringste Spur von Überlegung. Er setzet das stolzeste Zutrauen in seine Vernunft, und ist dennoch nicht entschlossen genug, den kleinsten Schritt zu tun, ohne von seiner Schülerin, oder von seinem Freunde an der Hand geführet zu werden.« – Aber wie tief ist der deutsche Siegmund noch unter diesem St. Preux!

NEUNTES STÜCK

Den 29sten Mai, 1767

In dem Romane hat St. Preux doch noch dann und wann Gelegenheit, seinen aufgeklärten Verstand zu zeigen, und die tätige Rolle des rechtschaffenen Mannes zu spielen. Aber Siegmund in der Komödie ist weiter nichts, als ein kleiner eingebildeter Pedant, der aus seiner Schwachheit eine Tugend macht, und sich sehr beleidiget findet, daß man seinem zärtlichen Herzchen nicht durchgängig will Gerechtigkeit widerfahren lassen. Seine ganze Wirksamkeit läuft auf ein Paar mächtige Torheiten heraus. Das Bürschchen will sich schlagen und erstechen.

Der Verfasser hat es selbst empfunden, daß sein Siegmund nicht in genugsamer Handlung erscheinet; aber er glaubt, diesem Einwurfe dadurch vorzubeugen, wenn er zu erwägen gibt: »daß ein Mensch seines gleichen, in einer Zeit von vier und zwanzig Stunden, nicht wie ein König, dem alle Augenblicke Gelegenheiten dazu darbieten, große Handlungen verrichten könne. Man müsse zum voraus annehmen, daß er ein rechtschaffener Mann sei, wie er beschrieben werde; und genug, daß Julie, ihre Mutter, Clarisse, Eduard, lauter rechtschaffene Leute, ihn dafür erkannt hätten.«

Es ist recht wohl gehandelt, wenn man, im gemeinen Leben, in den Charakter anderer kein beleidigendes Mißtrauen setzt; wenn man dem Zeugnisse, das sich ehrliche Leute unter einander erteilen, allen Glauben beimißt. Aber darf uns der dramatische Dichter mit dieser Regel der Billigkeit abspeisen? Gewiß nicht; ob er sich schon sein Geschäft dadurch sehr leicht machen könnte. Wir wollen es auf der Bühne sehen, wer die Menschen sind, und können es nur aus ihren Taten sehen. Das Gute, das wir ihnen, bloß auf anderer Wort, zutrauen sollen, kann uns unmöglich für sie interessieren; es läßt uns völlig gleichgültig, und wenn wir nie die geringste eigene Erfahrung davon erhalten, so hat es sogar eine üble Rückwirkung auf diejenigen, auf deren Treu und Glauben wir es einzig und allein annehmen sollen. Weit gefehlt also, daß wir deswegen, weil Julie, ihre Mutter, Clarisse, Eduard, den Siegmund für den vortrefflichsten, vollkommensten jungen Menschen erklären, ihn auch dafür zu erkennen bereit sein sollten: so fangen wir vielmehr an, in die Einsicht aller dieser Personen ein Mißtrauen zu setzen, wenn wir nie mit unsern eigenen Augen etwas sehen, was ihre günstige Meinung rechtfertiget. Es ist wahr, in vier und zwanzig Stunden kann eine Privatperson nicht viel große Handlungen verrichten. Aber wer verlangt denn große? Auch in den kleinsten kann sich der Charakter schildern; und nur die, welche das meiste Licht auf ihn werfen, sind, nach der poetischen Schätzung, die größten. Wie traf es sich denn indes, daß vier und zwanzig Stunden Zeit genug waren, dem Siegmund zu den zwei äußersten Narrheiten Gelegenheit zu schaffen, die einem Menschen in seinen Umständen nur immer einfallen können? Die Gelegenheiten sind auch darnach; könnte der Verfasser antworten: doch das wird er wohl nicht. Sie möchten aber noch so natürlich herbeigeführet, noch so fein behandelt sein: so würden darum die Narrheiten selbst, die wir ihn zu begehen im Begriffe sehen, ihre üble Wirkung auf unsere Idee von dem jungen stürmischen Scheinweisen, nicht verlieren. Daß er schlecht handele, sehen wir: daß er gut handeln könne, hören wir nur, und nicht einmal in Beispielen, sondern in den allgemeinsten schwankendsten Ausdrücken.

Die Härte, mit der Julien von ihrem Vater begegnet wird, da sie einen andern von ihm zum Gemahle nehmen soll, als den ihr Herz gewählet hatte, wird beim Rousseau nur kaum berührt. Herr Heufeld hatte den Mut, uns eine ganze Szene davon zu zeigen. Ich liebe es, wenn ein junger Dichter etwas wagt. Er läßt den Vater die Tochter zu Boden stoßen. Ich war um die Ausführung dieser Aktion besorgt. Aber vergebens; unsere Schauspieler hatten sie so wohl konzertieret; es ward, von Seiten des Vaters und der Tochter, so viel Anstand dabei beobachtet, und dieser Anstand tat der Wahrheit so wenig Abbruch, daß ich mir gestehen mußte, diesen Akteurs könne man so etwas anvertrauen, oder keinen. Herr Heufeld verlangt, daß, wenn Julie von ihrer Mutter aufgehoben wird, sich in ihrem Gesichte Blut zeigen soll. Es kann ihm lieb sein, daß dieses unterlassen worden. Die Pantomime muß nie bis zu dem Ekelhaften getrieben werden. Gut, wenn in solchen Fällen die erhitzte Einbildungskraft Blut zu sehen glaubt; aber das Auge muß es nicht wirklich sehen.

Die darauf folgende Szene ist die hervorragendste des ganzen Stückes. Sie gehört dem Rousseau. Ich weiß selbst nicht, welcher Unwille sich in die Empfindung des Pathetischen mischet, wenn wir einen Vater seine Tochter fußfällig um etwas bitten sehen. Es beleidiget, es kränket uns, denjenigen so erniedriget zu erblicken, dem die Natur so heilige Rechte übertragen hat. Dem Rousseau muß man diesen außerordentlichen Hebel verzeihen; die Masse ist zu groß, die er in Bewegung setzen soll. Da keine Gründe bei Julien anschlagen wollen; da ihr Herz in der Verfassung ist, daß es sich durch die äußerste Strenge in seinem Entschlusse nur noch mehr befestigen würde: so konnte sie nur durch die plötzliche Überraschung der unerwartesten Begegnung erschüttert, und in einer Art von Betäubung umgelenket werden. Die Geliebte sollte sich in die Tochter, verführerische Zärtlichkeit in blinden Gehorsam verwandeln; da Rousseau kein Mittel sahe, der Natur diese Veränderung abzugewinnen, so mußte er sich entschließen, ihr sie abzunötigen, oder, wenn man will, abzustehlen. Auf keine andere Weise konnten wir es Julien in der Folge vergeben, daß sie den inbrünstigsten Liebhaber dem kältesten Ehemanne aufgeopfert habe. Aber da diese Aufopferung in der Komödie nicht erfolget; da es nicht die Tochter, sondern der Vater ist, der endlich nachgibt: hätte Herr Heufeld die Wendung nicht ein wenig lindern sollen, durch die Rousseau bloß das Befremdliche jener Aufopferung rechtfertigen, und das Ungewöhnliche derselben vor dem Vorwurfe des Unnatürlichen in Sicherheit setzen wollte? – Doch Kritik, und kein Ende! Wenn Herr Heufeld das getan hätte, so würden wir um eine Szene gekommen sein, die, wenn sie schon nicht so recht in das Ganze passen will, doch sehr kräftig ist; er würde uns ein hohes Licht in seiner Kopie vermalt haben, von dem man zwar nicht eigentlich weiß, wo es herkömmt, das aber eine treffliche Wirkung tut. Die Art, mit der Herr Eckhof diese Szene ausführte, die Aktion, mit der er einen Teil der grauen Haare vors Auge brachte, bei welchen er die Tochter beschwor; wären es allein wert gewesen, eine kleine Unschicklichkeit zu begehen, die vielleicht niemanden, als dem kalten Kunstrichter, bei Zergliederung des Planes merklich wird.

Das Nachspiel dieses Abends war, der Schatz; die Nachahmung des Plautinschen Trinummus, in welcher der Verfasser alle die komischen Szenen seines Originals in einen Aufzug zu konzentrieren gesucht hat. Er ward sehr wohl gespielt. Die Akteurs alle wußten ihre Rollen mit der Fertigkeit, die zu dem Niedrigkomischen so notwendig erfodert wird. Wenn ein halbschieriger Einfall, eine Unbesonnenheit, ein Wortspiel, langsam und stotternd vorgebracht wird; wenn sich die Personen auf Armseligkeiten, die weiter nichts als den Mund in Falten setzen sollen, noch erst viel besinnen: so ist die Langeweile unvermeidlich. Possen müssen Schlag auf Schlag gesagt werden, und der Zuhörer muß keinen Augenblick Zeit haben, zu untersuchen, wie witzig oder unwitzig sie sind. Es sind keine Frauenzimmer in diesem Stücke; das einzige, welches noch anzubringen gewesen wäre, würde eine frostige Liebhaberin sein; und freilich lieber keines, als so eines. Sonst möchte ich es niemanden raten, sich dieser Besonderheit zu befleißigen. Wir sind zu sehr an die Untermengung beider Geschlechter gewöhnet, als daß wir bei gänzlicher Vermissung des reizendern, nicht etwas Leeres empfinden sollten.

Unter den Italienern hat ehedem Cecchi, und neuerlich unter den Franzosen Destouches, das nämliche Lustspiel des

Plautus wieder auf die Bühne gebracht. Sie haben beide große Stücke von fünf Aufzügen daraus gemacht, und sind daher genötiget gewesen, den Plan des Römers mit eignen Erfindungen zu erweitern. Das vom Cecchi heißt, die Mitgift, und wird vom Riccoboni, in seiner Geschichte des italienischen Theaters, als eines von den besten alten Lustspielen desselben empfohlen. Das vom Destouches führt den Titel, der verborgne Schatz, und ward ein einzigesmal, im Jahre 1745, auf der italienischen Bühne zu Paris, und auch dieses einzigemal nicht ganz bis zu Ende, aufgeführet. Es fand keinen Beifall, und ist erst nach dem Tode des Verfassers, und also verschiedene Jahre später, als der deutsche Schatz, im Drucke erschienen. Plautus selbst ist nicht der erste Erfinder dieses so glücklichen, und von mehrern mit so vieler Nacheifrung bearbeiteten Stoffes gewesen; sondern Philemon, bei dem es eben die simple Aufschrift hatte, zu der es im Deutschen wieder zurückgeführet worden. Plautus hatte seine ganz eigne Manier, in Benennung seiner Stücke; und meistenteils nahm er sie von dem allerunerheblichsten Umstande her. Dieses z. E. nennte er Trinummus, den Dreiling; weil der Sykophant einen Dreiling für seine Mühe bekam.

ZEHNTES STÜCK

Den 2ten Juni, 1767

Das Stück des fünften Abends (Dienstags, den 28sten April,) war, das unvermutete Hindernis, oder das Hindernis ohne Hindernis, vom Destouches.

Wenn wir die Annales des französischen Theaters nachschlagen, so finden wir, daß die lustigsten Stücke dieses Verfassers, gerade den allerwenigsten Beifall gehabt haben. Weder das gegenwärtige, noch der verborgne Schatz, noch das Gespenst mit der Trommel, noch der poetische Dorfjunker, haben sich darauf erhalten; und sind, selbst in ihrer Neuheit, nur wenigemal aufgeführet worden. Es beruhet sehr viel auf dem Tone, in welchem sich ein Dichter ankündiget, oder in welchem er seine besten Werke verfertiget. Man nimmt stillschweigend an, als ob er eine Verbindung dadurch eingehe, sich von diesem Tone niemals zu entfernen; und wenn er es tut, dünket man sich berechtiget, darüber zu stutzen. Man sucht den Verfasser in dem Verfasser, und glaubt, etwas schlechters zu finden, sobald man nicht das nämliche findet. Destouches hatte in seinem verheirateten Philosophen, in seinem Ruhmredigen, in seinem Verschwender, Muster eines feinern, höhern Komischen gegeben, als man vom Moliere, selbst in seinen ernsthaftesten Stücken, gewohnt war. Sogleich machten die Kunstrichter, die so gern klassifizieren, dieses zu seiner eigentümlichen Sphäre; was bei dem Poeten vielleicht nichts als zufällige Wahl war, erklärten sie für vorzüglichen Hang und herrschende Fähigkeit; was er einmal, zweimal, nicht gewollt hatte, schien er ihnen nicht zu können: und als er es nunmehr wollte, was sieht Kunstrichtern ähnlicher, als daß sie ihm lieber nicht Gerechtigkeit widerfahren ließen, ehe sie ihr voreiliges Urteil änderten? Ich will damit nicht sagen, daß das Niedrigkomische des Destouches mit dem Molierischen von einerlei Güte sei. Es ist wirklich um vieles steifer; der witzige Kopf ist mehr darin zu spüren, als der getreue Maler; seine Narren sind selten von den behäglichen Narren, wie sie aus den Händen der Natur kommen, sondern mehrenteils von der hölzernen Gattung, wie sie die Kunst schnitzelt, und mit Affektation, mit verfehlter Lebensart, mit Pedanterie überladet; sein Schulwitz, sein Masuren, sind daher frostiger als lächerlich. Aber dem ohngeachtet, – und nur dieses wollte ich sagen, – sind seine lustigen Stücke am wahren Komischen so geringhaltig noch nicht, als sie ein verzärtelter Geschmack findet; sie haben Szenen mit unter, die uns aus Herzensgrunde zu lachen machen, und die ihm allein einen ansehnlichen Rang unter den komischen Dichtern versichern könnten.

Hierauf folgte ein neues Lustspiel in einem Aufzuge, betitelt, die neue Agnese.

Madame Gertrude spielte vor den Augen der Welt die fromme Spröde; aber insgeheim war sie die gefällige, feurige Freundin eines gewissen Bernard. Wie glücklich, o wie glücklich machst du mich, Bernard! rief sie einst in der Entzükkung, und war von ihrer Tochter behorcht. Morgens darauf fragt das liebe einfältige Mädchen: Aber Mamma, wer ist denn der Bernard, der die Leute glücklich macht? Die Mutter merkte sich verraten, faßte sich aber geschwind. Es ist der Heilige, meine Tochter, den ich mir kürzlich gewählt habe; einer von den größten im Paradiese. Nicht lange, so ward die Tochter mit einem gewissen Hilar bekannt. Das gute Kind fand in seinem Umgange recht viel Vergnügen; Mamma bekömmt Verdacht; Mamma beschleicht das glückliche Paar; und da bekömmt Mamma von dem Töchterchen eben so schöne Seufzer zu hören, als das Töchterchen jüngst von Mamma gehört hatte. Die Mutter ergrimmt, überfällt sie, tobt. Nun, was denn, liebe Mamma? sagt endlich das ruhige Mädchen. Sie haben sich den H. Bernard gewählt; und ich mir den H. Hilar. Warum nicht? – Dieses ist eines von den lehrreichen Märchen, mit welchen das weise Alter des göttlichen Voltaire die junge Welt beschenkte. Favart fand es gerade so erbaulich, als die Fabel zu einer komischen Oper sein muß. Er sahe nichts anstößiges darin, als die Namen der Heiligen, und diesem Anstoße wußte er auszuweichen. Er machte aus Madame Gertrude eine platonische Weise, eine Anhängerin der Lehre des Gabalis; und der H. Bernard ward zu einem Sylphen, der unter dem Namen und in der Gestalt eines guten Bekannten die tugendhafte Frau besucht. Zum Sylphen ward dann auch Hilar, und so weiter. Kurz, es entstand die Operette, Isabelle und Gertrude, oder die vermeinten Sylphen; welche die Grundlage zur neuen Agnese ist. Man hat die Sitten darin den unsrigen näher zu bringen gesucht; man hat sich aller Anständigkeit beflissen; das liebe Mädchen ist von der reizendsten, verehrungswürdigsten Unschuld; und durch das Ganze sind eine Menge gute komische Einfälle verstreuet, die zum Teil dem deutschen Verfasser eigen sind. Ich kann mich in die Veränderungen selbst, die er mit seiner Urschrift gemacht, nicht näher einlassen; aber Personen von Geschmack, welchen diese nicht unbekannt war, wünschten, daß er die Nachbarin, anstatt des Vaters, beibehalten hätte. – Die Rolle der Agnese spielte Mademoiselle Felbrich, ein junges Frauenzimmer, das eine vortreffliche

Aktrice verspricht, und daher die beste Aufmunterung verdienet. Alter, Figur, Miene, Stimme, alles kömmt ihr hier zu Statten; und ob sich, bei diesen Naturgaben, in einer solchen Rolle schon vieles von selbst spielet: so muß man ihr doch auch eine Menge Feinheiten zugestehen, die Vorbedacht und Kunst, aber gerade nicht mehr und nicht weniger verrieten, als sich an einer Agnese verraten darf.

Den sechsten Abend (Mittwochs, den 29sten April,) ward die Semiramis des Hrn. von Voltaire aufgeführet.

Dieses Trauerspiel ward im Jahre 1748 auf die französische Bühne gebracht, erhielt großen Beifall, und macht, in der Geschichte dieser Bühne, gewissermaßen Epoche. – Nachdem der Hr. von Voltaire seine Zayre und Alzire, seinen Brutus und Cäsar geliefert hatte, ward er in der Meinung bestärkt, daß die tragischen Dichter seiner Nation die alten Griechen in vielen Stücken weit überträfen. Von uns Franzosen, sagt er, hätten die Griechen eine geschicktere Exposition, und die große Kunst, die Auftritte unter einander so zu verbinden, daß die Szene niemals leer bleibt, und keine Person weder ohne Ursache kömmt noch abgehet, lernen können. Von uns, sagt er, hätten sie lernen können, wie Nebenbuhler und Nebenbuhlerinnen, in witzigen Antithesen, mit einander sprechen; wie der Dichter, mit einer Menge erhabner, glänzender Gedanken, blenden und in Erstaunen setzen müsse. Von uns hätten sie lernen können – O freilich; was ist von den Franzosen nicht alles zu lernen! Hier und da möchte zwar ein Ausländer, der die Alten auch ein wenig gelesen hat, demütig um Erlaubnis bitten, anderer Meinung sein zu dürfen. Er möchte vielleicht einwenden, daß alle diese Vorzüge der Franzosen auf das Wesentliche des Trauerspiels eben keinen großen Einfluß hätten; daß es Schönheiten wären, welche die einfältige Größe der Alten verachtet habe. Doch was hilft es, dem Herrn von Voltaire etwas einzuwenden? Er spricht, und man glaubt. Ein einziges vermißte er bei seiner Bühne; daß die großen Meisterstücke derselben nicht mit der Pracht aufgeführet würden, deren doch die Griechen die kleinen Versuche einer erst sich bildenden Kunst gewürdiget hätten. Das Theater in Paris, ein altes Ballhaus, mit Verzierungen von dem schlechtesten Geschmacke, wo sich in einem schmutzigen Parterre das stehende Volk drängt und stößt, beleidigte ihn mit Recht; und besonders beleidigte ihn die barbarische Gewohnheit, die Zuschauer auf der Bühne zu dulden, wo sie den Akteurs kaum so viel Platz lassen, als zu ihren notwendigsten Bewegungen erforderlich ist. Er war überzeugt, daß bloß dieser Übelstand Frankreich um vieles gebracht habe, was man, bei einem freiern, zu Handlungen bequemern und prächtigern Theater, ohne Zweifel gewagt hätte. Und eine Probe hiervon zu geben, verfertigte er seine Semiramis. Eine Königin, welche die Stände ihres Reichs versammelt, um ihnen ihre Vermählung zu eröffnen; ein Gespenst, das aus seiner Gruft steigt, um Blutschande zu verhindern, und sich an seinem Mörder zu rächen; diese Gruft, in die ein Narr hereingeht, um als ein Verbrecher wieder herauszukommen: das alles war in der Tat für die Franzosen etwas ganz Neues. Es macht so viel Lärmen auf der Bühne, es erfodert so viel Pomp und Verwandlung, als man nur immer in einer Oper gewohnt ist. Der Dichter glaubte das Muster zu einer ganz besondern Gattung gegeben zu haben; und ob er es schon nicht für die französische Bühne, so wie sie war, sondern so wie er sie wünschte, gemacht hatte: so ward es dennoch auf derselben, vor der Hand, so gut gespielet, als es sich ohngefähr spielen ließ. Bei der ersten Vorstellung saßen die Zuschauer noch mit auf dem Theater; und ich hätte wohl ein altvätrisches Gespenst in einem so galanten Zirkel mögen erscheinen sehen. Erst bei den folgenden Vorstellungen ward dieser Unschicklichkeit abgeholfen; die Akteurs machten sich ihre Bühne frei; und was damals nur eine Ausnahme, zum Besten eines so außerordentlichen Stükkes, war, ist nach der Zeit die beständige Einrichtung geworden. Aber vornehmlich nur für die Bühne in Paris; für die, wie gesagt, Semiramis in diesem Stücke Epoche macht. In den Provinzen bleibet man noch häufig bei der alten Mode, und will lieber aller Illusion, als dem Vorrechte entsagen, den Zayren und Meropen auf die Schleppe treten zu können.

EILFTES STÜCK

Den 5ten Junius, 1767

Die Erscheinung eines Geistes war in einem französischen Trauerspiele eine so kühne Neuheit, und der Dichter, der sie wagte, rechtfertiget sie mit so eignen Gründen, daß es sich der Mühe lohnet, einen Augenblick dabei zu verweilen.

»Man schrie und schrieb von allen Seiten, sagt der Herr von Voltaire, daß man an Gespenster nicht mehr glaube, und daß die Erscheinung der Toten, in den Augen einer erleuchteten Nation, nicht anders als kindisch sein könne. Wie? versetzt er dagegen; das ganze Altertum hätte diese Wunder geglaubt, und es sollte nicht vergönnt sein, sich nach dem Altertume zu richten? Wie? unsere Religion hätte dergleichen außerordentliche Fügungen der Vorsicht geheiliget, und es sollte lächerlich sein, sie zu erneuern?«

Diese Ausrufungen, dünkt mich, sind rhetorischer, als gründlich. Vor allen Dingen wünschte ich, die Religion hier aus dem Spiele zu lassen. In Dingen des Geschmacks und der Kritik, sind Gründe, aus ihr genommen, recht gut, seinen Gegner zum Stillschweigen zu bringen, aber nicht so recht tauglich, ihn zu überzeugen. Die Religion, als Religion, muß hier nichts entscheiden sollen; nur als eine Art von Überlieferung des Altertums, gilt ihr Zeugnis nicht mehr und nicht weniger, als andere Zeugnisse des Altertums gelten. Und so nach hätten wir es auch hier, nur mit dem Altertume zu tun.

Sehr wohl; das ganze Altertum hat Gespenster geglaubt. Die dramatischen Dichter des Altertums hatten also Recht, diesen Glauben zu nutzen; wenn wir bei einem von ihnen wiederkommende Tote aufgeführet finden, so wäre es unbillig, ihm nach unsern bessern Einsichten den Prozeß zu machen. Aber hat darum der neue, diese unsere bessere Einsichten teilende dramatische Dichter, die nämliche Befugnis? Gewiß nicht. – Aber wenn er seine Geschichte in jene leichtgläubigere Zeiten zurücklegt? Auch alsdenn nicht. Denn der dramatische Dichter ist kein Geschichtschreiber; er erzählt nicht, was man ehedem geglaubt, daß es geschehen, sondern er läßt es vor unsern Augen nochmals geschehen; und läßt es nochmals geschehen, nicht der bloßen historischen Wahrheit wegen, sondern in einer ganz andern und höhern Absicht; die historische Wahrheit ist nicht sein Zweck, sondern nur das Mittel zu seinem Zwecke; er will uns täuschen, und durch die Täuschung rühren. Wenn es also wahr ist, daß wir itzt keine Gespenster mehr glauben; wenn dieses Nichtglauben die Täuschung notwendig verhindern müßte; wenn ohne Täuschung wir unmöglich sympathisieren können: so handelt itzt der dramatische Dichter wider sich selbst, wenn er uns dem ohngeachtet solche unglaubliche Märchen ausstaffieret; alle Kunst, die er dabei anwendet, ist verloren.

Folglich? Folglich ist es durchaus nicht erlaubt, Gespenster und Erscheinungen auf die Bühne zu bringen? Folglich ist diese Quelle des Schrecklichen und Pathetischen für uns vertrocknet? Nein; dieser Verlust wäre für die Poesie zu groß; und hat sie nicht Beispiele für sich, wo das Genie aller unserer Philosophie trotzet, und Dinge, die der kalten Vernunft sehr spöttisch vorkommen, unserer Einbildung sehr fürchterlich zu machen weiß? Die Folge muß daher anders fallen; und die Voraussetzung wird nur falsch sein. Wir glauben keine Gespenster mehr? Wer sagt das? Oder vielmehr, was heißt das? Heißt es so viel: wir sind endlich in unsern Einsichten so weit gekommen, daß wir die Unmöglichkeit davon erweisen können; gewisse unumstößliche Wahrheiten, die mit dem Glauben an Gespenster im Widerspruche stehen, sind so allgemein bekannt worden, sind auch dem gemeinsten Manne immer und beständig so gegenwärtig, daß ihm alles, was damit streitet, notwendig lächerlich und abgeschmackt vorkommen muß? Das kann es nicht heißen. Wir glauben itzt keine Gespenster, kann also nur so viel heißen: in dieser Sache, über die sich fast eben so viel dafür als darwider sagen läßt, die nicht entschieden ist, und nicht entschieden werden kann, hat die gegenwärtig herrschende Art zu denken den Gründen darwider das Übergewicht gegeben; einige wenige haben diese Art zu denken, und viele wollen sie zu haben scheinen; diese machen das Geschrei und geben den Ton; der größte Haufe schweigt und verhält sich gleichgültig, und denkt bald so, bald anders, hört beim hellen Tage mit Vergnügen über die Gespenster spotten, und bei dunkler Nacht mit Grausen davon erzählen.

Aber in diesem Verstande keine Gespenster glauben, kann und darf den dramatischen Dichter im geringsten nicht abhalten, Gebrauch davon zu machen. Der Same, sie zu glauben, liegt in uns allen, und in denen am häufigsten, für die er vornehmlich dichtet. Es kömmt nur auf seine Kunst an, diesen Samen zum Käumen zu bringen; nur auf gewisse Handgriffe, den Gründen für ihre Wirklichkeit in der Geschwindigkeit den Schwung zu geben. Hat er diese in seiner Gewalt, so mögen wir in gemeinem Leben glauben, was wir wollen; im Theater müssen wir glauben, was *er* will.

So ein Dichter ist Shakespeare, und Shakespeare fast einzig und allein. Vor seinem Gespenste im Hamlet richten sich die Haare zu Berge, sie mögen ein gläubiges oder ungläubiges Gehirn bedecken. Der Herr von Voltaire tat gar nicht wohl, sich auf dieses Gespenst zu berufen; es macht ihn und seinen Geist des Ninus – lächerlich.

Shakespeares Gespenst kömmt wirklich aus jener Welt; so dünkt uns. Denn es kömmt zu der feierlichen Stunde, in der schaudernden Stille der Nacht, in der vollen Begleitung aller der düstern, geheimnisvollen Nebenbegriffe, wenn und mit welchen wir, von der Amme an, Gespenster zu erwarten und zu denken gewohnt sind. Aber Voltairens Geist ist auch nicht einmal zum Popanze gut, Kinder damit zu schrecken; es ist der bloße verkleidete Komödiant, der nichts hat, nichts sagt, nichts tut, was es wahrscheinlich machen könnte, er wäre das, wofür er sich ausgibt; alle Umstände vielmehr, unter welchen er erscheinet, stören den Betrug, und verraten das Geschöpf eines kalten Dichters, der uns gern täuschen und schrecken möchte, ohne daß er weiß, wie er es anfangen soll. Man überlege auch nur dieses einzige: am hellen Tage, mitten in der Versammlung der Stände des Reichs, von einem Donnerschlage angekündiget, tritt das Voltairische Gespenst aus seiner Gruft hervor. Wo hat Voltaire jemals gehört, daß Gespenster so dreist sind? Welche alte Frau hätte ihm nicht sagen können, daß die Gespenster das Sonnenlicht scheuen, und große Gesellschaften gar nicht gern besuchten? Doch

Voltaire wußte zuverlässig das auch; aber er war zu furchtsam, zu ekel, diese gemeinen Umstände zu nutzen; er wollte uns einen Geist zeigen, aber es sollte ein Geist von einer edlern Art sein; und durch diese edlere Art verdarb er alles. Das Gespenst, das sich Dinge herausnimmt, die wider alles Herkommen, wider alle gute Sitten unter den Gespenstern sind, dünket mich kein rechtes Gespenst zu sein; und alles, was die Illusion hier nicht befördert, störet die Illusion.

Wenn Voltaire einiges Augenmerk auf die Pantomime genommen hätte, so würde er auch von einer andern Seite die Unschicklichkeit empfunden haben, ein Gespenst vor den Augen einer großen Menge erscheinen zu lassen. Alle müssen auf einmal, bei Erblickung desselben, Furcht und Entsetzen äußern; alle müssen es auf verschiedene Art äußern, wenn der Anblick nicht die frostige Symmetrie eines Balletts haben soll. Nun richte man einmal eine Herde dumme Statisten dazu ab; und wenn man sie auf das glücklichste abgerichtet hat, so bedenke man, wie sehr dieser vielfache Ausdruck des nämlichen Affekts die Aufmerksamkeit teilen, und von den Hauptpersonen abziehen muß. Wenn diese den rechten Eindruck auf uns machen sollen, so müssen wir sie nicht allein sehen können, sondern es ist auch gut, wenn wir sonst nichts sehen, als sie. Beim Shakespeare ist es der einzige Hamlet, mit dem sich das Gespenst einläßt; in der Szene, wo die Mutter dabei ist, wird es von der Mutter weder gesehen noch gehört. Alle unsere Beobachtung geht also auf ihn, und je mehr Merkmale eines von Schauder und Schrecken zerrütteten Gemüts wir an ihm entdecken, desto bereitwilliger sind wir, die Erscheinung, welche diese Zerrüttung in ihm verursacht, für eben das zu halten, wofür er sie hält. Das Gespenst wirket auf uns, mehr durch ihn, als durch sich selbst. Der Eindruck, den es auf ihn macht, gehet in uns über, und die Wirkung ist zu augenscheinlich und zu stark, als daß wir an der außerordentlichen Ursache zweifeln sollten. Wie wenig hat Voltaire auch diesen Kunstgriff verstanden! Es erschrecken über seinen Geist viele; aber nicht viel. Semiramis ruft einmal: Himmel! ich sterbe! und die andern machen nicht mehr Umstände mit ihm, als man ohngefähr mit einem weit entfernt geglaubten Freunde machen würde, der auf einmal ins Zimmer tritt.

ZWÖLFTES STÜCK

Den 9ten Junius, 1767

Ich bemerke noch einen Unterschied, der sich zwischen den Gespenstern des englischen und französischen Dichters findet. Voltaires Gespenst ist nichts als eine poetische Maschine, die nur des Knotens wegen da ist; es interessiert uns für sich selbst nicht im geringsten. Shakespeares Gespenst hingegen ist eine wirklich handelnde Person, an dessen Schicksale wir Anteil nehmen; es erweckt Schauder, aber auch Mitleid.

Dieser Unterschied entsprang, ohne Zweifel, aus der verschiedenen Denkungsart beider Dichter von den Gespenstern überhaupt. Voltaire betrachtet die Erscheinung eines Verstorbenen als ein Wunder; Shakespeare als eine ganz natürliche Begebenheit. Wer von beiden philosophischer denkt, dürfte keine Frage sein; aber Shakespeare dachte poetischer. Der Geist des Ninus kam bei Voltairen, als ein Wesen, das noch jenseits dem Grabe angenehmer und unangenehmer Empfindungen fähig ist, mit welchem wir also Mitleiden haben können, in keine Betrachtung. Er wollte bloß damit lehren, daß die höchste Macht, um verborgene Verbrechen ans Licht zu bringen und zu bestrafen, auch wohl eine Ausnahme von ihren ewigen Gesetzen mache.

Ich will nicht sagen, daß es ein Fehler ist, wenn der dramatische Dichter seine Fabel so einrichtet, daß sie zur Erläuterung oder Bestätigung irgend einer großen moralischen Wahrheit dienen kann. Aber ich darf sagen, daß diese Einrichtung der Fabel nichts weniger als notwendig ist; daß es sehr lehrreiche vollkommene Stücke geben kann, die auf keine solche einzelne Maxime abzwecken; daß man Unrecht tut, den letzten Sittenspruch, den man zum Schlusse verschiedener Trauerspiele der Alten findet, so anzusehen, als ob das Ganze bloß um seinetwillen da wäre.

Wenn daher die Semiramis des Herrn von Voltaire weiter

kein Verdienst hätte, als dieses, worauf er sich so viel zu gute tut, daß man nämlich daraus die höchste Gerechtigkeit verehren lerne, die außerordentliche Lastertaten zu strafen, außerordentliche Wege wähle: so würde Semiramis in meinen Augen nur ein sehr mittelmäßiges Stück sein. Besonders da diese Moral selbst nicht eben die erbaulichste ist. Denn es ist ohnstreitig dem weisesten Wesen weit anständiger, wenn er dieser außerordentlichen Wege nicht bedarf, und wir uns die Bestrafung des Guten und Bösen in die ordentliche Kette der Dinge von ihr mit eingeflochten denken.

Doch will ich mich bei dem Stücke nicht länger verweilen, um noch ein Wort von der Art zu sagen, wie es hier aufgeführet worden. Man hat alle Ursache, damit zufrieden zu sein. Die Bühne ist geräumlich genug, die Menge von Personen ohne Verwirrung zu fassen, die der Dichter in verschiedenen Szenen auftreten läßt. Die Verzierungen sind neu, von dem besten Geschmacke, und sammeln den so oft abwechselnden Ort so gut als möglich in einen.

Den siebenden Abend (Donnerstags, den 30sten April,) ward der verheiratete Philosoph, vom Destouches, gespielet.

Dieses Lustspiel kam im Jahr 1727 zuerst auf die französische Bühne, und fand so allgemeinen Beifall, daß es in Jahr und Tag sechs und dreißigmal aufgeführet ward. Die deutsche Übersetzung ist nicht die prosaische aus den zu Berlin übersetzten sämtlichen Werken des Destouches; sondern eine in Versen, an der mehrere Hände geflickt und gebessert haben. Sie hat wirklich viel glückliche Verse, aber auch viel harte und unnatürliche Stellen. Es ist unbeschreiblich, wie schwer dergleichen Stellen dem Schauspieler das Agieren machen; und doch werden wenig französische Stücke sein, die auf irgend einem deutschen Theater jemals besser ausgefallen wären, als dieses auf unserm. Die Rollen sind alle auf das schicklichste besetzt, und besonders spielet Madame Löwen die launigte Celiante als eine Meisterin, und Herr Ackermann den Geront unverbesserlich. Ich kann es überhoben sein, von dem Stücke selbst zu reden. Es ist zu bekannt, und gehört unstreitig unter die Meisterstücke der französischen Bühne, die man auch unter uns immer mit Vergnügen sehen wird.

Das Stück des achten Abends (Freitags, den 1sten Mai,) war das Kaffeehaus, oder die Schottländerin, des Hrn. von Voltaire.

Es ließe sich eine lange Geschichte von diesem Lustspiele machen. Sein Verfasser schickte es als eine Übersetzung aus dem Englischen des Hume, nicht des Geschichtschreibers und Philosophen, sondern eines andern dieses Namens, der sich durch das Trauerspiel, Douglas, bekannt gemacht hat, in die Welt. Es hat in einigen Charakteren mit der Kaffeeschenke des Goldoni etwas Ähnliches; besonders scheint der Don Marzio des Goldoni, das Urbild des Frelon gewesen zu sein. Was aber dort bloß ein bösartiger Kerl ist, ist hier zugleich ein elender Skribent, den er Frelon nannte, damit die Ausleger desto geschwinder auf seinen geschwornen Feind, den Jurnalisten Freron, fallen möchten. Diesen wollte er damit zu Boden schlagen, und ohne Zweifel hat er ihm einen empfindlichen Streich versetzt. Wir Ausländer, die wir an den hämischen Neckereien der französischen Gelehrten unter sich, keinen Anteil nehmen, sehen über die Persönlichkeiten dieses Stücks weg, und finden in dem Frelon nichts als die getreue Schilderung einer Art von Leuten, die auch bei uns nicht fremd ist. Wir haben unsere Frelons so gut, wie die Franzosen und Engländer, nur daß sie bei uns weniger Aufsehen machen, weil uns unsere Literatur überhaupt gleichgültiger ist. Fiele das Treffende dieses Charakters aber auch gänzlich in Deutschland weg, so hat das Stück doch, noch außer ihm, Interesse genug, und der ehrliche Freeport allein, könnte es in unserer Gunst erhalten. Wir lieben seine plumpe Edelmütigkeit, und die Engländer selbst haben sich dadurch geschmeichelt gefunden.

Denn nur seinetwegen haben sie erst kürzlich den ganzen Stamm auf den Grund wirklich verpflanzt, auf welchem er sich gewachsen zu sein rühmte. Colman, unstreitig itzt ihr bester komischer Dichter, hat die Schottländerin, unter dem Titel des Englischen Kaufmanns, übersetzt, und ihr vollends alle das nationale Colorit gegeben, das ihr in dem Originale noch mangelte. So sehr der Herr von Voltaire die englischen Sitten auch kennen will, so hatte er doch häufig dagegen verstoßen; z. E. darin, daß er seine Lindane auf einem Kaffeehause wohnen läßt. Colman mietet sie dafür bei einer ehrlichen Frau ein, die möblierte Zimmer hält, und diese Frau ist weit anständiger die Freundin und Wohltäterin der jungen verlassenen Schöne, als Fabriz. Auch die Charaktere hat Colman für den englischen Geschmack kräftiger zu machen gesucht. Lady Alton ist nicht bloß eine eifersüchtige Furie; sie will ein Frauenzimmer von Genie, von Geschmack und Gelehrsamkeit sein, und gibt sich das Ansehen einer Schutzgöttin der Literatur. Hierdurch glaubte er die Verbindung wahrscheinlicher zu machen, in der sie mit dem elenden Frelon stehet, den er Spatter nennet. Freeport vornehmlich hat eine weitere Sphäre von Tätigkeit bekommen, und er nimmt sich des Vaters der Lindane eben so eifrig an, als der Lindane selbst. Was im Französischen der Lord Falbridge zu dessen Begnadigung tut, tut im Englischen Freeport, und er ist es allein, der alles zu einem glücklichen Ende bringet.

Die englischen Kunstrichter haben in Colmans Umarbeitung die Gesinnungen durchaus vortrefflich, den Dialog fein und lebhaft, und die Charaktere sehr wohl ausgeführt gefunden. Aber doch ziehen sie ihr Colmans übrige Stücke weit vor, von welchen man die eifersüchtige Ehefrau auf dem Ackermannischen Theater ehedem hier gesehen, und nach der diejenigen, die sich ihrer erinnern, ungefähr urteilen können. Der englische Kaufmann hat ihnen nicht Handlung genug; die Neugierde wird ihnen nicht genug darin genähret; die ganze Verwickelung ist in dem ersten Akte sichtbar. Hiernächst hat er ihnen zu viel Ähnlichkeit mit andern Stükken, und den besten Situationen fehlt die Neuheit. Freeport, meinen sie, hätte nicht den geringsten Funken von Liebe gegen die Lindane empfinden müssen; seine gute Tat verliere dadurch alles Verdienst u. s. w.

Es ist an dieser Kritik manches nicht ganz ungegründet; indes sind wir Deutschen es sehr wohl zufrieden, daß die Handlung nicht reicher und verwickelter ist. Die englische Manier in diesem Punkte, zerstreuet und ermüdet uns; wir lieben einen einfältigen Plan, der sich auf einmal übersehen läßt. So wie die Engländer die französischen Stücke mit Episoden erst vollpfropfen müssen, wenn sie auf ihrer Bühne gefallen sollen; so müßten wir die englischen Stücke von ihren Episoden erst entladen, wenn wir unsere Bühne glücklich damit bereichern wollten. Ihre besten Lustspiele eines Congreve und Wycherley würden uns, ohne diesen Aushau des allzu wollüstigen Wuchses, unausstehlich sein. Mit ihren Tragödien werden wir noch eher fertig; diese sind zum Teil bei weiten so verworren nicht, als ihre Komödien, und verschiedene haben, ohne die geringste Veränderung, bei uns Glück gemacht, welches ich von keiner einzigen ihrer Komödien zu sagen wüßte.

Auch die Italiener haben eine Übersetzung von der Schottländerin, die in dem ersten Teile der theatralischen Bibliothek des Diodati stehet. Sie folgt dem Originale Schritt vor Schritt, so wie die deutsche; nur eine Szene zum Schlusse hat ihr der Italiener mehr gegeben. Voltaire sagte, Frelon werde in der englischen Urschrift am Ende bestraft; aber so verdient diese Bestrafung sei, so habe sie ihm doch dem Hauptinteresse zu schaden geschienen; er habe sie also weggelassen. Dem Italiener dünkte diese Entschuldigung nicht hinlänglich, und er ergänzte die Bestrafung des Frelons aus seinem Kopfe; denn die Italiener sind große Liebhaber der poetischen Gerechtigkeit.

DREIZEHNTES STÜCK

Den 12ten Junius, 1767

Den neunten Abend, (Montags, den 4ten Mai,) sollte Cenie gespielet werden. Es wurden aber auf einmal mehr als die Hälfte der Schauspieler, durch einen epidemischen Zufall, außer Stand gesetzet zu agieren; und man mußte sich so gut zu helfen suchen, als möglich. Man wiederholte die neue Agnese, und gab das Singspiel, die Gouvernante.

Den zehnten Abend (Dienstags, den 5ten Mai,) ward der poetische Dorfjunker, vom Destouches, aufgeführt.

Dieses Stück hat im Französischen drei Aufzüge, und in der Übersetzung fünfe. Ohne diese Verbesserung war es nicht wert, in die deutsche Schaubühne des weiland berühmten Herrn Professor Gottscheds aufgenommen zu werden, und seine gelehrte Freundin, die Übersetzerin, war eine viel zu brave Ehefrau, als daß sie sich nicht den kritischen Aussprüchen ihres Gemahls blindlings hätte unterwerfen sollen. Was kostet es denn nun auch für große Mühe, aus drei Aufzügen fünfe zu machen? Man läßt in einem andern Zimmer einmal Kaffee trinken; man schlägt einen Spaziergang im Garten vor; und wenn Not an den Mann gehet, so kann ja auch der Lichtputzer herauskommen und sagen: Meine Damen und Herren, treten Sie ein wenig ab; die Zwischenakte sind des Putzens wegen erfunden, und was hilft Ihr Spielen, wenn das Parterr nicht sehen kann? – Die Übersetzung selbst ist sonst nicht schlecht, und besonders sind der Fr. Professorin die Knittelverse des Masuren, wie billig, sehr wohl gelungen. Ob sie überall eben so glücklich gewesen, wo sie den Einfällen ihres Originals eine andere Wendung geben zu müssen geglaubt, würde sich aus der Vergleichung zeigen. Eine Verbesserung dieser Art, mit der es die liebe Frau recht herzlich gut gemeinet hatte, habe ich dem ohngeachtet aufmutzen hören. In der Szene, wo Henriette die alberne Dirne spielt, läßt Destouches den Masuren zu ihr sagen: »Sie setzen mich in Erstaunen, Mademoisell; ich habe Sie für eine Virtuosin gehalten. O pfui! erwidert Henriette; wofür haben Sie mich gehalten? Ich bin ein ehrliches Mädchen; daß Sie es nur wissen. Aber man kann ja, fällt ihr Masuren ein, beides wohl zugleich, ein ehrliches Mädchen und eine Virtuosin, sein. Nein, sagt Henriette; ich behaupte, daß man das nicht zugleich sein kann. Ich eine Virtuosin!« Man erinnere sich, was Madame Gottsched, anstatt des Worts, Virtuosin, gesetzt hat: ein Wunder. Kein Wunder! sagte man, daß sie das tat. Sie fühlte sich auch so etwas von einer Virtuosin zu sein, und ward über den vermeinten Stich böse. Aber sie hätte nicht böse werden sollen, und was die witzige und gelehrte Henriette, in der Person einer dummen Agnese, sagt, hätte die Frau Professorin immer, ohne Maulspitzen, nachsagen können. Doch vielleicht war ihr nur das fremde Wort, Virtuosin, anstößig; Wunder ist deutscher; zudem gibt es unter unsern Schönen funfzig Wunder gegen eine Virtuosin; die Frau wollte rein und verständlich übersetzen; sie hatte sehr recht.

Den Beschluß dieses Abends machte die stumme Schönheit, von Schlegeln.

Schlegel hatte dieses kleine Stück für das neuerrichtete Kopenhagensche Theater geschrieben, um auf demselben in einer dänischen Übersetzung aufgeführet zu werden. Die Sitten darin sind daher auch wirklich dänischer, als deutsch. Dem ohngeachtet ist es unstreitig unser bestes komisches Original, das in Versen geschrieben ist. Schlegel hatte überall eine eben so fließende als zierliche Versifikation, und es war ein Glück für seine Nachfolger, daß er seine größern Komödien nicht auch in Versen schrieb. Er hätte ihnen leicht das Publikum verwöhnen können, und so würden sie nicht allein seine Lehre, sondern auch sein Beispiel wider sich gehabt haben. Er hatte sich ehedem der gereimten Komödie sehr lebhaft angenommen; und je glücklicher er die Schwierigkeiten derselben überstiegen hätte, desto unwiderleglicher würden seine Gründe geschienen haben. Doch, als er selbst Hand an das Werk legte, fand er ohne Zweifel, wie unsägliche Mühe es koste, nur einen Teil derselben zu übersteigen, und wie wenig das Vergnügen, welches aus diesen überstiegenen Schwierigkeiten entstehet, für die Menge kleiner Schönheiten, die man ihnen aufopfern müsse, schadlos halte. Die Franzosen waren ehedem so ekel, daß man ihnen die prosaischen Stücke des Moliere, nach seinem Tode, in Verse bringen mußte; und noch itzt hören sie ein prosaisches Lustspiel als ein Ding an, das ein jeder von ihnen machen könne. Den Engländer hingegen würde eine gereimte Komödie aus dem Theater jagen. Nur die Deutschen sind auch hierin, soll ich sagen billiger, oder gleichgültiger? Sie nehmen an, was ihnen der Dichter vorsetzt. Was wäre es auch, wenn sie itzt schon wählen und ausmustern wollten?

Die Rolle der stummen Schöne hat ihre Bedenklichkeiten. Eine stumme Schöne, sagt man, ist nicht notwendig eine dumme, und die Schauspielerin hat Unrecht, die eine alberne plumpe Dirne daraus macht. Aber Schlegels stumme Schönheit ist allerdings dumm zugleich; denn daß sie nichts spricht, kömmt daher, weil sie nichts denkt. Das Feine dabei würde also dieses sein, daß man sie überall, wo sie, um artig zu scheinen, denken müßte, unartig machte, dabei aber ihr alle die Artigkeiten ließe, die bloß mechanisch sind, und die sie, ohne viel zu denken, haben könnte. Ihr Gang z. E. ihre Verbeugungen, brauchen gar nicht bäurisch zu sein; sie können so gut und zierlich sein, als sie nur immer ein Tanzmeister lehren kann; denn warum sollte sie von ihrem Tanzmeister nichts gelernt haben, da sie sogar Quadrille gelernt hat? Und sie muß Quadrille nicht schlecht spielen; denn sie rechnet fest darauf, dem Papa das Geld abzugewinnen. Auch ihre Kleidung muß weder altvätrisch, noch schlumpicht sein; denn Frau Praatgern sagt ausdrücklich:

»Bist du vielleicht nicht wohl gekleidet? – Laß doch sehn!
Nun! – dreh dich um! – das ist ja gut, und sitzt galant.
Was sagt denn der Phantast, dir fehlte der Verstand?«

In dieser Musterung der Fr. Praatgern überhaupt, hat der Dichter deutlich genug bemerkt, wie er das Äußerliche seiner stummen Schöne zu sein wünsche. Gleichfalls schön, nur nicht so reizend.

»Laß sehn, wie trägst du dich? – Den Kopf nicht so zurücke!«

Dummheit ohne Erziehung hält den Kopf mehr vorwärts, als zurück; ihn zurück halten, lehrt der Tanzmeister; man muß also Charlotten den Tanzmeister ansehen, und je mehr, je besser; denn das schadet ihrer Stummheit nichts, vielmehr sind die zierlich steifen Tanzmeistermanieren gerade die, welche der stummen Schönheit am meisten entsprechen; sie zeigen die Schönheit in ihrem besten Vorteile, nur daß sie ihr das Leben nehmen.

»Wer fragt: hat sie Verstand? der seh nur ihre Blicke.«

Recht wohl, wenn man eine Schauspielerin mit großen schönen Augen zu dieser Rolle hat. Nur müssen sich diese schöne Augen wenig oder gar nicht regen; ihre Blicke müssen langsam und stier sein; sie müssen uns, mit ihrem unbeweglichen Brennpunkte, in Flammen setzen wollen, aber nichts sagen.

»Geh doch einmal herum. – Gut! hieher! – Neige dich!
Da haben wirs, das fehlt. Nein, sieh! So neigt man sich.«

Diese Zeilen versteht man ganz falsch, wenn man Charlotten eine bäurische Neige, einen dummen Knix machen läßt. Ihre Verbeugung muß wohl gelernt sein, und wie gesagt, ihrem Tanzmeister keine Schande machen. Frau Praatgern muß sie nur noch nicht affektiert genug finden. Charlotte verbeugt sich, und Frau Praatgern will, sie soll sich dabei zieren. Das ist der ganze Unterschied, und Madame Löwen bemerkte ihn sehr wohl, ob ich gleich nicht glaube, daß die Praatgern sonst eine Rolle für sie ist. Sie kann die feine Frau zu wenig verbergen, und gewissen Gesichtern wollen nichtswürdige Handlungen, dergleichen die Vertauschung einer Tochter ist, durchaus nicht lassen.

Den eilften Abend (Mittewochs, den 6ten Mai,) ward Miß Sara Sampson aufgeführet.

Man kann von der Kunst nichts mehr verlangen, als was Madame Henseln in der Rolle der Sara leistet, und das Stück ward überhaupt sehr gut gespielet. Es ist ein wenig zu lang, und man verkürzt es daher auf den meisten Theatern. Ob der Verfasser mit allen diesen Verkürzungen so recht zufrieden ist, daran zweifle ich fast. Man weiß ja, wie die Autores sind; wenn man ihnen auch nur einen Niednagel nehmen will, so schreien sie gleich: Ihr kommt mir ans Leben! Freilich ist der übermäßigen Länge eines Stücks, durch das bloße Weglassen, nur übel abgeholfen, und ich begreife nicht, wie man eine Szene verkürzen kann, ohne die ganze Folge des Dialogs zu ändern. Aber wenn dem Verfasser die fremden Verkürzungen nicht anstehen; so mache er selbst welche, falls es ihm der Mühe wert dünket, und er nicht von denjenigen ist, die Kinder in die Welt setzen, und auf ewig die Hand von ihnen abziehen.

Madame Henseln starb ungemein anständig; in der malerischsten Stellung; und besonders hat mich ein Zug außerordentlich überrascht. Es ist eine Bemerkung an Sterbenden, daß sie mit den Fingern an ihren Kleidern oder Betten zu rupfen anfangen. Diese Bemerkung machte sie sich auf die glücklichste Art zu Nutze; in dem Augenblicke, da die Seele von ihr wich, äußerte sich auf einmal, aber nur in den Fingern des erstarrten Armes, ein gelinder Spasmus; sie kniff den Rock, der um ein weniges erhoben ward und gleich wieder sank: das letzte Aufflattern eines verlöschenden Lichts; der jüngste Strahl einer untergehenden Sonne. – Wer diese Feinheit in meiner Beschreibung nicht schön findet, der schiebe die Schuld auf meine Beschreibung: aber er sehe sie einmal!

VIERZEHNTES STÜCK

Den 16ten Junius, 1767

Das bürgerliche Trauerspiel hat an dem französischen Kunstrichter, welcher die Sara seiner Nation bekannt gemacht,* einen sehr gründlichen Verteidiger gefunden. Die Franzosen billigen sonst selten etwas, wovon sie kein Muster unter sich selbst haben.

Die Namen von Fürsten und Helden können einem Stücke Pomp und Majestät geben; aber zur Rührung tragen sie nichts bei. Das Unglück derjenigen, deren Umstände den unsrigen am nächsten kommen, muß natürlicher Weise am tiefsten in unsere Seele dringen; und wenn wir mit Königen Mitleiden haben, so haben wir es mit ihnen als mit Menschen, und nicht als mit Königen. Macht ihr Stand schon öfters ihre Unfälle wichtiger, so macht er sie darum nicht interessanter. Immerhin mögen ganze Völker darein verwikkelt werden; unsere Sympathie erfodert einen einzeln Gegenstand, und ein Staat ist ein viel zu abstrakter Begriff für unsere Empfindungen.

»Man tut dem menschlichen Herze Unrecht, sagt auch Marmontel, man verkennet die Natur, wenn man glaubt, daß sie Titel bedürfe, uns zu bewegen und zu rühren. Die geheiligten Namen des Freundes, des Vaters, des Geliebten, des Gatten, des Sohnes, der Mutter, des Menschen über-

* Journal Etranger, Decembre 1761.

haupt: diese sind pathetischer, als alles; diese behaupten ihre Rechte immer und ewig. Was liegt daran, welches der Rang, der Geschlechtsname, die Geburt des Unglücklichen ist, den seine Gefälligkeit gegen unwürdige Freunde, und das verführerische Beispiel, ins Spiel verstricket, der seinen Wohlstand und seine Ehre darüber zu Grunde gerichtet, und nun im Gefängnisse seufzet, von Scham und Reue zerrissen? Wenn man fragt, wer er ist; so antworte ich: er war ein ehrlicher Mann, und zu seiner Marter ist er Gemahl und Vater; seine Gattin, die er liebt und von der er geliebt wird, schmachtet in der äußersten Bedürfnis, und kann ihren Kindern, welche Brod verlangen, nichts als Tränen geben. Man zeige mir in der Geschichte der Helden eine rührendere, moralischere, mit einem Worte, tragischere Situation! Und wenn sich endlich dieser Unglückliche vergiftet; wenn er, nachdem er sich vergiftet, erfährt, daß der Himmel ihn noch retten wollen: was fehlet diesem schmerzlichen und fürchterlichen Augenblicke, wo sich zu den Schrecknissen des Todes marternde Vorstellungen, wie glücklich er habe leben können, gesellen; was fehlt ihm, frage ich, um der Tragödie würdig zu sein? Das Wunderbare, wird man antworten. Wie? findet sich denn nicht dieses Wunderbare genugsam in dem plötzlichen Übergange von der Ehre zur Schande, von der Unschuld zum Verbrechen, von der süßesten Ruhe zur Verzweiflung; kurz, in dem äußersten Unglücke, in das eine bloße Schwachheit gestürzet?«

Man lasse aber diese Betrachtungen den Franzosen, von ihren Diderots und Marmontels, noch so eingeschärft werden: es scheint doch nicht, daß das bürgerliche Trauerspiel darum bei ihnen besonders in Schwang kommen werde. Die Nation ist zu eitel, ist in Titel und andere äußerliche Vorzüge verliebt; bis auf den gemeinsten Mann, will alles mit Vornehmern umgehen; und Gesellschaft mit seines gleichen, ist so viel als schlechte Gesellschaft. Zwar ein glückliches Genie vermag viel über sein Volk; die Natur hat nirgends ihre Rechte aufgegeben, und sie erwartet vielleicht auch dort nur den Dichter, der sie in aller ihrer Wahrheit und Stärke zu zeigen verstehet. Der Versuch, den ein Ungenannter in einem

Stücke gemacht hat, welches er das Gemälde der Dürftigkeit nennet, hat schon große Schönheiten; und bis die Franzosen daran Geschmack gewinnen, hätten wir es für unser Theater adoptieren sollen.

Was der erstgedachte Kunstrichter an der deutschen Sara aussetzet, ist zum Teil nicht ohne Grund. Ich glaube aber doch, der Verfasser wird lieber seine Fehler behalten, als sich der vielleicht unglücklichen Mühe einer gänzlichen Umarbeitung unterziehen wollen. Er erinnert sich, was Voltaire bei einer ähnlichen Gelegenheit sagte: »Man kann nicht immer alles ausführen, was uns unsere Freunde raten. Es gibt auch notwendige Fehler. Einem Bucklichten, den man von seinem Buckel heilen wollte, müßte man das Leben nehmen. Mein Kind ist bucklicht; aber es befindet sich sonst ganz gut.«

Den zwölften Abend (Donnerstags, den 7ten Mai,) ward der Spieler, vom Regnard, aufgeführet.

Dieses Stück ist ohne Zweifel das beste, was Regnard gemacht hat; aber Riviere du Freny, der bald darauf gleichfalls einen Spieler auf die Bühne brachte, nahm ihn wegen der Erfindung in Anspruch. Er beklagte sich, daß ihm Regnard die Anlage und verschiedene Szenen gestohlen habe; Regnard schob die Beschuldigung zurück, und itzt wissen wir von diesem Streite nur so viel mit Zuverlässigkeit, daß einer von beiden der Plagiarius gewesen. Wenn es Regnard war, so müssen wir es ihm wohl noch dazu danken, daß er sich überwinden konnte, die Vertraulichkeit seines Freundes zu mißbrauchen; er bemächtigte sich, bloß zu unserm Besten, der Materialien, von denen er voraus sahe, daß sie verhunzt werden würden. Wir hätten nur einen sehr elenden Spieler, wenn er gewissenhafter gewesen wäre. Doch hätte er die Tat eingestehen, und dem armen Du Freny einen Teil der damit erworbnen Ehre lassen müssen.

Den dreizehnten Abend (Freitags, den 8ten Mai,) ward der verheiratete Philosoph wiederholet; und den Beschluß machte, der Liebhaber als Schriftsteller und Bedienter.

Der Verfasser dieses kleinen artigen Stücks heißt Cerou; er studierte die Rechte, als er es im Jahre 1740 den Italienern in Paris zu spielen gab. Es fällt ungemein wohl aus.

Den vierzehnten Abend (Montags, den 11ten Mai) wurden die coquette Mutter vom Quinault, und der Advocat Patelin aufgeführt.

Jene wird von Kennern unter die besten Stücke gerechnet, die sich auf dem französischen Theater aus dem vorigen Jahrhunderte erhalten haben. Es ist wirklich viel gutes Komisches darin, dessen sich Moliere nicht hätte schämen dürfen. Aber der fünfte Akt und die ganze Auflösung hätte weit besser sein können; der alte Sklave, dessen in den vorhergehenden Akten gedacht wird, kömmt nicht zum Vorscheine; das Stück schließt mit einer kalten Erzählung, nachdem wir auf eine theatralische Handlung vorbereitet worden. Sonst ist es in der Geschichte des französischen Theaters deswegen mit merkwürdig, weil der lächerliche Marquis darin der erste von seiner Art ist. Die coquette Mutter ist auch sein eigentlichster Titel nicht, und Quinault hätte es immer bei dem zweiten, die veruneinigten Verliebten, können bewenden lassen.

Der Advocat Patelin ist eigentlich ein altes Possenspiel aus dem funfzehnten Jahrhunderte, das zu seiner Zeit außerordentlichen Beifall fand. Es verdiente ihn auch, wegen der ungemeinen Lustigkeit, und des guten Komischen, das aus der Handlung selbst und aus der Situation der Personen entspringet, und nicht auf bloßen Einfällen beruhet. Brueys gab ihm eine neue Sprache und brachte es in die Form, in welcher es gegenwärtig aufgeführet wird. Hr. Eckhof spielt den Patelin ganz vortrefflich.

Den funfzehnten Abend (Dienstags, den 12ten Mai,) ward Lessings Freigeist vorgestellt.

Man kennet ihn hier unter dem Titel des beschämten Freigeistes, weil man ihn von dem Trauerspiele des Hrn. von Brawe, das eben diese Aufschrift führet, unterscheiden wollen. Eigentlich kann man wohl nicht sagen, daß derjenige beschämt wird, welcher sich bessert. Adrast ist auch nicht einzig und allein der Freigeist; sondern es nehmen mehrere Personen an diesem Charakter Teil. Die eitle unbesonnene Henriette, der für Wahrheit und Irrtum gleichgültige Lisidor, der spitzbübische Johann, sind alles Arten von Freigeistern, die zusammen den Titel des Stücks erfüllen müssen. Doch was liegt an dem Titel? Genug, daß die Vorstellung alles Beifalls würdig war. Die Rollen sind ohne Ausnahme wohl besetzt; und besonders spielt Herr Böck den Theophan mit alle dem freundlichen Anstande, den dieser Charakter erfordert, um dem endlichen Unwillen über die Hartnäckigkeit, mit der ihn Adrast verkennet, und auf dem die ganze Katastrophe beruhet, dagegen abstechen zu lassen.

Den Beschluß dieses Abends machte das Schäferspiel des Hrn. Pfeffels, der Schatz.

Dieser Dichter hat sich, außer diesem kleinen Stücke, noch durch ein anders, der Eremit, nicht unrühmlich bekannt gemacht. In den Schatz hat er mehr Interesse zu legen gesucht, als gemeiniglich unsere Schäferspiele zu haben pflegen, deren ganzer Inhalt tändelnde Liebe ist. Sein Ausdruck ist nur öfters ein wenig zu gesucht und kostbar, wodurch die ohnedem schon allzu verfeinerten Empfindungen ein höchst studiertes Ansehen bekommen, und zu nichts als frostigen Spielwerken des Witzes werden. Dieses gilt besonders von seinem Eremiten, welches ein kleines Trauerspiel sein soll, das man, anstatt der allzulustigen Nachspiele, auf rührende Stücke könnte folgen lassen. Die Absicht ist recht gut; aber wir wollen vom Weinen doch noch lieber zum Lachen, als zum Gähnen übergehen.

FUNFZEHNTES STÜCK

Den 19ten Junius, 1767

Den sechszehnten Abend (Mittewochs, den 13ten Mai,) ward die Zayre des Herrn von Voltaire aufgeführt.

»Den Liebhabern der gelehrten Geschichte, sagt der Hr. von Voltaire, wird es nicht unangenehm sein, zu wissen, wie dieses Stück entstanden. Verschiedene Damen hatten dem Verfasser vorgeworfen, daß in seinen Tragödien nicht genug Liebe wäre. Er antwortete ihnen, daß, seiner Meinung nach, die Tragödie auch eben nicht der schicklichste Ort für die Liebe sei; wenn sie aber doch mit aller Gewalt verliebte Helden haben müßten, so wolle er ihnen welche machen, so gut als ein anderer. Das Stück ward in achtzehn Tagen vollendet, und fand großen Beifall. Man nennt es zu Paris ein christliches Trauerspiel, und es ist oft, anstatt des Polyeukts, vorgestellet worden.«

Den Damen haben wir also dieses Stück zu verdanken, und es wird noch lange das Lieblingsstück der Damen bleiben. Ein junger feuriger Monarch, nur der Liebe unterwürfig; ein stolzer Sieger, nur von der Schönheit besiegt; ein Sultan ohne Polygamie; ein Seraglio, in den freien zugänglichen Sitz einer unumschränkten Gebieterin verwandelt; ein verlassenes Mädchen, zur höchsten Staffel des Glücks, durch nichts als ihre schönen Augen, erhöhet; ein Herz, um das Zärtlichkeit und Religion streiten, das sich zwischen seinen Gott und seinen Abgott teilet, das gern fromm sein möchte, wenn es nur nicht aufhören sollte zu lieben; ein Eifersüchtiger, der sein Unrecht erkennet, und es an sich selbst rächet: wenn diese schmeichelnde Ideen das schöne Geschlecht nicht bestechen, durch was ließe es sich denn bestechen?

Die Liebe selbst hat Voltairen die Zayre diktiert: sagt ein Kunstrichter artig genug. Richtiger hätte er gesagt: die Galanterie. Ich kenne nur eine Tragödie, an der die Liebe selbst arbeiten helfen; und das ist Romeo und Juliet, vom Shakespeare. Es ist wahr, Voltaire läßt seine verliebte Zayre ihre Empfindungen sehr fein, sehr anständig ausdrücken: aber was ist dieser Ausdruck gegen jenes lebendige Gemälde aller der kleinsten geheimsten Ränke, durch die sich die Liebe in unsere Seele einschleicht, aller der unmerklichen Vorteile, die sie darin gewinnet, aller der Kunstgriffe, mit denen sie jede andere Leidenschaft unter sich bringt, bis sie der einzige Tyrann aller unserer Begierden und Verabscheuungen wird? Voltaire verstehet, wenn ich so sagen darf, den Kanzleistil der Liebe vortrefflich; das ist, diejenige Sprache, denjenigen Ton der Sprache, den die Liebe braucht, wenn sie sich auf das behutsamste und gemessenste ausdrücken will, wenn sie nichts sagen will, als was sie bei der spröden Sophistin und bei dem kalten Kunstrichter verantworten kann. Aber der beste Kanzeliste weiß von den Geheimnissen der Regierung nicht immer das meiste; oder hat gleichwohl Voltaire in das Wesen der Liebe eben die tiefe Einsicht, die Shakespeare gehabt, so hat er sie wenigstens hier nicht zeigen wollen, und das Gedicht ist weit unter dem Dichter geblieben.

Von der Eifersucht läßt sich ohngefähr eben das sagen. Der eifersüchtige Orosmann spielt, gegen den eifersüchtigen Othello des Shakespeare, eine sehr kahle Figur. Und doch ist Othello offenbar das Vorbild des Orosmann gewesen. Cibber sagt,* Voltaire habe sich des Brandes bemächtiget, der den tragischen Scheiterhaufen des Shakespeare in Glut gesetzt. Ich hätte gesagt: eines Brandes aus diesem flammenden Scheiterhaufen; und noch dazu eines, der mehr dampft, als leuchtet und wärmet. Wir hören in dem Orosmann einen Eifersüchtigen reden, wir sehen ihn die rasche Tat eines Eifersüchtigen begehen; aber von der Eifersucht selbst lernen wir nicht mehr und nicht weniger, als wir vorher wußten. Othello hingegen ist das vollständigste Lehrbuch über diese traurige Raserei; da können wir alles lernen, was sie angeht, sie erwecken und sie vermeiden.

Aber ist es denn immer Shakespeare, werden einige meiner Leser fragen, immer Shakespeare, der alles besser verstanden hat, als die Franzosen? Das ärgert uns; wir können ihn ja nicht lesen. – Ich ergreife diese Gelegenheit, das Publikum an etwas zu erinnern, das es vorsetzlich vergessen zu wollen scheinet. Wir haben eine Übersetzung vom Shakespeare. Sie ist noch kaum fertig geworden, und niemand bekümmert sich schon mehr darum. Die Kunstrichter haben viel Böses davon gesagt. Ich hätte große Lust, sehr viel Gutes davon zu sagen. Nicht, um diesen gelehrten Männern zu widersprechen; nicht, um die Fehler zu verteidigen, die sie darin bemerkt haben: sondern, weil ich glaube, daß man von diesen Fehlern kein solches Aufheben hätte machen sollen. Das Unternehmen war schwer; ein jeder anderer, als Herr Wieland, würde in der Eil noch öftrer verstoßen, und aus

* From English Plays, Zara's French author fir'd
Confess'd his Muse, beyond herself, inspir'd;
From rack'd Othello's rage, he rais'd his style
And snatch'd the brand, that lights this tragic pile.

Unwissenheit oder Bequemlichkeit noch mehr überhüpft haben; aber was er gut gemacht hat, wird schwerlich jemand besser machen. So wie er uns den Shakespeare geliefert hat, ist es noch immer ein Buch, das man unter uns nicht genug empfehlen kann. Wir haben an den Schönheiten, die es uns liefert, noch lange zu lernen, ehe uns die Flecken, mit welchen es sie liefert, so beleidigen, daß wir notwendig eine bessere Übersetzung haben müßten.

Doch wieder zur Zayre. Der Verfasser brachte sie im Jahre 1733 auf die Pariser Bühne; und drei Jahr darauf ward sie ins Englische übersetzt, und auch in London auf dem Theater in Drury-Lane gespielt. Der Übersetzer war Aaron Hill, selbst ein dramatischer Dichter, nicht von der schlechtesten Gattung. Voltaire fand sich sehr dadurch geschmeichelt, und was er, in dem ihm eigenen Tone der stolzen Bescheidenheit, in der Zuschrift seines Stücks an den Engländer Falkener, davon sagt, verdient gelesen zu werden. Nur muß man nicht alles für vollkommen so wahr annehmen, als er es ausgibt. Wehe dem, der Voltairens Schriften überhaupt nicht mit dem skeptischen Geiste lieset, in welchem er einen Teil derselben geschrieben hat!

Er sagt z. E. zu seinem englischen Freunde: »Eure Dichter hatten eine Gewohnheit, der sich selbst Addison* unterworfen; denn Gewohnheit ist so mächtig als Vernunft und Gesetz. Diese gar nicht vernünftige Gewohnheit bestand darin, daß jeder Akt mit Versen beschlossen werden mußte, die in einem ganz andern Geschmacke waren, als das Übrige des Stücks; und notwendig mußten diese Verse eine Vergleichung enthalten. Phädra, indem sie abgeht, vergleicht sich sehr poetisch mit einem Rehe, Cato mit einem Felsen, und

* Le plus sage de vos ecrivains, setzt Voltaire hinzu. Wie wäre das wohl recht zu übersetzen? Sage heißt, weise: aber der weiseste unter den englischen Schriftstellern, wer würde den Addison dafür erkennen? Ich besinne mich, daß die Franzosen auch ein Mädchen sage nennen, dem man keinen Fehltritt, so keinen von den groben Fehltritten, vorzuwerfen hat. Dieser Sinn dürfte vielleicht hier passen. Und nach diesem könnte man ja wohl gerade zu übersetzen: Addison, derjenige von euern Schriftstellern, der uns harmlosen, nüchternen Franzosen am nächsten kömmt.

Cleopatra mit Kindern, die so lange weinen, bis sie einschlafen. Der Übersetzer der Zayre ist der erste, der es gewagt hat, die Rechte der Natur gegen einen von ihr so entfernten Geschmack zu behaupten. Er hat diesen Gebrauch abgeschafft; er hat es empfunden, daß die Leidenschaft ihre wahre Sprache führen, und der Poet sich überall verbergen müsse, um uns nur den Helden erkennen zu lassen.«

Es sind nicht mehr als nur drei Unwahrheiten in dieser Stelle; und das ist für den Hrn. von Voltaire eben nicht viel. Wahr ist es, daß die Engländer, vom Shakespeare an, und vielleicht auch von noch länger her, die Gewohnheit gehabt, ihre Aufzüge in ungereimten Versen mit ein Paar gereimten Zeilen zu enden. Aber daß diese gereimten Zeilen nichts als Vergleichungen enthielten, daß sie notwendig Vergleichungen enthalten müssen, das ist grundfalsch; und ich begreife gar nicht, wie der Herr von Voltaire einem Engländer, von dem er doch glauben konnte, daß er die tragischen Dichter seines Volkes auch gelesen habe, so etwas unter die Nase sagen können. Zweitens ist es nicht an dem, daß Hill in seiner Übersetzung der Zayre von dieser Gewohnheit abgegangen. Es ist zwar beinahe nicht glaublich, daß der Hr. von Voltaire die Übersetzung seines Stücks nicht genauer sollte angesehen haben, als ich, oder ein anderer. Gleichwohl muß es so sein. Denn so gewiß sie in reimfreien Versen ist, so gewiß schließt sich auch jeder Akt mit zwei oder vier gereimten Zeilen. Vergleichungen enthalten sie freilich nicht; aber, wie gesagt, unter allen dergleichen gereimten Zeilen, mit welchen Shakespeare, und Johnson, und Dryden, und Lee, und Otway, und Rowe, und wie sie alle heißen, ihre Aufzüge schließen, sind sicherlich hundert gegen fünfe, die gleichfalls keine enthalten. Was hatte denn Hill also besonders? Hätte er aber auch wirklich das Besondere gehabt, das ihm Voltaire leihet: so wäre doch drittens das nicht wahr, daß sein Beispiel von dem Einflusse gewesen, von dem es Voltaire sein läßt. Noch bis diese Stunde erscheinen in England eben so viel, wo nicht noch mehr Trauerspiele, deren Akte sich mit gereimten Zeilen enden, als die es nicht tun. Hill selbst hat in keinem einzigen Stücke, deren er doch verschiedene, noch nach der

Übersetzung der Zayre, gemacht, sich der alten Mode gänzlich entäußert. Und was ist es denn nun, ob wir zuletzt Reime hören oder keine? Wenn sie da sind, können sie vielleicht dem Orchester noch nutzen; als Zeichen nämlich, nach den Instrumenten zu greifen, welches Zeichen auf diese Art weit schicklicher aus dem Stücke selbst abgenommen würde, als daß es die Pfeife oder der Schlüssel gibt.

SECHSZEHNTES STÜCK

Den 23sten Junius, 1767

Die englischen Schauspieler waren zu Hills Zeiten ein wenig sehr unnatürlich; besonders war ihr tragisches Spiel äußerst wild und übertrieben; wo sie heftige Leidenschaften auszudrücken hatten, schrien und gebärdeten sie sich als Besessene; und das Übrige tönten sie in einer steifen, strotzenden Feierlichkeit daher, die in jeder Sylbe den Komödianten verriet. Als er daher seine Übersetzung der Zayre aufführen zu lassen bedacht war, vertraute er die Rolle der Zayre einem jungen Frauenzimmer, das noch nie in der Tragödie gespielt hatte. Er urteilte so: dieses junge Frauenzimmer hat Gefühl, und Stimme, und Figur, und Anstand; sie hat den falschen Ton des Theaters noch nicht angenommen; sie braucht keine Fehler erst zu verlernen; wenn sie sich nur ein Paar Stunden überreden kann, das wirklich zu sein, was sie vorstellet, so darf sie nur reden, wie ihr der Mund gewachsen, und alles wird gut gehen. Es ging auch; und die Theaterpedanten, welche gegen Hillen behaupteten, daß nur eine sehr geübte, sehr erfahrene Person einer solchen Rolle Genüge leisten könne, wurden beschämt. Diese junge Aktrice war die Frau des Komödianten Colley Cibber, und der erste Versuch in ihrem achtzehnten Jahre ward ein Meisterstück. Es ist merkwürdig, daß auch die französische Schauspielerin, welche die Zayre spielte, eine Anfängerin war. Die junge reizende Mademoisell Gossin ward auf einmal dadurch berühmt, und selbst Voltaire ward so entzückt über sie, daß er sein Alter recht kläglich betauerte.

Die Rolle des Orosmann hatte ein Anverwandter des Hill übernommen, der kein Komödiant von Profession, sondern ein Mann von Stande war. Er spielte aus Liebhaberei, und machte sich nicht das geringste Bedenken, öffentlich aufzutreten, um ein Talent zu zeigen, das so schätzbar als irgend ein anders ist. In England sind dergleichen Exempel von angesehenen Leuten, die zu ihrem bloßen Vergnügen einmal mitspielen, nicht selten. »Alles was uns dabei befremden sollte, sagt der Hr. von Voltaire, ist dieses, daß es uns befremdet. Wir sollten überlegen, daß alle Dinge in der Welt von der Gewohnheit und Meinung abhangen. Der französische Hof hat ehedem auf dem Theater mit den Opernspielern getanzt; und man hat weiter nichts besonders dabei gefunden, als daß diese Art von Lustbarkeit aus der Mode gekommen. Was ist zwischen den beiden Künsten für ein Unterschied, als daß die eine über die andere eben so weit erhaben ist, als es Talente, welche vorzügliche Seelenkräfte erfodern, über bloß körperliche Fertigkeiten sind?«

Ins Italienische hat der Graf Gozzi die Zayre übersetzt; sehr genau und sehr zierlich; sie stehet in dem dritten Teile seiner Werke. In welcher Sprache können zärtliche Klagen rührender klingen, als in dieser? Mit der einzigen Freiheit, die sich Gozzi gegen das Ende des Stücks genommen, wird man schwerlich zufrieden sein. Nachdem sich Orosmann erstochen, läßt ihn Voltaire nur noch ein Paar Worte sagen, uns über das Schicksal des Nerestan zu beruhigen. Aber was tut Gozzi? Der Italiener fand es ohne Zweifel zu kalt, einen Türken so gelassen wegsterben zu lassen. Er legt also den Orosmann noch eine Tirade in den Mund, voller Ausrufungen, voller Winseln und Verzweiflung. Ich will sie der Seltenheit halber unter den Text setzen.*

* Questo mortale orror che per le vene
Tutte mi scorre, omai non è dolore,
Che basti ad appagarti, anima bella.
Feroce cor, cor dispietato, e misero,
Paga la pena del delitto orrendo.
Mani crudeli – oh Dio – Mani, che siete
Tinte del sangue di sì cara donna,
Voi – voi – dov' è quel ferro? Un' altra volta

Es ist doch sonderbar, wie weit sich hier der deutsche Geschmack von dem welschen entfernet! Dem Welschen ist Voltaire zu kurz; uns Deutschen ist er zu lang. Kaum hat Orosmann gesagt »verehret und gerochen;« kaum hat er sich den tödlichen Stoß beigebracht, so lassen wir den Vorhang niederfallen. Ist es denn aber auch wahr, daß der deutsche Geschmack dieses so haben will? Wir machen dergleichen Verkürzung mit mehrern Stücken: aber warum machen wir sie? Wollen wir denn im Ernst, daß sich ein Trauerspiel wie ein Epigramm schließen soll? Immer mit der Spitze des Dolchs, oder mit dem letzten Seufzer des Helden? Woher kömmt uns gelassenen, ernsten Deutschen die flatternde Ungeduld, sobald die Exekution vorbei, durchaus nun weiter nichts hören zu wollen, wenn es auch noch so wenige, zur völligen Rundung des Stücks noch so unentbehrliche Worte wären? Doch ich forsche vergebens nach der Ursache einer Sache, die nicht ist. Wir hätten kalt Blut genug, den Dichter bis ans Ende zu hören, wenn es uns der Schauspieler nur zutrauen wollte. Wir würden recht gern die letzten Befehle des großmütigen Sultans vernehmen; recht gern die Bewunderung und das Mitleid des Nerestan noch teilen: aber wir sollen nicht. Und warum sollen wir nicht? Auf dieses warum, weiß ich kein darum. Sollten wohl die Orosmannsspieler daran Schuld sein? Es wäre begreiflich genug, warum sie gern das letzte Wort haben wollten. Erstochen und geklatscht! Man muß Künstlern kleine Eitelkeiten verzeihen.

Bei keiner Nation hat die Zayre einen schärfern Kunstrichter gefunden, als unter den Holländern. Friedrich Duim, vielleicht ein Anverwandter des berühmten Akteurs dieses

In mezzo al petto – Oimè, dov' è quel ferro?
L'acuta punta – –
Tenebre, e notte
Si fanno intorno – –
Perchè non posso – –
Non posso spargere
Il sangue tutto?
Sì, sì, lo spargo tutto, anima mia,
Dove sei? – piu non posso – oh Dio! non posso –
Vorrei – vederti – io manco, io manco, oh Dio!

Namens auf dem Amsterdamer Theater, fand so viel daran auszusetzen, daß er es für etwas kleines hielt, eine bessere zu machen. Er machte auch wirklich eine – andere,* in der die Bekehrung der Zayre das Hauptwerk ist, und die sich damit endet, daß der Sultan über seine Liebe sieget, und die christliche Zayre mit aller der Pracht in ihr Vaterland schicket, die ihrer vorgehabten Erhöhung gemäß ist; der alte Lusignan stirbt vor Freuden. Wer ist begierig, mehr davon zu wissen? Der einzige unverzeihliche Fehler eines tragischen Dichters ist dieser, daß er uns kalt läßt; er interessiere uns, und mache mit den kleinen mechanischen Regeln, was er will. Die Duime können wohl tadeln, aber den Bogen des Ulysses müssen sie nicht selber spannen wollen. Dieses sage ich darum, weil ich nicht gern zurück, von der mißlungenen Verbesserung auf den Ungrund der Kritik, geschlossen wissen möchte. Duims Tadel ist in vielen Stücken ganz gegründet; besonders hat er die Unschicklichkeiten, deren sich Voltaire in Ansehung des Orts schuldig macht, und das Fehlerhafte in dem nicht genugsam motivierten Auftreten und Abgehen der Personen, sehr wohl angemerkt. Auch ist ihm die Ungereimtheit der sechsten Szene im dritten Akte nicht entgangen. »Orosmann, sagt er, kömmt, Zayren in die Moschee abzuholen; Zayre weigert sich, ohne die geringste Ursache von ihrer Weigerung anzuführen; sie geht ab, und Orosmann bleibt als ein Laffe (als eenen lafhartigen) stehen. Ist das wohl seiner Würde gemäß? Reimet sich das wohl mit seinem Charakter? Warum dringt er nicht in Zayren, sich deutlicher zu erklären? Warum folgt er ihr nicht in das Seraglio? Durfte er ihr nicht dahin folgen?« – Guter Duim! wenn sich Zayre deutlicher erkläret hätte: wo hätten denn die andern Akte sollen herkommen? Wäre nicht die ganze Tragödie darüber in die Bilze gegangen? – Ganz Recht! auch die zweite Szene des vierten Akts ist eben so abgeschmackt: Orosmann kömmt wieder zu Zayren; Zayre geht abermals, ohne die geringste nähere Erklärung, ab, und Orosmann, der gute Schlucker, (dien goeden hals) tröstet sich desfalls in einer

* Zaire, bekeerde Turkinne. Treurspel. Amsterdam 1745.

Monologe. Aber, wie gesagt, die Verwickelung, oder Ungewißheit, mußte doch bis zum fünften Aufzuge hinhalten; und wenn die ganze Katastrophe an einem Haare hängt, so hängen mehr wichtige Dinge in der Welt an keinem stärkern.

Die letzterwähnte Szene ist sonst diejenige, in welcher der Schauspieler, der die Rolle des Orosmann hat, seine feinste Kunst in alle dem bescheidenen Glanze zeigen kann, in dem sie nur ein eben so feiner Kenner zu empfinden fähig ist. Er muß aus einer Gemütsbewegung in die andere übergehen, und diesen Übergang durch das stumme Spiel so natürlich zu machen wissen, daß der Zuschauer durchaus durch keinen Sprung, sondern durch eine zwar schnelle, aber doch dabei merkliche Gradation mit fortgerissen wird. Erst zeiget sich Orosmann in aller seiner Großmut, willig und geneigt, Zayren zu vergeben, wann ihr Herz bereits eingenommen sein sollte, Falls sie nur aufrichtig genug ist, ihm länger kein Geheimnis davon zu machen. Indem erwacht seine Leidenschaft aufs neue, und er fodert die Aufopferung seines Nebenbuhlers. Er wird zärtlich genug, sie unter dieser Bedingung aller seiner Huld zu versichern. Doch da Zayre auf ihrer Unschuld bestehet, wider die er so offenbar Beweise zu haben glaubet, bemeistert sich seiner nach und nach der äußerste Unwille. Und so geht er von dem Stolze zur Zärtlichkeit, und von der Zärtlichkeit zur Erbitterung über. Alles was Remond de Saint Albine, in seinem Schauspieler,* hierbei beobachtet wissen will, leistet Hr. Eckhof auf eine so vollkommene Art, daß man glauben sollte, er allein könne das Vorbild des Kunstrichters gewesen sein.

SIEBZEHNTES STÜCK

Den 26sten Junius, 1767

Den siebzehnten Abend (Donnerstags, den 14ten Mai,) ward der Sidney, vom Gresset, aufgeführet.

Dieses Stück kam im Jahre 1745 zuerst aufs Theater. Ein

* Le Comedien, Partie II. Chap. X. p. 209.

Lustspiel wider den Selbstmord, konnte in Paris kein großes Glück machen. Die Franzosen sagten: es wäre ein Stück für London. Ich weiß auch nicht; denn die Engländer dürften vielleicht den Sidney ein wenig unenglisch finden; er geht nicht rasch genug zu Werke; er philosophiert, ehe er die Tat begeht, zu viel, und nachdem er sie begangen zu haben glaubt, zu wenig; seine Reue könnte schimpflicher Kleinmut scheinen; ja, sich von einem französischen Bedienten so angeführt zu sehen, möchte von manchen für eine Beschämung gehalten werden, die des Hängens allein würdig wäre.

Doch so wie das Stück ist, scheinet es für uns Deutsche recht gut zu sein. Wir mögen eine Raserei gern mit ein wenig Philosophie bemänteln, und finden es unserer Ehre eben nicht nachteilig, wenn man uns von einem dummen Streiche zurückhält, und das Geständnis, falsch philosophiert zu haben, uns abgewinnet. Wir werden daher dem Dümont, ob er gleich ein französischer Prahler ist, so herzlich gut, daß uns die Etiquette, welche der Dichter mit ihm beobachtet, beleidiget. Denn indem es Sidney nun erfährt, daß er durch die Vorsicht desselben dem Tode nicht näher ist, als der gesundesten einer, so läßt ihn Gresset ausrufen: »Kaum kann ich es glauben – Rosalia! – Hamilton! – und du, dessen glücklicher Eifer u. s. w.« Warum diese Rangordnung? Ist es erlaubt, die Dankbarkeit der Politesse aufzuopfern? Der Bediente hat ihn gerettet; dem Bedienten gehört das erste Wort, der erste Ausdruck der Freude, so Bedienter, so weit unter seinem Herrn und seines Herrn Freunden, er auch immer ist. Wenn ich Schauspieler wäre, hier würde ich es kühnlich wagen, zu tun, was der Dichter hätte tun sollen. Wenn ich schon, wider seine Vorschrift, nicht das erste Wort an meinen Erretter richten dürfte, so würde ich ihm wenigstens den ersten gerührten Blick zuschicken, mit der ersten dankbaren Umarmung auf ihn zueilen; und dann würde ich mich gegen Rosalien, und gegen Hamilton wenden, und wieder auf ihn zurückkommen. Es sei uns immer angelegener, Menschlichkeit zu zeigen, als Lebensart!

Herr Eckhof spielt den Sidney so vortrefflich – Es ist ohnstreitig eine von seinen stärksten Rollen. Man kann die enthusiastische Melancholie, das Gefühl der Fühllosigkeit, wenn ich so sagen darf, worin die ganze Gemütsverfassung des Sidney bestehet, schwerlich mit mehr Kunst, mit größerer Wahrheit ausdrücken. Welcher Reichtum von malenden Gesten, durch die er allgemeinen Betrachtungen gleichsam Figur und Körper gibt, und seine innersten Empfindungen in sichtbare Gegenstände verwandelt! Welcher fortreißende Ton der Überzeugung! –

Den Beschluß machte diesen Abend ein Stück in einem Aufzuge, nach dem Französischen des l'Affichard, unter dem Titel: Ist er von Familie? Man errät gleich, daß ein Narr oder eine Närrin darin vorkommen muß, der es hauptsächlich um den alten Adel zu tun ist. Ein junger wohlerzogener Mensch, aber von zweifelhaftem Herkommen, bewirbt sich um die Stieftochter eines Marquis. Die Einwilligung der Mutter hängt von der Aufklärung dieses Punkts ab. Der junge Mensch hielt sich nur für den Pflegesohn eines gewissen bürgerlichen Lisanders, aber es findet sich, daß Lisander sein wahrer Vater ist. Nun wäre weiter an die Heirat nicht zu denken, wenn nicht Lisander selbst sich nur durch Unfälle zu dem bürgerlichen Stande herablassen müssen. In der Tat ist er von eben so guter Geburt, als der Marquis; er ist des Marquis Sohn, den jugendliche Ausschweifungen aus dem väterlichen Hause vertrieben. Nun will er seinen Sohn brauchen, um sich mit seinem Vater auszusöhnen. Die Aussöhnung gelingt, und macht das Stück gegen das Ende sehr rührend. Da also der Hauptton desselben rührender, als komisch, ist: sollte uns nicht auch der Titel mehr jenes als dieses erwarten lassen? Der Titel ist eine wahre Kleinigkeit; aber dasmal hätte ich ihn von dem einzigen lächerlichen Charakter nicht hergenommen; er braucht den Inhalt weder anzuzeigen, noch zu erschöpfen; aber er sollte doch auch nicht irre führen. Und dieser tut es ein wenig. Was ist leichter zu ändern, als ein Titel? Die übrigen Abweichungen des deutschen Verfassers von dem Originale, gereichen mehr zum Vorteile des Stücks, und geben ihm das einheimische Ansehen, das fast allen von dem französischen Theater entlehnten Stücken mangelt.

Den achtzehnten Abend (Freitags, den 15ten Mai,) ward das Gespenst mit der Trommel gespielt.

Dieses Stück schreibt sich eigentlich aus dem Englischen des Addison her. Addison hat nur eine Tragödie, und nur eine Komödie gemacht. Die dramatische Poesie überhaupt war sein Fach nicht. Aber ein guter Kopf weiß sich überall aus dem Handel zu ziehen; und so haben seine beiden Stücke, wenn schon nicht die höchsten Schönheiten ihrer Gattung, wenigstens andere, die sie noch immer zu sehr schätzbaren Werken machen. Er suchte sich mit dem einen sowohl, als mit dem andern, der französischen Regelmäßigkeit mehr zu nähern; aber noch zwanzig Addisons, und diese Regelmäßigkeit wird doch nie nach dem Geschmacke der Engländer werden. Begnüge sich damit, wer keine höhere Schönheiten kennet!

Destouches, der in England persönlichen Umgang mit Addison gehabt hatte, zog das Lustspiel desselben über einen noch französischern Leisten. Wir spielen es nach seiner Umarbeitung; in der wirklich vieles feiner und natürlicher, aber auch manches kalter und kraftloser geworden. Wenn ich mich indes nicht irre, so hat Madame Gottsched, von der sich die deutsche Übersetzung herschreibt, das englische Original mit zur Hand genommen, und manchen guten Einfall wieder daraus hergestellet.

Den neunzehnten Abend (Montags, den 18 ten Mai,) ward der verheiratete Philosoph, vom Destouches, wiederholt.

Des Regnard Demokrit war dasjenige Stück, welches den zwanzigsten Abend (Dienstags, den 19ten Mai,) gespielet wurde.

Dieses Lustspiel wimmelt von Fehlern und Ungereimtheiten, und doch gefällt es. Der Kenner lacht dabei so herzlich, als der Unwissendste aus dem Pöbel. Was folgt hieraus? Daß die Schönheiten, die es hat, wahre allgemeine Schönheiten sein müssen, und die Fehler vielleicht nur willkürliche Regeln betreffen, über die man sich leichter hinaussetzen kann, als es die Kunstrichter Wort haben wollen. Er hat keine Einheit des Orts beobachtet: mag er doch. Er hat alles Übliche aus den Augen gesetzt: immerhin. Sein Demokrit sieht dem wahren Demokrit in keinem Stücke ähnlich; sein Athen ist ein ganz anders Athen, als wir kennen: nun wohl, so streiche man Demokrit und Athen aus, und setze bloß erdichtete Namen dafür. Regnard hat es gewiß so gut, als ein anderer, gewußt, daß um Athen keine Wüste und keine Tiger und Bäre waren; daß es, zu der Zeit des Demokrits, keinen König hatte u. s. w. Aber er hat das alles itzt nicht wissen wollen; seine Absicht war, die Sitten seines Landes unter fremden Namen zu schildern. Diese Schilderung ist das Hauptwerk des komischen Dichters, und nicht die historische Wahrheit.

Andere Fehler möchten schwerer zu entschuldigen sein; der Mangel des Interesse, die kahle Verwickelung, die Menge müßiger Personen, das abgeschmackte Geschwätz des Demokrits, nicht deswegen nur abgeschmackt, weil es der Idee widerspricht, die wir von dem Demokrit haben, sondern weil es Unsinn in jedes andern Munde sein würde, der Dichter möchte ihn genannt haben, wie er wolle. Aber was übersieht man nicht bei der guten Laune, in die uns Strabo und Thaler setzen? Der Charakter des Strabo ist gleichwohl schwer zu bestimmen; man weiß nicht, was man aus ihm machen soll; er ändert seinen Ton gegen jeden, mit dem er spricht; bald ist er ein feiner witziger Spötter, bald ein plumper Spaßmacher, bald ein zärtlicher Schulfuchs, bald ein unverschämter Stutzer. Seine Erkennung mit der Cleanthis ist ungemein komisch, aber unnatürlich. Die Art, mit der Mademoisell Beauval und la Thorilliere diese Szenen zuerst spielten, hat sich von einem Akteur zum andern, von einer Aktrice zur andern fortgepflanzt. Es sind die unanständigsten Grimassen; aber da sie durch die Überlieferung bei Franzosen und Deutschen geheiliget sind, so kömmt es niemanden ein, etwas daran zu ändern, und ich will mich wohl hüten zu sagen, daß man sie eigentlich kaum in dem niedrigsten Possenspiele dulden sollte. Der beste, drolligste und ausgeführteste Charakter, ist der Charakter des Thalers; ein wahrer Bauer, schalkisch und gerade zu; voller boshafter Schnurren; und der, von der poetischen Seite betrachtet, nichts weniger als episodisch, sondern zu Auflösung des Knoten eben so schicklich als unentbehrlich ist.*

ACHTZEHNTES STÜCK

Den 30sten Junius, 1767

Den ein und zwanzigsten Abend (Mittewochs, den 20sten Mai,) wurde das Lustspiel des Marivaux, die falschen Vertraulichkeiten, aufgeführt.

Marivaux hat fast ein ganzes halbes Jahrhundert für die Theater in Paris gearbeitet; sein erstes Stück ist vom Jahre 1712, und sein Tod erfolgte 1763, in einem Alter von fünf und siebzig. Die Zahl seiner Lustspiele beläuft sich auf einige dreißig, wovon mehr als zwei Dritteile den Harlekin haben, weil er sie für die italienische Bühne verfertigte. Unter diese gehören auch die falschen Vertraulichkeiten, die 1736 zuerst, ohne besondern Beifall, gespielet, zwei Jahre darauf aber wieder hervorgesucht wurden, und desto größern erhielten.

Seine Stücke, so reich sie auch an mannichfaltigen Charakteren und Verwicklungen sind, sehen sich einander dennoch sehr ähnlich. In allen der nämlich schimmernde, und öfters allzugesuchte Witz; in allen die nämliche metaphysische Zergliederung der Leidenschaften; in allen die nämliche blumenreiche, neologische Sprache. Seine Plane sind nur von einem sehr geringen Umfange; aber, als ein wahrer Kallippides seiner Kunst, weiß er den engen Bezirk derselben mit einer Menge so kleiner, und doch so merklich abgesetzter Schritte zu durchlaufen, daß wir am Ende einen noch so weiten Weg mit ihm zurückgelegt zu haben glauben.

Seitdem die Neuberin, sub Auspiciis Sr. Magnifizenz, des Herrn Prof. Gottscheds, den Harlekin öffentlich von ihrem Theater verbannte, haben alle deutsche Bühnen, denen daran gelegen war, regelmäßig zu heißen, dieser Verbannung beizutreten geschienen. Ich sage, geschienen; denn im Grunde hatten sie nur das bunte Jäckchen und den Namen

* Histoire du Theatre François. T. XIV. p. 164.

abgeschafft, aber den Narren behalten. Die Neuberin selbst spielte eine Menge Stücke, in welchen Harlekin die Hauptperson war. Aber Harlekin hieß bei ihr Hänschen, und war ganz weiß, anstatt scheckigt, gekleidet. Wahrlich, ein großer Triumph für den guten Geschmack!

Auch die falschen Vertraulichkeiten haben einen Harlekin, der in der deutschen Übersetzung zu einem Peter geworden. Die Neuberin ist tot, Gottsched ist auch tot: ich dächte, wir zögen ihm das Jäckchen wieder an. – Im Ernste; wenn er unter fremdem Namen zu dulden ist, warum nicht auch unter seinem? »Er ist ein ausländisches Geschöpf;« sagt man. Was tut das? Ich wollte, daß alle Narren unter uns Ausländer wären! »Er trägt sich, wie sich kein Mensch unter uns trägt:« – so braucht er nicht erst lange zu sagen, wer er ist. »Es ist widersinnig, das nämliche Individuum alle Tage in einem andern Stücke erscheinen zu sehen.« Man muß ihn als kein Individuum, sondern als eine ganze Gattung betrachten; es ist nicht Harlekin, der heute im Timon, morgen im Falken, übermorgen in den falschen Vertraulichkeiten, wie ein wahrer Hans in allen Gassen, vorkömmt; sondern es sind Harlekine; die Gattung leidet tausend Varietäten; der im Timon ist nicht der im Falken; jener lebte in Griechenland, dieser in Frankreich; nur weil ihr Charakter einerlei Hauptzüge hat, hat man ihnen einerlei Namen gelassen. Warum wollen wir ekler, in unsern Vergnügungen wähliger, und gegen kahle Vernünfteleien nachgebender sein, als – ich will nicht sagen, die Franzosen und Italiener sind – sondern, als selbst die Römer und Griechen waren? War ihr Parasit etwas anders, als der Harlekin? Hatte er nicht auch seine eigene, besondere Tracht, in der er in einem Stücke über dem andern vorkam? Hatten die Griechen nicht ein eigenes Drama, in das jederzeit Satyri eingeflochten werden mußten, sie mochten sich nun in die Geschichte des Stücks schicken oder nicht?

Harlekin hat, vor einigen Jahren, seine Sache vor dem Richterstuhle der wahren Kritik, mit eben so vieler Laune als Gründlichkeit, verteidiget. Ich empfehle die Abhandlung des Herrn Möser über das Groteske-Komische, allen meinen

Lesern, die sie noch nicht kennen; die sie kennen, deren Stimme habe ich schon. Es wird darin beiläufig von einem gewissen Schriftsteller gesagt, daß er Einsicht genug besitze, dermaleins der Lobredner des Harlekin zu werden. Itzt ist er es geworden! wird man denken. Aber nein; er ist es immer gewesen. Den Einwurf, den ihm Herr Möser wider den Harlekin in den Mund legt, kann er sich nie gemacht, ja nicht einmal gedacht zu haben erinnern.

Außer dem Harlekin kömmt in den falschen Vertraulichkeiten noch ein anderer Bedienter vor, der die ganze Intrigue führet. Beide wurden sehr wohl gespielt; und unser Theater hat überhaupt, an den Herren Hensel und Merschy, ein Paar Akteurs, die man zu den Bedientenrollen kaum besser verlangen kann.

Den zwei und zwanzigsten Abend (Donnerstags, den 21sten Mai,) ward die Zelmire des Herrn Du Belloy aufgeführet.

Der Name Du Belloy kann niemanden unbekannt sein, der in der neuern französischen Literatur nicht ganz ein Fremdling ist. Des Verfassers der Belagerung von Calais! Wenn es dieses Stück nicht verdiente, daß die Franzosen ein solches Lärmen damit machten, so gereicht doch dieses Lärmen selbst, den Franzosen zur Ehre. Es zeigt sie als ein Volk, das auf seinen Ruhm eifersüchtig ist; auf das die großen Taten seiner Vorfahren den Eindruck nicht verloren haben; das, von dem Werte eines Dichters und von dem Einflusse des Theaters auf Tugend und Sitten überzeugt, jenen nicht zu seinen unnützen Gliedern rechnet, dieses nicht zu den Gegenständen zählet, um die sich nur geschäftige Müßiggänger bekümmern. Wie weit sind wir Deutsche in diesem Stücke noch hinter den Franzosen! Es gerade herauszusagen: wir sind gegen sie noch die wahren Barbaren! Barbarischer, als unsere barbarischsten Voreltern, denen ein Liedersänger ein sehr schätzbarer Mann war, und die, bei aller ihrer Gleichgültigkeit gegen Künste und Wissenschaften, die Frage, ob ein Barde, oder einer, der mit Bärfellen und Bernstein handelt, der nützlichere Bürger wäre? sicherlich für die Frage eines Narren gehalten hätten! – Ich mag mich in

Deutschland umsehen, wo ich will, die Stadt soll noch gebauet werden, von der sich erwarten ließe, daß sie nur den tausendsten Teil der Achtung und Erkenntlichkeit gegen einen deutschen Dichter haben würde, die Calais gegen den Du Belloy gehabt hat. Man erkenne es immer für französische Eitelkeit: wie weit haben wir noch hin, ehe wir zu so einer Eitelkeit fähig sein werden! Was Wunder auch? Unsere Gelehrte selbst sind klein genug, die Nation in der Geringschätzung alles dessen zu bestärken, was nicht gerade zu den Beutel füllet. Man spreche von einem Werke des Genies, von welchem man will; man rede von der Aufmunterung der Künstler; man äußere den Wunsch, daß eine reiche blühende Stadt der anständigsten Erholung für Männer, die in ihren Geschäften des Tages Last und Hitze getragen, und der nützlichsten Zeitverkürzung für andere, die gar keine Geschäfte haben wollen, (das wird doch wenigstens das Theater sein?) durch ihre bloße Teilnehmung aufhelfen möge: – und sehe und höre um sich. »Dem Himmel sei Dank, ruft nicht bloß der Wucherer Albinus, daß unsere Bürger wichtigere Dinge zu tun haben!«

– – – – Eu!
Rem poteris servare tuam! – –

Wichtigere? Einträglichere; das gebe ich zu! Einträglich ist freilich unter uns nichts, was im geringsten mit den freien Künsten in Verbindung stehet. Aber,

– haec animos aerugo et cura peculî
Cum semel imbuerit –

Doch ich vergesse mich. Wie gehört das alles zur Zelmire?

Du Belloy war ein junger Mensch, der sich auf die Rechte legen wollte, oder sollte. Sollte, wird es wohl mehr gewesen sein. Denn die Liebe zum Theater behielt die Oberhand; er legte den Bartolus bei Seite, und ward Komödiant. Er spielte einige Zeit unter der französischen Truppe zu Braunschweig, machte verschiedene Stücke, kam wieder in sein Vaterland, und ward geschwind durch ein Paar Trauerspiele so glücklich und berühmt, als ihn nur immer die Rechtsgelehrsamkeit hätte machen können, wenn er auch ein Beaumont geworden wäre. Wehe dem jungen deutschen Genie, das diesen Weg einschlagen wollte! Verachtung und Bettelei würden sein gewissestes Los sein!

Das erste Trauerspiel des Du Belloy heißt Titus; und Zelmire war sein zweites. Titus fand keinen Beifall, und ward nur ein einzigesmal gespielt. Aber Zelmire fand desto größern; es ward vierzehnmal hinter einander aufgeführt, und die Pariser hatten sich noch nicht daran satt gesehen. Der Inhalt ist von des Dichters eigener Erfindung.

Ein französischer Kunstrichter* nahm hiervon Gelegenheit, sich gegen die Trauerspiele von dieser Gattung überhaupt zu erklären: »Uns wäre, sagt er, ein Stoff aus der Geschichte weit lieber gewesen. Die Jahrbücher der Welt sind an berüchtigten Verbrechen ja so reich; und die Tragödie ist ja ausdrücklich dazu, daß sie uns die großen Handlungen wirklicher Helden zur Bewunderung und Nachahmung vorstellen soll. Indem sie so den Tribut bezahlt, den die Nachwelt ihrer Asche schuldig ist, befeuert sie zugleich die Herzen der Itztlebenden mit der edlen Begierde, ihnen gleich zu werden. Man wende nicht ein, daß Zayre, Alzire, Mahomet, doch auch nur Geburten der Erdichtung wären. Die Namen der beiden ersten sind erdichtet, aber der Grund der Begebenheiten ist historisch. Es hat wirklich Kreuzzüge gegeben, in welchen sich Christen und Türken, zur Ehre Gottes, ihres gemeinschaftlichen Vaters, haßten und würgten. Bei der Eroberung von Mexiko haben sich notwendig die glücklichen und erhabenen Kontraste zwischen den europäischen und amerikanischen Sitten, zwischen der Schwärmerei und der wahren Religion, äußern müssen. Und was den Mahomet anbelangt, so ist er der Auszug, die Quintessenz, so zu reden, aus dem ganzen Leben dieses Betrügers; der Fanatismus, in Handlung gezeigt; das schönste philosophischste Gemälde, das jemals von diesem gefährlichen Ungeheuer gemacht worden.«

* Journal Encyclopédique. Juillet 1762.

NEUNZEHNTES STÜCK

Den 3ten Julius, 1767

Es ist einem jeden vergönnt, seinen eigenen Geschmack zu haben; und es ist rühmlich, sich von seinem eigenen Geschmacke Rechenschaft zu geben suchen. Aber den Gründen, durch die man ihn rechtfertigen will, eine Allgemeinheit erteilen, die, wenn es seine Richtigkeit damit hätte, ihn zu dem einzigen wahren Geschmacke machen müßte, heißt aus den Grenzen des forschenden Liebhabers herausgehen, und sich zu einem eigensinnigen Gesetzgeber aufwerfen. Der angeführte französische Schriftsteller fängt mit einem bescheidenen, »Uns wäre lieber gewesen« an, und geht zu so allgemein verbindenden Aussprüchen fort, daß man glauben sollte, dieses *uns* sei aus dem Munde der Kritik selbst gekommen. Der wahre Kunstrichter folgert keine Regeln aus seinem Geschmacke, sondern hat seinen Geschmack nach den Regeln gebildet, welche die Natur der Sache erfodert.

Nun hat es Aristoteles längst entschieden, wie weit sich der tragische Dichter um die historische Wahrheit zu bekümmern habe; nicht weiter, als sie einer wohleingerichteten Fabel ähnlich ist, mit der er seine Absichten verbinden kann. Er braucht eine Geschichte nicht darum, weil sie geschehen ist, sondern darum, weil sie so geschehen ist, daß er sie schwerlich zu seinem gegenwärtigen Zwecke besser erdichten könnte. Findet er diese Schicklichkeit von ohngefähr an einem wahren Falle, so ist ihm der wahre Fall willkommen; aber die Geschichtbücher erst lange darum nachzuschlagen, lohnt der Mühe nicht. Und wie viele wissen denn, was geschehen ist? Wenn wir die Möglichkeit, daß etwas geschehen kann, nur daher abnehmen wollen, weil es geschehen ist: was hindert uns, eine gänzlich erdichtete Fabel für eine wirklich geschehene Historie zu halten, von der wir nie etwas gehört haben? Was ist das erste, was uns eine Historie glaubwürdig macht? Ist es nicht ihre innere Wahrscheinlichkeit? Und ist es nicht einerlei, ob diese Wahrscheinlichkeit von gar keinen Zeugnissen und Überlieferungen bestätiget wird, oder von solchen, die zu unserer Wissenschaft noch nie gelangt sind? Es wird ohne Grund angenommen, daß es eine Bestimmung des Theaters mit sei, das Andenken großer Männer zu erhalten; dafür ist die Geschichte, aber nicht das Theater. Auf dem Theater sollen wir nicht lernen, was dieser oder jener einzelne Mensch getan hat, sondern was ein jeder Mensch von einem gewissen Charakter unter gewissen gegebenen Umständen tun werde. Die Absicht der Tragödie ist weit philosophischer, als die Absicht der Geschichte; und es heißt sie von ihrer wahren Würde herabsetzen, wenn man sie zu einem bloßen Panegyrikus berühmter Männer macht, oder sie gar den Nationalstolz zu nähren mißbraucht.

Die zweite Erinnerung des nämlichen französischen Kunstrichters gegen die Zelmire des Du Belloy, ist wichtiger. Er tadelt, daß sie fast nichts als ein Gewebe mannichfaltiger wunderbarer Zufälle sei, die in den engen Raum von vier und zwanzig Stunden zusammengepreßt, aller Illusion unfähig würden. Eine seltsam ausgesparte Situation über die andere! ein Theaterstreich über den andern! Was geschieht nicht alles! was hat man nicht alles zu behalten! Wo sich die Begebenheiten so drängen, können schwerlich alle vorbereitet genug sein. Wo uns so vieles überrascht, wird uns leicht manches mehr befremden, als überraschen. »Warum muß sich z. E. der Tyrann dem Rhamnes entdecken? Was zwingt den Antenor, ihm seine Verbrechen zu offenbaren? Fällt Ilus nicht gleichsam vom Himmel? Ist die Gemütsänderung des Rhamnes nicht viel zu schleunig? Bis auf den Augenblick, da er den Antenor ersticht, nimmt er an den Verbrechen seines Herrn auf die entschlossenste Weise Teil; und wenn er einmal Reue zu empfinden geschienen, so hatte er sie doch sogleich wieder unterdrückt. Welche geringfügige Ursachen gibt hiernächst der Dichter nicht manchmal den wichtigsten Dingen! So muß Polidor, wenn er aus der Schlacht kömmt, und sich wiederum in dem Grabmale verbergen will, der Zelmire den Rücken zukehren, und der Dichter muß uns sorgfältig diesen kleinen Umstand einschärfen. Denn wenn Polidor anders ginge, wenn er der Prinzessin das Gesicht, anstatt den Rücken zuwendete: so würde sie ihn erkennen, und die folgende Szene, wo diese zärtliche Tochter unwissend ihren Vater seinen Henkern überliefert, diese so vorstechende, auf alle Zuschauer so großen Eindruck machende Szene, fiele weg. Wäre es gleichwohl nicht weit natürlicher gewesen, wenn Polidor, indem er wieder in das Grabmal flüchtet, die Zelmire bemerkt, ihr ein Wort zugerufen, oder auch nur einen Wink gegeben hätte? Freilich wäre es so natürlicher gewesen, als daß die ganzen letzten Akte sich nunmehr auf die Art, wie Polidor geht, ob er seinen Rücken dahin oder dorthin kehret, gründen müssen. Mit dem Billet des Azor hat es die nämliche Bewandtnis: brachte es der Soldat im zweiten Akte gleich mit, so wie er es hätte mitbringen sollen, so war der Tyrann entlarvet, und das Stück hatte ein Ende.«

Die Übersetzung der Zelmire ist nur in Prosa. Aber wer wird nicht lieber eine körnichte, wohlklingende Prosa hören wollen, als matte, geradebrechte Verse? Unter allen unsern gereimten Übersetzungen werden kaum ein halbes Dutzend sein, die erträglich sind. Und daß man mich ja nicht bei dem Worte nehme, sie zu nennen! Ich würde eher wissen, wo ich aufhören, als wo ich anfangen sollte. Die beste ist an vielen Stellen dunkel und zweideutig; der Franzose war schon nicht der größte Versifikateur, sondern stümperte und flickte; der Deutsche war es noch weniger, und indem er sich bemühte, die glücklichen und unglücklichen Zeilen seines Originals gleich treu zu übersetzen, so ist es natürlich, daß öfters, was dort nur Lückenbüßerei, oder Tautologie, war, hier zu förmlichem Unsinne werden mußte. Der Ausdruck ist dabei meistens so niedrig, und die Konstruktion so verworfen, daß der Schauspieler allen seinen Adel nötig hat, jenen aufzuhelfen, und allen seinen Verstand brauchet, diese nur nicht verfehlen zu lassen. Ihm die Deklamation zu erleichtern, daran ist vollends gar nicht gedacht worden!

Aber verlohnt es denn auch der Mühe, auf französische Verse so viel Fleiß zu wenden, bis in unserer Sprache eben so wäßrig korrekte, eben so grammatikalisch kalte Verse daraus werden? Wenn wir hingegen den ganzen poetischen Schmuck der Franzosen in unsere Prosa übertragen, so wird unsere Prosa dadurch eben noch nicht sehr poetisch werden. Es wird der Zwitterton noch lange nicht daraus entstehen, der aus den prosaischen Übersetzungen englischer Dichter entstanden ist, in welchen der Gebrauch der kühnsten Tropen und Figuren, außer einer gebundenen kadensierten Wortfügung, uns an Besoffene denken läßt, die ohne Musik tanzen. Der Ausdruck wird sich höchstens über die alltägliche Sprache nicht weiter erheben, als sich die theatralische Deklamation über den gewöhnlichen Ton der gesellschaftlichen Unterhaltungen erheben soll. Und so nach wünschte ich unserm prosaischen Übersetzer recht viele Nachfolger; ob ich gleich der Meinung des Houdar de la Motte gar nicht bin, daß das Sylbenmaß überhaupt ein kindischer Zwang sei, dem sich der dramatische Dichter am wenigsten Ursache habe zu unterwerfen. Denn hier kömmt es bloß darauf an, unter zwei Übeln das kleinste zu wählen; entweder Verstand und Nachdruck der Versifikation, oder diese jenen aufzuopfern. Dem Houdar de la Motte war seine Meinung zu vergeben; er hatte eine Sprache in Gedanken, in der das Metrische der Poesie nur Kitzelung der Ohren ist, und zur Verstärkung des Ausdrucks nichts beitragen kann; in der unsrigen hingegen ist es etwas mehr, und wir können der griechischen ungleich näher kommen, die durch den bloßen Rhythmus ihrer Versarten die Leidenschaften, die darin ausgedrückt werden, anzudeuten vermag. Die französischen Verse haben nichts als den Wert der überstandenen Schwierigkeit für sich; und freilich ist dieses nur ein sehr elender Wert.

Die Rolle des Antenors hat Herr Borchers ungemein wohl gespielt; mit aller der Besonnenheit und Heiterkeit, die einem Bösewichte von großem Verstande so natürlich zu sein scheinen. Kein mißlungener Anschlag wird ihn in Verlegenheit setzen; er ist an immer neuen Ränken unerschöpflich; er besinnt sich kaum, und der unerwarteste Streich, der ihn in seiner Blöße darzustellen drohte, empfängt eine Wendung, die ihm die Larve nur noch fester aufdrückt. Diesen Charakter nicht zu verderben, ist von Seiten des Schauspielers das getreueste Gedächtnis, die fertigste Stimme, die freieste, nachlässigste Aktion, unumgänglich nötig. Hr. Borchers hat überhaupt sehr viele Talente, und schon das muß ein günstiges Vorurteil für ihn erwecken, daß er sich in alten Rollen eben so gern übet, als in jungen. Dieses zeiget von seiner Liebe zur Kunst; und der Kenner unterscheidet ihn sogleich von so vielen andern jungen Schauspielern, die nur immer auf der Bühne glänzen wollen, und deren kleine Eitelkeit, sich in lauter galanten liebenswürdigen Rollen begaffen und bewundern zu lassen, ihr vornehmster, auch wohl öfters ihr einziger Beruf zum Theater ist.

ZWANZIGSTES STÜCK

Den 7ten Julius, 1767

Den drei und zwanzigsten Abend (Freitags, den 22sten Mai,) ward Cenie aufgeführet.

Dieses vortreffliche Stück der Graffigny mußte der Gottschedin zum Übersetzen in die Hände fallen. Nach dem Bekenntnisse, welches sie von sich selbst ablegt, »daß sie die Ehre, welche man durch Übersetzung, oder auch Verfertigung theatralischer Stücke, erwerben könne, allezeit nur für sehr mittelmäßig gehalten habe,« läßt sich leicht vermuten, daß sie, diese mittelmäßige Ehre zu erlangen, auch nur sehr mittelmäßige Mühe werde angewendet haben. Ich habe ihr die Gerechtigkeit widerfahren lassen, daß sie einige lustige Stücke des Destouches eben nicht verdorben hat. Aber wie viel leichter ist es, eine Schnurre zu übersetzen, als eine Empfindung! Das Lächerliche kann der Witzige und Unwitzige nachsagen; aber die Sprache des Herzens kann nur das Herz treffen. Sie hat ihre eigene Regeln; und es ist ganz um sie geschehen, sobald man diese verkennt, und sie dafür den Regeln der Grammatik unterwerfen, und ihr alle die kalte Vollständigkeit, alle die langweilige Deutlichkeit geben will, die wir an einem logischen Satze verlangen. Z. E. Dorimond hat dem Mericourt eine ansehnliche Verbindung, nebst dem vierten Teile seines Vermögens, zugedacht. Aber das ist das wenigste, worauf Mericourt geht; er verweigert sich dem großmütigen Anerbieten, und will sich ihm aus Uneigennützigkeit verweigert zu haben scheinen. »Wozu das? sagt er. Warum wollen Sie sich Ihres Vermögens berauben? Genießen Sie Ihrer Güter selbst; sie haben Ihnen Gefahr und Arbeit genug gekostet.« J'en jouirai, je vous rendrai tous heureux: läßt die Graffigny den lieben gutherzigen Alten antworten. »Ich will ihrer genießen, ich will euch alle glücklich machen.« Vortrefflich! Hier ist kein Wort zu viel! Die wahre nachlässige Kürze, mit der ein Mann, dem Güte zur Natur geworden ist, von seiner Güte spricht, wenn er davon sprechen muß! Seines Glückes genießen, andere glücklich machen: beides ist ihm nur eines; das eine ist ihm nicht bloß eine Folge des andern, ein Teil des andern; das eine ist ihm ganz das andere: und so wie sein Herz keinen Unterschied darunter kennet, so weiß auch sein Mund keinen darunter zu machen; er spricht, als ob er das nämliche zweimal spräche, als ob beide Sätze wahre tautologische Sätze, vollkommen identische Sätze wären; ohne das geringste Verbindungswort. O des Elenden, der die Verbindung nicht fühlt, dem sie eine Partikel erst fühlbar machen soll! Und dennoch, wie glaubt man wohl, daß die Gottschedin jene acht Worte übersetzt hat? »Alsdenn werde ich meiner Güter erst recht genießen, wenn ich euch beide dadurch werde glücklich gemacht haben.« Unerträglich! Der Sinn ist vollkommen übergetragen, aber der Geist ist verflogen; ein Schwall von Worten hat ihn erstickt. Dieses Alsdenn, mit seinem Schwanze von Wenn; dieses Erst; dieses Recht; dieses Dadurch: lauter Bestimmungen, die dem Ausbruche des Herzens alle Bedenklichkeiten der Überlegung geben, und eine warme Empfindung in eine frostige Schlußrede verwandeln.

Denen, die mich verstehen, darf ich nur sagen, daß ungefähr auf diesen Schlag das ganze Stück übersetzt ist. Jede feinere Gesinnung ist in ihren gesunden Menschenverstand paraphrasiert, jeder affektvolle Ausdruck in die toten Bestandteile seiner Bedeutung aufgelöset worden. Hierzu kömmt in vielen Stellen der häßliche Ton des Zeremoniells; verabredete Ehrenbenennungen kontrastieren mit den Ausrufungen der gerührten Natur auf die abscheulichste Weise. Indem

Cenie ihre Mutter erkennet, ruft sie: »Frau Mutter! o welch ein süßer Name!« Der Name Mutter ist süß; aber Frau Mutter ist wahrer Honig mit Zitronensaft! Der herbe Titel zieht das ganze, der Empfindung sich öffnende Herz wieder zusammen. Und in dem Augenblick, da sie ihren Vater findet, wirft sie sich gar mit einem »Gnädiger Herr Vater! bin ich Ihrer Gnade wert!« ihm in die Arme. Mon pere! auf deutsch: Gnädiger Herr Vater. Was für ein respektuöses Kind! Wenn ich Dorsainville wäre, ich hätte es eben so gern gar nicht wieder gefunden, als mit dieser Anrede.

Madame Löwen spielt die Orphise; man kann sie nicht mit mehrerer Würde und Empfindung spielen. Jede Miene spricht das ruhige Bewußtsein ihres verkannten Wertes; und sanfte Melancholie auszudrücken, kann nur ihrem Blicke, kann nur ihrem Tone gelingen.

Cenie ist Madame Hensel. Kein Wort fällt aus ihrem Munde auf die Erde. Was sie sagt, hat sie nicht gelernt; es kömmt aus ihrem eignen Kopfe, aus ihrem eignen Herzen. Sie mag sprechen, oder sie mag nicht sprechen, ihr Spiel geht ununterbrochen fort. Ich wüßte nur einen einzigen Fehler; aber es ist ein sehr seltner Fehler; ein sehr beneidenswürdiger Fehler. Die Aktrice ist für die Rolle zu groß. Mich dünkt einen Riesen zu sehen, der mit dem Gewehre eines Kadetts exerzieret. Ich möchte nicht alles machen, was ich vortrefflich machen könnte.

Herr Eckhof in der Rolle des Dorimond, ist ganz Dorimond. Diese Mischung von Sanftmut und Ernst, von Weichherzigkeit und Strenge, wird gerade in so einem Manne wirklich sein, oder sie ist es in keinem. Wann er zum Schlusse des Stücks vom Mericourt sagt: »Ich will ihm so viel geben, daß er in der großen Welt leben kann, die sein Vaterland ist; aber sehen mag ich ihn nicht mehr!« wer hat den Mann gelehrt, mit ein Paar erhobenen Fingern, hierhin und dahin bewegt, mit einem einzigen Kopfdrehen, uns auf einmal zu zeigen, was das für ein Land ist, dieses Vaterland des Mericourt? Ein gefährliches, ein böses Land!

Tot linguae, quot membra viro! –

Den vier und zwanzigsten Abend (Montags, den 25sten Mai,) ward die Amalia des Herrn Weiß aufgeführet.

Amalia wird von Kennern für das beste Lustspiel dieses Dichters gehalten. Es hat auch wirklich mehr Interesse, ausgeführtere Charaktere und einen lebhaftern gedankenreichern Dialog, als seine übrige komische Stücke. Die Rollen sind hier sehr wohl besetzt; besonders macht Madame Böck den Manley, oder die verkleidete Amalia, mit vieler Anmut und mit aller der ungezwungenen Leichtigkeit, ohne die wir es ein wenig sehr unwahrscheinlich finden würden, ein junges Frauenzimmer so lange verkannt zu sehen. Dergleichen Verkleidungen überhaupt geben einem dramatischen Stücke zwar ein romanenhaftes Ansehen, dafür kann es aber auch nicht fehlen, daß sie nicht sehr komische, auch wohl sehr interessante Szenen veranlassen sollten. Von dieser Art ist die fünfte des letzten Akts, in welcher ich meinem Freunde einige allzu kühn croquierte Pinselstriche zu lindern, und mit dem Übrigen in eine sanftere Haltung zu vertreiben, wohl raten möchte. Ich weiß nicht, was in der Welt geschieht; ob man wirklich mit dem Frauenzimmer manchmal in diesem zudringlichen Tone spricht. Ich will nicht untersuchen, wie weit es mit der weiblichen Bescheidenheit bestehen könne, gewisse Dinge, obschon unter der Verkleidung, so zu brüsquieren. Ich will die Vermutung ungeäußert lassen, daß es vielleicht gar nicht einmal die rechte Art sei, eine Madame Freemann ins Enge zu treiben; daß ein wahrer Manley die Sache wohl hätte feiner anfangen können; daß man über einen schnellen Strom nicht in gerader Linie schwimmen zu wollen verlangen müsse; daß – Wie gesagt, ich will diese Vermutungen ungeäußert lassen; denn es könnte leicht bei einem solchen Handel mehr als eine rechte Art geben. Nachdem nämlich die Gegenstände sind; obschon alsdenn noch gar nicht ausgemacht ist, daß diejenige Frau, bei der die eine Art fehl geschlagen, auch allen übrigen Arten Obstand halten werde. Ich will bloß bekennen, daß ich für mein Teil nicht Herz genug gehabt hätte, eine dergleichen Szene zu bearbeiten. Ich würde mich vor der einen Klippe, zu wenig Erfahrung zu zeigen, eben so sehr gefürchtet haben, als vor der andern, allzu viele zu verraten. Ja wenn ich mir auch einer mehr als Crebillonschen Fähigkeit bewußt gewesen wäre, mich zwischen beide Klippen durchzustehlen: so weiß ich doch nicht, ob ich nicht viel lieber einen ganz andern Weg eingeschlagen wäre. Besonders da sich dieser andere Weg hier von selbst öffnet. Manley, oder Amalia, wußte ja, daß Freemann mit seiner vorgeblichen Frau nicht gesetzmäßig verbunden sei. Warum konnte er also nicht dieses zum Grunde nehmen, sie ihm gänzlich abspenstig zu machen, und sich ihr nicht als einen Galan, dem es nur um flüchtige Gunstbezeigungen zu tun, sondern als einen ernsthaften Liebhaber anzutragen, der sein ganzes Schicksal mit ihr zu teilen bereit sei? Seine Bewerbungen würden dadurch, ich will nicht sagen unsträflich, aber doch unsträflicher geworden sein; er würde, ohne sie in ihren eigenen Augen zu beschimpfen, darauf haben bestehen können; die Probe wäre ungleich verführerischer, und das Bestehen in derselben ungleich entscheidender für ihre Liebe gegen Freemann gewesen. Man würde zugleich einen ordentlichen Plan von Seiten der Amalia dabei abgesehen haben; anstatt daß man itzt nicht wohl erraten kann, was sie nun weiter tun können, wenn sie unglücklicher Weise in ihrer Verführung glücklich gewesen wäre.

Nach der Amalia folgte das kleine Lustspiel des Saintfoix, der Finanzpachter. Es besteht ungefähr aus ein Dutzend Szenen von der äußersten Lebhaftigkeit. Es dürfte schwer sein, in einen so engen Bezirk mehr gesunde Moral, mehr Charaktere, mehr Interesse zu bringen. Die Manier dieses liebenswürdigen Schriftstellers ist bekannt. Nie hat ein Dichter ein kleineres niedlicheres Ganze zu machen gewußt, als *er*.

Den fünf und zwanzigsten Abend (Dienstags, den 26sten Mai,) ward die Zelmire des Du Belloy wiederholt.

EIN UND ZWANZIGSTES STÜCK

Den 10ten Julius, 1767

Den sechs und zwanzigsten Abend (Freitags, den 29sten Mai,) ward die Mütterschule des Nivelle de la Chaussee aufgeführet.

Es ist die Geschichte einer Mutter, die für ihre parteiische Zärtlichkeit gegen einen nichtswürdigen schmeichlerischen Sohn, die verdiente Kränkung erhält. Marivaux hat auch ein Stück unter diesem Titel. Aber bei ihm ist es die Geschichte einer Mutter, die ihre Tochter, um ein recht gutes gehorsames Kind an ihr zu haben, in aller Einfalt erziehet, ohne alle Welt und Erfahrung läßt: und wie geht es damit? Wie man leicht erraten kann. Das liebe Mädchen hat ein empfindliches Herz; sie weiß keiner Gefahr auszuweichen, weil sie keine Gefahr kennet; sie verliebt sich in den ersten in den besten, ohne Mamma darum zu fragen, und Mamma mag dem Himmel danken, daß es noch so gut abläuft. In jener Schule gibt es eine Menge ernsthafte Betrachtungen anzustellen; in dieser setzt es mehr zu lachen. Die eine ist der Pendant der andern; und ich glaube, es müßte für Kenner ein Vergnügen mehr sein, beide an einem Abende hinter einander besuchen zu können. Sie haben hierzu auch alle äußerliche Schicklichkeit; das erste Stück ist von fünf Akten, das andere von einem.

Den sieben und zwanzigsten Abend (Montags, den 1sten Junius,) ward die Nanine des Herrn von Voltaire gespielt.

Nanine? fragten sogenannte Kunstrichter, als dieses Lustspiel im Jahre 1749 zuerst erschien. Was ist das für ein Titel? Was denkt man dabei? – Nicht mehr und nicht weniger, als man bei einem Titel denken soll. Ein Titel muß kein Küchenzettel sein. Je weniger er von dem Inhalte verrät, desto besser ist er. Dichter und Zuschauer finden ihre Rechnung dabei, und die Alten haben ihren Komödien selten andere, als nichtsbedeutende Titel gegeben. Ich kenne kaum drei oder viere, die den Hauptcharakter anzeigten, oder etwas von der Intrigue verrieten. Hierunter gehöret des Plautus Miles gloriosus. Wie kömmt es, daß man noch nicht angemerket, daß dieser Titel dem Plautus nur zur Hälfte gehören kann? Plautus nannte sein Stück bloß Gloriosus; so wie er ein anderes Truculentus überschrieb. Miles muß der Zusatz eines Grammatikers sein. Es ist wahr, der Prahler, den Plautus schildert, ist ein Soldat; aber seine Prahlereien beziehen sich nicht bloß auf seinen Stand, und seine kriegerische Taten. Er ist in dem Punkte der Liebe eben so großsprecherisch; er rühmt sich nicht allein der tapferste, sondern auch der schönste und liebenswürdigste Mann zu sein. Beides kann in dem Worte Gloriosus liegen; aber sobald man Miles hinzufügt, wird das gloriosus nur auf das erstere eingeschränkt. Vielleicht hat den Grammatiker, der diesen Zusatz machte, eine Stelle des Cicero* verführt; aber hier hätte ihm Plautus selbst, mehr als Cicero gelten sollen. Plautus selbst sagt:

> *Alazon* Graece huic nomen est Comoediae
> Id nos latine *Gloriosum* dicimus –

und in der Stelle des Cicero ist es noch gar nicht ausgemacht, daß eben das Stück des Plautus gemeinet sei. Der Charakter eines großsprecherischen Soldaten kam in mehrern Stücken vor. Cicero kann eben sowohl auf den Thraso des Terenz gezielet haben. – Doch dieses beiläufig. Ich erinnere mich, meine Meinung von den Titeln der Komödien überhaupt, schon einmal geäußert zu haben. Es könnte sein, daß die Sache so unbedeutend nicht wäre. Mancher Stümper hat zu einem schönen Titel eine schlechte Komödie gemacht; und bloß des schönen Titels wegen. Ich möchte doch lieber eine gute Komödie mit einem schlechten Titel. Wenn man nachfragt, was für Charaktere bereits bearbeitet worden, so wird kaum einer zu erdenken sein, nach welchem, besonders die Franzosen, nicht schon ein Stück genannt hätten. Der ist längst da gewesen! ruft man. Der auch schon! Dieser würde vom Moliere, jener vom Destouches entlehnet sein! Entlehnet? Das kömmt aus den schönen Titeln. Was für ein Eigentumsrecht erhält ein Dichter auf einen gewissen Charakter dadurch, daß er seinen Titel davon hergenommen? Wenn er ihn stillschweigend ge-

* De Officiis Lib. I. Cap. 38.

braucht hätte, so würde ich ihn wiederum stillschweigend brauchen dürfen, und niemand würde mich darüber zum Nachahmer machen. Aber so wage es einer einmal, und mache z. E. einen neuen Misanthropen. Wann er auch keinen Zug von dem Molierschen nimmt, so wird sein Misanthrop doch immer nur eine Kopie heißen. Genug, daß Moliere den Namen zuerst gebraucht hat. Jener hat unrecht, daß er funfzig Jahr später lebet; und daß die Sprache für die unendlichen Varietäten des menschlichen Gemüts nicht auch unendliche Benennungen hat.

Wenn der Titel Nanine nichts sagt; so sagt der andere Titel desto mehr: Nanine, oder das besiegte Vorurteil. Und warum soll ein Stück nicht zwei Titel haben? Haben wir Menschen doch auch zwei, drei Namen. Die Namen sind der Unterscheidung wegen; und mit zwei Namen ist die Verwechselung schwerer, als mit einem. Wegen des zweiten Titels scheinet der Herr von Voltaire noch nicht recht einig mit sich gewesen zu sein. In der nämlichen Ausgabe seiner Werke heißt er auf einem Blatte, das besiegte Vorurteil; und auf dem andern, der Mann ohne Vorurteil. Doch beides ist nicht weit aus einander. Es ist von dem Vorurteile, daß zu einer vernünftigen Ehe die Gleichheit der Geburt und des Standes erforderlich sei, die Rede. Kurz, die Geschichte der Nanine ist die Geschichte der Pamela. Ohne Zweifel wollte der Herr von Voltaire den Namen Pamela nicht brauchen, weil schon einige Jahre vorher ein Paar Stücke unter diesem Namen erschienen waren, und eben kein großes Glück gemacht hatten. Die Pamela des Boissy und des De la Chaussee sind auch ziemlich kahle Stücke; und Voltaire brauchte eben nicht Voltaire zu sein, etwas weit Besseres zu machen.

Nanine gehört unter die rührenden Lustspiele. Es hat aber auch sehr viel lächerliche Szenen, und nur in so fern, als die lächerlichen Szenen mit den rührenden abwechseln, will Voltaire diese in der Komödie geduldet wissen. Eine ganz ernsthafte Komödie, wo man niemals lacht, auch nicht einmal lächelt, wo man nur immer weinen möchte, ist ihm ein Ungeheuer. Hingegen findet er den Übergang von dem Rührenden zum Lächerlichen, und von dem Lächerlichen zum

Rührenden, sehr natürlich. Das menschliche Leben ist nichts als eine beständige Kette solcher Übergänge, und die Komödie soll ein Spiegel des menschlichen Lebens sein. »Was ist gewöhnlicher, sagt er, als daß in dem nämlichen Hause der zornige Vater poltert, die verliebte Tochter seufzet, der Sohn sich über beide aufhält, und jeder Anverwandte bei der nämlichen Szene etwas anders empfindet? Man verspottet in einer Stube sehr oft, was in der Stube neben an äußerst bewegt; und nicht selten hat eben dieselbe Person in eben derselben Viertelstunde über eben dieselbe Sache gelacht und geweinet. Eine sehr ehrwürdige Matrone saß bei einer von ihren Töchtern, die gefährlich krank lag, am Bette, und die ganze Familie stand um ihr herum. Sie wollte in Tränen zerfließen, sie rang die Hände, und rief: O Gott! laß mir, laß mir dieses Kind, nur dieses; magst du mir doch alle die andern dafür nehmen! Hier trat ein Mann, der eine von ihren übrigen Töchtern geheiratet hatte, näher zu ihr hinzu, zupfte sie bei dem Ärmel, und fragte: Madame, auch die Schwiegersöhne? Das kalte Blut, der komische Ton, mit denen er diese Worte aussprach, machten einen solchen Eindruck auf die betrübte Dame, daß sie in vollem Gelächter herauslaufen mußte; alles folgte ihr und lachte; die Kranke selbst, als sie es hörte, wäre vor Lachen fast erstickt.«

»Homer, sagt er an einem andern Orte, läßt sogar die Götter, indem sie das Schicksal der Welt entscheiden, über den possierlichen Anstand des Vulkans lachen. Hektor lacht über die Furcht seines kleinen Sohnes, indem Andromacha die heißesten Tränen vergießt. Es trifft sich wohl, daß mitten unter den Greueln einer Schlacht, mitten in den Schrecken einer Feuersbrunst, oder sonst eines traurigen Verhängnisses, ein Einfall, eine ungefähre Posse, Trotz aller Beängstigung, Trotz alles Mitleids, das unbändigste Lachen erregt. Man befahl, in der Schlacht bei Speyern, einem Regimente, daß es keinen Pardon geben sollte. Ein deutscher Offizier bat darum, und der Franzose, den er darum bat, antwortete: Bitten Sie, mein Herr, was Sie wollen; nur das Leben nicht; damit kann ich unmöglich dienen! Diese Naivetät ging sogleich von Mund zu Munde; man lachte und metzelte. Wie viel eher wird nicht in der Komödie das Lachen auf rührende Empfindungen folgen können? Bewegt uns nicht Alkmene? Macht uns nicht Sosias zu lachen? Welche elende und eitle Arbeit, wider die Erfahrung streiten zu wollen.«

Sehr wohl! Aber streitet nicht auch der Herr von Voltaire wider die Erfahrung, wenn er die ganz ernsthafte Komödie für eine eben so fehlerhafte, als langweilige Gattung erkläret? Vielleicht damals, als er es schrieb, noch nicht. Damals war noch keine Cenie, noch kein Hausvater vorhanden; und vieles muß das Genie erst wirklich machen, wenn wir es für möglich erkennen sollen.

ZWEI UND ZWANZIGSTES STÜCK

Den 14ten Julius, 1767

Den acht und zwanzigsten Abend (Dienstags, den 2ten Junius,) ward der Advokat Patelin wiederholt, und mit der kranken Frau des Herrn Gellert beschlossen.

Ohnstreitig ist unter allen unsern komischen Schriftstellern Herr Gellert derjenige, dessen Stücke das meiste ursprünglich Deutsche haben. Es sind wahre Familiengemälde, in denen man sogleich zu Hause ist; jeder Zuschauer glaubt, einen Vetter, einen Schwager, ein Mühmchen aus seiner eigenen Verwandtschaft darin zu erkennen. Sie beweisen zugleich, daß es an Originalnarren bei uns gar nicht mangelt, und daß nur die Augen ein wenig selten sind, denen sie sich in ihrem wahren Lichte zeigen. Unsere Torheiten sind bemerkbarer, als bemerkt; im gemeinen Leben sehen wir über viele aus Gutherzigkeit hinweg; und in der Nachahmung haben sich unsere Virtuosen an eine allzuflache Manier gewöhnet. Sie machen sie ähnlich, aber nicht hervorspringend. Sie treffen; aber da sie ihren Gegenstand nicht vorteilhaft genug zu beleuchten gewußt, so mangelt dem Bilde die Rundung, das Körperliche; wir sehen nur immer *eine* Seite, an der wir uns bald satt gesehen, und deren allzuschneidende Außenlinien uns gleich an die Täuschung erinnern, wenn wir in Gedanken um die übrigen Seiten herumgehen wollen. Die

Narren sind in der ganzen Welt platt und frostig und ekel; wann sie belustigen sollen, muß ihnen der Dichter etwas von dem Seinigen geben. Er muß sie nicht in ihrer Alltagskleidung, in der schmutzigen Nachlässigkeit, auf das Theater bringen, in der sie innerhalb ihrer vier Pfählen herumträumen. Sie müssen nichts von der engen Sphäre kümmerlicher Umstände verraten, aus der sich ein jeder gern herausarbeiten will. Er muß sie aufputzen; er muß ihnen Witz und Verstand leihen, das Armselige ihrer Torheiten bemänteln zu können; er muß ihnen den Ehrgeiz geben, damit glänzen zu wollen.

Ich weiß gar nicht, sagte eine von meinen Bekanntinnen, was das für ein Paar zusammen ist, dieser Herr Stephan, und diese Frau Stephan! Herr Stephan ist ein reicher Mann, und ein guter Mann. Gleichwohl muß seine geliebte Frau Stephan um eine lumpige Adrienne so viel Umstände machen! Wir sind freilich sehr oft um ein Nichts krank; aber doch um ein so gar großes Nichts nicht. Eine neue Adrienne! Kann sie nicht hinschicken, und ausnehmen lassen, und machen lassen. Der Mann wird ja wohl bezahlen; und er muß ja wohl.

Ganz gewiß! sagte eine andere. Aber ich habe noch etwas zu erinnern. Der Dichter schrieb zu den Zeiten unserer Mütter. Eine Adrienne! Welche Schneidersfrau trägt denn noch eine Adrienne? Es ist nicht erlaubt, daß die Aktrice hier dem guten Manne nicht ein wenig nachgeholfen! Konnte sie nicht Roberonde, Benedictine, Respectueuse, – (ich habe die andern Namen vergessen, ich würde sie auch nicht zu schreiben wissen,) – dafür sagen! Mich in einer Adrienne zu denken; das allein könnte mich krank machen. Wenn es der neueste Stoff ist, wornach Madame Stephan lechzet, so muß es auch die neueste Tracht sein. Wie können wir es sonst wahrscheinlich finden, daß sie darüber krank geworden?

Und ich, sagte eine dritte, (es war die gelehrteste,) finde es sehr unanständig, daß die Stephan ein Kleid anzieht, das nicht auf ihren Leib gemacht worden. Aber man sieht wohl, was den Verfasser zu dieser – wie soll ich es nennen? – Verkennung unserer Delicatesse gezwungen hat. Die Einheit der Zeit! Das Kleid mußte fertig sein; die Stephan sollte es noch anziehen; und in vier und zwanzig Stunden wird nicht immer ein Kleid fertig. Ja er durfte sich nicht einmal zu einem kleinen Nachspiele vier und zwanzig Stunden gar wohl erlauben. Denn Aristoteles sagt – Hier ward meine Kunstrichterin unterbrochen.

Den neun und zwanzigsten Abend (Mittewochs, den 3ten Junius,) ward nach der Melanide des De la Chaussee, der Mann nach der Uhr, oder der ordentliche Mann, gespielet.

Der Verfasser dieses Stücks ist Herr Hippel, in Danzig. Es ist reich an drolligen Einfällen; nur Schade, daß ein jeder, sobald er den Titel hört, alle diese Einfälle voraussieht. National ist es auch genug; oder vielmehr provincial. Und dieses könnte leicht das andere Extremum werden, in das unsere komischen Dichter verfielen, wenn sie wahre deutsche Sitten schildern wollten. Ich fürchte, daß jeder die armseligen Gewohnheiten des Winkels, in dem er geboren worden, für die eigentlichen Sitten des gemeinschaftlichen Vaterlandes halten dürfte. Wem aber liegt daran, zu erfahren, wie vielmal im Jahre man da oder dort grünen Kohl ißt?

Ein Lustspiel kann einen doppelten Titel haben; doch versteht sich, daß jeder etwas anders sagen muß. Hier ist das nicht; der Mann nach der Uhr, oder der ordentliche Mann, sagen ziemlich das nämliche; außer daß das erste ohngefähr die Karikatur von dem andern ist.

Den dreißigsten Abend (Donnerstags, den 4ten Junius,) ward der Graf von Essex, vom Thomas Corneille, aufgeführt.

Dieses Trauerspiel ist fast das einzige, welches sich aus der beträchtlichen Anzahl der Stücke des jüngern Corneille, auf dem Theater erhalten hat. Und ich glaube, es wird auf den deutschen Bühnen noch öfterer wiederholt, als auf den französischen. Es ist vom Jahre 1678, nachdem vierzig Jahre vorher bereits Calprenede die nämliche Geschichte bearbeitet hatte.

»Es ist gewiß, schreibt Corneille, daß der Graf von Essex bei der Königin Elisabeth in besondern Gnaden gestanden. Er war von Natur sehr stolz. Die Dienste, die er England geleistet hatte, bliesen ihn noch mehr auf. Seine Feinde beschuldigten ihn eines Verständnisses mit dem Grafen von Tyrone, den die Rebellen in Irland zu ihrem Haupte erwählet hatten. Der Verdacht, der dieserwegen auf ihm blieb, brachte ihn um das Kommando der Armee. Er ward erbittert, kam nach London, wiegelte das Volk auf, ward in Verhaft gezogen, verurteilt, und nachdem er durchaus nicht um Gnade bitten wollen, den 25sten Februar, 1601, enthauptet. So viel hat mir die Historie an die Hand gegeben. Wenn man mir aber zur Last legt, daß ich sie in einem wichtigen Stücke verfälscht hätte, weil ich mich des Vorfalles mit dem Ringe nicht bedienete, den die Königin dem Grafen zum Unterpfande ihrer unfehlbaren Begnadigung, falls er sich jemals eines Staatsverbrechens schuldig machen sollte, gegeben habe: so muß mich dieses sehr befremden. Ich bin versichert, daß dieser Ring eine Erfindung des Calprenede ist, wenigstens habe ich in keinem Geschichtschreiber das geringste davon gelesen.«

Allerdings stand es Corneillen frei, diesen Umstand mit dem Ringe zu nutzen, oder nicht zu nutzen; aber darin ging er zu weit, daß er ihn für eine poetische Erfindung erklärte. Seine historische Richtigkeit ist neuerlich fast außer Zweifel gesetzt worden; und die bedächtlichsten, skeptischsten Geschichtschreiber, Hume und Robertson, haben ihn in ihre Werke aufgenommen.

Wenn Robertson in seiner Geschichte von Schottland von der Schwermut redet, in welche Elisabeth vor ihrem Tode verfiel, so sagt er: »Die gemeinste Meinung damaliger Zeit, und vielleicht die wahrscheinlichste, war diese, daß dieses Übel aus einer betrübten Reue wegen des Grafen von Essex entstanden sei. Sie hatte eine ganz außerordentliche Achtung für das Andenken dieses unglücklichen Herrn; und wiewohl sie oft über seine Hartnäckigkeit klagte, so nannte sie doch seinen Namen selten ohne Tränen. Kurz vorher hatte sich ein Vorfall zugetragen, der ihre Neigung mit neuer Zärtlichkeit belebte, und ihre Betrübnis noch mehr vergällte. Die Gräfin von Nottingham, die auf ihrem Todbette lag, wünschte die Königin zu sehen, und ihr ein Geheimnis zu offenbaren, dessen Verhehlung sie nicht ruhig würde sterben lassen. Wie die Königin in ihr Zimmer kam, sagte ihr die

Gräfin, Essex habe, nachdem ihm das Todesurteil gesprochen worden, gewünscht, die Königin um Vergebung zu bitten, und zwar auf die Art, die Ihro Majestät ihm ehemals selbst vorgeschrieben. Er habe ihr nämlich den Ring zuschicken wollen, den sie ihm, zur Zeit der Huld, mit der Versicherung geschenkt, daß, wenn er ihr denselben, bei einem etwanigen Unglücke, als ein Zeichen senden würde, er sich ihrer völligen Gnaden wiederum versichert halten sollte. Lady Scroop sei die Person, durch welche er ihn habe übersenden wollen; durch ein Versehen aber sei er, nicht in der Lady Scroop, sondern in ihre Hände geraten. Sie habe ihrem Gemahl die Sache erzählt, (er war einer von den unversöhnlichsten Feinden des Essex,) und der habe ihr verboten, den Ring weder der Königin zu geben, noch dem Grafen zurück zu senden. Wie die Gräfin der Königin ihr Geheimnis entdeckt hatte, bat sie dieselbe um Vergebung; allein Elisabeth, die nunmehr sowohl die Bosheit der Feinde des Grafen, als ihre eigene Ungerechtigkeit einsahe, daß sie ihn im Verdacht eines unbändigen Eigensinnes gehabt, antwortete: Gott mag Euch vergeben; ich kann es nimmermehr! Sie verließ das Zimmer in großer Entsetzung, und von dem Augenblicke an sanken ihre Lebensgeister gänzlich. Sie nahm weder Speise noch Trank zu sich; sie verweigerte sich allen Arzeneien; sie kam in kein Bette; sie blieb zehn Tage und zehn Nächte auf einem Polster, ohne ein Wort zu sprechen, in Gedanken sitzen; einen Finger im Munde, mit offenen, auf die Erde geschlagenen Augen; bis sie endlich, von innerlicher Angst der Seelen und von so langem Fasten ganz entkräftet, den Geist aufgab.«

DREI UND ZWANZIGSTES STÜCK

Den 17ten Julius, 1767

Der Herr von Voltaire hat den Essex auf eine sonderbare Weise kritisiert. Ich möchte nicht gegen ihn behaupten, daß Essex ein vorzüglich gutes Stück sei; aber das ist leicht zu erweisen, daß viele von den Fehlern, die er daran tadelt, Teils sich nicht darin finden, Teils unerhebliche Kleinigkeiten sind, die seiner Seits eben nicht den richtigsten und würdigsten Begriff von der Tragödie voraussetzen.

Es gehört mit unter die Schwachheiten des Herrn von Voltaire, daß er ein sehr profunder Historikus sein will. Er schwang sich also auch bei dem Essex auf dieses sein Streitroß, und tummelte es gewaltig herum. Schade nur, daß alle die Taten, die er darauf verrichtet, des Staubes nicht wert sind, den er erregt.

Thomas Corneille hat ihm von der englischen Geschichte nur wenig gewußt; und zum Glücke für den Dichter, war das damalige Publikum noch unwissender. Itzt, sagt er, kennen wir die Königin Elisabeth und den Grafen Essex besser; itzt würden einem Dichter dergleichen grobe Verstoßungen wider die historische Wahrheit schärfer aufgemutzet werden.

Und welches sind denn diese Verstoßungen? Voltaire hat ausgerechnet, daß die Königin damals, als sie dem Grafen den Prozeß machen ließ, acht und sechzig Jahr alt war. Es wäre also lächerlich, sagt er, wenn man sich einbilden wollte, daß die Liebe den geringsten Anteil an dieser Begebenheit könne gehabt haben. Warum das? Geschieht nichts Lächerliches in der Welt? Sich etwas Lächerliches als geschehen denken, ist das so lächerlich? »Nachdem das Urteil über den Essex abgegeben war, sagt Hume, fand sich die Königin in der äußersten Unruhe und in der grausamsten Ungewißheit. Rache und Zuneigung, Stolz und Mitleiden, Sorge für ihre eigene Sicherheit und Bekümmernis um das Leben ihres Lieblings, stritten unaufhörlich in ihr: und vielleicht, daß sie in diesem quälenden Zustande mehr zu beklagen war, als Essex selbst. Sie unterzeichnete und widerrufte den Befehl zu seiner Hinrichtung einmal über das andere; itzt war sie fast entschlossen, ihn dem Tode zu überliefern; den Augenblick darauf erwachte ihre Zärtlichkeit aufs neue, und er sollte leben. Die Feinde des Grafen ließen sie nicht aus den Augen; sie stellten ihr vor, daß er selbst den Tod wünsche, daß er selbst erkläret habe, wie sie doch anders keine Ruhe vor ihm haben würde. Wahrscheinlicher Weise tat diese Äußerung von Reue und Achtung für die Sicherheit der Königin, die der Graf sonach lieber durch seinen Tod befestigen wollte, eine ganz andere Wirkung, als sich seine Feinde davon versprochen hatten. Sie fachte das Feuer einer alten Leidenschaft, die sie so lange für den unglücklichen Gefangnen genähret hatte, wieder an. Was aber dennoch ihr Herz gegen ihn verhärtete, war die vermeintliche Halsstarrigkeit, durchaus nicht um Gnade zu bitten. Sie versahe sich dieses Schrittes von ihm alle Stunden, und nur aus Verdruß, daß er nicht erfolgen wollte, ließ sie dem Rechte endlich seinen Lauf.«

Warum sollte Elisabeth nicht noch in ihrem acht und sechzigsten Jahre geliebt haben, sie, die sich so gern lieben ließ? Sie, der es so sehr schmeichelte, wenn man ihre Schönheit rühmte? Sie, die es so wohl aufnahm, wenn man ihre Kette zu tragen schien? Die Welt muß in diesem Stücke keine eitlere Frau jemals gesehen haben. Ihre Höflinge stellten sich daher alle in sie verliebt, und bedienten sich gegen Ihro Majestät, mit allem Anscheine des Ernstes, des Stils der lächerlichsten Galanterie. Als Raleigh in Ungnade fiel, schrieb er an seinen Freund Cecil einen Brief, ohne Zweifel damit er ihn weisen sollte, in welchem ihm die Königin eine Venus, eine Diane, und ich weiß nicht was, war. Gleichwohl war diese Göttin damals schon sechzig Jahr alt. Fünf Jahr darauf führte Heinrich Unton, ihr Abgesandter in Frankreich, die nämliche Sprache mit ihr. Kurz, Corneille ist hinlänglich berechtiget gewesen, ihr alle die verliebte Schwachheit beizulegen, durch die er das zärtliche Weib mit der stolzen Königin in einen so interessanten Streit bringet.

Eben so wenig hat er den Charakter des Essex verstellet, oder verfälschet. Essex, sagt Voltaire, war der Held gar nicht, zu dem ihn Corneille macht: er hat nie etwas merkwürdiges getan. Aber, wenn er es nicht war, so glaubte er es doch zu sein. Die Vernichtung der spanischen Flotte, die Eroberung von Cadix, an der ihn Voltaire wenig oder gar kein Teil läßt, hielt er so sehr für sein Werk, daß er es durchaus nicht leiden wollte, wenn sich jemand die geringste Ehre davon anmaßte. Er erbot sich, es mit dem Degen in der Hand, gegen den Grafen von Notthingham, unter dem er kommandiert hatte, gegen seinen Sohn, gegen jeden von seinen Anverwandten, zu beweisen, daß sie ihm allein zugehöre.

Corneille läßt den Grafen von seinen Feinden, namentlich vom Raleigh, vom Cecil, vom Cobhan, sehr verächtlich sprechen. Auch das will Voltaire nicht gut heißen. Es ist nicht erlaubt, sagt er, eine so neue Geschichte so gröblich zu verfälschen, und Männer von so vornehmer Geburt, von so großen Verdiensten, so unwürdig zu mißhandeln. Aber hier kömmt es ja gar nicht darauf an, was diese Männer waren, sondern wofür sie Essex hielt; und Essex war auf seine eigene Verdienste stolz genug, um ihnen ganz und gar keine einzuräumen.

Wenn Corneille den Essex sagen läßt, daß es nur an seinem Willen gemangelt, den Thron selbst zu besteigen, so läßt er ihn freilich etwas sagen, was noch weit von der Wahrheit entfernt war. Aber Voltaire hätte darum doch nicht ausrufen müssen: »Wie? Essex auf dem Throne? mit was für Recht? unter was für Vorwande? wie wäre das möglich gewesen?« Denn Voltaire hätte sich erinnern sollen, daß Essex von mütterlicher Seite aus dem Königlichen Hause abstammte, und daß es wirklich Anhänger von ihm gegeben, die unbesonnen genug waren, ihn mit unter diejenigen zu zählen, die Ansprüche auf die Krone machen könnten. Als er daher mit dem Könige Jakob von Schottland in geheime Unterhandlung trat, ließ er es das erste sein, ihn zu versichern, daß er selbst dergleichen ehrgeizige Gedanken nie gehabt habe. Was er hier von sich ablehnte, ist nicht viel weniger, als was ihn Corneille voraussetzen läßt.

Indem also Voltaire durch das ganze Stück nichts als historische Unrichtigkeiten findet, begeht er selbst nicht geringe. Über eine hat sich Walpole* schon lustig gemacht. Wenn nämlich Voltaire die erstern Lieblinge der Königin Elisabeth nennen will, so nennt er den Robert Dudley und den Grafen von Leicester. Er wußte nicht, daß beide nur eine Person waren, und daß man mit eben dem Rechte den Poeten Arouet und den Kammerherrn von Voltaire zu zwei

* Le Chateau d'Otrante, Pref. p. XIV.

verschiedenen Personen machen könnte. Eben so unverzeihlich ist das Hysteronproteron, in welches er mit der Ohrfeige verfällt, die die Königin dem Essex gab. Es ist falsch, daß er sie nach seiner unglücklichen Expedition in Irland bekam; er hatte sie lange vorher bekommen; und es ist so wenig wahr, daß er damals den Zorn der Königin durch die geringste Erniedrigung zu besänftigen gesucht, daß er vielmehr auf die lebhafteste und edelste Art mündlich und schriftlich seine Empfindlichkeit darüber ausließ. Er tat zu seiner Begnadigung auch nicht wieder den ersten Schritt; die Königin mußte ihn tun.

Aber was geht mich hier die historische Unwissenheit des Herrn von Voltaire an? Eben so wenig als ihn die historische Unwissenheit des Corneille hätte angehen sollen. Und eigentlich will ich mich auch nur dieser gegen ihn annehmen.

Die ganze Tragödie des Corneille sei ein Roman: wenn er rührend ist, wird er dadurch weniger rührend, weil der Dichter sich wahrer Namen bedienet hat?

Weswegen wählt der tragische Dichter wahre Namen? Nimmt er seine Charaktere aus diesen Namen; oder nimmt er diese Namen, weil die Charaktere, welche ihnen die Geschichte beilegt, mit den Charakteren, die er in Handlung zu zeigen sich vorgenommen, mehr oder weniger Gleichheit haben? Ich rede nicht von der Art, wie die meisten Trauerspiele vielleicht entstanden sind, sondern wie sie eigentlich entstehen sollten. Oder, mich mit der gewöhnlichen Praxi der Dichter übereinstimmender auszudrücken: sind es die bloßen Facta, die Umstände der Zeit und des Ortes, oder sind es die Charaktere der Personen, durch welche die Facta wirklich geworden, warum der Dichter lieber diese als eine andere Begebenheit wählet? Wenn es die Charaktere sind, so ist die Frage gleich entschieden, wie weit der Dichter von der historischen Wahrheit abgehen könne? In allem, was die Charaktere nicht betrifft, so weit er will. Nur die Charaktere sind ihm heilig; diese zu verstärken, diese in ihrem besten Lichte zu zeigen, ist alles, was er von dem Seinigen dabei hinzutun darf; die geringste wesentliche Veränderung würde die Ursache aufheben, warum sie diese und nicht andere Namen führen; und nichts ist anstößiger, als wovon wir uns keine Ursache geben können.

VIER UND ZWANZIGSTES STÜCK

Den 21sten Julius, 1767

Wenn der Charakter der Elisabeth des Corneille das poetische Ideal von dem wahren Charakter ist, den die Geschichte der Königin dieses Namens beilegt; wenn wir in ihr die Unentschlüssigkeit, die Widersprüche, die Beängstigung, die Reue, die Verzweiflung, in die ein stolzes und zärtliches Herz, wie das Herz der Elisabeth, ich will nicht sagen, bei diesen und jenen Umständen wirklich verfallen ist, sondern auch nur verfallen zu können vermuten lassen, mit wahren Farben geschildert finden: so hat der Dichter alles getan, was ihm als Dichter zu tun obliegt. Sein Werk, mit der Chronologie in der Hand, untersuchen; ihn vor den Richterstuhl der Geschichte führen, um ihn da jedes Datum, jede beiläufige Erwähnung, auch wohl solcher Personen, über welche die Geschichte selbst in Zweifel ist, mit Zeugnissen belegen zu lassen: heißt ihn und seinen Beruf verkennen, heißt von dem, dem man diese Verkennung nicht zutrauen kann, mit einem Worte, chicanieren.

Zwar bei dem Herrn von Voltaire könnte es leicht weder Verkennung noch Chicane sein. Denn Voltaire ist selbst ein tragischer Dichter, und ohnstreitig ein weit größerer, als der jüngere Corneille. Es wäre denn, daß man ein Meister in einer Kunst sein, und doch falsche Begriffe von der Kunst haben könnte. Und was die Chicane anbelangt, die ist, wie die ganze Welt weiß, sein Werk nun gar nicht. Was ihr in seinen Schriften hier und da ähnlich sieht, ist nichts als Laune; aus bloßer Laune spielt er dann und wann in der Poetik den Historikus, in der Historie den Philosophen, und in der Philosophie den witzigen Kopf.

Sollte er umsonst wissen, daß Elisabeth acht und sechzig Jahr alt war, als sie den Grafen köpfen ließ? Im acht und sechzigsten Jahre noch verliebt, noch eifersüchtig! Die große Nase der Elisabeth dazu genommen, was für lustige Einfälle muß das geben! Freilich stehen diese lustigen Einfälle in dem Kommentare über eine Tragödie; also da, wo sie nicht hingehören. Der Dichter hätte Recht zu seinem Kommentator zu sagen: »Mein Herr Notenmacher, diese Schwänke gehören in Eure allgemeine Geschichte, nicht unter meinen Text. Denn es ist falsch, daß meine Elisabeth acht und sechzig Jahr alt ist. Weiset mir doch, wo ich das sage. Was ist in meinem Stücke, das Euch hinderte, sie nicht ungefähr mit dem Essex von gleichem Alter anzunehmen? Ihr sagt: Sie war aber nicht von gleichem Alter: Welche Sie? Eure Elisabeth im Rapin de Thoyras; das kann sein. Aber warum habt Ihr den Rapin de Thoyras gelesen? Warum seid Ihr so gelehrt? Warum vermengt Ihr diese Elisabeth mit meiner? Glaubt Ihr im Ernst, daß die Erinnerung bei dem und jenem Zuschauer, der den Rapin de Thoyras auch einmal gelesen hat, lebhafter sein werde, als der sinnliche Eindruck, den eine wohlgebildete Aktrice in ihren besten Jahren auf ihn macht? Er sieht ja meine Elisabeth; und seine eigene Augen überzeugen ihn, daß es nicht Eure acht und sechzigjährige Elisabeth ist. Oder wird er dem Rapin de Thoyras mehr glauben, als seinen eignen Augen?« –

So ungefähr könnte sich auch der Dichter über die Rolle des Essex erklären. »Euer Essex im Rapin de Thoyras, könnte er sagen, ist nur der Embryo von dem meinigen. Was sich jener zu sein dünkte, ist meiner wirklich. Was jener, unter glücklichern Umständen, für die Königin vielleicht getan hätte, hat meiner getan. Ihr hört ja, daß es ihm die Königin selbst zugesteht; wollt Ihr meiner Königin nicht eben so viel glauben, als dem Rapin de Thoyras? Mein Essex ist ein verdienter und großer, aber stolzer und unbiegsamer Mann. Eurer war in der Tat weder so groß, noch so unbiegsam: desto schlimmer für ihn. Genug für mich, daß er doch immer noch groß und unbiegsam genug war, um meinem von ihm abgezogenen Begriffe seinen Namen zu lassen.«

Kurz: die Tragödie ist keine dialogierte Geschichte; die

Geschichte ist für die Tragödie nichts, als ein Repertorium von Namen, mit denen wir gewisse Charaktere zu verbinden gewohnt sind. Findet der Dichter in der Geschichte mehrere Umstände zur Ausschmückung und Individualisierung seines Stoffes bequem: wohl, so brauche er sie. Nur daß man ihm hieraus eben so wenig ein Verdienst, als aus dem Gegenteile ein Verbrechen mache!

Diesen Punkt von der historischen Wahrheit abgerechnet, bin ich sehr bereit, das übrige Urteil des Herrn von Voltaire zu unterschreiben. Essex ist ein mittelmäßiges Stück, sowohl in Ansehung der Intrigue, als des Stils. Den Grafen zu einem seufzenden Liebhaber einer Irton zu machen; ihn mehr aus Verzweiflung, daß er der ihrige nicht sein kann, als aus edelmütigem Stolze, sich nicht zu Entschuldigungen und Bitten herab zu lassen, auf das Schafott zu führen: das war der unglücklichste Einfall, den Thomas nur haben konnte, den er aber als ein Franzose wohl haben mußte. Der Stil ist in der Grundsprache schwach; in der Übersetzung ist er oft kriechend geworden. Aber überhaupt ist das Stück nicht ohne Interesse, und hat hier und da glückliche Verse; die aber im Französischen glücklicher sind, als im Deutschen. »Die Schauspieler, setzt der Herr von Voltaire hinzu, besonders die in der Provinz, spielen die Rolle des Essex gar zu gern, weil sie in einem gestickten Bande unter dem Knie, und mit einem großen blauen Bande über die Schulter darin erscheinen können. Der Graf ist ein Held von der ersten Klasse, den der Neid verfolgt: das macht Eindruck. Übrigens ist die Zahl der guten Tragödien bei allen Nationen in der Welt so klein, daß die, welche nicht ganz schlecht sind, noch immer Zuschauer an sich ziehen, wenn sie von guten Akteurs nur aufgestutzet werden.«

Er bestätiget dieses allgemeine Urteil durch verschiedene einzelne Anmerkungen, die eben so richtig, als scharfsinnig sind, und deren man sich vielleicht, bei einer wiederholten Vorstellung, mit Vergnügen erinnern dürfte. Ich teile die vorzüglichsten also hier mit; in der festen Überzeugung, daß die Kritik dem Genusse nicht schadet, und daß diejenigen, welche ein Stück am schärfesten zu beurteilen gelernt haben, immer diejenigen sind, welche das Theater am fleißigsten besuchen.

»Die Rolle des Cecils ist eine Nebenrolle, und eine sehr frostige Nebenrolle. Solche kriechende Schmeichler zu malen, muß man die Farben in seiner Gewalt haben, mit welchen Racine den Narcissus geschildert hat.«

»Die vorgebliche Herzogin von Irton ist eine vernünftige tugendhafte Frau, die sich durch ihre Liebe zu dem Grafen weder die Ungnade der Elisabeth zuziehen, noch ihren Liebhaber heiraten wollen. Dieser Charakter würde sehr schön sein, wenn er mehr Leben hätte, und wenn er zur Verwikkelung etwas beitrüge; aber hier vertritt sie bloß die Stelle eines Freundes. Das ist für das Theater nicht hinlänglich.«

»Mich dünket, daß alles, was die Personen in dieser Tragödie sagen und tun, immer noch sehr schielend, verwirret und unbestimmet ist. Die Handlung muß deutlich, der Knoten verständlich, und jede Gesinnung plan und natürlich sein: das sind die ersten, wesentlichsten Regeln. Aber was will Essex? Was will Elisabeth? Worin besteht das Verbrechen des Grafen? Ist er schuldig, oder ist er fälschlich angeklagt? Wenn ihn die Königin für unschuldig hält, so muß sie sich seiner annehmen. Ist er aber schuldig: so ist es sehr unvernünftig, die Vertraute sagen zu lassen, daß er nimmermehr um Gnade bitten werde, daß er viel zu stolz dazu sei. Dieser Stolz schickt sich sehr wohl für einen tugendhaften unschuldigen Helden, aber für keinen Mann, der des Hochverrats überwiesen ist. Er soll sich unterwerfen: sagt die Königin. Ist das wohl die eigentliche Gesinnung, die sie haben muß, wenn sie ihn liebt? Wenn er sich nun unterworfen, wenn er nun ihre Verzeihung angenommen hat, wird Elisabeth darum von ihm mehr geliebt, als zuvor? Ich liebe ihn hundertmal mehr, als mich selbst: sagt die Königin. Ah, Madame; wenn es so weit mit Ihnen gekommen ist, wenn Ihre Leidenschaft so heftig geworden: so untersuchen Sie doch die Beschuldigungen Ihres Geliebten selbst, und verstatten nicht, daß ihn seine Feinde unter Ihrem Namen so verfolgen und unterdrücken, wie es durch das ganze Stück, obwohl ganz ohne Grund, heißt.«

Auch aus dem Freunde des Grafen, dem Salisbury, kann man nicht klug werden, ob er ihn für schuldig oder für unschuldig hält. Er stellt der Königin vor, daß der Anschein öfters betriege, daß man alles von der Parteilichkeit und Ungerechtigkeit seiner Richter zu besorgen habe. Gleichwohl nimmt er seine Zuflucht zur Gnade der Königin. Was hatte er dieses nötig, wenn er seinen Freund nicht strafbar glaubte? Aber was soll der Zuschauer glauben? Der weiß eben so wenig, woran er mit der Verschwörung des Grafen, als woran er mit der Zärtlichkeit der Königin gegen ihn ist.«

»Salisbury sagt der Königin, daß man die Unterschrift des Grafen nachgemacht habe. Aber die Königin läßt sich im geringsten nicht einfallen, einen so wichtigen Umstand näher zu untersuchen. Gleichwohl war sie als Königin und als Geliebte dazu verbunden. Sie antwortet nicht einmal auf diese Eröffnung, die sie doch begierigst hätte ergreifen müssen. Sie erwidert bloß mit andern Worten, daß der Graf allzu stolz sei, und daß sie durchaus wolle, er solle um Gnade bitten.«

»Aber warum sollte er um Gnade bitten, wenn seine Unterschrift nachgemacht war?«

FÜNF UND ZWANZIGSTES STÜCK

Den 24sten Julius, 1767

»Essex selbst beteuert seine Unschuld; aber warum will er lieber sterben, als die Königin davon überzeugen? Seine Feinde haben ihn verleumdet; er kann sie mit einem einzigen Worte zu Boden schlagen; und er tut es nicht. Ist das dem Charakter eines so stolzen Mannes gemäß? Soll er aus Liebe zur Irton so widersinnig handeln: so hätte ihn der Dichter durch das ganze Stück von seiner Leidenschaft mehr bemeistert zeigen müssen. Die Heftigkeit des Affekts kann alles entschuldigen; aber in dieser Heftigkeit sehen wir ihn nicht.«

»Der Stolz der Königin streitet unaufhörlich mit dem Stolze des Essex; ein solcher Streit kann leicht gefallen. Aber wenn allein dieser Stolz sie handeln läßt, so ist er bei der Elisabeth sowohl, als bei dem Grafen, bloßer Eigensinn. Er soll mich um Gnade bitten; ich will sie nicht um Gnade bitten: das ist die ewige Leier. Der Zuschauer muß vergessen, daß Elisabeth entweder sehr abgeschmackt, oder sehr ungerecht ist, wenn sie verlangt, daß der Graf sich ein Verbrechen soll vergeben lassen, welches er nicht begangen, oder sie nicht untersucht hat. Er muß es vergessen, und er vergißt es wirklich, um sich bloß mit den Gesinnungen des Stolzes zu beschäftigen, der dem menschlichen Herze so schmeichelhaft ist.«

»Mit einem Worte: keine einzige Rolle dieses Trauerspiels ist, was sie sein sollte; alle sind verfehlt; und gleichwohl hat es gefallen. Woher dieses Gefallen? Offenbar aus der Situation der Personen, die für sich selbst rührend ist. – Ein großer Mann, den man auf das Schafott führet, wird immer interessieren; die Vorstellung seines Schicksals macht, auch ohne alle Hülfe der Poesie, Eindruck; ungefähr eben den Eindruck, den die Wirklichkeit selbst machen würde.«

So viel liegt für den tragischen Dichter an der Wahl des Stoffes. Durch diese allein, können die schwächsten verwirrtesten Stücke eine Art von Glück machen; und ich weiß nicht, wie es kömmt, daß es immer solche Stücke sind, in welchen sich gute Akteurs am vorteilhaftesten zeigen. Selten wird ein Meisterstück so meisterhaft vorgestellt, als es geschrieben ist; das Mittelmäßige fährt mit ihnen immer besser. Vielleicht, weil sie in dem Mittelmäßigen mehr von dem Ihrigen hinzutun können; vielleicht, weil uns das Mittelmäßige mehr Zeit und Ruhe läßt, auf ihr Spiel aufmerksam zu sein; vielleicht, weil in dem Mittelmäßigen alles nur auf einer oder zwei hervorstechenden Personen beruhet, anstatt, daß in einem vollkommenern Stücke öfters eine jede Person ein Hauptakteur sein müßte, und wenn sie es nicht ist, indem sie ihre Rolle verhunzt, zugleich auch die übrigen verderben hilft.

Beim Essex können alle diese und mehrere Ursachen zusammen kommen. Weder der Graf noch die Königin sind von dem Dichter mit der Stärke geschildert, daß sie durch die Aktion nicht noch weit stärker werden könnten. Essex spricht so stolz nicht, daß ihn der Schauspieler nicht in jeder Stellung, in jeder Gebärde, in jeder Miene, noch stolzer zeigen könnte. Es ist sogar dem Stolze wesentlich, daß er sich weniger durch Worte, als durch das übrige Betragen, äußert. Seine Worte sind öfters bescheiden, und es läßt sich nur sehen, nicht hören, daß es eine stolze Bescheidenheit ist. Diese Rolle muß also notwendig in der Vorstellung gewinnen. Auch die Nebenrollen können keinen übeln Einfluß auf ihn haben: je subalterner Cecil und Salisbury gespielt werden, desto mehr ragt Essex hervor. Ich darf es also nicht erst lange sagen, wie vortrefflich ein Eckhof das machen muß, was auch der gleichgültigste Akteur nicht ganz verderben kann.

Mit der Rolle der Elisabeth ist es nicht völlig so; aber doch kann sie auch schwerlich ganz verunglücken. Elisabeth ist so zärtlich, als stolz; ich glaube ganz gern, daß ein weibliches Herz beides zugleich sein kann; aber wie eine Aktrice beides gleich gut vorstellen könne, das begreife ich nicht recht. In der Natur selbst trauen wir einer stolzen Frau nicht viel Zärtlichkeit, und einer zärtlichen nicht viel Stolz zu. Wir trauen es ihr nicht zu, sage ich: denn die Kennzeichen des einen widersprechen den Kennzeichen des andern. Es ist ein Wunder, wenn ihr beide gleich geläufig sind; hat sie aber nur die einen vorzüglich in ihrer Gewalt, so kann sie die Leidenschaft, die sich durch die andern ausdrückt, zwar empfinden, aber schwerlich werden wir ihr glauben, daß sie dieselbe so lebhaft empfindet, als sie sagt. Wie kann eine Aktrice nun weiter gehen, als die Natur? Ist sie von einem majestätischen Wuchse, tönt ihre Stimme voller und männlicher, ist ihr Blick dreist, ist ihre Bewegung schnell und herzhaft: so werden ihr die stolzen Stellen vortrefflich gelingen; aber wie steht es mit den zärtlichen? Ist ihre Figur hingegen weniger imponierend; herrscht in ihren Mienen Sanftmut, in ihren Augen ein bescheidnes Feuer, in ihrer Stimme mehr Wohlklang, als Nachdruck; ist in ihrer Bewegung mehr Anstand und Würde, als Kraft und Geist: so wird sie den zärtlichen Stellen die völligste Genüge leisten; aber auch den stolzen? Sie wird sie nicht verderben, ganz gewiß nicht; sie wird sie noch genug absetzen; wir werden eine beleidigte zürnende Liebhaberin in ihr erblicken; nur keine Elisabeth nicht, die Manns genug war, ihren General und Geliebten mit einer Ohrfeige nach Hause zu schicken. Ich meine also, die Aktricen, welche die ganze doppelte Elisabeth uns gleich täuschend zu zeigen vermögend wären, dürfen noch seltner sein, als die Elisabeths selber; und wir können und müssen uns begnügen, wenn eine Hälfte nur recht gut gespielt, und die andere nicht ganz verwahrloset wird.

Madame Löwen hat in der Rolle der Elisabeth sehr gefallen; aber, jene allgemeine Anmerkung nunmehr auf sie anzuwenden, uns mehr die zärtliche Frau, als die stolze Monarchin, sehen und hören lassen. Ihre Bildung, ihre Stimme, ihre bescheidene Aktion, ließen es nicht anders erwarten; und mich dünkt, unser Vergnügen hat dabei nichts verloren. Denn wenn notwendig eine die andere verfinstert, wenn es kaum anders sein kann, als daß nicht die Königin unter der Liebhaberin, oder diese unter jener leiden sollte: so, glaube ich, ist es zuträglicher, wenn eher etwas von dem Stolze und der Königin, als von der Liebhaberin und der Zärtlichkeit, verloren geht.

Es ist nicht bloß eigensinniger Geschmack, wenn ich so urteile; noch weniger ist es meine Absicht, einem Frauenzimmer ein Kompliment damit zu machen, die noch immer eine Meisterin in ihrer Kunst sein würde, wenn ihr diese Rolle auch gar nicht gelungen wäre. Ich weiß einem Künstler, er sei von meinem oder dem andern Geschlechte, nur eine einzige Schmeichelei zu machen; und diese besteht darin, daß ich annehme, er sei von aller eiteln Empfindlichkeit entfernt, die Kunst gehe bei ihm über alles, er höre gern frei und laut über sich urteilen, und wolle sich lieber auch dann und wann falsch, als seltner beurteilet wissen. Wer diese Schmeichelei nicht versteht, bei dem erkenne ich mich gar bald irre, und er ist es nicht wert, daß wir ihn studieren. Der wahre Virtuose glaubt es nicht einmal, daß wir seine Vollkommenheit einsehen und empfinden, wenn wir auch noch so viel Geschrei davon machen, ehe er nicht merkt, daß wir auch Augen und Gefühl für seine Schwäche haben. Er spottet bei sich über jede uneingeschränkte Bewunderung, und nur das Lob desjenigen kitzelt ihn, von dem er weiß, daß er auch das Herz hat, ihn zu tadeln.

Ich wollte sagen, daß sich Gründe anführen lassen, warum es besser ist, wenn die Aktrice mehr die zärtliche, als die stolze Elisabeth ausdrückt. Stolz muß sie sein, das ist ausgemacht: und daß sie es ist, das hören wir. Die Frage ist nur, ob sie zärtlicher als stolz, oder stolzer als zärtlich scheinen soll; ob man, wenn man unter zwei Aktricen zu wählen hätte, lieber die zur Elisabeth nehmen sollte, welche die beleidigte Königin, mit allem drohenden Ernste, mit allen Schrecken der rächerischen Majestät, auszudrücken vermöchte, oder die, welcher die eifersüchtige Liebhaberin, mit allen kränkenden Empfindungen der verschmähten Liebe, mit aller Bereitwilligkeit, dem teuern Frevler zu vergeben, mit aller Beängstigung über seine Hartnäckigkeit, mit allem Jammer über seinen Verlust, angemessener wäre? Und ich sage: diese.

Denn erstlich wird dadurch die Verdopplung des nämlichen Charakters vermieden. Essex ist stolz; und wenn Elisabeth auch stolz sein soll, so muß sie es wenigstens auf eine andere Art sein. Wenn bei dem Grafen die Zärtlichkeit nicht anders, als dem Stolze untergeordnet sein kann, so muß bei der Königin die Zärtlichkeit den Stolz überwiegen. Wenn der Graf sich eine höhere Miene gibt, als ihm zukömmt; so muß die Königin etwas weniger zu sein scheinen, als sie ist. Beide auf Stelzen, mit der Nase nur immer in der Luft einhertreten, beide mit Verachtung auf alles, was um sie ist, herabblicken lassen, würde die ekelste Einförmigkeit sein. Man muß nicht glauben können, daß Elisabeth, wenn sie an des Essex Stelle wäre, eben so, wie Essex, handeln würde. Der Ausgang weiset es, daß sie nachgebender ist, als er; sie muß also auch gleich von Anfange nicht so hoch daherfahren, als er. Wer sich durch äußere Macht empor zu halten vermag, braucht weniger Anstrengung, als der es durch eigene innere Kraft tun muß. Wir wissen darum doch, daß Elisabeth die Königin ist, wenn sich gleich Essex das königlichere Ansehen gibt.

Zweitens ist es in dem Trauerspiele schicklicher, daß die Personen in ihren Gesinnungen steigen, als daß sie fallen. Es ist schicklicher, daß ein zärtlicher Charakter Augenblicke des Stolzes hat, als daß ein stolzer von der Zärtlichkeit sich fortreißen läßt. Jener scheint, sich zu erheben; dieser, zu sinken. Eine ernsthafte Königin, mit gerunzelter Stirne, mit einem Blicke, der alles scheu und zitternd macht, mit einem Tone der Stimme, der allein ihr Gehorsam verschaffen könnte, wenn die zu verliebten Klagen gebracht wird, und nach den kleinen Bedürfnissen ihrer Leidenschaft seufzet, ist fast, fast lächerlich. Eine Geliebte hingegen, die ihre Eifersucht erinnert, daß sie Königin ist, erhebt sich über sich selbst, und ihre Schwachheit wird fürchterlich.

SECHS UND ZWANZIGSTES STÜCK

Den 28sten Julius, 1767

Den ein und dreißigsten Abend (Mittewochs, den 10ten Junius,) ward das Lustspiel der Madame Gottsched, die Hausfranzösin, oder die Mammsell, aufgeführet.

Dieses Stück ist eines von den sechs Originalen, mit welchen 1744, unter Gottschedischer Geburtshülfe, Deutschland im fünften Bande der Schaubühne beschenkt ward. Man sagt, es sei, zur Zeit seiner Neuheit, hier und da mit Beifall gespielt worden. Man wollte versuchen, welchen Beifall es noch erhalten würde, und es erhielt den, den es verdienet; gar keinen. Das Testament, von eben derselben Verfasserin, ist noch so etwas; aber die Hausfranzösin ist ganz und gar nichts. Noch weniger, als nichts: denn sie ist nicht allein niedrig, und platt, und kalt, sondern noch oben darein schmutzig, ekel, und im höchsten Grade beleidigend. Es ist mir unbegreiflich, wie eine Dame solches Zeug schreiben können. Ich will hoffen, daß man mir den Beweis von diesem allen schenken wird. –

Den zwei und dreißigsten Abend (Donnerstags, den 11ten Junius,) ward die Semiramis des Herrn von Voltaire wiederholt.

Da das Orchester bei unsern Schauspielen gewissermaßen die Stelle der alten Chöre vertritt, so haben Kenner schon längst gewünscht, daß die Musik, welche vor und zwischen und nach dem Stücke gespielt wird, mit dem Inhalte desselben mehr übereinstimmen möchte. Herr Scheibe ist unter den Musicis derjenige, welcher zuerst hier ein ganz neues Feld für die Kunst bemerkte. Da er einsahe, daß, wenn die Rührung des Zuschauers nicht auf eine unangenehme Art geschwächt und unterbrochen werden sollte, ein jedes Schauspiel seine eigene musikalische Begleitung erfordere: so machte er nicht allein bereits 1738 mit dem Polyeukt und Mithridat den Versuch, besondere diesen Stücken entsprechende Symphonien zu verfertigen, welche bei der Gesellschaft der Neuberin, hier in Hamburg, in Leipzig, und anderwärts aufgeführet wurden; sondern ließ sich auch in einem besondern Blatte seines kritischen Musikus* umständlich darüber aus, was überhaupt der Komponist zu beobachten habe, der in dieser neuen Gattung mit Ruhm arbeiten wolle.

»Alle Symphonien, sagt er, die zu einem Schauspiele verfertiget werden, sollen sich auf den Inhalt und die Beschaffenheit desselben beziehen. Es gehören also zu den Trauerspielen eine andere Art von Symphonien, als zu den Lustspielen. So verschieden die Tragödien und Komödien unter sich selbst sind, so verschieden muß auch die dazu gehörige Musik sein. Insbesondere aber hat man auch wegen der verschiedenen Abteilungen der Musik in den Schauspielen auf die Beschaffenheit der Stellen, zu welchen eine jede Abteilung gehört, zu sehen. Daher muß die Anfangssymphonie sich auf den ersten Aufzug des Stückes beziehen; die Symphonien aber, die zwischen den Aufzügen vorkommen, müssen Teils mit dem Schlusse des vorhergehenden Aufzuges, Teils aber mit dem Anfange des folgenden Aufzuges übereinkommen; so wie die letzte Symphonie dem Schlusse des letzten Aufzuges gemäß sein muß.

Alle Symphonien zu Trauerspielen müssen prächtig, feu-

* Stück 67.

rig und geistreich gesetzt sein. Insonderheit aber hat man den Charakter der Hauptpersonen, und den Hauptinhalt zu bemerken, und darnach seine Erfindung einzurichten. Dieses ist von keiner gemeinen Folge. Wir finden Tragödien, da bald diese, bald jene Tugend eines Helden, oder einer Heldin, der Stoff gewesen ist. Man halte einmal den Polyeukt gegen den Brutus, oder auch die Alzire gegen den Mithridat: so wird man gleich sehen, daß sich keineswegs einerlei Musik dazu schicket. Ein Trauerspiel, in welchem die Religion und Gottesfurcht den Helden, oder die Heldin, in allen Zufällen begleiten, erfordert auch solche Symphonien, die gewissermaßen das Prächtige und Ernsthafte der Kirchenmusik beweisen. Wenn aber die Großmut, die Tapferkeit, oder die Standhaftigkeit in allerlei Unglücksfällen im Trauerspiele herrschen: so muß auch die Musik weit feuriger und lebhafter sein. Von dieser letztern Art sind die Trauerspiele Cato, Brutus, Mithridat. Alzire aber und Zaire erfordern hingegen schon eine etwas veränderte Musik, weil die Begebenheiten und die Charaktere in diesen Stücken von einer andern Beschaffenheit sind, und mehr Veränderung der Affekten zeigen.

Eben so müssen die Komödiensymphonien überhaupt frei, fließend, und zuweilen auch scherzhaft sein; insbesondere aber sich nach dem eigentümlichen Inhalte einer jeden Komödie richten. So wie die Komödie bald ernsthafter, bald verliebter, bald scherzhafter ist, so muß auch die Symphonie beschaffen sein. Z. E. die Komödien, der Falke und die beiderseitige Unbeständigkeit, würden ganz andere Symphonien erfordern, als der verlorne Sohn. So würden sich auch nicht die Symphonien, die sich zum Geizigen, oder zum Kranken in der Einbildung, sehr wohl schicken möchten, zum Unentschlüssigen, oder zum Zerstreuten, schicken. Jene müssen schon lustiger und scherzhafter sein, diese aber verdrießlicher und ernsthafter.

Die Anfangssymphonie muß sich auf das ganze Stück beziehen; zugleich aber muß sie auch den Anfang desselben vorbereiten, und folglich mit dem ersten Auftritte übereinkommen. Sie kann aus zwei oder drei Sätzen bestehen, so wie es der Komponist für gut findet. – Die Symphonien zwischen den Aufzügen aber, weil sie sich nach dem Schlusse des vorhergehenden Aufzuges und nach dem Anfange des folgenden richten sollen, werden am natürlichsten zwei Sätze haben können. Im ersten kann man mehr auf das Vorhergegangene, im zweiten aber mehr auf das Folgende sehen. Doch ist solches nur allein nötig, wenn die Affekten einander allzu sehr entgegen sind; sonst kann man auch wohl nur einen Satz machen, wenn er nur die gehörige Länge erhält, damit die Bedürfnisse der Vorstellung, als Lichtputzen, Umkleiden u. s. w. indes besorget werden können. – Die Schlußsymphonie endlich muß mit dem Schlusse des Schauspiels auf das genaueste übereinstimmen, um die Begebenheit den Zuschauern desto nachdrücklicher zu machen. Was ist lächerlicher, als wenn der Held auf eine unglückliche Weise sein Leben verloren hat, und es folgt eine lustige und lebhafte Symphonie darauf? Und was ist abgeschmackter, als wenn sich die Komödie auf eine fröhliche Art endiget, und es folgt eine traurige und bewegliche Symphonie darauf? –

Da übrigens die Musik zu den Schauspielen bloß allein aus Instrumenten bestehet, so ist eine Veränderung derselben sehr nötig, damit die Zuhörer desto gewisser in der Aufmerksamkeit erhalten werden, die sie vielleicht verlieren möchten, wenn sie immer einerlei Instrumente hören sollten. Es ist aber beinahe eine Notwendigkeit, daß die Anfangssymphonie sehr stark und vollständig ist, und also desto nachdrücklicher ins Gehör falle. Die Veränderung der Instrumenten muß also vornehmlich in den Zwischensymphonien erscheinen. Man muß aber wohl urteilen, welche Instrumente sich am besten zur Sache schicken, und womit man dasjenige am gewissesten ausdrücken kann, was man ausdrücken soll. Es muß also auch hier eine vernünftige Wahl getroffen werden, wenn man seine Absicht geschickt und sicher erreichen will. Sonderlich aber ist es nicht allzu gut, wenn man in zwei auf einander folgenden Zwischensymphonien einerlei Veränderung der Instrumente anwendet. Es ist allemal besser und angenehmer, wenn man diesen Übelstand vermeidet.«

Dieses sind die wichtigsten Regeln, um auch hier die Tonkunst und Poesie in eine genauere Verbindung zu bringen. Ich habe sie lieber mit den Worten eines Tonkünstlers, und zwar desjenigen vortragen wollen, der sich die Ehre der Erfindung anmaßen kann, als mit meinen. Denn die Dichter und Kunstrichter bekommen nicht selten von den Musicis den Vorwurf, daß sie weit mehr von ihnen erwarten und verlangen, als die Kunst zu leisten im Stande sei. Die mehresten müssen es von ihren Kunstverwandten erst hören, daß die Sache zu bewerkstelligen ist, ehe sie die geringste Aufmerksamkeit darauf wenden.

Zwar die Regeln selbst waren leicht zu machen; sie lehren nur was geschehen soll, ohne zu sagen, wie es geschehen kann. Der Ausdruck der Leidenschaften, auf welchen alles dabei ankömmt, ist noch einzig das Werk des Genies. Denn ob es schon Tonkünstler gibt und gegeben, die bis zur Bewunderung darin glücklich sind, so mangelt es doch unstreitig noch an einem Philosophen, der ihnen die Wege abgelernt, und allgemeine Grundsätze aus ihren Beispielen hergeleitet hätte. Aber je häufiger diese Beispiele werden, je mehr sich die Materialien zu dieser Herleitung sammeln, desto eher können wir sie uns versprechen; und ich müßte mich sehr irren, wenn nicht ein großer Schritt dazu durch die Beeiferung der Tonkünstler in dergleichen dramatischen Symphonien geschehen könnte. In der Vokalmusik hilft der Text dem Ausdrucke allzusehr nach; der schwächste und schwankendste wird durch die Worte bestimmt und verstärkt: in der Instrumentalmusik hingegen fällt diese Hülfe weg, und sie sagt gar nichts, wenn sie das, was sie sagen will, nicht rechtschaffen sagt. Der Künstler wird also hier seine äußerste Stärke anwenden müssen; er wird unter den verschiedenen Folgen von Tönen, die eine Empfindung ausdrücken können, nur immer diejenigen wählen, die sie am deutlichsten ausdrücken; wir werden diese öfterer hören, wir werden sie mit einander öfterer vergleichen, und durch die Bemerkung dessen, was sie beständig gemein haben, hinter das Geheimnis des Ausdrucks kommen.

Welchen Zuwachs unser Vergnügen im Theater dadurch

erhalten würde, begreift jeder von selbst. Gleich vom Anfange der neuen Verwaltung unsers Theaters, hat man sich daher nicht nur überhaupt bemüht, das Orchester in einen bessern Stand zu setzen, sondern es haben sich auch würdige Männer bereit finden lassen, die Hand an das Werk zu legen, und Muster in dieser Art von Komposition zu machen, die über alle Erwartung ausgefallen sind. Schon zu Cronegks Olint und Sophronia hatte Herr Hertel eigne Symphonien verfertiget; und bei der zweiten Aufführung der Semiramis wurden dergleichen, von dem Herrn Agricola in Berlin, aufgeführt.

SIEBEN UND ZWANZIGSTES STÜCK

Den 31sten Julius, 1767

Ich will es versuchen, einen Begriff von der Musik des Herrn Agricola zu machen. Nicht zwar nach ihren Wirkungen; – denn je lebhafter und feiner ein sinnliches Vergnügen ist, desto weniger läßt es sich mit Worten beschreiben; man kann nicht wohl anders, als in allgemeine Lobsprüche, in unbestimmte Ausrufungen, in kreischende Bewunderung damit verfallen, und diese sind eben so ununterrichtend für den Liebhaber, als ekelhaft für den Virtuosen, den man zu ehren vermeinet; – sondern bloß nach den Absichten, die ihr Meister dabei gehabt, und nach den Mitteln überhaupt, deren er sich, zu Erreichung derselben, bedienen wollen.

Die Anfangssymphonie bestehet aus drei Sätzen. Der erste Satz ist ein Largo, nebst den Violinen, mit Hoboen und Flöten; der Grundbaß ist durch Fagotte verstärkt. Sein Ausdruck ist ernsthaft; manchmal gar wild und stürmisch; der Zuhörer soll vermuten, daß er ein Schauspiel ungefähr dieses Inhalts zu erwarten habe. Doch nicht dieses Inhalts allein; Zärtlichkeit, Reue, Gewissensangst, Unterwerfung, nehmen ihr Teil daran; und der zweite Satz, ein Andante mit gedämpften Violinen und konzertierenden Fagotten, beschäftiget sich also mit dunkeln und mitleidigen Klagen. In dem dritten Satze vermischen sich die beweglichen Tonwendungen mit stolzen; denn die Bühne eröffnet sich mit mehr als gewöhnlicher Pracht; Semiramis nahet sich dem Ende ihrer Herrlichkeit; wie diese Herrlichkeit das Auge spüren muß, soll sie auch das Ohr vernehmen. Der Charakter ist Allegretto, und die Instrumente sind wie in dem ersten, außer daß die Hoboen, Flöten und Fagotte mit einander einige besondere kleinere Sätze haben.

Die Musik zwischen den Akten hat durchgängig nur einen einzigen Satz; dessen Ausdruck sich auf das Vorhergehende beziehet. Einen zweiten, der sich auf das Folgende bezöge, scheinet Herr Agricola also nicht zu billigen. Ich würde hierin sehr seines Geschmacks sein. Denn die Musik soll dem Dichter nichts verderben; der tragische Dichter liebt das Unerwartete, das Überraschende, mehr als ein anderer; er läßt seinen Gang nicht gern voraus verraten; und die Musik würde ihn verraten, wenn sie die folgende Leidenschaft angeben wollte. Mit der Anfangssymphonie ist es ein anders; sie kann auf nichts Vorhergehendes gehen; und doch muß auch sie nur den allgemeinen Ton des Stücks angeben, und nicht stärker, nicht bestimmter, als ihn ungefähr der Titel angibt. Man darf dem Zuhörer wohl das Ziel zeigen, wohin man ihn führen will, aber die verschiedenen Wege, auf welchen er dahin gelangen soll, müssen ihm gänzlich verborgen bleiben. Dieser Grund wider einen zweiten Satz zwischen den Akten, ist aus dem Vorteile des Dichters hergenommen; und er wird durch einen andern, der sich aus den Schranken der Musik ergibt, bestärkt. Denn gesetzt, daß die Leidenschaften, welche in zwei auf einander folgenden Akten herrschen, einander ganz entgegen wären, so würden notwendig auch die beiden Sätze von eben so widriger Beschaffenheit sein müssen. Nun begreife ich sehr wohl, wie uns der Dichter aus einer jeden Leidenschaft zu der ihr entgegenstehenden, zu ihrem völligen Widerspiele, ohne unangenehme Gewaltsamkeit, bringen kann; er tut es nach und nach, gemach und gemach; er steiget die ganze Leiter von Sprosse zu Sprosse, entweder hinauf oder hinab, ohne irgendwo den geringsten Sprung zu tun. Aber kann dieses auch der Musikus? Es sei, daß er es in *einem* Stücke, von der erforderlichen Länge, eben so wohl tun könne; aber in zwei besondern, von einander gänzlich abgesetzten Stücken, muß der Sprung, z. E. aus dem Ruhigen in das Stürmische, aus dem Zärtlichen in das Grausame, notwendig sehr merklich sein, und alle das Beleidigende haben, was in der Natur jeder plötzliche Übergang aus einem Äußersten in das andere, aus der Finsternis in das Licht, aus der Kälte in die Hitze, zu haben pflegt. Itzt zerschmelzen wir in Wehmut, und auf einmal sollen wir rasen. Wie? warum? wider wen? wider eben den, für den unsere Seele ganz mitleidiges Gefühl war? oder wider einen andern? Alles das kann die Musik nicht bestimmen; sie läßt uns in Ungewißheit und Verwirrung; wir empfinden, ohne eine richtige Folge unserer Empfindungen wahrzunehmen; wir empfinden, wie im Traume; und alle diese unordentliche Empfindungen sind mehr abmattend, als ergötzend. Die Poesie hingegen läßt uns den Faden unserer Empfindungen nie verlieren; hier wissen wir nicht allein, was wir empfinden sollen, sondern auch, warum wir es empfinden sollen; und nur dieses Warum macht die plötzlichsten Übergänge nicht allein erträglich, sondern auch angenehm. In der Tat ist diese Motivierung der plötzlichen Übergänge einer der größten Vorteile, den die Musik aus der Vereinigung mit der Poesie ziehet; ja vielleicht der allergrößte. Denn es ist bei weitem nicht so notwendig, die allgemeinen unbestimmten Empfindungen der Musik, z. E. der Freude durch Worte auf einen gewissen einzeln Gegenstand der Freude einzuschränken, weil auch jene dunkeln schwanken Empfindungen noch immer sehr angenehm sind; als notwendig es ist, abstechende widersprechende Empfindungen durch deutliche Begriffe, die nur Worte gewähren können, zu verbinden, um sie durch diese Verbindung in ein Ganzes zu verweben, in welchem man nicht allein Mannichfaltiges, sondern auch Übereinstimmung des Mannichfaltigen bemerke. Nun aber würde, bei dem doppelten Satze zwischen den Akten eines Schauspiels, diese Verbindung erst hinten nach kommen; wir würden es erst hinten nach erfahren, warum wir aus einer Leidenschaft in eine ganz entgegen gesetzte überspringen müssen: und das ist für die Musik so gut, als erführen wir es gar nicht. Der Sprung hat einmal seine üble Wirkung getan, und er hat uns darum nicht weniger beleidiget, weil wir nun einsehen, daß er uns nicht hätte beleidigen sollen. Man glaube aber nicht, daß so nach überhaupt alle Symphonien verwerflich sein müßten, weil alle aus mehrern Sätzen bestehen, die von einander unterschieden sind, und deren jeder etwas anders ausdrückt als der andere. Sie drücken etwas anders aus, aber nicht etwas verschiednes; oder vielmehr, sie drücken das nämliche, und nur auf eine andere Art aus. Eine Symphonie, die in ihren verschiednen Sätzen verschiedne, sich widersprechende Leidenschaften ausdrückt, ist ein musikalisches Ungeheuer; in *einer* Symphonie muß nur *eine* Leidenschaft herrschen, und jeder besondere Satz muß eben dieselbe Leidenschaft, bloß mit verschiednen Abänderungen, es sei nun nach den Graden ihrer Stärke und Lebhaftigkeit, oder nach den mancherlei Vermischungen mit andern verwandten Leidenschaften, ertönen lassen, und in uns zu erwecken suchen. Die Anfangssymphonie war vollkommen von dieser Beschaffenheit; das Ungestüme des ersten Satzes zerfließt in das Klagende des zweiten, welche sich in dem dritten zu einer Art von feierlichen Würde erhebet. Ein Tonkünstler, der sich in seinen Symphonien mehr erlaubt, der mit jedem Satze den Affekt abbricht, um mit dem folgenden einen neuen ganz verschiednen Affekt anzuheben, und auch diesen fahren läßt, um sich in einen dritten eben so verschiednen zu werfen; kann viel Kunst, ohne Nutzen, verschwendet haben, kann überraschen, kann betäuben, kann kitzeln, nur rühren kann er nicht. Wer mit unserm Herzen sprechen, und sympathetische Regungen in ihm erwecken will, muß eben sowohl Zusammenhang beobachten, als wer unsern Verstand zu unterhalten und zu belehren denkt. Ohne Zusammenhang, ohne die innigste Verbindung aller und jeder Teile, ist die beste Musik ein eitler Sandhaufen, der keines dauerhaften Eindruckes fähig ist; nur der Zusammenhang macht sie zu einem festen Marmor, an dem sich die Hand des Künstlers verewigen kann.

Der Satz nach dem ersten Akte sucht also lediglich die Besorgnisse der Semiramis zu unterhalten, denen der Dichter diesen Akt gewidmet hat; Besorgnisse, die noch mit einiger Hoffnung vermischt sind; ein Andante mesto, bloß mit gedämpften Violinen und Bratsche.

In dem zweiten Akte spielt Assur eine zu wichtige Rolle, als daß er nicht den Ausdruck der darauf folgenden Musik bestimmen sollte. Ein Allegro assai aus dem G dur, mit Waldhörnern, durch Flöten und Hoboen, auch den Grundbaß mitspielende Fagotte verstärkt, druckt den durch Zweifel und Furcht unterbrochenen, aber immer noch sich wieder erholenden Stolz dieses treulosen und herrsüchtigen Ministers aus.

In dem dritten Akte erscheint das Gespenst. Ich habe, bei Gelegenheit der ersten Vorstellung, bereits angemerkt, wie wenig Eindruck Voltaire diese Erscheinung auf die Anwesenden machen läßt. Aber der Tonkünstler hat sich, wie billig, daran nicht gekehrt; er holt es nach, was der Dichter unterlassen hat, und ein Allegro aus dem E moll, mit der nämlichen Instrumentenbesetzung des vorhergehenden, nur daß E-Hörner mit G-Hörnern verschiedentlich abwechseln, schildert kein stummes und träges Erstaunen, sondern die wahre wilde Bestürzung, welche eine dergleichen Erscheinung unter dem Volke verursachen muß.

Die Beängstigung der Semiramis im vierten Aufzuge erweckt unser Mitleid; wir betauern die Reuende, so schuldig wir auch die Verbrecherin wissen. Betauern und Mitleid läßt also auch die Musik ertönen; in einem Larghetto aus dem A moll, mit gedämpften Violinen und Bratsche, und einer konzertierenden Hoboe.

Endlich folget auch auf den fünften Akt nur ein einziger Satz, ein Adagio, aus dem E dur, nächst den Violinen und der Bratsche, mit Hörnern, mit verstärkenden Hoboen und Flöten, und mit Fagotten, die mit dem Grundbasse gehen. Der Ausdruck ist den Personen des Trauerspiels angemessene, und ins Erhabene gezogene Betrübnis, mit einiger Rücksicht, wie mich deucht, auf die vier letzten Zeilen, in welchen die Wahrheit ihre warnende Stimme gegen die Großen der Erde eben so würdig als mächtig erhebt.

Die Absichten eines Tonkünstlers merken, heißt ihm zugestehen, daß er sie erreicht hat. Sein Werk soll kein Rätsel sein, dessen Deutung eben so mühsam als schwankend ist. Was ein gesundes Ohr am geschwindesten in ihm vernimmt, das und nichts anders hat er sagen wollen; sein Lob wächst mit seiner Verständlichkeit; je leichter, je allgemeiner diese, desto verdienter jenes. – Es ist kein Ruhm für mich, daß ich recht gehört habe; aber für den Hrn. Agricola ist es ein so viel größerer, daß in dieser seiner Komposition niemand etwas anders gehört hat, als ich.

ACHT UND ZWANZIGSTES STÜCK

Den 4ten August, 1767

Den drei und dreißigsten Abend (Freitags, den 12ten Junius,) ward die Nanine wiederholt, und den Beschluß machte, der Bauer mit der Erbschaft, aus dem Französischen des Marivaux.

Dieses kleine Stück ist hier Ware für den Platz, und macht daher allezeit viel Vergnügen. Jürge kömmt aus der Stadt zurück, wo er einen reichen Bruder begraben lassen, von dem er hundert tausend Mark geerbt. Glück ändert Stand und Sitten; nun will er leben wie vornehme Leute leben, erhebt seine Lise zur Madame, findet geschwind für seinen Hans und für seine Grete eine ansehnliche Partie, alles ist richtig, aber der hinkende Bote kömmt nach. Der Makler, bei dem die hundert tausend Mark gestanden, hat Banquerot gemacht, Jürge ist wieder nichts wie Jürge, Hans bekömmt den Korb, Grete bleibt sitzen, und der Schluß würde traurig genug sein, wenn das Glück mehr nehmen könnte, als es gegeben hat; gesund und vergnügt waren sie, gesund und vergnügt bleiben sie.

Diese Fabel hätte jeder erfinden können; aber wenige würden sie so unterhaltend zu machen gewußt haben, als Marivaux. Die drolligste Laune, der schnurrigste Witz, die schalkischste Satire, lassen uns vor Lachen kaum zu uns selbst kommen; und die naive Bauernsprache gibt allem eine ganz eigene Würze. Die Übersetzung ist von Kriegern, der das französische Patois in den hiesigen platten Dialekt meisterhaft zu übertragen gewußt hat. Es ist nur Schade, daß verschiedene Stellen höchst fehlerhaft und verstümmelt abgedruckt worden. Einige müßten notwendig in der Vorstellung berichtiget und ergänzt werden. Z. E. folgende, gleich in der ersten Szene.

JÜRGE. He, he, he! Giv mie doch fief Schillink kleen Geld, ik hev niks, as Gullen un Dahlers.

LISE. He, he, he! Segge doch, hest du Schrullen med dienen fief Schillink kleen Geld? wat wist du damed maaken?

JÜRGE. He, he, he, he! Giv mie fief Schillink kleen Geld, seg ik die.

LISE. Woto denn, Hans Narr?

JÜRGE. För düssen Jungen, de mie mienen Bündel op dee Reise bed in unse Dörp dragen hed, un ik bün ganß licht un sacht hergahn.

LISE. Büst du to Fotte hergahn?

JÜRGE. Ja. Wielt't veel cummoder is.

LISE. Da hest du een Maark.

JÜRGE. Dat is doch noch resnabel. Wo veel maakt't? So veel is dat. Een Maark hed se mie dahn: da, da is't. Nehmt't hen; so is't richdig.

LISE. Un du verdeihst fief Schillink an een Jungen, de die dat Pak dragen hed?

JÜRGE. Ja! ik met ehm doch een Drankgeld geven.

VALENTIN. Sollen die fünf Schilling für mich, Herr Jürge?

JÜRGE. Ja, mien Fründ!

VALENTIN. Fünf Schilling? ein reicher Erbe! fünf Schillinge? ein Mann von Ihrem Stande! Und wo bleibt die Hoheit der Seele?

JÜRGE. O! et kumt mie even darop nich an, jy dörft't man seggen. Maake Fro, smiet ehm noch een Schillink hen; by uns regnet man so.

Wie ist das? Jürge ist zu Fuße gegangen, weil es kommoder ist? Er fodert fünf Schillinge, und seine Frau gibt ihm ein Mark, die ihm fünf Schillinge nicht geben wollte? Die Frau soll dem Jungen noch einen Schilling hinschmeißen? warum tut er es nicht selbst? Von dem Marke blieb ihm ja noch übrig. Ohne das Französische wird man sich schwerlich aus dem Hanfe finden. Jürge war nicht zu Fuße gekommen, sondern mit der Kutsche: und darauf geht sein »Wielt't veel cummoder is.« Aber die Kutsche ging vielleicht bei seinem Dorfe nur vorbei, und von da, wo er abstieg, ließ er sich bis zu seinem Hause das Bündel nachtragen. Dafür gibt er dem Jungen die fünf Schillinge; das Mark gibt ihm nicht die Frau, sondern das hat er für die Kutsche bezahlen müssen, und er erzählt ihr nur, wie geschwind er mit dem Kutscher darüber fertig geworden.*

Den vier und dreißigsten Abend (Montags, den 29sten Junius,) ward der Zerstreute des Regnard aufgeführt.

Ich glaube schwerlich, daß unsere Großväter den deutschen Titel dieses Stücks verstanden hätten. Noch Schlegel übersetzte Distrait durch Träumer. Zerstreut sein, ein Zerstreuter, ist lediglich nach der Analogie des Französischen gemacht. Wir wollen nicht untersuchen, wer das Recht hatte, diese Worte zu machen; sondern wir wollen sie brauchen, nachdem sie einmal gemacht sind. Man versteht sie nunmehr, und das ist genug.

Regnard brachte seinen Zerstreuten im Jahre 1697 aufs Theater; und er fand nicht den geringsten Beifall. Aber vier

* BLAISE. Eh! eh! eh! baille-moi cinq sols de monnoye, je n'ons que de grosses pièces.
CLAUDINE. (le contrefaisant) Eh! eh! eh! di donc, Nicaise, avec tes cinq sols de monnoye, qu'est-ce que t'en veux faire?
BLAISE. Eh! eh! eh! baille moi cinq sols de monnoye, te dis-je.
CLAUDINE. Pourquoi donc, Nicodeme?
BLAISE. Pour ce garçon qui apporte mon paquet depis la voiture jusqu'à cheux nous, pendant que je marchois tout bellement et à mon aise.
CLAUDINE. T'es venu dans la voiture?
BLAISE. Oui, parce que cela est plus commode.
CLAUDINE. T'a baillé un écu?
BLAISE. Oh bian noblement. Combien faut-il? ai-je fait. Un écu, ce m'a-t-on fait. Tenez, le vela, prennez. Tout comme ça.
CLAUDINE. Et tu dépenses cinq sols en porteurs de paquets?
BLAISE. Oui, par maniere de recreation.
ARLEQUIN. Est-ce pour moi les cinq sols, Monsieur Blaise?
BLAISE. Oui, mon ami. etc.

und dreißig Jahr darauf, als ihn die Komödianten wieder vorsuchten, fand er einen so viel größern. Welches Publikum hatte nun Recht? Vielleicht hatten sie beide nicht Unrecht. Jenes strenge Publikum verwarf das Stück als eine gute förmliche Komödie, wofür es der Dichter ohne Zweifel ausgab. Dieses geneigtere nahm es für nichts mehr auf, als es ist; für eine Farce, für ein Possenspiel, das zu lachen machen soll; man lachte, und war dankbar. Jenes Publikum dachte:

> – non satis est risu diducere rictum
> Auditoris – – –

und dieses:

> – et est quaedam tamen hic quoque virtus.

Außer der Versifikation, die noch dazu sehr fehlerhaft und nachlässig ist, kann dem Regnard dieses Lustspiel nicht viel Mühe gemacht haben. Den Charakter seiner Hauptperson fand er bei dem La Bruyere völlig entworfen. Er hatte nichts zu tun, als die vornehmsten Züge Teils in Handlung zu bringen, Teils erzählen zu lassen. Was er von dem Seinigen hinzufügte, will nicht viel sagen.

Wider dieses Urteil ist nichts einzuwenden; aber wider eine andere Kritik, die den Dichter auf der Seite der Moralität fassen will, desto mehr. Ein Zerstreuter soll kein Vorwurf für die Komödie sein. Warum nicht? Zerstreut sein, sagt man, sei eine Krankheit, ein Unglück; und kein Laster. Ein Zerstreuter verdiene eben so wenig ausgelacht zu werden, als einer der Kopfschmerzen hat. Die Komödie müsse sich nur mit Fehlern abgeben, die sich verbessern lassen. Wer aber von Natur zerstreut sei, der lasse sich durch Spöttereien eben so wenig bessern, als ein Hinkender.

Aber ist es denn wahr, daß die Zerstreuung ein Gebrechen der Seele ist, dem unsere besten Bemühungen nicht abhelfen können? Sollte sie wirklich mehr natürliche Verwahrlosung, als üble Angewohnheit sein? Ich kann es nicht glauben. Sind wir nicht Meister unserer Aufmerksamkeit? Haben wir es nicht in unserer Gewalt, sie anzustrengen, sie abzuziehen, wie wir wollen? Und was ist die Zerstreuung anders, als ein unrechter Gebrauch unserer Aufmerksamkeit? Der Zerstreute denkt, und denkt nur das nicht, was er, seinen itzigen sinnlichen Eindrücken zu Folge, denken sollte. Seine Seele ist nicht entschlummert, nicht betäubt, nicht außer Tätigkeit gesetzt; sie ist nur abwesend, sie ist nur anderwärts tätig. Aber so gut sie dort sein kann, so gut kann sie auch hier sein; es ist ihr natürlicher Beruf, bei den sinnlichen Veränderungen ihres Körpers gegenwärtig zu sein; es kostet Mühe, sie dieses Berufs zu entwöhnen, und es sollte unmöglich sein, ihr ihn wieder geläufig zu machen?

Doch es sei; die Zerstreuung sei unheilbar: wo steht es denn geschrieben, daß wir in der Komödie nur über moralische Fehler, nur über verbesserliche Untugenden lachen sollen? Jede Ungereimtheit, jeder Kontrast von Mangel und Realität, ist lächerlich. Aber lachen und verlachen ist sehr weit auseinander. Wir können über einen Menschen lachen, bei Gelegenheit seiner lachen, ohne ihn im geringsten zu verlachen. So unstreitig, so bekannt dieser Unterschied ist, so sind doch alle Chicanen, welche noch neuerlich Rousseau gegen den Nutzen der Komödie gemacht hat, nur daher entstanden, weil er ihn nicht gehörig in Erwägung gezogen. Moliere, sagt er z. E., macht uns über den Misanthropen zu lachen, und doch ist der Misanthrop der ehrliche Mann des Stücks; Moliere beweiset sich also als einen Feind der Tugend, indem er den Tugendhaften verächtlich macht. Nicht doch; der Misanthrop wird nicht verächtlich, er bleibt wer er ist, und das Lachen, welches aus den Situationen entspringt, in die ihn der Dichter setzt, benimmt ihm von unserer Hochachtung nicht das geringste. Der Zerstreute gleichfalls; wir lachen über ihn, aber verachten wir ihn darum? Wir schätzen seine übrige guten Eigenschaften, wie wir sie schätzen sollen; ja ohne sie würden wir nicht einmal über seine Zerstreuung lachen können. Man gebe diese Zerstreuung einem boshaften, nichtswürdigen Manne, und sehe, ob sie noch lächerlich sein wird? Widrig, ekel, häßlich wird sie sein; nicht lächerlich.

NEUN UND ZWANZIGSTES STÜCK

Den 7ten August, 1767

Die Komödie will durch Lachen bessern; aber nicht eben durch Verlachen; nicht gerade diejenigen Unarten, über die sie zu lachen macht, noch weniger bloß und allein die, an welchen sich diese lächerliche Unarten finden. Ihr wahrer allgemeiner Nutzen liegt in dem Lachen selbst; in der Übung unserer Fähigkeit das Lächerliche zu bemerken; es unter allen Bemäntelungen der Leidenschaft und der Mode, es in allen Vermischungen mit noch schlimmern oder mit guten Eigenschaften, sogar in den Runzeln des feierlichen Ernstes, leicht und geschwind zu bemerken. Zugegeben, daß der Geizige des Moliere nie einen Geizigen, der Spieler des Regnard nie einen Spieler gebessert habe; eingeräumet, daß das Lachen diese Toren gar nicht bessern könne: desto schlimmer für sie, aber nicht für die Komödie. Ihr ist genug, wenn sie keine verzweifelte Krankheiten heilen kann, die Gesunden in ihrer Gesundheit zu befestigen. Auch dem Freigebigen ist der Geizige lehrreich; auch dem, der gar nicht spielt, ist der Spieler unterrichtend; die Torheiten, die sie nicht haben, haben andere, mit welchen sie leben müssen; es ist ersprießlich, diejenigen zu kennen, mit welchen man in Kollision kommen kann; ersprießlich, sich wider alle Eindrücke des Beispiels zu verwahren. Ein Präservativ ist auch eine schätzbare Arzenei; und die ganze Moral hat kein kräftigers, wirksamers, als das Lächerliche. –

Das Rätsel, oder, Was den Damen am meisten gefällt, ein Lustspiel in einem Aufzuge von Herr Löwen, machte diesen Abend den Beschluß.

Wenn Marmontel und Voltaire nicht Erzählungen und Märchen geschrieben hätten, so würde das französische Theater eine Menge Neuigkeiten haben entbehren müssen. Am meisten hat sich die komische Oper aus diesen Quellen bereichert. Des letztern Ce qui plait aux Dames gab den Stoff zu einem mit Arien untermengten Lustspiele von vier Aufzügen, welches, unter dem Titel La Fée Urgele, von den italienischen Komödianten zu Paris, im Dezember 1765 aufgeführet ward. Herr Löwen scheinet nicht sowohl dieses Stück, als die Erzählung des Voltaire selbst, vor Augen gehabt zu haben. Wenn man bei Beurteilung einer Bildsäule mit auf den Marmorblock zu sehen hat, aus welchem sie gemacht worden; wenn die primitive Form dieses Blockes es zu entschuldigen vermag, daß dieses oder jenes Glied zu kurz, diese oder jene Stellung zu gezwungen geraten: so ist die Kritik auf einmal abgewiesen, die den Herrn Löwen wegen der Einrichtung seines Stücks in Anspruch nehmen wollte. Mache aus einem Hexenmärchen etwas Wahrscheinlichers, wer da kann! Herr Löwen selbst gibt sein Rätsel für nichts anders, als für eine kleine Plaisanterie, die auf dem Theater gefallen kann, wenn sie gut gespielt wird. Verwandlung und Tanz und Gesang konkurrieren zu dieser Absicht; und es wäre bloßer Eigensinn, an keinem Belieben zu finden. Die Laune des Pedrillo ist zwar nicht original, aber doch gut getroffen. Nur dünkt mich, daß ein Waffenträger oder Stallmeister, der das Abgeschmackte und Wahnsinnige der irrenden Ritterschaft einsieht, sich nicht so recht in eine Fabel passen will, die sich auf die Wirklichkeit der Zauberei gründet, und ritterliche Abenteuer als rühmliche Handlungen eines vernünftigen und tapfern Mannes annimmt. Doch, wie gesagt, es ist eine Plaisanterie; und Plaisanterien muß man nicht zergliedern wollen.

Den fünf und dreißigsten Abend (Mittewochs, den 1sten Julius,) ward, in Gegenwart Sr. Königl. Majestät von Dänemark, die Rodogune des Peter Corneille aufgeführt.

Corneille bekannte, daß er sich auf dieses Trauerspiel das meiste einbilde, daß er es weit über seinen Cinna und Cid setze, daß seine übrige Stücke wenig Vorzüge hätten, die in diesem nicht vereint anzutreffen wären; ein glücklicher Stoff, ganz neue Erdichtungen, starke Verse, ein gründliches Raisonnement, heftige Leidenschaften, ein von Akt zu Akt immer wachsendes Interesse. –

Es ist billig, daß wir uns bei dem Meisterstücke dieses großen Mannes verweilen.

Die Geschichte, auf die es gebauet ist, erzählt Appianus Alexandrinus, gegen das Ende seines Buchs von den syrischen

Kriegen. »Demetrius, mit dem Zunamen Nicanor, unternahm einen Feldzug gegen die Parther, und lebte als Kriegsgefangner einige Zeit an dem Hofe ihres Königes Phraates, mit dessen Schwester Rodogune er sich vermählte. Inzwischen bemächtigte sich Diodotus, der den vorigen Königen gedienet hatte, des syrischen Thrones, und erhob ein Kind, den Sohn des Alexander Nothus, darauf, unter dessen Namen er als Vormund anfangs die Regierung führte. Bald aber schaffte er den jungen König aus dem Wege, setzte sich selbst die Krone auf, und gab sich den Namen Tryphon. Als Antiochus, der Bruder des gefangenen Königs, das Schicksal desselben, und die darauf erfolgten Unruhen des Reichs, zu Rhodus, wo er sich aufhielt, hörte, kam er nach Syrien zurück, überwand mit vieler Mühe den Tryphon, und ließ ihn hinrichten. Hierauf wandte er seine Waffen gegen den Phraates, und foderte die Befreiung seines Bruders. Phraates, der sich des Schlimmsten besorgte, gab den Demetrius auch wirklich los; aber nichts desto weniger kam es zwischen ihm und dem Antiochus zum Treffen, in welchem dieser den kürzern zog, und sich aus Verzweiflung selbst entleibte. Demetrius, nachdem er wieder in sein Reich gekehret war, ward von seiner Gemahlin, Cleopatra, aus Haß gegen die Rodogune, umgebracht; obschon Cleopatra selbst, aus Verdruß über diese Heirat, sich mit dem nämlichen Antiochus, seinem Bruder, vermählet hatte. Sie hatte von dem Demetrius zwei Söhne, wovon sie den ältesten, mit Namen Seleucus, der nach dem Tode seines Vaters den Thron bestieg, eigenhändig mit einem Pfeile erschoß; es sei nun, weil sie besorgte, er möchte den Tod seines Vaters an ihr rächen, oder weil sie sonst ihre grausame Gemütsart dazu veranlaßte. Der jüngste Sohn hieß Antiochus; er folgte seinem Bruder in der Regierung, und zwang seine abscheuliche Mutter, daß sie den Giftbecher, den sie ihm zugedacht hatte, selbst trinken mußte.«

In dieser Erzählung lag Stoff zu mehr als einem Trauerspiele. Es würde Corneillen eben nicht viel mehr Erfindung gekostet haben, einen Tryphon, einen Antiochus, einen Demetrius, einen Seleucus, daraus zu machen, als es ihm, eine Rodogune daraus zu erschaffen, kostete. Was ihn aber vorzüglich darin reizte, war die beleidigte Ehefrau, welche die usurpierten Rechte ihres Ranges und Bettes nicht grausam genug rächen zu können glaubet. Diese also nahm er heraus; und es ist unstreitig, daß so nach sein Stück nicht Rodogune, sondern Cleopatra heißen sollte. Er gestand es selbst, und nur weil er besorgte, daß die Zuhörer diese Königin von Syrien mit jener berühmten letzten Königin von Ägypten gleiches Namens verwechseln dürften, wollte er lieber von der zweiten, als von der ersten Person den Titel hernehmen. »Ich glaubte mich, sagt er, dieser Freiheit um so eher bedienen zu können, da ich angemerkt hatte, daß die Alten selbst es nicht für notwendig gehalten, ein Stück eben nach seinem Helden zu benennen, sondern es ohne Bedenken auch wohl nach dem Chore benannt haben, der an der Handlung doch weit weniger Teil hat, und weit episodischer ist, als Rodogune; so hat z. E. Sophokles eines seiner Trauerspiele die Trachinerinnen genannt, welches man itziger Zeit schwerlich anders, als den sterbenden Herkules nennen würde.« Diese Bemerkung ist an und für sich sehr richtig; die Alten hielten den Titel für ganz unerheblich; sie glaubten im geringsten nicht, daß er den Inhalt angeben müsse; genug, wenn dadurch ein Stück von dem andern unterschieden ward, und hiezu ist der kleinste Umstand hinlänglich. Allein, gleichwohl glaube ich schwerlich, daß Sophokles das Stück, welches er die Trachinerinnen überschrieb, würde haben Deianira nennen wollen. Er stand nicht an, ihm einen nichtsbedeutenden Titel zu geben, aber ihm einen verführerischen Titel zu geben, einen Titel, der unsere Aufmerksamkeit auf einen falschen Punkt richtet, dessen möchte er sich ohne Zweifel mehr bedacht haben. Die Besorgnis des Corneille ging hiernächst zu weit; wer die ägyptische Cleopatra kennet, weiß auch, daß Syrien nicht Ägypten ist, weiß, daß mehr Könige und Königinnen einerlei Namen geführt haben; wer aber jene nicht kennt, kann sie auch mit dieser nicht verwechseln. Wenigstens hätte Corneille in dem Stück selbst, den Namen Cleopatra nicht so sorgfältig vermeiden sollen; die Deutlichkeit hat in dem ersten Akte darunter gelitten; und der deutsche Übersetzer tat daher sehr wohl, daß er sich über diese kleine Bedenklichkeit wegsetzte. Kein Skribent, am wenigsten ein Dichter, muß seine Leser oder Zuhörer so gar unwissend annehmen; er darf auch gar wohl manchmal denken; was sie nicht wissen, das mögen sie fragen!

DREISSIGSTES STÜCK

Den 11ten August, 1767

Cleopatra, in der Geschichte, ermordet ihren Gemahl, erschießt den einen von ihren Söhnen, und will den andern mit Gift vergeben. Ohne Zweifel folgte ein Verbrechen aus dem andern, und sie hatten alle im Grunde nur eine und eben dieselbe Quelle. Wenigstens läßt es sich mit Wahrscheinlichkeit annehmen, daß die einzige Eifersucht ein wütendes Eheweib zu einer eben so wütenden Mutter machte. Sich eine zweite Gemahlin an die Seite gestellet zu sehen, mit dieser die Liebe ihres Gatten und die Hoheit ihres Ranges zu teilen, brachte ein empfindliches und stolzes Herz leicht zu dem Entschlusse, das gar nicht zu besitzen, was es nicht allein besitzen konnte. Demetrius muß nicht leben, weil er für Cleopatra nicht allein leben will. Der schuldige Gemahl fällt; aber in ihm fällt auch ein Vater, der rächende Söhne hinterläßt. An diese hatte die Mutter in der Hitze ihrer Leidenschaft nicht gedacht, oder nur als an *ihre* Söhne gedacht, von deren Ergebenheit sie versichert sei, oder deren kindlicher Eifer doch, wenn er unter Eltern wählen müßte, ohnfehlbar sich für den zuerst beleidigten Teil erklären würde. Sie fand es aber so nicht; der Sohn ward König und der König sahe in der Cleopatra nicht die Mutter, sondern die Königsmörderin. Sie hatte alles von ihm zu fürchten; und von dem Augenblicke an, er alles von ihr. Noch kochte die Eifersucht in ihrem Herzen; noch war der treulose Gemahl in seinen Söhnen übrig; sie fing an alles zu hassen, was sie erinnern mußte, ihn einmal geliebt zu haben; die Selbsterhaltung stärkte diesen Haß; die Mutter war fertiger als der Sohn, die Beleidigerin fertiger, als der Beleidigte; sie beging den zweiten Mord, um den ersten ungestraft begangen zu haben; sie beging ihn an ihrem Sohne, und beruhigte sich mit der Vorstellung, daß sie ihn nur an dem begehe, der ihr eignes Verderben beschlossen habe, daß sie eigentlich nicht morde, daß sie ihrer Ermordung nur zuvorkomme. Das Schicksal des ältern Sohnes wäre auch das Schicksal des jüngern geworden; aber dieser war rascher, oder war glücklicher. Er zwingt die Mutter, das Gift zu trinken, das sie ihm bereitet hat; ein unmenschliches Verbrechen rächet das andere; und es kömmt bloß auf die Umstände an, auf welcher Seite wir mehr Verabscheuung, oder mehr Mitleid empfinden sollen.

Dieser dreifache Mord würde nur eine Handlung ausmachen, die ihren Anfang, ihr Mittel und ihr Ende in der nämlichen Leidenschaft der nämlichen Person hätte. Was fehlt ihr also noch zum Stoffe einer Tragödie? Für das Genie fehlt ihr nichts: für den Stümper, alles. Da ist keine Liebe, da ist keine Verwicklung, keine Erkennung, kein unerwarteter wunderbarer Zwischenfall; alles geht seinen natürlichen Gang. Dieser natürliche Gang reizet das Genie; und den Stümper schrecket er ab. Das Genie können nur Begebenheiten beschäftigen, die in einander gegründet sind, nur Ketten von Ursachen und Wirkungen. Diese auf jene zurück zu führen, jene gegen diese abzuwägen, überall das Ungefähr auszuschließen, alles, was geschieht, so geschehen zu lassen, daß es nicht anders geschehen können: das, das ist seine Sache, wenn es in dem Felde der Geschichte arbeitet, um die unnützen Schätze des Gedächtnisses in Nahrungen des Geistes zu verwandeln. Der Witz hingegen, als der nicht auf das in einander Gegründete, sondern nur auf das Ähnliche oder Unähnliche gehet, wenn er sich an Werke waget, die dem Genie allein vorgesparet bleiben sollten, hält sich bei Begebenheiten auf, die weiter nichts mit einander gemein haben, als daß sie zugleich geschehen. Diese mit einander zu verbinden, ihre Faden so durch einander zu flechten und zu verwirren, daß wir jeden Augenblick den einen unter dem andern verlieren, aus einer Befremdung in die andere gestürzt werden: das kann er, der Witz; und nur das. Aus der beständigen Durchkreuzung solcher Fäden von ganz verschiednen Farben, entstehet denn eine Kontextur, die in der

Kunst eben das ist, was die Weberei Changeant nennet: ein Stoff, von dem man nicht sagen kann, ob er blau oder rot, grün oder gelb ist; der beides ist, der von dieser Seite so, von der andern anders erscheinet; ein Spielwerk der Mode, ein Gaukelputz für Kinder.

Nun urteile man, ob der große Corneille seinen Stoff mehr als ein Genie, oder als ein witziger Kopf bearbeitet habe. Es bedarf zu dieser Beurteilung weiter nichts, als die Anwendung eines Satzes, den niemand in Zweifel zieht: das Genie liebt Einfalt; der Witz, Verwicklung.

Cleopatra bringt, in der Geschichte, ihren Gemahl aus Eifersucht um. Aus Eifersucht? dachte Corneille: das wäre ja eine ganz gemeine Frau; nein, meine Cleopatra muß eine Heldin sein, die noch wohl ihren Mann gern verloren hätte, aber durchaus nicht den Thron; daß ihr Mann Rodogunen liebt, muß sie nicht so sehr schmerzen, als daß Rodogune Königin sein soll, wie sie; das ist weit erhabner. –

Ganz recht; weit erhabner und – weit unnatürlicher. Denn einmal ist der Stolz überhaupt ein unnatürlicheres, ein gekünstelteres Laster, als die Eifersucht. Zweitens ist der Stolz eines Weibes noch unnatürlicher, als der Stolz eines Mannes. Die Natur rüstete das weibliche Geschlecht zur Liebe, nicht zu Gewaltseligkeiten aus; es soll Zärtlichkeit, nicht Furcht erwecken; nur seine Reize sollen es mächtig machen; nur durch Liebkosungen soll es herrschen, und soll nicht mehr beherrschen wollen, als es genießen kann. Eine Frau, der das Herrschen, bloß des Herrschens wegen, gefällt, bei der alle Neigungen dem Ehrgeize untergeordnet sind, die keine andere Glückseligkeit kennet, als zu gebieten, zu tyrannisieren, und ihren Fuß ganzen Völkern auf den Nacken zu setzen; so eine Frau kann wohl einmal, auch mehr als einmal, wirklich gewesen sein, aber sie ist dem ohngeachtet eine Ausnahme, und wer eine Ausnahme schildert, schildert ohnstreitig das minder Natürliche. Die Cleopatra des Corneille, die so eine Frau ist, die, ihren Ehrgeiz, ihren beleidigten Stolz zu befriedigen, sich alle Verbrechen erlaubet, die mit nichts als mit machiavellischen Maximen um sich wirft, ist ein Ungeheuer ihres Geschlechts, und Medea ist gegen ihr tugendhaft und liebenswürdig. Denn alle die Grausamkeiten, welche Medea begeht, begeht sie aus Eifersucht. Einer zärtlichen, eifersüchtigen Frau, will ich noch alles vergeben; sie ist das, was sie sein soll, nur zu heftig. Aber gegen eine Frau, die aus kaltem Stolze, aus überlegtem Ehrgeize, Freveltaten verübet, empört sich das ganze Herz; und alle Kunst des Dichters kann sie uns nicht interessant machen. Wir staunen sie an, wie wir ein Monstrum anstaunen; und wenn wir unsere Neugierde gesättiget haben, so danken wir dem Himmel, daß sich die Natur nur alle tausend Jahre einmal so verirret, und ärgern uns über den Dichter, der uns dergleichen Mißgeschöpfe für Menschen verkaufen will, deren Kenntnis uns ersprießlich sein könnte. Man gehe die ganze Geschichte durch; unter funfzig Frauen, die ihre Männer vom Throne gestürzet und ermordet haben, ist kaum eine, von der man nicht beweisen könnte, daß nur beleidigte Liebe sie zu diesem Schritte bewogen. Aus bloßem Regierungsneide, aus bloßem Stolze das Scepter selbst zu führen, welches ein liebreicher Ehemann führte, hat sich schwerlich eine so weit vergangen. Viele, nachdem sie als beleidigte Gattinnen die Regierung an sich gerissen, haben diese Regierung hernach mit allem männlichen Stolze verwaltet: das ist wahr. Sie hatten bei ihren kalten, mürrischen, treulosen Gatten alles, was die Unterwürfigkeit kränkendes hat, zu sehr erfahren, als daß ihnen nachher ihre mit der äußersten Gefahr erlangte Unabhängigkeit nicht um so viel schätzbarer hätte sein sollen. Aber sicherlich hat keine das bei sich gedacht und empfunden, was Corneille seine Cleopatra selbst von sich sagen läßt; die unsinnigsten Bravaden des Lasters. Der größte Bösewicht weiß sich vor sich selbst zu entschuldigen, sucht sich selbst zu überreden, daß das Laster, welches er begeht, kein so großes Laster sei, oder daß ihn die unvermeidliche Notwendigkeit es zu begehen zwinge. Es ist wider alle Natur, daß er sich des Lasters, als Lasters rühmet; und der Dichter ist äußerst zu tadeln, der aus Begierde etwas Glänzendes und Starkes zu sagen, uns das menschliche Herz so verkennen läßt, als ob seine Grundneigungen auf das Böse, als auf das Böse, gehen könnten.

Dergleichen mißgeschilderte Charaktere, dergleichen

schaudernde Tiraden, sind indes bei keinem Dichter häufiger, als bei Corneillen, und es könnte leicht sein, daß sich zum Teil sein Beiname des Großen mit darauf gründe. Es ist wahr, alles atmet bei ihm Heroismus; aber auch das, was keines fähig sein sollte, und wirklich auch keines fähig ist: das Laster. Den Ungeheuern, den Gigantischen hätte man ihn nennen sollen; aber nicht den Großen. Denn nichts ist groß, was nicht wahr ist.

EIN UND DREISSIGSTES STÜCK

Den 14ten August, 1767

In der Geschichte rächet sich Cleopatra bloß an ihrem Gemahle; an Rodogunen konnte, oder wollte sie sich nicht rächen. Bei dem Dichter ist jene Rache längst vorbei; die Ermordung des Demetrius wird bloß erzählt, und alle Handlung des Stücks geht auf Rodogunen. Corneille will seine Cleopatra nicht auf halbem Wege stehen lassen; sie muß sich noch gar nicht gerächet zu haben glauben, wenn sie sich nicht auch an Rodogunen rächet. Einer Eifersüchtigen ist es allerdings natürlich, daß sie gegen ihre Nebenbuhlerin noch unversöhnlicher ist, als gegen ihren treulosen Gemahl. Aber die Cleopatra des Corneille, wie gesagt, ist wenig oder gar nicht eifersüchtig; sie ist bloß ehrgeizig; und die Rache einer Ehrgeizigen sollte nie der Rache einer Eifersüchtigen ähnlich sein. Beide Leidenschaften sind zu sehr unterschieden, als daß ihre Wirkungen die nämlichen sein könnten. Der Ehrgeiz ist nie ohne eine Art von Edelmut, und die Rache streitet mit dem Edelmute zu sehr, als daß die Rache des Ehrgeizigen ohne Maß und Ziel sein sollte. So lange er seinen Zweck verfolgt, kennet sie keine Grenzen; aber kaum hat er diesen erreicht, kaum ist seine Leidenschaft befriediget, als auch seine Rache kälter und überlegender zu werden anfängt. Er proportioniert sie nicht sowohl nach dem erlittenen Nachteile, als vielmehr nach dem noch zu besorgenden. Wer ihm nicht weiter schaden kann, von dem vergißt er es auch wohl, daß er ihm geschadet hat. Wen er nicht zu fürchten hat, den verachtet er; und wen er verachtet, der ist weit unter seiner Rache. Die Eifersucht hingegen ist eine Art von Neid; und Neid ist ein kleines, kriechendes Laster, das keine andere Befriedigung kennet, als das gänzliche Verderben seines Gegenstandes. Sie tobet in einem Feuer fort; nichts kann sie versöhnen; da die Beleidigung, die sie erwecket hat, nie aufhöret, die nämliche Beleidigung zu sein, und immer wächset, je länger sie dauert: so kann auch ihr Durst nach Rache nie erlöschen, die sie spat oder früh, immer mit gleichem Grimme, vollziehen wird. Gerade so ist die Rache der Cleopatra beim Corneille; und die Mißhelligkeit, in der diese Rache also mit ihrem Charakter stehet, kann nicht anders als äußerst beleidigend sein. Ihre stolzen Gesinnungen, ihr unbändiger Trieb nach Ehre und Unabhängigkeit, lassen sie uns als eine große, erhabne Seele betrachten, die alle unsere Bewunderung verdienet. Aber ihr tückischer Groll; ihre hämische Rachsucht gegen eine Person, von der ihr weiter nichts zu befürchten stehet, die sie in ihrer Gewalt hat, der sie, bei dem geringsten Funken von Edelmute, vergeben müßte; ihr Leichtsinn, mit dem sie nicht allein selbst Verbrechen begeht, mit dem sie auch andern die unsinnigsten so plump und geradehin zumutet: machen sie uns wiederum so klein, daß wir sie nicht genug verachten zu können glauben. Endlich muß diese Verachtung notwendig jene Bewunderung aufzehren, und es bleibt in der ganzen Cleopatra nichts übrig, als ein häßliches abscheuliches Weib, das immer sprudelt und raset, und die erste Stelle im Tollhause verdienet.

Aber nicht genug, daß Cleopatra sich an Rodogunen rächet: der Dichter will, daß sie es auf eine ganz ausnehmende Weise tun soll. Wie fängt er dieses an? Wenn Cleopatra selbst Rodogunen aus dem Wege schafft, so ist das Ding viel zu natürlich: denn was ist natürlicher, als seine Feindin hinzurichten? Ginge es nicht an, daß zugleich eine Liebhaberin in ihr hingerichtet würde? Und daß sie von ihrem Liebhaber hingerichtet würde? Warum nicht? Laßt uns erdichten, daß Rodogune mit dem Demetrius noch nicht völlig vermählet gewesen; laßt uns erdichten, daß nach seinem Tode sich die beiden Söhne in die Braut des Vaters verliebt haben; laßt uns erdichten, daß die beiden Söhne Zwillinge sind, daß dem ältesten der Thron gehöret, daß die Mutter es aber beständig verborgen gehalten, welcher von ihnen der älteste sei; laßt uns erdichten, daß sich endlich die Mutter entschlossen, dieses Geheimnis zu entdecken, oder vielmehr nicht zu entdekken, sondern an dessen Statt denjenigen für den ältesten zu erklären, und ihn dadurch auf den Thron zu setzen, welcher eine gewisse Bedingung eingehen wolle; laßt uns erdichten, daß diese Bedingung der Tod der Rodogune sei. Nun hätten wir ja, was wir haben wollten: beide Prinzen sind in Rodogune sterblich verliebt; wer von beiden seine Geliebte umbringen will, der soll regieren.

Schön; aber könnten wir den Handel nicht noch mehr verwickeln? Könnten wir die guten Prinzen nicht noch in größere Verlegenheit setzen? Wir wollen versuchen. Laßt uns also weiter erdichten, daß Rodogune den Anschlag der Cleopatra erfährt; laßt uns weiter erdichten, daß sie zwar einen von den Prinzen vorzüglich liebt, aber es ihm nicht bekannt hat, auch sonst keinem Menschen es bekannt hat, noch bekennen will, daß sie fest entschlossen ist, unter den Prinzen weder diesen geliebtern, noch den, welchem der Thron heimfallen dürfte, zu ihrem Gemahle zu wählen, daß sie allein den wählen wolle, welcher sich ihr am würdigsten erzeigen werde; Rodogune muß gerächet sein wollen, muß an der Mutter der Prinzen gerächet sein wollen; Rodogune muß ihnen erklären: wer mich von euch haben will, der ermorde seine Mutter!

Bravo! Das nenne ich doch noch eine Intrigue! Diese Prinzen sind gut angekommen! Die sollen zu tun haben, wenn sie sich herauswickeln wollen! Die Mutter sagt zu ihnen: wer von euch regieren will, der ermorde seine Geliebte! Und die Geliebte sagt: wer mich haben will, ermorde seine Mutter! Es versteht sich, daß es sehr tugendhafte Prinzen sein müssen, die einander von Grund der Seele lieben, die viel Respekt für den Teufel von Mamma, und eben so viel Zärtlichkeit für eine liebäugelnde Furie von Gebieterin haben. Denn wenn sie nicht beide sehr tugendhaft sind, so ist die Verwicklung so arg nicht, als es scheinet; oder sie ist zu arg, daß es gar nicht möglich ist, sie wieder aufzuwickeln. Der eine geht hin und schlägt die Prinzessin tot, um den Thron zu haben: damit ist es aus. Oder der andere geht hin und schlägt die Mutter tot, um die Prinzessin zu haben: damit ist es wieder aus. Oder sie gehen beide hin, und schlagen die Geliebte tot, und wollen beiden den Thron haben: so kann es gar nicht auswerden. Oder sie schlagen beide die Mutter tot, und wollen beide das Mädchen haben: und so kann es wiederum nicht auswerden. Aber wenn sie beide fein tugendhaft sind, so will keiner weder die eine noch die andere tot schlagen; so stehen sie beide hübsch und sperren das Maul auf, und wissen nicht, was sie tun sollen: und das ist eben die Schönheit davon. Freilich wird das Stück dadurch ein sehr sonderbares Ansehen bekommen, daß die Weiber darin ärger als rasende Männer, und die Männer weibischer als die armseligsten Weiber handeln: aber was schadet das? Vielmehr ist dieses ein Vorzug des Stückes mehr; denn das Gegenteil ist so gewöhnlich, so abgedroschen! –

Doch im Ernste: ich weiß nicht, ob es viel Mühe kostet, dergleichen Erdichtungen zu machen; ich habe es nie versucht, ich möchte es auch schwerlich jemals versuchen. Aber das weiß ich, daß es einem sehr sauer wird, dergleichen Erdichtungen zu verdauen.

Nicht zwar, weil es bloße Erdichtungen sind; weil nicht die mindeste Spur in der Geschichte davon zu finden. Diese Bedenklichkeit hätte sich Corneille immer ersparen können. »Vielleicht, sagt er, dürfte man zweifeln, ob sich die Freiheit der Poesie so weit erstrecket, daß sie unter bekannten Namen eine ganze Geschichte erdenken darf; so wie ich es hier gemacht habe, wo nach der Erzählung im ersten Akte, welche die Grundlage des Folgenden ist, bis zu den Wirkungen im fünften, nicht das geringste vorkömmt, welches einigen historischen Grund hätte. Doch, fährt er fort, mich dünkt, wenn wir nur das Resultat einer Geschichte beibehalten, so sind alle vorläufigen Umstände, alle Einleitungen zu diesem Resultate in unserer Gewalt. Wenigstens wüßte ich mich keiner Regel dawider zu erinnern, und die Ausübung der Alten ist völlig auf meiner Seite. Denn man vergleiche nur einmal die Elektra des Sophokles mit der Elektra des Euripides, und sehe, ob sie mehr mit einander gemein haben, als das bloße Resultat, die letzten Wirkungen in den Begegnissen ihrer Heldin, zu welchen jeder auf einem besondern Wege, durch ihm eigentümliche Mittel gelanget, so daß wenigstens eine davon notwendig ganz und gar die Erfindung ihres Verfassers sein muß. Oder man werfe nur die Augen auf die Iphigenia in Taurika, die uns Aristoteles zum Muster einer vollkommenen Tragödie gibt, und die doch sehr darnach aussieht, daß sie weiter nichts als eine Erdichtung ist, indem sie sich bloß auf das Vorgeben gründet, daß Diana die Iphigenia in einer Wolke von dem Altare, auf welchem sie geopfert werden sollte, entrückt, und ein Reh an ihrer Stelle untergeschoben habe. Vornehmlich aber verdient die Helena des Euripides bemerkt zu werden, wo sowohl die Haupthandlung, als die Episoden, sowohl der Knoten, als die Auflösung, gänzlich erdichtet sind, und aus der Historie nichts als die Namen haben.«

Allerdings durfte Corneille mit den historischen Umständen nach Gutdünken verfahren. Er durfte, z. E. Rodogunen so jung annehmen, als er wollte; und Voltaire hat sehr Unrecht, wenn er auch hier wiederum aus der Geschichte nachrechnet, daß Rodogune so jung nicht könne gewesen sein; sie habe den Demetrius geheiratet, als die beiden Prinzen, die itzt doch wenigstens zwanzig Jahre haben müßten, noch in ihrer Kindheit gewesen wären. Was geht das dem Dichter an? Seine Rodogune hat den Demetrius gar nicht geheiratet; sie war sehr jung, als sie der Vater heiraten wollte, und nicht viel älter, als sich die Söhne in sie verliebten. Voltaire ist mit seiner historischen Kontrolle ganz unleidlich. Wenn er doch lieber die Data in seiner allgemeinen Weltgeschichte dafür verifizieren wollte!

ZWEI UND DREISSIGSTES STÜCK

Den 18ten August, 1767

Mit den Beispielen der Alten hätte Corneille noch weiter zurück gehen können. Viele stellen sich vor, daß die Tragödie in Griechenland wirklich zur Erneuerung des Andenkens großer und sonderbarer Begebenheiten erfunden worden; daß ihre erste Bestimmung also gewesen, genau in die Fußtapfen der Geschichte zu treten, und weder zur Rechten noch zur Linken auszuweichen. Aber sie irren sich. Denn schon Thespis ließ sich um die historische Richtigkeit ganz unbekümmert.* Es ist wahr, er zog sich darüber einen harten Verweis von dem Solon zu. Doch ohne zu sagen, daß Solon sich besser auf die Gesetze des Staats, als der Dichtkunst verstanden: so läßt sich den Folgerungen, die man aus seiner Mißbilligung ziehen könnte, auf eine andere Art ausweichen. Die Kunst bediente sich unter dem Thespis schon aller Vorrechte, als sie sich, von Seiten des Nutzens, ihrer noch nicht würdig erzeigen konnte. Thespis ersann, erdichtete, ließ die bekanntesten Personen sagen und tun, was er wollte: aber er wußte seine Erdichtungen vielleicht weder wahrscheinlich, noch lehrreich zu machen. Solon bemerkte in ihnen also nur das Unwahre, ohne die geringste Vermutung von dem Nützlichen zu haben. Er eiferte wider ein Gift, welches, ohne sein Gegengift mit sich zu führen, leicht von übeln Folgen sein könnte.

Ich fürchte sehr, Solon dürfte auch die Erdichtungen des großen Corneille nichts als leidige Lügen genannt haben. Denn wozu alle diese Erdichtungen? Machen sie in der Geschichte, die er damit überladet, das geringste wahrscheinlicher? Sie sind nicht einmal für sich selbst wahrscheinlich. Corneille prahlte damit, als mit sehr wunderbaren Anstrengungen der Erdichtungskraft; und er hätte doch wohl wissen sollen, daß nicht das bloße Erdichten, sondern das zweckmäßige Erdichten, einen schöpfrischen Geist beweise.

Der Poet findet in der Geschichte eine Frau, die Mann und

* Diogenes Laertius Libr. I. § 59.

Söhne mordet; eine solche Tat kann Schrecken und Mitleid erwecken, und er nimmt sich vor, sie in einer Tragödie zu behandeln. Aber die Geschichte sagt ihm weiter nichts, als das bloße Factum, und dieses ist eben so gräßlich als außerordentlich. Es gibt höchstens drei Szenen, und da es von allen nähern Umständen entblößt ist, drei unwahrscheinliche Szenen. – Was tut also der Poet?

So wie er diesen Namen mehr oder weniger verdient, wird ihm entweder die Unwahrscheinlichkeit oder die magere Kürze der größere Mangel seines Stückes scheinen.

Ist er in dem erstern Falle, so wird er vor allen Dingen bedacht sein, eine Reihe von Ursachen und Wirkungen zu erfinden, nach welcher jene unwahrscheinliche Verbrechen nicht wohl anders, als geschehen müssen. Unzufrieden, ihre Möglichkeit bloß auf die historische Glaubwürdigkeit zu gründen, wird er suchen, die Charaktere seiner Personen so anzulegen; wird er suchen, die Vorfälle, welche diese Charaktere in Handlung setzen, so notwendig einen aus dem andern entspringen zu lassen; wird er suchen, die Leidenschaften nach eines jeden Charakter so genau abzumessen; wird er suchen, diese Leidenschaften durch so allmähliche Stufen durchzuführen: daß wir überall nichts als den natürlichsten, ordentlichsten Verlauf wahrnehmen; daß wir bei jedem Schritte, den er seine Personen tun läßt, bekennen müssen, wir würden ihn, in dem nämlichen Grade der Leidenschaft bei der nämlichen Lage der Sachen, selbst getan haben; daß uns nichts dabei befremdet, als die unmerkliche Annäherung eines Zieles, von dem unsere Vorstellungen zurückbeben, und an dem wir uns endlich, voll des innigsten Mitleids gegen die, welche ein so fataler Strom dahin reißt, und voll Schrecken über das Bewußtsein befinden, auch uns könne ein ähnlicher Strom dahin reißen, Dinge zu begehen, die wir bei kaltem Geblüte noch so weit von uns entfernt zu sein glauben. – Und schlägt der Dichter diesen Weg ein, sagt ihm sein Genie, daß er darauf nicht schimpflich ermatten werde: so ist mit eins auch jene magere Kürze seiner Fabel verschwunden; es bekümmert ihn nun nicht mehr, wie er mit so wenigen Vorfällen fünf Akte füllen wolle; ihm ist nur bange, daß fünf Akte alle den Stoff nicht fassen werden, der sich unter seiner Bearbeitung aus sich selbst immer mehr und mehr vergrößert, wenn er einmal der verborgnen Organisation desselben auf die Spur gekommen, und sie zu entwickeln verstehet.

Hingegen dem Dichter, der diesen Namen weniger verdienet, der weiter nichts als ein witziger Kopf, als ein guter Versifikateur ist, dem, sage ich, wird die Unwahrscheinlichkeit seines Vorwurfs so wenig anstößig sein, daß er vielmehr eben hierin das Wunderbare desselben zu finden vermeinet, welches er auf keine Weise vermindern dürfe, wenn er sich nicht selbst des sichersten Mittels berauben wolle, Schrecken und Mitleid zu erregen. Denn er weiß so wenig, worin eigentlich dieses Schrecken und dieses Mitleid bestehet, daß er, um jenes hervor zu bringen, nicht sonderbare, unerwartete, unglaubliche, ungeheure Dinge genug häufen zu können glaubt, und um dieses zu erwecken, nur immer seine Zuflucht zu den außerordentlichsten, gräßlichsten Unglücksfällen und Freveltaten, nehmen zu müssen vermeinet. Kaum hat er also in der Geschichte eine Cleopatra, eine Mörderin ihres Gemahls und ihrer Söhne, aufgejagt, so sieht er, um eine Tragödie daraus zu machen, weiter nichts dabei zu tun, als die Lücken zwischen beiden Verbrechen auszufüllen, und sie mit Dingen auszufüllen, die wenigstens eben so befremdend sind, als diese Verbrechen selbst. Alles dieses, seine Erfindungen, und die historischen Materialien, knetet er denn in einen fein langen, fein schwer zu fassenden Roman zusammen; und wenn er es so gut zusammen geknetet hat, als sich nur immer Häcksel und Mehl zusammen kneten lassen: so bringt er seinen Teig auf das Drahtgerippe von Akten und Szenen, läßt erzählen und erzählen, läßt rasen und reimen, – und in vier, sechs Wochen, nachdem ihm das Reimen leichter oder saurer ankömmt, ist das Wunder fertig; es heißt ein Trauerspiel, – wird gedruckt und aufgeführt, – gelesen und angesehen, – bewundert oder ausgepfiffen, – beibehalten oder vergessen, – so wie es das liebe Glück will. Denn et habent sua fata libelli.

Darf ich es wagen, die Anwendung hiervon auf den großen Corneille zu machen? Oder brauche ich sie noch lange zu machen? – Nach dem geheimnisvollen Schicksale, welches die Schriften so gut als die Menschen haben, ist seine Rodogune, nun länger als hundert Jahr, als das größte Meisterstück des größten tragischen Dichters, von ganz Frankreich, und gelegentlich mit von ganz Europa, bewundert worden. Kann eine hundertjährige Bewunderung wohl ohne Grund sein? Wo haben die Menschen so lange ihre Augen, ihre Empfindung gehabt? War es von 1644 bis 1767 allein dem hamburgischen Dramaturgisten aufbehalten, Flecken in der Sonne zu sehen, und ein Gestirn auf ein Meteor herabzusetzen?

O nein! Schon im vorigen Jahrhunderte saß einmal ein ehrlicher Hurone in der Bastille zu Paris; dem ward die Zeit lang, ob er schon in Paris war; und vor langer Weile studierte er die französischen Poeten; diesem Huronen wollte die Rodogune gar nicht gefallen. Hernach lebte, zu Anfange des itzigen Jahrhunderts, irgendwo in Italien, ein Pedant, der hatte den Kopf von den Trauerspielen der Griechen und seiner Landesleute des sechszehnten Seculi voll, und er fand an der Rodogune gleichfalls vieles auszusetzen. Endlich kam vor einigen Jahren sogar auch ein Franzose, sonst ein gewaltiger Verehrer des Corneilleschen Namens, (denn, weil er reich war, und ein sehr gutes Herz hatte, so nahm er sich einer armen verlaßnen Enkelin dieses großen Dichters an, ließ sie unter seinen Augen erziehen, lehrte sie hübsche Verse machen, sammelte Almosen für sie, schrieb zu ihrer Aussteuer einen großen einträglichen Kommentar über die Werke ihres Großvaters u. s. w.) aber gleichwohl erklärte er die Rodogune für ein sehr ungereimtes Gedicht, und wollte sich des Todes verwundern, wie ein so großer Mann, als der große Corneille, solch widersinniges Zeug habe schreiben können. – Bei einem von diesen ist der Dramaturgist ohnstreitig in die Schule gegangen; und aller Wahrscheinlichkeit nach bei dem letztern; denn es ist doch gemeiniglich ein Franzose, der den Ausländern über die Fehler eines Franzosen die Augen eröffnet. Diesem ganz gewiß betet er nach; – oder ist es nicht diesem, wenigstens dem

Welschen, – wo nicht gar dem Huronen. Von einem muß er es doch haben. Denn daß ein Deutscher selbst dächte, von selbst die Kühnheit hätte, an der Vortrefflichkeit eines Franzosen zu zweifeln, wer kann sich das einbilden?

Ich rede von diesen meinen Vorgängern mehr, bei der nächsten Wiederholung der Rodogune. Meine Leser wünschen aus der Stelle zu kommen; und ich mit ihnen. Itzt nur noch ein Wort von der Übersetzung, nach welcher dieses Stück aufgeführet worden. Es war nicht die alte Wolfenbüttelsche vom Bressand, sondern eine ganz neue, hier verfertigte, die noch ungedruckt lieget; in gereimten Alexandrinern. Sie darf sich gegen die beste von dieser Art nicht schämen, und ist voller starken, glücklichen Stellen. Der Verfasser aber, weiß ich, hat zu viel Einsicht und Geschmack, als daß er sich einer so undankbaren Arbeit noch einmal unterziehen wollte. Corneillen gut zu übersetzen, muß man bessere Verse machen können, als er selbst.

DREI UND DREISSIGSTES STÜCK

Den 21sten August, 1767

Den sechs und dreißigsten Abend (Freitags, den 3ten Julius,) ward das Lustspiel des Herrn Favart, Solimann der Zweite, ebenfalls in Gegenwart Sr. Königl. Majestät von Dänemark, aufgeführet.

Ich mag nicht untersuchen, wie weit es die Geschichte bestätiget, daß Solimann II. sich in eine europäische Sklavin verliebt habe, die ihn so zu fesseln, so nach ihrem Willen zu lenken gewußt, daß er, wider alle Gewohnheit seines Reichs, sich förmlich mit ihr verbinden und sie zur Kaiserin erklären müssen. Genug, daß Marmontel hierauf eine von seinen moralischen Erzählungen gegründet, in der er aber jene Sklavin, die eine Italienerin soll gewesen sein, zu einer Französin macht; ohne Zweifel, weil er es ganz unwahrscheinlich gefunden, daß irgend eine andere Schöne, als eine Französische, einen so seltnen Sieg über einen Großtürken erhalten können.

Ich weiß nicht, was ich eigentlich zu der Erzählung des Marmontel sagen soll; nicht, daß sie nicht mit vielem Witze angelegt, mit allen den feinen Kenntnissen der großen Welt, ihrer Eitelkeit und ihres Lächerlichen, ausgeführet, und mit der Eleganz und Anmut geschrieben wäre, welche diesem Verfasser so eigen sind; von dieser Seite ist sie vortrefflich, allerliebst. Aber es soll eine moralische Erzählung sein, und ich kann nur nicht finden, wo ihr das Moralische sitzt. Allerdings ist sie nicht so schlüpfrig, so anstößig, als eine Erzählung des La Fontaine oder Grecourt: aber ist sie darum moralisch, weil sie nicht ganz unmoralisch ist?

Ein Sultan, der in dem Schoße der Wollüste gähnet, dem sie der alltägliche und durch nichts erschwerte Genuß unschmackhaft und ekel gemacht hat, der seine schlaffen Nerven durch etwas ganz Neues, ganz Besonderes, wieder gespannet und gereizet wissen will, um den sich die feinste Sinnlichkeit, die raffinierteste Zärtlichkeit umsonst bewirbt, vergebens erschöpft: dieser kranke Wollüstling ist der leidende Held in der Erzählung. Ich sage, der leidende: der Lecker hat sich mit zu viel Süßigkeiten den Magen verdorben; nichts will ihm mehr schmecken; bis er endlich auf etwas verfällt, was jedem gesunden Magen Abscheu erwecken würde, auf faule Eier, auf Rattenschwänze und Raupenpasteten; die schmecken ihm. Die edelste, bescheidenste Schönheit, mit dem schmachtendsten Auge, groß und blau, mit der unschuldigsten empfindlichsten Seele, beherrscht den Sultan, – bis sie gewonnen ist. Eine andere, majestätischer in ihrer Form, blendender von Colorit, blühende Suada auf ihren Lippen, und in ihrer Stimme das ganze liebliche Spiel bezaubernder Töne, eine wahre Muse, nur verführerischer, wird – genossen, und vergessen. Endlich erscheinet ein weibliches Ding, flüchtig, unbedachtsam, wild, witzig bis zur Unverschämtheit, lustig bis zum Tollen, viel Physiognomie wenig Schönheit, niedlicher als wohlgestaltet, Taille aber keine Figur; dieses Ding, als es den Sultan erblickt, fällt mit der plumpesten Schmeichelei, wie mit der Türe ins Haus: Graces au ciel, voici une figure humaine! – (Eine Schmeichelei, die nicht bloß dieser Sultan, auch mancher deutscher Fürst, dann und wann etwas feiner, dann und wann aber auch wohl noch plumper, zu hören bekommen, und mit der unter zehnen neune, so gut wie der Sultan, vorlieb genommen, ohne die Beschimpfung, die sie wirklich enthält, zu fühlen.) Und so wie dieses Eingangscompliment, so das Übrige – Vous êtes beaucoup mieux, qu'il n'appartient à un Turc: vous avez même quelque chose d'un François – En vérité ces Turcs sont plaisans – Je me charge d'apprendre à vivre à ce Turc – Je ne désespère pas d'en faire quelque jour un François. – Dennoch gelingt es dem Dinge! Es lacht und schilt, es droht und spottet, es liebäugelt und mault, bis der Sultan, nicht genug, ihm zu gefallen, dem Serraglio eine neue Gestalt gegeben zu haben, auch Reichsgesetze abändern, und Geistlichkeit und Pöbel wider sich aufzubringen Gefahr laufen muß, wenn er anders mit ihr eben so glücklich sein will, als schon der und jener, wie sie ihm selbst bekennet, in ihrem Vaterlande mit ihr gewesen. Das verlohnte sich wohl der Mühe!

Marmontel fängt seine Erzählung mit der Betrachtung an, daß große Staatsveränderungen oft durch sehr geringfügige Kleinigkeiten veranlaßt worden, und läßt den Sultan mit der heimlichen Frage an sich selbst schließen: wie ist es möglich, daß eine kleine aufgestülpte Nase die Gesetze eines Reiches umstoßen können? Man sollte also fast glauben, daß er bloß diese Bemerkung, dieses anscheinende Mißverhältnis zwischen Ursache und Wirkung, durch ein Exempel erläutern wollen. Doch diese Lehre wäre unstreitig zu allgemein, und er entdeckt uns in der Vorrede selbst, daß er eine ganz andere und weit speziellere dabei zur Absicht gehabt. »Ich nahm mir vor, sagt er, die Torheit derjenigen zu zeigen, welche ein Frauenzimmer durch Ansehen und Gewalt zur Gefälligkeit bringen wollen; ich wählte also zum Beispiele einen Sultan und eine Sklavin, als die zwei Extrema der Herrschaft und Abhängigkeit.« Allein Marmontel muß sicherlich auch diesen seinen Vorsatz während der Ausarbeitung vergessen haben; fast nichts zielet dahin ab; man sieht nicht den geringsten Versuch einiger Gewaltsamkeiten von Seiten des Sultans; er ist gleich bei den ersten Insolenzen, die ihm die galante Französin sagt, der zurückhaltendste, nachgebendste, gefälligste, folgsamste, untertänigste Mann, la meilleure pâte de mari, als kaum in Frankreich zu finden sein würde. Also nur gerade heraus; entweder es liegt gar keine Moral in dieser Erzählung des Marmontel, oder es ist die, auf welche ich, oben bei dem Charakter des Sultans, gewiesen: der Käfer, wenn er alle Blumen durchschwärmt hat, bleibt endlich auf dem Miste liegen.

Doch Moral oder keine Moral; dem dramatischen Dichter ist es gleich viel, ob sich aus seiner Fabel eine allgemeine Wahrheit folgern läßt oder nicht; und also war die Erzählung des Marmontel darum nichts mehr und nichts weniger geschickt, auf das Theater gebracht zu werden. Das tat Favart, und sehr glücklich. Ich rate allen, die unter uns das Theater aus ähnlichen Erzählungen bereichern wollen, die Favartsche Ausführung mit dem Marmontelschen Urstoffe zusammen zu halten. Wenn sie die Gabe zu abstrahieren haben, so werden ihnen die geringsten Veränderungen, die dieser gelitten, und zum Teil leiden müssen, lehrreich sein, und ihre Empfindung wird sie auf manchen Handgriff leiten, der ihrer bloßen Spekulation wohl unentdeckt geblieben wäre, den noch kein Kritikus zur Regel generalisieret hat, ob er es schon verdiente, und der öfters mehr Wahrheit, mehr Leben in ihr Stück bringen wird, als alle die mechanischen Gesetze, mit denen sich kahle Kunstrichter herumschlagen, und deren Beobachtung sie lieber, dem Genie zum Trotze, zur einzigen Quelle der Vollkommenheit eines Drama machen möchten.

Ich will nur bei einer von diesen Veränderungen stehen bleiben. Aber ich muß vorher das Urteil anführen, welches Franzosen selbst über das Stück gefällt haben.* Anfangs äußern sie ihre Zweifel gegen die Grundlage des Marmontels. »Solimann der Zweite, sagen sie, war einer von den größten Fürsten seines Jahrhunderts; die Türken haben keinen Kaiser, dessen Andenken ihnen teurer wäre, als dieses Solimanns; seine Siege, seine Talente und Tugenden, machten ihn selbst bei den Feinden verehrungswürdig, über die er siegte: aber welche kleine, jämmerliche Rolle läßt ihn Marmontel spie-

* Journal Encyclop. Janvier 1762.

len? Roxelane war, nach der Geschichte, eine verschlagene, ehrgeizige Frau, die, ihren Stolz zu befriedigen, der kühnsten, schwärzesten Streiche fähig war, die den Sultan durch ihre Ränke und falsche Zärtlichkeit so weit zu bringen wußte, daß er wider sein eigenes Blut wütete, daß er seinen Ruhm durch die Hinrichtung eines unschuldigen Sohnes befleckte: und diese Roxelane ist bei dem Marmontel eine kleine närrische Coquette, wie nur immer eine in Paris herumflattert, den Kopf voller Wind, doch das Herz mehr gut als böse. Sind dergleichen Verkleidungen, fragen sie, wohl erlaubt? Darf ein Poet, oder ein Erzähler, wenn man ihm auch noch so viel Freiheit verstattet diese Freiheit wohl bis auf die allerbekanntesten Charaktere erstrecken? Wenn er Facta nach seinem Gutdünken verändern darf, darf er auch eine Lucretia verbuhlt, und einen Sokrates galant schildern?«

Das heißt einem mit aller Bescheidenheit zu Leibe gehen. Ich möchte die Rechtfertigung des Hrn. Marmontel nicht übernehmen; ich habe mich vielmehr schon dahin geäußert,* daß die Charaktere dem Dichter weit heiliger sein müssen, als die Facta. Einmal, weil, wenn jene genau beobachtet werden, diese, insofern sie eine Folge von jenen sind, von selbst nicht viel anders ausfallen können; da hingegen einerlei Factum sich aus ganz verschiednen Charakteren herleiten läßt. Zweitens, weil das Lehrreiche nicht in den bloßen Factis, sondern in der Erkenntnis bestehet, daß diese Charaktere unter diesen Umständen solche Facta hervor zu bringen pflegen, und hervor bringen müssen. Gleichwohl hat es Marmontel gerade umgekehrt. Daß es einmal in dem Serraglio eine europäische Sklavin gegeben, die sich zur gesetzmäßigen Gemahlin des Kaisers zu machen gewußt: das ist das Factum. Die Charaktere dieser Sklavin und dieses Kaisers bestimmen die Art und Weise, wie dieses Factum wirklich geworden; und da es durch mehr als eine Art von Charakteren wirklich werden können, so steht es freilich bei dem Dichter, als Dichter, welche von diesen Arten er wählen will; ob die, welche die Historie bestätiget, oder eine andere, so wie der moralischen

* Oben S. 338.

Absicht, die er mit seiner Erzählung verbindet, das eine oder das andere gemäßer ist. Nur sollte er sich, im Fall daß er andere Charaktere, als die historischen, oder wohl gar diesen völlig entgegen gesetzte wählet, auch der historischen Namen enthalten, und lieber ganz unbekannten Personen das bekannte Factum beilegen, als bekannten Personen nicht zukommende Charaktere andichten. Jenes vermehret unsere Kenntnis, oder scheint sie wenigstens zu vermehren, und ist dadurch angenehm. Dieses widerspricht der Kenntnis, die wir bereits haben, und ist dadurch unangenehm. Die Facta betrachten wir als etwas zufälliges, als etwas, das mehrern Personen gemein sein kann; die Charaktere hingegen als etwas wesentliches und eigentümliches. Mit jenen lassen wir den Dichter umspringen, wie er will, so lange er sie nur nicht mit den Charakteren in Widerspruch setzet; diese hingegen darf er wohl ins Licht stellen, aber nicht verändern; die geringste Veränderung scheinet uns die Individualität aufzuheben, und andere Personen unterzuschieben, betrügerische Personen, die fremde Namen usurpieren, und sich für etwas ausgeben, was sie nicht sind.

VIER UND DREISSIGSTES STÜCK

Den 25sten August, 1767

Aber dennoch dünkt es mich immer ein weit verzeihlicherer Fehler, seinen Personen nicht die Charaktere zu geben, die ihnen die Geschichte gibt, als in diesen freiwillig gewählten Charakteren selbst, es sei von Seiten der innern Wahrscheinlichkeit, oder von Seiten des Unterrichtenden, zu verstoßen. Denn jener Fehler kann vollkommen mit dem Genie bestehen; nicht aber dieser. Dem Genie ist es vergönnt, tausend Dinge nicht zu wissen, die jeder Schulknabe weiß; nicht der erworbene Vorrat seines Gedächtnisses, sondern das was es aus sich selbst, aus seinem eigenen Gefühl, hervor zu bringen vermag, macht seinen Reichtum aus;* was es gehört oder

* Pindarus Olymp. II. str. 5. v. 10.

gelesen, hat es entweder wieder vergessen, oder mag es weiter nicht wissen, als insofern es in seinen Kram taugt; es verstößt also, bald aus Sicherheit bald aus Stolz, bald mit bald ohne Vorsatz, so oft, so gröblich, daß wir andern guten Leute uns nicht genug darüber verwundern können; wir stehen und staunen und schlagen die Hände zusammen und rufen: »Aber, wie hat ein so großer Mann nicht wissen können! – wie ist es möglich, daß ihm nicht beifiel! – überlegte er denn nicht?« O, laßt uns ja schweigen; wir glauben ihn zu demütigen, und wir machen uns in seinen Augen lächerlich; alles, was wir besser wissen, als er, beweiset bloß, daß wir fleißiger zur Schule gegangen, als er; und das hatten wir leider nötig, wenn wir nicht vollkommne Dummköpfe bleiben wollten.

Marmontels Solimann hätte daher meinetwegen immer ein ganz anderer Solimann, und seine Roxelane eine ganz andere Roxelane sein mögen, als mich die Geschichte kennen lehret: wenn ich nur gefunden hätte, daß, ob sie schon nicht aus dieser wirklichen Welt sind, sie dennoch zu einer andern Welt gehören könnten; zu einer Welt, deren Zufälligkeiten in einer andern Ordnung verbunden, aber doch eben so genau verbunden sind, als in dieser; zu einer Welt, in welcher Ursachen und Wirkungen zwar in einer andern Reihe folgen, aber doch zu eben der allgemeinen Wirkung des Guten abzwecken; kurz, zu der Welt eines Genies, das – (es sei mir erlaubt, den Schöpfer ohne Namen durch sein edelstes Geschöpf zu bezeichnen!) das, sage ich, um das höchste Genie im Kleinen nachzuahmen, die Teile der gegenwärtigen Welt versetzet, vertauscht, verringert, vermehret, um sich ein eigenes Ganze daraus zu machen, mit dem es seine eigene Absichten verbindet. Doch da ich dieses in dem Werke des Marmontels nicht finde, so kann ich es zufrieden sein, daß man ihm auch jenes nicht für genossen ausgehen läßt. Wer uns nicht schadlos halten kann, oder will, muß uns nicht vorsetzlich beleidigen. Und hier hat es wirklich Marmontel, es sei nun nicht gekonnt, oder nicht gewollt.

Denn nach dem angedeuteten Begriffe, den wir uns von dem Genie zu machen haben, sind wir berechtiget, in allen

Charakteren, die der Dichter ausbildet, oder sich schaffet, Übereinstimmung und Absicht zu verlangen, wenn er von uns verlangt, in dem Lichte eines Genies betrachtet zu werden.

Übereinstimmung: – Nichts muß sich in den Charakteren widersprechen; sie müssen immer einförmig, immer sich selbst ähnlich bleiben; sie dürfen sich itzt stärker, itzt schwächer äußern, nach dem die Umstände auf sie wirken; aber keine von diesen Umständen müssen mächtig genug sein können, sie von schwarz auf weiß zu ändern. Ein Türk und Despot muß, auch wenn er verliebt ist, noch Türk und Despot sein. Dem Türken, der nur die sinnliche Liebe kennt, müssen keine von den Raffinements beifallen, die eine verwöhnte Europäische Einbildungskraft damit verbindet. »Ich bin dieser liebkosenden Maschinen satt; ihre weiche Gelehrigkeit hat nichts anzügliches, nichts schmeichelhaftes; ich will Schwierigkeiten zu überwinden haben, und wenn ich sie überwunden habe, durch neue Schwierigkeiten in Atem erhalten sein:« so kann ein König von Frankreich denken, aber kein Sultan. Es ist wahr, wenn man einem Sultan diese Denkungsart einmal gibt, so kömmt der Despot nicht mehr in Betrachtung; er entäußert sich seines Despotismus selbst, um einer freiern Liebe zu genießen; aber wird er deswegen auf einmal der zahme Affe sein, den eine dreiste Gauklerin kann tanzen lassen, wie sie will? Marmontel sagt: Solimann war ein zu großer Mann, als daß er die kleinen Angelegenheiten seines Serraglio auf den Fuß wichtiger Staatsgeschäfte hätte treiben sollen. Sehr wohl; aber so hätte er auch am Ende wichtige Staatsgeschäfte nicht auf den Fuß der kleinen Angelegenheiten seines Serraglio treiben müssen. Denn zu einem großen Manne gehört beides: Kleinigkeiten als Kleinigkeiten, und wichtige Dinge als wichtige Dinge zu behandeln. Er suchte, wie ihn Marmontel selbst sagen läßt, freie Herzen, die sich aus bloßer Liebe zu seiner Person die Sklaverei gefallen ließen; er hätte ein solches Herz an der Elmire gefunden; aber weiß er, was er will? Die zärtliche Elmire wird von einer wollüstigen Delia verdrängt, bis ihm eine Unbesonnene den Strick über die Hörner wirft, der er sich selbst zum Sklaven machen muß, ehe er die zweideutige Gunst genießet, die bisher immer der Tod seiner Begierden gewesen. Wird sie es nicht auch hier sein? Ich muß lachen über den guten Sultan, und er verdiente doch mein herzliches Mitleid. Wenn Elmire und Delia, nach dem Genusse auf einmal alles verlieren, was ihn vorher entzückte: was wird denn Roxelane, nach diesem kritischen Augenblicke, für ihn noch behalten? Wird er es, acht Tage nach ihrer Krönung, noch der Mühe wert halten, ihr dieses Opfer gebracht zu haben? Ich fürchte sehr, daß er schon den ersten Morgen, sobald er sich den Schlaf aus den Augen gewischt, in seiner verehelichten Sultane weiter nichts sieht, als ihre zuversichtliche Frechheit und ihre aufgestülpte Nase. Mich dünkt, ich höre ihn ausrufen: Beim Mahomet, wo habe ich meine Augen gehabt!

Ich leugne nicht, daß bei alle den Widersprüchen, die uns diesen Solimann so armselig und verächtlich machen, er nicht wirklich sein könnte. Es gibt Menschen genug, die noch kläglichere Widersprüche in sich vereinigen. Aber diese können auch, eben darum, keine Gegenstände der poetischen Nachahmung sein. Sie sind unter ihr; denn ihnen fehlet das Unterrichtende; es wäre denn, daß man ihre Widersprüche selbst, das Lächerliche oder die unglücklichen Folgen derselben, zum Unterrichtenden machte, welches jedoch Marmontel bei seinem Solimann zu tun offenbar weit entfernt gewesen. Einem Charakter aber, dem das Unterrichtende fehlet, dem fehlet die

Absicht. – Mit Absicht handeln ist das, was den Menschen über geringere Geschöpfe erhebt; mit Absicht dichten, mit Absicht nachahmen, ist das, was das Genie von den kleinen Künstlern unterscheidet, die nur dichten um zu dichten, die nur nachahmen um nachzuahmen, die sich mit dem geringen Vergnügen befriedigen, das mit dem Gebrauche ihrer Mittel verbunden ist, die diese Mittel zu ihrer ganzen Absicht machen, und verlangen, daß auch wir uns mit dem eben so geringen Vergnügen befriedigen sollen, welches aus dem Anschauen ihres kunstreichen aber absichtlosen Gebrauches ihrer Mittel entspringet. Es ist wahr, mit dergleichen leidigen

Nachahmungen fängt das Genie an, zu lernen; es sind seine Vorübungen; auch braucht es sie in größern Werken zu Füllungen, zu Ruhepunkten unserer wärmern Teilnehmung: allein mit der Anlage und Ausbildung seiner Hauptcharaktere verbindet es weitere und größere Absichten; die Absicht uns zu unterrichten, was wir zu tun oder zu lassen haben; die Absicht uns mit den eigentlichen Merkmalen des Guten und Bösen, des Anständigen und Lächerlichen bekannt zu machen; die Absicht uns jenes in allen seinen Verbindungen und Folgen als schön und als glücklich selbst im Unglücke, dieses hingegen als häßlich und unglücklich selbst im Glücke, zu zeigen; die Absicht, bei Vorwürfen, wo keine unmittelbare Nacheiferung, keine unmittelbare Abschreckung für uns Statt hat, wenigstens unsere Begehrungs- und Verabscheuungskräfte mit solchen Gegenständen zu beschäftigen, die es zu sein verdienen, und diese Gegenstände jederzeit in ihr wahres Licht zu stellen, damit uns kein falscher Tag verführt, was wir begehren sollten zu verabscheuen, und was wir verabscheuen sollten zu begehren.

Was ist nun von diesen allen in dem Charakter des Solimanns, in dem Charakter der Roxelane? Wie ich schon gesagt habe: Nichts. Aber von manchem ist gerade das Gegenteil darin; ein Paar Leute, die wir verachten sollten, wovon uns das eine Ekel und das andere Unwille eigentlich erregen müßte, ein stumpfer Wollüstling, eine abgefäumte Buhlerin, werden uns mit so verführerischen Zügen, mit so lachenden Farben geschildert, daß es mich nicht wundern sollte, wenn mancher Ehemann sich daraus berechtiget zu sein glaubte, seiner rechtschaffnen und so schönen als gefälligen Gattin überdrüssig zu sein, weil sie eine Elmire und keine Roxelane ist.

Wenn Fehler, die wir adoptieren, unsere eigene Fehler sind, so haben die angeführten französischen Kunstrichter Recht, daß sie alle das Tadelhafte des Marmontelschen Stoffes dem Favart mit zur Last legen. Dieser scheinet ihnen sogar dabei noch mehr gesündiget zu haben, als jener. »Die Wahrscheinlichkeit, sagen sie, auf die es vielleicht in einer Erzählung so sehr nicht ankömmt, ist in einem dramatischen

Stücke unumgänglich nötig; und diese ist in dem gegenwärtigen auf das äußerste verletzet. Der große Solimann spielet eine sehr kleine Rolle, und es ist unangenehm, so einen Helden nur immer aus so einem Gesichtspunkte zu betrachten. Der Charakter eines Sultans ist noch mehr verunstaltet; da ist auch nicht ein Schatten von der unumschränkten Gewalt, vor der alles sich schmiegen muß. Man hätte diese Gewalt wohl lindern können; nur ganz vertilgen hätte man sie nicht müssen. Der Charakter der Roxelane hat wegen seines Spiels gefallen; aber wenn die Überlegung darüber kömmt, wie sieht es dann mit ihm aus? Ist ihre Rolle im geringsten wahrscheinlich? Sie spricht mit dem Sultan, wie mit einem Pariser Bürger; sie tadelt alle seine Gebräuche; sie widerspricht in allen seinem Geschmacke, und sagt ihm sehr harte, nicht selten sehr beleidigende Dinge. Vielleicht zwar hätte sie das alles sagen können; wenn sie es nur mit gemessenern Ausdrücken gesagt hätte. Aber wer kann es aushalten, den großen Solimann von einer jungen Landstreicherin so hofmeistern zu hören? Er soll sogar die Kunst zu regieren von ihr lernen. Der Zug mit dem verschmähten Schnupftuche ist hart; und der mit der weggeworfenen Tabakspfeife ganz unerträglich.«

FÜNF UND DREISSIGSTES STÜCK

Den 28sten August, 1767

Der letztere Zug, muß man wissen, gehört dem Favart ganz allein; Marmontel hat sich ihn nicht erlaubt. Auch ist der erstere bei diesem feiner, als bei jenem. Denn beim Favart gibt Roxelane das Tuch, welches der Sultan ihr gegeben, weg; sie scheinet es der Delia lieber zu gönnen, als sich selbst; sie scheinet es zu verschmähen: das ist Beleidigung. Beim Marmontel hingegen läßt sich Roxelane das Tuch von dem Sultan geben, und gibt es der Delia in seinem Namen; sie beuget damit einer Gunstbezeigung nur vor, die sie selbst noch nicht anzunehmen Willens ist, und das mit der uneigennützigsten, gutherzigsten Miene: der Sultan kann sich über nichts beschweren, als daß sie seine Gesinnungen so schlecht errät, oder nicht besser erraten will.

Ohne Zweifel glaubte Favart durch dergleichen Überladungen das Spiel der Roxelane noch lebhafter zu machen; die Anlage zu Impertinenzen sahe er einmal gemacht, und eine mehr oder weniger konnte ihm nichts verschlagen, besonders wenn er die Wendung in Gedanken hatte, die er am Ende mit dieser Person nehmen wollte. Denn ohngeachtet, daß seine Roxelane noch unbedachtsamere Streiche macht, noch plumpern Mutwillen treibet, so hat er sie dennoch zu einem bessern und edlern Charakter zu machen gewußt, als wir in Marmontels Roxelane erkennen. Und wie das? warum das?

Eben auf diese Veränderung wollte ich oben* kommen; und mich dünkt, sie ist so glücklich und vorteilhaft, daß sie von den Franzosen bemerkt und ihrem Urheber angerechnet zu werden verdient hätte.

Marmontels Roxelane ist wirklich, was sie scheinet, ein kleines närrisches, vermessenes Ding, dessen Glück es ist, daß der Sultan Geschmack an ihm gefunden, und das die Kunst versteht, diesen Geschmack durch Hunger immer gieriger zu machen, und ihn nicht eher zu befriedigen, als bis sie ihren Zweck erreicht hat. Hinter Favarts Roxelane hingegen steckt mehr, sie scheinet die kecke Buhlerin mehr gespielt zu haben, als zu sein, durch ihre Dreistigkeiten den Sultan mehr auf die Probe gestellt, als seine Schwäche gemißbraucht zu haben. Denn kaum hat sie den Sultan dahin gebracht, wo sie ihn haben will, kaum erkennt sie, daß seine Liebe ohne Grenzen ist, als sie gleichsam die Larve abnimmt, und ihm eine Erklärung tut, die zwar ein wenig unvorbereitet kömmt, aber ein Licht auf ihre vorige Aufführung wirft, durch welches wir ganz mit ihr ausgesöhnet werden. »Nun kenn ich dich, Sultan; ich habe deine Seele, bis in ihre geheimste Triebfedern, erforscht; es ist eine edle, große Seele, ganz den Empfindungen der Ehre offen. So viel Tugend entzückt mich! Aber lerne nun auch, mich kennen. Ich liebe

* S. 383.

dich, Solimann; ich muß dich wohl lieben! Nimm alle deine Rechte, nimm meine Freiheit zurück; sei mein Sultan, mein Held, mein Gebieter! Ich würde dir sonst sehr eitel, sehr ungerecht scheinen müssen. Nein, tue nichts, als was dich dein Gesetz zu tun berechtiget. Es gibt Vorurteile, denen man Achtung schuldig ist. Ich verlange einen Liebhaber, der meinetwegen nicht erröten darf; sieh hier in Roxelanen – nichts, als deine untertänige Sklavin.*« So sagt sie, und uns wird auf einmal ganz anders; die Coquette verschwindet, und ein liebes, eben so vernünftiges als drolligtes Mädchen steht vor uns; Solimann höret auf, uns verächtlich zu scheinen, denn diese bessere Roxelane ist seiner Liebe würdig; wir fangen sogar in dem Augenblicke an zu fürchten, er möchte die nicht genug lieben, die er uns zuvor viel zu sehr zu lieben schien, er möchte sie bei ihrem Worte fassen, der Liebhaber möchte den Despoten wieder annehmen, sobald sich die Liebhaberin in die Sklavin schickt, eine kalte Danksagung, daß sie ihn noch zu rechter Zeit von einem so bedenklichen Schritte zurück halten wollen, möchte anstatt einer feurigen Bestätigung seines Entschlusses erfolgen, das gute Kind möchte durch ihre Großmut wieder auf einmal verlieren, was sie durch mutwillige Vermessenheiten so mühsam gewonnen: doch diese Furcht ist vergebens, und das Stück schließt sich zu unserer völligen Zufriedenheit.

Und nun, was bewog den Favart zu dieser Veränderung? Ist sie bloß willkürlich, oder fand er sich durch die beson-

* Sultan, j'ai pénetré ton ame;
  J'en ai demêlé les ressorts.
Elle est grande, elle est fiere, et la gloire l'enflame,
  Tant de vertus excitent mes transports.
  A ton tour, tu vas me connoitre:
Je t'aime, Soliman; mais tu l'as mérité.
  Reprends tes droits, reprends ma liberté;
  Sois mon Sultan, mon Heros et mon Maitre.
Tu me soupçonnerois d'injuste vanité.
  Va, ne fais rien, que ta loi n'autorise;
Il est des préjugés qu'on ne doit point trahir,
Et je veux un Amant, qui n'ait point à rougir:
Tu vois dans Roxelane une Esclave soumise.

dern Regeln der Gattung, in welcher er arbeitete, dazu verbunden? Warum gab nicht auch Marmontel seiner Erzählung diesen vergnügendern Ausgang? Ist das Gegenteil von dem, was dort eine Schönheit ist, hier ein Fehler?

Ich erinnere mich, bereits an einem andern Orte angemerkt zu haben, welcher Unterschied sich zwischen der Handlung der äsopischen Fabel und des Drama findet. Was von jener gilt, gilt von jeder moralischen Erzählung, welche die Absicht hat, einen allgemeinen moralischen Satz zur Intuition zu bringen. Wir sind zufrieden, wenn diese Absicht erreicht wird, und es ist uns gleichviel, ob es durch eine vollständige Handlung, die für sich ein wohlgeründetes Ganze ausmacht, geschiehet oder nicht; der Dichter kann sie abbrechen, wo er will, sobald er sich an seinem Ziele sieht; wegen des Anteils, den wir an dem Schicksale der Personen nehmen, durch welche er sie ausführen läßt, ist er unbekümmert, er hat uns nicht interessieren, er hat uns unterrichten wollen; er hat es lediglich mit unserm Verstande, nicht mit unserm Herzen zu tun, dieses mag befriediget werden, oder nicht, wenn jener nur erleuchtet wird. Das Drama hingegen macht auf eine einzige, bestimmte, aus seiner Fabel fließende Lehre, keinen Anspruch; es gehet entweder auf die Leidenschaften, welche der Verlauf und die Glücksveränderungen seiner Fabel anzufachen, und zu unterhalten vermögend sind, oder auf das Vergnügen, welches eine wahre und lebhafte Schilderung der Sitten und Charaktere gewähret; und beides erfordert eine gewisse Vollständigkeit der Handlung, ein gewisses befriedigendes Ende, welches wir bei der moralischen Erzählung nicht vermissen, weil alle unsere Aufmerksamkeit auf den allgemeinen Satz gelenkt wird, von welchem der einzelne Fall derselben ein so einleuchtendes Beispiel gibt.

Wenn es also wahr ist, daß Marmontel durch seine Erzählung lehren wollte, die Liebe lasse sich nicht erzwingen, sie müsse durch Nachsicht und Gefälligkeit, nicht durch Ansehen und Gewalt erhalten werden: so hatte er Recht so aufzuhören, wie er aufhört. Die unbändige Roxelane wird durch nichts als Nachgeben gewonnen; was wir dabei von ihrem und des Sultans Charakter denken, ist ihm ganz gleichgültig, mögen wir sie doch immer für eine Närrin und ihn für nichts bessers halten. Auch hat er gar nicht Ursache, uns wegen der Folge zu beruhigen; es mag uns immer noch so wahrscheinlich sein, daß den Sultan seine blinde Gefälligkeit bald gereuen werde: was geht das ihn an? Er wollte uns zeigen, was die Gefälligkeit über das Frauenzimmer überhaupt vermag; er nahm also eines der wildesten; unbekümmert, ob es eine solche Gefälligkeit wert sei, oder nicht.

Allein, als Favart diese Erzählung auf das Theater bringen wollte, so empfand er bald, daß durch die dramatische Form die Intuition des moralischen Satzes größten Teils verloren gehe, und daß, wenn sie auch vollkommen erhalten werden könne, das daraus erwachsende Vergnügen doch nicht so groß und lebhaft sei, daß man dabei ein anderes, welches dem Drama wesentlicher ist, entbehren könne. Ich meine das Vergnügen, welches uns eben so rein gedachte als richtig gezeichnete Charaktere gewähren. Nicht beleidiget uns aber, von Seiten dieser, mehr, als der Widerspruch, in welchem wir ihren moralischen Wert oder Unwert mit der Behandlung des Dichters finden; wenn wir finden, daß sich dieser entweder selbst damit betrogen hat, oder uns wenigstens damit betriegen will, indem er das Kleine auf Stelzen hebet, mutwilligen Torheiten den Anstrich heiterer Weisheit gibt, und Laster und Ungereimtheiten mit allen betriegerischen Reizen der Mode, des guten Tons, der feinen Lebensart, der großen Welt ausstaffieret. Je mehr unsere ersten Blicke dadurch geblendet werden, desto strenger verfährt unsere Überlegung; das häßliche Gesicht, das wir so schön geschminkt sehen, wird für noch einmal so häßlich erklärt, als es wirklich ist; und der Dichter hat nur zu wählen, ob er von uns lieber für einen Giftmischer oder für einen Blödsinnigen will gehalten sein. So wäre es dem Favart, so wäre es seinen Charakteren des Solimanns und der Roxelane ergangen; und das empfand Favart. Aber da er diese Charaktere nicht von Anfang ändern konnte, ohne sich eine Menge Theaterspiele zu verderben, die er so vollkommen nach dem Geschmacke seines Parterrs zu sein urteilte, so blieb ihm nichts zu tun übrig, als was er tat. Nun freuen wir uns, uns an nichts vergnügt zu haben, was wir nicht auch hochachten könnten; und zugleich befriediget diese Hochachtung unsere Neugierde und Besorgnis wegen der Zukunft. Denn da die Illusion des Drama weit stärker ist, als einer bloßen Erzählung, so interessieren uns auch die Personen in jenem weit mehr, als in dieser, und wir begnügen uns nicht, ihr Schicksal bloß für den gegenwärtigen Augenblick entschieden zu sehen, sondern wir wollen uns auf immer desfalls zufrieden gestellet wissen.

SECHS UND DREISSIGSTES STÜCK

Den 1sten September, 1767

So unstreitig wir aber, ohne die glückliche Wendung, welche Favart am Ende dem Charakter der Roxelane gibt, ihre darauf folgende Krönung nicht anders als mit Spott und Verachtung, nicht anders als den lächerlichen Triumph einer Serva Padrona, würden betrachtet haben; so gewiß, ohne sie, der Kaiser in unsern Augen nichts als ein kläglicher Pimpinello, und die neue Kaiserin nichts als eine häßliche, verschmitzte Serbinette gewesen wäre, von der wir voraus gesehen hätten, daß sie nun bald dem armen Sultan, Pimpinello dem Zweiten, noch ganz anders mitspielen werde: so leicht und natürlich dünkt uns doch auch diese Wendung selbst; und wir müssen uns wundern, daß sie, dem ohngeachtet, so manchem Dichter nicht beigefallen, und so manche drollige und dem Ansehen nach wirklich komische Erzählung, in der dramatischen Form darüber verunglücken müssen.

Zum Exempel, die Matrone von Ephesus. Man kennt dieses beißende Märchen, und es ist unstreitig die bitterste Satyre, die jemals gegen den weiblichen Leichtsinn gemacht worden. Man hat es dem Petron tausendmal nach erzählt; und da es selbst in der schlechtesten Kopie noch immer gefiel, so glaubte man, daß es ein eben so glücklicher Stoff auch für das Theater sein müsse. Houdar de la Motte, und andere, machten den Versuch; aber ich berufe mich auf jedes feinere Gefühl, wie dieser Versuch ausgefallen. Der Charakter der Matrone, der in der Erzählung ein nicht unangenehmes höhnisches Lächeln über die Vermessenheit der ehelichen Liebe erweckt, wird in dem Drama ekel und gräßlich. Wir finden hier die Überredungen, deren sich der Soldat gegen sie bedienet, bei weitem nicht so fein und dringend und siegend, als wir sie uns dort vorstellen. Dort bilden wir uns ein empfindliches Weibchen ein, dem es mit seinem Schmerze wirklich Ernst ist, das aber den Versuchungen und ihrem Temperamente unterliegt; ihre Schwäche dünkt uns die Schwäche des ganzen Geschlechts zu sein; wir fassen also keinen besondern Haß gegen sie; was sie tut, glauben wir, würde ungefähr jede Frau getan haben; selbst ihren Einfall, den lebendigen Liebhaber vermittelst des toten Mannes zu retten, glauben wir ihr, des Sinnreichen und der Besonnenheit wegen, verzeihen zu müssen; oder vielmehr eben das Sinnreiche dieses Einfalls bringt uns auf die Vermutung, daß er wohl auch nur ein bloßer Zusatz des hämischen Erzählers sei, der sein Märchen gern mit einer recht giftigen Spitze schließen wollen. Aber in dem Drama findet diese Vermutung nicht Statt; was wir dort nur hören, daß es geschehen sei, sehen wir hier wirklich geschehen; woran wir dort noch zweifeln können, davon überzeugt uns unser eigener Sinn hier zu unwidersprechlich; bei der bloßen Möglichkeit ergötzte uns das Sinnreiche der Tat, bei ihrer Wirklichkeit sehen wir bloß ihre Schwärze; der Einfall vergnügte unsern Witz, aber die Ausführung des Einfalls empört unsere ganze Empfindlichkeit; wir wenden der Bühne den Rücken, und sagen mit dem Lykas beim Petron, auch ohne uns in dem besondern Falle des Lykas zu befinden: Si justus Imperator fuisset, debuit patrisfamiliae corpus in monimentum referre, mulierem adfigere cruci. Und diese Strafe scheinet sei uns um so viel mehr zu verdienen, je weniger Kunst der Dichter bei ihrer Verführung angewendet; denn wir verdammen sodann in ihr nicht das schwache Weib überhaupt, sondern ein vorzüglich leichtsinniges, lüderliches Weibsstück insbesondere. – Kurz, die petronische Fabel glücklich auf das Theater zu bringen, müßte sie den nämlichen Ausgang behalten, und auch nicht behalten; müßte die Matrone so weit gehen, und auch nicht so weit gehen. – Die Erklärung hierüber anderwärts!

Den sieben und dreißigsten Abend (Sonnabends, den 4ten Julius,) wurden Nanine und der Advokat Patelin wiederholt.

Den acht und dreißigsten Abend (Dienstags, den 7ten Julius,) ward die Merope des Herrn von Voltaire aufgeführt.

Voltaire verfertigte dieses Trauerspiel auf Veranlassung der Merope des Maffei; vermutlich im Jahr 1737, und vermutlich zu Cirey, bei seiner Urania, der Marquise du Chatelet. Denn schon im Jenner 1738 lag die Handschrift davon zu Paris bei dem Pater Brumoy, der als Jesuit, und als Verfasser des Theatre des Grecs, am geschicktesten war, die besten Vorurteile dafür einzuflößen, und die Erwartung der Hauptstadt diesen Vorurteilen gemäß zu stimmen. Brumoy zeigte sie den Freunden des Verfassers, und unter andern mußte er sie auch dem alten Vater Tournemine schicken, der, sehr geschmeichelt, von seinem lieben Sohne Voltaire über ein Trauerspiel, über eine Sache, wovon er eben nicht viel verstand, um Rat gefragt zu werden, ein Briefchen voller Lobeserhebungen an jenen darüber zurückschrieb, welches nachher, allen unberufenen Kunstrichtern zur Lehre und zur Warnung, jederzeit dem Stücke selbst vorgedruckt worden. Es wird darin für eines von den vollkommensten Trauerspielen, für ein wahres Muster erklärt, und wir können uns nunmehr ganz zufrieden geben, daß das Stück des Euripides gleichen Inhalts verloren gegangen; oder vielmehr, dieses ist nun nicht länger verloren, Voltaire hat es uns wieder hergestellt.

So sehr hierdurch nun auch Voltaire beruhiget sein mußte, so schien er sich doch mit der Vorstellung nicht übereilen zu wollen; welche erst im Jahre 1743 erfolgte. Er genoß von seiner staatsklugen Verzögerung auch alle die Früchte, die er sich nur immer davon versprechen konnte. Merope fand den außerordentlichsten Beifall, und das Parterr erzeigte dem Dichter eine Ehre, von der man noch zur Zeit kein Exempel gehabt hatte. Zwar begegnete ehedem das Publikum auch dem großen Corneille sehr vorzüglich; sein Stuhl auf dem Theater ward beständig frei gelassen, wenn der Zulauf auch noch so groß war, und wenn er kam, so stand jedermann auf; eine Distinktion, deren in Frankreich nur die Prinzen vom Geblüte gewürdiget werden. Corneille ward im Theater wie in seinem Hause angesehen; und wenn der Hausherr erscheinet, was ist billiger, als daß ihm die Gäste ihre Höflichkeit bezeigen? Aber Voltairen widerfuhr noch ganz etwas anders: das Parterr ward begierig den Mann von Angesicht zu kennen, den es so sehr bewundert hatte; wie die Vorstellung also zu Ende war, verlangte es ihn zu sehen, und rufte, und schrie und lärmte, bis der Herr von Voltaire heraustreten, und sich begaffen und beklatschen lassen mußte. Ich weiß nicht, welches von beiden mich hier mehr befremdet hätte, ob die kindische Neugierde des Publikums, oder die eitele Gefälligkeit des Dichters. Wie denkt man denn, daß ein Dichter aussieht? Nicht wie andere Menschen? Und wie schwach muß der Eindruck sein, den das Werk gemacht hat, wenn man in eben dem Augenblicke auf nichts begieriger ist, als die Figur des Meisters dagegen zu halten? Das wahre Meisterstück, dünkt mich, erfüllet uns so ganz mit sich selbst, daß wir des Urhebers darüber vergessen; daß wir es nicht als das Produkt eines einzeln Wesens, sondern der allgemeinen Natur betrachten. Young sagt von der Sonne, es wäre Sünde in den Heiden gewesen, sie nicht anzubeten. Wenn Sinn in dieser Hyperbel liegt, so ist es dieser: der Glanz, die Herrlichkeit der Sonne ist so groß, so überschwenglich, daß es dem rohern Menschen zu verzeihen, daß es sehr natürlich war, wenn er sich keine größere Herrlichkeit, keinen Glanz denken konnte, von dem jener nur ein Abglanz sei, wenn er sich also in der Bewunderung der Sonne so sehr verlor, daß er an den Schöpfer der Sonne nicht dachte. Ich vermute, die wahre Ursache, warum wir so wenig Zuverlässiges von der Person und den Lebensumständen des Homers wissen, ist die Vortrefflichkeit seiner Gedichte selbst. Wir stehen voller Erstaunen an dem breiten rauschenden Flusse, ohne an seine Quelle im Gebirge zu denken. Wir wollen es nicht wissen, wir finden unsere Rechnung dabei, es zu vergessen, daß Homer, der Schulmeister in Smyrna, Homer, der blinde Bettler, eben der Homer ist, welcher uns in seinen Werken so entzücket. Er bringt uns unter Götter und Helden; wir müßten in dieser Gesellschaft viel Langeweile haben, um uns nach dem Türsteher so genau zu erkundigen, der uns hereingelassen. Die Täuschung muß sehr schwach sein, man muß wenig Natur, aber desto mehr Künstelei empfinden, wenn man so neugierig nach dem Künstler ist. So wenig schmeichelhaft also im Grunde für einen Mann von Genie das Verlangen des Publikums, ihn von Person zu kennen, sein müßte: (und was hat er dabei auch wirklich vor dem ersten dem besten Murmeltiere voraus, welches der Pöbel gesehen zu haben, eben so begierig ist?) so wohl scheinet sich doch die Eitelkeit der französischen Dichter dabei befunden zu haben. Denn da das Pariser Parterr sahe, wie leicht ein Voltaire in diese Falle zu locken sei, wie zahm und geschmeidig so ein Mann durch zweideutige Caressen werden könne: so machte es sich dieses Vergnügen öftrer, und selten ward nachher ein neues Stück aufgeführt, dessen Verfasser nicht gleichfalls hervor mußte, und auch ganz gern hervor kam. Von Voltairen bis zum Marmontel, und vom Marmontel bis tief herab zum Cordier, haben fast alle an diesem Pranger gestanden. Wie manches Armesündergesichte muß darunter gewesen sein! Der Posse ging endlich so weit, daß sich die Ernsthaftern von der Nation selbst darüber ärgerten. Der sinnreiche Einfall des weisen Polichinell ist bekannt. Und nur erst ganz neulich war ein junger Dichter kühn genug, das Parterr vergebens nach sich rufen zu lassen. Er erschien durchaus nicht; sein Stück war mittelmäßig, aber dieses sein Betragen desto braver und rühmlicher. Ich wollte durch mein Beispiel einen solchen Übelstand lieber abgeschafft, als durch zehn Meropen ihn veranlaßt haben.

SIEBEN UND DREISSIGSTES STÜCK

Den 4ten September, 1767

Ich habe gesagt, daß Voltairens Merope durch die Merope des Maffei veranlasset worden. Aber veranlasset, sagt wohl zu wenig: denn jene ist ganz aus dieser entstanden; Fabel und

Plan und Sitten gehören dem Maffei; Voltaire würde ohne ihn gar keine, oder doch sicherlich eine ganz andere Merope geschrieben haben.

Also, um die Kopie des Franzosen richtig zu beurteilen, müssen wir zuvörderst das Original des Italieners kennen lernen; und um das poetische Verdienst des letztern gehörig zu schätzen, müssen wir vor allen Dingen einen Blick auf die historischen Facta werfen, auf die er seine Fabel gegründet hat.

Maffei selbst fasset diese Facta, in der Zueignungsschrift seines Stückes, folgender Gestalt zusammen. »Daß, einige Zeit nach der Eroberung von Troja, als die Herakliden, d. i. die Nachkommen des Herkules, sich in Peloponnesus wieder festgesetzet, dem Kresphont das Messenische Gebiete durch das Los zugefallen; daß die Gemahlin dieses Kresphonts Merope geheißen; daß Kresphont, weil er dem Volke sich allzu günstig erwiesen, von den Mächtigern des Staates, mit samt seinen Söhnen umgebracht worden, den jüngsten ausgenommen, welcher auswärts bei einem Anverwandten seiner Mutter erzogen ward; daß dieser jüngste Sohn, Namens Aepytus, als er erwachsen, durch Hülfe der Arkader und Dorier, sich des väterlichen Reiches wieder bemächtiget, und den Tod seines Vaters an dessen Mördern gerächet habe: dieses erzählet Pausanias. Daß, nachdem Kresphont mit seinen zwei Söhnen umgebracht worden, Polyphont, welcher gleichfalls aus dem Geschlechte der Herakliden war, die Regierung an sich gerissen; daß dieser die Merope gezwungen, seine Gemahlin zu werden; daß der dritte Sohn, den die Mutter in Sicherheit bringen lassen, den Tyrannen nachher umgebracht und das Reich wieder erobert habe: dieses berichtet Apollodorus. Daß Merope selbst den geflüchteten Sohn unbekannter Weise töten wollen; daß sie aber noch in dem Augenblicke von einem alten Diener daran verhindert worden, welcher ihr entdeckt, daß der, den sie für den Mörder ihres Sohnes halte, ihr Sohn selbst sei; daß der nun erkannte Sohn bei einem Opfer Gelegenheit gefunden, den Polyphont hinzurichten: dieses meldet Hyginus, bei dem Aepytus aber den Namen Telephontes führet.«

Es wäre zu verwundern, wenn eine solche Geschichte, die so besondere Glückswechsel und Erkennungen hat, nicht schon von den alten Tragicis wäre genutzt worden. Und was sollte sie nicht? Aristoteles, in seiner Dichtkunst, gedenkt eines Kresphontes, in welchem Merope ihren Sohn erkenne, eben da sie im Begriffe sei, ihn als den vermeinten Mörder ihres Sohnes umzubringen; und Plutarch, in seiner zweiten Abhandlung vom Fleischessen, zielet ohne Zweifel auf eben dieses Stück,* wenn er sich auf die Bewegung beruft, in welche das ganze Theater gerate, indem Merope die Axt gegen ihren Sohn erhebet, und auf die Furcht, die jeden Zuschauer befalle, daß der Streich geschehen werde, ehe der alte Diener dazu kommen könne. Aristoteles erwähnet dieses Kresphonts zwar ohne Namen des Verfassers; da wir aber, bei dem Cicero und mehrern Alten, einen Kresphont des Euripides angezogen finden, so wird er wohl kein anderes, als das Werk dieses Dichters gemeinet haben.

Der Pater Tournemine sagt in dem obgedachten Briefe: »Aristoteles, dieser weise Gesetzgeber des Theaters, hat die Fabel der Merope in die erste Klasse der tragischen Fabeln gesetzt (a mis ce sujet au premier rang des sujets tragiques.) Euripides hatte sie behandelt, und Aristoteles meldet, daß, so oft der Kresphont des Euripides auf dem Theater des witzigen Athens vorgestellet worden, dieses an tragische Meisterstücke so gewöhnte Volk ganz außerordentlich sei betroffen, gerührt und entzückt worden.« – Hübsche Phrases, aber nicht viel Wahrheit! Der Pater irret sich in beiden Punkten. Bei dem letztern hat er den Aristoteles mit dem Plutarch vermengt, und bei dem erstern den Aristoteles nicht recht verstanden. Jenes ist eine Kleinigkeit, aber über dieses verlohnet es der Mühe, ein Paar Worte zu sagen, weil mehrere den Aristoteles eben so unrecht verstanden haben.

* Dieses vorausgesetzt, (wie man es denn wohl sicher voraussetzen kann, weil es bei den alten Dichtern nicht gebräuchlich, und auch nicht erlaubt war, einander solche eigene Situationen abzustehlen,) würde sich an der angezogenen Stelle des Plutarchs ein Fragment des Euripides finden, welches Josua Barnes nicht mitgenommen hätte, und ein neuer Herausgeber des Dichters nutzen könnte.

Die Sache verhält sich, wie folget. Aristoteles untersucht, in dem vierzehnten Kapitel seiner Dichtkunst, durch was eigentlich für Begebenheiten Schrecken und Mitleid erreget werde. Alle Begebenheiten, sagt er, müssen entweder unter Freunden, oder unter Feinden, oder unter gleichgültigen Personen vorgehen. Wenn ein Feind seinen Feind tötet, so erweckt weder der Anschlag noch die Ausführung der Tat sonst weiter einiges Mitleid, als das allgemeine, welches mit dem Anblicke des Schmerzlichen und Verderblichen überhaupt, verbunden ist. Und so ist es auch bei gleichgültigen Personen. Folglich müssen die tragischen Begebenheiten sich unter Freunden eräugnen; ein Bruder muß den Bruder, ein Sohn den Vater, eine Mutter den Sohn, ein Sohn die Mutter töten, oder töten wollen, oder sonst auf eine empfindliche Weise mißhandeln, oder mißhandeln wollen. Dieses aber kann entweder mit, oder ohne Wissen und Vorbedacht geschehen; und da die Tat entweder vollführt oder nicht vollführt werden muß: so entstehen daraus vier Klassen von Begebenheiten, welche den Absichten des Trauerspiels mehr oder weniger entsprechen. Die erste: wenn die Tat wissentlich, mit völliger Kenntnis der Person, gegen welche sie vollzogen werden soll, unternommen, aber nicht vollzogen wird. Die zweite: wenn sie wissentlich unternommen, und wirklich vollzogen wird. Die dritte: wenn die Tat unwissend, ohne Kenntnis des Gegenstandes, unternommen und vollzogen wird, und der Täter die Person, an der er sie vollzogen, zu spät kennen lernet. Die vierte: wenn die unwissend unternommene Tat nicht zur Vollziehung gelangt, indem die darein verwickelten Personen einander noch zur rechten Zeit erkennen. Von diesen vier Klassen gibt Aristoteles der letztern den Vorzug; und da er die Handlung der Merope, in dem Kresphont, davon zum Beispiele anführet: so haben Tournemine, und andere, dieses so angenommen, als ob er dadurch die Fabel dieses Trauerspiels überhaupt von der vollkommensten Gattung tragischer Fabeln zu sein erkläre.

Indes sagt doch Aristoteles kurz zuvor, daß eine gute tragische Fabel sich nicht glücklich, sondern unglücklich enden müsse. Wie kann dieses beides bei einander bestehen? Sie soll sich unglücklich enden, und gleichwohl läuft die Begebenheit, welche er nach jener Klassifikation allen andern tragischen Begebenheiten vorziehet, glücklich ab. Widerspricht sich nicht also der große Kunstrichter offenbar?

Victorius, sagt Dacier, sei der einzige, welcher diese Schwierigkeit gesehen; aber da er nicht verstanden, was Aristoteles eigentlich in dem ganzen vierzehnten Kapitel gewollt: so habe er auch nicht einmal den geringsten Versuch gewagt, sie zu heben. Aristoteles, meinet Dacier, rede dort gar nicht von der Fabel überhaupt, sondern wolle nur lehren, auf wie mancherlei Art der Dichter tragische Begebenheiten behandeln könne, ohne das Wesentliche, was die Geschichte davon meldet, zu verändern, und welche von diesen Arten die beste sei. Wenn z. E. die Ermordung der Klytemnestra durch den Orest, der Inhalt des Stückes sein sollte, so zeige sich, nach dem Aristoteles, ein vierfacher Plan, diesen Stoff zu bearbeiten, nämlich entweder als eine Begebenheit der erstern, oder der zweiten, oder der dritten, oder der vierten Klasse; der Dichter müsse nun überlegen, welcher hier der schicklichste und beste sei. Diese Ermordung als eine Begebenheit der erstern Klasse zu behandeln, finde darum nicht Statt: weil sie nach der Historie wirklich geschehen müsse, und durch den Orest geschehen müsse. Nach der zweiten, darum nicht: weil sie zu gräßlich sei. Nach der vierten, darum nicht: weil Klytemnestra dadurch abermals gerettet würde, die doch durchaus nicht gerettet werden solle. Folglich bleibe ihm nichts, als die dritte Klasse übrig.

Die dritte! Aber Aristoteles gibt ja der vierten den Vorzug; und nicht bloß in einzeln Fällen, nach Maßgebung der Umstände, sondern überhaupt. Der ehrliche Dacier macht es öftrer so: Aristoteles behält bei ihm Recht, nicht weil er Recht hat, sondern weil er Aristoteles ist. Indem er auf der einen Seite eine Blöße von ihm zu decken glaubt, macht er ihm auf einer andern eine eben so schlimme. Wenn nun der Gegner die Besonnenheit hat, anstatt nach jener, in diese zu stoßen: so ist es ja doch um die Untrüglichkeit seines Alten geschehen, an der ihm, im Grunde noch mehr als an der Wahrheit selbst zu liegen scheinet. Wenn so viel auf die

Übereinstimmung der Geschichte ankömmt, wenn der Dichter allgemein bekannte Dinge aus ihr, zwar lindern, aber nie gänzlich verändern darf: wird es unter diesen nicht auch solche geben, die durchaus nach dem ersten oder zweiten Plane behandelt werden müssen? Die Ermordung der Klytemnestra müßte eigentlich nach dem zweiten vorgestellet werden; denn Orestes hat sie wissentlich und vorsetzlich vollzogen: der Dichter aber kann den dritten wählen, weil dieser tragischer ist, und der Geschichte doch nicht geradezu widerspricht. Gut, es sei so: aber z. E. Medea, die ihre Kinder ermordet? Welchen Plan kann hier der Dichter anders einschlagen als den zweiten? Denn sie muß sie umbringen, und sie muß sie wissentlich umbringen; beides ist aus der Geschichte gleich allgemein bekannt. Was für eine Rangordnung kann also unter diesen Planen Statt finden? Der in einem Falle der vorzüglichste ist, kömmt in einem andern gar nicht in Betrachtung. Oder um den Dacier noch mehr einzutreiben: so mache man die Anwendung, nicht auf historische, sondern auf bloß erdichtete Begebenheiten. Gesetzt, die Ermordnung der Klytemnestra wäre von dieser letztern Art, und es hätte dem Dichter frei gestanden, sie vollziehen oder nicht vollziehen zu lassen, sie mit oder ohne völlige Kenntnis vollziehen zu lassen. Welchen Plan hätte er dann wählen müssen, um eine so viel als möglich vollkommene Tragödie daraus zu machen? Dacier sagt selbst: den vierten; denn wenn er ihm den dritten vorziehe, so geschähe es bloß aus Achtung gegen die Geschichte. Den vierten also? Den also, welcher sich glücklich schließt? Aber die besten Tragödien, sagt eben der Aristoteles, der diesem vierten Plane den Vorzug vor allen erteilet, sind ja die, welche sich unglücklich schließen? Und das ist ja eben der Widerspruch, den Dacier heben wollte. Hat er ihn denn also gehoben? Bestätiget hat er ihn vielmehr.

ACHT UND DREISSIGSTES STÜCK

Den 8ten September, 1767

Ich bin es auch nicht allein, dem die Auslegung des Dacier keine Genüge leistet. Unsern deutschen Übersetzer der Aristotelischen Dichtkunst,* hat sie eben so wenig befriediget. Er trägt seine Gründe dagegen vor, die zwar nicht eigentlich die Ausflucht des Dacier bestreiten, aber ihn doch sonst erheblich genug dünken, um seinen Autor lieber gänzlich im Stiche zu lassen, als einen neuen Versuch zu wagen, etwas zu retten, was nicht zu retten sei. »Ich überlasse, schließt er, einer tiefern Einsicht, diese Schwierigkeiten zu heben; ich kann kein Licht zu ihrer Erklärung finden, und scheinet mir wahrscheinlich, daß unser Philosoph dieses Kapitel nicht mit seiner gewöhnlichen Vorsicht durchgedacht habe.«

Ich bekenne, daß mir dieses nicht sehr wahrscheinlich scheinet. Eines offenbaren Widerspruchs macht sich ein Aristoteles nicht leicht schuldig. Wo ich dergleichen bei so einem Manne zu finden glaube, setze ich das größere Mißtrauen lieber in meinen, als in seinen Verstand. Ich verdoppele meine Aufmerksamkeit, ich überlese die Stelle zehnmal, und glaube nicht eher, daß er sich widersprochen, als bis ich aus dem ganzen Zusammenhange seines Systems ersehe, wie und wodurch er zu diesem Widerspruche verleitet worden. Finde ich nichts, was ihn dazu verleiten können, was ihm diesen Widerspruch gewissermaßen unvermeidlich machen müssen, so bin ich überzeugt, daß er nur anscheinend ist. Denn sonst würde er dem Verfasser, der seine Materie so oft überdenken müssen, gewiß am ersten aufgefallen sein, und nicht mir ungeübterm Leser, der ich ihn zu meinem Unterrichte in die Hand nehme. Ich bleibe also stehen, verfolge den Faden seiner Gedanken zurück, ponderiere ein jedes Wort, und sage mir immer: Aristoteles kann irren, und hat oft geirret; aber daß er hier etwas behaupten sollte, wovon er auf der nächsten Seite gerade das Gegenteil behauptet, das kann Aristoteles nicht. Endlich findet sichs auch.

* Herrn Curtius. S. 214.

Doch ohne weitere Umstände; hier ist die Erklärung, an welcher Herr Curtius verzweifelt. – Auf die Ehre einer tiefern Einsicht mache ich desfalls keinen Anspruch. Ich will mich mit der Ehre einer größern Bescheidenheit gegen einen Philosophen, wie Aristoteles, begnügen.

Nichts empfiehlt Aristoteles dem tragischen Dichter mehr, als die gute Abfassung der Fabel; und nichts hat er ihm durch mehrere und feinere Bemerkungen zu erleichtern gesucht, als eben diese. Denn die Fabel ist es, die den Dichter vornehmlich zum Dichter macht: Sitten, Gesinnungen und Ausdruck werden zehnen geraten, gegen einen, der in jener untadelhaft und vortrefflich ist. Er erklärt aber die Fabel durch die Nachahmung einer Handlung, πραξεως; und eine Handlung ist ihm eine Verknüpfung von Begebenheiten, συνθεσις πραγματων. Die Handlung ist das Ganze, die Begebenheiten sind die Teile dieses Ganzen: und so wie die Güte eines jeden Ganzen, auf der Güte seiner einzeln Teile und deren Verbindung beruhet, so ist auch die tragische Handlung mehr oder weniger vollkommen, nach dem die Begebenheiten, aus welchen sie bestehet, jede für sich und alle zusammen, den Absichten der Tragödie mehr oder weniger entsprechen. Nun bringt Aristoteles alle Begebenheiten, welche in der tragischen Handlung Statt haben können, unter drei Hauptstücke: des Glückswechsels, περιπετειας; der Erkennung, ἀναγνωρισμου; und des Leidens, παθους. Was er unter den beiden erstern versteht, zeigen die Worte genugsam; unter dem dritten aber faßt er alles zusammen, was den handelnden Personen verderbliches und schmerzliches widerfahren kann; Tod, Wunden, Martern und dergleichen. Jene, der Glückswechsel und die Erkennung, sind das, wodurch die verwickelte Fabel, μυθος πεπλεγμενος, von der einfachen, ἁπλῳ, unterscheidet; sie sind also keine wesentliche Stücke der Fabel; sie machen die Handlung nur mannichfaltiger, und dadurch schöner und interessanter; aber eine Handlung kann auch ohne sie ihre völlige Einheit und Rundung und Größe haben. Ohne das dritte hingegen läßt sich gar keine tragische Handlung denken; Arten des Leidens, παθη, muß jedes Trauerspiel haben, die Fabel desselben mag einfach oder verwickelt sein; denn sie gehen geradezu auf die Absicht des Trauerspiels, auf die Erregung des Schreckens und Mitleids; dahingegen nicht jeder Glückswechsel, nicht jede Erkennung, sondern nur gewisse Arten derselben diese Absicht erreichen, sie in einem höhern Grade erreichen helfen, andere aber ihr mehr nachteilig als vorteilhaft sind. Indem nun Aristoteles, aus diesem Gesichtspunkte, die verschiednen unter drei Hauptstücke gebrachten Teile der tragischen Handlung, jeden insbesondere betrachtet, und untersuchet, welches der beste Glückswechsel, welches die beste Erkennung, welches die beste Behandlung des Leidens sei: so findet sich in Ansehung des erstern, daß derjenige Glückswechsel der beste, das ist, der fähigste, Schrecken und Mitleid zu erwecken und zu befördern, sei, welcher aus dem Bessern in das Schlimmere geschieht; und in Ansehung der letztern, daß diejenige Behandlung des Leidens die beste in dem nämlichen Verstande sei, wenn die Personen, unter welchen das Leiden bevorstehet, einander nicht kennen, aber in eben dem Augenblicke, da dieses Leiden zur Wirklichkeit gelangen soll, einander kennen lernen, so daß es dadurch unterbleibt.

Und dieses soll sich widersprechen? Ich verstehe nicht, wo man die Gedanken haben muß, wenn man hier den geringsten Widerspruch findet. Der Philosoph redet von verschiedenen Teilen: warum soll denn das, was er von diesem Teile behauptet, auch von jenem gelten müssen? Ist denn die mögliche Vollkommenheit des einen, notwendig auch die Vollkommenheit des andern? Oder ist die Vollkommenheit eines Teils auch die Vollkommenheit des Ganzen? Wenn der Glückswechsel und das, was Aristoteles unter dem Worte Leiden begreift, zwei verschiedene Dinge sind, wie sie es sind, warum soll sich nicht ganz etwas Verschiedenes von ihnen sagen lassen? Oder ist es unmöglich, daß ein Ganzes Teile von entgegen gesetzten Eigenschaften haben kann? Wo sagt Aristoteles, daß die beste Tragödie nichts als die Vorstellung einer Veränderung des Glückes in Unglück sei? Oder, wo sagt er, daß die beste Tragödie auf nichts, als auf die Erkennung dessen, hinauslaufen müsse, an dem eine grausam widernatürliche Tat verübet werden sollen? Er sagt weder das eine noch das andere von der Tragödie überhaupt, sondern jedes von einem besondern Teile derselben, welcher dem Ende mehr oder weniger nahe liegen, welcher auf den andern mehr oder weniger Einfluß, und auch wohl gar keinen, haben kann. Der Glückswechsel kann sich mitten in dem Stücke eräugnen, und wenn er schon bis an das Ende fortdauert, so macht er doch nicht selbst das Ende: so ist z. E. der Glückswechsel im Ödip, der sich bereits zum Schlusse des vierten Akts äußert, zu dem aber noch mancherlei Leiden (παϑη) hinzukommen, mit welchen sich eigentlich das Stück schließet. Gleichfalls kann das Leiden mitten in dem Stücke zur Vollziehung gelangen sollen, und in dem nämlichen Augenblicke durch die Erkennung hintertrieben werden, so daß durch diese Erkennung das Stück nichts weniger als geendet ist; wie in der zweiten Iphigenia des Euripides, wo Orestes, auch schon in dem vierten Akte, von seiner Schwester, die ihn aufzuopfern im Begriffe ist, erkannt wird. Und wie vollkommen wohl jener tragischste Glückswechsel mit der tragischsten Behandlung des Leidens sich in einer und eben derselben Fabel verbinden lasse, kann man an der Merope selbst zeigen. Sie hat die letztere; aber was hindert es, daß sie nicht auch den erstern haben könnte, wenn nämlich Merope, nachdem sie ihren Sohn unter dem Dolche erkannt, durch ihre Beeiferung, ihn nunmehr auch wider den Polyphont zu schützen, entweder ihr eigenes oder dieses geliebten Sohnes Verderben beförderte? Warum könnte sich dieses Stück nicht eben sowohl mit dem Untergange der Mutter, als des Tyrannen schließen? Warum sollte es einem Dichter nicht frei stehen können, um unser Mitleiden gegen eine so zärtliche Mutter auf das höchste zu treiben, sie durch ihre Zärtlichkeit selbst unglücklich werden zu lassen? Oder warum sollte es ihm nicht erlaubt sein, den Sohn, den er der frommen Rache seiner Mutter entrissen, gleichwohl den Nachstellungen des Tyrannen unterliegen zu lassen? Würde eine solche Merope, in beiden Fällen, nicht wirklich die beiden Eigenschaften des besten Trauerspiels verbinden, die man bei dem Kunstrichter so widersprechend findet?

Ich merke wohl, was das Mißverständnis veranlasset haben kann. Man hat sich einen Glückswechsel aus dem Bessern in das Schlimmere nicht ohne Leiden, und das durch die Erkennung verhinderte Leiden nicht ohne Glückswechsel denken können. Gleichwohl kann beides gar wohl ohne das andere sein; nicht zu erwähnen, daß auch nicht beides eben die nämliche Person treffen muß, und wenn es die nämliche Person trifft, daß eben nicht beides sich zu der nämlichen Zeit eräugnen darf, sondern eines auf das andere folgen, eines durch das andere verursachet werden kann. Ohne dieses zu überlegen, hat man nur an solche Fälle und Fabeln gedacht, in welchen beide Teile entweder zusammen fließen, oder der eine den andern notwendig ausschließt. Daß es dergleichen gibt, ist unstreitig. Aber ist der Kunstrichter deswegen zu tadeln, der seine Regeln in der möglichsten Allgemeinheit abfaßt, ohne sich um die Fälle zu bekümmern, in welchen seine allgemeinen Regeln in Kollision kommen, und eine Vollkommenheit der andern aufgeopfert werden muß? Setzet ihn eine solche Kollision mit sich selbst in Widerspruch? Er sagt: dieser Teil der Fabel, wenn er seine Vollkommenheit haben soll, muß von dieser Beschaffenheit sein; jener von einer andern, und ein dritter wiederum von einer andern. Aber wo hat er gesagt, daß jede Fabel diese Teile alle notwendig haben müsse? Genug für ihn, daß es Fabeln gibt, die sie alle haben können. Wenn eure Fabel aus der Zahl dieser glücklichen nicht ist; wenn sie euch nur den besten Glückswechsel, oder nur die beste Behandlung des Leidens erlaubt: so untersuchet, bei welchem von beiden ihr am besten überhaupt fahren würdet, und wählet. Das ist alles!

NEUN UND DREISSIGSTES STÜCK

Den 11ten September, 1767

Am Ende zwar mag sich Aristoteles widersprochen, oder nicht widersprochen haben; Tournemine mag ihn recht verstanden, oder nicht recht verstanden haben: die Fabel der Merope ist weder in dem einen, noch in dem andern Falle, so schlechterdings für eine vollkommene tragische Fabel zu erkennen. Denn hat sich Aristoteles widersprochen, so behauptet er eben so wohl gerade das Gegenteil von ihr, und es muß erst untersucht werden, wo er das größere Recht hat, ob dort oder hier. Hat er sich aber, nach meiner Erklärung, nicht widersprochen, so gilt das Gute, was er davon sagt, nicht von der ganzen Fabel, sondern nur von einem einzeln Teile derselben. Vielleicht war der Mißbrauch seines Ansehens bei dem Pater Tournemine auch nur ein bloßer Jesuiterkniff, um uns mit guter Art zu verstehen zu geben, daß eine so vollkommene Fabel von einem so großen Dichter, als Voltaire, bearbeitet, notwendig ein Meisterstück werden müssen.

Doch Tournemine und Tournemine – Ich fürchte, meine Leser werden fragen: »Wer ist denn dieser Tournemine? Wir kennen keinen Tournemine.« Denn viele dürften ihn wirklich nicht kennen; und manche dürften so fragen, weil sie ihn gar zu gut kennen; wie Montesquieu.*

Sie belieben also, anstatt des Pater Tournemine, den Herrn von Voltaire selbst zu substituieren. Denn auch er sucht uns, von dem verlornen Stücke des Euripides, die nämlichen irrigen Begriffe zu machen. Auch er sagt, daß Aristoteles in seiner unsterblichen Dichtkunst nicht anstehe, zu behaupten, daß die Erkennung der Merope und ihres Sohnes der interessanteste Augenblick der ganzen griechischen Bühne sei. Auch er sagt, daß Aristoteles diesem Coup de Théatre den Vorzug vor allen andern erteile. Und vom Plutarch versichert er uns gar, daß er dieses Stück des Euripides für das rührendste von allen Stücken desselben gehalten habe.** Die-

* Lettres familières.

** Aristote, dans sa Poëtique immortelle, ne balance pas à dire que la reconnoissance de Merope et de son fils étaient le moment le plus interessant de toute la scène Grecque. Il donnait à ce coup de Théatre la preferance sur tous les autres. Plutarque dit que les Grecs, ce peuple si sensible, fremissaient de crainte que le vieillard, qui devait arrêter le bras de Merope, n'arrivât pas assez-tot. Cette pièce, qu'on jouait de son tems, et dont il nous reste tres peu de fragmens, lui paraissait la plus touchante de toutes les tragedies d'Euripide etc. *Lettre à Mr. Maffei.*

ses letztere ist nun gänzlich aus der Luft gegriffen. Denn Plutarch macht von dem Stücke, aus welchem er die Situation der Merope anführt, nicht einmal den Titel namhaft; er sagt weder wie es heißt, noch wer der Verfasser desselben sei; geschweige, daß er es für das rührendste von allen Stükken des Euripides erkläre.

Aristoteles soll nicht anstehen, zu behaupten, daß die Erkennung der Merope und ihres Sohnes der interessanteste Augenblick der ganzen griechischen Bühne sei! Welche Ausdrücke: nicht anstehen, zu behaupten! Welche Hyperbel: der interessanteste Augenblick, der ganzen griechischen Bühne! Sollte man hieraus nicht schließen: Aristoteles gehe mit Fleiß alle interessante Augenblicke, welche ein Trauerspiel haben könne, durch, vergleiche einen mit dem andern, wiege die verschiedenen Beispiele, die er von jedem insbesondere bei allen, oder wenigstens den vornehmsten Dichtern gefunden, unter einander ab, und tue endlich so dreist als sicher den Ausspruch für diesen Augenblick bei dem Euripides. Gleichwohl ist es nur eine einzelne Art von interessanten Augenblicken, wovon er ihn zum Beispiele anführet; gleichwohl ist er nicht einmal das einzige Beispiel von dieser Art. Denn Aristoteles fand ähnliche Beispiele in der Iphigenia, wo die Schwester den Bruder, und in der Helle, wo der Sohn die Mutter erkennet, eben da die erstern im Begriffe sind, sich gegen die andern zu vergehen.

Das zweite Beispiel von der Iphigenia ist wirklich aus dem Euripides; und wenn, wie Dacier vermutet, auch die Helle ein Werk dieses Dichters gewesen: so wäre es doch sonderbar, daß Aristoteles alle drei Beispiele von einer solchen glücklichen Erkennung gerade bei demjenigen Dichter gefunden hätte, der sich der unglücklichen Peripetie am meisten bediente. Warum zwar sonderbar? Wir haben ja gesehen, daß die eine die andere nicht ausschließt; und obschon in der Iphigenia die glückliche Erkennung auf die unglückliche Peripetie folgt, und das Stück überhaupt also glücklich sich endet: wer weiß, ob nicht in den beiden andern eine unglückliche Peripetie auf die glückliche Erkennung folgte, und sie also völlig in der Manier schlossen, durch die sich Euripides den Charakter des tragischsten von allen tragischen Dichtern verdiente?

Mit der Merope, wie ich gezeigt, war es auf eine doppelte Art möglich; ob es aber wirklich geschehen, oder nicht geschehen, läßt sich aus den wenigen Fragmenten, die uns von dem Kresphontes übrig sind, nicht schließen. Sie enthalten nichts als Sittensprüche und moralische Gesinnungen, von spätern Schriftstellern gelegentlich angezogen, und werfen nicht das geringste Licht auf die Ökonomie des Stückes.* Aus dem einzigen, bei dem Polybius, welches eine Anrufung an die Göttin des Friedens ist, scheinet zu erhellen, daß zu der Zeit, in welche die Handlung gefallen, die Ruhe in dem Messenischen Staate noch nicht wieder hergestellet gewesen; und aus ein Paar andern sollte man fast schließen, daß die Ermordung des Kresphontes und seiner zwei ältern Söhne, entweder einen Teil der Handlung selbst ausgemacht habe, oder doch nur kurz vorhergegangen sei; welches beides sich mit der Erkennung des jüngern Sohnes, der erst verschiedene Jahre nachher seinen Vater und seine Brüder zu rächen kam, nicht wohl zusammen reimet. Die größte Schwierigkeit aber macht mir der Titel selbst. Wenn diese Erkennung, wenn diese Rache des jüngern Sohnes der vornehmste Inhalt gewesen: wie konnte das Stück Kresphontes heißen? Kresphontes war der Name des Vaters; der Sohn aber hieß nach einigen Aepytus, und nach andern Telephontes; vielleicht, daß jenes der rechte, und dieses der angenommene Name war, den er in der Fremde führte, um unerkannt und vor den Nachstellungen des Polyphonts sicher zu bleiben. Der Vater muß längst tot sein, wenn sich der Sohn des väterlichen Reiches wieder bemächtiget. Hat man jemals gehört, daß ein Trauerspiel nach einer Person benennet worden, die gar nicht darin vorkömmt? Corneille und Dacier haben sich geschwind über diese Schwierigkeit hinweg zu setzen gewußt,

* Dasjenige, welches Dacier anführet, (Poetique d'Aristote, Chap. XV. Rem. 23.) ohne sich zu erinnern, wo er es gelesen, stehet bei dem Plutarch in der Abhandlung, Wie man seine Feinde nützen solle.

indem sie angenommen, daß der Sohn gleichfalls Kresphont geheißen;* aber mit welcher Wahrscheinlichkeit? aus welchem Grunde?

Wenn es indes mit einer Entdeckung seine Richtigkeit hat, mit der sich Maffei schmeichelte: so können wir den Plan des Kresphontes ziemlich genau wissen. Er glaubte ihn nämlich bei dem Hyginus, in der hundert und vier und achtzigsten Fabel, gefunden zu haben.** Denn er hält die Fabeln des Hyginus überhaupt, größten Teils für nichts, als für die Argumente alter Tragödien, welcher Meinung auch schon vor ihm Reinesius gewesen war; und empfiehlt daher den neuern Dichtern, lieber in diesem verfallenen Schachte nach alten tragischen Fabeln zu suchen, als sich neue zu erdichten. Der Rat ist nicht übel, und zu befolgen. Auch hat ihn mancher befolgt, ehe ihn Maffei noch gegeben, oder ohne zu wissen, daß er ihn gegeben. Herr Weiß hat den Stoff zu seinem Thyest aus dieser Grube geholt; und es wartet da noch mancher auf ein verständiges Auge. Nur möchte es nicht der größte, sondern vielleicht gerade der allerkleinste Teil sein,

* *Remarque 22. sur le Chapitre XV. de la Poet. d'Arist.* Une Mere, qui va tuer son fils, comme Merope va tuer Cresphonte etc.

** Questa scoperta penso io d'aver fatta, nel leggere la Favola 184 d'Igino, la quale a mio credere altro non è, che l'Argomento di quella Tragedia, in cui si rappresenta interamente la condotta di essa. Sovvienmi, che al primo gettar gli occhi, ch' io feci già in quell' Autore, mi apparve subito nella mente, altro non essere le più di quelle Favole, che gli Argomenti delle Tragedie antiche: mi accertai di ciò col confrontarne alcune poche con le Tragedie, che ancora abbiamo; e appunto in questi giorni, venuta a mano l'ultima edizione d'Igino, mi è stato caro di vedere in un passo addotto, come fu anche il Reinesio di tal sentimento. Una miniera è però questa di Tragici Argomenti, che se fosse stata nota a' Poeti, non avrebbero penato tanto in rinvenir soggetti a lor fantasia: io la scoprirò loro di buona voglia, perchè rendano col loro ingegno alla nostra età ciò, che dal tempo invidioso le fu rapito. Merita dunque, almeno per questo capo, alquanto più di considerazione quell' Operetta, anche tal qual l'abbiamo, che da gli Eruditi non è stato creduto: e quanto al discordar tal volta dagli altri Scrittori della favolose Storie, questa avertenza ce ne addita la ragione, non avendole costui narrate secondo la tradizione, ma conforme i Poeti in proprio uso convertendole, le avean ridotte.

der in dieser Absicht von dem Werke des Hyginus zu nutzen. Es braucht auch darum gar nicht aus den Argumenten der alten Tragödien zusammen gesetzt zu sein; es kann aus eben den Quellen, mittelbar oder unmittelbar, geflossen sein, zu welchen die Tragödienschreiber selbst ihre Zuflucht nahmen. Ja, Hyginus, oder wer sonst die Kompilation gemacht, scheinet selbst, die Tragödien als abgeleitete verdorbene Bäche betrachtet zu haben; indem er an verschiedenen Stellen das, was weiter nichts als die Glaubwürdigkeit eines tragischen Dichters vor sich hatte, ausdrücklich von der alten echtern Tradition absondert. So erzählt er, z. E. die Fabel von der Ino, und die Fabel von der Antiopa, zuerst nach dieser, und darauf in einem besondern Abschnitte, nach der Behandlung des Euripides.

VIERZIGSTES STÜCK

Den 15ten September, 1767

Damit will ich jedoch nicht sagen, daß, weil über der hundert und vier und achtzigsten Fabel der Name des Euripides nicht stehe, sie auch nicht aus dem Kresphont desselben könne gezogen sein. Vielmehr bekenne ich, daß sie wirklich den Gang und die Verwickelung eines Trauerspieles hat; so daß, wenn sie keines gewesen ist, sie doch leicht eines werden könnte, und zwar eines, dessen Plan der alten Simplizität weit näher käme, als alle neuere Meropen. Man urteile selbst: die Erzählung des Hyginus, die ich oben nur verkürzt angeführt, ist nach allen ihren Umständen folgende.

Kresphontes war König von Messenien, und hatte mit seiner Gemahlin Merope drei Söhne, als Polyphontes einen Aufstand gegen ihn erregte, in welchem er, nebst seinen beiden ältesten Söhnen, das Leben verlor. Polyphontes bemächtigte sich hierauf des Reichs und der Hand der Merope, welche während dem Aufruhre Gelegenheit gefunden hatte, ihren dritten Sohn, Namens Telephontes, zu einem Gastfreunde in Ätolien in Sicherheit bringen zu lassen. Je mehr Telephontes heranwuchs, desto unruhiger ward Polyphontes. Er konnte sich nichts Gutes von ihm gewärtigen, und versprach also demjenigen eine große Belohnung, der ihn aus dem Wege räumen würde. Dieses erfuhr Telephontes; und da er sich nunmehr fähig fühlte, seine Rache zu unternehmen, so machte er sich heimlich aus Ätolien weg, ging nach Messenien, kam zu dem Tyrannen, sagte, daß er den Telephontes umgebracht habe, und verlangte die ihm dafür ausgesetzte Belohnung. Polyphontes nahm ihn auf, und befahl, ihn so lange in seinem Palaste zu bewirten, bis er ihn weiter ausfragen könne. Telephontes ward also in das Gastzimmer gebracht, wo er vor Müdigkeit einschlief. Indes kam der alte Diener, welchen bisher Mutter und Sohn zu ihren wechselseitigen Botschaften gebraucht, weinend zu Meropen, und meldete ihr, daß Telephontes aus Ätolien weg sei, ohne daß man wisse, wo er hingekommen. Sogleich eilet Merope, der es nicht unbekannt geblieben, wessen sich der angekommene Fremde rühmte, mit einer Axt nach dem Gastzimmer, und hätte ihn im Schlafe unfehlbar umgebracht, wenn nicht der Alte, der ihr dahin nachgefolgt, den Sohn noch zur rechten Zeit erkannt, und die Mutter an der Freveltat verhindert hätte. Nunmehr machten beide gemeinschaftliche Sache, und Merope stellte sich gegen ihren Gemahl ruhig und versöhnt. Polyphontes dünkte sich aller seiner Wünsche gewähret, und wollte den Göttern durch ein feierliches Opfer seinen Dank bezeigen. Als sie aber alle um den Altar versammelt waren, führte Telephontes den Streich, mit dem er das Opfertier fällen zu wollen sich stellte, auf den König; der Tyrann fiel, und Telephontes gelangte zu dem Besitze seines väterlichen Reiches.*

* In der 184sten Fabel des Hyginus, aus welcher obige Erzählung genommen, sind offenbar Begebenheiten in einander geflossen, die nicht die geringste Verbindung unter sich haben. Sie fängt an mit dem Schicksale des Pentheus und der Agave, und endet sich mit der Geschichte der Merope. Ich kann gar nicht begreifen, wie die Herausgeber diese Verwirrung unangemerkt lassen können; es wäre denn, daß sie sich bloß in derjenigen Ausgabe, welche ich vor mir habe, (Joannis Schefferi, Hamburgi 1674) befände. Diese Untersuchung überlasse ich dem, der die Mittel dazu bei der Hand hat. Genug, daß hier, bei mir, die 184ste Fabel mit den

Auch hatten, schon in dem sechszehnten Jahrhunderte, zwei italienische Dichter, Joh. Bapt. Liviera und Ponponio Torelli, den Stoff zu ihren Trauerspielen, Kresphont und Merope, aus dieser Fabel des Hyginus genommen, und waren sonach, wie Maffei meinet, in die Fußtapfen des Euripides getreten, ohne es zu wissen. Doch dieser Überzeugung ohngeachtet, wollte Maffei selbst, sein Werk so wenig zu einer bloßen Divination über den Euripides machen, und den verlornen Kresphont in seiner Merope wieder aufleben lassen, daß er vielmehr mit Fleiß von verschiednen Hauptzügen dieses vermeintlichen Euripidischen Planes abging, und nur

Worten, quam Licoterses excepit, aus sein muß. Das übrige macht entweder eine besondere Fabel, von der die Anfangsworte verloren gegangen; oder gehöret, welches mir das wahrscheinlichste ist, zu der 137sten, so daß, beides mit einander verbunden, ich die ganze Fabel von der Merope, man mag sie nun zu der 137sten oder zu der 184sten machen wollen, folgendermaßen zusammenlesen würde. Es versteht sich, daß in der letztern die Worte, cum qua Polyphontes, occiso Cresphonte, regnum occupavit, als eine unnötige Wiederholung, mit samt dem darauf folgenden ejus, welches auch so schon überflüssig ist, wegfallen müßte.

Merope

Polyphontes, Messeniae rex, Cresphontem Aristomachi filium cum interfecisset, ejus imperium et Meropem uxorem possedit. Filium autem infantem Merope mater, quem ex Cresphonte habebat, absconse ad hospitem in Aetoliam mandavit. Hunc Polyphontes maxima cum industria quaerebat, aurumque pollicebatur, si quis eum necasset. Qui postquam ad puberem aetatem venit, capit consilium, ut exequatur patris et fratrum mortem. Itaque venit ad regem Polyphontem, aurum petitum, dicens se Cresphontis interfecisse filium et Meropis, Telephontem. Interim rex eum jussit in hospitio manere, ut amplius de eo perquireret. Qui cum per lassitudinem obdormisset, senex qui inter matrem et filium internuncius erat, flens ad Meropem venit, negans eum apud hospitem esse, nec comparere. Merope credens eum esse filii sui interfectorem, qui dormiebat, in Chalcidicum cum securi venit, inscia ut filium suum interficeret, quem senex cognovit, et matrem a scelere retraxit. Merope postquam invenit, occasionem sibi datam esse, ab inimico se ulciscendi, redit cum Polyphonte in gratiam. Rex laetus cum rem divinam faceret, hospes falso simulavit se hostiam percussisse, eumque interfecit, patriumque regnum adeptus est.

die einzige Situation, die ihn vornehmlich darin gerührt hatte, in aller ihrer Ausdehnung zu nutzen suchte.

Die Mutter nämlich, die ihren Sohn so feurig liebte, daß sie sich an dem Mörder desselben mit eigner Hand rächen wollte, brachte ihn auf den Gedanken, die mütterliche Zärtlichkeit überhaupt zu schildern, und mit Ausschließung aller andern Liebe, durch diese einzige reine und tugendhafte Leidenschaft sein ganzes Stück zu beleben. Was dieser Absicht also nicht vollkommen zusprach, ward verändert; welches besonders die Umstände von Meropens zweiter Verheiratung und von des Sohnes auswärtiger Erziehung treffen mußte. Merope mußte nicht die Gemahlin des Polyphonts sein; denn es schien dem Dichter mit der Gewissenhaftigkeit einer so frommen Mutter zu streiten, sich den Umarmungen eines zweiten Mannes überlassen zu haben, in dem sie den Mörder ihres ersten kannte, und dessen eigene Erhaltung es erforderte, sich durchaus von allen, welche nähere Ansprüche auf den Thron haben könnten, zu befreien. Der Sohn mußte nicht bei einem vornehmen Gastfreunde seines väterlichen Hauses, in aller Sicherheit und Gemächlichkeit, in der völligen Kenntnis seines Standes und seiner Bestimmung, erzogen sein: denn die mütterliche Liebe erkaltet natürlicher Weise, wenn sie nicht durch die beständigen Vorstellungen des Ungemachs, der immer neuen Gefahren, in welche ihr abwesender Gegenstand geraten kann, gereizet und angestrenget wird. Er mußte nicht in der ausdrücklichen Absicht kommen, sich an dem Tyrannen zu rächen; er muß nicht von Meropen für den Mörder ihres Sohnes gehalten werden, weil er sich selbst dafür ausgibt, sondern weil eine gewisse Verbindung von Zufällen diesen Verdacht auf ihn ziehet: denn kennt er seine Mutter, so ist ihre Verlegenheit bei der ersten mündlichen Erklärung aus, und ihr rührender Kummer, ihre zärtliche Verzweiflung hat nicht freies Spiel genug.

Und diesen Veränderungen zu Folge, kann man sich den Maffeischen Plan ungefähr vorstellen. Polyphontes regieret bereits funfzehn Jahre, und doch fühlet er sich auf dem Throne noch nicht befestiget genug. Denn das Volk ist noch immer dem Hause seines vorigen Königes zugetan, und rechnet auf den letzten geretteten Zweig desselben. Die Mißvergnügten zu beruhigen, fällt ihm ein, sich mit Meropen zu verbinden. Er trägt ihr seine Hand an, unter dem Vorwande einer wirklichen Liebe. Doch Merope weiset ihn mit diesem Vorwande zu empfindlich ab; und nun sucht er durch Drohungen und Gewalt zu erlangen, wozu ihn seine Verstellung nicht verhelfen können. Eben dringt er am schärfesten in sie; als ein Jüngling vor ihn gebracht wird, den man auf der Landstraße über einem Morde ergriffen hat. Aegisth, so nannte sich der Jüngling, hatte nichts getan, als sein eignes Leben gegen einen Räuber verteidiget; sein Ansehen verrät so viel Adel und Unschuld, seine Rede so viel Wahrheit, daß Merope, die noch außerdem eine gewisse Falte seines Mundes bemerkt, die ihr Gemahl mit ihm gemein hatte, bewogen wird, den König für ihn zu bitten; und der König begnadiget ihn. Doch gleich darauf vermißt Merope ihren jüngsten Sohn, den sie einem alten Diener, Namens Polydor, gleich nach dem Tode ihres Gemahls anvertrauet hatte, mit dem Befehle, ihn als sein eigenes Kind zu erziehen. Er hat den Alten, den er für seinen Vater hält, heimlich verlassen, um die Welt zu sehen; aber er ist nirgends wieder aufzufinden. Dem Herze einer Mutter ahnet immer das Schlimmste; auf der Landstraße ist jemand ermordet worden; wie, wenn es ihr Sohn gewesen wäre? So denkt sie, und wird in ihrer bangen Vermutung durch verschiedene Umstände, durch die Bereitwilligkeit des Königs, den Mörder zu begnadigen, vornehmlich aber durch einen Ring bestärket, den man bei dem Aegisth gefunden, und von dem ihr gesagt wird, daß ihn Aegisth dem Erschlagenen abgenommen habe. Es ist dieses der Siegelring ihres Gemahls, den sie dem Polydor mitgegeben hatte, um ihn ihrem Sohne einzuhändigen, wenn er erwachsen, und es Zeit sein würde, ihm seinen Stand zu entdecken. Sogleich läßt sie den Jüngling, für den sie vorher selbst gebeten, an eine Säule binden, und will ihm das Herz mit eigner Hand durchstoßen. Der Jüngling erinnert sich in diesem Augenblicke seiner Ältern; ihm entfährt der Name Messene; er gedenkt des Verbots seines Vaters, diesen Ort sorgfältig zu vermeiden; Merope verlangt hierüber Erklärung: indem kömmt der König dazu, und der Jüngling wird befreiet. So nahe Merope der Erkennung ihres Irrtums war, so tief verfällt sie wiederum darein zurück, als sie siehet, wie höhnisch der König über ihre Verzweiflung triumphiert. Nun ist Aegisth unfehlbar der Mörder ihres Sohnes, und nichts soll ihn vor ihrer Rache schützen. Sie erfährt mit einbrechender Nacht, daß er in dem Vorsaale sei, wo er eingeschlafen, und kömmt mit einer Axt, ihm den Kopf zu spalten; und schon hat sie die Axt zu dem Streiche erhoben, als ihr Polydor, der sich kurz zuvor in eben den Vorsaal eingeschlichen, und den schlafenden Aegisth erkannt hatte, in die Arme fällt. Aegisth erwacht und fliehet, und Polydor entdeckt Meropen ihren eigenen Sohn in dem vermeinten Mörder ihres Sohnes. Sie will ihm nach, und würde ihn leicht durch ihre stürmische Zärtlichkeit dem Tyrannen entdeckt haben, wenn sie der Alte nicht auch hiervon zurück gehalten hätte. Mit frühem Morgen soll ihre Vermählung mit dem Könige vollzogen werden; sie muß zu dem Altare, aber sie will eher sterben, als ihre Einwilligung erteilen. Indes hat Polydor auch den Aegisth sich kennen gelehrt; Aegisth eilet in den Tempel, dränget sich durch das Volk, und – das Übrige wie bei dem Hyginus.

EIN UND VIERZIGSTES STÜCK

Den 18ten September, 1767

Je schlechter es, zu Anfange dieses Jahrhunderts, mit dem italienischen Theater überhaupt aussahe, desto größer war der Beifall und das Zujauchzen, womit die Merope des Maffei aufgenommen wurde.

Cedite Romani scriptores, cedite Graii,
Nescio quid majus nascitur Oedipode:

schrie Leonardo Adami, der nur noch die ersten zwei Akte in Rom davon gesehen hatte. In Venedig ward 1714, das ganze Karneval hindurch, fast kein anderes Stück gespielt, als Merope; die ganze Welt wollte die neue Tragödie sehen und wieder sehen; und selbst die Operbühnen fanden sich darüber verlassen. Sie ward in einem Jahre viermal gedruckt; und in sechszehn Jahren (von 1714–1730) sind mehr als dreißig Ausgaben, in und außer Italien, zu Wien, zu Paris, zu London davon gemacht worden. Sie ward ins Französische, ins Englische, ins Deutsche übersetzt; und man hatte vor, sie mit allen diesen Übersetzungen zugleich drucken zu lassen. Ins Französische war sie bereits zweimal übersetzt, als der Herr von Voltaire sich nochmals darüber machen wollte, um sie auch wirklich auf die französische Bühne zu bringen. Doch er fand bald, daß dieses durch eine eigentliche Übersetzung nicht geschehen könnte, wovon er die Ursachen in dem Schreiben an den Marquis, welches er nachher seiner eignen Merope vorsetzte, umständlich angibt.

»Der Ton, sagt er, sei in der italienischen Merope viel zu naiv und bürgerlich, und der Geschmack des französischen Parterrs viel zu fein, viel zu verzärtelt, als daß ihm die bloße simple Natur gefallen könne. Es wolle die Natur nicht anders als unter gewissen Zügen der Kunst sehen; und diese Züge müßten zu Paris weit anders als zu Verona sein.« Das ganze Schreiben ist mit der äußersten Politesse abgefaßt; Maffei hat nirgends gefehlt; alle seine Nachlässigkeiten und Mängel werden auf die Rechnung seines Nationalgeschmacks geschrieben; es sind wohl noch gar Schönheiten, aber leider nur Schönheiten für Italien. Gewiß, man kann nicht höflicher kritisieren! Aber die verzweifelte Höflichkeit! Auch einem Franzosen wird sie gar bald zu Last, wenn seine Eitelkeit im geringsten dabei leidet. Die Höflichkeit macht, daß wir liebenswürdig scheinen, aber nicht groß; und der Franzose will eben so groß, als liebenswürdig scheinen.

Was folgt also auf die galante Zueignungsschrift des Hrn. von Voltaire? Ein Schreiben eines gewissen de la Lindelle, welcher dem guten Maffei eben so viel Grobheiten sagt, als ihm Voltaire Verbindliches gesagt hatte. Der Stil dieses de la Lindelle ist ziemlich der Voltairische Stil; es ist Schade, daß eine so gute Feder nicht mehr geschrieben hat, und übrigens so unbekannt geblieben ist. Doch Lindelle sei Voltaire, oder sei wirklich Lindelle: wer einen französischen Januskopf sehen will, der vorne auf die einschmeichelndste Weise lächelt, und hinten die hämischsten Grimassen schneidet, der lese beide Briefe in einem Zuge. Ich möchte keinen geschrieben haben; am wenigsten aber beide. Aus Höflichkeit bleibet Voltaire diesseits der Wahrheit stehen, und aus Verkleinerungssucht schweifet Lindelle bis jenseit derselben. Jener hätte freimütiger, und dieser gerechter sein müssen, wenn man nicht auf den Verdacht geraten sollte, daß der nämliche Schriftsteller sich hier unter einem fremden Namen wieder einbringen wollen, was er sich dort unter seinem eigenen vergeben habe.

Voltaire rechne es dem Marquis immer so hoch an, als er will, daß er einer der erstern unter den Italienern sei, welcher Mut und Kraft genug gehabt, eine Tragödie ohne Galanterie zu schreiben, in welcher die ganze Intrigue auf der Liebe einer Mutter beruhe, und das zärtlichste Interesse aus der reinsten Tugend entspringe. Er beklage es, so sehr als ihm beliebt, daß die falsche Delicatesse seiner Nation ihm nicht erlauben wollen, von den leichtesten natürlichsten Mitteln, welche die Umstände zur Verwicklung darbieten, von den unstudierten wahren Reden, welche die Sache selbst in den Mund legt, Gebrauch zu machen. Das Pariser Parterr hat unstreitig sehr Unrecht, wenn es seit dem königlichen Ringe, über den Boileau in seinen Satiren spottet, durchaus von keinem Ringe auf dem Theater mehr hören will;* wenn es seine Dichter daher zwingt, lieber zu jedem andern, auch dem aller unschicklichsten Mittel der Erkennung seine Zuflucht zu nehmen, als zu einem Ringe, mit welchem doch die ganze Welt, zu allen Zeiten, eine Art von Erkennung, eine Art von Versicherung der Person, verbunden hat. Es hat sehr Unrecht, wenn es nicht will, daß ein junger Mensch, der sich für den Sohn gemeiner Ältern hält, und in dem Lande auf Abenteuer ganz allein herumschweift, nachdem er einen

* Je n'ai pu me servir comme Mr. Maffei d'un anneau, parce que depuis l'anneau royal dont Boileau se moque dans ses satyres, cela semblerait trop petit sur notre theatre.

Mord verübt, dem ohngeachtet nicht soll für einen Räuber gehalten werden dürfen, weil es voraus sieht, daß er der Held des Stückes werden müsse;* wenn es beleidiget wird, daß man einem solchen Menschen keinen kostbaren Ring zutrauen will, da doch kein Fähndrich in des Königs Armee sei, der nicht de belles Nippes besitze. Das Pariser Parterr, sage ich, hat in diesen und ähnlichen Fällen Unrecht: aber warum muß Voltaire auch in andern Fällen, wo es gewiß nicht Unrecht hat, dennoch lieber ihm, als dem Maffei Unrecht zu geben scheinen wollen? Wenn die französische Höflichkeit gegen Ausländer darin besteht, daß man ihnen auch in solchen Stücken Recht gibt, wo sie sich schämen müßten, Recht zu haben, so weiß ich nicht, was beleidigender und einem freien Menschen unanständiger sein kann, als diese französische Höflichkeit. Das Geschwätz, welches Maffei seinem alten Polydor von lustigen Hochzeiten, von prächtigen Krönungen, denen er vor diesen beigewohnt, in den Mund legt, und zu einer Zeit in den Mund legt, wenn das Interesse aufs höchste gestiegen und die Einbildungskraft der Zuschauer mit ganz andern Dingen beschäftiget ist: dieses Nestorische, aber am unrechten Orte Nestorische, Geschwätz, kann durch keine Verschiedenheit des Geschmacks unter verschiedenen kultivierten Völkern, entschuldiget werden; hier muß der Geschmack überall der nämliche sein, und der Italiener hat nicht seinen eigenen, sondern hat gar keinen Geschmack, wenn er nicht eben sowohl dabei gähnet und darüber unwillig wird, als der Franzose. »Sie haben, sagt Voltaire zu dem Marquis, in Ihrer Tragödie jene schöne und rührende Vergleichung des Virgils:

> Qualis populea moerens Philomela sub umbra
> Amissos queritur foetus – – –

übersetzen und anbringen dürfen. Wenn ich mir so eine Freiheit nehmen wollte, so würde man mich damit in die Epopee verweisen. Denn Sie glauben nicht, wie streng der Herr ist,

* Je n'oserais hazarder de faire prendre un heros pour un voleur, quoique la circonstance ou il se trouve autorise cette meprise.

dem wir zu gefallen suchen müssen; ich meine unser Publikum. Dieses verlangt, daß in der Tragödie überall der Held, und nirgends der Dichter sprechen soll, und meinet, daß bei kritischen Vorfällen, in Ratsversammlungen, bei einer heftigen Leidenschaft, bei einer dringenden Gefahr, kein König, kein Minister poetische Vergleichungen zu machen pflege.« Aber verlangt denn dieses Publikum etwas unrechts, meinet es nicht, was die Wahrheit ist? Sollte nicht jedes Publikum eben dieses verlangen? eben dieses meinen? Ein Publikum, das anders richtet, verdient diesen Namen nicht: und muß Voltaire das ganze italienische Publikum zu so einem Publiko machen wollen, weil er nicht Freimütigkeit genug hat, dem Dichter gerade heraus zu sagen, daß er hier und an mehrern Stellen luxuriere, und seinen eignen Kopf durch die Tapete stecke? Auch unerwogen, daß ausführliche Gleichnisse überhaupt schwerlich eine schickliche Stelle in dem Trauerspiele finden können, hätte er anmerken sollen, daß jenes Virgilische von dem Maffei äußerst gemißbrauchet worden. Bei dem Virgil vermehret es das Mitleiden, und dazu ist es eigentlich geschickt; bei dem Maffei aber ist es in dem Munde desjenigen, der über das Unglück, wovon es das Bild sein soll, triumphieret, und müßte nach der Gesinnung des Polyphonts, mehr Hohn als Mitleid erwecken. Auch noch wichtigere, und auf das Ganze noch größern Einfluß habende Fehler scheuet sich Voltaire nicht, lieber dem Geschmacke der Italiener überhaupt, als einem einzeln Dichter aus ihnen, zur Last zu legen, und dünkt sich von der allerfeinsten Lebensart, wenn er den Maffei damit tröstet, daß es seine ganze Nation nicht besser verstehe, als er; daß seine Fehler die Fehler seiner Nation wären; daß aber Fehler einer ganzen Nation eigentlich keine Fehler wären, weil es ja eben nicht darauf ankomme, was an und für sich gut oder schlecht sei, sondern was die Nation dafür wolle gelten lassen. »Wie hätte ich es wagen dürfen,« fährt er mit einem tiefen Bücklinge, aber auch zugleich mit einem Schnippchen in der Tasche, gegen den Marquis fort, »bloße Nebenpersonen so oft mit einander sprechen zu lassen, als Sie getan haben? Sie dienen bei Ihnen die interessanten Szenen zwischen den Hauptpersonen vorzubereiten; es sind die Zugänge zu einem schönen Palaste; aber unser ungeduldiges Publikum will sich auf einmal in diesem Palaste befinden. Wir müssen uns also schon nach dem Geschmacke eines Volks richten, welches sich an Meisterstücken satt gesehen hat, und also äußerst verwöhnt ist.« Was heißt dieses anders, als: »Mein Herr Marquis, Ihr Stück hat sehr, sehr viel kalte, langweilige, unnütze Szenen. Aber es sei fern von mir, daß ich Ihnen einen Vorwurf daraus machen sollte! Behüte der Himmel! ich bin ein Franzose; ich weiß zu leben; ich werde niemanden etwas unangenehmes unter die Nase reiben. Ohne Zweifel haben Sie diese kalten, langweiligen, unnützen Szenen mit Vorbedacht, mit allem Fleiße gemacht; weil sie gerade so sind, wie sie Ihre Nation braucht. Ich wünschte, daß ich auch so wohlfeil davon kommen könnte; aber leider ist meine Nation so weit, so weit, daß ich noch viel weiter sein muß, um meine Nation zu befriedigen. Ich will mir darum eben nicht viel mehr einbilden, als Sie; aber da jedoch meine Nation, die Ihre Nation so sehr übersieht« – Weiter darf ich meine Paraphrasis wohl nicht fortsetzen; denn sonst,

Desinit in piscem mulier formosa superne:

aus der Höflichkeit wird Persiflage, (ich brauche dieses französische Wort, weil wir Deutschen von der Sache nichts wissen) und aus der Persiflage, dummer Stolz.

ZWEI UND VIERZIGSTES STÜCK

Den 22sten September, 1767

Es ist nicht zu leugnen, daß ein guter Teil der Fehler, welche Voltaire als Eigentümlichkeiten des italienischen Geschmacks nur deswegen an seinem Vorgänger zu entschuldigen scheinet, um sie der italienischen Nation überhaupt zur Last zu legen, daß, sage ich, diese, und noch mehrere, und noch größere, sich in der Merope des Maffei befinden.

Maffei hatte in seiner Jugend viel Neigung zur Poesie; er machte mit vieler Leichtigkeit Verse, in allen verschiednen Stilen der berühmtesten Dichter seines Landes: doch diese Neigung und diese Leichtigkeit beweisen für das eigentliche Genie, welches zur Tragödie erfodert wird, wenig oder nichts. Hernach legte er sich auf die Geschichte, auf Kritik und Altertümer; und ich zweifle, ob diese Studien die rechte Nahrung für das tragische Genie sind. Er war unter Kirchenväter und Diplomen vergraben, und schrieb wider die Pfaffe und Basnagen, als er, auf gesellschaftliche Veranlassung, seine Merope vor die Hand nahm, und sie in weniger als zwei Monaten zu Stande brachte. Wenn dieser Mann, unter solchen Beschäftigungen, in so kurzer Zeit, ein Meisterstück gemacht hätte, so müßte er der außerordentlichste Kopf gewesen sein; oder eine Tragödie überhaupt ist ein sehr geringfügiges Ding. Was indes ein Gelehrter, von gutem klassischen Geschmacke, der so etwas mehr für eine Erholung als für eine Arbeit ansieht, die seiner würdig wäre, leisten kann, das leistete auch er. Seine Anlage ist gesuchter und ausgedrechselter, als glücklich; seine Charaktere sind mehr nach den Zergliederungen des Moralisten, oder nach bekannten Vorbildern in Büchern, als nach dem Leben geschildert; sein Ausdruck zeigt von mehr Phantasie, als Gefühl; der Literator und der Versificateur läßt sich überall spüren, aber nur selten das Genie und der Dichter.

Als Versificateur läuft er den Beschreibungen und Gleichnissen zu sehr nach. Er hat verschiedene ganz vortreffliche, wahre Gemälde, die in seinem Munde nicht genug bewundert werden könnten; aber in dem Munde seiner Personen unerträglich sind, und in die lächerlichsten Ungereimtheiten ausarten. So ist es, z. E. zwar sehr schicklich, daß Aegisth seinen Kampf mit dem Räuber, den er umgebracht, umständlich beschreibet, denn auf diesen Umständen beruhet seine Verteidigung; daß er aber auch, wenn er den Leichnam in den Fluß geworfen zu haben bekennet, alle, selbst die allerkleinsten, Phänomena malet, die den Fall eines schweren Körpers ins Wasser begleiten, wie er hinein schießt, mit welchem Geräusche er das Wasser zerteilet, das hoch in die Luft spritzet, und wie sich die Flut wieder über ihn zuschließt:* das würde man auch nicht einmal einem kalten geschwätzigen Advokaten, der für ihn spräche, verzeihen, geschweige ihm selbst. Wer vor seinem Richter stehet, und sein Leben zu verteidigen hat, dem liegen andere Dinge am Herzen, als daß er in seiner Erzählung so kindisch genau sein könnte.

Als Literator hat er zu viel Achtung für die Simplizität der alten griechischen Sitten, und für das Costume bezeigt, mit welchem wir sie bei dem Homer und Euripides geschildert finden, das aber allerdings um etwas, ich will nicht sagen veredelt, sondern unserm Costume näher gebracht werden muß, wenn es der Rührung im Trauerspiele nicht mehr schädlich, als zuträglich sein soll. Auch hat er zu geflissentlich schöne Stellen aus den Alten nachzuahmen gesucht, ohne zu unterscheiden, aus was für einer Art von Werken er sie entlehnt, und in was für eine Art von Werken er sie überträgt. Nestor ist in der Epopee ein gesprächiger freundlicher Alte; aber der nach ihm gebildete Polydor wird in der Tragödie ein alter ekler Salbader. Wenn Maffei dem vermeintlichen Plane des Euripides hätte folgen wollen: so würde uns der Literator vollends etwas zu lachen gemacht haben. Er hätte es sodann für seine Schuldigkeit geachtet, alle die kleinen Fragmente, die uns von dem Kresphontes übrig sind, zu nutzen, und seinem Werke getreulich einzuflechten.** Wo er also geglaubt hätte, daß sie sich hinpaßten, hätte er sie als

* Atto I. Sc. III.

– – – – – – In core
Pero mi venne di lanciar nel fiume
Il morto, o semivivo; e con fatica
(Ch' inutil' era per riuscire, e vana)
L'alzai da terra, e in terra rimaneva
Una pozza di sangue: a mezo il ponte
Portailo in fretta, di vermiglia striscia
Sempre rigando il suol; quinci cadere
Col capo in giù il lasciai: piombò, e gran tonfo
S'udì nel profondarsi: in alto salse
Lo spruzzo, e l'onda sopra lui si chiuse.

** Non essendo dunque stato mio pensiero di seguir la Tragedia d'Euripide, non ho cercato per consequenza di porre nella mia que' sentimenti di essa, che son rimasti qua, e là; avendone tra-

Pfähle aufgerichtet, nach welchen sich der Weg seines Dialogs richten und schlingen müssen. Welcher pedantische Zwang! Und wozu? Sind es nicht diese Sittensprüche, womit man seine Lücken füllet, so sind es andere.

Dem ohngeachtet möchten sich wiederum Stellen finden, wo man wünschen dürfte, daß sich der Literator weniger vergessen hätte. Z. E. Nachdem die Erkennung vorgegangen, und Merope einsieht, in welcher Gefahr sie zweimal gewesen sei, ihren eignen Sohn umzubringen, so läßt er die Ismene, voller Erstaunen ausrufen: »Welche wunderbare Begebenheit, wunderbarer, als sie jemals auf einer Bühne erdichtet worden!«

Con cosi strani avvenimenti uom forse
Non vide mai favoleggiar le scene.

Maffei hat sich nicht erinnert, daß die Geschichte seines Stücks in eine Zeit fällt, da noch an kein Theater gedacht war; in die Zeit vor dem Homer, dessen Gedichte den ersten Samen des Drama ausstreuten. Ich würde diese Unachtsamkeit niemanden als ihm aufmutzen, der sich in der Vorrede entschuldigen zu müssen glaubte, daß er den Namen Messene zu einer Zeit brauche, da ohne Zweifel noch keine Stadt dieses Namens gewesen, weil Homer keiner erwähne. Ein Dichter kann es mit solchen Kleinigkeiten halten, wie er will: nur verlangt man, daß er sich immer gleich bleibet, und daß er sich nicht einmal über etwas Bedenken macht, worüber er ein andermal kühnlich weggeht; wenn man nicht glauben soll, daß er den Anstoß vielmehr aus Unwissenheit nicht gesehen, als nicht sehen wollen. Überhaupt würden mir die angeführten Zeilen nicht gefallen, wenn sie auch keinen Anachronismus enthielten. Der tragische Dichter sollte alles vermeiden, was die Zuschauer an ihre Illusion erinnern kann; denn sobald sie daran erinnert sind, so ist sie weg. Hier scheinet es zwar, als ob Maffei die Illusion eher noch

dotti cinque versi Cicerone, e recati tre passi Plutarco, e due versi Gellio, e alcuni trovandosene ancora, se la memoria non m'inganna, presso Stobeo.

bestärken wollen, indem er das Theater ausdrücklich außer dem Theater annehmen läßt; doch die bloßen Worte, Bühne und erdichten, sind der Sache schon nachteilig, und bringen uns geraden Weges dahin, wovon sie uns abbringen sollen. Dem komischen Dichter ist es eher erlaubt, auf diese Weise seiner Vorstellung Vorstellungen entgegen zu setzen; denn unser Lachen zu erregen, braucht es des Grades der Täuschung nicht, den unser Mitleiden erfordert.

Ich habe schon gesagt, wie hart de la Lindelle dem Maffei mitspielt. Nach seinem Urteile hat Maffei sich mit dem begnügt, was ihm sein Stoff von selbst anbot, ohne die geringste Kunst dabei anzuwenden; sein Dialog ist ohne alle Wahrscheinlichkeit, ohne allen Anstand und Würde; da ist so viel Kleines und Kriechendes, das kaum in einem Possenspiele, in der Bude des Harlekins zu dulden wäre; alles wimmelt von Ungereimtheiten und Schulschnitzern. »Mit einem Worte, schließt er, das Werk des Maffei enthält einen schönen Stoff, ist aber ein sehr elendes Stück. Alle Welt kömmt in Paris darin überein, daß man die Vorstellung desselben nicht würde haben aushalten können; und in Italien selbst wird von verständigen Leuten sehr wenig daraus gemacht. Vergebens hat der Verfasser auf seinen Reisen die elendesten Schriftsteller in Sold genommen, seine Tragödie zu übersetzen; er konnte leichter einen Übersetzer bezahlen, als sein Stück verbessern.«

So wie es selten Komplimente gibt, ohne alle Lügen, so finden sich auch selten Grobheiten ohne alle Wahrheit. Lindelle hat in vielen Stücken wider den Maffei Recht, und möchte er doch höflich oder grob sein, wenn er sich begnügte, ihn bloß zu tadeln. Aber er will ihn unter die Füße treten, vernichten, und gehet mit ihm so blind als treulos zu Werke. Er schämt sich nicht, offenbare Lügen zu sagen, augenscheinliche Verfälschungen zu begehen, um nur ein recht hämisches Gelächter aufschlagen zu können. Unter drei Streichen, die er tut, geht immer einer in die Luft, und von den andern zweien, die seinen Gegner streifen oder treffen, trifft einer unfehlbar den zugleich mit, dem seine Klopffechterei Platz machen soll, Voltairen selbst. Voltaire scheinet dieses auch zum Teil gefühlt zu haben, und ist daher nicht saumselig, in der Antwort an Lindellen, den Maffei in allen den Stücken zu verteidigen, in welchen er sich zugleich mit verteidigen zu müssen glaubt. Dieser ganzen Korrespondenz mit sich selbst, dünkt mich, fehlt das interessanteste Stück; die Antwort des Maffei. Wenn uns doch auch diese der Hr. von Voltaire hätte mitteilen wollen. Oder war sie etwa so nicht, wie er sie durch seine Schmeichelei zu erschleichen hoffte? Nahm sich Maffei etwa die Freiheit, ihm hinwiederum die Eigentümlichkeiten des französischen Geschmacks ins Licht zu stellen? ihm zu zeigen, warum die französische Merope eben so wenig in Italien, als die italienische in Frankreich gefallen könne? –

DREI UND VIERZIGSTES STÜCK

Den 25sten September, 1767

So etwas läßt sich vermuten. Doch ich will lieber beweisen, was ich selbst gesagt habe, als vermuten, was andere gesagt haben könnten.

Lindern, vors erste, ließe sich der Tadel des Lindelle fast in allen Punkten. Wenn Maffei gefehlt hat, so hat er doch nicht immer so plump gefehlt, als uns Lindelle will glauben machen. Er sagt z. E., Aegisth, wenn ihn Merope nunmehr erstechen wolle, rufe aus: O mein alter Vater! und die Königin werde durch dieses Wort, alter Vater, so gerühret, daß sie von ihrem Vorsatze ablasse und auf die Vermutung komme, Aegisth könne wohl ihr Sohn sein. Ist das nicht, setzt er höhnisch hinzu, eine sehr gegründete Vermutung! Denn freilich ist es ganz etwas sonderbares, daß ein junger Mensch einen alten Vater hat! »Maffei, fährt er fort, hat mit diesem Fehler, diesem Mangel von Kunst und Genie, einen andern Fehler verbessern wollen, den er in der erstern Ausgabe seines Stückes begangen hatte. Aegisth rief da: Ach, Polydor, mein Vater! Und dieser Polydor war eben der Mann, dem Merope ihren Sohn anvertrauet hatte. Bei dem Namen Polydor hätte die Königin gar nicht mehr zweifeln müssen, daß Aegisth ihr Sohn sei; und das Stück wäre aus gewesen. Nun ist dieser Fehler zwar weggeschafft; aber seine Stelle hat ein noch weit gröberer eingenommen.« Es ist wahr, in der ersten Ausgabe nennt Aegisth den Polydor seinen Vater; aber in den nachherigen Ausgaben ist von gar keinem Vater mehr die Rede. Die Königin stutzt bloß bei dem Namen Polydor, der den Aegisth gewarnet habe, ja keinen Fuß in das Messenische Gebiete zu setzen. Sie gibt auch ihr Vorhaben darum nicht auf; sie fodert bloß nähere Erklärung; und ehe sie diese erhalten kann, kömmt der König dazu. Der König läßt den Aegisth wieder los binden, und da er die Tat, weswegen Aegisth eingebracht worden, billiget und rühmet, und sie als eine wahre Heldentat zu belohnen verspricht: so muß wohl Merope in ihren ersten Verdacht wieder zurückfallen. Kann der ihr Sohn sein, den Polyphontes eben darum belohnen will, weil er ihren Sohn umgebracht habe? Dieser Schluß muß notwendig bei ihr mehr gelten, als ein bloßer Name. Sie bereuet es nunmehr auch, daß sie eines bloßen Namens wegen, den ja wohl mehrere führen können, mit der Vollziehung ihrer Rache gezaudert habe:

> Che dubitar? misera, ed io da un nome
> Trattener mi lasciai, quasi un tal nome
> Altri aver non potesse –

und die folgenden Äußerungen des Tyrannen können sie nicht anders als in der Meinung vollends bestärken, daß er von dem Tode ihres Sohnes die allerzuverlässigste, gewisseste Nachricht haben müsse. Ist denn das also nun so gar abgeschmackt? Ich finde es nicht. Vielmehr muß ich gestehen, daß ich die Verbesserung des Maffei nicht einmal für sehr nötig halte. Laßt es den Aegisth immerhin sagen, daß sein Vater Polydor heiße! Ob es sein Vater oder sein Freund war, der so hieße, und ihn vor Messene warnte, das nimmt einander nicht viel. Genug, daß Merope, ohne alle Widerrede, das für wahrscheinlicher halten muß, was der Tyrann von ihm glaubet, da sie weiß, daß er ihrem Sohne so lange, so eifrig nachgestellt, als das, was sie aus der bloßen Übereinstimmung eines Namens schließen könnte. Freilich, wenn sie wüßte, daß sich die Meinung des Tyrannen, Aegisth sei der Mörder ihres Sohnes, auf weiter nichts als ihre eigene Vermutung gründe: so wäre es etwas anders. Aber dieses weiß sie nicht; vielmehr hat sie allen Grund zu glauben, daß er seiner Sache werde gewiß sein. – Es versteht sich, daß ich das, was man zur Not entschuldigen kann, darum nicht für schön ausgebe; der Poet hätte unstreitig seine Anlage viel feiner machen können. Sondern ich will nur sagen, daß auch so, wie er sie gemacht hat, Merope noch immer nicht ohne zureichenden Grund handelt; und daß es gar wohl möglich und wahrscheinlich ist, daß Merope in ihrem Vorsatze der Rache verharren, und bei der ersten Gelegenheit einen neuen Versuch, sie zu vollziehen, wagen können. Worüber ich mich also beleidiget finden möchte, wäre nicht dieses, daß sie zum zweitenmale, ihren Sohn als den Mörder ihres Sohnes zu ermorden, kömmt: sondern dieses, daß sie zum zweitenmale durch einen glücklichen ungefähren Zufall daran verhindert wird. Ich würde es dem Dichter verzeihen, wenn er Meropen auch nicht eigentlich nach den Gründen der größern Wahrscheinlichkeit sich bestimmen ließe; denn die Leidenschaft, in der sie ist, könnte auch den Gründen der schwächern das Übergewicht erteilen. Aber das kann ich ihm nicht verzeihen, daß er sich so viel Freiheit mit dem Zufalle nimmt, und mit dem Wunderbaren desselben so verschwenderisch ist, als mit den gemeinsten ordentlichsten Begebenheiten. Daß der Zufall *einmal* der Mutter einen so frommen Dienst erweiset, das kann sein; wir wollen es um so viel lieber glauben, je mehr uns die Überraschung gefällt. Aber daß er zum zweitenmale die nämliche Übereilung, auf die nämliche Weise, verhindern werde, das sieht dem Zufalle nicht ähnlich; eben dieselbe Überraschung wiederholt, hört auf Überraschung zu sein; ihre Einförmigkeit beleidiget, und wir ärgern uns über den Dichter, der zwar eben so abenteurlich, aber nicht eben so mannichfaltig zu sein weiß, als der Zufall.

Von den augenscheinlichen und vorsetzlichen Verfälschungen des Lindelle, will ich nur zwei anführen. – »Der vierte Akt, sagt er, fängt mit einer kalten und unnötigen Szene zwischen dem Tyrannen und der Vertrauten der Merope an;

hierauf begegnet diese Vertraute, ich weiß selbst nicht wie, dem jungen Aegisth, und beredet ihn, sich in dem Vorhause zur Ruhe zu begeben, damit, wenn er eingeschlafen wäre, ihn die Königin mit aller Gemächlichkeit umbringen könne. Er schläft auch wirklich ein, so wie er es versprochen hat. O schön! und die Königin kömmt zum zweitenmale, mit einer Axt in der Hand, um den jungen Menschen umzubringen, der ausdrücklich deswegen schläft. Diese nämliche Situation, zweimal wiederholt, verrät die äußerste Unfruchtbarkeit; und dieser Schlaf des jungen Menschen ist so lächerlich, daß in der Welt nichts lächerlicher sein kann.« Aber ist es denn auch wahr, daß ihn die Vertraute zu diesem Schlafe beredet? Das lügt Lindelle.* Aegisth trifft die Vertraute und bittet sie, ihm doch die Ursache zu entdecken, warum die Königin so ergrimmt auf ihn sei. Die Vertraute antwortet, sie wolle ihm gern alles sagen; aber ein wichtiges Geschäfte rufe sie itzt wo anders hin; er solle einen Augenblick hier verziehen; sie wolle gleich wieder bei ihm sein. Allerdings hat die Vertraute die Absicht, ihn der Königin in die Hände zu liefern; sie beredet ihn zu bleiben, aber nicht zu schlafen: und Aegisth, welcher, seinem Versprechen nach, bleibet, schläft, nicht seinem Versprechen nach, sondern schläft, weil er müde ist, weil es Nacht ist, weil er nicht siehet, wo er die Nacht sonst werde zubringen können, als hier.** – Die zweite Lüge des Lindelle ist von eben dem Schlage. »Merope, sagt

* Und der Herr von Voltaire gleichfalls. Denn nicht allein Lindelle sagt: ensuite cette suivante rencontre le jeune Egiste, je ne sais comment, et lui persuade de se reposer dans le vestibule, afin que, quand il sera endormi, la reine puisse le tuer tout à son aise: sondern auch der Hr. von Voltaire selbst: la confidente de Mérope engage le jeune Egiste à dormir sur la scene, afin de donner le tems à la reine de venir l'y assassiner. Was aus dieser Übereinstimmung zu schließen ist, brauche ich nicht erst zu sagen. Selten stimmt ein Lügner mit sich selbst überein; und wenn zwei Lügner mit einander übereinstimmen, so ist es gewiß abgeredete Karte.

** Atto IV. Sc. II.

EGI. Mà di tanto furor, di tanto affanno
Qual' ebbe mai cagion? – –
ISM. Il tutto
Scoprirti io non ricuso; mà egli è d'uopo

er, nachdem sie der alte Polydor an der Ermordung ihres Sohnes verhindert, fragt ihn, was für eine Belohnung er dafür verlange; und der alte Narr bittet sie, ihn zu verjüngen.« Bittet sie, ihn zu verjüngen? »Die Belohnung meines Dienstes, antwortet der Alte, ist dieser Dienst selbst; ist dieses, daß ich dich vergnügt sehe. Was könntest du mir auch geben? Ich brauche nichts, ich verlange nichts. Eines möchte ich mir wünschen; aber das stehet weder in deiner, noch in irgend eines Sterblichen Gewalt, mir zu gewähren; daß mir die Last meiner Jahre, unter welcher ich erliege, erleichtert würde, u. s. w.«* Heißt das: erleichtere Du mir diese Last? gib Du mir Stärke und Jugend wieder? Ich will gar nicht sagen, daß eine solche Klage über die Ungemächlichkeiten des Alters hier an dem schicklichsten Orte stehe, ob sie schon vollkommen in dem Charakter des Polydors ist. Aber ist denn jede Unschicklichkeit, Wahnwitz? Und mußten nicht Polydor und sein Dichter, im eigentlichsten Verstande wahnwitzig sein, wenn dieser jenem die Bitte wirklich in den Mund legte, die Lindelle ihnen anlügt. – Anlügt! Lügen! Verdienen solche Kleinigkeiten wohl so harte Worte? – Kleinigkeiten? Was dem Lindelle wichtig genug war, darum zu lügen, soll das einem dritten nicht wichtig genug sein, ihm zu sagen, daß er gelogen hat? –

Che qui t'arresti per brev' ora: urgente
Cura or mi chiama altrove.
EGI. Io volontieri
T'attendo quanto vuoi.
ISM. Mà non partire
E non far si, ch' io quà ritorni indarno.
EGI. Mia fè dò in pegno; e dove gir dovrei? –

* Atto IV. Sc. VII.
MER. Ma quale, ô mio fedel, qual potrò io
Darti già mai mercè, che i merti agguagli?
POL. Il mio stesso servir fu premio; ed ora
M'è, il vederti contenta, ampia mercede.
Che vuoi tu darmi? io nulla bramo: caro
Sol mi saria ciò, ch' altri dar non puote,
Che scemato mi fosse il grave incarco
De gli anni, che mi stà su'l capo, e à terra
Il curva, e preme sì, che parmi un monte –

VIER UND VIERZIGSTES STÜCK

Den 29sten September, 1767

Ich komme auf den Tadel des Lindelle, welcher den Voltaire so gut als den Maffei trifft, dem er doch nur allein zugedacht war.

Ich übergehe die beiden Punkte, bei welchen es Voltaire selbst fühlte, daß der Wurf auf ihn zurückpralle. – Lindelle hatte gesagt, daß es sehr schwache und unedle Merkmale wären, aus welchen Merope bei dem Maffei schließe, daß Aegisth der Mörder ihres Sohnes sei. Voltaire antwortet: »Ich kann es Ihnen nicht bergen; ich finde, daß Maffei es viel künstlicher angelegt hat, als ich, Meropen glauben zu machen, daß ihr Sohn der Mörder ihres Sohnes sei. Er konnte sich eines Ringes dazu bedienen, und das durfte ich nicht; denn seit dem königlichen Ringe, über den Boileau in seinen Satiren spottet, würde das auf unserm Theater sehr klein scheinen.« Aber mußte denn Voltaire eben eine alte Rüstung anstatt des Ringes wählen? Als Narbas das Kind mit sich nahm, was bewog ihn denn, auch die Rüstung des ermordeten Vaters mitzunehmen? Damit Aegisth, wenn er erwachsen wäre, sich keine neue Rüstung kaufen dürfe, und sich mit der alten seines Vaters behelfen könne? Der vorsichtige Alte! Ließ er sich nicht auch ein Paar alte Kleider von der Mutter mitgeben? Oder geschah es, damit Aegisth einmal an dieser Rüstung erkannt werden könne? So eine Rüstung gab es wohl nicht mehr? Es war wohl eine Familienrüstung, die Vulkan selbst dem Großgroßvater gemacht hatte? Eine undurchdringliche Rüstung? Oder wenigstens mit schönen Figuren und Sinnbildern versehen, an welchen sie Eurikles und Merope nach funfzehn Jahren sogleich wieder erkannten? Wenn das ist: so mußte sie der Alte freilich mitnehmen; und der Hr. von Voltaire hat Ursache, ihm verbunden zu sein, daß er unter den blutigen Verwirrungen, bei welchen ein anderer nur an das Kind gedacht hätte, auch zugleich an eine so nützliche Möbel dachte. Wenn Aegisth schon das Reich seines Vaters verlor, so mußte er doch nicht auch die Rüstung seines Vaters verlieren, in der er jenes wieder erobern konnte.

– Zweitens hatte sich Lindelle über den Polyphont des Maffei aufgehalten, der die Merope mit aller Gewalt heiraten will. Als ob der Voltairische das nicht auch wollte! Voltaire antwortet ihm daher: »Weder Maffei, noch ich, haben die Ursachen dringend genug gemacht, warum Polyphont durchaus Meropen zu seiner Gemahlin verlangt. Das ist vielleicht ein Fehler des Stoffes; aber ich bekenne Ihnen, daß ich einen solchen Fehler für sehr gering halte, wenn das Interesse, welches er hervor bringt, beträchtlich ist.« Nein, der Fehler liegt nicht in dem Stoffe. Denn in diesem Umstande eben hat Maffei den Stoff verändert. Was brauchte Voltaire diese Veränderung anzunehmen, wenn er seinen Vorteil nicht dabei sahe? –

Der Punkte sind mehrere, bei welchen Voltaire eine ähnliche Rücksicht auf sich selbst hätte nehmen können: aber welcher Vater sieht alle Fehler seines Kindes? Der Fremde, dem sie in die Augen fallen, braucht darum gar nicht scharfsichtiger zu sein, als der Vater; genug, daß er nicht der Vater ist. Gesetzt also, ich wäre dieser Fremde!

Lindelle wirft dem Maffei vor, daß er seine Szenen oft nicht verbinde, daß er das Theater oft leer lasse, daß seine Personen oft ohne Ursache aufträten und abgingen; alles wesentliche Fehler, die man heut zu Tage auch dem armseligsten Poeten nicht mehr verzeihe. – Wesentliche Fehler dieses? Doch das ist die Sprache der französischen Kunstrichter überhaupt; die muß ich ihm schon lassen, wenn ich nicht ganz von vorne mit ihm anfangen will. So wesentlich oder unwesentlich sie aber auch sein mögen; wollen wir es Lindellen auf sein Wort glauben, daß sie bei den Dichtern seines Volks so selten sind? Es ist wahr, sie sind es, die sich der größten Regelmäßigkeit rühmen; aber sie sind es auch, die entweder diesen Regeln eine solche Ausdehnung geben, daß es sich kaum mehr der Mühe verlohnet, sie als Regeln vorzutragen, oder sie auf eine solche linke und gezwungene Art beobachten, daß es weit mehr beleidiget, sie so beobachtet zu sehen, als gar nicht.* Besonders ist Voltaire ein Mei-

* Dieses war, zum Teil, schon das Urteil unsers Schlegels. »Die Wahrheit zu gestehen,« sagt er in seinen Gedanken zur Aufnahme

ster, sich die Fesseln der Kunst so leicht, so weit zu machen, daß er alle Freiheit behält, sich zu bewegen, wie er will; und doch bewegt er sich oft so plump und schwer, und macht so ängstliche Verdrehungen, daß man meinen sollte, jedes Glied von ihm sei an ein besonderes Klotz geschmiedet. Es kostet mir Überwindung, ein Werk des Genies aus diesem Gesichtspunkte zu betrachten; doch da es, bei der gemeinen Klasse von Kunstrichtern, noch so sehr Mode ist, es fast aus keinem andern, als aus diesem, zu betrachten; da es der ist, aus welchem die Bewunderer des französischen Theaters, das lauteste Geschrei erheben: so will ich doch erst genauer hinsehen, ehe ich in ihr Geschrei mit einstimme.

1. Die Szene ist zu Messene, in dem Palaste der Merope. Das ist, gleich Anfangs, die strenge Einheit des Ortes nicht, welche, nach den Grundsätzen und Beispielen der Alten, ein Hedelin verlangen zu können glaubte. Die Szene muß kein ganzer Palast, sondern nur ein Teil des Palastes sein, wie ihn

des dänischen Theaters, »beobachten die Engländer, die sich keiner Einheit des Ortes rühmen, dieselbe großenteils viel besser, als die Franzosen, die sich damit viel wissen, daß sie die Regeln des Aristoteles so genau beobachten. Darauf kömmt gerade am allerwenigsten an, daß das Gemälde der Szenen nicht verändert wird. Aber wenn keine Ursache vorhanden ist, warum die auftretenden Personen sich an dem angezeigten Orte befinden, und nicht vielmehr an demjenigen geblieben sind, wo sie vorhin waren; wenn eine Person sich als Herr und Bewohner eben des Zimmers aufführt, wo kurz vorher eine andere, als ob sie ebenfalls Herr vom Hause wäre, in aller Gelassenheit mit sich selbst, oder mit einem Vertrauten gesprochen, ohne daß dieser Umstand auf eine wahrscheinliche Weise entschuldiget wird; kurz, wenn die Personen nur deswegen in den angezeigten Saal oder Garten kommen, um auf die Schaubühne zu treten: so würde der Verfasser des Schauspiels am besten getan haben, anstatt der Worte, »der Schauplatz ist ein Saal in Climenens Hause,« unter das Verzeichnis seiner Personen zu setzen: »der Schauplatz ist auf dem Theater.« Oder im Ernste zu reden, es würde weit besser gewesen sein, wenn der Verfasser, nach dem Gebrauche der Engländer, die Szene aus dem Hause des einen in das Haus eines andern verlegt, und also den Zuschauer seinem Helden nachgeführet hätte; als daß er seinem Helden die Mühe macht, den Zuschauern zu gefallen, an einen Platz zu kommen, wo er nichts zu tun hat.«

das Auge aus einem und eben demselben Standorte zu übersehen fähig ist. Ob sie ein ganzer Palast, oder eine ganze Stadt, oder eine ganze Provinz ist, das macht im Grunde einerlei Ungereimtheit. Doch schon Corneille gab diesem Gesetze, von dem sich ohnedem kein ausdrückliches Gebot bei den Alten findet, die weitere Ausdehnung, und wollte, daß eine einzige Stadt zur Einheit des Ortes hinreichend sei. Wenn er seine besten Stücke von dieser Seite rechtfertigen wollte, so mußte er wohl so nachgebend sein. Was Corneillen aber erlaubt war, das muß Voltairen Recht sein. Ich sage also nichts dagegen, daß eigentlich die Szene bald in dem Zimmer der Königin, bald in dem oder jenem Saale, bald in dem Vorhofe, bald nach dieser bald nach einer andern Aussicht, muß gedacht werden. Nur hätte er bei diesen Abwechselungen auch die Vorsicht brauchen sollen, die Corneille dabei empfahl: sie müssen nicht in den nämlichen Akte, am wenigsten in der nämlichen Szene angebracht werden. Der Ort, welcher zu Anfange des Akts ist, muß durch diesen ganzen Akt dauern; und ihn vollends in eben derselben Szene abändern, oder auch nur erweitern oder verengern, ist die äußerste Ungereimtheit von der Welt. – Der dritte Akt der Merope mag auf einem freien Platze, unter einem Säulengange, oder in einem Saale spielen, in dessen Vertiefung das Grabmahl des Kresphontes zu sehen, an welchem die Königin den Aegisth mit eigner Hand hinrichten will: was kann man sich armseliger vorstellen, als daß, mitten in der vierten Szene, Eurikles, der den Aegisth wegführet, diese Vertiefung hinter sich zuschließen muß? Wie schließt er sie zu? Fällt ein Vorhang hinter ihm nieder? Wenn jemals auf einen Vorhang das, was Hedelin von dergleichen Vorhängen überhaupt sagt, gepaßt hat, so ist es auf diesen;* besonders wenn man zugleich die Ursache erwägt, warum Aegisth so plötzlich abgeführt, durch diese Maschinerie so augenblicklich aus dem Gesichte ge-

* On met des rideaux qui se tirent et retirent, pour faire que les Acteurs paroissent et disparoissent selon la necessité du Sujet – ces rideaux ne sont bons qu'à faire des couvertures pour berner ceux qui les ont inventez, et ceux qui les approuvent. *Pratique du Theatre Liv. II. chap. 6.*

bracht werden muß, von der ich hernach reden will. – Eben so ein Vorhang wird in dem fünften Akte aufgezogen. Die ersten sechs Szenen spielen in einem Saale des Palastes: und mit der siebenden erhalten wir auf einmal die offene Aussicht in den Tempel, um einen toten Körper in einem blutigen Rocke sehen zu können. Durch welches Wunder? Und war dieser Anblick dieses Wunders wohl wert? Man wird sagen, die Türen dieses Tempels eröffnen sich auf einmal, Merope bricht auf einmal mit dem ganzen Volke heraus, und dadurch erlangen wir die Einsicht in denselben. Ich verstehe; dieser Tempel war Ihro verwitweten Königlichen Majestät Schloßkapelle, die gerade an den Saal stieß, und mit ihm Kommunikation hatte, damit Allerhöchstdieselben jederzeit trocknes Fußes zu dem Orte ihrer Andacht gelangen konnten. Nur sollten wir sie dieses Weges nicht allein herauskommen, sondern auch hereingehen sehen; wenigstens den Aegisth, der am Ende der vierten Szene zu laufen hat, und ja den kürzesten Weg nehmen muß, wenn er, acht Zeilen darauf, seine Tat schon vollbracht haben soll.

FÜNF UND VIERZIGSTES STÜCK

Den 2ten Oktober, 1767

2. Nicht weniger bequem hat es sich der Herr von Voltaire mit der Einheit der Zeit gemacht. Man denke sich einmal alles das, was er in seiner Merope vorgehen läßt, an *einem* Tage geschehen; und sage, wie viel Ungereimtheiten man sich dabei denken muß. Man nehme immer einen völligen, natürlichen Tag; man gebe ihm immer die dreißig Stunden, auf die Corneille ihn auszudehnen erlauben will. Es ist wahr, ich sehe zwar keine physikalische Hindernisse, warum alle die Begebenheiten in diesem Zeitraume nicht hätten geschehen können; aber desto mehr moralische. Es ist freilich nicht unmöglich, daß man innerhalb zwölf Stunden um ein Frauenzimmer anhalten und mit ihr getrauet sein kann; besonders, wenn man es mit Gewalt vor den Priester schleppen darf. Aber wenn es geschieht, verlangt man nicht eine so

gewaltsame Beschleunigung durch die allertriftigsten und dringendsten Ursachen gerechtfertiget zu wissen? Findet sich hingegen auch kein Schatten von solchen Ursachen, wodurch soll uns, was bloß physikalischer Weise möglich ist, denn wahrscheinlich werden? Der Staat will sich einen König wählen; Polyphont und der abwesende Aegisth können allein dabei in Betrachtung kommen; um die Ansprüche des Aegisth zu vereiteln, will Polyphont die Mutter desselben heiraten; an eben demselben Tage, da die Wahl geschehen soll, macht er ihr den Antrag; sie weiset ihn ab; die Wahl geht vor sich, und fällt für ihn aus; Polyphont ist also König, und man sollte glauben, Aegisth möge nunmehr erscheinen, wenn er wolle, der neuerwählte König könne es, vors erste, mit ihm ansehen. Nichtsweniger; er bestehet auf der Heirat, und bestehet darauf, daß sie noch desselben Tages vollzogen werden soll; eben des Tages, an dem er Meropen zum erstenmale seine Hand angetragen; eben des Tages, da ihn das Volk zum Könige ausgerufen. Ein so alter Soldat, und ein so hitziger Freier! Aber seine Freierei ist nichts als Politik. Desto schlimmer; diejenige, die er in sein Interesse verwickeln will, so zu mißhandeln! Merope hatte ihm ihre Hand verweigert, als er noch nicht König war, als sie glauben mußte, daß ihn ihre Hand vornehmlich auf den Thron verhelfen sollte; aber nun ist er König, und ist es geworden, ohne sich auf den Titel ihres Gemahls zu gründen; er wiederhole seinen Antrag, und vielleicht gibt sie es näher; er lasse ihr Zeit, den Abstand zu vergessen, der sich ehedem zwischen ihnen befand, sich zu gewöhnen, ihn als ihres gleichen zu betrachten, und vielleicht ist nur kurze Zeit dazu nötig. Wenn er sie nicht gewinnen kann, was hilft es ihn, sie zu zwingen? Wird es ihren Anhängern unbekannt bleiben, daß sie gezwungen worden? Werden sie ihn nicht auch darum hassen zu müssen glauben? Werden sie nicht auch darum dem Aegisth, sobald er sich zeigt, beizutreten, und in seiner Sache zugleich die Sache seiner Mutter zu betreiben, sich für verbunden achten? Vergebens, daß das Schicksal dem Tyrannen, der ganzer funfzehn Jahr sonst so bedächtlich zu Werke gegangen, diesen Aegisth nun selbst in die Hände liefert, und ihm dadurch ein Mittel, den Thron ohne alle Ansprüche zu besitzen, anbietet, das weit kürzer, weit unfehlbarer ist, als die Verbindung mit seiner Mutter: es soll und muß geheiratet sein, und noch heute, und noch diesen Abend; der neue König will bei der alten Königin noch diese Nacht schlafen, oder es geht nicht gut. Kann man sich etwas komischeres denken? In der Vorstellung, meine ich; denn daß es einem Menschen, der nur einen Funken von Verstande hat, einkommen könne, wirklich so zu handeln, widerlegt sich von selbst. Was hilft es nun also dem Dichter, daß die besondern Handlungen eines jeden Akts zu ihrer wirklichen Eräugnung ungefähr nicht viel mehr Zeit brauchen würden, als auf die Vorstellung dieses Aktes geht; und daß diese Zeit mit der, welche auf die Zwischenakte gerechnet werden muß, noch lange keinen völligen Umlauf der Sonne erfodert: hat er darum die Einheit der Zeit beobachtet? Die Worte dieser Regel hat er erfüllt, aber nicht ihren Geist. Denn was er an *einem* Tage tun läßt, kann zwar an *einem* Tage getan werden, aber kein vernünftiger Mensch wird es an *einem* Tage tun. Es ist an der physischen Einheit der Zeit nicht genug; es muß auch die moralische dazu kommen, deren Verletzung allen und jeden empfindlich ist, anstatt daß die Verletzung der erstern, ob sie gleich meistens eine Unmöglichkeit involvieret, dennoch nicht immer so allgemein anstößig ist, weil diese Unmöglichkeit vielen unbekannt bleiben kann. Wenn z. E. in einem Stücke, von einem Orte zum andern gereiset wird, und diese Reise allein mehr als einen ganzen Tag erfodert, so ist der Fehler nur denen merklich, welche den Abstand des einen Ortes von dem andern wissen. Nun aber wissen nicht alle Menschen die geographischen Distanzen; aber alle Menschen können es an sich selbst merken, zu welchen Handlungen man sich *einen* Tag, und zu welchen man sich mehrere nehmen sollte. Welcher Dichter also die physische Einheit der Zeit nicht anders als durch Verletzung der moralischen zu beobachten verstehet, und sich kein Bedenken macht, diese jener aufzuopfern, der verstehet sich sehr schlecht auf seinem Vorteil, und opfert das Wesentlichere dem Zufälligen auf. – Maffei nimmt doch wenigstens noch eine Nacht zu

Hülfe; und die Vermählung, die Polyphont der Merope heute andeutet, wird erst den Morgen darauf vollzogen. Auch ist es bei ihm nicht der Tag, an welchem Polyphont den Thron besteiget; die Begebenheiten pressen sich folglich weniger; sie eilen, aber sie übereilen sich nicht. Voltairens Polyphont ist ein Ephemeron von einem Könige, der schon darum den zweiten Tag nicht zu regieren verdienet, weil er den ersten seine Sache so gar albern und dumm anfängt.

3. Maffei, sagt Lindelle, verbinde öfters die Szenen nicht, und das Theater bleibe leer; ein Fehler, den man heut zu Tage auch den geringsten Poeten nicht verzeihe. »Die Verbindung der Szenen, sagt Corneille, ist eine große Zierde eines Gedichts, und nichts kann uns von der Stetigkeit der Handlung besser versichern, als die Stetigkeit der Vorstellung. Sie ist aber doch nur eine Zierde, und keine Regel; denn die Alten haben sich ihr nicht immer unterworfen u. s. w.« Wie? ist die Tragödie bei den Franzosen seit ihrem großen Corneille so viel vollkommener geworden, daß das, was dieser bloß für eine mangelnde Zierde hielt, nunmehr ein unverzeihlicher Fehler ist? Oder haben die Franzosen seit ihm das Wesentliche der Tragödie noch mehr verkennen gelernt, daß sie auf Dinge einen so großen Wert legen, die im Grunde keinen haben? Bis uns diese Frage entschieden ist, mag Corneille immer wenigstens eben so glaubwürdig sein, als Lindelle; und was, nach jenem, also eben noch kein ausgemachter Fehler bei dem Maffei ist, mag gegen den minder streitigen des Voltaire aufgehen, nach welchem er das Theater öfters länger voll läßt, als es bleiben sollte. Wenn z. E., in dem ersten Akte, Polyphont zu der Königin kömmt, und die Königin mit der dritten Szene abgeht, mit was für Recht kann Polyphont in dem Zimmer der Königin verweilen? Ist dieses Zimmer der Ort, wo er sich gegen seinen Vertrauten so frei herauslassen sollte? Das Bedürfnis des Dichters verrät sich in der vierten Szene gar zu deutlich, in der wir zwar Dinge erfahren, die wir notwendig wissen müssen, nur daß wir sie an einem Orte erfahren, wo wir es nimmermehr erwartet hätten.

4. Maffei motiviert das Auftreten und Abgehen seiner Per-

sonen oft gar nicht: – und Voltaire motiviert es eben so oft falsch; welches wohl noch schlimmer ist. Es ist nicht genug, daß eine Person sagt, warum sie kömmt, man muß auch aus der Verbindung einsehen, daß sie darum kommen müssen. Es ist nicht genug, daß sie sagt, warum sie abgeht, man muß auch in dem Folgenden sehen, daß sie wirklich darum abgegangen ist. Denn sonst ist das, was ihr der Dichter desfalls in den Mund legt, ein bloßer Vorwand, und keine Ursache. Wenn z. E. Eurikles in der dritten Szene des zweiten Akts abgeht, um, wie er sagt, die Freunde der Königin zu versammeln; so müßte man von diesen Freunden und von dieser ihrer Versammlung auch hernach etwas hören. Da wir aber nichts davon zu hören bekommen, so ist sein Vorgeben ein schülerhaftes Peto veniam exeundi, mit der ersten besten Lügen, die dem Knaben einfällt. Er geht nicht ab, um das zu tun, was er sagt, sondern um, ein Paar Zeilen darauf, mit einer Nachricht wiederkommen zu können, die der Poet durch keinen andern erteilen zu lassen wußte. Noch ungeschickter geht Voltaire mit dem Schlusse ganzer Akte zu Werke. Am Ende des dritten sagt Polyphont zu Meropen, daß der Altar ihrer erwarte, daß zu ihrer feierlichen Verbindung schon alles bereit sei; und so geht er mit einem Venez, Madame ab. Madame aber folgt ihm nicht, sondern geht mit einer Exklamation zu einer andern Coulisse hinein; worauf Polyphont den vierten Akt wieder anfängt, und nicht etwa seinen Unwillen äußert, daß ihm die Königin nicht in den Tempel gefolgt ist, (denn er irrte sich, es hat mit der Trauung noch Zeit,) sondern wiederum mit seinem Erox Dinge plaudert, über die er nicht hier, über die er zu Hause in seinem Gemache, mit ihm hätte schwatzen sollen. Nun schließt auch der vierte Akt, und schließt vollkommen wie der dritte. Polyphont zitiert die Königin nochmals nach dem Tempel, Merope selbst schreiet,

Courons tous vers le temple ou m'attend mon outrage;

und zu den Opferpriestern, die sie dahin abholen sollen, sagt sie,

Vous venez à l'autel entrainer la victime.

Folglich werden sie doch gewiß zu Anfange des fünften Akts in dem Tempel sein, wo sie nicht schon gar wieder zurück sind? Keines von beiden; gut Ding will Weile haben; Polyphont hat noch etwas vergessen, und kömmt noch einmal wieder, und schickt auch die Königin noch einmal wieder. Vortrefflich! Zwischen dem dritten und vierten, und zwischen dem vierten und fünften Akte geschieht demnach nicht allein das nicht, was geschehen sollte; sondern es geschieht auch, platter Dings, gar nichts, und der dritte und vierte Akt schließen bloß, damit der vierte und fünfte wieder anfangen können.

SECHS UND VIERZIGSTES STÜCK

Den 6ten Oktober, 1767

Ein anderes ist, sich mit den Regeln abfinden; ein anderes, sie wirklich beobachten. Jenes tun die Franzosen; dieses scheinen nur die Alten verstanden zu haben.

Die Einheit der Handlung war das erste dramatische Gesetz der Alten; die Einheit der Zeit und die Einheit des Ortes waren gleichsam nur Folgen aus jener, die sie schwerlich strenger beobachtet haben würden, als es jene notwendig erfordert hätte, wenn nicht die Verbindung des Chors dazu gekommen wäre. Da nämlich ihre Handlungen eine Menge Volks zum Zeugen haben mußten, und diese Menge immer die nämliche blieb, welche sich weder weiter von ihren Wohnungen entfernen, noch länger aus denselben wegbleiben konnte, als man gewöhnlichermaßen der bloßen Neugierde wegen zu tun pflegt: so konnten sie fast nicht anders, als den Ort auf einen und eben denselben individuellen Platz, und die Zeit auf einen und eben denselben Tag einschränken. Dieser Einschränkung unterwarfen sie sich denn auch bona fide; aber mit einer Biegsamkeit, mit einem Verstande, daß sie, unter neunmalen, siebenmal weit mehr dabei gewannen, als verloren. Denn sie ließen sich diesen Zwang einen Anlaß sein, die Handlung selbst so zu simplifiieren, alles Überflüssige so sorgfältig von ihr abzusondern, daß sie, auf ihre wesentlichsten Bestandteile gebracht, nichts als ein Ideal von dieser Handlung ward, welches sich gerade in derjenigen Form am glücklichsten ausbildete, die den wenigsten Zusatz von Umständen der Zeit und des Ortes verlangte.

Die Franzosen hingegen, die an der wahren Einheit der Handlung keinen Geschmack fanden, die durch die wilden Intriguen der spanischen Stücke schon verwöhnt waren, ehe sie die griechische Simplizität kennen lernten, betrachteten die Einheiten der Zeit und des Orts, nicht als Folgen jener Einheit, sondern als für sich zur Vorstellung einer Handlung unumgängliche Erfordernisse, welche sie auch ihren reichern und verwickeltern Handlungen in eben der Strenge anpassen müßten, als es nur immer der Gebrauch des Chors erfordern könnte, dem sie doch gänzlich entsagt hatten. Da sie aber fanden, wie schwer, ja wie unmöglich öfters, dieses sei: so trafen sie mit den tyrannischen Regeln, welchen sie ihren völligen Gehorsam aufzukündigen, nicht Mut genug hatten, ein Abkommen. Anstatt eines einzigen Ortes, führten sie einen unbestimmten Ort ein, unter dem man sich bald den, bald jenen, einbilden könne; genug, wenn diese Orte zusammen nur nicht gar zu weit aus einander lägen, und keiner eine besondere Verzierung bedürfe, sondern die nämliche Verzierung ungefähr dem einen so gut als dem andern zukommen könne. Anstatt der Einheit des Tages schoben sie die Einheit der Dauer unter; und eine gewisse Zeit, in der man von keinem Aufgehen und Untergehen der Sonne hörte, in der niemand zu Bette ging, wenigstens nicht öfterer als einmal zu Bette ging, mochte sich doch sonst noch so viel und mancherlei darin eräugnen, ließen sie für *einen* Tag gelten.

Niemand würde ihnen dieses verdacht haben; denn unstreitig lassen sich auch so noch vortreffliche Stücke machen; und das Sprichwort sagt, bohre das Brett, wo es am dünnsten ist. – Aber ich muß meinen Nachbar nur auch da bohren lassen. Ich muß ihm nicht immer nur die dickeste Kante, den astigsten Teil des Brettes zeigen, und schreien: Da bohre mir durch! da pflege ich durchzubohren! – Gleichwohl schreien die französischen Kunstrichter alle so; besonders wenn sie auf die dramatischen Stücke der Engländer kommen. Was für ein Aufhebens machen sie von der Regelmäßigkeit, die sie sich so unendlich erleichtert haben! – Doch mir ekelt, mich bei diesen Elementen länger aufzuhalten.

Möchten meinetwegen Voltairens und Maffeis Merope acht Tage dauern, und an sieben Orten in Griechenland spielen! Möchten sie aber auch nur die Schönheiten haben, die mich diese Pedanterien vergessen machen!

Die strengste Regelmäßigkeit kann den kleinsten Fehler in den Charakteren nicht aufwiegen. Wie abgeschmackt Polyphont bei dem Maffei öfters spricht und handelt, ist Lindellen nicht entgangen. Er hat Recht über die heillosen Maximen zu spotten, die Maffei seinem Tyrannen in den Mund legt. Die Edelsten und Besten des Staats aus dem Wege zu räumen; das Volk in alle die Wollüste zu versenken, die es entkräften und weibisch machen können; die größten Verbrechen, unter dem Scheine des Mitleids und der Gnade, ungestraft zu lassen u. s. w. wenn es einen Tyrannen gibt, der diesen unsinnigen Weg zu regieren einschlägt, wird er sich dessen auch rühmen? So schildert man die Tyrannen in einer Schulübung; aber so hat noch keiner von sich selbst gesprochen.* – Es ist wahr, so gar frostig und wahnwitzig läßt Voltaire seinen Polyphont nicht deklamieren; aber mit unter läßt er ihn doch auch Dinge sagen, die gewiß kein Mann von dieser Art über die Zunge bringt. Z. E.

* Atto III. Sc. I.

– – – Quando
Saran da poi sopiti alquanto, e queti
Gli animi, l'arte del regnar mi giovi.
Per mute oblique vie n'andranno a Stige
L'alme piu audaci, e generose. A i vizi
Per cui vigor si abbatte, ardir si toglie
Il freno allargherò. Lunga clemenza
Con pompa di pietà farò, che splenda
Su i delinquenti; a i gran delitti invito,
Onde restino i buoni esposti, e paghi
Renda gl' iniqui la licenza; ed onde
Poi fra se distruggendosi, in crudeli
Gare private il lor furor si stempri.
Udrai sovente risonar gli editti,
E raddopiar le leggi, che al sovrano

– Des Dieux quelquefois la longue patience
Fait sur nous à pas lents descendre la vengence –

Ein Polyphont sollte diese Betrachtung wohl machen; aber er macht sie nie. Noch weniger wird er sie in dem Augenblicke machen, da er sich zu neuen Verbrechen aufmuntert:

Eh bien, encor ce crime! – –

Wie unbesonnen, und in den Tag hinein, er gegen Meropen handelt, habe ich schon berührt. Sein Betragen gegen den Aegisth sieht einem eben so verschlagnen als entschlossenen Manne, wie ihn uns der Dichter von Anfange schildert, noch weniger ähnlich. Aegisth hätte bei dem Opfer gerade nicht erscheinen müssen. Was soll er da? Ihm Gehorsam schwören? In den Augen des Volks? Unter dem Geschrei seiner verzweifelnden Mutter? Wird da nicht unfehlbar geschehen, was er zuvor selbst besorgte?* Er hat sich für seine Person alles von dem Aegisth zu versehen; Aegisth verlangt nur sein Schwert wieder, um den ganzen Streit zwischen ihnen mit eins zu entscheiden; und diesen tollkühnen Aegisth läßt er sich an dem Altare, wo das erste das beste, was ihm in die Hand fällt, ein Schwert werden kann, so nahe kommen? Der Polyphont des Maffei ist von diesen Ungereimtheiten frei; denn dieser kennt den Aegisth nicht, und hält ihn für seinen Freund. Warum hätte Aegisth sich ihm also bei dem Altare nicht nähern dürfen? Niemand gab auf seine Bewegungen Acht; der Streich

Giovan servate, e transgredite. Udrai
Correr minaccia ognor di guerra esterna;
Ond' io n'andrò su l'atterrita plebe
Sempre crescendo i pesi, e peregrine
Milizie introdurrò. – –

* Acte I. Sc. 4.
Si ce fils, tant pleuré, dans Messene est produit,
De quinze ans de travaux j'ai perdu tout le fruit.
Crois-moi, ces prejugés de sang et de naissance
Revivront dans les coeurs, y prendront sa defense.
Le souvenir du pere, et cent rois pour ayeux,
Cet honneur pretendu d'être issu de nos Dieux;
Les cris, le desespoir d'une mere eplorée,
Detruiront ma puissance encor mal aussurée.

war geschehen, und er zu dem zweiten schon bereit, ehe es noch einem Menschen einkommen konnte, den ersten zu rächen.

»Merope, sagt Lindelle, wenn sie bei dem Maffei erfährt, daß ihr Sohn ermordet sei, will dem Mörder das Herz aus dem Leibe reißen, und es mit ihren Zähnen zerfleischen.* Das heißt, sich wie eine Kannibalin, und nicht wie eine betrübte Mutter ausdrücken; das Anständige muß überall beobachtet werden.« Ganz recht; aber obgleich die französische Merope delikater ist, als daß sie so in ein rohes Herz, ohne Salz und Schmalz, beißen sollte: so dünkt mich doch, ist sie im Grunde eben so gut Kannibalin, als die Italienische. –

SIEBEN UND VIERZIGSTES STÜCK

Den 9ten Oktober, 1767

Und wie das? – Wenn es unstreitig ist, daß man den Menschen mehr nach seinen Taten, als nach seinen Reden richten muß; daß ein rasches Wort, in der Hitze der Leidenschaft ausgestoßen, für seinen moralischen Charakter wenig, eine überlegte kalte Handlung aber alles beweiset: so werde ich wohl Recht haben. Merope, die sich in der Ungewißheit, in welcher sie von dem Schicksale ihres Sohnes ist, dem bangsten Kummer überläßt, die immer das Schrecklichste besorgt, und in der Vorstellung, wie unglücklich ihr abwesender Sohn vielleicht sei, ihr Mitleid über alle Unglückliche erstrecket: ist das schöne Ideal einer Mutter. Merope, die in dem Augenblicke, da sie den Verlust des Gegenstandes ihrer Zärtlichkeit erfährt, von ihrem Schmerze betäubt dahin sinkt, und plötzlich, sobald sie den Mörder in ihrer Gewalt höret,

* Atto II. Sc. 6.
Quel scelerato in mio poter vorrei
Per trarne prima, s'ebbe parte in questo
Assassinio il tiranno; io voglio poi
Con una scure spalancargli il petto,
Voglio strappargli il cor, voglio co' denti
Lacerarlo, e sbranarlo – –

wieder aufspringt, und tobet, und wütet, und die blutigste schrecklichste Rache an ihm zu vollziehen drohet, und wirklich vollziehen würde, wenn er sich eben unter ihren Händen befände: ist eben dieses Ideal, nur in dem Stande einer gewaltsamen Handlung, in welchem es an Ausdruck und Kraft gewinnet, was es an Schönheit und Rührung verloren hat. Aber Merope, die sich zu dieser Rache Zeit nimmt, Anstalten dazu vorkehret, Feierlichkeiten dazu anordnet, und selbst die Henkerin sein, nicht töten sondern martern, nicht strafen sondern ihre Augen an der Strafe weiden will: ist das auch noch eine Mutter? Freilich wohl; aber eine Mutter, wie wir sie uns unter den Kannibalinnen denken; eine Mutter, wie es jede Bärin ist. – Diese Handlung der Merope gefalle wem da will; mir sage er es nur nicht, daß sie ihm gefällt, wenn ich ihn nicht eben so sehr verachten, als verabscheuen soll.

Vielleicht dürfte der Herr von Voltaire auch dieses zu einem Fehler des Stoffes machen; vielleicht dürfte er sagen, Merope müsse ja wohl den Aegisth mit eigner Hand umbringen wollen, oder der ganze Coup de Théatre, den Aristoteles so sehr anpreise, der die empfindlichen Athenienser ehedem so sehr entzückt habe, falle weg. Aber der Herr von Voltaire würde sich wiederum irren, und die willkürlichen Abweichungen des Maffei abermals für den Stoff selbst nehmen. Der Stoff erfordert zwar, daß Merope den Aegisth mit eigner Hand ermorden will, allein er erfordert nicht, daß sie es mit aller Überlegung tun muß. Und so scheinet sie es auch bei dem Euripides nicht getan zu haben, wenn wir anders die Fabel des Hyginus für den Auszug seines Stücks annehmen dürfen. Der Alte kömmt und sagt der Königin weinend, daß ihm ihr Sohn weggekommen; eben hatte sie gehört, daß ein Fremder angelangt sei, der sich rühme, ihn umgebracht zu haben, und daß dieser Fremde ruhig unter ihrem Dache schlafe; sie ergreift das erste das beste, was ihr in die Hände fällt, eilet voller Wut nach dem Zimmer des Schlafenden, der Alte ihr nach, und die Erkennung geschieht in dem Augenblicke, da das Verbrechen geschehen sollte. Das war sehr simpel und natürlich, sehr rührend und menschlich! Die Athenienser zitterten für den Aegisth, ohne Meropen verabscheuen zu dürfen. Sie zitterten für Meropen selbst, die durch die gutartigste Übereilung Gefahr lief, die Mörderin ihres Sohnes zu werden. Maffei und Voltaire aber machen mich bloß für den Aegisth zittern; denn auf ihre Merope bin ich so ungehalten, daß ich es ihr fast gönnen möchte, sie vollführte den Streich. Möchte sie es doch haben! Kann sie sich Zeit zur Rache nehmen, so hätte sie sich auch Zeit zur Untersuchung nehmen sollen. Warum ist sie so eine blutdürstige Bestie? Er hat ihren Sohn umgebracht: gut; sie mache in der ersten Hitze mit dem Mörder was sie will, ich verzeihe ihr, sie ist Mensch und Mutter; auch will ich gern mit ihr jammern und verzweifeln, wenn sie finden sollte, wie sehr sie ihre erste rasche Hitze zu verwünschen habe. Aber, Madame, einen jungen Menschen, der Sie kurz zuvor so sehr interessierte, an dem Sie so viele Merkmale der Aufrichtigkeit und Unschuld erkannten, weil man eine alte Rüstung bei ihm findet, die nur Ihr Sohn tragen sollte, als den Mörder Ihres Sohnes, an dem Grabmale seines Vaters, mit eigner Hand abschlachten zu wollen, Leibwache und Priester dazu zu Hülfe zu nehmen – O pfui, Madame! Ich müßte mich sehr irren, oder Sie wären in Athen ausgepfiffen worden.

Daß die Unschicklichkeit, mit welcher Polyphont nach funfzehn Jahren die veraltete Merope zur Gemahlin verlangt, eben so wenig ein Fehler des Stoffes ist, habe ich schon berührt.* Denn nach der Fabel des Hyginus hatte Polyphont Meropen gleich nach der Ermordung des Kresphonts geheiratet; und es ist sehr glaublich, daß selbst Euripides diesen Umstand so angenommen hatte. Warum sollte er auch nicht? Eben die Gründe, mit welchen Eurikles, beim Voltaire, Meropen itzt nach funfzehn Jahren bereden will, dem Tyrannen ihre Hand zu geben,** hätten sie auch vor funfzehn Jahren

* Oben S. 234.

** Acte II. Sc. 1.

– –

MER. Non, mon fils ne le souffrirait pas.
L'exil ou son enfance a langui condamnée
Lui serait moins affreux que ce lâche hymenée.
EUR. Il le condamnerait, si, paisible en son rang,

dazu vermögen können. Es war sehr in der Denkungsart der alten griechischen Frauen, daß sie ihren Abscheu gegen die Mörder ihrer Männer überwanden und sie zu ihren zweiten Männern annahmen, wenn sie sahen, daß den Kindern ihrer ersten Ehe Vorteil daraus erwachsen könne. Ich erinnere mich etwas ähnliches in dem griechischen Roman des Charitons, den d'Orville herausgegeben, ehedem gelesen zu haben, wo eine Mutter das Kind selbst, welches sie noch unter ihrem Herzen trägt, auf eine sehr rührende Art darüber zum Richter nimmt. Ich glaube, die Stelle verdiente angeführt zu werden; aber ich habe das Buch nicht bei der Hand. Genug, daß das, was dem Eurikles Voltaire selbst in den Mund legt, hinreichend gewesen wäre, die Aufführung seiner Merope zu rechtfertigen, wenn er sie als die Gemahlin des Polyphonts eingeführet hätte. Die kalten Szenen einer politischen Liebe wären dadurch weggefallen; und ich sehe mehr als einen Weg, wie das Interesse durch diesen Umstand selbst noch weit lebhafter, und die Situationen noch weit intriguanter hätten werden können.

Doch Voltaire wollte durchaus auf dem Wege bleiben, den ihm Maffei gebahnet hatte, und weil es ihm gar nicht einmal einfiel, daß es einen bessern geben könne, daß dieser bessere eben der sei, der schon vor Alters befahren worden, so begnügte er sich auf jenem ein Paar Sandsteine aus dem Gleise

Il n'en croyait ici que les droits de son sang;
Mais si par les malheurs son ame etait instruite,
Sur ses vrais intérêts s'il réglait sa conduite,
De ses tristes amis s'il consultait la voix,
Et la necessité souveraine des loix,
Il verrait que jamais sa malheureuse mere
Ne lui donna d'amour une marque plus chère.
ME. Ah que me dites-vous?
EUR. De dures vérités
Que m'arrachent mon zèle et vos calamités.
ME. Quoi! Vous me demandez que l'interet surmonte
Cette invincible horreur que j'ai pour Polifonte!
Vous qui me l'avez peint de si noires couleurs!
EUR. Je l'ai peint dangereux, je connais ses fureurs;
Mais il est tout-puissant; mais rien ne lui resiste;
Il est sans héritier, et vous aimez Egiste. –

zu räumen, über die er meinet, daß sein Vorgänger fast umgeschmissen hätte. Würde er wohl sonst auch dieses von ihm beibehalten haben, daß Aegisth, unbekannt mit sich selbst, von ungefähr nach Messene geraten, und daselbst durch kleine zweideutige Merkmale in den Verdacht kommen muß, daß er der Mörder seiner selbst sei? Bei dem Euripides kannte sich Aegisth vollkommen, kam in dem ausdrücklichen Vorsatze, sich zu rächen, nach Messene, und gab sich selbst für den Mörder des Aegisth aus; nur daß er sich seiner Mutter nicht entdeckte, es sei aus Vorsicht, oder aus Mißtrauen, oder aus was sonst für Ursache, an der es ihm der Dichter gewiß nicht wird haben mangeln lassen. Ich habe zwar oben* dem Maffei einige Gründe zu allen den Veränderungen, die er mit dem Plane des Euripides gemacht hat, von meinem Eigenen geliehen. Aber ich bin weit entfernt, die Gründe für wichtig, und die Veränderungen für glücklich genug auszugeben. Vielmehr behaupte ich, daß jeder Tritt, den er aus den Fußtapfen des Griechen zu tun gewagt, ein Fehltritt geworden. Daß sich Aegisth nicht kennet, daß er von ungefähr nach Messene kömmt, und per combinazione d'accidenti (wie Maffei es ausdrückt) für den Mörder des Aegisth gehalten wird, gibt nicht allein der ganzen Geschichte ein sehr verwirrtes, zweideutiges und romanenhaftes Ansehen, sondern schwächt auch das Interesse ungemein. Bei dem Euripides wußte es der Zuschauer von dem Aegisth selbst, daß er Aegisth sei, und je gewisser er es wußte, daß Merope ihren eignen Sohn umzubringen kommt, desto größer mußte notwendig das Schrecken sein, das ihn darüber befiel, desto quälender das Mitleid, welches er voraus sahe, Falls Merope an der Vollziehung nicht zu rechter Zeit verhindert würde. Bei dem Maffei und Voltaire hingegen, vermuten wir es nur, daß der vermeinte Mörder des Sohnes der Sohn wohl selbst sein könne, und unser größtes Schrecken ist auf den einzigen Augenblick verspαret, in welchem es Schrecken zu sein aufhöret. Das schlimmste dabei ist noch dieses, daß die Gründe, die uns in dem jungen Fremdlinge den Sohn der Merope ver-

* S. 215.

muten lassen, eben die Gründe sind, aus welchen es Merope selbst vermuten sollte; und daß wir ihn, besonders bei Voltairen, nicht in dem allergeringsten Stücke näher und zuverlässiger kennen, als sie ihn selbst kennen kann. Wir trauen also diesen Gründen entweder eben so viel, als ihnen Merope trauet, oder wir trauen ihnen mehr. Trauen wir ihnen eben so viel, so halten wir den Jüngling mit ihr für einen Betrieger, und das Schicksal, das sie ihm zugedacht, kann uns nicht sehr rühren. Trauen wir ihnen mehr, so tadeln wir Meropen, daß sie nicht besser darauf merket, und sich von weit seichtern Gründen hinreißen läßt. Beides aber taugt nicht.

ACHT UND VIERZIGSTES STÜCK

Den 13ten Oktober, 1767

Es ist wahr, unsere Überraschung ist größer, wenn wir es nicht eher mit völliger Gewißheit erfahren, daß Aegisth Aegisth ist, als bis es Merope selbst erfährt. Aber das armselige Vergnügen einer Überraschung! Und was braucht der Dichter uns zu überraschen? Er überrasche seine Personen, so viel er will; wir werden unser Teil schon davon zu nehmen wissen, wenn wir, was sie ganz unvermutet treffen muß, auch noch so lange vorausgesehen haben. Ja, unser Anteil wird um so lebhafter und stärker sein, je länger und zuverlässiger wir es vorausgesehen haben.

Ich will, über diesen Punkt, den besten französischen Kunstrichter für mich sprechen lassen. »In den verwickelten Stücken, sagt Diderot,* ist das Interesse mehr die Wirkung des Plans, als der Reden; in den einfachen Stücken hingegen ist es mehr die Wirkung der Reden, als des Plans. Allein worauf muß sich das Interesse beziehen? Auf die Personen? Oder auf die Zuschauer? Die Zuschauer sind nichts als Zeugen, von welchen man nichts weiß. Folglich sind es die Personen, die man vor Augen haben muß. Ohnstreitig! Diese

* In seiner dramatischen Dichtkunst, hinter dem Hausvater S. 327 d. Übs.

lasse man den Knoten schürzen, ohne daß sie es wissen; für diese sei alles undurchdringlich; diese bringe man, ohne daß sie es merken, der Auflösung immer näher und näher. Sind diese nur in Bewegung, so werden wir Zuschauer den nämlichen Bewegungen schon auch nachgeben, sie schon auch empfinden müssen. – Weit gefehlt, daß ich mit den meisten, die von der dramatischen Dichtkunst geschrieben haben, glauben sollte, man müsse die Entwicklung vor dem Zuschauer verbergen. Ich dächte vielmehr, es sollte meine Kräfte nicht übersteigen, wenn ich mir ein Werk zu machen vorsetzte, wo die Entwicklung gleich in der ersten Szene verraten würde, und aus diesem Umstande selbst das allerstärkeste Interesse entspränge. – Für den Zuschauer muß alles klar sein. Er ist der Vertraute einer jeden Person; er weiß alles was vorgeht, alles was vorgegangen ist; und es gibt hundert Augenblicke, wo man nichts bessers tun kann, als daß man ihm gerade voraussagt, was noch vorgehen soll. – O ihr Verfertiger allgemeiner Regeln, wie wenig versteht ihr die Kunst, und wie wenig besitzt ihr von dem Genie, das die Muster hervorgebracht hat, auf welche ihr sie bauet, und das sie übertreten kann, so oft es ihm beliebt! – Meine Gedanken mögen so paradox scheinen, als sie wollen: so viel weiß ich gewiß, daß für *eine* Gelegenheit, wo es nützlich ist, dem Zuschauer einen wichtigen Vorfall so lange zu verhehlen, bis er sich eräugnet, es immer zehn und mehrere gibt, wo das Interesse gerade das Gegenteil erfodert. – Der Dichter bewerkstelliget durch sein Geheimnis eine kurze Überraschung; und in welche anhaltende Unruhe hätte er uns stürzen können, wenn er uns kein Geheimnis daraus gemacht hätte! – Wer in *einem* Augenblicke getroffen und niedergeschlagen wird, den kann ich auch nur *einen* Augenblick betauern. Aber wie steht es alsdenn mit mir, wenn ich den Schlag erwarte, wenn ich sehe, daß sich das Ungewitter über meinem oder eines andern Haupte zusammenziehet, und lange Zeit darüber verweilet? – Meinetwegen mögen die Personen alle einander nicht kennen; wenn sie nur der Zuschauer alle kennet. – Ja, ich wollte fast behaupten, daß der Stoff, bei welchem die Verschweigungen notwendig sind, ein undankbarer Stoff ist;

daß der Plan, in welchem man seine Zuflucht zu ihnen nimmt, nicht so gut ist, als der, in welchem man sie hätte entübrigen können. Sie werden nie zu etwas Starkem Anlaß geben. Immer werden wir uns mit Vorbereitungen beschäftigen müssen, die entweder allzu dunkel oder allzu deutlich sind. Das ganze Gedicht wird ein Zusammenhang von kleinen Kunstgriffen werden, durch die man weiter nichts als eine kurze Überraschung hervorzubringen vermag. Ist hingegen alles, was die Personen angeht, bekannt: so sehe ich in dieser Voraussetzung die Quelle der allerheftigsten Bewegungen. – Warum haben gewisse Monologen eine so große Wirkung? Darum, weil sie mir die geheimen Anschläge einer Person vertrauen, und diese Vertraulichkeit mich den Augenblick mit Furcht oder Hoffnung erfüllet. – Wenn der Zustand der Personen unbekannt ist, so kann sich der Zuschauer für die Handlung nicht stärker interessieren, als die Personen. Das Interesse aber wird sich für den Zuschauer verdoppeln, wenn er Licht genug hat, und es fühlet, daß Handlung und Reden ganz anders sein würden, wenn sich die Personen kennten. Alsdenn nur werde ich es kaum erwarten können, was aus ihnen werden wird, wenn ich das, was sie wirklich sind, mit dem, was sie tun oder tun wollen, vergleichen kann.«

Dieses auf den Aegisth angewendet, ist es klar, für welchen von beiden Planen sich Diderot erklären würde: ob für den alten des Euripides, wo die Zuschauer gleich vom Anfange den Aegisth eben so gut kennen, als er sich selbst; oder für den neuern des Maffei, den Voltaire so blindlings angenommen, wo Aegisth sich und den Zuschauern ein Rätsel ist, und dadurch das ganze Stück »zu einem Zusammenhange von kleinen Kunstgriffen« macht die weiter nichts als eine kurze Überraschung hervorbringen.

Diderot hat auch nicht ganz Unrecht, seine Gedanken über die Entbehrlichkeit und Geringfügigkeit aller ungewissen Erwartungen und plötzlichen Überraschungen, die sich auf den Zuschauer beziehen, für eben so neu als gegründet auszugeben. Sie sind neu, in Ansehung ihrer Abstraktion, aber sehr alt in Ansehung der Muster, aus welchen sie abstrahieret worden. Sie sind neu, in Betrachtung, daß seine Vorgänger nur immer auf das Gegenteil gedrungen; aber unter diese Vorgänger gehört weder Aristoteles noch Horaz, welchen durchaus nichts entfahren ist, was ihre Ausleger und Nachfolger in ihrer Prädilection für dieses Gegenteil hätte bestärken können, dessen gute Wirkung sie weder den meisten noch den besten Stücken der Alten abgesehen hatten.

Unter diesen war besonders Euripides seiner Sache so gewiß, daß er fast immer den Zuschauern das Ziel voraus zeigte, zu welchem er sie führen wollte. Ja, ich wäre sehr geneigt, aus diesem Gesichtspunkte die Verteidigung seiner Prologen zu übernehmen, die den neuern Kriticis so sehr mißfallen. »Nicht genug, sagt Hedelin, daß er meistenteils alles, was vor der Handlung des Stücks vorhergegangen, durch eine von seinen Hauptpersonen den Zuhörern geradezu erzählen läßt, um ihnen auf diese Weise das Folgende verständlich zu machen: er nimmt auch wohl öfters einen Gott dazu, von dem wir annehmen müssen, daß er alles weiß, und durch den er nicht allein was geschehen ist, sondern auch alles, was noch geschehen soll, uns kund macht. Wir erfahren sonach gleich Anfangs die Entwicklung und die ganze Katastrophe, und sehen jeden Zufall schon von weiten kommen. Dieses aber ist ein sehr merklicher Fehler, welcher der Ungewißheit und Erwartung, die auf dem Theater beständig herrschen sollen, gänzlich zuwider ist, und alle Annehmlichkeiten des Stückes vernichtet, die fast einzig und allein auf der Neuheit und Überraschung beruhen.«* Nein: der tragischste von allen tragischen Dichtern dachte so geringschätzig von seiner Kunst nicht; er wußte, daß sie einer weit höhern Vollkommenheit fähig wäre, und daß die Ergetzung einer kindischen Neugierde das geringste sei, worauf sie Anspruch mache. Er ließ seine Zuhörer also, ohne Bedenken, von der bevorstehenden Handlung eben so viel wissen, als nur immer ein Gott davon wissen konnte; und versprach sich die Rührung, die er hervorbringen wollte, nicht sowohl von dem, was geschehen sollte, als von der Art, wie

* Pratique du Théatre Lib. III. chap. 1.

es geschehen sollte. Folglich müßte den Kunstrichtern hier eigentlich weiter nichts anstößig sein, als nur dieses, daß er uns die nötige Kenntis des Vergangnen und des Zukünftigen nicht durch einen feinern Kunstgriff beizubringen gesucht; daß er ein höheres Wesen, welches wohl noch dazu an der Handlung keinen Anteil nimmt, dazu gebrauchet; und daß er dieses höhere Wesen sich geradezu an die Zuschauer wenden lassen, wodurch die dramatische Gattung mit der erzählenden vermischt werde. Wenn sie aber ihren Tadel sodann bloß hierauf einschränkten, was wäre denn ihr Tadel? Ist uns das Nützliche und Notwendige niemals willkommen, als wenn es uns verstohlner Weise zugeschanzt wird? Gibt es nicht Dinge, besonders in der Zukunft, die durchaus niemand anders als ein Gott wissen kann? Und wenn das Interesse auf solchen Dingen beruht, ist es nicht besser, daß wir sie durch die Darzwischenkunft eines Gottes vorher erfahren, als gar nicht? Was will man endlich mit der Vermischung der Gattungen überhaupt? In den Lehrbüchern sondre man sie so genau von einander ab, als möglich: aber wenn ein Genie, höherer Absichten wegen, mehrere derselben in einem und eben demselben Werke zusammenfließen läßt, so vergesse man das Lehrbuch, und untersuche bloß, ob es diese höhere Absichten erreicht hat. Was geht mich es an, ob so ein Stück des Euripides weder ganz Erzählung, noch ganz Drama ist? Nennt es immerhin einen Zwitter; genug, daß mich dieser Zwitter mehr vergnügt, mehr erbauet, als die gesetzmäßigsten Geburten eurer korrekten Racinen, oder wie sie sonst heißen. Weil der Maulesel weder Pferd noch Esel ist, ist er darum weniger eines von den nutzbarsten lasttragenden Tieren? –

NEUN UND VIERZIGSTES STÜCK

Den 16ten Oktober, 1767

Mit einem Worte; wo die Tadler des Euripides nichts als den Dichter zu sehen glauben, der sich aus Unvermögen, oder aus Gemächlichkeit, oder aus beiden Ursachen, seine

Arbeit so leicht machte, als möglich; wo sie die dramatische Kunst in ihrer Wiege zu finden vermeinen: da glaube ich diese in ihrer Vollkommenheit zu sehen, und bewundere in jenem den Meister, der im Grunde eben so regelmäßig ist, als sie ihn zu sein verlangen, und es nur dadurch weniger zu sein scheinet, weil er seinen Stücken eine Schönheit mehr erteilen wollen, von der sie keinen Begriff haben.

Denn es ist klar, daß alle die Stücke, deren Prologe ihnen so viel Ärgernis machen, auch ohne diese Prologe, vollkommen ganz, und vollkommen verständlich sind. Streichet z. E. vor dem Jon den Prolog des Merkurs, vor der Hekuba den Prolog des Polydors weg; laßt jenen sogleich mit der Morgenandacht des Jon, und diese mit den Klagen der Hekuba anfangen: sind beide darum im geringsten verstümmelt? Woher würdet ihr, was ihr weggestrichen habt, vermissen, wenn es gar nicht da wäre? Behält nicht alles den nämlichen Gang, den nämlichen Zusammenhang? Bekennet sogar, daß die Stücke, nach eurer Art zu denken, desto schöner sein würden, wenn wir aus den Prologen nicht wüßten, daß der Jon, welchen Kreusa will vergiften lassen, der Sohn dieser Kreusa ist; daß die Kreusa, welche Jon von dem Altar zu einem schmählichen Tode reißen will, die Mutter dieses Jon ist; wenn wir nicht wüßten, daß an eben dem Tage, da Hekuba ihre Tochter zum Opfer hingeben muß, die alte unglückliche Frau auch den Tod ihres letzten einzigen Sohnes erfahren solle. Denn alles dieses würde die trefflichsten Überraschungen geben, und diese Überraschungen würden noch dazu vorbereitet genug sein: ohne daß ihr sagen könntet, sie brächen auf einmal gleich einem Blitze aus der hellesten Wolke hervor; sie erfolgten nicht, sondern sie entstünden; man wolle euch, nicht auf einmal etwas entdecken, sondern etwas aufheften. Und gleichwohl zankt ihr noch mit dem Dichter? Gleichwohl werft ihr ihm noch Mangel der Kunst vor? Vergebt ihm doch immer einen Fehler, der mit einem einzigen Striche der Feder gut zu machen ist. Einen wollüstigen Schößling schneidet der Gärtner in der Stille ab, ohne auf den gesunden Baum zu schelten, der ihn getrieben hat. Wollt ihr aber einen Augenblick annehmen, – es ist wahr, es heißt sehr viel annehmen, – daß Euripides vielleicht eben so viel Einsicht, eben so viel Geschmack könne gehabt haben, als ihr; und es wundert euch um so viel mehr, wie er bei dieser großen Einsicht, bei diesem feinen Geschmacke, dennoch einen so groben Fehler begehen können: so tretet zu mir her, und betrachtet, was ihr Fehler nennt, aus meinem Standorte. Euripides sahe es so gut, als wir, daß z. E. sein Jon ohne den Prolog bestehen könne; daß er, ohne denselben, ein Stück sei, welches die Ungewißheit und Erwartung des Zuschauers, bis an das Ende unterhalte: aber eben an dieser Ungewißheit und Erwartung war ihm nichts gelegen. Denn erfuhr es der Zuschauer erst in dem fünften Akte, daß Jon der Sohn der Kreusa sei: so ist es für ihn nicht ihr Sohn, sondern ein Fremder, ein Feind, den sie in dem dritten Akte aus dem Wege räumen will; so ist es für ihn nicht die Mutter des Jon, an welcher sich Jon in dem vierten Akte rächen will, sondern bloß die Meuchelmörderin. Wo sollten aber alsdenn Schrecken und Mitleid herkommen? Die bloße Vermutung, die sich etwa aus übereintreffenden Umständen hätte ziehen lassen, daß Jon und Kreusa einander wohl näher angehen könnten, als sie meinen, würde dazu nicht hinreichend gewesen sein. Diese Vermutung mußte zur Gewißheit werden; und wenn der Zuhörer diese Gewißheit nur von außen erhalten konnte, wenn es nicht möglich war, daß er sie einer von den handelnden Personen selbst zu danken haben konnte: war es nicht immer besser, daß der Dichter sie ihm auf die einzige mögliche Weise erteilte, als gar nicht? Sagt von dieser Weise, was ihr wollt: genug, sie hat ihn sein Ziel erreichen helfen; seine Tragödie ist dadurch, was eine Tragödie sein soll; und wenn ihr noch unwillig seid, daß er die Form dem Wesen nachgesetzet hat, so versorge euch eure gelehrte Kritik mit nichts als Stücken, wo das Wesen der Form aufgeopfert ist, und ihr seid belohnt! Immerhin gefalle euch Whiteheads Kreusa, wo euch kein Gott etwas voraussagt, wo ihr alles von einem alten plauderhaften Vertrauten erfahrt, den eine verschlagne Zigeunerin ausfragt, immerhin gefalle sie euch besser, als des Euripides Jon: und ich werde euch nie beneiden!

Wenn Aristoteles den Euripides den tragischsten von allen tragischen Dichtern nennet, so sahe er nicht bloß darauf, daß die meisten seiner Stücke eine unglückliche Katastrophe haben; ob ich schon weiß, daß viele den Stagyriten so verstehen. Denn das Kunststück wäre ihm ja wohl bald abgelernt; und der Stümper, der brav würgen und morden, und keine von seinen Personen gesund oder lebendig von der Bühne kommen ließe, würde sich eben so tragisch dünken dürfen, als Euripides. Aristoteles hatte unstreitig mehrere Eigenschaften im Sinne, welchen zu Folge er ihm diesen Charakter erteilte; und ohne Zweifel, daß die eben berührte mit dazu gehörte, vermöge der er nämlich den Zuschauern alle das Unglück, welches seine Personen überraschen sollte, lange vorher zeigte, um die Zuschauer auch dann schon mit Mitleiden für die Personen einzunehmen, wenn diese Personen selbst sich noch weit entfernt glaubten, Mitleid zu verdienen. – Sokrates war der Lehrer und Freund des Euripides; und wie mancher dürfte der Meinung sein, daß der Dichter dieser Freundschaft des Philosophen weiter nichts zu danken habe, als den Reichtum von schönen Sittensprüchen, den er so verschwendrisch in seinen Stücken ausstreuet. Ich denke, daß er ihr weit mehr schuldig war; er hätte, ohne sie, eben so spruchreich sein können; aber vielleicht würde er, ohne sie, nicht so tragisch geworden sein. Schöne Sentenzen und Moralen sind überhaupt gerade das, was wir von einem Philosophen, wie Sokrates, am seltensten hören; sein Lebenswandel ist die einzige Moral, die er prediget. Aber den Menschen, und uns selbst kennen; auf unsere Empfindungen aufmerksam sein; in allen die ebensten und kürzesten Wege der Natur ausforschen und lieben; jedes Ding nach seiner Absicht beurteilen: das ist es, was wir in seinem Umgange lernen; das ist es, was Euripides von dem Sokrates lernte, und was ihn zu dem Ersten in seiner Kunst machte. Glücklich der Dichter, der so einen Freund hat, – und ihn alle Tage, alle Stunden zu Rate ziehen kann! –

Auch Voltaire scheinet es empfunden zu haben, daß es gut sein würde, wenn er uns mit dem Sohne der Merope gleich Anfangs bekannt machte; wenn er uns mit der Überzeugung, daß der liebenswürdige unglückliche Jüngling, den Merope erst in Schutz nimmt, und den sie bald darauf als den Mörder ihres Aegisths hinrichten will, der nämliche Aegisth sei, sofort könne aussetzen lassen. Aber der Jüngling kennt sich selbst nicht; auch ist sonst niemand da, der ihn besser kennte, und durch den wir ihn könnten kennen lernen. Was tut also der Dichter? Wie fängt er es an, daß wir es gewiß wissen, Merope erhebe den Dolch gegen ihren eignen Sohn, noch ehe es ihr der alte Narbas zuruft? – O, das fängt er sehr sinnreich an! Auf so einen Kunstgriff konnte sich nur ein Voltaire besinnen! – Er läßt, sobald der unbekannte Jüngling auftritt, über das erste, was er sagt, mit großen, schönen, leserlichen Buchstaben, den ganzen, vollen Namen, Aegisth, setzen; und so weiter über jede seiner folgenden Reden. Nun wissen wir es; Merope hat in dem Vorhergehenden ihren Sohn schon mehr wie einmal bei diesem Namen genannt; und wenn sie das auch nicht getan hätte, so dürften wir ja nur das vorgedruckte Verzeichnis der Personen nachsehen; da steht es lang und breit! Freilich ist es ein wenig lächerlich, wenn die Person, über deren Reden wir nun schon zehnmal den Namen Aegisth gelesen haben, auf die Frage:

> – – – Narbas vous est connu?
> Le nom d'Egiste au moins jusqu'à vous est venu?
> Quel était votre état, votre rang, votre père?

antwortet:

> Mon père est un vieillard accablé de misère;
> Policlete est son nom; mais Egiste, Narbas,
> Ceux dont vous me parlez, je ne les connais pas.

Freilich ist es sehr sonderbar, daß wir von diesem Aegisth, der nicht Aegisth heißt, auch keinen andern Namen hören; daß, da er der Königin antwortet, sein Vater heiße Polyklet, er nicht auch hinzusetzt, er heiße so und so. Denn einen Namen muß er doch haben; und den hätte der Herr von Voltaire ja wohl schon mit erfinden können, da er so viel erfunden hat! Leser, die den Rummel einer Tragödie nicht recht gut verstehen, können leicht darüber irre werden. Sie lesen, daß hier ein Bursche gebracht wird, der auf der Landstraße einen Mord begangen hat; dieser Bursche, sehen sie, heißt Aegisth, aber er sagt, er heiße nicht so, und sagt doch auch nicht, wie er heiße: o, mit dem Burschen, schließen sie, ist es nicht richtig; das ist ein abgefäumter Straßenräuber, so jung er ist, so unschuldig er sich stellt. So, sage ich, sind unerfahrne Leser zu denken in Gefahr; und doch glaube ich in allem Ernste, daß es für die erfahrnen Leser besser ist, auch so, gleich Anfangs, zu erfahren, wer der unbekannte Jüngling ist, als gar nicht. Nur daß man mir nicht sage, daß diese Art sie davon zu unterrichten, im geringsten künstlicher und feiner sei, als ein Prolog, im Geschmacke des Euripides! –

FUNFZIGSTES STÜCK

Den 20ten Oktober, 1767

Bei dem Maffei hat der Jüngling seine zwei Namen, wie es sich gehört; Aegisth heißt er, als der Sohn des Polydor, und Kresphont, als der Sohn der Merope. In dem Verzeichnisse der handelnden Personen wird er auch nur unter jenem eingeführt; und Becelli rechnet es seiner Ausgabe des Stücks als kein geringes Verdienst an, daß dieses Verzeichnis den wahren Stand des Aegisth nicht voraus verrate.* Das ist, die Italiener sind von den Überraschungen noch größere Liebhaber, als die Franzosen. –

Aber noch immer Merope! – Wahrlich, ich betaure meine Leser, die sich an diesem Blatte eine theatralische Zeitung versprochen haben, so mancherlei und bunt, so unterhaltend und schnurrig, als eine theatralische Zeitung nur sein kann. Anstatt des Inhalts der hier gangbaren Stücke, in kleine lu-

* Fin ne i nomi de' Personaggi si è levato quell' errore, comunissimo alle stampe d'ogni drama, di scoprire il secreto nel premettergli, e per conseguenza di levare il piacere a chi legge, overo ascolta, essendosi messo Egisto, dove era, Cresfonte sotto nome d'Egisto.

stige oder rührende Romane gebracht; anstatt beiläufiger Lebensbeschreibungen drolliger, sonderbarer, närrischer Geschöpfe, wie die doch wohl sein müssen, die sich mit Komödienschreiben abgeben; anstatt kurzweiliger, auch wohl ein wenig skandalöser Anekdoten von Schauspielern und besonders Schauspielerinnen: anstatt aller dieser artigen Sächelchen, die sie erwarteten, bekommen sie lange, ernsthafte, trockne Kritiken über alte bekannte Stücke; schwerfällige Untersuchungen über das, was in einer Tragödie sein sollte und nicht sein sollte; mit unter wohl gar Erklärungen des Aristoteles. Und das sollen sie lesen? Wie gesagt, ich betauere sie; sie sind gewaltig angeführt! – Doch im Vertrauen: besser, daß sie es sind, als ich. Und ich würde es sehr sein, wenn ich mir ihre Erwartungen zum Gesetze machen müßte. Nicht daß ihre Erwartungen sehr schwer zu erfüllen wären; wirklich nicht; ich würde sie vielmehr sehr bequem finden, wenn sie sich mit meinen Absichten nur besser vertragen wollten.

Über die Merope indes muß ich freilich einmal wegzukommen suchen. – Ich wollte eigentlich nur erweisen, daß die Merope des Voltaire im Grunde nichts als die Merope des Maffei sei; und ich meine, dieses habe ich erwiesen. Nicht ebenderselbe Stoff, sagt Aristoteles, sondern ebendieselbe Verwicklung und Auflösung machen, daß zwei oder mehrere Stücke für ebendieselben Stücke zu halten sind. Also, nicht weil Voltaire mit dem Maffei einerlei Geschichte behandelt hat, sondern weil er sie mit ihm auf ebendieselbe Art behandelt hat, ist er hier für weiter nichts, als für den Übersetzer und Nachahmer desselben zu erklären. Maffei hat die Merope des Euripides nicht bloß wieder hergestellet; er hat eine eigene Merope gemacht: denn er ging völlig von dem Plane des Euripides ab; und in dem Vorsatze ein Stück ohne Galanterie zu machen, in welchem das ganze Interesse bloß aus der mütterlichen Zärtlichkeit entspringe, schuf er die ganze Fabel um; gut, oder übel, das ist hier die Frage nicht; genug, er schuf sie doch um. Voltaire aber entlehnte von Maffei die ganze so umgeschaffene Fabel; er entlehnte von ihm, daß Merope mit dem Polyphont nicht vermählt ist; er entlehnte von ihm die politischen Ursachen, aus welchen der Tyrann, nun erst, nach funfzehn Jahren, auf diese Vermählung dringen zu müssen glaubet; er entlehnte von ihm, daß der Sohn der Merope sich selbst nicht kennet; er entlehnte von ihm, wie und warum dieser von seinem vermeinten Vater entkömmt; er entlehnte von ihm den Vorfall, der den Aegisth als einen Mörder nach Messene bringt; er entlehnte von ihm die Mißdeutung, durch die er für den Mörder seiner selbst gehalten wird; er entlehnte von ihm die dunkeln Regungen der mütterlichen Liebe, wenn Merope den Aegisth zum erstenmale erblickt; er entlehnte von ihm den Vorwand, warum Aegisth vor Meropens Augen, von ihren eignen Händen sterben soll, die Entdeckung seiner Mitschuldigen: mit einem Worte, Voltaire entlehnte vom Maffei die ganze Verwicklung. Und hat er nicht auch die ganze Auflösung von ihm entlehnt, indem er das Opfer, bei welchem Polyphont umgebracht werden sollte, von ihm mit der Handlung verbinden lernte? Maffei machte es zu einer hochzeitlichen Feier, und vielleicht, daß er, bloß darum, seinen Tyrannen itzt erst auf die Verbindung mit Meropen fallen ließ, um dieses Opfer desto natürlicher anzubringen. Was Maffei erfand, tat Voltaire nach.

Es ist wahr, Voltaire gab verschiedenen von den Umständen, die er vom Maffei entlehnte, eine andere Wendung. Z. E. Anstatt daß, beim Maffei, Polyphont bereits funfzehn Jahre regieret hat, läßt er die Unruhen in Messene ganzer funfzehn Jahre dauern, und den Staat so lange in der unwahrscheinlichsten Anarchie verharren. Anstatt daß, beim Maffei, Aegisth von einem Räuber auf der Straße angefallen wird, läßt er ihn in einem Tempel des Herkules von zwei Unbekannten überfallen werden, die es ihm übel nehmen, daß er den Herkules für die Herakliden, den Gott des Tempels für die Nachkommen desselben, anfleht. Anstatt daß, beim Maffei, Aegisth durch einen Ring in Verdacht gerät, läßt Voltaire diesen Verdacht durch eine Rüstung entstehen, u. s. w. Aber alle diese Veränderungen betreffen die unerheblichsten Kleinigkeiten, die fast alle außer dem Stücke sind, und auf die Ökonomie des Stückes selbst keinen Einfluß haben. Und doch wollte ich sie Voltairen noch gern als Äußerungen seines schöpferischen Genies anrechnen, wenn ich nur fände, daß er das, was er ändern zu müssen vermeinte, in allen seinen Folgen zu ändern verstanden hätte. Ich will mich an dem mittelsten von den angeführten Beispielen erklären. Maffei läßt seinen Aegisth von einem Räuber angefallen werden, der den Augenblick abpaßt, da er sich mit ihm auf dem Wege allein sieht, ohnfern einer Brücke über die Pamise; Aegisth erlegt den Räuber, und wirft den Körper in den Fluß, aus Furcht, wenn der Körper auf der Straße gefunden würde, daß man den Mörder verfolgen und ihn dafür erkennen dürfte. Ein Räuber, dachte Voltaire, der einem Prinzen den Rock ausziehen und den Beutel nehmen will, ist für mein feines, edles Parterr ein viel zu niedriges Bild; besser, aus diesem Räuber einen Mißvergnügten gemacht, der dem Aegisth als einem Anhänger der Herakliden zu Leibe will. Und warum nur *einen*? Lieber zwei; so ist die Heldentat des Aegisths desto größer, und der, welcher von diesen zweien entrinnt, wenn er zu dem ältrern gemacht wird, kann hernach für den Narbas genommen werden. Recht gut, mein lieber Johann Ballhorn; aber nun weiter. Wenn Aegisth den einen von diesen Mißvergnügten erlegt hat, was tut er alsdenn? Er trägt den toten Körper auch ins Wasser. Auch? Aber wie denn? warum denn? Von der leeren Landstraße in den nahen Fluß; das ist ganz begreiflich: aber aus dem Tempel in den Fluß, dieses auch? War denn außer ihnen niemand in diesem Tempel? Es sei so; auch ist das die größte Ungereimtheit noch nicht. Das Wie ließe sich noch denken: aber das Warum gar nicht. Maffeis Aegisth trägt den Körper in den Fluß, weil er sonst verfolgt und erkannt zu werden fürchtet; weil er glaubt, wenn der Körper bei Seite geschafft sei, daß sodann nichts seine Tat verraten könne; daß diese sodann, mit samt dem Körper, in der Flut begraben sei. Aber kann das Voltairens Aegisth auch glauben? Nimmermehr; oder der zweite hätte nicht entkommen müssen. Wird sich dieser begnügen, sein Leben davon getragen zu haben? Wird er ihn nicht, wenn er auch noch so furchtsam ist, von weiten beobachten? Wird er ihn nicht mit seinem Geschrei verfolgen, bis ihn andere festhalten? Wird er ihn nicht anklagen, und wider ihn zeugen? Was hilft es dem Mörder also, das Corpus delicti weggebracht zu haben? Hier ist ein Zeuge, welcher es nachweisen kann. Diese vergebene Mühe hätte er sparen, und dafür eilen sollen, je eher je lieber über die Grenze zu kommen. Freilich mußte der Körper, des Folgenden wegen, ins Wasser geworfen werden; es war Voltairen eben so nötig als dem Maffei, daß Merope nicht durch die Besichtigung desselben aus ihrem Irrtume gerissen werden konnte; nur daß, was bei diesem Aegisth sich selber zum Besten tut, er bei jenem bloß dem Dichter zu gefallen tun muß. Denn Voltaire korrigierte die Ursache weg, ohne zu überlegen, daß er die Wirkung dieser Ursache brauche, die nunmehr von nichts, als von seiner Bedürfnis abhängt.

Eine einzige Veränderung, die Voltaire in dem Plane des Maffei gemacht hat, verdient den Namen einer Verbesserung. Die nämlich, durch welche er den wiederholten Versuch der Merope, sich an dem vermeinten Mörder ihres Sohnes zu rächen, unterdrückt, und dafür die Erkennung von Seiten des Aegisth, in Gegenwart des Polyphonts, geschehen läßt. Hier erkenne ich den Dichter, und besonders ist die zweite Szene des vierten Akts ganz vortrefflich. Ich wünschte nur, daß die Erkennung überhaupt, die in der vierten Szene des dritten Akts von beiden Seiten erfolgen zu müssen das Ansehen hat, mit mehrerer Kunst hätte geteilet werden können. Denn daß Aegisth mit einmal von dem Eurikles weggeführet wird, und die Vertiefung sich hinter ihm schließt, ist ein sehr gewaltsames Mittel. Es ist nicht ein Haar besser, als die übereilte Flucht, mit der sich Aegisth bei dem Maffei rettet, und über die Voltaire seinen Lindelle so spotten läßt. Oder vielmehr, diese Flucht ist um vieles natürlicher; wenn der Dichter nur hernach Sohn und Mutter einmal zusammen gebracht, und uns nicht gänzlich die ersten rührenden Ausbrüche ihrer beiderseitigen Empfindungen gegen einander, vorenthalten hätte. Vielleicht würde Voltaire die Erkennung überhaupt nicht geteilet haben, wenn er seine Materie nicht hätte dehnen müssen, um fünf Akte damit vollzumachen. Er jammert mehr als einmal über cette longue carrière de cinq actes qui est prodigieusement difficile à remplir sans episodes – Und nun für diesesmal genug von der Merope!

EIN UND FUNFZIGSTES STÜCK

Den 23sten Oktober, 1767

Den neun und dreißigsten Abend (Mittewochs, den 8ten Julius,) wurden der verheiratete Philosoph und die neue Agnese, wiederholt.*

Chevrier sagt,** daß Destouches sein Stück aus einem Lustspiele des Campistron geschöpft habe, und daß, wenn dieser nicht seinen Jaloux desabusé geschrieben hätte, wir wohl schwerlich einen verheirateten Philosophen haben würden. Die Komödie des Campistron ist unter uns wenig bekannt; ich wüßte nicht, daß sie auf irgend einem deutschen Theater wäre gespielt worden; auch ist keine Übersetzung davon vorhanden. Man dürfte also vielleicht um so viel lieber wissen wollen, was eigentlich an dem Vorgeben des Chevrier sei.

Die Fabel des Campistronschen Stücks ist kurz diese: Ein Bruder hat das ansehnliche Vermögen seiner Schwester in Händen, und um dieses nicht herausgeben zu dürfen, möchte er sie lieber gar nicht verheiraten. Aber die Frau dieses Bruders denkt besser, oder wenigstens anders, und um ihren Mann zu vermögen, seine Schwester zu versorgen, sucht sie ihn auf alle Weise eifersüchtig zu machen, indem sie verschiedne junge Mannspersonen sehr gütig aufnimmt, die alle Tage unter dem Vorwande, sich um ihre Schwägerin zu bewerben, zu ihr ins Haus kommen. Die List gelingt; der Mann wird eifersüchtig; und williget endlich, um seiner Frau den vermeinten Vorwand, ihre Anbeter um sich zu haben, zu benehmen, in die Verbindung seiner Schwester mit Clitandern, einem Anverwandten seiner Frau, dem zu gefallen sie die Rolle der Coquette gespielt hatte. Der Mann

* S. den 5ten und 7ten Abend, Seite 76 und 85.

** L'Observateur des Spectacles T. II. p. 135.

sieht sich berückt, ist aber sehr zufrieden, weil er zugleich von dem Ungrunde seiner Eifersucht überzeugt wird.

Was hat diese Fabel mit der Fabel des verheirateten Philosophen ähnliches? Die Fabel nicht das geringste. Aber hier ist eine Stelle aus dem zweiten Akte des Campistronschen Stücks, zwischen Dorante, so heißt der Eifersüchtige, und Dubois, seinem Sekretär. Diese wird gleich zeigen, was Chevrier gemeinet hat.

DUBOIS. Und was fehlt Ihnen denn?

DORANTE. Ich bin verdrüßlich, ärgerlich; alle meine ehemalige Heiterkeit ist weg; alle meine Freude hat ein Ende. Der Himmel hat mir einen Tyrannen, einen Henker gegeben, der nicht aufhören wird, mich zu martern, zu peinigen –

DUBOIS. Und wer ist denn dieser Tyrann, dieser Henker?

DORANTE. Meine Frau.

DUBOIS. Ihre Frau, mein Herr?

DORANTE. Ja, meine Frau, meine Frau. – Sie bringt mich zur Verzweiflung.

DUBOIS. Hassen Sie sie denn?

DORANTE. Wollte Gott! So wäre ich ruhig. – Aber ich liebe sie, und liebe sie so sehr – Verwünschte Qual!

DUBOIS. Sie sind doch wohl nicht eifersüchtig?

DORANTE. Bis zur Raserei.

DUBOIS. Wie? Sie, mein Herr? Sie eifersüchtig? Sie, der Sie von je her über alles, was Eifersucht heißt, –

DORANTE. Gelacht, und gespottet. Desto schlimmer bin ich nun daran! Ich Geck, mich von den elenden Sitten der großen Welt so hinreißen zu lassen! In das Geschrei der Narren einzustimmen, die sich über die Ordnung und Zucht unserer ehrlichen Vorfahren so lustig machen! Und ich stimmte nicht bloß ein; es währte nicht lange, so gab ich den Ton. Um Witz, um Lebensart zu zeigen, was für albernes Zeug habe ich nicht gesprochen! Eheliche Treue, beständige Liebe, pfui, wie schmeckt das nach dem kleinstädtischen Bürger! Der Mann, der seiner Frau nicht allen Willen läßt, ist ein Bär! Der es ihr übel nimmt, wenn sie auch andern gefällt und zu gefallen sucht, gehört ins Tollhaus. So sprach ich, und mich hätte man da sollen ins Tollhaus schicken. –

DUBOIS. Aber warum sprachen Sie so?

DORANTE. Hörst du nicht? Weil ich ein Geck war, und glaubte, es ließe noch so galant und weise. – Inzwischen wollte mich meine Familie verheiratet wissen. Sie schlugen mir ein junges, unschuldiges Mädchen vor; und ich nahm es. Mit der, dachte ich, soll es gute Wege haben; die soll in meiner Denkungsart nicht viel ändern; ich liebe sie itzt nicht besonders, und der Besitz wird mich noch gleichgültiger gegen sie machen. Aber wie sehr habe ich mich betrogen! Sie ward täglich schöner, täglich reizender. Ich sah es und entbrannte, und entbrannte je mehr und mehr; und itzt bin ich so verliebt, so verliebt in sie –

DUBOIS. Nun, das nenne ich gefangen werden!

DORANTE. Denn ich bin so eifersüchtig! – Daß ich mich schäme, es auch nur dir zu bekennen. – Alle meine Freunde sind mir zuwider – und verdächtig; die ich sonst nicht ofte genug um mich haben konnte, sehe ich itzt lieber gehen als kommen. Was haben sie auch in meinem Hause zu suchen? Was wollen die Müßiggänger? Wozu alle die Schmeicheleien, die sie meiner Frau machen? Der eine lobt ihren Verstand; der andere erhebt ihr gefälliges Wesen bis in den Himmel. Den entzücken ihre himmlischen Augen, und den ihre schönen Zähne. Alle finden sie höchst reizend, höchst anbetenswürdig; und immer schließt sich ihr verdammtes Geschwätze mit der verwünschten Betrachtung, was für ein glücklicher, was für ein beneidenswürdiger Mann ich bin.

DUBOIS. Ja, ja, es ist wahr, so geht es zu.

DORANTE. O, sie treiben ihre unverschämte Kühnheit wohl noch weiter! Kaum ist sie aus dem Bette, so sind sie um ihre Toilette. Da solltest du erst sehen und hören! Jeder will da seine Aufmerksamkeit und seinen Witz mit dem andern um die Wette zeigen. Ein abgeschmackter Einfall jagt den andern, eine boshafte Spötterei die andere, ein kützelndes Histörchen das andere. Und das alles mit Zeichen, mit Mienen, mit Liebäugeleien, die meine Frau so leutselig annimmt, so verbindlich erwidert, daß – daß mich der Schlag oft rühren möchte! Kannst du glauben, Dubois? ich muß es wohl mit ansehen, daß sie ihr die Hand küssen.

DUBOIS. Das ist arg!

DORANTE. Gleichwohl darf ich nicht muchsen. Denn was würde die Welt dazu sagen? Wie lächerlich würde ich mich machen, wenn ich meinen Verdruß auslassen wollte? Die Kinder auf der Straße würden mit Fingern auf mich weisen. Alle Tage würde ein Epigramm, ein Gassenhauer auf mich zum Vorscheine kommen u. s. w.

Diese Situation muß es sein, in welcher Chevrier das Ähnliche mit dem verheirateten Philosophen gefunden hat. So wie der Eifersüchtige des Campistron sich schämet, seine Eifersucht auszulassen, weil er sich ehedem über diese Schwachheit allzulustig gemacht hat: so schämt sich auch der Philosoph des Destouches, seine Heirat bekannt zu machen, weil er ehedem über alle ernsthafte Liebe gespottet, und den ehelosen Stand für den einzigen erklärt hatte, der einem freien und weisen Manne anständig sei. Es kann auch nicht fehlen, daß diese ähnliche Scham sie nicht beide in mancherlei ähnliche Verlegenheiten bringen sollte. So ist, z. E., die, in welcher sich Dorante beim Campistron siehet, wenn er von seiner Frau verlangt, ihm die überlästigen Besucher von Halse zu schaffen, diese aber ihn bedeutet, daß das eine Sache sei, die er selbst bewerkstelligen müsse, fast die nämliche mit der bei dem Destouches, in welcher sich Arist befindet, wenn er es selbst dem Marquis sagen soll, daß er sich auf Meliten keine Rechnung machen könne. Auch leidet dort der Eifersüchtige, wenn seine Freunde in seiner Gegenwart über die Eifersüchtigen spotten, und er selbst sein Wort dazu geben muß, ungefähr auf gleiche Weise, als hier der Philosoph, wenn er sich muß sagen lassen, daß er ohne Zweifel viel zu klug und vorsichtig sei, als daß er sich zu so einer Torheit, wie das Heiraten, sollte haben verleiten lassen.

Dem ohngeachtet aber sehe ich nicht, warum Destouches bei seinem Stücke notwendig das Stück des Campistron vor Augen gehabt haben müßte; und mir ist es ganz begreiflich, daß wir jenes haben könnten, wenn dieses auch nicht vorhanden wäre. Die verschiedensten Charaktere können in ähnliche Situationen geraten; und da in der Komödie die Charaktere das Hauptwerk, die Situationen aber nur die Mittel sind, jene sich äußern zu lassen, und ins Spiel zu setzen: so muß man nicht die Situationen, sondern die Charaktere in Betrachtung ziehen, wenn man bestimmen will, ob ein Stück Original oder Kopie genennt zu werden verdiene. Umgekehrt ist es in der Tragödie, wo die Charaktere weniger wesentlich sind, und Schrecken und Mitleid vornehmlich aus den Situationen entspringt. Ähnliche Situationen geben also ähnliche Tragödien, aber nicht ähnliche Komödien. Hingegen geben ähnliche Charaktere ähnliche Komödien, anstatt daß sie in den Tragödien fast gar nicht in Erwägung kommen.

Der Sohn unsers Dichters, welcher die prächtige Ausgabe der Werke seines Vaters besorgt hat, die vor einigen Jahren in vier Quartbänden aus der Königlichen Druckerei zu Paris erschien, meldet uns, in der Vorrede zu dieser Ausgabe, eine besondere dieses Stück betreffende Anekdote. Der Dichter nämlich habe sich in England verheiratet, und aus gewissen Ursachen seine Verbindung geheim halten müssen. Eine Person aus der Familie seiner Frau aber habe das Geheimnis früher ausgeplaudert, als ihm lieb gewesen; und dieses habe Gelegenheit zu dem verheirateten Philosophen gegeben. Wenn dieses wahr ist, – und warum sollten wir es seinem Sohne nicht glauben? – so dürfte die vermeinte Nachahmung des Campistron um so eher wegfallen.

ZWEI UND FUNFZIGSTES STÜCK

Den 27sten Oktober, 1767

Den vierzigsten Abend (Donnerstags, den 9ten Julius,) ward Schlegels Triumph der guten Frauen, aufgeführet.

Dieses Lustspiel ist unstreitig eines der besten deutschen Originale. Es war, so viel ich weiß, das letzte komische Werk des Dichters, das seine frühern Geschwister unendlich übertrifft, und von der Reife seines Urhebers zeiget. Der geschäftige Müßiggänger war der erste jugendliche Versuch, und fiel aus, wie alle solche jugendliche Versuche ausfallen. Der Witz verzeihe es denen, und räche sich nie an ihnen, die allzuviel Witz darin gefunden haben! Er enthält das kalteste, langweiligste Alltagsgewäsche, das nur immer in dem Hause eines Meißnischen Pelzhändlers vorfallen kann. Ich wüßte nicht, daß er jemals wäre aufgeführt worden, und ich zweifle, daß seine Vorstellung dürfte auszuhalten sein. Der Geheimnisvolle ist um vieles besser; ob es gleich der Geheimnisvolle gar nicht geworden ist, den Moliere in der Stelle geschildert hat, aus welcher Schlegel den Anlaß zu diesem Stücke wollte genommen haben.* Molieres Geheimnisvoller ist ein Geck, der sich ein wichtiges Ansehen geben will; Schlegels Geheimnisvoller aber ein gutes ehrliches Schaf, das den Fuchs spielen will, um von den Wölfen nicht gefressen zu werden. Daher kömmt es auch, daß er so viel ähnliches mit dem Charakter des Mißtrauischen hat, den Cronegk hernach auf die Bühne brachte. Beide Charaktere aber, oder vielmehr beide Nuancen des nämlichen Charakters, können nicht anders als in einer so kleinen und armseligen, oder so menschenfeind-

* Misantrope Acte II. Sc. 4.
C'est de la tête aux pieds, un homme tout mistere,
Qui vous jette, en passant, un coup d'oeil egaré,
Et sans aucune affaire est toujours affairé.
Tout ce qu'il vous debite en grimaces abonde.
A force de façons il assomme le monde.
Sans cesse il a tout bas, pour rompre l'entretien,
Un secret à vous dire, et ce secret n'est rien.
De la moindre vetille il fait une merveille
Et jusques au bon jour, il dit tout à l'oreille.

lichen und häßlichen Seele sich finden, daß ihre Vorstellungen notwendig mehr Mitleiden oder Abscheu erwecken müssen, als Lachen. Der Geheimnisvolle ist wohl sonst hier aufgeführet worden; man versichert mich aber auch durchgängig, und aus der eben gemachten Betrachtung ist mir es sehr begreiflich, daß man ihn läppischer gefunden habe, als lustig.

Der Triumph der guten Frauen hingegen hat, wo er noch aufgeführet worden, und so oft er noch aufgeführet worden, überall und jederzeit, einen sehr vorzüglichen Beifall erhalten; und daß sich dieser Beifall auf wahre Schönheiten gründen müsse, daß er nicht das Werk einer überraschenden blendenden Vorstellung sei, ist daher klar, weil ihn noch niemand, nach Lesung des Stücks, zurückgenommen. Wer es zuerst gelesen, dem gefällt es um so viel mehr, wenn er es spielen sieht: und wer es zuerst spielen gesehen, dem gefällt es um so viel mehr, wenn er es lieset. Auch haben es die strengesten Kunstrichter eben so sehr seinen übrigen Lustspielen, als diese überhaupt dem gewöhnlichen Prasse deutscher Komödien vorgezogen.

»Ich las, sagt einer von ihnen,* den geschäftigen Müßiggänger: die Charaktere schienen mir vollkommen nach dem Leben; solche Müßiggänger, solche in ihre Kinder vernarrte Mütter, solche schalwitzige Besuche, und solche dumme Pelzhändler sehen wir alle Tage. So denkt, so lebt, so handelt der Mittelstand unter den Deutschen. Der Dichter hat seine Pflicht getan, er hat uns geschildert, wie wir sind. Allein ich gähnte vor Langeweile. – Ich las darauf den Triumph der guten Frauen. Welcher Unterschied! Hier finde ich Leben in den Charakteren, Feuer in ihren Handlungen, echten Witz in ihren Gesprächen, und den Ton einer feinen Lebensart in ihrem ganzen Umgange.«

Der vornehmste Fehler, den ebenderselbe Kunstrichter daran bemerkt hat, ist der, daß die Charaktere an sich selbst nicht deutsch sind. Und leider, muß man diesen zugestehen. Wir sind aber in unsern Lustspielen schon zu sehr an fremde,

* Briefe, die neueste Literatur betreffend. T. XXI. S. 133.

und besonders an französische Sitten gewöhnt, als daß er eine besonders üble Wirkung auf uns haben könnte.

»Nikander, heißt es, ist ein französischer Abenteurer, der auf Eroberungen ausgeht, allem Frauenzimmer nachstellt, keinem im Ernste gewogen ist, alle ruhige Ehen in Uneinigkeit zu stürzen, aller Frauen Verführer und aller Männer Schrekken zu werden sucht, und der bei allem diesen kein schlechtes Herz hat. Die herrschende Verderbnis der Sitten und Grundsätze scheinet ihn mit fortgerissen zu haben. Gottlob! daß ein Deutscher, der so leben will, das verderbteste Herz von der Welt haben muß. – Hilaria, des Nikanders Frau, die er vier Wochen nach der Hochzeit verlassen, und nunmehr in zehn Jahren nicht gesehen hat, kömmt auf den Einfall ihn aufzusuchen. Sie kleidet sich als eine Mannsperson, und folgt ihm, unter dem Namen Philint, in alle Häuser nach, wo er Avanturen sucht. Philint ist witziger, flatterhafter und unverschämter als Nikander. Das Frauenzimmer ist dem Philint mehr gewogen, und sobald er mit seinem frechen aber doch artigen Wesen sich sehen läßt, stehet Nikander da wie verstummt. Dieses gibt Gelegenheit zu sehr lebhaften Situationen. Die Erfindung ist artig, der zweifache Charakter wohl gezeichnet, und glücklich in Bewegung gesetzt; aber das Original zu diesem nachgeahmten Petitmaitre ist gewiß kein Deutscher.«

»Was mir, fährt er fort, sonst an diesem Lustspiele mißfällt, ist der Charakter des Agenors. Den Triumph der guten Frauen vollkommen zu machen, zeigt dieser Agenor den Ehemann von einer gar zu häßlichen Seite. Er tyrannisieret seine unschuldige Juliane auf das unwürdigste, und hat recht seine Lust sie zu quälen. Grämlich, so oft er sich sehen läßt, spöttisch bei den Tränen seiner gekränkten Frau, argwöhnisch bei ihren Liebkosungen, boshaft genug, ihre unschuldigsten Reden und Handlungen durch eine falsche Wendung zu ihrem Nachteile auszulegen, eifersüchtig, hart, unempfindlich, und, wie Sie sich leicht einbilden können, in seiner Frauen Kammermädchen verliebt. – Ein solcher Mann ist gar zu verderbt, als daß wir ihm eine schleunige Besserung zutrauen könnten. Der Dichter gibt ihm eine Nebenrolle, in welcher sich die Falten seines nichtswürdigen Herzens nicht genug entwickeln können. Er tobt, und weder Juliane noch die Leser wissen recht, was er will. Eben so wenig hat der Dichter Raum gehabt, seine Besserung gehörig vorzubereiten und zu veranstalten. Er mußte sich begnügen, dieses gleichsam im Vorbeigehen zu tun, weil die Haupthandlung mit Nikander und Philinten zu schaffen hatte. Kathrine, dieses edelmütige Kammermädchen der Juliane, das Agenor verfolgt hatte, sagt gar recht am Ende des Lustspiels: Die geschwindesten Bekehrungen sind nicht allemal die aufrichtigsten! Wenigstens so lange dieses Mädchen im Hause ist, möchte ich nicht für die Aufrichtigkeit stehen.«

Ich freue mich, daß die beste deutsche Komödie dem richtigsten deutschen Beurteiler in die Hände gefallen ist. Und doch war es vielleicht die erste Komödie, die dieser Mann beurteilte.

Ende des ersten Bandes

Zweiter Band

DREI UND FUNFZIGSTES STÜCK

Den 3ten November, 1767

Den ein und vierzigsten Abend (Freitags, den 10ten Julius,) wurden Cenie und der Mann nach der Uhr, wiederholt.*

»Cenie, sagt Chevrier gerade heraus,** führet den Namen der Frau von Graffigni, ist aber ein Werk des Abts von Voisenon. Es war Anfangs in Versen; weil aber die Frau von Graffigni, der es erst in ihrem vier und funfzigsten Jahre einfiel, die Schriftstellerin zu spielen, in ihrem Leben keinen Vers gemacht hatte, so ward Cenie in Prosa gebracht. Mais l'Auteur, fügt er hinzu, y a laissé 81 vers qui y existent dans leur entier.« Das ist, ohne Zweifel, von einzeln hin und wieder zerstreuten Zeilen zu verstehen, die den Reim verloren, aber die Sylbenzahl beibehalten haben. Doch wenn Chevrier keinen andern Beweis hatte, daß das Stück in Versen gewesen: so ist es sehr erlaubt, daran zu zweifeln. Die französischen Verse kommen überhaupt der Prosa so nahe, daß es Mühe kosten soll, nur in einem etwas gesuchteren Stile zu schreiben, ohne daß sich nicht von selbst ganze Verse zusammen finden, denen nichts wie der Reim mangelt. Und gerade denjenigen, die gar keine Verse machen, können dergleichen Verse am ersten entwischen; eben weil sie gar kein Ohr für das Metrum haben, und es also eben so wenig zu vermeiden, als zu beobachten verstehen.

Was hat Cenie sonst für Merkmale, daß sie nicht aus der Feder eines Frauenzimmers könne geflossen sein? »Das Frauenzimmer überhaupt, sagt Rousseau,*** liebt keine einzige Kunst, versteht sich auf eine einzige, und an Genie fehlt es ihm ganz und gar. Es kann in kleinen Werken glücklich sein,

* S. den 23sten und 29sten Abend, Seite 120 und 131.
** Observateur des Spectacles Tome I. p. 211.
*** à d'Alembert p. 193.

die nichts als leichten Witz, nichts als Geschmack, nichts als Anmut, höchstens Gründlichkeit und Philosophie verlangen. Es kann sich Wissenschaft, Gelehrsamkeit und alle Talente erwerben, die sich durch Mühe und Arbeit erwerben lassen. Aber jenes himmlische Feuer, welches die Seele erhitzet und entflammet, jenes um sich greifende verzehrende Genie, jene brennende Beredsamkeit, jene erhabene Schwünge, die ihr Entzückendes dem Innersten unseres Herzens mitteilen, werden den Schriften des Frauenzimmers allezeit fehlen.«

Also fehlen sie wohl auch der Cenie? Oder, wenn sie ihr nicht fehlen, so muß Cenie notwendig das Werk eines Mannes sein? Rousseau selbst würde so nicht schließen. Er sagt vielmehr, was er dem Frauenzimmer überhaupt absprechen zu müssen glaube, wolle er darum keiner Frau insbesondere streitig machen. (Ce n'est pas à une femme, mais aux femmes que je refuse les talens des hommes*.) Und dieses sagt er eben auf Veranlassung der Cenie; eben da, wo er die Graffigni als die Verfasserin derselben anführt. Dabei merke man wohl, daß Graffigni seine Freundin nicht war, daß sie übels von ihm gesprochen hatte, daß er sich an eben der Stelle über sie beklagt. Dem ohngeachtet erklärt er sie lieber für eine Ausnahme seines Satzes, als daß er im geringsten auf das Vorgeben des Chevrier anspielen sollte, welches er zu tun, ohne Zweifel, Freimütigkeit genug gehabt hätte, wenn er nicht von dem Gegenteile überzeugt gewesen wäre.

Chevrier hat mehr solche verkleinerliche geheime Nachrichten. Eben dieser Abt, wie Chevrier wissen will, hat für die Favart gearbeitet. Er hat die komische Oper, Annette und Lubin, gemacht; und nicht *sie*, die Aktrice, von der er sagt, daß sie kaum lesen könne. Sein Beweis ist ein Gassenhauer, der in Paris darüber herumgegangen; und es ist allerdings wahr, daß die Gassenhauer in der französischen Geschichte überhaupt unter die glaubwürdigsten Dokumente gehören.

Warum ein Geistlicher ein sehr verliebtes Singspiel unter fremdem Namen in die Welt schicke, ließe sich endlich noch begreifen. Aber warum er sich zu einer Cenie nicht bekennen

* Ibid. p. 78.

wolle, der ich nicht viele Predigten vorziehen möchte, ist schwerlich abzusehen. Dieser Abt hat ja sonst mehr als ein Stück aufführen und drucken lassen, von welchen ihn jedermann als den Verfasser kennet, und die der Cenie bei weiten nicht gleich kommen. Wenn er einer Frau von vier und funfzig Jahren eine Galanterie machen wollte, ist es wahrscheinlich, daß er es gerade mit seinem besten Werke würde getan haben? –

Den zwei und vierzigsten Abend (Montags, den 13ten Julius,) ward die Frauenschule von Moliere aufgeführt.

Moliere hatte bereits seine Männerschule gemacht, als er im Jahre 1662 diese Frauenschule darauf folgen ließ. Wer beide Stücke nicht kennet, würde sich sehr irren, wenn er glaubte, daß hier den Frauen, wie dort den Männern, ihre Schuldigkeit gepredigет würde. Es sind beides witzige Possenspiele, in welchen ein Paar junge Mädchen, wovon das eine in aller Strenge erzogen und das andere in aller Einfalt aufgewachsen, ein Paar alte Laffen hintergehen; und die beide die Männerschule heißen müßten, wenn Moliere weiter nichts darin hätte lehren wollen, als daß das dümmste Mädchen noch immer Verstand genug habe zu betrügen, und daß Zwang und Aufsicht weit weniger fruchte und nutze, als Nachsicht und Freiheit. Wirklich ist für das weibliche Geschlecht in der Frauenschule nicht viel zu lernen; es wäre denn, daß Moliere mit diesem Titel auf die Ehestandsregeln, in der zweiten Szene des dritten Akts, gesehen hätte, mit welchen aber die Pflichten der Weiber eher lächerlich gemacht werden.

»Die zwei glücklichsten Stoffe zur Tragödie und Komödie, sagt Trublet,* sind der Cid und die Frauenschule. Aber beide sind vom Corneille und Moliere bearbeitet worden, als diese Dichter ihre völlige Stärke noch nicht hätten. Diese Anmerkung, fügt er hinzu, habe ich von dem Hrn. von Fontenelle.«

Wenn doch Trublet den Hrn. von Fontenelle gefragt hätte, wie er dieses meine. Oder Falls es ihm so schon verständlich genug war, wenn er es doch auch seinen Lesern mit ein Paar

* Essais de Litt. et de Morale T. IV. p. 295.

Worten hätte verständlich machen wollen. Ich wenigstens bekenne, daß ich gar nicht absehe, wo Fontenelle mit diesem Rätsel hingewollt. Ich glaube, er hat sich versprochen; oder Trublet hat sich verhört.

Wenn indes, nach der Meinung dieser Männer, der Stoff der Frauenschule so besonders glücklich ist, und Moliere in der Ausführung desselben nur zu kurz gefallen: so hätte sich dieser auf das ganze Stück eben nicht viel einzubilden gehabt. Denn der Stoff ist nicht von ihm; sondern Teils aus einer Spanischen Erzählung, die man bei dem Scarron, unter dem Titel, die vergebliche Vorsicht, findet, Teils aus den spaßhaften Nächten des Straparolle genommen, wo ein Liebhaber einem seiner Freunde alle Tage vertrauet, wie weit er mit seiner Geliebten gekommen, ohne zu wissen, daß dieser Freund sein Nebenbuhler ist.

»Die Frauenschule, sagt der Herr von Voltaire, war ein Stück von einer ganz neuen Gattung, worin zwar alles nur Erzählung, aber doch so künstliche Erzählung ist, daß alles Handlung zu sein scheinet.«

Wenn das Neue hierin bestand, so ist es sehr gut, daß man die neue Gattung eingehen lassen. Mehr oder weniger künstlich, Erzählung bleibt immer Erzählung, und wir wollen auf dem Theater wirkliche Handlungen sehen. – Aber ist es denn auch wahr, daß alles darin erzählt wird? daß alles nur Handlung zu sein scheint? Voltaire hätte diesen alten Einwurf nicht wieder aufwärmen sollen; oder, anstatt ihn in ein anscheinendes Lob zu verkehren, hätte er wenigstens die Antwort beifügen sollen, die Moliere selbst darauf erteilte, und die sehr passend ist. Die Erzählungen nämlich sind in diesem Stücke, vermöge der innern Verfassung desselben, wirkliche Handlung; sie haben alles, was zu einer komischen Handlung erforderlich ist; und es ist bloße Wortklauberei, ihnen diesen Namen hier streitig zu machen.* Denn es kömmt ja weit weniger auf die Vorfälle an, welche erzählt werden, als auf den Eindruck, welchen diese Vorfälle auf den betrognen Al-

* In der Kritik der Frauenschule, in der Person des Dorante: Les recits euxmêmes y sont des actions suivant la constitution du sujet.

ten machen, wenn er sie erfährt. Das Lächerliche dieses Alten wollte Moliere vornehmlich schildern; ihn müssen wir also vornehmlich sehen, wie er sich bei dem Unfalle, der ihm drohet, gebärdet; und dieses hätten wir so gut nicht gesehen, wenn der Dichter das, was er erzählen läßt, vor unsern Augen hätte vorgehen lassen, und das, was er vorgehen läßt, dafür hätte erzählen lassen. Der Verdruß, den Arnolph empfindet; der Zwang, den er sich antut, diesen Verdruß zu verbergen; der höhnische Ton, den er annimmt, wenn er den weitern Progressen des Horaz nun vorgebauet zu haben glaubet; das Erstaunen, die stille Wut, in der wir ihn sehen, wenn er vernimmt, daß Horaz dem ohngeachtet sein Ziel glücklich verfolgt: das sind Handlungen, und weit komischere Handlungen, als alles, was außer der Szene vorgeht. Selbst in der Erzählung der Agnese, von ihrer mit dem Horaz gemachten Bekanntschaft, ist mehr Handlung, als wir finden würden, wenn wir diese Bekanntschaft auf der Bühne wirklich machen sähen.

Also, anstatt von der Frauenschule zu sagen, daß alles darin Handlung scheine, obgleich alles nur Erzählung sei, glaubte ich mit mehrerm Rechte sagen zu können, daß alles Handlung darin sei, obgleich alles nur Erzählung zu sein scheine.

VIER UND FUNFZIGSTES STÜCK

Den 6ten November, 1767

Den drei und vierzigsten Abend (Dienstags, den 14ten Julius,) ward die Mütterschule des La Chaussee, und den vier und vierzigsten Abend (als den 15ten,) der Graf von Essex wiederholt.*

Da die Engländer von je her so gern domestica facta auf ihre Bühne gebracht haben, so kann man leicht vermuten, daß es ihnen auch an Trauerspielen über diesen Gegenstand nicht fehlen wird. Das älteste ist das von Joh. Banks, unter dem Titel, der unglückliche Liebling, oder Graf von Essex.

* S. den 26sten u. 30sten Abend Seite 125 u. 131.

Es kam 1682 aufs Theater, und erhielt allgemeinen Beifall. Damals aber hatten die Franzosen schon drei Essexe: des Calpronede von 1638; des Beyer von 1678, und des jüngern Corneille, von eben diesem Jahre. Wollten indes die Engländer, daß ihnen die Franzosen auch hierin nicht möchten zuvorgekommen sein, so würden sie sich vielleicht auf Daniels Philotas beziehen können; ein Trauerspiel von 1611, in welchem man die Geschichte und den Charakter des Grafen, unter fremden Namen, zu finden glaubte.*

Banks scheinet keinen von seinen französischen Vorgängern gekannt zu haben. Er ist aber einer Novelle gefolgt, die den Titel, Geheime Geschichte der Königin Elisabeth und des Grafen von Essex, führet,** wo er den ganzen Stoff sich so in die Hände gearbeitet fand, daß er ihn bloß zu dialogieren, ihm bloß die äußere dramatische Form zu erteilen brauchte. Hier ist der ganze Plan, wie er von dem Verfasser der unten angeführten Schrift, zum Teil, ausgezogen worden. Vielleicht, daß es meinen Lesern nicht unangenehm ist, ihn gegen das Stück des Corneille halten zu können.

»Um unser Mitleid gegen den unglücklichen Grafen desto lebhafter zu machen, und die heftige Zuneigung zu entschuldigen, welche die Königin für ihn äußert, werden ihm alle die erhabensten Eigenschaften eines Helden beigelegt; und es fehlt ihm zu einem vollkommenen Charakter weiter nichts, als daß er seine Leidenschaften nicht besser in seiner Gewalt hat. Burleigh, der erste Minister der Königin, der auf ihre Ehre sehr eifersüchtig ist, und den Grafen wegen der Gunstbezeigungen beneidet, mit welchen sie ihn überhäuft, bemüht sich unablässig, ihn verdächtig zu machen. Hierin steht ihm Sir Walter Raleigh, welcher nicht minder des Grafen Feind ist, treulich bei; und beide werden von der boshaften Gräfin von Nottingham noch mehr verhetzt, die den Grafen sonst geliebt hatte, nun aber, weil sie keine Gegenliebe von ihm erhalten können, was sie nicht besitzen kann, zu verderben sucht. Die ungestüme Gemütsart des Grafen macht ihnen

* Cibber's Lives of the Engl. Poets. Vol. I. p. 147.

** The Companion to the Theatre. Vol. II. p. 99.

nur allzugutes Spiel, und sie erreichen ihre Absicht auf folgende Weise.

Die Königin hatte den Grafen, als ihren Generalissimus, mit einer sehr ansehnlichen Armee gegen den Tyrone geschickt, welcher in Irland einen gefährlichen Aufstand erregt hatte. Nach einigen nicht viel bedeutenden Scharmützeln sahe sich der Graf genötiget, mit dem Feinde in Unterhandlung zu treten, weil seine Truppen durch Strabazen und Krankheiten sehr abgemattet waren, Tyrone aber mit seinen Leuten sehr vorteilhaft postieret stand. Da diese Unterhandlung zwischen den Anführern mündlich betrieben ward, und kein Mensch dabei zugegen sein durfte: so wurde sie der Königin als ihrer Ehre höchst nachteilig, und als ein gar nicht zweideutiger Beweis vorgestellet, daß Essex mit den Rebellen in einem heimlichen Verständnisse stehen müsse. Burleigh und Raleigh, mit einigen andern Parlamentsgliedern, treten sie daher um Erlaubnis an, ihn des Hochverrats anklagen zu dürfen, welches sie aber so wenig zu verstatten geneigt ist, daß sie sich vielmehr über ein dergleichen Unternehmen sehr aufgebracht bezeiget. Sie wiederholt die vorigen Dienste, welche der Graf der Nation erwiesen, und erklärt, daß sie die Undankbarkeit und den boshaften Neid seiner Ankläger verabscheue. Der Graf von Southampton, ein aufrichtiger Freund des Essex, nimmt sich zugleich seiner auf das lebhafteste an; er erhebt die Gerechtigkeit der Königin, einen solchen Mann nicht unterdrücken zu lassen; und seine Feinde müssen vor diesesmal schweigen. (Erster Akt.)

Indes ist die Königin mit der Aufführung des Grafen nichts weniger, als zufrieden, sondern läßt ihm befehlen, seine Fehler wieder gut zu machen, und Irland nicht eher zu verlassen, als bis er die Rebellen völlig zu Paaren getrieben, und alles wieder beruhiget habe. Doch Essex, dem die Beschuldigungen nicht unbekannt geblieben, mit welchen ihn seine Feinde bei ihr anzuschwärzen suchen, ist viel zu ungeduldig, sich zu rechtfertigen, und kömmt, nachdem er den Tyrone zu Niederlegung der Waffen vermocht, des ausdrücklichen Verbots der Königin ungeachtet, nach England über. Dieser unbedachtsame Schritt macht seinen Feinden eben so viel Vergnügen, als seinen Freunden Unruhe; besonders zittert die Gräfin von Rutland, mit welcher er insgeheim verheiratet ist, vor den Folgen. Am meisten aber betrübt sich die Königin, da sie sieht, daß ihr durch dieses rasche Betragen aller Vorwand benommen ist, ihn zu vertreten, wenn sie nicht eine Zärtlichkeit verraten will, die sie gern vor der ganzen Welt verbergen möchte. Die Erwägung ihrer Würde, zu welcher ihr natürlicher Stolz kömmt, und die heimliche Liebe, die sie zu ihm trägt, erregen in ihrer Brust den grausamsten Kampf. Sie streitet lange mit sich selbst, ob sie den verwegnen Mann nach dem Tower schicken, oder den geliebten Verbrecher vor sich lassen und ihm erlauben soll, sich gegen sie selbst zu rechtfertigen. Endlich entschließt sie sich zu dem letztern, doch nicht ohne alle Einschränkung; sie will ihn sehen, aber sie will ihn auf eine Art empfangen, daß er die Hoffnung wohl verlieren soll, für seine Vergehungen so bald Vergebung zu erhalten. Burleigh, Raleigh und Nottingham sind bei dieser Zusammenkunft gegenwärtig. Die Königin ist auf die letztere gelehnet, und scheinet tief im Gespräche zu sein, ohne den Grafen nur ein einzigesmal anzusehen. Nachdem sie ihn eine Weile vor sich knien lassen, verläßt sie auf einmal das Zimmer, und gebietet allen, die es redlich mit ihr meinen, ihr zu folgen, und den Verräter allein zu lassen. Niemand darf es wagen, ihr ungehorsam zu sein; selbst Southampton gehet mit ihr ab, kömmt aber bald, mit der trostlosen Rutland, wieder, ihren Freund bei seinem Unfalle zu beklagen. Gleich darauf schicket die Königin den Burleigh und Raleigh zu dem Grafen, ihm den Kommandostab abzunehmen; er weigert sich aber, ihn in andere, als in der Königin eigene Hände, zurück zu liefern, und beiden Ministern wird, sowohl von ihm, als von dem Southampton, sehr verächtlich begegnet. (Zweiter Akt.)

Die Königin, der dieses sein Betragen sogleich hinterbracht wird, ist äußerst gereizt, aber doch in ihren Gedanken noch immer uneinig. Sie kann weder die Verunglimpfungen, deren sich die Nottingham gegen ihn erkühnt, noch die Lobsprüche vertragen, die ihm die unbedachtsame Rutland aus der Fülle ihres Herzens erteilet; ja, diese sind ihr noch mehr zuwider als jene, weil sie daraus entdeckt, daß die Rutland ihn liebet. Zuletzt befiehlt sie, dem ohngeachtet, daß er vor sie gebracht werden soll. Er kömmt, und versucht es, seine Aufführung zu verteidigen. Doch die Gründe, die er desfalls beibringt, scheinen ihr viel zu schwach, als daß sie ihren Verstand von seiner Unschuld überzeugen sollten. Sie verzeihet ihm, um der geheimen Neigung, die sie für ihn hegt, eine Genüge zu tun; aber zugleich entsetzt sie ihn aller seiner Ehrenstellen, in Betrachtung dessen, was sie sich selbst, als Königin, schuldig zu sein glaubt. Und nun ist der Graf nicht länger vermögend, sich zu mäßigen; seine Ungestümheit bricht los; er wirft den Stab zu ihren Füßen, und bedient sich verschiedner Ausdrücke, die zu sehr wie Vorwürfe klingen, als daß sie den Zorn der Königin nicht aufs höchste treiben sollten. Auch antwortet sie ihm darauf, wie es Zornigen sehr natürlich ist; ohne sich um Anstand und Würde, ohne sich um die Folgen zu bekümmern: nämlich, anstatt der Antwort, gibt sie ihm eine Ohrfeige. Der Graf greift nach dem Degen; und nur der einzige Gedanke, daß es seine Königin, daß es nicht sein König ist, der ihn geschlagen, mit einem Worte, daß es eine Frau ist, von der er die Ohrfeige hat, hält ihn zurück, sich tätlich an ihr zu vergehen. Southampton beschwört ihn, sich zu fassen; aber er wiederholt seine ihr und dem Staate geleisteten Dienste nochmals, und wirft dem Burleigh und Raleigh ihren niederträchtigen Neid, so wie der Königin ihre Ungerechtigkeit vor. Sie verläßt ihn in der äußersten Wut; und niemand als Southampton bleibt bei ihm, der Freundschaft genug hat, sich itzt eben am wenigsten von ihm trennen zu lassen. (Dritter Akt.)

Der Graf gerät über sein Unglück in Verzweiflung; er läuft wie unsinnig in der Stadt herum, schreiet über das ihm angetane Unrecht, und schmähet auf die Regierung. Alles das wird der Königin, mit vielen Übertreibungen, wiedergesagt, und sie gibt Befehl, sich der beiden Grafen zu versichern. Es wird Mannschaft gegen sie ausgeschickt, sie werden gefangen genommen, und in den Tower in Verhaft gesetzt, bis daß ihnen der Prozeß kann gemacht werden. Doch indes hat sich der Zorn der Königin gelegt, und günstigern Gedanken für den Essex wiederum Raum gemacht. Sie will ihn also, ehe er zum Verhöre geht, allem, was man ihr darwider sagt, ungeachtet, nochmals sehen; und da sie besorgt, seine Verbrechen möchten zu strafbar befunden werden, so gibt sie ihm, um sein Leben wenigstens in Sicherheit zu setzen, einen Ring, mit dem Versprechen, ihm gegen diesen Ring, sobald er ihn ihr zuschicke, alles, was er verlangen würde, zu gewähren. Fast aber bereuet sie es wieder, daß sie so gütig gegen ihn gewesen, als sie gleich darauf erfährt, daß er mit der Rutland vermählt ist; und es von der Rutland selbst erfährt, die für ihn um Gnade zu bitten kömmt. (Vierter Akt.)

FÜNF UND FUNFZIGSTES STÜCK

Den 10ten November, 1767

Was die Königin gefürchtet hatte, geschieht; Essex wird nach den Gesetzen schuldig befunden und verurteilet, den Kopf zu verlieren; sein Freund Southampton desgleichen. Nun weiß zwar Elisabeth, daß sie, als Königin, den Verbrecher begnadigen kann; aber sie glaubt auch, daß eine solche freiwillige Begnadigung auf ihrer Seite eine Schwäche verraten würde, die keiner Königin gezieme; und also will sie so lange warten, bis er ihr den Ring senden, und selbst um sein Leben bitten wird. Voller Ungeduld indes, daß es je eher je lieber geschehen möge, schickt sie die Nottingham zu ihm, und läßt ihn erinnern, an seine Rettung zu denken. Nottingham stellt sich, das zärtlichste Mitleid für ihn zu fühlen; und er vertrauet ihr das kostbare Unterpfand seines Lebens, mit der demütigsten Bitte an die Königin, es ihm zu schenken. Nun hat Nottingham alles, was sie wünschet; nun steht es bei ihr, sich wegen ihrer verachteten Liebe an dem Grafen zu rächen. Anstatt also das auszurichten, was er ihr aufgetragen, verleumdet sie ihn auf das boshafteste, und malt ihn so stolz, so trotzig, so fest entschlossen ab, nicht um Gnade zu bitten, sondern es auf das Äußerste ankommen zu lassen, daß die Königin dem Berichte kaum glauben kann, nach wiederholter Versicherung aber, voller Wut und Verzweiflung den Befehl erteilet, das Urteil ohne Anstand an ihm zu vollziehen. Dabei gibt ihr die boshafte Nottingham ein, den Grafen von Southampton zu begnadigen, nicht weil ihr das Unglück desselben wirklich nahe geht, sondern weil sie sich einbildet, daß Essex die Bitterkeit seiner Strafe um so vielmehr empfinden werde, wenn er sieht, daß die Gnade, die man ihm verweigert, seinem mitschuldigen Freunde nicht entstehe. In eben dieser Absicht rät sie der Königin auch, seiner Gemahlin, der Gräfin von Rutland, zu erlauben, ihn noch vor seiner Hinrichtung zu sehen. Die Königin williget in beides, aber zum Unglücke für die grausame Ratgeberin; denn der Graf gibt seiner Gemahlin einen Brief an die Königin, die sich eben in dem Tower befindet, und ihn kurz darauf, als man den Grafen abgeführet, erhält. Aus diesem Briefe ersieht sie, daß der Graf der Nottingham den Ring gegeben, und sie durch diese Verräterin um sein Leben bitten lassen. Sogleich schickt sie, und läßt die Vollstreckung des Urteils untersagen; doch Burleigh und Raleigh, dem sie aufgetragen war, hatten so sehr damit geeilet, daß die Botschaft zu spät kömmt. Der Graf ist bereits tot. Die Königin gerät vor Schmerz außer sich, verbannt die abscheuliche Nottingham auf ewig aus ihren Augen, und gibt allen, die sich als Feinde des Grafen erwiesen hatten, ihren bittersten Unwillen zu erkennen.«

Aus diesem Plane ist genugsam abzunehmen, daß der Essex des Banks ein Stück von weit mehr Natur, Wahrheit und Übereinstimmung ist, als sich in dem Essex des Corneille findet. Banks hat sich ziemlich genau an die Geschichte gehalten, nur daß er verschiedne Begebenheiten näher zusammen gerückt, und ihnen einen unmittelbarern Einfluß auf das endliche Schicksal seines Helden gegeben hat. Der Vorfall mit der Ohrfeige ist eben so wenig erdichtet, als der mit dem Ringe; beide finden sich, wie ich schon angemerkt, in der Histoire, nur jener weit früher und bei einer ganz andern Gelegenheit; so wie es auch von diesem zu vermuten. Denn es ist begreiflicher, daß die Königin dem Grafen den Ring zu einer Zeit gegeben, da sie mit ihm vollkommen zufrieden war, als daß sie ihm dieses Unterpfand ihrer Gnade itzt erst sollte geschenkt haben, da er sich ihrer eben am meisten verlustig gemacht hatte, und der Fall, sich dessen zu gebrauchen, schon wirklich da war. Dieser Ring sollte sie erinnern, wie teuer ihr der Graf damals gewesen, als er ihn von ihr erhalten; und diese Erinnerung sollte ihm alsdann alle das Verdienst wiedergeben, welches er unglücklicher Weise in ihren Augen etwa könnte verloren haben. Aber was braucht es dieses Zeichens, dieser Erinnerung von heute bis auf morgen? Glaubt sie ihrer günstigen Gesinnungen auch auf so wenige Stunden nicht mächtig zu sein, daß sie sich mit Fleiß auf eine solche Art fesseln will? Wenn sie ihm in Ernste vergeben hat, wenn ihr wirklich an seinem Leben gelegen ist: wozu das ganze Spiegelgefechte? Warum konnte sie es bei den mündlichen Versicherungen nicht bewenden lassen? Gab sie den Ring, bloß um den Grafen zu beruhigen; so verbindet er sie, ihm ihr Wort zu halten, er mag wieder in ihre Hände kommen, oder nicht. Gab sie ihn aber, um durch die Wiedererhaltung desselben von der fortdauernden Reue und Unterwerfung des Grafen versichert zu sein: wie kann sie in einer so wichtigen Sache seiner tödlichsten Feindin glauben? Und hatte sich die Nottingham nicht kurz zuvor gegen sie selbst als eine solche bewiesen?

So wie Banks also den Ring gebraucht hat, tut er nicht die beste Wirkung. Mich dünkt, er würde eine weit bessere tun, wenn ihn die Königin ganz vergessen hätte, und er ihr plötzlich, aber auch zu spät, eingehändiget würde, indem sie eben von der Unschuld, oder wenigstens geringern Schuld des Grafen, noch aus andern Gründen überzeugt würde. Die Schenkung des Ringes hätte vor der Handlung des Stücks lange müssen vorhergegangen sein, und bloß der Graf hätte darauf rechnen müssen, aber aus Edelmut nicht eher Gebrauch davon machen wollen, als bis er gesehen, daß man auf seine Rechtfertigung nicht achte, daß die Königin zu sehr wider ihn eingenommen sei, als daß er sie zu überzeugen hoffen könne, daß er sie also zu bewegen suchen müsse. Und indem sie so bewegt würde, müßte die Überzeugung dazu kommen; die Erkennung seiner Unschuld und die Erinnerung ihres Versprechens, ihn auch dann, wenn er schuldig sein sollte, für unschuldig gelten zu lassen, müßten sie auf einmal überraschen, aber nicht eher überraschen, als bis es nicht mehr in ihrem Vermögen stehet, gerecht und erkenntlich zu sein.

Viel glücklicher hat Banks die Ohrfeige in sein Stück eingeflochten. – Aber eine Ohrfeige in einem Trauerspiele! Wie englisch, wie unanständig! – Ehe meine feinern Leser zu sehr darüber spotten, bitte ich sie, sich der Ohrfeige im Cid zu erinnern. Die Anmerkung, die der Hr. von Voltaire darüber gemacht hat, ist in vielerlei Betrachtung merkwürdig. »Heut zu Tage, sagt er, dürfte man es nicht wagen, einem Helden eine Ohrfeige geben zu lassen. Die Schauspieler selbst wissen nicht, wie sie sich dabei anstellen sollen; sie tun nur, als ob sie eine gäben. Nicht einmal in der Komödie ist so etwas mehr erlaubt; und dieses ist das einzige Exempel, welches man auf der tragischen Bühne davon hat. Es ist glaublich, daß man unter andern mit deswegen den Cid eine Tragikomödie betitelte; und damals waren fast alle Stücke des Scuderi und des Boisrobert Tragikomödien. Man war in Frankreich lange der Meinung gewesen, daß sich das ununterbrochne Tragische, ohne alle Vermischung mit gemeinen Zügen, gar nicht aushalten lasse. Das Wort Tragikomödie selbst, ist sehr alt; Plautus braucht es, seinen Amphitruo damit zu bezeichnen, weil das Abenteuer des Sosias zwar komisch, Amphitruo selbst aber in allem Ernste betrübt ist.« – Was der Herr von Voltaire nicht alles schreibt! Wie gern er immer ein wenig Gelehrsamkeit zeigen will, und wie sehr er meistenteils damit verunglückt!

Es ist nicht wahr, daß die Ohrfeige im Cid die einzige auf der tragischen Bühne ist. Voltaire hat den Essex des Banks entweder nicht gekannt, oder vorausgesetzt, daß die tragische Bühne seiner Nation allein diesen Namen verdiene. Unwissenheit verrät beides; und nur das letztere noch mehr Eitelkeit, als Unwissenheit. Was er von dem Namen der Tragikomödie hinzufügt, ist eben so unrichtig. Tragikomödie hieß die Vorstellung einer wichtigen Handlung unter vornehmen Personen, die einen vergnügten Ausgang hat; das ist der Cid, und die Ohrfeige kam dabei gar nicht in Betrachtung; denn dieser Ohrfeige ungeachtet, nannte Corneille hernach sein

Stück eine Tragödie, sobald er das Vorurteil abgelegt hatte, daß eine Tragödie notwendig eine unglückliche Katastrophe haben müsse. Plautus braucht zwar das Wort Tragicocomoedia: aber er braucht es bloß im Scherze; und gar nicht, um eine besondere Gattung damit zu bezeichnen. Auch hat es ihm in diesem Verstande kein Mensch angeborgt, bis es in dem sechzehnten Jahrhunderte den Spanischen und Italienischen Dichtern einfiel, gewisse von ihren dramatischen Mißgeburten so zu nennen.* Wenn aber auch Plautus seinen Amphitruo im Ernste so genannt hätte, so wäre es doch nicht aus der Ursache geschehen, die ihm Voltaire andichtet. Nicht weil der Anteil, den Sosias an der Handlung nimmt, komisch, und der, den Amphitruo daran nimmt, tragisch ist: nicht darum hätte Plautus sein Stück lieber eine Tragikomödie nennen wollen. Denn sein Stück ist ganz komisch, und wir belustigen uns an der Verlegenheit des Amphitruo eben so sehr, als an des Sosias seiner. Sondern darum, weil diese komische Handlung größtenteils unter höhern Personen vorgehet, als man in der Komödie zu sehen gewohnt ist. Plautus selbst erklärt sich darüber deutlich genug:

Faciam ut commixta sit Tragico-comoedia:
Nam me perpetuo facere ut sit Comoedia
Reges quo veniant et di, non par arbitror.

* Ich weiß zwar nicht, wer diesen Namen eigentlich zuerst gebraucht hat; aber das weiß ich gewiß, daß es Garnier nicht ist. Hedelin sagte: Je ne sçai si Garnier fut le premier qui s'en servit, mais il a fait porter ce titre à sa Bradamante, ce que depuis plusieurs ont imité. (Prat. du Th. liv. II. ch. 10) Und dabei hätten es die Geschichtschreiber des französischen Theaters auch nur sollen bewenden lassen. Aber sie machen die leichte Vermutung des Hedelins zur Gewißheit, und gratulieren ihrem Landsmanne zu einer so schönen Erfindung. Voici la première Tragi-Comedie, ou pour mieux dire le premier poeme du Theatre qui a porté ce titre – Garnier ne connoissoit pas assez les finesses de l'art qu'il professoit; tenons-lui cependant compte d'avoir le premier, et sans le secours des Anciens, ni de ses contemporains, fait entrevoir une idée, qui n'a pas été inutile à beaucoup d'Auteurs du dernier siecle. Garniers Bradamante ist von 1582, und ich kenne eine Menge weit frühere spanische und italienische Stücke, die diesen Titel führen.

Quid igitur? quoniam hic servus quoque partes habet,
Faciam hanc, proinde ut dixi, Tragico-comoediam.

SECHS UND FUNFZIGSTES STÜCK

Den 13ten November, 1767

Aber wiederum auf die Ohrfeige zu kommen. – Einmal ist es doch nun so, daß eine Ohrfeige, die ein Mann von Ehre von seines Gleichen oder von einem Höhern bekömmt, für eine so schimpfliche Beleidigung gehalten wird, daß alle Genugtuung, die ihm die Gesetze dafür verschaffen können, vergebens ist. Sie will nicht von einem dritten bestraft, sie will von dem Beleidigten selbst gerächet, und auf eine eben so eigenmächtige Art gerächet sein, als sie erwiesen worden. Ob es die wahre oder die falsche Ehre ist, die dieses gebietet, davon ist hier die Rede nicht. Wie gesagt, es ist nun einmal so.

Und wenn es nun einmal in der Welt so ist: warum soll es nicht auch auf dem Theater so sein? Wenn die Ohrfeigen dort im Gange sind: warum nicht auch hier?

»Die Schauspieler, sagt der Herr von Voltaire, wissen nicht, wie sie sich dabei anstellen sollen.« Sie wüßten es wohl; aber man will eine Ohrfeige auch nicht einmal gern im fremden Namen haben. Der Schlag setzt sie in Feuer; die Person erhält ihn, aber sie fühlen ihn; das Gefühl hebt die Verstellung auf; sie geraten aus ihrer Fassung; Scham und Verwirrung äußert sich wider Willen auf ihrem Gesichte; sie sollten zornig aussehen, und sie sehen albern aus; und jeder Schauspieler, dessen eigene Empfindungen mit seiner Rolle in Kollision kommen, macht uns zu lachen.

Es ist dieses nicht der einzige Fall, in welchem man die Abschaffung der Masken betauern möchte. Der Schauspieler kann ohnstreitig unter der Maske mehr Contenance halten; seine Person findet weniger Gelegenheit auszubrechen; und wenn sie ja ausbricht, so werden wir diesen Ausbruch weniger gewahr.

Doch der Schauspieler verhalte sich bei der Ohrfeige, wie

er will: der dramatische Dichter arbeitet zwar für den Schauspieler, aber er muß sich darum nicht alles versagen, was diesem weniger tulich und bequem ist. Kein Schauspieler kann rot werden, wenn er will: aber gleichwohl darf es ihm der Dichter vorschreiben; gleichwohl darf er den einen sagen lassen, daß er es den andern werden sieht. Der Schauspieler will sich nicht ins Gesichte schlagen lassen; er glaubt, es mache ihn verächtlich; es verwirrt ihn; es schmerzt ihn: recht gut! Wenn er es in seiner Kunst so weit noch nicht gebracht hat, daß ihn so etwas nicht verwirret; wenn er seine Kunst so sehr nicht liebet, daß er sich, ihr zum Besten, eine kleine Kränkung will gefallen lassen: so suche er über die Stelle so gut wegzukommen, als er kann; er weiche dem Schlage aus; er halte die Hand vor; nur verlange er nicht, daß sich der Dichter seinetwegen mehr Bedenklichkeiten machen soll, als er sich der Person wegen macht, die er ihn vorstellen läßt. Wenn der wahre Diego, wenn der wahre Essex eine Ohrfeige hinnehmen muß: was wollen ihre Repräsentanten dawider einzuwenden haben?

Aber der Zuschauer will vielleicht keine Ohrfeige geben sehen? Oder höchstens nur einem Bedienten, den sie nicht besonders schimpft, für den sie eine seinem Stande angemessene Züchtigung ist? Einem Helden hingegen, einem Helden eine Ohrfeige! wie klein, wie unanständig! – Und wenn sie das nun eben sein soll? Wenn eben diese Unanständigkeit die Quelle der gewaltsamsten Entschließungen, der blutigsten Rache werden soll, und wird? Wenn jede geringere Beleidigung diese schreckliche Wirkungen nicht hätte haben können? Was in seinen Folgen so tragisch werden kann, was unter gewissen Personen notwendig so tragisch werden muß, soll dennoch aus der Tragödie ausgeschlossen sein, weil es auch in der Komödie, weil es auch in dem Possenspiele Platz findet? Worüber wir einmal lachen, sollen wir ein andermal nicht erschrecken können?

Wenn ich die Ohrfeige aus einer Gattung des Drama verbannt wissen möchte, so wäre es aus der Komödie. Denn was für Folgen kann sie da haben? Traurige? die sind über ihrer Sphäre. Lächerliche? die sind unter ihr, und gehören dem

Possenspiele. Gar keine? so verlohnte es nicht der Mühe, sie geben zu lassen. Wer sie gibt, wird nichts als pöbelhafte Hitze, und wer sie bekömmt, nichts als knechtische Kleinmut verraten. Sie verbleibt also den beiden Extremis, der Tragödie und dem Possenspiele; die mehrere dergleichen Dinge gemein haben, über die wir entweder spotten oder zittern wollen.

Und ich frage jeden, der den Cid vorstellen sehen, oder ihn mit einiger Aufmerksamkeit auch nur gelesen, ob ihn nicht ein Schauder überlaufen, wenn der großsprecherische Gormas den alten würdigen Diego zu schlagen sich erdreistet? Ob er nicht das empfindlichste Mitleid für diesen, und den bittersten Unwillen gegen jenen empfunden? Ob ihm nicht auf einmal alle die blutigen und traurigen Folgen, die diese schimpfliche Begegnung nach sich ziehen müsse, in die Gedanken geschossen, und ihn mit Erwartung und Furcht erfüllet? Gleichwohl soll ein Vorfall, der alle diese Wirkung auf ihn hat, nicht tragisch sein?

Wenn jemals bei dieser Ohrfeige gelacht worden, so war es sicherlich von einem auf der Galerie, der mit den Ohrfeigen zu bekannt war, und eben itzt eine von seinem Nachbar verdient hätte. Wen aber die ungeschickte Art, mit der sich der Schauspieler etwa dabei betrug, wider Willen zu lächeln machte, der biß sich geschwind in die Lippe, und eilte, sich wieder in die Täuschung zu versetzen, aus der fast jede gewaltsamere Handlung den Zuschauer mehr oder weniger zu bringen pflegt.

Auch frage ich, welche andere Beleidigung wohl die Stelle der Ohrfeige vertreten könnte? Für jede andere würde es in der Macht des Königs stehen, dem Beleidigten Genugtuung zu schaffen; für jede andere würde sich der Sohn weigern dürfen, seinem Vater den Vater seiner Geliebten aufzuopfern. Für diese einzige läßt das Pundonor weder Entschuldigung noch Abbitte gelten; und alle gütliche Wege, die selbst der Monarch dabei einleiten will, sind fruchtlos. Corneille ließ nach dieser Denkungsart den Gormas, wenn ihn der König andeuten läßt, den Diego zufrieden zu stellen, sehr wohl antworten:

Ces satisfactions n'appaisent point une ame:
Qui les reçoit n'a rien, qui les fait se diffame.
Et de tous ces accords l'effet le plus commun,
C'est de deshonorer deux hommes au lieu d'un.

Damals war in Frankreich das Edikt wider die Duelle nicht lange ergangen, dem dergleichen Maximen schnurstracks zuwider liefen. Corneille erhielt also zwar Befehl, die ganzen Zeilen wegzulassen; und sie wurden aus dem Munde der Schauspieler verbannt. Aber jeder Zuschauer ergänzte sie aus dem Gedächtnisse, und aus seiner Empfindung.

In dem Essex wird die Ohrfeige dadurch noch kritischer, daß sie eine Person gibt, welche die Gesetze der Ehre nicht verbinden. Sie ist Frau und Königin: was kann der Beleidigte mit ihr anfangen? Über die handfertige wehrhafte Frau würde er spotten; denn eine Frau kann weder schimpfen, noch schlagen. Aber diese Frau ist zugleich der Souverain, dessen Beschimpfungen unauslöschlich sind, da sie von seiner Würde eine Art von Gesetzmäßigkeit erhalten. Was kann also natürlicher scheinen, als daß Essex sich wider diese Würde selbst auflehnet, und gegen die Höhe tobet, die den Beleidiger seiner Rache entzieht? Ich wüßte wenigstens nicht, was seine letzten Vergehungen sonst wahrscheinlich hätte machen können. Die bloße Ungnade, die bloße Entsetzung seiner Ehrenstellen konnte und durfte ihn so weit nicht treiben. Aber durch eine so knechtische Behandlung außer sich gebracht, sehen wir ihn alles, was ihm die Verzweiflung eingibt, zwar nicht mit Billigung, doch mit Entschuldigung unternehmen. Die Königin selbst muß ihn aus diesem Gesichtspunkte ihrer Verzeihung würdig erkennen; und wir haben so ungleich mehr Mitleid mit ihm, als er uns in der Geschichte zu verdienen scheinet, wo das, was er hier in der ersten Hitze der gekränkten Ehre tut, aus Eigennutz und andern niedrigen Absichten geschieht.

Der Streit, sagt die Geschichte, bei welchem Essex die Ohrfeige erhielt, war über die Wahl eines Königs von Irland. Als er sahe, daß die Königin auf ihrer Meinung beharrte, wandte er ihr mit einer sehr verächtlichen Gebärde den

Rücken. In dem Augenblicke fühlte er ihre Hand, und seine fuhr nach dem Degen. Er schwur, daß er diesen Schimpf weder leiden könne noch wolle; daß er ihn selbst von ihrem Vater Heinrich nicht würde erduldet haben: und so begab er sich vom Hofe. Der Brief, den er an den Kanzler Egerton über diesen Vorfall schrieb, ist mit dem würdigsten Stolze abgefaßt; und er schien fest entschlossen, sich der Königin nie wieder zu nähern. Gleichwohl finden wir ihn bald darauf wieder in ihrer völligen Gnade, und in der völligen Wirksamkeit eines ehrgeizigen Lieblings. Diese Versöhnlichkeit, wenn sie ernstlich war, macht uns eine sehr schlechte Idee von ihm; und keine viel bessere, wenn sie Verstellung war. In diesem Falle war er wirklich ein Verräter, der sich alles gefallen ließ, bis er den rechten Zeitpunkt gekommen zu sein glaubte. Ein elender Weinpacht, den ihm die Königin nahm, brachte ihn am Ende weit mehr auf, als die Ohrfeige; und der Zorn über diese Verschmälerung seiner Einkünfte, verblendete ihn so, daß er ohne alle Überlegung losbrach. So finden wir ihn in der Geschichte, und verachten ihn. Aber nicht so bei dem Banks, der seinen Aufstand zu der unmittelbaren Folge der Ohrfeige macht, und ihm weiter keine treulosen Absichten gegen seine Königin beilegt. Sein Fehler ist der Fehler einer edeln Hitze, den er bereuet, der ihm vergeben wird, und der bloß durch die Bosheit seiner Feinde der Strafe nicht entgeht, die ihm geschenkt war.

SIEBEN UND FUNFZIGSTES STÜCK

Den 17ten November, 1767

Banks hat die nämlichen Worte beibehalten, die Essex über die Ohrfeige ausstieß. Nur daß er ihn dem einen Heinriche noch alle Heinriche in der Welt, mit samt Alexandern, beifügen läßt.* Sein Essex ist überhaupt zu viel Prahler; und es

* Act. III.
– – – – By all
The Subtilty, and Woman in your Sex,

fehlet wenig, daß er nicht ein eben so großer Gasconier ist, als der Essex des Gasconiers Calprenede. Dabei erträgt er sein Unglück viel zu kleinmütig, und ist bald gegen die Königin eben so kriechend, als er vorher vermessen gegen sie war. Banks hat ihn zu sehr nach dem Leben geschildert. Ein Charakter, der sich so leicht vergißt, ist kein Charakter, und eben daher der dramatischen Nachahmung unwürdig. In der Geschichte kann man dergleichen Widersprüche mit sich selbst, für Verstellung halten, weil wir in der Geschichte doch selten das Innerste des Herzens kennen lernen: aber in dem Drama werden wir mit dem Helden allzuvertraut, als daß wir nicht gleich wissen sollten, ob seine Gesinnungen wirklich mit den Handlungen, die wir ihm nicht zugetrauet hätten, übereinstimmen, oder nicht. Ja, sie mögen es, oder sie mögen es nicht: der tragische Dichter kann ihn in beiden Fällen nicht recht nutzen. Ohne Verstellung fällt der Charakter weg: bei der Verstellung die Würde desselben.

Mit der Elisabeth hat er in diesen Fehler nicht fallen können. Diese Frau bleibt sich in der Geschichte immer so vollkommen gleich, als es wenige Männer bleiben. Ihre Zärtlichkeit selbst, ihre heimliche Liebe zu dem Essex, hat er mit vieler Anständigkeit behandelt; sie ist auch bei ihm gewissermaßen noch ein Geheimnis. Seine Elisabeth klagt nicht, wie die Elisabeth des Corneille, über Kälte und Verachtung, über Glut und Schicksal; sie spricht von keinem Gifte, das sie verzehre; sie jammert nicht, daß ihr der Undankbare eine Suffolk vorziehe, nachdem sie ihm doch deutlich genug zu verstehen gegeben, daß er um sie allein seufzen solle, u. s. w. Keine von diesen Armseligkeiten kömmt über ihre Lippen. Sie spricht nie, als eine Verliebte; aber sie handelt so. Man hört es nie, aber man sieht es, wie teuer ihr Essex ehedem gewesen, und noch ist. Einige Funken Eifersucht verraten sie;

I swear, that had you been a Man you durst not,
Nay, your bold Father Harry durst not this
Have done – Why say I him? Not all the Harrys,
Nor Alexander's self, were he alive,
Shou'd boast of such a deed on Essex done
Without revenge. – – –

sonst würde man sie schlechterdings für nichts, als für seine Freundin halten können.

Mit welcher Kunst aber Banks ihre Gesinnungen gegen den Grafen in Aktion zu setzen gewußt, das können folgende Szenen des dritten Aufzuges zeigen. – Die Königin glaubt sich allein, und überlegt den unglücklichen Zwang ihres Standes, der ihr nicht erlaube, nach der wahren Neigung ihres Herzens zu handeln. Indem wird sie die Nottingham gewahr, die ihr nachgekommen. –

DIE KÖNIGIN. Du hier, Nottingham? Ich glaubte, ich sei allein.

NOTTINGHAM. Verzeihe, Königin, daß ich so kühn bin. Und doch befiehlt mir meine Pflicht, noch kühner zu sein. – Dich bekümmert etwas. Ich muß fragen, – aber erst auf meinen Knien Dich um Verzeihung bitten, daß ich es frage – Was ists, das Dich bekümmert? Was ist es, das diese erhabene Seele so tief herab beuget? – Oder ist Dir nicht wohl?

DIE KÖNIGIN. Steh auf; ich bitte dich. – Mir ist ganz wohl. – Ich danke dir für deine Liebe. – Nur unruhig, ein wenig unruhig bin ich, – meines Volkes wegen. Ich habe lange regiert, und ich fürchte, ihm nur zu lange. Es fängt an, meiner überdrüssig zu werden. – Neue Kronen sind wie neue Kränze; die frischesten, sind die lieblichsten. Meine Sonne neiget sich; sie hat in ihrem Mittage zu sehr gewärmet; man fühlet sich zu heiß; man wünscht, sie wäre schon untergegangen. – Erzähle mir doch, was sagt man von der Überkunft des Essex?

NOTTINGHAM. – Von seiner Überkunft – sagt man – nicht das Beste. Aber von ihm – er ist für einen so tapfern Mann bekannt –

DIE KÖNIGIN. Wie? tapfer? da er mir so dienet? – Der Verräter!

NOTTINGHAM. Gewiß, es war nicht gut –

DIE KÖNIGIN. Nicht gut! nicht gut? – Weiter nichts?

NOTTINGHAM. Es war eine verwegene, frevelhafte Tat.

DIE KÖNIGIN. Nicht wahr, Nottingham? – Meinen Befehl

so gering zu schätzen! Er hätte den Tod dafür verdient. – Weit geringere Verbrechen haben hundert weit geliebtern Lieblingen den Kopf gekostet. –

NOTTINGHAM. Ja wohl. – Und doch sollte Essex, bei so viel größerer Schuld, mit geringerer Strafe davon kommen? Er sollte nicht sterben?

DIE KÖNIGIN. Er soll! – Er soll sterben, und in den empfindlichsten Martern soll er sterben! – Seine Pein sei, wie seine Verräterei, die größte von allen! – Und dann will ich seinen Kopf und seine Glieder, nicht unter den finstern Toren, nicht auf den niedrigen Brücken, auf den höchsten Zinnen will ich sie aufgesteckt wissen, damit jeder, der vorübergeht, sie erblicke und ausrufe: Siehe da, den stolzen undankbaren Essex! Diesen Essex, welcher der Gerechtigkeit seiner Königin trotzte! – Wohl getan! Nicht mehr, als er verdiente! – Was sagst du, Nottingham? Meinest du nicht auch? – Du schweigst? Warum schweigst du? Willst du ihn noch vertreten?

NOTTINGHAM. Weil Du es denn befiehlst, Königin, so will ich Dir alles sagen, was die Welt von diesem stolzen, undankbaren Manne spricht. –

DIE KÖNIGIN. Tu das! – Laß hören: was sagt die Welt von ihm und mir?

NOTTINGHAM. Von Dir, Königin? – Wer ist es, der von Dir nicht mit Entzücken und Bewunderung spräche? Der Nachruhm eines verstorbenen Heiligen ist nicht lauterer, als Dein Lob, von dem aller Zungen ertönen. Nur dieses einzige wünschet man, und wünschet es mit den heißesten Tränen, die aus der reinsten Liebe gegen Dich entspringen, – dieses einzige, daß Du geruhen möchtest, ihren Beschwerden gegen diesen Essex abzuhelfen, einen solchen Verräter nicht länger zu schützen, ihn nicht länger der Gerechtigkeit und der Schande vorzuenthalten, ihn endlich der Rache zu überliefern –

DIE KÖNIGIN. Wer hat mir vorzuschreiben?

NOTTINGHAM. Dir vorzuschreiben! – Schreibet man dem Himmel vor, wenn man ihn in tiefester Unterwerfung anflehet? – Und so flehet Dich alles wider den Mann an, dessen Gemütsart so schlecht, so boshaft ist, daß er es auch nicht der Mühe wert achtet, den Heuchler zu spielen. – Wie stolz! wie aufgeblasen! Und wie unartig, pöbelhaft stolz; nicht anders als ein elender Lakei auf seinen bunten verbrämten Rock! – Daß er tapfer ist, räumt man ihm ein; aber so, wie es der Wolf oder der Bär ist, blind zu, ohne Plan und Vorsicht. Die wahre Tapferkeit, welche eine edle Seele über Glück und Unglück erhebt, ist fern von ihm. Die geringste Beleidigung bringt ihn auf; er tobt und raset über ein Nichts; alles soll sich vor ihm schmiegen; überall will er allein glänzen, allein hervorragen. Luzifer selbst, der den ersten Samen des Lasters in dem Himmel ausstreuete, war nicht ehrgeiziger und herrschsüchtiger, als er. Aber, so wie dieser aus dem Himmel stürzte – –

DIE KÖNIGIN. Gemach, Nottingham, gemach! – Du eiferst dich ja ganz aus dem Aten. – Ich will nichts mehr hören – *(bei Seite)* Gift und Blattern auf ihre Zunge! – Gewiß, Nottingham, du solltest dich schämen, so etwas auch nur nachzusagen; dergleichen Niederträchtigkeiten des boshaften Pöbels zu wiederholen. Und es ist nicht einmal wahr, daß der Pöbel das sagt. Er denkt es auch nicht. Aber ihr, ihr wünscht, daß er es sagen möchte.

NOTTINGHAM. Ich erstaune, Königin –

DIE KÖNIGIN. Worüber?

NOTTINGHAM. Du gebotest mir selbst, zu reden –

DIE KÖNIGIN. Ja, wenn ich es nicht bemerkt hätte, wie gewünscht dir dieses Gebot kam! wie vorbereitet du darauf warest! Auf einmal glühte dein Gesicht, flammte dein Auge; das volle Herz freute sich, überzufließen, und jedes Wort, jede Gebärde hatte seinen längst abgezielten Pfeil, deren jeder mich mit trifft.

NOTTINGHAM. Verzeihe, Königin, wenn ich in dem Ausdrucke meine Schuldigkeit gefehlet habe. Ich maß ihn nach Deinem ab.

DIE KÖNIGIN. Nach meinem? – Ich bin seine Königin. Mir steht es frei, dem Dinge, das ich geschaffen habe, mitzuspielen, wie ich will. – Auch hat er sich der gräßlichsten Verbrechen gegen meine Person schuldig gemacht. Mich hat er beleidiget; aber nicht dich. – Womit könnte dich der arme Mann beleidiget haben? Du hast keine Gesetze, die er übertreten, keine Untertanen, die er bedrücken, keine Krone, nach der er streben könnte. Was findest du denn also für ein grausames Vergnügen, einen Elenden, der ertrinken will, lieber noch auf den Kopf zu schlagen, als ihm die Hand zu reichen?

NOTTINGHAM. Ich bin zu tadeln –

DIE KÖNIGIN. Genug davon! – Seine Königin, die Welt, das Schicksal selbst erklärt sich wider diesen Mann, und doch scheinet er dir kein Mitleid, keine Entschuldigung zu verdienen? –

NOTTINGHAM. Ich bekenne es, Königin, –

DIE KÖNIGIN. Geh, es sei dir vergeben! – Rufe mir gleich die Rutland her. –

ACHT UND FUNFZIGSTES STÜCK

Den 20sten November, 1767

Nottingham geht, und bald darauf erscheinet Rutland. Man erinnere sich, daß Rutland, ohne Wissen der Königin, mit dem Essex vermählt ist.

DIE KÖNIGIN. Kömmst du, liebe Rutland? Ich habe nach dir geschickt. – Wie ists? Ich finde dich, seit einiger Zeit, so traurig. Woher diese trübe Wolke, die dein holdes Auge umziehet? Sei munter, liebe Rutland; ich will dir einen wackern Mann suchen.

RUTLAND. Großmütige Frau! – Ich verdiene es nicht, daß meine Königin so gnädig auf mich herabsiehet.

DIE KÖNIGIN. Wie kannst du so reden? – Ich liebe dich; ja wohl liebe ich dich. – Du sollst es daraus schon sehen! – Eben habe ich mit der Nottingham, der widerwärtigen! – einen Streit gehabt; und zwar – über Mylord Essex.

RUTLAND. Ha!

DIE KÖNIGIN. Sie hat mich recht sehr geärgert. Ich konnte sie nicht länger vor Augen sehen.

RUTLAND. *(bei Seite)* Wie fahre ich bei diesem teuern Namen zusammen! Mein Gesicht wird mich verraten. Ich fühl es; ich werde blaß – und wieder rot. –

DIE KÖNIGIN. Was ich dir sage, macht dich erröten? –

RUTLAND. Dein so überraschendes, gütiges Vertrauen, Königin, –

DIE KÖNIGIN. Ich weiß, daß du mein Vertrauen verdienest. – Komm, Rutland, ich will dir alles sagen. Du sollst mir raten. – Ohne Zweifel, liebe Rutland, wirst du es auch gehört haben, wie sehr das Volk wider den armen, unglücklichen Mann schreiet; was für Verbrechen es ihm zu Last leget. Aber das Schlimmste weißt du vielleicht noch nicht? Er ist heute aus Irland angekommen; wider meinen ausdrücklichen Befehl; und hat die dortigen Angelegenheiten in der größten Verwirrung gelassen.

RUTLAND. Darf ich Dir, Königin, wohl sagen, was ich denke? – Das Geschrei des Volkes, ist nicht immer die Stimme der Wahrheit. Sein Haß ist öfters so ungegründet –

DIE KÖNIGIN. Du sprichst die wahren Gedanken meiner Seele. – Aber, liebe Rutland, er ist dem ohngeachtet zu tadeln. – Komm her, meine Liebe; laß mich an deinen Busen mich lehnen. – O gewiß, man legt mir es zu nahe! Nein, so will ich mich nicht unter ihr Joch bringen lassen. Sie vergessen, daß ich ihre Königin bin. – Ah, Liebe; so ein Freund hat mir längst gefehlt, gegen den ich so meinen Kummer ausschütten kann! –

RUTLAND. Siehe meine Tränen, Königin – Dich so leiden zu sehen, die ich so bewundere! – O, daß mein guter Engel Gedanken in meine Seele, und Worte auf meine Zunge legen wollte, den Sturm in Deiner Brust zu beschwören, und Balsam in Deine Wunden zu gießen!

DIE KÖNIGIN. O, so wärest du mein guter Engel, mitleidige, beste Rutland! – Sage, ist es nicht Schade, daß so ein braver Mann ein Verräter sein soll? daß so ein Held, der wie ein Gott verehret ward, sich so erniedrigen kann, mich um einen kleinen Thron bringen zu wollen?

RUTLAND. Das hätte er gewollt? das könnte er wollen? Nein, Königin, gewiß nicht, gewiß nicht! Wie oft habe ich ihn von Dir sprechen hören! mit welcher Ergebenheit, mit welcher Bewunderung, mit welchem Entzücken habe ich ihn von Dir sprechen hören!

DIE KÖNIGIN. Hast du ihn wirklich von mir sprechen hören?

RUTLAND. Und immer als einen Begeisterten, aus dem nicht kalte Überlegung, aus dem ein inneres Gefühl spricht, dessen er nicht mächtig ist. Sie ist, sagte er, die Göttin ihres Geschlechts, so weit über alle andere Frauen erhaben, daß das, was wir in diesen am meisten bewundern, Schönheit und Reiz, in ihr nur die Schatten sind, ein größeres Licht dagegen abzusetzen. Jede weibliche Vollkommenheit verliert sich in ihr, wie der schwache Schimmer eines Sternes in dem alles überströmenden Glanze des Sonnenlichts. Nichts übersteigt ihre Güte; die Huld selbst beherrschet, in ihrer Person, diese glückliche Insel; ihre Gesetze sind aus dem ewigen Gesetzbuche des Himmels gezogen, und werden dort von Engeln wieder aufgezeichnet. – O, unterbrach er sich dann mit einem Seufzer, der sein ganzes getreues Herz ausdrückte, o, daß sie nicht unsterblich sein kann! Ich wünsche ihn nicht zu erleben, den schrecklichen Augenblick, wenn die Gottheit diesen Abglanz von sich zurückruft, und mit eins sich Nacht und Verwirrung über Britannien verbreiten.

DIE KÖNIGIN. Sagte er das, Rutland?

RUTLAND. Das, und weit mehr. Immer so neu, als wahr in Deinem Lobe, dessen unversiegene Quelle von den lautersten Gesinnungen gegen Dich überströmte –

DIE KÖNIGIN. O, Rutland, wie gern glaube ich dem Zeugnisse, das du ihm gibst!

RUTLAND. Und kannst ihn noch für einen Verräter halten?

DIE KÖNIGIN. Nein; – aber doch hat er die Gesetze übertreten. – Ich muß mich schämen, ihn länger zu schützen. – Ich darf es nicht einmal wagen, ihn zu sehen.

RUTLAND. Ihn nicht zu sehen, Königin? nicht zu sehen? – Bei dem Mitleid, das seinen Thron in Deiner Seele aufgeschlagen, beschwöre ich Dich, – Du mußt ihn sehen! Schämen? wessen? daß Du mit einem Unglücklichen Erbarmen hast? – Gott hat Erbarmen: und Erbarmen sollte Könige schimpfen? – Nein, Königin; sei auch hier Dir selbst gleich. Ja, Du wirst es; Du wirst ihn sehen, wenigstens einmal sehen –

DIE KÖNIGIN. Ihn, der meinen ausdrücklichen Befehl so geringschätzen können? Ihn, der sich so eigenmächtig vor meine Augen drängen darf? Warum blieb er nicht, wo ich ihm zu bleiben befahl?

RUTLAND. Rechne ihm dieses zu keinem Verbrechen! Gib die Schuld der Gefahr, in der er sich sahe. Er hörte, was hier vorging; wie sehr man ihn zu verkleinern, ihn Dir verdächtig zu machen suche. Er kam also, zwar ohne Erlaubnis, aber in der besten Absicht; in der Absicht, sich zu rechtfertigen, und Dich nicht hintergehen zu lassen.

DIE KÖNIGIN. Gut; so will ich ihn denn sehen, und will ihn gleich sehen. – O, meine Rutland, wie sehr wünsche ich es, ihn noch immer eben so rechtschaffen zu finden, als tapfer ich ihn kenne!

RUTLAND. O, nähre diese günstige Gedanke! Deine königliche Seele kann keine gerechtere hegen. – Rechtschaffen! So wirst Du ihn gewiß finden. Ich wollte für ihn schwören; bei aller Deiner Herrlichkeit für ihn schwören, daß er es nie aufgehöret zu sein. Seine Seele ist reiner als die Sonne, die Flecken hat, und irdische Dünste an sich ziehet, und Geschmeiß ausbrütet. – Du sagst, er ist tapfer; und wer sagt es nicht? Aber ein tapferer Mann ist keiner Niederträchtigkeit fähig. Bedenke, wie er die Rebellen gezüchtiget; wie furchtbar er Dich dem Spanier gemacht, der vergebens die Schätze seiner Indien wider Dich verschwendete. Sein Name floh vor Deinen Flotten und Völkern vorher, und ehe diese noch eintrafen, hatte öfters schon sein Name gesiegt.

DIE KÖNIGIN. *(bei Seite)* Wie beredt sie ist! – Ha! dieses Feuer, diese Innigkeit, – das bloße Mitleid gehet so weit nicht. – Ich will es gleich hören! – *(zu ihr)* Und dann, Rutland, seine Gestalt –

RUTLAND. Recht, Königin; seine Gestalt. – Nie hat eine Gestalt den innern Vollkommenheiten mehr entsprochen! –

Bekenn es, Du, die Du selbst so schön bist, daß man nie einen schönern Mann gesehen! So würdig, so edel, so kühn und gebieterisch die Bildung! Jedes Glied, in welcher Harmonie mit dem andern! Und doch das Ganze von einem so sanften lieblichen Umrisse! Das wahre Modell der Natur, einen vollkommenen Mann zu bilden! Das seltene Muster der Kunst, die aus hundert Gegenständen zusammen suchen muß, was sie hier bei einander findet!

DIE KÖNIGIN. *(bei Seite)* Ich dacht es! – Das ist nicht länger auszuhalten. – *(zu ihr)* Wie ist dir, Rutland? Du gerätst außer dir. Ein Wort, ein Bild überjagt das andere. Was spielt so den Meister über dich? Ist es bloß deine Königin, ist es Essex selbst, was diese wahre, oder diese erzwungene Leidenschaft wirket? – *(bei Seite)* Sie schweigt; – ganz gewiß, sie liebt ihn. – Was habe ich getan? Welchen neuen Sturm habe ich in meinem Busen erregt? u. s. w.

Hier erscheinen Burleigh und die Nottingham wieder, der Königin zu sagen, daß Essex ihren Befehl erwarte. Er soll vor sie kommen. »Rutland, sagt die Königin, wir sprechen einander schon weiter; geh nur. – Nottingham, tritt du näher.« Dieser Zug der Eifersucht ist vortrefflich. Essex kömmt; und nun erfolgt die Szene mit der Ohrfeige. Ich wüßte nicht, wie sie verständiger und glücklicher vorbereitet sein könnte. Essex anfangs, scheinet sich völlig unterwerfen zu wollen; aber, da sie ihm befiehlt, sich zu rechtfertigen, wird er nach und nach hitzig; er prahlt, er pocht, er trotzt. Gleichwohl hätte alles das die Königin so weit nicht aufbringen können, wenn ihr Herz nicht schon durch Eifersucht erbittert gewesen wäre. Es ist eigentlich die eifersüchtige Liebhaberin, welche schlägt, und die sich nur der Hand der Königin bedienet. Eifersucht überhaupt schlägt gern. –

Ich, meines Teils, möchte diese Szenen lieber auch nur gedacht, als den ganzen Essex des Corneille gemacht haben. Sie sind so charakteristisch, so voller Leben und Wahrheit, daß das Beste des Franzosen eine sehr armselige Figur dagegen macht.

NEUN UND FUNFZIGSTES STÜCK

Den 24sten November, 1767

Nur den Stil des Banks muß man aus meiner Übersetzung nicht beurteilen. Von seinem Ausdrucke habe ich gänzlich abgehen müssen. Er ist zugleich so gemein und so kostbar, so kriechend und so hochtrabend, und das nicht von Person zu Person, sondern ganz durchaus, daß er zum Muster dieser Art von Mißhelligkeit dienen kann. Ich habe mich zwischen beide Klippen, so gut als möglich, durchzuschleichen gesucht; dabei aber doch an der einen lieber, als an der andern, scheitern wollen.

Ich habe mich mehr vor dem Schwülstigen gehütet, als vor dem Platten. Die mehresten hätten vielleicht gerade das Gegenteil getan; denn schwülstig und tragisch, halten viele so ziemlich für einerlei. Nicht nur viele, der Leser: auch viele, der Dichter selbst. Ihre Helden sollten wie andere Menschen sprechen? Was wären das für Helden? Ampullae et sesquipedalia verba, Sentenzen und Blasen und ellenlange Worte: das macht ihnen den wahren Ton der Tragödie.

»Wir haben es an nichts fehlen lassen,« sagt Diderot,* (man merke, daß er vornehmlich von seinen Landsleuten spricht,) »das Drama aus dem Grunde zu verderben. Wir haben von den Alten die volle prächtige Versifikation beibehalten, die sich doch nur für Sprachen von sehr abgemessenen Quantitäten, und sehr merklichen Akzenten, nur für weitläufige Bühnen, nur für eine in Noten gesetzte und mit Instrumenten begleitete Deklamation so wohl schickt: ihre Einfalt aber in der Verwickelung und dem Gespräche, und die Wahrheit ihrer Gemälde haben wir fahren lassen.«

Diderot hätte noch einen Grund hinzufügen können, warum wir uns den Ausdruck der alten Tragödien nicht durchgängig zum Muster nehmen dürfen. Alle Personen sprechen und unterhalten sich da auf einem freien, öffentlichen Platze, in Gegenwart einer neugierigen Menge Volks. Sie müssen

* Zweite Unterredung hinter dem natürlichen Sohne. S. d. Übers. 247.

also fast immer mit Zurückhaltung, und Rücksicht auf ihre Würde, sprechen; sie können sich ihrer Gedanken und Empfindungen nicht in den ersten den besten Worten entladen; sie müssen sie abmessen und wählen. Aber wir Neuern, die wir den Chor abgeschafft, die wir unsere Personen größtenteils zwischen ihren vier Wänden lassen: was können wir für Ursache haben, sie dem ohngeachtet immer eine so geziemende, so ausgesuchte, so rhetorische Sprache führen zu lassen? Sie hört niemand, als dem sie es erlauben wollen, sie zu hören; mit ihnen spricht niemand als Leute, welche in die Handlung wirklich mit verwickelt, die also selbst im Affekte sind, und weder Lust noch Muße haben, Ausdrücke zu kontrollieren. Das war nur von dem Chore zu besorgen, der, so genau er auch in das Stück eingeflochten war, dennoch niemals mit handelte, und stets die handelnden Personen mehr richtete, als an ihrem Schicksale wirklichen Anteil nahm. Umsonst beruft man sich desfalls auf den höhern Rang der Personen. Vornehme Leute haben sich besser ausdrücken gelernt, als der gemeine Mann: aber sie affektieren nicht unaufhörlich, sich besser auszudrücken, als er. Am wenigsten in Leidenschaften; deren jeder seine eigene Beredsamkeit hat, mit der allein die Natur begeistert, die in keiner Schule gelernt wird, und auf die sich der Unerzogenste so gut verstehet, als der Polierteste.

Bei einer gesuchten, kostbaren, schwülstigen Sprache kann niemals Empfindung sein. Sie zeigt von keiner Empfindung, und kann keine hervorbringen. Aber wohl verträgt sie sich mit den simpelsten, gemeinsten, plattesten Worten und Redensarten.

Wie ich Banks Elisabeth sprechen lasse, weiß ich wohl, hat noch keine Königin auf dem französischen Theater gesprochen. Den niedrigen vertraulichen Ton, in dem sie sich mit ihren Frauen unterhält, würde man in Paris kaum einer guten adlichen Landfrau angemessen finden. »Ist dir nicht wohl? – Mir ist ganz wohl. Steh auf, ich bitte dich. – Nur unruhig; ein wenig unruhig bin ich. – Erzähle mir doch. – Nicht wahr, Nottingham? Tu das! Laß hören! – Gemach, gemach! – Du eiferst dich aus dem Atem. – Gift und Blattern auf ihre Zunge! – Mir steht es frei, dem Dinge, das ich geschaffen habe, mitzuspielen, wie ich will. – Auf den Kopf schlagen. – Wie ists? Sei munter, liebe Rutland; ich will dir einen wackern Mann suchen. – Wie kannst du so reden? – Du sollst es schon sehen. – Sie hat mich recht sehr geärgert. Ich konnte sie nicht länger vor Augen sehen. – Komm her, meine Liebe; laß mich an deinen Busen mich lehnen. – Ich dacht es! – Das ist nicht länger auszuhalten.« – Ja wohl ist es nicht auszuhalten! würden die feinen Kunstrichter sagen –

Werden vielleicht auch manche von meinen Lesern sagen. – Denn leider gibt es Deutsche, die noch weit französischer sind, als die Franzosen. Ihnen zu gefallen, habe ich diese Brocken auf einen Haufen getragen. Ich kenne ihre Art zu kritisieren. Alle die kleinen Nachlässigkeiten, die ihr zärtliches Ohr so unendlich beleidigen, die dem Dichter so schwer zu finden waren, die er mit so vieler Überlegung dahin und dorthin streuete, um den Dialog geschmeidig zu machen, und den Reden einen wahrern Anschein der augenblicklichen Eingebung zu erteilen, reihen sie sehr witzig zusammen auf einen Faden, und wollen sich krank darüber lachen. Endlich folgt ein mitleidiges Achselzucken: »man hört wohl, daß der gute Mann die große Welt nicht kennet; daß er nicht viele Königinnen reden gehört; Racine verstand das besser; aber Racine lebte auch bei Hofe.«

Dem ohngeachtet würde mich das nicht irre machen. Desto schlimmer für die Königinnen, wenn sie wirklich nicht so sprechen, nicht so sprechen dürfen. Ich habe es lange schon geglaubt, daß der Hof der Ort eben nicht ist, wo ein Dichter die Natur studieren kann. Aber wenn Pomp und Etiquette aus Menschen Maschinen macht, so ist es das Werk des Dichters, aus diesen Maschinen wieder Menschen zu machen. Die wahren Königinnen mögen so gesucht und affektiert sprechen, als sie wollen: seine Königinnen müssen natürlich sprechen. Er höre der Hekuba des Euripides nur fleißig zu; und tröste sich immer, wenn er schon sonst keine Königinnen gesprochen hat.

Nichts ist züchtiger und anständiger als die simple Natur. Grobheit und Wust ist eben so weit von ihr entfernt, als

Schwulst und Bombast von dem Erhabnen. Das nämliche Gefühl, welches die Grenzscheidung dort wahrnimmt, wird sie auch hier bemerken. Der schwülstigste Dichter ist daher unfehlbar auch der pöbelhafteste. Beide Fehler sind unzertrennlich; und keine Gattung gibt mehrere Gelegenheit in beide zu verfallen, als die Tragödie.

Gleichwohl scheinet die Engländer vornehmlich nur der eine, in ihrem Banks beleidiget zu haben. Sie tadelten weniger seinen Schwulst, als die pöbelhafte Sprache, die er so edle und in der Geschichte ihres Landes so glänzende Personen führen lasse; und wünschten lange, daß sein Stück von einem Manne, der den tragischen Ausdruck mehr in seiner Gewalt habe, möchte umgearbeitet werden.* Dieses geschah endlich auch. Fast zu gleicher Zeit machten sich Jones und Brook darüber. Heinrich Jones, von Geburt ein Irländer, war seiner Profession nach ein Maurer, und vertauschte, wie der alte Ben Jonson, seine Kelle mit der Feder. Nachdem er schon einen Band Gedichte auf Subskription drucken lassen, die ihn als einen Mann von großem Genie bekannt machten, brachte er seinen Essex 1753 aufs Theater. Als dieser zu London gespielt ward, hatte man bereits den von Heinrich Brook in Dublin gespielt. Aber Brook ließ seinen erst einige Jahre hernach drucken; und so kann es wohl sein, daß er, wie man ihm Schuld gibt, eben sowohl den Essex des Jones, als den vom Banks, genutzt hat. Auch muß noch ein Essex von einem James Ralph vorhanden sein. Ich gestehe, daß ich keinen gelesen habe, und alle drei nur aus den gelehrten Tagebüchern kenne. Von dem Essex des Brook, sagt ein französischer Kunstrichter, daß er das Feuer und das Pathetische des Banks mit der schönen Poesie des Jones zu verbinden

* (Companion to the Theatre Vol. II. p. 105) – The Diction is every where very bad, and in some Places so low, that it even becomes unnatural. – And I think, there cannot be a greater Proof of the little Encouragement this Age affords to Merit, than that no Gentleman possest of a true Genius and Spirit of Poetry, thinks it worth his Attention to adorn so celebrated a Part of History with that Dignity of Expression befitting Tragedy in general, but more particularly, where the Characters are perhaps the greatest the World ever produced.

gewußt habe. Was er über die Rolle der Rutland, und über derselben Verzweiflung bei der Hinrichtung ihres Gemahls, hinzufügt,* ist merkwürdig; man lernt auch daraus das Pariser Parterr auf einer Seite kennen, die ihm wenig Ehre macht.

Aber einen spanischen Essex habe ich gelesen, der viel zu sonderbar ist, als daß ich nicht im Vorbeigehen etwas davon sagen sollte. –

SECHZIGSTES STÜCK

Den 27sten November, 1767

Er ist von einem Ungenannten, und führet den Titel: Für seine Gebieterin sterben.** Ich finde ihn in einer Sammlung von Komödien, die Joseph Padrino zu Sevillien gedruckt hat, und in der er das vier und siebzigste Stück ist. Wenn er verfertiget worden, weiß ich nicht; ich sehe auch nichts, woraus es sich ungefähr abnehmen ließe. Das ist klar, daß sein Verfasser weder die französischen und englischen Dichter, welche die nämliche Geschichte bearbeitet haben, gebraucht hat, noch von ihnen gebraucht worden. Er ist ganz original. Doch ich will dem Urteile meiner Leser nicht vorgreifen.

Essex kömmt von seiner Expedition wider die Spanier zurück, und will der Königin in London Bericht davon abstatten. Wie er anlangt, hört er, daß sie sich zwei Meilen von der Stadt auf dem Landgute einer ihrer Hofdamen, Namens Blanca, befinde. Diese Blanca ist die Geliebte des Grafen, und auf diesem Landgute hat er, noch bei Lebszeiten ihres Vaters, viele heimliche Zusammenkünfte mit ihr gehabt. So-

* (Journal Encycl. Mars 1761) Il a aussi fait tomber en demence la Comtesse de Rutland au moment que cet illustre epoux est conduit à l'echafaud; ce moment ou cette Comtesse est un objet bien digne de pitié, a produit une tres grande sensation, et a été trouvé admirable à Londres: en France il eut paru ridicule, il auroit été sifflé et l'on auroit envoyé la Comtesse avec l'Auteur aux Petites-Maisons.

** Dar la vida por su Dama, ó el Conde de Sex; de un Ingenio de esta Corte.

gleich begibt er sich dahin, und bedient sich des Schlüssels, den er noch von der Gartentüre bewahret, durch die er ehedem zu ihr gekommen. Es ist natürlich, daß er sich seiner Geliebten eher zeigen will, als der Königin. Als er durch den Garten nach ihren Zimmern schleichet, wird er, an dem schattichten Ufer eines durch denselben geleiteten Armes der Themse, ein Frauenzimmer gewahr, (es ist ein schwüler Sommerabend,) das mit den bloßen Füßen in dem Wasser sitzt, und sich abkühlet. Er bleibt voller Verwunderung über ihre Schönheit stehen, ob sie schon das Gesicht mit einer halben Maske bedeckt hat, um nicht erkannt zu werden. (Diese Schönheit, wie billig, wird weitläuftig beschrieben, und besonders werden über die allerliebsten weißen Füße in dem klaren Wasser, sehr spitzfindige Dinge gesagt. Nicht genug, daß der entzückte Graf zwei kristallene Säulen in einem fließenden Kristalle stehen sieht; er weiß vor Erstaunen nicht, ob das Wasser der Kristall ihrer Füße ist, welcher in Fluß geraten, oder ob ihre Füße der Kristall des Wassers sind, der sich in diese Form kondensiert hat.*) Noch verwirrter

* Las dos colùmnas bellas
Metiò dentro del rio, y como al vellas
Vi un crystal en el rio desatado,
Y vi crystal en ellas condensado,
No supe si las aguas que se vian
Eran sus pies, que liquidos corrian,
O si sus dos colùmnas se formaban
De làs aguas, que alli se congelaban.

Diese Ähnlichkeit treibt der Dichter noch weiter, wenn er beschreiben will, wie die Dame, das Wasser zu kosten, es mit ihrer hohlen Hand geschöpft, und nach dem Munde geführt habe. Diese Hand, sagt er, war dem klaren Wasser so ähnlich, daß der Fluß selbst für Schrecken zusammen fuhr, weil er befürchtete, sie möchte einen Teil ihrer eigenen Hand mittrinken.

Quiso probar a caso
El agua, y fueron crystalino vaso
Sus manos, acercò las a los labios,
Y entonces el arroyo Ilorò agravios,
Y como tanto, en fin, se parecia
A sus manos aquello que bebia,
Temi con sobresalto (y no fue en vano)
Que se bebiera parte de la mano.

macht ihn die halbe schwarze Maske auf dem weißen Gesichte: er kann nicht begreifen, in welcher Absicht die Natur ein so göttliches Monstrum gebildet, und auf seinem Gesichte so schwarzen Basalt mit so glänzendem Helfenbeine gepaaret habe; ob mehr zur Bewunderung, oder mehr zur Verspottung?* Kaum hat sich das Frauenzimmer wieder angekleidet, als, unter der Ausrufung: Stirb Tyrannin! ein Schuß auf sie geschieht, und gleich darauf zwei maskierte Männer mit bloßem Degen auf sie los gehen, weil der Schuß sie nicht getroffen zu haben scheinet. Essex besinnt sich nicht lange, ihr zu Hülfe zu eilen. Er greift die Mörder an, und sie entfliehen. Er will ihnen nach; aber die Dame ruft ihn zurück, und bittet ihn, sein Leben nicht in Gefahr zu setzen. Sie sieht, daß er verwundet ist, knüpft ihre Schärpe los, und gibt sie ihm, sich die Wunde damit zu verbinden. Zugleich, sagt sie, soll diese Schärpe dienen, mich Euch zu seiner Zeit zu erkennen zu geben; itzt muß ich mich entfernen, ehe über den Schuß mehr Lärmen entsteht; ich möchte nicht gern, daß die Königin den Zufall erführe, und ich beschwöre Euch daher um Eure Verschwiegenheit. Sie geht, und Essex bleibt voller Erstaunen über diese sonderbare Begebenheit, über die er mit seinem Bedienten, Namens Cosme, allerlei Betrachtungen anstellt. Dieser Cosme ist die lustige Person des Stücks; er war vor dem Garten geblieben, als sein Herr hereingegangen, und hatte den Schuß zwar gehört, aber ihm doch nicht zu Hülfe kommen dürfen. Die Furcht hielt an der Türe Schildwache, und versperrte ihm den Eingang. Furchtsam ist Cosme für viere;** und das sind die spanischen

* Yo, que al principio vi, ciego, y turbado
A una parte nevado
Y en otra negro el rostro,
Juzguè, mirando tan divino monstruo,
Que la naturaleza cuidadosa
Desigualdad uniendo tan hermosa,
Quiso hacer por assombro, o por ultrage,
De azabache y marfil un maridage.

** Ruido de armas en la Quinta.
Y dentro el Conde? Que aguardo

Narren gemeiniglich alle. Essex bekennt, daß er sich unfehlbar in die schöne Unbekannte verliebt haben würde, wenn Blanca nicht schon so völlig Besitz von seinem Herzen genommen hätte, daß sie durchaus keiner andern Leidenschaft darin Raum lasse. Aber, sagt er, wer mag sie wohl gewesen sein? Was dünkt dich, Cosme? – Wer wirds gewesen sein, antwortet Cosme, als des Gärtners Frau, die sich die Beine gewaschen? –* Aus diesem Zuge, kann man leicht auf das Übrige schließen. Sie gehen endlich beide wieder fort; es ist zu spät geworden; das Haus könnte über den Schuß in Bewegung geraten sein; Essex getraut sich daher nicht, unbemerkt zur Blanca zu kommen, und verschiebt seinen Besuch auf ein andermal.

Nun tritt der Herzog von Alanzon auf, mit Flora, der Blanca Kammermädchen. (Die Szene ist noch auf dem Landgute, in einem Zimmer der Blanca; die vorigen Auftritte waren in dem Garten. Es ist des folgenden Tages.) Der König von Frankreich hatte der Elisabeth eine Verbindung mit seinem jüngsten Bruder vorgeschlagen. Dieses ist der Herzog von Alanzon. Er ist, unter dem Vorwande einer Gesandtschaft, nach England gekommen, um diese Verbindung zu Stande zu bringen. Es läßt sich alles, sowohl von Seiten des Parlaments als der Königin, sehr wohl dazu an: aber indes erblickt er die Blanca, und verliebt sich in sie. Itzt kömmt er, und bittet Floren, ihm in seiner Liebe behülflich zu sein. Flora verbirgt ihm nicht, wie wenig er zu erwarten habe; doch ohne ihm das geringste von der Vertraulichkeit, in welcher der Graf mit ihr stehet, zu entdecken. Sie sagt bloß, Blanca suche sich zu verheiraten, und da sie hierauf sich mit

Que no voi à socorrerle?
Que aguardo? Lindo recado:
Aguardo à que quiera el miedo
Dexarme entrar – –
– – – –
Cosme, que ha tenido un miedo
Que puede valer por quatro.

* La muger del hortelano,
Que se lavaba las piernas.

einem Manne, dessen Stand so weit über den ihrigen erhaben sei, doch keine Rechnung machen könne, so dürfte sie schwerlich seiner Liebe Gehör geben. – (Man erwartet, daß der Herzog auf diesen Einwurf die Lauterkeit seiner Absichten beteuern werde: aber davon kein Wort! Die Spanier sind in diesem Punkte lange so strenge und delikat nicht, als die Franzosen.) Er hat einen Brief an die Blanca geschrieben, den Flora übergeben soll. Er wünscht, es selbst mit anzusehen, was dieser Brief für Eindruck auf sie machen werde. Er schenkt Floren eine güldne Kette, und Flora versteckt ihn in eine anstoßende Galerie, indem Blanca mit Cosme hereintritt, welcher ihr die Ankunft seines Herrn meldet.

Essex kömmt. Nach den zärtlichsten Bewillkommungen der Blanca, nach den teuersten Versicherungen des Grafen, wie sehr er ihrer Liebe sich würdig zu zeigen wünsche, müssen sich Flora und Cosme entfernen, und Blanca bleibt mit dem Grafen allein. Sie erinnert ihn, mit welchem Eifer und mit welcher Standhaftigkeit er sich um ihre Liebe beworben habe. Nachdem sie ihm drei Jahre widerstanden, habe sie endlich sich ihm ergeben, und ihn, unter Versicherung sie zu heiraten, zum Eigentümer ihrer Ehre gemacht. (Te hice dueño de mi honor: der Ausdruck sagt im Spanischen ein wenig viel.) Nur die Feindschaft, welche unter ihren beiderseitigen Familien obgewaltet, habe nicht erlaubt, ihre Verbindung zu vollziehen. Essex ist nichts in Abrede, und fügt hinzu, daß, nach dem Tode ihres Vaters und Bruders, nur die ihm aufgetragene Expedition wider die Spanier dazwischen gekommen sei. Nun aber habe er diese glücklich vollendet; nun wolle er unverzüglich die Königin um Erlaubnis zu ihrer Vermählung antreten. – Und so kann ich dir denn, sagt Blanca, als meinem Geliebten, als meinem Bräutigam, als meinem Freunde, alle meine Geheimnisse sicher anvertrauen.* –

* Bien podrè seguramente
Revelarte intentos mios,
Como a galan, como a dueño
Como a esposo, y como a amigo.

EIN UND SECHZIGSTES STÜCK

Den 1sten Dezember, 1767

Hierauf beginnt sie eine lange Erzählung von dem Schicksale der Maria von Schottland. Wir erfahren, (denn Essex selbst muß alles das, ohne Zweifel, längst wissen,) daß ihr Vater und Bruder dieser unglücklichen Königin sehr zugetan gewesen; daß sie sich geweigert, an der Unterdrückung der Unschuld Teil zu nehmen; daß Elisabeth sie daher gefangen setzen, und in dem Gefängnisse heimlich hinrichten lassen. Kein Wunder, daß Blanca die Elisabeth haßt; daß sie fest entschlossen ist, sich an ihr zu rächen. Zwar hat Elisabeth nachher sie unter ihre Hofdamen aufgenommen, und sie ihres ganzen Vertrauens gewürdiget. Aber Blanca ist unversöhnlich. Umsonst wählte die Königin, nur kürzlich, vor allen andern das Landgut der Blanca, um die Jahreszeit einige Tage daselbst ruhig zu genießen. – Diesen Vorzug selbst wollte Blanca ihr zum Verderben gereichen lassen. Sie hatte an ihren Oheim geschrieben, welcher, aus Furcht, es möchte ihm wie seinem Bruder, ihrem Vater, ergehen, nach Schottland geflohen war, wo er sich im Verborgnen aufhielt. Der Oheim war gekommen; und kurz, dieser Oheim war es gewesen, welcher die Königin in dem Garten ermorden wollen. Nun weiß Essex, und wir mit ihm, wer die Person ist, der er das Leben gerettet hat. Aber Blanca weiß nicht, daß es Essex ist, welcher ihren Anschlag vereiteln müssen. Sie rechnet vielmehr auf die unbegrenzte Liebe, deren sie Essex versichert, und wagt es, ihn nicht bloß zum Mitschuldigen machen zu wollen, sondern ihm völlig die glücklichere Vollziehung ihrer Rache zu übertragen. Er soll sogleich an ihren Oheim, der wieder nach Schottland geflohen ist, schreiben, und gemeinschaftliche Sache mit ihm machen. Die Tyrannin müsse sterben; ihr Name sei allgemein verhaßt; ihr Tod sei eine Wohltat für das Vaterland, und niemand verdiene es mehr als Essex, dem Vaterlande diese Wohltat zu verschaffen.

Essex ist über diesen Antrag äußerst betroffen. Blanca, seine teure Blanca, kann ihm eine solche Verräterei zumuten? Wie sehr schämt er sich, in diesem Augenblicke, seiner Liebe! Aber was soll er tun? Soll er ihr, wie es billig wäre, seinen Unwillen zu erkennen geben? Wird sie darum weniger bei ihren schändlichen Gesinnungen bleiben? Soll er der Königin die Sache hinterbringen? Das ist unmöglich: Blanca, seine ihm noch immer teure Blanca, läuft Gefahr. Soll er sie, durch Bitten und Vorstellungen, von ihrem Entschlusse abzubringen suchen? Er müßte nicht wissen, was für ein rachsüchtiges Geschöpf eine beleidigte Frau ist; wie wenig es sich durch Flehen erweichen, und durch Gefahr abschrecken läßt. Wie leicht könnte sie seine Abratung, sein Zorn, zur Verzweiflung bringen, daß sie sich einem andern entdeckte, der so gewissenhaft nicht wäre, und ihr zu Liebe alles unternähme?* – Dieses in der Geschwindigkeit überlegt, faßt er

* Ay tal traicion! vive el Cielo,
Que de amarla estoi corrido.
Blanca, que es mi dulce dueño,
Blanca, à quien quiero, y estimo,
Me propone tal traicion!
Que harè, porque si ofendido,
Respondiendo, como es justo,
Contra su traicion me irrito,
No por esso ha de evitar
Su resuelto desatino.
Pues darle cuenta a la Reina
Es impossible, pues quiso
Mi suerte, que tenga parte
Blanca en aqueste delito.
Pues si procuro con ruegos
Disuadirla, es desvario,
Que es una muger resuelta
Animal tan vengativo,
Que no se dobla à los riesgos:
Antes con afecto impio,
En el mismo rendimiento
Suelen agusar los filos;
Y quizà desesperada
De mi enojo, o mi desvio,
Se declarara con otro
Menos leal, menos fino,
Que quizà por ella intente,
Lo que yo hacer no he querido.

den Vorsatz, sich zu verstellen, um den Roberto, so heißt der Oheim der Blanca, mit allen seinen Anhängern, in die Falle zu locken.

Blanca wird ungeduldig, daß ihr Essex nicht sogleich antwortet. »Graf, sagt sie, wenn Du erst lange mit Dir zu Rate gehst, so liebst Du mich nicht. Auch nur zweifeln, ist Verbrechen. Undankbarer! –* Sei ruhig, Blanca! erwidert Essex: ich bin entschlossen. – Und wozu? – Gleich will ich Dir es schriftlich geben.«

Essex setzt sich nieder, an ihren Oheim zu schreiben, und indem tritt der Herzog aus der Galerie näher. Er ist neugierig zu sehen, wer sich mit der Blanca so lange unterhält; und erstaunt, den Grafen von Essex zu erblicken. Aber noch mehr erstaunt er über das, was er gleich darauf zu hören bekömmt. Essex hat an den Roberto geschrieben, und sagt der Blanca den Inhalt seines Schreibens, das er sofort durch den Cosme abschicken will. Roberto soll mit allen seinen Freunden einzeln nach London kommen; Essex will ihn mit seinen Leuten unterstützen; Essex hat die Gunst des Volks; nichts wird leichter sein, als sich der Königin zu bemächtigen; sie ist schon so gut, als tot. – Erst müßt ich sterben! ruft auf einmal der Herzog, und kömmt auf sie los. Blanca und der Graf erstaunen über diese plötzliche Erscheinung: und das Erstaunen des letztern ist nicht ohne Eifersucht. Er glaubt, daß Blanca den Herzog bei sich verborgen gehalten. Der Herzog rechtfertiget die Blanca, und versichert, daß sie von seiner Anwesenheit nichts gewußt; er habe die Galerie offen gefunden, und sei von selbst hereingegangen, die Gemälde darin zu betrachten.**

* Si estàs consultando, Conde,
Allà dentro de ti mismo
Lo que ha de hacer, no me quieres,
Ya el dudarlo fue delito.
Vive Dios, que eres ingrato!

** Por vida del Rey mi hermano,
Y por la que mas estimo,
De la Reina mi señora,
Y por – pero yo lo digo
Que en mi es el mayor empeño

DER HERZOG. Bei dem Leben meines Bruders, bei dem mir noch kostbarern Leben der Königin, bei – Aber genug, daß *ich* es sage: Blanca ist unschuldig. Und nur ihr, Mylord, haben Sie diese Erklärung zu danken. Auf Sie, ist im geringsten nicht dabei gesehen. Denn mit Leuten, wie Sie, machen Leute, wie ich –

De la verdad del decirlo,
Que no tiene Blanca parte
De estar yo aqui – –
– – – –
Y estad mui agradecido
A Blanca, de que yo os dè,
No satisfacion, aviso
De esta verdad, porque a vos,
Hombres como yo –
COND. Imagino
Que no me conoceis bien.
DUQ. No os havia conocido
Hasta aqui; mas ya os conozco,
Pues ya tan otro os he visto
Que os reconozco traidor.
COND. Quien dixere –
DUQ. Yo lo digo,
No pronuncieis algo, Conde,
Que ya no puedo sufriros.
COND. Qualquier cosa que yo intente –
DUQ. Mirad que estoi persuadido
Que hace la traicion cobardes;
Y assi quando os he cogido
En un lance que me dà
De que sois cobarde indicios,
No he de aprovecharme de esto,
Y assi os perdona mi brio
Este rato que teneis
El valor desminuido;
Que a estar todo vos entero,
Supiera daros castigo.
COND. Yo soi el Conde de Sex
Y nadie se me ha atrevido
Sino el hermano del Rey
De Francia.
DUQ. Yo tengo brio
Para que sin ser quien soi,
Pueda mi valor invicto
Castigar, non digo yo

DER GRAF. Prinz, Sie kennen mich ohne Zweifel nicht recht? –

DER HERZOG. Freilich habe ich Sie nicht recht gekannt. Aber ich kenne Sie nun. Ich hielt Sie für einen ganz andern Mann: und ich finde, Sie sind ein Verräter·

DER GRAF. Wer darf das sagen?

DER HERZOG. Ich! – Nicht ein Wort mehr! Ich will kein Wort mehr hören, Graf!

DER GRAF. Meine Absicht mag auch gewesen sein –

DER HERZOG. Denn kurz: ich bin überzeugt, daß ein Verräter kein Herz hat. Ich treffe Sie als einen Verräter: ich muß Sie für einen Mann ohne Herz halten. Aber um so weniger darf ich mich dieses Vorteils über Sie bedienen. Meine Ehre verzeiht Ihnen, weil Sie der Ihrigen verlustig sind. Wären Sie so unbescholten, als ich Sie sonst geglaubt, so würde ich Sie zu züchtigen wissen.

DER GRAF. Ich bin der Graf von Essex. So hat mir noch niemand begegnen dürfen, als der Bruder des Königs von Frankreich.

DER HERZOG. Wenn ich auch der nicht wäre, der ich bin; wenn nur Sie der wären, der Sie nicht sind, ein Mann von Ehre: so sollten Sie wohl empfinden, mit wem Sie zu tun hätten. – Sie, der Graf von Essex? Wenn Sie dieser berufene Krieger sind: wie können Sie so viele große Taten durch eine so unwürdige Tat vernichten wollen? –

ZWEI UND SECHZIGSTES STÜCK

Den 4ten Dezember, 1767

Der Herzog fährt hierauf fort, ihm sein Unrecht, in einem etwas gelindern Tone, vorzuhalten. Er ermahnt ihn, sich

Solo a vos, mas a vos mismo,
Siendo leal, que es lo mas
Con que queda encarecido.
Y pues sois tan gran Soldado,
No echeis a perder, os pido,
Tantas heroicas hazañas
Con un hecho tan indigno –

eines bessern zu besinnen; er will es vergessen, was er gehört habe; er ist versichert, daß Blanca mit dem Grafen nicht einstimme, und daß sie selbst ihm eben das würde gesagt haben, wenn er, der Herzog, ihr nicht zuvorgekommen wäre. Er schließt endlich: »Noch einmal, Graf; gehen Sie in sich! Stehen Sie von einem so schändlichen Vorhaben ab! Werden Sie wieder Sie selbst! Wollen Sie aber meinem Rate nicht folgen: so erinnern Sie sich, daß Sie einen Kopf haben, und London einen Henker!«* – Hiermit entfernt sich der Herzog. Essex ist in der äußersten Verwirrung; es schmerzt ihn, sich für einen Verräter gehalten zu wissen; gleichwohl darf er es itzt nicht wagen, sich gegen den Herzog zu rechtfertigen; er muß sich gedulden, bis es der Ausgang lehre, daß er da seiner Königin am getreuesten gewesen sei, als er es am wenigsten zu sein geschienen.** So spricht er mit sich selbst: zur Blanca aber sagt er, daß er den Brief sogleich an ihren Oheim senden wolle, und geht ab. Blanca desgleichen; nachdem sie ihren Unstern verwünscht, sich aber noch damit getröstet, daß es kein Schlimmerer als der Herzog sei, welcher von dem Anschlage des Grafen wisse.

Die Königin erscheinet mit ihrem Kanzler, dem sie es vertrauet hat, was ihr in dem Garten begegnet. Sie befiehlt, daß ihre Leibwache alle Zugänge wohl besetze; und morgen will sie nach London zurückkehren. Der Kanzler ist der Meinung, die Meuchelmörder aufsuchen zu lassen, und durch ein öffentliches Edikt demjenigen, der sie anzeigen werde, eine ansehnliche Belohnung zu verheißen, sollte er auch

* Miradlo mejor, dexad
Un intento tan indigno,
Corresponded à quien sois,
Y sino bastan avisos,
Mirad que ay Verdugo en Londres,
Y en vos cabeza, harto os digo.

** No he de responder al Duque
Hasta que el sucesso mismo
Muestre como fueron falsos
De mi traicion los indicios,
Y que soi mas leal, quando
Mas traidor he parecido.

selbst ein Mitschuldiger sein. »Denn da es ihrer zwei waren,« sagt er, »die den Anfall taten, so kann leicht einer davon ein eben so treuloser Freund sein, als er ein treuloser Untertan ist.«* – Aber die Königin mißbilliget diesen Rat; sie hält es für besser, den ganzen Vorfall zu unterdrücken, und es gar nicht bekannt werden zu lassen, daß es Menschen gegeben, die sich einer solchen Tat erkühnen dürfen. »Man muß, sagt sie, die Welt glauben machen, daß die Könige so wohl bewacht werden, daß es der Verräterei unmöglich ist, an sie zu kommen. Außerordentliche Verbrechen werden besser verschwiegen, als bestraft. Denn das Beispiel der Strafe ist von dem Beispiele der Sünde unzertrennlich; und dieses kann oft eben so sehr anreizen, als jenes abschrekken.«**

Indem wird Essex gemeldet, und vorgelassen. Der Bericht, den er von dem glücklichen Erfolge seiner Expedition abstattet, ist kurz. Die Königin sagt ihm, auf eine sehr verbindliche Weise: »Da ich Euch wieder erblicke, weiß ich von dem Ausgange des Krieges schon genug.«*** Sie will von keinen nähern Umständen hören, bevor sie seine Dienste nicht belohnt, und befiehlt dem Kanzler, dem Grafen sogleich das Patent als Admiral von England auszufertigen. Der Kanzler geht; die Königin und Essex sind allein; das Gespräch wird vertraulicher; Essex hat die Schärpe um; die Königin be-

* Y pues son dos los culpados
Podrà ser, que alguno de ellos
Entregue al otro, que es llano,
Que serà traidor amigo
Quien fue desleal vassallo.

** Y es gran materia de estado
Dar a entender, que los Reyes
Estan en si tan guardados
Que aunque la traicion los busque,
Nunca ha de poder hallarlos;
Y assi el secreto averigue
Enormes delitos, quando
Mas que el castigo escarmientos,
Dè exemplares el pecado.

*** Que ya solo con miraros
Sè el sucesso de la guerra.

merkt sie, und Essex würde es aus dieser bloßen Bemerkung schließen, daß er sie von ihr habe, wenn er es aus den Reden der Blanca nicht schon geschlossen hätte. Die Königin hat den Grafen schon längst heimlich geliebt; und nun ist sie ihm sogar das Leben schuldig.* Es kostet ihr alle Mühe, ihre Neigung zu verbergen. Sie tut verschiedne Fragen, ihn auszulocken und zu hören, ob sein Herz schon eingenommen, und ob er es vermute, wem er das Leben in dem Garten gerettet. Das letzte gibt er ihr durch seine Antworten gewissermaßen zu verstehen, und zugleich, daß er für eben diese Person mehr empfinde, als er derselben zu entdecken sich erkühnen dürfe. Die Königin ist auf dem Punkte, sich ihm zu erkennen zu geben: doch siegt noch ihr Stolz über ihre Liebe. Eben so sehr hat der Graf mit seinem Stolze zu kämpfen: er kann sich des Gedankens nicht entwehren, daß ihn die Königin liebe, ob er schon die Vermessenheit dieses Gedankens erkennet. (Daß diese Szene größtenteils aus Reden bestehen müsse, die jedes seitab führet, ist leicht zu erachten.) Sie heißt ihn gehen, und heißt ihn wieder so lange warten, bis der Kanzler ihm das Patent bringe. Er bringt es; sie überreicht es ihm; er bedankt sich, und das Seitab fängt mit neuem Feuer an.

DIE KÖNIGIN. Törichte Liebe! –
ESSEX. Eitler Wahnsinn! –
DIE KÖNIGIN. Wie blind! –
ESSEX. Wie verwegen! –
DIE KÖNIGIN. So tief willst du, daß ich mich herabsetze? –
ESSEX. So hoch willst du, daß ich mich versteige?
DIE KÖNIGIN. Bedenke, daß ich Königin bin!
ESSEX. Bedenke, daß ich Untertan bin!
DIE KÖNIGIN. Du stürzest mich bis in den Abgrund, –
ESSEX. Du erhebest mich bis zur Sonne, –
DIE KÖNIGIN. Ohne auf meine Hoheit zu achten.

* No bastaba, amor tyranno,
Una inclinacion tan fuerte,
Sin que te ayas ayudado
Del deberle yo la vida?

ESSEX. Ohne meine Niedrigkeit zu erwägen.
DIE KÖNIGIN. Aber, weil du meines Herzens dich bemeistert: –
ESSEX. Aber, weil Du meiner Seele Dich bemächtiget: –
DIE KÖNIGIN. So stirb da, und komm nie auf die Zunge!
ESSEX. So stirb da, und komm nie über die Lippen!*

(Ist das nicht eine sonderbare Art von Unterhaltung? Sie reden mit einander; und reden auch nicht mit einander. Der eine hört, was der andere nicht sagt, und antwortet auf das, was er nicht gehört hat. Sie nehmen einander die Worte nicht aus dem Munde, sondern aus der Seele. Man sage jedoch nicht, daß man ein Spanier sein muß, um an solchen unnatürlichen Künsteleien Geschmack zu finden. Noch vor einige dreißig Jahren fanden wir Deutsche eben so viel Geschmack daran; denn unsere Staats- und Helden-Aktionen wimmelten davon, die in allem nach den spanischen Mustern zugeschnitten waren.)

Nachdem die Königin den Essex beurlaubet und ihm befohlen, ihr bald wieder aufzuwarten, gehen beide auf verschiedene Seiten ab, und machen dem ersten Aufzuge ein Ende. – Die Stücke der Spanier, wie bekannt, haben deren nur drei, welche sie Jornadas, Tagewerke, nennen. Ihre aller-

* REIN. Loco Amor –
COND.
Necio impossible –
REIN. Què ciego –
COND.
Què temerario –
REIN. Me abates a tal baxeza –
COND. Me quieres subir tan alto –
REIN. Advierte, que soi la Reina –
COND. Advierte que soi vasallo –
REIN. Pues me humillas a el abysmo –
COND. Pues me acercas a los rayos –
REIN. Sin reparar mi grandeza –
COND. Sin mirar mi humilde estado –
REIN. Ya que te miro acà dentro –
COND. Ya que en mi te vas entrando –
REIN. Muere entre el pecho, y la voz.
COND. Muere entre el alma, y los labios.

ältesten Stücke hatten viere: sie krochen, sagt Lope de Vega, auf allen vieren, wie Kinder; denn es waren auch wirklich noch Kinder von Komödien. Virues war der erste, welcher die vier Aufzüge auf drei brachte; und Lope folgte ihm darin, ob er schon die ersten Stücke seiner Jugend, oder vielmehr seiner Kindheit, ebenfalls in vieren gemacht hatte. Wir lernen dieses aus einer Stelle in des letztern Neuen Kunst, Komödien zu machen;* mit der ich aber eine Stelle des Cervantes in Widerspruch finde,** wo sich dieser den Ruhm anmaßt, die spanische Komödie von fünf Akten, aus welchen sie sonst bestanden, auf drei gebracht zu haben. Der spanische Litterator mag diesen Widerspruch entscheiden; ich will mich dabei nicht aufhalten.

DREI UND SECHZIGSTES STÜCK

Den 8ten Dezember, 1767

Die Königin ist von dem Landgute zurückgekommen; und Essex gleichfalls. Sobald er in London angelangt, eilte er nach Hofe, um sich keinen Augenblick vermissen zu lassen. Er eröffnet mit seinem Cosme den zweiten Akt, der in dem Königlichen Schlosse spielt. Cosme hat, auf Befehl des Grafen, sich mit Pistolen versehen müssen; der Graf hat heimliche Feinde; er besorgt, wenn er des Nachts spät vom Schlosse gehe, überfallen zu werden. Er heißt den Cosme, die Pistolen nur indes in das Zimmer der Blanca zu tragen, und sie von Floren aufheben zu lassen. Zugleich bindet er

* Arte nuevo de hazer Comedias, die sich hinter des Lope Rimas befindet.

El Capitan Virves insigne ingenio,
Puso en tres actos la Comedia, que antes
Andava en quatro, como pies de niño,
Que eran entonces niñas las Comedias,
Y yo las escrivi de onze, y doze años,
De à quatro actos, y de à quatro pliegos,
Porque cada acto un pliego contenia.

** In der Vorrede zu seinen Komödien: Donde me atrevi a reducir las Comedias a tres Jornadas, de cinco que tenian.

die Schärpe los, weil er zur Blanca gehen will. Blanca ist eifersüchtig; die Schärpe könnte ihr Gedanken machen; sie könnte sie haben wollen; und er würde sie ihr abschlagen müssen. Indem er sie dem Cosme zur Verwahrung übergibt, kömmt Blanca dazu. Cosme will sie geschwind verstecken: aber es kann so geschwind nicht geschehen, daß es Blanca nicht merken sollte. Blanca nimmt den Grafen mit sich zur Königin; und Essex ermahnt im Abgehen den Cosme, wegen der Schärpe reinen Mund zu halten, und sie niemanden zu zeigen.

Cosme hat, unter seinen andern guten Eigenschaften, auch diese, daß er ein Erzplauderer ist. Er kann kein Geheimnis eine Stunde bewahren; er fürchtet ein Geschwär im Leibe davon zu bekommen; und das Verbot des Grafen hat ihn zu rechter Zeit erinnert, daß er sich dieser Gefahr bereits sechs und dreißig Stunden ausgesetzt habe.* Er gibt Floren die Pistolen, und hat den Mund schon auf, ihr auch die ganze Geschichte, von der maskierten Dame und der Schärpe, zu erzählen. Doch eben besinnt er sich, daß es wohl eine würdigere Person sein müsse, der er sein Geheimnis zuerst mitteile. Es würde nicht lassen, wenn sich Flora rühmen könnte, ihn dessen defloriert zu haben.** (Ich muß von allerlei Art des spanischen Witzes eine kleine Probe einzuflechten suchen.)

Cosme darf auf diese würdigere Person nicht lange warten. Blanca wird von ihrer Neugierde viel zu sehr gequält, daß sie sich nicht, sobald als möglich, von dem Grafen losmachen sollen, um zu erfahren, was Cosme vorhin so hastig von ihr

* – Yo no me acordaba
De decirlo, y lo callaba,
Y como me lo entregò,
Ya por decirlo rebiento,
Que tengo tal propriedad,
Que en un hora, ô la mitad,
Se me hace postema un cuento.

** Alla va Flora; mas no,
Sera persona mas grave –
No es bien que Flora se alabe
Que el cuento me desflorò.

zu verbergen gesucht. Sie kömmt also sogleich zurück, und nachdem sie ihn zuerst gefragt, warum er nicht schon nach Schottland abgegangen, wohin ihn der Graf schicken wollen, und er ihr geantwortet, daß er mit anbrechendem Tage abreisen werde: verlangt sie zu wissen, was er da versteckt halte? Sie dringt in ihn: doch Cosme läßt nicht lange in sich dringen. Er sagt ihr alles, was er von der Schärpe weiß; und Blanca nimmt sie ihm ab. Die Art, mit der er sich seines Geheimnisses entlediget, ist äußerst ekel. Sein Magen will es nicht länger bei sich behalten; es stößt ihm auf; es kneipt ihn; er steckt den Finger in den Hals; er gibt es von sich; und um einen bessern Geschmack wieder in den Mund zu bekommen, läuft er geschwind ab, eine Quitte oder Olive darauf zu kauen.* Blanca kann aus seinem verwirrten Geschwätze zwar nicht recht klug werden: sie versteht aber doch so viel daraus, daß die Schärpe das Geschenk einer Dame ist, in die Essex verliebt werden könnte, wenn er es nicht schon sei. »Denn er ist doch nur ein Mann; sagt sie. Und wehe der, die ihre Ehre einem Manne anvertrauet hat! Der beste, ist noch so schlimm!«** – Um seiner Untreue also zuvorzukommen, will sie ihn je eher je lieber heiraten.

Die Königin tritt herein, und ist äußerst niedergeschlagen. Blanca fragt, ob sie die übrigen Hofdamen rufen soll: aber

* Ya se me viene a la boca
La purga. – –
O que regueldos tan secos
Me vienen! terrible aprieto. –
Mi estomago no lo lleva;
Protesto que es gran trabajo,
Meto los dedos – –
Y pues la purga he trocado,
Y el secreto he vomitado
Desde el principio hasta el fin,
Y sin dexar cosa alguna,
Tal asco me diò al decillo,
Voi à probar de un membrillo,
O a morder de una azeituna. –

** Es hombre al fin, y ay de aquella
Que a un hombre fiò su honor,
Siendo tan malo el mejor.

die Königin will lieber allein sein; nur Irene soll kommen, und vor dem Zimmer singen. Blanca geht auf der einen Seite nach Irenen ab, und von der andern kömmt der Graf.

Essex liebt die Blanca: aber er ist ehrgeizig genug, auch der Liebhaber der Königin sein zu wollen. Er wirft sich diesen Ehrgeiz selbst vor; er bestraft sich deswegen; sein Herz gehört der Blanca; eigennützige Absichten müssen es ihr nicht entziehen wollen; unechte Convenienz muß keinen echten Affekt besiegen.* Er will sich also lieber wieder entfernen, als er die Königin gewahr wird: und die Königin, als sie ihn erblickt, will ihm gleichfalls ausweichen. Aber sie bleiben beide. Indem fängt Irene vor dem Zimmer an zu singen. Sie singt eine Redondilla, ein kleines Lied von vier Zeilen, dessen Sinn dieser ist: »Sollten meine verliebten Klagen zu deiner Kenntnis gelangen: o so laß das Mitleid, welches sie verdienen, den Unwillen überwältigen, den du darüber empfindest, daß ich es bin, der sie führet.« Der Königin gefällt das Lied; und Essex findet es bequem, ihr durch dasselbe, auf eine versteckte Weise, seine Liebe zu erklären. Er sagt, er habe es glossieret,** und bittet um Erlaubnis, ihr seine Glosse vorsagen zu dürfen. In dieser Glosse beschreibt er sich als den zärtlichsten Liebhaber, dem es aber die Ehrfurcht verbiete, sich dem geliebten Gegenstande zu entdecken. Die Kö-

* Abate, abate las alas,
No subas tanto, busquemos
Mas proporcionada esfera
A tan limitado vuelo.
Blanca me quiere, y a Blanca
Adoro yo ya en mi dueño;
Pues como de amor tan noble
Por una ambicion me alexo?
No conveniencia bastarda
Venza un legitimo afecto.

** Die Spanier haben eine Art von Gedichten welche sie Glossas nennen. Sie nehmen eine oder mehrere Zeilen gleichsam zum Texte, und erklären oder umschreiben diesen Text so, daß sie die Zeilen selbst in diese Erklärung oder Umschreibung wiederum einflechten. Den Text heißen sie Mote oder Letra, und die Auslegung insbesondere Glossa, welches denn aber auch der Name des Gedichts überhaupt ist. Hier läßt der Dichter den Essex das

nigin lobt seine Poesie: aber sie mißbilliget seine Art zu lieben. »Eine Liebe, sagt sie unter andern, die man verschweigt, kann nicht groß sein; denn Liebe wächst nur durch Gegenliebe, und der Gegenliebe macht man sich durch das Schweigen mutwillig verlustig.«

Lied der Irene zum Mote machen, das aus vier Zeilen besteht, deren jede er in einer besondern Stanze umschreibt, die sich mit der umschriebenen Zeile schließt. Das Ganze sieht so aus:

MOTE

Si acaso mis desvarios
Llegaren a tus umbrales,
La lastima de ser males
Quite el horror de ser mios.

GLOSSA

Aunque el dolor me provoca
De mis quexas, y no puedo,
Que es mi osadia tan poca,
Que entre el respeto, y el miedo
Se me mueren en la boca;
Y assi non llegan tan mios
Mis males a tus orejas.
Porque no han de ser oidos
Si acaso digo mis quexas,
Si acaso mis desvarios.

El ser tan mal explicados
Sea su mayor indicio,
Que trocando en mis cuidados
El silencio, y vos su oficio,
Quedaran mas ponderados:
Desde oy por estas señales
Sean de ti conocidos,
Que sin duda son mis males
Si algunos mal repetidos
Llegaren a tus umbrales.

Mas ay Dios! que mis cuidados
De tu crueldad conocidos,
Aunque mas acreditados,
Seran menos adquiridos,
Que con los otros mezclados:
Porque no sabiendo a quales
Mas tu ingratitud se deba
Viendolos todos iguales
Fuerza es que en commun te mueva

VIER UND SECHZIGSTES STÜCK

Den 11ten Dezember, 1767

Der Graf versetzt, daß die vollkommenste Liebe die sei, welche keine Belohnung erwarte; und Gegenliebe sei Belohnung. Sein Stillschweigen selbst mache sein Glück: denn so lange er seine Liebe verschweige, sei sie noch unverworfen, könne er sich noch von der süßen Vorstellung täuschen lassen, daß sie vielleicht dürfe genehmiget werden. Der Unglückliche sei glücklich, so lange er noch nicht wisse, wie unglücklich er sei.* Die Königin widerlegt diese Sophistereien

La lastima de ser males.
En mi este afecto violento
Tu hermoso desden le causa;
Tuyo, y mio es mi tormento;
Tuyo, porque eres la causa;
Y mio, porque yo le siento:
Sepan, Laura, tus desvios
Que mis males son tan tuyos,
Y en mis cuerdos desvarios
Esto que tienen de tuyos
Quite el horror de ser mios.

Es müssen aber eben nicht alle Glossen so symmetrisch sein, als diese. Man hat alle Freiheit, die Stanzen, die man mit den Zeilen des Mote schließt, so ungleich zu machen, als man will. Man braucht auch nicht alle Zeilen einzuflechten; man kann sich auf eine einzige einschränken und diese mehr als einmal wiederholen. Übrigens gehören diese Glossen unter die ältern Gattungen der spanischen Poesie, die nach dem Boscan und Garcilasso ziemlich aus der Mode gekommen.

* – El mas verdadero amor
Es el que en si mismo quieto
Descansa, sin atender
A mas paga, o mas intento:
La correspondencia es paga,
Y tener por blanco el precio
Es querer por grangeria. –
– – – –
Dentro esta nel silencio, y del respeto
Mi amor, y assi mi dicha esta segura,
Presumiendo tal vez (dulce locura!)

als eine Person, der selbst daran gelegen ist, daß Essex nicht länger darnach handle: und Essex, durch diese Widerlegung erdreistet, ist im Begriff, das Bekenntnis zu wagen, von welchem die Königin behauptet, daß es ein Liebhaber auf alle Weise wagen müsse; als Blanca hereintritt, den Herzog anzumelden. Diese Erscheinung der Blanca bewirkt einen von den sonderbarsten Theaterstreichen. Denn Blanca hat die Schärpe um, die sie dem Cosme abgenommen, welches zwar die Königin, aber nicht Essex gewahr wird.*

Que es admitido del mayor sugeto.
Dexandome engañar de este concepto,
Dura mi bien, porque mi engaño dura;
Necia sera la lengua, si aventura
Un bien que esta seguro en el secreto. –
Que es feliz quien no siendo venturoso
Nunca llega a saber, que es desdichado.

* Por no morir de mal, quando
Puedo morir de remedio,
Digo pues, ea, ossadia,
Ella me alentò, que temo? –
Que sera bien que a tu Alteza –
(Sale Blanca con la vanda puesta.)
BL. Señora, el duque –
CON. A mal tiempo
Viene Blanca.
BL. Esta aguardando
En la antecamara –
REIN. Ay, cielo!
BL. Para entrar –
REIN. Que es lo que miro!
BL. Licencia.
REIN. Decid; – que veo! –
Decid que espere; – estoi loca!
Decid, andad.
BL. Ya obedezco.
REIN. Venid aca, volved.
BL. Que manda
Vuestra Alteza?
REIN. El daño es cierto. –
Decidle – no ay que dudar –
Entretenedle un momento –
Ay de mi! – mientras yo salgo –
Y dexadme.

ESSEX. So sei es gewagt! – Frisch! Sie ermuntert mich selbst. Warum will ich an der Krankheit sterben, wenn ich an dem Hülfsmittel sterben kann? Was fürchte ich noch? – Königin, wann denn also. –

BLANCA. Der Herzog, Ihro Majestät, –

ESSEX. Blanca könnte nicht ungelegener kommen.

BLANCA. Wartet in dem Vorzimmer, –

DIE KÖNIGIN. Ah! Himmel!

BLANCA. Auf Erlaubnis, –

DIE KÖNIGIN. Was erblicke ich?

BLANCA. Hereintreten zu dürfen.

DIE KÖNIGIN. Sag ihm – Was seh ich! – Sag ihm, er soll warten. – Ich komme von Sinnen! – Geh, sag ihm das.

BLANCA. Ich gehorche.

DIE KÖNIGIN. Bleib! Komm her! näher! –

BL. Que es aquesto?
Ya voi.
CON. Ya Blanca se fue,
Quiero pues volver –
REIN. Ha zelos!
CON. A declararme atrevido,
Pues si me atrevo, me atrevo
En fè de sus pretensiones.
REIN. Mi prenda en poder ageno?
Vive dios, pero es verguenza
Que pueda tanto un afecto
En mi.
CON. Segun lo que dixo
Vuestra Alteza aqui, y supuesto,
Que cuesta cara la dicha,
Que se compra con el miedo,
Quiero morir noblemente.
REIN. Porque lo decis?
CON. Que espero,
Si a vuestra Alteza (que dudo!)
Le declarasse mi afecto,
Algun amor –
REIN. Que decis?
A mi? como, loco, necio,
Conoceisme? Quien soi yo?
Decid, quien soi? que sospecho,
Que se os huyo la memoria. –

BLANCA. Was befehlen Ihro Majestät? –

DIE KÖNIGIN. O, ganz gewiß! – Sage ihm – Es ist kein Zweifel mehr! – Geh, unterhalte ihn einen Augenblick, – Weh mir! Bis ich selbst zu ihm herauskomme. Geh, laß mich!

BLANCA. Was ist das? – Ich gehe.

ESSEX. Blanca ist weg. Ich kann nun wieder fortfahren, –

DIE KÖNIGIN. Ha, Eifersucht!

ESSEX. Mich zu erklären. – Was ich wage, wage ich auf ihre eigene Überredung.

DIE KÖNIGIN. Mein Geschenk in fremden Händen! Bei Gott! – Aber ich muß mich schämen, daß eine Leidenschaft so viel über mich vermag!

ESSEX. Wenn denn also, – wie Ihre Majestät gesagt, – und wie ich einräumen muß, – das Glück, welches man durch Furcht erkauft, – sehr teuer zu stehen kömmt; – wenn man viel edler stirbt: – so will auch ich, –

DIE KÖNIGIN. Warum sagen Sie das, Graf?

ESSEX. Weil ich hoffe, daß, wann ich – Warum fürchte ich mich noch? – wann ich Ihro Majestät meine Leidenschaft bekennte, – daß einige Liebe –

DIE KÖNIGIN. Was sagen Sie da, Graf? An mich richtet sich das? Wie? Tor! Unsinniger! Kennen Sie mich auch? Wissen Sie, wer ich bin? Und wer Sie sind? Ich muß glauben, daß Sie den Verstand verloren. –

Und so fahren Ihro Majestät fort, den armen Grafen auszufenstern, daß es eine Art hat! Sie fragt ihn, ob er nicht wisse, wie weit der Himmel über alle menschliche Erfrechungen erhaben sei? Ob er nicht wisse, daß der Sturmwind, der in den Olymp dringen wolle, auf halbem Wege zurückbrausen müsse? Ob er nicht wisse, daß die Dünste, welche sich zur Sonne erhieben, von ihren Strahlen zerstreuet würden? – Wer vom Himmel gefallen zu sein glaubt, ist Essex. Er zieht sich beschämt zurück, und bittet um Verzeihung. Die Königin befiehlt ihm, ihr Angesicht zu meiden, nie ihren Palast wieder zu betreten, und sich glücklich zu schätzen, daß sie ihm den Kopf lasse, in welchem sich so eitle Gedanken erzeugen können.* Er entfernt sich; und die Königin geht gleichfalls ab, nicht ohne uns merken zu lassen, wie wenig ihr Herz mit ihren Reden übereinstimme.

Blanca und der Herzog kommen an ihrer Statt, die Bühne zu füllen. Blanca hat dem Herzoge es frei gestanden, auf welchem Fuße sie mit dem Grafen stehe; daß er notwendig ihr Gemahl werden müsse, oder ihre Ehre sei verloren. Der Herzog faßt den Entschluß, den er wohl fassen muß; er will sich seiner Liebe entschlagen: und ihr Vertrauen zu vergelten, verspricht er sogar, sich bei der Königin ihrer anzunehmen, wenn sie ihr die Verbindlichkeit, die der Graf gegen sie habe, entdecken wolle.

Die Königin kömmt bald, in tiefen Gedanken, wieder zurück. Sie ist mit sich selbst im Streit, ob der Graf auch wohl so schuldig sei, als er scheine. Vielleicht, daß es eine andere Schärpe war, die der ihrigen nur so ähnlich ist. – Der Herzog tritt sie an. Er sagt, er komme, sie um eine Gnade zu bitten, um welche sie auch zugleich Blanca bitte. Blanca werde sich näher darüber erklären; er wolle sie zusammen allein lassen: und so läßt er sie.

Die Königin wird neugierig, und Blanca verwirrt. Endlich entschließt sich Blanca, zu reden. Sie will nicht länger von dem veränderlichen Willen eines Mannes abhangen; sie will es seiner Rechtschaffenheit nicht länger anheim stellen, was sie durch Gewalt erhalten kann. Sie flehet die Elisabeth um Mitleid an: die Elisabeth, die Frau; nicht die Königin. Denn da sie eine Schwachheit ihres Geschlechts bekennen müsse: so suche sie in ihr nicht die Königin, sondern nur die Frau.**

* – – No me veais.
Y agradeced el que os dexo
Cabeza, en que se engendraron
Tan livianos pensamientos.

** – – Ya estoi resuelta;
No a la voluntad mudable
De un hombre esté yo sujeta,
Que aunque no sè que me olvide,
Es necedad, que yo quiera
Dexar a su cortesia
Lo que puede hacer la fuerza.
Gran Isabela, escuchadme,

FÜNF UND SECHZIGSTES STÜCK

Den 15ten Dezember, 1767

Du? mir eine Schwachheit? fragt die Königin.

BLANCA. Schmeicheleien, Seufzer, Liebkosungen, und besonders Tränen, sind vermögend, auch die reinste Tugend zu untergraben. Wie teuer kömmt mir diese Erfahrung zu stehen! Der Graf –
DIE KÖNIGIN. Der Graf? Was für ein Graf? –
BLANCA. Von Essex.
DIE KÖNIGIN. Was höre ich?
BLANCA. Seine verführerische Zärtlichkeit –
DIE KÖNIGIN. Der Graf von Essex?
BLANCA. Er selbst, Königin. –
DIE KÖNIGIN *(bei Seite)*. Ich bin des Todes! – Nun? weiter!
BLANCA. Ich zittere. – Nein, ich darf es nicht wagen –

Die Königin macht ihr Mut, und lockt ihr nach und nach mehr ab, als Blanca zu sagen brauchte; weit mehr, als sie selbst zu hören wünscht. Sie höret, wo und wie der Graf glücklich gewesen;* und als sie endlich auch höret, daß er

Y al escucharme tu Alteza,
Ponga aun mas que la atencion,
La piedad con las orejas.
Isabela os he llamado
En esta ocasion, no Reina,
Que quando vengo a deciros
Del honor una flaqueza,
Que he hecho como muger,
Porque mejor o parezca,
No Reina, muger os busco.
Solo muger os quisiera.

* BL. Le llamè una noche obscura –
REIN. Y vino a verte?
BL. Pluguiera
A dios, que no fuera tanta
Mi desdicha, y su fineza.
Vino mas galan que nunca,
Y yo que dos veces ciega,
Por mi mal, estaba entonces
Del amor, y las tinieblas –

ihr die Ehe versprochen, und daß Blanca auf die Erfüllung dieses Versprechens dringe: so bricht der so lange zurückgehaltene Sturm auf einmal aus. Sie verhöhnet das leichtgläubige Mädchen auf das empfindlichste, und verbietet ihr schlechterdings, an den Grafen weiter zu denken. Blanca errät ohne Mühe, daß dieser Eifer der Königin, Eifersucht sein müsse: und gibt es ihr zu verstehen.

DIE KÖNIGIN. Eifersucht? – Nein; bloß deine Aufführung entrüstet mich. – Und gesetzt, – ja gesetzt, ich liebte den Grafen. Wenn ich, – Ich ihn liebte, und eine andere wäre so vermessen, so töricht, ihn neben mir zu lieben, – was sage ich, zu lieben? – ihn nur anzusehen, – was sage ich, anzusehen? – sich nur einen Gedanken von ihm in den Sinn kommen zu lassen: das sollte dieser andern nicht das Leben kosten? – Du siehest, wie sehr mich eine bloß vorausgesetzte, erdichtete Eifersucht aufbringt: urteile daraus, was ich bei einer wahren tun würde. Itzt stelle ich mich nur eifersüchtig: hüte dich, mich es wirklich zu machen!*

* REIN. Este es zelo, Blanca.
BL. Zelos,
Añadiendose una letra.
REIN. Que decis?
BL. Señora, que
Si acaso possible fuera,
A no ser vos la que dice
Essas palabras, dixera,
Que eran zelos.
REIN. Que son zelos?
No son zelos, es ofensa
Que me estais haciendo vos.
Supougamos, que quisiera
A el Conde en esta ocasion:
Pues si yo a el Conde quisiera
Y alguna atrevida, loca
Presumida, descompuesta
Le quisiera, que es querer?
Que le mirara, o le viera;
Que es verle? No sè que diga,
No hai cosa que menos sea –
No la quitara la vida?
La sangre no la bebiera? –

Mit dieser Drohung geht die Königin ab, und läßt Blanca in der äußersten Verzweiflung. Dieses fehlte noch zu den Beleidigungen, über die sich Blanca bereits zu beklagen hatte. Die Königin hat ihr Vater und Bruder und Vermögen genommen: und nun will sie ihr auch den Grafen nehmen. Die Rache war schon beschlossen: aber warum soll Blanca noch erst warten, bis sie ein anderer für sie vollzieht? Sie will sie selbst bewerkstelligen, und noch diesen Abend. Als Kammerfrau der Königin, muß sie sie auskleiden helfen; da ist sie mit ihr allein; und es kann ihr an Gelegenheit nicht fehlen. – Sie sieht die Königin mit dem Kanzler wiederkommen, und geht, sich zu ihrem Vorhaben gefaßt zu machen.

Der Kanzler hält verschiedne Briefschaften, die ihm die Königin nur auf einen Tisch zu legen befiehlt; sie will sie vor Schlafengehen noch durchsehen. Der Kanzler erhebt die außerordentliche Wachsamkeit, mit der sie ihren Reichsgeschäften obliege; die Königin erkennt es für ihre Pflicht, und beurlaubet den Kanzler. Nun ist sie allein, und setzt sich zu den Papieren. Sie will sich ihres verliebten Kummers entschlagen, und anständigern Sorgen überlassen. Aber das erste Papier, was sie in die Hände nimmt, ist die Bittschrift eines Grafen Felix. Eines Grafen! »Muß es denn eben, sagt sie, von einem Grafen sein, was mir zuerst vorkömmt!« Dieser Zug ist vortrefflich. Auf einmal ist sie wieder mit ihrer ganzen Seele bei demjenigen Grafen, an den sie itzt nicht denken wollte. Seine Liebe zur Blanca ist ein Stachel in ihrem Herzen, der ihr das Leben zur Last macht. Bis sie der Tod von dieser Marter befreie, will sie bei dem Bruder des Todes Linderung suchen: und so fällt sie in Schlaf.

Indem tritt Blanca herein, und hat eine von den Pistolen

Los zelos, aunque fingidos,
Me arrebataron la lengua,
Y dispararon mi enojo –
Mirad que no me deis zelos,
Que si fingidos se altera
Tanto mi enojo, ved vos,
Si fuera verdad, que hiciera –
Escarmentad en las burlas,
No me deis zelos de veras.

des Grafen, die sie in ihrem Zimmer gefunden. (Der Dichter hatte sie, zu Anfange dieses Akts, nicht vergebens dahin tragen lassen.) Sie findet die Königin allein und entschlafen: was für einen bequemern Augenblick könnte sie sich wünschen? Aber eben hat der Graf die Blanca gesucht, und sie in ihrem Zimmer nicht getroffen. Ohne Zweifel errät man, was nun geschieht. Er kömmt also, sie hier zu suchen; und kömmt eben noch zurecht, der Blanca in den mörderischen Arm zu fallen, und ihr die Pistole, die sie auf die Königin schon gespannt hat, zu entreißen. Indem er aber mit ihr ringt, geht der Schuß los: die Königin erwacht, und alles kömmt aus dem Schlosse herzugelaufen.

DIE KÖNIGIN *(im Erwachen)*. Ha! Was ist das?

DER KANZLER. Herbei, herbei! Was war das für ein Knall, in dem Zimmer der Königin? Was geschieht hier?

ESSEX *(mit der Pistole in der Hand)*. Grausamer Zufall!

DIE KÖNIGIN. Was ist das, Graf?

ESSEX. Was soll ich tun?

DIE KÖNIGIN. Blanca, was ist das?

BLANCA. Mein Tod ist gewiß!

ESSEX. In welcher Verwirrung befinde ich mich!

DER KANZLER. Wie? der Graf ein Verräter?

ESSEX *(bei Seite)*. Wozu soll ich mich entschließen? Schweige ich: so fällt das Verbrechen auf mich. Sage ich die Wahrheit: so werde ich der nichtswürdige Verkläger meiner Geliebten, meiner Blanca, meiner teuersten Blanca.

DIE KÖNIGIN. Sind Sie der Verräter, Graf? Bist du es, Blanca? Wer von euch war mein Retter? wer mein Mörder? Mich dünkt, ich hörte im Schlafe euch beide rufen: Verräterin! Verräter! Und doch kann nur eines von euch diesen Namen verdienen. Wenn eines von euch mein Leben suchte, so bin ich es dem andern schuldig. Wem bin ich es schuldig, Graf? Wer suchte es, Blanca? Ihr schweigt? – Wohl, schweigt nur! Ich will in dieser Ungewißheit bleiben; ich will den Unschuldigen nicht wissen, um den Schuldigen nicht zu kennen. Vielleicht dürfte es mich eben so sehr schmerzen, meinen Beschützer zu erfahren, als meinen Feind. Ich will der Blanca gern ihre Verräterei vergeben, ich will sie ihr verdanken: wenn dafür der Graf nur unschuldig war.*

Aber der Kanzler sagt: wenn es die Königin schon hierbei wolle bewenden lassen, so dürfe er es doch nicht; das Verbrechen sei zu groß; sein Amt erfodere, es zu ergründen; besonders da aller Anschein sich wider den Grafen erkläre.

DIE KÖNIGIN. Der Kanzler hat Recht; man muß es untersuchen. – Graf, –

ESSEX. Königin! –

DIE KÖNIGIN. Bekennen Sie die Wahrheit. – *(bei Seite)* Aber wie sehr fürchtet meine Liebe, sie zu hören! – War es Blanca?

ESSEX. Ich Unglücklicher!

* Conde, vos traidor? Vos, Blanca?
El juicio esta indiferente,
Qual me libra, qual me mata.
Conde, Blanca, respondedme!
Tu a la Reina? tu a la Reina?
Oi, aunque confusamente:
Ha, traidora, dixo el Conde;
Blanca dixo: Traidor eres.
Estas razones de entrambos
A entrambas cosas convienen:
Uno de los dos me libra,
Otro de los dos me ofende.
Conde, qual me daba vida?
Blanca, qual me daba muerte?
Decidme! – no lo digais,
Que neutral mi valor quiere,
Por no saber el traidor,
No saber el innocente.
Mejor es quedar confusa,
En duda mi juicio quede,
Porque quando mire a alguno,
Y de la traicion me acuerde,
A pensar, que es el traidor,
Que es el leal tambien piense.
Yo le agradeciera à Blanca,
Que ella la traidora fuesse,
Solo à trueque de que el Conde
Fuera el, que estaba innocente. –

DIE KÖNIGIN. War es Blanca, die meinen Tod wollte?
ESSEX. Nein, Königin; Blanca war es nicht.
DIE KÖNIGIN. Sie waren es also?
ESSEX. Schreckliches Schicksal! – Ich weiß nicht.
DIE KÖNIGIN. Sie wissen es nicht? – Und wie kömmt dieses mörderische Werkzeug in Ihre Hand? –

Der Graf schweigt, und die Königin befiehlt, ihn nach dem Tower zu bringen. Blanca, bis sich die Sache mehr aufhellet, soll in ihrem Zimmer bewacht werden. Sie werden abgeführt, und der zweite Aufzug schließt.

SECHS UND SECHZIGSTES STÜCK

Den 18ten Dezember, 1767

Der dritte Aufzug fängt sich mit einer langen Monologe der Königin an, die allen Scharfsinn der Liebe aufbietet, den Grafen unschuldig zu finden. Die Vielleicht werden nicht gespart, um ihn weder als ihren Mörder, noch als den Liebhaber der Blanca denken zu dürfen. Besonders geht sie mit den Voraussetzungen wider die Blanca ein wenig sehr weit; sie denkt über diesen Punkt überhaupt lange so zärtlich und sittsam nicht, als wir es wohl wünschen möchten, und als sie auf unsern Theatern denken müßte.*

Es kommen der Herzog, und der Kanzler: jener, ihr seine

* No pudo ser que mintiera
Blanca en lo que me conto
De gozarla el Conde? No,
Que Blanca no lo fingiera:
No pudo haverl'a gozado,
Sin estar enamorado,
Y quando tierno, y rendido,
Entonces la haya querido,
No puede haverla olvidado?
No le vieron mis antojos
Entre acogimientos sabios,
Mui callando con los labios,
Mui bachiller con los ojos,
Quando al decir sus enojos
Yo su despecho reñi?

Freude über die glückliche Erhaltung ihres Lebens zu bezeigen; dieser, ihr einen neuen Beweis, der sich wider den Essex äußert, vorzulegen. Auf der Pistole, die man ihm aus der Hand genommen, steht sein Name; sie gehört ihm; und wem sie gehört, der hat sie unstreitig auch brauchen wollen.

Doch nichts scheinet den Essex unwidersprechlicher zu verdammen, als was nun erfolgt. Cosme hat, bei anbrechendem Tage, mit dem bewußten Briefe nach Schottland abgehen wollen, und ist angehalten worden. Seine Reise sieht einer Flucht sehr ähnlich, und eine solche Flucht läßt vermuten, daß er an dem Verbrechen seines Herrn Anteil könne gehabt haben. Er wird also vor den Kanzler gebracht, und die Königin befiehlt, ihn in ihrer Gegenwart zu verhören. Den Ton, in welchem sich Cosme rechtfertiget, kann man leicht erraten. Er weiß von nichts; und als er sagen soll, wo er hingewollt, läßt er sich um die Wahrheit nicht lange nötigen. Er zeigt den Brief, den ihm sein Graf, an einen andern Grafen nach Schottland zu überbringen befohlen: und man weiß, was dieser Brief enthält. Er wird gelesen, und Cosme erstaunt nicht wenig, als er hört, wohin es damit abgesehen gewesen. Aber noch mehr erstaunt er über den Schluß desselben, worin der Überbringer ein Vertrauter heißt, durch den Roberto seine Antwort sicher bestellen könne. »Was höre ich? ruft Cosme. Ich ein Vertrauter? Bei diesem und jenem! ich bin kein Vertrauter; ich bin niemals einer gewesen, und will auch in meinem Leben keiner sein. – Habe ich wohl das Ansehen zu einem Vertrauten? Ich möchte doch wissen, was mein Herr an mir gefunden hätte, um mich dafür zu nehmen. Ich, ein Vertrauter, ich, dem das geringste Geheimnis zur Last wird? Ich weiß, zum Exempel, daß Blanca und mein Herr einander lieben, und daß sie heimlich mit einander verheiratet sind: es hat mir schon lange das Herz abdrücken wollen; und nun will ich es nur sagen, damit Sie hübsch sehen, meine Herren, was für ein Vertrauter ich bin. Schade, daß es nicht etwas viel wichtigeres ist: ich würde es eben so wohl sagen.«* Diese Nachricht schmerzt die Königin

* Que escucho? Señores mios;
Dos mil demonios me lleven,

nicht weniger, als die Überzeugung, zu der sie durch den unglücklichen Brief von der Verräterei des Grafen gelangt. Der Herzog glaubt, nun auch sein Stillschweigen brechen zu müssen, und der Königin nicht länger zu verbergen, was er in dem Zimmer der Blanca zufälliger Weise angehört habe. Der Kanzler dringt auf die Bestrafung des Verräters, und sobald die Königin wieder allein ist, reizen sie sowohl beleidigte Majestät, als gekränkte Liebe, des Grafen Tod zu beschließen.

Nunmehr bringt uns der Dichter zu ihm, in das Gefängnis. Der Kanzler kömmt und eröffnet dem Grafen, daß ihn das Parlament für schuldig erkannt, und zum Tode verurteilet habe, welches Urteil morgen des Tages vollzogen werden solle. Der Graf beteuert seine Unschuld.

DER KANZLER. Ihre Unschuld, Mylord, wollte ich gern glauben: aber so viele Beweise wider Sie! – Haben Sie den Brief an den Roberto nicht geschrieben? Ist es nicht Ihr eigenhändiger Name?

ESSEX. Allerdings ist er es.

DER KANZLER. Hat der Herzog von Alanzon Sie, in dem Zimmer der Blanca, nicht ausdrücklich den Tod der Königin beschließen hören?

ESSEX. Was er gehört hat, hat er freilich gehört.

DER KANZLER. Sahe die Königin, als sie erwachte, nicht die

Si yo confidente soi,
Si lo he sido, o si lo fuere,
Ni tengo intencion de serlo.
– – – Tengo yo
Cara de ser confidente?
Yo no sè que ha visto en mi
Mi amo para tenerme
En esta opinion; y à fe,
Que me holgara de que fuesse
Cosa de mas importancia
Un secretillo mui leve,
Que rabio ya por decirlo,
Que es que el Conde a Blanca quiere,
Que estan casados los dos
En secreto – – –

Pistole in Ihrer Hand? Gehört die Pistole, auf der Ihr Name gestochen, nicht Ihnen?

ESSEX. Ich kann es nicht leugnen.

DER KANZLER. So sind Sie ja schuldig.

ESSEX. Das leugne ich.

DER KANZLER. Nun, wie kamen Sie denn dazu, daß Sie den Brief an Roberto schrieben?

ESSEX. Ich weiß nicht.

DER KANZLER. Wie kam es denn, daß der Herzog den verräterischen Vorsatz aus Ihrem eignen Munde vernehmen mußte?

ESSEX. Weil es der Himmel so wollte.

DER KANZLER. Wie kam es denn, daß sich das mörderische Werkzeug in Ihren Händen fand?

ESSEX. Weil ich viel Unglück habe.

DER KANZLER. Wenn alles das Unglück, und nicht Schuld ist: wahrlich, Freund, so spielet Ihnen Ihr Schicksal einen harten Streich. Sie werden ihn mit Ihrem Kopfe bezahlen müssen.

ESSEX. Schlimm genug.*

* COND. Solo el descargo que tengo
Es el estar innocente.
SENESCAL. Aunque yo quiera creerlo
No me dexan los indicios,
Y advertid, que ya no es tiempo
De dilacion, que mañana
Haveis de morir.
CON. Yo muero
Innocente.
SEN. Pues decid
No escribisteis a Roberto
Esta carta? Aquesta firma
No es la vuestra?
CON. No lo niego.
SEN. El gran duque de Alanzon
No os oyò en el aposento
De Blanca trazar la muerte
De la Reina?
CON. Aquesso es cierto.
SEN. Quando despertò la Reina
No os hallò, Conde, a vos mesmo

»Wissen Ihro Gnaden nicht,« fragt Cosme, der dabei ist, »ob sie mich etwa mit hängen werden?« Der Kanzler antwortet Nein, weil ihn sein Herr hinlänglich gerechtfertiget habe; und der Graf ersucht den Kanzler, zu verstatten, daß er die Blanca noch vor seinem Tode sprechen dürfe. Der Kanzler betauert, daß er, als Richter, ihm diese Bitte versagen müsse; weil beschlossen worden, seine Hinrichtung so heimlich als möglich, geschehen zu lassen, aus Furcht vor den Mitverschwornen, die er vielleicht sowohl unter den Großen, als unter dem Pöbel in Menge haben möchte. Er ermahnt ihn, sich zum Tode zu bereiten, und geht ab. Der Graf wünschte bloß deswegen die Blanca noch einmal zu sprechen, um sie zu ermahnen, von ihrem Vorhaben abzustehen. Da er es nicht mündlich tun dürfen, so will er es schriftlich tun. Ehre und Liebe verbinden ihn, sein Leben für sie hinzugeben; bei diesem Opfer, das die Verliebten alle auf der Zunge führen, das aber nur bei ihm zur Wirklichkeit gelangt, will er sie be-

Con la pistola en la mano?
Y la pistola que vemos
Vuestro nombre alli gravado
No es vuestro?
CON. Os lo concedo.
SEN. Luego vos estais culpado.
CON. Esso solamente niego.
SEN. Pues como escribisteis, Conde,
La carta al traidor Roberto?
CON. No lo sè.
SEN. Pues como el Duque
Que escuchò vuestros intentos,
Os convence en la traicion?
CON. Porque assi lo quiso el cielo.
SEN. Como hallado en vuestra mano
Os culpa el vil instrumento?
CON. Porque tengo poca dicha. –
SEN. Pues sabed, que si es desdicha
Y no culpa, en tanto aprieto
Os pone vuestra fortuna,
Conde amigo, que supuesto
Que no dais otro descargo,
En fe de indicios tan ciertos,
Mañana vuestra cabeza
Ha de pagar –

schwören, es nicht fruchtlos bleiben zu lassen. Es ist Nacht; er setzt sich nieder zu schreiben, und befiehlt Cosmen, den Brief, den er ihm hernach geben werde, sogleich nach seinem Tode der Blanca einzuhändigen. Cosme geht ab, um indes erst auszuschlafen.

SIEBEN UND SECHZIGSTES STÜCK

Den 22sten Dezember, 1767

Nun folgt eine Szene, die man wohl schwerlich erwartet hätte. Alles ist ruhig und stille, als auf einmal eben die Dame, welcher Essex in dem ersten Akte das Leben rettete, in eben dem Anzuge, die halbe Maske auf dem Gesichte, mit einem Lichte in der Hand, zu dem Grafen in das Gefängnis hereintritt. Es ist die Königin. »Der Graf,« sagt sie vor sich im Hereintreten, »hat mir das Leben erhalten: ich bin ihm dafür verpflichtet. Der Graf hat mir das Leben nehmen wollen: das schreiet um Rache. Durch seine Verurteilung ist der Gerechtigkeit ein Genüge geschehen: nun geschehe es auch der Dankbarkeit und Liebe!«* Indem sie näher kömmt, wird sie gewahr, daß der Graf schreibt. »Ohne Zweifel.« sagt sie, »an seine Blanca! Was schadet das? Ich komme aus Liebe, aus der feurigsten, uneigennützigsten Liebe: itzt schweige die Eifersucht! – Graf!« – Der Graf hört sich rufen, sieht hinter sich, springt voller Erstaunen auf. »Was seh ich!« – »Keinen Traum«, fährt die Königin fort, »sondern die Wahrheit. Eilen Sie, sich davon zu überzeugen, und lassen Sie uns kostbare Augenblicke nicht mit Zweifeln verlieren. – Sie erinnern sich doch meiner? Ich bin die, der Sie das Leben gerettet. Ich höre,

* El Conde me diò la vida
Y assi obligada me veo;
El Conde me daba muerte,
Y assi ofendida me quexo.
Pues ya que con la sentencia
Esta parte he satisfecho,
Pues cumpli con la justicia,
Con el amor cumplir quiero. –

daß Sie morgen sterben sollen; und ich komme, Ihnen meine Schuld abzutragen, Ihnen Leben für Leben zu geben. Ich habe den Schlüssel des Gefängnisses zu bekommen gewußt. Fragen Sie mich nicht, wie? Hier ist er; nehmen Sie; er wird Ihnen die Pforte in den Park eröffnen; fliehen Sie, Graf, und erhalten Sie ein Leben, das mir so teuer ist.« –

ESSEX. Teuer? Ihnen, Madame?

DIE KÖNIGIN. Würde ich sonst so viel gewagt haben, als ich wage?

ESSEX. Wie sinnreich ist das Schicksal, das mich verfolgt! Es findet einen Weg, mich durch mein Glück selbst unglücklich zu machen. Ich scheine glücklich, weil die mich zu befreien kömmt, die meinen Tod will: aber ich bin um so viel unglücklicher, weil die meinen Tod will, die meine Freiheit mir anbietet. –*

Die Königin verstehet hieraus genugsam, daß sie Essex kennet. Er verweigert sich der Gnade, die sie ihm angetragen, gänzlich; aber er bittet, sie mit einer andern zu vertauschen.

DIE KÖNIGIN. Und mit welcher?

ESSEX. Mit der, Madame, von der ich weiß, daß sie in Ihrem Vermögen steht, – mit der Gnade, mir das Angesicht meiner Königin sehen zu lassen. Es ist die einzige, um die ich es nicht zu klein halte, Sie an das zu erinnern, was ich für Sie getan habe. Bei dem Leben, das ich Ihnen gerettet, beschwöre ich Sie, Madame, mir diese Gnade zu erzeigen.

DIE KÖNIGIN *(vor sich)*. Was soll ich tun? Vielleicht, wenn er mich sieht, daß er sich rechtfertiget! Das wünsche ich ja nur.

ESSEX. Verzögern Sie mein Glück nicht, Madame.

* Ingeniosa mi fortuna
Hallò en la dicha mas nuevo
Modo de hacerme infeliz,
Pues quando dichoso veo,
Que me libra quien me mata,
Tambien desdichado advierto,
Que me mata quien me libra.

DIE KÖNIGIN. Wenn Sie es denn durchaus wollen, Graf; wohl: aber nehmen Sie erst diesen Schlüssel; von ihm hängt Ihr Leben ab. Was ich itzt für Sie tun darf, könnte ich hernach vielleicht nicht dürfen. Nehmen Sie; ich will Sie gesichert wissen.*

ESSEX *(indem er den Schlüssel nimmt).* Ich erkenne diese Vorsicht mit Dank. – Und nun, Madame, – ich brenne, mein Schicksal auf dem Angesichte der Königin, oder dem Ihrigen zu lesen.

DIE KÖNIGIN. Graf, ob beide gleich eines sind, so gehört doch nur das, welches Sie noch sehen, mir ganz allein; denn das, welches Sie nun erblicken, *(indem sie die Maske abnimmt)* ist der Königin. Jenes, mit welchem ich Sie erst sprach, ist nicht mehr.

ESSEX. Nun sterbe ich zufrieden! Zwar ist es das Vorrecht des königlichen Antlitzes, daß es jeden Schuldigen begnadigen muß, der es erblickt; und auch mir müßte diese Wohltat des Gesetzes zu Statten kommen. Doch ich will weniger hierzu, als zu mir selbst, meine Zuflucht nehmen. Ich will es wagen, meine Königin an die Dienste zu erinnern, die ich ihr und dem Staate geleistet –**

* Pues si esto ha de ser, primero
Tomad Conde, aqueste llave,
Que si ha de ser instrumento
De vuestra vida, quiza
Tan otra, quitando el velo,
Serè, que no pueda entonces
Hacer lo que ahora puedo,
Y como a daros la vida
Me empeñè, por lo que os debo,
Por si no puedo despues,
De esta suerte me prevengo.

** Morirè yo consolado,
Aunque si por privilegio
En viendo la cara al' Rey
Queda perdonado el reo;
Yo de este indulto, Señora,
Vida por ley me prometo;
Esto es en comun, que es
Lo que a todos da el derecho;
Pero si en particular

DIE KÖNIGIN. An diese habe ich mich schon selbst erinnert. Aber Ihr Verbrechen, Graf, ist größer als Ihre Dienste.

ESSEX. Und ich habe mir nichts von der Huld meiner Königin zu versprechen?

DIE KÖNIGIN. Nichts.

ESSEX. Wenn die Königin so streng ist, so rufe ich die Dame an, der ich das Leben gerettet. Diese wird doch wohl gütiger mit mir verfahren?

DIE KÖNIGIN. Diese hat schon mehr getan, als sie sollte: sie hat Ihnen den Weg geöffnet, der Gerechtigkeit zu entfliehen.

ESSEX. Und mehr habe ich um Sie nicht verdient, um Sie, die mir Ihr Leben schuldig ist?

DIE KÖNIGIN. Sie haben schon gehört, daß ich diese Dame nicht bin. Aber gesetzt ich wäre es: gebe ich Ihnen nicht eben so viel wieder, als ich von Ihnen empfangen habe?

ESSEX. Wo das? Dadurch doch wohl nicht, daß Sie mir den Schlüssel gegeben?

DIE KÖNIGIN. Dadurch allerdings.

ESSEX. Der Weg, den mir dieser Schlüssel eröffnen kann, ist weniger der Weg zum Leben, als zur Schande. Was meine Freiheit bewirken soll, muß nicht meiner Furchtsamkeit zu dienen scheinen. Und doch glaubt die Königin, mich mit diesem Schlüssel, für die Reiche, die ich ihr erfochten, für das Blut, das ich um sie vergossen, für das Leben, das ich ihr erhalten, mich mit diesem elenden Schlüssel für alles das abzulohnen?* Ich will mein Leben einem anständigern

Merecer el perdon quiero,
Oid, vereis, que me ayuda
Mayor indulto en mis hechos,
Mis hazañas – –

* Luego esta, que assi camino
Abrirà a mi vida, abriendo,
Tambien lo abrirà a mi infamia;
Luego esta, que instrumento
De mi libertad, tambien
Lo havrà de ser de mi miedo.
Esta, que solo me sirve
De huir, es el desempeño

Mittel zu danken haben, oder sterben. *(indem er nach dem Fenster geht)*

DIE KÖNIGIN. Wo gehen Sie hin?

ESSEX. Nichtswürdiges Werkzeug meines Lebens, und meiner Entehrung! Wenn bei dir alle meine Hoffnung beruhet, so empfange die Flut, in ihrem tiefsten Abgrunde, alle meine Hoffnung! *(Er eröffnet das Fenster, und wirft den Schlüssel durch das Gitter in den Kanal)* Durch die Flucht, wäre mein Leben viel zu teuer erkauft.*

DIE KÖNIGIN. Was haben Sie getan, Graf? – Sie haben sehr übel getan.

ESSEX. Wann ich sterbe: so darf ich wenigstens laut sagen, daß ich eine undankbare Königin hinterlasse. – Will sie aber diesen Vorwurf nicht: so denke sie auf ein anderes Mittel, mich zu retten. Dieses unanständigere habe ich ihr genommen. Ich berufe mich nochmals auf meine Dienste: es steht bei ihr sie zu belohnen, oder mit dem Andenken derselben ihren Undank zu verewigen.

DIE KÖNIGIN. Ich muß das letztere Gefahr laufen. – Denn wahrlich, mehr konnte ich, ohne Nachteil meiner Würde, für Sie nicht tun.

ESSEX. So muß ich dann sterben?

DIE KÖNIGIN. Ohnfehlbar. Die Frau wollte Sie retten; die Königin muß dem Rechte seinen Lauf lassen. Morgen müssen Sie sterben; und es ist schon morgen. Sie haben mein ganzes Mitleid; die Wehmut bricht mir das Herz; aber es

De Reinos, que os he ganado,
De servicios, que os he hecho,
Y en fin, de essa vida, de essa,
Que teneis oy por mi esfuerzo?
En esta se cifra tanto? –

* Vil instrumento
De mi vida, y de mi infamia,
Por esta rexa cayendo
Del parque, que bate el rio,
Entre sus crystales quiero,
Si sois mi esperanza, hundiros,
Caed al humedo centro,
Donde el Tamasis sepulte
Mi esperanza, y mi remedio.

ist nun einmal das Schicksal der Könige, daß sie viel weniger nach ihren Empfindungen handeln können, als andere. – Graf, ich empfehle Sie der Vorsicht! –

ACHT UND SECHZIGSTES STÜCK

Den 25sten Dezember, 1767

Noch einiger Wortwechsel zum Abschiede, noch einige Ausrufungen in der Stille: und beide, der Graf und die Königin, gehen ab; jedes von einer besondern Seite. Im Herausgehen, muß man sich einbilden, hat Essex Cosmen den Brief gegeben, den er an die Blanca geschrieben. Denn den Augenblick darauf kömmt dieser damit herein, und sagt, daß man seinen Herrn zum Tode führe; sobald es damit vorbei sei, wolle er den Brief, so wie er es versprochen, übergeben. Indem er ihn aber ansieht, erwacht seine Neugierde »Was mag dieser Brief wohl enthalten? Eine Eheverschreibung? die käme ein wenig zu spät. Die Abschrift von seinem Urteile? die wird er doch nicht der schicken, die es zur Witwe macht. Sein Testament? auch wohl nicht. Nun was denn?« Er wird immer begieriger; zugleich fällt ihm ein, wie es ihm schon einmal fast das Leben gekostet hätte, daß er nicht gewußt, was in dem Briefe seines Herrn stünde. »Wäre ich nicht, sagt er, bei einem Haare zum Vertrauten darüber geworden? Hohl der Geier die Vertrautschaft! Nein, das muß mir nicht wieder begegnen!« Kurz, Cosme beschließt, den Brief zu erbrechen; und erbricht ihn. Natürlich, daß ihn der Inhalt äußerst betroffen macht; er glaubt, ein Papier, das so wichtige und gefährliche Dinge enthalte, nicht geschwind genug los werden zu können; er zittert über den bloßen Gedanken, daß man es in seinen Händen finden könne, ehe er es freiwillig abgeliefert; und eilet, es geraden Weges der Königin zu bringen.

Eben kömmt die Königin mit dem Kanzler heraus. Cosme will sie den Kanzler nur erst abfertigen lassen; und tritt bei Seite. Die Königin erteilt dem Kanzler den letzten Befehl zur Hinrichtung des Grafen; sie soll sogleich, und ganz in der

Stille vollzogen werden; das Volk soll nichts davon erfahren, bis der geköpfte Leichnam ihm mit stummer Zunge Treue und Gehorsam zurufe.* Den Kopf soll der Kanzler in den Saal bringen, und, nebst dem blutigen Beile, unter einen Teppich legen lassen; hierauf die Großen des Reichs versammeln, um ihnen mit eins Verbrechen und Strafe zu zeigen, zugleich sie an diesem Beispiele ihrer Pflicht zu erinnern, und ihnen einzuschärfen, daß ihre Königin eben so strenge zu sein wisse, als sie gnädig sein zu können wünsche: und das alles, wie sie der Dichter sagen läßt, nach Gebrauch und Sitte des Landes.**

Der Kanzler geht mit diesen Befehlen ab, und Cosme tritt die Königin an. »Diesen Brief, sagte er, hat mir mein Herr gegeben, ihn nach seinem Tode der Blanca einzuhändigen. Ich habe ihn aufgemacht, ich weiß selbst nicht warum; und da ich Dinge darin finde, die Ihro Majestät wissen müssen, und die dem Grafen vielleicht noch zu Statten kommen können: so bringe ich ihn Ihro Majestät, und nicht der Blanca.« Die Königin nimmt den Brief, und lieset: »Blanca, ich nahe mich meinem letzten Augenblicke; man will mir nicht vergönnen, mit dir zu sprechen: empfange also meine Ermah-

* Hasta que el tronco cadaver
Le sirva de muda lengua.

** Y assi al salon de palacio
Hareis que llamados vengan
Los Grandes y los Milordes,
Y para que alli le vean,
Debaxo de una cortina
Hareis poner la cabeza
Con el sangriento cuchillo,
Que amenaza junto a ella,
Por symbole de justicia,
Costumbre de Inglaterra:
Y en estando todos juntos,
Mostrandome justiciera,
Exhortandolos primero
Con amor a la obediencia,
Les mostrarè luego al Conde,
Para que todos atiendan,
Que en mi ay rigor que los rinda,
Si ay piedad que los atreva.

nung schriftlich. Aber vors erste lerne mich kennen; ich bin nie der Verräter gewesen, der ich dir vielleicht geschienen; ich versprach, dir in der bewußten Sache behülflich zu sein, bloß um der Königin desto nachdrücklicher zu dienen, und den Roberto, nebst seinen Anhängern, nach London zu lokken. Urteile, wie groß meine Liebe ist, da ich dem ohngeachtet eher selbst sterben, als dein Leben in Gefahr setzen will. Und nun die Ermahnung: stehe von dem Vorhaben ab, zu welchem dich Roberto anreizet; du hast mich nun nicht mehr; und es möchte sich nicht alle Tage einer finden, der dich so sehr liebte, daß er den Tod des Verräters für dich sterben wollte.«* –

Mensch! ruft die bestürzte Königin, was hast du mir da gebracht? Nun? sagt Cosme, bin ich noch ein Vertrauter? – »Eile, fliehe, deinen Herrn zu retten! Sage dem Kanzler, einzuhalten! – Holla, Wache! bringt ihn augenblicklich vor mich, – den Grafen, – geschwind! « – Und eben wird er ge-

* Blanca en el ultimo trance,
Porque hablarte no me dexan,
He de escribirte un consejo,
Y tambien una advertencia;
La advertencia es, que yo nunca
Fui traidor, que la promessa
De ayudar en lo que sabes,
Fue por servir a la Reina,
Cogiendo a Roberto en Londres,
Y a los que seguirle intentan;
Para aquesto fue la carta:
Esto he querido que sepas,
Porque adviertas el prodigio
De mi amor, que assi se dexa
Morir, por guardar tu vida.
Esta ha sido la advertencia:
(Valgame dios!) el consejo
Es, que desistas la empressa
A que Roberto te incita.
Mira que sin mi te quedas,
Y no ha de haver cada dia
Quien por mucho que te quiera,
Por conservarte la vida
Por traidor la suya pierda.

bracht: sein Leichnam nämlich. So groß die Freude war, welche die Königin auf einmal überströmte, ihren Grafen unschuldig zu wissen: so groß sind nunmehr Schmerz und Wut, ihn hingerichtet zu sehen. Sie verflucht die Eilfertigkeit, mit der man ihren Befehl vollzogen: und Blanca mag zittern! –

So schließt sich dieses Stück, bei welchem ich meine Leser vielleicht zu lange aufgehalten habe. Vielleicht auch nicht. Wir sind mit den dramatischen Werken der Spanier so wenig bekannt; ich wüßte kein einziges, welches man uns übersetzt, oder auch nur Auszugsweise mitgeteilet hätte. Denn die Virginia des Augustino de Montiano y Luyando ist zwar spanisch geschrieben; aber kein spanisches Stück: ein bloßer Versuch in der korrekten Manier der Franzosen, regelmäßig aber frostig. Ich bekenne sehr gern, daß ich bei weiten so vorteilhaft nicht mehr davon denke, als ich wohl ehedem muß gedacht haben.* Wenn das zweite Stück des nämlichen Verfassers nicht besser geraten ist; wenn die neueren Dichter der Nation, welche eben diesen Weg betreten wollen, ihn nicht glücklicher betreten haben: so mögen sie mir es nicht übel nehmen, wenn ich noch immer lieber nach ihrem alten Lope und Calderon greife, als nach ihnen.

Die echten spanischen Stücke sind vollkommen nach der Art dieses Essex. In allen einerlei Fehler, und einerlei Schönheiten: mehr oder weniger; das versteht sich. Die Fehler springen in die Augen: aber nach den Schönheiten dürfte man mich fragen. – Eine ganz eigne Fabel; eine sehr sinnreiche Verwicklung; sehr viele, und sonderbare, und immer neue Theaterstreiche; die ausgespartesten Situationen; meistens sehr wohl angelegte und bis ans Ende erhaltene Charaktere; nicht selten viel Würde und Stärke im Ausdrucke. –

Das sind allerdings Schönheiten: ich sage nicht, daß es die höchsten sind; ich leugne nicht, daß sie zum Teil sehr leicht bis in das Romanenhafte, Abenteuerliche, Unnatürliche, können getrieben werden, daß sie bei den Spaniern von dieser Übertreibung selten frei sind. Aber man nehme den meisten französischen Stücken ihre mechanische Regelmäßigkeit: und

* Theatralische Bibliothek, erstes Stück, S. 117.

sage mir, ob ihnen andere, als Schönheiten solcher Art, übrig bleiben? Was haben sie sonst noch viel Gutes, als Verwicklung, und Theaterstreiche und Situationen?

Anständigkeit: wird man sagen. – Nun ja; Anständigkeit. Alle ihre Verwicklungen sind anständiger, und einförmiger; alle ihre Theaterstreiche anständiger, und abgedroschner; alle ihre Situationen anständiger, und gezwungner. Das kömmt von der Anständigkeit!

Aber Cosme, dieser spanische Hanswurst; diese ungeheure Verbindung der pöbelhaftesten Possen mit dem feierlichsten Ernste; diese Vermischung des Komischen und Tragischen, durch die das spanische Theater so berüchtiget ist? Ich bin weit entfernt, diese zu verteidigen. Wenn sie zwar bloß mit der Anständigkeit stritte, – man versteht schon, welche Anständigkeit ich meine; – wenn sie weiter keinen Fehler hätte, als daß sie die Ehrfurcht beleidigte, welche die Großen verlangen, daß sie der Lebensart, der Etiquette, dem Zeremoniell, und allen den Gaukeleien zuwiderlief, durch die man den größern Teil der Menschen bereden will, daß es einen kleinern gäbe, der von weit besserm Stoffe sei, als er: so würde mir die unsinnigste Abwechslung von Niedrig auf Groß, von Aberwitz auf Ernst, von Schwarz auf Weiß, willkommner sein, als die kalte Einförmigkeit, durch die mich der gute Ton, die feine Welt, die Hofmanier, und wie dergleichen Armseligkeiten mehr heißen, unfehlbar einschläfert. Doch es kommen ganz andere Dinge hier in Betrachtung.

NEUN UND SECHZIGSTES STÜCK

Den 29sten Dezember, 1767

Lope de Vega, ob er schon als der Schöpfer des spanischen Theaters betrachtet wird, war es indes nicht, der jenen Zwitterton einführte. Das Volk war bereits so daran gewöhnt, daß er ihn wider Willen mit anstimmen mußte. In seinem Lehrgedichte, über die Kunst, neue Komödien zu machen, dessen ich oben schon gedacht, jammert er genug darüber. Da er sahe, daß es nicht möglich sei, nach den Regeln und Mustern der Alten für seine Zeitgenossen mit Beifall zu arbeiten: so suchte er der Regellosigkeit wenigstens Grenzen zu setzen; das war die Absicht dieses Gedichts. Er dachte, so wild und barbarisch auch der Geschmack der Nation sei, so müsse er doch seine Grundsätze haben; und es sei besser, auch nur nach diesen mit einer beständigen Gleichförmigkeit zu handeln, als nach gar keinen. Stücke, welche die klassischen Regeln nicht beobachten, können doch noch immer Regeln beobachten, und müssen dergleichen beobachten, wenn sie gefallen wollen. Diese also, aus dem bloßen Nationalgeschmacke hergenommen, wollte er festsetzen; und so ward die Verbindung des Ernsthaften und Lächerlichen die erste.

»Auch Könige, sagt er, könnet ihr in euern Komödien auftreten lassen. Ich höre zwar, daß unser weiser Monarch (Philipp der zweite) dieses nicht gebilliget; es sei nun, weil er einsahe, daß es wider die Regeln laufe, oder weil er es der Würde eines Königes zuwider glaubte, so mit unter den Pöbel gemengt zu werden. Ich gebe auch gern zu, daß dieses wieder zur ältesten Komödie zurückkehren heißt, die selbst Götter einführte; wie unter andern in dem Amphitruo des Plautus zu sehen: und ich weiß gar wohl, daß Plutarch, wenn er von Menandern redet, die älteste Komödie nicht sehr lobt. Es fällt mir also freilich schwer, unsere Mode zu billigen. Aber da wir uns nun einmal in Spanien so weit von der Kunst entfernen: so müssen die Gelehrten schon auch hierüber schweigen. Es ist wahr, das Komische mit dem Tragischen vermischet, Seneca mit dem Terenz zusammengeschmolzen, gibt kein geringeres Ungeheuer, als der Minotaurus der Pasiphae war. Doch diese Abwechselung gefällt nun einmal; man will nun einmal keine andere Stücke sehen, als die halb ernsthaft und halb lustig sind; die Natur selbst lehrt uns diese Mannigfaltigkeit, von der sie einen Teil ihrer Schönheit entlehnet.«*

* Eligese el sujeto, y no se mire,
(Perdonen los preceptos) si es de Reyes,
Aunque por esto entiendo, que el prudente,
Filipo Rey de España, y Señor nuestro,
En viendo un Rey en ellos se enfadava,

Die letzten Worte sind es, weswegen ich diese Stelle anführe. Ist es wahr, daß uns die Natur selbst, in dieser Vermengung des Gemeinen und Erhabnen, des Possierlichen und Ernsthaften, des Lustigen und Traurigen, zum Muster dienet? Es scheinet so. Aber wenn es wahr ist, so hat Lope mehr getan, als er sich vornahm; er hat nicht bloß die Fehler seiner Bühne beschöniget; er hat eigentlich erwiesen, daß wenigstens dieser Fehler keiner ist; denn nichts kann ein Fehler sein, was eine Nachahmung der Natur ist.

»Man tadelt,« sagt einer von unsern neuesten Skribenten, »an Shakespeare, – demjenigen unter allen Dichtern seit Homer, der die Menschen, vom Könige bis zum Bettler, und von Julius Cäsar bis zu Jak Fallstaff, am besten gekannt, und mit einer Art von unbegreiflicher Intuition durch und durch gesehen hat, – daß seine Stücke keinen, oder doch nur einen sehr fehlerhaften unregelmäßigen und schlecht ausgesonnenen Plan haben; daß komisches und tragisches darin auf die seltsamste Art durch einander geworfen ist, und oft eben dieselbe Person, die uns durch die rührende Sprache der Natur, Tränen in die Augen gelockt hat, in wenigen Augenblicken darauf uns durch irgend einen seltsamen Einfall oder

O fuesse el ver, que al arte contradize,
O que la autoridad real no deve
Andar fingida entre la humilde plebe,
Esto es bover à la Comedia antigua,
Donde vemos, que Plauto puso Dioses,
Como en su Anfitrion lo muestra Jupiter.
Sabe Dios, que me pesa de aprovarlo,
Porque Plutarco hablando de Menandro,
No siente bien de la Comedia antigua,
Mas pues del arte vamos tan remotos,
Y en España le hazemos mil agravios,
Cierren los Doctos esta vez los labios.
Lo Tragico, y lo Comico mezclado,
Y Terencio con Seneca, aunque sea,
Como otro Minotauro de Pasife,
Haran grave una parte, orta ridicula,
Que aquesta variedad deleyta mucho,
Buen exemplo nos da naturaleza,
Que por tal variedad tiene belleza.

barockischen Ausdruck ihrer Empfindungen, wo nicht zu lachen macht, doch dergestalt abkühlt, daß es ihm hernach sehr schwer wird, uns wieder in die Fassung zu setzen, worin er uns haben möchte. – Man tadelt das, und denkt nicht daran, daß seine Stücke eben darin natürliche Abbildungen des menschlichen Lebens sind.

Das Leben der meisten Menschen, und (wenn wir es sagen dürfen) der Lebenslauf der großen Staatskörper selbst, in so fern wir sie als eben so viel moralische Wesen betrachten, gleicht den Haupt- und Staats-Aktionen im alten gotischen Geschmacke in so vielen Punkten, daß man beinahe auf die Gedanken kommen möchte, die Erfinder dieser letztern wären klüger gewesen, als man gemeiniglich denkt, und hätten, wofern sie nicht gar die heimliche Absicht gehabt, das menschliche Leben lächerlich zu machen, wenigstens die Natur eben so getreu nachahmen wollen, als die Griechen sich angelegen sein ließen, sie zu verschönern. Um itzt nichts von der zufälligen Ähnlichkeit zu sagen, daß in diesen Stücken, so wie im Leben, die wichtigsten Rollen sehr oft gerade durch die schlechtesten Acteurs gespielt werden, – was kann ähnlicher sein, als es beide Arten der Haupt- und Staats-Aktionen einander in der Anlage, in der Abteilung und Disposition der Szenen, im Knoten und in der Entwicklung zu sein pflegen. Wie selten fragen die Urheber der einen und der andern sich selbst, warum sie dieses oder jenes gerade so und nicht anders gemacht haben? Wie oft überraschen sie uns durch Begebenheiten, zu denen wir nicht im mindesten vorbereitet waren? Wie oft sehen wir Personen kommen und wieder abtreten, ohne daß sich begreifen läßt, warum sie kamen, oder warum sie wieder verschwinden? Wie viel wird in beiden dem Zufall überlassen? Wie oft sehen wir die größesten Wirkungen durch die armseligsten Ursachen hervorgebracht? Wie oft das Ernsthafte und Wichtige mit einer leichtsinnigen Art, und das Nichtsbedeutende mit lächerlicher Gravität behandelt? Und wenn in beiden endlich alles so kläglich verworren und durch einander geschlungen ist, daß man an der Möglichkeit der Entwicklung zu verzweifeln anfängt: wie glücklich sehen wir durch irgend einen unter Blitz und Donner aus papiernen Wolken herabspringenden Gott, oder durch einen frischen Degenhieb, den Knoten auf einmal zwar nicht aufgelöset, aber doch aufgeschnitten, welches in so fern auf eines hinauslauft, daß auf die eine oder die andere Art das Stück ein Ende hat, und die Zuschauer klatschen oder zischen können, wie sie wollen oder – dürfen. Übrigens weiß man, was für eine wichtige Person in den komischen Tragödien, wovon wir reden, der edle Hanswurst vorstellt, der sich, vermutlich zum ewigen Denkmal des Geschmacks unserer Voreltern, auf dem Theater der Hauptstadt des deutschen Reiches erhalten zu wollen scheinet. Wollte Gott, daß er seine Person allein auf dem Theater vorstellte! Aber wie viel große Aufzüge auf dem Schauplatze der Welt hat man nicht in allen Zeiten mit Hanswurst, – oder, welches noch ein wenig ärger ist, durch Hanswurst, – aufführen gesehen? Wie oft haben die größesten Männer, dazu geboren, die schützenden Genii eines Throns, die Wohltäter ganzer Völker und Zeitalter zu sein, alle ihre Weisheit und Tapferkeit durch einen kleinen schnakischen Streich von Hanswurst, oder solchen Leuten vereitelt sehen müssen, welche, ohne eben sein Wams und seine gelben Hosen zu tragen, doch gewiß seinen ganzen Charakter an sich trugen? Wie oft entsteht in beiden Arten der Tragi-Komödien die Verwicklung selbst lediglich daher, daß Hanswurst durch irgend ein dummes und schelmisches Stückchen von seiner Arbeit den gescheiten Leuten, eh sie sichs versehen können, ihr Spiel verderbt?« –

Wenn in dieser Vergleichung des großen und kleinen, des ursprünglichen und nachgebildeten, heroischen Possenspiels – (die ich mit Vergnügen aus einem Werke abgeschrieben, welches unstreitig unter die vortrefflichsten unsers Jahrhunderts gehört, aber für das deutsche Publikum noch viel zu früh geschrieben zu sein scheinet. In Frankreich und England würde es das äußerste Aufsehen gemacht haben; der Name seines Verfassers würde auf aller Zungen sein. Aber bei uns? Wir haben es, und damit gut. Unsere Großen lernen vors erste an den*** kauen; und freilich ist der Saft aus einem französischen Roman lieblicher und verdaulicher. Wenn ihr Gebiß schärfer und ihr Magen stärker geworden, wenn sie indes Deutsch gelernt haben, so kommen sie auch wohl einmal über den – Agathon.* Dieses ist das Werk von welchem ich rede, von welchem ich es lieber nicht an dem schicklichsten Orte, lieber hier als gar nicht, sagen will, wie sehr ich es bewundere: da ich mit der äußersten Befremdung wahrnehme, welches tiefe Stillschweigen unsere Kunstrichter darüber beobachten, oder in welchem kalten und gleichgültigen Tone sie davon sprechen. Es ist der erste und einzige Roman für den denkenden Kopf, von klassischem Geschmacke. Roman? Wir wollen ihm diesen Titel nur geben, vielleicht, daß es einige Leser mehr dadurch bekömmt. Die wenigen, die es darüber verlieren möchte, an denen ist ohnedem nichts gelegen.)

SIEBZIGSTES STÜCK

Den 1sten Januar, 1768

Wenn in dieser Vergleichung, sage ich, die satyrische Laune nicht zu sehr vorstäche: so würde man sie für die beste Schutzschrift des komisch tragischen, oder tragisch komischen Drama, (Mischspiel habe ich es einmal auf irgend einem Titel genannt gefunden) für die geflissendlichste Ausführung des Gedankens beim Lope halten dürfen. Aber zugleich würde sie auch die Widerlegung desselben sein. Denn sie würde zeigen, daß eben das Beispiel der Natur, welches die Verbindung des feierlichen Ernstes mit der possenhaften Lustigkeit rechtfertigen soll, eben so gut jedes dramatische Ungeheuer, das weder Plan, noch Verbindung, noch Menschenverstand hat, rechtfertigen könne. Die Nachahmung der Natur müßte folglich entweder gar kein Grundsatz der Kunst sein; oder, wenn sie es doch bliebe, würde durch ihn selbst die Kunst, Kunst zu sein aufhören; wenigstens keine höhere Kunst sein, als etwa die Kunst, die bunten Adern des Marmors in Gips nachzuahmen; ihr Zug und Lauf mag geraten, wie er will, der seltsamste kann so seltsam nicht sein, daß er nicht natürlich scheinen könnte; bloß und allein der

* Zweiter Teil S. 192.

scheinet es nicht, bei welchem sich zu viel Symmetrie, zu viel Ebenmaß und Verhältnis, zu viel von dem zeiget, was in jeder andern Kunst die Kunst ausmacht; der künstlichste in diesem Verstande ist hier der schlechteste, und der wildeste der beste.

Als Kriticus dürfte unser Verfasser ganz anders sprechen. Was er hier so sinnreich aufstützen zu wollen scheinet, würde er ohne Zweifel als eine Mißgeburt des barbarischen Geschmacks verdammen, wenigstens als die ersten Versuche der unter ungeschlachteten Völkern wieder auflebenden Kunst vorstellen, an deren Form irgend ein Zusammenfluß gewisser äußerlichen Ursachen, oder das Ohngefähr, den meisten, Vernunft und Überlegung aber den wenigsten, auch wohl ganz und gar keinen Anteil hatte. Er würde schwerlich sagen, daß die ersten Erfinder des Mischspiels (da das Wort einmal da ist, warum soll ich es nicht brauchen?) »die Natur eben so getreu nachahmen wollen, als die Griechen sich angelegen sein lassen, sie zu verschönern.«

Die Worte getreu und verschönert, von der Nachahmung und der Natur, als dem Gegenstande der Nachahmung, gebraucht, sind vielen Mißdeutungen unterworfen. Es gibt Leute, die von keiner Natur wissen wollen, welche man zu getreu nachahmen könne; selbst was uns in der Natur mißfalle, gefalle in der getreuen Nachahmung, vermöge der Nachahmung. Es gibt andere, welche die Verschönerung der Natur für eine Grille halten; eine Natur, die schöner sein wolle, als die Natur, sei eben darum nicht Natur. Beide erklären sich für Verehrer der einzigen Natur, so wie sie ist: jene finden in ihr nichts zu vermeiden; diese nichts hinzuzusetzen. Jenen also müßte notwendig das gotische Mischspiel gefallen; so wie diese Mühe haben würden, an den Meisterstücken der Alten Geschmack zu finden.

Wann dieses nun aber nicht erfolgte? Wann jene, so große Bewunderer sie auch von der gemeinsten und alltäglichsten Natur sind, sich dennoch wider die Vermischung des Possenhaften und Interessanten erklärten? Wann diese, so ungeheuer sie auch alles finden, was besser und schöner sein will, als die Natur, dennoch das ganze griechische Theater, ohne den geringsten Anstoß von dieser Seite, durchwandelten? Wie wollten wir diesen Widerspruch erklären?

Wir würden notwendig zurückkommen, und das, was wir von beiden Gattungen erst behauptet, widerrufen müssen. Aber wie müßten wir widerrufen, ohne uns in neue Schwierigkeiten zu verwickeln? Die Vergleichung einer solchen Haupt- und Staats-Aktion, über deren Güte wir streiten, mit dem menschlichen Leben, mit dem gemeinen Laufe der Welt, ist doch so richtig!

Ich will einige Gedanken herwerfen, die, wenn sie nicht gründlich genug sind, doch gründlichere veranlassen können. – Der Hauptgedanke ist dieser: es ist wahr, und auch nicht wahr, daß die komische Tragödie, gotischer Erfindung, die Natur getreu nachahmet; sie ahmet sie nur in einer Hälfte getreu nach, und vernachlässiget die andere Hälfte gänzlich; sie ahmet die Natur der Erscheinungen nach, ohne im geringsten auf die Natur unserer Empfindungen und Seelenkräfte dabei zu achten.

In der Natur ist alles mit allem verbunden; alles durchkreuzt sich, alles wechselt mit allem, alles verändert sich eines in das andere. Aber nach dieser unendlichen Mannichfaltigkeit ist sie nur ein Schauspiel für einen unendlichen Geist. Um endliche Geister an dem Genusse desselben Anteil nehmen zu lassen, mußten diese das Vermögen erhalten, ihr Schranken zu geben, die sie nicht hat; das Vermögen abzusondern, und ihre Aufmerksamkeit nach Gutdünken lenken zu können.

Dieses Vermögen üben wir in allen Augenblicken des Lebens; ohne dasselbe würde es für uns gar kein Leben geben; wir würden vor allzu verschiedenen Empfindungen nichts empfinden; wir würden ein beständiger Raub des gegenwärtigen Eindruckes sein; wir würden träumen, ohne zu wissen, was wir träumten.

Die Bestimmung der Kunst ist, uns in dem Reiche des Schönen dieser Absonderung zu überheben, uns die Fixierung unserer Aufmerksamkeit zu erleichtern. Alles, was wir in der Natur von einem Gegenstande, oder einer Verbindung verschiedener Gegenstände, es sei der Zeit oder dem Raume nach, in unsern Gedanken absondern, oder absondern zu können wünschen, sondert sie wirklich ab, und gewährt uns diesen Gegenstand, oder diese Verbindung verschiedener Gegenstände, so lauter und bündig, als es nur immer die Empfindung, die sie erregen sollen, verstattet.

Wenn wir Zeugen von einer wichtigen und rührenden Begebenheit sind, und eine andere von nichtigem Belange läuft quer ein: so suchen wir der Zerstreuung, die diese uns drohet, möglichst auszuweichen. Wir abstrahieren von ihr; und es muß uns notwendig ekeln, in der Kunst das wieder zu finden, was wir aus der Natur wegwünschten.

Nur wenn eben dieselbe Begebenheit in ihrem Fortgange alle Schattierungen des Interesse annimmt, und eine nicht bloß auf die andere folgt, sondern so notwendig aus der andern entspringt; wenn der Ernst das Lachen, die Traurigkeit die Freude, oder umgekehrt, so unmittelbar erzeugt, daß uns die Abstraktion des einen oder des andern unmöglich fällt: nur alsdenn verlangen wir sie auch in der Kunst nicht, und die Kunst weiß aus dieser Unmöglichkeit selbst Vorteil zu ziehen. –

Aber genug hiervon: man sieht schon, wo ich hinaus will. –

Den fünf und vierzigsten Abend (Freitags, den 17ten Julius,) wurden die Brüder des Hrn. Romanus, und das Orakel vom Saint-Foix gespielt.

Das erstere Stück kann für ein deutsches Original gelten, ob es schon, größten Teils, aus den Brüdern des Terenz genommen ist. Man hat gesagt, daß auch Moliere aus dieser Quelle geschöpft habe; und zwar seine Männerschule. Der Herr von Voltaire macht seine Anmerkungen über dieses Vorgeben: und ich führe Anmerkungen von dem Herrn von Voltaire so gern an! Aus seinen geringsten ist noch immer etwas zu lernen: wenn schon nicht allezeit das, was er darin sagt: wenigstens das, was er hätte sagen sollen. Primus sapientiae gradus est, falsa intelligere; (wo dieses Sprüchelchen steht, will mir nicht gleich beifallen) und ich wüßte keinen Schriftsteller in der Welt, an dem man es so gut versuchen könnte, ob man auf dieser ersten Stufe der Weisheit stehe, als an dem Herrn von Voltaire: aber daher auch keinen, der uns die zweite zu ersteigen, weniger behülflich sein könnte; secundus, vera cognoscere. Ein kritischer Schriftsteller, dünkt mich, richtet seine Methode auch am besten nach diesem Sprüchelchen ein. Er suche sich nur erst jemanden, mit dem er streiten kann: so kömmt er nach und nach in die Materie, und das übrige findet sich. Hierzu habe ich mir in diesem Werke, ich bekenne es aufrichtig, nun einmal die französischen Skribenten vornehmlich erwählet, und unter diesen besonders den Hrn. von Voltaire. Also auch itzt, nach einer kleinen Verbeugung, nur darauf zu! Wem diese Methode aber etwan mehr mutwillig als gründlich scheinen wollte: der soll wissen, daß selbst der gründliche Aristoteles sich ihrer fast immer bedient hat. Solet Aristoteles, sagt einer von seinen Auslegern, der mir eben zur Hand liegt, quaerere pugnam in suis libris. Atque hoc facit non temere, et casu, sed certa ratione atque consilio: nam labefactatis aliorum opinionibus, u. s. w. O des Pedanten! würde der Herr von Voltaire rufen. – Ich bin es bloß aus Mißtrauen in mich selbst.

»Die Brüder des Terenz, sagt der Herr von Voltaire, können höchstens die Idee zu der Männerschule gegeben haben. In den Brüdern sind zwei Alte von verschiedner Gemütsart, die ihre Söhne ganz verschieden erziehen; eben so sind in der Männerschule zwei Vormünder, ein sehr strenger und ein sehr nachsehender: das ist die ganze Ähnlichkeit. In den Brüdern ist fast ganz und gar keine Intrigue: die Intrigue in der Männerschule hingegen ist fein, und unterhaltend und komisch. Eine von den Frauenzimmern des Terenz, welche eigentlich die interessanteste Rolle spielen müßte, erscheinet bloß auf dem Theater, um nieder zu kommen. Die Isabelle des Moliere ist fast immer auf der Szene, und zeigt sich immer witzig und reizend, und verbindet sogar die Streiche, die sie ihrem Vormunde spielt, noch mit Anstand. Die Entwicklung in den Brüdern ist ganz unwahrscheinlich; es ist wider die Natur, daß ein Alter, der sechzig Jahre ärgerlich und streng und geizig gewesen, auf einmal lustig und höflich und freigebig werden sollte. Die Entwicklung in der Männerschule aber, ist die beste von allen Entwicklungen des Moliere; wahrscheinlich, natürlich, aus der Intrigue selbst hergenommen, und was ohnstreitig nicht das schlechteste daran ist, äußerst komisch.«

EIN UND SIEBZIGSTES STÜCK

Den 5ten Januar, 1768

Es scheinet nicht, daß der Herr von Voltaire, seit dem er aus der Klasse bei den Jesuiten gekommen, den Terenz viel wieder gelesen habe. Er spricht ganz so davon, als von einem alten Traume; es schwebt ihm nur noch so was davon im Gedächtnisse; und das schreibt er auf gut Glück so hin, unbekümmert, ob es gehauen oder gestochen ist. Ich will ihm nicht aufmutzen, was er von der Pamphila des Stücks sagt, »daß sie bloß auf dem Theater erscheine, um nieder zu kommen.« Sie erscheinet gar nicht auf dem Theater; sie kömmt nicht auf dem Theater nieder; man vernimmt bloß ihre Stimme aus dem Hause; und warum sie eigentlich die interessanteste Rolle spielen müßte, das läßt sich auch gar nicht absehen. Den Griechen und Römern war nicht alles interessant, was es den Franzosen ist. Ein gutes Mädchen, das mit ihrem Liebhaber zu tief in das Wasser gegangen, und Gefahr läuft, von ihm verlassen zu werden, war zu einer Hauptrolle ehedem sehr ungeschickt. –

Der eigentliche und grobe Fehler, den der Herr von Voltaire macht, betrifft die Entwicklung und den Charakter des Demea. Demea ist der mürrische strenge Vater, und dieser soll seinen Charakter auf einmal völlig verändern. Das ist, mit Erlaubnis des Herrn von Voltaire, nicht wahr. Demea behauptet seinen Charakter bis ans Ende. Donatus sagt: Servatur autem per totam fabulam mitis Micio, saevus Demea, Leno avarus u. s. w. Was geht mich Donatus an? dürfte der Herr von Voltaire sagen. Nach Belieben; wenn wir Deutsche nur glauben dürfen, daß Donatus den Terenz fleißiger gelesen und besser verstanden, als Voltaire. Doch es ist ja von keinem verlornen Stücke die Rede; es ist noch da; man lese selbst.

Nachdem Micio den Demea durch die triftigsten Vorstellungen zu besänftigen gesucht, bittet er ihn, wenigstens auf heute sich seines Ärgernisses zu entschlagen, wenigstens heute lustig zu sein. Endlich bringt er ihn auch so weit; heute will Demea alles gut sein lassen; aber morgen, bei früher Tageszeit, muß der Sohn wieder mit ihm aufs Land; da will er ihn nicht gelinder halten, da will er es wieder mit ihm anfangen, wo er es heute gelassen hat; die Sängerin, die diesem der Vetter gekauft, will er zwar mitnehmen, denn es ist doch immer eine Sklavin mehr, und eine, die ihm nichts kostet; aber zu singen wird sie nicht viel bekommen, sie soll kochen und backen. In der darauf folgenden vierten Szene des fünften Akts, wo Demea allein ist, scheint es zwar, wenn man seine Worte nur so obenhin nimmt, als ob er völlig von seiner alten Denkungsart abgehen, und nach den Grundsätzen des Micio zu handeln anfangen wolle.* Doch die Folge zeigt es, daß man alles das nur von dem heutigen Zwange, den er sich antun soll, verstehen muß. Denn auch diesen Zwang weiß er hernach so zu nutzen, daß er zu der förmlichsten hämischsten Verspottung seines gefälligen Bruders ausschlägt. Er stellt sich lustig, um die andern wahre Ausschweifungen und Tollheiten begehen zu lassen; er macht in dem verbindlichsten Tone die bittersten Vorwürfe; er wird nicht freigebig, sondern er spielt den Verschwender; und wohl zu merken, weder von dem Seinigen, noch in einer andern Absicht, als um alles, was er Verschwenden nennt, lächerlich zu machen. Dieses erhellet unwidersprechlich aus dem, was er dem Micio antwortet, der sich durch den Anschein betriegen läßt, und ihn wirklich verändert glaubt.**

* – Nam ego vitam duram, quam vixi usque adhuc
Prope jam excurso spatio mitto –

** MI. Quid istuc? quae res tam repente mores mutavit tuos?
Quod prolubium, quae istaec subita est largitas?
DE. Dicam tibi:
Ut id ostenderem, quod te isti facilem et festivum putant,
Id non fieri ex vera vita, neque adeo ex aequo et bono,
Sed ex assentando, indulgendo, et largiendo, Micio.
Nunc adeo, si ob eam rem vobis mea vita invisa est, Aeschine,
Quia non justa injusta prorsus omnia, omnino obsequor;
Missa facio; effundite, emite, facite quod vobis lubet!

Hic ostendit Terentius, sagt Donatus, magis Demeam simulasse mutatos mores, quam mutavisse.

Ich will aber nicht hoffen, daß der Herr von Voltaire meinet, selbst diese Verstellung laufe wider den Charakter des Demea, der vorher nichts als geschmählt und gepoltert habe: denn eine solche Verstellung erfodere mehr Gelassenheit und Kälte, als man dem Demea zutrauen dürfe. Auch hierin ist Terenz ohne Tadel, und er hat alles so vortrefflich motivieret, bei jedem Schritte Natur und Wahrheit so genau beobachtet, bei dem geringsten Übergange so feine Schattierungen in Acht genommen, daß man nicht aufhören kann, ihn zu bewundern.

Nur ist öfters, um hinter alle Feinheiten des Terenz zu kommen, die Gabe sehr nötig, sich das Spiel des Akteurs dabei zu denken; denn dieses schrieben die alten Dichter nicht bei. Die Deklamation hatte ihren eignen Künstler, und in dem Übrigen konnten sie sich ohne Zweifel auf die Einsicht der Spieler verlassen, die aus ihrem Geschäfte ein sehr ernstliches Studium machten. Nicht selten befanden sich unter diesen die Dichter selbst; sie sagten, wie sie es haben wollten; und da sie ihre Stücke überhaupt nicht eher bekannt werden ließen, als bis sie gespielt waren, als bis man sie gesehen und gehört hatte: so konnten sie es um so mehr überhoben sein, den geschriebenen Dialog durch Einschiebsel zu unterbrechen, in welchen sich der beschreibende Dichter gewissermaßen mit unter die handelnden Personen zu mischen scheinet. Wenn man sich aber einbildet, daß die alten Dichter, um sich diese Einschiebsel zu ersparen, in den Reden selbst, jede Bewegung, jede Gebärde, jede Miene, jede besondere Abänderung der Stimme, die dabei zu beobachten, mit anzudeuten gesucht: so irret man sich. In dem Terenz allein kommen unzählige Stellen vor, in welchen von einer solchen Andeutung sich nicht die geringste Spur zeiget, und wo gleichwohl der wahre Verstand nur durch die Erratung der wahren Aktion kann getroffen werden; ja in vielen scheinen die Worte gerade das Gegenteil von dem zu sagen, was der Schauspieler durch jene ausdrücken muß.

Selbst in der Szene, in welcher die vermeinte Sinnesänderung des Demea vorgeht, finden sich dergleichen Stellen, die ich anführen will, weil auf ihnen gewissermaßen die Mißdeutung beruhet, die ich bestreite. – Demea weiß nunmehr alles, er hat es mit seinen eignen Augen gesehen, daß es sein ehrbarer frommer Sohn ist, für den die Sängerin entführet worden, und stürzt mit dem unbändigsten Geschrei heraus. Er klagt es dem Himmel und der Erde und dem Meere; und eben bekömmt er den Micio zu Gesicht.

DEMEA. Ha! da ist er, der mir sie beide verdirbt – meine Söhne, mir sie beide zu Grunde richtet! –

MICIO. O so mäßige dich, und komm wieder zu dir!

DEMEA. Gut, ich mäßige mich, ich bin bei mir, es soll mir kein hartes Wort entfahren. Laß uns bloß bei der Sache bleiben. Sind wir nicht eins geworden, warest du es nicht selbst, der es zuerst auf die Bahn brachte, daß sich ein jeder nur um den seinen bekümmern sollte? Antworte.* u. s. w.

Wer sich hier nur an die Worte hält, und kein so richtiger Beobachter ist, als es der Dichter war, kann leicht glauben, daß Demea viel zu geschwind austobe, viel zu geschwind diesen gelassenern Ton anstimme. Nach einiger Überlegung wird ihm zwar vielleicht beifallen, daß jeder Affekt, wenn er aufs äußerste gekommen, notwendig wieder sinken müsse; daß Demea, auf den Verweis seines Bruders, sich des ungestümen Jachzorns nicht anders als schämen könne: das alles ist auch ganz gut, aber es ist doch noch nicht das rechte. Dieses lasse er sich also vom Donatus lehren, der hier zwei vortreffliche Anmerkungen hat. Videtur, sagt er,

* – – –

DE. Eccum adest
Communis corruptela nostrum liberum.
MI. Tandem reprime iracundiam, atque ad te redi.
DE. Repressi, redii, mitto maledicta omnia:
Rem ipsam putemus. Dictum hoc inter nos fuit,
Et ex te adeo est ortum, ne tu curares meum,
Neve ego tuum? responde. –

paulo citius destomachatus, quam res etiam incertae poscebant. Sed et hoc morale: nam juste irati, omissa saevitia ad ratiocinationes saepe festinant. Wenn der Zornige ganz offenbar Recht zu haben glaubt, wenn er sich einbildet, daß sich gegen seine Beschwerden durchaus nichts einwenden lasse: so wird er sich bei dem Schelten gerade am wenigsten aufhalten, sondern zu den Beweisen eilen, um seinen Gegner durch eine so sonnenklare Überzeugung zu demütigen. Doch da er über die Wallungen seines kochenden Geblüts nicht so unmittelbar gebieten kann, da der Zorn, der überführen will, doch noch immer Zorn bleibt: so macht Donatus die zweite Anmerkung; non quid dicatur, sed quo gestu dicatur, specta: et videbis neque adhuc repressisse iracundiam, neque ad se rediisse Demeam. Demea sagt zwar, ich mäßige mich, ich bin wieder bei mir: aber Gesicht und Gebärde und Stimme verraten genugsam, daß er sich noch nicht gemäßiget hat, daß er noch nicht wieder bei sich ist. Er bestürmt den Micio mit einer Frage über die andere, und Micio hat alle seine Kälte und gute Laune nötig, um nur zum Worte zu kommen.

ZWEI UND SIEBZIGSTES STÜCK

Den 8ten Januar, 1768

Als er endlich dazu kömmt, wird Demea zwar eingetrieben, aber im geringsten nicht überzeugt. Aller Vorwand, über die Lebensart seiner Kinder, unwillig zu sein, ist ihm benommen: und doch fängt er wieder von vorne an, zu nerrgeln. Micio muß auch nur abbrechen, und sich begnügen, daß ihm die mürrische Laune, die er nicht ändern kann, wenigstens auf heute Frieden lassen will. Die Wendungen, die ihn Terenz dabei nehmen läßt, sind meisterhaft.*

* – – –

DE. Ne nimium modo
Bonae tuae istae nos rationes, Micio,
Et tuus iste animus aequus subvertat.

DEMEA. Nun gib nur Acht, Micio, wie wir mit diesen schönen Grundsätzen, mit dieser deiner lieben Nachsicht, am Ende fahren werden.

MICIO. Schweig doch! Besser, als du glaubest. – Und nun genug davon! Heute schenke dich mir. Komm, kläre dich auf.

DEMEA. Mags doch nur heute sein! Was ich muß, das muß ich. – Aber morgen, sobald es Tag wird, geh ich wieder aufs Dorf, und der Bursche geht mit. –

MICIO. Lieber, noch ehe es Tag wird; dächte ich. Sei nur heute lustig!

DEMEA. Auch das Mensch von einer Sängerin muß mit heraus.

MICIO. Vortrefflich! So wird sich der Sohn gewiß nicht weg wünschen. Nur halte sie auch gut.

DEMEA. Da laß mich vor sorgen! Sie soll, in der Mühle und

MI. Tace;
Non fiet. Mitte jam istaec; da te hodie mihi:
Exporge frontem.
DE. Scilicet ita tempus fert,
Faciendum est: ceterum rus cras cum filio
Cum primo lucu ibo hinc.
MI. De nocte censeo:
Hodie modo hilarum fac te.
DE. Et istam psaltriam
Una illuc mecum hinc abstraham.
MI. Pugnaveris.
Eo pacto prorsum illic alligaris filium.
Modo facito, ut illam serves.
DE. Ego istuc videro,
Atque ibi favillae plena, fumi, ac pollinis,
Coquendo sit faxo et molendo; praeter haec
Meridie ipso faciam ut stipulam colligat:
Tam excoctam reddam atque atram, quam carbo est.
MI. Placet.
Nunc mihi videre sapere. Atque equidem filium,
Tum etiam si nolit, cogam, ut cum illa una cubet.
DE. Derides? fortunatus, qui istoc animo sies:
Ego sentio.
MI. Ah, pergisne?
DE. Jam jam desino.

vor dem Ofenloche, Mehlstaubs und Kohlstaubs und Rauchs genug kriegen. Dazu soll sie mir am heißen Mittage stoppeln gehn, bis sie so trocken, so schwarz geworden, als ein Löschbrand.

MICIO. Das gefällt mir! Nun bist du auf dem rechten Wege! – Und alsdenn, wenn ich wie du wäre, müßte mir der Sohn bei ihr schlafen, er möchte wollen oder nicht.

DEMEA. Lachst du mich aus? – Bei so einer Gemütsart, freilich, kannst du wohl glücklich sein. Ich fühl es, leider –

MICIO. Du fängst doch wieder an?

DEMEA. Nu, nu; ich höre ja auch schon wieder auf.

Bei dem »Lachst du mich aus?« des Demea, merkt Donatus an: Hoc verbum vultu Demeae sic profertur, ut subrisisse videatur invitus. Sed rursus EGO SENTIO, amare severeque dicit. Unvergleichlich! Demea, dessen voller Ernst es war, daß er die Sängerin, nicht als Sängerin, sondern als eine gemeine Sklavin halten und nutzen wollte, muß über den Einfall des Micio lachen. Micio selbst braucht nicht zu lachen: je ernsthafter er sich stellt, desto besser. Demea kann darum doch sagen: Lachst du mich aus? und muß sich zwingen wollen, sein eignes Lachen zu verbeißen. Er verbeißt es auch bald, denn das »Ich fühl es leider« sagt er wieder in einem ärgerlichen und bittern Tone. Aber so ungern, so kurz das Lachen auch ist: so große Wirkung hat es gleichwohl. Denn einen Mann, wie Demea, hat man wirklich vors erste gewonnen, wenn man ihn nur zu lachen machen kann. Je seltner ihm diese wohltätige Erschütterung ist, desto länger hält sie innerlich an; nachdem er längst alle Spur derselben auf seinem Gesichte vertilgt, dauert sie noch fort, ohne daß er es selbst weiß, und hat auf sein nächstfolgendes Betragen einen gewissen Einfluß. –

Aber wer hätte wohl bei einem Grammatiker so feine Kenntnisse gesucht? Die alten Grammatiker waren nicht das, was wir itzt bei dem Namen denken. Es waren Leute von vieler Einsicht; das ganze weite Feld der Kritik war ihr Gebiete. Was von ihren Auslegungen klassischer Schriften auf uns gekommen, verdient daher nicht bloß wegen der Sprache studiert zu werden. Nur muß man die neuern Interpolationen zu unterscheiden wissen. Daß aber dieser Donatus (Aelius) so vorzüglich reich an Bemerkungen ist, die unsern Geschmack bilden können, daß er die verstecktesten Schönheiten seines Autors mehr als irgend ein anderer zu enthüllen weiß: das kömmt vielleicht weniger von seinen größern Gaben, als von der Beschaffenheit seines Autors selbst. Das römische Theater war, zur Zeit des Donatus, noch nicht gänzlich verfallen; die Stücke des Terenz wurden noch gespielt, und ohne Zweifel noch mit vielen von den Überlieferungen gespielt, die sich aus den bessern Zeiten des römischen Geschmacks herschrieben: er durfte also nur anmerken, was er sahe und hörte; er brauchte also nur Aufmerksamkeit und Treue, um sich das Verdienst zu machen, daß ihm die Nachwelt Feinheiten zu verdanken hat, die er selbst schwerlich dürfte ausgegrübelt haben. Ich wüßte daher auch kein Werk, aus welchem ein angehender Schauspieler mehr lernen könnte, als diesen Kommentar des Donatus über den Terenz: und bis das Latein unter unsern Schauspielern üblicher wird, wünschte ich sehr, daß man ihnen eine gute Übersetzung davon in die Hände geben wollte. Es versteht sich, daß der Dichter dabei sein, und aus dem Kommentar alles wegbleiben müßte, was die bloße Worterklärung betrifft. Die Dacier hat in dieser Absicht den Donatus nur schlecht genutzt, und ihre Übersetzung des Textes ist wäßrig und steif. Eine neuere deutsche, die wir haben, hat das Verdienst der Richtigkeit so so, aber das Verdienst der komischen Sprache fehlt ihr gänzlich;* und Donatus ist auch

* Halle 1753. Wunders halben erlaube man mir die Stelle daraus anzuführen, die ich eben itzt übersetzt habe. Was mir hier aus der Feder geflossen, ist weit entfernt, so zu sein, wie es sein sollte: aber man wird doch ungefähr daraus sehen können, worin das Verdienst besteht, das ich dieser Übersetzung absprechen muß.

DEMEA. Aber mein lieber Bruder, daß uns nur nicht deine schönen Gründe, und dein gleichgültiges Gemüte sie ganz und gar ins Verderben stürzen.

MICIO. Ach, schweig doch nur, das wird nicht geschehen. Laß das

nicht weiter gebraucht, als ihn die Dacier zu brauchen für gut befunden. Es wäre also keine getane Arbeit, was ich vorschlage: aber wer soll sie tun? Die nichts bessers tun könnten, können auch dieses nicht: und die etwas bessers tun könnten, werden sich bedanken.

Doch endlich vom Terenz auf unsern Nachahmer zu kommen – Es ist doch sonderbar, daß auch Herr Romanus den falschen Gedanken des Voltaire gehabt zu haben scheinet. Auch er hat geglaubt, daß am Ende mit dem Charakter des Demea eine gänzliche Veränderung vorgehe; wenigstens läßt er sie mit dem Charakter seines Lysimons vorgehen. »Je Kinder, läßt er ihn rufen, schweigt doch! Ihr überhäuft mich ja mit Liebkosungen. Sohn, Bruder, Vetter, Diener, alles schmeichelt mir, bloß weil ich einmal ein bißchen freundlich aussehe. Bin ichs denn, oder bin ichs nicht? Ich werde wieder recht jung, Bruder! Es ist doch hübsch, wenn man geliebt wird. Ich will auch gewiß so bleiben. Ich wüßte nicht, wenn ich so eine vergnügte Stunde gehabt hätte.« Und Frontin

immer sein. Überlaß dich heute einmal mir. Weg mit den Runzeln von der Stirne.

DEMEA. Ja, ja, die Zeit bringt es so mit sich, ich muß es wohl tun. Aber mit anbrechendem Tage gehe ich wieder mit meinem Sohne aufs Land.

MICIO. Ich werde dich nicht aufhalten, und wenn du die Nacht wieder gehn willst; sei doch heute nur einmal fröhlich.

DEMEA. Die Sängerin will ich zugleich mit herausschleppen.

MICIO. Da tust du wohl, dadurch wirst du machen, daß dein Sohn ohne sie nicht wird leben können. Aber sorge auch, daß du sie gut verhältst.

DEMEA. Dafür werde ich schon sorgen. Sie soll mir kochen, und Rauch, Asche und Mehl sollen sie schon kenntlich machen. Außerdem soll sie mir in der größten Mittagshitze gehen und Ähren lesen, und dann will ich sie ihm so verbrannt und so schwarz, wie eine Kohle, überliefern.

MICIO. Das gefällt mir; nun seh ich recht ein, daß du weislich handelst; aber dann kannst du auch deinen Sohn mit Gewalt zwingen, daß er sie mit zu Bette nimmt.

DEMEA. Lachst du mich etwa aus? Du bist glücklich, daß du ein solches Gemüt hast; aber ich fühle.

MICIO. Ach! hältst du noch nicht inne?

DEMEA. Ich schweige schon.

sagt: »Nun unser Alter stirbt gewiß bald.* Die Veränderung ist gar zu plötzlich.« Ja wohl; aber das Sprüchwort, und der gemeine Glaube, von den unvermuteten Veränderungen, die einen nahen Tod vorbedeuten, soll doch wohl nicht im Ernste hier etwas rechtfertigen?

DREI UND SIEBZIGSTES STÜCK

Den 12ten Januar, 1768

Die Schlußrede des Demea bei dem Terenz, geht aus einem ganz andern Tone. »Wenn euch nur das gefällt: nun so macht, was ihr wollt, ich will mich um nichts mehr bekümmern!« Er ist es ganz und gar nicht, der sich nach der Weise der andern, sondern die andern sind es, die sich nach seiner Weise künftig zu bequemen versprechen. – Aber wie kömmt es, dürfte man fragen, daß die letzten Szenen mit dem Lysimon in unsern deutschen Brüdern, bei der Vorstellung gleichwohl immer so wohl aufgenommen werden? Der beständige Rückfall des Lysimon in seinen alten Charakter macht sie komisch: aber bei diesem hätte es auch bleiben müssen. – Ich verspare das Weitere, bis zu einer zweiten Vorstellung des Stücks.

Das Orakel vom Saint-Foix, welches diesen Abend den Beschluß machte, ist allgemein bekannt, und allgemein beliebt.

Den sechs und vierzigsten Abend (Montags, den 20sten Julius,) ward Miß Sara,** und den sieben und vierzigsten, Tages darauf, Nanine*** wiederholt. Auf die Nanine folgte, der unvermutete Ausgang, vom Marivaux, in einem Akte.

Oder, wie es wörtlicher und besser heißen würde: die unvermutete Entwicklung. Denn es ist einer von denen Titeln, die nicht sowohl den Inhalt anzeigen, als vielmehr gleich

* So soll es ohne Zweifel heißen, und nicht: *stirbt ohnmöglich bald*. Für viele von unsern Schauspielern ist es nötig, auch solche Druckfehler anzumerken.

** S. den 11ten Abend, Seite 92.

*** S. den 27sten und 33sten und 37sten Abend, Seite 125.

Anfangs gewissen Einwendungen vorbauen sollen, die der Dichter gegen seinen Stoff, oder dessen Behandlung, vorher sieht. Ein Vater will seine Tochter an einen jungen Menschen verheiraten, den sie nie gesehen hat. Sie ist mit einem andern schon halb richtig, aber dieses auch schon seit so langer Zeit, daß es fast gar nicht mehr richtig ist. Unterdessen möchte sie ihn doch noch lieber, als einen ganz Unbekannten, und spielt sogar, auf sein Angeben, die Rolle einer Wahnwitzigen, um den neuen Freier abzuschrecken. Dieser kömmt; aber zum Glücke ist es ein so schöner liebenswürdiger Mann, daß sie gar bald ihre Verstellung vergißt, und in aller Geschwindigkeit mit ihm einig wird. Man gebe dem Stücke einen andern Titel, und alle Leser und Zuschauer werden ausrufen: das ist auch sehr unerwartet! Einen Knoten, den man in zehn Szenen so mühsam geschürzt hat, in einer einzigen nicht zu lösen, sondern mit eins zu zerhauen! Nun aber ist dieser Fehler in dem Titel selbst angekündiget, und durch diese Ankündigung gewissermaßen gerechtfertiget. Denn, wenn es nun wirklich einmal so einen Fall gegeben hat: warum soll er nicht auch vorgestellt werden können? Er sahe ja in der Wirklichkeit einer Komödie so ähnlich: und sollte er denn eben deswegen um so unschicklicher zur Komödie sein? – Nach der Strenge, allerdings: denn alle Begebenheiten, die man im gemeinen Leben wahre Komödien nennet, findet man in der Komödie wahren Begebenheiten nicht sehr gleich; und darauf käme es doch eigentlich an.

Aber Ausgang und Entwicklung, laufen beide Worte nicht auf eins hinaus? Nicht völlig. Der Ausgang ist, daß Jungfer Argante den Erast und nicht den Dorante heiratet, und dieser ist hinlänglich vorbereitet. Denn ihre Liebe gegen Doranten ist so lau, so wetterläunisch; sie liebt ihn, weil sie seit vier Jahren niemanden gesehen hat, als ihn; manchmal liebt sie ihn mehr, manchmal weniger, manchmal gar nicht, so wie es kömmt; hat sie ihn lange nicht gesehen, so kömmt er ihr liebenswürdig genug vor; sieht sie ihn alle Tage, so macht er ihr Langeweile; besonders stoßen ihr dann und wann Gesichter auf, gegen welche sie Dorantens Gesicht so kahl, so unschmackhaft, so ekel findet! Was brauchte es also weiter, um sie ganz von ihm abzubringen, als daß Erast, den ihr ihr Vater bestimmte, ein solches Gesicht ist? Daß sie diesen also nimmt, ist so wenig unerwartet, daß es vielmehr sehr unerwartet sein würde, wenn sie bei jenem bliebe. Entwicklung hingegen ist ein mehr relatives Wort; und eine unerwartete Entwicklung involvieret eine Verwicklung, die ohne Folgen bleibt, von der der Dichter auf einmal abspringt, ohne sich um die Verlegenheit zu bekümmern, in der er einen Teil seiner Personen läßt. Und so ist es hier: Peter wird es mit Doranten schon ausmachen; der Dichter empfiehlt sich ihm.

Den acht und vierzigsten Abend (Mittewochs, den 22sten Julius,) ward das Trauerspiel des Herrn Weiß, Richard der Dritte, aufgeführt: zum Beschlusse, Herzog Michel.

Dieses Stück ist ohnstreitig eines von unsern beträchtlichsten Originalen; reich an großen Schönheiten, die genugsam zeigen, daß die Fehler, mit welchen sie verwebt sind, zu vermeiden, im geringsten nicht über die Kräfte des Dichters gewesen wäre, wenn er sich diese Kräfte nur selbst hätte zutrauen wollen.

Schon Shakespeare hatte das Leben und den Tod des dritten Richards auf die Bühne gebracht: aber Herr Weiß erinnerte sich dessen nicht eher, als bis sein Werk bereits fertig war. »Sollte ich also, sagt er, bei der Vergleichung schon viel verlieren: so wird man doch wenigstens finden, daß ich kein Plagium begangen habe; – aber vielleicht wäre es ein Verdienst gewesen, an dem Shakespeare ein Plagium zu begehen.«

Vorausgesetzt, daß man eines an ihm begehen kann. Aber was man von dem Homer gesagt hat, es lasse sich dem Herkules eher seine Keule, als ihm ein Vers abringen, das läßt sich vollkommen auch vom Shakespeare sagen. Auf die geringste von seinen Schönheiten ist ein Stempel gedruckt, welcher gleich der ganzen Welt zuruft: ich bin Shakespeare! Und wehe der fremden Schönheit, die das Herz hat, sich neben ihr zu stellen!

Shakespeare will studiert, nicht geplündert sein. Haben wir Genie, so muß uns Shakespeare das sein, was dem Landschaftsmaler die Camera obscura ist: er sehe fleißig hinein, um zu lernen, wie sich die Natur in allen Fällen auf *eine* Fläche projektieret; aber er borge nichts daraus.

Ich wüßte auch wirklich in dem ganzen Stücke des Shakespeares keine einzige Szene, sogar keine einzige Tirade, die Herr Weiß so hätte brauchen können, wie sie dort ist. Alle, auch die kleinsten Teile beim Shakespeare, sind nach den großen Maßen des historischen Schauspiels zugeschnitten, und dieses verhält sich zu der Tragödie französischen Geschmacks, ungefähr wie ein weitläuftiges Frescogemälde gegen ein Migniaturbildchen für einen Ring. Was kann man zu diesem aus jenem nehmen, als etwa ein Gesicht, eine einzelne Figur, höchstens eine kleine Gruppe, die man sodann als ein eigenes Ganze ausführen muß? Eben so würden aus einzeln Gedanken beim Shakespeare ganze Szenen, und aus einzeln Szenen ganze Aufzüge werden müssen. Denn wenn man den Ärmel aus dem Kleide eines Riesen für einen Zwerg recht nutzen will, so muß man ihm nicht wieder einen Ärmel, sondern einen ganzen Rock daraus machen.

Tut man aber auch dieses, so kann man wegen der Beschuldigung des Plagiums ganz ruhig sein. Die meisten werden in dem Faden die Flocke nicht erkennen, woraus er gesponnen ist. Die wenigen, welche die Kunst verstehen, verraten den Meister nicht, und wissen, daß ein Goldkorn so künstlich kann getrieben sein, daß der Wert der Form den Wert der Materie bei weitem übersteiget.

Ich für mein Teil betauere es also wirklich, daß unserm Dichter Shakespeares Richard so spät beigefallen. Er hätte ihn können gekannt haben, und doch eben so original geblieben sein, als er itzt ist: er hätte ihn können genutzt haben, ohne daß eine einzige übergetragene Gedanke davon gezeugt hätte.

Wäre mir indes eben das begegnet, so würde ich Shakespeares Werk wenigstens nachher als einen Spiegel genutzt haben, um meinem Werke alle die Flecken abzuwischen, die mein Auge unmittelbar darin zu erkennen, nicht vermögend gewesen wäre. – Aber woher weiß ich, daß Herr Weiß dieses nicht getan? Und warum sollte er es nicht getan haben?

Kann es nicht eben so wohl sein, daß er das, was ich für dergleichen Flecken halte, für keine hält? Und ist es nicht sehr wahrscheinlich, daß er mehr Recht hat, als ich? Ich bin überzeugt, daß das Auge des Künstlers größtenteils viel scharfsichtiger ist, als das scharfsichtigste seiner Betrachter. Unter zwanzig Einwürfen, die ihm diese machen, wird er sich von neunzehn erinnern, sie während der Arbeit sich selbst gemacht, und sie auch schon sich selbst beantwortet zu haben.

Gleichwohl wird er nicht ungehalten sein, sie auch von andern machen zu hören: denn er hat es gern, daß man über sein Werk urteilet; schal oder gründlich, links oder rechts, gutartig oder hämisch, alles gilt ihm gleich; und auch das schalste, linkste, hämischste Urteil, ist ihm lieber, als kalte Bewunderung. Jenes wird er auf die eine oder die andre Art in seinen Nutzen zu verwenden wissen: aber was fängt er mit dieser an? Verachten möchte er die guten ehrlichen Leute nicht gern, die ihn für so etwas außerordentliches halten: und doch muß er die Achseln über sie zucken. Er ist nicht eitel, aber er ist gemeiniglich stolz; und aus Stolz möchte er zehnmal lieber einen unverdienten Tadel, als ein unverdientes Lob, auf sich sitzen lassen. –

Man wird glauben, welche Kritik ich hiermit vorbereiten will. – Wenigstens nicht bei dem Verfasser, – höchstens nur bei einem oder dem andern Mitsprecher. Ich weiß nicht, wo ich es jüngst gedruckt lesen mußte, daß ich die Amalia meines Freundes auf Unkosten seiner übrigen Lustspiele gelobt hätte.* – Auf Unkosten? aber doch wenigstens der frühern? Ich gönne es Ihnen, mein Herr, daß man niemals Ihre ältern Werke so möge tadeln können. Der Himmel bewahre Sie vor dem tückischen Lobe: daß Ihr letztes immer Ihr bestes ist! –

* Eben erinnere ich mich noch: in des Herrn Schmids Zusätzen zu seiner Theorie der Poesie. S. 45.

VIER UND SIEBZIGSTES STÜCK

Den 15ten Januar 1768

Zur Sache. – Es ist vornehmlich der Charakter des Richards, worüber ich mir die Erklärung des Dichters wünschte.

Aristoteles würde ihn schlechterdings verworfen haben; zwar mit dem Ansehen des Aristoteles wollte ich bald fertig werden, wenn ich es nur auch mit seinen Gründen zu werden wüßte.

Die Tragödie, nimmt er an, soll Mitleid und Schrecken erregen: und daraus folgert er, daß der Held derselben weder ein ganz tugendhafter Mann, noch ein völliger Bösewicht sein müsse. Denn weder mit des einen noch mit des andern Unglücke, lasse sich jener Zweck erreichen.

Räume ich dieses ein: so ist Richard der Dritte eine Tragödie, die ihres Zweckes verfehlt. Räume ich es nicht ein: so weiß ich gar nicht mehr, was eine Tragödie ist.

Denn Richard der Dritte, so wie ihn Herr Weiß geschildert hat, ist unstreitig das größte, abscheulichste Ungeheuer, das jemals die Bühne getragen. Ich sage, die Bühne: daß es die Erde wirklich getragen habe, daran zweifle ich.

Was für Mitleid kann der Untergang dieses Ungeheuers erwecken? Doch, das soll er auch nicht; der Dichter hat es darauf nicht angelegt; und es sind ganz andere Personen in seinem Werke, die er zu Gegenständen unsers Mitleids gemacht hat.

Aber Schrecken? – Sollte dieser Bösewicht, der die Kluft, die sich zwischen ihm und dem Throne befunden, mit lauter Leichen gefüllet, mit den Leichen derer, die ihm das Liebste in der Welt hätten sein müssen; sollte dieser blutdürstige, seines Blutdurstes sich rühmende, über seine Verbrechen sich kitzelnde Teufel, nicht Schrecken in vollem Maße erwekken?

Wohl erweckt er Schrecken: wenn unter Schrecken das Erstaunen über unbegreifliche Missetaten, das Entsetzen über Bosheiten, die unsern Begriff übersteigen, wenn darunter der Schauder zu verstehen ist, der uns bei Erblickung vorsetzlicher Greuel, die mit Lust begangen werden, überfällt. Von diesem Schrecken hat mich Richard der Dritte mein gutes Teil empfinden lassen.

Aber dieses Schrecken ist so wenig eine von den Absichten des Trauerspiels, daß es vielmehr die alten Dichter auf alle Weise zu mindern suchten, wenn ihre Personen irgend ein großes Verbrechen begehen mußten. Sie schoben öfters lieber die Schuld auf das Schicksal, machten das Verbrechen lieber zu einem Verhängnisse einer rächenden Gottheit, verwandelten lieber den freien Menschen in eine Maschine: ehe sie uns bei der gräßlichen Idee wollten verweilen lassen, daß der Mensch von Natur einer solchen Verderbnis fähig sei.

Bei den Franzosen führt Crebillon den Beinamen des Schrecklichen. Ich fürchte sehr, mehr von diesem Schrecken, welches in der Tragödie nicht sein sollte, als von dem echten, das der Philosoph zu dem Wesen der Tragödie rechnet.

Und dieses – hätte man gar nicht Schrecken nennen sollen. Das Wort, welches Aristoteles braucht, heißt Furcht: Mitleid und Furcht, sagt er, soll die Tragödie erregen; nicht, Mitleid und Schrecken. Es ist wahr, das Schrecken ist eine Gattung der Furcht; es ist eine plötzliche, überraschende Furcht. Aber eben dieses Plötzliche, dieses Überraschende, welches die Idee desselben einschließt, zeiget deutlich, daß die, von welchen sich hier die Einführung des Wortes Schrecken, anstatt des Wortes Furcht, herschreibet, nicht eingesehen haben, was für eine Furcht Aristoteles meine. – Ich möchte dieses Weges sobald nicht wieder kommen: man erlaube mir also einen kleinen Ausschweif.

»Das Mitleid, sagt Aristoteles, verlangt einen, der unverdient leidet: und die Furcht einen unsers gleichen. Der Bösewicht ist weder dieses, noch jenes: folglich kann auch sein Unglück, weder das erste noch das andere erregen.«*

Diese Furcht, sage ich, nennen die neuern Ausleger und Übersetzer Schrecken, und es gelingt ihnen, mit Hülfe dieses Worttausches, dem Philosophen die seltsamsten Händel von der Welt zu machen.

»Man hat sich, sagt einer aus der Menge,** über die Er-

* Im 13ten Kapitel der Dichtkunst.

** Hr. S. in der Vorrede zu s. komischen Theater, S. 35.

klärung des Schreckens nicht vereinigen können; und in der Tat enthält sie in jeder Betrachtung ein Glied zu viel, welches sie an ihrer Allgemeinheit hindert, und sie allzusehr einschränkt. Wenn Aristoteles durch den Zusatz ›unsers gleichen,‹ nur bloß die Ähnlichkeit der Menschheit verstanden hat, weil nämlich der Zuschauer und die handelnde Person beide Menschen sind, gesetzt auch, daß sich unter ihrem Charakter, ihrer Würde und ihrem Range ein unendlicher Abstand befände: so war dieser Zusatz überflüssig; denn er verstand sich von selbst. Wenn er aber die Meinung hatte, daß nur tugendhafte Personen, oder solche, die einen vergeblichen Fehler an sich hätten, Schrecken erregen könnten: so hatte er Unrecht; denn die Vernunft und die Erfahrung ist ihm sodann entgegen. Das Schrecken entspringt ohnstreitig aus einem Gefühl der Menschlichkeit: denn jeder Mensch ist ihm unterworfen, und jeder Mensch erschüttert sich, vermöge dieses Gefühls, bei dem widrigen Zufalle eines andern Menschen. Es ist wohl möglich, daß irgend jemand einfallen könnte, dieses von sich zu leugnen: allein dieses würde allemal eine Verleugnung seiner natürlichen Empfindungen, und also eine bloße Prahlerei aus verderbten Grundsätzen, und kein Einwurf sein. – Wenn nun auch einer lasterhaften Person, auf die wir eben unsere Aufmerksamkeit wenden, unvermutet ein widriger Zufall zustößt, so verlieren wir den Lasterhaften aus dem Gesichte, und sehen bloß den Menschen. Der Anblick des menschlichen Elendes überhaupt, macht uns traurig, und die plötzliche traurige Empfindung, die wir sodann haben, ist das Schrecken.«

Ganz recht: aber nur nicht an der rechten Stelle! Denn was sagt das wider den Aristoteles? Nichts. Aristoteles denkt an dieses Schrecken nicht, wenn er von der Furcht redet, in die uns nur das Unglück unsers gleichen setzen könne. Dieses Schrecken, welches uns bei der plötzlichen Erblickung eines Leidens befällt, das einem andern bevorstehet, ist ein mitleidiges Schrecken, und also schon unter dem Mitleide begriffen. Aristoteles würde nicht sagen, Mitleiden und Furcht; wenn er unter der Furcht weiter nichts als eine bloße Modifikation des Mitleids verstünde.

»Das Mitleid,« sagt der Verfasser der Briefe über die Empfindungen,* »ist eine vermischte Empfindung, die aus der Liebe zu einem Gegenstande, und aus der Unlust über dessen Unglück zusammengesetzt ist. Die Bewegungen, durch welche sich das Mitleid zu erkennen gibt, sind von den einfachen Symptomen der Liebe, sowohl als der Unlust, unterschieden, denn das Mitleid ist eine Erscheinung. Aber wie vielerlei kann diese Erscheinung werden! Man ändre nur in dem betauerten Unglück die einzige Bestimmung der Zeit: so wird sich das Mitleiden durch ganz andere Kennzeichen zu erkennen geben. Mit der Elektra, die über die Urne ihres Bruders weinet, empfinden wir ein mitleidiges Trauern, denn sie hält das Unglück für geschehen, und bejammert ihren gehabten Verlust. Was wir bei den Schmerzen des Philoktets fühlen, ist gleichfalls Mitleiden, aber von einer etwas andern Natur; denn die Qual, die dieser Tugendhafte auszustehen hat, ist gegenwärtig, und überfällt ihn vor unsern Augen. Wenn aber Ödip sich entsetzt, indem das große Geheimnis sich plötzlich entwickelt; wenn Monime erschrickt, als sie den eifersüchtigen Mithridates sich entfärben sieht; wenn die tugendhafte Desdemona sich fürchtet, da sie ihren sonst zärtlichten Othello so drohend mit ihr reden höret: was empfinden wir da? Immer noch Mitleiden! Aber mitleidiges Entsetzen, mitleidige Furcht, mitleidiges Schrecken. Die Bewegungen sind verschieden, allein das Wesen der Empfindungen ist in allen diesen Fällen einerlei. Denn, da jede Liebe mit der Bereitwilligkeit verbunden ist, uns an die Stelle des Geliebten zu setzen: so müssen wir alle Arten von Leiden mit der geliebten Person teilen, welches man sehr nachdrücklich Mitleiden nennet. Warum sollten also nicht auch Furcht, Schrecken, Zorn, Eifersucht, Rachbegier, und überhaupt alle Arten von unangenehmen Empfindungen, sogar den Neid nicht ausgenommen, aus Mitleiden entstehen können? – Man sieht hieraus, wie gar ungeschickt der größte Teil der Kunstrichter die tragischen Leidenschaften in Schrecken und Mit-

* Philosophische Schriften des Herrn Moses Mendelssohn, zweiter Teil, S. 4.

leiden einteilet. Schrecken und Mitleiden! Ist denn das theatralische Schrecken kein Mitleiden? Für wen erschrickt der Zuschauer, wenn Merope auf ihren eignen Sohn den Dolch ziehet? Gewiß nicht für sich, sondern für den Aegisth, dessen Erhaltung man so sehr wünschet, und für die betrogne Königin, die ihn für den Mörder ihres Sohnes ansiehet. Wollen wir aber nur die Unlust über das gegenwärtige Übel eines andern, Mitleiden nennen: so müssen wir nicht nur das Schrecken, sondern alle übrige Leidenschaften, die uns von einem andern mitgeteilet werden, von dem eigentlichen Mitleiden unterscheiden.« –

FÜNF UND SIEBZIGSTES STÜCK

Den 19ten Januar, 1768

Diese Gedanken sind so richtig, so klar, so einleuchtend, daß uns dünkt, ein jeder hätte sie haben können und haben müssen. Gleichwohl will ich die scharfsinnigen Bemerkungen des neuen Philosophen dem alten nicht unterschieben; ich kenne jenes Verdienste um die Lehre von den vermischten Empfindungen zu wohl; die wahre Theorie derselben haben wir nur ihm zu danken. Aber was er so vortrefflich auseinandergesetzt hat, das kann doch Aristoteles im Ganzen ungefähr empfunden haben: wenigstens ist es unleugbar, daß Aristoteles entweder muß geglaubt haben, die Tragödie könne und solle nichts als das eigentliche Mitleid, nichts als die Unlust über das gegenwärtige Übel eines andern, erwecken, welches ihm schwerlich zuzutrauen; oder er hat alle Leidenschaften überhaupt, die uns von einem andern mitgeteilet werden, unter dem Worte Mitleid begriffen.

Denn er, Aristoteles, ist es gewiß nicht, der die mit Recht getadelte Einteilung der tragischen Leidenschaften in Mitleid und Schrecken gemacht hat. Man hat ihn falsch verstanden, falsch übersetzt. Er spricht von Mitleid und Furcht, nicht von Mitleid und Schrecken; und seine Furcht ist durchaus nicht die Furcht, welche uns das bevorstehende Übel eines andern, für diesen andern, erweckt, sondern es ist die

Furcht, welche aus unserer Ähnlichkeit mit der leidenden Person für uns selbst entspringt; es ist die Furcht, daß die Unglücksfälle, die wir über diese verhänget sehen, uns selbst treffen können; es ist die Furcht, daß wir der bemitleidete Gegenstand selbst werden können. Mit einem Worte: diese Furcht ist das auf uns selbst bezogene Mitleid.

Aristoteles will überall aus sich selbst erklärt werden. Wer uns einen neuen Kommentar über seine Dichtkunst liefern will, welcher den Dacierschen weit hinter sich läßt, dem rate ich, vor allen Dingen die Werke des Philosophen vom Anfange bis zum Ende zu lesen. Er wird Aufschlüsse für die Dichtkunst finden, wo er sich deren am wenigsten vermutet; besonders muß er die Bücher der Rhetorik und Moral studieren. Man sollte zwar denken, diese Aufschlüsse müßten die Scholastiker, welche die Schriften des Aristoteles an den Fingern wußten, längst gefunden haben. Doch die Dichtkunst war gerade diejenige von seinen Schriften, um die sie sich am wenigsten bekümmerten. Dabei fehlten ihnen andere Kenntnisse, ohne welche jene Aufschlüsse wenigstens nicht fruchtbar werden konnten: sie kannten das Theater und die Meisterstücke desselben nicht.

Die authentische Erklärung dieser Furcht, welche Aristoteles dem tragischen Mitleid beifüget, findet sich in dem fünften und achten Kapitel des zweiten Buchs seiner Rhetorik. Es war gar nicht schwer, sich dieser Kapitel zu erinnern; gleichwohl hat sich vielleicht keiner seiner Ausleger ihrer erinnert, wenigstens hat keiner den Gebrauch davon gemacht, der sich davon machen läßt. Denn auch die, welche ohne sie einsahen, daß diese Furcht nicht das mitleidige Schrecken sei, hätten noch ein wichtiges Stück aus ihnen zu lernen gehabt: die Ursache nämlich, warum der Stagirit dem Mitleid hier die Furcht, und warum nur die Furcht, warum keine andere Leidenschaft, und warum nicht mehrere Leidenschaften, beigesellet habe. Von dieser Ursache wissen sie nichts, und ich möchte wohl hören, was sie aus ihrem Kopfe antworten würden, wenn man sie fragte: warum z. E. die Tragödie nicht eben so wohl Mitleid und Bewunderung, als Mitleid und Furcht, erregen könne und dürfe?

Es beruhet aber alles auf dem Begriffe, den sich Aristoteles von dem Mitleiden gemacht hat. Er glaubte nämlich, daß das Übel, welches der Gegenstand unsers Mitleidens werden solle, notwendig von der Beschaffenheit sein müsse, daß wir es auch für uns selbst, oder für eines von den Unsrigen, zu befürchten hätten. Wo diese Furcht nicht sei, könne auch kein Mitleiden Statt finden. Denn weder der, den das Unglück so tief herabgedrückt habe, daß er weiter nichts für sich zu fürchten sähe, noch der, welcher sich so vollkommen glücklich glaube, daß er gar nicht begreife, woher ihm ein Unglück zustoßen könne, weder der Verzweifelnde noch der Übermütige, pflege mit andern Mitleid zu haben. Er erkläret daher auch das Fürchterliche und das Mitleidswürdige, eines durch das andere. Alles das, sagt er, ist uns fürchterlich, was, wenn es einem andern begegnet wäre, oder begegnen sollte, unser Mitleid erwecken würde:* und alles das finden wir mitleidswürdig, was wir fürchten würden, wenn es uns selbst bevorstünde. Nicht genug also, daß der Unglückliche, mit dem wir Mitleiden haben sollen, sein Unglück nicht verdiene, ob er es sich schon durch irgend eine Schwachheit zugezogen: seine gequälte Unschuld, oder vielmehr seine zu hart heimgesuchte Schuld, sei für uns verloren, sei nicht vermögend, unser Mitleid zu erregen, wenn wir keine Möglichkeit sähen, daß uns sein Leiden auch treffen könne. Diese Möglichkeit aber finde sich alsdenn, und könne zu einer großen Wahrscheinlichkeit erwachsen, wenn ihn der Dichter nicht schlimmer mache, als wir gemeiniglich zu sein pflegen, wenn er ihn vollkommen so denken und handeln lasse, als wir in seinen Umständen würden gedacht und gehandelt haben, oder wenigstens glauben, daß wir hätten denken und handeln müssen: kurz, wenn er ihn mit uns von gleichem

* Ὡς δ' ἁπλως ἐιπειν, φοβερα ἐςιν, ὁσα ἐφ' ἑτερων γιγνομενα, ἢ μελλοντα, ἐλεεινα ἐςιν. Ich weiß nicht, was dem Aemilius Portus (in seiner Ausgabe der Rhetorik, Spirae 1598) eingekommen ist, dieses zu übersetzen: Denique ut simpliciter loquar, formidabilia sunt, quaecunque simulac in aliorum potestatem venerunt, vel ventura sunt, miseranda sunt. Es muß schlechtweg heißen, quaecunque simulac aliis evenerunt, vel eventura sunt.

Schrot und Korne schildere. Aus dieser Gleichheit entstehe die Furcht, daß unser Schicksal gar leicht dem seinigen eben so ähnlich werden könne, als wir ihm zu sein uns selbst fühlen: und diese Furcht sei es, welche das Mitleid gleichsam zur Reife bringe.

So dachte Aristoteles von dem Mitleiden, und nur hieraus wird die wahre Ursache begreiflich, warum er in der Erklärung der Tragödie, nächst dem Mitleiden, nur die einzige Furcht nannte. Nicht als ob diese Furcht hier eine besondere, von dem Mitleiden unabhängige Leidenschaft sei, welche bald mit bald ohne dem Mitleid, so wie das Mitleid bald mit bald ohne ihr, erreget werden könne; welches die Mißdeutung des Corneille war: sondern weil, nach seiner Erklärung des Mitleids, dieses die Furcht notwendig einschließt; weil nichts unser Mitleid erregt, als was zugleich unsere Furcht erwecken kann.

Corneille hatte seine Stücke schon alle geschrieben, als er sich hinsetzte, über die Dichtkunst des Aristoteles zu kommentieren.* Er hatte funfzig Jahre für das Theater gearbeitet: und nach dieser Erfahrung würde er uns unstreitig vortreffliche Dinge über den alten dramatischen Kodex haben sagen können, wenn er ihn nur auch während der Zeit seiner Arbeit fleißiger zu Rate gezogen hätte. Allein dieses scheinet er, höchstens nur in Absicht auf die mechanischen Regeln der Kunst, getan zu haben. In den wesentlichern ließ er sich um ihn unbekümmert, und als er am Ende fand, daß er wider ihn verstoßen, gleichwohl nicht wider ihn verstoßen haben wollte: so suchte er sich durch Auslegungen zu helfen, und ließ seinen vorgeblichen Lehrmeister Dinge sagen, an die er offenbar nie gedacht hatte.

Corneille hatte Märtyrer auf die Bühne gebracht, und sie als die vollkommensten untadelhaftesten Personen geschil-

* Je hazarderai quelque chose sur cinquante ans de travail pour la scène, sagt er in seiner Abhandlung über das Drama. Sein erstes Stück, Melite, war von 1625, und sein letztes, Surena, von 1675; welches gerade die funfzig Jahr ausmacht, so daß es gewiß ist, daß er, bei den Auslegungen des Aristoteles, auf alle seine Stücke ein Auge haben konnte, und hatte.

dert; er hatte die abscheulichsten Ungeheuer in dem Prusias, in dem Phokas, in der Kleopatra aufgeführt: und von beiden Gattungen behauptet Aristoteles, daß sie zur Tragödie unschicklich wären, weil beide weder Mitleid noch Furcht erwecken könnten. Was antwortet Corneille hierauf? Wie fängt er es an, damit bei diesem Widerspruche weder sein Ansehen, noch das Ansehen des Aristoteles leiden möge? »O, sagt er, mit dem Aristoteles können wir uns hier leicht vergleichen.* Wir dürfen nur annehmen, er habe eben nicht behaupten wollen, daß beide Mittel zugleich, sowohl Furcht als Mitleid, nötig wären, um die Reinigung der Leidenschaften zu bewirken, die er zu dem letzten Endzwecke der Tragödie macht: sondern nach seiner Meinung sei auch eines zureichend. – Wir können diese Erklärung, fährt er fort, aus ihm selbst bekräftigen, wenn wir die Gründe recht erwägen, welche er von der Ausschließung derjenigen Begebenheiten, die er in den Trauerspielen mißbilliget, gibt. Er sagt niemals: dieses oder jenes schickt sich in die Tragödie nicht, weil es bloß Mitleiden und keine Furcht erweckt; oder dieses ist daselbst unerträglich, weil es bloß die Furcht erweckt, ohne das Mitleid zu erregen. Nein; sondern er verwirft sie deswegen, weil sie, wie er sagt, weder Mitleid noch Furcht zuwege bringen, und gibt uns dadurch zu erkennen, daß sie ihm deswegen nicht gefallen, weil ihnen sowohl das eine als das andere fehlet, und daß er ihnen seinen Beifall nicht versagen würde, wenn sie nur eines von beiden wirkten.«

SECHS UND SIEBZIGSTES STÜCK

Den 22sten Januar, 1768

Aber das ist grundfalsch! – Ich kann mich nicht genug wundern, wie Dacier, der doch sonst auf die Verdrehungen ziemlich aufmerksam war, welche Corneille von dem Texte des Aristoteles zu seinem Besten zu machen suchte, diese größte von allen übersehen können. Zwar, wie konnte er sie nicht

* Il est aisé de nous accommoder avec Aristote etc.

übersehen, da es ihm nie einkam, des Philosophen Erklärung vom Mitleid zu Rate zu ziehen? – Wie gesagt, es ist grundfalsch, was sich Corneille einbildet. Aristoteles kann das nicht gemeint haben, oder man müßte glauben, daß er seine eigene Erklärungen vergessen können, man müßte glauben, daß er sich auf die handgreiflichste Weise widersprechen können. Wenn, nach seiner Lehre, kein Übel eines andern unser Mitleid erreget, was wir nicht für uns selbst fürchten: so konnte er mit keiner Handlung in der Tragödie zufrieden sein, welche nur Mitleid und keine Furcht erreget; denn er hielt die Sache selbst für unmöglich; dergleichen Handlungen existierten ihm nicht; sondern sobald sie unser Mitleid zu erwecken fähig wären, glaubte er, müßten sie auch Furcht für uns erwecken; oder vielmehr, nur durch diese Furcht erweckten sie Mitleid. Noch weniger konnte er sich die Handlung einer Tragödie vorstellen, welche Furcht für uns erregen könne, ohne zugleich unser Mitleid zu erwecken: denn er war überzeugt, daß alles, was uns Furcht für uns selbst errege, auch unser Mitleid erwecken müsse, sobald wir andere damit bedrohet, oder betroffen erblickten; und das ist eben der Fall der Tragödie, wo wir alle das Übel, welches wir fürchten, nicht uns, sondern anderen begegnen sehen.

Es ist wahr, wenn Aristoteles von den Handlungen spricht, die sich in die Tragödie nicht schicken, so bedient er sich mehrmalen des Ausdrucks von ihnen, daß sie *weder* Mitleid *noch* Furcht erwecken. Aber desto schlimmer, wenn sich Corneille durch dieses *weder noch* verführen lassen. Diese disjunktive Partikeln involvieren nicht immer, was er sie involvieren läßt. Denn wenn wir zwei oder mehrere Dinge von einer Sache durch sie verneinen, so kömmt es darauf an, ob sich diese Dinge eben so wohl in der Natur von einander trennen lassen, als wir sie in der Abstraktion und durch den symbolischen Ausdruck trennen können, wenn die Sache dem ohngeachtet noch bestehen soll, ob ihr schon das eine oder das andere von diesen Dingen fehlt. Wenn wir z. E. von einem Frauenzimmer sagen, sie sei weder schön noch witzig: so wollen wir allerdings sagen, wir würden zufrieden sein, wenn sie auch nur eines von beiden wäre; denn

Witz und Schönheit lassen sich nicht bloß in Gedanken trennen, sondern sie sind wirklich getrennet. Aber wenn wir sagen, dieser Mensch glaubt weder Himmel noch Hölle: wollen wir damit auch sagen, daß wir zufrieden sein würden, wenn er nur eines von beiden glaubte, wenn er nur den Himmel und keine Hölle, oder nur die Hölle und keinen Himmel glaubte? Gewiß nicht: denn wer das eine glaubt, muß notwendig auch das andere glauben; Himmel und Hölle, Strafe und Belohnung sind relativ; wenn das eine ist, ist auch das andere. Oder, um mein Exempel aus einer verwandten Kunst zu nehmen; wenn wir sagen, dieses Gemälde taugt nichts, denn es hat weder Zeichnung noch Kolorit: wollen wir damit sagen, daß ein gutes Gemälde sich mit einem von beiden begnügen könne? – Das ist so klar!

Allein, wie, wenn die Erklärung, welche Aristoteles von dem Mitleiden gibt, falsch wäre? Wie, wenn wir auch mit Übeln und Unglücksfällen Mitleid fühlen könnten, die wir für uns selbst auf keine Weise zu besorgen haben?

Es ist wahr: es braucht unserer Furcht nicht, um Unlust über das physikalische Übel eines Gegenstandes zu empfinden, den wir lieben. Diese Unlust entstehet bloß aus der Vorstellung der Unvollkommenheit, so wie unsere Liebe aus der Vorstellung der Vollkommenheiten desselben; und aus dem Zusammenflusse dieser Lust und Unlust entspringet die vermischte Empfindung, welche wir Mitleid nennen.

Jedoch auch so nach glaube ich nicht, die Sache des Aristoteles notwendig aufgeben zu müssen.

Denn wenn wir auch schon, ohne Furcht für uns selbst, Mitleid für andere empfinden können: so ist es doch unstreitig, daß unser Mitleid, wenn jene Furcht dazu kömmt, weit lebhafter und stärker und anzüglicher wird, als es ohne sie sein kann. Und was hindert uns, anzunehmen, daß die vermischte Empfindung über das physikalische Übel eines geliebten Gegenstandes, nur allein durch die dazu kommende Furcht für uns, zu dem Grade erwächst, in welchem sie Affekt genannt zu werden verdienet?

Aristoteles hat es wirklich angenommen. Er betrachtet das Mitleid nicht nach seinen primitiven Regungen, er betrachtet es bloß als Affekt. Ohne jene zu verkennen, verweigert er nur dem Funke den Namen der Flamme. Mitleidige Regungen, ohne Furcht für uns selbst, nennt er Philanthropie: und nur den stärkern Regungen dieser Art, welche mit Furcht für uns selbst verknüpft sind, gibt er den Namen des Mitleids. Also behauptet er zwar, daß das Unglück eines Bösewichts weder unser Mitleid noch unsere Furcht errege: aber er spricht ihm darum nicht alle Rührung ab. Auch der Bösewicht ist noch Mensch, ist noch ein Wesen, das bei allen seinen moralischen Unvollkommenheiten, Vollkommenheiten genug behält, um sein Verderben, seine Zernichtung lieber nicht zu wollen, um bei dieser etwas mitleidähnliches, die Elemente des Mitleids gleichsam, zu empfinden. Aber, wie schon gesagt, diese mitleidähnliche Empfindung nennt er nicht Mitleid, sondern Philanthropie. »Man muß, sagt er, keinen Bösewicht aus unglücklichen in glückliche Umstände gelangen lassen; denn das ist das untragischste, was nur sein kann; es hat nichts von allem, was es haben sollte; es erweckt weder Philanthropie, noch Mitleid, noch Furcht. Auch muß es kein völliger Bösewicht sein, der aus glücklichen Umständen in unglückliche verfällt; denn eine dergleichen Begebenheit kann zwar Philanthropie, aber weder Mitleid noch Furcht erwecken.« Ich kenne nichts kahleres und abgeschmackteres, als die gewöhnlichen Übersetzungen dieses Wortes Philanthropie. Sie geben nämlich das Adjectivum davon im Lateinischen durch hominibus gratum; im Französischen durch ce que peut faire quelque plaisir; und im Deutschen durch »was Vergnügen machen kann.« Der einzige Goulston, so viel ich finde, scheinet den Sinn des Philosophen nicht verfehlt zu haben; indem er das φιλανθρωπον durch quod humanitatis sensu tangat übersetzt. Denn allerdings ist unter dieser Philanthropie, auf welche das Unglück auch eines Bösewichts Anspruch macht, nicht die Freude über seine verdiente Bestrafung, sondern das sympathetische Gefühl der Menschlichkeit zu verstehen, welches, Trotz der Vorstellung, daß sein Leiden nichts als Verdienst sei, dennoch in dem Augenblicke des Leidens, in uns sich für ihn reget. Herr Curtius will zwar diese mitleidige Regungen für einen unglücklichen Bösewicht, nur auf eine gewisse Gattung der ihn treffenden Übel einschränken. »Solche Zufälle des Lasterhaften, sagt er, die weder Schrecken noch Mitleid in uns wirken, müssen Folgen seines Lasters sein: denn treffen sie ihn zufällig, oder wohl gar unschuldig, so behält er in dem Herzen der Zuschauer die Vorrechte der Menschlichkeit, als welche auch einem unschuldig leidenden Gottlosen ihr Mitleid nicht versagt.« Aber er scheinet dieses nicht genug überlegt zu haben. Denn auch dann noch, wenn das Unglück, welches den Bösewicht befällt, eine unmittelbare Folge seines Verbrechens ist, können wir uns nicht entwehren, bei dem Anblicke dieses Unglücks mit ihm zu leiden.

»Seht jene Menge,« sagt der Verfasser der Briefe über die Empfindungen, »die sich um einen Verurteilten in dichte Haufen dränget. Sie haben alle Greuel vernommen, die der Lasterhafte begangen; sie haben seinen Wandel, und vielleicht ihn selbst verabscheuet. Itzt schleppt man ihn entstellt und ohnmächtig auf das entsetzliche Schaugerüste. Man arbeitet sich durch das Gewühl, man stellt sich auf die Zähen, man klettert die Dächer hinan, um die Züge des Todes sein Gesicht entstellen zu sehen. Sein Urteil ist gesprochen; sein Henker naht sich ihm: ein Augenblick wird sein Schicksal entscheiden. Wie sehnlich wünschen itzt aller Herzen, daß ihm verziehen würde! Ihm? dem Gegenstande ihres Abscheues, den sie einen Augenblick vorher selbst zum Tode verurteilet haben würden? Wodurch wird itzt ein Strahl der Menschenliebe wiederum bei ihnen rege? Ist es nicht die Annäherung der Strafe, der Anblick der entsetzlichsten physikalischen Übel, die uns sogar mit einem Ruchlosen gleichsam aussöhnen, und ihm unsere Liebe erwerben? Ohne Liebe könnten wir unmöglich mitleidig mit seinem Schicksale sein.«

Und eben diese Liebe, sage ich, die wir gegen unsern Nebenmenschen unter keinerlei Umständen ganz verlieren können, die unter der Asche, mit welcher sie andere stärkere Empfindungen überdecken, unverlöschlich fortglimmet, und gleichsam nur einen günstigen Windstoß von Unglück und Schmerz und Verderben erwartet, um in die Flamme des

Mitleids auszubrechen; eben diese Liebe ist es, welche Aristoteles unter dem Namen der Philanthropie verstehet. Wir haben Recht, wenn wir sie mit unter dem Namen des Mitleids begreifen. Aber Aristoteles hatte auch nicht Unrecht, wenn er ihr einen eigenen Namen gab, um sie, wie gesagt, von dem höchsten Grade der mitleidigen Empfindungen, in welchem sie, durch die Dazukunft einer wahrscheinlichen Furcht für uns selbst, Affekt werden, zu unterscheiden.

SIEBEN UND SIEBZIGSTES STÜCK

Den 26sten Januar, 1768

Einem Einwurfe ist hier noch vorzukommen. Wenn Aristoteles diesen Begriff von dem Affekte des Mitleids hatte, daß er notwendig mit der Furcht für uns selbst verknüpft sein müsse: was war es nötig, der Furcht noch insbesondere zu erwähnen? Das Wort Mitleid schloß sie schon in sich, und es wäre genug gewesen, wenn er bloß gesagt hätte: die Tragödie soll durch Erregung des Mitleids die Reinigung unserer Leidenschaft bewirken. Denn der Zusatz der Furcht sagt nichts mehr, und macht das, was er sagen soll, noch dazu schwankend und ungewiß.

Ich antworte: wenn Aristoteles uns bloß hätte lehren wollen, welche Leidenschaften die Tragödie erregen könne und solle, so würde er sich den Zusatz der Furcht allerdings haben ersparen können, und ohne Zweifel sich wirklich ersparet haben; denn nie war ein Philosoph ein größerer Wortsparer, als er. Aber er wollte uns zugleich lehren, welche Leidenschaften, durch die in der Tragödie erregten, in uns gereiniget werden sollten; und in dieser Absicht mußte er der Furcht insbesondere gedenken. Denn obschon, nach ihm, der Affekt des Mitleids, weder in noch außer dem Theater, ohne Furcht für uns selbst sein kann; ob sie schon ein notwendiges Ingredienz des Mitleids ist: so gilt dieses doch nicht auch umgekehrt, und das Mitleid für andere ist kein Ingredienz der Furcht für uns selbst. Sobald die Tragödie aus ist, höret unser Mitleid auf, und nichts bleibt von allen den empfundenen Regungen in uns zurück, als die wahrscheinliche Furcht, die uns das bemitleidete Übel für uns selbst schöpfen lassen. Diese nehmen wir mit; und so wie sie, als Ingredienz des Mitleids, das Mitleid reinigen helfen, so hilft sie nun auch, als eine vor sich fortdauernde Leidenschaft, sich selbst reinigen. Folglich, um anzuzeigen, daß sie dieses tun könne und wirklich tue, fand es Aristoteles für nötig, ihrer insbesondere zu gedenken.

Es ist unstreitig, daß Aristoteles überhaupt keine strenge logische Definition von der Tragödie geben wollen. Denn ohne sich auf die bloß wesentlichen Eigenschaften derselben einzuschränken, hat er verschiedene zufällige hineingezogen, weil sie der damalige Gebrauch notwendig gemacht hatte. Diese indes abgerechnet, und die übrigen Merkmale in einander reduzieret, bleibt eine vollkommen genaue Erklärung übrig: die nämlich, daß die Tragödie, mit einem Worte, ein Gedicht ist, welches Mitleid erreget. Ihrem Geschlechte nach, ist sie die Nachahmung einer Handlung; so wie die Epopee und die Komödie: ihrer Gattung aber nach, die Nachahmung einer mitleidswürdigen Handlung. Aus diesen beiden Begriffen lassen sich vollkommen alle ihre Regeln herleiten: und sogar ihre dramatische Form ist daraus zu bestimmen.

An dem letztern dürfte man vielleicht zweifeln. Wenigstens wüßte ich keinen Kunstrichter zu nennen, dem es nur eingekommen wäre, es zu versuchen. Sie nehmen alle die dramatische Form der Tragödie als etwas Hergebrachtes an, das nun so ist, weil es einmal so ist, und das man so läßt, weil man es gut findet. Der einzige Aristoteles hat die Ursache ergründet, aber sie bei seiner Erklärung mehr vorausgesetzt, als deutlich angegeben. »Die Tragödie, sagt er, ist die Nachahmung einer Handlung, – die nicht vermittelst der Erzählung, sondern vermittelst des Mitleids und der Furcht, die Reinigung dieser und dergleichen Leidenschaften bewirket.« So drückt er sich von Wort zu Wort aus. Wem sollte hier nicht der sonderbare Gegensatz, »nicht vermittelst der Erzählung, sondern vermittelst des Mitleids und der Furcht,« befremden? Mitleid und Furcht sind die Mittel, welche die

Tragödie braucht, um ihre Absicht zu erreichen: und die Erzählung kann sich nur auf die Art und Weise beziehen, sich dieser Mittel zu bedienen, oder nicht zu bedienen. Scheinet hier also Aristoteles nicht einen Sprung zu machen? Scheinet hier nicht offenbar der eigentliche Gegensatz der Erzählung, welches die dramatische Form ist, zu fehlen? Was tun aber die Übersetzer bei dieser Lücke? Der eine umgeht sie ganz behutsam: und der andere füllt sie, aber nur mit Worten. Alle finden weiter nichts darin, als eine vernachlässigte Wortfügung, an die sie sich nicht halten zu dürfen glauben, wenn sie nur den Sinn des Philosophen liefern. Dacier übersetzt: d'une action – qui, sans le secours de la narration, par le moyen de la compassion et de la terreur u. s. w.; und Curtius: »einer Handlung, welche nicht durch die Erzählung des Dichters, sondern (durch Vorstellung der Handlung selbst) uns, vermittelst des Schreckens und Mitleids, von den Fehlern der vorgestellten Leidenschaften reiniget.« O, sehr recht! Beide sagen, was Aristoteles sagen will, nur daß sie es nicht so sagen, wie er es sagt. Gleichwohl ist auch an diesem Wie gelegen; denn es ist wirklich keine bloß vernachlässigte Wortfügung. Kurz, die Sache ist diese: Aristoteles bemerkte, daß das Mitleid notwendig ein vorhandenes Übel erfodere; daß wir längst vergangene oder fern in der Zukunft bevorstehende Übel entweder gar nicht, oder doch bei weitem nicht so stark bemitleiden können, als ein anwesendes; daß es folglich notwendig sei, die Handlung, durch welche wir Mitleid erregen wollen, nicht als vergangen, das ist, nicht in der erzählenden Form, sondern als gegenwärtig, das ist, in der dramatischen Form, nachzuahmen. Und nur dieses, daß unser Mitleid durch die Erzählung wenig oder gar nicht, sondern fast einzig und allein durch die gegenwärtige Anschauung erreget wird, nur dieses berechtigte ihn, in der Erklärung anstatt der Form der Sache, die Sache gleich selbst zu setzen, weil diese Sache nur dieser einzigen Form fähig ist. Hätte er es für möglich gehalten, daß unser Mitleid auch durch die Erzählung erreget werden könne: so würde es allerdings ein sehr fehlerhafter Sprung gewesen sein, wenn er gesagt hätte, »nicht durch die Erzählung, sondern durch

Mitleid und Furcht.« Da er aber überzeugt war, daß Mitleid und Furcht in der Nachahmung nur durch die einzige dramatische Form zu erregen sei: so konnte er sich diesen Sprung, der Kürze wegen, erlauben. – Ich verweise desfalls auf das nämliche neunte Kapitel des zweiten Buchs seiner Rhetorik.*

Was endlich den moralischen Endzweck anbelangt, welchen Aristoteles der Tragödie gibt, und den er mit in die Erklärung derselben bringen zu müssen glaubte: so ist bekannt, wie sehr, besonders in den neuern Zeiten, darüber gestritten worden. Ich getraue mich aber zu erweisen, daß alle, die sich dawider erklärt, den Aristoteles nicht verstanden haben. Sie haben ihm alle ihre eigene Gedanken untergeschoben, ehe sie gewiß wußten, welches seine wären. Sie bestreiten Grillen, die sie selbst gefangen, und bilden sich ein, wie unwidersprechlich sie den Philosophen widerlegen, indem sie ihr eigenes Hirngespinste zu Schanden machen. Ich kann mich in die nähere Erörterung dieser Sache hier nicht einlassen. Damit ich jedoch nicht ganz ohne Beweis zu sprechen scheine, will ich zwei Anmerkungen machen.

1. Sie lassen den Aristoteles sagen, »die Tragödie solle uns, vermittelst des Schreckens und Mitleids, von den Fehlern der vorgestellten Leidenschaften reinigen.« Der vorgestellten? Also, wenn der Held durch Neugierde, oder Ehrgeiz, oder Liebe, oder Zorn unglücklich wird: so ist es unsere Neugierde, unser Ehrgeiz, unsere Liebe, unser Zorn, welchen die Tragödie reinigen soll? Das ist dem Aristoteles nie in den Sinn gekommen. Und so haben die Herren gut streiten; ihre Einbildung verwandelt Windmühlen in Riesen; sie jagen, in der gewissen Hoffnung des Sieges, darauf los, und kehren sich an keinen Sancho, der weiter nichts als gesunden Menschenverstand hat, und ihnen auf seinem bedächtlichern Pferde hinten nach ruft, sich nicht zu übereilen, und doch

* Επει δ' ἐγγυς φαινομενα τα παθη, ἐλεεινα ἐισι. Τα δε μυριοςον ἐτος γενομενα, ἠ ἐσομενα, ὀυτ' ἐλπιζοντες, ὀυτε μεμνημενοι, ἠ ὁλως ὀυκ ἐλεουσιν, ἠ ὀυχ ὁμοιως, ἀναγκη τους συναπεργαζομενους σχημασι και φωναις, και ἐσθητι, και ὁλως τῃ ὑποκρισει, ἐλεεινοτερους ἐιναι.

nur erst die Augen recht aufzusperren. Των τοιουτων παθηματων, sagt Aristoteles: und das heißt nicht, der vorgestellten Leidenschaften; das hätten sie übersetzen müssen durch, dieser und dergleichen, oder, der erweckten Leidenschaften. Das τοιουτων bezieht sich lediglich auf das vorhergehende Mitleid und Furcht; die Tragödie soll unser Mitleid und unsere Furcht erregen, bloß um diese und dergleichen Leidenschaften, nicht aber alle Leidenschaften ohne Unterschied zu reinigen. Er sagt aber τοιουτων und nicht τουτων; er sagt, dieser und dergleichen, und nicht bloß, dieser: um anzuzeigen, daß er unter dem Mitleid, nicht bloß das eigentlich sogenannte Mitleid, sondern überhaupt alle philanthropische Empfindungen, so wie unter der Furcht nicht bloß die Unlust über ein uns bevorstehendes Übel, sondern auch jede damit verwandte Unlust, auch die Unlust über ein gegenwärtiges, auch die Unlust über ein vergangenes Übel, Betrübnis und Gram, verstehe. In diesem ganzen Umfange soll das Mitleid und die Furcht, welche die Tragödie erweckt, unser Mitleid und unsere Furcht reinigen; aber auch nur diese reinigen, und keine andere Leidenschaften. Zwar können sich in der Tragödie auch zur Reinigung der andern Leidenschaften, nützliche Lehren und Beispiele finden; doch sind diese nicht ihre Absicht; diese hat sie mit der Epopee und Komödie gemein, in so fern sie ein Gedicht, die Nachahmung einer Handlung überhaupt ist, nicht aber in so fern sie Tragödie, die Nachahmung einer mitleidswürdigen Handlung insbesondere ist. Bessern sollen uns alle Gattungen der Poesie: es ist kläglich, wenn man dieses erst beweisen muß; noch kläglicher ist es, wenn es Dichter gibt, die selbst daran zweifeln. Aber alle Gattungen können nicht alles bessern; wenigstens nicht jedes so vollkommen, wie das andere; was aber jede am vollkommensten bessern kann, worin es ihr keine andere Gattung gleich zu tun vermag, das allein ist ihre eigentliche Bestimmung.

ACHT UND SIEBZIGSTES STÜCK

Den 29sten Januar, 1768

2. Da die Gegner des Aristoteles nicht in Acht nahmen, was für Leidenschaften er eigentlich, durch das Mitleid und die Furcht der Tragödie, in uns gereiniget haben wollte: so war es natürlich, daß sie sich auch mit der Reinigung selbst irren mußten. Aristoteles verspricht am Ende seiner Politik, wo er von der Reinigung der Leidenschaften durch die Musik redet, von dieser Reinigung in seiner Dichtkunst weitläuftiger zu handeln. »Weil man aber, sagt Corneille, ganz und gar nichts von dieser Materie darin findet, so ist der größte Teil seiner Ausleger auf die Gedanken geraten, daß sie nicht ganz auf uns gekommen sei.« Gar nichts? Ich meines Teils glaube, auch schon in dem, was uns von seiner Dichtkunst noch übrig, es mag viel oder wenig sein, alles zu finden, was er einem, der mit seiner Philosophie sonst nicht ganz unbekannt ist, über diese Sache zu sagen für nötig halten konnte. Corneille selbst bemerkte eine Stelle, die uns, nach seiner Meinung, Licht genug geben könne, die Art und Weise zu entdecken, auf welche die Reinigung der Leidenschaften in der Tragödie geschehe: nämlich die, wo Aristoteles sagt, »das Mitleid verlange einen, der unverdient leide, und die Furcht einen unsers gleichen.« Diese Stelle ist auch wirklich sehr wichtig, nur daß Corneille einen falschen Gebrauch davon machte, und nicht wohl anders als machen konnte, weil er einmal die Reinigung der Leidenschaften überhaupt im Kopfe hatte. »Das Mitleid mit dem Unglücke, sagt er, von welchem wir unsers gleichen befallen sehen, erweckt in uns die Furcht, daß uns ein ähnliches Unglück treffen könne; diese Furcht erweckt die Begierde, ihm auszuweichen; und diese Begierde ein Bestreben, die Leidenschaft, durch welche die Person, die wir betauern, sich ihr Unglück vor unsern Augen zuziehet, zu reinigen, zu mäßigen, zu bessern, ja gar auszurotten; indem einem jeden die Vernunft sagt, daß man die Ursache abschneiden müsse, wenn man die Wirkung vermeiden wolle.« Aber dieses Raisonnement, welches die Furcht bloß zum Werkzeuge macht, durch welches das Mit-

leid die Reinigung der Leidenschaften bewirkt, ist falsch, und kann unmöglich die Meinung des Aristoteles sein; weil so nach die Tragödie gerade alle Leidenschaften reinigen könnte, nur nicht die zwei, die Aristoteles ausdrücklich durch sie gereiniget wissen will. Sie könnte unsern Zorn, unsere Neugierde, unsern Neid, unsern Ehrgeiz, unsern Haß und unsere Liebe reinigen, so wie es die eine oder die andere Leidenschaft ist, durch die sich die bemitleidete Person ihr Unglück zugezogen. Nur unser Mitleid und unsere Furcht müßte sie ungereiniget lassen. Denn Mitleid und Furcht sind die Leidenschaften, die in der Tragödie wir, nicht aber die handelnden Personen empfinden; sind die Leidenschaften, durch welche die handelnden Personen uns rühren, nicht aber die, durch welche sie sich selbst ihre Unfälle zuziehen. Es kann ein Stück geben, in welchem sie beides sind: das weiß ich wohl. Aber noch kenne ich kein solches Stück: ein Stück nämlich, in welchem sich die bemitleidete Person durch ein übelverstandenes Mitleid, oder durch eine übelverstandene Furcht ins Unglück stürze. Gleichwohl würde dieses Stück das einzige sein, in welchem, so wie es Corneille versteht, das geschehe, was Aristoteles will, daß es in allen Tragödien geschehen soll: und auch in diesem einzigen würde es nicht auf die Art geschehen, auf die es dieser verlangt. Dieses einzige Stück würde gleichsam der Punkt sein, in welchem zwei gegen einander sich neigende gerade Linien zusammentreffen, um sich in alle Unendlichkeit nicht wieder zu begegnen. – So gar sehr konnte Dacier den Sinn des Aristoteles nicht verfehlen. Er war verbunden, auf die Worte seines Autors aufmerksamer zu sein, und diese besagen es zu positiv, daß unser Mitleid und unsere Furcht, durch das Mitleid und die Furcht der Tragödie, gereiniget werden sollen. Weil er aber ohne Zweifel glaubte, daß der Nutzen der Tragödie sehr gering sein würde, wenn er bloß hierauf eingeschränkt wäre: so ließ er sich verleiten, nach der Erklärung des Corneille, ihr die ebenmäßige Reinigung auch aller übrigen Leidenschaften beizulegen. Wie nun Corneille diese für sein Teil leugnete, und in Beispielen zeigte, daß sie mehr ein schöner Gedanke, als eine Sache sei, die gewöhnlicher

Weise zur Wirklichkeit gelange: so mußte er sich mit ihm in diese Beispiele selbst einlassen, wo er sich denn so in der Enge fand, daß er die gewaltsamsten Drehungen und Wendungen machen mußte, um seinen Aristoteles mit sich durch zu bringen. Ich sage, seinen Aristoteles: denn der rechte ist weit entfernt, solcher Drehungen und Wendungen zu bedürfen. Dieser, um es abermals und abermals zu sagen, hat an keine andere Leidenschaften gedacht, welche das Mitleid und die Furcht der Tragödie reinigen solle, als an unser Mitleid und unsere Furcht selbst; und es ist ihm sehr gleichgültig, ob die Tragödie zur Reinigung der übrigen Leidenschaften viel oder wenig beiträgt. An jene Reinigung hätte sich Dacier allein halten sollen: aber freilich hätte er sodann auch einen vollständigern Begriff damit verbinden müssen. »Wie die Tragödie, sagt er, Mitleid und Furcht errege, um Mitleid und Furcht zu reinigen, das ist nicht schwer zu erklären. Sie erregt sie, indem sie uns das Unglück vor Augen stellet, in das unsers gleichen durch nicht vorsetzliche Fehler gefallen sind; und sie reiniget sie, indem sie uns mit diesem nämlichen Unglücke bekannt macht, und uns dadurch lehret, es weder allzusehr zu fürchten, noch allzusehr davon gerührt zu werden, wann es uns wirklich selbst treffen sollte. – Sie bereitet die Menschen, die allerwidrigsten Zufälle mutig zu ertragen, und macht die Allerelendesten geneigt, sich für glücklich zu halten, indem sie ihre Unglücksfälle mit weit größern vergleichen, die ihnen die Tragödie vorstellet. Denn in welchen Umständen kann sich wohl ein Mensch finden, der bei Erblickung eines Ödips, eines Philoktets, eines Orests, nicht erkennen müßte, daß alle Übel, die er zu erdulden, gegen die, welche diese Männer erdulden müssen, gar nicht in Vergleichung kommen?« Nun das ist wahr; diese Erklärung kann dem Dacier nicht viel Kopfbrechens gemacht haben. Er fand sie fast mit den nämlichen Worten bei einem Stoiker, der immer ein Auge auf die Apathie hatte. Ohne ihm indes einzuwenden, daß das Gefühl unsers eigenen Elendes nicht viel Mitleid neben sich duldet; daß folglich bei dem Elenden, dessen Mitleid nicht zu erregen ist, die Reinigung oder Linderung seiner Betrübnis durch das Mitleid nicht erfolgen kann: will ich ihm alles, so wie er es sagt, gelten lassen. Nur fragen muß ich: wie viel er nun damit gesagt? Ob er im geringsten mehr damit gesagt, als, daß das Mitleid unsere Furcht reinige? Gewiß nicht: und das wäre doch nur kaum der vierte Teil der Foderung des Aristoteles. Denn wenn Aristoteles behauptet, daß die Tragödie Mitleid und Furcht errege, um Mitleid und Furcht zu reinigen: wer sieht nicht, daß dieses weit mehr sagt, als Dacier zu erklären für gut befunden? Denn, nach den verschiedenen Kombinationen der hier vorkommenden Begriffe, muß der, welcher den Sinn des Aristoteles ganz erschöpfen will, stückweise zeigen, 1. wie das tragische Mitleid unser Mitleid, 2. wie die tragische Furcht unsere Furcht, 3. wie das tragische Mitleid unsere Furcht, und 4. wie die tragische Furcht unser Mitleid reinigen könne und wirklich reinige. Dacier aber hat sich nur an den dritten Punkt gehalten, und auch diesen nur sehr schlecht, und auch diesen nur zur Hälfte erläutert. Denn wer sich um einen richtigen und vollständigen Begriff von der Aristotelischen Reinigung der Leidenschaften bemüht hat, wird finden, daß jeder von jenen vier Punkten einen doppelten Fall in sich schließet. Da nämlich, es kurz zu sagen, diese Reinigung in nichts anders beruhet, als in der Verwandlung der Leidenschaften in tugendhafte Fertigkeiten, bei jeder Tugend aber, nach unserm Philosophen, sich diesseits und jenseits ein Extremum findet, zwischen welchem sie inne stehet: so muß die Tragödie, wenn sie unser Mitleid in Tugend verwandeln soll, uns von beiden Extremis des Mitleids zu reinigen vermögend sein; welches auch von der Furcht zu verstehen. Das tragische Mitleid muß nicht allein, in Ansehung des Mitleids, die Seele desjenigen reinigen, welcher zu viel Mitleid fühlet, sondern auch desjenigen, welcher zu wenig empfindet. Die tragische Furcht muß nicht allein, in Ansehung der Furcht, die Seele desjenigen reinigen, welcher sich ganz und gar keines Unglücks befürchtet, sondern auch desjenigen, den ein jedes Unglück, auch das entfernteste, auch das unwahrscheinlichste, in Angst setzet. Gleichfalls muß das tragische Mitleid, in Ansehung der Furcht, dem was zu viel, und dem was zu wenig, steuern: so wie hinwiederum die tragische Furcht, in Ansehung des Mitleids. Dacier aber, wie gesagt, hat nur gezeigt, wie das tragische Mitleid unsere allzu große Furcht mäßige: und noch nicht einmal, wie es den gänzlichen Mangel derselben abhelfe, oder sie in dem, welcher allzu wenig von ihr empfindet, zu einem heilsamern Grade erhöhe; geschweige, daß er auch das Übrige sollte gezeigt haben. Die nach ihm gekommen, haben, was er unterlassen, auch im geringsten nicht ergänzet; aber wohl sonst, um nach ihrer Meinung, den Nutzen der Tragödie völlig außer Streit zu setzen, Dinge dahin gezogen, die dem Gedichte überhaupt, aber keinesweges der Tragödie, als Tragödie, insbesondere zukommen; z. E. daß sie die Triebe der Menschlichkeit nähren und stärken; daß sie Liebe zur Tugend und Haß gegen das Laster wirken solle u.s.w.* Lieber! welches Gedicht sollte das nicht? Soll es aber ein jedes: so kann es nicht das unterscheidende Kennzeichen der Tragödie sein; so kann es nicht das sein, was wir suchten.

NEUN UND SIEBZIGSTES STÜCK

Den 2ten Februar, 1768

Und nun wieder auf unsern Richard zu kommen. – Richard also erweckt eben so wenig Schrecken, als Mitleid: weder Schrecken in dem gemißbrauchten Verstande, für die plötzliche Überraschung des Mitleids; noch in dem eigentlichen Verstande des Aristoteles, für heilsame Furcht, daß uns ein ähnliches Unglück treffen könne. Denn wenn er diese erregte, würde er auch Mitleid erregen; so gewiß er hinwiederum Furcht erregen würde, wenn wir ihn unsers Mitleids nur im geringsten würdig fänden. Aber er ist so ein abscheulicher Kerl, so ein eingefleischter Teufel, in dem wir so völlig keinen einzigen ähnlichen Zug mit uns selbst finden, daß ich glaube, wir könnten ihn vor unsern Augen den Martern der Hölle übergeben sehen, ohne das geringste für ihn zu emp-

* Hr. Curtius in seiner Abhandlung von der Absicht des Trauerspiels, hinter der Aristotelischen Dichtkunst.

finden, ohne im geringsten zu fürchten, daß, wenn solche Strafe nur auf solche Verbrechen folge, sie auch unsrer erwarte. Und was ist endlich das Unglück, die Strafe, die ihn trifft? Nach so vielen Missetaten, die wir mit ansehen müssen, hören wir, daß er mit dem Degen in der Faust gestorben. Als der Königin dieses erzählt wird, läßt sie der Dichter sagen:

Dies ist etwas! –

Ich habe mich nie enthalten können, bei mir nachzusprechen: nein, das ist gar nichts! Wie mancher gute König ist so geblieben, indem er seine Krone wider einen mächtigen Rebellen behaupten wollen? Richard stirbt doch, als ein Mann, auf dem Bette der Ehre. Und so ein Tod sollte mich für den Unwillen schadlos halten, den ich das ganze Stück durch, über den Triumph seiner Bosheiten empfunden? (Ich glaube, die griechische Sprache ist die einzige, welche ein eigenes Wort hat, diesen Unwillen über das Glück eines Bösewichts, auszudrücken: νεμεσις, νεμεσαν.*) Sein Tod selbst, welcher wenigstens meine Gerechtigkeitsliebe befriedigen sollte, unterhält noch meine Nemesis. Du bist wohlfeil weggekommen! denke ich: aber gut, daß es noch eine andere Gerechtigkeit gibt, als die poetische!

Man wird vielleicht sagen: nun wohl! wir wollen den Richard aufgeben; das Stück heißt zwar nach ihm; aber er ist darum nicht der Held desselben, nicht die Person, durch welche die Absicht der Tragödie erreicht wird; er hat nur das Mittel sein sollen, unser Mitleid für andere zu erregen. Die Königin, Elisabeth, die Prinzen, erregen diese nicht Mitleid?

Um allem Wortstreite auszuweichen: ja. Aber was ist es für eine fremde, herbe Empfindung, die sich in mein Mitleid für diese Personen mischt? die da macht, daß ich mir dieses Mitleid ersparen zu können wünschte? Das wünsche ich mir bei dem tragischen Mitleid doch sonst nicht; ich verweile gern dabei; und danke dem Dichter für eine so süße Qual.

Aristoteles hat es wohl gesagt, und das wird es ganz gewiß sein! Er spricht von einem μιαρον, von einem Gräßlichen,

* Arist. Rhet. lib. II. cap. 9.

daß sich bei dem Unglücke ganz guter, ganz unschuldiger Personen finde. Und sind nicht die Königin, Elisabeth, die Prinzen, vollkommen solche Personen? Was haben sie getan? wodurch haben sie es sich zugezogen, daß sie in den Klauen dieser Bestie sind? Ist es ihre Schuld, daß sie ein näheres Recht auf den Thron haben, als er? Besonders die kleinen wimmernden Schlachtopfer, die noch kaum rechts und links unterscheiden können! Wer wird leugnen, daß sie unsern ganzen Jammer verdienen? Aber ist dieser Jammer, der mich mit Schaudern an die Schicksale der Menschen denken läßt, dem Murren wider die Vorsehung sich zugesellet, und Verzweiflung von weiten nachschleicht, ist dieser Jammer – ich will nicht fragen Mitleid? – Er heiße, wie er wolle – Aber ist er das, was eine nachahmende Kunst erwecken sollte?

Man sage nicht: erweckt ihn doch die Geschichte; gründet er sich doch auf etwas, das wirklich geschehen ist. – Das wirklich geschehen ist? es sei: so wird es seinen guten Grund in dem ewigen unendlichen Zusammenhange aller Dinge haben. In diesem ist Weisheit und Güte, was uns in den wenigen Gliedern, die der Dichter herausnimmt, blindes Geschick und Grausamkeit scheinet. Aus diesen wenigen Gliedern sollte er ein Ganzes machen, das völlig sich rundet, wo eines aus dem andern sich völlig erkläret, wo keine Schwierigkeit aufstößt, derenwegen wir die Befriedigung nicht in seinem Plane finden, sondern sie außer ihm, in dem allgemeinen Plane der Dinge, suchen müssen; das Ganze dieses sterblichen Schöpfers sollte ein Schattenriß von dem Ganzen des ewigen Schöpfers sein; sollte uns an den Gedanken gewöhnen, wie sich in ihm alles zum Besten auflöse, werde es auch in jenem geschehen: und er vergißt diese seine edelste Bestimmung so sehr, daß er die unbegreiflichen Wege der Vorsicht mit in seinen kleinen Zirkel flicht, und geflissendlich unsern Schauder darüber erregt? – O verschonet uns damit, ihr, die ihr unser Herz in eurer Gewalt habt! Wozu diese traurige Empfindung? Uns Unterwerfung zu lehren? Diese kann uns nur die kalte Vernunft lehren; und wenn die Lehre der Vernunft in uns bekleiben soll, wenn wir, bei unserer Unterwerfung, noch Vertrauen und fröhlichen Mut behalten sollen: so ist es höchst nötig, daß wir an die verwirrenden Beispiele solcher unverdienten schrecklichen Verhängnisse so wenig, als möglich, erinnert werden. Weg mit ihnen von der Bühne! Weg, wenn es sein könnte, aus allen Büchern mit ihnen! –

Wenn nun aber der Personen des Richards keine einzige, die erforderlichen Eigenschaften hat, die sie haben müßten, Falls er wirklich das sein sollte, was er heißt: wodurch ist er gleichwohl ein so interessantes Stück geworden, wofür ihn unser Publikum hält? Wenn er nicht Mitleid und Furcht erregt: was ist denn seine Wirkung? Wirkung muß er doch haben, und hat sie. Und wenn er Wirkung hat: ist es nicht gleichviel, ob er diese, oder ob er jene hat? Wenn er die Zuschauer beschäftiget, wenn er sie vergnügt: was will man denn mehr? Müssen sie denn, notwendig nur nach den Regeln des Aristoteles, beschäftiget und vergnügt werden?

Das klingt so unrecht nicht: aber es ist darauf zu antworten. Überhaupt: wenn Richard schon keine Tragödie wäre, so bleibt er doch ein dramatisches Gedicht; wenn ihm schon die Schönheiten der Tragödie mangelten, so könnte er doch sonst Schönheiten haben. Poesie des Ausdrucks; Bilder; Tiraden; kühne Gesinnungen; einen feurigen hinreißenden Dialog; glückliche Veranlassungen für den Akteur, den ganzen Umfang seiner Stimme mit den mannichfaltigsten Abwechselungen zu durchlaufen, seine ganze Stärke in der Pantomime zu zeigen u. s. w.

Von diesen Schönheiten hat Richard viele, und hat auch noch andere, die den eigentlichen Schönheiten der Tragödie näher kommen.

Richard ist ein abscheulicher Bösewicht: aber auch die Beschäftigung unsers Abscheues ist nicht ganz ohne Vergnügen; besonders in der Nachahmung.

Auch das Ungeheuere in den Verbrechen partizipieret von den Empfindungen, welche Größe und Kühnheit in uns erwecken.

Alles, was Richard tut, ist Greuel; aber alle diese Greuel geschehen in Absicht auf etwas; Richard hat einen Plan; und überall, wo wir einen Plan wahrnehmen, wird unsere Neugierde rege; wir warten gern mit ab, ob er ausgeführt wird werden, und wie er es wird werden; wir lieben das Zweckmäßige so sehr, daß es uns, auch unabhängig von der Moralität des Zwecks, Vergnügen gewähret.

Wir wollten, daß Richard seinen Zweck erreichte: und wir wollten, daß er ihn auch nicht erreichte. Das Erreichen erspart uns das Mißvergnügen, über ganz vergebens angewandte Mittel: wenn er ihn nicht erreicht, so ist so viel Blut völlig umsonst vergossen worden; da es einmal vergossen ist, möchten wir es nicht gern, auch noch bloß vor langer Weile, vergossen finden. Hinwiederum wäre dieses Erreichen das Frohlocken der Bosheit; nichts hören wir ungerner; die Absicht interessierte uns, als zu erreichende Absicht; wenn sie aber nun erreicht wäre, würden wir nichts als das Abscheuliche derselben erblicken, würden wir wünschen, daß sie nicht erreicht wäre; diesen Wunsch sehen wir voraus, und uns schaudert vor der Erreichung.

Die guten Personen des Stücks lieben wir; eine so zärtliche feurige Mutter, Geschwister, die so ganz eines in dem andern leben; diese Gegenstände gefallen immer, erregen immer die süßesten sympathetischen Empfindungen, wir mögen sie finden, wo wir wollen. Sie ganz ohne Schuld leiden zu sehen, ist zwar herbe, ist zwar für unsere Ruhe, zu unserer Besserung, kein sehr ersprießliches Gefühl: aber es ist doch immer Gefühl.

Und so nach beschäftiget uns das Stück durchaus, und vergnügt durch diese Beschäftigung unserer Seelenkräfte. Das ist wahr; nur die Folge ist nicht wahr, die man daraus zu ziehen meinet: nämlich, daß wir also damit zufrieden sein können.

Ein Dichter kann viel getan, und doch noch nichts damit vertan haben. Nicht genug, daß sein Werk Wirkungen auf uns hat: es muß auch die haben, die ihm, vermöge der Gattung, zukommen; es muß diese vornehmlich haben, und alle andere können den Mangel derselben auf keine Weise ersetzen; besonders wenn die Gattung von der Wichtigkeit und Schwierigkeit, und Kostbarkeit ist, daß alle Mühe und aller Aufwand vergebens wäre, wenn sie weiter nichts als solche

Wirkungen hervorbringen wollte, die durch eine leichtere und weniger Anstalten erfordernde Gattung eben sowohl zu erhalten wären. Ein Bund Stroh aufzuheben, muß man keine Maschinen in Bewegung setzen; was ich mit dem Fuße umstoßen kann, muß ich nicht mit einer Mine sprengen wollen; ich muß keinen Scheiterhaufen anzünden, um eine Mücke zu verbrennen.

ACHTZIGSTES STÜCK

Den 5ten Februar, 1768

Wozu die sauere Arbeit der dramatischen Form? wozu ein Theater erbauet, Männer und Weiber verkleidet, Gedächtnisse gemartert, die ganze Stadt auf einen Platz geladen? wenn ich mit meinem Werke, und mit der Aufführung desselben, weiter nichts hervorbringen will, als einige von den Regungen, die eine gute Erzählung, von jedem zu Hause in seinem Winkel gelesen, ungefähr auch hervorbringen würde.

Die dramatische Form ist die einzige, in welcher sich Mitleid und Furcht erregen läßt; wenigstens können in keiner andern Form diese Leidenschaften auf einen so hohen Grad erreget werden: und gleichwohl will man lieber alle andere darin erregen, als diese; gleichwohl will man sie lieber zu allem andern brauchen, als zu dem, wozu sie so vorzüglich geschickt ist.

Das Publikum nimmt vorlieb. – Das ist gut, und auch nicht gut. Denn man sehnt sich nicht sehr nach der Tafel, an der man immer vorlieb nehmen muß.

Es ist bekannt, wie erpicht das griechische und römische Volk auf die Schauspiele waren; besonders jenes, auf das tragische. Wie gleichgültig, wie kalt ist dagegen unser Volk für das Theater! Woher diese Verschiedenheit, wenn sie nicht daher kömmt, daß die Griechen vor ihrer Bühne sich mit so starken, so außerordentlichen Empfindungen begeistert fühlten, daß sie den Augenblick nicht erwarten konnten, sie abermals und abermals zu haben: dahingegen wir uns vor unserer Bühne so schwacher Eindrücke bewußt sind, daß wir es selten der Zeit und des Geldes wert halten, sie uns zu verschaffen? Wir gehen, fast alle, fast immer, aus Neugierde, aus Mode, aus Langerweile, aus Gesellschaft, aus Begierde zu begaffen und begafft zu werden, ins Theater: und nur wenige, und diese wenige nur sparsam, aus anderer Absicht.

Ich sage, wir, unser Volk, unsere Bühne: ich meine aber nicht bloß, uns Deutsche. Wir Deutsche bekennen es treuherzig genug, daß wir noch kein Theater haben. Was viele von unsern Kunstrichtern, die in dieses Bekenntnis mit einstimmen, und große Verehrer des französischen Theaters sind, dabei denken: das kann ich so eigentlich nicht wissen. Aber ich weiß wohl, was ich dabei denke. Ich denke nämlich dabei: daß nicht allein wir Deutsche; sondern, daß auch die, welche sich seit hundert Jahren ein Theater zu haben rühmen, ja das beste Theater von ganz Europa zu haben prahlen, – daß auch die Franzosen noch kein Theater haben.

Kein Tragisches gewiß nicht! Denn auch die Eindrücke, welche die französische Tragödie macht, sind so flach, so kalt! – Man höre einen Franzosen selbst, davon sprechen.

»Bei den hervorstechenden Schönheiten unsers Theaters,« sagt der Herr von Voltaire, »fand sich ein verborgner Fehler, den man nicht bemerkt hatte, weil das Publikum von selbst keine höhere Ideen haben konnte, als ihm die großen Meister durch ihre Muster beibrachten. Der einzige Saint-Evremont hat diesen Fehler aufgemutzt; er sagt nämlich, daß unsere Stücke nicht Eindruck genug machten, daß das, was Mitleid erwecken solle, aufs höchste Zärtlichkeit errege, daß Rührung die Stelle der Erschütterung, und Erstaunen die Stelle des Schreckens vertrete; kurz, daß unsere Empfindungen nicht tief genug gingen. Es ist nicht zu leugnen: Saint-Evremont hat mit dem Finger gerade auf die heimliche Wunde des französischen Theaters getroffen. Man sage immerhin, daß Saint-Evremont der Verfasser der elenden Komödie Sir Politik Wouldbe, und noch einer andern eben so elenden, die Opern genannt, ist; daß seine kleinen gesellschaftlichen Gedichte das kahlste und gemeinste sind, was wir in dieser Gattung haben; daß er nichts als ein Phrasesdrechsler war: man kann keinen Funken Genie haben, und gleichwohl viel

Witz und Geschmack besitzen. Sein Geschmack aber war unstreitig sehr fein, da er die Ursache, warum die meisten von unsern Stücken so matt und kalt sind, so genau traf. Es hat uns immer an einem Grade von Wärme gefehlt: das andere hatten wir alles.«

Das ist: wir hatten alles, nur nicht das, was wir haben sollten; unsere Tragödien waren vortrefflich, nur daß es keine Tragödien waren. Und woher kam es, daß sie das nicht waren?

»Diese Kälte aber, fährt er fort, diese einförmige Mattigkeit, entsprang zum Teil von dem kleinen Geiste der Galanterie, der damals unter unsern Hofleuten und Damen so herrschte, und die Tragödie in eine Folge von verliebten Gesprächen verwandelte, nach dem Geschmacke des Cyrus und der Clelie. Was für Stücke sich hiervon noch etwa ausnahmen, die bestanden aus langen politischen Raisonnements, dergleichen den Sertorius so verdorben, den Otho so kalt, und den Surena und Attila so elend gemacht haben. Noch fand sich aber auch eine andere Ursache, die das hohe Pathetische von unserer Szene zurückhielt, und die Handlung wirklich tragisch zu machen verhinderte: und diese war, das enge schlechte Theater mit seinen armseligen Verzierungen. – Was ließ sich auf einem Paar Dutzend Brettern, die noch dazu mit Zuschauern angefüllt waren, machen? Mit welchem Pomp, mit welchen Zurüstungen konnte man da die Augen der Zuschauer bestechen, fesseln, täuschen? Welche große tragische Aktion ließ sich da aufführen? Welche Freiheit konnte die Einbildungskraft des Dichters da haben? Die Stücke mußten aus langen Erzählungen bestehen, und so wurden sie mehr Gespräche als Spiele. Jeder Akteur wollte in einer langen Monologe glänzen, und ein Stück, das dergleichen nicht hatte, ward verworfen. – Bei dieser Form fiel alle theatralische Handlung weg; fielen alle die großen Ausdrücke der Leidenschaften, alle die kräftigen Gemälde der menschlichen Unglücksfälle, alle die schrecklichen bis in das Innerste der Seele dringende Züge weg; man rührte das Herz nur kaum, anstatt es zu zerreißen.«

Mit der ersten Ursache hat es seine gute Richtigkeit. Galanterie und Politik läßt immer kalt; und noch ist es keinem Dichter in der Welt gelungen, die Erregung des Mitleids und der Furcht damit zu verbinden. Jene lassen uns nichts als den Fat, oder den Schulmeister hören: und diese fodern, daß wir nichts als den Menschen hören sollen.

Aber die zweite Ursache? – Sollte es möglich sein, daß der Mangel eines geräumlichen Theaters und guter Verzierungen, einen solchen Einfluß auf das Genie der Dichter gehabt hätte? Ist es wahr, daß jede tragische Handlung Pomp und Zurüstungen erfodert? Oder sollte der Dichter nicht viel mehr sein Stück so einrichten, daß es auch ohne diese Dinge seine völlige Wirkung hervorbrächte?

Nach dem Aristoteles, sollte er es allerdings. »Furcht und Mitleid, sagt der Philosoph, läßt sich zwar durchs Gesicht erregen; es kann aber auch aus der Verknüpfung der Begebenheiten selbst entspringen, welches letztere vorzüglicher, und die Weise des bessern Dichters ist. Denn die Fabel muß so eingerichtet sein, daß sie, auch ungesehen, den, der den Verlauf ihrer Begebenheiten bloß anhört, zu Mitleid und Furcht über diese Begebenheiten bringet; so wie die Fabel des Ödips, die man nur anhören darf, um dazu gebracht zu werden. Diese Absicht aber durch das Gesicht erreichen wollen, erfodert weniger Kunst, und ist deren Sache, welche die Vorstellung des Stücks übernommen.«

Wie entbehrlich überhaupt die theatralischen Verzierungen sind, davon will man mit den Stücken des Shakespeares eine sonderbare Erfahrung gehabt haben. Welche Stücke brauchten, wegen ihrer beständigen Unterbrechung und Veränderung des Orts, des Beistandes der Szenen und der ganzen Kunst des Decorateurs wohl mehr, als eben diese? Gleichwohl war eine Zeit, wo die Bühnen, auf welchen sie gespielt wurden, aus nichts bestanden, als aus einem Vorhange von schlechtem groben Zeuge, der, wenn er aufgezogen war, die bloßen blanken, höchstens mit Matten oder Tapeten behangenen, Wände zeigte; da war nichts als die Einbildung, was dem Verständnisse des Zuschauers und der Ausführung des Spielers zu Hülfe kommen konnte: und dem ohngeachtet, sagt man, waren damals die Stücke des Shakespeares ohne alle Szenen verständlicher, als sie es hernach mit denselben gewesen sind.*

Wenn sich also der Dichter um die Verzierung gar nicht zu bekümmern hat; wenn die Verzierung, auch wo sie nötig scheinet, ohne besondern Nachteil seines Stücks wegbleiben kann: warum sollte es an dem engen, schlechten Theater gelegen haben, daß uns die französischen Dichter keine rührendere Stücke geliefert? Nicht doch: es lag an ihnen selbst.

Und das beweiset die Erfahrung. Denn nun haben ja die Franzosen eine schönere, geräumlichere Bühne; keine Zuschauer werden mehr darauf geduldet; die Coulissen sind leer; der Decorateur hat freies Feld; er malt und bauet dem Poeten alles, was dieser von ihm verlangt: aber wo sind sie denn die wärmern Stücke, die sie seitdem erhalten haben? Schmeichelt sich der Herr von Voltaire, daß seine Semiramis ein solches Stück ist? Da ist Pomp und Verzierung genug; ein Gespenst oben darein: und doch kenne ich nichts kälteres, als seine Semiramis.

EIN UND ACHTZIGSTES STÜCK

Den 9ten Februar, 1768

Will ich denn nun aber damit sagen, daß kein Franzose fähig sei, ein wirklich rührendes tragisches Werk zu machen? daß der volatile Geist der Nation einer solchen Arbeit nicht gewachsen sei? – Ich würde mich schämen, wenn mir das nur

* (Cibber's Lives of the Poets of G. B. and Ir. Vol. II. p. 78. 79) – Some have insinuated, that fine scenes proved the ruin of acting. – In the reign of Charles I. there was nothing more than a curtain of very coarse stuff, upon the drawing up of which, the stage appeared either with bare walls on the sides, coarsly matted, or covered with tapestry; so that for the place originally represented, and all the successive changes, in which the poets of those times freely indulged themselves, there was nothing to help the spectator's understanding, or to assist the actor's performance, but bare imagination. – The spirit and judgement of the actors supplied all deficiencies, and made as some would insinuate, plays more intelligible without scenes, than they afterwards were with them.

eingekommen wäre. Deutschland hat sich noch durch keinen Bouhours lächerlich gemacht. Und ich, für mein Teil, hätte nun gleich die wenigste Anlage dazu. Denn ich bin sehr überzeugt, daß kein Volk in der Welt irgend eine Gabe des Geistes vorzüglich vor anderen Völkern erhalten habe. Man sagt zwar: der tiefsinnige Engländer, der witzige Franzose. Aber wer hat denn die Teilung gemacht? Die Natur gewiß nicht, die alles unter alle gleich verteilet. Es gibt eben so viel witzige Engländer, als witzige Franzosen; und eben so viel tiefsinnige Franzosen, als tiefsinnige Engländer: der Braß von dem Volke aber ist keines von beiden. –

Was will ich denn? Ich will bloß sagen, was die Franzosen gar wohl haben könnten, daß sie das noch nicht haben: die wahre Tragödie. Und warum noch nicht haben? – Dazu hätte sich der Herr von Voltaire selbst besser kennen müssen, wenn er es hätte treffen wollen.

Ich meine: sie haben es noch nicht; weil sie es schon lange gehabt zu haben glauben. Und in diesem Glauben werden sie nun freilich durch etwas bestärkt, das sie vorzüglich vor allen Völkern haben; aber es ist keine Gabe der Natur: durch ihre Eitelkeit.

Es geht mit den Nationen, wie mit einzeln Menschen. – Gottsched (man wird leicht begreifen, wie ich eben hier auf diesen falle,) galt in seiner Jugend für einen Dichter, weil man damals den Versmacher von dem Dichter noch nicht zu unterscheiden wußte. Philosophie und Kritik setzten nach und nach diesen Unterschied ins Helle: und wenn Gottsched mit dem Jahrhunderte nur hätte fortgehen wollen, wenn sich seine Einsichten und sein Geschmack nur zugleich mit den Einsichten und dem Geschmacke seines Zeitalters hätten verbreiten und läutern wollen: so hätte er vielleicht wirklich aus dem Versmacher ein Dichter werden können. Aber da er sich schon so oft den größten Dichter hatte nennen hören, da ihn seine Eitelkeit überredet hatte, daß er es sei: so unterblieb jenes. Er konnte unmöglich erlangen, was er schon zu besitzen glaubte: und je älter er ward, desto hartnäckiger und unverschämter ward er, sich in diesem träumerischen Besitze zu behaupten.

Gerade so, dünkt mich, ist es den Franzosen ergangen. Kaum riß Corneille ihr Theater ein wenig aus der Barbarei: so glaubten sie es der Vollkommenheit schon ganz nahe. Racine schien ihnen die letzte Hand angelegt zu haben; und hierauf war gar nicht mehr die Frage, (die es zwar auch nie gewesen,) ob der tragische Dichter nicht noch pathetischer, noch rührender sein könne, als Corneille und Racine, sondern dieses ward für unmöglich angenommen, und alle Beeiferung der nachfolgenden Dichter mußte sich darauf einschränken, dem einen oder dem andern so ähnlich zu werden als möglich. Hundert Jahre haben sie sich selbst, und zum Teil ihre Nachbarn mit, hintergangen: nun komme einer, und sage ihnen das, und höre, was sie antworten!

Von beiden aber ist es Corneille, welcher den meisten Schaden gestiftet, und auf ihre tragischen Dichter den verderblichsten Einfluß gehabt hat. Denn Racine hat nur durch seine Muster verführt: Corneille aber, durch seine Muster und Lehren zugleich.

Diese letztern besonders, von der ganzen Nation (bis auf einen oder zwei Pedanten, einen Hedelin, einen Dacier, die aber oft selbst nicht wußten, was sie wollten,) als Orakelsprüche angenommen, von allen nachherigen Dichtern befolgt: haben, ich getraue mich, es Stück vor Stück zu beweisen, – nichts anders, als das kahlste, wäßrigste, untragischste Zeug hervorbringen können.

Die Regeln des Aristoteles, sind alle auf die höchste Wirkung der Tragödie kalkuliert. Was macht aber Corneille damit? Er trägt sie falsch und schielend genug vor; und weil er sie doch noch viel zu strenge findet: so sucht er, bei einer nach der andern, quelque moderation, quelque favorable interpretation; entkräftet und verstümmelt, deutelt und vereitelt eine jede, – und warum? pour n'etre pas obligés de condamner beaucoup de poemes que nous avons vû réussir sur nos theatres; um nicht viele Gedichte verwerfen zu dürfen, die auf unsern Bühnen Beifall gefunden. Eine schöne Ursache!

Ich will die Hauptpunkte geschwind berühren. Einige davon habe ich schon berührt; ich muß sie aber, des Zusammenhanges wegen, wiederum mitnehmen.

1. Aristoteles sagt: die Tragödie soll Mitleid und Furcht erregen. – Corneille sagt: o ja, aber wie es kömmt; beides zugleich ist eben nicht immer nötig; wir sind auch mit einem zufrieden; itzt einmal Mitleid, ohne Furcht; ein andermal Furcht, ohne Mitleid. Denn wo blieb ich, ich der große Corneille, sonst mit meinem Rodrigue und meiner Chimene? Die guten Kinder erwecken Mitleid; und sehr großes Mitleid: aber Furcht wohl schwerlich. Und wiederum: wo blieb ich sonst mit meiner Cleopatra, mit meinem Prusias, mit meinem Phocas? Wer kann Mitleid mit diesen Nichtswürdigen haben? Aber Furcht erregen sie doch. – So glaubte Corneille: und die Franzosen glaubten es ihm nach.

2. Aristoteles sagt: die Tragödie soll Mitleid und Furcht erregen; beides, versteht sich, durch eine und eben dieselbe Person. – Corneille sagt: wenn es sich so trifft, recht gut. Aber absolut notwendig ist es eben nicht; und man kann sich gar wohl auch verschiedener Personen bedienen, diese zwei Empfindungen hervorzubringen: so wie *ich* in meiner Rodogune getan habe. – Das hat Corneille getan: und die Franzosen tun es ihm nach.

3. Aristoteles sagt: durch das Mitleid und die Furcht, welche die Tragödie erweckt, soll unser Mitleid und unsere Furcht, und was diesen anhängig, gereiniget werden. – Corneille weiß davon gar nichts, und bildet sich ein, Aristoteles habe sagen wollen: die Tragödie erwecke unser Mitleid, um unsere Furcht zu erwecken, um durch diese Furcht die Leidenschaften in uns zu reinigen, durch die sich der bemitleidete Gegenstand sein Unglück zugezogen. Ich will von dem Werte dieser Absicht nicht sprechen: genug, daß es nicht die aristotelische ist; und daß, da Corneille seinen Tragödien eine ganz andere Absicht gab, auch notwendig seine Tragödien selbst ganz andere Werke werden mußten, als die waren, von welchen Aristoteles seine Absicht abstrahiert hatte; es mußten Tragödien werden, welches keine wahre Tragödien waren. Und das sind nicht allein seine, sondern alle französische Tragödien geworden; weil ihre Verfasser alle, nicht die Absicht des Aristoteles, sondern die Absicht des Corneille, sich vorsetzten. Ich habe schon gesagt, daß Dacier

beide Absichten wollte verbunden wissen: aber auch durch diese bloße Verbindung, wird die erstere geschwächt, und die Tragödie muß unter ihrer höchsten Wirkung bleiben. Dazu hatte Dacier, wie ich gezeigt, von der erstern nur einen sehr unvollständigen Begriff, und es war kein Wunder, wenn er sich daher einbildete, daß die französischen Tragödien seiner Zeit, noch eher die erste, als die zweite Absicht erreichten. »Unsere Tragödie, sagt er, ist, zu Folge jener, noch so ziemlich glücklich, Mitleid und Furcht zu erwecken und zu reinigen. Aber diese gelingt ihr nur sehr selten, die doch gleichwohl die wichtigere ist, und sie reiniget die übrigen Leidenschaften nur sehr wenig, oder, da sie gemeiniglich nichts als Liebesintriguen enthält, wenn sie ja eine davon reinigte, so würde es einzig und allein die Liebe sein, woraus denn klar erhellet, daß ihr Nutzen nur sehr klein ist.«* Gerade umgekehrt! Es gibt noch eher französische Tragödien, welche der zweiten, als welche der ersten Absicht ein Genüge leisten. Ich kenne verschiedene französische Stücke, welche die unglücklichen Folgen irgend einer Leidenschaft recht wohl ins Licht setzen; aus denen man viele gute Lehren, diese Leidenschaft betreffend, ziehen kann: aber ich kenne keines, welches mein Mitleid in dem Grade erregte, in welchem die Tragödie es erregen sollte, in welchem ich, aus verschiedenen griechischen und englischen Stücken gewiß weiß, daß sie es erregen kann. Verschiedene französische Tragödien sind sehr feine, sehr unterrichtende Werke, die ich alles Lobes wert halte: nur, daß es keine Tragödien sind. Die Verfasser derselben konnten nicht anders, als sehr gute Köpfe sein; sie verdienen, zum Teil, unter den Dichtern keinen geringen Rang: nur daß sie keine tragische Dichter sind; nur daß ihr Corneille und Racine, ihr Crebillon und Voltaire von dem

* (Poet. d'Arist. Chap. VI. Rem. 8) Notre Tragedie peut réussir assez dans la premiere partie, c'est a dire, qu'elle peut exciter et purger la terreur et la compassion. Mais elle parvient rarement à la derniere, qui est pourtant la plus utile, elle purge peu les autres passions, ou comme elle roule ordinairement sur des intrigues d'amour, si elle en purgeoit quelqu'une, ce seroit celle-la seule, et par la il est aisé de voir qu'elle ne fait que peu de fruit.

wenig oder gar nichts haben, was den Sophokles zum Sophokles, den Euripides zum Euripides, den Shakespeare zum Shakespeare macht. Diese sind selten mit den wesentlichen Foderungen des Aristoteles im Widerspruch: aber jene desto öfterer. Denn nur weiter –

ZWEI UND ACHTZIGSTES STÜCK

Den 12ten Februar, 1768

4. Aristoteles sagt: man muß keinen ganz guten Mann, ohne alle sein Verschulden, in der Tragödie unglücklich werden lassen; denn so was sei gräßlich. – Ganz recht, sagt Corneille; »ein solcher Ausgang erweckt mehr Unwillen und Haß gegen den, welcher das Leiden verursacht, als Mitleid für den, welchen es trifft. Jene Empfindung also, welche nicht die eigentliche Wirkung der Tragödie sein soll, würde, wenn sie nicht sehr fein behandelt wäre, diese ersticken, die doch eigentlich hervorgebracht werden sollte. Der Zuschauer würde mißvergnügt weggehen, weil sich allzuviel Zorn mit dem Mitleiden vermischt, welches ihm gefallen hätte, wenn er es allein mit wegnehmen können. Aber« – kömmt Corneille hinten nach; denn mit einem Aber muß er nachkommen, – »aber, wenn diese Ursache wegfällt, wenn es der Dichter so eingerichtet, daß der Tugendhafte, welcher leidet, mehr Mitleid für sich, als Widerwillen gegen den erweckt, der ihn leiden läßt: alsdenn? – O alsdenn, sagt Corneille, halte ich dafür, darf man sich gar kein Bedenken machen, auch den tugendhaftesten Mann auf dem Theater im Unglücke zu zeigen.«* – Ich begreife nicht, wie man gegen einen Philosophen so in den Tag hineinschwatzen kann; wie man sich das Ansehen geben kann, ihn zu verstehen, indem man ihn Dinge sagen läßt, an die er nie gedacht hat. Das gänzlich unverschuldete Unglück eines rechtschaffenen Mannes, sagt Aristoteles, ist kein Stoff für das Trauerspiel; denn

* J'estime qu'il ne faut point faire de difficulté d'exposer sur la scene des hommes tres vertueux.

es ist gräßlich. Aus diesem Denn, aus dieser Ursache, macht Corneille ein Insofern, eine bloße Bedingung, unter welcher es tragisch zu sein aufhört. Aristoteles sagt: es ist durchaus gräßlich, und eben daher untragisch. Corneille aber sagt: es ist untragisch, insofern es gräßlich ist. Dieses Gräßliche findet Aristoteles in dieser Art des Unglückes selbst: Corneille aber setzt es in den Unwillen, den es gegen den Urheber desselben verursacht. Er sieht nicht, oder will nicht sehen, daß jenes Gräßliche ganz etwas anders ist, als dieser Unwille; daß wenn auch dieser ganz wegfällt, jenes doch noch in seinem vollen Maße vorhanden sein kann: genug, daß vors erste mit diesem Quid pro quo verschiedene von seinen Stücken gerechtfertigt scheinen, die er so wenig wider die Regeln des Aristoteles will gemacht haben, daß er vielmehr vermessen genug ist, sich einzubilden, es habe dem Aristoteles bloß an dergleichen Stücken gefehlt, um seine Lehre darnach näher einzuschränken, und verschiedene Manieren daraus zu abstrahieren, wie dem ohngeachtet das Unglück des ganz rechtschaffenen Mannes ein tragischer Gegenstand werden könne. En voici, sagt er, deux ou trois manières, que peut-être Aristote n'a sû prevoir, parce qu'on n'en voyoit pas d'exemples sur les théatres de son temps. Und von wem sind diese Exempel? Von wem anders, als von ihm selbst? Und welches sind jene zwei oder drei Manieren? Wir wollen geschwind sehen. – »Die erste, sagt er, ist, wenn ein sehr Tugendhafter durch einen sehr Lasterhaften verfolgt wird, der Gefahr aber entkömmt, und so, daß der Lasterhafte sich selbst darin verstricket, wie es in der Rodogune und im Heraklius geschiehet, wo es ganz unerträglich würde gewesen sein, wenn in dem ersten Stücke Antiochus und Rodogune, und in dem andern Heraklius, Pulcheria und Martian umgekommen wären, Cleopatra und Phokas aber triumphieret hätten. Das Unglück der erstern erweckt ein Mitleid, welches durch den Abscheu, den wir wider ihre Verfolger haben, nicht erstickt wird, weil man beständig hofft, daß sich irgend ein glücklicher Zufall eräugnen werde, der sie nicht unterliegen lasse.« Das mag Corneille sonst jemanden weiß machen, daß Aristoteles diese Manier nicht gekannt habe! Er hat sie so wohl gekannt, daß er sie, wo nicht gänzlich verworfen, wenigstens mit ausdrücklichen Worten für angemessener der Komödie als Tragödie erklärt hat. Wie war es möglich, daß Corneille dieses vergessen hatte? Aber so geht es allen, die im voraus ihre Sache zu der Sache der Wahrheit machen. Im Grunde gehört diese Manier auch gar nicht zu dem vorhabenden Falle. Denn nach ihr wird der Tugendhafte nicht unglücklich, sondern befindet sich nur auf dem Wege zum Unglücke; welches gar wohl mitleidige Besorgnisse für ihn erregen kann, ohne gräßlich zu sein. – Nun, die zweite Manier! »Auch kann es sich zutragen, sagt Corneille, daß ein sehr tugendhafter Mann verfolgt wird, und auf Befehl eines andern umkömmt, der nicht lasterhaft genug ist, unsern Unwillen allzusehr zu verdienen, indem er in der Verfolgung, die er wider den Tugendhaften betreibet, mehr Schwachheit als Bosheit zeiget. Wenn Felix seinen Eidam Polyeukt umkommen läßt, so ist es nicht aus wütendem Eifer gegen die Christen, der ihn uns verabscheuungswürdig machen würde, sondern bloß aus kriechender Furchtsamkeit, die sich nicht getrauet, ihn in Gegenwart des Severus zu retten, vor dessen Hasse und Rache er in Sorgen stehet. Man fasset also wohl einigen Unwillen gegen ihn, und mißbilliget sein Verfahren; doch überwiegt dieser Unwille nicht das Mitleid, welches wir für den Polyeukt empfinden, und verhindert auch nicht, daß ihn seine wunderbare Bekehrung, zum Schlusse des Stücks, nicht völlig wieder mit den Zuhörern aussöhnen sollte.« Tragische Stümper, denke ich, hat es wohl zu allen Zeiten, und selbst in Athen gegeben. Warum sollte es also dem Aristoteles an einem Stücke, von ähnlicher Einrichtung, gefehlt haben, um daraus eben so erleuchtet zu werden, als Corneille? Possen! Die furchtsamen, schwanken, unentschlossenen Charaktere, wie Felix, sind in dergleichen Stücken ein Fehler mehr, und machen sie noch oben darein ihrer Seits kalt und ekel, ohne sie auf der andern Seite im geringsten weniger gräßlich zu machen. Denn, wie gesagt, das Gräßliche liegt nicht in dem Unwillen oder Abscheu, den sie erwecken: sondern in dem Unglücke selbst, das jene unverschuldet trifft; das sie einmal so unverschuldet trifft als das andere, ihre Verfolger mögen böse oder schwach sein; mögen mit oder ohne Vorsatz ihnen so hart fallen. Der Gedanke ist an und für sich selbst gräßlich, daß es Menschen geben kann, die ohne alle ihr Verschulden unglücklich sind. Die Heiden hätten diesen gräßlichen Gedanken so weit von sich zu entfernen gesucht, als möglich: und wir wollten ihn nähren? wir wollten uns an Schauspielen vergnügen, die ihn bestätigen? wir? die Religion und Vernunft überzeuget haben sollte, daß er eben so unrichtig als gotteslästerlich ist? – Das nämliche würde sicherlich auch gegen die dritte Manier gelten; wenn sie Corneille nicht selbst näher anzugeben, vergessen hätte.

5. Auch gegen das, was Aristoteles von der Unschicklichkeit eines ganz Lasterhaften zum tragischen Helden sagt, als dessen Unglück weder Mitleid noch Furcht erregen könne, bringt Corneille seine Läuterungen bei. Mitleid zwar, gesteht er zu, könne er nicht erregen; aber Furcht allerdings. Denn ob sich schon keiner von den Zuschauern der Laster desselben fähig glaube, und folglich auch desselben ganzes Unglück nicht zu befürchten habe: so könne doch ein jeder irgend eine jenen Lastern ähnliche Unvollkommenheit bei sich hegen, und durch die Furcht vor den zwar proportionierten, aber doch noch immer unglücklichen Folgen derselben, gegen sie auf seiner Hut zu sein lernen. Doch dieses gründet sich auf den falschen Begriff, welchen Corneille von der Furcht und von der Reinigung der in der Tragödie zu erweckenden Leidenschaften hatte, und widerspricht sich selbst. Denn ich habe schon gezeigt, daß die Erregung des Mitleids von der Erregung der Furcht unzertrennlich ist, und daß der Bösewicht, wenn es möglich wäre, daß er unsere Furcht erregen könne, auch notwendig unser Mitleid erregen müßte. Da er aber dieses, wie Corneille selbst zugesteht, nicht kann, so kann er auch jenes nicht, und bleibt gänzlich ungeschickt, die Absicht der Tragödie erreichen zu helfen. Ja Aristoteles hält ihn hierzu noch für ungeschickter, als den ganz tugendhaften Mann; denn er will ausdrücklich, Falls* man den Held aus der mittlern Gattung nicht haben könne, daß man ihn eher besser als schlimmer wählen solle. Die Ursache ist klar: ein Mensch kann sehr gut sein, und doch noch

mehr als eine Schwachheit haben, mehr als einen Fehler begehen, wodurch er sich in ein unabsehliches Unglück stürzet, das uns mit Mitleid und Wehmut erfüllet, ohne im geringsten gräßlich zu sein, weil es die natürliche Folge seines Fehlers ist. – Was Du Bos * von dem Gebrauche der lasterhaften Personen in der Tragödie sagt, ist das nicht, was Corneille will. Du Bos will sie nur zu den Nebenrollen erlauben; bloß zu Werkzeugen, die Hauptpersonen weniger schuldig zu machen; bloß zur Abstechung. Corneille aber will das vornehmste Interesse auf sie beruhen lassen, so wie in der Rodogune: und das ist es eigentlich, was mit der Absicht der Tragödie streitet, und nicht jenes. Du Bos merket dabei auch sehr richtig an, daß das Unglück dieser subalternen Bösewichter keinen Eindruck auf uns mache. Kaum, sagt er, daß man den Tod des Narciß im Britannicus bemerkt. Aber also sollte sich der Dichter, auch schon deswegen, ihrer so viel als möglich enthalten. Denn wenn ihr Unglück die Absicht der Tragödie nicht unmittelbar befördert, wenn sie bloße Hülfsmittel sind, durch die sie der Dichter desto besser mit andern Personen zu erreichen sucht: so ist es unstreitig, daß das Stück noch besser sein würde, wenn es die nämliche Wirkung ohne sie hätte. Je simpler eine Maschine ist, je weniger Federn und Räder und Gewichte sie hat, desto vollkommener ist sie.

DREI UND ACHTZIGSTES STÜCK

Den 16ten Februar, 1768

6. Und endlich, die Mißdeutung der ersten und wesentlichsten Eigenschaft, welche Aristoteles für die Sitten der tragischen Personen fodert! Sie sollen gut sein, die Sitten. – Gut? sagt Corneille. »Wenn gut hier so viel als tugendhaft heißen soll: so wird es mit den meisten alten und neuen Tragödien übel aussehen, in welchen schlechte und lasterhafte, wenigstens mit einer Schwachheit, die nächst der Tugend so recht

* Reflexions cr. T. I. Sect. XV.

nicht bestehen kann, behaftete Personen genug vorkommen.« Besonders ist ihm für seine Cleopatra in der Rodogune bange. Die Güte, welche Aristoteles fodert, will er also durchaus für keine moralische Güte gelten lassen; es muß eine andere Art von Güte sein, die sich mit dem moralisch Bösen eben so wohl verträgt, als mit dem moralisch Guten. Gleichwohl meinet Aristoteles schlechterdings eine moralische Güte: nur daß ihm tugendhafte Personen, und Personen, welche in gewissen Umständen tugendhafte Sitten zeigen, nicht einerlei sind. Kurz, Corneille verbindet eine ganz falsche Idee mit dem Worte Sitten, und was die Proäresis ist, durch welche allein, nach unserm Weltweisen, freie Handlungen zu guten oder bösen Sitten werden, hat er gar nicht verstanden. Ich kann mich itzt nicht in einen weitläuftigen Beweis einlassen; er läßt sich nur durch den Zusammenhang, durch die syllogistische Folge aller Ideen des griechischen Kunstrichters, einleuchtend genug führen. Ich verspare ihn daher auf eine andere Gelegenheit, da es bei dieser ohnedem nur darauf ankömmt, zu zeigen, was für einen unglücklichen Ausweg Corneille, bei Verfehlung des richtigen Weges, ergriffen. Dieser Ausweg lief dahin: daß Aristoteles unter der Güte der Sitten den glänzenden und erhabnen Charakter irgend einer tugendhaften oder strafbaren Neigung verstehe, so wie sie der eingeführten Person entweder eigentümlich zukomme, oder ihr schicklich beigeleget werden könne: le caractere brillant et élevé d'une habitude vertueuse ou criminelle, selon qu'elle est propre et convenable à la personne qu'on introduit. »Cleopatra in der Rodogune, sagt er, ist äußerst böse; da ist kein Meuchelmord, vor dem sie sich scheue, wenn er sie nur auf dem Throne zu erhalten vermag, den sie allem in der Welt vorzieht; so heftig ist ihre Herrschsucht. Aber alle ihre Verbrechen sind mit einer gewissen Größe der Seele verbunden, die so etwas Erhabenes hat, daß man, indem man ihre Handlungen verdammet, doch die Quelle, woraus sie entspringen, bewundern muß. Eben dieses getraue ich mir von dem Lügner zu sagen. Das Lügen ist unstreitig eine lasterhafte Angewohnheit; allein Dorant bringt seine Lügen mit einer solchen Gegenwart des Geistes, mit so vieler Lebhaftigkeit vor, daß diese Unvollkommenheit ihm ordentlich wohl läßt, und die Zuschauer gestehen müssen, daß die Gabe so zu lügen ein Laster sei, dessen kein Dummkopf fähig ist.« – Wahrlich, einen verderblichern Einfall hätte Corneille nicht haben können! Befolget ihn in der Ausführung, und es ist um alle Wahrheit, um alle Täuschung, um allen sittlichen Nutzen der Tragödie getan! Denn die Tugend, die immer bescheiden und einfältig ist, wird durch jenen glänzenden Charakter eitel und romantisch: das Laster aber, mit einem Firnis überzogen, der uns überall blendet, wir mögen es aus einem Gesichtspunkte nehmen, aus welchem wir wollen. Torheit, bloß durch die unglücklichen Folgen von dem Laster abschrecken wollen, indem man die innere Häßlichkeit desselben verbirgt! Die Folgen sind zufällig; und die Erfahrung lehrt, daß sie eben so oft glücklich als unglücklich fallen. Dieses bezieht sich auf die Reinigung der Leidenschaften, wie sie Corneille sich dachte. Wie ich mir sie vorstelle, wie sie Aristoteles gelehrt hat, ist sie vollends nicht mit jenem trügerischen Glanze zu verbinden. Die falsche Folie, die so dem Laster untergelegt wird, macht daß ich Vollkommenheiten erkenne, wo keine sind; macht, daß ich Mitleiden habe, wo ich keines haben sollte. – Zwar hat schon Dacier dieser Erklärung widersprochen, aber aus untriftigern Gründen; und es fehlt nicht viel, daß die, welche er mit dem Pater Le Bossu dafür annimmt, nicht eben so nachteilig ist, wenigstens den poetischen Vollkommenheiten des Stücks eben so nachteilig werden kann. Er meinet nämlich, »die Sitten sollen gut sein,« heiße nichts mehr als das, sie sollen gut ausgedrückt sein, qu'elles soient bien marquées. Das ist allerdings eine Regel, die, richtig verstanden, an ihrer Stelle, aller Aufmerksamkeit des dramatischen Dichters würdig ist. Aber wenn es die französischen Muster nur nicht bewiesen, daß man »gut ausdrücken« für *stark ausdrücken* genommen hätte. Man hat den Ausdruck überladen, man hat Druck auf Druck gesetzt, bis aus charakterisierten Personen, personifierte Charaktere; aus lasterhaften oder tugendhaften Menschen, hagere Gerippe von Lastern und Tugenden geworden sind. –

Hier will ich diese Materie abbrechen. Wer ihr gewachsen ist, mag die Anwendung auf unsern Richard, selbst machen.

Vom Herzog Michel, welcher auf den Richard folgte, brauche ich wohl nichts zu sagen. Auf welchem Theater wird er nicht gespielt, und wer hat ihn nicht gesehen oder gelesen? Krüger hat indes das wenigste Verdienst darum; denn er ist ganz aus einer Erzählung in den Bremischen Beiträgen genommen. Die vielen guten satyrischen Züge, die er enthält, gehören jenem Dichter, so wie der ganze Verfolg der Fabel. Krügern gehört nichts, als die dramatische Form. Doch hat wirklich unsere Bühne an Krügern viel verloren. Er hatte Talent zum niedrig Komischen, wie seine Kandidaten beweisen. Wo er aber rührend und edel sein will, ist er frostig und affektiert. Hr. Löwen hat seine Schriften gesammelt, unter welchen man jedoch die »Geistlichen auf dem Lande« vermißt. Dieses war der erste dramatische Versuch, welchen Krüger wagte, als er noch auf dem Grauen Kloster in Berlin studierte.

Den neun und vierzigsten Abend, (Donnerstags, den 23sten Julius) ward das Lustspiel des Hrn. von Voltaire, die Frau die Recht hat, gespielt, und zum Beschlusse des L'Affichard Ist er von Familie?* wiederholt.

Die Frau, die Recht hat, ist eines von den Stücken, welche der Hr. von Voltaire für sein Haustheater gemacht hat. Dafür war es nun auch gut genug. Es ist schon 1758 zu Carouge gespielt worden: aber noch nicht zu Paris; so viel ich weiß. Nicht als ob sie da, seit der Zeit, keine schlechtern Stücke gespielt hätten: denn dafür haben die Marins und Le Brets wohl gesorgt. Sondern weil – ich weiß selbst nicht. Denn ich wenigstens möchte doch noch lieber einen großen Mann in seinem Schlafrocke und seiner Nachtmütze, als einen Stümper in seinem Feierkleide sehen.

Charaktere und Interesse hat das Stück nicht; aber verschiedene Situationen, die komisch genug sind. Zwar ist auch das Komische aus dem allergemeinsten Fache, da es sich auf nichts als aufs Incognito, auf Verkennungen und Mißver-

* S. den 17ten Abend Seite 108.

ständnisse gründet. Doch die Lacher sind nicht ekel; am wenigsten würden es unsre deutschen Lacher sein, wenn ihnen das fremde der Sitten und die elende Übersetzung das mot pour rire nur nicht meistens so unverständlich machte.

Den funfzigsten Abend (Freitags den 24ten Julius) ward Gressets Sidney wiederholt. Den Beschluß machte, der sehende Blinde.

Dieses kleine Stück ist vom Le Grand, und auch nicht von ihm. Denn er hat Titel und Intrigue und alles, einem alten Stücke des de Brosse abgeborgt. Ein Offizier, schon etwas bei Jahren, will eine junge Witwe heiraten, in die er verliebt ist, als er Ordre bekömmt, sich zur Armee zu verfügen. Er verläßt seine Versprochene, mit den wechselseitigen Versicherungen der aufrichtigsten Zärtlichkeit. Kaum aber ist er weg, so nimmt die Witwe die Aufwartungen des Sohnes von diesem Offiziere an. Die Tochter desselben macht sich gleichergestalt die Abwesenheit ihres Vaters zu Nutze, und nimmt einen jungen Menschen, den sie liebt, im Hause auf. Diese doppelte Intrigue wird dem Vater gemeldet, der, um sich selbst davon zu überzeugen, ihnen schreiben läßt, daß er sein Gesicht verloren habe. Die List gelingt; er kömmt wieder nach Paris, und mit Hülfe eines Bedienten, der um den Betrug weiß, sieht er alles, was in seinem Hause vorgeht. Die Entwicklung läßt sich erraten; da der Offizier an der Unbeständigkeit der Witwe nicht länger zweifeln kann, so erlaubt er seinem Sohne, sie zu heiraten, und der Tochter gibt er die nämliche Erlaubnis, sich mit ihrem Geliebten zu verbinden. Die Szenen zwischen der Witwe und dem Sohn des Offiziers, in Gegenwart des letzten, haben viel Komisches; die Witwe versichert, daß ihr der Zufall des Offiziers sehr nahe gehe, daß sie ihn aber darum nicht weniger liebe; und zugleich gibt sie seinem Sohn, ihrem Liebhaber, einen Wink mit den Augen, oder bezeigt ihm sonst ihre Zärtlichkeit durch Gebärden. Das ist der Inhalt des alten Stückes vom de Brosse,* und ist auch der Inhalt von dem neuen Stücke des Le Grand. Nur daß in diesem die Intrigue mit

* Hist. du Th. Fr. Tome VII. p. 226.

der Tochter weggeblieben ist, um jene fünf Akte desto leichter in *einen* zu bringen. Aus dem Vater ist ein Onkel geworden, und was sonst dergleichen kleine Veränderungen mehr sind. Es mag endlich entstanden sein wie es will; gnug, es gefällt sehr. Die Übersetzung ist in Versen, und vielleicht eine von den besten die wir haben; sie ist wenigstens sehr fließend, und hat viele drollige Zeilen.

VIER UND ACHTZIGSTES STÜCK

Den 19ten Februar, 1768

Den ein und funfzigsten Abend (Montags, den 27. Julius,) ward der Hausvater des Hrn. Diderot aufgeführt.

Da dieses vortreffliche Stück, welches den Franzosen nur so so gefällt, – wenigstens hat es mit Müh und Not kaum ein oder zweimal auf dem Pariser Theater erscheinen dürfen, – sich, allem Ansehen nach, lange, sehr lange, und warum nicht immer? auf unsern Bühnen erhalten wird; da es auch hier nicht oft genug wird können gespielt werden: so hoffe ich, Raum und Gelegenheit genug zu haben, alles auszukramen, was ich sowohl über das Stück selbst, als über das ganze dramatische System des Verfassers, von Zeit zu Zeit angemerkt habe.

Ich hole recht weit aus. – Nicht erst mit dem natürlichen Sohne, in den beigefügten Unterredungen, welche zusammen im Jahre 1757 herauskamen, hat Diderot sein Mißvergnügen mit dem Theater seiner Nation geäußert. Bereits verschiedne Jahre vorher ließ er es sich merken, daß er die hohen Begriffe gar nicht davon habe, mit welchen sich seine Landsleute täuschen, und Europa sich von ihnen täuschen lassen. Aber er tat es in einem Buche, in welchem man freilich dergleichen Dinge nicht sucht; in einem Buche, in welchem der persiflierende Ton so herrschet, daß den meisten Lesern auch das, was guter gesunder Verstand darin ist, nichts als Posse und Höhnerei zu sein scheinet. Ohne Zweifel hatte Diderot seine Ursachen, warum er mit seiner Herzensmeinung lieber erst in einem solchen Buche hervorkommen wollte: ein kluger Mann sagt öfters erst mit Lachen, was er hernach im Ernste wiederholen will.

Dieses Buch heißt Les Bijoux indiscrets, und Diderot will es itzt durchaus nicht geschrieben haben. Daran tut Diderot auch sehr wohl; aber doch hat er es geschrieben, und muß es geschrieben haben, wenn er nicht ein Plagiarius sein will. Auch ist es gewiß, daß nur ein solcher junger Mann dieses Buch schreiben konnte, der sich einmal schämen würde, es geschrieben zu haben.

Es ist eben so gut, wenn die wenigsten von meinen Lesern dieses Buch kennen. Ich will mich auch wohl hüten, es ihnen weiter bekannt zu machen, als es hier in meinen Kram dienet. –

Ein Kaiser – was weiß ich, wo und welcher? – hatte mit einem gewissen magischen Ringe gewisse Kleinode so viel häßliches Zeug schwatzen lassen, daß seine Favoritin durchaus nichts mehr davon hören wollte. Sie hätte lieber gar mit ihrem ganzen Geschlechte darüber brechen mögen; wenigstens nahm sie sich auf die ersten vierzehn Tage vor, ihren Umgang einzig auf des Sultans Majestät und ein Paar witzige Köpfe einzuschränken. Diese waren, Selim und Riccaric: Selim, ein Hofmann; und Riccaric, ein Mitglied der Kaiserlichen Akademie, ein Mann, der das Altertum studieret hatte und ein großer Verehrer desselben war, doch ohne Pedant zu sein. Mit diesen unterhält sich die Favoritin einsmals, und das Gespräch fällt auf den elenden Ton der akademischen Reden, über den sich niemand mehr ereifert als der Sultan selbst, weil es ihn verdrießt, sich nur immer auf Unkosten seines Vaters und seiner Vorfahren darin loben zu hören, und er wohl voraussieht, daß die Akademie eben so auch seinen Ruhm einmal dem Ruhme seiner Nachfolger aufopfern werde. Selim, als Hofmann, war dem Sultan in allem beigefallen: und so spinnt sich die Unterredung über das Theater an, die ich meinen Lesern hier ganz mitteile.

»Ich glaube, Sie irren sich, mein Herr: antwortete Ricaric dem Selim. Die Akademie ist noch itzt das Heiligtum des guten Geschmacks, und ihre schönsten Tage haben weder Weltweise noch Dichter auf zu weisen, denen wir nicht andere aus unserer Zeit entgegen setzen könnten. Unser Theater ward für das erste Theater in ganz Afrika gehalten, und wird noch dafür gehalten. Welch ein Werk ist nicht der Tamerlan des Tuxigraphe! Es verbindet das Pathetische des Eurisope mit dem Erhabnen des Azophe. Es ist das klare Altertum!«

»Ich habe, sagte die Favoritin, die erste Vorstellung des Tamerlans gesehen, und gleichfalls den Faden des Stücks sehr richtig geführet, den Dialog sehr zierlich, und das Anständige sehr wohl beobachtet gefunden.«

»Welcher Unterschied, Madam, unterbrach sie Ricaric, zwischen einem Verfasser wie Tuxigraphe, der sich durch Lesung der Alten genähret, und dem größten Teile unsrer Neuern!«

»Aber diese Neuern, sagte Selim, die Sie hier so wacker über die Klinge springen lassen, sind doch bei weitem so verächtlich nicht, als Sie vorgeben. Oder wie? finden Sie kein Genie, keine Erfindung, kein Feuer, keine Charaktere, keine Schilderungen, keine Tiraden bei ihnen? Was bekümmere ich mich um Regeln, wenn man mir nur Vergnügen macht? Es sind wahrlich nicht die Bemerkungen des weisen Almudir und des gelehrten Abdaldok, noch die Dichtkunst des scharfsinnigen Facardin, die ich alle nicht gelesen habe, welche es machen, daß ich die Stücke des Aboulcazem, des Muhardar, des Albaboukre, und so vieler andren Sarazenen bewundre! Gibt es denn auch eine andere Regel, als die Nachahmung der Natur? Und haben wir nicht eben die Augen, mit welchen diese sie studierten?«

»Die Natur, antwortete Ricaric, zeiget sich uns alle Augenblicke in verschiednen Gestalten. Alle sind wahr, aber nicht alle sind gleich schön. Eine gute Wahl darunter zu treffen, das müssen wir aus den Werken lernen, von welchen Sie eben nicht viel zu halten scheinen. Es sind die gesammelten Erfahrungen, welche ihre Verfasser und deren Vorgänger gemacht haben. Man mag ein noch so vortrefflicher Kopf sein, so erlangt man doch nur seine Einsichten eine nach der andern; und ein einzelner Mensch schmeichelt sich vergebens, in dem kurzen Raume seines Lebens, alles selbst zu bemerken, was in so vielen Jahrhunderten vor ihm entdeckt worden. Sonst ließe sich behaupten, daß eine Wissenschaft ihren Ursprung, ihren Fortgang, und ihre Vollkommenheit einem einzigen Geiste zu verdanken haben könne; welches doch wider alle Erfahrung ist.«

»Hieraus, mein Herr, antwortete ihm Selim, folget weiter nichts, als daß die Neuern, welche sich alle die Schätze zu Nutze machen können, die bis auf ihre Zeit gesammelt worden, reicher sein müssen, als die Alten: oder, wenn Ihnen diese Vergleichung nicht gefällt, daß sie auf den Schultern dieser Kolossen, auf die sie gestiegen, notwendig müssen weiter sehen können, als diese selbst. Was ist auch, in der Tat, ihre Naturlehre, ihre Astronomie, ihre Schiffskunst, ihre Mechanik, ihre Rechenlehre, in Vergleichung mit unsern? Warum sollten wir ihnen also in der Beredsamkeit und Poesie nicht eben so wohl überlegen sein?«

»Selim, versetzte die Sultane, der Unterschied ist groß, und Ricaric kann Ihnen die Ursachen davon ein andermal erklären. Er mag Ihnen sagen, warum unsere Tragödien schlechter sind, als der Alten ihre: aber daß sie es sind, kann ich leicht selbst auf mich nehmen, Ihnen zu beweisen. Ich will Ihnen nicht Schuld geben, fuhr sie fort, daß Sie die Alten nicht gelesen haben. Sie haben sich um zu viele schöne Kenntnisse beworben, als daß Ihnen das Theater der Alten unbekannt sein sollte. Nun setzen Sie gewisse Ideen, die sich auf ihre Gebräuche, auf ihre Sitten, auf ihre Religion beziehen, und die Ihnen nur deswegen anstößig sind, weil sich die Umstände geändert haben, bei Seite, und sagen Sie mir, ob ihr Stoff nicht immer edel, wohlgewählt und interessant ist? ob sich die Handlung nicht gleichsam von selbst einleitet? ob der simple Dialog dem Natürlichen nicht sehr nahe kömmt? ob die Entwicklungen im geringsten gezwungen sind? ob sich das Interesse wohl teilt, und die Handlung mit Episoden überladen ist? Versetzen Sie sich in Gedanken in die Insel Alindala; untersuchen Sie alles, was da vorging, hören Sie alles, was von dem Augenblicke an, als der junge Ibrahim und der verschlagne Forfanti ans Land stiegen, da gesagt ward; nähern Sie sich der Höhle des unglücklichen

Polipsile; verlieren Sie kein Wort von seinen Klagen, und sagen Sie mir, ob das geringste vorkömmt, was Sie in der Täuschung stören könnte? Nennen Sie mir ein einziges neueres Stück, welches die nämliche Prüfung aushalten, welches auf den nämlichen Grad der Vollkommenheit Anspruch machen kann: und Sie sollen gewonnen haben.«

»Beim Brama! rief der Sultan und gähnte; Madame hat uns da eine vortreffliche akademische Vorlesung gehalten!«

»Ich verstehe die Regeln nicht, fuhr die Favoritin fort, und noch weniger die gelehrten Worte, in welchen man sie abgefaßt hat. Aber ich weiß, daß nur das Wahre gefällt und rühret. Ich weiß auch, daß die Vollkommenheit eines Schauspiels in der so genauen Nachahmung einer Handlung bestehet, daß der ohne Unterbrechung betrogne Zuschauer bei der Handlung selbst gegenwärtig zu sein glaubt. Findet sich aber in den Tragödien, die Sie uns so rühmen, nur das geringste, was diesem ähnlich sähe?«

FÜNF UND ACHTZIGSTES STÜCK

Den 23sten Februar, 1768

»Wollen Sie den Verlauf darin loben? Er ist meistens so vielfach und verwickelt, daß es ein Wunder sein würde, wenn wirklich so viel Dinge in so kurzer Zeit geschehen wären. Der Untergang oder die Erhaltung eines Reichs, die Heirat einer Prinzessin, der Fall eines Prinzen, alles das geschieht so geschwind, wie man eine Hand umwendet. Kömmt es auf eine Verschwörung an? im ersten Akte wird sie entworfen; im zweiten ist sie beisammen; im dritten werden alle Maßregeln genommen, alle Hindernisse gehoben, und die Verschwornen halten sich fertig; mit nächstem wird es einen Aufstand setzen, wird es zum Treffen kommen, wohl gar zu einer förmlichen Schlacht. Und das alles nennen Sie gut geführt, interessant, warm, wahrscheinlich? Ihnen kann ich nun so etwas am wenigsten vergeben, der Sie wissen, wie viel es oft kostet, die allerelendeste Intrigue zu Stande zu bringen, und wie viel Zeit bei der kleinsten politischen Angelegenheit auf Einleitungen, auf Besprechungen und Beratschlagungen geht.«

»Es ist wahr, Madame, antwortete Selim, unsere Stücke sind ein wenig überladen; aber das ist ein notwendiges Übel; ohne Hülfe der Episoden würden wir uns vor Frost nicht zu lassen wissen.«

»Das ist: um der Nachahmung einer Handlung Feuer und Geist zu geben, muß man die Handlung weder so vorstellen, wie sie ist, noch so, wie sie sein sollte. Kann etwas lächerlicheres gedacht werden? Schwerlich wohl; es wäre denn etwa dieses, daß man die Geigen ein lebhaftes Stück, eine muntere Sonate spielen läßt, während daß die Zuhörer um den Prinzen bekümmert sein sollen, der auf dem Punkte ist, seine Geliebte, seinen Thron und sein Leben zu verlieren.«

»Madame, sagte Mongogul, Sie haben vollkommen Recht; traurige Arien müßte man indes spielen, und ich will Ihnen gleich einige bestellen gehen. Hiermit stand er auf, und ging heraus, und Selim, Riccaric und die Favoritin setzten die Unterredung unter sich fort.«

»Wenigstens, Madame, erwiderte Selim, werden Sie nicht leugnen, daß, wenn die Episoden uns aus der Täuschung heraus bringen, der Dialog uns wieder herein setzt. Ich wüßte nicht, wer das besser verstünde, als unsere tragische Dichter.«

»Nun so versteht es durchaus niemand, antwortete Mirzoza. Das Gesuchte, das Witzige, das Spielende, das darin herrscht, ist tausend und tausend Meilen von der Natur entfernt. Umsonst sucht sich der Verfasser zu verstecken; er entgeht meinen Augen nicht, und ich erblicke ihn unaufhörlich hinter seinen Personen. Cinna, Sertorius, Maximus, Aemilia, sind alle Augenblicke das Sprachrohr des Corneille. So spricht man bei unsern alten Sarazenen nicht mit einander. Herr Ricaric kann Ihnen, wenn Sie wollen, einige Stellen daraus übersetzen; und Sie werden die bloße Natur hören, die sich durch den Mund derselben ausdrückt. Ich möchte gar zu gern zu den Neuern sagen: »Meine Herren, anstatt daß ihr euern Personen bei aller Gelegenheit Witz gebt, so sucht sie doch lieber in Umstände zu setzen, die ihnen welchen geben.«

»Nach dem zu urteilen, was Madame von dem Verlaufe und dem Dialoge unserer dramatischen Stücke gesagt hat, scheint es wohl nicht, sagte Selim, daß Sie den Entwicklungen wird Gnade widerfahren lassen.«

»Nein, gewiß nicht, versetzte die Favoritin: es gibt hundert schlechte für eine gute. Die eine ist nicht vorbereitet; die andere eräugnet sich durch ein Wunder. Weiß der Verfasser nicht, was er mit einer Person, die er von Szene zu Szene ganze fünf Akte durchgeschleppt hat, anfangen soll: geschwind fertiget er sie mit einem guten Dolchstoße ab; die ganze Welt fängt an zu weinen, und ich, ich lache, als ob ich toll wäre. Hernach, hat man wohl jemals so gesprochen, wie wir deklamieren? Pflegen die Prinzen und Könige wohl anders zu gehen, als sonst ein Mensch, der gut geht? Gestikulieren sie wohl jemals, wie Besessene und Rasende? Und wenn Prinzessinnen sprechen, sprechen sie wohl in so einem heulenden Tone? Man nimmt durchgängig an, daß wir die Tragödie zu einem hohen Grade der Vollkommenheit gebracht haben: und ich, meines Teils, halte es fast für erwiesen, daß von allen Gattungen der Literatur, auf die sich die Afrikaner in den letzten Jahrhunderten gelegt haben, gerade diese die unvollkommenste geblieben ist.«

Eben hier war die Favoritin mit ihrem Ausfalle gegen unsere theatralische Werke, als Mongogul wieder herein kam. »Madame, sagte er, Sie werden mir einen Gefallen erweisen, wenn Sie fortfahren. Sie sehen, ich verstehe mich darauf, eine Dichtkunst abzukürzen, wenn ich sie zu lang finde.«

»Lassen Sie uns, fuhr die Favoritin fort, einmal annehmen, es käme einer ganz frisch aus Angote, der in seinem Leben von keinem Schauspiele etwas gehört hätte; dem es aber weder an Verstande noch an Welt fehle; der ungefähr wisse, was an einem Hofe vorgehe; der mit den Anschlägen der Höflinge, mit der Eifersucht der Minister, mit den Hetzereien der Weiber nicht ganz unbekannt wäre, und zu dem ich im Vertrauen sagte: ›Mein Freund, es äußern sich in dem Seraglio schreckliche Bewegungen. Der Fürst, der mit seinem

Sohne mißvergnügt ist, weil er ihn im Verdacht hat, daß er die Manimonbande liebt, ist ein Mann, den ich für fähig halte, an beiden die grausamste Rache zu üben. Diese Sache muß, allem Ansehen nach, sehr traurige Folgen haben. Wenn Sie wollen, so will ich machen, daß Sie von allem, was vorgeht, Zeuge sein können.‹ Er nimmt mein Anerbieten an, und ich führe ihn in eine mit Gitterwerk vermachte Loge, aus der er das Theater sieht, welches er für den Palast des Sultans hält. Glauben Sie wohl, daß Trotz alles Ernstes, in dem ich mich zu erhalten bemühte, die Täuschung dieses Fremden einen Augenblick dauern könnte? Müssen Sie nicht vielmehr gestehen, daß er, bei dem steifen Gange der Akteurs, bei ihrer wunderlichen Tracht, bei ihren ausschweifenden Gebärden, bei dem seltsamen Nachdrucke ihrer gereimten, abgemessenen Sprache, bei tausend andern Ungereimtheiten, die ihm auffallen würden, gleich in der ersten Szene mir ins Gesicht lachen und gerade heraus sagen würde, daß ich ihn entweder zum besten haben wollte, oder daß der Fürst mit samt seinem Hofe nicht wohl bei Sinnen sein müßten.«

»Ich bekenne, sagte Selim, daß mich dieser angenommene Fall verlegen macht; aber könnte man Ihnen nicht zu bedenken geben, daß wir in das Schauspiel gehen, mit der Überzeugung, der Nachahmung einer Handlung, nicht aber der Handlung selbst, beizuwohnen.«

»Und sollte denn diese Überzeugung verwehren, erwiderte Mirzoza, die Handlung auf die allernatürlichste Art vorzustellen?« –

Hier kömmt das Gespräch nach und nach auf andere Dinge, die uns nichts angehen. Wir wenden uns also wieder, zu sehen, was wir gelesen haben. Den klaren lautern Diderot! Aber alle diese Wahrheiten waren damals in den Wind gesagt. Sie erregten eher keine Empfindung in dem französischen Publico, als bis sie mit allem didaktischen Ernste wiederholt, und mit Proben begleitet wurden, in welchen sich der Verfasser von einigen der gerügten Mängel zu entfernen, und den Weg der Natur und Täuschung besser einzuschlagen, bemüht hatte. Nun weckte der Neid die Kritik. Nun war es klar, warum Diderot das Theater seiner Nation auf dem Gipfel der Vollkommenheit nicht sahe, auf dem wir es durchaus glauben sollen; warum er so viel Fehler in den gepriesenen Meisterstücken desselben fand: bloß und allein, um seinen Stücken Platz zu schaffen. Er mußte die Methode seiner Vorgänger verschrien haben, weil er empfand, daß in Befolgung der nämlichen Methode, er unendlich unter ihnen bleiben würde. Er mußte ein elender Charlatan sein, der allen fremden Theriak verachtet, damit kein Mensch andern als seinen kaufe. Und so fielen die Palissots über seine Stück her.

Allerdings hatte er ihnen auch, in seinem *natürlichen Sohne*, manche Blöße gegeben. Dieser erste Versuch ist bei weiten das nicht, was der Hausvater ist. Zu viel Einförmigkeit in den Charakteren, das Romantische in diesen Charakteren selbst, ein steifer kostbarer Dialog, ein pedantisches Geklingle von neumodisch philosophischen Sentenzen: alles das machte den Tadlern leichtes Spiel. Besonders zog die feierliche Theresia (oder Constantia, wie sie in dem Originale heißt,) die so philosophisch selbst auf die Freierei geht, die mit einem Manne, der sie nicht mag, so weise von tugendhaften Kindern spricht, die sie mit ihm zu erzielen gedenkt, die Lacher auf ihre Seite. Auch kann man nicht leugnen, daß die Einkleidung, welche Diderot den beigefügten Unterredungen gab, daß der Ton, den er darin annahm, ein wenig eitel und pompös war; daß verschiedene Anmerkungen als ganz neue Entdeckungen darin vorgetragen wurden, die doch nicht neu und dem Verfasser nicht eigen waren; daß andere Anmerkungen die Gründlichkeit nicht hatten, die sie in dem blendenden Vortrage zu haben schienen.

SECHS UND ACHTZIGSTES STÜCK

Den 26sten Februar, 1768

Z. E. Diderot behauptete,* daß es in der menschlichen Natur aufs höchste nur ein Dutzend wirklich komische Cha-

* S. die Unterredungen hinter dem Natürlichen Sohne S. 321. 22. d. Übers.

raktere gäbe, die großer Züge fähig wären; und daß die kleinen Verschiedenheiten unter den menschlichen Charakteren nicht so glücklich bearbeitet werden könnten, als die reinen unvermischten Charaktere. Er schlug daher vor, nicht mehr die Charaktere, sondern die Stände auf die Bühne zu bringen; und wollte die Bearbeitung dieser, zu dem besondern Geschäfte der ernsthaften Komödie machen. »Bisher, sagt er, ist in der Komödie der Charakter das Hauptwerk gewesen; und der Stand war nur etwas Zufälliges: nun aber muß der Stand das Hauptwerk, und der Charakter das Zufällige werden. Aus dem Charakter zog man die ganze Intrigue: man suchte durchgängig die Umstände, in welchen er sich am besten äußert, und verband diese Umstände unter einander. Künftig muß der Stand, müssen die Pflichten, die Vorteile, die Unbequemlichkeiten desselben zur Grundlage des Werks dienen. Diese Quelle scheint mir weit ergiebiger, von weit größerm Umfange, von weit größerm Nutzen, als die Quelle der Charaktere. War der Charakter nur ein wenig übertrieben, so konnte der Zuschauer zu sich selbst sagen: das bin ich nicht. Das aber kann er unmöglich leugnen, daß der Stand, den man spielt, sein Stand ist; seine Pflichten kann er unmöglich verkennen. Er muß das, was er hört, notwendig auf sich anwenden.«

Was Palissot hierwider erinnert,* ist nicht ohne Grund. Er leugnet es, daß die Natur so arm an ursprünglichen Charakteren sei, daß sie die komischen Dichter bereits sollten erschöpft haben. Moliere sahe noch genug neue Charaktere vor sich, und glaubte kaum den allerkleinsten Teil von denen behandelt zu haben, die er behandeln könne. Die Stelle, in welcher er verschiedne derselben in der Geschwindigkeit entwirft, ist so merkwürdig als lehrreich, indem sie vermuten läßt, daß der Misanthrop schwerlich sein Non plus ultra in dem hohen Komischen dürfte geblieben sein, wann er länger gelebt hätte.** Palissot selbst ist nicht unglücklich, einige

* Petites Lettres sur de grands Philosophes Lettr. II.

** (*Impromptu de Versailles* Sc. 3.) Eh! mon pauvre Marquis, nous lui (à Moliere) fournirons toujours assez de matiere, et nous

neue Charaktere von seiner eignen Bemerkung beizufügen: den dummen Mäzen, mit seinen kriechenden Klienten; den Mann, an seiner unrechten Stelle; den Arglistigen, dessen ausgekünstelte Anschläge immer gegen die Einfalt eines treuherzigen Biedermanns scheitern; den Scheinphilosophen; den Sonderling, den Destouches verfehlt habe; den Heuchler mit gesellschaftlichen Tugenden, da der Religionsheuchler ziemlich aus der Mode sei. – Das sind wahrlich nicht gemeine Aussichten, die sich einem Auge, das gut in die Ferne trägt, bis ins Unendliche erweitern. Da ist noch Ernte genug für die wenigen Schnitter, die sich daran wagen dürfen!

Und wenn auch, sagt Palissot, der komischen Charaktere wirklich so wenige, und diese wenigen wirklich alle schon bearbeitet wären: würden die Stände denn dieser Verlegenheit abhelfen? Man wähle einmal einen; z. E. den Stand des Richters. Werde ich ihm denn, dem Richter, nicht einen Charakter geben müssen? Wird er nicht traurig oder lustig, ernsthaft oder leichtsinnig, leutselig oder stürmisch sein müssen? Wird es nicht bloß dieser Charakter sein, der ihn aus der

ne prenons guères le chemin de nous rendre sages par tout ce qu'il fait et tout ce qu'il dit. Crois-tu qu'il ait épuisé dans ses Comedies tous les ridicules des hommes, et sans sortir de la Cour, n'a-t-il pas encore vingt caractères de gens, ou il n'a pas touché? N'a-t-il pas, par exemple, ceux qui se font les plus grandes amitiés du monde, et qui, le dos tourné, font galanterie de se dechirer l'un l'autre? N'a-t-il pas ces adulateurs à outrance, ces flatteurs insipides qui n'assaisonnent d'aucun sel les louanges qu'ils donnent, et dont toutes les flatteries ont une douceur fade qui fait mal au cœur à ceux qui les écoutent? N'a-t-il pas ces lâches courtisans de la faveur, ces perfides adorateurs de la fortune, qui vous encensent dans la prosperité, et vous accablent dans la disgrace? N'a-t-il pas ceux qui sont toujours mécontens de la Cour, ces suivans inutiles, ces incommodes assidus, ces gens, dis-je, qui pour services ne peuvent compter que des importunités, et qui veulent, qu'on les recompense d'avoir obsedé le Prince dix ans durant? N'a-t-il pas ceux qui caressent egalement tout le monde, qui promenent leurs civilités à droite, à gauche, et courent à tous ceux qu'ils voyent avec les mêmes embrassades, et les mêmes protestations d'amitié? – – Va, va, Marquis, Moliere aura toujours plus de sujets qu'il n'en voudra, et tout ce qu'il a touché n'est que bagatelle au prix de ce qui reste.

Klasse metaphysischer Abstrakte heraushebt, und eine wirkliche Person aus ihm macht? Wird nicht folglich die Grundlage der Intrigue und die Moral des Stücks wiederum auf dem Charakter beruhen? Wird nicht folglich wiederum der Stand nur das Zufällige sein?

Zwar könnte Diderot hierauf antworten: Freilich muß die Person, welche ich mit dem Stande bekleide, auch ihren individuellen moralischen Charakter haben; aber ich will, daß es ein solcher sein soll, der mit den Pflichten und Verhältnissen des Standes nicht streitet, sondern aufs beste harmonieret. Also, wenn diese Person ein Richter ist, so steht es mir nicht frei, ob ich ihn ernsthaft oder leichtsinnig, leutselig oder stürmisch machen will: er muß notwendig ernsthaft und leutselig sein, und jedesmal es in dem Grade sein, den das vorhabende Geschäfte erfodert.

Dieses, sage ich, könnte Diderot antworten: aber zugleich hätte er sich einer andern Klippe genähert; nämlich der Klippe der vollkommnen Charaktere. Die Personen seiner Stände würden nie etwas anders tun, als was sie nach Pflicht und Gewissen tun müßten; sie würden handeln, völlig wie es im Buche steht. Erwarten wir das in der Komödie? Können dergleichen Vorstellungen anziehend genug werden? Wird der Nutzen, den wir davon hoffen dürfen, groß genug sein, daß es sich der Mühe verlohnt, eine neue Gattung dafür fest zu setzen, und für diese eine eigene Dichtkunst zu schreiben?

Die Klippe der vollkommenen Charaktere scheinet mir Diderot überhaupt nicht genug erkundiget zu haben. In seinen Stücken steuert er ziemlich gerade darauf los: und in seinen kritischen Seekarten findet sich durchaus keine Warnung davor. Vielmehr finden sich Dinge darin, die den Lauf nach ihr hin zu lenken raten. Man erinnere sich nur, was er bei Gelegenheit des Kontrasts unter den Charakteren, von den Brüdern des Terenz sagt.* »Die zwei kontrastierten Väter darin sind mit so gleicher Stärke gezeichnet, daß man dem feinsten Kunstrichter Trotz bieten kann, die Hauptper-

* In der dr. Dichtkunst hinter dem Hausvater S. 258. d. Übers.

son zu nennen; ob es Micio oder ob es Demea sein soll? Fällt er sein Urteil vor dem letzten Auftritte, so dürfte er leicht mit Erstaunen wahrnehmen, daß der, den er ganzer fünf Aufzüge hindurch, für einen verständigen Mann gehalten hat, nichts als ein Narr ist, und daß der, den er für einen Narren gehalten hat, wohl gar der verständige Mann sein könnte. Man sollte zu Anfange des fünften Aufzuges dieses Drama fast sagen, der Verfasser sei durch den beschwerlichen Kontrast gezwungen worden, seinen Zweck fahren zu lassen, und das ganze Interesse des Stücks umzukehren. Was ist aber daraus geworden? Dieses, daß man gar nicht mehr weiß, für wen man sich interessieren soll. Vom Anfange her ist man für den Micio gegen den Demea gewesen, und am Ende ist man für keinen von beiden. Beinahe sollte man einen dritten Vater verlangen, der das Mittel zwischen diesen zwei Personen hielte, und zeigte, worin sie beide fehlten.«

Nicht ich! Ich verbitte mir ihn sehr, diesen dritten Vater; es sei in dem nämlichen Stücke, oder auch allein. Welcher Vater glaubt nicht zu wissen, wie ein Vater sein soll? Auf dem rechten Wege dünken wir uns alle: wir verlangen nur, dann und wann vor den Abwegen zu beiden Seiten gewarnet zu werden.

Diderot hat Recht: es ist besser, wenn die Charaktere bloß verschieden, als wenn sie kontrastiert sind. Kontrastierte Charaktere sind minder natürlich und vermehren den romantischen Anstrich, an dem es den dramatischen Begebenheiten so schon selten fehlt. Für eine Gesellschaft, im gemeinen Leben, wo sich der Kontrast der Charaktere so abstechend zeigt, als ihn der komische Dichter verlangt, werden sich immer tausend finden, so sie weiter nichts als verschieden sind. Sehr richtig! Aber ist ein Charakter, der sich immer genau in dem graden Gleise hält, das ihm Vernunft und Tugend vorschreiben, nicht eine noch seltenere Erscheinung? Von zwanzig Gesellschaften im gemeinen Leben, werden eher zehn sein, in welchen man Väter findet, die bei Erziehung ihrer Kinder völlig entgegen gesetzte Wege einschlagen, als eine, die den wahren Vater aufweisen könnte. Und dieser wahre Vater ist noch dazu immer der nämliche, ist nur ein einziger, da der Abweichungen von ihm unendlich sind. Folglich werden die Stücke, die den wahren Vater ins Spiel bringen, nicht allein jedes vor sich unnatürlicher, sondern auch unter einander einförmiger sein, als es die sein können, welche Väter von verschiednen Grundsätzen einführen. Auch ist es gewiß, daß die Charaktere, welche in ruhigen Gesellschaften bloß verschieden scheinen, sich von selbst kontrastieren, sobald ein streitendes Interesse sie in Bewegung setzt. Ja es ist natürlich, daß sie sich sodann beeifern, noch weiter von einander entfernt zu scheinen, als sie wirklich sind. Der Lebhafte wird Feuer und Flamme gegen den, der ihm zu lau sich zu betragen scheinet: und der Laue wird kalt wie Eis, um jenem so viel Übereilungen begehen zu lassen, als ihm nur immer nützlich sein können.

SIEBEN UND ACHTZIG UND ACHT UND ACHTZIGSTES STÜCK

Den 4ten März, 1768

Und so sind andere Anmerkungen des Palissot mehr, wenn nicht ganz richtig, doch auch nicht ganz falsch. Er sieht den Ring, in den er mit seiner Lanze stoßen will, scharf genug; aber in der Hitze des Ansprengens, verrückt die Lanze, und er stößt den Ring gerade vorbei.

So sagt er über den *natürlichen Sohn* unter andern: »Welch ein seltsamer Titel! der natürliche Sohn! Warum heißt das Stück so? Welchen Einfluß hat die Geburt des Dorval? Was für einen Vorfall veranlaßt sie? Zu welcher Situation gibt sie Gelegenheit? Welche Lücke füllt sie auch nur? Was kann also die Absicht des Verfassers dabei gewesen sein? Ein Paar Betrachtungen über das Vorurteil gegen die uneheliche Geburt aufzuwärmen? Welcher vernünftige Mensch weiß denn nicht von selbst, wie ungerecht ein solches Vorurteil ist?«

Wenn Diderot hierauf antwortete: Dieser Umstand war allerdings zur Verwickelung meiner Fabel nötig; ohne ihm würde es weit unwahrscheinlicher gewesen sein, daß Dorval seine Schwester nicht kennet, und seine Schwester von keinem Bruder weiß; es stand mir frei, den Titel davon zu entlehnen, und ich hätte den Titel von noch einem geringern Umstande entlehnen können. – Wenn Diderot dieses antwortete, sag ich, wäre Palissot nicht ungefähr widerlegt?

Gleichwohl ist der Charakter des natürlichen Sohnes einem ganz andern Einwurfe bloß gestellet, mit welchem Palissot dem Dichter weit schärfer hätte zusetzen können. Diesem nämlich: daß der Umstand der unehelichen Geburt, und der daraus erfolgten Verlassenheit und Absonderung, in welcher sich Dorval von allen Menschen so viele Jahre hindurch sahe, ein viel zu eigentümlicher und besonderer Umstand ist, gleichwohl auf die Bildung seines Charakters viel zu viel Einfluß gehabt hat, als daß dieser diejenige Allgemeinheit haben könne, welche nach der eignen Lehre des Diderot ein komischer Charakter notwendig haben muß. – Die Gelegenheit reizt mich zu einer Ausschweifung über diese Lehre: und welchem Reize von der Art brauchte ich in einer solchen Schrift zu widerstehen?

»Die komische Gattung, sagt Diderot,* hat Arten, und die tragische hat Individua. Ich will mich erklären. Der Held einer Tragödie ist der und der Mensch: es ist Regulus, oder Brutus, oder Cato, und sonst kein anderer. Die vornehmste Person einer Komödie hingegen muß eine große Anzahl von Menschen vorstellen. Gäbe man ihr von ohngefähr eine so eigene Physiognomie, daß ihr nur ein einziges Individuum ähnlich wäre, so würde die Komödie wieder in ihre Kindheit zurücktreten. – Terenz scheinet mir einmal in diesen Fehler gefallen zu sein. Sein Heautontimorumenos ist ein Vater, der sich über den gewaltsamen Entschluß grämet, zu welchem er seinen Sohn durch übermäßige Strenge gebracht hat, und der sich deswegen nun selbst bestraft, indem er sich in Kleidung und Speise kümmerlich hält, allen Umgang fliehet, sein Gesinde abschafft, und das Feld mit eigenen Händen bauet. Man kann gar wohl sagen, daß es so einen Vater nicht gibt. Die größte Stadt würde kaum in einem gan-

* Unterred. S. 292 d. Übers.

zen Jahrhunderte *ein* Beispiel einer so seltsamen Betrübnis aufzuweisen haben.«

Zuerst von der Instanz des Heautontimorumenos. Wenn dieser Charakter wirklich zu tadeln ist: so trifft der Tadel nicht sowohl den Terenz, als den Menander. Menander war der Schöpfer desselben, der ihn, allem Ansehen nach, in seinem Stücke noch eine weit ausführlichere Rolle spielen lassen, als er in der Kopie des Terenz spielet, in der sich seine Sphäre, wegen der verdoppelten Intrigue, wohl sehr einziehen müssen.* Aber daß er von Menandern herrührt, dieses

* Falls nämlich die 6te Zeile des Prologs

Duplex quae ex argumento facta est simplici,

von dem Dichter wirklich so geschrieben, und nicht anders zu verstehen ist, als die Dacier und nach ihr der neue englis. Übersetzer des Terenz, Colman, sie erklären. Terence only meant to say, that he had doubled the characters; instead of one old man, one young gallant, one mistress, as in Menander, he had two old men etc. He therefore adds very properly: *novam esse ostendi,* – which certainly could not have been implied, had the characters been the same in the Greek poet. Auch schon Adrian Barlandus, ja selbst die alte Glossa interlinealis des Ascensius, hatte das duplex nicht anders verstanden: propter senes et juvenes sagt diese; und jener schreibt, nam in hac latina senes duo, adolescentes item duo sunt. Und dennoch will mir diese Auslegung nicht in den Kopf, weil ich gar nicht einsehe, was von dem Stücke übrig bleibt, wenn man die Personen, durch welche Terenz den Alten, den Liebhaber und die Geliebte verdoppelt haben soll, wieder wegnimmt. Mir ist es unbegreiflich, wie Menander diesen Stoff, ohne den Chremes und ohne den Clitipho, habe behandeln können; beide sind so genau hineingeflochten, daß ich mir weder Verwicklung noch Auflösung ohne sie denken kann. Einer andern Erklärung, durch welche sich Julius Scaliger lächerlich gemacht hat, will ich gar nicht gedenken. Auch die, welche Eugraphius gegeben hat, und die vom Faerne angenommen worden, ist ganz unschicklich. In dieser Verlegenheit haben die Kritici bald das duplex bald das simplici in der Zeile zu verändern gesucht, wozu sie die Handschriften gewissermaßen berechtigten. Einige haben gelesen:

Duplex quae ex argumento facta est duplici.

Andere:

Simplex quae ex argumento facta est duplici.

allein schon hätte, mich wenigstens, abgeschreckt, den Terenz desfalls zu verdammen. Das ὦ Μενανδρε και βιε, ποτερος ἀρ' ὑμων ποτερον ἐμιμησατο; ist zwar frostiger, als witzig gesagt: doch würde man es wohl überhaupt von einem Dichter gesagt haben, der Charaktere zu schildern im Stande wäre, wovon sich in der größten Stadt kaum in einem ganzen Jahrhunderte ein einziges Beispiel zeiget? Zwar in hundert und mehr Stücken könnte ihm auch wohl *ein* solcher Charakter entfallen sein. Der fruchtbarste Kopf schreibt sich leer; und wenn die Einbildungskraft sich keiner wirklichen

Was bleibt noch übrig, als daß nun auch einer lieset:

Simplex quae ex argumento facta est simplici.

Und in allem Ernste: so möchte ich am liebsten lesen. Man sehe die Stelle im Zusammenhange, und überlege meine Gründe.

Ex integra Graeca integram comoediam
Hodie sum acturus Heavtontimorumenon:
Simplex quae ex argumento facta est simplici.

Es ist bekannt, was dem Terenz von seinen neidischen Mitarbeitern am Theater vorgeworfen ward:

Multas contaminasse graecas, dum facit
Paucas latinas –

Er schmelzte nämlich öfters zwei Stücke in eines, und machte aus zwei Griechischen Komödien eine einzige Lateinische. So setzte er seine Andria aus der Andria und Perinthia des Menanders zusammen; seinen Eunuchus, aus dem Eunuchus und dem Colax eben dieses Dichters; seine Brüder, aus den Brüdern des nämlichen und einem Stücke des Diphilus. Wegen dieses Vorwurfs rechtfertiget er sich nun in dem Prologe des Heautontimorumenos. Die Sache selbst gesteht er ein; aber er will damit nichts anders getan haben, als was andere gute Dichter vor ihm getan hätten.

– – – Id esse factum hic non negat
Neque se pigere, et deinde factum iri autumat.
Habet bonorum exemplum: quo exemplo sibi
Licere id facere, quod illi fecerunt, putant.

Ich habe es getan, sagt er, und ich denke, daß ich es noch öfterer tun werde. Das bezog sich aber auf vorige Stücke, und nicht auf das Gegenwärtige, den Heautontimorumenos. Denn dieser war nicht aus zwei griechischen Stücken, sondern nur aus einem einzigen gleiches Namens genommen. Und das ist es, glaube ich, was

Gegenstände der Nachahmung mehr erinnern kann, so komponiert sie deren selbst, welches denn freilich meistens Karikaturen werden. Dazu will Diderot bemerkt haben, daß schon Horaz, der einen so besonders zärtlichen Geschmack hatte, den Fehler, wovon die Rede ist, eingesehen, und im Vorbeigehen, aber fast unmerklich, getadelt habe.

Die Stelle soll die in der zweiten Satyre des ersten Buchs sein, wo Horaz zeigen will, »daß die Narren aus einer Übertreibung in die andere entgegengesetzte zu fallen pflegen. Fufidius, sagt er, fürchtet für einen Verschwender gehalten zu

er in der streitigen Zeile sagen will, so wie ich sie zu lesen vorschlage:

Simplex quae ex argumento facta est simplici.

So einfach, will Terenz sagen, als das Stück des Menanders ist, eben so einfach ist auch mein Stück; ich habe durchaus nichts aus andern Stücken eingeschaltet; es ist, so lang es ist, aus dem griechischen Stücke genommen, und das griechische Stück ist ganz in meinem Lateinischen; ich gebe also

Ex integra Graeca integram Comoediam.

Die Bedeutung, die Faerne dem Worte integra in einer alten Glosse gegeben fand, daß es so viel sein sollte, als a nullo tacta, ist hier offenbar falsch, weil sie sich nur auf das erste integra, aber keinesweges auf das zweite integram schicken würde. – Und so glaube ich, daß sich meine Vermutung und Auslegung wohl hören läßt! Nur wird man sich an die gleich folgende Zeile stoßen:

Novam esse ostendi, et quae esset –

Man wird sagen: wenn Terenz bekennet, daß er das ganze Stück aus einem einzigen Stücke des Menanders genommen habe; wie kann er eben durch dieses Bekenntnis bewiesen zu haben vorgeben, daß sein Stück neu sei, novam esse? – Doch diese Schwierigkeit kann ich sehr leicht heben, und zwar durch eine Erklärung eben dieser Worte, von welcher ich mich zu behaupten getraue, daß sie schlechterdings die einzige wahre ist, ob sie gleich nur mir zugehört, und kein Ausleger, so viel ich weiß, sie nur von weitem vermutet hat. Ich sage nämlich: die Worte,

Novam esse ostendi, et quae esset –

beziehen sich keineswegs auf das, was Terenz den Vorredner in dem Vorigen sagen lassen; sondern man muß darunter verstehen,

werden. Wißt ihr, was er tut? Er leihet monatlich für fünf Prozent, und macht sich im voraus bezahlt. Je nötiger der andere das Geld braucht, desto mehr fodert er. Er weiß die Namen aller jungen Leute, die von gutem Hause sind, und itzt in die Welt treten, dabei aber über harte Väter zu klagen haben. Vielleicht aber glaubt ihr, daß dieser Mensch wieder einen Aufwand mache, der seinen Einkünften entspricht? Weit gefehlt! Er ist sein grausamster Feind, und der Vater in der Komödie, der sich wegen der Entweichung seines Sohnes bestraft, kann sich nicht schlechter quälen: non se pejus cruciaverit.« – Dieses *schlechter*, dieses pejus, will Diderot, soll hier einen doppelten Sinn haben; einmal soll es auf den Fufidius, und einmal auf den Terenz gehen; dergleichen beiläufige Hiebe, meinet er, wären dem Charakter des Horaz auch vollkommen gemäß.

Das letzte kann sein, ohne sich auf die vorhabende Stelle anwenden zu lassen. Denn hier, dünkt mich, würde die bei-

apud Aediles; novus aber heißt hier nicht, was aus des Terenz eigenem Kopfe geflossen, sondern bloß, was im Lateinischen noch nicht vorhanden gewesen. Daß mein Stück, will er sagen, ein neues Stück sei, das ist, ein solches Stück, welches noch nie lateinisch erschienen, welches ich selbst aus dem Griechischen übersetzt, das habe ich den Ädilen, die mir es abgekauft, bewiesen. Um mir hierin ohne Bedenken beizufallen, darf man sich nur an den Streit erinnern, welchen er, wegen seines Eunuchus, vor den Ädilen hatte. Diesen hatte er ihnen als ein neues, von ihm aus dem Griechischen übersetztes Stück verkauft: aber sein Widersacher, Lavinius, wollte den Ädilen überreden, daß er es nicht aus dem Griechischen, sondern aus zwei alten Stücken des Nävius und Plautus genommen habe. Freilich hatte der Eunuchus mit diesen Stücken vieles gemein; aber doch war die Beschuldigung des Lavinius falsch; denn Terenz hatte nur aus eben der griechischen Quelle geschöpft, aus welcher, ihm unwissend, schon Nävius und Plautus vor ihm geschöpft hatten. Also, um dergleichen Verleumdungen bei seinem Heautontimorumenos vorzubauen, was war natürlicher, als daß er den Ädilen das griechische Original vorgezeigt, und sie wegen des Inhalts unterrichtet hatte? Ja, die Ädilen konnten das leicht selbst von ihm gefodert haben. Und darauf geht das

Novam esse ostendi, et quae esset.

läufige Anspielung dem Hauptverstande nachteilig werden. Fufidius ist kein so großer Narr, wenn es mehr solche Narren gibt. Wenn sich der Vater des Terenz eben so abgeschmackt peinigte, wenn er eben so wenig Ursache hätte, sich zu peinigen, als Fufidius, so teilt er das Lächerliche mit ihm, und Fufidius ist weniger seltsam und abgeschmackt. Nur alsdenn, wenn Fufidius ohne alle Ursache eben so hart und grausam gegen sich selbst ist, als der Vater des Terenz mit Ursache ist, wenn jener aus schmutzigem Geize tut, was dieser aus Reu und Betrübnis tat: nur alsdenn wird uns jener unendlich lächerlicher und verächtlicher, als mitleidswürdig wir diesen finden.

Und allerdings ist jede große Betrübnis von der Art, wie die Betrübnis dieses Vaters: die sich nicht selbst vergißt, die peiniget sich selbst. Es ist wider alle Erfahrung, daß kaum alle hundert Jahre sich ein Beispiel einer solchen Betrübnis finde: vielmehr handelt jede ungefähr eben so; nur mehr oder weniger, mit dieser oder jener Veränderung. Cicero hatte auf die Natur der Betrübnis genauer gemerkt; er sahe daher in dem Betragen des Heautontimorumenos nichts mehr, als was alle Betrübte, nicht bloß von dem Affekte hingerissen, tun, sondern auch bei kälterm Geblüte fortsetzen zu müssen glauben.* Haec omnia recta, vera, debita putantes, faciunt in dolore: maximeque declaratur, hoc quasi officii judicio fieri, quod si qui forte, cum se in luctu esse vellent, aliquid fecerunt humanius, aut si hilarius locuti essent, revocant se rursus ad moestitiam, peccatique se insimulant, quod dolere intermiserint: pueros vero matres et magistri castigare etiam solent, nec verbis solum, sed etiam verberibus, si quid in domestico luctu hilarius ab iis factum est, aut dictum: plorare cogunt. – Quid ille Terentianus ipse se puniens? u. s. w.

Menedemus aber, so heißt der Selbstpeiniger bei dem Terenz, hält sich nicht allein so hart aus Betrübnis; sondern, warum er sich auch jeden geringen Aufwand verweigert, ist die Ursache und Absicht vornehmlich dieses: um desto mehr

* Tusc. Quaest. lib. III. c. 27.

für den abwesenden Sohn zu sparen, und dem einmal ein desto gemächlicheres Leben zu versichern, den er itzt gezwungen, ein so ungemächliches zu ergreifen. Was ist hierin, was nicht hundert Väter tun würden? Meint aber Diderot, daß das Eigene und Seltsame darin bestehe, daß Menedemus selbst hackt, selbst gräbt, selbst ackert: so hat er wohl in der Eil mehr an unsere neuere, als an die alten Sitten gedacht. Ein reicher Vater itziger Zeit, würde das freilich nicht so leicht tun: denn die wenigsten würden es zu tun verstehen. Aber die wohlhabensten, vornehmsten Römer und Griechen waren mit allen ländlichen Arbeiten bekannter, und schämten sich nicht, selbst Hand anzulegen.

Doch alles sei, vollkommen wie es Diderot sagt! Der Charakter des Selbstpeinigers sei wegen des allzu Eigentümlichen, wegen dieser ihm fast nur allein zukommenden Falte, zu einem komischen Charakter so ungeschickt, als er nur will. Wäre Diderot nicht in eben den Fehler gefallen? Denn was kann eigentümlicher sein, als der Charakter seines Dorval? Welcher Charakter kann mehr eine Falte haben, die ihm nur allein zukömmt, als der Charakter dieses natürlichen Sohnes? »Gleich nach meiner Geburt, läßt er ihn von sich selbst sagen, ward ich an einen Ort verschleidert, der die Grenze zwischen Einöde und Gesellschaft heißen kann; und als ich die Augen auftat, mich nach den Banden umzusehen, die mich mit den Menschen verknüpften, konnte ich kaum einige Trümmer davon erblicken. Dreißig Jahre lang irrte ich unter ihnen einsam, unbekannt und verabsäumet umher, ohne die Zärtlichkeit irgend eines Menschen empfunden, noch irgend einen Menschen angetroffen zu haben, der die meinige gesucht hätte.« Daß ein natürliches Kind sich vergebens nach seinen Ältern, vergebens nach Personen umsehen kann, mit welchen es die nähern Bande des Bluts verknüpfen: das ist sehr begreiflich; das kann unter zehnen neunen begegnen. Aber daß es ganze dreißig Jahre in der Welt herum irren könne, ohne die Zärtlichkeit irgend eines Menschen empfunden zu haben, ohne irgend einen Menschen angetroffen zu haben, der die seinige gesucht hätte: das, sollte ich fast sagen, ist schlechterdings unmöglich. Oder, wenn es möglich wäre, welche Menge ganz besonderer Umstände müßten von beiden Seiten, von Seiten der Welt und von Seiten dieses so lange insulierten Wesens, zusammen gekommen sein, diese traurige Möglichkeit wirklich zu machen? Jahrhunderte auf Jahrhunderte werden verfließen, ehe sie wieder einmal wirklich wird. Wolle der Himmel nicht, daß ich mir je das menschliche Geschlecht anders vorstelle! Lieber wünschte ich sonst, ein Bär geboren zu sein, als ein Mensch. Nein, kein Mensch kann unter Menschen so lange verlassen sein! Man schleidere ihn hin, wohin man will: wenn er noch unter Menschen fällt, so fällt er unter Wesen, die, ehe er sich umgesehen, wo er ist, auf allen Seiten bereit stehen, sich an ihn anzuketten. Sind es nicht vornehme, so sind es geringe! Sind es nicht glückliche, so sind es unglückliche Menschen! Menschen sind es doch immer. So wie ein Tropfen nur die Fläche des Wassers berühren darf, um von ihm aufgenommen zu werden und ganz in ihm zu verfließen: das Wasser heiße, wie es will, Lache oder Quelle, Strom oder See, Belt oder Ozean.

Gleichwohl soll diese dreißigjährige Einsamkeit unter den Menschen, den Charakter des Dorval gebildet haben. Welcher Charakter kann ihm nun ähnlich sehen? Wer kann sich in ihm erkennen? nur zum kleinsten Teil in ihm erkennen?

Eine Ausflucht, finde ich doch, hat sich Diderot auszusparen gesucht. Er sagt in dem Verfolge der angezogenen Stelle: »In der ernsthaften Gattung werden die Charaktere oft eben so allgemein sein, als in der komischen Gattung; sie werden aber allezeit weniger individuell sein, als in der Tragischen.« Er würde sonach antworten: Der Charakter des Dorval ist kein komischer Charakter; er ist ein Charakter, wie ihn das ernsthafte Schauspiel erfodert; wie dieses den Raum zwischen Komödie und Tragödie füllen soll, so müssen auch die Charaktere desselben das Mittel zwischen den komischen und tragischen Charakteren halten; sie brauchen nicht so allgemein zu sein als jene, wenn sie nur nicht so völlig individuell sind, als diese; und solcher Art dürfte doch wohl der Charakter des Dorval sein.

Also wären wir glücklich wieder an dem Punkte, von welchem wir ausgingen. Wir wollten untersuchen, ob es wahr sei, daß die Tragödie Individua, die Komödie aber Arten habe: das ist, ob es wahr sei, daß die Personen der Komödie eine große Anzahl von Menschen fassen und zugleich vorstellen müßten; da hingegen der Held der Tragödie nur der und der Mensch, nur Regulus, oder Brutus, oder Cato sei, und sein solle. Ist es wahr, so hat auch das, was Diderot von den Personen der mittlern Gattung sagt, die er die ernsthafte Komödie nennt, keine Schwierigkeit, und der Charakter seines Dorval wäre so tadelhaft nicht. Ist es aber nicht wahr, so fällt auch dieses von selbst weg, und dem Charakter des natürlichen Sohnes kann aus einer so ungegründeten Einteilung keine Rechtfertigung zufließen.

NEUN UND ACHTZIGSTES STÜCK

Den 8ten März, 1768

Zuerst muß ich anmerken, daß Diderot seine Assertion ohne allen Beweis gelassen hat. Er muß sie für eine Wahrheit angesehen haben, die kein Mensch in Zweifel ziehen werde, noch könne; die man nur denken dürfe, um ihren Grund zugleich mit zu denken. Und sollte er den wohl gar in den wahren Namen der tragischen Personen gefunden haben? Weil diese Achilles, und Alexander, und Cato und Augustus heißen, und Achilles, Alexander, Cato, Augustus, wirkliche einzelne Personen gewesen sind: sollte er wohl daraus geschlossen haben, daß sonach alles, was der Dichter in der Tragödie sie sprechen und handeln läßt, auch nur diesen einzeln so genannten Personen, und keinem in der Welt zugleich mit, müsse zukommen können? Fast scheint es so.

Aber diesen Irrtum hatte Aristoteles schon vor zwei tausend Jahren widerlegt, und auf die ihr entgegen stehende Wahrheit den wesentlichen Unterschied zwischen der Geschichte und Poesie, so wie den größern Nutzen der letztern vor der erstern, gegründet. Auch hat er es auf eine so einleuchtende Art getan, daß ich nur seine Worte anführen darf, um keine geringe Verwunderung zu erwecken, wie in einer so offenbaren Sache ein Diderot nicht gleicher Meinung mit ihm sein könne.

»Aus diesen also,« sagt Aristoteles,* nachdem er die wesentlichen Eigenschaften der poetischen Fabel festgesetzt, »aus diesen also erhellet klar, daß des Dichters Werk nicht ist, zu erzählen, was geschehen, sondern zu erzählen, von welcher Beschaffenheit das Geschehene, und was nach der Wahrscheinlichkeit oder Notwendigkeit dabei möglich gewesen. Denn Geschichtschreiber und Dichter unterscheiden sich nicht durch die gebundene oder ungebundene Rede: indem man die Bücher des Herodotus in gebundene Rede bringen kann, und sie darum doch nichts weniger in gebundener Rede eine Geschichte sein werden, als sie es in ungebundener waren. Sondern darin unterscheiden sie sich, daß jener erzählet, was geschehen; dieser aber, von welcher Beschaffenheit das Geschehene gewesen. Daher ist denn auch die Poesie philosophischer und nützlicher als die Geschichte. Denn die Poesie geht mehr auf das Allgemeine, und die Geschichte auf das Besondere. Das Allgemeine aber ist, wie so oder so ein Mann nach der Wahrscheinlichkeit oder Notwendigkeit sprechen und handeln würde; als worauf die Dichtkunst bei Erteilung der Namen sieht. Das Besondere hingegen ist, was Alcibiades getan, oder gelitten hat. Bei der Komödie nun hat sich dieses schon ganz offenbar gezeigt; denn wenn die Fabel nach der Wahrscheinlichkeit abgefaßt ist, legt man die etwanigen Namen sonach bei, und macht es nicht wie die Jambischen Dichter, die bei dem Einzeln bleiben. Bei der Tragödie aber hält man sich an die schon vorhandenen Namen; aus Ursache, weil das Mögliche glaubwürdig ist, und wir nicht möglich glauben, was nie geschehen, da hingegen was geschehen, offenbar möglich sein muß, weil es nicht geschehen wäre, wenn es nicht möglich wäre. Und doch sind auch in den Tragödien, in einigen nur ein oder zwei bekannte Namen, und die übrigen sind erdichtet; in einigen auch gar keiner, so wie in der *Blume* des Agathon. Denn in

* Dichtk. 9tes Kapitel.

diesem Stücke sind Handlungen und Namen gleich erdichtet, und doch gefällt es darum nichts weniger.«

In dieser Stelle, die ich nach meiner eigenen Übersetzung anführe, mit welcher ich so genau bei den Worten geblieben bin, als möglich, sind verschiedene Dinge, welche von den Auslegern, die ich noch zu Rate ziehen können, entweder gar nicht oder falsch verstanden worden. Was davon hier zur Sache gehört, muß ich mitnehmen.

Das ist unwidersprechlich, daß Aristoteles schlechterdings keinen Unterschied zwischen den Personen der Tragödie und Komödie, in Ansehung ihrer Allgemeinheit, macht. Die einen sowohl als die andern, und selbst die Personen der Epopee nicht ausgeschlossen, alle Personen der poetischen Nachahmung ohne Unterschied, sollen sprechen und handeln, nicht wie es ihnen einzig und allein zukommen könnte, sondern so wie ein jeder von ihrer Beschaffenheit in den nämlichen Umständen sprechen oder handeln würde und müßte. In diesem καϑολου, in dieser Allgemeinheit liegt allein der Grund, warum die Poesie philosophischer und folglich lehrreicher ist, als die Geschichte; und wenn es wahr ist, daß derjenige komische Dichter, welcher seinen Personen so eigene Physiognomien geben wollte, daß ihnen nur ein einziges Individuum in der Welt ähnlich wäre, die Komödie, wie Diderot sagt, wiederum in ihre Kindheit zurücksetzen und in Satyre verkehren würde: so ist es auch eben so wahr, daß derjenige tragische Dichter, welcher nur den und den Menschen, nur den Cäsar, nur den Cato, nach allen den Eigentümlichkeiten, die wir von ihnen wissen, vorstellen wollte, ohne zugleich zu zeigen, wie alle diese Eigentümlichkeiten mit dem Charakter des Cäsar und Cato zusammen gehangen, der ihnen mit mehrern kann gemein sein, daß, sage ich, dieser die Tragödie entkräften und zur Geschichte erniedrigen würde.

Aber Aristoteles sagt auch, daß die Poesie auf dieses Allgemeine der Personen mit den Namen, die sie ihnen erteile, ziele, (ὁυ ςοχαζεται ἡ ποιησις ὀνοματα ἐπιτιϑεμενη;) welches sich besonders bei der Komödie deutlich gezeigt habe. Und dieses ist es, was die Ausleger dem Aristoteles nach zu sagen sich begnügt, im geringsten aber nicht erläutert haben. Wohl aber haben verschiedene sich so darüber ausgedrückt, daß man klar sieht, sie müssen entweder nichts, oder etwas ganz falsches dabei gedacht haben. Die Frage ist: wie sieht die Poesie, wenn sie ihren Personen Namen erteilt, auf das Allgemeine dieser Personen? und wie ist diese ihre Rücksicht auf das Allgemeine der Person, besonders bei der Komödie, schon längst sichtbar gewesen?

Die Worte: ἐϛι δε καϑολου μεν, τῳ ποιῳ τα ποι' ἀττα συμβαινει λεγειν, ἠ πραττειν κατα το ἐικος, ἠ το ἀναγκαιον, ὁυ ϛοχαζεται ἡ ποιησις ὀνοματα ἐπιτιϑεμενη, übersetzt Dacier: une chose generale, c'est ce que tout homme d'un tel ou d'un tel caractere, a dû dire, ou faire vraisemblablement ou necessairement, ce qui est le but de la Poesie lors même, qu'elle impose les noms à ses personnages. Vollkommen so übersetzt sie auch Herr Curtius: »Das Allgemeine ist, was einer, vermöge eines gewissen Charakters, nach der Wahrscheinlichkeit oder Notwendigkeit redet oder tut. Diese Allgemeine ist der Endzweck der Dichtkunst, auch wenn sie den Personen besondere Namen beilegt.« Auch in ihrer Anmerkung über diese Worte, stehen beide für einen Mann; der eine sagt vollkommen eben das, was der andere sagt. Sie erklären beide, was das Allgemeine ist; sie sagen beide, daß dieses Allgemeine die Absicht der Poesie sei: aber wie die Poesie bei Erteilung der Namen auf dieses Allgemeine sieht, davon sagt keiner ein Wort. Vielmehr zeigt der Franzose durch sein lors même, so wie der Deutsche durch sein *auch wenn,* offenbar, daß sie nichts davon zu sagen gewußt, ja daß sie gar nicht einmal verstanden, was Aristoteles sagen wollen. Denn dieses lors même, dieses *auch wenn,* heißt bei ihnen nichts mehr als *ob schon;* und sie lassen den Aristoteles sonach bloß sagen, daß *ungeachtet* die Poesie ihren Personen Namen von einzeln Personen beilege, sie dem ohngeachtet nicht auf das Einzelne dieser Personen, sondern auf das Allgemeine derselben gehe. Die Worte des Dacier, die ich in der Note anführen will,* zeigen dieses

* Aristote previent ici une objection, qu'on pouvoit lui faire, sur la definition, qu'il vient de donner d'une chose generale; car les ignorans n'auroient pas manqué de lui dire, qu' Homere, par

deutlich. Nun ist es wahr, daß dieses eigentlich keinen falschen Sinn macht; aber es erschöpft doch auch den Sinn des Aristoteles hier nicht. Nicht genug, daß die Poesie, ungeachtet der von einzeln Personen genommenen Namen, auf das Allgemeine gehen kann: Aristoteles sagt, daß sie mit diesen Namen selbst auf das Allgemeine ziele, ὁυ ϛοχαζεται. Ich sollte doch wohl meinen, daß beides nicht einerlei wäre. Ist es aber nicht einerlei: so gerät man notwendig auf die Frage; wie zielt sie darauf? Und auf diese Frage antworten die Ausleger nichts.

NEUNZIGSTES STÜCK

Den 11ten März, 1768

Wie sie darauf ziele, sagt Aristoteles, dieses habe sich schon längst an der Komödie deutlich gezeigt: Επι μεν ὀυν της κωμῳδιας ἠδη τουτο δηλον γεγονεν· συϛησαντες γαρ τον μυθον δια των ἐικοτων, ὁυτω τα τυχοντα ὀνοματα ἐπιτιθεασι, και ὀυχ ὡσπερ ὁι

exemple, n'a point en vuë d'ecrire une action generale et universelle, mais une action particuliere, puisqu'il raconte ce qu'ont fait de certains hommes, comme Achille, Agamemnon, Ulysse, etc. et que par consequent, il n'y a aucune difference entre Homere et un Historien, qui auroit ecrit les actions d'Achille. Le Philosophe va au devant de cette objection, en faisant voir que les Poetes, c'est a dire, les Auteurs d'une Tragedie ou d'un Poeme Epique, lors meme, qu'ils imposent les noms à leurs personnages, ne pensent en aucune maniere à les faire parler veritablement, ce qu'ils seroient obligez de faire, s'ils ecrivoient les actions particulieres et veritables d'un certain homme, nommé Achille ou Edipe, mais qu'ils se proposent de les faire parler et agir necessairement ou vraisemblablement; c'est à dire, de leur faire dire, et faire tout ce que des hommes de ce meme caractére devoient faire et dire en cet etat, ou par necessité, ou au moins selon les regles de la vraisemblance; ce qui prouve incontestablement que ce sont des actions generales et universelles. Nichts anders sagt auch Herr Curtius in seiner Anmerkung; nur daß er das Allgemeine und Einzelne noch an Beispielen zeigen wollen, die aber nicht so recht beweisen, daß er auf den Grund der Sache gekommen. Denn ihnen zu Folge würden es nur personifierte Charaktere sein, welche der Dichter reden und handeln ließe: da es doch charakterisierte Personen sein sollen.

ἰαμβοποιοι περι των καθ' ἑκαςον ποιουσιν. Ich muß auch hiervon die Übersetzung des Dacier und Curtius anführen. Dacier sagt: C'est ce qui est déja rendu sensible dans la Comedie, car les Poetes comiques, après avoir dressé leur sujet sur la vraisemblance imposent après cela à leurs personnages tels noms qu'il leur plait, et n'imitent pas les Poetes satyriques, qui ne s'attachent qu'aux choses particulieres. Und Curtius: »In dem Lustspiele ist dieses schon lange sichtbar gewesen. Denn wenn die Komödienschreiber den Plan der Fabel nach der Wahrscheinlichkeit entworfen haben, legen sie den Personen willkürliche Namen bei, und setzen sich nicht, wie die jambischen Dichter, einen besondern Vorwurf zum Ziele.« Was findet man in diesen Übersetzungen von dem, was Aristoteles hier vornehmlich sagen will? Beide lassen ihn weiter nichts sagen, als daß die komischen Dichter es nicht machten wie die Jambischen, (das ist, satyrischen Dichter,) und sich an das Einzelne hielten, sondern auf das Allgemeine mit ihren Personen gingen, denen sie *willkürliche* Namen, tels noms qu'il leur plait, beilegten. Gesetzt nun auch, daß τα τυχοντα ὀνοματα dergleichen Namen bedeuten könnten: wo haben denn beide Übersetzer das ὀυτω gelassen? Schien ihnen denn dieses ὀυτω gar nichts zu sagen? Und doch sagt es hier alles: denn diesem ὀυτω zu Folge, legten die komischen Dichter ihren Personen nicht allein willkürliche Namen bei, sondern sie legten ihnen diese willkürlichen Namen *so*, ὀυτω, bei. Und wie *so?* So, daß sie mit diesen Namen selbst auf das Allgemeine zielten: ὀυ ςοχαζεται ἡ ποιησις ὀνοματα ἐπιτιθεμενη. Und wie geschah das? Davon finde man mir ein Wort in den Anmerkungen des Dacier und Curtius!

Ohne weitere Umschweife: es geschah so, wie ich nun sagen will. Die Komödie gab ihren Personen Namen, welche, vermöge ihrer grammatischen Ableitung und Zusammensetzung, oder auch sonstigen Bedeutung, die Beschaffenheit dieser Personen ausdrückten: mit einem Worte, sie gaben ihnen redende Namen; Namen, die man nur hören durfte, um sogleich zu wissen, von welcher Art die sein würden, die sie führen. Ich will eine Stelle des Donatus hierüber anziehen.

Nomina personarum, sagt er bei Gelegenheit der ersten Zeile in dem ersten Aufzuge der Brüder, in comoediis duntaxat, habere debent rationem et etymologiam. Etenim absurdum est, comicum aperte argumentum cofingere: vel nomen personae incongruum dare vel officium quod sit a nomine diversum.* Hinc servus fidelis *Parmeno*: infidelis vel *Syrus* vel *Geta:* miles *Thraso,* vel *Polemon*: juvenis *Pamphilus*: matrona *Myrrhina*, et puer ab odore *Storax*: vel a ludo et a gesticulatione *Circus*: et item similia. In quibus summum Poetae vitium est, si quid e contrario repugnans contrarium diversumque protulerit, nisi per ἀντιφρασιν nomen imposuerit jocalariter, ut *Misargyrides* in Plauto dicitur trapezita. Wer sich durch noch mehr Beispiele hiervon überzeugen will, der darf nur die Namen bei dem Plautus und Terenz untersuchen. Da ihre Stücke alle aus dem Griechischen genommen sind: so sind auch die Namen ihrer Personen griechischen Ursprungs, und haben, der Etymologie nach, immer eine Beziehung auf den Stand, auf die Denkungsart, oder auf sonst etwas, was diese Personen mit mehrern gemein haben können; wenn wir schon solche Etymologie nicht immer klar und sicher angeben können.

Ich will mich bei einer so bekannten Sache nicht verweilen aber wundern muß ich mich, wie die Ausleger des Ari-

* Diese Periode könnte leicht sehr falsch verstanden werden. Nämlich wenn man sie so verstehen wollte, als ob Donatus auch das für etwas ungereimtes hielte, Comicum aperte argumentum confingere. Und das ist doch die Meinung des Donatus gar nicht. Sondern er will sagen: es würde ungereimt sein, wenn der komische Dichter, da er seinen Stoff offenbar erfindet, gleichwohl den Personen unschickliche Namen, oder Beschäftigungen beilegen wollte, die mit ihren Namen stritten. Denn freilich, da der Stoff ganz von der Erfindung des Dichters ist, so stand es ja einzig und allein bei ihm, was er seinen Personen für Namen beilegen, oder was er mit diesen Namen für einen Stand oder für eine Verrichtung verbinden wollte. Sonach dürfte sich vielleicht Donatus auch selbst so zweideutig nicht ausgedrückt haben; und mit Veränderung einer einzigen Sylbe ist dieser Anstoß vermieden. Man lese nämlich entweder: Absurdum est, Comicum aperte argumentum confingentem vel nomen personae etc. Oder auch aperte argumentum confingere et nomen personae u. s. w.

stoteles sich ihrer gleichwohl da nicht erinnern können, wo Aristoteles so unwidersprechlich auf sie verweiset. Denn was kann nunmehr wahrer, was kann klärer sein, als was der Philosoph von der Rücksicht sagt, welche die Poesie bei Erteilung der Namen auf das Allgemeine nimmt? Was kann unleugbarer sein, als daß ἐπι μεν της κωμῳδιας ἡδη τουτο δηλον γεγονεν, daß sich diese Rücksicht bei der Komödie besonders längst offenbar gezeigt habe? Von ihrem ersten Ursprunge an, das ist, sobald sie die Jambischen Dichter von dem Besondern zu dem Allgemeinen erhoben, sobald aus der beleidigenden Satyre die unterrichtende Komödie entstand: suchte man jenes Allgemeine durch die Namen selbst anzudeuten. Der großsprecherische feige Soldat hieß nicht wie dieser oder jener Anführer aus diesem oder jenem Stamme: er hieß Pyrgopolinices, Hauptmann *Mauerbrecher*. Der elende Schmaruzer, der diesem um das Maul ging, hieß nicht, wie ein gewisser armer Schlucker in der Stadt: er hieß Artotrogus, *Brockenschröter*. Der Jüngling, welcher durch seinen Aufwand, besonders auf Pferde, den Vater in Schulden setzte, hieß nicht, wie der Sohn dieses oder jenes edeln Bürgers: er hieß Phidippides, Junker *Spaarroß*.

Man könnte einwenden, daß dergleichen bedeutende Namen wohl nur eine Erfindung der neuern Griechischen Komödie sein dürften, deren Dichtern es ernstlich verboten war, sich wahrer Namen zu bedienen; daß aber Aristoteles diese neuere Komödie nicht gekannt habe, und folglich bei seinen Regeln keine Rücksicht auf sie nehmen können. Das Letztere behauptet Hurd;* aber es ist eben so falsch, als falsch es ist,

* *Hurd* in seiner Abhandlung über die verschiedenen Gebiete des Drama: From the account of Comedy, here given, it may appear, that the idea of this drama is much enlarged beyond what it was in Aristotle's time; who defines it to be, an imitation of light and trivial actions, provoking ridicule. His notion was taken from the state and practice of the Athenian stage; that is from the *old* or *middle* comedy, which answer to this description. The great revolution, which the introduction of the *new* comedy made in the drama, did not happen till afterwards. Aber dieses nimmt *Hurd* bloß an, damit seine Erklärung der Komödie mit der Aristoteli-

daß die ältere Griechische Komödie sich nur wahrer Namen bedient habe. Selbst in denjenigen Stücken, deren vornehmste, einzige Absicht es war, eine gewisse bekannte Person lächerlich und verhaßt zu machen, waren, außer dem wahren Namen dieser Person, die übrigen fast alle erdichtet, und mit Beziehung auf ihren Stand und Charakter erdichtet.

schen nicht so gerade zu zu streiten scheine. Aristoteles hat die *Neue Komödie* allerdings erlebt, und er gedenkt ihrer namentlich in der Moral an den Nicomachus, wo er von dem anständigen und unanständigen Scherze handelt. (Lib. IV. cap. 14) Ἰδοι δ' ἀν τις και ἐκ των κωμῳδιων των παλαιων και των καινων. Τοις μεν γαρ ἠν γελοιον ἡ ἀισχρολογια, τοις δε μαλλον ἡ ὑπονοια. Man könnte zwar sagen, daß unter der *Neuen* Komödie hier die *Mittlere* verstanden werde; denn als noch keine Neue gewesen, habe notwendig die Mittlere die Neue heißen müssen. Man könnte hinzusetzen, daß Aristoteles in eben der Olympiade gestorben, in welcher Menander sein erstes Stück aufführen lassen, und zwar noch das Jahr vorher. (Eusebius in Chronico ad Olymp. CXIV. 4) Allein man hat Unrecht, wenn man den Anfang der Neuen Komödie von dem Menander rechnet; Menander war der erste Dichter dieser Epoche, dem poetischen Werte nach, aber nicht der Zeit nach. Philemon, der dazu gehört, schrieb viel früher, und der Übergang von der Mittlern zur Neuen Komödie war so unmerklich, daß es dem Aristoteles unmöglich an Mustern derselben kann gefehlt haben. Aristophanes selbst hatte schon ein solches Muster gegeben; sein *Kokalos* war so beschaffen, wie ihn Philemon sich mit wenigen Veränderungen zueignen konnte: Κωκαλον heißt es in dem Leben des Aristophanes, ἐν ᾧ ἐισαγει φθοραν και ἀναγνωρισμον, και τἀλλα παντα ἁ ἐζηλωσε Μενανδρος. Wie nun also Aristophanes Muster von allen verschiedenen Abänderungen der Komödie gegeben, so konnte auch Aristoteles seine Erklärung der Komödie überhaupt auf sie alle einrichten. Das tat er denn; und die Komödie hat nachher keine Erweiterung bekommen, für welche diese Erklärung zu enge geworden wäre. *Hurd* hätte sie nur recht verstehen dürfen; und er würde gar nicht nötig gehabt haben, um seine an und für sich richtigen Begriffe von der Komödie außer allen Streit mit den Aristotelischen zu setzen, seine Zuflucht zu der vermeintlichen Unerfahrenheit des Aristoteles zu nehmen.

EIN UND NEUNZIGSTES STÜCK

Den 15ten März, 1768

Ja die wahren Namen selbst, kann man sagen, gingen nicht selten mehr auf das Allgemeine, als auf das Einzelne. Unter dem Namen Sokrates wollte Aristophanes nicht den einzeln Sokrates, sondern alle Sophisten, die sich mit Erziehung junger Leute bemengten, lächerlich und verdächtig machen. Der gefährliche Sophist überhaupt war sein Gegenstand, und er nannte diesen nur Sokrates, weil Sokrates als ein solcher verschrien war. Daher eine Menge Züge, die auf den Sokrates gar nicht paßten; so daß Sokrates in dem Theater getrost aufstehen, und sich der Vergleichung Preis geben konnte! Aber wie sehr verkennt man das Wesen der Komödie, wenn man diese nicht treffende Züge für nichts als mutwillige Verleumdungen erklärt, und sie durchaus dafür nicht erkennen will, was sie doch sind, für Erweiterungen des einzeln Charakters, für Erhebungen des Persönlichen zum Allgemeinen!

Hier ließe sich von dem Gebrauche der wahren Namen in der Griechischen Komödie überhaupt verschiednes sagen, was von den Gelehrten so genau noch nicht aus einander gesetzt worden, als es wohl verdiente. Es ließe sich anmerken, daß dieser Gebrauch keineswegs in der ältern Griechischen Komödie allgemein gewesen,* daß sich nur der und jener Dichter gelegentlich desselben erkühnet,** daß er folglich

* Wenn, nach dem Aristoteles, das Schema der Komödie von dem Margites des Homer, ὀυ ψογον, ἀλλα το γελοιον δραματοποιησαντος, genommen worden: so wird man, allem Ansehen nach, auch gleich Anfangs die erdichteten Namen mit eingeführt haben. Denn Margites war wohl nicht der wahre Name einer gewissen Person: indem Μαργειτης, wohl eher von μαργης gemacht worden, als daß μαργης von Μαργειτης sollte entstanden sein. Von verschiednen Dichtern der alten Komödie finden wir es auch ausdrücklich angemerkt, daß sie sich aller Anzüglichkeiten enthalten, welches bei wahren Namen nicht möglich gewesen wäre. Z. E. von dem Pherekrates.

** Die persönliche und namentliche Satyre war so wenig eine wesentliche Eigenschaft der alten Komödie, daß man vielmehr denjenigen ihrer Dichter gar wohl kennet, der sich ihrer zuerst

nicht als ein unterscheidendes Merkmal dieser Epoche der Komödie zu betrachten.* Es ließe sich zeigen, daß als er endlich durch ausdrückliche Gesetze untersagt war, doch noch immer gewisse Personen von dem Schutze dieser Gesetze entweder namentlich ausgeschlossen waren, oder doch stillschweigend für ausgeschlossen gehalten wurden. In den

erkühnet. Es war Cratinus welcher zuerst τῳ χαριεντι της κωμῳδιας το ὠφελιμον προσεθηκε, τους κακως πραττοντας διαβαλλων, και ὡσπερ δημοσιᾳ μαςιγι τῃ κωμῳδιᾳ κολαζων. Und auch dieser wagte sich nur Anfangs an gemeine verworfene Leute, von deren Ahndung er nichts zu befürchten hatte. Aristophanes wollte sich die Ehre nicht nehmen lassen, daß er es sei, welcher sich zuerst an die Großen des Staats gewagt habe: (Ir. v. 750)

Ουκ ἰδιωτας ἀνθρωπισκους κωμῳδων, ὀυδε γυναικας,
Αλλ' Ἡρακλεους ὀργην τιν' ἐχων, τοισι μεγιςοις ἐπιχειρει.

Ja er hätte lieber gar diese Kühnheit als sein eigenes Privilegium betrachten mögen. Er war höchst eifersüchtig, als er sahe, daß ihn so viele andere Dichter, die er verachtete, darin nachfolgten.

* Welches gleichwohl fast immer geschieht. Ja man geht noch weiter, und will behaupten, daß mit den wahren Namen auch wahre Begebenheiten verbunden gewesen, an welchen die Erfindung des Dichters keinen Teil gehabt. Dacier selbst sagt: Aristote n'a pu vouloir dire qu'Epicharmus et Phormis inventerent les sujets de leurs pieces, puisque l'un et l'autre ont été des Poëtes de la vieille Comedie, ou il n'y avoit rien de feint, et que ces avantures feintes ne commencerent à etre mises sur le theatre, que du tems d'Alexandre le Grand, c'est à dire dans la nouvelle Comedie. *(Remarque sur le Chap. V. de la Poet. d'Arist.)* Man sollte glauben, wer so etwas sagen könne, müßte nie auch nur einen Blick in den Aristophanes getan haben. Das Argument, die Fabel der alten Griechischen Komödie war eben sowohl erdichtet, als es die Argumente und Fabeln der Neuen nur immer sein konnten. Kein einziges von den übrig gebliebenen Stücken des Aristophanes stellt eine Begebenheit vor, die wirklich geschehen wäre: und wie kann man sagen, daß sie der Dichter deswegen nicht erfunden, weil sie zum Teil auf wirkliche Begebenheiten anspielt? Wenn Aristoteles als ausgemacht annimmt, ὁτι τον ποιητην μαλλον των μυθων ἐιναι δει ποιητην, ἠ των μετρων: würde er nicht schlechterdings die Verfasser der alten Griechischen Komödie aus der Klasse der Dichter haben ausschließen müssen, wenn er geglaubt hätte, daß sie die Argumente ihrer Stücke nicht erfunden? Aber so wie es, nach ihm, in der Tragödie gar wohl mit der poetischen Erfindung bestehen kann, daß Namen und Umstände aus der wahren Geschichte entlehnt sind: so muß es, seiner Meinung nach,

Stücken des Menanders selbst, wurden noch Leute genug bei ihren wahren Namen genannt und lächerlich gemacht.* Doch ich muß mich nicht aus einer Ausschweifung in die andere verlieren.

Ich will nur noch die Anwendung auf die wahren Namen der Tragödie machen. So wie der Aristophanische Sokrates nicht den einzeln Mann dieses Namens vorstellte, noch vorstellen sollte; so wie dieses personifierte Ideal einer eiteln und gefährlichen Schulweisheit nur darum den Namen Sokrates bekam, weil Sokrates als ein solcher Täuscher und Verführer zum Teil bekannt war, zum Teil noch bekannter werden sollte; so wie bloß der Begriff von Stand und Charakter, den man mit dem Namen Sokrates verband und noch näher verbinden sollte, den Dichter in der Wahl des Namens bestimmte: so ist auch bloß der Begriff des Charakters, den wir mit den Namen Regulus, Cato, Brutus zu verbinden gewohnt sind, die Ursache, warum der tragische Dichter seinen Personen diese Namen erteilet. Er führt einen Regulus, einen

auch in der Komödie bestehen können. Es kann unmöglich seinen Begriffen gemäß gewesen sein, daß die Komödie dadurch, daß sie wahre Namen brauche, und auf wahre Begebenheiten anspiele, wiederum in die Jambische Schmähsucht zurück falle: vielmehr muß er geglaubt haben, daß sich das καθολου ποιειν λογους ἤ μυθους gar wohl damit vertrage. Er gesteht dieses den ältesten komischen Dichtern, dem Epicharmus, dem Phormis und Krates zu, und wird es gewiß dem Aristophanes nicht abgesprochen haben, ob er schon wußte, wie sehr er nicht allein den Kleon und Hyperbolus, sondern auch den Perikles und Sokrates namentlich mitgenommen.

* Mit der Strenge, mit welcher Plato das Verbot, jemand in der Komödie lächerlich zu machen, in seiner Republik einführen wollte, (μητε λογῳ, μητε ἐικονι, μητε θυμῳ, μητε ἄνευ θυμου, μηδαμως μηδενα των πολιτων κωμῳδειν) ist in der wirklichen Republik niemals darüber gehalten worden. Ich will nicht anführen, daß in den Stücken des Menander noch so mancher Cynische Philosoph, noch so manche Buhlerin mit Namen genennt ward: man könnte antworten, daß dieser Abschaum von Menschen nicht zu den Bürgern gehört. Aber Ktesippus, der Sohn des Chabrias, war doch gewiß Atheniensischer Bürger, so gut wie einer: und man sehe, was Menander von ihm sagte. (Menandri Fr. p. 137. Edit. Cl.)

Brutus auf, nicht um uns mit den wirklichen Begegnissen dieser Männer bekannt zu machen, nicht um das Gedächtnis derselben zu erneuern: sondern um uns mit solchen Begegnissen zu unterhalten, die Männern von ihrem Charakter überhaupt begegnen können und müssen. Nun ist zwar wahr, daß wir diesen ihren Charakter aus ihren wirklichen Begegnissen abstrahieret haben: es folgt aber doch daraus nicht, daß uns auch ihr Charakter wieder auf ihre Begegnisse zurückführen müsse; er kann uns nicht selten weit kürzer, weit natürlicher auf ganz andere bringen, mit welchen jene wirkliche weiter nichts gemein haben, als daß sie mit ihnen aus einer Quelle, aber auf unzuverfolgenden Umwegen und über Erdstriche hergeflossen sind, welche ihre Lauterheit verdorben haben. In diesem Falle wird der Poet jene erfundene den wirklichen schlechterdings vorziehen, aber den Personen noch immer die wahren Namen lassen. Und zwar aus einer doppelten Ursache: einmal, weil wir schon gewohnt sind, bei diesen Namen einen Charakter zu denken, wie er ihn in seiner Allgemeinheit zeiget; zweitens, weil wirklichen Namen auch wirkliche Begebenheiten anzuhängen scheinen, und alles, was einmal geschehen, glaubwürdiger ist, als was nicht geschehen. Die erste dieser Ursachen fließt aus der Verbindung der Aristotelischen Begriffe überhaupt; sie liegt zum Grunde, und Aristoteles hatte nicht nötig, sich umständlicher bei ihr zu verweilen; wohl aber bei der zweiten, als einer von anderwärts noch dazu kommenden Ursache. Doch diese liegt itzt außer meinem Wege, und die Ausleger insgesamt haben sie weniger mißverstanden als jene.

Nun also auf die Behauptung des Diderot zurück zu kommen. Wenn ich die Lehre des Aristoteles richtig erklärt zu haben, glauben darf: so darf ich auch glauben, durch meine Erklärung bewiesen zu haben, daß die Sache selbst unmöglich anders sein kann, als sie Aristoteles lehret. Die Charaktere der Tragödie müssen eben so allgemein sein, als die Charaktere der Komödie. Der Unterschied, den Diderot behauptet, ist falsch: oder Diderot muß unter der Allgemeinheit eines Charakters ganz etwas anders verstehen, als Aristoteles darunter verstand.

ZWEI UND NEUNZIGSTES STÜCK

Den 18ten März, 1768

Und warum könnte das Letztere nicht sein? Finde ich doch noch einen andern, nicht minder trefflichen Kunstrichter, der sich fast eben so ausdrückt als Diderot, fast eben so gerade zu dem Aristoteles zu widersprechen scheint, und gleichwohl im Grunde so wenig widerspricht, daß ich ihn vielmehr unter allen Kunstrichtern für denjenigen erkennen muß, der noch das meiste Licht über diese Materie verbreitet hat.

Es ist dieses der englische Kommentator der Horazischen Dichtkunst, Hurd: ein Schriftsteller aus derjenigen Klasse, die durch Übersetzungen bei uns immer am spätesten bekannt werden. Ich möchte ihn aber hier nicht gern anpreisen, um diese seine Bekanntmachung zu beschleunigen. Wenn der Deutsche, der ihr gewachsen wäre, sich noch nicht gefunden hat: so dürften vielleicht auch der Leser unter uns noch nicht viele sein, denen daran gelegen wäre. Der fleißige Mann, voll guten Willens, übereile sich also lieber damit nicht, und sehe, was ich von einem noch unübersetzten gutem Buche hier sage, ja für keinen Wink an, den ich seiner allezeit fertigen Feder geben wollen.

Hurd hat seinem Kommentar eine Abhandlung, *über die verschiednen Gebiete des Drama,* beigefügt. Denn er glaubte bemerkt zu haben, daß bisher nur die allgemeinen Gesetze dieser Dichtungsart in Erwägung gezogen worden, ohne die Grenzen der verschiednen Gattungen derselben festzusetzen. Gleichwohl müsse auch dieses geschehen, um von dem eigenen Verdienste einer jeden Gattung insbesondere ein billiges Urteil zu fällen. Nachdem er also die Absicht des Drama überhaupt, und der drei Gattungen desselben, die er vor sich findet, der Tragödie, der Komödie und des Possenspiels, insbesondere festgesetzt: so folgert er, aus jener allgemeinen und aus diesen besondern Absichten, sowohl diejenigen Eigenschaften, welche sie unter sich gemein haben, als diejenigen, in welchen sie von einander unterschieden sein müssen.

Unter die letztern rechnet er, in Ansehung der Komödie

und Tragödie, auch diese, daß der Tragödie eine wahre, der Komödie hingegen eine erdichtete Begebenheit zuträglicher sei. Hierauf fährt er fort: The same genius in the two dramas is observable, in their draught of *characters*. Comedy makes all its characters *general*; Tragedy *particular*. The ›Avare‹ of Moliere is not so properly the picture of a *covetous man*, as of *covetousness* itself. Racine's Nero on the other hand, is not a picture of *cruelty*, but of a *cruel man*. D. i. »In dem nämlichen Geiste schildern die zwei Gattungen des Drama auch ihre *Charaktere*. Die Komödie macht alle ihre Charaktere *general;* die Tragödie *partikular*. Der Geizige des Moliere ist nicht so eigentlich das Gemälde eines *geizigen Mannes,* als des *Geizes* selbst. Racines ›Nero‹ hingegen ist nicht das Gemälde der *Grausamkeit,* sondern nur eines *grausamen Mannes.*«

Hurd scheinet so zu schließen: wenn die Tragödie eine wahre Begebenheit erfodert, so müssen auch ihre Charaktere wahr, das ist, so beschaffen sein, wie sie wirklich in den Individuis existieren; wenn hingegen die Komödie sich mit erdichteten Begebenheiten begnügen kann, wenn ihr wahrscheinliche Begebenheiten, in welchen sich die Charaktere nach allen ihrem Umfange zeigen können, lieber sind, als wahre, die ihnen einen so weiten Spielraum nicht erlauben, so dürfen und müssen auch ihre Charaktere selbst allgemeiner sein, als sie in der Natur existieren; angesehen dem Allgemeinen selbst, in unserer Einbildungskraft eine Art von Existenz zukömmt, die sich gegen die wirkliche Existenz des Einzeln eben wie das Wahrscheinliche zu dem Wahren verhält.

Ich will itzt nicht untersuchen, ob diese Art zu schließen nicht ein bloßer Zirkel ist: ich will die Schlußfolge bloß annehmen, so wie sie da liegt, und wie sie der Lehre des Aristoteles schnurstracks zu widersprechen scheint. Doch, wie gesagt, sie scheint es bloß, welches aus der weitern Erklärung des Hurd erhellet.

»Es wird aber, fährt er fort, hier dienlich sein, einer *doppelten* Verstoßung vorzubauen, welche der eben angeführte Grundsatz zu begünstigen scheinen könnte.

Die *erste* betrifft die Tragödie, von der ich gesagt habe, daß sie partikuläre Charaktere zeige. Ich meine, ihre Charaktere sind partikulärer, als die Charaktere der Komödie. Das ist: die *Absicht* der Tragödie verlangt es nicht und erlaubt es nicht, daß der Dichter von den charakteristischen Umständen, durch welche sich die Sitten schildern, so viele zusammen zieht, als die Komödie. Denn in jener wird von dem Charakter nicht mehr gezeigt, als so viel der Verlauf der Handlung unumgänglich erfodert. In dieser hingegen werden alle Züge, durch die er sich zu unterscheiden pflegt, mit Fleiß aufgesucht und angebracht.

Es ist fast, wie mit dem Portraitmalen. Wenn ein großer Meister ein *einzelnes* Gesicht abmalen soll, so gibt er ihm alle die Lineamente, die er in ihm findet, und macht es Gesichtern von der nämlichen Art nur so weit ähnlich, als es ohne Verletzung des allergeringsten eigentümlichen Zuges geschehen kann. Soll eben derselbe Künstler hingegen einen Kopf überhaupt malen, so wird er alle die gewöhnlichen Mienen und Züge zusammen anzubringen suchen, von denen er in der gesammten Gattung bemerkt hat, daß sie die Idee am kräftigsten ausdrücken, die er sich itzt in Gedanken gemacht hat, und in seinem Gemälde darstellen will.

Eben so unterscheiden sich die Schildereien der beiden Gattungen des Drama: woraus denn erhellet, daß, wenn ich den tragischen Charakter *partikular* nenne, ich bloß sagen will, daß er die Art, zu welcher er gehöret, weniger vorstellig macht, als der komische; nicht aber, daß das, was man von dem Charakter zu zeigen für gut befindet, es mag nun so wenig sein, als es will, nicht nach dem *Allgemeinen* entworfen sein sollte, als wovon ich das Gegenteil anderwärts behauptet und umständlich erläutert habe.*

* Bei den Versen der Horazischen Dichtkunst: Respicere exemplar vitae morumque jubebo Doctum imitatorem, et veras hinc ducere voces, wo *Hurd* zeiget, daß die *Wahrheit,* welche Horaz hier verlangt, einen solchen Ausdruck bedeute, als der allgemeinen Natur der Dinge gemäß ist; *Falschheit* hingegen das heiße, was zwar dem vorhabenden besondern Falle angemessen, aber nicht mit jener allgemeinen Natur übereinstimmend sei.

Was *zweitens* die Komödie anbelangt, so habe ich gesagt, daß sie *generale* Charaktere geben müsse, und habe zum Beispiele den ›Geizigen‹ des Moliere angeführt, der mehr der Idee des *Geizes*, als eines wirklichen *geizigen Mannes* entspricht. Doch auch hier muß man meine Worte nicht in aller ihrer Strenge nehmen. Moliere dünkt mich in diesem Beispiele selbst fehlerhaft; ob es schon sonst, mit der erforderlichen Erklärung, nicht ganz unschicklich sein wird, meine Meinung begreiflich zu machen.

Da die komische Bühne die Absicht hat, Charaktere zu schildern, so meine ich kann diese Absicht am vollkommensten erreicht werden, wenn sie diese Charaktere so allgemein macht, als möglich. Denn indem auf diese Weise die in dem Stücke aufgeführte Person gleichsam der Repräsentant aller Charaktere dieser Art wird, so kann unsere Lust an der Wahrheit der Vorstellung so viel Nahrung darin finden, als nur möglich. Es muß aber sodann diese Allgemeinheit sich nicht bis auf unsern Begriff von den *möglichen* Wirkungen des Charakters, im Abstracto betrachtet, erstrecken, sondern nur bis auf die *wirkliche* Äußerung seiner Kräfte, so wie sie von der Erfahrung gerechtfertiget werden, und im gemeinen Leben Statt finden können. Hierin haben Moliere, und vor ihm Plautus, gefehlt; statt der Abbildung eines *geizigen Mannes*, haben sie uns eine grillenhafte widrige Schilderung der *Leidenschaft des Geizes* gegeben. Ich nenne es eine *grillenhafte* Schilderung, weil sie kein Urbild in der Natur hat. Ich nenne es eine *widrige* Schilderung; denn da es die Schilderung einer *einfachen unvermischten Leidenschaft* ist, so fehlen ihr alle die Lichter und Schatten, deren richtige Verbindung allein ihr Kraft und Leben erteilen könnte. Diese Lichter und Schatten sind die Vermischung verschiedener Leidenschaften, welche mit der vornehmsten oder *herrschenden* Leidenschaft zusammen den menschlichen Charakter ausmachen; und diese Vermischung muß sich in jedem dramatischen Gemälde von Sitten finden, weil es zugestanden ist, daß das Drama vornehmlich das wirkliche Leben abbilden soll. Doch aber muß die Zeichnung der *herrschenden* Leidenschaft so allgemein entworfen sein, als es ihr Streit mit den andern in der Natur nur immer zulassen will, damit der vorzustellende Charakter sich desto kräftiger ausdrücke.

DREI UND NEUNZIGSTES STÜCK

Den 22sten März, 1768

Alles dieses läßt sich abermals aus der Malerei sehr wohl erläutern. In *charakteristischen Porträten*, wie wir diejenigen nennen können, welche eine Abbildung der Sitten geben sollen, wird der Artist, wenn er ein Mann von wirklicher Fähigkeit ist, nicht auf die Möglichkeit einer abstrakten Idee losarbeiten. Alles was er sich vornimmt zu zeigen, wird dieses sein, daß irgend eine Eigenschaft die *herrschende* ist; diese drückt er stark, und durch solche Zeichen aus, als sich in den Wirkungen der herrschenden Leidenschaft am sichtbarsten äußern. Und wenn er dieses getan hat, so dürfen wir, nach der gemeinen Art zu reden, oder, wenn man will, als ein Kompliment gegen seine Kunst gar wohl von einem solchen Portraite sagen, daß es uns nicht sowohl den Menschen, als die Leidenschaft zeige; gerade so, wie die Alten von der berühmten Bildsäule des Apollodorus vom Silanion angemerkt haben, daß sie nicht sowohl den zornigen Apollodorus, als die Leidenschaft des Zornes vorstelle.* Dieses aber muß bloß so verstanden werden, daß er die hauptsächlichen Züge der vorgebildeten Leidenschaft gut ausgedrückt habe. Denn im übrigen behandelt er seinen Vorwurf eben so, wie er jeden andern behandeln würde: das ist, er vergißt die *mitverbundenen* Eigenschaften nicht, und nimmt das allgemeine Ebenmaß und Verhältnis, welches man an einer menschlichen Figur erwartet, in Acht. Und das heißt denn die Natur schildern, welche uns kein Beispiel von einem Menschen gibt, der ganz und gar in eine einzige Leidenschaft verwandelt wäre. Keine Metamorphosis könnte seltsamer und unglaublicher sein. Gleichwohl sind Portraite, in diesem tadelhaften Geschmacke verfertiget, die Bewunderung gemeiner

* Non hominem ex aere fecit, sed iracundiam. *Plinius libr.* 34.8.

Gaffer, die, wenn sie in einer Sammlung das Gemälde, z. E. eines *Geizigen*, (denn ein gewöhnlicheres gibt es wohl in dieser Gattung nicht,) erblicken, und nach dieser Idee jede Muskel, jeden Zug angestrenget, verzerret und überladen finden, sicherlich nicht ermangeln, ihre Billigung und Bewunderung darüber zu äußern. – Nach diesem Begriffe der Vortrefflichkeit würde Le Bruns Buch von den *Leidenschaften*, eine Folge der besten und richtigsten moralischen Portraite enthalten: und die Charaktere des Theophrasts müßten, in Absicht auf das Drama, den Charakteren des Terenz weit vorzuziehen sein.

Über das erstere dieser Urteile, würde jeder Virtuose in den bildenden Künsten unstreitig lachen. Das letztere aber, fürchte ich, dürften wohl nicht alle so seltsam finden; wenigstens, nach der Praxis verschiedener unserer besten komischen Schriftsteller und nach dem Beifalle zu urteilen, welchen dergleichen Stücke gemeiniglich gefunden haben. Es ließen sich leicht fast aus allen charakteristischen Komödien Beispiele anführen. Wer aber die Ungereimtheit dramatische Sitten nach abstrakten Ideen auszuführen, in ihrem völligen Lichte sehen will, der darf nur B. Jonsons *Jedermann aus seinem Humor** vor sich nehmen; welches ein charakteristi-

* Beim B. Jonson sind zwei Komödien, die er vom Humor benennt hat: die eine Every Man in his Humour, und die andere Every Man out of his Humour. Das Wort Humor war zu seiner Zeit aufgekommen, und wurde auf die lächerlichste Weise gemißbraucht. Sowohl diesen Mißbrauch, als den eigentlichen Sinn desselben, bemerkt er in folgender Stelle selbst:

> As when some one peculiar quality
> Doth so possess a Man, that it doth draw
> All his affects, his spirits, and his powers,
> In their construction, all to run one way,
> This may be truly said to be a humour.
> But that a rook by wearing a py'd feather,
> The cable hatband, or the three-pil'd ruff,
> A yard of shoe-tye, Switzer's knot
> On his French garters, should affect a humour!
> O, it is more than most ridiculous.

In der Geschichte des Humors sind beide Stücke des Jonson also sehr wichtige Dokumente, und das letztere noch mehr als das

sches Stück sein soll, in der Tat aber nichts als eine unnatürliche, und wie es die Maler nenen würden, *harte* Schilderung einer Gruppe von *für sich bestehenden Leidenschaften* ist, wovon man das Urbild in dem wirklichen Leben nirgends findet. Dennoch hat diese Komödie immer ihre Bewunderer gehabt; und besonders muß Randolph von ihrer Einrichtung sehr bezaubert gewesen sein, weil er sie in seinem *Spiegel der Muse* ausdrücklich nachgeahmet zu haben scheint.

Auch hierin, müssen wir anmerken, ist Shakespeare, so wie in allen andern noch wesentlichern Schönheiten des Drama, ein vollkommenes Muster. Wer seine Komödien in dieser Absicht aufmerksam durchlesen will, wird finden, daß seine *auch noch so kräftig gezeichneten Charaktere,* den größten Teil ihrer Rollen durch, sich vollkommen wie alle andere ausdrücken, und ihre wesentlichen und herrschenden

erstere. Der Humor, den wir den Engländern itzt so vorzüglich zuschreiben, war damals bei ihnen großen Teils Affektation; und vornehmlich diese Affektation lächerlich zu machen, schilderte Jonson Humor. Die Sache genau zu nehmen, müßte auch nur der affektierte, und nie der wahre Humor ein Gegenstand der Komödie sein. Denn nur die Begierde, sich von andern auszuzeichnen, sich durch etwas Eigentümliches merkbar zu machen, ist eine allgemeine menschliche Schwachheit, die, nach Beschaffenheit der Mittel, welche sie wählet, sehr lächerlich, oder auch sehr strafbar werden kann. Das aber, wodurch die Natur selbst, oder eine anhaltende zur Natur gewordene Gewohnheit, einen einzeln Menschen von allen andern auszeichnet, ist viel zu speziell, als daß es sich mit der allgemeinen philosophischen Absicht des Drama vertragen könnte. Der überhäufte Humor in vielen Englischen Stücken, dürfte sonach auch wohl das Eigene, aber nicht das Bessere derselben sein. Gewiß ist es, daß sich in dem Drama der Alten keine Spur von Humor findet. Die alten dramatischen Dichter wußten das Kunststück, ihre Personen auch ohne Humor zu individualisieren: ja die alten Dichter überhaupt. Wohl aber zeigen die alten Geschichtschreiber und Redner dann und wann Humor; wenn nämlich die historische Wahrheit, oder die Aufklärung eines gewissen Facti, diese genaue Schilderung καϑ' ἕκαϛον erfodert. Ich habe Exempel davon fleißig gesammelt, die ich auch bloß darum in Ordnung bringen zu können wünschte, um gelegentlich einen Fehler wieder gut zu machen, der ziemlich allgemein geworden ist. Wir übersetzen nämlich itzt, fast durchgängig, Humor durch Laune; und ich glaube mir bewußt zu sein,

Eigenschaften nur gelegentlich, so wie die Umstände eine ungezwungene Äußerung veranlassen, an den Tag legen. Diese besondere Vortrefflichkeit seiner Komödien entstand daher, daß er die Natur getreulich kopierte, und sein reges und feuriges Genie auf alles aufmerksam war, was ihm in dem Verlaufe der Szenen dienliches aufstoßen konnte: da hingegen *Nachahmung* und *geringere Fähigkeiten* kleine Skribenten verleiten, sich um die Fertigkeit zu beeifern, diesen einen Zweck keinen Augenblick aus dem Gesichte zu lassen, und mit der ängstlichen Sorgfalt ihre Lieblingscharaktere in beständigem Spiele und ununterbrochner Tätigkeit zu erhalten. Man könnte über diese ungeschickte Anstrengung ihres Witzes sagen, daß sie mit *den Personen ihres Stücks* nicht anders umgehen, als gewisse spaßhafte Leute mit ihren *Bekannten,* denen sie mit ihren Höflichkeiten so zusetzen, daß sie

daß ich der erste bin, der es so übersetzt hat. Ich habe sehr unrecht daran getan, und ich wünschte, daß man mir nicht gefolgt wäre. Denn ich glaube es unwidersprechlich beweisen zu können, daß Humor und Laune ganz verschiedene, ja in gewissem Verstande gerade entgegen gesetzte Dinge sind. Laune kann zu Humor werden; aber Humor ist, außer diesem einzigen Falle, nie Laune. Ich hätte die Abstammung unsers deutschen Worts und den gewöhnlichen Gebrauch desselben, besser untersuchen und genauer erwägen sollen. Ich schloß zu eilig, weil Laune das Französische Humeur ausdrücke, daß es auch das Englische Humour ausdrücken könnte: aber die Franzosen selbst können Humour nicht durch Humeur übersetzen. – Von den genannten zwei Stükken des Jonson hat das erste, *Jedermann in seinem Humor,* den vom Hurd hier gerügten Fehler weit weniger. Der Humor, den die Personen desselben zeigen, ist weder so individuell, noch so überladen, daß er mit der gewöhnlichen Natur nicht bestehen könnte; sie sind auch alle zu einer gemeinschaftlichen Handlung so ziemlich verbunden In dem zweiten hingegen, *Jedermann aus seinem Humor,* ist fast nicht die geringste Fabel; es treten eine Menge der wunderlichsten Narren nach einander auf, man weiß weder wie, noch warum; und ihr Gespräch ist überall durch ein Paar Freunde des Verfassers unterbrochen, die unter dem Namen Grex eingeführt sind, und Betrachtung über die Charaktere der Personen und über die Kunst des Dichters, sie zu behandeln, anstellen. Das *aus seinem Humor,* out of his Humour, zeigt an, daß alle die Personen in Umstände geraten, in welchen sie ihres Humors satt und überdrüssig werden.

ihren Anteil an der allgemeinen Unterhaltung gar nicht nehmen können, sondern nur immer, zum Vergnügen der Gesellschaft, Sprünge und Männchen machen müssen.

VIER UND NEUNZIGSTES STÜCK

Den 25sten März, 1768

Und so viel von der Allgemeinheit der komischen Charaktere, und den Grenzen dieser Allgemeinheit, nach der Idee des Hurd! – Doch es wird nötig sein, noch erst die zweite Stelle beizubringen, wo er erklärt zu haben versichert, in wie weit auch den tragischen Charakteren, ob sie schon nur partikular wären, dennoch eine Allgemeinheit zukomme: ehe wir den Schluß überhaupt machen können, ob und wie Hurd mit Diderot, und beide mit dem Aristoteles übereinstimmen.

»*Wahrheit*, sagt er, heißt in der Poesie ein solcher Ausdruck, als der allgemeinen Natur der Dinge gemäß ist; *Falschheit* hingegen ein solcher, als sich zwar zu dem vorhabenden besondern Falle schicket, aber nicht mit jener *allgemeinen Natur* übereinstimmet. Diese Wahrheit des Ausdurcks in der dramatischen Poesie zu erreichen, empfiehlet Horaz* zwei Dinge: *einmal*, die Sokratische Philosophie fleißig zu studieren; *zweitens*, sich um eine genaue Kenntnis des menschlichen Lebens zu bewerben. Jenes, weil es der eigentümliche Vorzug dieser Schule ist, ad veritatem vitae propius accedere;** dieses, um unserer Nachahmung eine desto allgemeinere Ähnlichkeit erteilen zu können. Sich hiervon zu überzeugen, darf man nur erwägen, daß man sich in Werken der Nachahmung an die *Wahrheit* zu genau halten kann; und dieses auf doppelte Weise. Denn entweder kann der Künstler, wenn er die Natur nachbilden will, sich zu ängstlich befleißigen, alle und jede *Besonderheiten* seines Gegenstandes anzudeuten, und so die allgemeine Idee der

* De arte poet. v. 310. 317. 18.
** De Orat. I. 51.

Gattung auszudrücken verfehlen. Oder er kann, wenn er sich diese allgemeine Idee zu erteilen bemüht, sie aus zu vielen Fällen des *wirklichen* Lebens, nach seinem weitesten Umfange, zusammen setzen; da er sie vielmehr von dem lautern Begriffe, der sich bloß in der Vorstellung der Seele findet, hernehmen sollte. Dieses letztere ist der allgemeine Tadel, womit die Schule der *Niederländischen* Maler zu belegen, als die ihre Vorbilder aus der wirklichen Natur, und nicht, wie die Italienische, von dem geistigen Ideale der Schönheit entlehnet.* Jenes aber entspricht einem andern Fehler, den man gleichfalls den Niederländischen Meistern vorwirft, und der dieser ist, daß sie lieber die besondere, seltsame und groteske, als die allgemeine und reizende Natur, sich zum Vorbilde wählen.

Wir sehen also, daß der Dichter, indem er sich von der eigenen und besondern Wahrheit entfernet, desto getreuer die allgemeine Wahrheit nachahmet. Und hieraus ergibt sich die Antwort auf jenen spitzfindigen Einwurf, den Plato gegen die Poesie ausgegrübelt hatte, und nicht ohne Selbstzufriedenheit vorzutragen schien. Nämlich, daß die poetische Nachahmung uns die Wahrheit nur sehr von weitem zeigen könne. *Denn, der poetische Ausdruck*, sagt der Philosoph, *ist das Abbild von des Dichters eigenen Begriffen; die Begriffe des Dichters sind das Abbild der Dinge; und die Dinge das Abbild des Urbildes, welches in dem göttlichen Verstande existieret. Folglich ist der Ausdruck des Dichters nur das Bild von dem Bilde eines Bildes, und liefert uns ursprüngliche Wahrheit nur gleichsam aus der dritten Hand***. Aber alle diese Vernünftelei fällt weg, sobald man die nur gedachte Regel des Dichters gehörig fasset, und fleißig in Ausübung bringet. Denn indem der Dichter von den Wesen alles absondert, was allein das Individuum angehet und un-

* Nach Maßgebung der Antiken. Nec enim Phidias, cum faceret Jovis formam aut Minervae, contemplabatur aliquem e quo similitudinem duceret: sed ipsius in mente insidebat *species pulchritudinis eximia quaedam,* quam intuens in eaque defixus ad illius similitudinem artem et manum dirigebat. (Cic. Or. 2)

** Plato de Repl. L. X.

terscheidet, überspringet sein Begriff gleichsam alle die zwischen inne liegenden besondern Gegenstände, und erhebt sich, so viel möglich, zu dem göttlichen Urbilde, um so das unmittelbare Nachbild der Wahrheit zu werden. Hieraus lernt man denn auch einsehen, was und wie viel jenes ungewöhnliche Lob, welches der große Kunstrichter der Dichtkunst erteilet, sagen wolle; *daß sie, gegen die Geschichte genommen, das ernstere und philosophischere Studium sei:* φιλοσοφωτερον και σπουδαιοτερον ποιησις ἱϛοριας ἐϛιν. Die Ursache, welche gleich darauf folgt, ist nur gleichfalls sehr begreiflich: ἡ μεν γαρ ποιησις μαλλον τα καθολου, ἡ δ' ἱϛορια τα καθ' ἑκαϛον λεγει. * Ferner wird hieraus ein wesentlicher Unterschied deutlich, der sich, wie man sagt, zwischen den zwei großen Nebenbuhlern der Griechischen Bühne soll befunden haben. Wenn man dem Sophokles vorwarf, daß es seinen Charakteren an Wahrheit fehle, so pflegte er sich damit zu verantworten, *daß er die Menschen so schildere, wie sei sein sollten, Euripides aber so, wie sie wären.* Σοφοκλης ἐφη, ἀυτος μεν ὁιους δει ποιειν Ευριπιδην δε ὁιοι ἐισι. ** Der Sinn hiervon ist dieser: Sophokles hatte, durch seinen ausgebreitetern Umgang mit Menschen, die eingeschränkte enge Vorstellung, welche aus der Betrachtung *einzelner* Charaktere entsteht, in einen vollständigen Begriff des *Geschlechts* erweitert; der philosophische Euripides hingegen, der seine meiste Zeit in der Akademie zugebracht hatte, und von da aus das Leben übersehen wollte, hielt seinen Blick zu sehr auf das Einzelne, auf wirklich existierende Personen geheftet, versenkte das Geschlecht in das Individuum, und malte folglich, den vorhabenden Gegenständen nach, seine Charaktere zwar natürlich und *wahr*, aber auch dann und wann ohne die höhere allgemeine Ähnlichkeit, die zur Vollendung der poetischen Wahrheit erfodert wird.***

* Dichtkunst Kap. 9.

** Ebendas. Kap. 25.

*** Diese Erklärung ist der, welche Dacier von der Stelle des Aristoteles gibt, weit vorzuziehen. Nach den Worten der Übersetzung scheinet Dacier zwar eben das zu sagen, was Hurd sagt: que Sophocle faisoit ses Heros, comme ils devoient etre et qu'

Ein Einwurf stößt gleichwohl hier auf, den wir nicht unangezeigt lassen müssen. Man könnte sagen, ›daß philosophische Spekulationen die Begriffe eines Menschen eher *abstrakt* und *allgemein* machen, als sie auf das *Individuelle* einschränken müßten. Das letztere sei ein Mangel, welcher aus der kleinen Anzahl von Gegenständen entspringe, die den Menschen zu betrachten vorkommen; und diesem Mangel sei nicht allein dadurch abzuhelfen, daß man sich mit mehrern Individuis bekannt mache, als worin die Kenntnis der Welt bestehe; sondern auch dadurch, daß man über die *allgemeine Natur* der Menschen nachdenke, so wie sie in guten moralischen Büchern gelehrt werde. Denn die Verfasser solcher Bücher hätten ihren allgemeinen Begriff von der menschlichen Natur nicht anders als aus einer ausgebreiteten Erfahrung (es sei nun ihrer eignen, oder fremden) haben können, ohne welche ihre Bücher sonst von keinem Werte sein würden.‹ Die Antwort hierauf, dünkt mich, ist diese. *Durch Erwägung der allgemeinen Natur des Menschen* lernet der Philosoph, wie die Handlung beschaffen sein muß, die aus dem Übergewichte gewisser Neigungen und Eigenschaften entspringet: das ist, er lernet das Betragen überhaupt, welches der beigelegte Charakter erfodert. Aber deutlich und zuverlässig zu wissen, wie weit und in welchem

Euripide les faisoit comme ils etoient. Aber er verbindet im Grunde einen ganz andern Begriff damit. Hurd verstehet unter dem *Wie sie sein sollten,* die allgemeine abstrakte Idee des Geschlechts, nach welcher der Dichter seine Personen mehr, als nach ihren individuellen Verschiedenheiten schildern müsse. Dacier aber denkt sich dabei eine höhere moralische Vollkommenheit, wie sie der Mensch zu erreichen fähig sei, ob er sie gleich nur selten erreiche; und diese, sagt er, habe Sophokles seinen Personen gewöhnlicher Weise beigelegt: Sophocle tachoit de rendre ses imitations parfaites, en suivant toujours bien plus ce qu'une belle Nature etoit capable de faire, que ce qu'elle faisoit. Allein diese höhere moralische Vollkommenheit gehöret gerade zu jenem allgemeinen Begriffe nicht; sie stehet dem Individuo zu, aber nicht dem Geschlechte; und der Dichter, der sie seinen Personen beilegt, schildert gerade umgekehrt, mehr in der Manier des Euripides als des Sophokles. Die weitere Ausführung hiervon verdienet mehr als eine Note.

Grade von Stärke sich dieser oder jener Charakter, bei besondern Gelegenheiten, wahrscheinlicher Weise äußern würde, das ist einzig und allein eine Frucht von unserer Kenntnis der Welt. Daß Beispiele von dem Mangel dieser Kenntnis, bei einem Dichter, wie Euripides war, sehr häufig sollten gewesen sein, läßt sich nicht wohl annehmen: auch werden, wo sich dergleichen in seinen übrig gebliebenen Stücken etwa finden sollten, sie schwerlich so offenbar sein, daß sie auch einem gemeinen Leser in die Augen fallen müßten. Es können nur Feinheiten sein, die allein der wahre Kunstrichter zu unterscheiden vermögend ist; und auch *diesem* kann, in einer solchen Entfernung von Zeit, aus Unwissenheit der griechischen Sitten, wohl etwas als ein Fehler vorkommen, was im Grunde eine Schönheit ist. Es würde also ein sehr gefährliches Unternehmen sein, die Stellen im Euripides anzeigen zu wollen, welche Aristoteles diesem Tadel unterworfen zu sein, geglaubt hatte. Aber gleichwohl will ich es wagen, eine anzuführen, die, wenn ich sie auch schon nicht nach aller Gerechtigkeit kritisieren sollte, wenigstens meine Meinung zu erläutern, dienen kann.

FÜNF UND NEUNZIGSTES STÜCK

Den 29sten März, 1768

Die Geschichte seiner Elektra ist ganz bekannt. Der Dichter hatte, in dem Charakter dieser Prinzessin, ein tugendhaftes, aber mit Stolz und Groll erfülltes Frauenzimmer zu schildern, welches durch die Härte, mit der man sich gegen sie selbst betrug, erbittert war, und durch noch weit stärkere Bewegungsgründe angetrieben ward, den Tod eines Vaters zu rächen. Eine solche heftige Gemütsverfassung, kann der Philosoph in seinem Winkel wohl schließen, muß immer sehr bereit sein, sich zu äußern. Elektra, kann er wohl einsehen, muß, bei der geringsten schicklichen Gelegenheit, ihren Groll an den Tag legen, und die Ausführung ihres Vorhabens beschleunigen zu können wünschen. Aber zu welcher Höhe dieser Groll steigen darf? d. i. wie stark Elektra ihre Rachsucht ausdrücken darf, ohne daß ein Mann, der mit dem menschlichen Geschlechte und mit den Wirkungen der Leidenschaften im Ganzen bekannt ist, dabei ausrufen kann: *das ist unwahrscheinlich?* Dieses auszumachen, wird die abstrakte Theorie von wenig Nutzen sein. So gar eine nur mäßige Bekanntschaft mit dem wirklichen Leben, ist hier nicht hinlänglich uns zu leiten. Man kann eine Menge Individua bemerkt haben, welche den Poeten, der den Ausdruck eines solchen Grolles bis auf das Äußerste getrieben hätte, zu rechtfertigen scheinen. Selbst die Geschichte dürfte vielleicht Exempel an die Hand geben, wo eine tugendhafte Erbitterung auch wohl noch weiter getrieben worden, als es der Dichter hier vorgestellet. Welches sind denn nun also die eigentlichen Grenzen derselben, und wodurch sind sie zu bestimmen? Einzig und allein durch Bemerkung so vieler einzeln Fälle als möglich; einzig und allein vermittelst der ausgebreitesten Kenntnis, wie viel eine solche Erbitterung über dergleichen Charaktere unter dergleichen Umständen, im wirklichen Leben *gewöhnlicher Weise* vermag. So verschieden diese Kenntnis in Ansehung ihres Umfanges ist, so verschieden wird denn auch die Art der Vorstellung sein. Und nun wollen wir sehen, wie der vorhabende Charakter von dem Euripides wirklich behandelt worden.

In der schönen Szene, welche zwischen der Elektra und dem Orestes vorfällt, von dem sie aber noch nicht weiß, daß er ihr Bruder ist, kömmt die Unterredung ganz natürlich auf die Unglücksfälle der Elektra, und auf den Urheber derselben, die Klytämnestra, so wie auch auf die Hoffnung, welche Elektra hat, von ihren Drangsalen durch den Orestes befreiet zu werden. Das Gespräch, wie es hierauf weiter gehet, ist dieses:

ORESTES. Und Orestes? Gesetzt, er käme nach Argos zurück –

ELEKTRA. Wozu diese Frage, da er, allem Ansehen nach, niemals zurückkommen wird?

ORESTES. Aber gesetzt, er käme! Wie müßte er es anfangen, um den Tod seines Vaters zu rächen?

ELEKTRA. Sich eben des erkühnen, wessen die Feinde sich gegen seinen Vater erkühnten.

ORESTES. Wolltest du es wohl mit ihm wagen, deine Mutter umzubringen?

ELEKTRA. Sie mit dem nämlichen Eisen umbringen, mit welchem sie meinen Vater mordete!

ORESTES. Und darf ich das, als deinen festen Entschluß, deinem Bruder vermelden?

ELEKTRA. Ich will meine Mutter umbringen, oder nicht leben!

Das Griechische ist noch stärker:

Θανοιμι, μητρος αἱμ' ἐπισφαξασ' ἐμης.
Ich will gern des Todes sein, sobald ich meine Mutter umgebracht habe!

Nun kann man nicht behaupten, daß diese letzte Rede schlechterdings unnatürlich sei. Ohne Zweifel haben sich Beispiele genug eräugnet, wo unter ähnlichen Umständen die Rache sich eben so heftig ausgedrückt hat. Geichwohl, denke ich, kann uns die Härte dieses Ausdrucks nicht anders als ein wenig beleidigen. Zum mindesten hielt Sophokles nicht für gut, ihn so weit zu treiben. Bei ihm sagt Elektra unter gleichen Umständen nur das: *Jetzt sei dir die Ausführung überlassen! Wäre ich aber allein geblieben, so glaube mir nur: beides hätte mir gewiß nicht mißlingen sollen; entweder mit Ehren mich zu befreien, oder mit Ehren zu sterben!*

Ob nun diese Vorstellung des Sophokles der *Wahrheit,* in so fern sie aus einer ausgebreitetern Erfahrung, d. i. aus der Kenntnis der menschlichen Natur überhaupt, gesammelt worden, nicht weit gemäßer ist, als die Vorstellung des Euripides, will ich denen zu beurteilen überlassen, die es zu beurteilen fähig sind. Ist sie es, so kann die Ursache keine andere sein, als die ich angenommen: *daß nämlich Sophokles seine Charaktere so geschildert, als er unzähligen von ihm beobachteten Beispielen der nämlichen Gattung zu Folge, glaubte, daß sie sein sollten; Euripides aber so, als er in der engeren Sphäre seiner Beobachtungen erkannt hatte, daß sie wirklich wären. –* «

Vortrefflich! Auch unangesehen der Absicht, in welcher ich diese langen Stellen des Hurd angeführet habe, enthalten sie unstreitig so viel feine Bemerkungen, daß es mir der Leser wohl erlassen wird, mich wegen Einschaltung derselben zu entschuldigen. Ich besorge nur, daß er meine Absicht selbst darüber aus den Augen verloren. Sie war aber diese: zu zeigen, daß auch Hurd, so wie Diderot, der Tragödie besondere, und nur der Komödie allgemeine Charaktere zuteile, und dem ohngeachtet dem Aristoteles nicht widersprechen wolle, welcher das Allgemeine von allen poetischen Charakteren, und folglich auch von den tragischen verlanget. Hurd erklärt sich nämlich so: der tragische Charakter müsse zwar partikular oder weniger allgemein sein, als der komische, d. i. er müsse die Art, zu welcher er gehöre, weniger vorstellig machen; gleichwohl aber müsse das Wenige, was man von ihm zu zeigen für gut finde, nach dem Allgemeinen entworfen sein, welches Aristoteles fordere.*

Und nun wäre die Frage, ob Diderot sich auch so verstanden wissen wolle? – Warum nicht, wenn ihm daran gelegen wäre, sich nirgends in Widerspruch mit dem Aristoteles finden zu lassen? Mir wenigstens, dem daran gelegen ist, daß zwei denkende Köpfe von der nämlichen Sache nicht Ja und Nein sagen, könnte es erlaubt sein, ihm diese Auslegung unterzuschieben, ihm diese Ausflucht zu leihen.

Aber lieber von dieser Ausflucht selbst, ein Wort! – Mich dünkt, es ist eine Ausflucht, und ist auch keine. Denn das Wort *Allgemein* wird offenbar darin in einer doppelten und ganz verschiedenen Bedeutung genommen. Die eine, in welcher es Hurd und Diderot von dem tragischen Charakter verneinen, ist nicht die nämliche, in welcher es Hurd von ihm bejahet. Freilich beruhet eben hierauf die Ausflucht:

* In calling the tragic character *particular*, I suppose it only *less representative* of the kind than the comic; not that the draught of so much character as it is concerned to represent should not be *general*.

aber wie, wenn die eine die andere schlechterdings ausschlösse?

In der ersten Bedeutung heißt ein *allgemeiner* Charakter ein solcher, in welchen man das, was man an mehrern oder allen Individuis bemerkt hat, zusammen nimmt; es heißt mit einem Worte, ein *überladener* Charakter; es ist mehr die personifierte Idee eines Charakters, als eine charakterisierte Person. In der andern Bedeutung aber heißt ein *allgemeiner* Charakter ein solcher, in welchem man von dem, was an mehrern oder allen Individuis bemerkt worden, einen gewissen Durchschnitt, eine mittlere Proportion angenommen; es heißt mit einem Worte, ein *gewöhnlicher* Charakter, nicht zwar in so fern der Charakter selbst, sondern nur in so fern der Grad, das Maß desselben gewöhnlich ist.

Hurd hat vollkommen Recht, das καθολου des Aristoteles von der Allgemeinheit in der zweiten Bedeutung zu erklären. Aber wenn denn nun Aristoteles diese Allgemeinheit eben sowohl von den komischen als tragischen Charakteren erfodert: wie ist es möglich, daß der nämliche Charakter zugleich auch jene Allgemeinheit haben kann? Wie ist es möglich, daß er zugleich *überladen* und *gewöhnlich* sein kann? Und gesetzt auch er wäre so überladen noch lange nicht, als es die Charaktere in dem getadelten Stücke des Jonson sind; gesetzt, er ließe sich noch gar wohl in einem Individuo gedenken, und man habe Beispiele, daß er sich wirklich in mehrern Menschen eben so stark, eben so ununterbrochen geäußert habe: würde er dem ohngeachtet nicht auch noch viel *ungewöhnlicher* sein, als jene Allgemeinheit des Aristoteles zu sein erlaubet?

Das ist die Schwierigkeit! – Ich erinnere hier meine Leser, daß diese Blätter nichts weniger als ein dramatisches System enthalten sollen. Ich bin also nicht verpflichtet, alle die Schwierigkeiten aufzulösen, die ich mache. Meine Gedanken mögen immer sich weniger zu verbinden, ja wohl gar sich zu widersprechen scheinen: wenn es denn nur Gedanken sind, bei welchen sie Stoff finden, selbst zu denken. Hier will ich nichts als Fermenta cognitionis ausstreuen.

SECHS UND NEUNZIGSTES STÜCK

Den 1sten April, 1768

Den zwei und funfzigsten Abend (Dienstags, den 28sten Julius,) wurden des Herrn Romanus Brüder wiederholt.

Oder sollte ich nicht vielmehr sagen: die Brüder des Herrn Romanus? Nach einer Anmerkung nämlich, welche Donatus bei Gelegenheit der Brüder des Terenz macht: Hanc dicunt fabulam secundo loco actam, etiam tum rudi nomine poetae; itaque sic pronunciatam, Adelphoi Terenti, non Terenti Adelphoi, quod adhuc magis de fabulae nomine poeta, quam de poetae nomine fabula commendabatur. Herr Romanus hat seine Komödien zwar ohne seinen Namen herausgegeben: aber doch ist sein Name durch sie bekannt geworden. Noch itzt sind diejenigen Stücke, die sich auf unserer Bühne von ihm erhalten haben, eine Empfehlung seines Namens, der in Provinzen Deutschlandes genannt wird, wo er ohne sie wohl nie wäre gehöret worden. Aber welches widrige Schicksal hat auch diesen Mann abgehalten, mit seinen Arbeiten für das Theater so lange fortzufahren, bis die Stücke aufgehört hätten, seinen Namen zu empfehlen, und sein Name dafür die Stücke empfohlen hätte?

Das meiste, was wir Deutsche noch in der schönen Literatur haben, sind Versuche junger Leute. Ja das Vorurteil ist bei uns fast allgemein, daß es nur jungen Leuten zukomme, in diesem Felde zu arbeiten. Männer, sagt man, haben ernsthaftere Studia, oder wichtigere Geschäfte, zu welchen sie die Kirche oder der Staat auffodert. Verse und Komödien heißen Spielwerke; allenfalls nicht unnützliche Vorübungen, mit welchen man sich höchstens bis in sein fünf und zwanzigstes Jahr beschäftigen darf. Sobald wir uns dem männlichen Alter nähern, sollen wir fein alle unsere Kräfte einem nützlichen Amte widmen; und läßt uns dieses Amt einige Zeit, etwas zu schreiben, so soll man ja nichts anders schreiben, als was mit der Gravität und dem bürgerlichen Range desselben bestehen kann; ein hübsches Kompendium aus den höhern Fakultäten, eine gute Chronike von der lieben Vaterstadt, eine erbauliche Predigt und dergleichen.

Daher kömmt es denn auch, daß unsere schöne Literatur, ich will nicht bloß sagen gegen die schöne Literatur der Alten, sondern sogar fast gegen aller neuern polierten Völker ihre, ein so jugendliches, ja kindisches Ansehen hat, und noch lange, lange haben wird. An Blut und Leben, an Farbe und Feuer fehlet es ihr endlich nicht: aber Kräfte und Nerven, Mark und Knochen mangeln ihr noch sehr. Sie hat noch so wenig Werke, die ein Mann, der im Denken geübt ist, gern zur Hand nimmt, wenn er, zu seiner Erholung und Stärkung, einmal außer dem einförmigen ekeln Zirkel seiner alltäglichen Beschäftigungen denken will! Welche Nahrung kann so ein Mann wohl, z. E. in unsern höchst trivialen Komödien finden? Wortspiele, Sprichwörter, Späßchen, wie man sie alle Tage auf den Gassen hört: solches Zeug macht zwar das Parterr zu lachen, das sich vergnügt so gut es kann; wer aber von ihm mehr als den Bauch erschüttern will, wer zugleich mit seinem Verstande lachen will, der ist einmal da gewesen und kömmt nicht wieder.

Wer nichts hat, der kann nichts geben. Ein junger Mensch, der erst selbst in die Welt tritt, kann unmöglich die Welt kennen und sie schildern. Das größte komische Genie zeigt sich in seinen jugendlichen Werken hohl und leer; selbst von den ersten Stücken des Menanders sagt Plutarch,* daß sie mit seinen spätern und letztern Stücken gar nicht zu vergleichen gewesen. Aus diesen aber, setzt er hinzu, könne man schließen, was er noch würde geleistet haben, wenn er länger gelebt hätte. Und wie jung meint man wohl, daß Menander starb? Wie viel Komödien meint man wohl, daß er erst geschrieben hatte? Nicht weniger als hundert und fünfe; und nicht jünger als zwei und funfzig.

Keiner von allen unsern verstorbenen komischen Dichtern, von denen es sich noch der Mühe verlohnte zu reden, ist so alt geworden; keiner von den itztlebenden ist es noch zur Zeit; keiner von beiden hat das vierte Teil so viel Stücke gemacht. Und die Kritik sollte von ihnen nicht eben das zu

* Επιτ. της συγκρισεως Αριϛ. και Μεναν. p. 1588. Ed. Henr. Stephani.

sagen haben, was sie von dem Menander zu sagen fand? – Sie wage es aber nur, und spreche!

Und nicht die Verfasser allein sind es, die sie mit Unwillen hören. Wir haben, dem Himmel sei Dank, itzt ein Geschlecht selbst von Kritikern, deren beste Kritik darin besteht, – alle Kritik verdächtig zu machen. »Genie! Genie! schreien sie. Das Genie setzt sich über alle Regeln hinweg! Was das Genie macht, ist Regel!« So schmeicheln sie dem Genie: ich glaube, damit wir sie auch für Genies halten sollen. Doch sie verraten zu sehr, daß sie nicht einen Funken davon in sich spüren, wenn sie in einem und eben demselben Atem hinzusetzen: »die Regeln unterdrücken das Genie!« – Als ob sich Genie durch etwas in der Welt unterdrücken ließe! Und noch dazu durch etwas, das, wie sie selbst gestehen, aus ihm hergeleitet ist. Nicht jeder Kunstrichter ist Genie: aber jedes Genie ist ein geborner Kunstrichter. Es hat die Probe aller Regeln in sich. Es begreift und behält und befolgt nur die, die ihm seine Empfindung in Worten ausdrücken. Und diese seine in Worten ausgedrückte Empfindung sollte seine Tätigkeit verringern können? Vernünftelt darüber mit ihm, so viel ihr wollt; es versteht euch nur, in so fern es eure allgemeinen Sätze den Augenblick in einem einzeln Falle anschauend erkennet; und nur von diesem einzeln Falle beibt Erinnerung in ihm zurück, die während der Arbeit auf seine Kräfte nicht mehr und nicht weniger wirken kann, als die Erinnerung eines glücklichen Beispiels, die Erinnerung einer eignen glücklichen Erfahrung auf sie zu wirken im Stande ist. Behaupten also, daß Regeln und Kritik das Genie unterdrükken können: heißt mit andern Worten behaupten, daß Beispiele und Übung eben dieses vermögen; heißt, das Genie nicht allein auf sich selbst, heißt es sogar, lediglich auf seinen ersten Versuch einschränken.

Eben so wenig wissen diese weise Herren, was sie wollen, wenn sie über die nachteiligen Eindrücke, welche die Kritik auf das genießende Publikum mache, so lustig wimmern! Sie möchten uns lieber bereden, daß kein Mensch einen Schmetterling mehr bunt und schön findet, seitdem das böse Vergrößerungsglas erkennen lassen, daß die Farben desselben nur Staub sind.

»Unser Theater, sagen sie, ist noch in einem viel zu zarten Alter, als daß es den monarchischen Scepter der Kritik ertragen könne. – Es ist fast nötiger die Mittel zu zeigen, wie das Ideal erreicht werden kann, als darzutun, wie weit wir noch von diesem Ideale entfernt sind. – Die Bühne muß durch Beispiele, nicht durch Regeln reformieret werden. – Räsonieren ist leichter, als selbst erfinden.«

Heißt das, Gedanken in Worte kleiden: oder heißt es nicht vielmehr, Gedanken zu Worten suchen, und keine erhaschen? – Und wer sind sie denn, die so viel von Beispielen, und vom selbst Erfinden reden? Was für Beispiele haben sie denn gegeben? Was haben sie denn selbst erfunden? – Schlaue Köpfe! Wenn ihnen Beispiele zu beurteilen vorkommen, so wünschen sie lieber Regeln; und wenn sie Regeln beurteilen sollen, so möchten sie lieber Beispiele haben. Anstatt von einer Kritik zu beweisen, daß sie falsch ist, beweisen sie, daß sie zu strenge ist; und glauben vertan zu haben! Anstatt ein Raisonnement zu widerlegen, merken sie an, daß Erfinden schwerer ist, als Raisonnieren; und glauben widerlegt zu haben!

Wer richtig raisonniert, erfindet auch: und wer erfinden will, muß raisonnieren können. Nur die glauben, daß sich das eine von dem andern trennen lasse, die zu keinem von beiden aufgelegt sind.

Doch was halte ich mich mit diesen Schwätzern auf? Ich will meinen Gang gehen, und mich unbekümmert lassen, was die Grillen am Wege schwirren. Auch ein Schritt aus dem Wege, um sie zu zertreten, ist schon zu viel. Ihr Sommer ist so leicht abgewartet!

Also, ohne weitere Einleitung, zu den Anmerkungen, die ich bei Gelegenheit der ersten Vorstellung der Brüder des Hrn. Romanus,* annoch über dieses Stück versprach! – Die vornehmsten derselben werden die Veränderungen betreffen, die er in der Fabel des Terenz machen zu müssen geglaubet, um sie unsern Sitten näher zu bringen.

Was soll man überhaupt von der Notwendigkeit dieser

* Drei und siebzigstes Stück. S. 368.

Veränderungen sagen? Wenn wir so wenig Anstoß finden, römische oder griechische Sitten in der Tragödie geschildert zu sehen: warum nicht auch in der Komödie? Woher die Regel, wenn es anders eine Regel ist, die Szene der erstern in ein entferntes Land, unter ein fremdes Volk; die Szene der andern aber, in unsere Heimat zu legen? Woher die Verbindlichkeit, die wir dem Dichter aufbürden, in jener die Sitten desjenigen Volkes, unter dem er seine Handlung vorgehen läßt, so genau als möglich zu schildern; da wir in dieser nur unsere eigene Sitten von ihm geschildert zu sehen verlangen? »Dieses, sagt Pope an einem Orte, scheinet dem ersten Ansehen nach bloßer Eigensinn, bloße Grille zu sein: es hat aber doch seinen guten Grund in der Natur. Das Hauptsächlichste, was wir in der Komödie suchen, ist ein getreues Bild des gemeinen Lebens, von dessen Treue wir aber nicht so leicht versichert sein können, wenn wir es in fremde Moden und Gebräuche verkleidet finden. In der Tragödie hingegen ist es die Handlung, was unsere Aufmerksamkeit am meisten an sich ziehet. Einen einheimischen Vorfall aber für die Bühne bequem zu machen, dazu muß man sich mit der Handlung größere Freiheiten nehmen, als eine zu bekannte Geschichte verstattet.«

SIEBEN UND NEUNZIGSTES STÜCK

Den 5ten April, 1768

Diese Auflösung, genau betrachtet, dürfte wohl nicht in allen Stücken befriedigend sein. Denn zugegeben, daß fremde Sitten der Absicht der Komödie nicht so gut entsprechen, als einheimische: so bleibt noch immer die Frage, ob die einheimischen Sitten nicht auch zur Absicht der Tragödie ein besseres Verhältnis haben, als fremde? Diese Frage ist wenigstens durch die Schwierigkeit, einen einheimischen Vorfall ohne allzumerkliche und anstößige Veränderungen für die Bühne bequem zu machen, nicht beantwortet. Freilich erfodern einheimische Sitten auch einheimische Vorfälle: wenn denn aber nur mit jenen die Tragödie am leichtesten und gewissesten ihren Zweck erreichte, so müßte es ja doch wohl besser sein, sich über alle Schwierigkeiten, welche sich bei Behandlung dieser finden, wegzusetzen, als in Absicht des Wesentlichsten zu kurz zu fallen, welches ohnstreitig der Zweck ist. Auch werden nicht alle einheimische Vorfälle so merklicher und anstößiger Veränderungen bedürfen; und die deren bedürfen, ist man ja nicht verbunden zu bearbeiten. Aristoteles hat schon angemerkt, daß es gar wohl Begebenheiten geben kann und gibt, die sich vollkommen so eräugnet haben, als sie der Dichter braucht. Da dergleichen aber nur selten sind, so hat er auch schon entschieden, daß sich der Dichter um den wenigerm Teil seiner Zuschauer, der von den wahren Umständen vielleicht unterrichtet ist, lieber nicht bekümmern, als seiner Pflicht minder Genüge leisten müsse.

Der Vorteil, den die einheimischen Sitten in der Komödie haben, beruhet auf der innigen Bekanntschaft, in der wir mit ihnen stehen. Der Dichter braucht sie uns nicht erst bekannt zu machen; er ist aller hierzu nötigen Beschreibungen und Winke überhoben; er kann seine Personen sogleich nach ihren Sitten handeln lassen, ohne uns diese Sitten selbst erst langweilig zu schildern. Einheimische Sitten also erleichtern ihm die Arbeit, und befördern bei dem Zuschauer die Illusion.

Warum sollte nun der tragische Dichter sich dieses wichtigen doppelten Vorteils begeben? Auch er hat Ursache, sich die Arbeit so viel als möglich zu erleichtern, seine Kräfte nicht an Nebenzwecke zu verschwenden, sondern sie ganz für den Hauptzweck zu sparen. Auch ihm kömmt auf die Illusion des Zuschauers alles an. – Man wird vielleicht hierauf antworten, daß die Tragödie der Sitten nicht groß bedürfe; daß sie ihrer ganz und gar entübriget sein könne. Aber sonach braucht sie auch keine fremde Sitten; und von dem Wenigen, was sie von Sitten haben und zeigen will, wird es doch immer besser sein, wenn es von einheimischen Sitten hergenommen ist, als von fremden.

Die Griechen wenigstens haben nie andere als ihre eigene Sitten, nicht bloß in der Komödie, sondern auch in der Tragödie, zum Grunde gelegt. Ja sie haben fremden Völkern, aus deren Geschichte sie den Stoff ihrer Tragödie etwa einmal entlehnten, lieber ihre eigenen griechischen Sitten leihen, als die Wirkungen der Bühne durch unverständliche barbarische Sitten entkräften wollen. Auf das Costume, welches unsern tragischen Dichtern so ängstlich empfohlen wird, hielten sie wenig oder nichts. Der Beweis hiervon können vornehmlich die Perserinnen des Aeschylus sein; und die Ursache, warum sie sich so wenig an das Costume binden zu dürfen glaubten, ist aus der Absicht der Tragödie leicht zu folgern.

Doch ich gerate zu weit in denjenigen Teil des Problems, der mich itzt gerade am wenigsten angeht. Zwar indem ich behaupte, daß einheimische Sitten auch in der Tragödie zuträglicher sein würden, als fremde: so setze ich schon als unstreitig voraus, daß sie es wenigstens in der Komödie sind. Und sind sie das, glaube ich wenigstens, daß sie es sind: so kann ich auch die Veränderungen, welche Herr Romanus in Absicht derselben, mit dem Stücke des Terenz gemacht hat, überhaupt nicht anders als billigen.

Er hatte Recht, eine Fabel, in welche so besondere Griechische und Römische Sitten so innig verwebet sind, umzuschaffen. Das Beispiel erhält seine Kraft nur von seiner innern Wahrscheinlichkeit, die jeder Mensch nach dem beurteilet, was ihm selbst am gewöhnlichsten ist. Alle Anwendung fällt weg, wo wir uns erst mit Mühe in fremde Umstände versetzen müssen. Aber es ist auch keine leichte Sache mit einer solchen Umschaffung. Je vollkommner die Fabel ist, desto weniger läßt sich der geringste Teil verändern, ohne das Ganze zu zerrütten. Und schlimm! wenn man sich sodann nur mit Flicken begnügt, ohne im eigentlichen Verstande umzuschaffen.

Das Stück heißt die Brüder, und dieses bei dem Terenz aus einem doppelten Grunde. Denn nicht allein die beiden Alten, Micio und Demea, sondern auch die beiden jungen Leute, Aeschinus und Ktesipho, sind Brüder. Demea ist dieser beider Vater; Micio hat den einen, den Aeschinus, nur an Sohnes Statt angenommen. Nun begreif ich nicht, warum unserm Verfasser diese Adoption mißfallen. Ich weiß nicht anders, als daß die Adoption auch unter uns, auch noch itzt gebräuchlich, und vollkommen auf den nämlichen Fuß gebräuchlich ist, wie sie es bei den Römern war. Dem ohngeachtet ist er davon abgegangen: bei ihm sind nur die zwei Alten Brüder, und jeder hat einen leiblichen Sohn, den er nach seiner Art erziehet. Aber, desto besser! wird man vielleicht sagen. So sind denn auch die zwei Alte wirkliche Väter; und das Stück ist wirklich eine Schule der Väter, d. i. solcher, denen die Natur die väterliche Pflicht aufgelegt, nicht solcher, die sie freiwillig zwar übernommen, die sich ihrer aber schwerlich weiter unterziehen, als es mit ihrer eignen Gemächlichkeit bestehen kann.

Pater esse disce ab illis, qui *vere* sciunt!

Sehr wohl! Nur Schade, daß durch Auflösung dieses einzigen Knoten, welcher bei dem Terenz den Aeschinus und Ktesipho unter sich, und beide mit dem Demea, ihrem Vater, verbindet, die ganze Maschine aus einander fällt, und aus *einem* allgemeinen Interesse zwei ganz verschiedene entstehen, die bloß die Konvenienz des Dichters, und keinesweges ihre eigene Natur zusammen hält!

Denn ist Aeschinus nicht bloß der angenommene, sondern der leibliche Sohn des Micio, was hat Demea sich viel um ihn zu bekümmern? Der Sohn eines Bruders geht mich so nahe nicht an, als mein eigener. Wenn ich finde, daß jemand meinen eigenen Sohn verziehet, geschähe es auch in der besten Absicht von der Welt, so habe ich Recht, diesem gutherzigen Verführer mit aller der Heftigkeit zu begegnen, mit welcher, beim Terenz, Demea dem Micio begegnet. Aber wenn es nicht mein Sohn ist, wenn es der eigene Sohn des Verziehers ist, was kann ich mehr, was darf ich mehr, als daß ich diesen Verzieher warne, und wenn er mein Bruder ist, ihn öfters und ernstlich warne? Unser Verfasser setzt den Demea aus dem Verhältnisse, in welchem er bei dem Terenz stehet, aber er läßt ihm die nämliche Ungestümheit, zu welcher ihn doch nur jenes Verhältnis berechtigen konnte. Ja bei ihm schimpfet und tobet Demea noch weit ärger, als bei dem Terenz. Er will aus der Haut fahren, »daß er an seines Bruders Kinde Schimpf und Schande erleben muß.« Wenn ihm nun aber dieser antwortete: »Du bist nicht klug, mein lieber Bruder, wenn du glaubest, du könntest an meinem Kinde Schimpf und Schande erleben. Wenn mein Sohn ein Bube ist und bleibt, so wird, wie das Unglück, also auch der Schimpf nur meine sein. Du magst es mit deinem Eifer wohl gut meinen; aber er geht zu weit; er beleidiget mich. Falls du mich nur immer so ärgern willst, so komm mir lieber nicht über die Schwelle! u. s. w.« Wenn Micio, sage ich, dieses antwortete: nicht wahr, so wäre die Komödie auf einmal aus? Oder könnte Micio etwa nicht so antworten? Ja müßte er wohl eigentlich nicht so antworten?

Wie viel schicklicher eifert Demea beim Terenz. Dieser Aeschinus, den er ein so lüderliches Leben zu führen glaubt, ist noch immer sein Sohn, ob ihn gleich der Bruder an Kindes Statt angenommen. Und dennoch bestehet der römische Micio weit mehr auf seinem Rechte als der deutsche. Du hast mir, sagt er, deinen Sohn einmal überlassen; bekümmere dich um den, der dir noch übrig ist;

– – nam ambos curare, propemodum
Reposcere illum est, quem dedisti – –

Diese versteckte Drohung, ihm seinen Sohn zurück zu geben, ist es auch, die ihn zum Schweigen bringt; und doch kann Micio nicht verlangen, daß sie alle väterliche Empfindungen bei ihm unterdrücken soll. Es muß den Micio zwar verdrießen, daß Demea auch in der Folge nicht aufhört, ihm immer die nämlichen Vorwürfe zu machen: aber er kann es dem Vater doch auch nicht verdenken, wenn er seinen Sohn nicht gänzlich will verderben lassen. Kurz, der Demea des Terenz ist ein Mann, der für das Wohl dessen besorgt ist, für den ihm die Natur zu sorgen aufgab; er tut es zwar auf die unrechte Weise, aber die Weise macht den Grund nicht schlimmer. Der Demea unsers Verfassers hingegen ist ein beschwerlicher Zänker, der sich aus Verwandtschaft zu allen Grobheiten berechtiget glaubt, die Micio auf keine Weise an dem bloßen Bruder dulden müßte.

ACHT UND NEUNZIGSTES STÜCK

Den 8ten April, 1768

Eben so schielend und falsch wird, durch Aufhebung der doppelten Brüderschaft, auch das Verhältnis der beiden jungen Leute. Ich verdenke es dem deutschen Aeschinus, daß er* »vielmals an den Torheiten des Ktesipho Anteil nehmen zu müssen geglaubt, um ihn, als seinen Vetter, der Gefahr und öffentlichen Schande zu entreißen.« Was Vetter? Und schickt es sich wohl für den leiblichen Vater, ihm darauf zu antworten: »ich billige deine hierbei bezeigte Sorgfalt und Vorsicht; ich verwehre dir es auch inskünftige nicht?« Was verwehrt der Vater dem Sohne nicht? An den Torheiten eines ungezogenen Vetters Anteil zu nehmen? Wahrlich, das sollte er ihm verwehren. »Suche deinen Vetter, müßte er ihm höchstens sagen, so viel möglich von Torheiten abzuhalten: wenn du aber findest, daß er durchaus darauf besteht, so entziehe dich ihm; denn dein guter Name muß dir werter sein, als seiner.«

Nur dem leiblichen Bruder verzeihen wir, hierin weiter zu gehen. Nur an leiblichen Brüdern kann es uns freuen, wenn einer von dem andern rühmet:

> – – Illius opera nunc vivo! Festivum caput,
> Qui omnia sibi post putarit esse prae meo commodo:
> Maledicta, famam, meum amorem et peccatum in se transtulit.

Denn der brüderlichen Liebe wollen wir von der Klugheit keine Grenzen gesetzt wissen. Zwar ist es wahr, daß unser Verfasser seinem Aeschinus die Torheit überhaupt zu ersparen gewußt hat, die der Aeschinus des Terenz für seinen Bruder begehet. Eine gewaltsame Entführung hat er in eine kleine Schlägerei verwandelt, an welcher sein wohlgezogner Jüngling weiter keinen Teil hat, als daß er sie gern verhindern wollen. Aber gleichwohl läßt er diesen wohlgezognen Jüngling, für einen ungezognen Vetter noch viel zu viel

* Aufz. I. Auft. 3. S. 18.

tun. Denn müßte es jener wohl auf irgend eine Weise gestatten, daß dieser ein Kreatürchen, wie Citalise ist, zu ihm in das Haus brächte? in das Haus seines Vaters? unter die Augen seiner tugendhaften Geliebten? Es ist nicht der verführerische Damis, diese Pest für junge Leute,* dessenwegen der deutsche Aeschinus seinem lüderlichen Vetter die Niederlage bei sich erlaubt: es ist die bloße Konvenienz des Dichters.

Wie vortrefflich hängt alles das bei dem Terenz zusammen! Wie richtig und notwendig ist da auch die geringste Kleinigkeit motivieret! Aeschinus nimmt einem Sklavenhändler ein Mädchen mit Gewalt aus dem Hause, in das sich sein Bruder verliebt hat. Aber er tut das, weniger um der Neigung seines Bruders zu willfahren, als um einem größern Übel vorzubauen. Der Sklavenhändler will mit diesem Mädchen unverzüglich auf einen auswärtigen Markt: und der Bruder will dem Mädchen nach; will lieber sein Vaterland verlassen, als den Gegenstand seiner Liebe aus den Augen verlieren.** Noch erfährt Aeschinus zu rechter Zeit diesen Entschluß. Was soll er tun? Er bemächtiget sich in der Geschwindigkeit des Mädchens, und bringt sie in das Haus seines Oheims, um diesem gütigen Manne den ganzen Handel zu entdecken. Denn das Mädchen ist zwar entführt, aber sie muß ihrem Eigentümer doch bezahlt werden. Micio bezahlt sie auch ohne Anstand, und freuet sich nicht sowohl über die Tat der jungen Leute, als über die brüderliche Liebe, welche er zum Grunde siehet, und über das Vertrauen, welches sie auf ihn dabei setzen wollen. Das größte ist geschehen; warum sollte er nicht noch eine Kleinigkeit hinzufügen, ihnen einen vollkommen vergnügten Tag zu machen?

* Seite 30.

** Act. II. Sc. 4.

AE. Hoc mihi dolet, nos paene sero scisse: et paene in eum locum
Rediisse, ut si omnes cuperent, nihil tibi possent auxiliarier.
CT. Pudebat.
AE. Ah, stultitia est istaec, non pudor, tam ob parvulam
Rem paene e patria: turpe dictu. Deos quaeso ut istaec prohibeant.

--- Argentum adnumeravit illico:
Dedit praeterea in sumptum dimidium minae.

Hat er dem Ktesipho das Mädchen gekauft, warum soll er ihm nicht verstatten, sich in seinem Hause mit ihr zu vergnügen? Da ist nach den alten Sitten nichts, was im geringsten der Tugend und Ehrbarkeit widerspräche.

Aber nicht so in unsern Brüdern! Das Haus des gütigen Vaters wird auf das ungeziemendste gemißbraucht. Anfangs ohne sein Wissen, und endlich gar mit seiner Genehmigung. Citalise ist eine weit unanständigere Person, als selbst jene Psaltria; und unser Ktesipho will sie gar heiraten. Wenn das der Terenzische Ktesipho mit seiner Psaltria vorgehabt hätte, so würde sich der Terenzische Micio sicherlich ganz anders dabei genommen haben. Er würde Citalisen die Türe gewiesen, und mit dem Vater die kräftigsten Mittel verabredet haben, einen sich so sträflich emanzipierenden Burschen im Zaume zu halten.

Überhaupt ist der deutsche Ktesipho von Anfange viel zu verderbt geschildert, und auch hierin ist unser Verfasser von seinem Muster abgegangen. Die Stelle erweckt mir immer Grausen, wo er sich mit seinem Vetter über seinen Vater unterhält.*

LEANDER. Aber wie reimt sich das mit der Ehrfurcht, mit der Liebe, die du deinem Vater schuldig bist?

LYCAST. Ehrfurcht? Liebe? hm! die wird er wohl nicht von mir verlangen.

LEANDER. Er sollte sie nicht verlangen?

LYCAST. Nein, gewiß nicht. Ich habe meinen Vater gar nicht lieb. Ich müßte es lügen, wenn ich es sagen wollte.

LEANDER. Unmenschlicher Sohn! Du bedenkst nicht, was du sagst. Denjenigen nicht lieben, der dir das Leben gegeben hat! So sprichst du itzt, da du ihn noch leben siehst. Aber verliere ihn einmal; hernach will ich dich fragen.

LYCAST. Hm! Ich weiß nun eben nicht, was da geschehen würde. Auf allen Fall würde ich wohl auch so gar unrecht

* I. Aufz. 6. Auft.

nicht tun. Denn ich glaube, er würde es auch nicht besser machen. Er spricht ja fast täglich zu mir: »Wenn ich dich nur los wäre! wenn du nur weg wärest!« Heißt das Liebe? Kannst du verlangen, daß ich ihn wieder lieben soll?

Auch die strengste Zucht müßte ein Kind zu so unnatürlichen Gesinnungen nicht verleiten. Das Herz, das ihrer, aus irgend einer Ursache, fähig ist, verdienet nicht anders als sklavisch gehalten zu werden. Wenn wir uns des ausschweifenden Sohnes gegen den strengen Vater annehmen sollen: so müssen jenes Ausschweifungen kein grundböses Herz verraten; es müssen nichts als Ausschweifungen des Temperaments, jugendliche Unbedachtsamkeiten, Torheiten des Kitzels und Mutwillens sein. Nach diesem Grundsatze haben Menander und Terenz ihren Ktesipho geschildert. So streng ihn sein Vater hält, so entfährt ihm doch nie das geringste böse Wort gegen denselben. Das einzige, was man so nennen könnte, macht er auf die vortrefflichste Weise wieder gut. Er möchte seiner Liebe gern wenigstens ein Paar Tage, ruhig genießen; er freuet sich, daß der Vater wieder hinaus auf das Land an seine Arbeit ist; und wünscht, daß er sich damit so abmatten, – so abmatten möge, daß er ganze drei Tage nicht aus dem Bette könne. Ein rascher Wunsch! aber man sehe, mit welchem Zusatze:

– – – utinam quidem
Quod cum salute ejus fiat, ita se defatigarit velim,
Ut triduo hoc perpetuo prorsum e lecto nequeat
surgere.

Quod cum salute ejus fiat! Nur müßte es ihm weiter nicht schaden! – So recht! so recht, liebenswürdiger Jüngling! Immer geh, wohin dich Freude und Liebe rufen! Für dich drükken wir gern ein Auge zu! Das Böse, das du begehst, wird nicht sehr böse sein! Du hast einen strengern Aufseher in dir, als selbst dein Vater ist! – Und so sind mehrere Züge in der Szene, aus der diese Stelle genommen ist. Der deutsche Ktesipho ist ein abgefeumter Bube, dem Lügen und Betrug sehr geläufig sind: der römische hingegen ist in der äußersten

Verwirrung um einen kleinen Vorwand, durch den er seine Abwesenheit bei seinem Vater rechtfertigen könnte.

Rogabit me: ubi fuerim? quem ego hodie toto non vidi die.
Quid dicam?
SY. Nil ne in mentem venit?
CT. Nunquam quicquam.
SY. Tanto nequior.
Cliens, amicus, hospes, nemo est vobis?
CT. Sunt, quid postea?
SY. Hisce opera ut data sit.
CT. Quae non data sit? Non potest fieri!

Dieses naive, aufrichtige: quae non data sit! Der gute Jüngling sucht einen Vorwand; und der schalkische Knecht schlägt ihm eine Lüge vor. Eine Lüge! Nein, das geht nicht: non potest fieri!

NEUN UND NEUNZIGSTES STÜCK

Den 12ten April, 1768

Sonach hatte Terenz auch nicht nötig, uns seinen Ktesipho am Ende des Stücks beschämt, und durch die Beschämung auf dem Wege der Besserung zu zeigen. Wohl aber mußte dieses unser Verfasser tun. Nur fürchte ich, daß der Zuschauer die kriechende Reue, und die furchtsame Unterwerfung eines so leichtsinnigen Buben nicht für sehr aufrichtig halten kann. Eben so wenig, als die Gemütsänderung seines Vaters. Beider Umkehrung ist so wenig in ihrem Charakter gegründet, daß man das Bedürfnis des Dichters, sein Stück schließen zu müssen, und die Verlegenheit, es auf eine bessere Art zu schließen, ein wenig zu sehr darin empfindet. – Ich weiß überhaupt nicht, woher so viele komische Dichter die Regel genommen haben, daß der Böse notwendig am Ende des Stücks entweder bestraft werden, oder sich bessern müsse. In der Tragödie möchte diese Regel noch eher gelten; sie kann uns da mit dem Schicksale versöhnen, und Murren in Mitleid kehren. Aber in der Komödie, denke ich, hilft sie nicht allein nichts, sondern sie verdirbt vielmehr vieles. Wenigstens macht sie immer den Ausgang schielend, und kalt, und einförmig. Wenn die verschiednen Charaktere, welche ich in eine Handlung verbinde, nur diese Handlung zu Ende bringen, warum sollen sie nicht bleiben, wie sie waren? Aber freilich muß die Handlung sodann in etwas mehr, als in einer bloßen Kollision der Charaktere, bestehen. Diese kann allerdings nicht anders, als durch Nachgebung und Veränderung des einen Teiles dieser Charaktere, geendet werden; und ein Stück, das wenig oder nichts mehr hat als sie, nähert sich nicht sowohl seinem Ziele, sondern schläft vielmehr nach und nach ein. Wenn hingegen jene Kollision, die Handlung mag sich ihrem Ende nähern, so viel als sie will, dennoch gleich stark fortdauert: so begreift man leicht, daß das Ende eben so lebhaft und unterhaltend sein kann, als die Mitte nur immer war. Und das ist gerade der Unterschied, der sich zwischen dem letzten Akte des Terenz, und dem letzten unsers Verfassers befindet. Sobald wir in diesem hören, daß der strenge Vater hinter die Wahrheit gekommen: so können wir uns das Übrige alles an den Fingern abzählen; denn es ist der fünfte Akt. Er wird Anfangs poltern und toben; bald darauf wird er sich besänftigen lassen, wird sein Unrecht erkennen und so werden wollen, daß er nie wieder zu einer solchen Komödie den Stoff geben kann: desgleichen wird der ungeratene Sohn kommen, wird abbitten, wird sich zu bessern versprechen; kurz, alles wird ein Herz und eine Seele werden. Den hingegen will ich sehen, der in dem fünften Akte des Terenz die Wendungen des Dichters erraten kann! Die Intrigue ist längst zu Ende, aber das fortwährende Spiel der Charaktere läßt es uns kaum bemerken, daß sie zu Ende ist. Keiner verändert sich; sondern jeder schleift nur dem andern eben so viel ab, als nötig ist, ihn gegen den Nachteil des Exzesses zu verwahren. Der freigebige Micio wird durch das Manöuvre des geizigen Demea dahin gebracht, daß er selbst das Übermaß in seinem Bezeigen erkennet, und fragt:

Quod proluvium? quae istaec subita est largitas?

So wie umgekehrt der strenge Demea durch das Manöuvre

des nachsichtsvollen Micio endlich erkennet, daß es nicht genug ist, nur immer zu tadeln und zu bestrafen, sondern es auch gut sei, obsecundare in loco. –

Noch eine einzige Kleinigkeit will ich erinnern, in welcher unser Verfasser sich, gleichfalls zu seinem eigenem Nachteile, von seinem Muster entfernt hat.

Terenz sagt es selbst, daß er in die Brüder des Menanders eine Episode aus einem Stücke des Diphilus übertragen, und so *seine* Brüder zusammen gesetzt habe. Diese Episode ist die gewaltsame Entführung der Psaltria durch den Aeschinus: und das Stück des Diphilus hieß, *die mit einander Sterbenden.*

Synapothnescontes Diphili comoedia est –
In Graeca adolescens est, qui lenoni eripit
Meretricem in prima fabula – –
– – eum hic locum sumpsit sibi
In Adelphos – – –

Nach diesen beiden Umständen zu urteilen, mochte Diphilus ein Paar Verliebte aufgeführet haben, die fest entschlossen waren, lieber mit einander zu sterben, als sich trennen zu lassen: und wer weiß was geschehen wäre, wenn sich gleichfalls nicht ein Freund ins Mittel geschlagen, und das Mädchen für den Liebhaber mit Gewalt entführt hätte? Den Entschluß, mit einander zu sterben, hat Terenz in den bloßen Entschluß des Liebhabers, dem Mädchen nachzufliehen und Vater und Vaterland um sie zu verlassen, gemildert. Donatus sagt dieses ausdrücklich: Menander mori illum voluisse fingit, Terentius fugere. Aber sollte es in dieser Note des Donatus nicht Diphilus anstatt Menander heißen? Ganz gewiß; wie Peter Nannius dieses schon angemerkt hat.* Denn

* *Sylloge V. Miscell. cap. 10.* Videat quaeso accuratus lector, num pro Menandro legendum sit Diphilus. Certe vel tota Comoedia, vel pars istius argumenti, quod hic tractatur, ad verbum e Diphilo translata est. – Ita cum Diphili comoedia a commoriendo nomen habeat, et ibi dicatur adolescens mori voluisse, quod Terentius in fugere mutavit: omnino adducor, eam imitationem a Diphilo, non a Menandro mutuatam esse, et ex eo commoriendi cum puella studio συναποθνησκοντες nomen fabulae inditum esse. –

der Dichter, wie wir gesehen, sagt es ja selbst, daß er diese ganze Episode von der Entführung nicht aus dem Menander, sondern aus dem Diphilus entlehnet habe; und das Stück des Diphilus hatte von dem Sterben sogar seinen Titel.

Indes muß freilich, anstatt dieser von dem Diphilus entlehnten Entführung, in dem Stücke des Menanders eine andere Intrigue gewesen sein, an der Aeschinus gleicher Weise für den Ktesipho Anteil nahm, und wodurch er sich bei seiner Geliebten in eben den Verdacht brachte, der am Ende ihre Verbindung so glücklich beschleunigte. Worin diese eigentlich bestanden, dürfte schwer zu erraten sein. Sie mag aber bestanden haben, worin sie will: so wird sie doch gewiß eben so wohl gleich vor dem Stücke vorhergegangen sein, als die vom Terenz dafür gebrauchte Entführung. Denn auch sie muß es gewesen sein, wovon man noch überall sprach, als Demea in die Stadt kam; auch sie muß die Gelegenheit und der Stoff gewesen sein, worüber Demea gleich Anfangs mit seinem Bruder den Streit beginnet, in welchem sich beider Gemütsarten so vortrefflich entwickeln.

– – Nam illa, quae antehac facta sunt
Omitto: modo quid designavit? –
Fores effregit, atque in aedes irruit
Alienas – – – –
– – clamant omnes, indignissime
Factum esse. Hoc advenienti quot mihi, Micio
Dixere? in ore est omni populo –

Nun habe ich schon gesagt, daß unser Verfasser diese gewaltsame Entführung in eine kleine Schlägerei verwandelt hat. Er mag auch seine guten Ursachen dazu gehabt haben; wenn er nur diese Schlägerei selbst, nicht so spät hätte geschehen lassen. Auch sie sollte und müßte das sein, was den strengen Vater aufbringt. So aber ist er schon aufgebracht, ehe sie geschieht, und man weiß gar nicht worüber? Er tritt auf und zankt, ohne den geringsten Anlaß. Er sagt zwar: »Alle Leute reden von der schlechten Aufführung deines Sohnes; ich darf nur einmal den Fuß in die Stadt setzen, so höre ich mein blaues Wunder.« Aber was denn die Leute eben itzt reden; worin das blaue Wunder bestanden, das er eben itzt gehört, und worüber er ausdrücklich mit seinem Bruder zu zanken kömmt, das hören wir nicht, und können es auch aus dem Stücke nicht erraten. Kurz, unser Verfasser hätte den Umstand, der den Demea in Harnisch bringt, zwar verändern können, aber er hätte ihn nicht versetzen müssen! Wenigstens, wenn er ihn versetzen wollen, hätte er den Demea im ersten Akte seine Unzufriedenheit mit der Erziehungsart seines Bruders nur nach und nach müssen äußern, nicht aber auf einmal damit herausplatzen lassen. –

Möchten wenigstens nur diejenigen Stücke des Menanders auf uns gekommen sein, welche Terenz genutzet hat! Ich kann mir nichts Unterrichtenders denken, als eine Vergleichung dieser griechischen Originale mit den lateinischen Kopien sein würde.

Denn gewiß ist es, daß Terenz kein bloßer sklavischer Übersetzer gewesen. Auch da, wo er den Faden des Menandrischen Stückes völlig beibehalten, hat er sich noch manchen kleinen Zusatz, manche Verstärkung oder Schwächung eines und des andern Zuges erlaubt; wie uns deren verschiedne Donatus in seinen Scholien angezeigt. Nur Schade, daß sich Donatus immer so kurz, und öfters so dunkel darüber ausdrückt, (weil zu seiner Zeit die Stücke des Menanders noch selbst in jedermanns Händen waren,) daß es schwer wird, über den Wert oder Unwert solcher Terenzischen Künsteleien etwas Zuverlässiges zu sagen. In den Brüdern findet sich hiervon ein sehr merkwürdiges Exempel.

HUNDERTSTES STÜCK

Den 15ten April, 1768

Demea, wie schon angemerkt, will im fünften Akte dem Micio eine Lektion nach seiner Art geben. Er stellt sich lustig, um die andern wahre Ausschweifungen und Tollheiten begehen zu lassen; er spielt den Freigebigen, aber nicht aus seinem, sondern aus des Bruders Beutel; er möchte diesen lieber auf einmal ruinieren, um nur das boshafte Vergnügen zu haben, ihm am Ende sagen zu können: »Nun sieh, was du von deiner Gutherzigkeit hast!« So lange der ehrliche Micio nur von seinem Vermögen dabei zusetzt, lassen wir uns den hämischen Spaß ziemlich gefallen. Aber nun kömmt es dem Verräter gar ein, den guten Hagestolze mit einem alten verlebten Mütterchen zu verkuppeln. Der bloße Einfall macht uns Anfangs zu lachen; wenn wir aber endlich sehen, daß es Ernst damit wird, daß sich Micio wirklich die Schlinge über den Kopf werfen läßt, der er mit einer einzigen ernsthaften Wendung hätte ausweichen können: wahrlich, so wissen wir kaum mehr, auf wen wir ungehaltner sein sollen; ob auf den Demea, oder auf den Micio.*

* Act V. Sc. VIII.

DE. Ego vero jubeo, et in hac re, et in aliis omnibus,
Quam maxime unam facere nos hanc familiam;
Colere, adjuvare, adjungere.
AES. Ita quaeso pater.
MI. Haud aliter censeo.
DE. Imo hercle ita nobis decet.
Primum hujus uxoris est mater.
MI. Quid postea?
DE. Proba, et modesta.
MI. Ita ajunt.
DE. Natu grandior.
MI. Scio.
DE. Parere jam diu haec per annos non potest:
Nec qui eam respiciat, quisquam est; sola est.
MI. Quam hic rem agit?
DE. Hanc te aequum est ducere; et te operam, ut fiat, dare.
MI. Me ducere autem?
DE. Te.
MI. Me?
DE. Te inquam.
MI. Ineptis.
DE. Si tu sis homo,
Hic faciat.
AES. Mi pater.
MI. Quid? Tu autem huic, asine, auscultas.
DE. Nihil agis,
Fieri aliter non potest.
MI. Deliras.
AES. Sine te exorem, mi pater.
MI. Insanis, aufer.

DEMEA. Ja wohl ist das mein Wille! Wir müssen von nun an mit diesen guten Leuten nur eine Familie machen; wir müssen ihnen auf alle Weise aushelfen, uns auf alle Art mit ihnen verbinden. –

AESCHINUS. Das bitte ich, mein Vater.

MICIO. Ich bin gar nicht dagegen.

DEMEA. Es schickt sich auch nicht anders für uns. – Denn erst ist sie seiner Frauen Mutter –

MICIO. Nun dann?

DEMEA. Auf die nichts zu sagen; brav, ehrbar –

MICIO. So höre ich.

DEMEA. Bei Jahren ist sie auch.

MICIO. Ja wohl.

DEMEA. Kinder kann sie schon lange nicht mehr haben. Dazu ist niemand, der sich um sie bekümmerte; sie ist ganz verlassen.

MICIO. Was will der damit?

DEMEA. Die mußt du billig heiraten, Bruder. Und du, *(zum Aeschinus)* mußt ja machen, daß er es tut.

MICIO. Ich? sie heiraten?

DEMEA. Du!

MICIO. Ich?

DE. Age, da veniam filio.
MI. Satin' sanus es?
Ego novus maritus anno demum quinto et sexagesimo
Fiam; atque anum decrepitam ducam? Idne estis auctores mihi?
AES. Fac; promisi ego illis.
MI. Promisti autem? de te largitor puer.
DE. Age, quid, si quid te majus oret?
MI. Quasi non hoc sit maximum.
DE. Da veniam.
AES. Ne gravere.
DE. Fac, promitte.
MI. Non omittitis?
AES. Non; nisi te exorem.
MI. Vis est haec quidem.
DE. Age prolixe Micio.
MI. Etsi hoc mihi pravum, ineptum, absurdum, atque alienum a vita mea
Videtur: si vos tantopere istuc vultis, fiat. – – –

DEMEA. Du! wie gesagt, du!

MICIO. Du bist nicht klug.

DEMEA. *(zum Aeschinus)* Nun zeige, was du kannst! Er muß!

AESCHINUS. Mein Vater –

MICIO. Wie? – Und du, Geck, kannst ihm noch folgen?

DEMEA. Du streibest dich umsonst: es kann nun einmal nicht anders sein.

MICIO. Du schwärmst.

AESCHINUS. Laß dich erbitten, mein Vater.

MICIO. Rasest du? Geh!

DEMEA. O, so mach dem Sohne doch die Freude!

MICIO. Bist du wohl bei Verstande? Ich, in meinem fünf und sechzigsten Jahre noch heiraten? Und ein altes verlebtes Weib heiraten? Das könnet ihr mir zumuten?

AESCHINUS. Tu es immer; ich habe es ihnen versprochen.

MICIO. Versprochen gar? – Bürschchen, versprich für dich, was du versprechen willst!

DEMEA. Frisch! Wenn es nun etwas wichtigeres wäre, warum er dich bäte?

MICIO. Als ob etwas wichtigers sein könnte, wie das?

DEMEA. So willfahre ihm doch nur!

AESCHINUS. Sei uns nicht zuwider!

DEMEA. Fort, versprich!

MICIO. Wie lange soll das währen?

AESCHINUS. Bis du dich erbitten lassen.

MICIO. Aber das heißt Gewalt brauchen.

DEMEA. Tu ein Übriges, guter Micio.

MICIO. Nun dann; – ob ich es zwar sehr unrecht, sehr abgeschmackt finde; ob es sich schon weder mit der Vernunft, noch mit meiner Lebensart reimet: – weil ihr doch so sehr darauf besteht; es sei!

»Nein, sagt die Kritik; das ist zu viel! Der Dichter ist hier mit Recht zu tadeln. Das einzige, was man noch zu seiner Rechtfertigung sagen könnte, wäre dieses, daß er die nachteiligen Folgen einer übermäßigen Gutherzigkeit habe zeigen wollen. Doch Micio hat sich bis dahin so liebenswürdig bewiesen, er hat so viel Verstand, so viel Kenntnis der Welt gezeigt, daß diese seine letzte Ausschweifung wider alle Wahrscheinlichkeit ist, und den feinern Zuschauer notwendig beleidigen muß. Wie gesagt also: der Dichter ist hier zu tadeln, auf alle Weise zu tadeln!«

Aber welcher Dichter? Terenz? oder Menander? oder beide? – Der neue englische Übersetzer des Terenz, Colmann, will den größern Teil des Tadels auf den Menander zurückschieben; und glaubt aus einer Anmerkung des Donatus beweisen zu können, daß Terenz die Ungereimtheit seines Originals in dieser Stelle wenigstens sehr gemildert habe. Donatus sagt nämlich: Apud Menandrum senex de nuptiis non gravatur. Ergo Terentius ἑυρητικως.

»Es ist sonderbar,« erklärt sich Colmann, »daß diese Anmerkung des Donatus so gänzlich von allen Kunstrichtern übersehen worden, da sie, bei unserm Verluste des Menanders, doch um so viel mehr Aufmerksamkeit verdienet. Unstreitig ist es, daß Terenz in dem letzten Akte dem Plane des Menanders gefolgt ist: ob er nun aber schon die Ungereimtheit, den Micio mit der alten Mutter zu verheiraten, angenommen, so lernen wir doch vom Donatus, daß dieser Umstand ihm selber anstößig gewesen, und er sein Original dahin verbessert, daß er den Micio alle den Widerwillen gegen eine solche Verbindung äußern lassen, den er in dem Stücke des Menanders, wie es scheinet, nicht geäußert hatte.«

Es ist nicht unmöglich, daß ein Römischer Dichter nicht einmal etwas besser könne gemacht haben, als ein Griechischer. Aber der bloßen Möglichkeit wegen, möchte ich es gerne in keinem Falle glauben.

Colmann meinet also, die Worte des Donatus: Apud Menandrum senex de nuptiis non gravatur, heißen so viel, als: *beim Menander streibet sich der Alte gegen die Heirat nicht.* Aber wie, wenn sie das nicht hießen? Wenn sie vielmehr zu übersetzen wären: *beim Menander fällt man dem Alten mit der Heirat nicht beschwerlich?* Nuptias gravari würde zwar allerdings jenes heißen: aber auch de nuptiis gravari? In jener Redensart wird gravari gleichsam als ein Deponens gebraucht: in dieser aber ist es ja wohl das eigentliche Passivum, und kann also meine Auslegung nicht allein leiden, sondern vielleicht wohl gar keine andere leiden, als sie.

Wäre aber dieses: wie stünde es dann um den Terenz? Er hätte sein Original so wenig verbessert, daß er es vielmehr verschlimmert hätte; er hätte die Ungereimtheit mit der Verheiratung des Micio, durch die Weigerung desselben, nicht gemildert, sondern sie selber erfunden. Terentius ἑυρητικως! Aber nur, daß es mit den Erfindungen der Nachahmer nicht weit her ist!

HUNDERT UND ERSTES, ZWEITES, DRITTES UND VIERTES STÜCK

Den 19ten April 1768

Hundert und erstes bis viertes? – Ich hatte mir vorgenommen, den Jahrgang dieser Blätter nur aus hundert Stücken bestehen zu lassen. Zwei und funfzig Wochen, und die Woche zwei Stück, geben zwar allerdings hundert und viere. Aber warum sollte, unter allen Tagewerkern, dem einzigen wöchentlichen Schriftsteller kein Feiertag zu Statten kommen? Und in dem ganzen Jahre nur viere: ist ja so wenig!

Doch Dodsley und Compagnie haben dem Publico, in meinem Namen, ausdrücklich hundert und vier Stück versprochen. Ich werde die guten Leute schon nicht zu Lügnern machen müssen.

Die Frage ist nur, wie fange ich es am besten an? – Der Zeug ist schon verschnitten: ich werde einflicken oder recken müssen. – Aber das klingt so stümpermäßig. Mir fällt ein, – was mir gleich hätte einfallen sollen: die Gewohnheit der Schauspieler, auf ihre Hauptvorstellung ein kleines Nachspiel folgen zu lassen. Das Nachspiel kann handeln, wovon es will, und braucht mit dem Vorhergehenden nicht in der geringsten Verbindung zu stehen. – So ein Nachspiel dann, mag die Blätter nun füllen, die ich mir ganz ersparen wollte.

Erst ein Wort von mir selbst! Denn warum sollte nicht auch ein Nachspiel einen Prolog haben dürfen, der sich mit einem Poeta, cum primum animum ad scribendum appulit, anfinge?

Als vor Jahr und Tag, einige gute Leute hier den Einfall bekamen, einen Versuch zu machen, ob nicht für das deutsche Theater sich etwas mehr tun lasse, als unter der Verwaltung eines sogenannten Principals geschehen könne: so weiß ich nicht, wie man auf mich dabei fiel, und sich träumen ließ, daß ich bei diesem Unternehmen wohl nützlich sein könnte? – Ich stand eben am Markte und war müßig; niemand wollte mich dingen: ohne Zweifel, weil mich niemand zu brauchen wußte; bis gerade auf diese Freunde! – Noch sind mir in meinem Leben alle Beschäftigungen sehr gleichgültig gewesen: ich habe mich nie zu einer gedrungen, oder nur erboten; aber auch die geringfügigste nicht von der Hand gewiesen, zu der ich mich aus einer Art von Prädilection erlesen zu sein, glauben konnte.

Ob ich zur Aufnahme des hiesigen Theaters concurrieren wolle? darauf war also leicht geantwortet. Alle Bedenklichkeiten waren nur die: ob ich es könne? und wie ich es am besten könne?

Ich bin weder Schauspieler, noch Dichter.

Man erweiset mir zwar manchmal die Ehre, mich für den letztern zu erkennen. Aber nur, weil man mich verkennt. Aus einigen dramatischen Versuchen, die ich gewagt habe, sollte man nicht so freigebig folgern. Nicht jeder, der den Pinsel in die Hand nimmt, und Farben verquistet, ist ein Maler. Die ältesten von jenen Versuchen sind in den Jahren hingeschrieben, in welchen man Lust und Leichtigkeit so gern für Genie hält. Was in den neuerern erträgliches ist, davon bin ich mir sehr bewußt, daß ich es einzig und allein der Kritik zu verdanken habe. Ich fühle die lebendige Quelle nicht in mir, die durch eigene Kraft sich empor arbeitet, durch eigene Kraft in so reichen, so frischen, so reinen Strahlen aufschießt: ich muß alles durch Druckwerk und Röhren aus mir herauf pressen. Ich würde so arm, so kalt, so kurzsichtig sein, wenn ich nicht einigermaßen gelernt hätte, fremde Schätze bescheiden zu borgen, an fremdem Feuer mich zu wärmen, und durch die Gläser der Kunst mein Auge zu stärken. Ich bin daher immer beschämt oder verdrüßlich geworden, wenn ich zum Nachteil der Kritik etwas las oder hörte. Sie soll das Genie ersticken: und ich schmeichelte mir, etwas von ihr zu erhalten, was dem Genie sehr nahe kömmt. Ich bin ein Lahmer, den eine Schmähschrift auf die Krücke unmöglich erbauen kann.

Doch freilich; wie die Krücke den Lahmen wohl hilft, sich von einem Orte zum andern zu bewegen, aber ihn nicht zum Läufer machen kann: so auch die Kritik. Wenn ich mit ihrer Hülfe etwas zu Stande bringe, welches besser ist, als es einer von meinen Talenten ohne Kritik machen würde: so kostet es mich so viel Zeit, ich muß von andern Geschäften so frei, von unwillkürlichen Zerstreuungen so ununterbrochen sein, ich muß meine ganze Belesenheit so gegenwärtig haben, ich muß bei jedem Schritte alle Bemerkungen, die ich jemals über Sitten und Leidenschaften gemacht, so ruhig durchlaufen können; daß zu einem Arbeiter, der ein Theater mit Neuigkeiten unterhalten soll, niemand in der Welt ungeschickter sein kann, als ich.

Was Goldoni für das italienische Theater tat, der es in einem Jahre mit dreizehn neuen Stücken bereicherte, das muß ich für das deutsche zu tun, folglich bleiben lassen. Ja, das würde ich bleiben lassen, wenn ich es auch könnte. Ich bin mißtrauischer gegen alle erste Gedanken, als De la Casa und der alte Shandy nur immer gewesen sind. Denn wenn ich sie auch schon nicht für Eingebungen des bösen Feindes, weder des eigentlichen noch des allegorischen, halte:* so

* An opinion JOHN DE LA CASA, archbishop of Benevento, was afflicted with – which opinion was, – that whenever a Christian was writing a book (not for his private amusement, but) where his intent and purpose was bona fide, to print and publish it to the world, his first thoughts were the temptations of the evil one. – My father was hugely pleased with this theory of John de la Casa; and (had it not cramped him a little in his creed) I believe would have given ten of the best acres in the Shandy estate, to have been the broacher of it; – but as he could not have the honour of it in the litteral sense of the doctrine, he took up with the allegory of it. Prejudice of education, he would say, is the devil etc. (Life and Op. of Tristram Shandy Vol. V. p. 74.)

denke ich doch immer, daß die ersten Gedanken die ersten sind, und daß das Beste auch nicht einmal in allen Suppen obenauf zu schwimmen pflegt. Meine ersten Gedanken sind gewiß kein Haar besser, als Jedermanns erste Gedanken: und mit Jedermanns Gedanken bleibt man am klügsten zu Hause.

– Endlich fiel man darauf, selbst das, was mich zu einem so langsamen, oder, wie es meinen rüstigern Freunden scheinet, so faulen Arbeiter macht, selbst das, an mir nutzen zu wollen: die Kritik. Und so entsprang die Idee zu diesem Blatte.

Sie gefiel mir, diese Idee. Sie erinnerte mich an die Didaskalien der Griechen, d. i. an die kurzen Nachrichten, dergleichen selbst Aristoteles von den Stücken der griechischen Bühne zu schreiben der Mühe wert gehalten. Sie erinnerte mich, vor langer Zeit einmal über den grundgelehrten Casaubonus bei mir gelacht zu haben, der sich, aus wahrer Hochachtung für das Solide in den Wissenschaften, einbildete daß es dem Aristoteles vornehmlich um die Berichtigung der Chronologie bei seinen Didaskalien zu tun gewesen.* – Wahrhaftig, es wäre auch eine ewige Schande für den Aristoteles, wenn er sich mehr um den poetischen Wert der Stücke, mehr um ihren Einfluß auf die Sitten, mehr um die Bildung des Geschmacks, darin bekümmert hätte, als um die Olympiade, als um das Jahr der Olympiade, als um die Namen der Archonten, unter welchen sie zuerst aufgeführet worden!

Ich war schon Willens, das Blatt selbst Hamburgische Didaskalien zu nennen. Aber der Titel klang mir allzufremd, und nun ist es mir sehr lieb, daß ich ihm diesen vorgezogen habe. Was ich in eine Dramaturgie bringen oder nicht brin-

* (Animadv. in Athenaeum Libr. VI. cap. 7.) Διδασκαλια accipitur pro eo scripto, quo explicatur ubi, quando, quomodo et quo eventu fabula aliqua fuerit acta. – Quantum critici hac diligentia veteres chronologos adjuverint, soli aestimabunt illi, qui norunt quam infirma et tenuia praesidia habuerint, qui ad ineundam fugacis temporis rationem primi animum appulerunt. Ego non dubito, eo potissimum spectasse Aristotelem, cum Διδασκαλιας suas componeret –

gen wollte, das stand bei mir: wenigstens hatte mir Lione Allacci desfalls nichts vorzuschreiben. Aber wie eine Didaskalie aussehen müsse, glauben die Gelehrten zu wissen, wenn es auch nur aus den noch vorhandenen Didaskalien des Terenz wäre, die eben dieser Casaubonus breviter et eleganter scriptas nennt. Ich hatte weder Lust, meine Didaskalien so kurz, noch so elegant zu schreiben: und unsere itztlebende Casauboni würden die Köpfe trefflich geschüttelt haben, wenn sie gefunden hätten, wie selten ich irgend eines chronologischen Umstandes gedenke, der künftig einmal, wenn Millionen anderer Bücher verloren gegangen wären, auf irgend ein historisches Factum einiges Licht werfen könnte. In welchem Jahre Ludewigs des Vierzehnten, oder Ludewigs des Funfzehnten, ob zu Paris, oder zu Versailles, ob in Gegenwart der Prinzen vom Geblüte, oder nicht der Prinzen vom Geblüte, dieses oder jenes französische Meisterstück zuerst aufgeführet worden: das würden sie bei mir gesucht, und zu ihrem großen Erstaunen nicht gefunden haben.

Was sonst diese Blätter werden sollten, darüber habe ich mich in der Ankündigung erkläret: was sie wirklich geworden, das werden meine Leser wissen. Nicht völlig das, wozu ich sie zu machen versprach: etwas anderes; aber doch, denke ich, nichts schlechteres.

»Sie sollten jeden Schritt begleiten, den die Kunst, sowohl des Dichters, als des Schauspielers *hier* tun würde.«

Die letztere Hälfte bin ich sehr bald überdrüssig geworden. Wir haben Schauspieler, aber keine Schauspielkunst. Wenn es vor Alters eine solche Kunst gegeben hat: so haben wir sie nicht mehr; sie ist verloren; sie muß ganz von neuem wieder erfunden werden. Allgemeines Geschwätze darüber, hat man in verschiedenen Sprachen genug: aber spezielle, von jedermann erkannte, mit Deutlichkeit und Präzision abgefaßte Regeln, nach welchen der Tadel oder das Lob des Akteurs in einem besondern Falle zu bestimmen sei, deren wüßte ich kaum zwei oder drei. Daher kömmt es, daß alles Raisonnement über diese Materie immer so schwankend und vieldeutig scheinet, daß es eben kein Wunder ist, wenn der Schauspieler, der nichts als eine glückliche Routine hat, sich auf alle Weise dadurch beleidiget findet. Gelobt wird er sich nie genug, getadelt aber allezeit viel zu viel glauben: ja öfters wird er gar nicht einmal wissen, ob man ihn tadeln oder loben wollen. Überhaupt hat man die Anmerkung schon längst gemacht, daß die Empfindlichkeit der Künstler, in Ansehung der Kritik, in eben dem Verhältnisse steigt, in welchem die Gewißheit und Deutlichkeit und Menge der Grundsätze ihrer Künste abnimmt. – So viel zu meiner, und selbst zu deren Entschuldigung, ohne die ich mich nicht zu entschuldigen hätte.

Aber die erstere Hälfte meines Versprechens? Bei dieser ist freilich das *Hier* zur Zeit noch nicht sehr in Betrachtung gekommen, – und wie hätte es auch können? Die Schranken sind noch kaum geöffnet, und man wollte die Wettläufer lieber schon bei dem Ziele sehen; bei einem Ziele, das ihnen alle Augenblicke immer weiter und weiter hinausgesteckt wird? Wenn das Publikum fragt; was ist denn nun geschehen? und mit einem höhnischen Nichts sich selbst antwortet: so frage ich wiederum; und was hat denn das Publikum getan, damit etwas geschehen könnte? Auch nichts; ja noch etwas schlimmers, als nichts. Nicht genug, daß es das Werk nicht allein nicht befördert: es hat ihm nicht einmal seinen natürlichen Lauf gelassen. – Über den gutherzigen Einfall, den Deutschen ein Nationaltheater zu verschaffen, da wir Deutsche noch keine Nation sind! Ich rede nicht von der politischen Verfassung, sondern bloß von dem sittlichen Charakter. Fast sollte man sagen, dieser sei: keinen eigenen haben zu wollen. Wir sind noch immer die geschwornen Nachahmer alles Ausländischen, besonders noch immer die untertänigen Bewunderer der nie genug bewunderten Franzosen; alles was uns von jenseit dem Rheine kömmt, ist schön, reizend, allerliebst, göttlich; lieber verleugnen wir Gesicht und Gehör, als daß wir es anders finden sollten; lieber wollen wir Plumpheit für Ungezwungenheit, Frechheit für Grazie, Grimasse für Ausdruck, ein Geklingle von Reimen für Poesie, Geheule für Musik, uns einreden lassen, als im geringsten an der Superiorität zweifeln, welche dieses liebenswürdige Volk, dieses erste Volk in der Welt, wie es sich selbst sehr bescheiden zu nennen pflegt, in allem, was gut und schön und erhaben und anständig ist, von dem gerechten Schicksale zu seinem Anteile erhalten hat. –

Doch dieser Locus communis ist so abgedroschen, und die nähere Anwendung desselben könnte leicht so bitter werden, daß ich lieber davon abbreche.

Ich war also genötiget, anstatt der Schritte, welche die Kunst des dramatischen Dichters hier wirklich könnte getan haben, mich bei denen zu verweilen, die sie vorläufig tun müßte, um sodann mit eins ihre Bahn mit desto schnellern und größern zu durchlaufen. Es waren die Schritte, welche ein Irrender zurückgehen muß, um wieder auf den rechten Weg zu gelangen, und sein Ziel gerade in das Auge zu bekommen.

Seines Fleißes darf sich jedermann rühmen: ich glaube, die dramatische Dichtkunst studiert zu haben; sie mehr studiert zu haben, als zwanzig, die sie ausüben. Auch habe ich sie so weit ausgeübet, als es nötig ist, um mitsprechen zu dürfen: denn ich weiß wohl, so wie der Maler sich von niemanden gern tadeln läßt, der den Pinsel ganz und gar nicht zu führen weiß, so auch der Dichter. Ich habe es wenigstens versucht, was er bewerkstelligen muß, und kann von dem, was ich selbst nicht zu machen vermag, doch urteilen, ob es sich machen läßt. Ich verlange auch nur eine Stimme unter uns, wo so mancher sich eine anmaßt, der, wenn er nicht dem oder jenem Ausländer nachplaudern gelernt hätte, stummer sein würde, als ein Fisch.

Aber man kann studieren, und sich tief in den Irrtum hinein studieren. Was mich also versichert, daß mir dergleichen nicht begegnet sei, daß ich das Wesen der dramatischen Dichtkunst nicht verkenne, ist dieses, daß ich es vollkommen so erkenne, wie es Aristoteles aus den unzähligen Meisterstücken der griechischen Bühne abstrahieret hat. Ich habe von dem Entstehen, von der Grundlage der Dichtkunst dieses Philosophen, meine eigene Gedanken, die ich hier ohne Weitläuftigkeit nicht äußern könnte. Indes steh ich nicht an, zu bekennen, (und sollte ich in diesen erleuchteten Zeiten auch darüber ausgelacht werden!) daß ich sie für ein eben so unfehlbares Werk halte, als die Elemente des Euklides nur immer sind. Ihre Grundsätze sind eben so wahr und gewiß, nur freilich nicht so faßlich, und daher mehr der Chicane ausgesetzt, als alles, was diese enthalten. Besonders getraue ich mir von der Tragödie, als über die uns die Zeit so ziemlich alles daraus gönnen wollen, unwidersprechlich zu beweisen, daß sie sich von der Richtschnur des Aristoteles keinen Schritt entfernen kann, ohne sich eben so weit von ihrer Vollkommenheit zu entfernen.

Nach dieser Überzeugung nahm ich mir vor, einige der berühmtesten Muster der französischen Bühne ausführlich zu beurteilen. Denn diese Bühne soll ganz nach den Regeln des Aristoteles gebildet sein; und besonders hat man uns Deutsche bereden wollen, daß sie nur durch diese Regeln die Stufe der Vollkommenheit erreicht habe, auf welcher sie die Bühnen aller neuern Völker so weit unter sich erblicke. Wir haben das auch lange so fest geglaubt, daß bei unsern Dichtern, den Franzosen nachahmen, eben so viel gewesen ist, als nach den Regeln der Alten arbeiten.

Indes konnte das Vorurteil nicht ewig gegen unser Gefühl bestehen. Dieses ward, glücklicher Weise, durch einige Englische Stücke aus seinem Schlummer erwecket, und wir machten endlich die Erfahrung, daß die Tragödie noch einer ganz andern Wirkung fähig sei, als ihr Corneille und Racine zu erteilen vermocht. Aber geblendet von diesem plötzlichen Strahle der Wahrheit, prallten wir gegen den Rand eines andern Abgrundes zurück. Den englischen Stücken fehlten zu augenscheinlich gewisse Regeln, mit welchen uns die Französischen so bekannt gemacht hatten. Was schloß man daraus? Dieses: daß sich auch ohne diese Regeln der Zweck der Tragödie erreichen lasse; ja daß diese Regeln wohl gar Schuld sein könnten, wenn man ihn weniger erreiche.

Und das hätte noch hingehen mögen! – Aber mit *diesen* Regeln fing man an, *alle* Regeln zu vermengen, und es überhaupt für Pedanterei zu erklären, dem Genie vorzuschreiben, was es tun, und was es nicht tun müsse. Kurz, wir waren auf dem Punkte, uns alle Erfahrungen der vergangnen Zeit mutwillig zu verscherzen; und von den Dichtern lieber zu verlangen, daß jeder die Kunst aufs neue für sich erfinden solle.

Ich wäre eitel genug, mir einiges Verdienst um unser Theater beizumessen, wenn ich glauben dürfte, das einzige Mittel getroffen zu haben, diese Gährung des Geschmacks zu hemmen. Darauf los gearbeitet zu haben, darf ich mir wenigstens schmeicheln, indem ich mir nichts angelegner sein lassen, als den Wahn von der Regelmäßigkeit der französischen Bühne zu bestreiten. Gerade keine Nation hat die Regeln des alten Drama mehr verkannt, als die Franzosen. Einige beiläufige Bemerkungen, die sie über die schicklichste äußere Einrichtung des Drama bei dem Aristoteles fanden, haben sie für das Wesentliche angenommen, und das Wesentliche, durch allerlei Einschränkungen und Deutungen, dafür so entkräftet, daß notwendig nichts anders als Werke daraus entstehen konnten, die weit unter der höchsten Wirkung blieben, auf welche der Philosoph seine Regeln kalkuliert hatte.

Ich wage es, hier eine Äußerung zu tun, mag man sie doch nehmen, wofür man will! – Man nenne mir das Stück des großen Corneille, welches ich nicht besser machen wollte. Was gilt die Wette? –

Doch nein; ich wollte nicht gern, daß man diese Äußerung für Prahlerei nehmen könne. Man merke also wohl, was ich hinzu setze: Ich werde es zuverlässig besser machen, – und doch lange kein Corneille sein, – und doch lange noch kein Meisterstück gemacht haben. Ich werde es zuverlässig besser machen; – und mir doch wenig darauf einbilden dürfen. Ich werde nichts getan haben, als was jeder tun kann, – der so fest an den Aristoteles glaubet, wie ich.

Eine Tonne, für unsere kritische Wallfische! Ich freue mich im voraus, wie trefflich sie damit spielen werden. Sie ist einzig und allein für sie ausgeworfen; besonders für den kleinen Wallfisch in dem Salzwasser zu Halle! –

Und mit diesem Übergange, – sinnreicher muß er nicht sein, – mag denn der Ton des ernsthaftern Prologs in den Ton des Nachspiels verschmelzen, wozu ich diese letztern Blätter bestimmte. Wer hätte mich auch sonst erinnern können, daß es Zeit sei, dieses Nachspiel anfangen zu lassen, als eben der Hr. Stl., welcher in der deutschen Bibliothek des Hrn. Geheimerat Klotz, den Inhalt desselben bereits angekündiget hat? –*

Aber was bekömmt denn der schnakische Mann in dem bunten Jäckchen, daß er so dienstfertig mit seiner Trommel ist? Ich erinnere mich nicht, daß ich ihm etwas dafür versprochen hätte. Er mag wohl bloß zu seinem Vergnügen trommeln; und der Himmel weiß, wo er alles her hat, was die liebe Jugend auf den Gassen, die ihn mit einem bewundernden Ah! nachfolgt, aus der ersten Hand von ihm zu erfahren bekömmt. Er muß einen Wahrsagergeist haben, Trotz der Magd in der Apostelgeschichte. Denn wer hätte es ihm sonst sagen können, daß der Verfasser der Dramaturgie auch mit der Verleger derselben ist? Wer hätte ihm sonst die geheimen Ursachen entdecken können, warum ich der einen Schauspielerin eine *sonore* Stimme beigelegt, und das Probestück einer andern so erhoben habe? Ich war freilich damals in beide verliebt: aber ich hätte doch nimmermehr geglaubt, daß es eine lebendige Seele erraten sollte. Die Damen können es ihm auch unmöglich selbst gesagt haben: folglich hat es mit dem Wahrsagergeiste seine Richtigkeit. Ja, weh uns armen Schriftstellern, wenn unsere hochgebietende Herren, die Jurnalisten und Zeitungsschreiber, mit solchen Kälbern pflügen wollen! Wenn sie zu ihren Beurteilungen, außer ihrer gewöhnlichen Gelehrsamkeit und Scharfsinnigkeit, sich auch noch solcher Stückchen aus der geheimsten Magie bedienen wollen: wer kann wider sie bestehen?

»Ich würde,« schreibt dieser Hr. Stl. aus Eingebung seines Kobolts, »auch den zweiten Band der Dramaturgie anzeigen können, wenn nicht die Abhandlung wider die Buchhändler dem Verfasser zu viel Arbeit machte, als daß er das Werk bald beschließen könnte.«

Man muß auch einen Kobolt nicht zum Lügner machen wollen, wenn er es gerade einmal nicht ist. Es ist nicht ganz ohne, was das böse Ding dem guten Stl. hier eingeblasen.

* Neuntes Stück S. 60.

Ich hatte allerdings so etwas vor. Ich wollte meinen Lesern erzählen, warum dieses Werk so oft unterbrochen worden; warum in zwei Jahren erst, und noch mit Mühe, so viel davon fertig geworden, als auf ein Jahr versprochen war. Ich wollte mich über den Nachdruck beschweren, durch den man den geradesten Weg eingeschlagen, es in seiner Geburt zu ersticken. Ich wollte über die nachteiligen Folgen des Nachdrucks überhaupt, einige Betrachtungen anstellen. Ich wollte das einzige Mittel vorschlagen, ihm zu steuern. – Aber, das wäre ja sonach keine Abhandlung wider die Buchhändler geworden? Sondern vielmehr, für sie: wenigstens, der rechtschaffenen Männer unter ihnen; und es gibt deren. Trauen Sie, mein Herr Stl., Ihrem Kobolte also nicht immer so ganz! Sie sehen es: was solch Geschmeiß des bösen Feindes von der Zukunft noch etwa weiß, das weiß es nur halb. –

Doch nun genug dem Narren nach seiner Narrheit geantwortet, damit er sich nicht weise dünke. Denn eben dieser Mund sagt: anworte dem Narren nicht nach seiner Narrheit, damit du ihm nicht gleich werdest! Das ist: antworte ihm nicht so nach seiner Narrheit, daß die Sache selbst darüber vergessen wird; als wodurch du ihm gleich werden würdest. Und so wende ich mich wieder an meinen ernsthaften Leser, den ich dieser Possen wegen ernstlich um Vergebung bitte.

Es ist die lautere Wahrheit, daß der Nachdruck, durch den man diese Blätter gemeinnütziger machen wollen, die einzige Ursache ist, warum sich ihre Ausgabe bisher so verzögert hat, und warum sie nun gänzlich liegen bleiben. Ehe ich ein Wort mehr hierüber sage, erlaube man mir, den Verdacht des Eigennutzes von mir abzulehnen. Das Theater selbst hat die Unkosten dazu hergegeben, in Hoffnung, aus dem Verkaufe wenigstens einen ansehnlichen Teil derselben wieder zu erhalten. Ich verliere nichts dabei, daß diese Hoffnung fehl schlägt. Auch bin ich gar nicht ungehalten darüber, daß ich den zur Fortsetzung gesammelten Stoff nicht weiter an den Mann bringen kann. Ich ziehe meine Hand von diesem Pfluge eben so gern wieder ab, als ich sie anlegte. Klotz und Konsorten wünschen ohnedem, daß ich sie nie angelegt hätte; und es wird sich leicht einer unter ihnen finden, der das Tageregister einer mißlungenen Unternehmung bis zu Ende führet, und mir zeiget, was für einen *periodischen Nutzen* ich einem solchen *periodischen Blatte* hätte erteilen können und sollen.

Denn ich will und kann es nicht bergen, daß diese letzten Bogen fast ein Jahr später niedergeschrieben worden, als ihr Datum besagt. Der süße Traum, ein Nationaltheater hier in Hamburg zu gründen, ist schon wieder verschwunden: und so viel ich diesen Ort nun habe kennen lernen, dürfte er auch wohl gerade der sein, wo ein solcher Traum am spätesten in Erfüllung gehen wird.

Aber auch das kann mir sehr gleichgültig sein! – Ich möchte überhaupt nicht gern das Ansehen haben, als ob ich es für ein großes Unglück hielte, daß Bemühungen vereitelt worden, an welchen ich Anteil genommen. Sie können von keiner besondern Wichtigkeit sein, eben weil ich Anteil daran genommen. Doch wie, wenn Bemühungen von weiterm Belange durch die nämlichen Undienste scheitern könnten, durch welche meine gescheitert sind? Die Welt verliert nichts, daß ich anstatt fünf und sechs Bände Dramaturgie, nur zwei an das Licht bringen kann. Aber sie könnte verlieren, wenn einmal ein nützlicheres Werk eines bessern Schriftstellers eben so ins Stecken geriete; und es wohl gar Leute gäbe, die einen ausdrücklichen Plan darnach machten, daß auch das nützlichste, unter ähnlichen Umständen unternommene Werk verunglücken sollte und müßte.

In diesem Betracht stehe ich nicht an, und halte es für meine Schuldigkeit, dem Publico ein sonderbares Komplot zu denunzieren. Eben diese Dodsley und Compagnie, welche sich die Dramaturgie nachzudrucken erlaubet, lassen seit einiger Zeit einen Aufsatz, gedruckt und geschrieben, bei den Buchhändlern umlaufen, welcher von Wort zu Wort so lautet:

Nachricht an die Herren Buchhändler

Wir haben uns mit Beihülfe verschiedener Herren Buchhändler entschlossen, künftig denenjenigen, welche sich ohne die erforderlichen Eigenschaften in die Buchhandlung mischen werden, (wie es, zum Exempel, die neuaufgerichtete in Hamburg und anderer

Orten vorgebliche Handlungen mehrere) das Selbst-Verlegen zu verwehren, und ihnen ohne Ansehen nachzudrucken; auch ihre gesetzten Preise alle Zeit um die Hälfte zu verringern. Die diesen Vorhaben bereits beigetretene Herren Buchhändler, welche wohl eingesehen, daß eine solche unbefugte Störung für alle Buchhändler zum größten Nachteil gereichen müsse, haben sich entschlossen, zu Unterstützung dieses Vorhabens, eine Kasse aufzurichten, und eine ansehnliche Summe Geld bereits eingelegt, mit Bitte, ihre Namen vorerst noch nicht zu nennen, dabei aber versprochen, selbige ferner zu unterstützen. Von den übrigen gutgesinnten Herren Buchhändlern erwarten wir demnach zur Vermehrung der Kasse, desgleichen, und ersuchen, auch unsern Verlag bestens zu recommandieren. Was den Druck und die Schönheit des Papiers betrifft, so werden wir der Ersten nichts nachgeben; übrigens aber uns bemühen, auf die unzählige Menge der Schleichhändler genau Acht zu geben, damit nicht jeder in der Buchhandlung zu höken und zu stören anfange. So viel versichern wir, so wohl als die noch zutretende Herren Mitkollegen, daß wir keinem rechtmäßigen Buchhändler ein Blatt nachdrucken werden; aber dagegen werden wir sehr aufmerksam sein, so bald jemanden von unserer Gesellschaft ein Buch nachgedruckt wird, nicht allein dem Nachdrucker hinwieder allen Schaden zuzufügen, sondern auch nicht weniger denenjenigen Buchhändlern, welche ihren Nachdruck zu verkaufen sich unterfangen. Wir ersuchen demnach alle und jede Herren Buchhändler dienstfreundlichst, von alle Arten des Nachdrucks in einer Zeit von einem Jahre, nachdem wir die Namen der ganzen Buchhändler-Gesellschaft gedruckt angezeigt haben werden, sich los zu machen, oder zu erwarten, ihren besten Verlag für die Hälfte des Preises oder noch weit geringer verkaufen zu sehen. Denenjenigen Herren Buchhändlern von unsre Gesellschaft aber, welchen etwas nachgedruckt werden sollte, werden wir nach Proportion und Ertrag der Kasse eine ansehnliche Vergütung widerfahren zu lassen nicht ermangeln. Und so hoffen wir, daß sich auch die übrigen Unordnungen bei der Buchhandlung mit Beihülfe gutgesinnter Herren Buchhändler in kurzer Zeit legen werden.

Wenn die Umstände erlauben, so kommen wir alle Oster-Messen selbst nach Leipzig, wo nicht, so werden wir doch desfalls Kommission geben. Wir empfehlen uns Deren guten Gesinnungen und verbleiben Deren getreuen Mitkollegen,

J. Dodsley und Compagnie.

Wenn dieser Aufsatz nichts enthielte als die Einladung zu einer genauern Verbindung der Buchhändler, um dem eingerissenen Nachdrucke unter sich zu steuern, so würde schwerlich ein Gelehrter ihm seinen Beifall versagen. Aber wie hat es vernünftigen und rechtschaffenen Leuten einkommen können, diesem Plane eine so strafbare Ausdehnung zu geben? Um ein Paar armen Hausdieben das Handwerk zu legen, wollen sie selbst Straßenräuber werden? »*Sie wollen dem nachdrucken, der ihnen nachdruckt.*« Das möchte sein; wenn es ihnen die Obrigkeit anders erlauben will, sich auf diese Art selbst zu rächen. Aber sie wollen zugleich das *Selbst-Verlegen verwehren.* Wer sind die, die das verwehren wollen? Haben sie wohl das Herz, sich unter ihren wahren Namen zu diesem Frevel zu bekennen? Ist irgendwo das Selbst-Verlegen jemals verboten gewesen? Und wie kann es verboten sein? Welch Gesetz kann dem Gelehrten das Recht schmälern, aus seinem eigentümlichen Werke alle den Nutzen zu ziehen, den er möglicher Weise daraus ziehen kann? »*Aber sie mischen sich ohne die erforderlichen Eigenschaften in die Buchhandlung.*« Was sind das für erforderliche Eigenschaften? Daß man fünf Jahre bei einem Manne Pakete zubinden gelernt, der auch nichts weiter kann, als Pakete zubinden? Und wer darf sich in die Buchhandlung nicht mischen? Seit wenn ist der Buchhandel eine Innung? Welches sind seine ausschließenden Privilegien? Wer hat sie ihm erteilt?

Wenn Dodsley und Compagnie ihren Nachdruck der Dramaturgie vollenden, so bitte ich sie, mein Werk wenigstens nicht zu verstümmeln, sondern auch das getreulich nachdrucken zu lassen, was sie hier gegen sich finden. Daß sie ihre Verteidigung beifügen – wenn anders eine Verteidigung für sie möglich ist – werde ich ihnen nicht verdenken. Sie mögen sie auch in einem Tone abfassen, oder von einem Gelehrten, der klein genug sein kann, ihnen seine Feder dazu zu leihen, abfassen lassen, in welchem sie wollen: selbst in dem so interessanten der *Klotzischen* Schule, reich an allerlei Histörchen und Anekdötchen und Pasquillchen, ohne ein Wort von der Sache. Nur erkläre ich im voraus die geringste Insinuation, daß es gekränkter Eigennutz sei, der mich so warm gegen sie sprechen lassen, für eine Lüge. Ich habe nie etwas auf meine Kosten drucken lassen, und werde es schwerlich in meinem Leben tun. Ich kenne, wie schon gesagt, mehr als einen rechtschaffenen Mann unter den Buchhändlern, dessen Vermittelung ich ein solches Geschäft gern überlasse. Aber keiner von ihnen muß mir es auch verübeln, daß ich meine Verachtung und meinen Haß gegen Leute bezeige, in deren Vergleich alle Buschklepper und Weglaurer wahrlich nicht die schlimmern Menschen sind. Denn jeder von ihnen macht seinen coup de main für sich: Dodsley und Compagnie aber wollen Bandenweise rauben.

Das Beste ist, daß ihre Einladung wohl von den wenigsten dürfte angenommen werden. Sonst wäre es Zeit, daß die Gelehrten mit Ernst darauf dächten, das bekannte Leibnizische Projekt auszuführen.

Ende des zweiten Bandes

LITERATURKRITIK

REZENSIONEN

[Berlinische Privilegierte Zeitung · 1749]

[34. Stück, 20. März]

Halle. Georg Friedrich Meiers, öffentlichen Lehrers der Weltweisheit zu Halle, Beurteilung des Heldengedichts, der Messias. Verlegts Carl Hermann Hemmerde. 1749. Okt. 4 Bog. Der Herr Prof. Meier führet bittere Klagen wider die gelehrten Monatschriftler und Zeitungsschreiber, daß sie dieses Heldengedicht, oder vielmehr diesen Anfang eines Heldengedichts, noch nicht herausgestrichen haben; (welches gleichwohl nunmehr von einigen geschehen ist). Er setzet den Herrn Klopstock, welcher der Verfasser dieses Gedichts ist, entweder zwischen den Homer und Virgil, oder gar über beide; unter andern deswegen, weil, wie er bald anfangs sagt, die Priester in der Schweiz dieses Gedicht den Leuten auf den Kanzeln angepriesen haben. Was die Absicht dieses in der Tat von einem poetischen Geiste zeugenden Gedichts sei, erhellet aus dem Anfange desselben:

Sing, unsterbliche Seele, der sündigen Menschen Erlösung,
Die der Messias auf Erden in seiner Menschheit vollendet,
Und durch die er Adams Geschlechte, die Liebe der Gottheit,
Mit dem Blute des heiligen Bundes von neuem geschenkt hat.
Also geschah des Ewigen Wille. Vergebens erhub sich
Satan wider den göttlichen Sohn; umsonst stund Judäa
Wider ihn auf; er tats, und vollbrachte die große Versöhnung.

Wer nicht lateinische Hexameters skandieren kann, der wird bei Lesung dieser Verse gar oft mit seiner Zunge über etliche Silben weg stolpern. So wenig diese erwähnte Versart zu mißbilligen ist, so klingt sie doch, wie sie hier ist, etwas gar zu

Horazianisch, wo nicht gar Lucilisch. Es wäre ratsamer gewesen, das fließende Silbenmaß des Virgils mit desselben epischer poetischer Schreibart zu verbinden. Doch man weiß wohl, daß dieses eine Nebensache ist, und die großen Lobeserhebungen des Herrn Meiers in dem Innern dieses Gedichts ihren Grund haben. Doch scheinet es uns noch zu zeitig zu sein, die Lobsprüche eines Gedichts so überaus hoch zu treiben und allgemein auszudrücken, wovon nur für itzo noch ein kleiner Anfang vorhanden ist. Wem der große Umfang eines epischen Gedichts, und die unzähligen darinne vorkommenden scheinbaren Labyrinthe, nebst ihren Zugängen und Verbindungen zu einem ordentlichen Ganzen bekannt sind, und wer da weiß, daß ein unerschöpflicher Witz dazu gehöret, ein so großes Werk mit gleichem Feuer auszuführen als anzufangen, der wird die Behutsamkeit brauchen, und den Ausgang eines solchen Unternehmens erwarten, eh er es über alles andere erhebt, und im Ganzen so wohl, als in seinen erst vorhandenen Teilen, für vollkommen erkläret. Er wird, den Dichter aufzumuntern, wenigstens nur die schöne poetische und erhabene Schreibart und die lebhaften Bilder rühmen, welche ihm vor Augen liegen, von dem künftigen aber das beste hoffen. Wenn das Gedicht zu Ende und so ausgeführet sein wird, wie es dem Herrn Prof. schon itzo zu sein scheinet, so wird man nicht ermangeln, dasselbe bis in den Himmel zu erheben; ja man ist schon entschlossen, auf die Verfertigung dieses Heldengedichts, als eine sehr große Tat, alsdenn wieder ein Heldengedicht, unter dem Namen: »Klopstocks Messias«, zu verfertigen, und in 12 Büchern, *auf ein mal,* herauszugeben. Diese Beurteilung ist in dem Vossischen Buchladen für 2 Gr. zu haben.

[Berlinische Privilegierte Zeitung · 1750]

[88. Stück, 23. Juli]

Paris. Allhier ist vor kurzem herausgekommen: *Art du Theatre à Madame*** par Mr. RICCOBONI, le fils.* Okt. 7

Bogen. Der Verfasser dieses für alle Komödianten überaus lehrreichen Buchs ist ein Sohn des berühmten Riccoboni, Aufsehers des Italienischen Theaters zu Paris. Er hat selbst die Kunst, welche er hier lehret, viel Jahre ausgeübet, und da er dieses, wegen schwächlicher Gesundheit, nicht mehr im Stande ist, so tut er wohl, daß er durch seine darinnen erlangte Geschicklichkeit andern nützet. Er entdecket die Fehler der Französischen Komödianten freimütig, und heuchelt ihnen im geringsten nicht. »Sachte anfangen, sagt er unter andern, mit einer gezwungenen Langsamkeit aussprechen, die Töne dehnen, ohne sie zu verändern, plötzlich einen davon mitten im Verstande erheben, und schleunig wieder in den Ton, den man verlassen hat, fallen; in den Augenblicken, da sich die Leidenschaften äußern, sich mit einer übermäßigen Stärke ausdrücken, ohne jemals die Art der Tonfügung zu ändern, das heißt auf dem Französischen Theater deklamieren etc.« Hr. Riccoboni ist von allen praktisch theatralischen Vorurteilen befreiet. Z.E. er eifert wider die Gewohnheit mancher Komödianten, ihre Stellungen vor dem Spiegel zu probieren, weil daraus ein affektiertes Wesen entstehet. Er hält es für Scharlatanerie, zu behaupten, daß man das allemal empfinden müsse, was man auf dem Theater vorstellet, indem er beweist, daß dieses unmöglich ist. Kurz, dieses Buch ist für alle Liebhaber des Theaters so angenehm, als für alle Komödianten nützlich zu lesen. Ist in der Bourdeauxischen Buchhandlung zu haben.

[Kritische Nachrichten aus dem Reiche der Gelehrsamkeit · 1751]

[27. Stück, 2. Juli]

Zürich

Jacob und Joseph: ein Gedicht in drei Gesängen.

Instant, he cry'd, your femal discord end,
Ye deedless boasters! And the song attend:

Obey that sweet compulsion, nor profane
With dissonance the smooth melodious strain.

Zyrich. Bei Conr. Orel und Compagnie. MDCCLI. In Quart, 13 Bogen.

Wir sehen wohl, was die Absicht des Verfassers dieser Deutschen Pseudohexameter gewesen ist. Er hat eine rührende Geschichte, wozu die Verlierung des Joseph und seine glückliche Wiederfindung allerdings sehr geschickt gewesen, poetisch beschreiben, und dabei Gelegenheit nehmen wollen, seine Stärke in der Schilderung starker Gemütsbewegungen und in der von seinen kritischen Landsleuten so sehr und bis zum Ekel gerühmten malerischen Dichtkunst zu zeigen. Uns dünkt aber, es ist ihm gar schlecht, und zu weilen nur von ungefähr, gelungen. Er hat dazu die Klopstockische Versart, das ist, die in dem Virgil und Ovid so wohlklingenden Hexameter, deren unsere Muttersprache an sich vollkommen fähig ist, welche aber von dem geistreichen Verfasser des Messias und seinen Affen sehr gemißhandelt worden, erwählet. Wie können doch Deutsche Ohren bei diesem unerträglichen Übelklange so unempfindlich sein? Hat Horaz den Wohlklang im Sylbenmaße nicht so gut beobachtet, als Virgil und Ovid, so hat es ihm gewiß nicht am Willen, sondern an der Fertigkeit in dieser poetischen Kleinigkeit gemangelt. Wir wollen aber einem Dichter, welcher sich nun einmal in ein solch höckerichtes Wesen verliebt hat, gern seine kleine Torheit vergeben, wenn er nur dabei das wesentliche Poetische in seiner Gewalt hat. Dieses können wir aber von dem Verfasser des »Jacob und Joseph« nicht sagen. Man lese einmal folgenden Anfang:

Bald war ein jahr mit auf- und niedergehenden tagen
In das westliche meer gesunken, seitdem das geschlechte
Jacobs, den Gott mit dem wyrdigern nahmen des Israel ehrte,
Von den grenzen des Nils und der Mizren zuryke gekommen,
Mit getreide zwar wol versehn, doch voll kraenkenden sorgen,
Furcht sass in den minen und gram entstellt' ihr gesichte;
Simeon, einer der aeltesten, war zuryke geblieben,

Ihn befahl der Oberhofmeister in bande zu legen,
Dass er sein staatsgefangner verbliebe, bis Simeons bryder
Beim wiederkommen mit ihnen denn jyngsten bruder auch braechten,
Dadurch sollten die bryder ihm ihre treue bewaehren:
Denn er hatte verdacht, sie waeren gekommen, die bloesse
Von Mizraim zu spaehn. Sie waren zwar keine kundschafter,
Dieser bezychtigung halber war ihr gewissen beruhigt:
Aber sie nagete mit verschwiegenen bissen die synde,
Die sie an ihrem bruder, dem Joseph, begangen; sie hatten
Ihn kaufleuten von Ismaels stamm zu sclaven verkaufet.

Man schreibe dieses ohne Absätze der Zeilen hin: so wollen wir demjenigen Trotz bieten, welcher merken wird, daß es Poesie sein soll. Und so ist fast das ganze Gedicht.

Gleichwie dieser Verfasser dem Verfasser des Messias in der Versart nachgeahmet hat, also hat er es dem Verfasser des Frühlings in den Lateinischen Buchstaben nachgetan. Das heißt gute Dichter glücklich nachahmen! Aber warum will man denn unsere ursprüngliche Sprache in das Joch fremder Charaktere zwingen? Laßt uns doch das ehrwürdige Altertum unserer Muttersprache auch in den ihr eigenen Buchstaben behaupten! Man wirft unsern Buchstaben vor, daß sie so viel Ecken haben! Welch ein Vorwurf! Gleich als ob die Ecken nicht so ehrlich wären, als die Rundungen, und als ob die Lateinischen Charaktere nicht eben so viel Ecken hätten. Denkt man dadurch die Ausländer zu Erlernung unserer Sprache anzulocken, so irret man sich sehr. Wenn sie bis auf die Buchstaben, welche doch meistens den Lateinischen sehr ähnlich sind, kommen, so kommen sie auch weiter. Es ist übrigens ohne Zweifel wegen des Mangels an ü in dem Antiquaschriftkasten geschehen, daß man Statt derselben lauter y genommen hat, und weil hierdurch auch das Fach des y leer geworden, so hat man notwendig, anstatt des y, welches sonst ein guter alter ehrlicher Deutscher Buchstabe ist, allemal ein i genommen. Dergleichen Sprachverbesserungen können wir für nichts anders, als für Kinderspiele, ansehen, welchen gesetzte Deutsche Schriftsteller nachzuäffen sich jederzeit schämen werden; und das von Rechts wegen.

[44. Stück, 29. Oktober]

Leipzig

Lustige Lebensgeschichte Gußmanns von Alfarache, andern zum Beispiele von ihm selbst beschrieben, und ihres besondern Inhalts wegen ins Deutsche übersetzt. Mit vielen Kupfern. Bei Carl Ludwig Jacobi 1751. in 8. 1 Alphab. 6 Bogen.

Dieser Roman verdient es, daß wir seiner vor vielen andern gedenken. Wir wollen erst von dem Verfasser und alsdann von dem Werke selbst reden. Bei beiden werden einige kleine Anmerkungen zu machen sein, die vielleicht ihre Stelle bezahlen.

Der Verfasser ist Matheo Alemann. Es wird sich der Mühe verlohnen, zu sehen, was uns das Jöchersche Gelehrtenlexikon von ihm sagt: *Matthäus Alemann,* heißt es in der neuen Ausgabe, *ein Spanier oder Italiener, war geheimer Secretarius bei Philippo III. im Anfange des 17ten Seculi; legte sich auf die Humaniora, erwählte aus Liebe zu den Studiis ein Privatleben, übersetzte den Horatium in die spanische Sprache, und gab das Leben Antonii von Padua, Commentarios linguae castellanae und andre Schriften heraus. Ant. Si.* Hier sind wenigstens so viel Schnitzer als Zeilen. Wir wollen sie, mit Erlaubnis des Hrn. D. Jöchers anzeigen, welcher ein viel zu billiger Gelehrter ist, als daß er darüber ungehalten werden sollte. Die Quellen, woraus er geschöpft haben will, sind des Antonius spanische Bibliothek, und des Sibers Schediasma von den berühmten Alemannen. Das letztere haben wir nicht bei der Hand, wir können also nicht entscheiden, ob ein Blinder einen blinden Führer gehabt hat; so viel aber können wir unwidersprechlich beweisen, daß er den Antonius unmöglich kann zu Rate gezogen haben; sonst würde er vielleicht dessen Druckfehler abgeschrieben, nimmermehr aber solche unverantwortliche Fehler begangen haben. Die Wahrheit zu gestehen, so ist es nicht der einzige Artikel, wo wir das Gelehrtenlexikon überführen können, daß es sich solcher Wehrmänner rühmt, die es nimmermehr nachgeschlagen hat. Doch zur Sache.

Alemann ein Italiener oder Spanier. Diese Ungewißheit ist

sehr wunderlich. Es ist wahr, daß man Italiener dieses Namens hat, allein man hat auch Deutsche, welche so heißen. Warum hat man nicht auch dazu gesetzt *oder ein Deutscher?* Wenn man den Antonius nachgesehen hätte, so würde man gefunden haben, daß er ihn Hispalensem nennt; und dieses ist er, wie er es selbst auf dem Titel seiner Werke bezeugt, wo er sich natural vezino de Sevilla nennt.

Geheimer Secretarius bei Philippo dem III. Antonius gibt ihm einen Teil des ministerii regiarum tractandarum rationum und er selbst nennt sich bloß criado del Rey Don Felipe III. Was man also mit Grunde sagen kann, ist, daß er mit den Königl. Einnahmen zu tun gehabt, und wohl gar, wie wir mutmaßen, in Mexiko, wo er sich eine Zeitlang aufgehalten hat.

Übersetzte den Horatium in die spanische Sprache. Auch dieses ist falsch. Erstlich hat er niemals den Horatium sondern nur einige Stücke desselben übersetzt; zweitens sind auch diese Stücke niemals gedruckt worden. Die spanische Bibliothek sagt: *Algunas Traduciones de Horacio in schedis msctis* vidisse se refert Thomas Tamajus.

Schrieb commentarios linguae Castellanae: Dieser Umstand wird alsdann wahr werden, wenn man einen kleinen Traktat über die spanische Rechtschreibung einen Kommentar über die spanische Sprache wird nennen können.

Und andre Schriften. Diese andre Schriften sind nicht mehr als noch eine einzige, und zwar die wichtigste; die gegenwärtige Lebensbeschreibung nämlich des Bettlers Guzmann de Alfarache. Ehe wir von diesem Werke ein paar Worte sagen, müssen wir bei Gelegenheit erinnern, daß die Unwissenheit der spanischen Sprache den Verfasser des Gelehrtenlexikons in recht lächerliche Fehler hat fallen lassen. Zum Exempel man weiß daß die Spanier einen besondern Buchstaben ñ haben; und man weiß wie er ausgesprochen wird. Überall aber hat Hr. D. Jöcher dieses ñ vor ein gedoppelt n̄ angesehen, und es ganz säuberlich in einen nn verwandeln lassen. Doch dieses wäre vielleicht eine Kleinigkeit. Vor einigen Tagen fielen wir in dem Herumblättern auf eine Stelle, wo es von einem gewissen Schriftsteller heißt, er solle geschrieben haben Natural de la ciudad de Alteran en Alemania la baxa d. i. *gebürtig aus der Stadt Alteran in den Niederlanden.* Wer sieht nicht daß hier auf die lächerlichste Art die Bezeichnung der Vaterstadt des Schriftsteller zu einem Werke desselben ist gemacht worden?

Doch auf das Buch zu kommen, welches uns zu dieser kleinen Ausschweifung Gelegenheit gegeben hat, so wird man wissen, daß es eigentlich eine Nachahmung des spanischen Romans »Lazarillo de Tormes« sei. Es ist aber vielleicht die einzige Nachahmung, welche ihr Original übertroffen hat. Sie fand in Spanien einen so allgemeinen Beifall, daß der erste Teil in sieben Jahren fünf und zwanzig mal mit Privilegiis gedruckt ward, ohne die Nachdrucke zu rechnen. Doch in Spanien nicht allein; sie ward fast in alle Europäische Sprachen übersetzt, und überall fand sie eben so viel Bewunderer als Leser. Besonders haben die Franzosen sie zu dreienmalen übersetzt. Die erste Übersetzung ist von einem gewissen Chappuis, und die zweite von einem Manne, den viele aus andern Werken, wenige aber als den Übersetzer des Guzmann d'Alfarache kennen, von dem unglücklichen Dichter Chapelain. Die neueste französische Übersetzung ist diejenige, nach welcher man die gegenwärtige deutsche verfertiget hat. Sie ist von dem Originale nicht wenig unterschieden, weil ihr Verfertiger sie allzusehr nach dem französischen Geschmacke einzurichten gesucht hat. Übrigens darf man nicht glauben, daß dieses die erste deutsche Übersetzung ist; wir haben schon eine von Aegidio Albertino, von welcher wir aber nichts sagen können, als daß sie seinen andern Übersetzungen aus dem Spanischen, zum Exempel den Werken des Guevara, vollkommen gleich sieht.

Von dem Inhalte tragen wir Bedenken etwas zu sagen. Wem wird es schwer werden zu erraten, was in der Lebensgeschichte eines Bettlers vorkommen kann? Man wird alles darinne suchen, was darinne vorkommt, nur vielleicht die vortreffliche Moral nicht, welche die abwechselnden Szenen der niedrigsten Lebensart eben so nützlich macht, als sie angenehm sind.

Die neue deutsche Übersetzung begreift bis jezo nur die ersten drei Bücher; daß der Rest ehestens folgen werde, daran ist kein Zweifel.

[46. Stück, 12. November]

Göttingen

Die Religion und Hoffnung im Tode. In ihrem Zusammenhange bewiesen, durch Joachim Oporin D. Verlegts Ub. Vandenhoecks sel. Witwe 1751. in 8. 12 Bogen. So gewiß es ist, daß das Aufnehmen der Wissenschaften den Fall des Aberglaubens bewirkt, so falsch ist es, daß eben dieses Aufnehmen der wahren Gottesfurcht verderblich sein solle. Es ist ein Irrtum, wenn man es für eine notwendige Folge unsrer aufgeklärten Zeiten hält, daß hier und da ein witziger Kopf, stolz auf nichts entscheidende Einfälle, und zu faul die Gründe der Religionen zu untersuchen, alle Pflichten derselben für Träume schwermütiger Lehrer und staatskluge Menschensatzungen hält. Wären Irreligion und ein großer Umfang erlangter Einsichten notwendig mit einander verbunden, so wäre ein frommer Newton ein weit größrer Freigeist gewesen, als Diderot, und Leibniz ein größerer Feind alles Göttlichen als Edelmann. So unwidersprechlich diese Wahrheit schon aus der Gelehrtengeschichte bewiesen werden kann, da man allezeit gegen einen großen Gelehrten, der ein Freigeist gewesen, zehn andre weit größere stellen kann, die den ganzen Umfang nicht allein der natürlichen sondern auch der christlichen Religion mit Überzeugung geglaubt, verteidigt und darnach gelebt haben; so wenig scheint man sie jezo einsehen zu wollen. Die allereingeschränktesten Geister, die es nie gewagt haben, zu denken, und immer mit dem Denken prahlen, glauben sich ein Ansehen von Wichtigkeit und einer Einsicht zu geben, wenn sie von andern ausgegrübelte Zweifel nachbeten, und nichts von dem ihrigen hinzu tun, als die Unverschämtheit sich ohne alle Mäßigung darüber auszudrucken. Je mehr diese Art von Leuten in unsern Zeiten zunimmt, desto nötiger wird es die Religion der Natur und Offenbarung auf allen Seiten, wo sie nur der geringsten Überzeugung fähig sind, vorzustellen. So sehr sich also dergleichen Schriften auch vermehren, so wenig unnützlich sind sie doch. Die Wahrheit rühret unter mehr als einer Gestalt; unter dieser gefällt sie dem Weltweisen, unter jener dem Hofmanne. Dieses würde die Arbeit des Hrn. Oporins vollkommen rechtfertigen, wenn sie sich auch weniger durch ihren innerlichen Wert den Gemütern, die das Religionsgefühl noch nicht gänzlich verloren haben, empfehlen könnte.

Der Hr. Verfasser teilt seine ganze Arbeit in fünf Kapitel. *Das erste Kapitel* handelt von der natürlichen und geoffenbarten Religion. Er erkläret die natürliche Religion auf die gewöhnliche Art; er zeigt was bei dieser Erklärung müsse voraus gesetzt werden, nämlich, daß die menschliche Natur verpflichtet werden könne, und daß ein GOtt sei, welcher das Recht habe, sie zu verpflichten; er beweiset, daß sich GOtt dieses Rechts über die Menschen wirklich bedient habe, erstlich aus ihrer vernünftigen Erkenntnis eines nicht willkürlichen Naturgesetzes, zum andern aus gewissen bestimmten und eigentlich angebornen sittlichen Naturtrieben, welche die vernünftige Erkenntnis des Naturgesetzes befördern, und bestätigen, z. E. das Gefühl des Mitleidens, der Trieb der Ältern die Kinder zu lieben, der Trieb zur Gesellschaft; und tut endlich dar, daß den bisher erklärten Begriff der natürlichen Religion die geoffenbarte Religion voraus setze. *Das zweite Kapitel* handelt von der Festigkeit der natürlichen und geoffenbarten Religion gegen allerlei abweichende Religionsbegriffe der Neuern. Diese Abweichungen teilt er in zwei Klassen; in die erste kommen diejenigen, welche der Religion die eigentliche Kraft zu verpflichten nehmen, und in die andere diejenigen, welche den eigentlichen Grund der religieusen Verbindlichkeit nicht vorsichtig genug legen. In jene setzt er den Verfasser der Religion à l'homme essentielle und den Hrn. von Voltaire; in diese den Hrn. Gastrel und Meier. *Das dritte Kapitel* betrachtet den Zusammenhang der Religion mit dem Glauben eines andern Lebens. Er zeigt, daß dieser Glaube immer in der Welt gewesen sei; er untersucht, woher er entstanden, und auf was Art er fortgepflanzt worden; er gehet das Alte und Neue Testament durch, und setzet den letzten Fortgang dieser Hoffnung in Christi Tod und Auferstehung; er sucht zu beweisen, daß bei den Heiden der Ursprung der Hoffnung und Furcht eines andern Lebens eine alte Tradition der Söhne Noah sei, und tut dar, daß die Folgung dieser Traditionen bei ihnen dem Gefühle der natürlichen Religion zuzuschreiben sei. *Das vierte Kapitel* handelt von der untadelichen Hoffnung des andern Lebens aus dem Zusammenhange der natürlichen Religion mit dem Glauben eines andern Lebens. Er beweiset hier teils, daß diese Hoffnung nicht könnte zernichtet werden, teils daß sie auch nicht zweifelhaft zu machen sei, und widerlegt den Versuch, den Hr. Hellet dieserwegen getan hat. *Das fünfte Kapitel* endlich betrachtet die aus dem Ansehen und der Kraft des geoffenbarten Gnadenbundes entstehende zärtliche Hoffnung der Gerechten im Tode. Er zeigt darinnen, daß diese Hoffnung aus zweierlei Ursachen eine göttliche genennet werde, erstlich weil sie von dem göttlichen Ansehen des Gnadenbundes vom Anfange abgehangen habe, und zweitens, weil sich mehr als eine natürliche Kraft des Gnadenbundes in derselben äußert.

[51. Stück, 17. Dezember]

Man sieht, ohne Benennung eines Orts: *Ode an GOtt von Herrn Klopstock, 1751.* In Okt. 1 Bogen.

Vielleicht vermutet man in dieser Ode poetische Betrachtungen über die Majestät Gottes; und man mutmaßet auch recht. Oder vielleicht sucht man darinnen ein Gebet einer entzückten Demut; und man irret sich auch hierinne nicht. Man findet beides darinne: dennoch ist diese Ode ein Liebeslied, und man könnte sie das hohe Lied Klopstocks nennen. Man sieht wohl, daß Herr Klopstock derjenige ist,

- - - cui mens divinior atque os
Magna sonaturum,

und daß er Pindarisch schreiben würde, wann er auch ein Gedicht vom Ackerbau schriebe. Er beweint die Abwesenheit seiner Geliebten, und anstatt daß ein anderer Dichter, welcher in ähnlichen Umständen war, seine poetische Klage mit einem *Soll ich meine Doris missen? etc.* anfing, so erschüttert ihn ein stiller Schauer der Allgegenwart Gottes; sein Herz und sein Gebein beben sanft gerührt; er fühlt, er fühlt es, daß Gott auch da, wo er wohnt, Gott ist. Er wünscht mit Gott zu reden, zweifelt aber, daß er ihn wird zu sprechen bekommen. Endlich wagt er es, mit dem Ewigen zu reden; er sagt ihm, daß er, Gott, ewig ist, und daß er, Klopstock, liebet. Der Ewige soll ihm seine Geliebte wieder geben, oder er soll sein Leben zu einem schnellen Hauch machen. Er verspricht ihm dafür, noch einmal so tugendhaft zu sein, wenn sie bei ihm ist, und den Messias desto feuriger zu besingen. *Von ihr geliebt,* sagt er, *will ich dir feuriger entgegen jauchzen; will ich mein volles Herz in hohen Hallelujaliedern, ewiger Vater! vor dir vergießen. Dann, wann sie mit mir deinen erhabenen Ruhm gen Himmel weinet, bebend, mit schwimmenden entzückten Augen, will ich mit ihr hier schon das ewige Leben fühlen. Das Lied des Sohns, trunken in ihrem Arm, von reiner Wollust, will ich erhabener, Enkeln, die gleich uns lieben, gleich uns Christen sind, seligen Enkeln singen.*

Unsere Leser werden wohl die Absätze der Verse, welche wir, den Raum zu ersparen, weggelassen haben, da sie ohnedies ohne darüber gesetzte Zeichen keine Füße haben würden, nicht vermissen.

Einen Gedanken unsers berühmten Dichters, welchen wir ohne diese Anmerkung nicht haben denken können, müssen wir noch berühren. Es ist der in dieser Ode und in dem Messias oft vorkommende Gedanke von dem Gedanken, welcher gedacht wird. Dieser gedacht werdende Gedanke, welcher so lange ein guter poetischer Gedanke, oder vielmehr Ausdruck ist, als er weniger geschrieben, als gedacht wird, hat, wenn wir uns recht erinnern, seinen Ursprung von einem Gedanken eines bekannten glücklichen Dichters, welcher ihn dachte, als er einsmal eine Ode verfertigte. Dieser Gedanke und das Denken des Gedankens fand damals gleich bei einigen wahren Kennern poetischer Schönheiten, und nachmaligen vertrauten Freunden des Hrn. Klopstocks, weil er gut angebracht, und nur einmal angebracht war, vielen Beifall. O imitatores! - - - -

[Berlinische Privilegierte Zeitung · 1751]

[35. Stück, 23. März]

Wittenberg und Zerbst. Dritte und letzte gegründete Anzeige derer Herrenhutischen Grund-Irrtümer in der Lehre von der H. Schrift, Rechtfertigung, Sakramenten und letzten Dingen; denen evangelischen Kirchen zur nötigen Warnung ans Licht gestellet von D. Carl Gottlob Hofmann, Generalsuperintend. Nebst einem Register über sämtliche drei Teile. Wittenberg und Zerbst, verlegts Sam. Gottf. Zimmermann. 1751. in 8t. 8 Bogen. Dieses ist der Beschluß desjenigen Werks wodurch sich der Herr Generalsuperintendent den Herrenhutern keinen geringen Schaden zugefügt zu haben, rühmt; nicht etwa weil er ihre Irrtümer dadurch gedämpft, sondern weil er sie, wie man deutlich sieht, verhindert hat gewisse zeitliche Vorteile zu erlangen, die man, menschlich zu handeln, auch seinen irrenden Brüdern gönnen muß. Wir hoffen, daß die Leser schon wissen, was der Herr Verfasser Grundirrtümer der Herrenhuter heißt; nämlich diejenigen Stellen, wo sie nicht die Sprache der symbolischen Bücher führen. Diese Erklärung angenommen, müssen wir die Ausführung durchgängig loben; man wollte denn wünschen, daß sie mit etwas weniger Spötterei, die oft die feinste nicht ist, und mit etwas minder zweideutigen Absichten angefüllet sei. Der Kopf eines Herrenhuters, voll Enthusiasterei, ist zu nichts weniger als zu systematischen Begriffen und abgemeßnen Ausdrückungen geschickt. Warum macht man ihm die Schwäche seines Verstandes zu Verbrechen seines Willens? Warum folgert man aus gewissen Orten, wo er von Sachen, über welche die Scham einen geheimnisvollen Vorhang zieht, etwas zu frei, zu ekel, zu schwärmerisch geschrieben hat, Taten der sträflichsten Unzucht? Nur zum Beweise der Verleumdung, und mehr zum Ärgernisse als zur Erbauung, schreibt man aufgedeckte Bosheiten der Herrenhuter, so lange noch keiner von ihnen der Verbrechen, welche man ihnen Schuld gibt, und welche die schärfste Ahndung verdienten, vor der weltlichen Obrigkeit überführet worden ist.

Man weiß es aber schon, daß man mit diesen unbarmherzigen Beschuldigungen vor Gerichte nicht fortkommen kann, und daß, am Ende, jeder billiger Richter kein ander Urthel von den Herrenhutern zu fällen weiß, als das, was Plinius, obgleich in einer ganz verschiednen Sache, fällte: nihil aliud inveni quam superstitionem pravam et immodicam. Wäre es also nicht gut, wenn die Herren Theologen die Wahrmachung eines Ausspruches des Cicero, opinionum commenta delet dies ruhig erwarteten? Sie haben einen Ausspruch in der Bibel, der eben dieses sagt, und es ist zu verwundern, daß ihnen noch niemand des Gamaliels ἐασατε ἀυτους zugerufen hat. Könnten sie ihrem Charakter gemäßer handeln, als wenn sie, wie dieser Pharisäer gedächten: *ist der Rat oder das Werk aus den Menschen, so wirds untergehen, ists aber aus GOtt, so können wir nichts dämpfen etc.?* Ein gewisser Christian Philaleth hatte der ersten Anzeige des Hrn. D. Hofmanns hundert Fragen entgegen gesetzt; und in der Vorrede zu dieser dritten Anzeige sagt uns der Verfasser, warum er auf diese Fragen zur Zeit noch nicht geantwortet habe. Die vornehmste Ursache ist, weil sich dieser Gegner nur unter einem falschen Namen genennt, und der Herr Doktor durchaus denjenigen erst persönlich kennen will, welchen er widerlegen soll. Die Wahrheit zu gestehen; wir sehen das schließende dieser Ursache nicht ein. Kann ein Schriftsteller unter erborgtem Namen keine Wahrheit sagen? Oder kann man niemanden widerlegen, wenn man nicht Persönlichkeiten in die Widerlegung mischt? In eben der Vorrede meldet der Herr Generalsup. daß allem Ansehen nach die Heilandskasse bald banquerot machen werde. Vielleicht zieht der Umsturz ihres ökonomischen Systems den Untergang der ganzen Gemeine nach sich. Ist in den Vossischen Buchläden hier und in Potsdam für 3 Gr. zu haben.

[37. Stück, 27. März]

Leipzig. Allen nach Standesgebühr höchst und hochzuehrenden Liebhabern, Gönnern, und Beförderern einer echten deutschen Poeterey kündigen und preisen wir folgendes Werk an. *Herrn Johann Christoph Gottscheds, der Weltw.*

und Dichtkunst öffentl. Lehrers in Leipzig, Gedichte, bei der jetzigen zweiten Auflage übersehen und mit dem II. Teile vermehrt, nebst einer Vorrede ans Licht gestellet von M. Joh. Joachim Schwaben. Leipzig, verlegts B. Chr. Breitkopf. 1751. in groß 8t. Das Äußerliche dieser Gedichte ist so vortrefflich, daß sie, wie wir hoffen, den Buchläden große Ehre machen werden, und wie wir wünschen lange Zeit machen mögen. Von dem innerlichen aber einen zureichenden Entwurf zu geben, das übersteigt unsre Kräfte. Der erste Teil ist alt, und nur die Ordnung ist neu, welche der schärfsten Hof-Etiquette Ehre machen würde. Wennn der Verfasser den Einfall dazu nicht in Wien bekommen hat, so hat er ihn wenigstens nicht bei dem Horaz gelernt, dem er sonst ein sehr wichtiges Kunststück abgestohlen hat, das große Kunststück nämlich seine Jubeloden allezeit fein zum Schlusse der Abteilung von den Oden zu setzen. Der andre Teil ist größten Teils neu, und mit eben der Rangordnung ausgeschmückt, welche bei dem ersten so vorzüglich angebracht ist; so daß nämlich alle Gedichte auf hohe Häupter und fürstliche Personen in das erste Buch; die auf gräfliche, adeliche und solche die ihnen gewissermaßen gleich kommen, ins zweite; alle freundschaftliche Lieder aber ins dritte Buch gekommen sind. Uns ist die Ode auf den Herrn von Leibniz sogleich in die Augen gefallen. Der größte Teil derselben beschäftiget sich mit dem Lobe der Stadt Leipzig. Das ist Pindarisch! Wann dieser erhabne Sänger das Lob eines olympischen Siegers vergöttern sollte, von dem er auf der Gottes Welt nichts rühmlichers zu sagen hatte, als etwa die Geschwindigkeit seiner Füße, oder die Stärke seiner Fäuste, so geschah es dann und wann, daß er statt seiner, seine Vaterstadt lobte. O wahrhaftig! das heißt die Alten mit Überlegung nachahmen, wenn es anders der Herr Prof. Gottsched zur Nachahmung der Alten getan hat. Wer kann übrigens ernsthaft bleiben, wenn er das Lob dieses Weltweisen auf die Erfindung verschiedner Kleinigkeiten stützt, wie zum Exempel seine Dyadik ist, welche er zu erfinden eben nicht Leibniz hätte sein dürfen. Doch die Dyadik ist für den Hrn. Prof. vielleicht ein eben so unbegreifliches Ding als ihm die Analysis infinitorum zu sein scheint, die er, mit vieler Einsicht, die Rechenkunst *in den* unendlich Kleinen nennt. Dem poetischen Geiste des Hrn. Professors das völligste Recht widerfahren zu lassen, dürften wir nur eine Stelle aus einem Schreiben an den Herrn von Scheyb anführen, wo er sein zu entbehrendes Urteil über den Messias fällt; allein wir wollen es immer in einem Buche lassen, in welchem es nur bei denen einen Eindruck machen wird, welche gestraft genug sind, dieses große Gedicht nicht zu verstehen. Gesetzt es hat einige Flecken, so bleibt es doch allezeit ein Stück, durch welches unser Vaterland die Ehre schöpferische Geister zu besitzen verteidigen kann. Eine Anmerkung aber müssen wir aus angeführtem Schreiben hersetzen: »Herr Bodmer, sagt der Herr Prof. Gottsched, hat an den Herrn Schuch, Prinzipal einer deutschen Schauspielergesellschaft, nach Basel geschrieben, und ihn eingeladen nach Zürich zu kommen, nicht etwa tragische und komische Schauspiele daselbst aufzuführen, sondern durch seine geschicktesten Personen beiderlei Geschlechts den Messias auf öffentlicher Bühne hersagen zu lassen. Der Brief ist vorhanden.« Die Wahrheit dieser Anekdote vorausgesetzt, so ist sie eben so gar lächerlich nicht, als sie dem Herrn Prof. scheinet. Wäre es nicht sehr gut, wenn man auch unsre Schauplätze zu den Vorlesungen verschiedner Arten von Gedichten anwendete, wie es in der Tat bei den Römern üblich war. Hat er vergessen, daß Virgil selbst sein Heldengedicht auf öffentlichem Theater dem Volke vorgelesen hat? Diese Gedichte kosten in den Vossischen Buchläden hier und in Potsdam 2 Tlr. 4 Gr. Mit 2 Tlr. bezahlt man das Lächerliche, und mit 4 Gr. ohngefähr das Nützliche.

[38. Stück, 30. März]

Leipzig und Greifswalde. Sammlung auserlesener Abhandlungen ausländischer Gottesgelehrten zur Unterweisung des Verstandes und Besserung des Herzens; zusammen getragen von Friedr. Eberh. Rambach, Past. zum Heil. Geist in Magdeburg. Leipzig und Greifswalde. 1750. in 8t. 1 Alph. 16 Bogen. Dieses ist der Anfang einer Sammlung von Schriften, deren Beschaffenheit genugsam auf dem Titel ausgedrückt ist.

In der Vorrede bestimmt der Herr Pastor Rambach ihren Zweck aber noch näher, und sagt, daß es Abhandlungen sein sollen, welche vermögend sind, den mit Vorurteilen, Unwissenheit und Zweifeln verhinderten menschlichen Verstand zu unterweisen und ihm ein Licht vorzuhalten, nach welchem er sich in schweren Fällen, auch wohl im Stande empfindlicher Anfechtungen richten kann; Abhandlungen, die uns zeigen, wie heilig, gerecht und gut die Forderungen und Vorschriften des Evangelii Jesu Christi sind; Abhandlungen, die gewisse besondre Verheißungen des Evangelii betreffen, die Kraft, das Leben und den göttlichen Nachdruck derselben vor Augen legen, sonderlich aber sollen es solche Abhandlungen sein, die auf den wichtigen Punkt der geistlichen Sittenlehre, nämlich auf den Unterscheid der Natur und Gnade, gerichtet sind. Alle diese Eigenschaften wird der Leser an denjenigen Stücken finden, die in diesem ersten Teile befindlich sind. Es sind namentlich folgende: 1) John Flavels, ehemaligen Predigers zu Dortmouth in England, Betrachtungen über die menschliche Furcht; das Leben dieses Mannes, welches für eine gewisse Art Leser sehr erbaulich sein wird, macht den größten Teil der Vorrede aus. 2) Tillotsons Betrachtung über die gerechte Forderung Jesu: Gott mehr zu fürchten, als die Menschen. 3) Wilhelm Saldeni, weiland berühmten Predigers in Delft, Prüfung menschlicher Urteile, aus dem Holländischen übersetzt. Es ist ein Glück, daß noch hier und da ein Gottesgelehrter auf das praktische des Christentums gedenkt, zu einer Zeit, da sich die allermeisten in unfruchtbaren Streitigkeiten verlieren; bald einen einfältigen Herrnhuter verdammen; bald einem noch einfältigern Religionsspötter durch ihre sogenannte Widerlegungen, neuen Stoff zum Spotten geben; bald über unmögliche Vereinigungen sich zanken, ehe sie den Grund dazu durch die Reinigung der Herzen von Bitterkeit, Zanksucht, Verleumdung, Unterdrückung, und durch die Ausbreitung derjenigen Liebe, welche allein das wesentliche Kennzeichen eines Christen ausmacht, gelegt haben. Eine einzige Religion zusammen flicken, ehe man bedacht ist, die Menschen zur einmütigen Ausübung ihrer Pflichten zu bringen, ist ein leerer Einfall. Macht man zwei böse Hunde gut, wenn man sie in eine Hütte sperret? Nicht die Übereinstimmung in den Meinungen, sondern die Übereinstimmung in tugendhaften Handlungen ist es, welche die Welt ruhig und glücklich macht. Ist in den Vossischen Buchläden hier und in Potsdam für 12 Gr. zu haben.

[55. Stück, 8. Mai]

Leipzig. Briefe, nebst einer praktischen Abhandlung von dem guten Geschmacke in Briefen, von C. F. Gellert. Bei Johann Wendlern 1751. in 8. 20 Bogen. Was abgeschmackte *Junkers* und aberwitzige *Neukirchs* so unglücklich, und nur zur Aufhaltung des guten Geschmacks unternommen haben, wird in diesem Werke auf die vortrefflichste Art geleistet. Der Herr Verfasser hat sich das Recht längst erworben, daß die Welt auf alles, was aus seiner Feder fließt, aufmerksam sein muß; und wer ist geschickter als er, die Natur überall in ihre alte Vorrechte unter uns wieder einzusetzen? Den besten Briefsteller zu machen wird nichts erfordert als zu beweisen, daß man keinen Briefsteller braucht, und die ganze Kunst schöne Briefe zu schreiben ist die, daß man sie ohne Kunst schreiben lernt. Allein wie viel seltne Eigenschaften setzt diese Vermeidung der Kunst voraus? Gesunde Ordnung im Denken, lebhafter Witz, Kenntnis der Welt, ein empfindliches Herze, Leichtigkeit des Ausdrucks sind Dinge die den Deutschen weniger fehlen würden, wenn man sie in Schulen lernen könnte. Die meisten Lehrer haben sie selbst nicht; was Wunder also, daß sie ihre Schüler anführen, sich mit methodischen Leitfäden, topischen Einfällen, studierten Empfindungen, staubigten Realien und künstlichen Perioden zu behelfen? Wie unbeschreiblich würde der Nutzen sein, wenn die praktische Abhandlung des Hrn. Gellerts alle wohl informierte Briefsteller und alle die gelehrten Männer auf us de conscribendis epistolis aus den Klassen vertreiben könnte? Man würde die Briefe des Cicero und Plinius besser nutzen lernen, und einige lateinische Brocken würden das wenigste sein, was man ihnen zu danken hätte. Ist es zu hoffen? - - - Die Briefe des Hrn. Gellerts selbst sind durchgängig Meisterstücke, die man eben so wenig als seine Fabeln zu lesen aufhören wird. Die schöne Natur herrscht überall, alle Zeilen sind mit dem süßesten Gefühle, mit den rühmlichsten Gesinnungen belebt; und die Überzeugung, daß sie der Verfasser an würkliche Personen geschrieben hat, macht das Anteil, welches die Leser daran nehmen, ungleich größer. Von was vor einem Herze sind sie die Beweise! Wie liebenswert hat sich der Verfasser selbst, ihm unbewußt, darinne geschildert! Welche Freundschaft, welche Aufrichtigkeit, welche Liebe! Mit was für einer philosophischen Gleichgültigkeit sind zwei Briefe abgefaßt, wobei wenigstens seine Leser nicht gleichgültig bleiben werden. Verdienet ein Mann, welcher das Vergnügen Deutschlands ist, kein Amt zur Belohnung, wenn anders ein Amt eine Belohnung sein kann? - - - Herr Gellert scheint den vornehmsten Inhalt seiner Abhandlung in eine Erzählung, die er auf der 83ten Seite einschaltet, gebracht zu haben. Können wir den Platz schöner anwenden, als wenn wir sie einrücken?

Ein junger Mensch, der, wenn er Briefe schrieb,
Die Sachen kunstreich übertrieb,
Und wenig gern mit stolzen Formeln sagte,
Las einem klugen Mann ein Trauerschreiben vor,
Darin er einen Freund beklagte
Der seine Frau durch frühen Tod verlor,
Und ihm mit vielen Schulwitz sagte,
Daß nichts gewisser wär, als daß er ihn beklagte.
Ihr Brief, fiel ihm der Kenner ein,
Scheint mir zu schwer und zu studiert zu sein.
Was haben Sie denn sagen wollen?
»Daß mich der Fall des guten Freunds betrübt,
Daß er ein Weib verlor, die er mit Recht geliebt,
Und meinem Wunsche nach stets hätte haben sollen;
Daß ich von Lieb und Mitleid voll,
Nicht weiß, wie ich ihn trösten soll.
Dies ungefähr, dies hab ich sagen wollen.«
Mein Herr, fiel ihm der Kenner wieder ein,
Warum sind Sie sich denn durch Ihre Kunst zuwider?
O schreiben Sie doch nur, was Sie mir sagten, nieder:
So wird Ihr Brief natürlich sein.

Kostet in den Vossischen Buchhandlungen hier und in Potsdam 12 Gr.

[88. Stück, 24. Juli]

Königsberg. Die gute Sache der in der heiligen Schrift alten und neuen Testaments enthaltnen göttlichen Offenbarung, wider die Feinde derselben erwiesen und gerettet von Theodor Christoph Lilienthal, der h. Schrift Doct. und ordentl. Lehrer auf der Königsbergischen Universität etc. Zweiter Teil, bei Joh. Heinr. Hartung. 1751. in 8t. 1 Alph. 9 Bogen. Dieser ganze zweite Teil bestrebt sich die Weissagungen zu retten, welche in dem alten Testamente von Christo geschehen sind. Die vornehmsten Gegner, mit welchen der Herr Doctor zu tun hat, sind Schmidt, Collins und Parvish. Der erstere soll in seiner freien Übersetzung der fünf Bücher Mosis, die darinnen vorkommenden Weissagungen verfälscht haben. Der andre hat in seinen bekannten Schriften alle buchstäblichen Weissagungen geleugnet, und zu beweisen geglaubt, daß ihre vermeinte Erfüllung bloß auf einer verblümten Deutung derselben beruhe. Der letztere hat einem Indianer, den er in seiner Untersuchung der jüdischen und christlichen Religion einführte, Reden in den Mund gelegt, welche die gewöhnlichen Erklärungen der Weissagungen von Christo und seinem Reiche bestreiten. Der Herr Verfasser will überall zeigen, daß die Waffen dieser Feinde der Offenbarung nicht neu sind. Sie entlehnen dieselben, spricht er, teils von den Juden, teils pflügen sie mit Hugonis Grotii Kalbe. Dieses ist eben so richtig, als wenn man sagen wollte, die Widerlegungen des Herrn Doctors wären nicht neu, sondern er habe größtenteils mit Calovii Kalbe gepflügt. Wir glauben, es sei nichts widersprechendes, daß einer eben das sieht, was ein andrer gesehen hat, und hier ist überhaupt nicht die Frage, ob die Einwürfe eines Collins neu, sondern ob sie wahr sind? Das Gegenteil von den letztern hat der Herr Doctor Lilienthal auf eine gelehrte Art bewiesen; und es kann gleich viel sein, ob er seine Beweise als der erste erfunden, oder als der zwölfte wiederholt hat. In der Streitsache über die Weissagungen des Alten Testaments auf Christum ist wenigstens so viel gewiß, daß man besser tut, wenn man die Anzahl derselben verringert, als wenn man sie vermehrt, weil in dem letztern Falle diejenigen, an deren Gewißheit man nicht zweifeln kann, durch die Nachbarschaft mit nicht wenigen andern, deren Falschheit nur allzu klar ist, ein verdächtiges Ansehen bekommen. Dieser zweite Teil kostet in den Vossischen Buchläden hier und in Potsdam 10 Gr.

[100. Stück, 21. August]

Hildburgshausen. Das vergnügte Land- und beschwerliche Hofleben, worinne sowohl die Anmutigkeiten des einen, als auch die Mühseligkeiten des andern auf das artigste abgebildet werden; vormals beschrieben in spanischer Sprache von Antonio de Guevara, Bischofe zu Mondognedo, Rat, Beichtvater und Historiographo Kaiser Karls des V. jetzo aber seiner schönen Moralien halber von neuem ins Teutsche übersetzt. Verlegts Joh. Gottf. Hanisch 1751. in 8t. 11 Bogen. Unter hundert Dichtern, welche die Wut des stürmenden Meeres beschreiben, ist vielleicht kaum einer, welcher sie aus eigner Erfahrung kennt. Dem Hofe geht es nicht anders. Aus dem innersten seiner Studierstube zieht oft ein Mann wider ihn los, der, ungeschickt sich an demselben zu zeigen, ihn nur mit fremden Augen sieht, und die Menschen nur aus Büchern kennt, worinne sie fast allezeit abscheulicher geschildert werden, als sie sind. Dieser Vorwurf ist dem Antonio von Guevara zwar nicht zu machen. Er war über 18 Jahr an dem Hofe Karls des Vten, wo er ansehnlichen Bedienungen vorstand, und lernte auf seinen Reisen andre Höfe, sowohl als den seinigen, kennen. Allein Guevara war ein Geistlicher, und diese Art Leute hat Vergrößrungsgläser welche auf dem schönsten Gesichte unmerkliche Poros zu den abscheulichsten Löchern machen. Die Kunst zu deklamieren war ihm eigen. Und welchem Spanier ist sie es nicht? Eine Kunst welche durch sinnreiche Gedanken, durch den Schwung den sie ihnen zu geben weiß, durch übertriebne Anwendungen kleiner Geschichten, den Verstand oft so blendet, daß er überzeugt zu sein glaubet. Die Menschen sind am Hofe, in der Stadt und auf dem Lande Menschen; Geschöpfe, bei welchen das Gute und Böse einander die Waage hält. Schwachheiten und Laster zu fliehen, muß man nicht den Hof sondern das Leben verlassen. Beide sind an dem Hofe, wegen des allgemeinen Einflusses, den sie auf andre Stände haben, nur gefährlicher, aber nicht größer. Von der Übersetzung dieses kleinen Werks können wir nichts sagen, als daß es uns scheint es sei dem Guevara darinne gegangen, wie es ihm in den Übersetzungen seiner Epistolas familiares; seines libro aureo de Marco Aurelio, Emperador etc. ergangen ist. Und wie elend diese sind, weiß man. Unterdessen wird man sie vermutlich wegen der eingestreuten Gelehrsamkeit, womit der Spanier nicht weniger zu prahlen gewohnt ist, als der Deutsche, nicht ohne Vergnügen lesen. Sie kostet in den Vossischen Buchläden hier und in Potsdam 4 Gr.

[134. Stück, 9. November]

Jena. Anweisung zur regelmäßigen Abfassung teutscher Briefe, und besonders der Wohlstandsbriefe, herausgegeben von M. Joh. Wilh. Schaubert. Bei Th. Wilh. Ernst Güth 1751. in 8t. Die Briefsteller und Heldendichter sind jetzt die Modeskribenten in Deutschland. Was brauchten unsere witzigen Köpfe mehr, als zu wissen, daß uns gute Briefe und Epopeen fehlen, um diesen Mangel abzuhelfen? Hätte man ihnen gleich zu Anfange dieses Jahrhunderts diesen Mangel zu Gemüte geführt, so würde unser Vaterland jetzo wenigstens so viel Briefsammlungen, als Gelegenheitscarmina, und eben so viel Heldengedichte als Postillen haben. Wie stolz könnten wir alsdenn gegen die Ausländer sein! Doch nur noch wenige zwanzig Jahre Gedult, meine Herren Balzacs, Bussys, Fontenells, Tassos, Glovers, Miltons etc. so werden Sie sich durch unsere G** R** St** durch unsre B** N** und von Sch** verdunkelt sehen. Wir würden uns ein Vergnügen daraus machen den Herrn M. Schaubert, unter diese Zahl zu setzen, wann wir wüßten, wem wir ihn von den Ausländern entgegen setzen sollten. Wo ist der witzige Kopf unter ihnen, der wenn er dichtet und wenn er Briefe schreibt, so systematisch ist, als nimmermehr kein Kompendium der wolfischen Philosophie? Wir freuen uns recht inniglich über die neue Erweiterung des Reichs der mathematischen Lehrart, und ersuchen den Herrn Verfasser dieser Anweisung, ja bei einer neuen Auflage den Paragraphen die Überschriften, Erklärung, Heuschesatz, Aufgabe, Auflösung, Zusatz etc. beifügen zu lassen; und in seinen eigenen Briefen, wenn er deren eine besondere Sammlung einmal heraus geben sollte, in Randnoten ja wohl anzuzeigen, welches der Hauptinhalt und Nebeninhalt, welches die Hauptgedanken und Nebengedanken derselben sind. Seine Arbeit hat übrigens einen ganz besondern Vorzug, diesen nämlich, daß man gleich aus dem Titel das gründlichste Urteil davon fällen kann. Er will regelmäßige Briefe schreiben lernen. O wahrhaftig was wäre auch sonst schöne als das Regelmäßige! Er darf aber nicht meinen, daß auch wir nichts mehr als den Titel gelesen haben. Eben weil uns die Lesung seiner Bogen Zeit gekostet hat, und wir doch in nichts klüger daraus geworden sind, eben darum haben wir uns aus Verdruß die *regelmäßige* Freiheit genommen, unsre Meinung zu sagen. Kostet in den Vossischen Buchläden hier und in Potsdam 6 Gr.

[Berlinische Privilegierte Zeitung · 1753]

[22. Stück, 20. Februar]

Drei Gebete eines Freigeistes, eines Christen und eines guten Königs. Hamburg, zu bekommen in Joh. Carl Bohns Buchhandlung, 1753. in groß 4t. auf 1 Bogen. Wann Worte und Redensarten, wobei gewisse große Geister vielleicht etwas gedacht haben, wiederholen, denken heißt: wann kurze und nicht zusammenhangende Perioden das einzige sind, worinne der lakonische Nachdruck bestehet; wann in der bunten Reihe häufiger ? deklamatorischer ! und geheimnisvoller - - - - das Erhabene steckt; wann verwegene Wendungen Feuer, und undeutsche Wortfügungen Tiefsinnigkeit verraten; kurz wann unserer Witzlinge neueste Art zu denken und sich auszudrücken die beste ist: so wird man hoffentlich wider angezeigten Bogen nichts zu erinnern haben; es müßte denn die

Kleinigkeit sein, daß der Verfasser vielleicht nicht gewußt hat, was beten heißet. Zuerst läßt er den Freigeist beten. Dieses Gebet schließt sich: »O könnte ich mich aufmachen, und eilen und mit diesen Tränen der Vernichtung flehen: Erbarme dich über mich! Denn verflucht sei der Mann, der mich gezeugt, und das Weib, die mich geboren hat!« Heißt denn das auch beten, müssen wir fragen, verzweifelnde Gesinnungen gegen ein Wesen ausschütten, das man nicht kennet? Das folgende Gebet des Christen, welches der vorige nach einigen Jahren sein soll, würde dem Unsinne eines Inspirierten viel Ehre machen. Das erhabenste Gebet, welches uns Christus selbst hinterlassen hat, ist zugleich das einfältigste, und nach diesem Muster ist es wenigstens nicht gemacht. Das Gebet endlich eines guten Königs, ist so schön, daß man darauf wetten sollte, es habe es kein König gemacht. Ein orientalischer Salomon hat dagegen sehr kriechend gebet. Kostet in den Vossischen Buchläden 1 Gr.

[36. Stück, 24. März]

Königsberg prangt jezo mit einem Dichter, welcher in dem vorigen Jahrhunderte zu Nürenberg ein großer Geist hätte sein können. Es ist derselbe *Herr Johann Friedrich Lauson,* wohlverdienter Kollege bei der Kneiphöfischen Schule, J. V. C. und Verfasser eines unter der Presse schwitzenden *Versuchs in Gedichten nach Königsbergischem Geschmacke,* auf welchen man, nach Anzeige eines gedruckten Avertissements, 10 gute Gr. Vorschuß annimmt. Dieser berühmte Mann hat bei dem am 24. Mai vorigen Jahres eingefallenen Gröbenschen Actu, im großen akademischen Auditorio, von einem ihm daselbst versiegelt überreichten Themate, aus dem Stegreife, über eine Stunde eine Rede, (horresco referens!) in deutschen Versen gehalten. Eine so mirakulöse Geschicklichkeit ist vielen, und endlich ihm selbst, so unglaublich vorgekommen, daß er nötig befunden hat, sie mit einem Attestate des akademischen Senats bewähren zu lassen, und dieses Attestat, aus Liebe zur Wahrheit, in der Welt herum zu senden. Was für Lobsprüche wird er nicht einsammeln! Was für Neider wird er nicht erwecken! Wir erinnern uns mit Erstaunen gelesen zu haben, daß es Kranke gegeben hat, welche bei phrenetischen Zufällen, in Reimen geredet; aber was sind diese Wahnwitzige gegen den Herrn Lauson, von welchem wir gewiß wissen, daß er ein gleiches frisch und gesund getan hat? Notwendig müssen die verfolgten Reime, bei jetzigen bedrängten Zeiten, ihre Zuflucht in den Mund dieses glückseligen Sterblichen genommen haben, um sich zur Beschämung ihrer Feinde, welche von ihrer Schwierigkeit so viel schreckhafte Begriffe machen, wetteifernd aus ihm zu ergießen. Wir wünschen gedachte Rede mit unbeschreiblichem Verlangen unter seinen Gedichten zu finden, und werden uns des Vorschusses nicht entbrechen, sobald er noch ein Attestat auswirken wird, welches der Welt versichert, daß er seine Rede nicht nur in deutschen Versen, sondern auch in guten deutschen Versen gehalten hat. Doch im Ernste, die Auslassung dieses Worts, und das hinzugefügte *angesuchter maßen* wird bei Vernünftigen den akademischen Senat hinlänglich rechtfertigen, welcher es freilich nicht wohl hat abschlagen können, dem Herrn Lauson eine begangene Torheit zu attestieren.

[65. Stück, 31. Mai]

Des Abts von Marigny Geschichte der Araber unter der Regierung der Kalifen. Aus dem Französischen. Berlin und Potsdam bei Chr. Fried. Voß. 1753. in 8v. 1 Alphb. 12 Bog.

Manche sind in den Geschichten berühmt, und manche sollten es sein. Die Araber gehören zu den letztern. Die Taten dieses Volks, wenn man sie auch nur seit dem Zeitpunkte des Mahomets betrachtet, geben den so gepriesenen Taten der Griechen und Römer wenig oder nichts nach. Allein zu wie vieler Kenntnis sind sie wohl gekommen? Die vornehmste Ursache, warum sie so verborgen geblieben sind, und zum Teile noch bleiben, ist die Sprache in welcher sie hauptsächlich aufgezeichnet worden, und deren nur immer sehr wenige Gelehrte in Europa mächtig gewesen sind. Diese haben zwar verschiednes aus den Originalskribenten in die gelehrten Sprachen übergetragen, allein in wie viel Werken haben sie es nicht zerstreuet? Der Abt von Marigny hat sich die Mühe genommen, aus diesen zerstreuten Stücken ein ganzes zu machen, und seine Mühe ist ihm so gut gelungen, daß er einer Übersetzung gar wohl wert war. Er hat sich bloß auf die Regierung der Kalifen eingeschränkt, und in diesem Zeitraume, von etwas mehr als 600 Jahren, so viel merkwürdiges gefunden, als nur immer eine Geschichte aufweisen kann. Sein Werk bestehet aus 4 Teilen, welche man in der Übersetzung auf dreie zu bringen für gut befunden hat. Dieser erste enthält die Regierung der vier ersten Kalifen, des Abubekers, des Omars, des Othmans und des Ali. Wann je große Geister unter einem Volke aufgestanden sind, welche die erstaunlichsten Veränderungen zu unternehmen und auszuführen im Stande waren, so sind sie damals unter den Arabern aufgestanden; und es wäre nicht möglich gewesen, daß sie ihre Eroberungen so weit hätten ausdehnen können, wenn nicht, so zu reden, jeder gemeine Soldat unter ihnen ein Held gewesen wäre. Man bilde sich aber nicht ein, daß sie sich bloß als tapfre Barbaren zeigten; auch die Tugend, und oft eine mehr als christliche Tugend, war unter ihnen bekannt, wovon man die Beispiele gewiß mit einem angenehmen Erstaunen lesen wird. In der Vorrede des Übersetzers zu diesem Teil, wird Marigny wegen einiger Vorwürfe verteidigt, welche der berühmte Hr. D. Baumgarten ihm zu machen für gut befunden hat. Kostet in den Vossischen Buchläden 12 Gr.

[80. Stück, 5. Juli]

Lettres choisies de Pope sur differens sujets de Morale et de Litterature, traduites de l'Anglois par Mr. Genet, en II Parties. à Paris chez R. Davidts. 1753. in 8v. 1. Alphab. Was schon den Namen Pope führt, ist der Aufmerksamkeit aller Leser von Geschmack würdig. Wenn man ihn aus seinen Gedichten als einen Geist kennt, welcher auch bei der mäßigsten Anstrengung, unsre Bewunderung erweckt, so wird man in seinen Briefen eben diesen Geist, obgleich öfters in einer gelassenern Wirkung, mit Vergnügen wiederfinden. In seinen Gedichten ist er der verschönerte Pope, und in seinen Briefen der wahre. Kritik, Moral und Freundschaft sind es, welche darinne herrschen, und die Namen eines Wycherley, eines

Walsh, eines Hamilton, eines Steele, eines Buckingham, eines Swift, an welche Pope entweder schreibt, oder von welchen er Antworten empfängt, stehen uns dafür, daß es keine Kritik, keine abgetroschene Moral, und keine Scheinfreundschaft sein werde. Der Französische Übersetzer hat verschiedene der Popischen Briefe übergangen, es sind aber teils solche, welche Pope selbst verworfen hat, teils solche, worinne seine Gesinnungen gegen die katholische Religion nicht allzuwohl entwickelt waren. Durch Auslassung der letztern hat er wollen den strafbaren Auslegungen derjenigen vorbeugen, welche gerne alle große Geister zu Feinden der Religion machen wollen. Pope war nichtsweniger als dieses, und sein Brief an den jüngern Racine ist Bekenntnisses genug, daß er alle Freigeisterische Sätze, welche man in seinem System finden wollte, verabscheute. Kostet in den Vossischen Buchläden hier und in Potsdam 16 Gr.

[93. Stück, 4. August]

Schreiben eines Juden an einen Philosophen, nebst der Antwort. Berlin bei Chr. Fr. Voß. 1753. in 8vo. 2 Bogen. Diese Blätter sind zum Behuf eines unterdrückten Teils des menschlichen Geschlechts aufgesetzt, und machen sowohl der scharfsinnigen Einsicht des Verfassers, als der guten Sache Ehre. In dem Schreiben des Juden wird mit Gründen dargetan, daß es der Gerechtigkeit und dem Vorteile eines Regenten gemäß sei, das Elend der jüdischen Nation aufzuheben. In der Antwort des Philosophen, in dessen Augen die, welche an den gekommenen Messias und die, welche an den noch zukommenden glauben, wenig oder nichts unterschieden sind, wird außer verschiednen den Inhalt des Schreibens betreffenden Anmerkungen, angeführt, daß bereits seit geraumer Zeit in Holland und England den Juden gleich den Christen, ohne Einschränkung erlaubt sei, Häuser und Äcker zu kaufen, und alle Arten von Künsten und Professionen zu treiben; daß diese ihnen erteilte Freiheiten beiden Staaten nicht nur keinen Schaden verursachen, sondern vielmehr dem Anwachse ihres Reichtums und ihrer Macht ausnehmend beförderlich sind. Statt eines weitläuftigern Auszuges wollen wir zur Probe der

Denkungsart und des Ausdrucks, den Schluß des Schreibens von dem Juden einrücken: »Vertreten Sie nur die Stelle eines *le Fort*; vielleicht findet sich auch ein *Peter der Große*. Vielleicht schenkt ein Zusammenhang von eben so glücklichen Umständen einen Fürsten, der die größte Stärke des Geistes mit der höchsten Gewalt vereiniget, der eine Nation, die eben so edel als alle andern, jetzo aber durch Armut, Unwissenheit, Verachtung und eine Art von Sklaverei unterdrückt ist, davon befreiet. Sollte solches geschehen, so bin ich versichert, daß ihre Ehrfurcht gegen diesen Fürsten die gehoffte Ankunft eines Messias in seiner Person erfüllt zu sein glauben, daß ihre Emsigkeit reiche und unaufhörliche Opfer zu seinen Füßen legen, und daß ihre Dankbarkeit ihm in dem Andenken der Nachkommen und in der jüdischen Historie ein ewiges Denkmal stiften werde.« - - Die Wahrheit und Vernunft befreien den Verfasser von der Anklage der allerheftigsten Vorurteile. Nunmehr aber rechtfertiget ihn noch überdem die Englische Nation, indem eben dasselbe zum größten Erstaunen von Europa den 1ten Junius des jetztlaufenden Jahres in England verordnet worden, was der Verfasser in seinem Schreiben vom 24sten März statt eines Entwurfs angeführet hat. Die Akte davon ist in einem Anhange beigefügt. Kostet in den Vossischen Buchläden 2 Gr.

[95. Stück, 9. August]

Unter allen römischen Schriftstellern sind wenige oder gar keine, die man der Jugend mit größerm Nutzen in die Hände geben könne, als die Werke des Cicero und des ältern Plinius. Beide sind Muster der vortrefflichsten Schreibart; beide sind unerschöpfliche Schätze der Gelehrsamkeit. Der letztere allein ist schon längst die Bibliothek der Armen genennt worden. Da sie aber nur allzuvieles enthalten, dem nur ein reifer Verstand und ein schon geübter Geist gewachsen ist; so hat man leicht keine nützlichere Arbeit an ihnen unternehmen können, als die welche der berühmte Herr Prof. Gesner so glücklich unternommen hat. Seine Chrestomathien oder Sammlungen der auserlesensten Stellen aus denselben sind mit der vortrefflichsten Wahl zusammen getragen, und mit

Anmerkungen versehen, aus welchen ein Anfänger, ja auch einer der es in den Wissenschaften weiter gebracht hat, eine unendliche Menge der vortrefflichsten Sachen spielend erlernen kann. Sie sind zu einem so vielfältigen Gebrauche eingerichtet, daß sie ein allgemeines Schulbuch zu werden verdienen. Sowohl von der Ciceronianischen als Plinianischen Chrestomathie sind vor kurzem in Zelle bei G. C. Gsellius neue Ausgaben erschienen, welche nicht allein wegen verschiedner Vermehrungen, sondern auch wegen der durchgängigen Verbesserung der deutschen Schreibart in den Anmerkungen, beträchtlich sind. Die Stücke, welche sie enthalten, sind meistenteils klein, und sehr geschickt von fähigen Köpfen, welche mit jenen unsterblichen Römern recht vertraut werden wollen, ins Gedächtnis gefaßt zu werden. Man scheint zwar jetzt fast in allen Schulen einen ziemlichen Haß gegen das Auswendiglernen zu haben, und betrachtet es als die allerpedantischste Art der Unterweisung. Die Klassischen Schriftsteller sehen sich beinahe verdrängt, und man will von nichts als von sogenannten Realien hören, ohne zu bedenken, daß die vortrefflichsten in jenen enthalten sind. Man lehrt die Kinder in Schulen das, was sie auf der Universität lernen sollten, damit sie auf der Universität dasjenige nachholen können,was sie auf der Schule versäumt haben. Allein daher kömmt es auch, daß die Anzahl derjenigen Männer immer geringer wird, die jenen alten Mustern glücklich nacheifern, und die witzige Barbarei, die uns zu überfallen droht, noch aufhalten. - - Die Plinianische Chrestomathie ist 3 Alphb. und 3 Bogen in 8v. und kostet in den Vossischen Buchläden 1 Tlr.; die Ciceronianische ist 1 Alphb. 18 Bogen und kostet 14 Gr.

[101. Stück, 23. August]

Aristoteles Dichtkunst ins Deutsche übersetzt, mit Anmerkungen und besondern Abhandlungen versehen von Michael Conrad Curtius, der Königl. deutschen Gesellschaft in Göttingen Mitgliede. Hannover verlegts Joh. Chr. Richter 1753. in 8v. 1 Alph. 5 Bogen. Unter allen Schriften des Aristoteles sind seine Dichtkunst und Redekunst beinahe die einzigen, welche bis auf unsre Zeiten ihr Ansehen nicht nur behalten haben, sondern noch fast täglich einen neuen Anwachs desselben gewinnen. Ihr Verfasser muß notwendig ein großer Geist gewesen sein; man überlege nur dieses: kaum hörte seine Herrschaft in dem Reiche der Weltweisheit auf, als man durch diesen erloschenen Glanz einen andern in ihm entdeckte, den kein Araber, und kein Scholastiker wahrgenommen hatte. Man erkannte ihn als den tiefsten Kunstrichter, und seit der Zeit herrscht er in dem Reiche des Geschmacks unter den Dichtern und Rednern eben so unumschränkt, als ehedem unter seinen Peripatetikern. Seine Dichtkunst, oder vielmehr das Fragment derselben, ist der Quell aus welchem alle Horaze, alle Boileaus, alle Hedelins, alle Bodmers, bis so gar auf die Gottschede, ihre Fluren bewässert haben. Dieser hat uns schon seit vielen Jahren auf eine deutsche Übersetzung derselben warten lassen; und warum er sich endlich doch einen andern damit hat zuvorkommen lassen, können wir nicht sagen, es müßte denn die Griechische Sprache und seine eigne Dichtkunst, welche keine weder über sich noch neben sich leiden will, daran Schuld sein. Herr Curtius besitzt alle Eigenschaften, welche zu Unternehmung einer solchen Arbeit erfordert wurden; Kenntnis der Sprache, Kritik, Literatur und Geschmack. Seine Übersetzung ist getreu und rein; seine Anmerkungen sind gelehrt, und erläutern den Text hinlänglich; und seine eigne Abhandlungen enthalten sehr viele schöne Gedanken von dem Wesen und dem wahren Begriffe der Dichtkunst; von den Personen und Handlungen eines Heldengedichts, von der Absicht des Trauerspiels, von den Personen und Vorwürfen der Komödie, von der Wahrscheinlichkeit, und von dem Theater der Alten. Kostet in den Vossischen Buchläden hier und in Potsdam 16 Gr.

[106. Stück, 4. September]

Der teutsche Don Quichotte oder die Begebenheiten des Marggrafen von Bellamonte, komisch und satyrisch beschrieben; aus dem Französischen übersetzt. Vier Teile. Breslau und Leipzig bei C. Gott. Meyer 1753. in 8v. 21 Bogen. Unter allen spanischen Werken des Witzes ist bei Ausländern keines bekannter geworden als der Don Quixote des unnachahmlichen Cervantes, und beinahe wird es keine Übertreibung sein, wenn St. Evremont verlangt, daß man bloß dieses Buchs wegen die spanische Sprache lernen müsse. Der unzählichen Nachahmungen ungeachtet, die es wie jedes Original verursacht hat, ist es noch immer das vortrefflichste in seiner Art geblieben und wird gewiß nicht eher aufhören gelesen zu werden, als bis niemand in der Welt mehr Lust haben wird zu lachen. Die gegenwärtige Nachahmung ist keine von den schlechtesten; der Verfasser hat einen sehr komischen Witz, und eine Einbildungskraft, die an drolligten Bildern ungemein reich ist. Allein das Kunststück, unter denselben die ernsthafteste Moral zu verstecken, scheint er nicht in seiner Gewalt zu haben. Es ist daher ein unfruchtbares Lachen, welches er erweckt, und sehr geschickt einem Menschen, der nicht gerne umsonst lachen will, nicht selten ekelhaft zu werden. Sein Don Quixote ist ein deutscher Kaufmannsdiener, dessen Einbildung die Lesung der französischen Romane verrückt hat, so daß er nichts geringer als ein Graf zu sein glaubt, und nichts begieriger sucht als Abenteuer, die ihm seine Tapferkeit und seine edlen Gesinnungen zu zeigen Gelegenheit geben. Sein Sancho Pansa ist ein Diener, der die Einfalt selbst ist, und dem sein Herr den romanenhaften Namen du Bois gegeben hat. Seine Dulcinea ist ein gutes Dorffräulein, deren Verstand an einem gleichen Fieber krank liegt, und die sich eine Gräfin von Villa-Franka zu sein einbildet. Diese nebst einigen andern nötigen Personen, in einem Geschwätze von Abenteuern mit Räubern von nächtlichen Schrecken, von Siegen der zärtlichen Empfindungen etc. etc. gebracht, fein untereinander gerüttelt, mit einer angenehmen Schreibart versetzt, und dem Leser kapitelweise eingeträufelt, geben vier Teile komischer und satyrischer Begebenheiten, die man in den Vossischen Buchläden für 8 Gr. bekommen kann.

[119. Stück, 4. Oktober]

Don Quixote im Reifrocke, oder die abenteuerlichen Begebenheiten der Romanenheldin Arabella. Aus dem Englischen übersetzt. Hamburg und Leipzig, bei G. C. Grund und A. H. Holle 1754. in 8v. 1 Alphb. 18 Bogen. Nachdem Cervantes die ungeheuern Ritterbücher durch seinen Don Quixote mit vielem Glücke lächerlich gemacht hatte, fiel man, besonders in Frankreich, auf eine andre Art von Romanen. Man schrieb große Bände, worinne man die Helden des Altertums auftreten ließ, und gar bald war fast kein Name eines alten Königs, oder einer andern sonst berühmten Person, mehr zu finden, welcher nicht von einer arbeitsamen Scudery oder einem erhabnen Calprenede wäre gemißhandelt worden. Der Geschmack an diesen Werken erhielt sich, der Spöttereien des Boileau und der sinnreichen Parodie, la fausse Clelie, ungeachtet, ziemlich lange, bis ihn endlich einige glückliche Geister verdrängten, welche mit der schönen Natur besser bekannt waren, und uns in ihren wahrhaften Romanen nicht unsinnige Hirngeburten, sondern Menschen schilderten. Marivaux, und seine noch glücklichern Nachfolger, Richardson und Fielding, sind es, welche jetzo mit Recht in dieser Sphäre des Witzes herrschen, und es ist zu wünschen, daß sie die einzigen wären, welche gelesen würden, wenn man einmal Romane lesen will. Ohne Zweifel wird auch dieser weibliche Don Quixote das seinige zur völligen Verbannung jener abenteuerlichen Galanterien beitragen, welche für das eitle und empfindliche Herz einer jungen Schöne nur allzu einnehmend und verführerisch sind. Die Verfasserin desselben ist ein Frauenzimmer, welchem man echten Witz und alles was zu Verfertigung einer anmutigen Schrift gehöret, nicht absprechen kann. Die Heldin ihres Romans betrachtet die Welt aus keinem andern Gesichtspunkte, als woraus Scudery sie ihr vorstellt, und bildet sich ein, daß die Liebe die Hauptleidenschaft der Menschen und die Triebfeder aller ihrer Handlungen sei. Nach diesen phantastischen Begriffen handelt sie, ohne jemals ihren Charakter zu verleugnen oder unwahrscheinlich zu werden. Alle ihre Torheiten hängen aneinander und jedes Abenteuer ist mit der größten Wahrheit der Romanen geschrieben. Ihre Vertraute, die Lucia, spielt zwar keine so schimmernde Rolle als Sancho Pansa; sie tritt nicht so oft auf, als dieser Waffenträger, wann sie aber erscheint so findet man in ihren Reden eben die natürliche Einfalt, wodurch jene gefällt, ob sie gleich auf eine andre Art, und nicht in Sprüchwörtern ausgedrückt ist. Langweilige Zwischenerzählungen, womit der spanische Roman angefüllt ist, wird man nicht darinne finden, so daß überhaupt das Urteil welches der beste Romanenschreiber unserer Zeit davon gefällt hat, nicht unverdient scheinen wird, daß nämlich dieser weibliche Don Quixote einem jeden klugen Leser einen vernünftigen und ergötzenden Zeitvertreib machen könne, in welchem er Unterricht und Vergnügen antreffen werde. Kostet in den Vossischen Buchläden 14 Gr.

[138. Stück, 17. November]

Oden mit Melodien. Erster Teil. Berlin, bei F. W. Birnstiel, auf 32 Seiten in 4 to. Es hat uns eben niemals ganz und gar an kleinen Liedern zur Ergötzung des Gemüts gefehlt, und man hat so wenig bei uns, als bei den Ausländern das Glas oder den Strauß der Phillis zu besingen vergessen. Sie waren aber meistens alle bis auf die Zeit, da uns Halle durch die Gräfischen Bemühungen zuerst etwas gutes lieferte, sowohl in Ansehung der Dichtkunst, als der Melodie so beschaffen, daß sie von den artigen Personen, die Witz und Geschmack verbinden, nicht ohne Ekel angestimmet werden konnten. Gegenwärtige Sammlung gehört unter diejenigen, die sowohl der artigen Lebensart neuerer Zeit, als dem Witze und dem Geschmack in beiden Künsten Ehre machen. Die meisten Oden darinnen sind von schon bekannten und berühmten Tonkünstlern, und die andern von nicht unglücklichen Nachahmern derselben gesetzet. Es haben es diese Meister ihrem Ansehen nicht für nachteilig gehalten, sich mit dieser kleinen Art der musikalischen Beschäftigung abzugeben und die Oden dadurch von dem lächerlichen Vorwurfe zu befreien, als ob solche nichts anders als Früchte schlechter Köpfe sein könnten. Ist denn ein kurzer schöner Einfall eines guten Dichters nicht öfters mehr als mancher ungeheurer Foliante eines Schmierers wert, und sollte in der Musik eine Anzahl von sechszehn schön gesetzten Takten nicht so gut von der Fähigkeit seines Verfassers zeigen können, als eine drei Finger breite Partitur? Jedes musikalische Stück, deucht uns, verdienet in seiner Gattung Beifall, wenn es den Regeln der Kunst gemäß und mit Geschmack geschrieben ist. Kostet in den Vossischen Buchläden hier und in Potsdam 12 Gr.

[139. Stück, 20. November]

Michaels Herrn von Montaigne Versuche nebst des Verfassers Leben nach der neuesten Ausgabe des Herrn Peter Coste ins Deutsche übersetzt. Zweiter Teil. Leipzig bei Lankischens Erben. 1754. in gr. 8 vo 2 Alph. 16 Bogen. Man hat sich zu freuen, daß diese schöne Übersetzung eines der vornehmsten französischen Schriftsteller, welchen weder der veränderliche Geschmack seiner Landsleute, noch das veralterte Ansehen, das ihm seine mehr gallische als französische Mundart gibt, von seinem wahren Werte herab gesetzt hat, so glücklich fortgehet. Dieser zweite Teil fängt mit dem 12ten Hauptstücke des zweiten Buchs an, und geht bis auf das sechste Hauptstück des dritten Buchs. Nur denen, welche den Montaigne gar nicht kennen, hat man es nötig zu sagen, wie viel kühnes und lesenswürdiges sie darinne finden können. Allein werden sie sich wohl durch die Aufschriften reizen lassen, wenn sie der Ruhm des Verfassers nicht reizen kann? Man kann nach dem strengsten Wortverstande behaupten, daß man nichts schönes von einem Franzosen gelesen hat, ohne den Montaigne gelesen zu haben; und es würde eine Schande für unsre Landsleute sein, wann sie den und jenen neuen Moralisten, der doch vielleicht nichts als ein Kopiste, oder wohl gar ein unverschämter Ausschreiber dieses ursprünglichen Schriftstellers war, mit Vergnügen gelesen und wohl gar bewundert haben sollten, und gegen den Vater derselben unempfindlich blieben. Kostet in den Vossischen Buchläden hier und in Potsdam 1 Rtlr. 8 Gr.

[145. Stück, 4. Dezember]

Joannis Wiclefi Dialogorum libri quatuor etc. aucti catalogo praecipuorum de Wiclefo scriptorum, quem vita ex optimis fontibus, germanico idiomate depicta sequitur. Francof. et Lips., impensis Vierlingii. 1753. in 4 to. 1 Alph. 18 Bogen. Es ist der Herr Ludwig Philipp Wirth, Subdiaconus und Schloßprediger zu Kulmbach, welchem wir diesen neuen Abdruck eines der rarsten Werke zu danken haben. Er hat sich alle diejenigen dadurch verbindlich gemacht, welche sich von den Lehrsätzen dieses Vorläufers einer allgemeinern Reformation, aus seinen eignen Werken überzeugen wollen. Die Lebensbeschreibung, welche er in deutscher Sprache beigefügt hat, beträgt 10 Bogen, und teilt sich in einen Vorbericht und vier Hauptstücke. Jener erzählt die Schriftsteller, worinne man vom Wiclef Nachrichten findet; diese handeln von der weisen Einrichtung Gottes in dem Leben dieses Zeugen der Wahrheit, von der Übereinstimmung seiner Lehre mit unsrer evangelischen Orthodoxie, von den Schicksalen, welche ihn wegen der gesuchten Verbesserung der Kirche betroffen, und endlich von seinen Schriften. In dem ersten und dritten Hauptstücke führet Hr. Wirth den Wiclef redend ein, als ob er die Neugierde der Leser erfahren habe, und ihr selbst ein Gnüge tun wolle; ein Zug, auf welchen ihn ohne Zweifel die vortrefflichen Totengespräche des berühmten Fasmanns gebracht haben, den er gleichfalls unter den Schriftstellern, die vom Wiclef Nachricht geben, anführt. Er sagt von ihm, daß er oft Nachrichten gebe, die man nirgends weiter leicht finden werde: er hätte aber sicher sagen können: die man ganz und gar nicht finden wird. Es war ein sehr fruchtbarer Kopf der Herr Fasmann! In dem dritten Hauptstücke teilt Herr Wirth das theologische System des Wiclefs mit, und führet mehr als 300 Sätze an, welche alle rechtgläubig sind. Er ist auf einige Glieder der Lutherischen Kirche, und auf ihre Apologie selbst nicht wohl zu sprechen, welche diesem Engländer Irrtümer Schuld gegeben haben. Allein wir müssen ihm auch sagen, daß er sich umsonst windet, seinen Held von dem donatistischen Irrtume, die Wirksamkeit der Handlungen eines gottlosen Seelensorgers betreffend, los zu sprechen: denn seine Entschuldigung beweiset mehr als sie soll. Übrigens verspricht er Beiträge zu dieser Lebensbeschreibung; und wann er sein Versprechen zu halten gesonnen ist, so wollten wir ihm wohl raten, seine Kräfte zu versuchen, ob er den Wiclef auch wegen seines Begriffs von dem Möglichen, aus welchem durchaus eine mahometanische Notwendigkeit fließen muß, entschuldigen könne. Er tut sehr wohl, daß er davon nichts erwähnet; die Orthodoxie des Wiclefs möchte auf einmal über den Haufen fallen. Kostet in den Vossischen Buchläden hier und in Potsdam 1 Rtlr.

[154. Stück, 25. Dezember]

Briefe von Verstorbenen an hinterlassene Freunde. Zyrich bei Orell. MDCCLIII. in 4to 16 Bogen. Dieses ist eines von den Meisterstücken, mit welchen uns in vergangener Messe die Schweiz beschenken wollen, die sich lange genug mit trocknen Regeln beschäftiget hat, und nunmehr auch die Muster dazu geben will. Es ist aus der Feder des Hn. Wielands, eines so fruchtbaren Geistes, daß die Vielheit seiner poetischen Geburten beinahe ein Vorurteil wider ihren innern Wert sein könnte, wann ihm der Gott der Kritik nicht stets zur Rechten stünde, der ihn durch sein cave faxis te quidquam indignum! immer bei gleicher Stärke zu erhalten weiß. Daß es Briefe aus dem Reiche der Toten sind, sieht man aus dem Titel; und daß diese Einkleidung keine Erfindung des Hn. Wielands ist, werden diejenigen wissen, welche die Briefe der Frau Rowe und andre dieser Art kennen. Es sind deren neune, welche alle voller Seligkeiten, Tugend und Freundschaft sind, so daß uns schon der Inhalt mit aller Achtung davon zu reden bewegen muß. Überall herrscht darinne das feinste der feinsten Empfindungen; und die Nachrichten, die uns von dem Himmel mitgeteilt werden, sind neu und kuriös. Wem die Briefe selbst ein wenig zu lang vorkommen sollten, der mag überlegen, daß die Gelegenheiten aus jenem in dieses Leben jetziger Zeit sehr rar sind, und man also den Mangel des öftern Schreibens durch das viel Schreiben ersetzen muß. Sonst aber haben wir durch eine neuere Nachricht von dorther erfahren, daß man eine scharfe Untersuchung angestellt, die wahren Namen dieser Korrespondenten, eines Junius, einer Lucinde, eines Teanors, und wie sie alle heißen, zu entdecken, um es ihnen ernstlichen zu verweisen, daß sie sich unterstanden haben, wider das: *Sie haben Mosen und die Propheten etc.* zu handeln. Kostet in den Vossischen Buchläden hier und in Potsdam 10 Gr.

[Berlinische Privilegierte Zeitung · 1754]

[6. Stück, 12. Januar]

Das neue Testament zum Wachstume in der Gnade und der Erkenntnis des Herrn Jesu Christi, nach dem revidierten Grundtexte übersetzt und mit dienlichen Anmerkungen begleitet von D. Johann Albrecht Bengel. Stuttgart bei Metzler 1753. in 8vo 2 Alph. 18 Bogen. Die Verdienste, welche man dem Herrn D. Bengel sowohl um den griechischen Grundtext der Bücher des Neuen Bundes, als um die Vulgata unmöglich absprechen kann, müssen für diese seine neue Arbeit sogleich das beste Vorurteil erwecken. So sehr man sonst, vielleicht aus einem übertriebnen Eifer für die Ehre des sel. Luthers, wider alle neue Übersetzungen der Schrift war; so sehr scheint jetzt dieser Eifer abzunehmen, jetzt da es unter unsern Gottesgelehrten fast zu einer Modebeschäftigung werden will, eine über die andere zu liefern. Unterdessen wollen wir keiner ihren Nutzen absprechen, vielweniger aber der Benglischen, welche die Genauigkeit und die beigefügten kurzen Anmerkungen schätzbar machen. Diese haben besonders die Absicht, die Ähnlichkeit mit dem Originale zu ergänzen, und die Übersetzung vornehmlich an denjenigen Stellen zu rechtfertigen, wo sie vielleicht am meisten befremden könnte. In der Vorrede führt der Herr Verfasser neun Regeln an, die er besonders bei dem Übersetzen selbst beobachtet hat, und welche genugsam zeigen, mit was für Vorsicht und Sorgfalt er damit zu Werke gegangen sei. Er scheuet sich übrigens nicht im Vorbeigehen zu bekennen, daß diejenigen, welche das alte Testament vor die Hand nehmen, sehr dünne gesäet, und also desto höher zu schätzen wären. Dieses Geständnis wird bei jedem Rechtschaffnen den Wunsch erwecken, einem so nachteiligen Mangel je eher je lieber abgeholfen zu sehen. Sollte man aber vielleicht nicht glauben, daß das traurige Schicksal des Wertheimischen Übersetzers, welches die Nachwelt noch zeitig genug für allzu hart erkennen wird, manchen fähigen Kopf schon abgeschreckt habe, und noch so lange abschrecken werde, als man gebilligte Vorurteile für

Wahrheit halten wird? Kostet in den Vossischen Buchläden 1 Tlr. 12 Gr.

[8. Stück, 17. Januar]

Ein Vade mecum für den Herrn Sam. Gotth. Lange, Pastor in Laublingen, in diesem Taschenformate ausgefertiget von G. E. Lessing. Berlin 1754. auf 4 Bogen in 12mo. Wenn es wahr ist, daß die Werke des Horaz eine Hauptquelle des Geschmacks sind, und daß man nur aus seinen Oden, was Oden sind, lernen kann; wenn es wahr ist, daß man gegen die deutschen Übersetzungen aller Klassischen Schriftsteller überhaupt, nicht scharf genug sein kann, weil sie die vornehmsten Verführer sind, daß sich die Jugend die Originale nur obenhin zu verstehen begnügen läßt; wenn es wahr ist, daß die Fehler solcher Männer, die ohne eine tiefe kritische Kenntnis der alten Dichter, würdige Nachahmer derselben heißen wollen, ansteckender als andrer sind: so wird man hoffentlich die kleine Streitigkeit, die man dem Hrn. Pastor Lange wegen seines verdeutschten Horaz erregt hat, nicht unter die allergeringschätzigsten, sondern wenigstens unter diejenigen Kleinigkeiten rechnen, die nach dem Ausspruche des Horaz ernsthafte Folgen haben; hae nugae seria ducent. Herr Lange hätte nichts unglücklichers für sich tun können, als daß er auf die Lessingsche Kritik mit so vielem Lärmen geantwortet hat. Wenn er sich dieselbe in der Stille zu Nutze gemacht hätte, so würden vielleicht noch manche in den Gedanken geblieben sein, daß die darinne getadelten Stellen die einzigen tadelswürdigen wären. Aus diesen Gedanken aber, werden hoffentlich auch seine geschworensten Freunde durch dieses Vade mecum gebracht werden, welches seinen Namen aus der abgeschmackten Langenschen Spötterei über das unschuldige Format der Lessingschen Schriften erhalten hat. Der Verfasser zeigt ihm darinne unwidersprechlich, daß er weder Kenntnis der Sprache noch Kritik, weder Altertümer noch Geschichtskunde, weder Wissenschaft der Erde noch des Himmels, kurz, keine einzige von den Eigenschaften besitze, die zu einem Übersetzer des Horaz erfordert werden. Wir würden einige kleine Proben davon anführen, wenn es nicht beinahe zuviel wäre, daß der Herr Pastor seine Beschämung an mehr als einem Orte finden sollte. Kostet in den Vossischen Buchläden hier und in Potsdam 4 Gr.

[25. Stück, 26. Februar]

Die Advokaten, ein Lustspiel. Hamburg 1753. in 8vo 4 Bogen. Nichts kann unbilliger sein, als die Verspottung eines ganzen Standes in der Person eines einzigen, in welcher man die Laster aller Mitglieder zusammenhäuft. Gemeiniglich beschäftigen sich nur mittelmäßige Köpfe damit, die den Gegenstand ihrer Satyre, so zu reden, von der öffentlichen Straße nehmen müssen, und sonst nichts lächerliches zu entdecken wissen, als was der Pöbel schon ausgepfiffen hat. Solchen Schriftstellern haben wir die Geistlichen auf dem Lande, die Ärzte, und andre Stücke zu danken, mit welchen das gegenwärtige, die Advokaten, sehr viel gleiches hat. Es ist eben so giftig, und eben so unregelmäßig: der Verfasser hat eben so wenig die wahren Schranken der Satyre erkannt, und das Komische eben so wenig von dem Possenhaften zu unterscheiden gewußt. Man wird uns nicht zumuten, in unserm Tadel diesesmal bestimmter zu gehen, und die fehlerhaften Stellen näher anzuzeigen, weil mit einzeln kleinen Verbesserungen einem Stücke nicht geholfen wird, das sich nicht anders als mit einem Striche durch alle vier Bogen gut machen läßt. Kostet in den Vossischen Buchläden hier und in Potsdam 2 Gr.

[53. Stück, 2. Mai]

Königsberg. Am dritten des vorigen Monats brachte der *Hr. M. Paul Christian Weiß* eine Streitschrift zu Katheder, in welcher er den Abraham als einen Logicum, nach Anleitung der Stelle Hebr. XI. 19., aufführte. Der Patriarch wird daselbst λογισαμενος genennt, und diesem Wörtchen haben wir die gelehrte Arbeit des Hrn. Magisters, welche auf 2½ Bogen gedruckt ist, zu danken. Er untersucht gleich Anfangs was λογος und λογιζομαι heiße, und entdeckt, daß jenes die *Vernunft* und dieses *vernünftig schließen* bedeute. Er zeigt ferner, was die Vernunft sei, und erhärtet, daß sie eine herrliche Gabe Gottes ist, die uns zu vielerlei nützlich und nötig sein könne. Er kömmt alsdenn auf die Vernunftlehre, und teilt sie in die natürliche und künstliche ein. Von der künstlichen gesteht er, daß Abraham nicht viel möge gewußt haben; desto stärker aber müsse er in der natürlichen gewesen sein; denn diese habe ihn einsehen gelehrt, daß wenn ein Gott sei; dieser Gott auch Tote auferwecken könne. Man wende nicht ein, daß Hr. Weiß also in dem Worte λογισαμενος nichts weiter finde, als was Luther darinne gefunden hat, welcher es durch *Abraham dachte* gibt; er findet noch dieses darinne, daß er vernünftig gedacht habe, und daß das bekannte Sprichwort bei ihm nicht eingetroffen sei. Eines wundert uns, daß Hr. M. Weiß seiner Dissertation, die sich mit Tantum abest anfängt, keine carmina gratulatoria, hat beifügen lassen? Wir nehmen uns die Freiheit diesen Mangel mit folgenden zu ersetzen:

O Neid, dies Werk wirst du verschonen müssen!
Mit Tantum abest fängt es an.
Nur eines fehlet noch daran!
Mit parum adest sollte es schließen.

Ein anders

Die Logik Abrahams? Wer hätte das gedacht?
Vielleicht daß Weiß sich bald an Sarens Physik macht.

[56. Stück, 9. Mai]

Geschichte des Herrn Carl Grandison; in einer Folge von Briefen entworfen von dem Verfasser der Pamela und Clarissa. Aus dem Englischen übersetzt. I. und IIter Band. Leipzig in der Weidemannischen Handlung 1754. in 8vo. Zusammen 3 Alphb. Dieser Titel enthält alles, was man zur Anpreisung einer neuen Roman sagen kann, die nichts weniger als eine bloße Ergötzung zu ihrer vornehmsten Absicht hat. Ein viel edlerer Zweck ist von je her der Gegenstand des unterrichtenden Richardson gewesen, dessen schönem Geiste man es zu danken hat, daß man die schärfste Moral in seinen Schriften mit so viel reizenden Blumen ausgeschmückt findet. Die erste Sammlung seiner erzählenden Briefe, »Pamela« betitelt, zeigte die Schönheit und das vorzüglich Erhabene der

Tugend in einem unschuldigen und unausgeputzten Gemüte, nebst der Belohnung, welche die schützende Vorsicht derselben oft auch in diesem Leben widerfahren läßt. Die zweite Sammlung, deren Aufschrift »Clarissa« heißt, enthält betrübtre Vorfälle. Ein junges Frauenzimmer von höherm Stande und zu größern Hoffnungen berechtiget, wird in eine Mannigfaltigkeit tiefer Unglücksfälle verwückelt, die sie zu einem frühzeitigen Tode führen. Gegenwärtige dritte Sammlung endlich legt der Welt die Abschilderung und die Begebenheiten eines wahrhaftig redlichen Mannes vor, welcher in vielen und mancherlei prüfenden Umständen stets übereinstimmend und wohl handelt, weil alle sein Tun von einem einzigen unveränderlichen Grundsatze regieret wird; es ist ein Mann, der Religion und Tugend hat, Lebhaftigkeit und Feuer besizt, der vollkommen und angenehm, für sich glücklich ist, und andere glücklich macht. Das ist der Hauptinhalt dieser ersten zwei und der nachfolgenden Bände, der aber durch die verschiedenen Korrespondenten, welches meistenteils junge Frauenzimmer von guter Erziehung, und muntrer Gemütsart sind, so mannigfaltig und angenehm gemacht wird, daß der Leser überall fortgerissen wird, und sich für nichts als dem Beschluß fürchtet, den man in tausend andern Romanen schon auf der ersten Seite zu wünschen anfängt. Kostet in den Vossischen Buchläden hier und in Potsdam 1 Rtlr.

[65. Stück, 30. Mai]

Zergliederung der Schönheit, die schwankenden Begriffe von dem Geschmacke festzusetzen, geschrieben von Wilhelm Hogarth. Aus dem Englischen übersetzt von C. Mylius. London bei And. Linde 1754. in 4to auf 20 Bogen nebst zwei großen Kupfertafeln. Herr Hogarth ist unstreitig einer der größten Maler, welche England jemals gehabt hat. Was ihn besonders berühmt gemacht, ist dieses, daß er in alle seine Gemälde eine Art von satyrischer Moral zu bringen gewußt, die das Herz an dem Vergnügen der Augen Teil zu nehmen, nötiget. Natur, Leben und Reiz, hat man durchgängig darinne bewundert, und diese bei ihm für die Wirkungen eines glücklichen Genies gehalten, bis er in dem gegenwärtigen Werke zeigte, daß auch ein tiefes Nachdenken über die Gegenstände seiner Kunst damit verbunden gewesen. Und diesem Nachdenken eben haben wir eine Menge neuer Ideen zu danken, die in der ganzen Materie von der Schönheit ein Licht anzünden, das man nur von einem Manne erwarten konnte, dem auf der Seite des Gelehrten eben so wenig, als auf der Seite des Künstlers fehlte. Er hat seine Schrift in siebenzehn Hauptstücke abgeteilt. In den ersten sechsen handelt er von den schon bekannten Gründen, von welchen man durchgängig zugesteht, daß sie, wenn sie wohl vermischt werden, allen Arten von Zusammensetzungen, Annehmlichkeit und Schönheit geben. Diese Gründe sind: die Richtigkeit, die Mannigfaltigkeit, die Gleichförmigkeit, die Einfachheit, die Verwicklung und die Größe, welche alle bei Hervorbringung der Schönheit zusammen wirken, indem sie einander gelegentlich verbessern und einschränken. In dem siebenden Hauptstücke wendet er sich zu den Linien, in welche alle Formen eingeschlossen sein müssen, und findet, daß die Wellenförmige Linie die wahre Linie der Schönheit, und die Schlangenlinie die wahre Linie des Reizes sei. Auf der Betrachtung dieser beiden Linien beruht das ganze Hogarthsche System von der Schönheit. Er zeigt nämlich, wie aus ihrer Zusammensetzung alle angenehme Formen entstehen, und wie wunderbar sie besonders in dem Meisterstücke aller sinnlichen Schönheit, in dem menschlichen Körper, angebracht sind. Auch in den übrigen Hauptstücken, wo er von den Verhältnissen, von dem Lichte und Schatten, und von den Farben redet, zeigt er ihren Einfluß, welcher sich besonders in dem 16ten Hauptstücke von der Stellung, am meisten äußert. Man darf nicht glauben, daß bloß Maler und Bildhauer oder Kenner diesen beiden Künste, das Hogarthsche Werk mit Nutzen lesen können. Auch Tanzmeister, Redner und Schauspieler, werden die vortrefflichsten Anmerkungen darinnen finden, und noch mehrere durch kleine Anwendungen selbst daraus ziehen können. Ja so gar Dichter und Tonkünstler, werden, vermöge der Verbindung welche alle Schönen Künste und Wissenschaften untereinander haben, ähnliche Gründe der Schönheit in den Werken des Geistes und der Töne darinne entdecken, und ihren schwankenden Geschmack auf feste und unwandelbare Begriffe zurückbringen lernen. Die zwei darbei befindlichen Kupfertafeln sind von der eignen Hand des Herrn Hogarths, die ihnen mit Fleiß nicht mehr Schönheit gegeben hat, als sie zum Unterrichten nötig haben. Von der Güte der Übersetzung dürfen wir hoffentlich nicht viel Worte machen, da sie sich von einem Manne herschreibt, der selbst mit dem Schönen in der Natur und Kunst bekannt war, und den wir zu beider Ausbreitung viel zu zeitig verloren haben. Sein Aufenthalt in London verschaffte ihm Gelegenheit, den Herrn Hogarth selbst bei der Übersetzung zu Rate zu ziehen, welches er auch so oft getan zu haben versichert, daß man seiner Übersetzung dadurch eine Art von Authentizität beilegen kann. Kostet in der Vossischen Buchhandlung hier und in Potsdam 5 Rtlr.

[75. Stück, 22. Juni]

Theophrasts Kennzeichen der Sitten; nebst des Herrn Johann de la Bruyere moralischen Abschilderungen der Sitten dieser Zeit. Aus dem Französischen übersetzt von einem Mitgliede der Königl. Deutschen Gesellschaft zu Königsberg in Preußen. Zwei Teile. Regenspurg und Wien; verlegts E. Fr. Bader 1754. In 8vo. 1 Alphb. 18 Bogen. Bei der erstaunlichen Menge Bücher, die man in den neuern Zeiten aus dem Französischen übersetzt hat, ist es ein wahres Wunder, daß man nicht schon längst dem gegenwärtigen Werke diesen kleinen Dienst erwiesen. Zwanzig andre Schriften, die doch nichts als mittelmäßige Nachahmungen desselben sind, hat man deutsch lesen können, nur das Original hat man in seiner Grundsprache gelassen, und unsre Landsleute lieber zu abgeleiteten Bächen, als zu den Quellen führen wollen. Aber so geht es; gute Bücher verlangen gute Übersetzer, und diese sind unter uns seltner als man denkt. Bruyere ist einer von den schwersten Schriftstellern; seine Gedanken sind fein, und eben so fein ist auch der Ausdruck, in den er sie eingekleidet. Diese Feinheit also, und die kleinen Schattierungen die in seinen moralischen Gemälden befindlich sind, verlangen eine sehr saubre Bearbeitung, und der geschickteste Übersetzer sieht sie wohl oft unter seinen Händen verfliegen. Endlich aber haben wir in vergangner Messe auf einmal zwei Übersetzungen der gedachten Charaktere erhalten, welche beide aus Federn, die in dergleichen Dingen geübt sind, geflossen zu sein scheinen. Besonders ist die angeführte so geraten, daß man den Geist des la Bruyere überall erblickt, und daß wir wohl sagen können, er werde sich selbst nicht anders ausgedrückt haben, wenn ihn das Glück, in deutscher Sprache zu schreiben, verurteilt gehabt hätte. Der Herr Übersetzer hat fünf Jahre über seiner Arbeit zugebracht, und auch dieses erweckt schon ein sehr gutes Vorurteil, weil man sonst wohl nichts weniger, als Übersetzungen, mühsam auszufeilen gewohnt ist. Den so genannten Schlüssel hat er wohlbedächtig weggelassen. Dergleichen Dinge sind Nahrungen der Bosheit und Schadenfreude, welche sich am allerwenigsten zu einem Werke, das der allgemeinen Besserung gewidmet ist, schikken. Kostet in den Vossischen Buchläden hier und in Potsdam 16 Gr.

[76. Stück, 25. Juni]

Wir haben vor weniger Zeit der *Hogarthschen Zergliederung der Schönheit etc.* gedacht, und sie als ein Werk, das voll neuer Gedanken sei, angepriesen. Wir haben gesagt, daß es ein Lehrgebäude enthalte, welches einzig und allein geschickt ist, die verschiedene Begriffe der Menschen von dem, was gefällt, auf etwas gewisses zu bringen, und das elende Sprichwort, daß man über den Geschmack weder streiten könne noch dürfe, aus dem Munde des Pöbels und der Gelehrten zu verbannen. Es enthält, wie wir berührt haben, keine leeren und unfruchtbaren Betrachtungen, die mit Recht den Namen Grillen verdienen, wenn sie keine praktische Anwendung leiden, sondern der Nutzen desselben erstreckt sich so weit, als sich das Schöne der Formen erstreckt. Alle Künste und Wissenschaften, die sich damit beschäftigen, werden ein neues Licht daraus entlehnen können. Der Philosoph, der Naturalist, der Antiquar, der Redner auf der Kanzel und auf der Bühne, der Maler, der Bildhauer, der Tänzer, haben es fast für ein unentbehrliches Buch zu betrachten. Doch nicht sie allein, sondern auch alle, welche sich mit dem Titel der Kenner begnügen lassen, aber oft von Dingen, wobei es auf die Nachahmung der schönen Natur ankommt, so unbestimmte und widersprechende Urteile fällen, daß sie den Mangel an festen und sichern Begriffen nur allzudeutlich verraten. Ja es fehlt nicht viel, so wird der Nutzen des Hogarthschen Systems auch bis auf das Reich der Mode auszudehnen sein, so daß man auch da, wo man sonst nichts als gelegentlichen Eigensinn wahrnahm, durch Hülfe desselben etwas gewisses wird angeben können. Man wird angemerkt haben, daß die deutsche Übersetzung dieses vortrefflichen Werks, welche Herr Mylius in Londen besorgt hat, sehr teuer sei. Sie beträgt, außer 2 Kupfertafeln, nicht mehr als 22 Bogen in Quart, und kostet gleichwohl nicht weniger als fünf Taler; ein Preis der ohne Zweifel die allgemeine Brauchbarkeit desselben sehr verhindern muß. In dieser Betrachtung hat sich der Verleger dieser Zeitungen entschlossen, einen neuen verbesserten Abdruck den Liebhabern in die Hände zu liefern, und einen Taler Vorschuß darauf anzunehmen, für welchen er ihnen in sechs Wochen, ohne einigen Nachschuß, eingehändiget werden soll. Die Kupfer werden bereits mit möglichster Sorgfalt gestochen, und man schmeichelt sich, daß man auch sonst mit dem Äußern zufrieden sein werde. Nach Verlauf gedachter sechs Wochen, wird das Werk unter 2 Talern nicht zu bekommen sein. Einen verbesserten Abdruck wird man es deswegen mit Recht nennen können, weil man ihm durch verschiedne kleine Verändrungen im Style, diejenige Deutlichkeit gegeben hat, die ihm an vielen Stellen zu fehlen schien. Auch wird man, als eine kleine Vermehrung, die aus dem Franzöischen übersetze Erklärung der Hogarthschen satyrischen Gemälde beifügen. Ein mehreres kann man aus der gedruckten Nachricht ersehen, welche in den Vossischen Buchläden hier und in Potsdam ohne Entgeld ausgegeben wird.

[79. Stück, 2. Juli]

Des Abts von Marigny Geschichte der Araber unter der Regierung der Kalifen. Aus dem Französischen. Zweiter Teil.

Berlin und Potsdam bei Chr. Fr. Voß 1754. In 8vo 1 Alphb. 15 Bogen. Dieser zweite Teil fängt mit dem Hassan, dem fünften Kalifen an, und geht bis auf den sechs und zwanzigsten Kalifen, Namens Mamon. Er enthält also die Jahre der Hegire 40–213, welches die Jahre nach Christi Geburt 660–833 sind. Man wird auch in diesem eine Menge wichtiger Begebenheiten finden, deren Einfluß sich nicht allein auf das kleine Arabien, sondern zugleich auf die ganze christliche Welt erstreckte, die dem Verluste, den sie in dem Verfalle des griechischen Kaisertums leiden sollte, immer näher und näher kam. Doch nicht die kriegrischen Vorfälle allein sind es, die diesen Zeitpunkt merkwürdig machen. Einen besondern und ganz eignen Glanz erhält er von den allmähligen Bemühungen seiner letztern Kalifen, besonders des Harun-al-Raschid und des Mamon, die Wissenschaften in ihren Ländern einzuführen, und ihre Untertanen einer Barbarei zu entreißen, die um so viel härter auf ihnen lag, je mehr sie von den Vorurteilen der Religion gerechtfertiget ward. Der Anfang einer so wichtigen Epoche für den menschlichen Verstand, der sich plötzlich unter ungesitteten kriegrischen Völkern aufzuklären anfing, so daß sie in kurzem eben so viel Gelehrte als Helden aufzuweisen hatten, wird nicht anders als mit vielem Vergnügen können gelesen werden. Es wird ein Schauspiel von einer ganz besondern Art sein, Nachfolger des Mahomets, ohne Unterscheid der Religion, unter Dichtern, Meßkünstlern und Weltweisen leben, und sich so erniedrigen zu sehen, daß sie bei ihren Feinden, mit Versprechung eines ewigen Friedens, um die Überlassung eines Philosophen bitten, und bloß deswegen, weil man ihnen denselben versagt, aufs neue gegen die Christen zu den Waffen greifen. Kostet in den Vossischen Buchläden hier und in Potsdam 12 Gr.

[80. Stück, 4. Juli]

Der mit seiner Donna Charmante herumirrende Ritter Don Felix. Frankfurt und Leipzig 1754. In 8vo. 1 Alphb. 10 Bogen. Wenn dieser Titel nicht schon einen elenden Roman verriete, so dürften wir nur sagen, daß es ohngefähr eine

Nachahmung der bekannten »Felsenburg« sein solle. Sie ist, welches wir zugestehen müssen, unendlich elender als das Original; aber eben deswegen, wenn wir uns nicht irren, weit lesbarer. Was wir sagen ist leicht zu begreifen, wenn man nur erwägen will, daß in den Werken des Witzes nichts ekelhafter als das Mittelmäßige ist; und daß hingegen das ganz Schlechte, wenn es einen gewissen Grad der Tiefe erlangt hat, eben deswegen, weil man es sich schwerlich schlechter einbilden kann, eine Art von Belustigung bei sich führt. Man fängt nämlich alsdann an, sich an der Armut des Schriftstellers, an den Martern, die er seiner Einbildungskraft hat antun müssen, an den gestohlnen Blümchen, und an dem Wirrwarre seines Ausdrucks zu ergötzen; man urteilt, wie sehr er selbst seine Einfälle möge bewundert haben; man ist im Geiste bei ihm, und genießt mit ihm das Vergnügen, durch ganze Alphabete nicht die geringste Spur eines gesunden Verstandes zu finden; und endlich verläßt man ihn mit einem wahren Erstaunen, welches in Satyre und Galle ausbrechen würde, wenn sich nicht die Barmherzigkeit für ihn ins Mittel schlüge. Aus diesen Gründen also wagen wir es, auch Lesern von Geschmack die Donna Charmante anzupreisen; sie kostet ein weniges, und erweckt ganz gewiß Appetit nach etwas bessern. In den Vossischen Buchläden hier und in Potsdam 10 Gr.

[98. Stück, 15. August]

Die ganze Ästhetik in einer Nuß, oder Neologisches Wörterbuch; als ein sichrer Kunstgriff, in 24 Stunden ein geistvoller Dichter und Redner zu werden, und sich über alle schale und hirnlose Reimer zu schwingen. Alles aus den Akzenten der heil. Männer und Barden des jetzigen überreichlich begeisterten Jahrhunderts zusammengetragen, und den größten Wortschöpfern unter denselben aus dunkler Ferne geheiliget von einigen demütigen Verehrern der sehraffischen Dichtkunst 1754. In 8vo. 1 Aphb. 10 Bogen. Dieser Titel ist hoffentlich lang und närrisch genug, um einen hinlänglichen Begriff von dem Buche selbst zu machen. Wenn man es eine Nachahmung des französischen Dictionaire Neologique nennen will, so vergesse man nur nicht, es eine elende Nachahmung zu nennen, so wie man sie von einem geschwornen Gottschedianer erwarten konnte. Wir machen uns Hoffnung, diese Scharteke in dem nächsten Stücke des »Neuesten aus der anmutigen Gelehrsamkeit«, etwann folgender Maßen, angepriesen zu finden: »Endlich einmal ist ein Patriot unter uns aufgestanden, welcher den deutschen Sprachverderbern den Text gelesen, und zu Rettung *meiner* Ehre bewiesen hat, daß alle diejenigen Ochsen sein müssen, welche an Hallern, Bodmern und Klopstocken, einen Geschmack finden. Man kann ihm für seinen rühmlichen Eifer, *meine* Sprachkunst den Dichtern als das einzige anzupreisen, wider welches sie nicht sündigen dürfen, nicht genug danken. Ein grammatikalischer Fehler, und wenn er auch oft nur auf einen Druckfehler hinauslaufen sollte, ist ihm, wie billig, ein Schandfleck, der alle Schönheit des Gedanken vernichtet, von welcher ich längst gesagt habe, daß sie einzig und allein auf die richtigen, fließenden und gewöhnlichen Ausdrücke ankomme, wie ich sie in *meinen* Werken habe, die in jeder Art, ohne Ruhm zu melden, Muster sein können. Mit dem Geiste der Satyre ist unser Verfasser vortrefflich ausgerüstet; er schreibt in Tag hinein, er schimpft, er macht Zoten, welches ich alles denjenigen, Kraft meiner Diktatur, erlaube, die sich meiner gerechten Sache annehmen. Nunmehr habe ich, Gott sei Dank, noch Hoffnung, daß unser ›Herrmann‹ über den ›Messias‹, *meine* Gedichte über *Hallers, Grimms* Tragödien über *Schlegels, Lichtwehrs* Fabeln über *Gellerts, meine* Atalanta über *Rosts* Schäfergedichte, und alle Geburten meiner getreuen Schüler, über alle Werke derjenigen, die meinen Namen nicht anbeten, siegen werden. Ich wünsche dieses herzlich zur Ehre des gesamten Vaterlandes, und will in guter Hoffnung auch diese Monatschrift mit einigen Artikeln aus angezognem Buche bereichern.« – – Das mag er tun; wir wollen weiter davon nichts sagen, als daß es 12 Gr. kostet, und in den Voßschen Buchläden hier und in Potsdam zu haben ist.

[112. Stück, 17. September]

Leipzig. Allda sind vor kurzen drei Bogen in Duodez auf Schreibpapier unter dem Titel: *Possen im Taschenformate,* gedruckt worden. Ihr Verfasser, oder wenigstens ein guter Freund von ihm, hat die Vorsicht gehabt, uns folgende Rezension davon zuzuschicken. »Wir sind für das *feine* und für das muntere in der Satyre viel zu stark eingenommen, als daß wir gegenwärtigen Bogen nicht ihr gebührendes Recht sollten widerfahren lassen. Der Herr Verfasser hat seine Possen in lauter kleine Kapitel geteilet, in deren jedem er ein gewisses Etwas abhandelt. Als z. E. etwas moralisches, etwas poetisches, etwas historisches, etwas kritisches u.s.w. Die Herren Kunstrichter bekommen hier eben so wohl ihren Teil, als die strengen Philosophen, die jede sonnenklare Wahrheit auf das abstrakteste demonstrieren wollen. Der Verfasser hat dem Frauenzimmer eben so lachend die Wahrheit gesagt, als den finstern Altertumsforschern. Ein Lustspiel von 5 Handlungen ist hier auf 5 Duodezseiten zu sehen. Es hat alle erforderliche Eigenschaften eines Lustspiels, und der Leser wird über dieses eben so gut lachen müssen, als er über eines von 4 Stunden lacht. Die Handlung des gegenwärtigen dauert 6 Stunden. Die Beschreibung von Utopien ist sehr lehrreich, und die verschiednen Arten der Waffen sind voller Witz; kurz diese drei Bogen enthalten so viel, als manche Satyre von drei Alphabeten.« -- Daß wir diese Lobsprüche unverändert mitteilen, kann man aus dem 142. Blatte der »Hallischen Zeitung« erkennen, wo man eben dasselbe Formular, nur mit einem etwas veränderten Anfange, finden wird. Es heißt nämlich daselbst: »es ist bekannt, bei was für Gelegenheit diese Art kleiner Schriften jüngst Mode zu werden angefangen hat.« Man versteht Sie, mein Herr Panegyrist! Und damit Sie auch alle und jede verstehen mögen, so wollen wir es nur gerade heraussagen, daß diese Possen, welche

------ ipse
Non sani esse hominis, non sanus juret Orestes,

eine Satyre auf das Format und die zufällige Einrichtung der *Lessingschen Schriften,* allem Ansehen nach, sein sollen. Sie kosten drei Groschen; aber auch drei Groschen gibt man nicht für Possen hin. Was war also zu tun, damit sie gleichwohl bekannt würden? Ohne Zweifel hat der Verleger dieser Blätter den besten Einfall gehabt, den man in dieser Absicht nur haben kann. Er hat sie nämlich nachdrucken lassen, und ist entschlossen sie für ihren innerlichen Wert zu verkaufen, d. ist, sie umsonst auszugeben. Sie stehen in den Vossischen Buchläden, hier und in Potsdam den Liebhabern zu Dienste.

[121. Stück, 8. Oktober]

Geschichte Herrn Carl Grandisons. In Briefen entworfen von dem Verfasser der Pamela und der Clarissa. Aus dem Englischen übersetzt. III. Band. Leipzig in der Weidemannischen Handlung 1754. In 8vo. 1 Alphb. 16 Bogen. Man muß die ersten Teile dieser Geschichte nicht gelesen haben, wenn man auf die Fortsetzung derselben nicht äußerst begierig ist. Und es wird ohne Zweifel ein kleiner Streich sein, den man der Deutschen Neugierde spielt, daß sie jetzt nur einen Teil davon erhält, anstatt auf zwei gehofft zu haben. Das Meisterstück des Richardson sollte billig allen andern Büchern dieser Art die Leser entziehen; und wir hoffen auch daß es geschehen werde, wenn anders die in allen ihren Reizungen geschilderte Tugend noch fähig ist, die Menschen für sich einzunehmen. Kostet in den Vossischen Buchläden hier und in Potsdam 14 Gr.

[135. Stück, 9. November]

Ragout à la Mode oder des Neologischen Wörterbuchs erste Zugabe von mir selbst 1755. In 8vo. 1½ Bogen. Wenn das Neologische Wörterbuch, oder, es bei dem abgeschmacktern Titel zu nennen, wenn die Ästhetik in einer Nuß nur den geringsten Schaden angerichtet oder auch nur Leser gefunden hätte, so würden wir nicht ermangeln, dieses *Ragout* als ein vortreffliches Gegengift anzupreisen. Da sie aber in einem Augenblicke erschien und vergessen ward, so befürchten wir fast, daß ein gleiches Schicksal auch ihre Zugabe, unschuldiger Weise, treffen werde. Unterdessen ist es doch recht gut daß man den Narren nach ihrer Narrheit antworte, und ihnen keine Gegenrede schuldig bleibe, damit sie es auch selbst erfahren, daß sie Narren sind. Das *Ragout* bestehet aus einer Unterredung zwischen einem Schüler und seinem Lehrmeister. Man hat diese katechetische Methode ohne Zweifel wegen der Deutlichkeit gewählt, um es fein einem jeden begreiflich zu machen, daß nicht allein der Verfasser des Wörterbuchs ein seichter Kopf und förmlicher *Pasquillant* sei, sondern auch daß der Herr Prof. Gottsched mit mehrerm Rechte als Bodmer und Klopstock unter die Neologischen Schriftsteller gehöre; es müßte ihm denn etwa dieses zur Entschuldigung dienen, daß er bloß aus kriechender Armut, und gar nicht aus Begierde etwas kühnes und unerwartetes zu sagen, neologisiere. Die Beweise hiervon kann man in der Zugabe selbst nachsehen. Wir wollen uns nicht länger dabei aufhalten, sondern dem Leser nur noch eine Sinnschrift mitteilen, die der Träumer eines gewissen Traumes als das von uns verlangte Recepisse ansehen kann. Man wird sich der vortrefflichen vier Zeilen des Herrn von Hallers erinnern:

Kurzsichtiger! dein Gram hat dein Gesicht vergället,
Du siehst die Dinge schwarz, gebrochen und verstellet:
Mach deinen Raupenstand und deinen Tropfen Zeit,
Den nicht zu deinem Zweck, die nicht zur Ewigkeit.

Weil diese Zeilen den poetischen Maulwürfen von jeher ein mächtiger Anstoß gewesen sind, so machen wir uns ein Vergnügen daraus ihnen eine Parodie darauf mitzuteilen, die wir von guter Hand bekommen haben. Sie ist an den Verfasser des Wörterbuchs gerichtet, und lautet also:

Kurzsichtiger! der Neid hat dein Gesicht vergället,
Du siehest Hallern schwarz, gebrochen und verstellet:
Mach deinen matten Witz, dein wenig Wissen, *Flegel,*
Dies nicht zur Deutlichkeit, den nicht zur Schreibart Regel.

Wenn er, oder diejenigen Herren Gottschedianer, die an dem Wörterbuche Teil haben, das *Flegel* zu hart finden sollten, so mögen sie überlegen, daß man des Reimes wegen vielmal etwas sagen muß, was man außer dem Reime nicht gesagt hätte. Doch man hat es nicht einmal nötig, ihnen diese Entschuldigung zu machen, weil sie weit größere Grobheiten wider andre Leute, als sie sind, ausgestoßen haben. – – Das *Ragout* kostet in den Vossischen Buchläden hier und in Potsdam 2 Gr.

[Berlinische Privilegierte Zeitung · 1755]

[4. Stück, 9. Januar]

Gedicht dem Gedächtnisse des Herrn von Hagedorn gewidmet. Braunschweig, bei Schröders Erben. In 4to. 2½ Bogen. Man wird es bereits aus andern öffentlichen Blättern wissen, daß der Herr Zachariä der Verfasser dieses Gedichts ist. Wir wiederholen seinen Namen hier um desto lieber, weil er uns der formellen Lobsprüche überhebt, die das Publikum in Ansehung der vorzüglichen Geschicklichkeit dieses Dichters nichts neues lehren würden. Hat man ihn in seinen scherzhaften Epopeen, als in seiner Sphäre bewundert, so wird man ihn auch hier nicht außer derselben finden; so wenig auch die Gabe scherzhafter Einfälle und die Gabe zärtlicher Empfindungen, mit einander gemein zu haben scheinen. Auch in das Lob desjenigen unsterblichen Dichters wollen wir uns nicht einlassen, dessen Tod Herr Zachariä, und mit ihm Germanien, beweinet. Er war zugleich der rechtschaffenste und großmütigste Mann, und wenigstens hiervon einen kleinen Beweis einzurücken, können wir uns unmöglich enthalten. Auf der 15. Seite läßt Herr Zachariä die Dichtkunst sagen:

Ihr sahet ihn so oft in dem geheimern Leben,
Verdiensten ihren Rang, sein Lob der Tugend geben;
Ihr saht ihn immer groß, und freundschaftlich und frei,
Der wahren Weisheit Freund und Feind der Heuchelei.
Mich dünkt, ich höre noch die edle Menschenliebe,
Die sanft, voll Wohltun spricht; die jeder Großmut Triebe
Für dich, o Fuchs, erregt; und aus der Dürftigkeit
Mit britischem Edelmut verkannten Witz befreit.

Zu diesen letzten Zeilen macht der Verfasser folgende Anmerkung: »Herr Gottlieb Fuchs, der seit einigen Jahren Prediger in Sachsen ist, und sich unter dem Namen des Bauernsohnes durch verschiedene glückliche Gedichte bekannt gemacht hat; kam ohne Geld und Gönner nach Leipzig, seine Studien daselbst fortzusetzen. Er fiel allda *einem unserer größten Dunse* in die Hände, der durch seine marktschreierische Art, mit seinen Verdiensten um Deutschland zu prahlen, und durch die kleinen niedrigen Mittel jemanden zu seiner Partei zu ziehen, genug bezeichnet ist. Dieser Mann, der wohl eher versucht hatte, mit einem alten Rocke Leute zu bestechen, für ihn zu schreiben, dieser Mann war klein genug, Herr Fuchsen monatlich eine solche Kleinigkeit zu geben, die man sich schämt hier auszudrücken, und die er kaum dem geringsten Bettler hätte geben können. So bald er indessen erfuhr, daß Herr Fuchs in die Bekanntschaft mit einigen andern rechtschaffenen Leuten gekommen war, die er nicht zu seiner Partei zählen konnte, so war er noch niederträchtiger, und nahm Herr Fuchsen die Kleinigkeit, die er ihm bisher gegeben. Herr Fuchs wurde sogleich von denjenigen mehr als schadlos gehalten, durch die er um dieses erniedrigende Almosen gekommen war. Der sel. Herr von Hagedorn, dem diese Geschichte bekannt wurde, brachte durch seine edelmütige Vorsprache bei vielen Standespersonen, Hamburgern, einigen Engelländern, und besonders bei dem *Collegio Carolino* zu Braunschweig eine so ansehnliche Summe zusammen, daß Herr Fuchs künftig vor dem Mangel gesichert, seinen Studien auf eine anständige Art obliegen konnte.« – – Denjenigen Fremdlingen in dem Reiche des Witzes, welche vielleicht fragen sollten: wer ist der große *Duns?* wollen wir nächstens diese Frage beantworten. – – Kostet in den Vossischen Buchläden hier und in Potsdam 3 Gr.

[5. Stück, 11. Januar]

Antwort auf die Frage: *wer ist der große Duns?*

Der Mann in – –, welchen *Gott*
Nicht schuf zum Dichter und Kunstrichter,

Der, dümmer als ein Hottentott,
Sagt, er und S*** wären Dichter;
Der Philip Zesen unsrer Zeit;
Der Büttel der Sprachreinigkeit
In Ober- und in Niedersachsen,
Der alle Worte Lands verweist,
Die nicht auf Deutschem Boden wachsen;
Der große Mann, der stark von Leib
Ein kleines artigs freundlichs Weib
Kalt, wie er denkt und schreibt, umarmt,
Das aber seiner sich erbarmt,
Und gleicher Meinung ist und bleibt,
Und wider ihn nicht denkt, nicht schreibt,
Weil es den Zank der Ehe scheut,
Und lieber aus Gefälligkeit
Sich an des Manns Gedanken bindet;
Der Mann der unter uns
Viel große Geister findet,
Der ist der große Duns!

[9. Stück, 21. Januar]

Lyrische und andere Gedichte. Neue und um die Hälfte vermehrte Auflage. Mit allergnädigsten Freiheiten, Anspach, zu finden bei Jacob Christoph Posch 1755. In 8vo. 12 Bogen. Die erste Ausgabe dieser Gedichte ist bereits vor fünf Jahren erschienen, und von Kennern wohl aufgenommen worden. Man erkannte ihren Verfasser, welches der Herr Regierungssekretär Utz in Anspach ist, sogleich für einen wahren Schüler des Horaz, der von dem Feuer seines Musters beseelt werde, und etwas mehr gelernt habe, als ihm hier eine Gedanke und da eine Wendung, nicht sowohl abzuborgen, als abzustehlen. Die Vermehrungen, welche er jetzo hinzugetan, sind so beträchtlich, daß er die Oden in vier Bücher hat abteilen können. Die ersten zwei enthalten die bereits gedruckten Stücke; aber so, wie sie sich der verbessernden Hand eines Verfassers, der aller Welt eher, als sich ein Genüge tun kann, entreißen dürfen. Er hat überall verändert und auch *fast* überall glücklich verändert. Wir sagen *fast*, und hoffen, daß er es denjenigen nicht übel ausdeuten wird, die sich, vielleicht aus einer Art von Prädilektion hier und da seiner erstern Gedanken gegen die letztern annehmen. Unter den neuen Oden, welche das dritte und vierte Buch ausmachen, wird man verschiedne von dem erhabensten Inhalte finden, und einen philosophischen Kopf wird die, welche er »Theodizee« überschrieben hat, nicht anders als entzücken können. Sie sind überhaupt alle vortrefflich, obgleich nicht alle von einerlei Fluge. Und auch dieses hat er mit dem Horaz gemein, welcher sich oft in die niedre Sphäre des Scherzes und angenehmer Empfindungen herab läßt, und auch da die geringsten Gegenstände zu veredeln weiß. Nur an den schmutzigen Bildern hat unser deutscher Horaz eine gleiche Kunst zu zeigen, verweigert. Die Anständigkeit ist das strenge Gesetz, welches seine Muse auch in den Entzückungen des Weines und der Liebe nie verletzet. – – Die übrigen Vermehrungen bestehen in dem »Sieg des Liebesgottes«, welches scherzhafte Heldengedichte man auch bereits kennet, und in einigen poetischen prosaischen Briefen, welche Teils freundschaftlichen, Teils kritischen Inhalts sind. Der vierte ist besonders merkwürdig. Kostet in den Vossischen Buchläden hier und in Potsdam 16 Gr.

[23. Stück, 22. Februar]

Versuche in der tragischen Dichtkunst, bestehend in vier Trauerspielen, nämlich Zayde, Mariamne, Thusnelde und Zarine. Breslau verl. Carl Gottfr. Meyer 1754. In gr. 8vo. 16 Bogen. Wenn wir sagen, daß der Herr Baron von Schönaich, der Skribent des Hermanns, Verfasser von diesen Versuchen ist, so werden wir hoffentlich auf einmal das vollständigste Urteil davon gefällt haben, das man davon fällen kann. Es folgt nicht notwendig, daß ein guter Heldendichter auch ein guter tragischer Dichter sein müsse; aber das folgt notwendig, daß der, welcher schlechte Epopeen schreibt, auch nicht anders als schlechte Trauerspiele schreiben werde. Der Herr Baron hat es der Welt schon gewiesen, daß er so ziemlich die mechanischen Regeln alle beobachten, und, Trotz dieser Beobachtung, dennoch Gedichte, die nichts taugen, machen könne; und wir sind viel zu billig, als daß wir ihm dieses Lob nicht auch hier erteilen sollten. Wir erinnern uns seiner und seines Lehrmeisters allezeit mit Dankbarkeit, so oft wir die Anmerkung eines französischen Kunstrichters, daß etwas ganz anders die Kunst, und etwas ganz anders das Raffinement der Kunst sei, mit Beispielen bestärken wollen. Den Mangel dieses Raffinements könnte man dem Herrn Baron ganz gern vergeben; allein er hat noch einen andern Fehler, den ihm gesittete Leser unmöglich verzeihen können, und von dem wir gar nicht einsehen, wie er dazu gekommen ist. Er ist ein Cavalier, dem es an Kenntnis der großen Welt und der feinern Sprache, die darinne üblich ist, nicht fehlen sollte: wie kömmt es aber gleichwohl, daß er seine tragischen Personen so kriechend, so pöbelhaft, so ekel sprechen läßt? Seine Prinzessinnen, z. E., haben *Liebsten,* (S. 3) sind *verliebt,* (S. 13) sind *brünstig,* (S. 11) sind *geil* (S. 59). Seine Helden schimpfen einander *Hunde* (S. 10) und *Buben* (S. 43). Wenn sie überlegen, so *kommt* ihnen was *ein* (S. 12) und wenn sie sagen sollen, ich meinte, oder ich glaubte; so sagen sie *ich dachte* (S. 3). Einer spricht zu dem andern *du läugst* (S. 14) und *erbost sich,* (S. 105) wenn er ergrimmen sollte. Ein Gemahl hat eine *Frau,* (S. 42) und wohl noch darzu eine *schwangre Frau,* (S. 126) und eine Gemahlin hat einen *Mann* (S. 66). Die Feldherrn geben dem Feinde *Schlappen* (S. 112). Die Diener sind *geschwind wie der Wind* (S. 58). Die Könige heißen die Königinnen *mein Licht,* (S. 81) *mein Leben* (S. 82). Wer etwas zeigen will, ruft *Schau!* und wer sich verwundern will, schreit *Ei!* etc. Kostet in den Vossischen Buchläden hier und in Potsdam 8 Gr.

[37. Stück, 27. März]

Geschichte des Herrn Carl Grandison, in Briefen entworfen von dem Verfasser der Pamela und Clarissa. Aus dem Englischen übersetzt. V. Band. Leipzig in der Weidemannischen Handlung 1755. In 8vo. Dieser Band des, ohne Zweifel lehrreichsten Werks in seiner Art, ist ungemein rührend. Die Geschichte desselben betrifft die Wiederherstellung der Gräfin Clementina, die man in den vorigen Bänden hat kennen lernen. Wenn es auch wahr wäre, daß ihr Charakter überhaupt ein wenig unnatürlich sein sollte, so ist er doch in seinen Teilen mit so viel Kunst und Wahrheit geschildert, daß er unter diejenigen Phantasiebilder gehöret, die man den steifen und trocknen Nachschilderungen der Natur mit allem Rechte vorzieht. Der Handel mit dieser liebenswürdigen Enthusiastin schließt sich dem Wunsche der Leser für ein anders Frauenzimmer, welches gleich Anfangs eine so vorzügliche Rolle spielte, daß die Rolle der Clementine nichts als nur eine zweite sein konnte, vollkommen gemäß. So begierig als man auf diesen Band gewesen ist, eben so begierig und noch begieriger wird man auf die beiden rückständigen werden. Kostet in den Vossischen Buchläden hier und in Potsdam 12 Gr.

[53. Stück, 3. Mai]

G. Ephr. Lessings Schriften, fünfter und sechster Teil. Berlin bei Chr. Fr. Voß 1755. In 12mo. 1 Alphb. 2 Bogen. Der Verfasser hat diese Teile ohne Vorrede in die Welt geschickt. Es wird daher kein Wunder sein, wenn wir in der Geschwindigkeit nicht viel mehr davon werden sagen können, als er selbst hat sagen wollen. Sie enthalten beide Schauspiele; und zwar jeder Teil ein großes Stück in fünf Aufzügen, und ein kleines in einem Aufzuge. Das große Stück im fünften Teile heißt »Der Freigeist«. Diesen Charakter auf die Bühne zu bringen, kann so leicht nicht gewesen sein, und es wird auf das Urteil der Kenner ankommen, ob die Schwierigkeiten glücklich genug überwunden worden. Wer nicht zu lachen genug darin findet, mag sich an dem darauf folgenden Nachspiele »Der Schatz« erholen. Wir wollen nicht entdecken, was es für eine Bewandtnis mit diesem Schatze habe, damit gewisse Kunstrichter desto zuversichtlicher sagen können, das Komische desselben falle nicht selten in das Possenhafte. Der sechste Teil fängt mit einem bürgerlichen Trauerspiele an, welches »Miss Sara Sampson« heißt. – Ein bürgerliches Trauerspiel! Mein Gott! Findet man in Gottscheds kritischer Dichtkunst ein Wort von so einem Dinge? Dieser berühmte Lehrer hat nun länger als zwanzig Jahr seinem lieben Deutschland die drei Einheiten vorgeprediget, und dennoch wagt man es auch hier, die Einheit des Orts recht mit Willen zu übertreten. Was soll daraus werden? – Das kleine Stück, welches den sechsten Teil beschließt, heißt der »Misogyn«. Der Verfasser hätte wohl können sagen *der Weiberfeind*. Denn ist es nicht abgeschmackt seinen Sohn *Theophilus* zu nennen, wenn man ihn *Gottlieb* nennen kann? Kostet in den Vossischen Buchläden hier und in Potsdam 16 Gr.

[59. Stück, 17. Mai]

Das Leben des Herrn von Haller, von D. Johann Georg Zimmermann, Stadtphysicus in Brugg. Zürich bei Heidegger und Compagnie 1755. In 8vo. 1 Alphb. 7 Bogen. Der Herr von Haller gehört unter die glücklichen Gelehrten, welche schon bei ihrem Leben eines ausgebreitetern Ruhms genießen, als nur wenige erst nach ihrem Tode teilhaft werden. Dieses Vorzugs hat er sich unwidersprechlich durch überwiegende Verdienste würdig gemacht, die ihn auch noch bei der spätesten Nachwelt eben so groß erhalten werden, als er jetzt in unparteiischen Augen scheinen muß. Sein Leben beschreiben heißt nicht, einen bloßen Dichter, oder einen bloßen Zergliedrer, oder einen bloßen Kräuterkundigen, sondern einen Mann zum Muster aufstellen,

– – – – – whose Mind
Contains a world, and seems for all things fram'd.

Man ist daher dem Herrn D. Zimmermann alle Erkenntlichkeit schuldig, daß er uns die nähere Nachrichten nicht vorenthalten wollen, die er, als ein vertrauter Schüler des Herrn von Haller, am zuverlässigsten von ihm haben konnte. Alle die, welche überzeugt sind, daß die Ehre des deutschen Namens am meisten auf der Ehre der deutschen Geister beruhe, werden ihn mit Vergnügen lesen, und nur diejenigen werden eine höhnische Miene machen, welchen alle Ehrenbezeigungen unnütz verschwendet zu sein scheinen, die ihnen nicht widerfahren. Ein Auszug aus dieser Lebensbeschreibung würde uns leichter fallen, als er dem Leser vielleicht in der Kürze, welche wir dabei beobachten müßten, angenehm sein würde. Der Herr D. Zimmermann ist keiner von den trocknen Biographen, die ihr Augenmerk auf nichts höhers als auf kleine chronologische Umstände richten, und uns einen Gelehrten genugsam bekannt zu machen glauben, wenn sie die Jahre seiner Geburt, seiner Beförderungen, seiner ehelichen Verbindungen und dergleichen angeben. Er folgt seinem Helden nicht nur durch alle die merkwürdigsten Veränderungen seines Lebens, sondern auch durch alle die Wissenschaften, in denen er sich gezeigt, und durch alle die Anstalten, die er zur Aufnahme derselben an mehr als einem Orte gemacht hat. Dabei erhebt er sich zwar über den Ton eines kalten Geschichtschreibers; allein von der Hitze eines schwärmerischen Panegyristen bleibt er doch noch weit genug entfernt, als daß man bei seiner Erzählung freundschaftliche Verblendungen besorgen dürfte. Kostet in den Vossischen Buchläden hier und in Potsdam auf Druckpapier 16 Gr. und auf Schreibpapier 1 Rtlr.

[79. Stück, 3. Juli]

Die Hofmeisterin, erster Teil. Bernburg bei Christ. Gottf. Cörnern 1755. In 8vo. Dieses ist die Fortsetzung derjenigen Wochenschrift, welche in den Jahren 53 und 54 zu Leipzig unter dem Titel, der »Hofmeister«, erschien, und bis zu drei Bänden anwuchs. Mehr wissen wir nicht von ihm, denn, Gott sei Dank, wir haben ihn nicht gelesen. Er kann gut, er kann sehr gut sein. Wenn er es aber ist, so betauern wir ihn herzlich, daß er sein Lehramt einer alten Plaudertasche abtreten müssen, deren vornehmste Absicht, ohne Zweifel, gewesen ist, sich auf ihre alten Tage die Stelle einer Ausgeberin auf den Gütern des Wendischen Sängers zu erloben. -- Kann man sich es einbilden! Sie wollte, wie sie selber sagt, in ihren Blättern, dem »Hermann« des Baron *Schönaichs* eben dieselben Dienste leisten, die *Addison* ehedem dem *Milton* leistete. »Nicht, als wenn ich mich, fährt sie fort, mit dem Addison, oder den Hermann mit dem verlornen Paradiese vergliche. Ich muß mich gegen den Zuschauer verstecken; hingegen wird niemand ohne Parteilichkeit, die englische Epopee unsrer deutschen vorziehen.« Hierauf macht sie in dem sechsten, zwölften, zwanzigsten und fünf und vierzigsten Stücke einen Auszug aus dem Hermann, der mit so vielen abgeschmackten und jämmerlichen Lobsprüchen durchflochten ist, daß wir fast gezwungen auf den Einfall geraten sind, der Baron Schönaich müsse ihn selbst gemacht haben. Wenn das ist, so hat alles seine Richtigkeit! – – Sollen wir auch von den übrigen Stücken der Hofmeisterin etwas sagen? Wir können es kurz fassen; es ist unglaublich, daß ein Schriftsteller oder eine Schriftstellerin, die auf eine solche Art den Geschmack der Leser verbessern will, auf eine glücklichere die Sitten derselben verbessern werde. Kostet in den Vossischen Buchläden hier und in Potsdam 1 Rtlr.

[82. Stück, 10. Juli]

Discours sur l'origine et les fondemens de l'inegalité parmi les hommes, par Jean Jaques Rousseau, Citoyen de Geneve. à Amsterdam chez Marc Michel Rey 1755. In 8vo. 1 Alphb. Dieses ist eine ganz neue Schrift desjenigen Gelehrten, welcher Philosoph genug war, den Künsten und Wissenschaften keinen größern Einfluß auf die Sitten der Menschen einzuräumen, als sie wirklich haben, und darüber eine Streitigkeit erregte, die sehr lehrreich hätte werden können, wenn sich in Frankreich nicht fast eben so kleine Geister damit abgegeben hätten, als in Deutschland, wo ein gewisser Schulmeister seine gutherzige Knaben davon deklamieren ließ. Man hat es abermals einer Aufgabe der Akademie von Dijon zu danken, daß uns Herr Rousseau seine Meinung von dem Ursprung und den Ursachen der Ungleichheit unter den Menschen mitteilet; und wir können keinen kürzern Begriff davon machen, als wenn wir sagen, daß diese Ausführung der erstern, welche der akademischen Krönung vollkommen würdig gewesen war, in mehrern und wesentlichern Stücken, als in der Art des Vortrages, ähnlich geraten sei. Die jetzt unter den Menschen übliche Ungleichheit scheinet nämlich, an ihm keinen größern Gönner gefunden zu haben, als die Gelehrsamkeit an ihm fand, in so fern sie den Menschen tugendhafter wollte gemacht haben. Er ist noch überall der kühne Weltweise, welcher keine Vorurteile, wenn sie auch noch so allgemein gebilliget wären, ansiehet, sondern graden Weges auf die Wahrheit zugehet, ohne sich um die Scheinwahrheiten, die er ihr bei jedem Tritte aufopfern muß, zu bekümmern. Sein Herz hat dabei an allen seinen spekulativischen Betrachtungen Anteil genommen, und er spricht folglich aus einem ganz andern Tone, als ein feiler Sophist zu sprechen pflegt, welchen Eigennutz oder Prahlerei zum Lehrer der Weisheit gemacht haben. Da diese Eigenschaften alles was er schreibt, auch da noch, lesenswürdig machen müssen, wenn man seiner Meinung nicht beitreten kann; so wird es hoffentlich dem deutschen Publico angenehm sein, wenn wir ihm eine Übersetzung dieses neuen Rousseauischen Werks voraus ankündigen. Es ist ein Mann von Einsicht und Geschmack, welcher sie unternommen hat, und wir sind gewiß, daß er beides bei einer Arbeit zeigen wird, bei welcher die meisten nur Kenntnis der Sprachen zu zeigen gewohnt sind. Sie wird in den Vossischen Buchläden an das Licht treten, wo jetzt die französische Urschrift für 22 Gr. zu haben ist.

[96. Stück, 12. August]

Die Poesie und Germanien. Ein Gedicht. Berlin 1755. In 4to. auf 2½ Bogen. Da die elende Bande jener reimreichen Antipoden des Witzes und der Vernunft an Pasquillen auf alle diejenigen so fruchtbar ist, die ihren Drachen nicht anbeten; so kann es nichts unerwartetes sein, wenn man noch hier und da einen Daniel Küchelchen von Pech und Haaren machen und es ihm in den Rachen werfen sieht, in Hoffnung daß er davon bersten werde. – – Germanien freuet sich über das Glück, welches die Musen in ihrem Reiche machen, die sich mit den Grazien um ihren Thron versammelt haben. Besonders freuet sie sich, die Poesie unter ihren Söhnen in einem Glanze schimmern zu sehen, der die Aufmerksamkeit ihrer Nachbarn endlich zu erregen mehr als hinlänglich sei. Der Poesie selbst aber scheinen diese Lobsprüche *zu* gütig und *zu* früh erteilt zu sein. Sie klagt über die sklavische Nachahmungssucht der Deutschen; und dieses sind ihre Klagen:

»Kaum fängt ein Haller an, groß, stark und schwer zu dichten,
So eilt der Tor sein Lied nach seinem Schwung zu richten;
Ahmt nur die Fehler nach; ist niedrig, dunkel, schwer,
Von harten Worten voll, und von Gedanken leer.
Läßt uns ein muntrer Geist des Tejers Laut erklingen,
So fängt halb Deutschland an Geschwätz und Tand zu singen;
Jedwede Presse schwitzt von zu viel Lieb und Wein,
Und für des Heiden Ruhm vergißt man Christ zu sein.
Erzählt ein Gellert uns, und sehn wir mit Vergnügen,
Den ihm nur eignen Scherz und seine Leier fliegen:
So tändelt jeder Tor, kein Brief und kein Gedicht
Erscheint, daß nicht darin ein falscher Gellert spricht.«
etc.

Noch mehr aber klaget sie über ihn, den man in folgender Beschreibung erkennen wird:

»– – – – – – ein blinder Aristarch
Der Reime Patriot, der Prosa Patriarch.
Vergebens zeichnen ihn des strengen Satyrs Schläge,
Er achtet Striemen nicht und bleibt auf seinem Wege;
Und tadelt allezeit, so bald ein großes Lied
Nicht an dem Boden kriecht und seiner Zucht entflieht.«

Hierauf nun wird sie von Germanien getröstet, welche ihre würdigern Söhne gegen die Anhänger ihres Widersachers aufstellet; und folgender Maßen schließt:

»– – – Nur erst nach vielen Jahren
Ward Miltons Wert bestimmt; umsonst rast Lauder nun.
Will wider Klopstock nicht der deutsche Lauder ruhn;
So ras' er! Ihn verfolgt durch alle meine Lande
Des strengen Satyrs Spott, und Lauders ganze Schande!«

Amen! – – Wir glauben, daß wir von diesem vortrefflichen Gedichte genug angeführt haben, die Leser auf das Ganze begierig zu machen. Der Dichter hat sich nicht nennen wollen; wie aber wenn er sich auf der sechzehnten Seite eben dadurch genennt hätte, daß er sich nicht genennt hat? Kostet in den

Vossischen Buchläden hier und in Potsdam 3 Gr. Auf größer Papier 4 Gr.

[106. Stück, 4. September]

Über die Empfindungen. Berlin bei Chr. Fried. Voß 1755. In 8vo. 14 Bogen. Der Verfasser dieser Schrift ist eben der, welchem wir die philosophischen Gespräche schuldig sind. Sie sind durchgängig mit Beifall aufgenommen worden. Wir wünschten aber sehr, daß man diesen Beifall mehr auf den Inhalt, als auf die Art des Vortrags hätte gründen wollen. Waren denn abstrakte Gedanken in einer schönen Einkleidung eine so gar neue Erscheinung unter uns, daß man bei der Anmut der letztern die Gründlichkeit der erstern übersehen durfte? Wären sie in den barbarischsten Ausdrücken einer lateinisch scheinenden Sprache vorgetragen worden, so würde man sie untersucht und bestritten haben. Warum unterblieb beides, da sie deutsch, da sie schön abgefaßt waren? Ist der Deutsche, wenn er ein gründlicher Kopf ist, so gar düster und allen Grazien so gar feind; oder ist der Deutsche, wenn er ein schöner Geist ist, so gar seicht, daß jener nicht will, und dieser nicht kann? Unglück alsdenn für den, der beides zugleich, ein gründlicher Kopf und schöner Geist, ist! Er wird sich teilen müssen, um immer von seinen kompetenten Richtern gelesen zu werden. Er wird es, wenn er denken will, vergessen müssen, daß er schön schreiben kann; und wenn er schön schreiben will, vergessen müssen, daß er denken kann. – – Diese Betrachtung sollte uns fast bewegen, von der Einkleidung des gegenwärtigen Werks gar nichts zu sagen. Kaum dieses; daß es aus Briefen bestehe, in welchen überall der einmal angenommene Charakter des Schreibenden behauptet und die ganze Materie so kunstreich verteilet worden, daß man sehr unaufmerksam sein müßte, wenn sich nicht am Ende, ohne das Trockne der Methode empfunden zu haben, ein ganzes System in dem Kopfe zusammen finden sollte. Ein System der Empfindungen aber, wird denjenigen gewiß eine sehr angenehme Neuigkeit sein, welchen es nicht ganz unbekannt ist, wie finster und leer es in diesem Felde der Psychologie, der Bemühungen einiger neuen Schriftsteller ohngeachtet, noch bisher gewesen. Man hat es ohngefähr gewußt, daß alle angenehme und unangenehme Empfindungen aus dunkeln Begriffen entstehen; aber warum sie nur aus diesen entstehen, davon hat man nirgends den Grund angegeben. Wolf selbst weiß weiter nichts zu sagen, als dieses: weil sie keine deutliche Begriffe voraussetzen. Man hat es ohngefähr gewußt, daß sich alles Vergnügen auf die Vorstellung einer Vollkommenheit gründe; man hat es ohngefähr gewußt, daß Vollkommenheit die Übereinstimmung des Mannigfaltigen sei: allein man hat diese Übereinstimmung mit der Einheit im Mannigfaltigen verwechselt; man hat Schönheit und Vollkommenheit vermengt, und die Leichtigkeit, womit wir uns das Mannigfaltige in jenem vorstellen, auch bis auf die sinnlichen Lüste ausdehnen wollen. Alles dieses aber setzt unser Verfasser auf das deutlichste auseinander. Er zeigt, daß das Vergnügen, welches aus der Schönheit entspringet, auf der Einschränkung unsrer Seelenkräfte beruhe, und also Gott nicht beigelegt werden könne; daß ihm aber dasjenige, welches aus der Vollkommenheit entstehet, und sich bei uns auf die positive Kraft unsrer Seele gründet, im höchsten Grade zukomme. Von den sinnlichen Lüsten beweiset er, daß sie der Seele eine dunkle Vorstellung von der Vollkommenheit des Körpers gewähren; und da in der organischen Natur alle Begebenheiten, die mit einander verknüpft sind, wechselsweise eine aus der andern entstehen können, so erklärt er daher den Ursprung des angenehmen Affekts, und zeiget, wie der Körper durch die sinnliche Lust, den Abgang an Vergnügen ersetze, den er durch die Verdunklung der Begriffe anrichtet. -- Alles dieses ist nur ein kleiner Blick in die neue Theorie unsers Verfassers, welcher zugleich bei aller Gelegenheit seine philosophische Einsicht in diejenigen Künste und Wissenschaften zeigt, die unsre angenehme Empfindungen zum Gegenstande haben; in die Dichtkunst, in die Malrei, in die Musik, in die musikalische Malrei des Farbenklaviers, bis sogar in die noch unerfundenen Harmonien derjenigen Sinne, welchen noch keine besondern Künste vorgesetzet sind. Eines aber müssen wir hauptsächlich nicht vergessen; daß nämlich der Verfasser die Lehre vom Selbstmorde mit eingeflochten, und diese schwierige Materie auf eine Art abgehandelt habe, wie sie gewiß noch nie abgehandelt worden. Er beweiset nicht nur, daß den Gläubigen die Religion, und den Ungläubigen sein eignes System der Zernichtung nach dem Tode von dem Selbstmorde abhalten müsse; sondern beweiset auch, und dieses war ohne Zweifel das wichtigste, daß ihn so gar der Weltweise sich untersagen müsse, welcher den Tod nicht als eine Zernichtung, sondern als einen Übergang in eine andere und vielleicht glücklichere Art von Fortdauer betrachtet. Kostet in den Vossischen Buchläden hier und in Potsdam 8 Gr.

[123. Stück, 14. Oktober]

Ankündigung einer Dunciade für die Deutschen. Nebst dem verbesserten Hermann. Sero sapiunt Phryges. Frankfurt und Leipzig 1755. In 8vo. auf 6½ Bogen. Die Welt scheint zu verlangen, daß die Streitigkeiten im Reiche des Witzes nur immer mit den Waffen der lachenden Satyre geführet würden. Wenn sie es aber mehr als einmal geduldet hat, daß man sich auch der schimpflichen Waffen der Schmähsucht und Possenreißerei dabei bedienen dürfen; so wird sie es hoffentlich nicht übel deuten, wenn sie nunmehr einen Patrioten zu schärfern greifen siehet, die der Ernst eben so weit über die Satyre erhebt, als die Niederträchtigkeit jene unter die Satyre erniedriget hatte. Und aus diesem Grunde versprechen wir der gegenwärtigen Ankündigung einer Dunciade für die Deutschen am Ende, wenn man alle Umstände wird überlegt haben, eine gütigere Aufnahme, als sie einigen zu sehr nachsehenden Weisen, wegen der durchgehends darin herrschenden Strenge, bei dem ersten Anblicke verdient zu haben scheinen möchte. Es ist wahr; »die Erscheinung, wie unser Verfasser sagt, ist unglaublich, daß eine ganze Nation, in deren Schoß die Wissenschaften und die Freiheit zu denken blühen sollten, die fast von allen Seiten mit gesitteten und geistreichen Nationen umgeben ist, die sich eines Leibniz rühmen kann, -- sich von einem kleinen Haufen Idioten ohne Talente, ohne Einsichten, ohne Geschmack, so sehr hat betriegen lassen können, daß sie den willkürlichen und verdorbenen Geschmack dieser Leute, die in Frankreich oder England nicht einmal unter den *Dunsen* einigen Rang bekommen hätten, blindlings angenommen und zur Regel gemacht; daß sie diese schwachen und unfähigen Köpfe für große Geister, und ihre blöden, unförmlichen, und vernunftlosen Werke für ausgemachte Meisterstücke gehalten, fleißig gelesen, gelobt und nachgeahmet; daß sie diesen Leuten ein Ansehen, eine Diktatur zugestanden, die ihnen Macht gegeben, eine ganze Reihe von Jahren, dem Sens-commun Hohn zu sprechen, die Jugend zu verführen, und den Geschmack an geistlosen unwitzigen und unnützlichen Schriften, die weder den Verstand aufklären, noch das Herz rühren, noch die Sitten bilden, fast allgemein zu machen.« – – Es ist wahr, diese Erscheinung ist unglaublich; aber wie wenn sie sich auch niemals ereignet hätte? Wie, wenn es nicht wahr wäre, daß Gottsched und seine Anhänger jemals in einem so allgemeinen Ansehen gestanden hätten? Wie wenn man dem größern Teile der Nation, welcher ein zeitiges Stillschweigen beobachtet hat, und sich deswegen öffentlich *wider* niemanden erklären wollte, weil er sich noch *für* niemanden erklären konnte, mit solchen allgemeinen Beschuldigungen Unrecht täte? Alles dieses könnte leicht sein; gleichwohl aber bekennen wir ganz gern, daß man auch auf der andern Seite Grund habe, an dem Dasein eines Dinges zu zweifeln, das sich noch durch keine Wirkungen gezeigt hat. Wir wollen also nur wünschen, daß diese Wirkungen nun wenigstens nicht länger ausbleiben mögen; und wenn wir uns in unsern Vermutungen nicht triegen, so werden sie sich vielleicht, über lang oder kurz, an derjenigen zweiten Klasse äußern, von welcher auf der 12ten Seite ziemlich verächtlich gesprochen wird. – – Mehr wollen wir hier von einer Schrift nicht sagen, der es ohnedem an Lesern nicht fehlen wird. Kostet in den Vossischen Buchläden hier und in Potsdam 6 Gr.

RETTUNGEN DES HORAZ

Quem rodunt omnes - - -
Horat. Lib. I. Sat. 6.

Diese Rettungen des Horaz werden völlig von denen unterschieden sein, die ich vor kurzen gegen einen alten Schulknaben habe übernehmen müssen.

Seine kleine hämische Bosheit hat mich beinahe ein wenig abgeschreckt, und ich werde so bald nicht wieder mit Schriftstellern seines gleichen anbinden. Sie sind das Pasquillmachen gewohnt, so daß es ihnen weit leichter wird, eine Verleumdung aus der Luft zu fangen, als eine Regel aus dem Donat anzuführen. Wer aber will denn gern verleumdet sein?

Die Gabe sich widersprechen zu lassen, ist wohl überhaupt eine Gabe, die unter den Gelehrten nur die Toten haben. Nun will ich sie eben nicht für so wichtig ausgeben, daß man, um sie zu besitzen, gestorben zu sein wünschen sollte: denn um diesen Preis sind vielleicht auch größre Vollkommenheiten zu teuer. Ich will nur sagen, daß es sehr gut sein würde, wann auch noch lebende Gelehrte, immer im voraus, ein wenig tot zu sein lernen wollten. Endlich müssen sie doch eine Nachwelt zurücklassen, die alles Zufällige von ihrem Ruhme absondert, und die keine Ehrerbietigkeit zurückhalten wird, über ihre Fehler zu lachen. Warum wollen sie also nicht schon itzt diese Nachwelt ertragen lernen, die sich hier und da in einem ankündiget, dem es gleichviel ist, ob sie ihn für neidisch oder für ungesittet halten?

Ungerecht wird die Nachwelt nie sein. Anfangs zwar pflanzt sie Lob und Tadel fort, wie sie es bekömmt; nach und nach aber bringt sie beides auf ihren rechten Punkt. Bei Lebzeiten, und ein halb Jahrhundert nach dem Tode, für einen großen Geist gehalten werden, ist ein schlechter Beweis, daß man es ist; durch alle Jahrhunderte aber hindurch dafür gehalten werden, ist ein unwidersprechlicher. Eben das gilt bei dem Gegenteile. Ein Schriftsteller wird von seinen Zeitgenossen und von dieser ihren Enkeln nicht gelesen; ein Unglück, aber kein Beweis wider seine Güte; nur wann auch der Enkel Enkel nie Lust bekommen, ihn zu lesen, alsdann ist es gewiß, daß er es nie verdient hat, gelesen zu werden.

Auch Tugenden und Laster wird die Nachwelt nicht ewig

verkennen. Ich begreife es sehr wohl, daß jene eine Zeitlang beschmitzt und diese aufgeputzt sein können; daß sie es aber immer bleiben sollten, läßt mich die Weisheit nicht glauben, die den Zusammenhang aller Dinge geordnet hat, und von der ich auch in dem, was von dem Eigensinne der Sterblichen abhangt, anbetungswürdige Spuren finde.

Sie erweckt von Zeit zu Zeit Leute, die sich ein Vergnügen daraus machen, den Vorurteilen die Stirne zu bieten, und alles in seiner wahren Gestalt zu zeigen, sollte auch ein vermeinter Heiliger dadurch zum Bösewichte, und ein vermeinter Bösewicht zum Heiligen werden. Ich selbst – – denn auch ich bin in Ansehung derer, die mir vorangegangen, ein Teil der Nachwelt, und wann es auch nur ein Trillionteilchen wäre – – Ich selbst kann mir keine angenehmere Beschäftigung machen, als die Namen berühmter Männer zu mustern, ihr Recht auf die Ewigkeit zu untersuchen, unverdiente Flekken ihnen abzuwischen, die falschen Verkleisterungen ihrer Schwächen aufzulösen, kurz alles das im moralischen Verstande zu tun, was derjenige, dem die Aufsicht über einen Bildersaal anvertrauet ist, physisch verrichtet.

Ein solcher wird gemeiniglich unter der Menge einige Schildereien haben, die er so vorzüglich liebt, daß er nicht gern ein Sonnenstäubchen darauf sitzen läßt. Ich bleibe also in der Vergleichung, und sage, daß auch ich einige große Geister so verehre, daß mit meinem Willen nicht die allergeringste Verleumdung auf ihnen haften soll.

Horaz ist einer von diesen. Und wie sollte er es nicht sein? Er, der philosophische Dichter, der Witz und Vernunft in ein mehr als schwesterliches Band brachte, und mit der Feinheit eines Hofmanns den ernstlichsten Lehren der Weisheit das geschmeidige Wesen freundschaftlicher Erinnerungen zu geben wußte, und sie entzückenden Harmonien anvertraute, um ihnen den Eingang in das Herz desto unfehlbarer zu machen.

Diese Lobsprüche zwar hat ihm niemand abgestritten, und sie sind es auch nicht, die ich hier wider irgend einen erhärten will. Der Neid würde sich lächerlich machen, wann er entschiedne Verdienste verkleinern wollte; er wendet seine Anfälle, gleich einem schlauen Belagerer, gegen diejenigen Seiten, die er ohne Verteidigung sieht; er gibt dem, dem er den großen Geist nicht abstreiten kann, lasterhafte Sitten, und dem, dem er die Tugend lassen muß, läßt er sie und macht ihn dafür zu einem Blödsinnigen.

Schon längst habe ich es mit dem bittersten Verdrusse bemerkt, daß eben diesen Ränken auch der Nachruhm des Horaz nicht entgangen ist. So viel er auf der Seite des Dichters gewonnen hat, so viel hat er auf der Seite des ehrlichen Mannes verloren. Ja, spricht man, er sang die zärtlichsten und artigsten Lieder, niemand aber war wollüstiger als er; er lobte die Tapferkeit bis zum Entzücken, und war selbst der feigherzigste Flüchtling; er hatte die erhabensten Begriffe von der Gottheit, aber er selbst, war ihr schläfrigster Verehrer.

Es haben sich Gelehrte genug gefunden, die seine Geschichte sorgfältig untersucht, und tausend Kleinigkeiten beigebracht haben, die zum Verständnisse seiner Schriften dienen sollen. Sie haben uns ganze Chronologien davon geliefert, sie haben alle zweifelhafte Lesarten untersucht; nur jene Vorwürfe haben sie ununtersucht gelassen. Und warum denn? Haben sie etwa einen Heiden nicht gar zu verehrungswürdig machen wollen?

Mich wenigstens soll nichts abhalten, den Ungrund dieser Vorwürfe zu zeigen, und einige Anmerkungen darüber zu machen, die so natürlich sind, daß ich mich wundern muß, warum man sie nicht längst gemacht hat.

Ich will bei seiner Wollust anfangen; oder wie sich ein neuer Schriftsteller ausdrückt, der aber der feinste nicht ist; bei seiner stinkenden Geilheit und unmäßigen Unzucht.* Die Beweise zu dieser Beschuldigung nimmt man, teils aus seinen eignen Schriften, teils aus den Zeugnissen andrer.

Ich will bei den letztern anfangen. Alle Zeugnisse die man wegen der wollüstigen Ausschweifung des Horaz auftreiben kann, fließen aus einer einzigen Quelle, deren Aufrichtigkeit nichts weniger als außer allem Zweifel gesetzt ist. Man hat

* Der Herr Müller in seiner Einleitung zur Kenntnis der lateinischen Schriftsteller, Teil III. Seite 403.

nämlich auf einer alten Handschrift der Bodlejanischen Bibliothek eine Lebensbeschreibung des Horaz gefunden, die fast alle Kunstrichter dem Sueton, wie bekannt, zuschreiben. Wann sie keine andre Bewegungsgründe dazu hätten, als die Gleichheit der Schreibart, so würde ich mir die Freiheit nehmen, an ihrem Vorgeben zu zweifeln. Ich weiß, daß man Schreibarten nachmachen kann; ich weiß, daß es eine wahre Unmöglichkeit ist, alle kleine Eigentümlichkeiten eines Schriftstellers so genau zu kennen, daß man den geringsten Abgang derselben in seinem Nachahmer entdecken sollte; ich weiß endlich, daß man, um in solchen Vermutungen recht leicht zu fehlen, nichts als wenig Geschmack und recht viel Stolz besitzen darf, welches, wie man sagt, gleich der Fall der meisten Kunstrichter ist. Doch der Scholiast Porphyrion führt eine Stelle aus dieser Lebensbeschreibung des Horaz an, und legt sie mit ausdrücklichen Worten dem Sueton bei. Dieses nun ist schon etwas mehr, ob gleich auch nicht alles. Die Paar Worte die er daraus anführt, sind gar wohl von der Art, daß sie in zwei verschiedenen Lebensbeschreibungen können gestanden haben. Doch ich will meine Zweifelsucht nicht zu weit treiben; Sueton mag der Verfasser sein.

Sueton also, der in dieser Lebensbeschreibung hunderterlei beibringt, welches dem Horaz zum Lobe gereichet, läßt, gleichsam als von der Wahrheitsliebe darzu gezwungen, eine Stelle mit einfließen, die man tausendmal nachgeschrieben, und oft genug mit einer kleinen Kützelung nachgeschrieben hat. Hier ist sie: Ad res venereas intemperantior traditur. Nam speculato cubiculo scorta dicitur habuisse disposita, ut quocunque respexisset, ibi ei imago coitus referretur.

Was will man nun mehr? Sueton ist doch wohl ein glaubwürdiger Schriftsteller; und Horaz war doch wohl Dichters genug, um so etwas von ihm für ganz wahrscheinlich zu halten?

Man übereile sich nicht, und sei anfangs wenigstens nur so vorsichtig, als es Sueton selbst hat sein wollen. Er sagt traditur, dicitur. Zwei schöne Wörter, welchen schon mancher ehrliche Mann den Verlust seines guten Namens zu danken hat! Also ist nur die Rede so gegangen? Also hat man es nur gesagt? Wahrhaftig, mein lieber Sueton, so bin ich sehr übel auf dich zu sprechen, daß du solche Nichtswürdigkeiten nachplauderst. In den hundert und mehr Jahren, die du nach ihm gelebt, hat vieles können erdacht werden, welches ein Geschichtschreiber wie du, hätte untersuchen, nicht aber ununtersucht fortpflanzen sollen – –

Es würde ein wenig ekel klingen, wenn ich diese Apostrophe weiter treiben wollte. Ich will also gelassener fortfahren – – In eben dieser Lebensbeschreibung sagt Sueton: es gehen unter dem Namen des Horaz Elegien und ein prosaischer Brief herum; allein beide halte ich für falsch. Die Elegien sind gemein, und der Brief ist dunkel, welches doch sein Fehler ganz und gar nicht war. – – Das ist artig! Warum widerspricht denn Sueton der Tradition hier, und oben bei dem Spiegelzimmer nicht? Hat es mehr auf sich den Geist eines Schriftstellers zu retten, als seine Sitten? Welches schimpft denn mehr? Nach einer Menge der vollkommensten Gedichte, einige kalte Elegien und einen dunkeln Brief schreiben; oder bei aller Feinheit des Geschmacks ein unmäßiger Wollüstling sein? – – Unmöglich kann ich mir einbilden, daß ein vernünftiger Geschichtschreiber, auf eben derselben Seite, in eben derselben Sache, nämlich in Meldung der Nachreden, welchen sein Held ausgesetzt worden, gleich unvorsichtig, als behutsam sein könne.

Nicht genug! Ich muß weiter gehen, und den Leser bitten, die angeführte Stelle noch einmal zu betrachten: ad res venereas intemperantior traditur. Nam speculato cubiculo scorta dicitur habuisse disposita, ut quocunque respexisset, ibi ei imago coitus referretur.

Je mehr ich diese Worte ansehe, je mehr verlieren sie in meinen Augen von ihrer Glaubwürdigkeit. Ich finde sie abgeschmackt; ich finde sie unrömisch; ich finde, daß sie andern Stellen in dieser Lebensbeschreibung offenbar widersprechen.

Ich finde sie abgeschmackt. Man höre doch nur, ob der Geschichtschreiber kann gewußt haben, was er will? *Horaz soll in den venerischen Ergötzungen unmäßig gewesen sein; denn man sagt* – – Auf die Ursache wohl Achtung gegeben!

Man sagt – Ohne Zweifel, daß er als ein wahrer Gartengott, ohne Wahl, ohne Geschmack auf alles, was weiblichen Geschlechts gewesen, losgestürmet sei? Nein! – *Man sagt, er habe seine Buhlerinnen in einem Spiegelzimmer genossen, um auf allen Seiten, wo er hingesehen, die wollüstige Abbildung seines Glücks anzutreffen* – Weiter nichts? Wo steckt denn die Unmäßigkeit? Ich sehe, die Wahrheit dieses Umstandes vorausgesetzt, nichts darin, als ein Bestreben, sich die Wollust so reizend zu machen, als möglich. Der Dichter war also keiner von den groben Leuten, denen Brunst und Galanterie eines ist, und die im Finstern mit der Befriedigung eines einzigen Sinnes vorlieb nehmen. Er wollte, so viel möglich, alle sättigen; und ohne einen Wehrmann zu nennen, kann man behaupten, er werde auch nicht den Geruch davon ausgeschlossen haben. Wenigstens hat er diese Reizung gekannt:

te puer in rosa
Perfusus liquidis urget odoribus.

Und das Ohr? Ich traue ihm Zärtlichkeit genug zu, daß er auch dieses nicht werde haben leer ausgehen lassen. Sollte die Musik auch nur

Gratus puellae risus

gewesen sein. Und der Geschmack?

oscula, quae Venus
Quinta parte sui nectaris imbuit.

Nektar aber soll der Zunge keine gemeine Kützelung verschafft haben; wenigstens sagt Ibykus bei dem Athenäus, es sei noch neunmal süßer als Honig – – Himmel! was für eine empfindliche Seele war die Seele des Horaz! Sie zog die Wollust durch alle Eingänge in sich. – – Und gleichwohl ist mir das Spiegelzimmer eine Unwahrscheinlichkeit. Sollte denn dem Dichter nie eine Anspielung darauf entwischt sein? Vergebens wird man sich nach dieser bei ihm umsehen. Nein, nein; in den süßen Umarmungen einer Chloe hat man die Sättigung der Augen näher, als daß man sie erst seitwärts in dem Spiegel suchen müßte. Wen das Urbild nicht rühret, wird den der Schatten rühren? – – Ich verstehe eigentlich hievon nichts; ganz und gar nichts. Aber es muß doch auch hier alles seinen Grund haben; und es wäre ein sehr wunderbares Gesetze, nach welchem die Einbildungskraft wirkte, wenn der Schein mehr Eindruck auf sie machen könnte, als das Wesen – –

Ferner finde ich die angeführten Worte unrömisch. Wer wird mich zum Exempel bereden, daß die Römer speculatum cubiculum, für cubiculum speculis ornatum gesagt haben? Man mag dem Mittelworte speculatum eine aktive oder passive Bedeutung geben, so wird es in dem ersten Fall gar nichts, und in dem andern etwas ganz anders ausdrücken. Schon speculari für *in dem Spiegel besehen*, ist das gewöhnlichste nicht, und niemand anders als ein Barbar oder ein Schulknabe kann darauf fallen, den Begriff *mit Spiegeln ausgezieret*, durch speculatus zu geben. Doch wenn das auch nicht wäre, so sage man mir doch, was die ganze Redensart heißt: speculato cubiculo scorta dicitur habuisse disposita? Ich weiß wohl, was in einem gewissen Studentenliede scorta deponere bedeutet, aber was in einem klassischen Schriftsteller scorta disponere sagen könne, gesteh ich ganz gerne, nicht zu wissen. Die Worte sind so dunkel, daß man den Sinn nicht anders als erraten kann; welches, aber den meisten nicht sauer werden wird, weil ein wenig Bosheit mit unterläuft. Wann man ihn nun aber erraten hat, so versuche man doch, ob er sich wohl mit dem, was Sueton sonst von dem Horaz erzählt, vergleichen lasse?

Nach dem Bericht dieses Geschichtschreibers war August mit dem Dichter so vertraulich, daß er ihn oft im Scherze purissimum penem und homuncionem lepidissimum nannte. Der verschämte Herr Pastor Lange gibt das erste Beiwort durch einen *artigen Bruder Lüderlich*; oder vielmehr nach seiner Rechtschreibung *Liederlich*. Ich will hoffen, daß man keine getreuere Übersetzung von mir verlangen wird. Genug für mich, daß purissimus, oder wenn man die Lesart ein wenig antiquer haben will, putissimus, der *Allerreinste* heißt, und daß der, welcher ad res venereas intemperantior ist, unmöglich der Allerreinste sein kann. Eines von beiden muß also nur wahr sein; entweder das dicitur des Pöbels, oder das ausdrückliche Urteil des Augusts. Mit welchem will man es halten?

Die Wahl kann nicht schwer fallen; sondern jeder Unparteiischer wird mir vielmehr zugestehen, daß Sueton schwerlich etwas so abgeschmacktes, so unrömisches und mit seinen anderweitigen Nachrichten so streitendes, könne geschrieben haben, und daß man vielmehr vollkommen berechtiget sei, die angeführte Stelle für untergeschoben zu halten.

Was das Unrömische darinnen zwar anbelangt, so könnte man vielleicht den Vorwand der verstümmelten Lesart wider mich brauchen, und alle Schuld auf die unwissenden Abschreiber schieben. Es ist wahr; und ich selbst kann eine Verbesserung angeben, die so ungezwungen ist, daß man sie ohne Widerrede annehmen wird. Anstatt nämlich: speculato cubiculo scorta dicitur habuisse disposita rate ich zu lesen specula in cubiculo scortans ita dicitur habuisse disposita, ut etc. Man sieht, daß ich wenigstens sehr aufrichtig bin, und mir kein Bedenken mache, meinen Grund selbst zu entkräften. Doch wer weiß ob ich es tun würde, wenn ich nicht den übrigen Gründen desto mehr zutraute. Ich glaube aber, sie sind von der Beschaffenheit, daß das, was ich noch hinzusetzen will, sie fast unwidersprechlich machen wird.

Ich hatte nicht lange über diese verdächtige Beschuldigung nachgedacht, als ich mich erinnerte, etwas ähnliches bei dem Seneca gelesen zu haben. Dieser ehrliche Philosoph hat nicht gern eine Gelegenheit versäumt, wo er mit guter Art seine ernsthaften Lehren, mit einem Zuge aus der Geschichte lebhafter machen konnte. In dem ersten Buche seiner natürlichen Fragen handelt er unter andern von den Spiegeln, und nachdem er alles beigebracht, was er als ein Physiker davon zu sagen gewußt, so schließt er endlich mit einer Erzählung, die ziemlich schmutzig ist. Vielleicht sollte ich mehr sagen, als *ziemlich*; wenigstens bin ich nicht der einzige, der es einem stoischen Weisen verdenkt, sie mit allen spitzigen Schönheiten seines lakonischen Witzes ausgekramt zu haben. Fromondus setzt schon hinzu: honestius tacuisses Seneca; und es gibt Übersetzer, die lieber ihre Urschrift hier verstümmeln, als durch allzugroße Treue ihren Lesern die Röte ins Gesicht treiben wollen. Ich würde eben so behutsam sein, wenn nicht unglücklicher Weise beinahe die ganze Rettung meines Dichters davon abhinge. Der Unschuld zum Nutzen kann man schon den Mund ein wenig weiter auftun. Ich werde bei dem allen noch weit bescheidener als Seneca sein, den diejenigen, welche gründlicher unterrichtet sein wollen, in dem sechzehnten Hauptstücke des angeführten Buchs nachlesen können.

»Bei dieser Gelegenheit, sagt er zu seinem Lucil, muß ich dir doch ein Histörchen erzählen, woraus du erkennen wirst, wie die Geilheit sogar kein Werkzeug zur Anreizung der Wollust verachtet, und wie sinnreich sie ist, ihrem unzüchtigen Feuer Nahrung zu schaffen. Ein gewisser Hostius übertraf an Unkeuschheit alles, was man jemals auf der Bühne gesehen und verabscheuet hat. Er war dabei ein reicher Geizhals, ein Sklave von mehr als tausend Sesterzien. Als ihn seine Sklaven umgebracht hatten, achtete der göttliche August ihn nicht für wert, seinen Tod zu rächen, ob er ihn gleich nicht billigte. Er verunreinigte sich nicht allein mit *einem* Geschlechte; sondern er war auf das männliche eben so rasend als auf das weibliche. Er ließ sich Spiegel verfertigen, die, wie ich sie in dem vorhergehenden beschrieben habe, die Bilder um vieles vergrößerten, und den Finger an Dicke und Länge einem Arme gleich machten. Diese Spiegel stellte er so, daß wenn er sich selbst von einem seines Geschlechts mißbrauchen ließ, er alle Bewegungen seines Schänders darinne sehen, und sich an der falschen Größe des Gliedes, gleichsam als an einer wahren, vergnügen konnte. Er suchte zwar schon in allen Badstuben die Muster nach dem vergrößerten Maßstabe aus; gleichwohl aber mußte er seine unersättliche Brunst auch noch mit Lügen stillen. Nun sage man mir, ob es wahr ist, daß der Spiegel nur der Reinigkeit wegen erfunden sei?« –

Weiter brauche ich meinen Stoiker nicht zu verdolmetschen. Er moralisiert noch eine ziemliche Ecke ins Feld hinein, und gibt sich alle Mühe die Augen seiner Leser auf diesen Gegenstand recht zu heften. Man sollte schwören, er rede von dem freiwilligen Tode des Cato, so feurig wird er dabei!

Ich will mich vielmehr so gleich zu den Folgerungen wenden, die daraus fließen. Der göttliche Augustus, welcher hier einen unzüchtigen Mann so verabscheuet, daß er auch seinen Tod, an den nichtswürdigsten Kreaturen in den Augen eines Römers, an meuchelmörderischen Sklaven, nicht ahnden will, ist eben der August, dessen Liebling Horaz war. Nun malt man uns den Horaz zwar nicht völlig als einen Hostius; allein das was daran fehlt, ist auch so groß nicht, als daß es in dem Betragen des Augustus einen so merklichen Unterscheid hätte machen können. Unter den scortis, die der Dichter vor dem Spiegel soll genossen haben, will man nicht bloß weibliche verstehen, deren Gebrauch die Entbehrlichkeit übernatürlicher Anspornung ziemlich voraussetzt. Man muß das männliche Geschlecht mit darunter begreifen, wenn das intemperantior ad res venereas traditur, nicht, wie ich schon gezeigt habe, eine Ungereimtheit sein soll. Begreift man es aber darunter, so ist Hostius dem Horaz nur noch in kleinen Umständen überlegen; und ihr Hauptverbrechen ist eins. Es ist eins, sage ich; und Augustus muß von sehr wankenden Grundsätzen gewesen sein. Was konnte ihn antreiben, eben dasselbe Laster in dem einen zu verfolgen, und bei dem andern in einen Scherz oder vielmehr gar in eine Art von Lobspruch zu verwandeln? Jenen für indignum vindicta, und diesen für purissimum penem zu erklären? Man sage nicht, die Vorzüge die Horaz sonst, als ein schöner Geist besessen, könnten den August über diese Abscheulichkeit wegzusehen bewogen haben. August war der Mann nicht, der in Ansehung des Witzes die allzugroben Ausschweifungen zu vergeben gewohnt war. Wenigstens hat er es an einer ähnlichen Person, an dem Ovid, nicht gewiesen.

Was soll ich von einer so klaren Sache viel Worte machen? Ich glaube die kritische Vermutung vorbereitet genug zu haben, die ich nunmehr vorbringen will. Man betrachte, daß Hostius unter dem August gelebt; man betrachte, daß der Name Hostius Gleichheit genug mit dem Namen Horatius hat, um von einem Unwissenden dafür angesehn zu werden; man überlege endlich, daß die Worte des Seneca, die ich schon übersetzt angeführt habe: specula ita disponebat ut cum virum ipse pateretur, aversus omnes admissarii sui motus in speculo videret; daß, sage ich, diese Worte von den oben angeführten: specula in cubiculo, scortans ita dicitur habuisse disposita, ut quocunque respexisset, ibi ei imago coitus referretur beinahe das Vorbild zu sein scheinen; und wenn man alles dieses genau überlegt hat, so sage man mir, ob ich nicht mit einem ziemlichen Grade von Wahrscheinlichkeit behaupten könnte, daß die streitige Stelle des Suetons, das Einschiebsel eines Abschreibers sei? Eines Abschreibers, der vielleicht bei einem andern, als bei dem Seneca gelesen hatte: zu den Zeiten des Augustus habe ein gewisser Hostius – welcher Name ihm ohne Zweifel unbekannter war, als Horatius – – vor den Spiegeln seine unzüchtigen Lüste gestillt: eines Abschreibers, der ein verdienstliches Werk zu tun glaubte, wenn er mit dieser Anekdote die Nachrichten des Suetons vermehrte.

Ich bin hoffentlich der erste, der diese Vermutung vorträgt, ob ich gleich nicht der erste bin, der die Stelle, die sie betrifft, für untergeschoben hält. Dacier hat sie in seiner Übersetzung stillschweigend ausgelassen, und stillschweigend also verdammt. Baxter läßt sie in seiner Ausgabe gleichfalls weg, und fügt in einer Anmerkung hinzu: quae hic omittuntur, a nescio quo nebulone infarcta sunt, neque enim solum inhonesta, verum etiam deridicula et ἀσυςατα videntur. Es sollte mir lieb sein, wenn ich das, was Baxter hier mit ganz trocknen Worten sagt, richtig erwiesen hätte.

Und zwar sollte es mir schon deswegen lieb sein, weil die zweite Art von Beweisen, die man von der Unkeuschheit des Horaz aus seinen eignen Schriften nimmt, ein großes verlieret, wann sie von der erstern nicht mehr unterstützt wird.

Gibt man es zu, oder gibt man es nicht zu, daß der Dichter die Natur schildert; daß die sinnlichen Gegenstände ihn nicht bloß und allein, ja nicht einmal vorzüglich beschäftigen müssen; daß die Empfindungen, so wie sie die Natur selbst beleben, auch sein Gemälde beleben müssen? Man gibt es zu. Räumt man es ein, oder räumt man es nicht ein, daß die Empfindungen der Wollust unter allen diejenigen sind, welche sich der meisten Herzen bemächtigen, und sich ihrer am leichtesten bemächtigen; daß sie unter sich der mehresten Abändrungen fähig sind, welche alle Wollust, aber alle eine andre Wollust sind; daß der Dichter, so wie er hier seine meiste Stärke zeigen kann, auch hier seinen meisten Ruhm zu erwarten hat? Man räumt es ein. Also räume man auch ein, daß der Dichter Wein und Liebe, Ruh und Lachen, Schlaf und Tanz besingen, und sie als die vornehmsten Güter dieses Lebens anpreisen darf; oder wenigstens gestehe man zu, daß man dem Dichter, wenn man es ihm untersagen wollte, eines von den schönsten Feldern untersagen würde, wo er die angenehmsten Blumen für das menschliche Herz sammlen könnte. Ich rede von dem menschlichen Herze, so wie es ist, und nicht wie es sein sollte; so wie es ewig bleiben wird, und nicht wie es die strengen Sittenlehrer gern umbilden wollten.

Ich habe für den Horaz schon viel gewonnen, wenn der Dichter von der Liebe singen darf. Allein die Liebe, hat sie nicht jedes Jahrhundert eine andere Gestalt? Man hat angemerkt, daß sie in den barbarischen Zeiten ungemein bescheiden, ehrerbietig, und bis zur Schwärmerei züchtig und beständig gewesen ist; es waren die Zeiten der irrenden Ritter. In den Zeiten hingegen, in welchen sich Witz und Geschmack aus dem Bezirke der Künste und Wissenschaften bis in den Bezirk der Sitten ausgebreitet hatten, war sie immer kühn, flatterhaft, schlüpfrigt, und schweifte wohl gar aus dem Gleise der Natur ein wenig aus. Ist es aber nicht die Pflicht eines Dichters, den Ton seines Jahrhunderts anzunehmen? Sie ist es, und Horaz konnte unmöglich anders von der Liebe reden, als nach der Denkungsart seiner Zeitgenossen. – – Noch mehr also für ihn gewonnen.

Hierzu füge man die Anmerkung, daß alles, woraus ein Dichter seine eigne Angelegenheit macht, weit mehr rührt, als das, was er nur erzählt. Er muß die Empfindungen, die er erregen will, in sich selbst zu haben scheinen; er muß scheinen aus der Erfahrung und nicht aus der bloßen Einbildungskraft zu sprechen. Diese, durch welche er seinem geschmeidigen Geiste alle mögliche Formen auf kurze Zeit zu geben, und ihn in alle Leidenschaften zu setzen weiß, ist eben das, was seinen Vorzug vor andern Sterblichen ausmacht; allein es ist gleich auch das, wovon sich diejenigen, denen er versagt ist, ganz und gar keinen Begriff machen können. Sie können sich nicht vorstellen, wie ein Dichter zornig sein könne, ohne zu zürnen; wie er von Liebe seufzen könne, ohne sie zu fühlen. Sie, die alle Leidenschaften nur durch Wirklichkeiten in sich erwecken lassen, wissen von dem Geheimnisse nichts, sie durch willkürliche Vorstellungen rege zu machen. Sie gleichen den gemeinen Schiffern, die ihren Lauf nach dem Winde einrichten müssen, wenn der Dichter einem Äneas gleicht, der die Winde in verschlossenen Schläuchen bei sich führt, und sie nach seinem Laufe einrichten kann. Gleichwohl muß er, ihren Beifall zu haben, sich ihnen gleich stellen. Weil sie nicht ehr feurig von der Liebe reden können, als bis sie verliebt sind; so muß er selbst ihnen zu gefallen verliebt sein, wenn er feurig davon reden will. Weil sie nicht wissen, wie sich der Schmerz über den Verlust einer Geliebten ausdrücken würde, ohne ihn gefühlt zu haben; so muß ihm selbst eine Neära untreu geworden sein, wann er die Natur und ihre Ausbrüche bei einer solchen Gelegenheit, schildern will.

Da man aber dieses weiß, oder wenigstens wissen könnte, schämt man sich denn nicht, alles im Ernste auf die Rechnung des Dichters zu schreiben, was er selbst, des künstlichen Blendwerks wegen, darauf geschrieben hat? Muß er denn alle Gläser geleert und alle Mädgens geküßt haben, die er geleert und geküßt zu haben vorgibt? Die Bosheit herrscht hier wie überall. Man lasse ihn die herrlichsten Sittensprüche, die erhabensten Gedanken, von Gott und Tugend vortragen; man wird sich wohl hüten sein Herz zur Quelle derselben zu machen; alles das Schöne, spricht man, sagt er als Dichter. Aber es entfahre ihm das geringste Anstößige, schnell soll der Mund von dem übergeflossen sein, dessen das Herz voll ist.

Weg also mit allen den unwürdigen Anwendungen, die man von den Gedichten des Horaz auf den moralischen Charakter desselben oft genug gemacht hat! Sie sind die größten Ungerechtigkeiten, die man ihm erweisen kann, und allzu oft wiederholt, werden sie endlich alle seine Nachahmer bewegen, uns die Natur nur auf ihrer störrischen Seite zu weisen, und alle Grazien aus ihren Liedern zu verbannen.

Niemand hat diese verhaßten Anwendungen weiter getrieben, als einige Franzosen. Und in welcher Torheit tragen nicht immer die Franzosen den Preis davon? De la Chapelle fand mit seinen Liebsgeschichten des Catulls und Tibulls Nachahmer, so ein elender Schriftsteller er auch war. Doch habe ich es schon vergessen, daß es eben die elendesten Schriftsteller sind, welche die meisten Nachahmer finden? Nicht einer, sondern zwei wahrhafte Beauxesprits, das ist, wahrhafte seichte Köpfe, haben uns les Amours d'Horace geliefert. Der eine hat in fünf Briefen an einen Marquis – – denn ein Marquis muß es wenigstens sein, mit dem ein französischer Autor in Briefwechsel steht – – alle weibliche Namen, die in den Gedichten des Horaz vorkommen, in ein Ganzes zu bringen gewußt. Sie sind ihm eine Reihe von willigen Schwestern, die alle der flatterhafte Horaz durchgeschwärmt ist. Schon die Menge derselben hätte ihm das Abgeschmackte seines Unternehmens sichtbar machen können; allein eben dieselbe Menge macht er zu einem Beweise, daß Horaz in der Galanterie ein Held ohn gleichen müsse gewesen sein. Er erzwingt überall aus den Worten des Dichters, welche oft die unschuldigsten von der Welt sind, kleine scandaleuse Umstände, um seinen Erdichtungen eine Art von Zusammenhang zu verschaffen. Horaz, zum Exempel, begleitet die zur See gehende Galathee mit aufrichtigen Wünschen der Freundschaft; der Freundschaft, sag ich, die ihr alle Gefährlichkeiten des tobenden Ozeans vorstellt, und sie durch das Exempel der Europa, keine ungewisse Reise anzutreten, ermahnet. Dieses ist der Inhalt der 27ten Ode des dritten Buchs. Das Zärtlichste, was Horaz der Galathee darinne sagt, sind die Zeilen:

> Sis licet felix ubicunque mavis,
> Et memor nostri, Galatea, vivas.

Was kann unschuldiger sein, als diese Zeilen? Sie scheinen aus dem Munde eines Bruders geflossen zu sein, der sich einer geliebten Schwester, die ihn verlassen will, empfiehlt. Doch was nicht darinne liegt, hat der Franzose hineingelegt; er übersetzt die Worte memor nostri vivas durch daignez toujours conserver le souvenir de ma tendresse, und nunmehr ist es klar, daß Galathee eine Buhlerin des Horaz gewesen ist. Noch nicht genug; zum Trotze aller Ausleger, die zu dieser Ode setzen, »man weiß nicht, wer diese Galathee gewesen ist, noch vielweniger ob sie Horaz geliebt hat« – ihnen zum Trotze, sage ich, weiß er beides. Galathee, sagt er, war ein gutes Weibchen, so wie sie Horaz, der nun bald ausgedient hatte, brauchte. Sie wollte lieber gleich Anfangs die Waffen niederlegen, als sich mit Verteidigung eines Platzes aufhalten, von dem sie vorher sahe, daß er sich doch würde ergeben müssen. Ihre Leidenschaften waren sehr feurig, und die Heftigkeit derselben war in allen ihren Mienen zu lesen. Ihr Mund war von den häufigen Küssen, die sie zu empfangen gewohnt war, wie verwelkt. Alles das machte sie für den Horaz recht bequem; für ihn, der gleichfalls gern so geschwind als möglich zu entern suchte; nur Schade, daß sie sich etwas mehr von ihm versprach, als kalte Versicherungen seiner Treue. Sie ließ es ihm daher auch gar bald merken, daß nichts als Liebe, selten ein Frauenzimmer zur Liebe bewege. Den Verfolgungen dieses abgelebten Liebhabers zu entgehen, und was das vornehmste war, sich für seine Lieder, für die gewöhnlichen Werkzeuge seiner Rache, in Sicherheit zu setzen, beschloß sie, Rom zu verlassen. Sie machte sich fertig zur See zu gehen, um vielleicht auf gut Glück ihren Mann aufzusuchen –

Ist es erlaubt, solche Nichtswürdigkeiten zu erdenken, die auch nicht den allermindesten Grund haben? Doch ich will mich bei diesem Schriftsteller nicht aufhalten. Gegen das Andenken eines großen Dichters so wenig Ehrerbietigkeit haben, daß man sich nicht scheuet, es durch einen unsinnigen Roman zu verdunkeln, ist ein Beweis der aller pöbelhaftesten Art zu denken, und des aller elendesten Geschmacks. Genug, daß jedem, der die Oden gegen einander halten will, die Horaz an einerlei Frauenzimmer, dem Namen nach, geschrieben zu haben scheinet, Widersprüche in die Augen fallen werden, die sogleich das Erdichtete der Gegenstände verraten. Mehr braucht es nicht, aus allen seinen Lydien, Neären, Chloen, Leuconoen, Glyceren, und wie sie alle heißen, Wesen der Einbildung zu machen. Wesen der Einbildung, wofür ich beiläufig auch meine Phyllis und Laura und Corinna erklären will. – – Wird man nicht lachen, daß man mich um meinen Nachruhm so besorgt sieht?

Aber ich will wohl also gar, den Horaz zu einem Priester der Keuschheit machen? Nichts weniger als das. Er mag immer geliebt haben; wenn ich nur so viel für ihn erlange, daß man seine Oden nicht wider ihn brauchen darf, und die Spiele seines Witzes nicht zu Bekenntnissen seines Herzens macht. Ich dringe hierauf besonders deswegen, um ihn von dem widernatürlichen Verbrechen der Wollüstlinge seiner Zeit los zu sprechen, und wenigstens die weichlichen Knaben den Ligurin und Lyciscus aus der Rolle seiner Buhlerinnen zu streichen.

Um es wahrscheinlich zu machen, daß Horaz nur das erlaubtre Vergnügen genossen habe, erinnre man sich des Eifers, mit welchem er den Ehebruch bestraft. Man lese seine sechste Oder des dritten Buchs. Was für eine Strophe!

Foecunda culpae secula nuptias
Primum inquinavere, et genus et domus;
Hoc fonte derivata clades
In patriam populumque fluxit.

Konnte er die Verletzung des ehelichen Bandes mit schrecklichern Farben abschildern, als daß er sie zur Quelle machte, woraus alles Unglück über die Römer daher geflossen sei? Nicht genug, daß er dieses Laster verfolgte, er bestrebte sich so gar es lächerlich zu machen, um seine Römer durch das Ungereimte davon abzuhalten, wovon sie die Furcht der Strafe nicht abhalten konnte. Ich berufe mich deswegen auf seine zweite Satyre des ersten Buchs. Auf was dringt er mehr, als auf die Verschonung der Matronen? Er beschreibt ihren Genuß unsicher, mit weniger Reiz verbunden als den Genuß lediger Buhlerinnen, und mit hundert Gefahren umgeben, die man in den Armen einer Freigelassenen nicht zu befürchten habe. – – Sollte also wohl der, welcher für die gesellschaftlichen Gesetze so viel Ehrerbietung hatte, die weit heiligern Gesetze der Natur übertreten haben? Er kannte sie, diese

Natur, und wußte, daß sie unsern Begierden gewisse Grenzen gesetzt habe, welche zu kennen eine der ersten Pflichten sei.

> Nonne cupidinibus statuit natura modum? quem
> Quid latura sibi, quid sit dolitura negatum,
> Quaerere plus prodest, et inane abscindere soldo.

Ich kann es zwar nicht verbergen, daß er in eben dieser Satyre von dem Gebrauche der Knaben ziemlich gleichgültig spricht: aber wie? So, daß er zugleich deutlich zeigt, nach seinem Geschmacke sei ihm der gewöhnlichste Weg der liebste. Es ist wahr: er sagt:

> tument tibi quum inguina, num, si
> Ancilla aut verna est praesto puer, impetus in quem
> Continuo fiat, malis tentigine rumpi?

Es ist wahr er setzt sogleich hinzu: non ego. Allein er schließt auch in den nachfolgenden Versen seine Begierde offenbar nur auf die erste ein, so daß er durch dieses Bekenntnis weiter nichts sagen will, als daß er parabilem venerem facilemque liebe. Er fährt fort:

> Haec ubi supposuit dextro corpus mihi laevum,
> Ilia et Egeria est; do nomen quodlibet illi.

Ich dringe auf das haec, und bemerke noch dabei, daß Horaz die Natur so geliebt habe, daß er auch an dieser Haec nicht einmal die Schmünke und die hohen Absätze leiden wollen.

> ut neque longa
> Nec magis alba velit, quam det natura, videri.

Nimmermehr wird man mich überreden können, daß einer welcher der Natur in solchen Kleinigkeiten nachgehet, sie in dem allerwichtigsten sollte verkannt haben. Der, welcher von einem Laster, das die Mode gebilliget hat, so wie von einer Mode redet, die man mitmachen kann oder nicht, muß deswegen nicht dieses Laster selbst ausgeübet haben. Er kann es im Herzen verdammen, ohne deswegen wider den Strom schwimmen zu wollen.

Damit ich mich aber nicht bloß bei allgemeinen Entschuldigungen aufzuhalten scheine, so will ich mich zu einer von den Oden selbst wenden, die seine Knabenliebe, wie man sagt, beweisen. Ich wähle die erste des vierten Buchs. Sie ist an die Venus gerichtet und von dem Dichter in einem Alter von fast funfzig Jahren gesungen worden. Er bittet darinne die Göttin, ihn nicht aufs neue zu bekriegen, sondern sich vielmehr mit allen ihren Reizungen zu den Maximus zu verfügen, welcher nicht unterlassen werde, ihr einen marmornen Altar zu errichten, und den lieblichsten Weihrauch bei festlichen Tänzen zu ihr aufsteigen zu lassen. Für ihn selbst schicke es sich nun nicht mehr, bei dem freundlichen Kampfe der Becher, die Haare mit Blumen zu durchflechten, und allzuleichtgläubig auf Gegenliebe zu hoffen – Hier bricht der Dichter ab, und fügt durch eine ihm eigne Wendung hinzu:

Sed cur heu, Ligurine, cur
   Manat rara meas lacryma per genas?
Cur facunda parum decoro
   Inter verba cadit lingua silentio?
Nocturnis te ego somniis
   Jam captum teneo, jam volucrem sequor
Te per gramina Martii
   Campi, te per aquas, dure, volubiles.

Was läßt sich zärtlichers gedenken als diese Stelle? Wenn sie doch nur keinen Ligurin beträfe! Doch wie, wenn Ligurin nichts als ein Gedanke des Dichters wäre? Wie wann es nichts als eine Nachbildung des anakreontischen Bathylls sein sollte? Ich will es entdecken, was mich auf die Vermutungen bringt. Horaz sagt in der vierzehnten Ode des fünften Buchs:

Non aliter Samio dicunt arsisse Bathyllo
   Anacreonta Teium
Qui persaepe cava testudine flevit amorem
   Non elaboratum ad pedem.

Unter den Liedern des Anakreons, wie wir sie jetzt haben, werden etwa drei an den Bathyll sein, welche aber alle von einem ganz andern Charakter sind, als daß ihnen das Flevit zukommen könnte. Diejenigen müssen also verloren gegangen sein, welche Horaz hier in Gedanken hatte. Fragt man mich aber, was man sich für eine Vorstellung von denselben zu machen habe, so muß ich sagen, daß ich mir sie vollkommen, wie die angeführte Stelle des Horaz von seinem Ligurin, einbilde. Unmöglich kann der Grieche seine Liebe glücklicher daher geweinet haben! Oder vielmehr, unmöglich hätte der Römer sie so glücklich daher geweint, wenn er das Muster seines Lehrers in der Zärtlichkeit nicht vor sich gehabt hätte. Mit einem Worte also: Horaz welcher allen griechischen Liederdichtern die schönsten Blumen abborgte, und sie mit glücklicher Hand auf den römischen Boden zu verpflanzen wußte; Horaz, sage ich, ward von den verliebten Tränen des Anakreons so gerührt, daß er sie zu den seinigen zu machen beschloß. Man kann zwar, wie gesagt, das Lied des Griechen nicht dagegen aufstellen; allein ich frage Kenner, welche die eigentümlichen Bilder des einen und des andern Dichters zu unterscheiden vermögen, ob sie nicht lauter anakreontische in der Stelle des Horaz finden? Ja gewiß; und dieses noch um so viel deutlicher, da man schon in den übrig gebliebenen Liedern des Anakreons ähnliche Züge aufweisen kann. Man erinnere sich unter andern des achten, wo sich der Tejer im Traume sowohl mit schönen Mädchen als Knaben herumjagt. Man erinnere sich ferner des siebenden, wo Amor mit einem hyazinthnen Stabe den Anakreon durch Felder und Gesträuche, durch Täler und Flüsse vor sich her treibt. Lauter gleichende Dichtungen! Und wann Horaz die beiden Zeilen:

Cur facunda parum decoro
Inter verba cadit lingua silentio?

nicht auch dem Anakreon zu danken hat; so hat er sie wenigstens der Sappho abgesehen, die schon längst vor ihm das finstre Stillschweigen zu einem verräterischen Merkmale der Liebe gemacht hatte. Man vergleiche sie nur mit der Übersetzung des Catulls:

– – – nihil est super mi
Quod loquar amens.
Lingua sed torpet – – –

Wann nun also diese Nachahmung seine Richtigkeit hat, so habe ich mich weiter auf nichts als auf eine ganz bekannte Anmerkung zu berufen. Auf diese nämlich, daß eine wahre Leidenschaft viel zu unruhig ist, als daß sie uns Zeit lassen sollte, fremde Empfindungen nachzubilden. Wenn man das, was man fühlt, singt, so singt man es allezeit mit ursprünglichen Gedanken und Wendungen. Sind aber diese angenommen, so ist auch gewiß ihr ganzer Grund angenommen. Der Dichter hat alsdenn ruhig in seiner Stube gesessen, er hat die Züge der schönen Natur aus verschiednen Bildern mühsam zusammen gesucht, und ein Ganzes daraus gemacht, wovon er sich selbst, aus einem kleinen Ehrgeize, zum Subjekte annimmt. Ich verrate hier vielleicht ein Geheimnis, wovon die galante Ehre so mancher witzigen Köpfe abhängt; doch ich will es lieber verraten, als zugeben, daß es unverraten schimpfliche Vermutungen veranlasse.

Aber, wird man vielleicht einwenden, hat denn Horaz nicht etwas edlers nachbilden können, als die Symptomata eines so häßlichen Lasters? Und verrät denn nicht schon die Nachbildung desselben einen Wohlgefallen daran? Das erste gebe ich zu, das andre aber leugne ich. Er würde etwas edlers in der Liebe nachgebildet haben, wann zu seiner Zeit etwas edlers darinne Mode gewesen wäre. Wäre dieses aber gewesen, und hätte er es nachgebildet, zum Exempel alle Täuschereien der platonischen Liebe, so könnte man doch daraus eben so wenig auf seine Keuschheit schließen, als man jetzt aus dem Gegenteile auf seine Unkeuschheit zu schließen befugt ist. Wem aber alles dieses noch nicht genug ist, den Horaz von der Knabenliebe loszusprechen, den bitte ich, sich aus der Geschichte des Augustus noch folgender Umstände zu erinnern. Ich bitte ihn, an das Gesetz de adulteriis et pudicitia, und an das Gesetz de maritandis ordinibus zu denken. Wie angelegen ließ es sich dieser Kaiser sein, ihre alte Kraft wieder herzustellen, um allen Ausschweifungen der Unzucht, die in den gesetzlosen Zeiten des bürgerlichen Krieges eingerissen waren, vorzukommen. Das erstre Gesetz, welches lex Julia genennet ward, bestrafte die Knabenschänderei weit härter, als sie ein älteres Gesetz, lex Scantinia, bestraft wissen wollte.

Das zweite verbot eben dieses Laster, in so ferne es schnurstracks mit der Vermehrung des menschlichen Geschlechts streitet, auf welche niemals ein Staat aufmerksamer war, als der römische. Man kann es bei dem Sueton *(Hauptstück 34)* nachlesen, wieviel Mühe es dem August gekostet hat, mit Erneuerung besonders des letztern Gesetzes durchzudringen, und wie sorgfältig er alle Schlupflöcher, wodurch man sich der Verbindlichkeit desselben zu entziehen suchte, verstopft hat. Nun muß man, entweder in das Wesen eines Hofmanns, welcher auch seine liebsten Leidenschaften unterdrückt, sobald er dem dadurch zu gefallen hofft, von welchem er all sein Glück erwartet, nicht tief eingedrungen sein, oder man muß glauben, daß Horaz ein schlechter Hofmann gewesen ist, wenn man ihn für fähig halten will, durch sein eigen Exempel die Verachtung der liebsten Gesetze seines Kaisers befördert zu haben. Seines Kaisers, den er selbst, an mehr als einem Orte, dieser heiligen Anstalten wegen lobt:

Nullis polluitur casta domus stupris:
Mos et lex maculosum edomuit nefas,
Laudantur simili prole puerperae:
Culpam poena premit comes.

Alles dieses, sagt Horaz, sind die Vorteile der Regierung unsers Augusts! Man versteht ihn aber sehr schlecht, wenn man das maculosum nefas für etwas anders annimmt, als für das Laster, von welchem hier die Rede ist. Auch diesem Laster folgte die Strafe auf dem Fuße nach; culpam poena premit comes. Und Horaz sollte es gleichwohl begangen haben? Ich will nicht hoffen, daß man Verleumdungen mit Verleumdungen beweisen, und den August selbst in gleiche Verdammnis werde setzen wollen. Es ist wahr, wie Sueton meldet, so hat man ihm in seinen jüngern Jahren verschiedne schändliche Verbrechen vorgeworfen. Sex. Pompejus ut effoeminatum insectatus est; M. Antonius, adoptionem avunculi stupro meritum etc. Aber waren nicht Pompejus und Antonius seine Feinde? Und sagt nicht Sueton selbst bald darauf: ex quibus sive criminibus sive maledictis infamiam impudicitiae facillime refutavit, et praesentis et posterae vitae castitate? Der

Ehebruch war das einzige, wovon ihn auch seine Freunde nicht loszählen konnten: sie machten ihn aber, nicht ohne Wahrscheinlichkeit, mehr zu einer Staatslist, als zu einer grenzenlosen Wollust. Adulteria quidem exercuisse ne amici quidem negant: excusantes sane, non libidine sed ratione commissa; quo facilius consilia adversariorum per cujusque mulieres exquireret. Man weiß, daß ein neuer August eben diesen Weg ging, den er aber eben nicht aus der Geschichte brauchte erlernet zu haben.

Ich weiß nicht, ob ich noch eine kahle Ausflucht hier zu widerlegen nötig habe. Man könnte sagen, Horaz habe sich der Knabenliebe schuldig gemacht, noch ehe August die Gesetze darwider erneuert hätte. Doch haben wir nicht oben ausdrücklich gesehen, daß der Dichter an die funfzig Jahre alt war, als er sich in den Ligurin verliebt stellte? Dieser Zeitpunkt fällt lange nach dem erstern, und wer weiß welcher gute Geist den Horaz getrieben hat, ihn zu seiner künftigen Entschuldigung, so genau anzumerken. August hatte damals längst die Knabenliebe durch die schärfsten Gesetze aus dem Staate verbannt; aber sie aus den Liedern der Dichter zu verbannen, die sich gerne keinen Gegenstand entziehen lassen, an welchem sie ihren Witz zeigen können, war niemals sein Wille gewesen. Er konnte es allzuwohl wissen, daß in den Versen nur ihr Schatten wäre, welcher dem menschlichen Geschlechte wenig Abbruch tun würde.

Wenn ich nunmehr auf alles das zurück sehe, was ich in dem Punkte der Unkeuschheit zur Rettung meines Dichters beigebracht habe; obschon ein wenig unordentlich, wie ich, leider, gewahr werde -- so glaube ich wenigstens so weit gekommen zu sein, daß man aus dem untergeschobenen Zeugnisse nichts, und aus seinen eignen Gedichten noch weniger als nichts, schließen darf. Es bleibet vielmehr bei dem Urteile des Augusts: purissimus penis! Das letztere, weil er freilich wohl seinen Teil an den fleischlichen Ergötzungen mochte genossen haben; das erstere aber, weil er durchaus in den Grenzen der Natur geblieben war. -- Doch genug hiervon!

Ich wende mich zu einer zweiten Beschuldigung, welche einen Römer, in so fern er ein Römer ist, fast noch mehr schimpfet, als die erste. Horaz soll ein feigherziger Flüchtling gewesen sein, welcher sich nicht geschämt habe, seine Schande selbst zu gestehen. Man weiß, daß Horaz, als er sich in Athen, seine Studien fortzusetzen befand, unter der Armee des Brutus Dienste nahm. Die historischen Umstände davon sind zu bekannt, als daß ich mich dabei aufhalten dürfte. Man weiß, wie unglücklich die Schlacht bei Philippis für den Brutus ausfiel. Sie ist es, an welche Horaz in der siebenden Ode des zweiten Buchs seinen Freund, den Pompejus Varus, erinnert:

Tecum Philippos, et celerem fugam
Sensi, relicta non bene parmula,
  Cum fracta Virtus et minaces
    Turpe solum tetigere mento.

Was für ein Bekenntnis! rufen alle aus, die sich des Schimpfs erinnern, der sowohl bei den Griechen als Römern mit dem Verluste des Schildes verbunden war -- Wir wollen doch sehen, ob sie diese Ausrufung nötig haben?

Ich will nicht darauf dringen, daß ein Soldat, der sein Schild in der Schlacht eingebüßt, gleichwohl vollkommen tapfer könne gewesen sein; daß er es nur eben dadurch könne eingebüßt haben, weil er allzutapfer gewesen ist. Ich will nicht anführen, daß es eine Torheit ist, sich die Flucht durch eine unnötige Last schwer zu machen, wenn man sie ein vor allemal ergreifen muß. Alle diese Entschuldigungen möchten zu allgemein sein, und also nichts entschuldigen; ob ich gleich die erstre auf einen sehr hohen Grad der Wahrscheinlichkeit bringen könnte. Horaz war ein junger Mensch ohne Ahnen und Vermögen, und dennoch gelangte er, gleich Anfangs, zu der Würde eines Tribuns. Ist es also nicht klar, daß Brutus persönliche Eigenschaften in ihm müsse entdeckt haben, welche den Mangel an Ahnen und Vermögen ersetzen? Was konnten dieses aber für Eigenschaften sein, wenn es nicht ein entschiedner Mut und eine vorzügliche Fähigkeit zur Kriegskunst wären? Und rühmt er nicht in eben dieser Ode selbst von sich, daß er noch vor der Schlacht bei Philippis, sein Leben mehr als einmal in die Schanze geschlagen habe?

O saepe mecum tempus in ultimum
Deducte – –

Oder will man ihm dieses für eine Prahlerei auslegen, und ihm nirgends als da glauben, wo er seine Schande bekannt zu machen scheinet?

Doch wie gesagt, alle diese Ausflüchte sind mir zu klein. Wäre Horaz auch sonst noch so tapfer gewesen, so würde es ihm dennoch zu wenig Ehren gereichen, wenn ihn gleich bei der wichtigsten Gelegenheit sein Mut verlassen hätte. Bei kleinen Scharmützeln etwas wagen, und in einem ernstlichen Treffen davon fliehen, schickt sich wohl für einen Husaren, aber für keinen Römer. Ich bin folglich mit allen seinen Auslegern sehr schlecht zufrieden, die ihn durch nichts anders zu entschuldigen wissen, als durch die überlegene Macht des Augusts; die das Geständnis seiner Flucht, aufs höchste zu einer feinen Schmeichelei machen, und dabei den Umstand des weggeworfenen Schildes als eine sichere Wahrheit annehmen.

Es kömmt darauf an, ob ich es besser treffen werde. Ich erinnerte mich zur rechten Zeit bei dem Dio Cassius gelesen zu haben, (B. 47) daß die Sieger nach der verlornen Schlacht bei Philippis die Flüchtigen zwar scharf verfolgten; daß sie aber keinen einzigen weder töteten, noch gefangen nahmen, sondern sie bloß, so viel als möglich zerstreueten, damit sie sich auf keine Art wider setzen könnten – Was konnte mir also natürlicher einfallen als der Gedanke, daß Horaz, wenn er wirklich sein Schild weggeworfen hätte, es ganz und gar ohne Ursach müsse weggeworfen haben. Konnte er denn nicht etwa gemächlich genug fliehen? Er brauchte ja so geschwind eben nicht zu sein, da weder Tod noch Gefangenschaft hinter ihm her waren. Mit dieser vorgefaßten Meinung las ich die gleich darauf folgenden Zeilen.

Sed me per hostes Mercurius celer
Denso paventem sustulit aëre.

Man darf, glaube ich, der Scharfsinnigste eben nicht sein, in diesen Worten den Dichter zu entdecken, der nichts weniger als ein Geschichtschreiber sein will. Auch darf man der Belesenste nicht sein, um zu wissen, daß Horaz hier den Homer nachgeahmt hat, bei dem es eben nichts seltnes ist, daß ein Gott mitten in der Feldschlacht, einen umringten Helden mit einer dicken Wolke umgibt, und ihn auf diese Art seinen Feinden entrückt. Wie aber, wann auch die vorhergehenden Zeilen von dieser Art wären? Wie wenn man auch in jenen Spuren einer Nachahmung fände, die den Dichter mehr zu sagen verführt hätte, als er der strengen Wahrheit gemäß hätte sagen sollen? Würde nicht daraus folgen, daß man von dem weggeworfenen Schilde nicht mehr und nicht weniger glauben müsse, als von der Wolke, in die ihn Merkur soll gehüllt haben?

Man erinnere sich also, was uns Herodotus und Strabo von dem Alkäus, demjenigen lyrischen Dichter melden, welchen Horaz zu seinem vornehmsten Muster gemacht hatte. Dieser Grieche war so wenig ein bloßer Poete, daß er vielmehr die Poesie nur dessentwegen zu lieben schien, weil er durch sie seinen Haß wider die Unterdrücker des Vaterlandes am nachdrücklichsten erklären konnte. Er war der Gegner des Pittacus, der die Oberherrschaft in Mitylene mit Gewalt an sich riß, und den ein Paar Sittensprüche, die noch so ziemlich sind, unter die Zahl der sieben Weisen gesetzt haben. Sein Unglück wollte, daß er nicht allein diesen seinem Feinde in die Hände fiel, sondern auch in einem Treffen, welches die Athenienser wider die von Lesbos gewannen, sein Leben mit der Flucht retten, und seine Waffen im Stiche lassen mußte. Man weiß, daß er diesen Umstand in seinen eignen Gedichten nicht verschwiegen hat, und ihn auch nicht zu verschweigen brauchte, weil er schon zu viel Proben von seiner Tapferkeit gegeben hatte, als daß ihm dieser Zufall hätte nachteilig sein können. Die Athenienser hingen seine Waffen in einem Tempel der Pallas auf, und auch dieses war ein Beweis, daß man sie für keine schlechte Beute müsse angesehen haben – Vollkommen in diesem Falle war nun zwar Horaz nicht; aber was hindert uns gleichwohl zu glauben, daß Pompejus Varus, an welchen er die Ode richtet, und den er primum suorum sodalium nennet, genugsam von dem Mute des Horaz könne überzeugt gewesen sein, um das weggeworfene Schild für nichts als für einen poetischen Zug anzusehen? Für einen Zug, der seinem Freunde eine Gleichheit mit demjenigen Griechen geben sollte, mit welchem er so viel Ähnliches als möglich zu haben wünschte.

Kurz, die ganze siebende Ode des zweiten Buchs ist nichts als ein Scherz. Und was ist im Scherze gewöhnlicher, als daß man sich selbst eine ganz andre Gestalt gibt; daß sich der Tapfre als einen Feigen, und der Freigebige als einen Knicker abbildet! In diesen Verstellungen liegt nur allzuoft ein feines Eigenlob, von welchem vielleicht auch Horaz hier nicht frei zu sprechen ist. Vielleicht war er einer von denen, die sich bei Philippis am tapfersten gehalten hatten; vielleicht wußte er seine Taten auf keine feinre und zugleich klügre Art zu erwähnen, als durch das Gegenteil. Ich sage: auf keine klügere Art; weil es ihm nach der Zeit, als einem Lieblinge des Augusts, sehr schlecht angestanden hätte, so gerade hin damit zu prahlen. Ich berufe mich deswegen kühnlich auf die Empfindung aller Dichter, ob sie wohl, wenn sie an des Horaz Stelle gewesen wären, aus einer andern Ursache etwas Schlechtes von sich würden gesagt haben, als um etwas desto rühmlichers darunter verstehen zu lassen?

Was mich noch mehr in der Vermutung bestärkt, daß das weggeworfne Schild eine poetische Verkleinerung seiner selbst sei, ist die zweite Stelle, wo Horaz seines Soldatenstandes gedenkt. Sie befindet sich in dem zweiten Briefe des zweiten Buchs, und also in einer Art von Gedichten, die der Wahrheit historischer Umstände weit fähiger ist, als eine Ode. Was sagt er aber da von seiner Flucht? Nichts als:

Unde simul primum me dimisere Philippi
Decisis humilem pennis, inopemque paterni
Et laris et fundi: paupertas impulit audax
Ut versus facerem – –

Kein einziger Ausleger scheint mir auf das Wort dimisere gehörig Achtung gegeben zu haben; und auch die Übersetzer übersehen es alle. Dimittere ist ein militärisches Wort, und bedeutet eine rühmliche Abdankung. Exercitum dimittere wird man unzähligmal bei den klassischen Schriftstellern, besonders den Geschichtschreibern antreffen, wo es überall die Armee auseinander lassen heißt, und zwar mit Erkennung ihrer geleisteten Dienste. Nimmermehr kömmt dieses Wort einem Flüchtigen, geschweige einem, der seine Waffen im Stiche gelassen hat, zu. Beide wurden nach der römischen Kriegszucht gestraft und nicht dimittiert. Da aber Horaz dieses letztere von sich sagt, muß er sich nicht eines weit bessern bewußt gewesen sein, als was er sich im Scherze gegen einen vertrauten Freund Schuld gibt?

Daß verschiedne Sprachforscher die erwähnte Nachahmung des Alkäus gewußt, und gleichwohl nicht die gehörige Folgerung daraus gezogen haben, wundert mich nicht; aber daß Bayle sie gewußt und nicht nach seiner Scharfsinnigkeit angewendet hat, das wundert mich. Er sagt unter dem Artikel dieses Griechen: »derjenige unter den lateinischen Poeten, welcher dem Alkäus am ähnlichsten ist, hat so wohl als er, in seinen Gedichten bekannt, daß er sich mit Wegwerfung seiner Waffen, als eines den Flüchtigen ganz unnützen Dinges, mit der Flucht aus der Schlacht gerettet habe. Dem Archilochus begegnete vor dem Alkäus dergleichen Zufall, und er bekannte ihn öffentlich. Horaz würde vielleicht in diesem Stücke nicht so aufrichtig gewesen sein, wenn er nicht diese großen Beispiele vor Augen gehabt hätte.« Diese großen Beispiele, hätte Bayle vielmehr sagen sollen, machten ihn noch mehr als aufrichtig; sie machten ihn zum Selbstverleugner, welchem es nicht genug war seinen griechischen Mustern in der Flucht ähnlich zu sein, wenn er ihnen nicht auch in der schimpflichen Flucht gleichen sollte. Soviel er dadurch bei Unwissenden auf der Seite des tapfern Mannes verlor, so viel, und noch mehr, gewann er auf der Seite eines Freundes der Musen. Wenn er Tribun geblieben wäre, so würde ihn vielleicht das Beispiel des Epaminondas zu dem Wunsche bewogen haben, auf seinem Schilde zu sterben; da er aber aus dem Tribun ein Dichter geworden war, so war das Beispiel eines Alkäus für ihn reizender. Es war ihm angenehm, das Volk denken zu lassen, zwei Dichter die einerlei Schicksal gehabt, könnten nicht anders, als auch einerlei Geist haben.

Nichts ist daher abgeschmackter als die Folgerung, welche Herr Müller aus dieser Ähnlichkeit ziehen wollen. Hieraus, sagt er, an dem angeführten Orte, sollte man fast das Vorurteil fassen, daß die geistigsten Odendichter eben nicht die tapfersten Soldaten sind. -- Das *fast,* ist ein recht nützliches Wörtchen, wenn man etwas ungereimtes sagen, und zugleich auch nicht sagen will.

Je größer überhaupt der Dichter ist, je weiter wird das, was er von sich selbst mit einfließen läßt, von der strengen Wahrheit entfernt sein. Nur ein elender Gelegenheitsdichter, gibt in seinen Versen die eigentlichen Umstände an, die ein Zusammenschreiber nötig hat, seinen Charakter einmal daraus zu entwerfen. Der wahre Dichter weiß, daß er alles nach seiner Art verschönern muß, und also auch sich selbst, welches er oft so fein zu tun weiß, daß blöde Augen eine Bekenntnis seiner Fehler sehen, wo der Kenner einen Zug seines schmeichelnden Pinsels wahrnimmt.

Noch weit schwerer, oder vielmehr gar unmöglich ist es, aus seinen Gedichten seine Meinungen zu schließen, sie mögen nun die Religion oder die Weltweisheit betreffen; es müßte denn sein, daß er die einen oder die andern, in eigentlichen Lehrgedichten ausdrücklich hätte entdecken wollen. Die Gegenstände, mit welchen er sich beschäftiget, nötigen ihn die schönsten Gedanken zu ihrer Ausbildung von allen Seiten zu borgen, ohne viel zu untersuchen, welchem Lehrgebäude sie eigen sind. Er wird nicht viel Erhabnes von der Tugend sagen können, ohne ein Stoiker zu scheinen; und nicht viel Rührendes von der Wollust, ohne das Ansehen eines Epikurers zu bekommen.

Der Odendichter besonders pflegt zwar fast immer in der ersten Person zu reden, aber nur selten ist das *ich* sein eigen *ich.* Er muß sich dann und wann in fremde Umstände setzen, oder setzt sich mit Willen hinein, um seinen Witz auch außer der Sphäre seiner Empfindungen zu üben. Man soll den Rousseau einsmals gefragt haben, wie es möglich sei, daß er eben sowohl die unzüchtigsten Sinnschriften, als die göttlichsten Psalme machen könne? Rousseau soll geantwortet haben: er verfertige jene eben sowohl ohne Ruchlosigkeit, als diese ohne Andacht. Seine Antwort ist vielleicht zu aufrichtig gewesen, obgleich dem Genie eines Dichters vollkommen gemäß.

Wird also nicht schon diese einzige Anmerkung hinlänglich sein, alles was man von der Philosophie des Horaz weiß, zu widerlegen? Und was weiß man denn endlich davon? Dieses, daß er in seinem Alter, als er ein ernsthaftes Geschäfte aus derselben zu machen anfing, auf keines Weltweisen Worte schwur, sondern das Beste nahm wo er es fand; überall aber diejenigen Spitzfindigkeiten, welche keinen Einfluß auf die Sitten haben, unberühret ließ. So malt er sich in dem ersten Briefe seines ersten Buchs, an einem Orte, wo er sich ausdrücklich malen will. Alles, was man außer diesen Zügen hinzusetzet, sind die ungegründesten Folgerungen, die man aus dieser oder jener Ode, ohne Geschmack, gezogen hat.

Wir wollen ein Exempel davon an der bekannten Ode Parcus Deorum cultor etc. welches die vier und dreißigste des ersten Buchs ist, sehen. Es ist unbeschreiblich, was man für wunderbare Auslegungen davon gemacht hat. Ich glaube diese Materie nicht besser schließen zu können, als wenn ich meine Gedanken darüber mitteile, die ich dem Urteile derjenigen überlassen will, welche Gelehrsamkeit und Geschmack verbinden. Hier ist die Ode, und zugleich eine Übersetzung in einer so viel als möglich poetischen Prose. Ich glaube dieses wird besser sein, als wenn die Poesie so viel als möglich prosaisch wäre.

34. Ode des ersten Buchs

Parcus Deorum cultor et infrequens
Insanientis dum sapientiae
  Consultus erro, nunc retrorsum
    Vela dare atque iterare cursus
Cogor relictos: namque Diespiter
Igni corusco nubila dividens
  Plerumque, per purum tonantes
    Egit equos, volucremque currum:
Quo bruta tellus et vaga flumina,
Quo Styx, et invisi horrida Taenari

Sedes, Atlanteusque finis
Concutitur. Valet ima summis
Mutare et insignem attenuat Deus
Obscura promens. Hinc apicem rapax
Fortuna cum stridore acuto
Sustulit; hic posuisse gaudet.

Übersetzung

»In unsinnige Weisheit vertieft, irrt ich umher, ein karger, saumseliger Verehrer der Götter. Doch nun, nun spann ich, den verlaßnen Lauf zu erneuern, gezwungen die Segel zurück.

Denn sonst nur gewohnt die Wolken mit blendenden Blitzen zu trennen, trieb der Vater der Tage, durch den heitern Himmel, die donnernden Pferde und den beflügelten Wagen.

Auf ihm erschüttert er der Erde sinnlosen Klumpen, und die schweifenden Ströme; auf ihm den Styx und die niegesehenen Wohnungen im schrecklichen Tänarus, und die Wurzeln des Atlas.

Gott ist es, der das Tiefste ins Höchste zu verwandeln vermag, der den Stolzen erniedrigt, und das, was im Dunkeln ist, hervor zieht. Hier riß mit scharfem Geräusche das räuberische Glück den Wipfel hinweg, und dort gefällt es ihm, ihn anzusetzen.«

Es wird nötig sein, ehe ich mich in die Erklärung dieser Ode einlasse, einige grammatikalische Anmerkungen, zur Rettung meiner Übersetzung, beizubringen. Gleich in dem ersten Worte habe ich mir die Freiheit genommen, den Haufen der Ausleger zu verlassen. Parcus ist ihnen so viel als rarus; *selten.* Und infrequens? Auch *selten.* So verschwendrisch mit den Worten ist Horaz schwerlich gewesen. Zwei Beiwörter, die nur einerlei sagen, sind seine Sache gar nicht. Dacier spricht parcus cultor Deorum bedeute nicht sowohl einen, welcher die Götter wenig verehrt, als vielmehr einen, der sie ganz und gar nicht verehrt. Wir wollen es annehmen; aber was heißt denn nun infrequens cultor? Infrequens, sagt dieser Kunstrichter, ist ein sehr merkwürdiges Wort, dessen Schönheit man nicht genugsam eingesehen hat. Er ist eine Metapher, die von den Soldaten genommen worden, welche sich von ihren Fahnen entfernen. Er beweiset dieses aus dem Festus, welcher mit ausdrücklichen Worten sagt: infrequens appellabatur miles qui abest, abfuitve a signis. – – Ein klares Exempel, daß es den Criticis gleichviel ist, ob sie ihren Schriftsteller etwas ungereimtes sagen lassen, oder nicht, wann sie nur ihre Belesenheit auskramen können! Nach dem Sinne des Dacier müßte man also die Worte: parcus Deorum cultor et infrequens übersetzen: *ich, der ich die Götter ganz und gar nicht verehrte, und ihren Dienst oft unterließ, bei welchem ich gleichwohl wie der Soldat bei der Fahne hätte verharren sollen.* Der geringste Sylbenhenker würde kein so widersinniges Climax gemacht haben – Aber was hat denn alle diese Leute bewogen, von der natürlichen Bedeutung der Worte abzugehen? Warum soll denn parcus hier nicht heißen, was es fast immer heißt? Macht nicht *karger Verehrer der Götter,* einen sehr schönen Sinn, wenn man überlegt, daß ein Heide in Erwählung schlechter Opfer und in ihrer Seltenheit eine sehr unheilige Kargheit verraten konnte? Das andere Beiwort infrequens habe ich durch *saumselig* gegeben; *selten* aber würde vielleicht eben so gut gewesen sein. Der Sinn, den ich ihm beilege, ist dieser, daß es einen anzeiget, welcher sich selten in den Tempeln bei feierlicher Begehung der Festtäge, und öffentlichen Opfern einfand. Wenn man diese beiden Erklärungen annimmt, so wird man hoffentlich einsehen, daß Horaz nichts umsonst gesetzt hat. Herr Lange hat parcus durch *träge* gegeben; aus was für Ursachen kann unmöglich jemand anders, als er selbst wissen; doch vielleicht auch er selbst nicht einmal.

Bei der zweiten Strophe muß ich dieses erinnern, daß ich von der gewöhnlichen Interpunktion, doch nicht ohne Vorgänger, abgegangen bin. Die meisten Ausgaben haben das Komma nach dividens; so viel ich mich erinnere, der einzige Baxter setzt es nach plerumque, und beruft sich deswegen auf den Scholiasten. Baxter hat Recht, und wann er sich auch auf keinen Wehrmann berufen könnte. Ich glaube nicht, daß man leichter ein klärer Beispiel finden könne, was für Zweideutigkeiten die lateinische Sprache unterworfen sei, als das gegenwärtige. Horaz kann eben sowohl gesagt haben: Diespiter igni corusco plerumque nubila dividit als: plerumque per purum tonantes egit equos. Beides aber kann er doch nicht zugleich gesagt haben, und man muß also dasjenige wählen, welches den ungezwungensten Verstand gibt. Nun ist es wohl keine Frage, ob es öftrer bei heiterm Himmel, oder öftrer alsdann donnert, wenn der Himmel mit Wolken umzogen ist? Soll also der Dichter nichts ungereimtes gesagt haben, so kann nur die erstre Auslegung Statt finden, welcher ich in der Übersetzung gefolgt bin; ob ich gleich ganz gerne gestehe, daß es sonst der Gebrauch des Horaz nicht ist, die Adverbia so nachzuschleppen, als er es hier mit dem plerumque tut. Doch lieber ein Paar verkehrte Worte, als einen verkehrten Sinn! Verschiedene Ausleger scheinen den letztern gemerkt zu haben, wann sie das plerumque zu per purum egit zögen, und suchen sich also durch besondre Wendungen zu helfen. Lubinus, zum Exempel, will bei plerumque, hisce vero diebus einschieben; und Dacier gibt das plerumque durch souvent. Aber seit wenn hat es denn aufgehört, *mehrenteils* zu heißen? Und seit wenn ist es denn den Paraphrasten erlaubt, ganz neue Bestimmungen in ihren Text zu flicken, die nicht den geringsten Grund darinne haben?

In der dritten Strophe habe ich die Übersetzung des Worts invisi und die Vertauschung der Beiwörter zu rechtfertigen. Ich weiß wohl, daß den meisten Auslegern invisus hier, verhaßt, scheußlich und dergleichen heißt; ich habe aber deswegen lieber die allereigentlichste Bedeutung, nach welcher es so viel als *ungesehen* ist, beibehalten wollen, weil ich glaube, daß Horaz dadurch der Griechen ἀιδης habe ausdrücken wollen. Tänarus war, wie bekannt, ein Vorgebürge in Lakonien, durch welches die Dichter einen Eingang in die Hölle angelegt hatten. Die Hölle aber hielten Griechen und Römer für einen τοπον ζοφερον και ἀνηλιον, wie sie bei dem Lucian περι πενθους beschrieben wird. Daher nun, oder vielmehr weil sie von keinem sterblichen Auge erblickt wird, ward sie αἴδης genennt; und Horaz war Nachahmers genug, nach diesem Exempel seine invisam sedem horridi Taenari zu machen. Ich ordne hier die Beiwörter so, wie ich glaube, daß sie natürlicher Weise zu ordnen sind. Der Dichter hat ihre eigentliche Ordnung verrückt und horridam sedem invisi Taenari daraus gemacht, welches ohne Zweifel in seinem römischen Ohre eine beßre Wirkung tat. Mir aber schien der *ungesehene Tänarus* im Deutschen zu verwegen, weil man glauben könnte, als sollte es so viel anzeigen, daß man dieses Vorgebürge niemals zu sehen bekomme. Ich stelle also dieses Beiwort wieder dahin, wo es diese Zweideutigkeit nicht verursacht, und der Stärke des Ausdrucks dabei nichts benimmt. Die Treue eines Übersetzers wird zur Untreue, wann er seine Urschrift dadurch verdunkelt. Man sage nicht, daß alle diese Schwierigkeiten wegfallen, wenn man die gewöhnliche Bedeutung von invisus annimmt. Ich weiß es; aber ich weiß auch, daß alsdann dieses Beiwort mit dem andern horrida, eine vielzugroße Gleichheit bekömmt, als daß ich glauben könnte, derjenige Dichter werde beide so nahe zusammen gebracht haben, welcher die Beiwörter gewiß nicht häuft, wenn nicht jedes dem Leser ein besondres Bild in die Gedanken schildert. *Die grause Höhle des scheußlichen Tänars*, sagt wohl ein Lange, aber kein Horaz. Es ist eben als wollte man sagen, die hohe Spitze des erhabnen Berges. – – Noch sollte ich mich vielleicht in dieser Strophe, wegen des atlanteus finis entschuldigen. Aber will ich denn ein wörtlicher Übersetzer sein?

Nach diesen wenigen Anmerkungen, komme ich auf den Inhalt der Ode selbst. Fast alle Ausleger halten dafür, daß Horaz der Sekte des Epikurs darinne absage, daß er die Regierung der Götter zu erkennen anfange, und ihnen eine bessere Verehrung verspreche. – – Diese Erklärung scheinet dem ersten Anblicke nach ziemlich ungezwungen und richtig. Sie war allgemein angenommen, bis Tanaquill Faber sie in Zweifel zu ziehen anfing. Dacier, welcher mit der Tochter dieses Gelehrten, auch dessen Meinungen geheiratet zu haben schien, trat seinem Schwiegervater bei, und erklärte die Ode für nichts anders, als kindisch und abgeschmackt, wann sie eine ernstliche Widerrufung sein sollte. Er kam auf den Einfall sie zu einer Spötterei über die Stoische Sekte zu machen; welches zu erweisen, er sie folgender Gestalt umschrieb. »Es ist wahr, so lange ich den Lehren einer närrischen Weisheit folgte, habe ich die Götter, nicht so, wie ich wohl sollte, verehret. Ihr aber, ihr Herren Stoiker, dringt mit so starken Gründen in mich, daß ich gezwungen bin, auf andre Art zu leben, und einen neuen Weg zu erwählen. Was mich in meiner Halsstarrigkeit befestigte, war dieses, daß ich gewiß überzeugt war, der Donner könne nichts als die Wirkung der Ausdünstungen sein, die sich in Wolken zusammen ziehen, und sich unter einander stoßen. Allein nunmehr beweiset ihr mir, daß es oft am heitern Himmel donnert. Hierauf nun habe ich nichts zu antworten, und ich muß mit euch erkennen, daß Gott selbst, den Wagen seines Donners durch den Himmel führt, so oft es ihm gefällt, und die Blitze mit eigner Hand wirft, wohin er will.« – – Bis hieher fließt alles noch ziemlich natürlich; allein von den letzten fünf Versen gestehet Dacier selbst, daß sie mit seiner Auslegung schon etwas schwerer zu vereinigen sind. Horaz, sagt er, fängt in diesen letztern Zeilen an, ernstlich zu reden, und entdeckt in wenig Worten, was er von der Vorsehung glaube. »Ich weiß, soll des Dichters Meinung sein, daß Gott diesen erniedrigen und jenen erhöhen kann. Aber ich weiß auch, daß er diese Sorge dem Zufalle und dem Glücke überläßt, welches mit scharfem Geräusche dem Haupte des einen das Diadem entreißt, und das Haupt des andern damit krönet.«

Der stärkste Beweis des Dacier läuft dahin aus, daß unmöglich Horaz eine so nichtige Ursache seiner Bekehrung könne angeführt haben, als der Donner am heitern Himmel in den Augen eines jeden Verständigen sein muß. »Man braucht, sagt er, in der Naturlehre nur sehr schlecht erfahren zu sein, wenn man wissen will, daß kein Donner ohne Wolken sein könne; Horaz muß also notwendig die Stoiker nur damit lächerlich machen wollen, die den Epikurern wegen der Vorsehung weiter nichts als ungefähr dieses entgegen zu setzen wußten: ihr könnt, sagten die Stoiker, die Vorsehung nicht leugnen, wenn ihr auf den Donner und auf seine verschiedene Wirkungen Achtung geben wollt. Wann nun die Epikurer ihnen antworteten, daß der Donner aus natürlichen Ursachen hervorgebracht würde, und man also nichts weniger als eine Vorsehung daraus beweisen könne: so glaubten die Stoiker ihnen nicht besser den Mund zu stopfen, als wenn sie sagten, daß es auch bei heiterm Wetter donnre; zu einer Zeit also, da alle natürliche Ursachen wegfielen, und man deutlich sehen könne, daß der Donner allerdings von den Göttern regiert werden müsse.«

Dieses, wie gesagt, ist der stärkste Grund womit Dacier seine neue Auslegung unterstützt; ich muß aber gestehen, daß mich seine Schwäche nicht wenig befremdet. Ist es nicht gleich anfangs offenbar, daß er, entweder aus Unwissenheit oder aus List, die Stoischen Beweise der Vorsehung ganz kraftlos verstellet? Diese Weltweisen beruften sich zwar auf die natürlichen Begebenheiten, und auf die weise Einrichtung derselben; niemals aber leugneten sie ihre in dem Wesen der Dinge gegründeten Ursachen, sondern hielten es vielmehr für unanständig, sich irgendwo auf die unmittelbare Regierung der Götter zu berufen. Ihre Gedanken von derselben waren die gegründesten und edelsten, die man je, auch in den aufgeklärtesten Zeiten, gehabt hat. Ich berufe mich auf das ganze zweite Buch der natürlichen Fragen des Seneca, wo er die Natur des Donners untersucht. Aus dem 18. Hauptstücke desselben hätte Dacier genugsam sehen können, daß die Stoiker auch bei den Donnerschlägen am heitern Himmel die natürlichen Ursachen nicht bei Seite setzten, und das purus aër im geringsten nicht alle Donnerwolken ausschließt. Quare et sereno tonat? heißt es daselbst; quia tunc quoque per crassum et siccum aera spiritus prosilit. Was kann deutlicher sein? Seneca sagt dieses zwar nach den Grundsätzen des Anaximanders; aber er erinnert nichts darwider; er billiget sie also. Eine Stelle aus dem 31. Hauptstücke wird es noch deutlicher machen, in wie fern die Stoiker geglaubt haben, daß in dem Donner etwas göttliches sei: mira fulminis, si intueri velis, opera sunt, nec quidquam dubii relinquentia, quin divina insit illis et subtilis potentia. Man gebe wohl Acht, daß er das divina durch subtilis erklärt, welche Erklärung die Exempel, die er gleich darauf anführt, auch einzig und allein nur zulassen. Der Blitz, fährt er fort, zerschmelzt das Gold in dem Beutel, ohne diesen zu verletzen; desgleichen die Klinge in der Scheide, ob schon diese ganz bleibt. Schöne Wunder einer göttlichen Macht, wenn sie unmittelbare Wirkungen derselben sein sollten! Es ist wahr, die Stoiker glaubten sogar, daß der Donner das Zukünftige vorherverkündige. Aber wie glaubten sie es? So, daß sie Gott sehr ruhig dabei ließen, und diese Vorherverkündigung bloß aus der Ordnung, wie die Dinge in der Natur auf einander folgen müßten, erklärten. Die Tusker waren es, welche gröbre Begriffe damit verbanden, und glaubten, der Donner rollte nur deswegen, damit er etwas verkündige, nicht aber, daß er etwas verkündige, weil er rolle. Ich muß die Worte des Seneca notwendig selbst einrücken. Hoc autem, sagt er in dem 32. Hauptstücke, inter nos et Tuscos, quibus summa persequendorum fulminum est scientia, interest. Nos putamus quod nubes collisae sunt, ideo fulmina emitti. Ipsi existimant, nubes collidi, ut fulmina emittantur. Nam cum omnia ad Deum referant, in ea sunt opinione, tamquam non quia facta sunt significent; sed quia significatura sunt, fiant: eadem tamen ratione fiunt, sive illis significare propositum est, sive consequens. Quomodo ergo significant, nisi a Deo mittantur? Quomodo aves non in hoc motae, ut nobis occurrerent, dextrum auspicium, sinistrumve fecerunt. Et illas, inquit, Deus movit. Nimis illum otiosum et pusillae rei ministrum facis, si aliis somnia, aliis exta disponit. Ista nihilominus divina ope geruntur – Alia ratione fatorum series explicatur, indicia venturi ubique praemittens, ex quibus nobis quaedam familiaria, quaedam ignota sunt – – Cujus rei ordo est, etiam praedictio est.

Man überlege diese Stelle genau, und sage, ob es dem Inhalte derselben zufolge möglich sei, daß die Stoiker jemals so abgeschmackt gegen die Epikurer können gestritten haben, als sie Dacier streiten läßt. Ist es aber nicht möglich, so muß ja auch die vorgegebene Spötterei des Horaz, und mit ihr die ganze sich darauf gründende Erklärung wegfallen. Es ist nicht nötig, ihr mehr entgegen zu setzen, ob es gleich etwas sehr leichtes sein würde; besonders wenn man die Gründe aus der Verdrehung der letzten fünf Zeilen, und aus der gewaltsamen

Hineinpressung des Wörtchens sed vor hinc apicem, nehmen wollte.

Nach dieser Widerlegung wird man vielleicht glauben, daß ich die alte Auslegung dieser Ode beibehalten wolle. Doch auch diese kann, meinem Urteile nach, nicht statt finden. Die Veränderung der Sekte wäre für den Horaz eine zu wichtige Begebenheit gewesen, als daß er ihrer nicht öfter in seinen Briefen oder Satyren, wo er so unzählich viel Kleinigkeiten von sich einfließen läßt, hätte erwähnen sollen. Aber überall ist ein tiefes Stillschweigen davon. Auch das kann nicht erwiesen werden, daß Horaz gleich Anfangs der stoischen Philosophie solle zugetan gewesen sein, welches doch sein müßte, wann er sie cursus relictos nennen wollen. Außer diesen schon bekannten Schwierigkeiten, setze ich noch eine neue hinzu, die aus meiner Anmerkung über die Art, mit welcher die Stoiker von der göttlichen Regierung der natürlichen Dinge philosophierten, hergenommen ist. Wenn es wahr ist, daß nach ihren Grundsätzen der Donner am umzognen Himmel nicht mehr und nicht weniger die Mitwirkung der Götter bewies, als der Donner am heitern Himmel; so kann Horaz den letztern eben so wenig im Ernste als im Scherze als eine Ereignung ansehen, die ihn den Stoikern wieder beizutreten nötige. Das erstere ist wahr, und also auch das letztre. Oder will man etwa vermuten, daß Horaz die stoische Weltweisheit nicht besser werde verstanden haben, als seine Ausleger?

Laßt uns eine beßre Meinung von ihm haben, und ihn wo möglich wider ihre unzeitige Gelehrsamkeit verteidigen! Unzeitig ist sie, daß sie da Sekten sehen, wo keine sind; daß sie Abschwörungen und Spöttereien wahrnehmen, wo nichts als gelegentliche Empfindungen herrschen. Denn mit einem Worte, ich glaube, daß Horaz in dieser Ode weder an die Stoiker noch an die Epikurer gedacht hat, und daß sie nichts ist, als der Ausbruch der Regungen, die er bei einem außerordentlichen am hellen Himmel plötzlich entstandenen Donnerwetter gefühlt hat. Man sage nicht, daß die Furcht für den Donner etwas so kleines sei, daß man sie dem Dichter schwerlich Schuld geben könne. Der natürlichste Zufall, wenn er unerwartet kömmt, ist vermögend auch das männlichste Gemüt auf wenig Augenblicke in eine Art von Bestürzung zu setzen. Und was braucht es mehr, als daß Horaz in einer solchen kurzen Bestürzung einige erhabene und rührende Gedanken gehabt hat, um das Andenken derselben in ein Paar Strophen aufzubehalten? Affekt und Poesie sind zu nahe verwandt, als daß dieses unbegreiflich sein sollte.

Ich will meine Erklärung nicht Zeile auf Zeile anwenden, weil es eine sehr überflüssige Mühe sein würde. Ich will nur noch eine Vermutung hinzutun, die hier mit allem Rechte eine Stelle verdient. Man erinnere sich, was uns Sueton von dem Augustus in dem 90. Hauptstücke seiner Lebensbeschreibung meldet. Tonitrua et fulgura paulo infirmius expavescebat, ut semper et ubique pellem vituli marini circumferret, pro remedio: atque ad omnem majoris tempestatis suspicionem in abditum et concameratum locum se reciperet. Wie gerne stellt sich ein Hofmann in allen Gesinnungen seinem Regenten gleich! Gesetzt also, Horaz habe sich nicht selbst vor dem Donner gefürchtet, kann er nicht diese Schwachheit, dem August zu schmeicheln angenommen haben? Es scheint mir, als ob dieser Umstand auf die Ode ein gewisses Licht werfe, bei welchem man eine Art von Schönheiten entdeckt, die sich besser fühlen als umständlich zergliedern lassen.

Soll ich noch etwas aus dem Leben des Augusts beibringen, woraus vielleicht eine neue Erklärung herzuholen ist? Ich will gleich voraussagen, daß sie ein wenig kühn sein wird; aber wer weiß, ob sie nicht eben das Kühne bei vielen empfehlen wird? Als August, nach dem Tode des Cäsars von Apollonien zurück kam, und eben in die Stadt eintrat, erschien plötzlich am hellen und klaren Himmel ein Zirkel, in Gestalt eines Regenbogens, rings um die Sonne; und gleich darauf schlug der Donner auf das Grabmal der Julia, des Cäsars Tochter. Diese Ereignung ward, wie man sich leicht vorstellen kann, zum größten Vorteile des Augusts ausgelegt. Und wie, wann eben sie es wäre, auf welche Horaz hier zielet? Er war zwar, wenn ich die Zeiten vergleiche, damals nicht in Rom, aber kann auch nicht schon die Erzählung einen hinlänglichen Eindruck auf ihn gemacht haben? Und dieses vielleicht um so viel eher, je lieber es ihm bei seiner Zurückkunft, nach der Schlacht bei Philippis, sein mußte, eine Art einer göttlichen Antreibung angeben zu können, warum er nunmehr von der Partei der Mörder des Cäsars abstehe. Wollte man diesen Einfall billigen, so müßte man unter den Göttern, die Horaz wenig verehrt zu haben gestehet, den Cäsar und Augustus, welchen er mehr als einmal diesen Namen gibt, verstehen; und die insanam sapientiam müßte man für den Anhang des Brutus annehmen, welcher in der Tat zwar ein tugendhafter Mann war, aber auch in gewissen Stücken, besonders wo die Freiheit mit einschlug, die Tugend bis zur Raserei übertrieb. Diese Auslegung, glaube ich, hat ihre Schönheiten, welche sich besonders in den letzten Zeilen ausnehmen, wo der Dichter von der Erniedrigung des Stolzen, und von der Übertragung der höchsten Gewalt redet, die er unter dem Bilde des Wipfels will verstanden wissen.

Ich will nichts mehr hinzu setzen, sondern vielmehr nochmals bekennen, daß ich die erstere plane Erklärung, welche ohne alle Anspielungen ist, dieser andern weit vorziehe. Meine Leser aber mögen es halten wie sie wollen, wenn sie mir nur so viel eingestehen, daß nach der letztern, aus dem Parcus Deorum cultor et infrequens, wider die Religion des Horaz gar nichts zu schließen ist, nach der erstern aber nicht mehr, als man aus dem Liede des rechtschaffensten Theologen, in welchem er sich einen armen Sünder nennet, wider dessen Frömmigkeit zu folgern berechtiget ist. Das ist alles was ich verlange.

Ich weiß, daß man noch vieles zur Rettung des Horaz beibringen könnte; ich weiß aber auch, daß man eben nicht alles erschöpfen muß.

BRIEFE,
DIE NEUESTE LITERATUR BETREFFEND
1759–1765

Erster Teil
1759

EINLEITUNG

Der Herr von N.** ein verdienter Officier, und zugleich ein Mann von Geschmack und Gelehrsamkeit, ward in der Schlacht bei Zorndorf verwundet. Er ward nach Fr** gebracht, und seine Wundärzte empfohlen ihm nichts eifriger, als Ruhe und Geduld. Langeweile und ein gewisser militarischer Ekel vor politischen Neuigkeiten, trieben ihn, bei den ungern verlassenen Musen eine angenehmere Beschäftigung zu suchen. Er schrieb an einige von seinen Freunden in B** und ersuchte sie, ihm die Lücke, welche der Krieg in seine Kenntnis der neuesten Literatur gemacht, ausfüllen zu helfen. Da sie ihm unter keinem Vorwande diese Gefälligkeit abschlagen konnten, so trugen sie es dem Herrn Fll. auf, sich der Ausführung vornehmlich zu unterziehen.

Wie mir, dem Herausgeber, die Briefe, welche daraus entstanden, in die Hände geraten, kann dem Publico zu wissen oder nicht zu wissen, sehr gleichgültig sein. Ich teile sie ihm mit, weil ich glaube, daß sie manchem sowohl von dem schreibenden, als lesenden Teile der sogenannten Gelehrten, nützlich sein können.

Ihre Anzahl ist bereits beträchtlich, ob sie gleich ihren Anfang nur vor drei oder vier Monaten können gehabt haben. Sie werden auch hoffentlich bis zur Wiederherstellung des Herrn von N.** fortgesetzt werden.

Ich habe völlige Gewalt sie drucken zu lassen, wie und wenn ich will. Der Verleger meinte, daß es am füglichsten wöchentlich geschehen könnte; und ich lasse ihm seinen Willen. O.

I. Den 4. Jenner 1759

ERSTER BRIEF

Etwas werden Sie freilich nachzuholen haben; aber nicht viel. Die zwei gefährlichen mühsamen Jahre, die Sie der Ehre, dem Könige und dem Vaterlande aufopfern müssen, sind reich genug an Wundern, nur nicht an gelehrten Wundern gewesen. Gegen hundert Namen, – und hundert sind noch zu wenig – die alle erst in diesem Kriege als Namen verdienstvoller Helden bekannt geworden; gegen tausend kühne Taten, die vor Ihren Augen geschahen, an welchen Sie Teil hatten, die zu Quellen der unerwartetesten Veränderungen wurden, – kann ich Ihnen auch nicht ein einziges neues *Genie* nennen, kann ich Ihnen nur sehr wenige Werke schon bekannter Verfasser anführen, die mit jenen Taten der Nachwelt aufbehalten zu werden verdienten.

Es gilt dieses von uns Deutschen vor allen andern. Zwar hat der Krieg seine blutigste Bühne unter uns aufgeschlagen, und es ist eine alte Klage, daß das allzunahe Geräusch der Waffen, die Musen verscheucht. Verscheucht es sie nun aus einem Lande, wo sie nicht recht viele, recht feurige Freunde haben, wo sie ohnedem nicht die beste Aufnahme erhielten, so können sie auf eine sehr lange Zeit verscheucht bleiben. Der Friede wird ohne sie wieder kommen; ein trauriger Friede, von dem einzigen melancholischen Vergnügen begleitet, über verlorene Güter zu weinen.

Ich rufe Ihre Blicke aus dieser finstern Aussicht zurück. Man muß einem Soldaten sein unentbehrliches Geschäft durch die bejammernswürdigen Folgen desselben nicht verleiden.

Lieber will ich Sie und mich mit dem süßen Traume unterhalten, daß in unsern gesittetern Zeiten der Krieg nichts als ein blutiger Prozeß unter unabhängigen Häuptern ist, der alle übrige Stände ungestöret läßt, und auf die Wissenschaften weiter keinen Einfluß hat, als daß er neue Xenophons, neue Polybe erwecket. Lieber will ich für Sie auch die leichtesten Spuren der unter uns noch wandelnden Musen aufsuchen, und ihnen bis in die glücklichern Reiche nachspüren, aus welchen sie, nicht längst, einen kürzern Weg zu uns gefunden zu haben scheinen.

Die Umstände, unter welchen Sie diese Arbeit von mir verlangen, machen sie mir zu einem Vergnügen, auf welches ich stolz zu sein Ursache habe. Kann sich derjenige weigern, Ihre Schmerzen durch kleine Zerstreuungen zu lindern, der sie gern mit Ihnen geteilet hätte? etc. Fll.

ZWEITER BRIEF

Wenigstens ist die Gelehrsamkeit, als ein *Gewerbe*, unter uns in noch ganz leidlichem Gange. Die Meßverzeichnisse sind nicht viel kleiner geworden; und unsere Übersetzer arbeiten noch frisch von der Faust weg.

Was haben sie nicht schon alles übersetzt, und was werden sie nicht noch übersetzen! Eben itzt habe ich einen vor mir, der sich an einen englischen Dichter – raten Sie einmal an welchen! – gemacht hat. O Sie können es doch nicht erraten! – An *Popen.**

Und in Prosa hat er ihn übersetzt. Einen Dichter, dessen großes, ich will nicht sagen größtes, Verdienst in dem war, was wir das Mechanische der Poesie nennen; dessen ganze Mühe dahin ging, den reichsten, triftigsten Sinn in die wenigsten, wohlklingendsten Worte zu legen; dem der Reim keine Kleinigkeit war – einen solchen Dichter in Prosa zu übersetzen, heißt ihn ärger entstellen, als man den Euklides entstellen würde, wenn man ihn in Verse übersetzte.

Es war auch ein bloßer Buchhändlereinfall; wie der Übersetzer selbst gestehet. Und was geht es diesem an, *womit* jener ihn Geld verdienen läßt, und selbst Geld zu verdienen denket? Freilich sollte so ein blindlingsgefälliges Werkzeug eine bescheidenere Sprache führen, als unser Übersetzer des Pope führet. Er sollte nicht sagen: »Ich habe mir eingebildet, meinen Dichter völlig zu verstehen, und mich darauf ver-

* Herrn Alexander Pope sämtliche Werke etc. Erster Band. Altona bei D. Iversen. 1758. in 8vo.

lassen, daß meine eigene kleine Dichtergabe, so geringe sie auch sein mag, mir zu Hülfe kommen würde, das Verstandene so auszudrücken, daß der Schwung und die Deutlichkeit nicht zu viel verlören –«

Denn je größer er sich selbst macht, desto unbarmherziger wird ihm der Leser sein törichtes Unternehmen aufmutzen, desto höhnischer wird er ihm jeden Fehler vorwerfen, der seinem Eigenlobe widerspricht. Z. E.

Pope will die Nachahmung der Alten rechtfertigen. Man verlangt, sagt er, und erwartet von einem Dichter, daß er ein gelehrter, und in den Werken der Alten belesener Mann (a Scholar) sei; und ist gleichwohl unwillig, wenn man findet, daß er wirklich so ein Mann ist – Was meinen Sie wohl, daß aus dieser feinen Anmerkung unter der Feder des Übersetzers geworden ist? Er hat Scholar, als ein wahrer Schüler, durch *Schüler* übersetzt und sagt: »*In der Tat ist es sehr unbillig, daß man aus uns Schüler haben will, und dennoch unwillig wird, wenn man uns als Schüler befindet.«

Pope vergleicht den Virgil mit seinem Muster, dem Theokrit. Der Römer, sagt er, übertrifft den Griechen an Regelmäßigkeit und Kürze, und ist ihm in nichts nachzusetzen, als in der Einfalt des eigentümlichen Ausdrucks (simplicity and propriety of style). Pope meinet, daß der Stil in den Virgilischen Eklogen uneigentlicher, verblümter sei, als in den Theokritischen; und der Vorwurf ist nicht ohne Grund. Allein wie ihn der Übersetzer ausdrückt, ist er es gänzlich. Er gibt nämlich Propriety durch *Richtigkeit*; und welcher Schriftsteller, selbst keiner von den alten ausgenommen, ist dem Virgil in der Richtigkeit des Stils (Correctness) vorzuziehen?**

Pope erzählt die Geschichte seiner Autorschaft. Ich schrieb, sagt er, weil es mich angenehm beschäftigte; ich verbesserte, weil mir das Verbessern eben so viel Vergnügen machte, als das Schreiben; ich ließ drucken, weil man mir

* That people should expect us to be Scholars, and yet be angry to find us so. In der Vorrede.

** Abhandlung von der Schäferpoesie 6. 7. der deutschen Übersetzung.

schmeichelte, daß ich Leuten gefallen könnte, deren Beifall einen guten Namen* verschaffte. – Der Übersetzer aber läßt ihn sagen: »daß ich denen gefallen könnte, denen ich zu gefallen wünschte.«

Virgil, der sich den Theokrit zum Muster vorgestellt – sagt Pope, und der Übersetzer: Virgil der den Theokrit *ausschreibt*.

Dieses sind noch lange nicht alle Fehler, aus der bloßen Vorrede und Abhandlung von der Schäferpoesie, aus den ersten und leichtesten, nämlich prosaischen, Stücken des ersten Bandes.** Urteilen Sie, wie es tiefer herein aussehen mag.

Was der Übersetzer zur Entschuldigung seiner oft undeutschen Wortfügungen anführt; wie er sich in dieser Entschuldigung verwirrt und sich unvermerkt selbst tadelt, ist auf der 17ten Seite des Vorberichts lustig zu lesen. Er verlangt, daß man, ihn zu verstehen, die Kunst zu lesen besitze. Aber da diese Kunst so gemein nicht ist; so hätte er die Kunst zu schreiben verstehen sollen. Und wehe der armen Kunst zu lesen, wenn ihr vornehmstes Geschäft sein muß, den *Wortverstand* deutlich zu machen! etc. Fll.

SECHZEHNTER BRIEF

Ich vernehme mit Vergnügen, daß Ihnen die »Bibliothek der schönen Wissenschaften und der freien Künste«* in die Hände gekommen. Lassen Sie sich in Ihrer guten Meinung von diesem kritischen Werke nichts irren. Man hat ihr Parteilichkeit und Tadelsucht vorgeworfen; aber konnten sich die

* Such as it was a credit to please. In der Vorrede.

** In dem Vorberichte verspricht man die neun englischen Oktavbände in sechs deutsche zu bringen, und in den ersten deutschen die Hälfte des zweiten englischen mit zu fassen. Am Ende aber hat man sich anders besonnen; und die Leser erhalten nicht einmal den ganzen englischen ersten Band in diesem ersten deutschen; denn es fehlet ihm noch der Epilogus zu Rowe's »Jane Shore«.

* Leipzig, bei Dyk, in groß 8vo. bis zum 2ten Stücke des 4ten Bandes.

mittelmäßigen Schriftsteller, welche sie kritisiert hatte, anders verantworten? Diese Herren, welche so gern jedes Gericht der Kritik für eine grausame Inquisition ausschreien, machen sehr seltsame Forderungen. Sie behaupten, der Kunstrichter müsse nur die Schönheiten eines Werkes aufsuchen und die Fehler desselben eher bemänteln, als bloß stellen. In zwei Fällen bin ich selbst ihrer Meinung. *Einmal*, wenn der Kunstrichter Werke von einer ausgemachten Güte vor sich hat; die besten Werke der Alten, zum Exempel. *Zweitens*, wenn der Kunstrichter nicht sowohl gute Schriftsteller, als nur bloß gute Leser bilden will. Aber in keinem von diesen Fällen befinden sich die Verfasser der Bibliothek. Die Güte eines Werks beruhet nicht auf einzeln Schönheiten; diese einzelne Schönheiten müssen ein schönes Ganze ausmachen, oder der Kenner kann sie nicht anders, als mit einem zürnenden Mißvergnügen lesen. Nur wenn das Ganze untadelhaft befunden wird, muß der Kunstrichter von einer nachteiligen Zergliederung abstehen, und das Werk so, wie der Philosoph die Welt, betrachten. Allein wenn das Ganze keine angenehme Wirkung macht, wenn ich offenbar sehe, der Künstler hat angefangen zu arbeiten, ohne selbst zu wissen, was er machen will, alsdenn muß man so gutherzig nicht sein, und einer schönen Hand wegen, ein häßliches Gesicht, oder eines reizenden Fußes wegen, einen Buckel übersehen. Und daß dieses, wie billig, unsere Verfasser nur sehr selten getan haben, darin bestehet ihre ganze Strenge. Denn einigemal haben sie es doch getan, und *mir* sind sie noch lange nicht strenge genug.

Wenn Sie mir daher erlauben, daß ich die Bibliothek meinen Briefen gleichsam zur Basis machen darf; so bitte ich mir auch die Freiheit aus, verschiedenes darin anzeigen zu dürfen, womit ich so vollkommen nicht zufrieden bin. Meine Erinnerungen werden größten Teils dahinaus laufen, daß die Verfasser, wie gesagt, hier und da, und nicht bloß gegen Dichter, viel zu nachsehend gewesen sind.

Wie wenig, z. E. erinnern sie bei des Hrn. Prof. Gottscheds »Nötigem Vorrate zur Geschichte der deutschen dramatischen Dichtkunst«;* und wie manches ist doch darin, das man ihm notwendig aufdecken sollte.

* In dem ersten Stücke des dritten Bandes, S. 85.

Können Sie sich einbilden, daß der Mann, welcher die Hans Rosenblüts, die Peter Probsts und Hans Sachsens so wohl kennet, nur denjenigen nicht kennet, der doch bis itzt dem deutschen Theater die meiste Ehre gemacht hat; unsern Johann Elias Schlegel? Unter dem Jahr 1747 führt er die »Theatralischen Werke« desselben an, und sagt: »Hier stehen 1. Canut; 2. der Geheimnisvolle; 3. die Trojanerinnen, 4. des Sophokles Elektra; 5. die stumme Schönheit; 6. die lange Weile.« Die beiden letztern stehen nicht darin, sondern machen nebst dem Lustspiele, »Der Triumph der guten Frauen«, welches es gar nicht anführet, einen besondern Band, welchen der Verfasser »Beiträge zu dem Dänischen Theater« benennet hat.

Und wie viel andere Unterlassungssünden hat Hr. Gottsched begangen, die ihm das Lob der Bibliothek sehr streitig machen, »daß er etwas so vollständiges geliefert habe, als man sonst, bei Sammlungen von dieser Art, von der Bemühung eines einzigen Mannes kaum erwarten könne.« – Nicht einmal die dramatischen Werke seines Mylius hat er alle gekannt; denn den »Unerträglichen« vermissen wir gar, und von den »Ärzten« muß er auch nicht gewußt haben, daß Mylius Verfasser davon gewesen. Hat er es aber gewußt, und hat er ihn nur deswegen nicht genannt, weil er sich selbst nicht zu nennen für gut befunden; warum nennt er denn den Verfasser der »Alten Jungfer«?

Ich kenne sonst – und bin gar wohl damit zufrieden, – sehr wenig von unserm dramatischen Wuste; aber auch das wenige finde ich bei dem patriotischen Κοπροφορῳ noch lange nicht alle. So fehlen bei dem Jahre 1747 gleich zwei Stücke, der »Ehestand«, und das Lustspiel auf die Eroberung von Berg op Zoom etc.

Und vor allen Dingen: warum fehlt denn »Anne Dore, oder die Einquartierung, ein Schäferspiel, in einem Aufzuge«? Dieses Mensch kennet der Herr Professor doch ganz gewiß, und es ist gar nicht dankbar, daß er ihrer wenigstens nicht bei Gelegenheit seiner »Schaubühne« erwähnet hat. Fll.

VII. Den 16. Februar 1759

SIEBZEHNTER BRIEF

»Niemand, sagen die Verfasser der Bibliothek,* wird leugnen, daß die deutsche Schaubühne einen großen Teil ihrer ersten Verbesserung dem Herrn Professor Gottsched zu danken habe.«

Ich bin dieser Niemand; ich leugne es gerade zu. Es wäre zu wünschen, daß sich Herr Gottsched niemals mit dem Theater vermengt hätte. Seine vermeinten Verbesserungen betreffen entweder entbehrliche Kleinigkeiten, oder sind wahre Verschlimmerungen.

Als die Neuberin blühte, und so mancher den Beruf fühlte, sich um sie und die Bühne verdient zu machen, sahe es freilich mit unserer dramatischen Poesie sehr elend aus. Man kannte keine Regeln; man bekümmerte sich um keine Muster. Unsre *Staats- und Helden-Aktionen* waren voller Unsinn, Bombast, Schmutz und Pöbelwitz. Unsre *Lustspiele* bestanden in Verkleidungen und Zaubereien; und Prügel waren die witzigsten Einfälle derselben. Dieses Verderbnis einzusehen, brauchte man eben nicht der feinste und größte Geist zu sein. Auch war Herr Gottsched nicht der erste, der es einsahe; er war nur der erste, der sich Kräfte genug zutraute, ihm abzuhelfen. Und wie ging er damit zu Werke? Er verstand ein wenig Französisch und fing an zu übersetzen; er ermunterte alles, was reimen und Oui Monsieur verstehen konnte, gleichfalls zu übersetzen; er verfertigte, wie ein Schweizerischer Kunstrichter sagt, mit *Kleister und Schere* seinen »Cato«; er ließ den »Darius« und die »Austern«, die »Elise« und den »Bock im Prozesse«, den »Aurelius« und den »Witzling«, die »Banise« und den »Hypocondristen«, ohne Kleister und Schere machen; er legte seinen Fluch auf das extemporieren; er ließ den Harlekin feierlich vom Theater vertreiben, welches selbst die größte Harlekinade war, die jemals gespielt worden; kurz, er wollte nicht sowohl unser

* Des dritten Bandes, erstes Stück. S. 85.

altes Theater verbessern, als der Schöpfer eines ganz neuen sein. Und was für eines neuen? Eines Französierenden; ohne zu untersuchen, ob dieses französierende Theater der deutschen Denkungsart angemessen sei, oder nicht.

Er hätte aus unsern alten dramatischen Stücken, welche er vertrieb, hinlänglich abmerken können, daß wir mehr in den Geschmack der Engländer, als der Franzosen einschlagen; daß wir in unsern Trauerspielen mehr sehen und denken wollen, als uns das furchtsame französische Trauerspiel zu sehen und zu denken gibt; daß das Große, das Schreckliche, das Melancholische, besser auf uns wirkt als das Artige, das Zärtliche, das Verliebte; daß uns die zu große Einfalt mehr ermüde, als die zu große Verwickelung etc. Er hätte also auf dieser Spur bleiben sollen, und sie würde ihn geraden Weges auf das englische Theater geführet haben. – Sagen Sie ja nicht, daß er auch dieses zu nutzen gesucht; wie sein »Cato« es beweise. Denn eben dieses, daß er den Addisonschen »Cato« für das beste Englische Trauerspiel hält, zeiget deutlich, daß er hier nur mit den Augen der Franzosen gesehen, und damals keinen Shakespeare, keinen Jonson, keinen Beaumont und Fletcher etc. gekannt hat, die er hernach aus Stolz auch nicht hat wollen kennen lernen.

Wenn man die Meisterstücke des Shakespeare, mit einigen bescheidenen Veränderungen, unsern Deutschen übersetzt hätte, ich weiß gewiß, es würde von bessern Folgen gewesen sein, als daß man sie mit dem Corneille und Racine so bekannt gemacht hat. Erstlich würde das Volk an jenem weit mehr Geschmack gefunden haben, als es an diesen nicht finden kann; und zweitens würde jener ganz andere Köpfe unter uns erweckt haben, als man von diesen zu rühmen weiß. Denn ein *Genie* kann nur von einem *Genie* entzündet werden; und am leichtesten von so einem, das alles bloß der Natur zu danken zu haben scheinet, und durch die mühsamen Vollkommenheiten der Kunst nicht abschrecket.

Auch nach den Mustern der Alten die Sache zu entscheiden, ist Shakespeare ein weit größerer tragischer Dichter als Corneille; obgleich dieser die Alten sehr wohl, und jener fast gar nicht gekannt hat. Corneille kömmt ihnen in der mechanischen Einrichtung, und Shakespeare in dem Wesentlichen näher. Der Engländer erreicht den Zweck der Tragödie fast immer, so sonderbare und ihm eigene Wege er auch wählet; und der Franzose erreicht ihn fast niemals, ob er gleich die gebahnten Wege der Alten betritt. Nach dem »Ödipus« des Sophokles muß in der Welt kein Stück mehr Gewalt über unsere Leidenschaften haben, als »Othello«, als »König Lear«, als »Hamlet« etc. Hat Corneille ein einziges Trauerspiel, das Sie nur halb so gerühret hätte, als die »Zayre« des Voltaire? Und die »Zayre« des Voltaire, wie weit ist sie unter dem »Mohren von Venedig«, dessen schwache Kopie sie ist, und von welchem der ganze Charakter des Orosmans entlehnet worden?

Daß aber unsre alten Stücke wirklich sehr viel Englisches gehabt haben, könnte ich Ihnen mit geringer Mühe weitläuftig beweisen. Nur das bekannteste derselben zu nennen; »Doctor Faust« hat eine Menge Szenen, die nur ein Shakespearesches Genie zu denken vermögend gewesen. Und wie verliebt war Deutschland, und ist es zum Teil noch, in seinen »Doctor Faust«! Einer von meinen Freunden verwahret einen alten Entwurf dieses Trauerspiels, und er hat mir einen Auftritt daraus mitgeteilet, in welchem gewiß ungemein viel großes liegt. Sind Sie begierig ihn zu lesen? Hier ist er! – Faust verlangt den schnellsten Geist der Hölle zu seiner Bedienung. Er macht seine Beschwörungen; es erscheinen derselben sieben; und nun fängt sich die *dritte Szene des zweiten Aufzugs* an.

Faust und sieben Geister

Was sagen Sie zu dieser Szene? Sie wünschen ein deutsches Stück, das lauter solche Szenen hätte? Ich auch! Fll.

ACHTZEHNTER BRIEF

Sie haben gefunden, daß der zweite Band des »Messias« in der *Bibliothek** mit vielem Geschmacke beurteilet worden. Überhaupt davon zu reden, bin ich auch dieser Meinung; ob

* Ersten Bandes, zweites Stück. S. 291.

ich gleich gegen wenig Rezensionen in dem ganzen Werke mehr einzuwenden hätte, als gegen diese.

Der Abhandlung des Herrn Klopstocks »Von der Nachahmung des Griechischen Sylbenmaßes im Deutschen«, hat der Kunstrichter zu wenig Gerechtigkeit widerfahren lassen. Daß sie der Verfasser selbst ein bloßes Fragment nennt, hätte ihn nicht verführen sollen. Sie ist in ihrer Art kein schlechteres Fragment, als noch bis izt der Messias selbst ist. Man sieht nur, daß noch nicht alles gesagt worden; aber was auch gesagt worden, ist vortrefflich. Nur muß man selbst über die alten Sylbenmaße nachgedacht haben, wenn man alle die feinen Anmerkungen verstehen will, die Herr Klopstock mehr im Vorbeigehen, als mit Vorsatz zu machen scheinet. Und so geht es, wenn ein *Genie* von seiner Materie voll ist, und die tiefesten Geheimnisse derselben kennet; wenn er davon reden muß, wird er selten wissen, wo er anfangen soll; und wenn er denn anfängt, so wird er so vieles voraus setzen, daß ihn gemeine Leser dunkel, und Leser von etwas besserer Gattung superfiziell schelten werden. Es befremdet mich also gar nicht, daß auch den Kunstrichter in der Bibliothek, die Gedanken des Herrn Klopstocks nicht gänzlich überzeugt haben, und daß ihm überhaupt der prosaische Vortrag desselben nicht allzuordentlich und angenehm vorkömmt. – Mir gefällt die Prosa unsers Dichters ungemein wohl; und diese Abhandlung insbesondere ist ein Muster, wie man von grammatikalischen Kleinigkeiten ohne Pedanterie schreiben soll.

So gar hat der Kunstrichter die allerwichtigste Erinnerung des Herrn Klopstocks gänzlich übersehen. Sie betrifft das Geheimnis des poetischen Perioden; ein Geheimnis welches uns unter andern den Schlüssel gibt, warum alle lateinische Dichter, in Ansehung der Harmonie, so weit unter dem Virgil bleiben, ob gleich jeder ihrer Hexameter, vor sich betrachtet, eben so voll und wohlklingend ist, als jeder einzelne des Virgils.

Indem ich des Hexameters und des Herrn Klopstocks hier gedenke, fällt mir ein, Ihnen eine kleine Entdeckung mitzuteilen. Man hat gefragt, ob Herr Klopstock der erste sei, der deutsche Hexameter gemacht habe? Nein, heißt es, Herr

Gottsched hat schon lange vor ihm dergleichen gemacht. Und lange vor Gottscheden, setzen noch belesenere hinzu, Heräus. – Aber auch Heräus ist nicht der erste; sondern diesen glaube ich ein ganzes Jahrhundert früher in dem deutschen Übersetzer des Rabelais* entdeckt zu haben. Es ist bekannt, wie frei dieser mit seinem Originale umgegangen, und wie viel er ihm eingeschaltet hat. Unter seine Zusätze nun gehöret auch, am Ende des *zweiten* Kapitels, der Anfang eines Heldengedichts in gereimten deutschen Hexametern, das, wie es scheint, ein scherzhaftes Heldengedicht hat werden sollen. Die Hexameter sind, nach der damaligen Zeit recht sehr gut, und der Übersetzer sagt, er führe sie deswegen hier an: »*Dieweil daraus die Künstlichkeit der Teutschen Sprach in allerhand Karmina bescheint; und wie sie nun nach Anstellung des Hexametri, oder sechsmäßiger Sylbenstimmung, und silbenmäßigen Sechsschlag, weder den Griechen noch Latinen (die das Mus allein essen wollten,) forthin weiche.*« Er fährt in seiner possierlichen Sprache fort: »*Wenn sie schon nicht die Prosodie oder Stimmäßigung also Abergläubig, wie bei ihnen halten, so ist es erst billig, denn wie sie ihr Sprach nicht von andern haben, also wollen sie auch nit nach andern traben: eine jede Sprach hat ihre sondere angeartete Tönung, und soll auch bleiben bei derselben Angewöhnung.*« Ich weiß, daß Sie es nicht ungern sehen werden, wenn ich Ihnen den Anfang selbst abschreibe. Er lautet so:

Fahr sittiglich, sittiglich, halt ein mein wutiges G'müthe.
Laß dich versicheren die kluge himmlische Güte,
Daß du nit frefelich ohngefehr fährst auf hohen Sande,
Und schaffest ohne Bedacht dem Wisart ewige Schande.
Denn jagen zu hitziglich nach Ehr und ewigem Preise,
Das jaget ein oftermal zu sehr in spöttliche Weise.
Sintemal wir Reimenweiß understan ein ungepflegts Dinge,
Daß auch die Teutsche Sprach süßiglich wie Griechische springe.
Darum, weil ich befind ungemäß die Sach meinen Sinnen,
Werd ich benötiget höhere Hülf zu gewinnen.
Dann drumb sind sonderlich aufgebawt die himmlische Feste,
Daß allda jederzeit Hülf suchen Irrdische Gäste.

* Die Übersetzung ist 1617 gedruckt.

O mühsame Musen, Tugendsame und Mutsame Frawen,
Die täglich schawen, daß sie die Künstlichkeit bawen,
Die keine Müh nimmermehr schewen zu förderen diese,
Sondern die Müchlichkeit nehmen für Müßigang süsse,
Wann ihr dieselbige nach Wunsch nur fruchtwarlich endet.
Drumb bitt ich inniglich, daß ihr mir Födernuß sendet,
Durch euere Mächtigkeit, damit ir Gemüter erregen,
Daß sie ergaistert nützliches was öffenen mögen,
Zu unserem jetzigen grossen vorhabenden Werke,
Von Mannlicher Tugend und mehr dann Menschlicher Stärke,
Des streitwaren Hackenback etc.

Die Fortsetzung folgt künftig.

VIII. Den 22. Februar 1759

BESCHLUSS DES ACHTZEHNTEN BRIEFES

Es nennt sich unser deutscher Übersetzer des Rabelais, Huldrich Elloposcleros, und es ist höchst wahrscheinlich, daß Johann Fischart unter diesem Namen verborgen liegt. Ελλοψ heißt stumm, und ist bei den griechischen Dichtern das gewöhnliche Beiwort der Fische, daher es auch oft für sich allein einen Fisch bedeutet; und ἐλλοποσκληρος* folglich muß einen Mann bezeichnen, den das Los der Fische getroffen, der von *Fischart* ist. Und was kann einander ähnlicher sein, als dieser deutsche Rabelais, und der deutsche Bienenkorb des Philipp von Marnix, von welchem letztern man es gewiß weiß, daß ihn Fischart übersetzt hat.

Vor dem angeführten Eingange läßt Fischart noch eine Zueignung an die deutsche Nation vorher gehen. Sie ist in Hexametern und Pentametern abgefaßt, bei welchen letztern dieses Besondere ist, daß nicht allein Pentameter mit Pentameter, sondern auch jedes Hemistichion mit dem andern reimet. Ich bitte Sie, vornehmlich auf die letzten acht Zeilen aufmerksam zu sein.

* Von dem angeführten Ελλοψ nämlich, und κληρος das *Los*; so wie βαθυκληρος, Ναυκληρος. Noch natürlicher zwar würde man es von Ελλοψ und σκληρος *hart* herleiten können, daß es so viel heiße, als *Fischhart*, zusammengezogen *Fischart*.

Dapfere meine Teutschen, redlich von Gemüt und Geblüte,
Nur ewerer Herrlichkeit ist dieses hie zubereit.
Mein Zuversicht jederzeit ist, hilft mir göttliche Güte,
Zu preisen in Ewigkeit, ewere Großmütigkeit.
Ihr seyd von Redlichkeit, von grosser streitbarer Hande,
Berümbt durch alle Land, immerdar ohn Widerstand:
So wer es euch allesampt fürwar ein mächtige Schande,
Wird nit das Vaterland in Künstlichkeit auch bekannt.
Drumb dieselbige sonderlich zu förderen eben:
So hab ich mich unverzagt, auf ietziges gern gewagt,
Und hof solch Reymes Art werd euch Ergötzlichkeit geben,
Sintemal ein jeder fragt, nach Newerung die er sagt.
O Harpffenweis Orpheus, jetzumal kompt widerumb hoche
Dein artige Reymenweiß, zu ihrigem ersten Preiß.
Denn du ein Tracier von Geburt und teutscher Sprache,
Der erst solch unterweist, frembde Völcker allermeist,
Dieselbige lange Zeit haben mit unserer Künste,
Allein sehr stolziglich, gepranget unbilliglich:
Jetzumal nun baß bericht, wollen wir den fälschlichen Dunste
Ihn nemmen von Angesicht, uns nemmen zum Erbgedicht.

Das heißt wahrhaftig ein fremdes Sylbenmaß mit einer sehr artigen Empfehlung einführen. Die Empfehlung des Heräus ist lange so sinnreich nicht, wenn er zu seinem Helden sagt:

Lehrst du die Deutschen dein Reich wie Römer verfechten,
Darf ja der Deutschen ihr Reim römischer ähnlicher sein.

Verschiedene Jahre nach Fischart hat Alsted in seiner »Enzyklopädie« wieder ein Muster von deutschen Hexametern gegeben, welches ich lange Zeit für das erste gehalten. Die erste Ausgabe der »Enzyklopädie« ist von 1620 in Quart, und in dieser findet es sich noch nicht, sondern erst in der nachherigen vollständigern Ausgabe in Folio.

Von Alsteden aber bis auf den Heräus habe ich des deutschen Hexameters nirgends gedacht gefunden. Auch nicht einmal in den Lehrbüchern der Dichtkunst, wo doch Muster in andern lateinischen Sylbenmaßen, in dem Alkaischen zum Exempel vorkommen. – Dergleichen Kleinigkeiten zu wissen, ist deswegen gut, um bei gewissen Lesern dem Vorwurfe der Neuerung vorzubauen. Fll.

NEUNZEHNTER BRIEF

Ich komme auf unsern »Messias« zurück. – Der Kunstrichter tadelt an dem Dichter unter andern,* »daß er zuweilen seine Wortfügungen dermaßen verwirre, daß sich die Beziehung der Begriffe auf einander verliere, und sie dunkel werden müßten.« Er führet folgendes Beispiel an:

> Feiert! Es flamm Anbetung der große, der Sabbat des Bundes,
> Von den Sonnen zum Throne des Richters! Die Stund ist gekommen.

und setzt hinzu: »Wer diese zwei Verse ungezwungen erkläret, erit mihi magnus Apollo, und wann er eine natürliche Konstruktion darin entdecken kann, Phyllida solus habeto.« – Mit dem Tadel selbst kann es hier und da seine Richtigkeit haben; aber das Beispiel ist unglücklich gewählt. Lassen Sie mich versuchen, ob ich die Phyllis verdienen kann. Die Konstruktion ist diese: *Feiert! Der große Sabbat, der Sabbat des Bundes flamme Anbetung von den Sonnen zum Throne des Richters! Die Stunde ist gekommen!* Und was ist denn hier unnatürliches? Etwa dieses, daß das Subjekt hinter seinem Zeitworte steht, und das Zeitwort durch das vorgesetzte *Es* zum impersonali geworden zu sein scheinet? Aber was ist in unserer Sprache gewöhnlicher als dieses? Hat der Kunstrichter nie das alte Lied gehört: *Es woll uns Gott genädig sein?* Und hat Herr Klopstock nicht eben so wohl sagen können: *Es flamme Anbetung der große Sabbat des Bundes?* Die Konstruktion ist also gerettet, und der Kunstrichter mache sich immer fertig, mich als seinen großen Apollo zu verehren! Denn wem kann der Sinn nun noch zweideutig sein? Eloa kömmt vom Throne Gottes herab, und ruft durch die Himmel daß itzt der Versöhner zum Tode geführet werde. Diese Stunde der Nacht, wie sie in der folgenden Zeile heißt, nennet Eloa den großen Sabbat des Bundes, und von diesem will er, daß er durch alle Welten Anbetung *flamme,* verbreite. – –

* Des ersten Bandes, zweites Stück. S. 328.

Doch ich eile, Ihnen zu entdecken, wodurch zufälliger Weise diese Rezension des Messias bei weitem so unterrichtend nicht geworden ist, als sie wohl hätte werden können. Ihr Verfasser hat die Originalausgabe dieses großen Gedichts nicht gekannt, die nun schon vor vier Jahren, in der Königlichen Druckerei zu Kopenhagen* veranstaltet worden. Sie bestehet aus zwei prächtigen Bänden; aber die Pracht ist das geringste ihrer Vorzüge. Der erste Band enthält eine Abhandlung von der geistlichen Epopee und die ersten fünf Gesänge; der zweite enthält die fünf neuen Gesänge, und die schon erwähnte Abhandlung von der Nachahmung der griechischen Sylbenmaße. – War diese Ausgabe vielleicht zu kostbar, daß sich die Liebhaber in Deutschland mit dem Hallischen Nachdrucke begnügen lassen? Oder haben die Herren Buchhändler sie vorsätzlich unterdrückt? Man sagt, daß sie es mit gewissen Büchern tun sollen. – Was läge unterdessen daran, wenn nur das Publikum bei dem Nachdrucke nichts verloren hätte. Aber hören Sie, wie viel es noch bis itzt verlieret. Man hat nur den zweiten Band nachgedruckt, und den ersten gar keiner Achtung gewürdiget. Gleichwohl enthält er, wie gesagt, eine besondere neue Abhandlung, und die Gesänge selbst sind an ungemein vielen Stellen verändert und verbessert worden.

Veränderungen und Verbesserungen aber, die ein Dichter, wie Klopstock, in seinen Werken macht, verdienen nicht allein angemerkt, sondern mit allem Fleiße studieret zu werden. Man studieret in ihnen die feinsten Regeln der Kunst; denn was die Meister der Kunst zu beobachten für gut befinden, das sind Regeln.

Sie sind itzt nicht in den Umständen, daß Sie selbst diese Vergleichung der ersten und neuern Lesarten anstellen könnten, die Sie zu einer andern Zeit sehr angenehm beschäftigen würde. Erlauben Sie mir also, Ihnen noch eines und das andere davon zu sagen. –

Welch einen lobenswürdigen Fleiß hat der Dichter auf die Sprache und den Wohlklang verwendet. Auf allen Seiten fin-

* Im Jahr 1755. in groß Quart.

det man Beispiele des bestimmtern Sylbenmaßes, der reinern Wortfügung, und der Wahl des edleren Ausdrucks. In Ansehung der Wortführung hat er unter andern eine Menge Participia, wo sie den Perioden zu schwerfällig, oder zu dunkel machten, aufgelöset. Z. E. wo er den Satan mit grimmigem Blicke den göttlichen Weltbau durchirren läßt,

> Daß er noch durch so viele Jahrhunderte, seit der Erschaffung
> In der ersten von Gott ihm gegebenen Herrlichkeit glänzte

heißt nunmehr die letzte Zeile

> In der Herrlichkeit glänzte, die ihm der Donnerer anschuf.

Oder wo er sonst den Zophiel sagen ließ:

> – – – Verkündigt der dampfende Nebel
> Seine von allen Göttern so lange gewünschte Zurückkunft

heißt es itzt:

> Seine Zurückkunft, auf welche die Götter so lange schon harrten.

Und so in hundert andern Stellen, mit welchen die Feinde der Mittelwörter nun weniger unzufrieden sein werden. – Gewisse *Wörter* hat der Dichter zu gemein befunden, und sie haben ausgesuchtern weichen müssen. Wo es vorher hieß:

> Wische dem Knaben die Zähre vom Antlitz

oder:

> Wischet mit mir, wenn er stirbt, das Blut von seinem Gesichte

ist beidemal für *wischen, trocknen* gesetzt. Das Wort *Behausung,* welches der Dichter sonst sehr oft brauchte, hat überall seinen Abschied bekommen; und ich finde nur eine einzige Stelle, wo es stehen geblieben. Ich weiß zwar in Wahrheit nicht, was Herr Klopstock wider dieses alte ehrliche Wort haben mag; er muß aber doch etwas darwider haben, und vielleicht entdecken Sie es.

Andere Veränderungen betreffen Schönheiten des Detail. Dahin gehören besonders nicht wenige besser ausgemalte Beschreibungen; dergleichen diese, wo von den Geistern der Hölle im zweiten Gesange gesagt wird:

– – – Sie gingen und sangen
Eigene Taten, zur Schmach und unsterblichen Schande verdammet.
Unterm Getöse gespaltner (sie hatte der Donner gespalten!)
Dumpfer, entheiligten Harfen, verstimmt zu Tönen des Todes
Sangen sie etc.

da es vorher bloß geheißen:

Unterm Getöse vom Donner gerührter entheiligter Harfen
Sangen sie.

Von eben der Art sind auch folgende Zeilen.

Satan hört ihn voll grimmiger Ungeduld also reden,
Wollt itzt, von den Höhen des Throns, der türmenden Felsen
Einen gegen ihn schleudern; allein die schreckliche Rechte
Sank ihm zitternd im Zorne dahin –

Die alte Lesart hatte:

Itzt wollt er auf ihn donnern, allein die schreckliche Rechte etc.

Noch hat der Dichter hier und da ganz neue Stellen eingeschaltet. Ich führe Ihnen nur eine an, die Sie gewiß sehr schön finden werden. Wenn Satan in der Hölle den Tod Jesu beschließt, und sagt:

Er soll sterben! Bald will ich von ihm den Staub der Verwesung
Auf dem Wege zur Hölle, vorm Antlitz des Ewigen ausstreun.
Seht den Entwurf von meiner Entschließung. So rächet sich Satan!

heißt es nunmehr weiter:

Satan sprach es. Indem ging von dem Versöhner Entsetzen
Gegen ihn aus. Noch war in den einsamen Gräbern der Gottmensch.
Mit dem Laute, womit der Lästerer endigte, rauschte
Vor den Fuß des Messias ein wehendes Blatt hin. Am Blatte
Hing ein sterbendes Würmchen. Der Gottmensch gab ihm das Leben.
Aber mit eben dem Blicke sandt' er dir, Satan, Entsetzen!
Hinter dem Schritt des gesandten Gerichts versank die Hölle,
Und vor ihm ward Satan zur Nacht! So schreckt ihn der Gottmensch.

Und ihn sahe der Abgrund und blieb vor Bewundrung stille etc.

Aber auch die Kunst auszustreichen verstehet Herr Klopstock, und es sind manche Zeilen weggefallen, die sich seine Bewunderer nimmermehr würden haben nehmen lassen, wenn er sie ihnen nicht selbst genommen hätte. Es sind meistenteils Zeilen, die ein wenig in das Tändelnde fielen. So erhaben, als es z. E. sein sollte, wenn Adramelech sagte:

Dann würg ich nicht die vernünftigen Wesen, wie Satan, nur einzeln;
Nein zu ganzen Geschlechtern! Die sollen vor mir sich in Staub hin
Niederlegen, ohnmächtig sich krümmen, und winden und jammern,
Wenn sie sich winden, und krümmen und jammern, so sollen sie sterben.

so klein war es in der Tat, und der Dichter hat sehr wohl daran getan, daß er die beiden letztern Zeilen in eine gezogen:

Die sollen vor mir sich in Staub hin
Niederlegen, ohnmächtig sich krümmen und winden, und sterben.

Und wären doch alle seine Verkürzungen von dieser Art! Doch so muß ich Ihnen leider sagen, daß dem Herrn Klopstock, ich weiß nicht welcher Geist der Orthodoxie, oft anstatt der Kritik vorgeleuchtet hat. Aus frommen Bedenklichkeiten hat er uns so manchen Ort verstümmelt, dessen sich ein jeder poetischer Leser gegen ihn annehmen muß. Was geht es diesem an, daß einem Schwachgläubigen die wütenden Entschließungen des Adramelechs, zu Ende des zweiten Gesanges, anstößig gewesen sind oder sein können? Soll er sich deswegen die vortreffliche Stelle rauben lassen, wo dieser rasende Geist auch die Seele des Messias zu töten sich vornimmt?

Und wenn der Ewige sie vor andern Seelen erwählte,
Wenn er sie sich zu verherrlichen schuf: so soll er voll Jammer
Um sie in einsamer Ewigkeit klagen! Drei schreckliche Nächte
Soll er um sie klagen! Wenn er sich ins Dunkle verhüllt hat,
Soll drei schreckliche Nächte kein Seraph sein Angesicht sehen!
Denn will ich durch die ganze Natur ein tiefes Geheule
Hören, ein tiefes Geheule am dunkeln verfinsterten Throne,
Und ein Geheul in der Seelen Gefild, ein Geheul in den Sternen
Da, wo der Ewige wandelt, das will ich hören und Gott sein!

Und solche Stellen haben mehrere weichen müssen, die ich mir alle sorgfältig wieder in mein Exemplar eingetragen habe. Unter andern ist der Charakter des Verräters durch die fromme Strenge des Dichters noch einmal so unbestimmt geworden, als er vorher war. Er war schon anfangs sehr schielend, und nun weiß man vollends nicht was man daraus machen soll. Auch sogar alle die Wörter, die einen heidnischen Verstand haben können, die aber der Dichter, meinem Bedünken nach, sattsam geheiliget hatte, sind verwiesen worden; was vorher *Schicksal* hieß, heißt nun *Vorsicht,* und die *Muse* hat sich überall in eine *Sängerin Sions* verwandelt.

Die größte Verbesserung, wo das Genie des Dichters ohne Zweifel am wirksamsten gewesen, ist die, welche er mit der

Rede des Vaters im ersten Gesang vorgenommen. Es ist der Anständigkeit gemäß, daß sich Gott so kurz als möglich ausdrückt; und jene Rede verstieß wider diese Regel viel zu sehr. Gleichwohl mußte alles, was Gott da sagt, gesagt werden; und der Dichter ist nunmehr also auf das Mittel gefallen, ihn selbst nur die ersten Zeilen sagen, und das Übrige einen Seraph von dem Gesichte Gottes lesen zu lassen. Ich bewundere diesen Einfall als eine Veränderung, zu der ihn die Not gebracht; an und für sich selbst aber hat er meinen Beifall nicht.

Fll.

Zweiter Teil
1759

XV. Den 12. April 1759

ZWEI UND DREISSIGSTER BRIEF

Sie erinnern sich doch, daß vor einigen Jahren in dem unterirdischen Herkulano eine kleine Bibliothek gefunden ward? Einem Gelehrten in Neapolis ist es gelungen, eine von den griechischen Handschriften derselben zu entwickeln, und das Glück hat gewollt, daß es die Ερωτοπαιγνια des Alciphrons sein müssen. Der Herr von Q** der sich itzt in Neapolis aufhält, hat Gelegenheit gehabt, ein Stück daraus abzuschreiben, und hat es nach Deutschland geschickt. Hier ist es einem von unsern besten Dichtern in die Hände gefallen, der es so vortrefflich gefunden, daß er folgende Übersetzung davon gemacht. Es ist das achtzehnte Erotopaignion in der Ordnung, und überschrieben:

»Die Grazien

Als an einem Frühlingsabende sich die drei Grazien neben einem Walde in acidalischen Quellen belustigten, verlor sich plötzlich Aglaja, die Schönste der Grazien. Wie erschraken die Töchter der Anmut, als sie Aglajen vermißten! Wie liefen sie durch die Bäume und suchten und riefen:

So ängstlich bebt auf Manethuser Saiten
Der zärtste Silberton.
Aglaja! – rief der Silberton.
Aglaja! – half der Nachhall sanft verbreiten.
Umsonst! Aglaja war entflohn.
Ach, Pan schlich längst ihr nach! Der Frevler hat sie schon!
Ach, Acidalia! blick her von deinem Thron!
Soll sie nach langen Ewigkeiten,
Nur itzt nicht länger uns begleiten?
Zwo Grazien sind aller Welt zum Hohn;
Und ach! die dritte hat er schon! –
So klagten sie. Umsonst! Aglaja war entflohn.

Nun schlichen sie an den Büschen herum, und schlugen leise an die Blätter und flohen nach jedem Schlage furchtsam zurück.

Denn stellten sie sich gleich, den Räuber auszuspähn,
So zitterten sie doch für Furcht, ihn nur zu sehn.

Endlich kamen sie an ein Rosengebüsche, das meine Chloe versteckte – und mich. Chloe saß vor mir, ich hinter Chloen.

Itzt bog ich schlau an ihrem Hals mich langsam über,
Und stahl ihr schnell ein Mäulchen ab;
Itzt bog sie unvermerkt den Hals zu mir herüber,
Und jedes nahm den Kuß auf halbem Weg sich ab,
Denn jedes nahm und jedes gab.

In diesem Spiele überraschten uns die Grazien und sie lachten laut, da sie uns küssen sahen, und hüpften fröhlich zu uns herbei. Da ist Aglaja! – riefen sie. Die Schalkhafte! – Du küssest, da wir unruhig herumirren, und dich nicht finden können? – Und itzt liefen sie mit meiner Chloe davon.

Was? rief ich, lose Räuberinnen!
Wie sollte sie Aglaja sein?
Ihr irrt euch sehr, ihr Huldgöttinnen!
Für Grazien ist das nicht fein!
Gebt Chloen mir zurück! Betrogne, sie ist mein!

Doch die Grazien hörten mich nicht, und liefen mit meiner Chloe davon. Zornig wollte ich ihnen nacheilen, als plötzlich Aglaja hinter einer Buche hervortrat, und mir winkte, und freundlich lächelnd also zu mir sprach:

Warum willst du zu Chloen eilen?
Beglückter Sterblicher, Aglaja liebet dich.
Küß itzt einmal statt Chloen mich;
Wünsch nicht dein Mädchen zu ereilen:
Ich, eine Göttin, liebe dich.

Schüchtern sah ich die Huldgöttin an.

Auf ihren Wangen sprach Entzücken,
Und Jugend und Gefühl aus den verschämten Blicken.

Gefährliche Reizungen! – Aber mit dreister Hand ergriff ich die Huldgöttin, führte sie zu ihren Schwestern, und sprach: Hier ist Aglaja, ihr Grazien –

O Chloe, meine Lust, mein Glück!
Gebt meine Chloe mir zurück!
Ist dies Aglajens Mund und Blick?
Da! nehmt die Huldgöttin zurück!«

Nun, was sagen Sie hierzu? O, Sie sind entzückt. – Welche allerliebste, kleine Erdichtung! Nie hat ein Dichter sein Mädchen mehr erhoben! Nichts kann feiner sein! Nichts zärtlicher! O die Griechen! die Griechen! – – Kommen Sie zurück aus Ihrer Entzückung! Ich habe Sie hintergangen. Der Gelehrte in Neapolis hat nichts entwickelt; Alciphron hat keine Ερωτοπαιγνια geschrieben; was Sie gelesen, ist nicht aus dem Griechischen übersetzt; die »Grazien« sind ein ursprüngliches Werk eines Deutschen. Streichen Sie die *Manethuser* Saiten, gleich zu Anfange, nur weg, und setzen *Cremoneser* Saiten dafür; denn so sagt der Dichter, und ich mußte diese geringe Spur des Modernen vor Ihren Augen verbergen.

Aber, höre ich Sie fragen, warum sollte ich denn nun hintergangen werden? Darum! Würde ich Ihre Neugier wohl rege gemacht haben, wenn ich Ihnen gerade zu geschrieben hätte: In Leipzig sind vor kurzen vier kleine Bogen heraus gekommen, unter der Aufschrift, »Tändeleien«. – – »Tändeleien«? würden Sie gerufen haben. Warum tun wir Deutschen doch das so gern, wozu wir am wenigsten aufgelegt sind? – Vergebens hätte ich hinzu gesetzt: aber es sind artige Tändeleien; Sie werden den Verfasser auf einem ganz eigenen Pfade finden; sie sind eines Gresset würdig! Sie hätten mir aufs höchste geglaubt, und – es dabei bewenden lassen.

Aber nun biete ich Ihnen Trotz, es dabei bewenden zu lassen. Denn ich muß Ihnen nur sagen, daß alles, was die vier Bogen enthalten, in dem nämlichen Geschmacke und *fast* von gleichem Werte ist. Sie werden sie ganz lesen; lassen Sie doch sehen, ob unsere Urteile zusammen treffen. – Nach den obigen Grazien, hat »Amors Triumph«, und »Der Geschmack eines Kusses« meinen vorzüglichen Beifall. Nächst diesen haben mich die »Kriegslist des Amors«, »An den Maler«, »Die Ode«, und »Bacchus und Amor« am meisten vergnügt. Die »Kennzeichen der Untreue« wollen mir wegen des *Bärtchens* nicht gefallen; der Scherz ist zu bürgerlich. In dem Stücke »An Chloen« ist mir der *Alp* zuwider; und wenn der erzürnte Jupiter zu seiner untreuen Nymphe sagt:

Geh hin, und sei ein Alp, buhl und erweck nur Grauen!

so straft er uns arme Schlafende mehr, als die Nymphe. In dem »Verliebten Wunsche« ist mir die Vermischung der alten Mythologie und des Geistersystems nach dem Gabalis anstößig. Diese und einige andere Stücke hätte ich, wenn ich an des Verfassers Stelle gewesen wäre, zurückbehalten, und die einzeln Schönheiten derselben zu bessern Ganzen verspart. So würde ich mir zum Exempel den Anfang von den gedachten »Kennzeichen der Untreue« heilig aufbewahret haben, bis ich einen edlern Schluß dazu gefunden hätte; denn so wie dieses Stück itzt ist, kömmt es mir nicht anders vor, als eine antique verstümmelte Bildsäule, die ein neuer Steinmetz zu ergänzen gewagt. Betrachten Sie nur:

»Amor fliegt mit Schmetterlingen,
Um in frohem Wechselstreit
Sich den Preis der Schnelligkeit
Vor den Tierchen zu erringen:
Doch er fällt aus Müdigkeit
Schnell in einen Bach und schreit.

Ich Jüngling lief eilig hinzu, hob ihn sanft aus dem Wasser heraus, und trocknete seine nassen Flügel, und erwärmte ihn in meinem Busen. Nun dankte mir Amor freundlich, und sprach: Lieber Jüngling, du hast den Amor gerettet: womit soll ich deine Großmut vergelten? – Erhalte mir meine Chloe getreu; antwortete ich. – O Jüngling, rief er, was bittest du? Steht es in der Gewalt des Amors, die Liebe in den Herzen der Mädchen einzuschränken? – Da schlug ich die Augen nieder, und seufzte. Aber der reizende Sohn der Cythere ermunterte mich wieder: Seufze nicht, Jüngling! Amor kann deine Bitte wenigstens zum Teil erfüllen.« –

So weit geht alles gut! Wie gesagt, ein schöner antiquer Rumpf; aber nun – welch ein gotischer Kopf ist darauf geflickt!

– »Sobald Chloe einen andern als dich küßt, soll schnell ein Bärtchen aus ihrer Lippe hervor keimen, zum Merkmal, daß sie dir untreu ist. – So sagte Amor. –

Nun, Chloe, wirst du dich wohl scheun. –
Ich würde den Verrat auf deiner Lippe sehen. –
Manch holdes Mädchen schon seh ich mit Bärten gehen:
Sie müssen wohl nicht treu gewesen sein.«

Ach nicht doch! Sie müssen keinen Bart haben, die holden Mädchen; sie mögen uns treu sein oder nicht! Fll.

XVI. Den 19. April 1759

DREI UND DREISSIGSTER BRIEF

Ja wohl ist der Verfasser der »Tändeleien«, wenn diese sein erster Versuch sind, ein Genie, das sehr viel verspricht! Aber auch darin haben Sie Recht: Das »Lied eines Mohren« hätte ihm nicht entwischen sollen. Es ist nicht allein das schlechteste Stück in seiner Sammlung; es ist an und vor sich selbst schlecht. – – Lied eines *Mohren*! Und der Mohr ist fast nirgends als in der Überschrift zu finden. Ändern Sie das einzige *schwarze Mädchen* und die *Zederwälder,* so kann es ein Kalmucke eben so wohl singen, als ein Mohr.

Wie weit ist er hier unter seinem Muster geblieben! Denn wer sieht nicht so gleich, daß sein Mohrenliedchen, eine Nachahmung des vortrefflichen Liedes eines Lappländers, in den neuen Gedichten des *Verfassers des Frühlings,* sein soll? In diesem scheinet überall die Szene durch, wo es gesungen wird, und überall der, der es singt.

– – In den zerstörten Haaren
Hängt mir schon Eis.
– –
So will ich bald an Grönlands weißen Küsten
Nach Zama schrein.
– –
Die lange Nacht kömmt schon etc.

Und wie ungekünstelt, wie wahr ist alles, was der Lappländer spricht; dahingegen der Mohr mit unter Non-Sense plaudert. Z. E.

Ich will an ihre Brust mich legen,
Das kleinste Röcheln spähn, und horchen, wie sie schlägt;
Dann soll mein Herz mit seinen stärkern Schlägen
Den Aufruhr bändigen,
Der sich in ihrem Busen regt.

Die stärkern Schläge seines Herzens sollen den Aufruhr bändigen, der sich in dem Busen seines Mädchens regt! – Zwar vielleicht hat der Dichter mit diesem Zuge das verbrannte Gehirn des Mohren bemerken wollen. Und alsdenn habe ich nichts dagegen.

Aber wieder auf das Lied des Lappländers zu kommen. Es gibt ein wirklich Lappländisches Lied, welches der Herr von Kleist bei dem seinigen vor Augen gehabt zu haben scheinet. Sie können es bei dem Scheffer in dem *fünf und zwanzigsten* Hauptstücke seiner Lapponia finden. Schade, daß ich das Buch nicht gleich bei der Hand habe! Sie sollten mit Vergnügen sehen, daß die Nachahmungen eines solchen Meisters, Verbesserungen sind.

Sie würden auch daraus lernen, daß unter jedem Himmelsstriche Dichter geboren werden, und daß lebhafte Empfindungen kein Vorrecht gesitteter Völker sind. Es ist nicht lange, als ich in *Ruhigs Litauischem Wörterbuche* blätterte, und am Ende der vorläufigen Betrachtungen über diese Sprache, eine hierher gehörige Seltenheit antraf, die mich unendlich vergnügte. Einige Litauische *Dainos* oder Liederchen, nämlich, wie sie die gemeinen Mädchen daselbst singen. Welch ein naiver Witz! Welche reizende Einfalt! Sie haben in dem Litauischen Wörterbuche nichts zu suchen: ich will Ihnen die zwei artigsten also nach Ruhigs Übersetzung, daraus abschreiben:

Erste Daina
Abschied einer heiratenden Tochter

1.

»Ich habe aufgesagt meim Mütterlein, schon vor der Hälfte des Sommerleins:

2.

Such, Mütterlein, dir ein Spinnerlein; ein Spinnerlein und Weberlein.

3.

Ich habe gnug gesponnen das weiße Flächslein; gnug gewürket feine Leinwandlein.

4.

Ich habe gnug zerschauert die weißen Tischlein; ich habe gnug gefeget die grünen Gehöftlein.

5.

Ich habe gnug gehorcht meinem Mütterlein; ich muß nun auch horchen meinem Schwiegermütterlein.

6.

O du Kränzlein von grünem Rautelein! Du wirst nicht lange grünen auf meinem Hauptelein.

7.

Meine Haarflechten von grünem Seidelein, ihr werdet nicht mehr funkeln im Sonnenschein.

8.

Mein Haarlein, mein gelbes Haarlein, du wirst nicht mehr herumflattern vom Wehen des Windes.

9.

Ich werde besuchen mein Mütterlein, nicht mit einem Kranze, sondern gehaubet.

10.

O mein feines Häubelein! Du wirst noch schallen vom Winde geblasen.

11.

Mein ausgenähtes und buntes Arbeitlein, ihr werdet noch schimmern bei der heißen Sonnen.

12.

Meine Haarflechtlein von grünem Seidelein, ihr werdet an der Wand hangen und mir Tränen machen.

13.

Ihr meine Ringelein, ihr güldenen, ihr werdet im Kasten liegen und rosten!«

Zweite Daina
Eine Tochter hatte ihren Geliebten begleitet

1.
»Früh Morgens im Morgelein ging das Sonnlein auf, und unter den Glasfensterlein saß das Mütterlein.

2.
Ich wollte dich fragen, Töchterlein, wo bist du herumgegangen? Und wo hat dein Kränzelein das Nebelein befallen?

3.
Früh, im frühen Morgelein, ging ich nach Wasserlein, und da hat mein Kränzelein das Nebelein befallen.

4.
Das ist nicht wahr, Töchterlein, das sind keine wahren Wörtelein! Gewiß, du hast dein Knechtlein über Feld begleitet.

5.
Ja, das ist wahr, Mütterlein, das sind wahre Wörtelein: Ich hab mit meinem Knechtelein ein Wörtlein geredet.«

Die häufigen Diminutiva, und die vielen Selbstlauter, mit den Buchstaben l, r und t untermengt, sagt Ruhig, machen die Sprache in diesen Liedern ungemein lieblich. Der fromme Mann entschuldiget sich, daß er dergleichen Eitelkeiten anführe; bei mir hätte er sich entschuldigen mögen, daß er ihrer nicht mehrere angeführt. Fll.

XVII. Den 26. April 1759

SECHS UND DREISSIGSTER BRIEF

Bald werden wir einen von unsern besten alten Dichtern wieder unter uns aufleben sehen. Zwei hiesige Gelehrte arbeiten an einer neuen Ausgabe des Logau. – Es kann leicht sein, daß ich Ihnen hier einen ganz unbekannten Mann nenne. Dieser Zeitverwandte, und Landsmann des großen Opitz, ist, wie es scheinet, nie nach Verdienst geschätzt worden; und noch ein halbes Jahrhundert hin, so wäre es vielleicht ganz um ihn geschehen gewesen. Kaum, daß unsere neuen Kunstrichter und Lehrer der Poesie seinen Namen noch anführen; weiter führen sie auch nichts von ihm an. Wie viel vortreffliche

Beispiele aber hätten sie nicht aus ihm entlehnen können! Und würden sie es wohl unterlassen haben, wenn sie dergleichen bei ihm zu finden geglaubt hätten? Sie hatten ihn also nie gelesen; sie wußten nicht, was an ihm war; und es wird sie ohne Zweifel befremden, wenn sie nun bald einen von unsern größten Dichtern in ihm werden erkennen müssen.

Es ist nur zu betauern, daß sich Logau bloß auf eine, und noch dazu gleich auf die kleinste Dichtungsart eingeschränkt hat! Denn er ist wenig mehr als Epigrammatist. Doch in Ansehung der Menge von Sinngedichten, der erste unter allen; und einer von den ersten, in Ansehung der Güte derselben. Er hat deren im Jahr 1654 einen Band von nur *drei tausend* drucken lassen, und mehr als ein halbes Tausend *zugegeben*. Nun setzen Sie – und für diese Berechnung kann ich allenfalls stehen, – daß ein Neunteil davon vortrefflich, ein Neunteil gut, und noch ein Neunteil erträglich ist; und sagen Sie mir, ob er unter den guten Sinndichtern nicht wenigstens der *Unerschöpfliche* genennt zu werden verdienet?

Aber wie vortrefflich, werden Sie fragen, sind denn die Stücke aus dem guten Neunteil? – Einige Exempel werden es zeigen. Ich will aber dem ehrlichen Logau nichts vergeben wissen, wenn ich allenfalls nicht die besten Exempel wählen sollte.

Logau lebte in der unglücklichen Zeit des dreißigjährigen Krieges. Was Wunder also, wenn ein großer Teil seiner Sinngedichte den Krieg, und die schrecklichen Folgen desselben zum Inhalte hat? Hier schrieb der Dichter aus der Fülle seines Herzens, und es gelang ihm immer vortrefflich. Sehen Sie nur!

Der verfochtene Krieg

Mars braucht keinen Advocaten,
Der ihm ausführt seine Thaten.
Keinem hat er was genommen,
Wo er nichts bey ihm bekommen;
Keinem hat er was gestohlen,
Denn er nahm es unverhohlen;
Keinen hat er je geschlagen,

Der sich ließ bey Zeiten jagen;
Was er von der Straße klaubet,
Ist gefunden, nicht geraubet;
Haus, Hof, Scheun und Schopf geleeret,
Heißt ein Stücke Brodt begehret;
Stadt, Land, Mensch und Vieh vernichten,
Heißt des Herren Dienst verrichten;
Huren, saufen, spielen, fluchen,
Heißt dem Muth Erfrischung suchen;
Endlich dann zum Teufel fahren,
Heißt – den Engeln Müh ersparen.

Des Krieges Raubsucht

Als Venus wollte Mars in ihre Liebe bringen,
Hat sie ihn blank und bloß am besten können zwingen.
Denn wär sie, wie sie pflegt, im theuern Schmuck geblieben,
Hätt er sie dürfen mehr berauben, als belieben.

Krieg und Hunger

Krieg und Hunger, Kriegs Genoß,
Sind zwey ungezogne Brüder,
Die durch ihres Fußes Stoß
Treten, was nur stehet, nieder.
Jener führet diesen an;
Wenn mit Morden, Rauben, Brennen,
Jener schon genug gethan,
Lernt man diesen erst recht kennen;
Denn er ist so rasend kühn,
So ergrimmt und so vermessen,
Daß er, wenn sonst alles hin,
Auch den Bruder pflegt zu fressen.

Eine Heldenthat

O That, die nie die Welt, dieweil sie steht, gesehen!
O That, die, weil die Welt wird stehn, nie wird geschehen!
O That, die Welt in Erz und Zedern billig schreibt,
Und, wie sie immer kann, dem Alter einverleibt!
O That, vor der hinfort die allerkühnsten Helden,
Was ihre Faust gethan, sich schämen zu vermelden!
Vor der Achilles starrt, vor der auch Hektor stutzt,
Und Herkules nicht mehr auf seine Keule trutzt!
Hört! seht! und steigt empor! Macht alle Löcher weiter!
Dort ziehen Helden her, dort jagen dreyßig Reiter,

Die greifen kühnlich an – ein wüstes Gärtnerhaus,
Und schmeißen Ofen ein, und schlagen Fenster aus.

Vereinigung zwischen Jupiter und Mars

Es that mir jüngst ein Freund vom Helikon zu wissen,
Daß Jupiter mit Mars wollt' einen Frieden schließen,
Wenn Mars hinfort nicht mehr bey seinen Lebenstagen,
Nach Himmel und nach dem, was himmlisch ist, will fragen:
Will Jupiter dahin sich bindlich dann erklären,
Dem Mars, noch nebst der Welt, die Hölle zu gewähren.

Verzeihen Sie, Dichter und Soldat, es immer dem unsoldatischen Dichter, wenn er etwa die schlimme Seite des Krieges und der Krieger allzusehr übertrieben hätte. Seine Übertreibungen sind ja so witzig! – Aber so witzig Logau ist, so zärtlich, so fein, so naiv, so galant kann er auch sein!

Frage

Wie willst du weiße Lilien zu rothen Rosen machen?
Küss' eine weiße Galathee: sie wird erröthend lachen.

Über das Fieber einer fürstlichen Person

Unsre Fürstinn lieget krank. Venus hat ihr dieß bestellt,
Die, so lange jene blaß, sich für schön nun wieder hält.

Grabschrift eines lieben Ehegenossen

Leser, steh! Erbarme dich dieses bittern Falles!
Außer Gott, war in der Welt, was hier liegt, mir Alles.

Ein junges Mädchen und ein alter Greis

Ein guter Morgen ward gebracht zu einer guten Nacht,
Die aber keine gute Nacht hat gutem Morgen bracht.

Und was kann anakreontischer sein, als folgende allerliebste Tändeleien?

Von einer Biene

Phyllis schlief: ein Bienlein kam,
Saß auf ihren Mund, und nahm
Honig, oder was es war,
Koridon, dir zur Gefahr!
Denn sie kam von ihr auf dich,
Gab dir einen bittern Stich.
Ey wie recht! Du, fauler Mann,
Solltest thun, was sie gethan.

Von einer Fliege

Eine Fliege war so kühn,
Setzte sich vermessen hin
Auf des süßen Mündleins Roth;
Choris schlug, und schlug sie todt.
Florus sprach: o wenn nur ich
Dürfte dieß erkühnen mich:
Dieser Schlag, hielt ich dafür,
Diente mehr, als schadte mir.

Noch sind ein großer Teil von Logaus Sinngedichten zwar weiter nichts, als moralische Sprüche; aber mit einer meisterhaften Kürze, und selten ohne eine sinnreiche Wendung ausgedrückt. Z. E.

Der Tugend Lohn

Durch Ehr und reichen Lohn kann Tapferkeit erwachen;
Doch Ehr und reicher Lohn kann Tapferkeit nicht machen.

Reichthum

Eines Ungerechten Erb, oder selbst ein solcher Mann,
Oder beides auch zugleich ist, wer Reichthum sammeln kann.

Ein unruhiges Gemüth

Ein Mühlstein und ein Menschenherz wird stets herumgetrieben;
Wo beides nichts zu reiben hat, wird beides selbst zerrieben.

Verleumdung

Wenn man eine Wunde haut, sieht man eher Blut als Wunde:
Ungunst merkt man bald bey Hof, aber nicht aus was für Grunde.

Ich werde Ihnen von der neuen Ausgabe dieses Dichters mehr sagen, so bald sie wird zu haben sein. L.

XXV. Den 21. Junius 1759

DREI UND VIERZIGSTER BRIEF

Der alte Logau ist erschienen; und ich eile, Ihnen mein Versprechen zu halten.* Er ist in aller der Sauberkeit und

* S. den 36sten Brief.

Pracht erschienen, die ein klassischer Schriftsteller verdienet. Die Herausgeber sind die Herren Ramler und Lessing.*

»Friedrich von Logau, sagen sie in ihrer Vorrede, ist mit allem Rechte für einen von unsern besten Opitzischen Dichtern zu halten, und dennoch zweifeln wir sehr, ob er vielen von unsern Lesern weiter, als dem Namen nach bekannt sein wird. Wir können uns dieses Zweifels wegen auf verschiedene Umstände berufen. Ein ganzes Jahrhundert und drüber, haben sich die Liebhaber mit einer einzigen Auflage dieses Dichters beholfen; in wie vieler Händen kann er also noch sein? Und wenn selbst Wernike keinen kennen will, der es gewagt habe, in einer von den lebendigen Sprachen ein ganzes Buch voll Sinngedichte zu schreiben; wenn er dem Urteile seines Lehrers, des berühmten Morhofs, daß insbesondere die deutsche Sprache, ihrer vielen Umschweife wegen, zu dieser Gattung von Gedichten nicht bequem zu sein scheine, kein Beispiel entgegen zu stellen weiß: so kann er unsern Logau, seinen besten, seinen einzigen Vorgänger, wohl schwerlich gekannt haben. Ist er aber schon damals in solcher Vergessenheit gewesen, wer hätte ihn in dem nochfolgenden Zeitalter wohl daraus gerissen? Ein Meister, oder ein John gewiß nicht, die ihn zwar nennen, die auch Beispiele aus ihm anführen, aber so unglückliche Beispiele, daß sie unmöglich einem Leser können Lust gemacht haben, sich näher nach ihm zu erkundigen.«

Sind Sie begierig, diesen Meister und diesen John näher zu kennen? Meister gab 1726 ein elendes Büchelchen heraus, unter dem Titel: »Anweisung und Exempel, mehrenteils lustiger und annehmlicher Epigrammatum, aus vielen Autoribus zusammengelesen«. Und John schrieb einen »Parnassum Silesiacum, sive Recensiones Poetarum Silesiacorum, quotquot vel in patria vel in alia etiam lingua Musis litarunt«, wovon die erste Centurie 1728 herausgekommen. Beide ge-

* Friedrichs von Logau Sinngedichte; zwölf Bücher. Mit Anmerkungen über die Sprache des Dichters herausgegeben von C. W. Ramler, und G. E. Lessing. Leipzig, 1759. in der Weidmannischen Buchhandlung. Ein Alphabet, 12 Bogen.

denken zwar unsers Dichters, fertigen ihn aber ungemein kalt ab; und es ist wahr, die Beispiele, die sie aus ihm anführen, sind sehr deutliche Beweise von ihrem elenden Geschmacke. John führt zum Exempel folgendes an:

Mistjunker

Ein zartes Mutterkind, das nie vom Haus entnommen,
Ist einem Ochsen gleich, der nie vom Stall gekommen.

Und gleichwohl sagt er: quae quidem Epigrammata leporibus suis et salibus non destituuntur.

»Wir könnten, fahren die Herren Herausgeber fort, eine lange Reihe von Kunstrichtern, von Lehrern der Poesie, von Sammlern der gelehrten Geschichte anführen, die alle seiner entweder gar nicht, oder mit merklichen Fehlern gedenken. Allein etc.« –

In dieser Reihe würde ohne Zweifel auch Herr Professor Gottsched seinen Platz finden. Dieser Mann, der sich mit seiner Kenntnis unsrer alten Dichter so breit macht, nennt ihn in dem Register zu seiner Dichtkunst *Salomon Logau*; eine seltsame Vermischung seines wahren und angenommenen Namens. Er hat auch nie ein Muster aus ihm angeführt, welches er doch aus Opitzen, Flemmingen, Dachen, Tscherningen und andern getan hat. Desgleichen würde das *Jöchersche allgemeine Gelehrtenlexikon* hier eine Verbesserung erhalten können. Es sagt nämlich von unserm Logau: »Er hat den Ruhm und Beinamen des Schlesischen Peirescius erhalten, und Christ. Gryphii, seines vertrauten Freundes, Entwurf der Ritterorden, wider dessen Willen, drucken lassen.« Allein dieses ist nicht von ihm, sondern von seinem Sohne, dem Freiherrn *Balthaser Friedrich von Logau* zu verstehen.

Doch die Herausgeber haben solche Kleinigkeiten ihrer Mühe nicht wert geachtet. »Und wozu, sagen sie, sollten uns diese Beweise dienen, daß Logau unbekannt gewesen ist? Ein jeder Leser, der ihn nicht kennt, glaubt uns dieses auch ohne Beweis.« – Sie bringen demohngeachtet, im Vorbeigehen, noch zwei Beweise an, die ihr Vorgeben außer allem Zweifel setzen. Der erste ist dieser: Logau war ein Mitglied der fruchtbringenden Gesellschaft, in die er 1648 unter dem Namen des *Verkleinernden* aufgenommen ward; gleichwohl aber rechnet ihn der *Sprossende,* in seiner Beschreibung dieser Gesellschaft, unter diejenigen Glieder nicht, die sich durch Schriften gezeigt haben. Der zweite Beweis ist von S. v. G. »Auferweckten Gedichten« hergenommen. Schon nämlich im Jahr 1702 bekam ein Ungenannter den Einfall, einen Auszug aus den Sinngedichten unsers Logau zu machen; und wenn er berechtiget war, diesen Auszug »Auferweckte Gedichte« zu nennen, so ist es ja wohl unleugbar, daß sie vorher schon begraben gewesen sind. »Unterdessen, sagen die Herausgeber, ist dieser Ungenannte vielleicht Schuld, daß Logau noch tiefer in die Vergessenheit geriet, und nunmehr mit Recht zu einer neuen Begrabung verdammt werden konnte.« Es ist unglaublich, welche Freiheit er sich mit seinem Autor genommen hat; unter hundert Sinngedichten ist nicht eines unverstümmelt geblieben; und doch sieht man meistenteils auch nicht die geringste Ursache, warum er uns seine vermeinten Verbesserungen aufdringen wollen. Ich will einige Exempel davon anführen; denn ich weiß, Ihre Neugierde ist größer, als der Ekel sein kann, den sie Ihnen verursachen werden. »Die vier Hirtinnen«, ist eines von den feinsten Sinngedichten des Logau; wenn man ihm einige gezwungene Ausdrücke nehmen könnte, so würde es ein kleines Meisterstück sein. Es lautet so:

Chloris, Doris, Iris, Ciris, liebten Einen Hirten alle;
Ihm zu weisen mit dem Werke, daß er jeder wohlgefalle,
Krönte Chloris ihn mit Blumen; Doris bracht ihm Honigschnitte;
Iris grüßet' ihn mit Lächeln; Ciris faßt ihn in die Mitte,
Küßte seinen Mundrubin. Ihm behagte nur das Küssen,
Und er überließ der Ciris Krone, Honig und das Grüßen.

Aber welch ein plumpes, widerwärtiges Ding hat der Ungenannte daraus gemacht!

Chloris, Doris, Iris, Ciris liebten Einen in die Wette;
Chloris krönte ihn mit Blumen; Doris gab ihm Honig ein;
Iris grüßte ihn mit lachen; Ciris wollt die Klügste sein,
Sie behielt den Schäfer Thyrsis, denn sie führte ihn aufs Bette.

Solche Nichtswürdigkeiten kritisieren sich selbst. Ich darf die übrigen also bloß nur untereinander setzen.

Logau

Ohne Noth wird die bewacht,
Die auf Unzucht nie gedacht.
Nur vergebens wird bewacht,
Die auf Unzucht hat gedacht.

Der Ungenannte

Ohne Nutz wird die bewacht,
Die auf Geilheit ist bedacht;
Denn der kleinste Buhlerstich,
Ist für sie ein Dieterich.

Logau

Friß die Schafe selbst: (eine gute List!)
So erfährst du nicht, daß der Wolf sie frißt.

Der Ungenannte

Die Schafe fressen selbst, ist der Tyrannen List.
Denn so vernimmt man nicht, daß sie der Wolf auffrißt.

Logau

Man hat den Feind aufs Haupt geschlagen;
Doch Fuß hat Haupt hinweggetragen:
Man schlag ihn, rath ich, auf den Fuß,
Damit er liegen bleiben muß.

Der Ungenannte

Wenn man den Feind aufs Haupt geschlagen,
So hat der Fuß ihn weggetragen:
Man schlag ihn lieber vor die Scheiben,
So muß er fein beliegen bleiben.

Und so sind die Verbesserungen des Ungenannten alle. Daß er dabei gleich die allervortrefflichsten Stücke seines Dichters ganz übersehen und gar nicht gerettet hat, ist ein Fehler, den man so einem Stümper kaum aufmutzen darf. Er hat seine Sammlung dafür mit Stücken von andern Verfassern bereichert, die überhaupt davon zu reden höchst elend sind; und selbst diejenigen, die er von Canitzen und Bessern eingerücket hat, sind kaum mittelmäßig. Ein einziges habe ich darin entdeckt, welches so vortrefflich ist, daß ich es unmöglich länger darin kann vergraben sein lassen. Es hat einen H. M. zum Verfasser; und wer mag wohl dieser M. sein? Ein *Menantes* ist es gewiß nicht.

Belise und Thyrsis

Belise starb und sprach im Scheiden:
Nun Thyrsis, nun verlaß ich dich!
Ich stürbe willig und mit Freuden,
Liebt eine dich so sehr als ich.

Ach, sprach er, mag dich das betrüben?
Belise, nur dein Tod ist schwer!
Kannst du mich selbst nicht länger lieben,
Bedarf ich keiner Liebe mehr.

Welchem von unsern neuesten zärtlichen Dichtern würde dieses kleine Lied nicht Ehre machen? – O wahrhaftig, das schlechte Buch ist rar, in welches sich gar nichts Gutes, auch nicht von ohngefähr eingeschlichen hätte! –

Doch wieder auf den Logau zu kommen. Von seinen Lebensumständen haben die Herren Herausgeber nur wenig entdecken können. Er war im Jahr 1604 geboren; er bekleidete die Stelle eines Kanzleirats bei dem Herzoge zu Liegnitz und Brieg, Ludewig dem vierten, und starb 1655. Sie erwähnen unter seinen Vorfahren des George von Logau auf Schlaupitz, eines der besten lateinischen Dichters in der ersten Hälfte des sechzehnten Jahrhunderts. Auch unter seinen Nachkommen hätten sie einen Dichter, und zwar einen deutschen Dichter, finden können; nämlich den Herrn Heinrich Wilhelm von Logau und Altendorf, welcher 1737 ein »Poetisches Vergnügen« herausgab. Sie werden ihn auch ohne Zweifel gekannt, aber es nicht für anständig gehalten haben, neben einem so großen Ahnen, poetischen Andenkens, einen Enkel zu nennen, der weiter nichts als ein Reimer ist.

Logau hatte Anfangs nur eine Sammlung von zwei hundert Sinngedichten herausgegeben, die, wie er selbst sagt, wohl aufgenommen worden. Die Herausgeber vermuten nicht unwahrscheinlich, daß dieses im Jahr 1638 müsse geschehen sein. Sechzehn Jahr endlich darauf, trat die vollständige Sammlung ans Licht, welche sie bei ihrer Ausgabe zum Grunde gelegt haben. – Und nun sehen Sie; Ihre Vermutung ist eingetroffen. Sie haben sie nicht von Wort zu Wort abdrucken lassen; denn drei tausend fünfhundert und drei und funfzig Sinngedichte können unmöglich alle gut, alle aufbehalten zu werden würdig sein. Sie haben ihren Dichter auf sein Dritteil herabgesetzt, und hören Sie doch, was sie dabei anmerken! »das ist unter allen Nationen, sagen sie, immer ein sehr vortrefflicher Dichter, von dessen Gedichten ein Dritteil gut ist.« – Der Ausspruch ist strenge; aber ich glaube doch, er ist wahr. Das ausgesuchte Dritteil haben sie alsdenn in zwölf Bücher verteilet, die durch ein Paar dazu bequeme Sinngedichte zum Anfange und zum Schlusse, in ein scheinbares Ganze verbunden werden. Der Anfang des ersten z. E. ist folgender.

An mein Buch

Daß mein Buch, sagt mir mein Muth,
Noch ganz böse, noch ganz gut.
Kommen drüber arge Fliegen,
Bleibt gewiß Gesundes liegen,
Und das Faule findet man;
Kommen aber Bienen dran,
Wird das Faule leicht vermieden,
Und Gesundes abgeschieden.

Und der Schluß des zehnten:

An den Leser

Leser, wie gefall' ich dir? –
Leser, wie gefällst du mir?

Nach dem Inhalte oder dem Tone der Sinngedichte, haben sie sich bei ihrer Abteilung zwar nicht gerichtet; doch scheint es mir, als ob sie es bei dem einzigen sechsten Buche hätten tun wollen. In diesem nämlich hat fast jedes Stück eine gewisse Feinheit, Naivität, Zärtlichkeit, ja nicht selten Schalkhaftigkeit; und Logau erscheint da ganz als unser deutscher Catull; wenn er nicht oft noch etwas besseres ist. Urteilen Sie selbst.

Ursprung der Bienen

Jungfern, habt ihr nicht vernommen,
Wo die Bienen hergekommen?

Oder habt ihr nicht erfahren,
Was der Venus widerfahren,
Da sie den Adonis liebte,
Der sie labt' und auch betrübte?
  Wann im Schatten kühler Myrthen
Sie sich kamen zu bewirthen;
Folgte nichts als lieblich Liebeln;
Folgte nichts als tückisch Bübeln;
Wollten ohne süßes Küssen
Nimmer keine Zeit vermissen;
Küßten eine lange Länge,
Küßten eine große Menge,
Küßten immer in die Wette,
Eines war des Andern Klette.
Bis es Venus so verfügte,
Die dieß Thun sehr wohl vergnügte,
Daß die Geister, die sie hauchten,
Immer blieben, nie verrauchten;
Daß die Küsse Flügel nahmen,
Hin und her mit Heeren kamen,
Füllten alles Leer der Lüfte,
Wiese, Thal, Berg, Wald, Feld, Klüfte,
Paarten sich zum Küssen immer,
Hielten ohne sich sich nimmer,
Saßen auf die Menschentöchter,
Machten manches Mundgelächter,
Wenn sie sie mit Küssen grüßten,
Wenn sie sie mit Grüßen küßten.
  Aber Neid hat scheel gesehen;
Und Verhängniß ließ geschehen,
Daß ein schäumend wilder Eber
Ward Adonis Todtengräber.
  Venus, voller Zorn und Wüten,
Hat gar schwerlich dieß erlitten.
Als sie mehr nicht konnte schaffen,
Gieng sie, ließ zusammenraffen
Aller dieser Küsse Schaaren,
Wo sie zu bekommen waren,
Machte draus die Honigleute,
Daß sie gäben süße Beute,
Daß sie aber auch darneben
Einen scharfen Stachel gäben,
So wie sie das Küssen büßen
Und mit Leid ersetzen müssen.
  Sag ich dieses einem Tauben,
Wollt ihr Jungfern dieß nicht glauben:

Wünsch ich euch, für solche Tücke,
Daß euch Küssen nie erquicke!
Glaubt ihrs aber, o so schauet,
Daß ihr nicht dem Stachel trauet!

Welch eine glückliche Fiction! Mit wie viel kleinen Bildern ausgezieret! In welch einer ungekünstelten, anständig tändelnden Sprache vorgetragen! Und auf welche ernsthafte Wahrheit angewandt! Hier sind noch einige aus diesem Buche.

Rückkunft vom Freunde, Ankunft zur Freundinn

Da, wo ich itzo war, da war mir herzlich wohl,
Wohl wird mir wieder seyn, wohin ich kommen soll;
Gunst ohne Falsch war hier, dort ist Lieb ohne List;
Hier ward ich sehr geehrt, dort werd ich schön geküßt;
Beym Freunde war ich jetzt, zur Freundinn komm' ich nun;
Hier that der Tag mir Guts, dort wird die Nacht es thun.

Auf die Pulchra

Dreyerley vergöttert dich: Daß du bist so wunderschön;
Und so wunderkeusch; und daß beyde Ding beysammen stehn.

An einen Bräutigam

Wenn du die Braut ins Bette rufst, so wehrt sie sich beym Bitten;
Nicht bitte! denn sie hat schon selbst viel vom Verzug erlitten.

Ich will Ihnen unterdessen nicht einbilden, daß alle beibehaltene Stücke von gleichem Werte sind. Die Herren Herausgeber erkennen es selbst; »aber genug, sagen sie, daß in dem unbeträchtlichsten noch stets etwas zu finden sein wird, warum es unsrer Wahl wert gewesen. Ist es nicht allezeit Witz, so ist es doch allezeit ein guter und großer Sinn, ein poetisches Bild, ein starker Ausdruck, eine naive Wendung und dergleichen.« – Und das muß man ihnen zugestehen! Der gute und große Sinn besonders, macht eine Menge von Logaus Sinngedichten, zu so vielen güldenen Sprüchen, die von allen Menschen ins Gedächtnis gefaßt zu werden verdienen.

Einfältiges Gebet

Die Einfalt im Gebet ist großer Witz vor Gott;
Genug wer ihm vertraut und *nennet* bloß die Noth.

Freundschaft

Alten Freund für neuen wandeln,
Heißt, für Früchte Blumen handeln.

Kurz, es ist nichts weniger, als eine Übertreibung, wenn die Herausgeber sagen: »Es ist unwidersprechlich, daß wir in unserm Logau allein, einen Martial, einen Catull, und Dionysius Cato besitzen.«

XXVI. Den 29. Junius 1759

VIER UND VIERZIGSTER BRIEF

Es war der bloße Logau, von welchem ich mich mit Ihnen in meinem vorigen Briefe unterhielt; und ich habe davon noch nichts erwähnt, wie sehr sich, auch außer der guten Wahl, die Herren Herausgeber um ihn, und zugleich um alle Liebhaber der deutschen Sprache, verdient gemacht haben.

Sie sind nämlich mit ihrem Dichter wie mit einem wirklichen alten klassischen Schriftsteller umgegangen, und haben sich die Mühe nicht verdrießen lassen, die kritischen Erythräi desselben zu werden. Ihren Anmerkungen über seine Sprache haben sie die Gestalt eines Wörterbuchs gegeben, und sie merken mit Grunde an, »daß ähnliche Wörterbücher über alle unsere guten Schriftsteller der erste nähere Schritt zu einem allgemeinen Wörterbuche unserer Sprache sein würden.

Die Sprache des Logau, sagen sie, ist, überhaupt zu reden, die Sprache des Opitz und der besten seiner Zeitverwandten und Landsleute. Und wenn Tscherningen hierin die erste Stelle nach Opitzen gebühret, so gebühret die erste Stelle nach Tscherningen unserm Logau. Das Sinngedichte konnte ihm die beste Gelegenheit geben, die Schicklichkeit zu zeigen, welche die deutsche Sprache zu allen Gattungen von

Materie, unter der Bearbeitung eines Kopfs erhält, der sich selbst in alle Gattungen von Materie zu finden weiß. Seine Worte sind überall der Sache angemessen: nachdrücklich und körnicht, wenn er lehrt; pathetisch und vollklingend, wenn er straft; sanft, einschmeichelnd, angenehm tändelnd, wenn er von Liebe spricht; komisch und naiv, wenn er spottet; possierlich und launisch, wenn er bloß Lachen zu erregen sucht.«

Von der Sprachenmengerei, die zu seinen Zeiten schon stark eingerissen war, zeigen sie, daß er völlig frei gewesen ist. Was er mit einem deutschen Worte ausdrücken konnte, das drückte er mit keinem lateinischen oder französischen aus; und er hat verschiedene aus andern Sprachen entlehnte Kunstwörter nicht unglücklich übersetzt. Z. E. Accentus durch *Beilaut;* Inventarium, durch *Fundregister;* Profil, durch *Durchschnitt,* und zwar nicht nur von Gebäuden, sondern auch von einem Gesichte, welches der Maler bloß von der Seite genommen hat; Anatocismus durch *Wiederzins* etc. Doch war er hierin kein übertriebener Purist; sondern er spottet vielmehr über die zuweitgehenden Neuerungen des Zesen, der damals zu *gottschedisieren* anfing.

Es unterscheidet sich aber seine Sprache von derjenigen, welcher sich itzt unsere besten Schriftsteller bedienen, vornehmlich in zwei Stücken; in gewissen Wörtern und Fügungen nämlich, die wir, es sei nun mit Recht oder mit Unrecht, haben veralten lassen, und in verschiedenen Eigentümlichkeiten, die er aus der besondern Mundart seiner Provinz beibehalten hat. Von jenen sagen die Herren Herausgeber: »Wir haben alle sorgfältig gesammlet, so viele derselben bei *unserm* Dichter vorkommen; und haben dabei nicht allein auf den Leser, der sie verstehen muß, sondern auch auf diejenigen von unsern Rednern und Dichtern gesehen, welche Ansehen genug hätten, die besten derselben wieder einzuführen. Wir brauchen ihnen nicht zu sagen, daß sie der Sprache dadurch einen weit größern Dienst tun würden, als durch die Prägung ganz neuer Wörter, von welchen es ungewiß ist, ob ihr Stempel ihnen den rechten Lauf sobald geben möchte. Noch weniger brauchen wir sie zu erinnern, wie ein veraltetes Wort auch dem ekelsten Leser durch das, was Horaz callidam juncturam nennt, annehmlich zu machen ist.« – Und über die Provinzialsprache ihres Dichters erklären sie sich folgendermaßen: »Die Schlesische Mundart ist deswegen einer kritischen Aufmerksamkeit vor allen andern Mundarten würdig, weil wir in ihr die ersten guten Dichter bekommen haben. Die Vorteile, welche diese Männer an eigenen Wörtern, Verbindungsarten und Wendungen darin gefunden haben, verdienen, wo nicht für allgemeine Vorteile der Sprache angenommen, doch wenigstens gekannt und geprüft zu werden.«

Auf diese beiden Stücke haben sie also in ihrem Wörterbuche ihr vornehmstes Augenmerk gerichtet, von welchem ich Ihnen unmöglich anders einen nähern Begriff machen kann, als wenn ich einige Artikel daraus entlehne, und Sie von diesen auf die übrigen schließen lasse. Verschiedene allgemeine Anmerkungen, die in dem Wörterbuche selbst keine fügliche Stelle finden können, machen den Anfang. Z. E. *Logau braucht sehr häufig das Beiwort in dem ungewissen Geschlechte als ein Hauptwort.* Er sagt:

Seither ist unser *Frey* in Dienstbarkeit verkehret.
– – – Ein solches *Klug,*
Dafür ein keuscher Sinn Entsetz und Grauen trug.
– – – – –
Bey welchem freyes *Wahr,* der Freundschaft Seele wohnt.

Für *Freiheit, Klugheit, Wahrheit.* Die Vorteile, welche dieser Gebrauch besonders einem Dichter verschaffen kann, sind so groß, daß eine bescheidene Nachahmung wohl schwerlich zu mißbilligen wäre. Ich sage aber mit Fleiß, eine bescheidene Nachahmung; denn ich fürchte mich schon im voraus vor den kleinen Affen, die dergleichen substantive Neutra mit einer Verschwendung brauchen dürften, daß wir die wahren Substantiva davon ganz und gar nicht zu haben scheinen könnten. Was ich aber unserer Nachahmung, oder vielmehr unserer uneingeschränktesten Aufnahme für noch weit würdiger halte, ist folgender Gebrauch der Endsylbe, *ley.* Logau setzt nämlich *diese Endsylbe, die wir itzt nur bei den teilenden Zahlwörtern dulden wollen, auch zu fast allen Arten von*

Fürwörtern, und erlangt dadurch (wie man es nun nennen will) ein Nebenwort oder ein unabänderliches Beiwort von besonderm Nachdrucke. Z. E.

Zu etwas Grossem noch wird Sordalus wohl werden,
Denn *seinerley* Geburt ist nicht gemein auf Erden.

Wie kurz und bequem ist dieses *seinerley;* und wie weitschweifig müssen wir itzt dafür sagen: *eine Geburt, wie seine war* etc. Und so wie er *seinerley* sagt, sagt er, und andere Alte, auch *dieserley, meinerley, deinerley* etc.

Doch ich eile zu einigen Artikeln aus dem Wörterbuche selbst.

»*Bieder,* rechtschaffen, nützlich, tapfer. Wir lassen dieses alte, der deutschen Redlichkeit so angemessene Wort mutwillig untergehen. Frisch führet den Passionsgesang: O Mensch, bewein dein Sünde groß etc. an, worin es noch vorkomme. Wir wollen nachfolgendes Sinngedicht unsers Logaus in dieser Absicht anführen (III. 37.):

Wer gar zu bieder ist, bleibt zwar ein redlich Mann,
Bleibt aber, wo er ist, kömmt selten höher an.

Biedermann ist zum Teil noch üblich. Bei ihm aber findet man noch andere dergleichen nachdrückliche Composita; als *Biederweib, Biederherz, Biederwesen, Biedersinnen.* Und welch ein vortreffliches Wort ist nicht das, welches in dem alten Lobliede auf den wendischen König Anthyrus vorkommt:

Sein Sinn war abgericht auf Biederlob und Ehre?

Biederlob ist hier das Lob, welches man als ein Biedermann von einem Biedermanne erhält.

Brunft. Sinng. 2164.

– – Denn wilder Thiere Zunft
Hegt nur zu mancher Zeit der süßen Liebe *Brunft.*

Und dieses ist auch das wahre eigentliche Wort, den Trieb gewisser wilden Tiere zur Vermischung anzuzeigen; derjenigen nämlich, welche dabei brüllen oder *brummen.* Unwissenheit und Nachlässigkeit haben dieses Wort in *Brunst* verwandelt, welches von *brennen* gemacht ist; und haben dadurch Anlaß gegeben, mit diesem letztern schönen und edlen Worte einen unzüchtigen und ekeln Begriff zu verbinden. Noch ist es Zeit, diese nachteilige Vermischung wieder abzuschaffen. *Brunst* heißt fervor, ardor, und bedeutet so wenig etwas übeles, daß es die übele Bedeutung nicht anders als durch ein Beiwort erhalten kann. So sagt z. E. unser Logau: *arge Brunst, geile Brunst* etc. *Brünstig* aber, *entbrünsten* und andere dergleichen abgeleitete Wörter brauchen Opitz, Morhof in der besten Bedeutung von der Welt. Frisch in seinem Wörterbuch schreibt zwar: »Brunft sagt man nicht wohl von Wölfen, Luchsen und dergleichen, wie einige Jäger tun; sondern besser Brunst«. Allein man lasse sich nicht irre machen; denn Frisch hat hier offenbar unrecht; weil die Jäger von Wölfen und Lüchsen weder Brunft noch Brunst sagen, sondern beide *rollen* oder *ranzen* lassen. Siehe *Döbels erfahrner Jäger.*

Demmen. Dieses Zeitwort braucht Logau, dem ersten Ansehen nach, in zwei ganz verschiedenen Bedeutungen. *Einmal* heißt es ihm so viel als verdunkeln, demmericht machen. *Sinng.* 1667.

Gottes Wort leucht helle,
Gottes Wort lauft schnelle:
Wer denn will es demmen?
Wer denn will es hemmen?

Ein *andermal* bedeutet *es schlemmen,* prassen. Anh. 228.

In vollem Sause leben, nur schlemmen, demmen, zehren etc.

Frisch hat die erstere Bedeutung gar nicht, und aus der zweiten macht er ein besonderes Wort, das er vor sich und nicht unter Demmerung anführt. Es sind aber beide Bedeutungen so verwandt, daß auch mit der zweiten eigentlich der Begriff *der Demmerung* zu verbinden ist. Der Spate in seinem Sprachschatze sagt sehr wohl: *Demmen* proprie est, noctes conviviis vigilatas ducere, in tenebris perpotare. Statim autem ad quamcunque intemperantiam et helluationem transferri coepit.

Flitte, die. *Sinng.* 644.

Des Nero Meistern nahm die Flitte
Sein Leben hin, wie sein Geblüte etc.

Flitte bedeutet ein Instrument, womit die Ader gelassen wird. Einige wollen, daß es aus dem griechischen Phlebotomum zusammen gezogen sein soll. Uns deucht es das Urwort von *Flitze* zu sein, welches einen *Pfeil* bedeutet, und wovon das Wort *Flitzbogen* noch in vielen Provinzen im Gebrauch ist. Übrigens ist dieses weder die *Lanzette,* noch der *Schnäpper*; sondern es ist das alte deutsche *Laßeisen,* ehe es durch Anbringung einer Schnellfeder verbessert und dadurch zu dem so genannten *Schnäpper* gemacht wurde. Siehe Heisters Chirurgie, S. 380.

Hinsichern, sich. (XIII. 11.)
Wenn ein redlich frommer Christ hin sich sichert in das Grab. Ein Wort, welches Logau ohne Zweifel gemacht hat, und welches an diesem Orte ungemein nachdrücklich ist, indem es so viel sagen will, als: *der Christ, der itzt in der Welt nirgends sicher ist, begibt sich in sein Grab hin, um daselbst gewiß sicher zu sein.* Einige Neuere haben dergleichen Wörter ohne Unterschied getadelt, andere haben dergleichen bis zum Ekel gemacht. Dichter von gutem Geschmacke halten das Mittel, und gebrauchen solche Ausdrücke desto seltener, je glänzender sie sind. Ein Poet muß sehr arm sein, der seine Sprache nur durch ein einziges Mittel aufzustutzen weiß.

Noch, noch; sagt unser Dichter (I. 1. II. 12.) für *weder, noch.* Die Fälle sind unzählig, wo das Sylbenmaß dem gewöhnlichen *weder* durchaus zuwider ist; und warum sollten wir es nicht auch noch heut in jenes bequemere *noch* verändern dürfen? Wenigstens klingt es nicht übel (II. 18.):

Noch frech wagen,
Noch weich zagen etc.«

Aber ich will aufhören, abzuschreiben. Ich weiß gewiß, daß Sie den nun erst auferweckten Logau selbst vor die Hand nehmen, und studieren werden, sobald Ihnen Ihre Umstände einen anhaltenden Fleiß wieder erlauben.

Ende des zweiten Teils

Dritter Teil
1759

IV. Den 26. Julius 1759

ACHT UND VIERZIGSTER BRIEF

Sie sollen befriediget werden! – Die großen Lobsprüche, welche der »Nordische Aufseher« in so manchen öffentlichen Blättern erhalten hat, haben auch meine Neugierde gereizet. Ich habe ihn gelesen; ob ich mir es gleich sonst fast zum Gesetze gemacht habe, unsere wöchentliche Moralisten ungelesen zu lassen.

Kopenhagen hat bereits an dem »Fremden« (einem Werke des sel. Hrn. Prof. Schlegels) eine dergleichen Schrift von sehr vorzüglichem Werte aufzuweisen. Und nun kann es leicht kommen, daß der »Nordische Aufseher« ein allgemeines Vorurteil für die deutschen Werke des Witzes, welche in Dänemark erscheinen, veranlassen hilft. Und würde dieses Vorurteil auch so ganz ohne Grund sein? – Wenn unsere besten Köpfe, ihr Glück nur einigermaßen zu machen, sich *expatriieren müssen;* wenn –

O ich will hiervon abbrechen, ehe ich recht anfange; ich möchte sonst alles darüber vergessen; Sie möchten, anstatt eines Urteils über eine schöne Schrift, Satyre über unsere Nation, und Spott über die elende Denkungsart unserer Großen zu lesen bekommen. Und was würde es helfen? –

Der »Nordische Aufseher« hat mit dem fünften Jenner des Jahres 1758 angefangen, und hat sich in der Fortsetzung weder an einen gewissen Tag noch an eine gewisse Länge der einzeln Stücke gebunden. Diese Freiheit hätten sich billig alle seine Vorgänger erlauben sollen. Sie würden dadurch nicht nur für ihre Blätter einen gewissen gefallenden Anschein der Ungezwungenheit, sondern auch viel wesentlichere Vorteile erhalten haben. Sie würden ihre Materien nicht so oft haben bald ausdehnen, bald zusammenziehen, bald trennen dürfen; sie hätten sich gewisser Umstände der Zeit zu gelegentlichen Betrachtungen besser bedienen können; sie hätten bald hitziger, bald bequemlicher arbeiten können etc.

Das ganze 1758ste Jahr bestehet aus sechzig Stücken, die einen ansehnlichen Band in klein Quart ausmachen. Der Herr Hofprediger Cramer hat sich auf dem Titel als Herausgeber genennt.* Wie viel Anteil er aber sonst daran habe; ob er der einzige, oder der vornehmste Verfasser sei; wer seine Mitarbeiter sind: davon sucht der Leser vergebens einige nähere Nachricht. Er muß versuchen, wie viel er davon aus dem Stil und der Art zu denken, erraten kann.

Doch die wahren Verfasser itzt aus den Gedanken zu lassen, so gibt der »Nordische Aufseher« vor, daß er ein Sohn des Nestor Ironside sei, der ehemals das Amt eines *Aufsehers* der Sitten von Großbritannien übernahm, und mit allgemeinem Beifalle verwaltete. Er heiße Arthur Ironside; seine Mutter sei die Witwe eines deutschen Negozianten gewesen, die seinen Vater noch in seinem funfzigsten Jahre gegen die Liebe empfindlich gemacht habe; und vielleicht habe dieser nur deswegen von ihm geschwiegen, um sich nicht, dieser späten Liebe wegen, dem mutwilligen Witze der Spötter auszusetzen. Ein besondres Schicksal habe ihn genötiget sein Vaterland zu verlassen, und er betrachte nun Dänemark als sein zweites Vaterland, welchem er ohnedem, von seinen väterlichen Vorfahren her, eben so nahe als jenem angehöre; indem diese ursprünglich aus einem nordischen Geschlechte abstammten, welches mit dem Könige Knut nach England gekommen sei, und durch seine Tapferkeit nicht wenig zu den Eroberungen desselben beigetragen habe. – Hierauf beschreibt er, mit den eignen Worten seines Vaters, die Pflichten eines moralischen

* Der nordische Aufseher, herausgegeben von Johann Andreas Cramer. Erster Band. Sechzig Stück. Kopenhagen und Leipzig bei Ackermann. 3 Alphab. 12 Bogen.

Aufsehers und sagt: »Da ich schon in einem Alter bin, wo ich die Einsamkeit eines unbekannten und ruhigen Privatlebens nicht verlassen und in Geschäften gebraucht zu werden suchen kann, ohne mich dem Verdachte auszusetzen, daß ich mehr von einem meinen Jahren unanständigen Ehrgeize, als von einer uneigennützigen Begierde, meine Kräfte dem allgemeinen Besten aufzuopfern, getrieben würde: So habe ich mich entschlossen, für mein zweites Vaterland zu tun, was mein Vater für England getan hat.«

Auf zwei Punkte verspricht er dabei seinen Fleiß besonders zu wenden; auf die Erziehung der Jugend nämlich, und auf die Leitung derjenigen, welche sich mit Lesung guter Schriften und mit den Wissenschaften abgeben, ohne eigentlich ein Geschäfte aus ihrer Erlernung zu machen. Und er hat auch in der Tat, in Absicht auf beides, in diesem ersten Bande bereits schon vieles geleistet. – Seine feinsten Anmerkungen über die beste Art der Erziehung, hat er in die Geschichte seiner eignen Erziehung gebracht,* welche mehr als ein Stück einnimmt; in welcher aber vielleicht nicht alle Leser die ekeln Umschweife billigen möchten, mit welchen ihm sein Vater die ersten Gründe der Moral und geoffenbarten Relgion beigebracht hat. Er erzählt z. E.** als ihn sein Vater mit den Lehren der Notwendigkeit und dem Dasein eines Erlösers der Menschen und einer Genugtuung für sie, bekannt machen wollen: so habe er auch hier der *Regel, von dem Leichten und Begreiflichen zu dem Schwerern fortzugehen*, zu folgen gesucht, und sei einzig darauf bedacht gewesen, ihn Jesum erst bloß als einen frommen und ganz heiligen Mann, als einen zärtlichen Kinderfreund, lieben zu lehren. Allein ich fürchte sehr, daß strenge Verehrer der Religion mit der gewaltsamen Ausdehnung dieser Regel nicht zufrieden sein werden. Oder sie werden vielmehr nicht einmal zugeben, daß diese Regel hier beobachtet worden. Denn wenn diese Regel sagt, daß man in der Unterweisung von dem Leichten auf das Schwerere fortgehen müsse, so ist dieses Leichtere nicht für eine Verstümmlung, für eine Entkräftung der schweren Wahr-

* Stück 46. 47. 48. ** Stück 50.

heit, für eine solche Herabsetzung derselben anzusehen, daß sie das, was sie eigentlich sein sollte, gar nicht mehr bleibt. Und darauf muß Nestor Ironside nicht gedacht haben, wenn er es, nur ein Jahr lang, dabei hat können bewenden lassen, den göttlichen Erlöser seinem Sohne bloß als einen Mann vorzustellen, den Gott »zur Belohnung seiner unschuldigen Jugend, in seinem dreißigsten Jahre mit einer so großen Weisheit, als noch niemals einem Menschen gegeben worden, ausgerüstet, zum Lehrer aller Menschen verordnet, und zugleich mit der Kraft begabt habe, solche herrliche und außerordentliche Taten zu tun, als sonst niemand außer ihm verrichten können.« – Heißt das den geheimnisvollen Begriff eines ewigen Erlösers *erleichtern?* Es heißt ihn aufheben; es heißt einen ganz andern an dessen Statt setzen; es heißt, mit einem Worte, sein Kind so lange zum Socinianer machen, bis es die orthodoxe Lehre fassen kann. Und wenn kann es die fassen? In welchem Alter werden wir geschickter, dieses Geheimnis einzusehen, als wir es in unsrer Kindheit sind? Und da es einmal ein Geheimnis ist, ist es nicht billiger, es gleich ganz der bereitwilligen Kindheit *einzuflößen,* als die Zeit der sich *sträubenden* Vernunft damit zu erwarten? – Diese Anmerkung im Vorbeigehen!

Was der »Nordische Aufseher« zum Besten der unstudierten Liebhaber guter Schriften getan hat, beläuft sich ohngefähr auf sechs oder sieben neuere Autores, aus welchen er, nach einer kurzen Beurteilung, besonders merkwürdige und lehrreiche Stellen beibringt. So preiset er z. E. in dem *vierten* und *siebenden* Stücke die Werke des Kanzlers Daguesseau an, und zwar mit diesem Zusatze: »Ich kann nicht schließen, ohne zur Ehre dieser Werke und zur Ehre fremder Sprachen zu wünschen, daß sie mit allen andern vortrefflichen Arbeiten des menschlichen Verstandes einem jeden Übersetzer unbekannt bleiben mögen, der nur mit der Hand und nicht mit dem Kopfe; der, mit einem Worte alles zu sagen, nicht wie Ramler und Ebert unter den Deutschen, und nicht wie Lodde unter uns übersetzt.« – In dem *dreizehnten* Stücke redet er von Youngs Nachtgedanken und Centaur. Was meinen Sie aber, ist es nicht ein wenig übertrieben, wenn er von diesem

Dichter sagt? »Er ist ein Genie, das nicht allein weit über einen Milton erhoben ist, sondern auch unter den Menschen am nächsten an den Geist Davids und der Propheten grenzet etc. Nach der Offenbarung, setzt er hinzu, kenne ich fast kein Buch, welches ich mehr liebte; kein Buch, welches die Kräfte meiner Seele auf eine edlere Art beschäftigt, als seine Nachtgedanken.« – Die übrigen Schriftsteller, mit welchen er seine Leser unterhält, sind des Bischofs Buttlers* Analogie der natürlichen und geoffenbarten Religion; Heinrich Beaumonts** moralische Schriften; des Hrn. Basedow*** praktische Philosophie für alle Stände; des Marquis von Mirabeau † Freund des Menschen; und ein sehr wohl geratenes Gedicht eines Dänischen Dichters, des Hrn. Tullin. ††

Dieses letzte Gedicht führet den Titel: »Ein Maitag«. Es ist, sagt der Aufseher, zwar nur durch eine von den gewöhnlichen Gelegenheiten veranlaßt worden, die von unsern meisten Dichtern besungen zu werden pflegen; es hat aber doch so viel wahre poetische Schönheiten, daß es eine vorzügliche Aufmerksamkeit verdienet. Erfindung, Anlage, Einrichtung und Ausführung verraten einen von der Natur begünstigten Geist, der noch mehr erwarten läßt. – Dieses Urteil ist keine Schmeichelei; denn die Strophen welche er im Originale und in einer Übersetzung daraus anführt, sind so vortrefflich, daß ich nicht weiß, ob wir Deutsche jemals ein solches *Hochzeitgedicht* gehabt haben. Schließen Sie einmal von dieser einzigen Stelle auf das Übrige:

»Unerschaffener Schöpfer, gnädig, weise, dessen Liebe unumschränkt ist; der du für jeden Sinn, damit man Dich erkennen möge, ein Paradies erschaffen hast, *Du* bist alles und alles in *Dir*; überall sieht man deinen Fußtapfen – –

Du machst den Sommer, den Winter, den Herbst zu Predigern deiner Macht und Ehre. Aber der Frühling – was soll dieser sein? O Erschaffer, er ist ganz Ruhm. Er redet zu den tauben ungläubigen Haufen mit tausend Zungen. – –

Er ist unter allen am meisten *Dir* gleich; er erschaffet, er bildet, er belebt, er erhält, er nähret, er gibt Kraft und Stärke; er ist – er ist beinahe Du selbst. Wie wenig wissen von dieser Freude die,

* Stück 9 und 22. ** Stück 21. *** Stück 24. 29.
† Stück 34. 36. 38. 40. †† Stück 52.

welche in dem Dunste und Staube verschloßner Mauern, wenn die ganze Natur ruft: *Komm!* unter schweren Gedanken furchtsam lauren. etc.« G.

V. Den 2. August 1759

NEUN UND VIERZIGSTER BRIEF

Sie billigen die Anmerkung, die ich über die Methode des Nestor Ironside, seinen Sohn den Erlöser kennen zu lehren, gemacht habe; und wundern sich, wie der Aufseher eine so heterodoxe Lehrart zur Nachahmung habe anpreisen können. Aber wissen Sie denn nicht, daß itzt ein guter Christ ganz etwas anders zu sein anfängt, als er noch vor dreißig, funfzig Jahren war? Die Orthodoxie ist ein Gespötte worden; man begnügt sich mit einer lieblichen Quintessenz, die man aus dem Christentume gezogen hat, und weichet allem Verdachte der Freidenkerei aus, wenn man von der Religion überhaupt nur fein enthusiastisch zu schwatzen weiß. Behaupten Sie z. E. *daß man ohne Religion kein rechtschaffner Mann sein könne;* und man wird Sie von allen Glaubensartikeln denken und reden lassen, wie Sie immer wollen. Haben Sie vollends die Klugheit, sich gar nicht darüber auszulassen; alle sie betreffende Streitigkeit mit einer frommen Bescheidenheit abzulehnen: oh so sind Sie vollends ein Christ, ein Gottesgelehrter, so völlig ohne Tadel, als ihn die feinere religiöse Welt nur immer verlangen wird.

Auch der »Nordische Aufseher« hat ein ganzes Stück* dazu angewandt, sich diese Miene der neumodischen Rechtgläubigkeit zu geben. Er behauptet mit einem entscheidenden Tone, daß *Rechtschaffenheit ohne Religion* widersprechende Begriffe sind; und beweiset es durch – – durch weiter nichts, als seinen entscheidenden Ton. Er sagt zwar mehr als einmal *denn*; aber sehen Sie selbst wie bündig sein *denn* ist. »Denn, sagt er, ein Mann, welcher sich mit Frömmigkeit brüstet, ohne ehrlich und gerecht gegen uns zu handeln, ver-

* St. XI.

dienet mit dem Namen eines Heuchlers an seiner Stirne gezeichnet zu werden; und ein Mensch, welcher sich rühmet, daß er keine Pflicht der Rechtschaffenheit vernachlässige, ob er sich gleich von demjenigen befreiet achtet, was man unter dem Namen der Frömmigkeit begreift, ist -- ein *Lügner* muß ich sagen, wenn ich nicht strenge sondern nur gerecht urteilen will; weil er selbst gestehet, kein *rechtschaffner Mann gegen Gott* zu sein. Ist alle Rechtschaffenheit eine getreue und sorgfältige Übereinstimmung seiner Taten mit seinen Verhältnissen gegen andere, und wird eine solche Übereinstimmung für notwendig und schön erklärt: so kann sie nicht weniger notwendig und rühmlich gegen Gott sein, oder man müßte leugnen, daß der Mensch gegen das Wesen der Wesen in wichtigen Verhältnissen stünde.« -- Was kann deutlicher in die Augen leuchten, als daß das Wort *Religion* in dem *Satze* ganz etwas anders bedeutet, als er es in dem *Beweise* bedeuten läßt. In dem *Satze* heißt ein *Mann ohne Religion,* ein Mann, der sich von der geoffenbarten Religion nicht überzeugen kann; der kein Christ ist: in dem *Beweise* aber, ein Mann, der von gar keiner Religion wissen will. *Dort* ein Mann, der bei den Verhältnissen, die ihm die Vernunft zwischen dem Schöpfer und dem Geschöpfe zeiget, stehen bleibt: *Hier* ein Mann, der durchaus gar keine solche Verhältnisse annehmen will. Diese Verwirrung ist unwidersprechlich; und man muß sehr blödsinnig sein, wenn man sich kann bereden lassen, daß das, was von dem *einem* dieser Personen wahr sei, auch von dem *andern* gelten müsse. Und können Sie glauben, daß der *Aufseher* diesen *Fechterstreich* noch weiter treibet? Aus folgender Schilderung, die er von einem *Manne ohne Religion* macht, ist es klar. »Polidor, höre ich zuweilen sagen, ist zu betauern, daß er kein Christ ist. Er denkt über die Religion bis zur Ausschweifung frei; sein Witz wird unerschöpflich, wenn er anfängt ihre Verteidiger lächerlich zu machen; aber er ist ein ehrlicher Mann; er handelt rechtschaffen; man wird ihm keine einzige Ungerechtigkeit vorwerfen können etc.« – Aber mit Erlaubnis; diesem Polidor fehlt es nicht bloß an Religion: er ist ein Narr, dem es an gesunder Vernunft fehlt; und von diesem will ich es selbst gern glauben, daß alle seine Tugenden, Tugenden des Temperaments sind. Denn muß er deswegen, weil er sich von einer geoffenbarten Religion nicht überzeugen kann, muß er deswegen darüber spotten? Muß er ihre Verteidiger deswegen lächerlich machen? – Welche Gradation: ein Mann der von keiner geoffenbarten Religion *überzeugt* ist; ein Mann der gar keine Religion *zugibt;* ein Mann, der über alle Religion *spottet!* Und ist es billig, alle diese Leute in eine Klasse zu werfen?

Das war also, gelinde zu urteilen, eine Sophisterei! Und nun betrachten Sie seinen zweiten Grund, wo er das Wort *Rechtschaffenheit* in einem engern Verstande nimmt, und es seinen Gegnern noch näher zu legen glaubt. »Allein, sagt er, wenn wir unter der Rechtschaffenheit auch nur die Pflichten der gesellschaftlichen Billigkeit und Gerechtigkeit verstehen wollten: So könnte doch vernünftiger Weise nicht vermutet werden, daß ein Mann ohne Religion ein rechtschaffner Mann sein würde. Eigennutz, Zorn, Eifersucht, Wollust, Rache und Stolz, sind Leidenschaften, deren Anfälle jeder Mensch empfindet, und wer weiß nicht, wie gewaltig diese Leidenschaften sind? Entsagt nun ein Mensch der Religion; entsagt er künftigen Belohnungen; entsagt er dem Wohlgefallen der Gottheit an seinen Handlungen, und ist seine Seele gegen die Schrecken ihrer Gerechtigkeit verhärtet: Was für eine Versichrung haben wir, daß er den strengen Gesetzen der Rechtschaffenheit gehorchen werde, wenn aufgebrachte mächtige Leidenschaften die Beleidigung derselben zu ihrer Befriedigung verlangen?« – Abermals die nämliche Sophisterei! Denn ist man denn schon ein Christ, (diesen versteht der Aufseher unter dem *Manne von Religion*) wenn man künftige Belohnungen, einen Wohlgefallen der Gottheit an unsern Handlungen, und eine ewige Gerechtigkeit glaubet? Ich meine, es gehöret noch mehr dazu. Und wer jenes leugnet, leugnet der bloß die geoffenbarte Religion? Aber dieses bei Seite gesetzt; sehen Sie nur, wie listig er die ganze Streitfrage zu verändern weiß. Er gibt es stillschweigend zu, daß ein Mann ohne Religion Bewegungsgründe, rechtschaffen zu handeln, haben könne; und fragt nur, was für eine *Versicherung* haben wir, daß er auch, wenn ihn heftige Leidenschaften bestürmen, wirklich so handeln werde, wo er nicht auch das und das glaubt? In dieser Frage aber, liegt weiter nichts, als dieses: daß die geoffenbarte Religion, die Bewegungsgründe, rechtschaffen zu handeln, *vermehre.* Und das ist wahr! Allein kömmt es denn bei unsern Handlungen, bloß auf die Vielheit der Bewegungsgründe an? Beruhet nicht weit mehr auf der Intension derselben? Kann nicht ein einziger Bewegungsgrund, dem ich lange und ernstlich nachgedacht habe, eben so viel ausrichten, als zwanzig Bewegungsgründe, deren jedem ich nur den zwanzigsten Teil von jenem Nachdenken geschenkt habe? Und wenn auch ein Mensch alles glaubet, was ihm die Offenbarung zu glauben befiehlt, kann man nicht noch immer fragen, was für eine *Versichrung* haben wir, daß ihn dennoch die Leidenschaften nicht verhindern werden, rechtschaffen zu handeln? Der *Aufseher* hat diese Frage vorausgesehen; denn er fährt fort: »Allein von einem Manne, der wirklich Religion hat, und *entschlossen* ist, die Verbindlichkeiten zu erfüllen etc.« Und *entschlossen* ist! Gut! Diese Entschlossenheit kann aber auch die bloßen Gründe der Vernunft, rechtschaffen zu handeln, begleiten.

Da ich zugegeben, daß die geoffenbarte Religion, unsere Bewegungsgründe, rechtschaffen zu handeln, *vermehre:* so sehen Sie wohl, daß ich der Religion nichts vergeben will. Nur auch der Vernunft nichts! Die Religion hat weit höhere Absichten, als den *rechtschaffnen Mann* zu bilden. Sie setzt ihn voraus; und ihr Hauptzweck ist, den rechtschaffnen Mann zu *höhern Einsichten* zu erheben. Es ist wahr, diese *höhern Einsichten,* können neue Bewegungsgründe, rechtschaffen zu handeln werden, und werden es wirklich; aber folgt daraus, daß die andern Bewegungsgründe allezeit ohne Wirkung bleiben müssen? Daß es keine Redlichkeit gibt, als diese mit höhern Einsichten verbundene Redlichkeit?

Vermuten Sie übrigens ja nicht, daß der »Nordische Aufseher« diese Behauptung, »wer kein Christ sei, könne auch kein ehrlicher Mann sein,« mit unsern Gottesgelehrten überhaupt gemein habe. Unsere Gottesgelehrten haben diese unbillige Strenge nie geäußert. Selbst das, was sie von den Tugenden der Heiden sagen, kömmt ihr noch lange nicht bei. Sie leugnen nicht, daß dieser ihre Tugenden Tugenden sind; sie sagen bloß, daß ihnen die Eigenschaft fehle, welche sie allein Gott *vorzüglich* angenehm machen könne. Und will der *Aufseher* dieses auch nur sagen; will er bloß sagen, daß alle Rechtschaffenheit, deren ein natürlicher Mensch fähig ist, ohne Glauben vor Gott nichts gelte: warum sagt er es nicht mit deutlichen Worten; und warum enthält er sich des Worts *Glaube,* auf welches alles dabei ankömmt, so sorgfältig?

Es sind überhaupt alle seine theologischen Stücke von ganz sonderbarem Schlage. Von einem einzigen lassen Sie mich nur noch ein Paar Worte sagen. Von demjenigen* nämlich, in welchem der Verfasser bestimmen will, »welche von allen Arten, über das erste Wesen *zu denken,* die beste sei?« Er nimmt deren *drei* an. »Die *erste,* sagt er, ist eine kalte, metaphysische Art, die Gott beinahe nur als ein Objekt einer Wissenschaft ansieht, und eben so unbewegt über ihn philosophieret, als wenn sie die Begriffe der Zeit oder des Raums entwickelte. Eine von ihren besondern Unvollkommenheiten ist diese, daß sie in den Ketten irgend einer Methode einhergehet, welche ihr so lieb ist, daß sie jede freiere Erfindung einer über Gottes Größe entzückten Seele fast ohne Untersuchung verwirft etc. Und weil wir durch diese Art von Gott zu denken, beinahe unfähig werden, uns zu der höhern, von der ich zuletzt reden werde, zu erheben, so müssen wir auf unsrer Hut sein, uns nicht daran zu gewöhnen. – Die *zweite* Art, fährt er fort, will ich die mittlere, oder um noch kürzer sein zu können, Betrachtungen nennen. Die Betrachtungen verbinden eine freiere Ordnung mit gewissen ruhigen Empfindungen, und nur selten erheben sie sich zu einer Bewunderung Gottes. etc. – Die *dritte* endlich ist, wenn die *ganze* Seele von dem, den sie denkt (und *wen* denkt sie?) so erfüllt ist, daß alle ihre übrige Kräfte von der Anstrengung ihres Denkens in eine solche Bewegung gebracht sind, daß sie zugleich und zu einem Endzweck wirken; wenn alle Arten von Zwei-

* Stück XXV.

feln und Unruhen über die unbegreiflichen Wege Gottes sich verlieren; wenn wir uns nicht enthalten können, unser Nachdenken durch irgend eine kurze Ausrufung der Anbetung zu unterbrechen; wenn, wofern wir drauf kämen, das, was wir denken, durch Worte auszudrücken, die Sprache zu wenige und schwache Worte dazu haben würde; wenn wir endlich mit der allertiefsten Unterwerfung eine Liebe verbinden, die mit völliger Zuversicht glaubt, daß wir Gott lieben können, und daß wir ihn lieben dürfen.«

Und diese letzte Art über Gott zu *denken,* wie Sie leicht erraten können, ist es, welche der Verfasser allen andern vorziehet. Aber was hat er uns damit neues gesagt? – Doch wirklich ist etwas neues darin. Dieses nämlich; daß er das *denken* nennt, was andere ehrliche Leute *empfinden* heißen. Seine dritte Art über Gott zu *denken,* ist ein Stand der *Empfindung;* mit welchem nichts als undeutliche Vorstellungen verbunden sind, die den Namen des *Denkens* nicht verdienen. Denn überlegen Sie nur, was bei einem solchen Stande in unserer Seele vorgeht, so werden Sie finden, daß diese Art über Gott zu *denken,* notwendig die schlechteste Art zu *denken* sein muß. Als diese ist sie von gar keinem Werte; als das aber, was sie wirklich ist, von einem desto größern. Bei der kalten Spekulation gehet die Seele von einem deutlichen Begriffe zu dem andern fort; alle Empfindung die damit verbunden ist, ist die Empfindung ihrer Mühe, ihrer Anstrengung; eine Empfindung, die ihr nur dadurch nicht ganz unangenehm ist, weil sie die Wirksamkeit ihrer Kräfte dabei fühlet. Die Spekulation ist also das Mittel gar nicht, aus dem Gegenstande selbst, Vergnügen zu schöpfen. Will ich dieses, so müssen alle deutliche Begriffe, die ich mir durch die Spekulation von den verschiedenen Teilen meines Gegenstandes gemacht habe, in eine gewisse Entfernung zurückweichen, in welcher sie deutlich zu sein aufhören, und ich mich bloß ihre gemeinschaftliche Beziehung auf das Ganze zu fassen, bestrebe. Je mehr diese Teile alsdenn sind, je genauer sie harmonieren; je vollkommner der Gegenstand ist: desto größer wird auch mein Vergnügen darüber sein; und der vollkommenste Gegenstand wird notwendig auch das größte Vergnügen in mir wirken. Und das ist der Fall, wenn ich meine *Gedanken* von Gott in *Empfindungen* übergehen lasse.

Ich errege dem Verfasser keinen Wortstreit. Denn es ist kein Wortstreit mehr, wenn man zeigen kann, daß der Mißbrauch der Wörter auf wirkliche Irrtümer leitet. So sieht er es z. E. als einen großen Vorzug *seiner* dritten Art über Gott zu *denken* an, »daß, wofern wir darauf kämen, das was wir denken, durch Worte auszudrücken, die Sprache zu wenige und schwache Worte dazu haben würde.« Und dieses kömmt doch bloß daher, weil wir alsdenn nicht deutlich denken. Die Sprache kann alles ausdrücken, was wir deutlich denken; daß sie aber alle *Nüancen* der Empfindung sollte ausdrücken können, das ist eben so unmöglich, als es unnötig sein würde.

Doch dieser Irrtum ist bei ihm nur der Übergang zu einem größern. Hören Sie, was er weiter sagt: »Wofern man im Stande wäre, aus der Reihe, und daß ich so sage, aus dem Gedränge dieser schnellfortgesetzten Gedanken, dieser Gedanken von so genauen Bestimmungen, einige mit Kaltsinn herauszunehmen, und sie in kurze Sätze zu bringen: was für neue Wahrheiten von Gott würden oft darunter sein!« – Keine einzige neue Wahrheit! Die Wahrheit läßt sich nicht so in dem Taumel unsrer Empfindungen *haschen*! Ich verdenke es dem Verfasser sehr, daß *Er* sich bloß gegeben, so etwas auch nur *vermuten* zu können. Er steht an der wahren Quelle, aus welcher alle fanatische und enthusiastische Begriffe von Gott geflossen sind. Mit wenig deutlichen Ideen von Gott und den göttlichen Vollkommenheiten, setzt sich der Schwärmer hin, überläßt sich ganz seinen Empfindungen, nimmt die Lebhaftigkeit derselben für Deutlichkeit der Begriffe, wagt es, sie in Worte zu kleiden, und wird, – ein *Böhme,* ein *Pordage.* –

Jene *erste* kalte metaphysische Art über Gott zu denken, von welcher der Verfasser so verächtlich urteilet, daß er unter andern auch sagt: »Unterdes wird sich ein wahrer Philosoph, ich meine einen, den sein Kopf und nicht bloß die Methode dazu gemacht hat, bisweilen darauf einlassen, um sich durch die Neuheit zu verfahren, aufzumuntern:« Jene Art, sage ich, muß gleichsam der Probierstein der *dritten,* ich meine aller unsrer Empfindungen von Gott sein. Sie allein kann uns versichern, ob wir wahre, anständige Empfindungen von Gott haben; und der hitzige Kopf, der sich nur bisweilen darauf einläßt, um sich, durch die Neuheit zu verfahren, aufzumuntern – von dem wollte ich wohl wetten, daß er nicht selten, eben am allerunwürdigsten von Gott denkt, wenn er am erhabensten von ihm zu denken glaubt. G.

VI. Den 9. August 1759

FUNFZIGSTER BRIEF

»So bekannt gewisse Wahrheiten der Sittenlehre sind,« sagt der »Nordische Aufseher« an einem Orte, »so oft sie wiederholt und in so veränderten Arten des Vortrags sie auch ausgebreitet worden sind: So wenig dürfen sich doch Lehrer der Tugend und der wahren Glückseligkeit des Menschen von der Furcht, daß die Welt ihrer endlich überdrüssig und müde werden möchte, zurückhalten lassen, ihr Andenken, so oft sie können, zu erneuern. Wenn sie dieses unterließen, und sich hüten wollten, nichts zu sagen, was nicht original und neu zu sein scheinen könnte: So würden sie dadurch eine unanständige Eitelkeit verraten. Man würde sie nicht ohne Grund beschuldigen dürfen, daß sie bei den Arbeiten ihres Geistes mehr die Bewunderung, als den Nutzen ihrer Leser zum Augenmerke hätten, und, indem sie sich Mühe gäben, die Neubegierde derselben zu beschäftigen, nur dem Stolze ihres Verstandes zu schmeicheln suchten. Ich hoffe, daß ich wider diesen gemeinen Fehler moralischer Schriftsteller auf meiner Hut sein werde.«* –

Ja, das Lob muß man ihm lassen! Er ist wider diesen Fehler sehr auf seiner Hut gewesen. Nur tut er unrecht, daß er ihn einen *gemeinen* Fehler moralischer Schriftsteller nennt. Das Gegenteil desselben ist wenigstens ein eben so *gemeiner* Fehler. Und noch dazu mit diesem Unterschiede, daß jenes meistenteils der Fehler *guter,* und dieses der Fehler *schlechter*

* Zu Anfange des XX. Stücks.

Skribenten ist. Der gute Skribent will entweder ein vollständiges System der Moral liefern; und alsdenn würde er freilich sehr töricht handeln, wenn er sich nur auf diejenigen Wahrheiten einschränken wollte, welche original und neu scheinen könnten. Oder er hat eine freiere Absicht, und will sich bloß über diejenigen einzeln Wahrheiten auslassen, die ihm besonders wichtig dünken, und über die er am meisten nachgedacht zu haben glaubet. In diesem Falle hütet er sich sorgfältig, *bekannte* Wahrheiten und *gemeinnützige* Wahrheiten für einerlei zu halten. Er weiß, daß viel bekannte Wahrheiten nichts weniger als gemeinnützig, und viel gemeinnützige, oder doch solche die es werden können, nichts weniger als bekannt sind. Wenn er nun auf diese letzten, wie billig, sein vornehmstes Augenmerk richtet, so kann es nicht fehlen, er wird sehr oft original und neu nicht bloß scheinen, sondern wirklich sein. Der schlechte Skribent hingegen, der das Bekannteste für das Nützlichste hält, hofft vergebens, sich einzig durch seine gute Absicht lesenswürdig zu machen. Ist er nun vollends gar so schlecht, daß auch nicht einmal seine Einkleidungen der abgedroschensten Wahrheiten original und neu sind: was hat er denn noch, meine Neubegierde im geringsten zu reizen?

Um diese Einkleidungen, an welchen die moralischen Wochenblätter der Engländer so unerschöpflich sind, scheinet sich der »Nordische Aufseher« wenig bekümmert zu haben. Er moralisieret grade zu; und wenn er nicht noch dann und wann von erdichteten Personen Briefe an sich schreiben ließe, so würden seine Blätter ohne alle Abwechselung sein. Ich wüßte Ihnen nicht mehr als deren zwei zu nennen, von welchen es sich noch endlich sagen ließe, daß seine Erfindungskraft einige Unkosten dabei gehabt habe. Das eine* ist eine Allegorie von dem Vorzuge der schönen Wissenschaften vor den schönen Künsten. Aber was ist auch die beste Allegorie? Und diese ist noch lange keine von den besten. Das zweite** ist eine satyrische Nachricht von einer Art *neuer Amazonen;* und diese ist in der Tat mit vielem Geiste geschrieben. Sie

* Stück XLIII. ** Stück LIV.

haben das Sinnreichste in dem ganzen »Nordischen Aufseher« gelesen, wenn Sie dieses Stück gelesen haben. Erlauben Sie mir also das Vergnügen, Ihnen die wesentlichsten Stellen daraus abzuschreiben.

»Die Gesellschaft der *neuen Amazonen* ist, so viel ich noch in Erfahrung bringen können, nicht zahlreich; unterdes ist sie doch sehr furchtbar, und zwar ihrer geheimen Unternehmungen wegen, die nach sichern Nachrichten auf nichts geringers, als auf die Errichtung eines Universaldespotismus abzielen. – Sie sollen aber ihre gewalttätigen Absichten weniger durch offenbare Feindseligkeiten, als durch die Künste einer sehr feinen Politik auszuführen suchen. Weil sie sich vorgesetzt haben, sowohl über die itzige, als über die künftige Männerwelt eine despotische Gewalt auszuüben; denn die Gewalt über die Herzen haben die Damen schon lange behauptet: So sollen ihre Anstalten besonders wider unsre jungen Herren gerichtet sein. Sie haben bemerkt, daß ein höherer Verstand allezeit über einen schwächern herrsche. In dieser Überzeugung suchen sie es bei ihnen so weit zu bringen, daß sie die Ausbildung ihres Geistes unterlassen, ihre Seele mit Kleinigkeiten beschäftigen, und dadurch zu den eigentlichen männlichen Geschäften und Angelegenheiten unfähig werden mögen. Sie selbst stellen sich an, als wenn man weder Vernunft noch Witz nötig hätte, ihnen zu gefallen; als wenn man ihnen mit ernsthaften und nützlichen Unterredungen überlästig würde; als wenn sie sich wirklich mit leeren Komplimenten, Artigkeiten und lächerlichen Einfällen befriedigen ließen; als wenn sie vor dem bloßen Namen eines Buches erschräken, und durch nichts, als Spielwerke glücklich wären. Allein das ist lauter Politik und List, und so scharfsichtige Augen, als die meinigen, lassen sich von dieser Verstellung nicht hintergehen. Ich betaure nur unsre jungen Herren, welche die Netze gar nicht zu sehen scheinen, die ihnen auf eine so feine Art gelegt werden. Um sie nach und nach ganz unmännlich zu machen, gewöhnen sie dieselben zum Geschmacke am Putze, zur Veränderung der Moden, und zu einer ganz frauenzimmerlichen Eitelkeit und Weichlichkeit. Und man muß erstaunen, wenn man sieht, wie sehr ihnen alle diese feindseligen Anschläge auf den Umsturz der itzigen Einrichtung der Welt zu gelingen anfangen. Denn man betrachte nur viele von unsern jungen Herren. Sie kleiden sich nicht etwa ordentlich und anständig; sie putzen sich und sind länger vor ihrem Nachttische, als die meisten Damen; sie sind so stolz auf einen gutfrisierten, wohlgepuderten Kopf; sie sind so weichlich; sie können so wenig Witterung und Kälte vertragen; sie haben sogar auch schon ihre *Vapeurs* und *Humeurs,* und wenn die Natur nur ihr Gesicht verändern wollte, so könnte man einige ganz füglich in Schnürleibern gehen lassen. Wissenschaft und Geschmack zu haben, darauf machen viele gar keinen Anspruch; in guten Büchern zu lesen, würde eine Galeerenarbeit für sie sein; und wenn sie nicht noch zuweilen mit wirklichen Männern zu tun hätten, so würden sie gar nichts mehr wissen. So weit haben es schon unsere *Amazonen* gebracht. Wie weit dieses noch in der Folge gehen könne, und ob nicht unsere Jünglinge mit der Zeit, wenn sie nicht bald auf ihre Verteidigung denken, Knötchen machen und ihren Strickbeutel mit in Gesellschaft werden bringen müssen, das will ich der Überlegung und Beurteilung aller nachdenkenden Leser überlassen.

Man darf eben nicht glauben, daß die *Amazonen* ihre Unternehmungen bloß auf unsere jüngere Welt einschränken. Einigen von ihnen, die verheiratet sind, soll es schon gelungen sein, den Despotismus, auf den ihre Anschläge abzielen, in ihren Häusern einzuführen. Denn ich habe in Erfahrung gebracht, daß sich Männer bequemt haben, die Verwaltung der Küche und andere wirtschaftliche Verrichtungen über sich zu nehmen, die man sonst nur unter die Geschäfte des Frauenzimmers gerechnet hat. Der demütige Mann hält es für seine Schuldigkeit und Ehre den Einkauf dessen, was in der Küche nötig ist, und die Anordnung der Mahlzeiten nach dem Geschmacke seiner hochgebietenden Amazone zu besorgen, und mit einigen soll es auch so weit schon gekommen sein, daß sie bei der Zubereitung der Speisen gegenwärtig sind, und einen *Pudding* oder *Rostbeef* so gut zu machen wissen, als die ausgelernteste Köchin. Man darf, um davon versichert zu werden, nur ein wenig in der Welt Achtung geben. Denn einige Männer haben an ihren neuen Geschäften so viel Geschmack gewonnen, daß sie ihre Gelehrsamkeit auch in Gesellschaften hören lassen etc.

Weil die Amazonen vorhersehen, daß sie, um ihr Projekt eines Universaldespotismus auszuführen, nicht allein Verschlagenheit und List, sondern auch die Stärke, die Kühnheit, die Dreistigkeit und Unerschrockenheit der Männer nötig haben möchten: so haben sie auch schon deswegen die nötigen Maßregeln genommen. Eben hieraus soll die so weit getriebene Entblößung einiger Frauenzimmer entspringen, denen andre bloß aus Unwissenheit und um *modisch* zu sein, nachfolgen. Man glaubt gemeiniglich, daß es geschehe, Reizungen zu zeigen, die billig verborgen bleiben sollten. Allein man irrt sich sehr, und ich habe die wahre Ursache entdeckt. Es geschiehet bloß, um sich an die Kälte zu gewöhnen, weil sie nicht wissen, ob sie nicht mit der Zeit genötigt sein möchten, Winterkampagnen zu tun.

Eben daher kömmt es, daß einige nicht mehr erröten, andere den jungen Herren und Männern so dreist ins Gesicht sehen, andere in der Komödie über die Zweideutigkeiten, bei deren Anhörung man sonst, wenn man auch lächelte, das Gesicht doch hinter den Fächer zu verbergen pflegte, so laut und dreist lachen, als die kühnste und unverschämteste Mannsperson. Eben daher kömmt es auch, daß viele in den Beteuerungen so geschickt sind, die sich sonst die Kriegsmänner vorbehielten, und noch andere bis in die späteste Mitternacht wachen, um der gefährlichen Abendluft gewohnt zu werden.«

Ich will nicht untersuchen, ob dieser Einfall dem »Nordischen Aufseher« ganz eigen ist; genug er ist schön, und nicht übel, obgleich ein wenig zu schwatzhaft, ausgeführt. Viel Worte machen; einen kleinen Gedanken durch weitschweifende Redensarten aufschwellen; labyrinthische Perioden flechten, bei welchen man dreimal Atem holen muß, ehe man einen ganzen Sinn fassen kann: das ist überhaupt die vorzügliche Geschicklichkeit desjenigen von den Mitarbeitern an dieser Wochenschrift, der die meisten Stücke geschrieben zu haben scheinet. Sein Stil ist der schlechte Kanzelstil eines seichten Homileten, der nur deswegen solche *Pneumata* herprediget, damit die Zuhörer, ehe sie ans Ende derselben kommen, den Anfang schon mögen vergessen haben, und ihn deutlich hören können, ohne ihn im geringsten zu verstehen. – Ich kenne nur einen einzigen geistlichen Redner itzt in unserer Sprache, der noch tollere Perioden macht. Vielleicht unterhalte ich Sie einmal von ihm. –

Itzt aber lassen Sie mich Ihnen noch den Beweis vorlegen, wie unbeschreiblich schwatzhaft der »Nordische Aufseher« oft ist. Es wird mir Mühe kosten, die Stelle, die ich in dieser Absicht anführen muß, abzuschreiben; aber ein Fehler, wenn er zu einer ungewöhnlichen Größe getrieben worden, ist doch ein merkwürdiges Ding; ich will mich die Mühe also immer nicht verdrießen lassen. Der Aufseher will in dem *zweiten* Stücke von der Fähigkeit, die Glückseligkeit andrer zu empfinden, reden und fängt an: »Derjenige, dessen Geist in den kleinen Bezirken seiner *persönlichen* und *häuslichen* Vorteile eingeschränkt bleibt, und unfähig zur Empfindung andrer Glückseligkeiten ist, die nicht aus den Vergnügen der Sinne, aus der Befriedigung eigennütziger Leidenschaften, oder aus dem Glücke seiner Familie entspringen, kömmt mir wie ein Mensch vor, der ein kurzes und blödes Gesicht hat.« – Das Gleichnis ist gut; aber nun hören Sie, wie schülerhaft er es ausdehnt. – »Der Kurzsichtige kennt die Natur weder in ihrer Größe, noch in ihrer vollen Schönheit und Pracht; er sieht dieselbe, so zu sagen, nur im kleinen und nicht einmal deutlich! Was entbehrt er nicht, und wie wenig faßt sein Auge von den unzählbaren und bis ins Unendliche veränderten Wundern der Schöpfung! Wie unzählbare, mannichfaltige Aussichten, die ein stärkeres Auge mit einem fröhlichen Erstaunen betrachtet, sind für ihn, als wären sie gar nicht in der Natur, und wer kann die herrlichen und entzückenden Auftritte alle zählen, die von ihm ungesehen und unbewundert vorübergehen? Die Sonne hat für ihn weniger Licht und der Himmel weniger Gestirne, und wie viel Schönheiten verlieret er nicht auf der Erde? Wenn andre Augen, die in die Weite reichen, in der Entfernung tausend große und herrliche Gegenstände auf einmal und ohne Verwirrung übersehen, und mit einem Blicke in dieser Weite Anhöhen und fruchtbare Täler, und in jener Entfernung blühende Wiesen und einen weit gestreckten Wald entdecken, so erblickt er kaum die Blumen, die unter seinen Füßen aufwachsen, und selbst von diesen bleiben ihm mannichfaltige Reizungen verborgen, die ein schärferes Auge in ihrem künstlichen Gewebe wahrnimmt. Alles ist vor ihm, wie mit einem Nebel überzogen; ganze Gebürge verlieren sich in seinen Augen in Hügel; stolze Paläste bei einem gewissen Abstande von ihm in Dorfhütten, und vielleicht ganze Landschaften in einen grünen, mit einigen Gebüschen durchwachsenen Grasplatz. Dem bessern Auge hingegen ist ein jeder Teil der Materie bevölkert, und ihm wimmelt vielleicht ein jedes Laub von Einwohnern, wenn dem Kurzsichtigen die Natur fast eine Wüste, einsam und leer von Bewegung und Leben zu sein scheinet! Wie unvollkommen müssen nicht seine Vorstellungen von der Größe, Ordnung, und Vollkommenheit der Natur, von ihrer angenehmen Mannichfaltigkeit und Kunst bei ihrer so erhabenen Einfalt und Gleichförmigkeit, und von ihrer bis zur Unbegreiflichkeit bewundernswürdigen Harmonie in allen ihren unzählbaren Abwechslungen sein, und wie unglücklich ist er nicht, wenn er nicht mehr erraten, als sehen, und seinem schwachen Gesichte nicht mit seinem Verstande zu Hülfe kommen kann! Er muß mit seinen Freuden zu geizen wissen, wenn er mit ihrem kleinen Vorrate auskommen will, da derjenige, welcher gute Augen gut zu gebrauchen weiß, im Genusse fast verschwendrisch sein mag, indem er sich nur umsehen darf, um im Überflusse neue Reizungen, neue Schönheiten und Belustigungen zu entdecken.« –

Noch nicht aus? – Ja; nun ist es einmal aus, das ewige Gleichnis! Der Aufseher fährt fort: »Eben so ist es mit denjenigen beschaffen etc.« und, Gott sei Dank, wir sehen wieder Land! Was sagen Sie dazu? Gibt es bei allen guten und schlechten Skribenten wohl ein ähnliches Exempel, wo man, über das Gleichnis, die Sache selbst so lange und so weit aus dem Gesichte verlieret? G.

VII. Den 16. August 1759

EIN UND FUNFZIGSTER BRIEF

In das Feld der schönen Wissenschaften und der Kritik ist der »Nordische Aufseher« nur selten übergegangen.

Von den drei eingerückten Oden, die ohne Zweifel den Herrn Cramer selbst zum Verfasser haben, (die eine auf die Geburt,* die andere auf das Leiden des Erlösers,** und die dritte auf den Geburtstag des Königs,*** von diesen verlangen Sie mein Urteil nicht; das weiß ich schon. Herr Cramer ist der vortrefflichste Versificateur; dafür erkennen wir ihn beide. Daß aber sein poetisches Genie, wenn man ihm überhaupt noch ein poetisches Genie zugestehen kann, sehr einförmig ist, das haben wir oft beide betauert. Wer eine oder zwei von seinen so genannten Oden gelesen hat, der hat sie ziemlich alle gelesen. In allen findet sich viel poetische Sprache, und die beneidenswürdigste Leichtigkeit zu reimen; aber auch allen mangelt der schöne versteckte Plan, der auch die kleinste Ode des Pindars und Horaz zu einem *so sonderbaren* Ganzen macht. Sein Feuer ist, wenn ich so reden darf,

* Stück LIX. ** Stück XV.
*** Stück XVIII.

ein kaltes Feuer, das mit einer Menge Zeichen der Ausrufung und Frage, *bloß in die Augen leuchtet.*

Es kommen aber noch zwei andere Gedichte vor, die meine Aufmerksamkeit ungleich mehr an sich gezogen haben. Das *Klopstockische* Siegel ist auf beiden; und das läßt sich so leicht nirgends verkennen. Von dem einen zwar, welches ein geistliches Lied* auf die Auferstehung des Erlösers ist, weiß ich auch nicht viel sonderliches zu sagen. Es ist, – wie des Herrn Klopstocks Lieder alle sind; so voller Empfindung, daß man oft gar nichts dabei empfindet. Aber das zweite ist desto merkwürdiger. Es sind Betrachtungen über die *Allgegenwart Gottes,* oder vielmehr, des Dichters ausgedrückte Empfindungen über dieses große Objekt. Sie scheinen sich von selbst in symmetrische Zeilen geordnet zu haben, die voller Wohlklang sind, ob sie schon kein bestimmtes Sylbenmaß haben. Ich muß eine Stelle daraus anführen, um Ihnen einen deutlichern Begriff davon zu machen.

Als du mit dem Tode gerungen,
Mit dem Tode!
Heftiger gebetet hattest!
Als dein Schweiß und dein Blut
Auf die Erde geronnen war;
In der ernsten Stunde
Tatest du jene große Wahrheit kund,
Die Wahrheit sein wird,
So lange die Hülle der ewigen Seele
Staub ist!
Du standest, und sprachest
Zu den Schlafenden:
Willig ist eure Seele;
Allein das Fleisch ist schwach.
Dieser Endlichkeit Los,
Diese Schwere der Erde,
Fühlt auch meine Seele,
Wenn sie zu Gott, zu Gott!

* Stück XVI.

Zu dem Unendlichen!
Sich erheben will!
  Anbetend, Vater, sink ich in Staub und fleh!
Vernimm mein Flehn, die Stimme des Endlichen!
Mit Feuer taufe meine Seele,
Daß sie zu dir sich, zu dir, erhebe!
  Allgegenwärtig, Vater, umgibst du mich! – –
Steh hier, Betrachtung, still, und forsche
Diesem Gedanken der Wonne nach!

Und dieses vorbereitende Gebet ist der Anfang des Gedichts selbst. Ein würdiger Anfang! Aber wenn ich Ihnen sagen sollte, was ich denn nun aus dem Folgenden, von der Allgegenwart Gottes mehr gelernt, als ich vorher nicht gewußt; welche von meinen dahin gehörigen Begriffen, der Dichter mir mehr aufgeklärt; in welcher Überzeugung er mich mehr bestärket: so weiß ich freilich nichts darauf zu antworten. Eigentlich ist das auch des Dichters Werk nicht. Genug, daß mich eine schöne, prächtige *Tirade,* über die andere, angenehm unterhalten hat; genug, daß ich mir, während dem Lesen, seine Begeisterung mit ihm zu teilen, geschienen habe: muß uns denn alles etwas zu *denken* geben?

  Ich hebe meine Augen auf, und sehe,
Und siehe, der Herr ist überall!
Erde, aus deren Staube
Der erste der Menschen geschaffen ward,
Auf der ich mein erstes Leben lebe!
In der ich verwesen,
Aus der ich auferstehen werde!
Gott, Gott würdigt auch dich,
Dir gegenwärtig zu sein!
  Mit heilgem Schauer
Brech ich die Blum ab!
Gott machte sie!
Gott ist, wo die Blum' ist!
  Mit heilgem Schauer
Fühl ich das Wehn,
Hier ist das Rauschen der Lüfte!

Er hieß sie wehen und rauschen,
Der Ewige!
Wo sie wehen, und rauschen,
Ist der Ewige!
    Freu dich deines Todes, o Leib!
Wo du verwesen wirst
Wird der Ewige sein!
    Freu dich deines Todes, o Leib!
In den Tiefen der Schöpfung,
In den Höhen der Schöpfung,
Werden deine Trümmern verwehn!
Auch dort, Verwester, Verstäubter,
Wird er sein der Ewige!
    Die Höhen werden sich bücken!
Die Tiefen sich bücken!
Wenn der Allgegenwärtige nun
Wieder aus Staube
Unsterbliche schafft!
    Halleluja dem Schaffenden!
Dem Tötenden Halleluja!
Halleluja dem Schaffenden!

In diesem stürmischen Feuer ist das ganze Stücke geschrieben. – Aber was sagen Sie zu der Versart; wenn ich es anders eine Versart nennen darf? Denn eigentlich ist es weiter nichts als eine künstliche Prosa, in alle kleinen Teile ihrer Perioden aufgelöset, deren jeden man als einen einzeln Vers eines besondern Sylbenmaßes betrachten kann. Sollte es wohl nicht ratsam sein, zur musikalischen Komposition bestimmte Gedichte in diesem prosaischen Sylbenmaße abzufassen? Sie wissen ja, wie wenig es dem Musikus überhaupt hilft, daß der Dichter ein wohlklingendes Metrum gewählet, und alle Schwierigkeiten desselben sorgfältig und glücklich überwunden hat. Oft ist es ihm so gar hinderlich, und er muß, um zu *seinem* Zwecke zu gelangen, die Harmonie wieder zerstören, die dem Dichter so unsägliche Mühe gemacht hat. Da also der prosodische Wohlklang entweder von dem musikalischen verschlungen wird, oder wohl gar durch die

Kollision leidet, und Wohlklang zu sein aufhöret; wäre es nicht besser, daß der Dichter überhaupt für den Musikus in gar keinem Sylbenmaße schriebe, und eine Arbeit gänzlich unterließe, die ihm dieser doch niemals danket? – Ja ich wollte noch weiter gehen, und diese freie Versart so gar für das *Drama* empfehlen. Wir haben angefangen, Trauerspiele in Prosa zu schreiben, und es sind viel Leser sehr unzufrieden damit gewesen, daß man auch diese Gattung der eigentlichen Poesie dadurch entreißen zu wollen scheinet. Diese würden sich vielleicht mit einem solchen Quasi-Metro befriedigen lassen; besonders wenn man ihnen sagte, daß z. E. die Verse des Plautus nicht viel gebundener wären. Der Skribent selbst behielte dabei in der Tat alle Freiheit, die ihm in der Prose zustatten kömmt, und würde bloß Anlaß finden, seine Perioden desto symmetrischer und wohlklingender zu machen. Wie viel Vorteile auch der Schauspieler daraus ziehen könnte, will ich itzt gar nicht erwähnen; wenn sich nämlich der Dichter bei der Abteilung dieser freien Zeilen nach den Regeln der Deklamation richtete, und jede Zeile so lang oder kurz machte, als jener jedesmal viel oder wenig Worte in einem Atem zusammen aussprechen müßte. etc.

Das einzige Stück des »Nordischen Aufsehers«, welches in die Kritik einschlägt, ist das *sechs und zwanzigste*, und handelt von den Mitteln, durch die man den poetischen Stil über den prosaischen erheben könne und müsse. Es ist sehr wohl geschrieben, und enthält vortreffliche Anmerkungen. – Gleich Anfangs merket der Verfasser an, daß keine Nation weder in der Prose noch in der Poesie vortrefflich geworden ist, die ihre poetische Sprache nicht sehr merklich von der prosaischen unterschieden hätte. Er beweiset dieses mit dem Exempel der Griechen, Römer, Italiener und Engländer. Von den Franzosen aber sagt er: »Die Franzosen, welche die Prose der Gesellschaften, und was derselben nahe kömmt, mit der meisten Feinheit und vielleicht am besten in Europa schreiben, haben ihre poetische Sprache unter allen am wenigsten von der prosaischen unterschieden. Einige von ihren Genies haben selbst über diese Fesseln geklagt, die sich die Nation von ihren Grammaticis und von ihren Petitsmaiters hat anlegen lassen. Unterdes würde man sich sehr irren, wenn man glaubte, daß ihre Poesie gar nicht von ihrer Prose unterschieden wäre. Sie ist dieses bisweilen sehr; und wenn sie es nicht ist: so haben wir wenigstens das Vergnügen, da, wo wir bei ihnen den poetischen Ausdruck vermissen, schöne Prose zu finden: ein Vergnügen, das uns diejenigen unter den Deutschen selten machen, welche an die wesentliche Verschiedenheit der poetischen und der prosaischen Sprache so wenig zu denken scheinen.« – Er kömmt hierauf auf die Mittel selbst, wodurch diese Verschiedenheit erhalten wird. Das *erste* ist die sorgfältige Wahl der Wörter. Der Dichter muß überall die edelsten und nachdrücklichsten Wörter wählen. Unter die letztern zählet er auch diejenigen, die mit Geschmack zusammen gesetzt sind. »Es ist, sagt er, der Natur unserer Sprache gemäß, sie zu brauchen. Wir sagen so gar im gemeinen Leben: Ein *gottesvergeßner* Mensch. Warum sollten wir also den Griechen hierin nicht nachahmen, da uns unsere Vorfahren schon lange die Erlaubnis dazu gegeben haben?« – Das *zweite* Mittel bestehet in der veränderten Ordnung der Wörter; und die Regel der zu verändernden Wortfügung ist diese: Wir müssen die Gegenstände, die in einer Vorstellung am meisten rühren, zu erst zeigen. – »Aber nicht allein die Wahl guter Wörter, fährt der Verfasser fort, und die geänderte Verbindung derselben unterscheiden den poetischen Perioden von dem prosaischen. Es sind noch verschiedene von denen anscheinenden Kleinigkeiten zu beobachten, durch welche Virgil vorzüglich geworden ist, was er ist. Ich nehme an, daß die Wörter des Perioden und die Ordnung derselben, der Handlung, die der Periode ausdrükken soll, gemäß sind. Aber gleichwohl gefällt er noch nicht genug. Hier ist eine Redensart, wo nur ein Wort sein sollte. Und nichts tötet die Handlung mehr, als gewisse Begriffe in Redensarten ausdehnen. Es kann auch bisweilen das Gegenteil sein. Hier sollte eine glückliche Redensart stehen. Der Gedanke erfordert diese Ausbildung. Dort sind die Partikeln langweilig, welche die Glieder des Perioden fast unmerklich verbinden sollten. Sie sinds unter andern, wenn sie zu viel Sylben haben. Ein: *dem ungeachtet* könnte die schönste

Stelle verderben. Sie sinds ferner, wenn sie da gesetzt werden, wo sie, ohne daß die Deutlichkeit oder der Nachdruck darunter litte, wegbleiben konnten. Das *doch,* mit dem man wünscht, gehört vornehmlich hierher. In einer andern Stelle stand die Interjektion nicht, wo sie stehen sollte. Das *Ach* fing den Perioden an; und es hätte glücklicher vor den Wörtern gestanden, welche die Leidenschaften am meisten ausdrücken. Ein andermal hat der Verfasser nicht gewußt, von welcher Kürze, und von welcher Stärke das Participium gewesen sein würde. Darauf hat er es wieder gesetzt, wo es nicht hingehörte.«

Schließen Sie aus dieser Stelle, wie viel feine Anmerkungen und Regeln der Verfasser in einen kleinen Raum zu konzentrieren gewußt hat. Ich möchte gern allen unsern Dichtern empfehlen, dieses Stück mehr als einmal zu lesen; es mit allem Fleiße zu studieren. Es würde jeder alsdenn wohl von selbst finden, wenn und wie diese oder jene allgemeine Regel des Verfassers eine Ausnahme leiden könne und müsse. Die sorgfältige Wahl der edelsten Wörter, z. E. leidet alsdenn einen großen Abfall, wenn der Dichter nicht in seiner eignen Person spricht. In dem *Drama* besonders, wo jede Person, so wie ihre eigene Denkungsart, also auch ihre eigne Art zu sprechen haben muß. Die edelsten Worte sind eben deswegen, weil sie die edelsten sind, fast niemals zugleich diejenigen, die uns in der Geschwindigkeit, und besonders im Affekte, zu erst beifallen. Sie verraten die vorhergegangene Überlegung, verwandeln die Helden in Declamatores, und stören dadurch die Illusion. Es ist daher sogar ein großes Kunststück eines tragischen Dichters, wenn er, besonders die erhabensten Gedanken, in die gemeinsten Worte kleidet, und im Affekte nicht das edelste, sondern das nachdrücklichste Wort, wenn es auch schon einen etwas niedrigen Nebenbegriff mit sich führen sollte, ergreifen läßt. Von diesem Kunststücke werden aber freilich diejenigen nichts wissen wollen, die nur an einem korrekten *Racine* Geschmack finden, und so unglücklich sind, keinen *Shakespeare* zu kennen. E.

Fünfter Teil
1760

VI. Den 7. Februar 1760

EIN UND ACHTZIGSTER BRIEF

Der Verfasser der *scherzhaften Lieder*, deren größter Teil Ihnen wegen seiner naiven Wendungen und feinen Sprache, so viel Vergnügen gemacht hat, und von welchen bereits eine zweite verbesserte Auflage erschienen ist, hat sich aufs neue in einer andern, und höheren Sphäre gezeigt. In der *tragischen.** Und mit Ehren.

»Was?« – wird ohne Zweifel auch hier der kritische Freund des Herrn Dusch auffahren – »Was? ein Witzling, der den Geist der anakreontischen Gedichte besitzet, sollte auch den Geist der Tragödie besitzen? Der eine erschüttert das Herz; Schrecken und Tränen stehen ihm zu Gebote; der andere erregt ein kurzes Vergnügen über einen unerwarteten Einfall; und wenn er uns ermuntert hat, und wenn wir lachen, so hat er alle Ehre, die er hoffen kann. – Man sollte glauben,« fährt dieser tiefsinnige Kunstrichter fort, »daß diese beiden sehr verschiedenen Eigenschaften sich nicht wohl mit einander vertragen könnten. Ich wenigstens«** –

Ja, *er* wenigstens! – Er, der Freund des Herrn Dusch! – Er wird es solchergestalt gleich a priori wissen, daß die Trauerspiele unsers scherzhaften Liederdichters nichts taugen. – Wollen Sie es bei dieser philosophischen Nativitätstellung bewenden lassen? Oder wünschten Sie lieber, mit Ihren eigenen Augen zu sehen, und nach Ihren eigenen Empfindungen zu schließen? – Ich weiß schon, was Sie tun werden; und dieser Brief mag Sie darauf vorbereiten.

In dem Vorberichte klaget Herr Weise – denn warum sollte ich Bedenken tragen, Ihnen den Mann zu nennen, der

* Beitrag zum deutschen Theater. Leipzig bei Dyk 1759.

** S. Duschs vermischte Schriften. S. 46.

Ihnen *gefallen* hat, und den Sie nun bald *hoch schätzen* werden? – über den Mangel an deutschen Trauerspielen. Daß es den Deutschen am tragischen Genie fehlen sollte, kann er sich nicht überreden. »Aber ein unglückliches Schicksal, sagt er, hat bisher über die deutsche Schaubühne gewaltet. Einige dieser Lieblinge der Musen sind in der Morgenröte ihres Witzes verblühet, und haben uns durch ihre ersten Früchte gezeiget, was für eine angenehme Hoffnung wir mit ihnen verloren haben.« – Dieses muß Sie an die Herren von Cronegk und von Brawe erinnern, von welchen beiden ohne Zweifel der letztere das größere tragische Genie war. Er hat noch ein Trauerspiel in Versen völlig ausgearbeitet hinterlassen, und Freunde, die es gelesen haben, versichern mich, daß er darin mehr geleistet, als er selbst durch seinen »Freigeist« zu versprechen geschienen. – »Andere«, fähret Herr W. fort, »lassen, wir wissen nicht aus was für unglücklichen Ursachen, die Jahre des Genies vorbei fliehen: sie schmeicheln uns mit Hoffnung, und lassen sie unerfüllet, bis sie die Geschäfte des Lebens überhäufen, oder sie sich in andere Sorgen verteilen.« – Ich kann nicht sagen, wer diese *andere* sind. Sind es aber wirklich tragische *Genie*s, so verspreche ich mir von ihrer Verzögerung mehr Gutes als Schlimmes. Die Jahre der Jugend sind die Jahre nicht, von welchen wir tragische Meisterstücke erwarten dürfen. Alles was auch der beste Kopf in dieser Gattung, unter dem dreißigsten Jahre, leisten kann, sind Versuche. Je mehr man versucht, je mehr verdirbt man sich oft. Man fange nicht eher an zu arbeiten, als bis man seiner Sache zum größten Teile gewiß ist! Und wenn kann man dieses sein? Wenn man die Natur, wenn man die Alten gnugsam studieret hat. Das aber sind lange Lehrjahre! Gnug, daß die Jahre der Meisterschaft dafür auch desto länger dauern. Sophokles schrieb Trauerspiele bis in die achzigsten Jahre. Und wie gut ist es einem Tragicus, wenn er das wilde Feuer, die jugendliche Fertigkeit verloren hat, die so oft Genie heißen, und es so selten sind. »Noch andern, heißt es weiter, fehlt es an Aufmunterung; sie haben niemals eine gute Schauspielergesellschaft gesehen, und kennen die dramatische Dichtkunst bloß aus den Aristoteles und Hedelin.« –

Das ist ohne Zweifel ein Hauptpunkt! Wir haben kein Theater. Wir haben keine Schauspieler. Wir haben keine Zuhörer. – Hören Sie, was ein neuer französischer Schriftsteller* von diesem Punkte der Aufmunterung sagt: »Eigentlich zu reden, sagt er, gibt es ganz und gar keine öffentlichen Schauspiele mehr. Was sind unsere Versammlungen in dem Schauplatze, auch an den allerzahlreichsten Tagen, gegen die Versammlungen des Volks zu Athen und zu Rom? Die alten Bühnen konnten an die achtzig tausend Bürger einnehmen. Die Bühne des Scaurus war mit drei hundert und sechzig Säulen, und mit drei tausend Statuen gezieret. Wie viel Gewalt aber eine große Menge von Zuschauern habe, das kann man überhaupt aus dem Eindrucke, den die Menschen auf einander machen, und aus der Mitteilung der Leidenschaften abnehmen, die man bei Rebellionen wahrnimmt. Ja der, dessen Empfindungen, durch die große Anzahl derjenigen, welche daran Teil nehmen, nicht höher steigen, muß irgend ein heimliches Laster haben; es findet sich in seinem Charakter etwas Einsiedlerisches, das mir nicht gefällt. Kann nun ein großer Zulauf von Menschen die Rührung der Zuschauer so sehr vermehren, welchen Einfluß muß er nicht auf die Verfasser, und auf die Schauspieler haben? Welcher Unterschied, zwischen heut oder morgen einmal, ein Paar Stunden, einige hundert Personen, an einem finstern Orte zu unterhalten; und die Aufmerksamkeit eines ganzen Volkes, an seinen feierlichsten Tagen zu beschäftigen, im Besitz seiner prächtigsten Gebäude zu sein, und diese Gebäude mit einer unzählbaren Menge umringt und erfüllt zu sehen, deren Vergnügen oder Langeweile von unsern Talenten abhangen soll?« – So redet ein Franzose! Und welcher Sprung von dem Franzosen auf den Deutschen! Der Franzose hat doch wenigstens noch eine Bühne; da der Deutsche kaum Buden hat. Die Bühne des Franzosen ist doch wenigstens das Vergnügen einer ganzen großen Hauptstadt; da in den Hauptstädten des Deutschen, die Bude der Spott des Pöbels ist. Der Franzose kann sich doch wenigstens rühmen,

* Diderot in den Unterredungen über seinen natürlichen Sohn.

oft seinen Monarchen, einen ganzen prächtigen Hof, die größten und würdigsten Männer des Reichs, die feinste Welt zu unterhalten; da der Deutsche sehr zufrieden sein muß, wenn ihm ein Paar Dutzend ehrliche Privatleute, die sich schüchtern nach der Bude geschlichen, zuhören wollen.

Doch lassen Sie uns recht aufrichtig sein. Daß es mit dem deutschen Drama noch so gar elend aussiehet, ist vielleicht nicht einzig und allein die Schuld der Großen, die es an ihrem Schutze, an ihrer Unterstützung mangeln lassen. Die Großen geben sich nicht gern mit Dingen ab, bei welchen sie wenig oder gar keinen glücklichen Fortgang voraussehen. Und wenn sie unsere Schauspieler betrachten, was können ihnen diese versprechen? Leute ohne Erziehung, ohne Welt, ohne Talente; ein Meister Schneider, ein Ding, das noch vor ein paar Monaten Wäschermädchen war etc. Was können die Großen an solchen Leuten erblicken, das ihnen im geringsten ähnlich wäre, und sie auffrischen könnte, diese ihre Repräsentarii auf der Bühne, in einen bessern und geachtetern Stand zu setzen? –

Ich verliere mich in diesen allgemeinen Betrachtungen, die uns noch sobald keine Änderung hoffen lassen. – Das *erste* Trauerspiel des Hrn. Weise heißt: »Eduard der Dritte«.

Eduard der Zweite war gezwungen worden, sich von der Regierung los zu sagen, und es geschehen zu lassen, daß sie auf seinen Sohn, Eduard den Dritten übergetragen wurde, während dessen Minderjährigkeit seine Mutter Isabella, mit ihrem Lieblinge Mortimer freie Hand zu haben hofften, und sie eine Zeitlang auch wirklich hatten. Der abgesetzte König ward aus einem Gefängnisse ins andere geschleppt; und ich habe folgenden Umstand bei dem Rapin nie ohne die größte Rührung lesen können. »Als ihn die Ritter Maltraves und Gournay, die ihm als Wächter oder vielmehr als Peiniger zugegeben waren, in sein letztes Gefängnis, in das Schloß zu Barkley brachten, nahmen sie tausend unanständige Dinge mit ihm vor, sogar daß sie ihm auf freiem Felde mit kaltem Wasser, welches aus einem schlammigten Graben genommen worden, den Bart putzen ließen. So viel Beständigkeit er auch bis dahin bezeuget hatte, so konnte er sich doch bei dieser Gelegenheit nicht enthalten, sein Unglück zu beweinen, und zu erkennen zu geben, wie sehr er davon gerührt sei. Unter den Klagen und Vorwürfen, die er denjenigen machte, welche ihm mit so vieler Grausamkeit begegneten, sagte er, daß sie, sie möchten auch machen, was sie wollten, ihm doch nicht den Gebrauch des heißen Wassers nehmen sollten, um sich den Bart putzen zu lassen. Und indem ließ er zwei Ströme von heißen Tränen aus seinen Augen die Wangen herabfließen.«

Der arme Mann! – Und es war ein König! – Aber was fällt Ihnen sonst bei dieser Antwort ein? Wenn sie ein Dichter erfunden hätte, würde nicht der gemeine Haufe der Kunstrichter sagen: sie ist unnatürlich; der Schmerz ist so witzig nicht? Und doch war der Schmerz hier so witzig; wenn derjenige anders witzig ist, der das sagt, was ihm die Umstände in den Mund legen. Demnach denke nur auch der Dichter vor allen Dingen darauf, seine Personen, so zu reden, in eine witzige Situation zu setzen, und er kann gewiß sein, daß alle der Witz, den ihnen diese Situation gibt, nicht nur untadelhaft, sondern höchst pathetisch sein wird. Diderot, den ich Ihnen oben angeführt habe, erläutert den nämlichen Satz durch das Exempel einer geringern Person: »Eine Bäuerin, erzählt er, schickte ihren Mann zu ihren Ältern, die in einem benachbarten Dorfe wohnten. Und da ward dieser Unglückliche von einem seiner Schwäger erschlagen. Des Tages darauf ging ich in das Haus, wo sich der Fall zugetragen hatte. Ich erblickte ein Bild, und hörte eine Rede, die ich noch nicht vergessen habe. Der Tote lag auf einem Bette. Die nackten Beine hingen aus dem Bette heraus. Seine Frau lag, mit zerstreuten Haaren, auf der Erde. Sie hielt die Füße ihres Mannes, und sagte unter Vergießung von Tränen, und mit einer Aktion, die allen Anwesenden Tränen auspreßte: *Ach, als ich dich hieher schickte, hätte ich wohl geglaubt, daß diese Füße dich zum Tode trügen!*« Auch das war Witz, und noch dazu Witz einer Bäuerin; aber die Umstände machten ihn unvermeidlich. Und folglich auch muß man die Entschuldigung der witzigen Ausdrücke des Schmerzes und der Betrübnis nicht darin suchen, daß die Person, welche sie sagt, eine vornehme, wohl erzogene, verständige und auch sonst witzige Person sei; denn die Leidenschaften machen alle Menschen wieder gleich: sondern darin, daß wahrscheinlicher Weise ein jeder Mensch ohne Unterschied, in den nämlichen Umständen das nämliche sagen würde. Den Gedanken der Bäuerin hätte eine Königin haben können, und haben müssen: so wie das, was dort der König sagt, auch ein Bauer hätte sagen können, und ohne Zweifel würde gesagt haben.

Aber ich komme von unserm Eduard ab. Sie wissen sein grausames Ende. Er wollte vor Betrübnis und Kummer nicht bald genug sterben. Seine Wächter erhielten also Befehl, Hand anzulegen. Sie überfielen ihn, und steckten ihm eine Röhre von Horn in den Leib, durch welche sie ein glühendes Eisen stießen, das ihm das Eingeweide verbrennen mußte. Er starb unter den entsetzlichsten Schmerzen; und sein Sohn ward überredet, daß er eines natürlichen Todes gestorben sei.

Der Bruder dieses Unglücklichen, und der Oheim des jungen Königes, Edmund Graf von Kent, hatte an der Veränderung der Regierung nicht geringen Anteil gehabt. Er hatte sich von den Kunstgriffen der Isabella hintergehen lassen, und erkannte es zu spät, daß er seiner brüderlichen Liebe, zum Besten einer Buhlerin, und nicht zum Besten seines Vaterlandes, vergessen habe. Seine Großmut erlaubte ihm nicht, sich lange zu verstellen. Er ließ es Isabellen und ihrem Mortimer gar bald merken, wie übel er mit ihrer Aufführung zufrieden sei; und da sein Verhalten sonst unsträflich war, so konnten ihm diese nicht anders als mit List beikommen. Sie ließen ihm nämlich durch Personen, die er für seine Freunde hielt, auf eine geschickte Art zu verstehen geben, daß sein Bruder Eduard noch am Leben sei, und daß man seinen Tod aus keiner andern Ursache ausgesprengt habe, als um den Bewegungen zuvor zu kommen, die seine Anhänger erwecken könnten. Sie fügten hinzu, daß er in dem Schlosse Corfe genau bewahret werde, und wußten dieses vorgegebene Geheimnis nicht allein durch verschiedene Umstände zu unterstützen, sondern auch durch das Zeugnis vieler angesehenen Personen zu bestätigen, unter welchen sich zwei Bischöfe befanden, die entweder sowohl als Edmund betrogen waren, oder ihn betriegen halfen. Der ehrliche Edmund ließ sich in dieser Schlinge fangen, und faßte den Anschlag, seinen Bruder aus dem Gefängnisse zu ziehen. Er begab sich selbst nach Corfe, und verlangte frei heraus, zu seinem Bruder gelassen zu werden. Der Befehlshaber des Schlosses stellte sich bestürzt, daß Edmund von diesem Geheimnisse Nachricht bekommen habe, und leugnete ihm gar nicht, daß Eduard in dem Schlosse sei, aber er versicherte ihm, daß er die nachdrücklichsten Befehle habe, niemanden zu ihm zu lassen. Edmund verdoppelte sein Anhalten; der Befehlshaber bestand auf seiner Weigerung; endlich faßte jener den unglücklichen Entschluß, diesem ein Schreiben an den Gefangenen anzuvertrauen, in welchem er ihm versicherte, daß er mit allem Ernste an seiner Freiheit arbeiten wolle. Dieses Schreiben ward sogleich der Königin gebracht! Sie hatte ihren Zweck erreicht; Edmund hatte sich strafbar gemacht. Sie vergrößerte ihrem Sohne die Gefahr, in der er sich durch die Ränke seines Oheims befinde; und kurz, Edmund verlor seinen Kopf.

Nun darf ich Ihnen bloß sagen, daß unser Dichter diese gegen den Edmund gebrauchte List, als eine Wahrheit angenommen, und das Schicksal des Edmunds mit dem Schicksale des gefangenen Königs verbunden hat: und sogleich wird Ihnen der ganze Inhalt des Stückes ohngefähr in die Gedanken schießen. Die Ökonomie ist die gewöhnliche Ökonomie der französischen Trauerspiele, an welcher wenig auszusetzen, aber selten auch viel zu rühmen ist. Und eben daher kann ich mich in keine Zergliederung einlassen.

Das erste Dutzend Verse verspricht, in Ansehung des Ausdruckes und der Wendung, nichts geringers als eine *Schlegelsche* Versifikation.

LOKESTER *(zu dem Grafen von Kent).*
Ja Freund, dies ist der Dank, den man am Hofe gibt,
Wo man den Edeln haßt, und den Verräter liebt!
Ich, der der Königin ein Heer nach Suffolk brachte,

Mich bei der Welt verhaßt, und sie gefürchtet machte,
Die oft durch meinen Rat, stets durch mein Schwerd gekriegt,
Durch jenen Ruhm erwarb, durch dieses oft gesiegt;
Ich, der an sie zuletzt den König selbst verraten,
So sehr sein Elend sprach und Freunde für ihn baten:
Ich werd itzt kaum gehört, und niemals mehr befragt,
Und wär ich ohne dich, so wär ich schon verjagt.

Doch dieser schöne Anfang zeigt nur, wie edel die Sprache unsers Dichters sein könnte, wenn er sich überall die gehörige Mühe gegeben hätte. Er hat sich leider ein wenig zu oft vernachlässiget, und dadurch selbst seinen Charakteren und Situationen den größten Schaden getan. Charaktere und Situationen sind die Contours des Gemäldes; die Sprache ist die Colorite; und man bleibt ohne diese nur immer die Hälfte von einem Maler, die Hälfte von einem Dichter.

Ich will Sie aber dadurch nicht abgeschreckt haben! So wie der Anfang ist, so werden Sie noch unzähliche Stellen finden. Besonders in den Szenen, die Edmund mit dem jungen Könige, und mit der Isabella hat. Was kann, einige Kleinigkeiten ausgenommen, stärker sein, als folgende Stelle? Edmund hat der Königin bittere Wahrheiten, in Gegenwart ihres Sohnes hören lassen; und sie versetzt: Er habe eine andere Sprache geführt,

– – – – so lang er noch geglaubt,
Daß er für sich allein nur Englands Thron geraubt.
EDMUND. – – – – Nein; sprich, so lang er glaubte,
Daß nicht die Königin für Mortimern ihn raubte;
So lang er noch geglaubt, es stritte seine Hand
Für Freiheit, und Gesetz, und Prinz und Vaterland;
So lang er noch geglaubt, daß er der Briten Rechte,
Die Schottland an sich riß, durch seinen Mut verfechte;
So lang er noch geglaubt, daß Englands Ruh und Glück
Dein großer Endzweck wär, und daß man das Geschick
Der Staaten Albions, der Herrschaft schwere Bürde,
Den Weisesten des Reichs indes vertrauen würde:

Allein so bald er sah, daß Geiz nach eigner Macht,
Stolz, blinde Rachbegier den Anschlag ausgedacht,
Daß man nicht für das Glück des besten Prinzen sorgte,
Und zu der Missetat frech seinen Namen borgte,
Daß man den König nicht der Freiheit überließ,
Durch Barbarngleiche Wut ihn in den Kerker stieß,
Wo man vielleicht noch itzt den Unglückseligen quälet,
Wenn unaussprechlich Leid ihn nicht bereits entseelet –

ISABELLA *(die ihrem Sohne den Degen von der Seite reißen will).*

Verwegner! Rasender! entgehe meiner Wut –

EDMUND. Kühl in des Lieblings Arm dein aufgebrachtes Blut! etc.

G.

Drei und zwanzigster Teil
1765

V. *Den 27. Junii 1765*

DREI HUNDERT UND ZWEI UND DREISSIGSTER BRIEF

Der Verfasser der »Versuche über den Charakter und die Werke der besten italienischen Dichter«,* ist ein Mann, der eine wahre Hochachtung für sich erwecket. So ein Werk hat uns gefehlt, und es mit so vielem Geschmacke ausgeführet zu sehen, konnten wir wünschen, aber kaum hoffen. Er ist der erste Übersetzer, wenn man den, der eine so genaue Bekanntschaft mit allen den besten Genies einer ganzen Nation zeiget, der ein so feines Gefühl mit einem so richtigen Urteile verbindet, unter dessen Bearbeitung so verschiedne Schönheiten in einer Sprache, für die sie gar nicht bestimmt zu sein schienen, einen Glanz, ein Leben erhalten, das mit der Blüte, in welcher sie auf ihren natürlichen Boden prangen, wetteifert: wenn man, sage ich, so einen Schriftsteller anders einen Übersetzer nennen darf; wenn er nicht vielmehr

* Braunschweig, im Verlage des Waisenhauses, erster Band 1763. zweiter Band 1764 in 8.

selbst ein Original ist, dem auch die Erfindsamkeit nicht mangeln würde, hätte es sich ihrer, uns zum besten, nicht itzt entäußern wollen.

Man kann mit Wahrheit sagen, daß die italienische Literatur noch nie recht unter uns bekannt geworden. Zwar war einmal die Zeit, da unsere Dichter sich fast nichts als welsche Muster wählten. Aber was für welche? Den Marino mit seiner Schule. Der Adonis war unsern *Posteln* und *Feinden* das Gedicht aller Gedichte. Und als uns die Kritik über das Verdienst dieser Muster und dieser Nachahmer die Augen öffnete, so erwogen wir nicht, daß unser falscher Geschmack gerade auf das schlechteste gefallen war, sondern Dante und Petrarca mußte die Verführung ihrer schwülstigen und spitzfindigen Nachkommen entgelten. Concetti ward die Ehrenbenennung aller italienischen Gedichte, und wenn der einzige Tasso sich noch einigermaßen in Ansehen erhielt, so hatte man es fast einzig und allein den Sprachmeistern zu verdanken.

Der Inhalt dieser Versuche wird daher für die meisten Leser auch das Verdienst der Neuheit haben, und unsere guten Köpfe werden ganz unbekannte Gegenden und Küsten darin entdecken, wohin sie ihr poetisches Commercium mit vielem Vorteile erweitern können. Den Vorzug, der die italienische Dichtkunst insbesondere unterscheidet, setzet der Verfasser in die Lebhaftigkeit der Einbildungskraft und den Reichtum an Bildern, die mit der Stärke und mit der Wahrheit ausgemalet sind, daß sie sich in die Gegenstände selbst zu verwandeln scheinen. Und dieses ist gleich die Seite, von welcher unsere Dichtkunst nur sehr zweideutig schimmert. Ich sage zweideutig; denn auch wir haben malerische Dichter die Menge; aber ich besorge sehr, daß sie sich zu den malerischen Dichtern der Italiener nicht viel anders verhalten, als die Niederländische Schule zu der Römischen. Wir haben uns zu sehr in die Gemälde der leblosen Natur verliebt; uns gelingen Szenen von Schäfern und Hirten; unsere komische Epopeen haben manche gute *Bambocciade*: aber wo sind unsere poetische *Raphaels*, unsere Maler der Seele?

Das Vortreffliche der italienischen Dichter hat indes unsern Verfasser nicht geblendet; er siehet ihre Schwäche und Fehler, wie ihre Schönheiten. Man muß bekennen, sagt er, daß sie bei weiten mit der Stärke nicht denken, mit der sie imaginieren. Daher kömmt die Unregelmäßigkeit des Plans, nach dem die meisten ihrer Gedichte angelegt sind; daher die häufigen Ungleichheiten, und der Mangel an starken und neuen Gedanken, die einen denkenden Geist so angenehm in den Schriften der Engländer beschäftigen; dieses ist endlich die Ursache, die zu weilen auch einige ihrer besten Dichter zu den leeren Spitzfindigkeiten verleitet hat, die den italienischen Geschmack in so übeln Ruf gebracht haben.

Die poetische Landkarte, die er bei dieser Gelegenheit entwirft, scheinet dem ersten Ansehen nach ein Spiel des Witzes zu sein, und ist im Grunde mit aller Genauigkeit einer gesunden Kritik aufgenommen. »Man kann bemerken, sagt er, daß jemehr sich die Völker dem Süden nähern, mit desto leichterer Nahrung sich ihre Seelen so wohl als ihre Körper befriedigen. Der Engländer braucht ohne Zweifel die schwereste und die solideste. Seinem Geschmack ist vielleicht der unsrige am ähnlichsten. Dem Franzosen ist diese Nahrung zu stark, er muß sie mit Esprit verdünnen, oder er ist im Notfall auch mit Esprit allein zufrieden. Die Italiener entsagen gern beiden, wenn man nur ihre Einbildungskraft durch Gemälde beschäftiget, und ihr Gehör durch einen musikalischen Klang vergnügt. Die Spanier sind endlich so mäßig, daß sie sich mit einem bloßen prächtigen und harmonischen Schalle, mit einer Reihe tönender Worte begnügen können. Man hat in der Tat Poesien von ihren berühmtesten Dichtern, die niemals ein Mensch, auch ihre Verfasser selbst nicht verstanden haben, die aber sehr gut klingen und voll von prächtigen Metaphern sind. So verschieden ist der Geschmack der Völker, so verschieden ihre Vorzüge.«

Der Verfasser bedienet sich bei den Werken, die er uns bekannt macht, der Ordnung der Zeit, und diese Ordnung hat den Vorteil einer Geschichte, die den Ursprung und das Wachstum der italienischen Dichtkunst zeiget, und uns die verschiedenen Veränderungen in dem Geschmacke der Nation vor Augen stellet. Den *ersten* Band nehmen also Dante und Petrarca ein, und wir lernen diese Väter der welschen Poesie in ihrer wahren Gestalt kennen. Der *zweite* Band enthält die Dichter des funfzehnten Jahrhunderts, und aus dem sechzehnten die vornehmsten Nachahmer des Petrarca, nebst demjenigen Dichter, den man eigentlich den Dichter der Nation nennen muß, dem Ariost.

Der Beschluß folgt künftig

VI. Den 4. Julii 1765

BESCHLUSS DES DREIHUNDERT UND ZWEI UND DREISSIGSTEN BRIEFES

Die geringe Anzahl der guten Dichter des funfzehnten Jahrhunderts, des Zeitalters der Medices, dieser großmütigen Beschützer und Aufmunterer aller Künste und Wissenschaften, veranlaßt den Verfasser zu einer Anmerkung, die eben so scharfsinnig als wahr ist. Da sie auf den äußerlichen Zustand der deutschen Literatur gewissermaßen angewendet werden kann, so wünschte ich sehr, daß sie diejenigen endlich einmal zum Stillschweigen bringen möchte, die über den Mangel an Unterstützung so häufige und bittere Klagen führen, und in dem Tone wahrer Schmeichler den Einfluß der Großen auf die Künste so übertreiben, daß man ihre eigennützige Absichten nur allzudeutlich merkt. »Man irret sehr, sagt er, wenn man den Mangel großer Genies zu gewissen Zeiten dem Mangel der Belohnungen und Aufmunterungen zuschreibt. Das wahre Genie arbeitet, gleich einem reißenden Strome, sich selbst seinen Weg durch die größte Hindernisse. Shakespeare, der zu einem Handwerke erzogen worden, ward ein großer Poet, ohne irgend eine Aufmunterung zu haben, ja so gar, ohne selbst es zu wissen. Einer der größten heutigen italienischen Dichter macht, als ein armer Bäckerjunge, Verse, die einen großen Kunstrichter in Erstaunen setzen, und ihn bewegen, sich seiner anzunehmen. Überhaupt können Aufmunterungen niemals Genies erzeugen; und sie schaden gewiß allemal denen, die es schon sind, wenn der Gönner nicht selbst den wahren, den großen Geschmack der Künste besitzet. Einen Beweis davon findet man vielleicht selbst in den so gerühmten Freigebigkeiten Ludwigs des vierzehnten, die ihm so viel Ehre gemacht haben. Alle die großen Genies, die seiner Regierung den größten Glanz gaben, waren ohne seine Aufmunterung entstanden, und Racine, der so sehr den Geschmack der Natur hatte, dessen Genie mit dem Geiste der Alten genährt war, hätte vermutlich seine Tragödien nicht durch so viel Galanterie entnervet, wir würden mehr *Athalien* von ihm haben, wenn ihn nicht diese Aufmunterungen genötiget hätten, dem Geschmacke eines weibischen Hofes zu schmeicheln. Der wichtigste Nachteil aber, welchen der große Schutz vielleicht nach sich ziehet, den die schönen Wissenschaften bei Regenten finden, ist dieser, daß dadurch die Begierde zu schreiben, zu sehr ausgebreitet wird, daß so viele, bloß witzige Köpfe sich an Arbeiten wagen, die nur dem Genie zukommen. Diese, welche die großen Züge der Natur nicht erreichen können, (denn die trifft allein das Genie) suchen sich durch neue Manieren, durch Affektationen zu unterscheiden, oder führen das Publikum von der Natur zum Gekünstelten. Dieses ist vermutlich die Ursache, daß allemal auf die Zeiten der großen Beschützer der Künste, Zeiten des übeln Geschmacks und des falschen Witzes gefolgt sind.«

Eine andere kleine Ausschweifung unsers Verfassers wird Ihnen zeigen, daß er nicht allein Dichter zu schätzen fähig ist. Sie betrifft den Machiavell. »Machiavell, sagt er, ein sehr großer Kopf, den wir aus seinem Fürsten zu wenig kennen, und zu unrichtig beurteilen, brachte nach der ›Calandra‹ des Kardinals Bibiena, ein paar Komödien auf den Schauplatz, in denen das Salz des Moliere, mit dem *Humor* und der komischen Stärke der Engländer vereiniget ist. Dieser Machiavell ist es außerdem, der die Prose der Italiener zu ihrer wahren Vollkommenheit gebracht hat. Er vermied die aufgedrungenen, weitschweifigen Perioden des Boccaz. Sein Stil ist rein, kurz gedrängt, und voll Sachen, und beständig klar. Seine Geschichte von Florenz ist die erste unter den wenigen neuern Geschichten, die man den schönen historischen Werken der Alten an die Seite setzen kann. Sie vereiniget die Klarheit und Reinigkeit des Nepos in der Erzählung mit dem Tiefsinn und der Stärke des Tacitus in den Betrachtungen. Aber keines von seinen Werken macht ihm so viel Ehre, als die ›Diskurse über den Livius‹, ein ganz originales Werk, das voll von Entdeckungen in der Staatskunst ist, deren verschiedene man in den Werken des Präsidenten Montesquieu, als die seinigen, bewundert, weil man den Italiener nicht genug kennt, den Montesquieu sehr studieret hatte.«

Mit eigentlichen Proben aus den gewählten Stücken will ich Ihnen nicht langweilig werden. Sie haben das meiste längst im Originale gelesen, und wenn ich Ihnen nochmals wiederhole, daß sich in der Übersetzung eine Meisterhand zeiget, welche die Schönheiten der Versifikation, die notwendig verloren gehen müssen, nicht bloß mit der reinsten, geschmeidigsten, wohlklingendsten Prose, sondern auch mit unzählig kleinen Verbesserungen und Berichtigungen desjenigen, was in der Urschrift oft ein wenig schielend, ein wenig affektiert ist, kompensieret hat: so werden Sie ohne Zweifel die Vergleichung selbst anstellen wollen.

Herr Meinhardt, so heißt unser Verfasser, hat sich selbst eine Zeitlang in Italien aufgehalten; ein Umstand, welcher allein ein gutes Vorurteil für ihn erwecken kann. Vor kurzen, wie ich höre, hat er eine zweite Reise dahin unternommen; es wäre sehr zu beklagen, wenn die Fortsetzung seines Werks darunter leiden sollte. Meinen Sie aber, daß dieser würdige Mann vielleicht eine Prädilektion für die Italiener habe? Sie irren sich; er muß mit der englischen Literatur eben so bekannt sein, als mit der welschen. Denn ihm haben wir auch die Übersetzung von Heinrich Homes »Grundsätzen der Kritik«* zu danken. Hier mußte sich der schöne Geist mit dem Philosophen in dem Übersetzer vereinigen. Es war ein Rätsel für mich, in welchem von unsern Übersetzern ich diese Ver-

* Leipzig in der Dyckischen Handlung. Erster und zweiter Teil, 1763 in 8.

einigung suchen sollte. Ein ganz unbekannter Name mußte dieses Rätsel lösen. Sie freuen sich; aber Sie wundern sich zugleich. Erinnern Sie sich, was Seneca sagt: Einige sind berühmt; andere sollten es sein.

N. S. Ich weiß nicht, ob gewisse Gedichte, die vor einiger Zeit unter dem Namen »Petrarchischer Gedichte«* ans Licht getreten, bereits eine Frucht der nähern Bekanntschaft sein sollen, in die Hr. Meinhardt unsere Dichter mit dem Petrarca gebracht hat. Das weiß ich aber, daß diesen Gedichten, welche für sich betrachtet, sehr artig sind, das Beiwort *Petrarchischer* ganz und gar nicht zukömmt. Ist es doch auch ein bloßer Zusatz des Herausgebers, der selbst zweifelt, ob der Verfasser damit zufrieden sein werde. Er kann unmöglich; denn sein Ton ist mehr der spielende Ton des Anakreons, als der feierlich seufzende des Petrarca. Der platonische Italiener guckt nicht so lüstern nach des *Busens Lilgen,* und wenn er Tod und Ewigkeit mit den Ausdrücken seiner Zärtlichkeit verwebt, so *verwebt* er sie damit; an statt daß in den deutschen Gedichten das Verliebte und das Fromme, das Weltliche und das Geistliche, wie in dem ruhigen Elementglase, in ihrer ganzen klaren abstechenden Verschiedenheit neben einander stehn, ohne durch ihre innere Vermischung jene wollüstige Melancholie hervorzubringen, welche den eigentlichen Charakter des Petrarca ausmacht. G.

* Berlin 1764 in 8.

Der Rezensent braucht nicht besser machen zu können, was er tadelt

Tadeln heißt überhaupt, sein Mißfallen zu erkennen geben.

Man kann sich bei diesem Mißfallen entweder auf die bloße Empfindung berufen, oder seine Empfindung mit Gründen unterstützen.

Jenes tut der Mann von Geschmack: dieses der Kunstrichter.

Welcher von ihnen muß das, was er tadelt, besser zu machen verstehn?

Man ist nicht Herr von seinen Empfindungen; aber man ist Herr, was man empfindet, zu sagen. Wenn einem Manne von Geschmack in einem Gedichte oder Gemälde etwas nicht gefällt: muß er erst hingehen, und selbst Dichter oder Maler werden, ehe er es heraussagen darf: das gefällt mir nicht? Ich finde meine Suppe versalzen: darf ich sie nicht eher versalzen nennen, als bis ich selbst kochen kann?

Was sind die Gründe des Kunstrichters? Schlüsse, die er aus seinen Empfindungen, unter sich selbst und mit fremden Empfindungen verglichen, gezogen und auf die Grundbegriffe des Vollkommnen und Schönen zurückgeführt hat.

Ich sehe nicht, warum ein Mensch mit seinen Schlüssen zurückhaltender sein müsse, als mit seinen Empfindungen. Der Kunstrichter empfindet nicht bloß, daß ihm etwas nicht gefällt, sondern er fügt auch noch sein *denn* hinzu. Und dieses *denn* sollte ihn zum Bessermachen verbinden? durch dieses *denn* müßte er grade des Bessermachens überhoben sein können.

Freilich, wenn dieses *denn* ein gutes gründliches *denn* ist, so wird er leicht daraus herleiten können, wie das, was ihm mißfällt, eigentlich sein müßte, wenn es ihm nicht mißfallen sollte.

Aber dieses kann den Kunstrichter höchstens verleiten, einen Fingerzeig auf die Schönheit zu geben, welche anstatt des getadelten Fehlers da sein könnte und sollte.

Ich sage verleiten: denn verleitet wird man zu Dingen, zu welchen man nicht gezwungen werden kann, und zu Dingen, welche übel ausschlagen können.

Wenn der Kunstrichter zu dem dramatischen Dichter sagt: anstatt daß du den Knoten deiner Fabel so geschürzet hast, hättest du ihn so schürzen sollen; anstatt daß du ihn so lösest, würdest du ihn besser so gelöset haben: so hat sich der Kunstrichter verleiten lassen.

Denn Niemand konnte es mit Recht von ihm verlangen, daß er sich so weit äußerte. Er hat seinem Amte ein Genüge geleistet, wenn er bloß sagt: dein Knoten taugt nichts, deine Verwicklung ist schlecht, und das aus dem und dem Grunde. Wie sie besser sein könnte, mag der Dichter zusehen.

Denn will er ihm helfen, und der Dichter will sich helfen lassen, und geht hin, und arbeitet nach den Anschlägen des Kunstrichters um: es ist wahr, so ist ihm der Dichter und der Leser Dank schuldig, wenn die Umarbeitung gelingt: – aber wenn sie nicht gelingt?

So fehlt auch nicht viel, die ganze Schuld fällt auf ihn allein. Und nur in diesem Falle dürfte er, um seine Meinung zu rechtfertigen, genötigt sein, den Pfuscher von der Staffelei wegzustoßen, und selbst Pinsel und Pallet in die Hand zu nehmen.

»Glück zur Arbeit! Eben hier haben wir dich erwartet, guter Mann! Wenn du fertig bist, alsdenn wollen wir vergleichen!«

Und wer glaubt nicht, vergleichen zu können!

Wehe ihm, wenn er nur schlecht und recht verbessert hat; wenn er es genug sein lassen, Fehler zu vertilgen; wenn es ihm nicht gelungen, uns für jeden mit einer ganz neuen, ganz unerwarteten Schönheit zu überraschen!

Was für ein Arzt, der einen Blinden bloß sehen macht, und ihm nicht zugleich, statt der matten grauen Augen, die ihm die Natur bestimmte, schöne blaue oder feurige schwarze Augen erteilt!

»War das der Mühe wert? An jenen Fehler waren wir schon gewohnt: und an die Verbesserung sollen wir uns erst gewöhnen.«

Vielleicht hätten wir den Fehler auch gar nicht bemerkt, und die Verbesserung hat ihn uns zuerst bemerken lassen. Wir werden unwillig, wenn wir finden, daß uns das, was uns so lange gefallen hat, nicht hätte gefallen sollen.

Kurz, wenn der Kunstrichter durch Tadeln beleidigt, so beleidigt er durch Bessermachen doppelt.

Mache es besser! ist zwar die Ausforderung, welche der getadelte Schriftsteller an ihn ergehen läßt, aber nicht in der Absicht, daß sie angenommen werden soll. Es soll ein bloßes Stichblatt sein, die Stöße des Kunstrichters abglitschen zu lassen.

Nimmt sie der Kunstrichter an, und er ist unglücklich: so ist ihm das Handwerk auf einmal gelegt.

Nimmt er sie an, und er ist glücklich – Aber wer wird es ihm zugestehen, daß er glücklich ist? Kein Mensch in der Welt. Weder die Künstler, noch seine Kollegen in der Kunstrichterei.

Unter jenen ist es dem Getadelten nicht zuzumuten: und den übrigen – keine Krähe wird der andern die Augen aushacken: die Reihe könnte auch an sie kommen.

Diese aber verdammen ihn des bösen Exempels; er hat sich seines Rechts vergeben; nun wird man das Bessermachen von ihnen allen fordern; dafür muß er gestraft sein!

Und überhaupt sind die Kunstrichter die einzige Art von Krähen, welche das Sprichwort zum Lügner machen.

PHILOLOGIE UND ALLGEMEINES

[Aus:]

GEDICHTE VON ANDREAS SCULTETUS:

aufgefunden
von
Gotthold Ephraim Lessing

Aus zwei Briefen an den Herrn Prof. Zachariä

(von Hamburg, 1769)

I.

Es ist so, mein Freund, wie Ihnen unser Ebert gesagt hat. Ich besitze, schon seit geraumer Zeit, von einem deutschen Dichter, einem Schlesier, einem Zeitverwandten des Opitz, den man längst wieder vergessen hat, wenn er anders je außer den Mauern seiner Stadt bekannt geworden, verschiedene gedruckte Stücke, die es sehr wohl verdienten, daß man sie, wenigstens auf einige Zeit, der Vergessenheit wieder entrisse.

Er heißt Andreas Scultetus. Der Geschlechtsname *Scultetus,* kömmt in der Rolle der Reimer und Versmacher häufig genug vor. Aber von einem *Andreas* werden Sie, weder bei dem Neumeister, noch John, noch irgendwo, die geringste Erwähnung finden; welches mir lange Zeit unbegreiflich gewesen.

Das erste Stück von ihm geriet mir, vor länger als zwanzig Jahren, zu Wittenberg, in dasiger Universitätsbibliothek in die Hände, wo ein glücklicher Zufall unter einem Wuste alter Leichen- und Hochzeitlieder, meine Augen darauf lenkte. Der Titel versprach Bombast: *Andreae Sculteti, Boleslavii,*

»Österliche Triumphposaune«.* Doch er betrog mich, auf eine angenehme Art. Nicht zwar, als ob mir gar nichts von Schwulst in einem Gedicht, welches so abenteuerlich angekündiget ward, aufgestoßen wäre. Aber ich fand doch weit mehr wahres Erhabene, als Schwulst. Auch schrieb ich mir es von Wort zu Wort ab: und ich habe es nach der Zeit so oft gelesen, so oft vorgelesen, mir es so oft vorlesen lassen, daß ich jede gute Zeile darin getreulich aus dem Gedächtnisse wieder herstellen könnte, wenn die wenigen Abdrücke, die vielleicht noch in dem oder jenem Winkel stecken, mit samt meiner Abschrift, alle auf einmal verschwänden.

Gleich der Anfang überraschte mich außerordentlich: und was mich damals überraschte, gefällt mir noch immer.

Laß, Zebaoth, in mir das kalte Herze brennen:
Dich, HErr, kann ohne dich kein Muttermensch erkennen.
Du pfropfest in die Brust der Sinne Wunderkraft,
Die uns zu Menschen macht: du pflanzest Wissenschaft,
Die uns in Götter kehrt. Ich nähre schlechte Gaben:
Doch mein Vermögen ist, Vermögen wollen haben.
Trägt meine Sinngeburt nur keinen Spott davon,
So schätz ich mich berühmt. Des Welterleuchters Thron,
– –
– – – – – – – – – – – – – – – – sein strahlumzirktes Licht
Verschmäht den Mittelpunkt, ihn auszuwirken, nicht,
Zeucht Wasser auch empor: so brechen schlechte Leute
Zu Zeiten auch heraus. Wohl gut, so höre heute
See, Himmel, Erd und Luft, was immer hören kann,
Das höre mich geneigt, mich Ostersänger an.

Der wahre Ton des Opitz, wo er am meisten Opitz ist! Die Gedanken richtig, edel und neu: der Ausdruck leicht und doch stark, gewählt und doch natürlich.

In dieser so demütigen als zuversichtlichen Anrufung, kündiget der Dichter seinen Vorwurf mit einem einzigen Worte an: *mich Ostersänger!* Wozu auch deren mehr? Und so mit

* Gedruckt zu Breslau mit Baumannischen Schriften 1642. auf zwei vollen Bogen in Quart.

eins, voll von den Wundern und den seligen Folgen des großen Tages, den er besingt, ist er mitten in dem Lobe desselben. Er vergleicht ihn mit andern berühmten Tagen, welche seit dem schrecklichen Tage,

Da über die Natur Neptunus sich erhub,
Und, was sich regt, gesamt der Erde selbst, begrub,
Da alles Wasser war – – –

in dem Buche der Zeit aufbehalten worden. Einen jeden dieser Tage stellt uns sein flüchtiger, aber sicherer Pinsel, mit einem einzigen Zuge vor das Auge, der täuschender ist, als ein ganzes weitläuftiges Gemälde sein würde. Der Tag

– – – – – da Israels Geschlechte,
Das Zeptervolk der Welt, des Chenchres Ziegelknechte,
Das Zuchthaus segneten; – –

der Tag, als den Amalek

– GOttes General, durch zweier Hände Bitten,
Vielmehr, als Josua durch tausend, welche stritten,
Die Flucht zu geben zwang; –

der Tag, als

– – – aller Himmel GOtt
Den trüben Sinai mit Flammen sein Gebot
Herabgedonnert hat; –

der Tag, als

– – – – David unverzagt
Dem Goliath den Tod zur Stirnen eingejagt; –

der Tag, als

Elias, der Prophet, mit einem schnellen Feuer
Im Himmel Einzug hielt; –

der Tag, als

– du, o Sonnenlicht, den überschifften Ort
Zum ersten wiederum, auf Jesaias Wort,
Noch einmal hast besucht; –

welche Tage! Aber was sind sie dem Dichter alle, gegen den Tag seines Liedes? Und so wie sich ihm dieser Tag zu allen andern großen Tagen verhält: so auch der Held dieses Tages zu allen andern Helden. Er berührt einige der vornehmsten, mit ein oder zwei Worten; entwirft die Hauptzüge dessen, der sie alle unendlich zurück läßt, und fängt nun an, die Glorie desselben, nach dem Muster eines wahren alten Triumphes, zu beschreiben.

Es geschieht nach diesem Muster sogar, daß er von dem Stande der Erniedrigung selbst ausgehen zu müssen, glaubet.

––––– Wie aber bei den Alten
Den Führern, welche sich im Felde steif gehalten,
Nachdem sie überkränzt, mit Schimmeln triumphiert,
Der Schauplatz um und um mit Flecken ward schattiert,
Wo ihre Faust gekämpft: so führ ich auch im Schilde
Des Höchsten Niedrigkeit in meiner Versen Bilde
Hauptsächlich darzutun.

Er zielet auf die Verkleinerungen und Spottlieder, unter welchen der gemeine Soldat seinem triumphierenden Feldherrn folgte. Die Wendung ist sonderbar: aber die Bilder, zu welchen sie Gelegenheit gibt, sind größten Teils vortrefflich. Urteilen Sie nach der Frage, mit welcher er ausbricht.

––––– wo blühte seine Pracht,
Als Christus eingestallt die Mutter angelacht?
Im Lächeln bloß allein und in den Perlenzähren –

Oder lieber nach dem Gemälde der Mutter am Kreuze.

Wie JEsus in der Luft die Arme weit gereckt
Und sich, die ganze Welt zu fassen, ausgestreckt.
Wie seine Mutter kocht, die zwischen Furcht und Zagen
Ihr aufgeschwelltes Leid mit Kummer kann ertragen;
Die tausend Tode stirbt, und tausend Tode lebt.
Ihr Herze pocht und schwürt; ihr rechtes Herze webt
In diesem, welches stirbt. Die Tränen fließen dichte;
Kein Tropfen Menschenblut erregt sich im Gesichte,
Als welcher obenher von Gottes Wunden fällt,
Und ihren Mutterleib nach Donners Art erschällt.

Denn ich überspringe diesen ganzen Ort, ob er gleich bei weiten den größten Teil des Gedichtes ausmacht; um Ihnen noch einiges von den Schilderungen des Brunkes und Jubels, mit welchen nun endlich der Dichter die Auferstehung Christi von der gesamten Natur feiern läßt, niederschreiben zu können. Hier kommen Stellen vor, die des größten Dichters würdig sind. – Suchen Sie mir eine, in allen Dichtern seines Jahrhunderts, die mit folgender verglichen zu werden verdienet! –

– – – – – Die Werkstatt dieser Welt
Staffiert sich stattlich aus und nimmt, als ein Gezelt,
Den Siegesherzog auf. Der Erde Lustgehege
Besetzt ihm um und um mit Blumen seine Wege.
Violen schießen auf, und geben, auf den Schlag
Der Telamoner Frucht, mit Blättern an den Tag,
Wie viel er Wunden führt. Des Rindes lange Mühen,
Die Äcker, hegen Streit, wer meistes könne blühen,
Den Festtag zu begehn. Der Zypern Blume bloß,
Als welcher Mutter ihm das zarte Haupt verschloß,
Behaget halb und halb, sich schamrot zu verstecken,
Und anderwärts zur Gunst den Zierrat aufzudecken.
Der andern Kräuter Rest, so keinen Namen hat,
Stand überall bereit, wohin er tröstlich trat,
Und schienen allzumal, als hätten sie gebeten,
Ihr Herrscher wolle sie zu Ehren niedertreten.

Welche Phantasie! welche Empfindung mit einer solchen Phantasie verbunden! Die Rose, die sich lieber verstecken möchte, weil ihre Mutter, die Dornhecke, das heilige zarte Haupt zerritzet! Der namenlose Rest von Kräutern, die keine andere Ehre verlangen, als von dem göttlichen Fuße zertreten zu werden!

Und doch ist die Beschreibung, welche der Dichter von der süßen Freude eines lautern Teiles der Schöpfung macht, fast noch schöner.

Ein stiller Zephyrus, der Lieblichkeiten Kind,
Fleugt allerwegen aus, und fodert von den Seen

Auf ein Gesangturnier des Flügelvolks Armeen.
Als jedermann erscheint, so schickt die Nachtigall,
Das Orgelwerk, so lebt, den tausendfachen Schall
In Deliens Losier. Hier sausen hundert Zinken,
Hier wird das Meisterwerk zu steigen und zu sinken,
Auf einmal angewandt. Der Vogelpöbel summt,
Auf ihren Mund ergrimmt: das meiste Teil verstummt.
Die Lerche bittet bloß ihr Tiretirelieren
Der Fugenkünstlerin hernach zu praktizieren,
Und schweifet trotziglich, bis an der Wolken Port,
Auf allerhand Manier mit lauten Kreisen fort;
In Augen ist sie nicht, nur immer in den Ohren,
Den Vorzug gibt sie zwar, die Ehre nicht verloren.

Aber wie? Erinnern Sie sich wohl, bei einem von unsern neuern Dichtern, die letzte ohne eine Zeile, fast von Wort zu Wort bereits gelesen zu haben?

In Augen ist sie nicht, nur immer in den Ohren.

Sagt nicht auch Kleist, ebenfalls von der Lerche?

Die Lerche, die im Auge nicht,
Doch immer in den Ohren ist.

Sollte es wohl möglich sein, daß an eben derselben Sache zwei Dichter von selbst eben denselben kleinen Umstand bemerket, und ihn von selbst mit eben denselben Worten ausgedrückt hätten? Warum nicht möglich? Besonders, wenn der Umstand so wahr, so einleuchtend ist, und die Worte so ungesucht sind, als hier. Man sollte sich einbilden, man könne eine Lerche gar nicht hören, ohne anzumerken, daß das Auge, geblendet von dem Schimmer der frühen Sonne, in welchem sich der Sänger badet, schwerlich abnehmen könne, wo der Ton herkomme. Aber gleichwohl ist dieses der Fall hier nicht: sondern die Wahrheit ist, daß Kleist den gemeinschaftlichen Umstand nicht unmittelbar aus der Natur genommen hat. Zu der Zeit nämlich, als er das Geburtslied verfertigte, in welchem er ihm einen Platz gegeben, hatte ich das Glück täglich um ihn zu sein. Er machte mir öftrer das

Vergnügen, ihm Stellen aus meinem Scultetus vorzusagen, den ich nur im Gedächtnisse bei mir führte: und ich hatte es bald weg, daß die Lerche sein Liebling geworden war. Als er mir daher sein Gedicht vorlas, sahe er mich, bei dem Worte Lerche, mit einem Lächeln an, das mir alles voraus sagte. Ich schlug vor Freuden in die Hände. Aber! setzte ich hinzu; ich bin fest entschlossen, über lang oder kurz, meinen Dichter wieder drucken zu lassen. Und alsdenn? Freilich wird es immer Ehre genug für ihn sein, wenn ich anführen kann, daß er hier eben der feine Bemerker gewesen, der – Mit nichten! fiel mir der beste Mann in das Wort. Nur unter der Bedingung, daß Sie mich sodann bloß als seinen Kopisten nennen, will ich mir es indes erlauben, mir eine fremde Schönheit als meine anrechnen zu lassen. –

Ich lebe eine sehr angenehme Stunde, indem ich mich für Sie mit meinem alten poetischen Findlinge – und zugleich mit dem Andenken eines Freundes beschäftige, dessen geringste Eigenschaften der Dichter und der Soldat waren. Aber dem ohngeachtet erfahren Sie itzt von jenem weiter nichts. Ich muß erst hören, welche Aufnahme er, auf *diese* Kundschaft, sich von Ihnen zu versprechen hat.

II.

Ich freue mich, daß ich so viel meines altväterischen Geschmacks in Ihnen finde. – Und nun sollen Sie auch alles wissen und alles haben, was ich von meinem Dichter weiß und besitze. – Aber wenn die Folge dem Anfange nicht entspricht – wer kann wider das Schicksal? –

Es waren zehn Jahre, und darüber vergangen, und ich war auf gutem Wege, den ganzen Andreas Scultetus zu vergessen: als ich nach Schlesien kam. Dort in seinem Vaterlande, seiner Geburtsstadt so nahe, – denn Sie werden bemerkt haben, daß er sich auf dem Titel seiner Österlichen Triumphposaune einen *Bunzlauer* nennet – wachte die Neugierde, ihn näher kennen zu lernen, um so natürlicher auf, je wahrscheinlicher ich sie da befriediget zu sehen hoffen durfte. Die Schlesier, (und ich liebe sie auch darum,) sind noch große Verehrer derjenigen ihrer Dichter des vorigen und itzigen Jahrhunderts, durch die es fast zu einem allgemeinen Vorurteile eines guten Dichters in Deutschland geworden war, ein Schlesier geboren zu sein. Aber bei wem ich mich auch von ihnen nach einem Andreas Scultetus erkundigte, der des Opitz eigentlicher Landsmann, und nach meinem Bedünken der würdigste Zögling seiner Muse gewesen sei; die alle gestanden, daß sie seinen Namen von mir zuerst hörten. Selbst Gelehrte, die aus der Literaturgeschichte ihres Landes sich ein eigenes Studium gemacht hatten, – (Ich muß Ihnen hier ein Paar würdige Freunde, die Herren Arletius und Klose in Breslau nennen, deren ersterer sogar einen reichen Schatz von Opitianis besitzt, die entweder noch nie, oder wenigstens nicht in den Sammlungen der Opitzischen Werke gedruckt worden) – selbst diese Männer hörten die »Österliche Triumphposaune« bei mir zuerst; und wunderten sich nicht weniger als ich, von dem Virtuosen selbst nirgends die geringste Spur zu finden.

Ich schäme mich, Ihnen zu gestehen, wie viel Zeit und Mühe ich angewandt, unter der unendlichen Menge Schlesischer Gelegenheitsdichter aus der Mitte des vorigen Jahrhunderts, den Namen meines Scultetus irgendwo wieder ansichtig zu werden. Endlich war ich so glücklich, noch ein Paar andere Gedichte von ihm aufzutreiben, die auf Vorfälle zu Breslau eben daselbst, teils in dem nämlichen zwei und vierzigsten, teils in dem nächstvorhergehenden Jahre, verfertiget und gedruckt waren. Doch auch diese gaben mir von dem Verfasser selbst weiter kein Licht, bis ich noch auf ein anderes, an den bekannten Christoph Colerus, damaligen Konrektor des Gymnasii zu St. Elisabeth in Breslau, geriet, in welchem er sich für einen Schüler desselben bekennet; worauf mir endlich auch eine kurze poetische Kondolenz an den Buchhändler Jacob in Breslau, über den Verlust seiner Gattin, aus dem Jahre 1640 von ihm aufstieß, die ich unter ähnlichen Kondolenzen verschiedner Gymnasiasten zu erblicken glaubte.

Der Vermutung, die aus beiden diesen Umständen erwuchs, war leicht auf den Grund zu kommen. Hr. Arletius hatte die Güte, die Matrikel des gedachten Gymnasii für mich nachzuschlagen: und siehe da! so fand es sich wirklich. Der Dichter, dem ich so lange nachgespüret hatte, war ein junger Gymnasiast; und alles, was ich zum Teil mit so vielem Vergnügen von ihm gelesen hatte, waren Versuche eines Schülers. Die Matrikel besagte, daß sein Vater ein Schuster in Bunzlau gewesen sei, und daß er den 25. August 1639 auf das Gymnasium nach Breslau gekommen, wo er von dem Rektor Elias Major inscribieret worden. Ich könnte Ihnen aus eben der Quelle noch sagen, wo er zu Breslau gewohnt hat: aber ich wünschte lieber, daß ich Ihnen sagen könnte, was in der Folge aus ihm geworden. Allem Vermuten nach muß er, entweder noch auf der Schule, oder bald auf der Universität, gestorben sein. Denn ich glaube nicht, daß andere Umstände, als der Tod, so frühe und so besondere Talente so gänzlich würden haben ersticken können, daß nirgends weiter von ihnen etwas gehöret worden.

Meine Achtung für ihn ward indes durch diese Entdeckung eher vermehrt, als vermindert. Denn wenn ich ihm nun die Schönheiten, die ich eines weit reifern Genies nicht für unwürdig gehalten hatte, um so viel höher anrechnen mußte: so lernte ich zugleich seine Fehler von einer Seite betrachten, von welcher sie mehr als bloße Verzeihung verdienen. Der vornehmste dieser Fehler ist das Bestreben überall Gelehrsamkeit zu zeigen, durch welches auch in seinem besten Gedichte verschiedene Stellen ganz unerträglich geworden. Es kommen Anspielungen vor, die auch mir, seinem so fleißigen Leser, noch zu gelehrt sind: obschon nicht gelehrt genug, um nur ein einziges Buch darum nachzuschlagen. Wenn ein Mann diesen Fehler hat: so ist es ekele Pedanterei. Aber wenn ein Jüngling darein verfällt: so zeigt er von einem vollen Kopfe, und ist einer von den wollüstigen Auswüchsen, die ein wenig mehr Geschmack in der Folge schon beschneiden wird. Etwas von diesem Fehler haben zu *können,* wäre manchem von unsern itzigen jungen Dichtern sehr zu wünschen. Noch mehr aber manchem von unsern itzigen jungen Kunstrichtern: denn da diese Herren selbst keine Verse machen, so würden sie keine damit verderben, wohl aber in denen, welche *nur damit* verdorben sind, andere Schönheiten darüber nicht zu verkennen, geneigter sein.

Eine von solchen schadloshaltenden Schönheiten bei unserm Dichter ist die Sprache, die so reich, so stark, so malerisch ist, daß sie nur mit der Opitzischen verglichen zu werden verdienet. Flemming und Tscherning, und wie sie alle heißen, die dem Opitz damals nacheiferten, kommen ihm bei weiten darin nicht gleich.

Doch alles das wird Ihnen ohne mich zur Gnüge einleuchten, wenn Sie sich die Mühe nehmen, die Stücke nach der Reihe nun selbst zu lesen, die ich Ihnen hierbei sende. Es stehet bei Ihnen, welchen Gebrauch Sie davon machen wollen. Wollen Sie denselben einen Platz in Ihrer Sammlung gönnen: so können Sie wenigstens auf *eines* Dank gewiß rechnen.

Ich lege noch einige Anmerkungen über verschiedene Worte und Ausdrücke des Dichters bei, wie ich sie zu einer andern Ihnen bewußten Absicht ausgezogen habe: und auch mit diesen können Sie schalten, wie Sie es für gut finden. – Wie gern möchte ich mit schönern Blumen das Grab eines jungen Dichters bestreuen, der eine Zeile gemacht hat, um die ihn Kleist beneidete!

Lessing

[Aus:]

ZUR GESCHICHTE UND LITERATUR

Aus den Schätzen der Herzoglichen Bibliothek zu Wolfenbüttel

Vorrede

Die Herzogliche Bibliothek zu Wolfenbüttel, deren Aufsicht mir anvertrauet ist, hat, von ihrer ersten Stiftung an, die Augen der Gelehrten ganz besonders auf sich gezogen. Und mit Recht. Die meisten Bibliotheken sind *entstanden:* nur wenige sind *angelegt* worden; und vielleicht ist keine einzige mit der Geflissenheit angelegt worden, deren sich ein so kundiger Fürst, als Augustus war, in einer ununterbrochnen Folge von nahe funfzig Jahren beeiferte.

Die Beweise hiervon sind in der Geschichte nachzusehen, welche von ihr Burckhard, einer meiner Vorweser, mit vielem Fleiße zusammengetragen hat.

Dennoch aber ist eben dieses Werk nur wenig geschickt, der Welt einen angemessenen Begriff von ihr zu machen.

Ich meine dieses nicht bloß in Ansehung ihres gegenwärtigen Zustandes; in Ansehung des Anwachses, den sie in den letzten dreißig Jahren erhalten. Denn wie sehr sich Unseres itzt regierenden *Herzogs Durchlaucht* das Recht erworben haben, der zweite Stifter derselben zu heißen: das hat es freilich nicht melden *können.* Die Beschreibung dieses glücklichen Zeitpunkts bleibt seinem Fortsetzer aufbehalten.

Sondern Burckhard scheinet überhaupt nicht erwogen zu haben, worauf es bei der Geschichte einer Bibliothek hauptsächlich ankömmt. Nicht darauf, daß man die gleichgültigern

Umstände ihrer Entstehung und ihrer allmähligen Vermehrung mit einer ängstlichen Gewissenhaftigkeit her erzählet; das wäre höchstens die Genealogie der Bibliothek: sondern darauf, daß man zeigt, wozu es denn nun auch der Gelehrsamkeit und den Gelehrten genutzt habe, daß so viele Bücher mit so vielen Kosten hier zu Haufe gebracht worden. Das allein sind die Taten der Bibliothek: und ohne Taten gibt es keine Geschichte.

Denn kaum daß Burckhard noch die wenigen Werke mitnimmt, die Augustus selbst aus dieser seiner Bibliothek, entweder zuerst, oder verbessert, herausgeben lassen. Das weit Mehrere und weit Beträchtlichere, was in Zeiten, die ihm doch viel näher waren, Männer wie Leibniz, Eckard, Lenfant, Corte, Salig etc. aus ihr geschöpft haben, ist mit dem tiefsten Stillschweigen von ihm übergangen worden. Gleichwohl hätte auch er schon dreist behaupten können, was ich itzt um so viel sichrer behaupten darf: nämlich, daß in diesem Jahrhunderte schwerlich eine Bibliothek in Europa so viele und so wichtige Beiträge zu so mancherlei Teilen der Gelehrsamkeit geliefert hat, als die Unsrige.

Wenn ich es nun für meine erste Pflicht hielt, mir von diesen Beiträgen allen eine genaue und so viel möglich kritische Kenntnis zu erwerben: so schmeichle ich mir, daß ich in einiger Zeit nicht unfähig sein dürfte, den Mangel des Burckhardschen Werks zu ergänzen, und eine Litterär Geschichte derselben bereit zu haben, die in einem vorzüglichern Verstande die Geschichte der Bibliothek heißen könnte. –

Doch was dann? Wird die Welt dadurch viel mehr bekommen, als sie bereits hat? Ein Inventar von Schätzen, ist recht gut; aber es ist kein neuer Schatz.

Und ich will es nur bekennen, was von Anfange an mein stolzrer Vorsatz gewesen ist. Mit *einem* Worte: lieber für die noch künftige Geschichte der Bibliothek neuen Stoff zu brechen; als die Rechnungen von der verflossenen aufzunehmen.

Von der Ergiebigkeit des Grundes war ich aus fremden Erfahrungen hinlänglich überzeugt; und wurde es durch meine eigene um so mehr, als ich an jener Schrift des Berengarius einen so reichhaltigen Anbruch gleichsam *zu Tage* zu finden, das Glück hatte.

Wenn ich nun für das Weitere dem Rate der Meisten hätte folgen wollen: so würde die Abfassung und Bekanntmachung eines vollständigen Verzeichnisses aller handschriftlichen Schätze der Bibliothek, das Beste und Kürzeste gewesen sein, was ich in Absicht meines Vorsatzes hätte tun können.

Und allerdings wäre dieser Rat recht herrlich und schön, wenn er nicht einen kleinen Fehler mit so manchem andern herrlichen und schönen Rate gemein hätte. Die Ausführung ist auf der einen Seite, nicht eben sehr nützlich: und auf der andern, nicht so recht möglich.

Denn entweder man meinet ein Verzeichnis, welches nichts als die etwanigen Aufschriften der Manuskripte enthält. – Ein solches, kann man sich leicht einbilden, ist längst bei der Bibliothek vorhanden, und braucht nichts, als gelegentlich erweitert und berichtiget zu werden. Die Bekanntmachung desselben durch den Druck aber, dünkt mich, würde am Ende pompöser, als ersprießlich sein. Sie würde bei den Gelehrten so manche überflüssige Neugierde, so manche eitle Erwartung erregen; sie würde dem Bibliothekar auf ewige Zeiten so manche vergebene Mühe, so manchen Zeitverlust machen, ihn so manchen auf nichts hinauslaufenden Anfragen aussetzen: daß der daraus erwachsende Nachteil den Vorteil unendlich überwiegen dürfte.

Oder man meinet ein Verzeichnis, welches bei jedem Manuskripte zugleich mit anmerkt, ob es bereits herausgegeben sei, oder nicht; ob es sonst genutzt worden, oder nicht; ob es genutzt zu werden verdiene, oder nicht. – Ist ein solches Verzeichnis das Werk einiger Jahre? Ist es das Werk eines einzigen Mannes? Und würde ich dieser einzige Mann sein? –

So schränke sich, wird man sagen, der einzige Mann auf das Wichtigste ein. – Recht wohl. Aber was ist das Wichtigste? Wo findet es sich? Wer zeigt es ihm? Wie gelangt er dazu?

Ohne Zweifel, durch Versuche; durch anhaltenden Fleiß; durch gutes Glück. – Und das ist es, worauf ich kommen wollte.

Ich fange hiermit an, der Welt einige Proben vorzulegen, wie weit es mir noch bis itzt durch diese drei Stücke gelungen ist, Schätze kundbarer zu machen, die ihre Durchlauchtigsten Besitzer von jeher, so gemeinnützig als möglich zu wissen, sich zum Vergnügen gerechnet haben. Es ziemet mir nicht hier anzuzeigen, in welchem hohen Grade dieses Lob besonders dem Gegenwärtigen gebühret. Aber verschweigen darf ich nicht, daß ich Seine ausdrückliche Genehmhaltung und Aufmunterung zu dieser Arbeit habe. Möchte sie doch nur auf einige Weise der Absicht entsprechen, in welcher er mich dieser Genehmigung und Aufmunterung gewürdiget!

Ich habe mich zweier Wege bedacht, diesen Wunsch desto eher zu erreichen.

Der eine ist: diejenigen Gelehrten um ihren Beitritt zu ersuchen, welchen irgend ein geheimer Vorzug unserer Bibliothek bekannt geworden. Wolfenbüttel selbst hat solcher Gelehrten mehr als einen. Besonders haben, wie man weiß, die Herren Knittel und Heusinger, und den ich zu allererst hätte nennen sollen, des Herrn Geheime Rat von Praun Excellenz, so viele Jahre länger als ich, mit einer so viel ausgebreitetern und gründlichern Gelehrsamkeit, als ich mir anmaße, die Schätze derselben genauer einzusehen Gelegenheit gehabt. Wenn es diesen Männern also gefällig wäre, mit mir gemeinschaftliche Sache zu machen: so dürften ohne Zweifel die künftigen Teile meiner Schrift ein ganz anderes Ansehen gewinnen.

Der zweite Weg geht dahin: daß ich mir die Anfragen zu Nutze mache, welche auswärtige Gelehrte wegen der Bibliothek an mich zu tun für gut finden. Je mehr Anlaß ich dadurch erhalten werde, meine eigene Kenntnisse von ihr auch von solchen Seiten zu erweitern, gegen die ich mich von selbst wohl schwerlich dürfte gewandt haben: desto angenehmer wird es mir sein. Da ich mich aber ohnehin in keine weitläuftige privat Korrespondenz einlassen kann: so erlaube man mir, daß ich die wichtigsten derselben hier öffentlich beantworte, und auf diese Weise die Neugierde oder das Bedürfnis eines einzigen, zum Gebrauche mehrerer verwende.

LEBEN UND LEBEN LASSEN

Ein Projekt für Schriftsteller und Buchhändler

Wie? es sollte dem Schriftsteller zu verdenken sein, wenn er sich die Geburten seines Kopfs so einträglich zu machen sucht, als nur immer möglich? Weil er mit seinen edelsten Kräften arbeitet, soll er die Befriedigung nicht genießen, die sich der gröbste Handlanger zu verschaffen weiß – seinen Unterhalt seinem eigenen Fleiße zu verdanken zu haben?

Aber Gelehrte, sagt man, die sich mit Bücherschreiben abgeben, stehen doch gewöhnlich in bürgerlichen Bedienungen, durch welche für ihr genugsames Auskommen gesorgt ist.

Ich weiß wirklich nicht, ob dieses die Absicht aller Amtsbesoldungen sein *kann.* Ich weiß, daß sehr viele derselben dieser Absicht jetzt nicht mehr entsprechen, indem sie zu einer Zeit festgesetzt worden, zu welcher die Preise der Bedürfnisse bei weitem nicht die jetzigen waren.

Aber Weisheit, sagt man weiter, feil für Geld! Schändlich! Umsonst habt ihrs empfangen, umsonst müßt ihr es geben! So dachte der edle Luther bei seiner Bibelübersetzung.

Luther, antworte ich, macht in mehreren Dingen eine Ausnahme. Auch ist es größtenteils nicht wahr, daß der Schriftsteller das umsonst empfange, was er nicht umsonst geben will. Oft ist vielleicht sein ganzes Vermögen darauf gegangen, daß er jetzt im Stande ist, die Welt zu unterrichten und zu vergnügen. Oder sollen ihm die Amtsbesoldungen das zugleich mit gut machen? Der Staat oder Regent bezahlt ihn nur grade für das, was er wegen seines Amtes zu wissen und zu können notwendig braucht, welches oft wenig genug ist. Was er mehr weiß, ist für seine Rechnung: und wenn er über dieses Mehr noch mehr wissen will, das geht den Staat vollends nichts an. Daß gleichwohl so viel junge nichts Gemeines versprechende Gelehrte, in ihrem Amte, das sie anzunehmen sich nicht enthalten können, wie man zu sagen pflegt, *verbutten* und *versauern,* kommt größtenteils daher, weil ihre Besoldungen nicht hinlänglich sind und sein können, um sich die Bücher und Instrumente anzuschaffen, welche zum Fortschreiten in einer Wissenschaft unentbehrlich sind. Warum diesen die Quelle eines Zuflusses verstopfen oder verleiden, der noch oft der einzige für sie ist!

Aber, setzt man hinzu, die alten Gelehrten, die Schriftsteller bei den Griechen und Römern begnügten sich doch nur mit der einzigen Ehre, nahmen für ihre Arbeiten kein Geld!

Ei! woher hat man denn das? Etwa, weil Quintilian in der Zuschrift an seinen Verleger keines Honorarii gedenkt? Oder, weil Eckhard de Edit. librorum apud Veteres nichts davon beigebracht?

Man denke an Horazens: Gestit numos in loculos demittere!

Und Statius, gab er wohl seine Agave umsonst aufs Theater?* Um ein Billiges freilich, denn er mußte froh sein, wenn ihm der Komödiant gab, was ihm die Großen versagten:

Quod non dat procer, dabit histrio.

Und so viele andre Dichter, welche die Römische Bühne einträglich fanden,

Quoque minus prodest, scena est lucrosa poëtae.

Die erste Hälfte dieses Verses mag jetzt von deutschen Theatern oft genug wahr sein; aber auch die andere?

Und selbst Terenz, auch er verkaufte seine Stücke nicht bloß den Ädilen, und nahm nicht bloß Geld, weil er die Ehre hatte, es vom Staate zu bekommen. Er nahm es vom Schauspieler, ohne diese Ehre, und lachte hoffentlich mit, wenn dieser ihn seines Geizes wegen im Prolog anstach, wo er nicht gar die Spötterei diesem in den Mund gelegt hatte. Wir wissen ja sogar noch, welches Stück ihm am teuersten bezahlt worden, und wie teuer. Eunuchus meruit pretium, quantum

* Juvenal. VII. 83 sq.

nulla antea cuiusquam Comoedia, id est, octo millia nummum, das macht nach unserm Gelde -- doch für wen sollt' ichs wohl in Deutschland berechnen? ---

Erstes Bruchstück
Über Eigentum an Geisteswerken

Man mache gleich Anfangs einen Unterschied zwischen *Eigentum* und *Benutzung des Eigentums.*

Ich kann hundert Dinge mein Eigentum nennen, in so fern ich von ihnen dartun kann, daß sie ohne mich entweder gar nicht, oder doch nicht solcher Gestalt vorhanden sein würden: aber folgt daraus, daß ich sie deswegen ausschließungsweise zu nutzen *befugt* bin?

Um *befugt* zu sein, etwas ausschließungsweise zu benutzen, muß es erst möglich sein, daß ich es so benutzen *kann.*

Sobald ich dieses *Können* nicht in meiner Gewalt habe, ist es ohnmächtiger Eigennutz, wenn ich andre von der Mitbenutzung durch ein bloßes: aber es wäre doch besser, wenn ich allein bei der Schüssel bliebe! abzuschrecken denke ---

-- Daß dem Verleger auf das Buch, welches er mit Genehmhaltung des Verfassers drucken läßt, ein Eigentum zustehe, halte ich für unerwiesen.

Wenigstens kann das Eigentum des Verlegers nicht größer, und von keiner andern Natur sein, als das Eigentum des Verfassers war.

Das Eigentum des Verfassers aber, wenn die Nutzung mit inbegriffen wird, ist so gut, als keines.

Denn man kann nichts sein Eigentum nennen, in dessen Besitz man sich nicht zu setzen und zu erhalten im Stande ist.

Nun ist aus der Erfahrung klar, daß kein Verfasser, wenn er einmal mit seinem Werke zum Vorschein gekommen, wenn er einmal eine oder mehrere Kopien davon machen lassen, im Stande ist, zu verhindern, daß nicht auch wider seinen Willen Kopien davon genommen werden – Folglich – – –

Zweites Bruchstück
Nachdruck

Daß der Nachdruck unbillig sei, daß der Nachdrucker sich schämen sollte, zu ernten, wo er nicht gesäet hat, und der faulen Hummel gleich über den Honig der fleißigen Bienen herzufallen: wer leugnet das? Aber was hilft das, dem Nachdruck zu steuern?

Freilich, wenn Deutschland unter *einem* Herrn stünde, welcher der natürlichen Billigkeit durch positive Gesetze zu Hülfe kommen könnte und wollte!

Aber bei dieser Verbindung unter Deutschlands Provinzen, da die menschlichsten das Principium haben, des baren Geldes so wenig als möglich aus ihren Grenzen zu lassen: wer wird ihren Finanzräten begreiflich machen, daß man allein den Buchhandel unter dieses Principium nicht ziehen müßte?

Sie sagen: Wenn ein populärer Gellert so allgemein gelesen wird: was für ein Recht gibt das seinem Sächsischen Verleger, die Brandenburgischen und Österreichischen Staaten in Kontribution zu setzen?

Als der Sächsische Verleger seinem Verfasser einen traurigen Dukaten für den Bogen bezahlte: konnte er sich da wohl vorstellen, damit eine so wichtige Kux erkauft zu haben? Warum sollen seinen unerwarteten Wucher nicht Mehrere teilen? – – –

Drittes Bruchstück
Das Projekt

§ 1

Selbstverlag und Subskription bleiben.

§ 2

Der Schriftsteller läßt auf seine Unkosten drucken; aber die Subskription geht lediglich durch die Hände der Buchhändler.

§ 3

Der Schriftsteller tut förmlich Verzicht, durch seine Freunde, die keine Buchhändler sind, Subskribenten sammeln zu lassen. Es wäre denn an Örtern, die kein deutscher Buchhändler wohl ablangen kann, oder wo sich etwa Buchhändler fänden, die aus bloßem Neide, weil sie nicht *alles* haben sollten, lieber gar nichts möchten.

§ 4

Aber wie viele werden deren sein, sobald der Vorteil, den sie von Einsammlung der Subskribenten haben, nicht beträchtlicher ist, als er bisher gewesen. Und das soll er sein.

§ 5

Man teile also den Preis, den das Buch haben soll (von dessen Billigkeit weiter unten) in drei Teile. Ein Dritteil für den Druck, ein Dritteil für den Verfasser, und ein Dritteil für den Buchhändler, bei dem die Liebhaber unterzeichnen.

§ 6

Das Dritteil für den Druck ist so reichlich gerechnet, daß das Buch mit aller typographischen – wo nicht Pracht, doch Sauberkeit erscheinen kann. Und da der Autor selbst drukken läßt: so ist nicht zu vermuten, daß er aus schmutziger Gewinnsucht es daran werde fehlen lassen. Was ja daran noch Überschuß sein dürfte, lasse man ihn für Briefporto, für Spedierkosten bis Leipzig, wo das Werk ausgeliefert wird, und dergleichen rechnen.

§ 7

Das eigentliche Dritteil für den Verfasser ist anzusehen, als ob es auf den Preis für den zu verarbeitenden rohen Stoff verwandt würde, und versteht sich ja wohl von selbst.

§ 8

Endlich das Dritteil für den Buchhändler, welchem billigen Manne könnte das nicht genügen? Besonders da ich annehme, daß der Buchhändler Risiko ganz und gar nicht dabei haben muß; und Mühe nur wenig.

§ 9

Denn was braucht der Buchhändler mehr, als daß er die Ankündigungen, die ihm der Verfasser zuschickt, an seine Kunden auf die gehörige gute Art verteilet und versendet? Die Exemplare erhält er in Leipzig, wo er ohnedies hinreiset, oder doch seinen Kommissionär hat. Die wenigsten seiner Kunden, wenn sie wissen, mit wem sie zu tun haben, werden sich auch schwerlich weigern, ihm gegen die Messe die Subskription in Pränumeration zu verwandeln, damit er auch nicht einmal nötig hat, die Auslage auf der Messe von seinem Gelde zu machen.

§ 10

Denn das ist allerdings nötig, daß auf der Messe gegen Erhaltung der Exemplare sogleich bare Bezahlung geleistet werde. Der Schriftsteller kann nicht borgen; und nur darum opfert er einen so ansehnlichen Teil seines Gewinnstes auf, damit ihm alles erspart werde, was das Zeit versplitternde Detail des Kaufmanns erfodert: Buchhalten, Mahnen, Einkassieren u. dergl.

§ 11

Was könnte denn auch gegen diese bare Bezahlung noch sonst eingewendet werden, da der Buchhändler nicht nötig hat, sich mit einem einzigen Exemplare mehr zu beladen, als bei ihm besprochen worden? Und wenn ihm auch von seinen Kunden die Subskription in Pränumeration nicht verwandelt worden: welcher Kaufmann wird nicht gern Geld nach Leipzig führen, das er mit 33 Prozent wieder zurücknehmen kann?

§ 12

Wäre es nicht vielmehr zu wünschen, daß sich der ganze Buchhandel auf diese Art realisieren ließe? Ein großes, glaub ich, könnte dazu beitragen, wenn sich irgend Jemand eines Ankündigungs-Journals unterzöge, in welchem alle diejenigen Verfasser, deren Werke in dem Meßcatalogo auf die künftige Messe versprochen werden, eine umständliche Nachricht erteilten. Eine solche Selbstankündigung, in welcher sich jeder Schriftsteller gewiß von seiner besten Seite zeigen würde, wäre gleichsam das Wort, bei welchem er künftig gehalten würde, und müßte Liebhabern und Gelehrten wohl angenehmer sein, als eine erschlichene oder selbstgemachte Rezension im Posaunenton, wenn das Buch schon da ist, und so vielen daran liegt, daß es mit guter Art unter die Leute kommt. – – –

SELBSTBETRACHTUNGEN UND EINFÄLLE

Ich bin nicht gelehrt – ich habe nie die Absicht gehabt gelehrt zu werden – ich möchte nicht gelehrt sein, und wenn ich es im Traume werden könnte. Alles, wornach ich ein wenig gestrebt habe, ist, im Fall der Not ein gelehrtes Buch brauchen zu können.

Eben so möchte ich um wie vieles nicht reich sein, wenn ich allen meinen Reichtum in barem Gelde besitzen und alle meine Ausgaben und Einnahmen in klingender Münze vorzählen und nachzählen müßte.

Bare Kasse ist gut – aber ich mag sie nicht mit mir unter einem Dache haben. Ich will sie Wechslern anvertrauen, und nur die Freiheit behalten, an diese meine Gläubiger und meine Schuldner zu verweisen.

Der aus Büchern erworbne Reichtum fremder Erfahrung heißt Gelehrsamkeit. Eigne Erfahrung ist Weisheit. Das kleinste Kapitel von dieser, ist mehr wert, als Millionen von jener.

Ich werde nicht eher spielen, als bis ich Niemanden finden kann, der mir umsonst Gesellschaft leistet.

Das Spiel soll den Mangel der Unterredung ersetzen. Es kann daher nur denen erlaubt sein, die Karten beständig in Händen zu haben, die nichts als das Wetter in ihrem Munde haben.

Er füllt Därme mit Sand, und verkauft sie für Stricke. Wer? Etwa der Dichter, der den Lebenslauf eines Mannes in Dialogen bringt, und das Ding für Drama ausschreit?

Bergab ist lustig wandeln. Aber doch werden bergab mehr Hasen gefangen, als bergauf. Das ist die Rezension von der andern Hälfte vieler Bücher.

Dann und wann gehört es unter die unerkannten Segen der Ehe, wenn sie nicht gesegnet ist.

Der gute Name sei die Seele der Tugend, ist so gar unrecht nicht gesagt. Denn sie lebt noch lange, wenn der Körper schon tot ist.

Armut macht eben so viel Hahnreie als Diebe.

Ich habe gegen die christliche Religion nichts: ich bin vielmehr ihr Freund, und werde ihr Zeitlebens hold und zugetan bleiben. Sie entspricht der Absicht einer positiven Religion, so gut wie irgend eine andere. Ich glaube sie und halte sie für wahr, so gut und so sehr man nur irgend etwas historisches glauben und für wahr halten kann. Denn ich kann sie in ihren historischen Beweisen schlechterdings nicht widerlegen. Ich kann den Zeugnissen, die man für sie anführt, keine andere entgegen setzen: es sei nun, daß es keine andere gegeben, oder daß alle andere vertilgt oder geflissentlich entkräftet worden. Das gilt mir itzt gleich viel, da die Sache in einer Waage abgewogen wird, in welcher aller Verdacht, alle Möglichkeit, alle Wahrscheinlichkeit, gegen ein einziges wirkliches Zeugnis nun einmal so viel als nichts verschlagen soll.

Mit dieser Erklärung, sollte ich meinen, könnten doch wenigstens diejenigen Theologen zufrieden sein, die allen christlichen Glauben auf menschlichen Beifall herabsetzen, und von keiner übernatürlichen Einwirkung des heiligen Geistes wissen wollen. Zur Beruhigung der andern aber, die eine solche Einwirkung noch annehmen, setze ich hinzu, daß ich diese ihre Meinung allerdings für die in dem christlichen Lehrbegriffe gegründetere und von Anfang des Christentums hergebrachte Meinung halte, die durch ein bloßes philosophisches Raisonnement schwerlich zu widerlegen steht. Ich kann die Möglichkeit der unmittelbaren Einwirkung des heiligen Geistes nicht leugnen: und tue wissentlich gewiß nichts, was diese Möglichkeit zur Wirklichkeit zu gelangen hindern könnte.

Freilich muß ich gestehen –

Wenn ich mich recht untersuche, so beneide ich alle itzt regierende Könige in Europa, den einzigen König von Preußen ausgenommen, der es einzig mit der Tat beweist, Königswürde sei eine glorreiche Sklaverei.

Gott hat keinen Witz, und die Könige sollten auch keinen haben. Denn hat ein König Witz, wer steht uns für die Gefahr, daß er deswegen einen ungerechten Ausspruch tut, weil er einen witzigen Einfall dabei anbringen kann?

Folgende Anmerkung des Barclaius in Ansehung des Nachteils der Aristokratie vor der Monarchie ist vortrefflich:

> Pone vero tam regnum, quam rempublicam, Principum vitiis tanquam affecta valetudine laborare; utribi faciliora exspectes ad publicam sanitatem remedia? Nimirum et Regem et ipsius vitia mors saltem de medio tollet, poteruntque a successoris indole sperari meliora. At labem corrupti senatus non unius cujusque mors eluit, sed afflicti semel mores in deteriora semper labuntur, donec publicam salutem suo casu obruerint.
>
> Argenis I. c. 15

Bei der katholischen Kirche in Berlin, welche der König neben dem Opernhause erbauen lassen, ist mir die Stelle aus dem Statius eingefallen: Par operi sedes.

Besold, der berühmte Rechtsgelehrte in der ersten Hälfte des vorigen Jahrhunderts, der aber der guten lutherischen Kirche den Dampf antat, und von ihr ausschied, soll in dem Anhange zu seinen Axiomat. polit. sagen: Vanissimum proverbium esse putes: In omnibus aliquid et de toto nihil. Nam qui non est in omnibus aliquid, in singulis est nihil. Um diesen einzigen Gedanken will ich das Buch des Besold lesen, sobald ich es habhaft werde. Wo das steht, wird mehr gutes stehen.

Ist es besser, nur ein Ding wissen, oder mehrere? Welche Frage! Wenn man nun unter diesen mehreren auch dieses Eine weiß. Es kann überflüssig sein, mehrere zu wissen: aber es wird darum nicht besser, nur Eins zu wissen.

Freilich, wenn es ausgemacht ist, daß man mehrere Dinge unmöglich so gründlich, so fertig wissen kann, als ein Einziges, dem man alle seine Zeit, alle seine Kräfte gewidmet hat. Wenn es ausgemacht ist! Ist das denn aber so ausgemacht, als man annimmt?

Und doch gesetzt, es wäre. Auch alsdenn frägt es sich noch, ob es besser sei, nur *ein* Ding vollkommen gründlich, vollkommen fertig zu wissen, als mehrere weniger gründlich, weniger fertig.

Besser? Ja und Nein. Denn *besser* ist Beziehungswort, und der Beziehungen sind wenigstens hier drei. Es kann besser sein in der einen, und schlimmer in der andern.

Für wen besser? Für den Menschen selbst, der da weiß? – oder für das, was er weiß? – oder für die, denen zum besten er wissen soll? – – –

Ich will mich eine Zeit lang als ein häßlicher Wurm einspinnen, um wieder als ein glänzender Vogel an das Licht kommen zu können.

Ich wünschte, daß ich mir, vom Anfange an, alle Lobsprüche und alle Tadel und Schmähungen, die ich und meine Schriften im Druck erhalten habe, jede in ein besonders Buch zusammengetragen hätte: um das eine zu lesen, wenn ich mich zu übermütig, und das andre, wenn ich mich zu niedergeschlagen fühle.

Das Wort *Zeitvertreib* sollte der Name einer Arznei, irgend eines Opiats, eines Schlafmachenden Mittels sein, durch das uns auf dem Krankenbette die Zeit unmerklich verstreicht: aber nicht der Name eines Vergnügens. Doch kommen wir denn nicht auch öfters in Gesellschaften in welchen wir aushalten müssen, und in welchen uns die Zeit eben so unerträglich langweilig wird, als auf dem Krankenlager? Der Sprachgebrauch hat immer seinen Grund. Nur sollte man diesem zufolge das Wort auf diejenigen Ergötzungen und Zerstreuungen einschränken, die wir in solchen Gesellschaften, nicht aber, die wir vor uns allein vornehmen.

ANHANG

DRAMATURGIE

Zur Historie und Aufnahme des Theaters (S. 9)

Die »Beiträge zur Historie und Aufnahme [= Verbesserung] des Theaters«, eine Berliner Gemeinschaftsarbeit von Lessing und seinem Vetter Christlob Mylius, gelten als die erste deutsche Theaterzeitschrift; schon die Vorrede der Vierteljahresschrift läßt das stolze Bewußtsein durchblicken, etwas Neues auf den Büchermarkt zu bringen. Sie erschien 1750 bei Metzler in Stuttgart. Die vier Stücke des Werks sind fortlaufend paginiert und enthalten außer selbständigen Arbeiten von beiden Herausgebern Übersetzungen von Dramen, dramentheoretischen Schriften (Corneille, Voltaire) und einer Abhandlung zur Schauspielkunst (Fr. Riccoboni) sowie aktuelle Theaternachrichten (aus Paris, Berlin, Dresden, Stuttgart, Freiberg) und eine Buchbesprechung (Werenfels). Was die Vorrede verspricht, haben die vier Stücke damit keineswegs gehalten; und wie hätten sie es können: nimmt die Programmansage doch den Mund allzu voll und spricht von ganzen literarischen Landschaften, in denen die beiden jungen Journalisten kaum, wenn überhaupt bewandert waren. Aufgegeben wurde das Unternehmen jedoch nicht nur aus diesem Grund, sondern auch – jedenfalls nach Lessings Aussage – wegen der Unzuverlässigkeit und Flüchtigkeit des Vetters. Fortgeführt wurden die Bemühungen von Lessing dann 1754-58 in der »Theatralischen Bibliothek«.

S. 9 *13 Werke des Witzes:* Schöne Literatur.

S. 10 *24 Einförmigkeit:* vorsichtige Kritik an der Theaterreform Gottscheds, charakteristisch für die noch unsicheren Erneuerungsbestrebungen des jungen L. Energischer dann der 17. Literaturbrief – vgl. S. 624f. – *33f. Geschmack:* Ausdehnung des »Geschmacks«-Begriffs bei L. auf die »unregelmäßigen« englischen und spanischen Autoren; s. aber auch das Einlenken S. 13.

S. 12 *24 Vorzug der Alten vor den Neuern …:* Die »querelle des anciens et des modernes« im 17. und frühen 18. Jh., die L. auch in den Rezensionen gelegentlich noch berührt, war um die Jahrhundertmitte schon stark abgeflaut. – *31f. Shakespeare …:* Wieweit L. mit diesen Dramatikern tatsächlich vertraut war, ist im einzelnen nicht bekannt.

S. 13 *11f. regelmäßiges und eigentümliches:* Das »und« zeigt, wie unselbständig und unentschieden die Position L.s hier noch ist.

S. 14 *28f. Cicero ... Wettstreit mit dem [Schauspieler] Roscius:* vgl. Plutarchs Biographien, »Cicero«, Kap. 5.

S. 15 *13 Hoffnung ... machte:* in der Vorrede zum 6. Band der »Deutschen Schaubühne«.

S. 17 *3f. Gottscheds Verzeichnisse:* im 2.-5. Band der »Deutschen Schaubühne« (1741-44).

Des Herrn Jakob Thomson sämtliche Trauerspiele (Vorrede) (S. 19)

Die Übersetzung von James Thomsons (1700-1748) Trauerspielen (Sophonisbe, Agamemnon, Eduard und Eleonora, Tancred und Sigismunda, Coriolan) wurde von einer Stralsunder gelehrten Gesellschaft 1756 bei Weidmann in Leipzig herausgegeben. Lessing selbst hatte 1751/52 zwei Dramen Thomsons zu übersetzen begonnen. – Gewirkt hat Thomson in Deutschland kaum durch seine Trauerspiele, um so mehr aber durch seine »Jahreszeiten« (»The Seasons«). Dieses Muster ›malender Poesie‹ – wie Lessing sie dann im »Laokoon« mißbilligte – regte Brockes' Übersetzung, Ewald von Kleists »Frühling«, Zachariaes »Tageszeiten« und andere ähnlich geartete Dichtungen an.

S. 19 *9 anderwärts:* im ersten Stück der »Theatralischen Bibliothek«. – *15 Fortsetzung:* Davon ist nichts bekannt.

S. 20 *24 Leidenschaft:* Diese wie die folgenden Äußerungen sind in ihrer Emphase Ausdruck der Hinwendung zu den neuen ›englischen‹ Vorbildern.

S. 21 *9f. »Kaufmanns von London«:* L.s erste Erwähnung von George Lillos Stück, dem ersten ›bürgerlichen Trauerspiel‹ auf der deutschen Bühne. – *34 seines Bruders:* Thomas Corneille.

S. 22 *8f. antibritischen Partei:* die Gottschedianer. – *11 Addison:* in seinem »Cato«-Drama, das als Vorbild für den letzten Akt von Gottscheds Muster-Tragödie »Sterbender Cato« diente. – *15f. französisch, sondern griechisch:* Die Gegenüberstellung nationaler Eigenarten ist hier nur ein sekundäres Anliegen für L.: Primär geht es um Kennmarken für Stilrichtungen auf der deutschen Bühne, deren jede zu ihrer Legitimation das ›griechische‹, d. h. das ›eigentliche‹ Drama als Vorbild reklamiert. – *28 »Eduard und Eleonora«:* Eleonora von Castilien rettet ihren Gatten Eduard I. von England, indem sie das Gift aus seiner Wunde saugt; auch sie wird schließlich durch ein Gegengift geheilt.

Gemeinsamkeit mit des Euripides »Alkestis« ist das Thema des Opfers für den Gatten.

Das Theater des Herrn Diderot (Vorreden) (S. 25)

Lessings Diderot-Übersetzungen, 1759 in Berlin entstanden und 1760 bei Voß in Berlin ohne Nennung des Verfassers in zwei Bänden erschienen, gehören in den Umkreis der Arbeit an den Literaturbriefen. Art und Ausmaß des Einflusses, den Diderot auf Lessing hatte, sind noch immer umstritten trotz Lessings Bekenntnis, daß sein Geschmack ›ohne Diderots Muster und Lehren eine ganz andere Richtung würde bekommen haben‹ (vgl. auch 84. Stück ff. der ›Hamburgischen Dramaturgie‹). Gewiß fand Lessing sich in Diderots Abwehr des Klassizismus bestätigt (– und dieser sich in Lessings ›Sara‹), doch nur Diderots Stück ›Der Hausvater‹ gehörte seine fortwährende unvermischte Bewunderung. – In überarbeiteter Fassung erschienen die Übersetzungen (»Der Hausvater«, »Der natürliche Sohn«) 1781 im gleichen Verlag.

Hamburgische Dramaturgie (S. 29)

Seine Stelle als Sekretär des Generals Tauentzien quittierte Lessing nach dem Ende des Siebenjährigen Krieges und ging 1765 nach Berlin zurück, wo er zunächst wieder als freier Schriftsteller lebte. Ende 1766 erreichte ihn aus Hamburg das Angebot, dort mit 800 Talern jährlich als Berater für ein stehendes ›Deutsches Nationaltheater‹ tätig zu sein. Lessing griff zu: Schauspiel war für ihn die höchste Form der Dichtung, und die Idee des ›Nationaltheaters‹ sah vor, nicht nach privatwirtschaftlichen Gesichtspunkten – nach einer Prinzipalswirtschaft – zu verfahren, sondern den gesamten Betrieb des Theaters, Auswahl der Stücke und Schauspieler vor allem, nach Kriterien des künstlerischen Niveaus und des Gemeinwohls schließlich einem Fürsten oder der Republik anheimzustellen. Der ›süße Traum‹ eines Nationaltheaters, wie Lessing das Vorhaben am Schluß der ›Dramaturgie‹ nannte, bedeutete für ihn, mit den Mitteln einer journalistisch geprägten Diskussionsliteratur Schauspieler und Publikum erziehen, bilden zu können und, generell, für seine literarische Arbeit das Theater als Anlaß, als ›Stichwortgeber‹, dauernd präsent zu haben. Dieser für Lessing wichtige Umstand bestimmte denn auch Form und Ausführung der ›Hamburgischen Dramaturgie‹. – Noch eine andere Aussicht machte Hamburg verlockend: mit Johann Joachim Bode einen Verlag zu betreiben, der die Theaterzettel, Lessings Theaterzeitschrift ›Hamburgische Dramaturgie‹ und eine Buchreihe mit Werken der besten deutschen und ausländischen Dichter herausbringen sollte.

Die Realität brachte Anderes. Johann Friedrich Löwen, der Initiator des hochfliegenden Unternehmens, hatte sich verschätzt: Der von ihm zusammen mit einem Konsortium von zwölf theaterfreundlichen Hamburger Bürgern auf zehn Jahre komplett mit Ensemble übernommene Theaterbau sah bei jeder Öffnung die Kasse von Gläubigern umlagert, die Stücke reichten nicht aus, für häufige Wiederholungen war das Publikum zu klein, Gastspiele brachten keinen Zugewinn, über allem gab es interne Strukturprobleme. Im April 1767 wurde das Theater eröffnet, im November 1768 geschlossen.

Lessing war vor allem als ständiger Rezensent nach Hamburg gegangen, und seine zweimal wöchentlich erscheinende Zeitschrift sollte kein Unterhaltungsblättchen sein, sondern Didaskalien liefern und ursprünglich auch so heißen. Vorgesehen waren laufende Berichte über die jeweiligen Vorstellungen, doch die Unzulänglichkeiten des Theaterbetriebs und unerlaubter Nachdruck änderten die Erscheinungsweise. Schließlich wurden die letzten der 104 Stücke der ›Dramaturgie‹ , die längst keine Chronik mehr war, sondern eine der abenteuerlichsten, seltsamsten ›theoretischen‹ Schriften, die es gibt, Ostern 1769 zusammen mit ihrer zweibändigen Buchausgabe veröffentlicht. Innerhalb der zwei Jahre seit der ersten Aufführung behandelte Lessing nur den Spielplan dreier Monate (1. Mai bis 28. Juli 1767).

Der assoziative, sprunghafte Stil der ›Dramaturgie‹ und die Vielzahl der behandelten Themen machen es schwer, das Werk zu charakterisieren. Lessings Darstellungsweise und die eigene enge Verbundenheit mit allem, was das Schauspiel betrifft, haben eine Systematik des Theaterwesens und der dramatischen Literatur verhindert. Dafür wird der Leser aber von der bloßen Theorie-Rezeption zum geistigen Nacherleben des Theaters schlechthin gebracht: eine intellektuale Vorstellung wird gegeben, in der die dünnen Umrisse einer Theorie körperliche Gestalt, die flüchtigen sinnlichen Eindrücke der Bühne aber Dauer erhalten. In diesem Prozeß tritt das rein Inhaltliche zurück, doch wird dessen Materialvielfalt im wesentlichen in thematischen Blöcken zusammengefaßt, die dann in der Abfolge die Entwicklung der Lessingschen Ideen erkennen lassen, so in der Entwicklung der Idee des Tragischen, das nicht Bewunderung, sondern Mitgefühl erregt und von der Interpretation des

Aristoteles über die Verwirklichung durch Sophokles zur Gegenüberstellung des französischen und des dem deutschen verwandteren englischen Theaters führt. – Die »Stücke« erschienen teils zu mehreren zusammengefaßt, teils einzeln ab 8. Mai 1767, von Stück 83 an erschienen sie erst zu Ostern 1769, eine Buchausgabe in zwei Bänden – gedruckt in der Druckerei von Lessing und Bode – erschien ebenfalls 1769 in Kommission bei J. H. Cramer in Bremen.

S. 30 32 *Schlegel:* Johann Elias Schlegels »Schreiben von Errichtung eines Theaters in Kopenhagen« von 1747 sowie seine »Gedanken zur Aufnahme des dänischen Theaters« erschienen in Buchform erst posthum in seinen »Werken« 1764. – Das Zitat S. 31 aus dem »Schreiben«.

S. 31 3 *Aufnahme:* Verbesserung. – 6 *Prinzipalschaft:* Organisationsform der Wanderbühnen. Der Prinzipal bestimmt nach privatwirtschaftlichen Gesichtspunkten Spielplan und Stil und ist um des finanziellen Erfolges willen darauf angewiesen, möglichst breite Publikumsschichten anzusprechen. Alternative: Stehende Bühne, Subventionstheater. – 16f. *Begünstigung des Publikums:* Begünstigung durch das Publikum.

S. 32 15 *sowohl des Dichters, als des Schauspielers:* Das zweite Vorhaben gibt L. wegen der Empfindlichkeit der Kritisierten bald auf.

S. 33 4 *transitorisch:* vorübergehend. Das Element der Zeit ist als Kriterium für den unterschiedlichen Konstitutionsmodus der verschiedenen Künste für die zeitgenössische Ästhetik wichtig. – 32 *Olint und Sophronia:* unvollendete Alexandrinertragödie (mit Chor) von Johann Friedrich von Cronegk (1757).

S. 34 7f. *seiner Freunde:* bes. Johann Peter Uz. – 13 *Episode beim Tasso:* Der Zauberer Ismen veranlaßt den König von Jerusalem, ein Muttergottesbild in die Moschee zu bringen. Doch das Bild verschwindet. Olint und Sophronia bezichtigen sich, das Bild geraubt zu haben. Damit wollen sie die Christen vor Racheakten bewahren. Sie werden durch die edle Königin Clorinda gerettet (Tasso, »Das befreite Jerusalem«, 2. Gesang). Bei Cronegk: Olint hat ein Kruzifix aus der Moschee entfernt, das den Christen geraubt worden war. Die Christin Sophronia bezichtigt sich der Tat, Olint gesteht; Wetteifer der Selbstbezichtigung. Schema der Tugendüberbietung charakteristisch für den Typus des Märtyrerdramas. – 29 *Nisus und Euryalus:* trojanisches Freundespaar (»Aeneis«, V, 294-361; IX, 176-437).

S. 36 17 *Evander:* Olints Vater. – 18 *Serena:* Sophronias Vertraute. – 26 *Codrus:* sagenhafter attischer König, der sich für sein Volk opfert. Cronegks »Codrus« errang den von der »Bibliothek der schönen Wissenschaften und der freien Künste« 1756 ausgesetzten Preis für das »beste deutsche Trauerspiel über eine beliebige Geschichte«. – *31f. Elisinde und Philaide, und Medon:* Philaide ist dem Codrus verlobt, liebt aber Medon, den Sohn der Elisinde: Gelegenheit für Verzichtswettstreit aller Beteiligten. – *33 Bewunderung:* Neben Mitleid, Furcht, Schrecken ist die Bewunderung ein Kernbegriff der Renaissance-Poetik. – *37 Bravaden:* Großsprecherei.

S. 37 *31 Böhmen oder Spanien:* Beispiele für unaufgeklärte Länder.

S. 38 *24 vierte Szene des dritten Akts:* Es ist die vierte Szene des *vierten* Aktes: Cronegk verzichtet auf Tassos Motivation der Bekehrung. Clorinde wird lediglich durch Sophronias Vorbild bekehrt (Einfluß des »Polyeucte« ?). – *29 Clorinde:* Sie ist zwar unter Mohammedanern aufgewachsen, doch ist sie das ausgesetzte Kind eines christlichen Äthiopierfürsten, so daß eine Bekehrung angesichts des Todes als hinreichend motiviert erscheint (Tasso, 12. Gesang).

S. 39 *9 Polyeukt:* Drama von Corneille (1757). Polyeucte erwirbt sich die Märtyrerkrone, indem er, frisch bekehrt, den heidnischen Götzen vom Altar stürzt. Seine Frau und sein Schwiegervater Felix, der römische Statthalter, bekehren sich nach der Hinrichtung des Märtyrers, und ein anwesender Günstling des Kaisers sagt Duldung der Christen zu. Prototyp des Märtyrerdramas, gegen das die ersten Stücke der »Dramaturgie« polemisieren.

S. 40 *1 eine Feder in Wien:* 1764 hatte der Wiener Archivarius Cassian Anton von Roschmann-Hörburg einen 5. Akt verfaßt. – *32f. Lichtputzer:* Die Bühne wurde durch Kerzen beleuchtet, deren Dochte in den Pausen gekürzt (›geputzt‹) werden mußten. – *33 Garrick:* David Garrick (1716-1779), einer der berühmtesten Shakespeare-Darsteller der Zeit. – *34 Eckhof:* Konrad Ekhof (1720-1778) gilt als ›Vater der deutschen Schauspielkunst‹. – *35f. Vertrauter:* Die Vertrauten-Rollen sind stehende Rollen des zeitgenössischen Theaters.

S. 41 *2f. Sittensprüche und allgemeine Betrachtungen:* wesentlicher Bestandteil des ›emblematischen‹ Theaters, das der auf der Bühne dargestellten Handlung (›pictura‹) eine diskursive Deutung (›subscriptio‹) beifügt. – *21 Ich ward betroffen ...:* erste Ansätze einer Publikums-Kritik; für das pädagogische Unternehmen eines ›Nationaltheaters‹ wichtig.

S. 42 *3 poetisch wahr:* Das Verhältnis von absoluter zu poetischer Wahrheit ist ein Kardinalthema der Zeit, die sich auf dem Weg zum Begriff einer ›autonomen‹ Dichtung befindet. – *12f. Unding:* noch wörtlich: non ens, nichtexistent, Chimäre. – *27 Unbesonnene:* z.B. L.s Vater, der den Studenten L. mittels einer Lüge aus dem Theaterwesen Leipzigs zurückgelockt hatte.

S. 43 *3f. Fülle des Herzens ..., von der der Mund übergehet:* Matth. 12, 34; Luk. 6, 45.

S. 44 *10f. Pantomime:* Reine Tanz- und Gebärdensprache ohne Worte. Vgl. S. 46.

S. 45 *27f. symbolischer Schluß:* Schluß der Logik.

S. 46 *37 waagrechten Stand:* Gemeint ist ›ausgewogen‹, also eigentlich senkrecht.

S. 47 *33 Chironomie:* Sprache der Hände; bei Quintilian behandelt.

S. 48 *20f. konventionelle Bedeutung:* Lessings Unterscheidung entspricht etwa der in der modernen Semiotik getroffenen Unterscheidung zwischen *An*zeichen (kausal verursacht) und Repräsentationszeichen (konventionell festgelegt). – *31 krieplichten:* verkrüppelt. – *36 Hogarth:* In seiner »Analysis of Beauty« wird die Wellenlinie der Schönheit und die Schlangenlinie dem Reiz zugeordnet.

S. 49 *7 Direktion:* Richtung. – *9 Portebras:* Armhaltung. – *29 die individualisierenden Gestus:* Kernproblem eines ›emblematischen‹ Dramentyps (s. o.).

S. 51 *10 Madame Henseln:* ›Star‹ der Hamburger Theatertruppe.

S. 52 *13f. So Kriegerin als sie war:* franz. Konstruktion: toute guerrière qu'elle était.

S. 53 *31 Gasconade:* Prahlerei, wie sie den Bewohnern der Gascogne nachgesagt wird.

S. 54 *12ff. Wenn Shakespeare ...:* Der Shakespeare-Legende des 18. Jahrhunderts zufolge war Shakespeare ein schlechter Schauspieler. – *21ff. »Ich bitte euch ...«:* »Hamlet«, III, 2.

S. 55 *4 Kontorsionen:* Körperverrenkungen. – *31 sichtbare Malerei:* Zu diesem Absatz vgl. »Laokoon« (Bd. 3). – *36 Tempesta:* Beiname des durch seine Seestürme bekannt gewordenen holländischen Malers Pieter Mulier jun. (1637-1701). – *36 Bernini:* Lorenzo Bernini (1598 bis 1680), ital. Bildhauer und Baumeister.

S. 56 *16 Galerie:* die billigen Plätze der Lakaien, Handlungsdiener etc.; die Plätze des Parterre werden vom Bürgertum besetzt.

S. 57 *3 der Triumph der vergangenen Zeit:* »Le triomphe du temps passé«, Übersetzung angeblich 1746 erschienen. Inhalt: Cleon und Javotte, beide verwitwet, vor 40 Jahren ineinander verliebt, treffen sich wieder; sie erkennen einander nicht, jeder sieht den einst Geliebten im Kind des anderen; Verzicht der Alten und Liebesglück der Jungen.

S. 58 *1 Prolog:* Verfasser von Prolog und Epilog Johann Jakob Dusch oder Löwen. Dusch als Kontrahent in den »Literaturbriefen« s. S. 618. – *6ff. Wie schön, wie edel ...:* Der Prolog formuliert das ästhetische Programm der Empfindsamkeit: ›Empfindung‹ üben, dann Einübung in tugendhafte Gesinnung, schließlich die Reichweite der Bühnen-Gerichtsbarkeit über die Gesetzes-Gerichtsbarkeit hinaus. – *18 Fürsicht:* Vorsehung. – *37 Für eines Solons Geist:* statt der Gerechtigkeit und Weisheit Solons.

S. 59 *28 Albion:* älterer Name für Britannien.

S. 60 *2 Roscius:* berühmter römischer Schauspieler. – *3 Gräciens Kothurn:* die griechische Tragödie.

S. 61 *35 Quins:* Quin galt gegenüber Garrick als Vertreter der ›alten Schule‹.

S. 64 *4f. Thomson:* James Thomson, engl. Lyriker und Dramatiker (1700-1748). – *28 Thomas Jones und Rebhuhn:* Figuren aus Fieldings »Tom Jones«.

S. 65 *19 Plautus:* Keiner der drei Epiloge (»Asinaria«, »Cistellaria«, »Captivi«) dient als Weiterführung der Handlung. – *32 Melpomene:* Muse der Tragödie.

S. 66 *1 Dryden:* John Dryden (1631-1700) versuchte eine Vermittlung des klassizistischen mit dem Shakespearischen Dramenstil und kommt so den Bemühungen der L.-Zeit sehr entgegen. – *5 deutschen Dryden in der Nähe:* bezieht sich wohl auf den Verfasser des Prologs. – *13f. Melanide:* Verlustspiel von Armand Nivelle de la Chaussee, einem der einflußreichsten Autoren der franz. ›comedie larmoyante‹. Melanide, Gattin des Grafen Ormancé, doch von diesem durch ihre Eltern getrennt, erzieht ihren Sohn in dem Glauben, er sei ihr verwaister Neffe. Der Sohn verliebt sich, doch die Geliebte ist von ihrer Mutter für Ormancé bestimmt. Glückliches Ende nach Verwicklungen. – *30 Mademoiselle de Bontems:* Roman von Gueullette 1736, ist nicht das Vorbild.

S. 67 *3 Diodati:* Seit 1762 »Biblioteca teatrale italiana« hrsg. von Ottavio Diodati. – *19 Ellipsis:* rhetorische Figur, Auslassung. – *29 Madame Löwen:* Gattin des Schriftstellers und Mitinitiators des Hamburger Unternehmens Löwen.

S. 68 *4 Mouvement:* Tempo. – *14 einen Perioden:* (maskulin gebraucht) syntaktische Einheit.

S. 69 *19 Julie, oder der Wettstreit der Pflicht und Liebe:* Baronesse Julie und ihr Lehrer Siegmund lieben einander, doch soll Julie den Herrn von Wolmar heiraten. Konflikt mit dem Vater, Verzichtsszenen nach empfindsamer Manier, glückliches Ende.

S. 70 *27 Siegmund:* Die Komödie der Gottschedzeit verwendete vielfach noch sprechende Namen (etwa Herr Gutlieb, Frau Glaubeleichtin etc.); allmählich verebbte dieser Brauch.

S. 71 *15 Pedant:* der lächerliche Hofmeister (ital. pedante).

S. 72 *37f. nur kaum berührt:* Im 63. Brief des 1. Teils berichtet Julie ausführlich von der Härte des Vaters.

S. 73 *10 Blut:* L.s Drängen auf Dezenz der Darstellung muß vor dem Hintergrund der auch in Hamburg zuweilen noch durchblickenden Wanderbühnen-Praxis gesehen werden, zu deren Requisiten unter anderem die blutgefüllte Schweinsblase unterm Wams gehörte.

S. 74 *16 der Schatz:* L.s eigene Bearbeitung des »Trinummus« von 1749/50.

S. 75 *20 Trinummus:* kleine römische Münze. – *20 Sykophant:* Spitzel, Denunziant. – *25 das unvermutete Hindernis ...:* »L'obstacle imprévu ou l'obstacle sans obstacle«, Vielecks-Liebes- und Verwechslungskomödie.

S. 76 *25 Schulwitz:* Name des Schloßintendanten in Luise Adelgunde Gottscheds Übersetzung des »Gespenstes mit der Trommel«, (s. u. zu S. 109, 2). – *25 f. Masuren:* Hauptperson des »Poetischen Dorfjunkers«, (s. u. zu S. 88, *32 f.*). – *34 die neue Agnese:* von Löwen; seit Molières »Frauenschule« Agnes sprichwörtlich für unschuldiges Mädchen.

S. 77 *17 Voltaire:* in der Verserzählung »Gertrude ou l'éducation d'une fille«. – *17 Favart:* Charles Simon Favart, franz. Opern- und Lustspielautor, Theaterleiter (1710-1792). – *22 Gabalis:* nach »Le comte de Gabalis ou entretiens sur Les sciences secrétes« vom Abbé Montfaucon de Villars, einer Satire auf das Unwesen der ›Geheimwissenschaften‹. – *23 Sylphen:* Elementargeister der Luft.

S. 78 *9 Semiramis:* Die assyrische Königin Semiramis und ihr Günstling Assur haben den König Ninus vergiftet. Der Feldherr Arcases, ohne sein und der Semiramis Wissen ihr und des Gemordeten Sohn, soll ihr Gatte werden. Der Geist des Ninus mahnt, es sei noch ein Verbrechen zu sühnen. Assur will den Arcases ermorden, Semiramis eilt dem Sohn zu Hilfe und wird statt des Arcases von Assur getötet. Auch Assur findet seine Strafe. – *16 ff. Von uns Franzosen ...:* In seiner »Dissertation sur la tragédie ancienne et moderne«, in der der alte Streit um den Wert der »anciens« und der »modernes« wieder aufgenommen wird. – *18 ff. »die Auftritte unter einander so zu verbinden ...«:* Die klassizistische Bühne darf während eines Aktes nie leer sein, da beim Aktschluß kein Vorhang fällt, die leere Bühne also Zeichen für das Aktende ist. – *38 Ballhaus:* Das von Voltaire kritisierte Pariser Theater wurde an der Stelle eines alten Ballspielhauses errichtet (1689).

S. 79 *4 Zuschauer auf der Bühne:* Dem Spiel von der Bühne aus beizuwohnen ist Privileg der Vornehmen, auch auf den deutschen Bühnen des frühen 18. Jahrhunderts. Bei der Uraufführung der Semiramis hatte erst der Ruf »Place à l'ombre« dem Gespenst die Möglichkeit gegeben, sich einen Weg durch die Zuschauer zu bahnen.

S. 80 *4 kühne Neuheit:* Gespenster auf der Bühne widersprechen dem klassizistischen Grundgebot der »Wahrscheinlichkeit«. Jedoch tritt bereits in Voltaires »Eriphyle« 1732 ein Geist auf.

S. 82 *19 Shakespeares Gespenst:* erste große Gegenüberstellung von Shakespeare und Klassizismus in der »Dramaturgie«.

S. 84 *7 poetische Maschine:* »Deus ex machina«, der im antiken Drama auftretende, mittels einer Maschine auf die Bühne gebrachte Gott, der die Verwicklungen auflöst; später jede Art gewaltsamer Auflösung eines Konflikts. – *8 Knotens:* dramatische Verwicklung, Konflikt.

S. 85 *20 der verheiratete Philosoph:* Gelehrtensatire: Der Philosoph Arist schämt sich seiner Ehe und hält sie geheim. Ein Freund Arists liebt dessen Frau, weshalb diese darauf dringt, wenigstens ihm die Wahrheit zu sagen. Erst die Drohungen des reichen Erbonkels können Arist dazu bewegen. – *34 Celiante:* Arists Schwester. – *35 Geront:* der Erbonkel.

S. 86 *2 das Kaffeehaus ...:* »L'Ecossaise« (Die Schottin) 1760: Die Schottin Lindane wohnt in einem Kaffeehaus; ihr Vater wurde geächtet und in seiner Heimat zum Tode verurteilt. Es zeigt sich, daß der im Kaffeehaus verkehrende Lord Monrose Lindanes Vater, und daß der von Lindane geliebte Lord Murray Sohn jenes Mannes ist, der Lindanes Vater zugrunde gerichtet hat. Glückliches Ende. – *6 Hume:* Der schottische Prediger John Home (1722-1808) mußte wegen seines Trauerspiels »Douglas« vom Amt zurücktreten. Voltaire gibt sein Drama als Übersetzung eines Homeschen aus, um ihm einen skandalösen Flair zu geben. – *10 Goldoni:* »La Bottega del Caffé«; Don Marzio dort ein Schwätzer, Frélon bei Voltaire ein scheiternder Intrigant. – *19 Persönlichkeiten:* persönliche Anspielungen. – *27 Freeport:* Figur aus Voltaires Drama, Typus des redlichen, hilfsbereiten Kaufmanns. – *33 Colman:* George Colman, »The English Merchant«, 1767.

S. 88 *5 Wycherley:* William Wycherley (1640-1715). – *31 die Gouvernante:* derbe Posse von Felix Joseph von Kurz, gen. Bernardon, von L. bewußt übergangen. – *32 f. der poetische Dorfjunker:* Henriette stellt sich gegenüber dem sich als Schöngeist gebenden Herrn von Masuren bewußt dumm, so daß dieser von seiner Werbung abläßt und sie den jungen Treuendorf bekommt.

S. 89 *1 ff. des weiland berühmten ... Gottscheds ... und seine gelehrte Freundin:* Gottsched war 1766 gestorben; seine Frau pflegte er als die »geschickte Freundin« zu titulieren.

S. 90 *4 f. die stumme Schönheit:* Herr Richard, ein reicher Witwer, hat seine Tochter Frau Praatgern zur Erziehung übergeben. Dem erwachsenen Mädchen führt Herr Richard einen Freier, Herrn Jungwitz, zu. Doch dieser kann sich für die ›stumme Schönheit‹ nicht begeistern, wohl aber für Frau Praatgerns Tochter Leonore. Doch da erweist sich, daß Frau Praatgern die beiden Kinder vertauscht hat, um ihrer eigenen

Tochter das Erbe zu sichern, daß also in Wirklichkeit die von Jungwitz geliebte Leonore die Tochter des Herrn Richard ist. – *10f. komisches Original, das in Versen ...:* Ähnlich wie die Tragödie unter Fürsten, die Komödie hingegen unter Bürgern spielen sollte, war im klassizistischen Umkreis auch die Verssprache der Tragödie vorbehalten. Schlegel hatte die Verskomödie mit der »Stummen Schönheit« praktisch erprobt.

S. 91 *10 Quadrille:* Kartenspiel.

S. 92 *17f. Miß Sara Sampson:* bürgerliches Trauerspiel von L., das erste deutsche seiner Art (1755), vgl. Bd. 1, S. 297-388. – *25 Niednagel:* überflüssige Kleinigkeit. – *37 Bemerkung an Sterbenden:* Am 22.5.1767 bittet L. den Bruder Karl, ihm eine medizinische Disputation »Von dem Zupfen der Sterbenden« aus seiner, L.s, Bibliothek herauszusuchen.

S. 93 *5 Spasmus:* Krampf. – *32 Marmontel:* Jean-François Marmontel, Mitarbeiter der Encyclopédie, bezieht sich auf den »Spieler« von Edward Moore. – *36 Journal Etranger:* Korrespondenzblatt (1754 bis 1758 und 1760-1762), das dem französischen Publikum über ausländische, insbesondere deutsche und englische Literatur berichtete.

S. 95 *1 das Gemälde der Dürftigkeit:* »L'humanité ou le tableau de l'indigence, triste drame, par un aveugle tartare« (»... von einem blinden Tartaren«), Drama mit unklarer Verfasserschaft. – *5 der erstgedachte Kunstrichter:* Die Vermutung, Diderot selbst sei der Autor der ›Sara‹-Kritik im »Journal«, ist unwahrscheinlich. – *16 der Spieler:* Versdrama, fünfaktiges Lustspiel (1696), von L. bereits 1748 zusammen mit Weiße für das Leipziger Theater übersetzt (nicht erhalten). Inhalt: Liebe zwischen Valer und Angelika, er ist dem Spiel verfallen, sie wendet sich dem soliden Dorant zu. – *35 der Liebhaber ...:* »L'Amant Auteur et Valet«. Der Poet Erast gewinnt die Geliebte, indem er sich bei ihr als Bedienter verdingt.

S. 96 *2 die coquette Mutter:* »La mère coquette ou les Amants brouillés«, 1764: Verwickelte Überkreuz-Liebe. L. bespricht das Stück nicht, da die Hauptrolle Susanne Mécour spielt, welche bereits zu Beginn des Hamburger Unternehmens sich von jeder Kritik ausgenommen sehen wollte. – *2f. der Advocat Patelin:* »Les tromperies, finesses et subtilités de Maistre Pierre Patelin«, Advokatensatire, um 1460 entstanden, in Deutschland wie in Frankreich mehrfach bearbeitet. Patelin will einen Tuchhändler nicht bezahlen und spielt ihm einen phantasierenden Kranken vor. Auch der Schäfer hat den Tuchhändler betrogen und will im Prozeß durch Patelin vertreten werden. Dieser rät ihm, auf alle Fragen nur mit »Bäh« zu antworten. Die Taktik hat Erfolg, der Schäfer gewinnt den Prozeß, doch als Patelin sein Honorar fordert, hört er gleichfalls nur »Bäh!«

S. 97 *10 der Schatz:* Chrysanth gräbt nach einem Schatz, findet ihn nicht, verzweifelt. Der Schäfer Hylas hat ihn gefunden, überläßt ihn aber Chrysanth, da er seine geliebte Margaris hat. Zwar soll Margaris den reichen Damon heiraten, doch dieser verunglückt, und das Paar beerbt ihn. – *28 Zayre:* Sultan Orosman möchte die Sklavin Zayre zur Gattin nehmen. Ritter Nerestan kommt aus Frankreich zurück mit Lösegeld für 10 Christen, nicht hingegen für sich selbst. Orosman möchte Nerestan freilassen, dafür aber Zayre behalten. Nerestan und Zayre erkennen sich als Geschwister. Als beide sich verabreden glaubt Orosman, Zayre sei ihm untreu, und ersticht sie. Dann tötet er sich selbst.

S. 98 *2 achtzehn Tagen:* Voltaire spricht von 22 Tagen. – *10 Seraglio:* Serail. – *23 f. Shakespeare:* Vergleich »Othello«–»Zaïre« bereits im 17. »Literaturbrief«, vgl. S. 623 ff.

S. 99 *8 f. Cibber:* Colley Cibbers Prolog zur englischen Übersetzung 1735 (s. L.s Fußnote): Von englischen Stücken wurde »Zaïres« französischer Autor entzündet, – mehr als, wie sie selbst bekannt hat, von seiner eigenen Muse. Von des gequälten Othello Wut angeregt, erhöhte er seinen Stil und ergriff die Fackel, die diesen tragischen Scheiterhaufen beleuchtet. – *25 Übersetzung:* Wielands achtbändige Übersetzung (1762-1766) in Prosa bringt 22 Stücke. Wegen ihrer mildernden Eingriffe war sie umstritten, aber sie gab erstmals ein Gesamtbild des damals noch immer eher legendären Briten.

S. 100 *23 Addison:* Joseph Addison (1672-1719) wirkte auf die deutsche Aufklärung vor allem durch seine Zeitung »Spectator« und sein klassizistisches Musterdrama »Cato«.

S. 102 *4 dem Orchester:* Zwischen den einzelnen Akten wurde die Zeit durch musikalische Darbietungen ausgefüllt. – *29 Cibber:* richtig: Theophilus Cibber.

S. 103 *4 Bedenken:* Das Theaterwesen galt in Deutschland noch als unseriös. Personen von ›Stande‹ konnten ihrer Theaterleidenschaft nur in Privataufführungen frönen. – *32 ff. Questo mortale …:* Dieser tödliche Schauer, der mir durch alle Adern rinnt, ist nunmehr kein Schmerz, der ausreichte, dich zu befriedigen, schöne Seele. Wildes Herz, erbarmungsloses und elendes Herz, zahle die Strafe für das fürchterliche Vergehen. Ihr grausamen Hände – oh Gott – Hände, die ihr gefärbt seid vom Blut einer so lieben Frau. Ihr – ihr – wo ist jenes Schwert? Noch einmal mitten in die Brust – weh mir! wo ist jenes Schwert? Die scharfe Spitze – – Finsternis und Nacht wird es ringsum – – Warum kann ich nicht – – kann ich nicht alles Blut ausströmen? Ja, ja, vergieß es ganz, meine Seele, wo bist du? – ich kann nicht mehr – oh Gott! ich kann nicht – ich möchte – dich sehen – ich sterbe, ich sterbe, oh Gott!

S. 104 4 *»verehret und gerochen«:* In der Hamburger Theaterfassung folgen im Original noch Schlußworte.

S. 105 *12f. Bogen des Ulysses:* Penelope, die Gattin des umherirrenden Odysseus, will nur den Freier erhören, der den Bogen des Odysseus zu spannen vermag. – *32 in die Bilze gegangen:* verloren gegangen (beim Pilze-Suchen). – *36f. einer Monologe:* feminin nach französischem Vorbild.

S. 106 32 *Sidney:* Aus Liebeskummer hat Sidney einen Gifttrank genommen, da erscheint die verlorene Geliebte wieder. Doch der Diener hatte ihm einen harmlosen Trank verabreicht.

S. 107 *2f. ein Stück für London:* Der Selbstmord gilt in dieser Zeit als britische Spezialität.

S. 108 *11 Ist er von Familie?:* »La famille«, 1746.

S. 109 2 *das Gespenst mit der Trommel:* »The Drummer of the Haunted House«, 1715, von Addison, von Destouches bearbeitet: Um die Baronin de L'Arc, vermeintliche Witwe des totgeglaubten Barons, bewerben sich der Marquis und Leander. Der abgewiesene Leander erschreckt die Schloßbewohner, indem er sich als des Barons Gespenst verkleidet. Da kehrt der Baron zurück und wird von der Treue seiner Frau überzeugt. – *28 Demokrit:* Demokrit verliebt sich in der Wüste in eine Bauerntochter. Der auf der Jagd verirrte König von Athen tut desgleichen und nimmt das Mädchen mit an den Hof. Sie wird als Prinzessin erkannt und Demokrit kehrt weiser geworden in die Wüste zurück. Die Anachronismen der Komödie wurden von Gottsched und von Johann Elias Schlegel angegriffen.

S. 111 *6f. die falschen Vertraulichkeiten:* »Les fausses confidences«: Der unbegüterte Dorant erlangt mit Hilfe des Dieners Dubois die Hand der jungen, reichen Witwe Araminte. – *22 neologische Sprache:* Sprache mit vielen Neubildungen. – *23f. Kallipides:* attischer Schauspieler. – *28f. Seitdem die Neuberin ...:* Arlecchino (Harlekin) war die italienische Variante der ›lustigen Person‹ des Stegreiftheaters (wie Clown, Hans Wurst, Pickelhäring etc.). Unter dem Einfluß Gottscheds hatte die Neubersche Truppe den Harlekin 1737 von der Bühne förmlich verbannt. – *28 sub Auspiciis:* unter dem Kommando. Gottscheds Anteil an der förmlichen Verbannung wurde bestritten. – *34 »Histoire ...«:* Sie nahm das Stück gegen Angriffe in Schutz.

S. 112 *18f. Timon ... Falken:* »Timon le Misanthrope« (1722) und »Le faucon et les oies de Boccace« (1725) von Louis François Delisle; in beiden Lustspielen tritt Harlekin in individualisierter Gestalt auf. – *28 Parasit:* der Schmarotzer als stehender Typus der jüngeren attischen und der römischen Komödie. – *32 Satyri:* In Athen wurde die Aufführung dreier Tragödien durch ein Satyrspiel abgeschlossen, in dem der Chor aus Satyrn, den bocksbeinigen Begleitern des Dionysos, bestand. – *38 Möser:* »Harlekin, oder Verteidigung des Groteske-Komischen«, 1761.

S. 113 *3 gewissen Schriftsteller:* L. – *16 Zelmire:* Tragödie in 5 Akten, 1762: Zelmire, die Gattin des vor Troja kämpfenden Ilus, rettet ihren Vater, den König Polydor, vor ihrem sich empörenden Bruder Azor in ein Grabmal. Antenor, der den Thron erringen will, tötet Azor und bezichtigt Zelmire des Vatermordes. Ilus kehrt zurück, Zelmire wird gerechtfertigt, Antenor getötet. – *20 Belagerung von Calais:* »Le siège de Calais«, 1765, die Geschichte vom Opfermut der sechs Bürger von Calais während der Belagerung 1346/47. – *36 Barde:* keltischer Sänger, seit etwa 1700 als germanischer Priester-Dichter aufgefaßt.

S. 114 *3 Achtung und Erkenntlichkeit:* Calais verlieh du Belloy das Ehrenbürgerrecht. – *19 Wucherer Albinus:* aus Horaz' Brief »De arte poetica« an die Pisonen, 328f. – *21f. Eu ...:* Gut! Du sollst deine Habe bewahren! – *26f. haec ...:* wenn so dieser Grünspan der Habsucht einmal die Seele befallen hat. – *32 Bartolus:* Jurist des 14. Jahrhunderts.

S. 115 *1 Beaumont:* Elie de Beaumont (1732-1786), bekannt geworden als Verteidiger des 1761 unschuldig zum Tode verurteilten Jean Calas. – *10 eigener Erfindung:* Der Stoff schließt sich an Metastasios Oper »Hypsipile« an. – *21 Zayre, Alzire, Mahomet:* Dramen Voltaires. – *32 Betrügers:* Tendenz von Voltaires Drama.

S. 116 *15 Der wahre Kunstrichter:* »Geschmack und Regeln« sind eine Anspielung auf die aufkommende Diskussion über »Genie und Regeln«. – *19 Aristoteles:* »Poetik«, 9. Kap. Es entspricht den Tendenzen der Zeit (z. B. auch Gottscheds), mit Aristoteles die philosophische Wahrheit als notwendige der historischen als einer bloß zufälligen überzuordnen und die poetische deshalb an die erste zu binden.

S. 117 *11 Panegyrikus:* Lobrede. – *18 ausgesparte:* effektvolle. – *19 Theaterstreich:* überraschende Bühnenhandlung, nicht hinreichend vorbereitet, sondern auf plötzlichen Effekt zugeschnitten. – *35 den Rücken zukehren:* Polydor hatte das Grabmal verlassen, war aber ohne Wissen der Tochter zurückgekehrt; sie wähnt ihn auf einem trojanischen Schiff, weist die Häscher zum Grabmal und liefert ihn deshalb unwissend aus.

S. 118 *27 Tautologie:* hier Wiederholungen zur Erfüllung des Versmaßes.

S. 119 *5 Tropen und Figuren:* Bilder und Redewendungen rhetorischer Art. – *5f. kadensiert:* unter Beachtung der Kadenz, der rhythmischen Fügung der Satzschlüsse. – *12f. Houdar de la Motte:* Gegner des Verses. Das Problem des Verses wird vielfach diskutiert, weil er dem Gebot der »Wahrscheinlichkeit« widerspricht, andererseits als Traditionselement fester Bestandteil des »hohen« Stils der Tragödie ist.

S. 120 *14 Cenie:* 1751. Der Wüstling Méricourt wirbt um die Tochter seines Onkels Dorimond, Cénie. Diese aber liebt Clerval, Méricourts Bruder. Es erweist sich, daß Cénie nicht die Tochter Dorimonds, sondern ihrer Gouvernante und des nach 15 Jahren aus Indien zurückkehrenden Dorsainvolle ist. Glückliche Auflösung.

S. 122 *11 Orphise:* die Gouvernante, Cénies Mutter. – *20 einzigen Fehler:* Diese Kritik bewirkte die endgültige Verstimmung der Hensel. – *37 Tot linguae ...:* Der Mann hat so viele Zungen wie Glieder.

S. 123 *2 Amalia:* Freemann und Sophie leben in einem Gasthof. Die verlassene Amalia versucht als Mann verkleidet Sophies Treue zu erschüttern. Doppelhochzeit, da Amalia ihren Verehrer Hearty heiratet. Machart der »Miß Sara Sampson«, ursprünglich tragischer Ausgang. – *16 meinem Freunde:* L.s Vorschläge wurden von Weiße in einer späteren Bearbeitung befolgt. – *17 croquierte:* skizzenhafte. – *34 Obstand:* Widerstand.

S. 124 *2 Crebillonschen Fähigkeit:* Crébillon der Jüngere (1707 bis 1777) schrieb erotische Romane über die Libertins der zeitgenössischen Gesellschaft. – *25 der Finanzpachter:* »Le Financier«, Prosa-Einakter: Ein avancierter Finanzpachter findet seinen Vater wieder als einen seiner Untergebenen und erfährt, daß dieser sein Vermögen für ihn geopfert hat.

S. 125 *4 die Mütterschule:* »L'Ecole des mères«, Verslustspiel 1744. – *26 Nanine:* »Nanine ou le préjugé vaincu«, 1746, Drama in der Nachfolge der Romane Samuel Richardsons: Die bürgerliche Nanine gewinnt die Liebe des Grafen d'Olban gegen den Widerstand der Baronin de L'Orme. – *36f. Miles gloriosus:* »Der ruhmredige Soldat«, sprichwörtlich und stehende Figur des Stegreiftheaters geworden.

S. 126 *3f. Grammatikers:* eines antiken Herausgebers. – *13 Cicero:* Auch ist es häßlich, von sich selbst ein Loblied zu singen, besonders ein unwahres, und zum Gespött der Zuschauer dem prahlerischen Soldaten es gleichzutun. – *15f. Alazon ...:* zu Beginn des 2. Aktes: »Alazon« ist im Griechischen der Titel der Komödie; im Lateinischen sagen wir dafür »Gloriosus«. – *20 Thraso:* prahlerischer Soldat aus dem »Eunuchus« des Terenz, 161 v. Chr. – *22 Meinung von den Titeln:* vgl. 9. und 17., dann 22. und 29. Stück.

S. 127 *4 Misanthropen:* Menschenfeind, Titel einer Komödie von Molière. – *24 Geschichte der Pamela:* »Pamela, or Virtue Rewarded«: Das Dienstmädchen Pamela bekehrt den adeligen Lüstling. Erfolgsroman von Samuel Richardson. Richardsons Romane wurden häufig für Romane und Dramen der Zeit, so auch für L.s »Sara«, ausgeschlachtet.

S. 128 *3ff. »Was ist gewöhnlicher ...«:* Vorrede zum Lustspiel »L'enfant prodigue«. – *24ff. »Homer ...«:* Vorrede zur »Nanine«.

Homerstelle: »Ilias«, I, 599 f.; VI, 466 f. – *33 f. Speyern …:* Schlacht am Speierbach, 15.11.1703; die Deutschen unter dem Erbprinzen von Hessen-Kassel werden durch die Franzosen unter Tallard in die Flucht geschlagen (Spanischer Erbfolgekrieg). – *35 darum:* um Pardon.

S. 129 *2 f. Alkmene … Sosias:* Gattin und Diener des Amphitryon im gleichnamigen Stück des Plautus oder Molières. – *9 Hausvater:* s. u. zu S. 418, *11.* – *16 kranken Frau:* Frau Stephan ist krank, da ihre Schwägerin eine neue Andrienne (langes Kleid) bekommen hat; sie wird gesund, sobald sie selbst die Andrienne bekommt.

S. 130 *19 ausnehmen:* (Stoff) auswählen. – *26 Roberonde, Benedictine, Respectueuse:* modische Kleidungsstücke.

S. 131 *7 f. der Mann nach der Uhr …:* Der pedantische Kaufmann Orbil will Valer nicht als Bewerber seiner Tochter akzeptieren, da dieser nicht einmal eine richtig gehende Uhr zu schätzen weiß. Da legt Valer zwei Uhren an, gibt genaue Datumskenntnisse vor und wird als Schwiegersohn angenommen. – *9 Hippel:* damals in Königsberg. – *19 Kohl:* Orbil pflegt sonntags braunen Kohl zu essen. – *26 Graf von Essex:* vgl. 54. bis 69. Stück, die ausführlichere Besprechung anläßlich der Wiederholung. – *35 schreibt Corneille:* im Vorwort zu seiner Tragödie.

S. 132 *22 Hume und Robertson:* Die neuere Geschichtsforschung hält die Ring-Geschichte für eine Erfindung.

S. 133 *32 f. Der Herr von Voltaire …:* Voltaire gab Pierre Corneilles Werke kommentiert heraus und fügte ihnen zwei Stücke des Bruders Thomas hinzu, »Ariane« und »Le Comte d'Essex«, welche letzteren er einer Abhandlung würdigte.

S. 135 *19 Raleigh:* Sir Walther Raleigh, der 1584 die erste englische Kolonie in Amerika gründete und sie zu Ehren seiner jungfräulichen Königin »Virginia« nannte. – *33 Vernichtung der spanischen Flotte:* der berühmten ›Armada‹ 1588. – *34 Cadix:* Unter Essex, Howard und Raleigh wurde 1569 die spanische Amerikaflotte im Hafen von Cadiz vernichtet. – *38 Grafen von Nottingham:* Befehlshaber der Flotte, Gegner des von Essex befohlenen Angriffs.

S. 136 *36 Arouet:* eigentlicher Name Voltaires. – *37 Le Chateau d' Otrante:* Franz. Übersetzung des Romans »The Castle of Otranto« von Horace Walpole, 1764.

S. 137 *2 Hysteronproteron:* zeitliche Umkehrung. – *35 f. Nur die Charaktere sind ihm heilig:* wieder das Thema von historischer und philosophischer Wahrheit, wobei die Charaktere als Allgemeines, die historischen Gestalten als dessen historischzufällige Besonderung angesehen werden, s. o. zu S. 115, *19.*

S. 139 *6 Notenmacher:* Kommentator. – *25 Rapin de Thoyras:* eine der Geschichtsquellen, neben Hume und Robertson.

S. 141 *6 Narcissus:* Figur aus Racines »Britannicus«, Intrigant.

S. 145 *26 f. Ich weiß einem Künstler ...:* Anspielung auf die Empfindlichkeit der Hamburger Schauspieler. L. stellt fortan die Schauspieler-Kritik ein.

S. 147 *17 f. die Hausfranzösin ...:* kritisiert nach dem Vorbild von Holbergs »Jean de France« die Mode der französischen Kindererziehung im deutschen Bürgerhaushalt. Die französische Gouvernante und ihre Freunde erweisen sich als Betrüger. Das Stück weist noch einige Stellen vor-gottschedscher Drastik auf, daher die folgenden Prädikate. – *19 sechs Originalen:* ferner der Gottschedin »Panthea«, J.E. Schlegels »Dido«, Krügers »Mahomed«, Quistorps »Bock im Prozesse« und Uhlichs »Elisie«.

S. 148 *2 Kenner:* z.B. Gottsched, der für die Pause »Cantata, von etlichen Vokalisten« erwägt, die über das Stück »moralische Betrachtungen« anstellen. – *5 Herr Scheibe:* der Musiker Johann Adolf Scheibe (1708-1776), in seiner Zeitschrift »Musicus criticus«.

S. 149 *6 Polyeukt:* von Corneille. – *7 Brutus:* von Voltaire. – *7 Alzire:* von Voltaire. – *7 Mithridat:* von Racine. – *16 Cato:* von Addison. – *27 Der Falke:* von Delisle. – *27 f. die beiderseitige Unbeständigkeit:* »Le double Incinstance ou le fourbe puni« von Marivaux. – *29 der verlorne Sohn:* »L'enfant prodigue« von Voltaire. – *30 Geizigen:* »L' avare« von Molière. – *30 f. Kranken in der Einbildung:* »Le malade imaginaire« von Molière. – *31 f. Unentschlüssigen:* »L'Irrésolu« von Destouches. – *32 Zerstreuten:* »Le distrait« von Regnard.

S. 150 *19 bewegliche:* bewegend.

S. 155 *28 sympathetische:* mitfühlende.

S. 157 *12 f. der Bauer mit der Erbschaft:* »L'hereditier de village«, 1725. – *34 Kriegern:* richtig Krügern. – *36 Patois:* Mundart.

S. 159 *12 der Zerstreute:* »Le distrait«, fünfaktiges Verslustspiel 1697: Isabelle soll den zerstreuten Leander heiraten, liebt aber einen anderen. Jeder bekommt schließlich den richtigen Partner.

S. 160 *9 f. non satis ...:* Horaz, Satiren, I, 10, 7 ff.: Es reicht nicht, die Mäuler des Publikums zum Gelächter auseinanderzuzwingen. – *12 et est ...:* Aber trotzdem gibt es auch hier eine gewisse Art natürlicher Vorzüge. – *16 La Bruyere:* Jean de La Bruyères »Les Charactères« (1693) bieten die vielfältigsten Vorlagen für die sog. ›Typenkomödie‹, jene Art von Komödie also, die zusammen mit der empfindsamen den Hamburger Spielplan prägt. Hier: 11. Kapitel.

S. 161 *18 Rousseau:* in seiner »Lettre à M. D'Alembert« (1758), in der das Theater als verderblich verworfen wird.

S. 162 *3 f. durch Lachen bessern; aber nicht eben durch Verlachen:* Damit tritt L. in Gegensatz zur ›sächsischen (Typen- oder) Verlachkomödie‹. – 24 *Präservativ:* Mittel zur Vorbeugung. – 27 *Das Rätsel ...:* Eine Fee verwirrt einen Ritter, so daß dieser ein altes Bauernweib für seine Geliebte hält. Als er die Alte umarmt, erscheint ihm die von der Fee verzauberte Geliebte. – 34 *Ce qui plait aux Dames:* Ein wegen eines Liebesabenteuers mit einer jungen Bäuerin zum Tode verurteilter Ritter soll gerettet sein, wenn er die Frage beantworten kann, »was allen Frauen am meisten gefällt«. Gegen ein Heiratsversprechen verrät ihm eine häßliche Alte das Geheimnis (»Herrinnen im Hause zu sein«). Als er sich zur Heirat entschließt, hält er die schöne Fee Urgèle in den Armen, die seinen Gehorsam hatte prüfen wollen. – 36 *La Fée Urgele:* von Favart.

S. 163 12 *Plaisanterie:* gefälliger Scherz. – 26 *Sr. Königl. Majestät:* Christian VII. – 27 *Rodogune:* 1644. – 28 *Corneille bekannte:* in »Examen de Rodogune« 1660 zu seiner Rechtfertigung. – 29 *Cinna und Cid:* Dramen Corneilles. – 32 *f. Raisonnement:* vernunftgemäßes Denken und Reden.

S. 164 1 *ff. »Demetrius ...«:* Zitat in Corneilles »Examen«, das L. übersetzt. – 1 *Nicanor:* so bei Corneille, tatsächlich Nicator.

S. 165 26 *Deianira:* des Herkules Gattin, die seinen Tod herbeiführt, während »Die Trachinierinnen« nur den Ort »Trachis« bezeichnet.

S. 166 33 *fertiger:* schneller (›eher fertig mit Überlegungen‹).

S. 167 12 *ihren Anfang, ihr Mittel und ihr Ende:* Einheit (Abgeschlossenheit) der Handlung verlangt Anfang, Mitte und Ende (bei Aristoteles »Poetik«, Kap. 7).

S. 168 38 *Medea:* tötet aus Rache für die Untreue des Gatten ihre Kinder und die Nebenbuhlerin.

S. 174 8 *Iphigenia in Taurika:* »Taurika« hier gebildet nach χεῤῥόνησος Ταυρικῄ (Taurische Halbinsel). – 31 *Data in seiner allgemeinen Weltgeschichte:* »Essai sur l'histoire générale et sur les mœurs et l'esprit des nations depuis Charlemagne jusqu'à nos jours«, 1753.

S. 175 10 *Thespis:* Nach Diogenes Laertius (um 220 n. Chr., »Vitae ...« I, 59) hatte Solon dem Thespis, dem sagenhaften ersten europäischen Tragiker, die Aufführung von Tragödien verboten, da sie verlogen seien.

S. 177 9 *Vorwurfs:* Stoff, Fabel, ›Sujet‹. – 36 *f. et habent sua fata libelli:* (Auch) die Bücher haben ihre Schicksale.

S. 178 11 *f. auf ein Meteor ...:* einen großen Himmelskörper für klein erklären. – 14 *ehrlicher Hurone:* In Voltaires Roman »L'ingénu« kommt ein ehrlicher Hurone (Indianer) nach Paris und wird als der ›gute Wilde‹ in seiner Naivität der Verderbtheit europäischer Zivilisation gegenübergestellt. – 19 *Pedant:* Maffei »Osservazioni sopra la

Rodoguna«, 1719. – *22 f. ein Franzose:* Voltaire in seinem »Théâtre de Corneille avec commentaires«, 1754. – *25 Enkelin:* Der Ertrag von Voltaires Corneille-Ausgabe floß der Enkelin Corneilles Marie-Anne Corneille zu.

S. 179 *5 f. bei der nächsten Wiederholung:* Das Versprechen wird nicht eingelöst. – *13 f. Der Verfasser:* Er heißt nach Klotz' »Deutscher Bibliothek« Meyer. – *21 »Solimann der Zweite«:* »Les trois sultans«, 1761. – *29 Marmontel:* in den »Contes moraux«, 1760, die in Deutschland viel gelesen wurden.

S. 180 *34 Taille aber keine Figur:* guter Wuchs aber kein Gesicht. – *36 f. Graces ...:* Dem Himmel sei Dank, ein menschliches Gesicht.

S. 181 *5 f. Vous êtes ...:* Sie sind viel besser, als es einem Türken zukommt: Sie haben sogar etwas von einem Franzosen – Wirklich, diese Türken sind spaßig – Ich werde diesem Türken Lebensart beibringen – Ich gebe es nicht auf, eines Tages noch einen Franzosen aus ihm zu machen.

S. 182 *1 la meilleure pâte de mari:* die ehrlichste Haut (eines Ehemannes).

S. 183 *2 ehrgeizige Frau:* Sie will ihrem Sohn Giangir den Thron verschaffen. – *15 Lucretia:* Vom Sohn des Königs Tarquinius Superbus entehrt, tötet sie sich selbst; sprichwörtlich für Keuschheit.

S. 184 *34 Pindarus:* Zu dichten weiß nur, wem das Blut reiche Weisheit gegeben; die es lernten, die schwatzen mit allerlei Zungen; sie mögen ohnmächtig krächzen wie die Raben gegen den Aar des Zeus. (E. Schwartz)

S. 185 *19 f. andern Welt:* Die Schweizer Gottsched-Gegner Bodmer und Breitinger hatten der Poesie das Reich der möglichen oder anderen Welten eröffnet und so das Problem der poetischen Wahrheit zu lösen versucht.

S. 186 *2 Übereinstimmung und Absicht:* Die Regelmäßigkeiten, denen auch die mögliche oder andere Welt gehorchen sollte, waren logische Widerspruchsfreiheit, Kausalität und – in dieser Zeit selbstverständlich – die Übereinstimmung mit einem poetischen Wirkungsziel.

S. 189 *25 der letztere Zug:* Roxelane nimmt dem Sultan die Pfeife aus dem Mund und wirft sie in die Ecke.

S. 194 *15 Serva Padrona:* Singspiel von Pergolesi. In einer deutschen Bearbeitung mit dem Titel »Ungleiche Heirat oder das herrschsüchtige Kammermädchen« heißen die Hauptfiguren Pimpinello und Serbinetta: Das Kammermädchen beherrscht den Haushalt und heiratet schließlich den Herrn. – *26 die Matrone von Ephesus:* Eine Witwe in Ephesus trauert über den Tod des Gatten im Grabgewölbe, verliebt sich dort in einen Soldaten. Diesem wird unterdes eine Leiche vom Kreuz gestohlen, die er hätte bewachen sollen. Auf Vorschlag der Witwe wird der verstorbene Gatte ans Kreuz geheftet (Petronius Arbiter »Satyricon«, 111 f.). Vgl. Ls. eigene Entwürfe zu diesem Stoff, Bd. 1, S. 753. – 32 *Houdar de la Motte:* »La Matrone d'Ephêse«, 1702.

S. 195 *29ff. Si justus ..:* Ein gerechter Kaiser hätte die Leiche des Familienvaters in die Gruft zurückbringen und die Frau ans Kreuz schlagen lassen.

S. 196 *1f. anderwärts:* L. denkt wohl an seine eigenen Pläne einer Dramatisierung. L.s Lösung, wie die Fabel den Ausgang »behalten, und auch nicht behalten« sollte, bestand darin, daß eine Bediente die Nachricht vom Diebstahl der Leiche nur fingiert, um so der Witwe das Liebesgeständnis zu entlocken.

S. 197 *8f. wie die Vorstellung:* Die Vorstellung am 20. Februar setzte gleich zwei theatergeschichtliche Marksteine: das Erscheinen des Autors und ein unerhörter Verstoß gegen die Dezenz – die Darstellerin der Merope war, um ihren »Sohn« vor dem Tode zu retten, über die Bühne gelaufen, was vom Publikum mit Begeisterung aufgenommen wurde. – 22 *Young:* in »Das jüngste Gericht« und in den »Nachtgedanken«. – *37f. Homer, der ...:* biographische Details legendärer Art.

S. 198 *10 Murmeltiere:* Dressierte Murmeltiere waren Jahrmarktrequisiten. – *15 Caressen:* Schmeicheleien. – 24 *Polichinell:* Eine der Erklärungen vermutet eine Anspielung auf eine »Merope«-Parodie von 1743/44: Pulcinella, um ein neues Stück gebeten, tritt auf die Bühne, öffnet seine Hose, macht dem Publikum eine »révérence a posteriori«, entläßt eine Blähung ins Parterre, und das ganze Theater ruft »L'auteur, l'auteur, l'auteur!«. – 34 *veranlasset:* Voltaire hatte ursprünglich den Plan einer wortgetreuen Übersetzung, paßte dann aber das Drama nur in unwichtigen Zügen dem ›bon goût‹ der Zeit an.

S. 199 *10 Zueignungsschrift:* von 1713.

S. 200 2 *Glückswechsel und Erkennungen:* (Peripetie und Anagnorisis) Eckpfeiler der dramatischen Handlung in Aristoteles' Poetik und der auf ihr basierenden klassizistischen Poetik.

S. 201 *4ff. Alle Begebenheiten ...:* L. zitiert mit Auslassungen.

S. 202 5 sagt Dacier: in seiner Aristoteles-Übersetzung von 1692.

S. 204 4 *Unsern deutschen Übersetzer:* Curtius, 1753. – *31 ponderiere:* wäge ab.

S. 207 *15 in der zweiten Iphigenia:* die erste: »Iphigenie in Aulis«, die zweite: »Iphigenie in Tauris«.

S. 209 *17 Montesquieu:* Montesquieu ›kannte‹ Tournemine vor allem als Intriganten und pflegte, ihn zu kränken, die von L. zitierten Worte zu sagen. – *30 Aristote ...:* Aristoteles scheut sich nicht, in seiner unsterblichen ›Poetik‹ zu behaupten, daß die Wiedererkennung Meropes und ihres Sohnes der interessanteste Augenblick des ganzen griechischen Theaters sei. Er gibt diesem Theaterstreich den Vorzug vor allen anderen. Plutarch sagt, daß die Griechen, dieses feinfühlige Volk, zitterten vor Furcht, der Greis, der den Arm der Merope zurückhalten sollte, könnte zu spät erscheinen. Dieses Stück, das man zu seiner Zeit noch aufführte, und von dem uns nur ein paar Fragmente erhalten sind, schien ihm das rührendste aller Stücke des Euripides zu sein etc.

S. 210 *23 Helle:* Die Tragödie »Helle« ist verloren.

S. 211 *1 f. tragischsten von allen tragischen Dichtern:* Aristoteles im 13. Stück der »Poetik«. – *21 der Titel selbst:* »Kresphontes« möglicherweise deshalb, weil dieser den Prolog sprach.

S. 212 *1 f. gleichfalls Kresphont geheißen:* nicht Corneille, wohl aber Voltaire spricht vom »jungen Kresphont«. – *10 Argumente:* Inhaltsangaben. – *17 Thyest:* Weißes Tragödie »Atreus und Thyest« entnahm die Fabel dem Hyginus. – *20 f. Une Mere ...:* Eine Mutter, die ihren Sohn töten will, wie Merope den Kresphontes töten will etc. – *22 ff. Questa ...:* Diese Entdeckung glaube ich beim Lesen der 184. Fabel des Hyginus gemacht zu haben, die nach meiner Ansicht nichts anderes ist als die Inhaltsangabe jener Tragödie, worin sich deren Handlung vollständig darstellt. Ich erinnere mich, daß mir einst beim ersten Blicke in jenen Schriftsteller der Gedanke kam, die meisten jener Fabeln seien nichts anderes, als die Inhaltsangaben der alten Tragödien. Ich fand diese Absicht bestätigt, als ich eine kleine Zahl jener Fabeln mit den Tragödien verglich, die uns noch erhalten sind; und gerade in diesen Tagen, als mir die letzte Ausgabe des Hyginus in die Hand fiel, hat es mich gefreut, an einer Stelle erwähnt zu sehen, daß auch Reinesius derselben Ansicht war. Diese Fabeln sind daher eine Fundgrube tragischer Stoffe, und wäre sie den Dichtern bekannt gewesen, so würden sie sich nicht so sehr abgemüht haben, neue Stoffe nach ihrer Phantasie zu erfinden; ich will ihnen diese Fundgrube gerne entdecken, damit sie durch ihr Genie unserem Jahrhunderte das zurückgeben, was ihm von der neidischen Zeit entrissen worden ist. Jenes Werkchen verdient also auch so, wie wir es haben, wenigstens in diesem Punkte etwas mehr Berücksichtigung, als die Gelehrten ihm zugestanden haben, und was den gelegentlichen Widerspruch zu anderen Erzählern von Fabeln betrifft, so läßt uns unsere Beobachtung den Grund erkennen, indem dieser Autor sie uns nicht nach der Überlieferung erzählte, sondern so, wie die Dichter sie, für ihren eigenen Zweck umgestaltet, wiedergaben.

S. 213 *12 Ino:* Mutter der Helle, s. o. zu S. 209. – *12 Antiopa:* gebar dem Zeus die Söhne Amphion und Zethos.

S. 214 *30 ff. In der 184sten ...:* Die von L. angemerkte editorische Inkonsequenz wurde in neueren Ausgaben beseitigt.

S. 215 *2 Liviera:* 1588. – *3 Torelli:* 1598. Daneben noch weitere Bearbeitungen. – *8 Divination:* göttliche Eingebung, dann auch Vermutung, Ahnung. – *22ff. Merope …:* Merope – Polyphontes, der König von Messenien, nahm, nachdem er den Kresphontes, den Sohn des Aristomachus getötet hatte, dessen Frau und Reich in Besitz. Merope aber sandte ihren unmündigen Sohn, den sie von Kresphontes hatte, heimlich zu einem Freunde nach Ätolien. Polyphontes bemühte sich mit größtem Eifer, seiner habhaft zu werden, und versprach dem Mörder Gold. Als der Sohn jedoch mannbar geworden war, faßte er den Entschluß, die Ermordung seines Vaters und seiner Brüder zu rächen. So kam er zu dem König Polyphontes, um das Gold einzufordern, mit der Behauptung, er hätte den Telephontes, den Sohn des Kresphontes und der Merope, getötet. Der König forderte ihn auf, bei ihm zu bleiben, um Näheres von ihm zu erfahren. Nachdem er vor Ermüdung eingeschlafen war, kam der Alte, der zwischen Mutter und Sohn die Nachrichten vermittelte, weinend zu Merope und berichtete ihr, daß ihr Sohn nicht mehr bei dem Freunde und verschwunden sei. Merope hielt den Schläfer für den Mörder ihres Sohnes und kam mit einem Beil in die Vorhalle, unwissend, daß sie im Begriffe war, ihren Sohn zu töten. Der Alte aber erkannte ihn und hielt die Mutter von der Schreckenstat zurück. Als Merope die Gelegenheit erkannt hatte, sich an ihrem Feinde rächen zu können, versöhnte sie sich [zum Schein] mit Polyphontes. Nachdem der König, darüber erfreut, ein Opfer darbrachte, stellte sich der Sohn so, als wollte er das Opfertier schlachten, tötete aber den König und erlangte so sein väterliches Reich wieder.

S. 218 *29f. Cedite …:* Tretet zurück, ihr römischen Dichter, weicht, ihr Griechen, hier ist heimlich größeres als selbst der ›Ödipus‹ im Entstehen begriffen. (Umformung aus Propertius' Elegien, II, 34.)

S. 219 *33 de la Lindelle:* Voltaire schrieb tatsächlich fiktiv als de la Lindelle.

S. 220 *26 hören will:* Seit Boileaus Spott galt der Ring als Erkennungszeichen als abgeschmackt, und Voltaire ersetzte ihn in seiner Bearbeitung der »Merope« deshalb durch die Rüstung. – *35ff. Je n'ai …:* Ich habe mich nicht, wie Herr Maffei, eines Ringes bedienen können, da dieses Motiv seit dem Königlichen Ring, über den Boileau in seinen Satiren spottet, auf unserem Theater als zu niedrig erscheinen würde.

S. 221 *6 des belles Nippes:* Andenkenschmuck. – *20 Nestorische:* Homers Nestor erzählt weitschweifige Erinnerungen. – *30f. Qualis …:* Wie Philomele (die Nachtigall) im Pappelschatten um ihre verlorenen Kinder trauert. – *35f. Je n'oserais …:* Ich würde es nicht wagen, einen Helden für einen Räuber halten zu lassen, mag auch die Lage, in der er sich befindet, diesen Irrtum rechtfertigen.

S. 222 *14 luxuriere:* schwelge. – *15 Tapete:* Kulisse.

S. 223 *22 Desinit ...:* Horaz, »De arte poetica«: Das wohlgeformte Weib lief von oben nach unten zu einem Fische aus.

S. 224 *9f. Pfaffe und Basnagen:* Der Württemberger Pfaff und der Franzose Basnage waren Kontrahenten Maffeis.

S. 225 *27ff. In core ...:* Nun kam mir / Rasch der Gedanke, lass' ich hier am Wege / Den grausen Anblick, werd' ich bald verfolgt / Von allen Seiten, und es fiel mir ein, / Ihn, – ob er tot sei, ob er atme noch – / Im Flusse zu versenken, und mit Mühe – / (Wie unnütz war's!) – hob ich ihn auf vom Boden, / Doch auf der Erde blieb ein Strom von Blut. / Ich trug ihn eiligst mitten auf die Brücke, / Mit rotem Blute alles rings benetzend. / Dann ließ ich ihn kopfüber abwärts stürzen. / Senkrecht fiel er hinab – ein lauter Schall, / Und er versank. Hoch türmte sich die Woge, / Und über ihm verschlossen sich die Wellen. – *38ff. Non essendo ...:* Da es nun nicht meine Absicht gewesen ist, der Tragödie des Euripides zu folgen, so habe ich also in die meinige auch nicht jene Sentenzen aufnehmen wollen, die sich hier und da noch daraus finden, nachdem Cicero fünf Verse übersetzt, Plutarch drei Stellen und Cellius zwei Verse wiedergegeben hat, und noch einige andere, wenn mich mein Gedächtnis nicht täuscht, sich bei Stobäus finden.

S. 228 *6 die Antwort des Maffei:* Sie erfolgte 1745 und war L. offenbar nicht bekannt.

S. 229 *21ff. Che dubitar? ...:* Was zweifeln? Ich Elende, und von einem Namen / Ließ ich mich hinhalten, als ob einen solchen Namen / Nicht auch ein anderer führen könnte.

S. 231 *37ff.* EGI. *Mà ...:* ÄGISTH: Wo fand sie nur zu solcher Wut, zu solchem / Entsetzen Grund? – – / ISMENE: Gern werd' ich alles dir erklären; doch / Du mußt dich etwas hier verweilen. Dringend / Hab' ich zu tun. ÄGISTH: Solang' du willst! Mit Freuden / Erwart' ich dich. / ISMENE: Doch gehe nicht, daß ich / Umsonst nicht wiederum zurückekehre. / ÄGISTH: Mein Wort zum Pfand! Wohin sollt' ich auch gehen?

S. 232 *32ff.* MER. *Ma ...:* MEROPE: Doch welchen Lohn, mein Treuer, kann ich dir / Jemals erstatten, dem Verdienste gleich? / POLYDOR: Mir war das Dienen selber Lohn, und jetzt / Ist mir das Wiedersehn höchste Belohnung. / Was wolltest du mir geben? Ich brauch' nichts. / Das einz'ge, was mir teuer wäre, kann / Mir niemand geben! Daß die schwere Last der Jahre, / Die auf dem Haupt mir liegt, mich krümmt und beugt, / Die wie ein Berg scheint, mir genommen würde.

S. 233 *27 Vulkan:* Vulkanus (Hephaistos) fertigte die Rüstung der Athene.

S. 235 *16 Hedelin:* Hédelin d'Aubignacs »Pratique du Théâtre«

war das große Regelbuch des französischen Klassizismus, aus dem auch der Gottsched-Kreis einen großen Teil seiner Lehren bezog.

S. 236 4 *Corneille:* Im dritten seiner »Discours sur la Tragédie« (1660), über die drei Einheiten: Die Alten hätten es leicht gehabt, die Einheit des Ortes zu befolgen, da alle große politische Handlung sich bei ihnen auf dem Marktplatz abgespielt habe. Neuere Dramatiker müßten sich damit begnügen, daß nur alle Orte, die sie vorführen, in der von ihnen anberaumten Zeit erreichbar seien: Kriterium für die Einheit des Ortes wird also die Einheit der Zeit. Die Regel der Ortseinheit entstammt nicht dem Aristoteles, sondern wurde aus den antiken Dramen selbst abgeleitet. – *31 diesen:* Der Vorhang, der Vorderbühne und Hinterbühne voneinander trennt und so einen Kulissenwechsel während des Spieles erlaubt (meist Saal–Zimmer oder Außen–Innen), war ein beliebtes Wanderbühnenrequisit, dessen sich auch L. in der »Sara« bedient. Bei Voltaire verwandelt sich der Schauplatz, während die Figuren auf der Bühne agieren. – *34ff. On met ...:* Man darf nicht einwenden, daß zu Bezeichnung der unterschiedenen Gemächer die Vorhänge dieneten, welche man auf und niederziehen, und die Personen nach Erforderung der Sache hervortreten lassen, und dahinter verbergen könnte: Denn diese Vorhänge sind zu nichts gut, als diejenigen, die sie erfunden oder noch einen Gefallen daran haben, damit zu prellen. (Übersetzung von 1737.)

S. 237 *12 Kommunikation:* hier Verbindung. – *24f. an einem Tage:* Aristoteles meinte, die Handlung solle nicht mehr als »einen Sonnenumlauf« währen, was zu Überlegungen führte, ob damit 12 oder 24 Stunden gemeint seien; als ideal wurde teilweise eine völlige Synchronie von Darstellungszeit und dargestellter Zeit angenommen, also ca. 3 Stunden. – *28 Corneille:* Corneille hatte freilich auch empfohlen, den Zuschauer im unklaren über den Zeitrahmen zu lassen, um diesen dann freier gestalten zu können.

S. 240 *6 Ephemeron:* Eintagsfliege. – *11 »Die Verbindung der Szenen ...«:* s.o. zu S. 77.

S. 241 *14 peto veniam exeundi:* Ich bitte um Erlaubnis, hinausgehen zu dürfen. – *34 Courons ...:* Laßt uns alle zum Tempel eilen, wo mich meine Schmach erwartet. – *37 Vous ...:* Ihr kommt, das Opfer zum Altar zu schleppen.

S. 243 *19 unbestimmten Ort:* auch in den Dramen des deutschen Klassizismus um Gottsched.

S. 244 *26ff. Quando ...:* Sind sie in Ruhe, ihre Geister etwas / In Schlaf gewiegt, dann nütz' ich meine Herrschkunst. / Auf stummen Seitenwegen gehn die kühnsten / Und edelsten Gemüter dann zum Styx. / Den Lastern, die die Lebenskraft vernichten, / Den Mut benehmen, lasse man die Zügel, / Langmut, prahlendes Mitleid leuchte den / Verbrechern! große Frevel lass' ich walten, / Bleibt nur das Gute fern, gewähren will ich / Zügellosigkeit den Schlechten. Wenn / Sie dann sich selbst zerstören, mag die Wut / In blutigen Fehden gegenseitig sie / Vernichten. Oft wirst du Befehle hören, / Geschärfte Satzungen, die, wie's auch kommt, / Dem Herrn zugute sind, wirst Drohungen / Von Kriegen mit dem Ausland oft vernehmen. / Ich werde auf den Trümmern dieses Volkes / Stets wachsen an Gewicht und fremde Truppen / Einführen.

S. 245 *1 f. Des ...:* Zuweilen läßt nicht die langmütige Geduld der Götter die Rache langsam auf uns herniedersteigen. – *6 Eh bien ...:* Gut denn, noch ein Verbrechen! – *31 ff. Si ce fils ...:* Wenn er erscheint, der so beweinte Sohn, / Wo bleibt mein Plan, wo meiner Arbeit Frucht? / Wenn nun in jeder Brust das Vorurteil / Von edler Herkunft wiederum erwacht, / Wenn das Gedächtnis seines Vaters, wenn die Reihe / Von Königen, die seine Ahnherrn waren, / Der Ruf von angestammtem Götterblut, / Und seiner Mutter ängstliches Geschrei, / Wenn alles für ihn spricht – wird meine Macht, / Die noch auf schwachen Säulen ruht, bestehn? (Gotter)

S. 246 *30 ff. Quel ...:* Den Frevler wünschte ich in meiner Macht, / Um zu erfahren, ob an diesem Morde / Auch der Tyrann teilnahm, und dann die Brust / Mit einem Beile ihm zerschmettern; ja / Das Herz will ich ihm aus dem Leibe reißen / Und mit den Zähnen es zerfleischen.

S. 248 *34 ff.* MER. *Non ...:* MEROPE: Weg mit dem Mittel! / Mein Sohn blieb' eher in des Elends Abgrund, / Als daß er seiner Mutter Schande wählte. / EURIKLES: Vielleicht vom Stolze seiner Herkunft trunken, / Verwürf' er dieses Eheband, wie du. / Doch wenn das Unglück seinen Geist gebildet, / Wenn er das Auge seinem wahren Heil, / Das Ohr dem Ausspruch treuer Freundschaft öffnet, / Und nicht vergißt, daß Not Gesetze bricht – / So muß er dir für dieses Opfer danken. / MEROPE: Was sagst du? / EURIKLES: Was der Eifer für dein Bestes / Mir eingibt, ob es gleich dem Ohr nicht schmeichelt. / MEROPE: Wie? du verlangst, daß ich aus Eigennutz / Den unnennbaren Abscheu, den mein Herz / Für Polyphonten fühlt, bekämpfe? du, / Der solch ein schwarzes Bild von ihm entwarf! / EURIKLES: Ich schildert' ihn gefährlich, ungestüm, / Zum Zorn geneigt; allein er ist allmächtig / Unwiderstehlich hier, hat keinen Erben – / Und du – du liebst Ägisthen. (Gotter)

S. 248 *6 f. Roman des Charitons:* Der Liebesroman »Chaireas und Kallirrhoe« von Chariton von Aphrodisias (2. Jh. nach Chr.) wurde 1750 von d'Orville herausgegeben.

S. 250 *6 Euripides:* genauer: der als Inhaltsangabe des euripideischen Dramas aufgefaßten Fabel des Hyginus. – *20 per combinazione d'accidenti:* durch Fügung der Umstände.

S. 251 *26 sagt Diderot:* L. zitiert seine eigene Diderot-Übersetzung von 1760.

S. 253 *33 nicht ganz Unrecht:* meint: nicht ganz recht.

S. 254 *5 Prädilection:* Vorliebe. – *13 Hedelin:* s. o. zu S. 235.

S. 256 *11 Jon ... Hekuba:* Dramen des Euripides. – *25 f. wolllüstigen Schößling:* Seitentrieb, der die Kraft der Pflanze verbraucht.

S. 257 *31 Wesen:* Wesen einer Gattung oder einer Dichtung ist für L. immer deren Wirkungsabsicht, die Form hingegen das Ensemble der Mittel, mit denen diese Absicht erreicht wird.

S. 258 *4 den Stagyriten:* Aristoteles, der in Stageira geboren wurde.

S. 259 *13 f. den ganzen, vollen Namen:* Ungerechtigkeit gegenüber Voltaire, da dieser ja kein Lesedrama konzipiert hat, bei der Aufführung hingegen diese Namensnennung irrelevant ist. – *23 ff. Narbas ...:* Ist Narbas euch bekannt? Der Name Ägisth wenigstens ist euch schon begegnet? Was war euer Stand, euer Rang, euer Vater? – *27 ff. Mon père ...:* Mein Vater ist ein von Elend geplagter Greis; Polyclet ist sein Name; aber Ägisth und Narbas, von denen ihr mir sprecht, kenne ich nicht. – *35 f. da er so viel erfunden hat:* so viele Pseudonyme seiner eigenen Person nämlich.

S. 260 *21 Becelli:* Herausgeber von Maffeis »Merope« 1736. – *31 ff. Fin ne ...:* Was die Personennamen betrifft, so ist jener in den Drucken dramatischer Werke sehr gewöhnliche Fehler beseitigt, das Geheimnis dadurch zu lüften, daß der Name an den Anfang gestellt und so das Vergnügen des Lesers oder Hörers aufgehoben wird. In unserer Ausgabe steht ›Ägist‹, wo früher ›Kresphontes unter dem Namen Ägist‹ zu lesen war.

S. 263 *7 die Pamise:* la Pamise bei Voltaire, richtig der Pamisus. – *20 Johann Ballhorn:* nach den Schlimmbesserungen des Lübecker Buchdruckers Ballhorn der Begriff ›verballhornen‹.

S. 264 *38 f. cette longue ...:* Im Brief an Maffei: diese lange Strecke von fünf Akten, die äußerst schwer zu füllen ist ohne Episoden.

S. 265 *8 Chevrier:* verfaßte »Observations sur le théâtre [!] [...]«, 1755. – *9 Campistron:* Jean Campistron (1656-1723), »Le jaloux désabusé« (»Der bekehrte Eifersüchtige«), 1709.

S. 267 *34 Toilette:* Die Dame von Welt empfängt die Verehrer am Toilettentisch.

S. 269 *19 prächtige Ausgabe:* die Prachtausgabe Paris 1757.

S. 270 *4 Triumph der guten Frauen:* Hilaria, die edelmütige Gattin, gewinnt den zügellosen Gatten Nikander, der sie verlassen hatte, nach zehn Jahren mittels einer Verkleidungsintrige wieder für sich (1748). –

8f. Der geschäftige Müßiggänger: Der Advocat Fortunat versäumt über lauter persönlichen Nebensächlichkeiten alle Aufgaben und Chancen (1743). – *16f. Der Geheimnisvolle:* 1746 entst. – *19f. wollte genommen haben:* so Schlegel in der Vorrede zu den »Theatralischen Werken«, 1747. – *25 Mißtrauischen:* »Der Mißtrauische«, 1760 erschienen. – *30ff. C'est ...:* Von Kopf bis Fuß ein Rätsel ist dieser Mann, / der euch im Vorbeigehen einen flüchtigen Blick zuwirft / und, ohne irgendeine Arbeit zu haben, immer überbeschäftigt ist. / Alles was er vorbringt ist reich an Heuchelei. / Mit seinen Manieren nimmt er alle Welt für sich ein. / Immer muß er ganz leise, um die Unterhaltung zu unterbrechen, / euch ein Geheimnis mitteilen, und dieses Geheimnis ist bedeutungslos. / Aus der geringsten Kleinigkeit macht er eine außerordentliche / Angelegenheit, / und sogar den Gruß flüstert er leise ins Ohr.

S. 271 *21 einer von ihnen:* Mendelssohn.

S. 272 *3 französischer Abenteurer:* Ebenso kommt der ›Libertin‹ der englischen Restaurations-Komödie in Frage. – *23 Petitmaitre:* Stutzer.

S. 274 *6 Chevrier:* s.o. zu S. 265. – *7f. Abts von Voisenon:* Der Abbé Voisenon (1708-1775), Freund Voltaires, schrieb Komödien, doch scheint Chevriers Klatsch nicht zuzutreffen. – *11f. Mais ...:* Aber der Autor hat 81 ganze Verse stehen lassen.

S. 275 *15f. Ce ...:* Nicht einer einzelnen Frau, sondern den Frauen insgesamt spreche ich die Talente der Männer ab. – *28 die Favart:* Favarts Gattin Marie-Justine war Schauspielerin, gilt aber auch als Mitverfasserin der Stücke ihres Gatten (s.o. S. 179, 21).

S. 276 *10 die Frauenschule:* »L'école des Femmes«, Molières erstes Meisterwerk 1662: Der mißtrauische Arnolphe läßt sein Mündel Agnès in völliger Abgeschiedenheit von der Welt erziehen, um sich in ihr eine sittsame Ehefrau zu sichern. Doch die Unerfahrene verliebt sich in Horace und bekommt ihn auch, als der totgeglaubte Vater Enrique zurückkommt und Arnolphe in die Schranken weist. – *11 Männerschule:* »L'école des maris«, 1661: Zwei Brüder wollen sich zwei Waisen auf gegensätzliche Weise zu Ehefrauen erziehen. Dem Verständnisvollen gelingt dies, dem Moralprediger läuft das Mädchen mit einem Liebhaber davon. – *30 Cid:* »Le Cid«, Tragikomödie von Corneille, 1636, s.u. zu S. 286.

S. 277 *9 der Stoff ist nicht von ihm:* Molières Quellen sind Scarrons Novelle »La précaution inutile«, Straparolas Novellensammlung »Le piacevoli notti« und Thomas Corneilles Komödie »Le galant doublé« (1660). – *16 sagt der Herr von Voltaire:* in seiner Molière-Biographie. – *33 streitig zu machen:* da es aus lauter Berichten bestehe und überdies unmoralische Maximen vertrete. In der »Critique d'école des femmes« (1663) gibt Molière eine satirische Erwiderung. Dorante ist Sprachrohr des Autors. – *36f. Les recits ...:* Die Berichte sind selbst Handlungen, entsprechend der Anlage des Stoffes.

S. 278 *10 Progressen des Horaz:* Erfolgen seines Nebenbuhlers Horaces: Dieser nämlich pflegt ihm arglos seine Erfolge bei Agnès zu erzählen, da er nicht weiß, wer deren Vormund ist. – *33 der unglückliche Liebling ...:* »The Earl of Essex or the unhappy favourite«.

S. 279 *12 Geheime Geschichte ...:* Ein halbes Jahrhundert nach Essex' Tod erschien das Volksbuch »History of the most renownd Queen Elizabeth and her great Favourite, the Earl of Essex«.

S. 286 *7 Ohrfeige im Cid:* Don Diego erhält von seinem Rivalen Don Gormaz eine Ohrfeige. Don Diegos Sohn, Rodrigo (El Cid) rächt den Vater und tötet Don Gormaz – den Vater seiner Geliebten Chimène: daraus der Hauptkonflikt des Dramas. – *16f. Tragikomödie:* Das Problem der Tragikomödie wird im 18. Jh. besonders virulent, da einerseits die »Regeln« nicht in der Lage waren, Mischformen hinlänglich zu bestimmen, andererseits gerade dies die Möglichkeit bot, durch Gattungsmischung das Regelgebäude zu überwinden.

S. 287 *21ff. Faciam ...:* Einen Mischmasch will ich machen, eine ›Tragico-Comoedia‹: Denn ich halte es nicht für angängig, ein Stück ›Komödie‹ zu nennen, wo Götter und Könige auftreten. Was also? Da sogar Sklaven hier ihren Anteil haben, will ich, wie oben gesagt, dies als ›Tragico-Comoedia‹ machen. – *26ff. Je ne ...:* Ich weiß nicht, ob Garnier der erste war, der sich des Begriffes bediente, doch hat er die Bezeichnung für seine ›Bradamante‹ verwendet, was nachher von manchen nachgeahmt wurde. – *29 Voici ...:* Dies ist die erste Tragikomödie, oder besser gesagt: das erste Theaterstück, das diesen Titel trug – Garnier beherrschte nicht hinreichend die Feinheiten der Kunst, die er ausübte; wir müssen ihm indessen zugute halten, daß er der erste war, der, ohne Hilfe der Alten oder seiner Zeitgenossen, eine Idee ahnen ließ, welche vielen Autoren des letzten Jahrhunderts recht nützlich geworden ist. (Robert Garnier, 1535-1590, bildete den Übergang von der Schultragödie der Renaissance zur Tragödie der französischen Klassik.)

S. 288 *19f. »Die Schauspieler ...«:* Voltaire bezog sich nicht auf die Schauspieler, die die Schläge erhalten, sondern auf die, welche sie geben sollten. – *23 Person:* hier im alten Sinne als ›Maske‹, also die dargestellte Figur. – *31 Contenance:* beherrschte Haltung.

S. 290 *33 Pundonor:* Ehrensache.

S. 291 *1ff. Ces ...:* Diese Genugtuungen befriedigen keine Seele. Wer sie empfängt, hat nichts; wer sie gibt, beschimpft sich selbst. Und der gewöhnliche Erfolg all solcher Versöhnungen ist, daß zwei Menschen statt eines entehrt sind. – *5 Edikt wider die Duelle:* 1626 von Ludwig XIII. auf Antrag Richelieus erlassen. – *34 sagt die Geschichte:* Hume, s.o. zu S. 132.

S. 292 *15 Weinpacht:* Monopol der Weineinfuhr. – *33 ff. By all ...:* Bei all der Zartheit und Weiblichkeit Eures Geschlechts schwöre ich: wart Ihr ein Mann gewesen, Ihr hättet nicht, nein, Euer kühner Vater Heinrich hätte dies nicht tun dürfen. – Was sag' ich, er? Nicht alle Heinriche, auch nicht Alexander selbst, wenn er am Leben wäre, sollte sich rühmen, eine solche Tat ungestraft an Essex begangen zu haben.

S. 293 *1 Gasconier:* s.o. zu S. 53, 31.

S. 294 *28 Überkunft:* Ankunft nach der Überfahrt übers Meer.

S. 300 *19 diese günstige Gedanke:* vermutlich hier starke Flexion, Akk. Plural.

S. 302 *17f. Ampullae ...:* Horaz, »De arte poetica«, 97: Schwulst und Bombast. – *20 Diderot:* s.o. zu S. 251.

S. 305 *27f. gelehrten Tagebüchern:* aus gelehrten ›Journalen‹. – *31 ff. The Diction ...:* Baker, »Companion to the Play-House«: Der Ausdruck ist überall sehr schlecht und an einigen Stellen so niedrig, daß er sogar unnatürlich wird [...] – Und ich denke, es kann kaum einen größeren Beweis der geringen Förderung der Verdienste in diesem Zeitalter geben als dies, daß kein Vornehmer, der mit wahrem Genius und dem Geist der Poesie begabt ist, es seiner Mühe für wert hält, einen so berühmten Teil der Geschichte mit jener Würde des Ausdrucks zu schmücken, welche der Tragödie überhaupt zukommt, und insbesondere dann, wenn die Charaktere vielleicht die größten sind, welche die Welt je hervorgebracht hat.

S. 306 *11 Ungenannten:* von Antonio Coëllo (1611-1682). Der spanische »Essex« – »Für seine Gebieterin sterben oder der Graf von Essex; von einem Genie dieses Hofes« – kam im 17. Jahrhundert in italienischer Fassung zu den deutschen Wandertruppen. – *28 ff. Il a ...:* Auch hat er [Brooks] die Gräfin Ruthland in dem Augenblick wahnsinnig werden lassen, in dem ihr berühmter Gatte zum Schafott geführt wird; dieser Augenblick, da die Gräfin ein besonders würdiger Gegenstand des Mitleidens ist, hat einen sehr großen Eindruck hervorgerufen und wurde in London für sehr bewundernswert gehalten; in Frankreich wäre er lächerlich erschienen, er wäre ausgepfiffen worden, und man hätte die Gräfin samt dem Autor ins Narrenhaus geschickt.

S. 307 *20 ff. Las dos ...:* Ins Wasser senkte sie zwei schöne Säulen, / Und als ich sah Kristall im Strom zerronnen, / Und wie Kristall auch solche Form gewonnen, / Da fragt' ich, ob die Flut, die ich gesehen, / Die Füße wären, die zerrinnend flöhen? / Ob jene beiden Säulen erst geboren / Aus flücht'gen Wellen, welche kaum gefroren? – *34 ff. Quiso*

...: Sie wollte an die Lippen / Das Wasser im Kristall der Hände tragen, / Und es erhob das Bächlein Trauerklagen, / Als es gesehn sie an dem Wasser nippen; / Und bebend stand ich, daß ein Teil der Hände / (Und grundlos war es nicht) in Tropfen schwände.

S. 308 *29ff. Yo ...:* Blind staun' ich und verwirrt, als gleich dem Schnee / Ich einen Teil des Angesichtes sehe, / Und schwarz bedeckt der andre blickt; – / Ich glaubte, daß so ungleich schön geschmückt / Die schaffende Natur zum Spott und Grauen / Hervorgerufen hätte den Verein / Vom Schwarzstein und vom Elfenbein. – *37ff. Ruido ...:* Waffenklang / In dem Garten! und darinnen / Ist – was zögre ich? – der Graf! / Warum steh' ich hier und eile / Nicht zur Hilf' ihm ? – Schönen Dank! / Denn die Furcht, sie heißt mich stehen / Bis zur Losung: vorwärts marsch! / – – – Dein Cosmus! / Der in solcher Angst hier stand, / Daß sie vierfach gelten könnte.

S. 309 *14 Herzog von Alanzon:* Bruder Karls IX. von Frankreich.

S. 312 *15ff. Ay tal ...:* Ha, welch ein Verrat! beim Himmel! / Zürnen möcht' ich meiner Treu! / Blanka, meine süße Liebe / Meines Herzens teurer Stern, / Spricht mir mit Verräterstimme! / Was beginn' ich? – Wenn ich strenge, / Wie es Pflicht ist, ihr erwidre / Und die Freveltat verdamme, / Werd' ich doch nicht ihre Schritte, / Ins Verderben stürzend, hemmen. – / Und der Fürstin kann ich nimmer / Es verraten, denn es wollte / Ja mein Schicksal die Geliebte / In die Freveltat verflechten. / Töricht wäre das Beginnen, / Sie durch Flehen umzustimmen; / Denn ein Weib, das rachergriffen / Sich entschloß, bestärkt man nur / In dem Vorsatz noch durch Bitten, / Und gerade, wenn sie weichet, / Wird der Mörderstahl geschliffen. / In Verzweiflung über meinen / Zorn und mein Verschmähen wird sie, / Ihren Anschlag einem andern / Wen'ger Treuen nur erschließen / Und vielleicht gewähret der, / Was ich abschlug, zu vollbringen.

S. 316 *34ff. No he ...:* Ja, nicht ich, die Tat erwidre / Erst dem Herzog! er soll sehen, / Wie er in dem Schein geirret; / Daß ich treu und rein gewesen, / Als ich treulos ihm erschienen!

S. 318 *34ff. No ...:* Liebesleiden, / Warst du nicht schon mächtig g'nug? / Mußtest du noch Stärke leihen / Von dem Dank, der ihm das Leben / Schuldig ist?

S. 319 *15 Staats- und Helden-Aktionen:* auch Haupt- und Staatsaktionen, der Typus der Wanderbühnentragödien, in den, meist über den italienischen Umweg, auch spanische Vorbilder einflossen. – *21f. deren nur drei:* Die klassisch-klassizistische Tragödie hat fast ausnahmslos fünf Akte, die Komödie der Zeit wegen ihrer Nähe zum spanisch-italienischen Kreis drei Akte. – *22 Tagewerke:* richtiger Tagereisen.

S. 320 *7f. Neuen Kunst ...:* Lopes Lehrgedicht »Arte nuevo de hazer comedias« (1609) ist eine Rechtfertigung des spanischen Dramas gegen die am Aristoteles orientierten Klassizisten. – *35 f. Donde ...:* Ich unterfing mich, die Komödien, die früher fünf Akte hatten, auf drei zu beschränken.

S. 321 *29ff. Yo no ...:* Hätt' ich vorher ohne Sorgen / Alles doch bei mir verborgen, / Aber jetzo möcht' ich sterben, / Weil zu schweigen er gebot! / Denn in einer halben Stunde / Reift wie eine Eiterwunde / Jedes Wort und macht mir Not! – *36ff. Alla va ...:* Flora, nun wohlan! – doch nein! / Flora darf nicht triumphieren, / Plaudern tät' mich deflorieren, / Höhere Person soll's sein!

S. 322 *24ff. Ya se ...:* Weh, schon kommt mir in den Mund / Die Purganz! – – – – – / Warte, jetzo platz ich! / Ja, ich will es! Denn mein Magen / Kann es länger nicht ertragen. / O, wie's kneipt! glaubt's sicherlich! / – – – – / Doch weil die Purganz vollbracht / Von dem Anfang bis zum Schluß, / Faßt mich solch ein Überdruß, / Der mir neue Wehen macht. / Was soll ich denn nun beginnen, / Mich dem Ekel zu entreißen? – / Schnell, in eine Quitte beißen / Muß ich nur – drum fort von hinnen!

S. 323 *24ff. Abate ...:* O du mein verwegner Sinn, / Senke deine stolzen Flügel, / Welche zur Unmöglichkeit / So vermessen aufwärts stürmen! / Suche deinem so beschränkten / Flug ein Ziel, das ihm gebühret! / Blanka liebt mich, und ich Blanka, / Sie ist mein, und sie betrüben / Könnt' ich, weil die Ehrsucht lockt? / Nein! kein schändlicher Gewinn / Wolle diesen Bund zertrümmern!

S. 324 *4ff. Motte ..: Motto: Hörst du meine irren Klagen / Einst zu dir hinüberwehen, / Mögest du den Schmerz verstehen, / Mitleid nur mit ihm zu tragen. / Glosse:* Wie der Schmerz mich auch verwunde, / Wie er auch nach außen ringe, / Feige stirbt schon auf dem Munde, / Daß sie niemals zu dir dringe, / Meines Busens Leidenskunde. – / So muß ich den Kummer tragen, / Weil ihn Scheu und Ehrfurcht banden; / Ach, und was die Lippen sagen, / Bleibt von dir doch unverstanden, / *Hörst du meine irren Klagen.* / Doch weil sie verhüllt sich zeigen, / Mögst du doppelt sie erkennen, / Und am Schmerz nach langem Schweigen, / Deuten, was er darf nicht nennen. / Durch die Zeichen, die ihm eigen, / Die verhüllet ihn gestehen, / Red' er künftig dir nur helle, / Wird des treuen Herzens Flehen / Einst zu deiner hohen Schwelle, / *Einst zu dir hinüberwehen.* / Aber ach, da meine Klagen, / Harte, dir nun deutlich offen, / Darf ich keine Hoffnung wagen, / Als mit vielen gleich zu hoffen? / Alle, die dir Huld'gung tragen, / Dir bekennen ihre Wehen, / Siehest du vor dir sich gleichen, / Und es rührt dich Keines Flehen? – / Wohl! kann es dich nicht erweichen, / *Mögest du den Schmerz verstehen!* / Deiner holden Streng' entflossen / Ist der Gram, der mich gefangen: / Du und ich, wir sind Genossen! / Du, weil er von dir gegangen, / Ich, weil er auf mich ergossen. – / An den Ursprung meiner Klagen / Darum, holde Laura, denke; / Mög' er deiner Strenge sagen, / Mit dem eigenen Geschenke, / *Mitleid nur mit ihm zu tragen!*

S. 325 *28ff. El mas ...:* Denn die ist die reinste Liebe, / Welche still sich selbst genüget, / Ohne weitern Lohn zu heischen. / Lohn auch ist Erwidrung; mühen / Sich nach Lohn, heißt um Gewinn / Lieben; – und aus diesen Gründen / Ist die Liebe nicht vollkommen, / Weil aus Eigennutz sie glühet / Und um Preise dienet. / – – – – / In Furcht und Schweigen / ruht mein Liebesstreben, / Und sicher ist mein / Glück in diesen Banden; / Ich träume – süßer Wahn! – / von ihr verstanden / Mein banges Schweigen, / meines Herzens Beben! / Und treu bewahrt bleibt / mir des Lebens Leben, / Weil meines Glaubens / Träume mir nicht schwanden; / Des Toren! der ein Heil, / das *sie* nur fanden, / Wagt in der Zunge / irre Macht zu geben! – / Denn glücklich, wer den / Preis nicht kann erwerben, / Doch niemals muß um den / verlornen klagen!

S. 328 *26f. auszufenstern:* eigentl. den am Fenster stehenden Geliebten mit Scheltreden zurückweisen.

S. 329 *33ff. Ya estoi ...:* Ich beschloß es; nicht ergeben / Will ich mich dem Wankelmut / Eines Mannes! Weiß ich gleich nicht, / Ob er schon verletzt den Schwur, / Wär's doch Torheit, wenn ich wollte / Überlassen seiner Huld, / Was ich von ihm fordern durfte. – / Hört, Elisabeth, mir zu, / Und verleihe Eure Hoheit / Mir bei meiner Worte Ruf / Gnade und Aufmerksamkeit! / Ihr vernahmet es, mein Mund / Nannt' Elisabeth Euch eben, / Kön'gin nicht, daß, wenn ich nun / Einen Fehltritt Euch gestehe, / Der als Weib mir kam zu Schuld, / Er Euch kleiner mög' erscheinen, / Weil ich nur das Weib gesucht, / Nicht die Fürstin.

S. 332 *23f. Dieser Zug ist vortrefflich:* Vgl. den Beginn der »Emilia«.

S. 333 *3 entschlafen:* eingeschlafen.

S. 335 *23ff. No pudo ...:* Log Blanka nicht, / Daß ihn bände Gattenpflicht? / Nein! das wird sie nicht ersinnen! / Und wie konnt' er sie gewinnen, / Dient' er ihr in Liebe nicht? – / Ja, mit zärtlich-süßem Triebe / Hat er Blanka einst umfangen! – / Doch erstarb nicht sein Verlangen? / Sah ihn denn nicht meine Liebe, / Sorglich, daß sein Heil ihm bliebe, / Seine Lippen fest verschließen, / Durch den Blick sich hell ergießen, / Als ich seine Furcht bezwang?

S. 348 *16 das zweite Stück:* »Athaulfo« 1753.

S. 350 *27 Seneca mit dem Terenz:* das Musterbeispiel der römischen Tragödie mit dem Musterbeispiel der römischen Komödie. – *28f.*

Minotaurus der Pasiphae: Pasiphae, die Gattin des Königs Minos, hatte den Minotaurus von einem Stier empfangen.

S. 351 *10 einer von unsern neuesten Skribenten:* C.M. Wieland in seinem Roman »Agathon« (1766), 12. Buch, 1. Kapitel.

S. 352 *1 barockischen:* zu dieser Zeit noch pejorativ für ›verschnörkelt‹, in den fünfziger Jahren aufgekommenes Modewort. – *10f. gotischen Geschmacke:* ›gothique‹ ist franz. seit dem 16. Jh. abwertend gebraucht für die deutsche Bauweise (und Schrift) des Mittelalters. Nebensinn ›roh, geschmacklos‹ seit dem Anfang des 18. Jh. auch in Deutschland. Bei L. und Wieland deutet sich die Umwertung bereits an, die dann die Geniezeit vollzieht.

S. 353 *10f. Hauptstadt des deutschen Reiches:* Gottscheds ›Bühnenreinigung‹ erfaßte nur Nord- und Mitteldeutschland; in Wien setzten die Reformbestrebungen erst mit Sonnenfels von der Mitte der sechziger Jahre an ein, ohne jedoch die volkstümlichen Possen je ganz verdrängen zu können. Das Scheitern dieser Reformbestrebungen ist zugleich verantwortlich für die Blüte des Wiener Volkstheaters im 19. Jahrhundert wie überhaupt für die Divergenzen der dramatischen Entwicklung in Nord und Süd bis in die Gegenwart. – *36 an den *** kauen:* Gemeint sind wohl anonym erschienene Romane im frivolen ›französischen‹ Geschmack.

S. 354 *27f. Nachahmung der Natur:* Die Formel von der Nachahmung der Natur, eben noch einmal aktualisiert durch die Batteux-Übersetzung Ramlers (1758), ist einer der Angelpunkte der zeitgenössischen Diskussion: Wird Natur überhaupt nachgeahmt oder nur die ›schöne‹ Natur? Ahmt der Künstler *die* Natur nach oder ahmt er *ihr* nach? Bedeutet Nachahmung Wiedergabe eines beliebigen Ausschnitts oder proportionale Verkürzung des Kosmos ...?

S. 357 *23 die Brüder:* Das Lustspiel basiert auf den »Adelphoe« des Terenz nach einem Lustspiel Menanders. Ein Mann erzieht seinen Sohn streng, sein Bruder erzieht seinen Adoptivsohn milde. Streiche des streng Erzogenen werden zunächst aufs Konto des milde Erzogenen gerechnet. Bei Terenz sind die beiden jungen Leute in Wirklichkeit Brüder, der Adoptierte ist der leibliche Sohn des strengen Erziehers. Bei Romanus entfällt die Adoption, beide sind leibliche Söhne der beiden Brüder. Vgl. Stück 96ff. – *33f. Primus ...:* Lactantius Firmianus, »Divinae institutiones«, I, 23: Die erste Stufe der Weisheit ist die Erkenntnis des Falschen.

S. 358 *2 secundus ...:* Der zweite Schritt ist die Erkenntnis des Wahren. – *2 Ein kritischer Schriftsteller:* Es gibt kaum eine bessere Charakteristik für Lessings kritische Methode. – *13ff. Solet Aristoteles ...:* Aristoteles pflegt in seinen Büchern Streit zu suchen. Und das tut er nicht leichtfertig und aus äußerem Anlaß, sondern auf Grund kluger Abwägung und Überlegung; denn wenn er erst die Meinungen der anderen gestürzt hat usw. – *20 sagt der Herr von Voltaire:* in seiner Molière-Biographie.

S. 359 *6f. aus der Klasse bei den Jesuiten:* den Terenz also überhaupt nicht gelesen habe, da dieser zur verbotenen Lektüre gehörte. – *28ff. Servatur ...:* in seinem Terenz-Kommentar: Durch das ganze Stück bleibt Micio sanft, Damea wild, der Kuppler habsüchtig usw.

S. 360 *29f. Nam ego ...:* Denn ich gebe das strenge Leben auf, das ich seither geführt habe, obwohl ich meine Bahn schon fast bis ans Ende durchlaufen habe. – *31ff.* MI. *Quid ...:* V, 9, 27-34: MICIO: Was ist's? Was änderte so plötzlich den Charakter dir? / Woher die gute Laune, diese plötzliche Freigebigkeit? DEMEA: Ich will es dir sagen: / Zu zeigen, daß man dich für nett und liebenswürdig hält, / Nicht weil du aufrichtig, gerecht und gut, / Sondern weil zu allem ja du sagst, nachgibst und schenkest, Micio. / Ist euch nun deshalb meine Art zuwider, Äschinus, / Weil ich nicht alles, Recht und Unrecht, billige, / So lass' ich's laufen: Verschwendet, kauft; tut, was Ihr wollt!

S. 361 *1f. Hic ...:* Hier zeigt Terenz, daß Demea eher geänderte Sitten vorgibt, nicht hingegen sie wirklich geändert hat.

S. 362 *29ff. Videtur ...:* Er scheint etwas schneller wieder abgekühlt als es der freilich auch ungewisse Stand der Dinge erfordert. Aber auch dies ist ein menschliches Verhalten: denn wer zu Recht zürnt, läßt schnell die Wut fahren, um schleunigst zu Überlegungen überzugehen.

S. 363 *12ff. non ...:* Man soll nicht auf das sehen, was gesagt wird, sondern auf die Gesten, mit denen es gesagt wird: und dann wird man erkennen, daß Demea weder seinen Zorn unterdrückt hat noch schon wieder bei sich selbst ist.

S. 365 *3 stoppeln:* Halme lesen. – *13f. Hoc ...:* Dieses Wort spricht Demea mit einer solchen Miene aus, daß er wider Willen gelächelt zu haben scheint. Aber dann sagt er: Ich fühl' es mit bitterer und ernster Miene.

S. 366 *24 Die Dacier:* Anne Daciers Terenz-Übersetzung erschien 1688. – *26 deutsche:* (Übersetzung) von Joh. Samuel Patzke.

S. 368 *27 der unvermutete Ausgang:* Das Stück wurde erst am 28.7. gespielt. »Le dénoument imprévu«, 1727.

S. 370 *13f. Richard der Dritte:* 1759, 1765 umgearbeitet. Weiße sagt im Vorwort über das Verhältnis seines Dramas zum Shakespeareschen, er habe sein Drama beendet, ehe er »das Englische gelesen«. – *30f. dem Herkules ...:* Diese Aussage wird Vergil zugeschrieben, der sich damit gegen den Vorwurf gewehrt haben soll, er habe den Homer plagiiert.

S. 371 *1 Camera obscura:* optisches Hilfsmittel für Maler, das, wie ein Photoapparat, Gegenstände auf eine Fläche projiziert.

S. 372 *33f. Schmids Zusätzen ...:* Christian Heinrich Schmid »Theorie der Poesie« 1767, »Zusätze« 1767-1769.

S. 374 *17f. Mitleid und Furcht:* Bis dahin verwendet L. in der »Dramaturgie« ebenfalls den Begriff »Schrecken«. – *38 Hr. S.:* Christian Ernst Schenks »Komisches Theater« erschien 1759 anonym in Breslau.

S. 376 *1f. Empfindungen:* in der »Rhapsodie oder Zusätze zu den Briefen über die Empfindungen«, die erst 1761 in den »Philosophischen Schriften« enthalten ist, während die »Briefe« selbst 1755 erstmals erschienen waren.

S. 378 *9 den Dacierschen:* s.o. zu S. 202. – *13 Bücher der Rhetorik und Moral:* »Rhetorik« in drei Büchern und die »Nikomachische Ethik« in 10 Büchern. – *31 Stagirit:* s.o. zu S. 258.

S. 379 *32f. Ὡς δ' ἁπλῶς ...:* die Portusstelle: Um es einfach zu sagen: Furchtbar ist, was, wenn es in anderer Gewalt kommt oder zu kommen droht, Mitleid erweckt. – L.s Korrektur: [...] was, wenn es anderen zustößt oder zuzustoßen droht [...].

S. 380 *18f. kommentieren:* Corneilles drei »Discours«, s.o. zu S. 236. – *33f. Je hazarderai ...:* Ich wage es, auf Grund meiner fünfzigjährigen Arbeit für das Theater etwas darüber zu sagen. (»Melite« stammt aus dem Jahre 1629.)

S. 381 *1 Prusias:* im »Nicomède«. – *2 Phokas:* im »Heraclius«. – *2 Kleopatra:* in der »Rodogune«.

S. 382 *28 disjunktive Partikeln:* trennende Wörter.

S. 384 *28 »was Vergnügen machen kann«:* so die Übersetzung von Curtius, 1753. Auch L.s eigene Deutung als »mitleidige Empfindung« mit dem leidenden Bösewicht ist umstritten. – *29 Goulston:* in seiner kommentierten lateinischen Übersetzung von 1623.

S. 385 *13 der Verfasser ...:* Mendelssohn, 1755.

S. 387 *31ff. »Die Tragödie ...«:* Bei Aristoteles lautet der Satz: Ἔστιν οὖν τραγῳδία μίμησις πράξεως σπουδαίας καὶ τελείας, μέγεθος ἐχούσης, ἡδυσμένῳ λόγῳ, χωρίς ἑκάστου τῶν εἰδῶν ἐν τοῖς μορίοις, δρώντων καὶ οὐ δι' ἀπαγγελίας, δι' ἐλέου καὶ φόβου περαίνουσα τὴν τῶν τοιούτων παθημάτων κάθαρσιν. – Moderne Übersetzung: »Die Tragödie ist die Nachahmung einer edlen und abgeschlossenen Handlung von einer bestimmten Größe in gewählter Rede, derart, daß jede Form solcher Rede in gesonderten Teilen erscheint und daß gehandelt und nicht berichtet wird und daß mit Hilfe von Mitleid und Furcht eine Reinigung von eben derartigen Affekten bewerkstelligt wird.« (Olof Gigon 1961)

S. 389 *7 den moralischen Endzweck:* Der »Katharsis«-Begriff ist nicht endgültig geklärt. Im wesentlichen haben sich vier Deutungsgruppen gebildet: 1) Reinigung (purgatio) als Abhärtung oder Abschrekkung gegenüber den Leidenschaften; 2) Sühnung (lustratio oder expiatio) in einem neuplatonisch bestimmten religiösen Sinn; 3) Heilung in einem medizinischen Sinne nach Art homöopathischer Verfahren; 4) Ausgleichung, geradezu Versöhnung, vor allem bei Goethe. – *29 Windmühlen in Riesen:* bei Don Quijote von Cervantes. – *31 Sancho:* Sancho Pansa ist Don Quijotes ›erdennaher‹ Begleiter. – *34ff. Επει ...:* Weil nur die in der Nähe erscheinenden Leiden Mitleid erregen, solche aber, die man etwa nach tausend Jahren erwartet, oder deren man sich tausend Jahre nachher erinnert, entweder gar kein oder nur wenig Mitleid finden, so ist es nötig, daß die Darsteller durch ihre Gebärden, ihre Stimme, ihre Kleidung und überhaupt durch ihr Spiel das Mitleid unmittelbar erregen.

S. 390 *1f. Των τοιουτων παθηματων:* Außerdem besteht die Frage, um welche Art Genitiv es sich handelt: genitivus subjectivus (»Reinigung *durch*, vermittels der Leidenschaften«), genitivus objectivus (»Reinigung *der* Leidenschaften«) oder genitivus separativus (»Reinigung *von* den Leidenschaften«). Während Lessing die erste und die zweite Möglichkeit kombiniert, neigen neuere Deuter der dritten Möglichkeit zu. – *27f. Bessern sollen uns ...:* Gerade diese Stelle zeigt, wie sehr L. noch der Wirkungsästhetik seiner Zeit verhaftet ist.

S. 393 *34 Stoiker:* in Marc Aurels »Meditationen«, die von Dacier zitiert werden. – *34 Apathie:* stoische Maxime, die durch Abtötung der Leidenschaften das Leiden überwinden will.

S. 394 *22f. Verwandlung der Leidenschaften ...:* L. folgt hier den Vorstellungen von Daniel Heinsius (»De tragoedia constitutione«, 1611).

S. 395 *10f. Gedichte:* in dieser Zeit jede Dichtung.

S. 396 *18 νεμεσις, νεμεσαν:* Substantiv und Verbum aus dem Bedeutungsumkreis Entrüstung, verletztes Rechtsgefühl.

S. 397 *26ff. das Ganze ...:* vgl. auch S. 192. Der Gedanke stammt aus der Welt Leibniz', wobei die Schweizer Bodmer und Breitinger als Vermittler anzusehen sind. L. geht es darum, die ›poetische Wahrheit‹ der ›philosophischen Wahrheit‹ zu unterstellen, den Poeten also nicht etwa zu entfesseln, sondern ihn auf die intellektuell-moralische Erkenntnis zu verpflichten. – *37 bekleiben:* haften bleiben.

S. 399 *32 vertan:* vollbracht.

S. 401 *21 der Herr von Voltaire:* »Des divers changements arrivés à l'art tragique«. – *34 »Sir Politik Wouldbe«:* 1662, Figur des Möchtegern-Politikers. – *35 die Opern:* Opernsatire, von Gottsched, dessen eigenen Intentionen die Tendenz des Stückes entspricht, und seiner Gattin übersetzt.

S. 402 *14f. Cyrus ... Clelie:* Umfangreiche Schlüsselromane der Madeleine de Scudéry (»Artamène ou le Grand Cyrus«, 1649-1653; »Clélie, histoire romaine«, 1654-1660). – *17f. Sertorius ... Otho ... Surena ... Attila:* späte Tragödien Corneilles aus den sechziger Jahren, wenig erfolgreich.

S. 403 4 *Fat:* Geck. – *14 der Philosoph:* Aristoteles im 14. Kapitel der »Poetik«. – *14 Gesicht:* mittels des Gesichtssinnes durch das Bühnenbild.

S. 404 *23 volatile:* unstet. – *26ff. Some have ...:* Einige haben behauptet, daß schöne Dekorationen ein Beweis für den Verfall der Schauspielkunst seien. – Unter der Regierung Karls I. gab es nichts anderes als einen Vorhang von sehr grobem Stoffe, bei dessen Aufgehen die Bühne entweder dürftige, mit rauhen Matten versehene Seitenwände zeigte oder mit Teppichen behangen war; so daß für die ursprüngliche Herrichtung des Raumes und alle späteren Verwandlungen, in denen sich die Dichter dieser Zeiten so große Freiheiten erlaubten, nichts da war, dem Verständnisse des Zuschauers nachzuhelfen oder die Darstellung des Schauspielers zu unterstützen, als die bloße Phantasie. – Geist und Scharfsinn der Schauspieler machten alle Mängel wett und ließen, wie einige behaupteten, die Stücke ohne Dekorationen verständlicher werden, als sie später mit Dekorationen waren. (Tatsächlich war bei der Shakespeare-Bühne nur die Vorderbühne dekorationslos.)

S. 405 2 *Bouhours:* Dominique Bouhours gewann in Deutschland nahezu sprichwörtliche Berühmtheit, nachdem er in den »Entretiens d'Ariste et d'Eugene« (»Unterredungen [...]«, 1671) den Deutschen jedweden »esprit« abgesprochen hatte. Der Streit flammte erneut auf, als Mauvillon 1740 die Behauptung wiederholte. – *10 Braß:* Plunder.

S. 406 *30f. quelque ...:* eine gewisse Abschwächung, eine günstige Interpretation.

S. 407 2 *Corneille sagt:* im zweiten »Discours«. – *6 Rodrigue ... Chimene:* Hauptfiguren des »Cid«, s.o. zu S. 286. – *9 Cleopatra ...:* s.o. S. 163 ff.

S. 410 *20ff. En voici ...:* Da hat man zwei oder drei Arten der Tragödie, die Aristoteles vielleicht nicht voraussehen konnte, denn auf der Bühne seiner Zeit gab es keine Beispiele davon.

S. 411 *31 unentschlossenen Charaktere:* vgl. jedoch den Typus des bürgerl. Trauerspieles, wo im 18. Jh. (auch in L.s »Sara«) regelmäßig die schwachen, unentschlossenen Charaktere das Unglück verursachen.

S. 413 *15 Britannicus:* Tragödie von Racine.

S. 414 *11 Proäresis:* Vorsatz, Absicht, ›freier‹ Wille. – *15 f. syllogistische Folge:* Folge der logischen Schlüsse. – *18 andere Gelegenheit:* L. hatte die Absicht, selbst einen Aristoteles-Kommentar zu verfassen. – *36 Lügner:* »Le Menteur«, 1643, Verskomödie von Corneille, nach spanischem Vorbild, höfisch-zivilisierter Nachfahre des ›miles gloriosus‹ (s. o. zu S. 125, *36 f.*).

S. 415 *25 Le Bossu:* »Traité du poème épique«, 1675.

S. 416 *3 Herzog Michel:* Der Dorfbursche Michel hat eine Nachtigall gefangen und wird hoffärtig, weil er durch sie zu einem großen Herrn werden will. Als es darob zum Streit mit seinem Mädchen Hanne kommt, fliegt die Nachtigall davon. – *7 f. Bremischen Beiträgen:* Die in Bremen erschienenen »Beiträge zum Vergnügen des Verstandes und des Witzes« brachten diese Erzählung von Joh. Adolf Schlegel (die wieder auf einer Fabel von Lafontaine basiert): »Das ausgerechnete Glück«. – *12 f. Kandidaten:* Johann Christian Krügers Komödien (»Die Geistlichen auf dem Lande«, 1734: betrügerische Geistliche contra naive Christin, bald nach Erscheinen konfisziert; »Der blinde Ehemann«, 1747; »Die Candidaten«, 1748: Satire auf Ämterpatronage) bieten frühe Beispiele einer relativ harten Gesellschaftskritik in Deutschland. – *23 Die Frau, die Recht hat:* »La femme qui a raison« in der dreiaktigen Fassung, davor 1749 eine einaktige Fassung. Daru weilt seit zwölf Jahren geschäftlich in Indien. Der Marquis d'Outremont bewirbt sich um seine Tochter Erise, sein Sohn Damis will die Schwester des Marquis heiraten. Daru jedoch hat bestimmt, daß die Kinder die Kinder seines Korrespondenten Gripon heiraten. Als er schließlich zurückkommt, ist sein Plan fehlgeschlagen, seine Frau hat bereits die ›Richtigen‹ miteinander verheiratet. (In Wirklichkeit wurde am 23. Juli die »Frauenschule« gegeben, die beiden genannten Stücke erst am 31. Juli.) – *28 Marins und Le Brets:* Dutzend-Autoren der Zeit.

S. 417 *3 f. mot pour rire:* Stichwort für das Lachen des Publikums. – *6 f. der sehende Blinde:* De Brosses Lustspiel »L'Aveugle de famille« von 1650.

S. 418 *11 der Hausvater:* »Comédie sérieuse« von Denis Diderot (1760), von L. übersetzt, Prototyp der Hausvater-Dramatik des 18. Jh.: Der Hausvater verbietet, um die ständische Ordnung zu wahren, dem Sohn die Liebe zur tugendsamen, aber armen Sophie. Versöhnliches Ende, da sich erweist, daß auch Sophie von Stande ist.

S. 419 *3 Les Bijoux indiscrets:* »Die geschwätzigen Kleinode« von 1748, Satire in orientalischer Maske auf französische Verhältnisse. – *35 ff. »Ich glaube ...«:* 38. Kapitel.

S. 420 *4 f. »Tamerlan ...«:* in dieser Partie eine Reihe verschlüsselter Anspielungen zur Literatur.

S. 426 9 *Theriak:* Universalheilmittel. – 10 *Palissots:* Palissot de Montenay (1730-1814), Gegner der franz. Aufklärungsphilosophie. – 11 f. *natürlichen Sohne:* Ernste Komödie von Denis Diderot, ersch. 1757, von L. übers.: Dorval und Clairville lieben Rosalie, überbieten einander im Verzicht. Rosalies Vater kehrt aus Amerika zurück und erkennt in Dorval seinen natürlichen Sohn und damit Rosalies Halbbruder. Am Ende Doppelhochzeit.

S. 427 36 ff. *Eh! mon ...:* Ach, mein armer Marquis, wir werden ihm (Molière) immer genug Stoff bieten, und werden kaum klüger werden durch all das, was er tut und sagt. Glaubst du, daß er in seinen Komödien alle menschlichen Lächerlichkeiten erschöpft hat? Um nur beim Hofe zu bleiben; hat er dort nicht mehr als ein Dutzend Charaktertypen, die er sich noch nicht vorgenommen hat? Hat er nicht zum Beispiel die Leute, die sich die größten Liebenswürdigkeiten der Welt sagen und die, kaum haben sie den Rücken gekehrt, sich ein Vergnügen daraus machen, den andern zu schmähen? Hat er nicht jene überschwenglichen Schmeichler, jene seichten Lobhudler, die die Lobeserhebungen, die sie verteilen, nicht mit einem Körnchen Salz zu würzen verstehen und deren Schmeicheleien einen faden Geruch haben, wovon dem Zuhörer übel wird? Hat er nicht jene feigen Hofschranzen, jene niederträchtigen Erfolgsjäger, die einen im Glück beweihräuchern und im Unglück mit Füßen treten? Hat er nicht jene mit dem Hof ewig Unzufriedenen, die unnützen Anhängsel, die unbequemen Vielgeschäftigen; den ganzen Troß meine ich, der statt wirklicher Dienste nur Belästigungen zu bieten hat und der dafür, daß er dem Fürsten zehn Jahre lang zugesetzt hat, eine Belohnung haben will? Hat er nicht die Leute, die aller Welt schmeicheln, die ihre Liebenswürdigkeiten nach rechts und links ausstreuen und die jeden, den sie nur sehen, mit den gleichen Umarmungen und den gleichen Freundschaftsbeteuerungen überfallen? – – Laßt es gut sein, Marquis, Molière wird immer mehr Stoff haben, als er braucht, und alles, was er bisher gebracht hat, ist nur eine Kleinigkeit gegen das, was noch übrig bleibt.

S. 429 30 *Seekarten:* Metapher für die theoretischen Schriften. – 34 *Brüdern:* s. o. zu S. 357, 23.

S. 431 20 *Ring:* Vergleich aus dem Ringstechen, einer populären Umbildung ritterlicher Turnierspiele (vgl. das Gedicht »Auf ein Karussell«, Bd. 1, S. 145).

S. 432 29 *Heautontimorumenos:* »Selbstquäler«, Komödie des Terenz nach Menander.

S. 433 12 *Duplex ...:* Eine doppelte Komödie, die aus einer einfachen Fabel gemacht ist. – 15 ff. *Coleman:* Terenz wollte nur sagen, daß er die Charaktere verdoppelt habe; statt nur eines alten Mannes, nur eines jungen Gecken, nur einer Geliebten, wie bei Menander, hat er zwei alte Männer etc. Deshalb fügt er sehr korrekt hinzu: ich zeigte, daß die Komödie neu sei, – was er gewiß nicht gesagt hätte, wenn die Charaktere beim griechischen Dichter dieselben gewesen wären. *Barlandus:* wegen der (beiden) Greise und Jünglinge; *Glossa interlinearis* (zwischen den Zeilen stehende Anmerkung): denn in dieser lateinischen Komödie sind zwei Greise, und ebenso zwei Jünglinge. Scaliger hatte gemutmaßt, die Formulierung leite sich daher, daß die ersten beiden Akte morgens, die anderen drei abends spielen. Eugraphius meinte: ein und dieselbe Fabel sei zweimal, nämlich eben griechisch und lateinisch bearbeitet worden. Erste Veränderungsmöglichkeit: Eine doppelte Komödie, die aus einer doppelten Fabel gemacht ist; zweite: Eine einfache Komödie, die aus einer doppelten Fabel gemacht ist; dritte: Eine einfache Komödie, die aus einer einfachen Fabel gemacht ist. Der Zusammenhang: Ich will heute eine vollständige Komödie aufführen, die aus einer vollständigen griechischen Komödie gemacht wurde, den Heautontimorumenos: Eine einfache ... Der Vorwurf: Viele griechische Komödien zusammengeschnippelt zu haben, um wenige lateinische daraus zu machen. Die Rechtfertigung: Er leugnet nicht, das getan zu haben und sich dessen nicht zu schämen, und er erklärt, daß es auch fernerhin geschehen wird. Er hat das Beispiel großer Dichter: daraus glaubt er, tun zu dürfen, was diese getan haben. Die Aedilen waren die römischen Aufseher der öffentlichen Spiele: Ich habe bei den Aedilen dargelegt, daß es neu sei, und von welcher Art es sei.

S. 434 *2 f. ὦ Μενανδρε ...:* O Menander und Leben, wer von euch beiden ahmt den anderen nach? (Ausspruch des Grammatikers Aristophanes von Byzanz).

S. 435 *4 Horaz:* L. zitiert hier nach Diderots Zitat.

S. 437 *23 ff. Haec ...:* Dies alles, das sie für richtig, wahr und billig halten, tun sie im Schmerz; und besonders wird erklärt, dies geschähe gleichsam nach dem Spruch der Pflicht, weil die, welche traurig sein wollten, sich, wenn sie etwas zu freundlich getan oder zu heiter gesprochen haben, wiederum zur Traurigkeit zurückrufen und sich der Sünde beschuldigen, den Schmerz unterbrochen zu haben. Mütter und Lehrer pflegen ebenso die Kinder zu züchtigen nicht nur mit Worten, sondern auch mit Schlägen, wenn sie in einem Trauerhause zu Fröhliches tun oder sagen: sie zwingen sie zum Wehklagen. – Was tat anders jene Gestalt aus Terenz, die sich selbst strafte? usw.

S. 439 *3 insulierten:* isoliert. – *27 ernsthaften Gattung:* Gemeint ist damit nicht die Tragödie, sondern die ›ernste Komödie‹.

S. 440 *17 Assertion:* Behauptung.

S. 441 *36 Blume des Agathon:* Die Tragödie ist verloren. Der von

Aristoteles hier beschriebene Tragödientypus ist auch sonst nicht repräsentiert und deshalb nicht rekonstruierbar.

S. 443 *16f. oder Notwendigkeit:* Diese Worte fehlen bei Curtius. – *35ff. Aristote ...:* Aristoteles kommt hier einem Einwand zuvor, den man ihm wegen der Definition machen kann, die er vom Allgemeinen gegeben hat: Denn die Ignoranten hätten ihm gewiß gesagt, daß z.B. Homer nicht eine allgemeine, sondern eine besondere Handlung darstellen will, weil er erzählt, was bestimmte Personen wie Achilles, Agamemnon, Odysseus usw. getan haben, und daß infolgedessen kein Unterschied bestehe zwischen Homer und einem Geschichtsschreiber, der die Taten des Achilles beschreibt. Der Philosoph tritt diesem Einwand entgegen, indem er zeigt, daß die Dichter, also die Verfasser einer Tragödie oder eines Epos, auch wenn sie ihren Figuren Namen geben, keineswegs daran denken, sie wie in Wirklichkeit sprechen zu lassen, was sie doch tun müßten, wenn sie die besonderen und wahren Handlungen eines bestimmten Menschen namens Achill oder Ödipus beschrieben, – sondern sie vielmehr gemäß der Notwendigkeit und Wahrscheinlichkeit sprechen und handeln lassen, d.h. sie das sagen und tun lassen, was Menschen ebendesselben Charakters in ebenderselben Situation sagen und tun müssen, sei's mit Notwendigkeit, sei's zumindest nach den Regeln der Wahrscheinlichkeit; dies beweist unwiderleglich, daß es allgemeine Handlungen sind.

S. 445 *38ff. Donatus:* in seinem Terenz-Kommentar: Die Namen der Figuren zumindest in den Komödien müssen ihren Grund und ihre Bedeutung haben. Denn es ist widersinnig, daß der Komödiendichter, der doch seinen Stoff frei erfindet, der Figur einen unpassenden Namen oder eine vom Namen unterschiedene Aufgabe beilegt. Daher heißt der treue Sklave Parmeno [von griech. ausharren], der untreue Syrus oder Geta [Syrer und Goten sprichwörtlich für Untreue], der Soldat Thraso [der Mutige] oder Polemon [der Krieger], der Junge Pamphilus [›All-Lieb‹], die Matrone Myrrhina [von Myrthe], und der junge Mann von seinem Parfum Storax [wohlriechendes Harz] oder vom Spiel und von der Gestikulation Circus: und dergleichen mehr. Der größte Fehler des Poeten ist hierbei, wenn er den Figuren geradezu widersprechende Namen beilegt, – es sei denn, daß er die Sprachwendung der Antiphrasis [Widerspruch] bewußt zum Scherz bei der Namengebung anwendet, wie etwa der Wucherer beim Plautus »Geldhasser« genannt wird. (Zur Verwendung sprechender Namen in der deutschen Komödie der Zeit s.o. zu S. 70, 27.)

S. 447 *28 Hurd:* Hurds Aufsatz im Anhang zu seinem Kommentar der Horazischen »Poetik« (1749). – *30ff. From the ...:* Man sieht aus der hier gegebenen Erklärung der Komödie, daß die Idee von dieser

Schauspielart gegen das, was sie zu den Zeiten des Aristoteles war, ungemein erweitert ist, der sie »eine Nachahmung leichter und unerheblicher Handlungen« nennt, »wodurch das Lachen erregt wird«. Er nahm diesen Begriff von dem Zustande und dem Gebrauche des athenischen Theaters her, d.h. von der *alten* oder *mittleren* Komödie, welche dieser Beschreibung entspricht. Die große Veränderung, welche durch die Einführung der *neuen* Komödie mit diesem Drama vorging, war späteren Ursprungs (nach Eschenburg, 1772). – Es wird unterschieden die ›alte‹ Komödie, in der bestimmte Personen der Wirklichkeit auf die Bühne gebracht werden durften (z.B. Sokrates in den »Wolken« des Aristophanes), die ›mittlere‹, gattungsgeschichtlich schwer zu fassen und eher negativ bestimmt durch das Verbot aktueller Anspielungen und das Zurücktreten des phallischen Elements, und die ›neue‹, für die vor allem Menander repräsentativ ist (dessen Komödien verloren sind, aber in den Bearbeitungen von Plautus und Terenz greifbar werden).

S. 448 *10ff. Ἴδοι ...:* Man kann dies aus den alten und den neuen Komödien ersehen. In den einen nämlich bestand das Lächerliche in Zotenreißerei, bei den anderen in Andeutungen. – *27ff. Κωκαλον ...:* griech. Grammatiker: Den »Kokalos« [nicht erhalten], in welchem er Verführung und Wiedererkennung einführte und alles andere, worin Menander ihm nacheiferte.

S. 449 *5 Sokrates:* in den »Wolken«. – *12 sich der Vergleichung Preis geben:* in einer Anekdote des spätrömischen Historikers Claudius Aelianus. – *26 Margites:* ein Spottgedicht, das dem Homer zugeschrieben wurde; von μάργης = rasend. – *26f. ὀυ ψογον ...:* nicht das Schändliche, sondern das Lächerliche dramatisch darstellend.

S. 450 *7ff. Cratinus ...:* der zuerst das Anmutige der Komödie um das Nützliche ergänzte, indem er sich die Übeltäter vornahm und sie mit der Komödie als einer öffentlichen Geißel züchtigte. – *14ff. Ουκ ἰδιωτας ...:* Nicht den kleinen Mann oder Frauen in den Komödien bloßstellend, griff er vielmehr in herakleischem Zorne die Größten an. – *22ff. Aristote ...:* Aristoteles konnte nicht sagen wollen, daß Epicharmos und Phoris die Fabeln ihrer Stücke erfanden, da sie einer wie der andere Poeten der alten Komödie waren, in der die Stoffe nicht erfunden wurden, und da solche erfundene Abenteuer erst zur Zeit Alexanders des Großen, also in der neuen Komödie auf die Bühne gebracht wurden. – *37f. ὁτι ...:* daß es für den Poeten wichtiger sei, eine Fabel zu machen als zu versifizieren.

S. 451 *23f. καϑολου ...:* Reden und Fabeln von allgemeinem Charakter. – *27f. Kleon und Hyperbulos:* Demagogen aus der Zeit des Peloponnesischen Krieges, die Aristophanes in den »Wolken« verspottete. – *32ff. μητε λογῳ ...:* »Nomoi«, 11: weder durch ein Wort noch durch ein Bild, weder mit noch ohne Haß auf irgendeine Weise irgendeinen der Bürger lächerlich zu machen. – In den Fragmenten der Komödie »Orge« des Menander wird Ktesippos angegriffen, der die Steine vom Grabmal seines Vaters verkaufte.

S. 453 *12 Übersetzungen:* Die Hurd-Übersetzung von Eschenburg, 1772, wird L.s im Folgenden gegebene Übersetzung einiger Partien benutzen.

S. 454 *13 Racines ›Nero‹:* in dessen »Britannicus«.

S. 455 *32ff. Respicere ...:* Wer klüglich bilden will, der schaue die Natur und Art der Menschen an, und folge dieser Spur. (Gottsched)

S. 456 *23 Plautus:* in seiner Komödie »Aulularia«.

S. 457 *19 Apollodorus:* Der Bildhauer Apollodor soll häufig eigene Werke zertrümmert haben, weil sie ihm nicht genügten, und dies hat Silanion in einem ehernen Bild festgehalten. – *31 Metamorphosis:* Verwandlung.

S. 458 *7 Le Bruns Buch:* »Discours sur les expressions des passions de l'âme« (»Abhandlung über den Ausdruck der seelischen Leidenschaften«), 1698, von dem Hofmaler Le Brun. – *9 Theophrasts:* Die »Characteres« dieses griechischen Philosophen – teilweise vermittelt über La Bruyère – von großem Einfluß auf die Charakter-Typologie der Zeit. – *22 Humor:* Humor steht in dieser Zeit noch der alten Bedeutung ›individuelle Mischung der Körpersäfte‹ näher. – *29ff. As when ...:* Wenn irgendeine besondere Eigenschaft einen Mann derart prägt, daß sie alle seine Leidenschaften, seine Geister und seine Kräfte in ihre Richtung lenkt, dann kann man das fürwahr als Humor bezeichnen. Aber daß ein Gauner durch das Tragen einer Feder, eines Stricks als Hutband oder einer dreifach gefältelten Halskrause, einer ellenbreiten Schuhschlaufe oder eines Schweizer Knotens an seinen französischen Strumpfbändern Humor bezeugen soll! – das ist wahrhaftig aufs allerhöchste lächerlich.

S. 459 *37f. καϑ' ἕκαϛον:* aufs Individuelle bezogen.

S. 461 *24f. ad ...:* der Wahrheit des Lebens sich anzunähern.

S. 462 *33ff. Nec enim ...:* Denn als Phidias die Gestalt des Jupiter oder der Minerva bildete, da betrachtete er nicht jemanden, aus dem er dann die Ähnlichkeit ableitete, als Modell: vielmehr ruhte der Anblick einer außergewöhnlichen Schönheit in seinem eigenen Geist, und an deren Schau orientiert leitete er Kunst und Hand an, ihr Ähnliches zu bilden.

S. 463 *11f. ἡ μεν ...:* Denn die Poesie spricht mehr vom Allgemeinen, die Geschichtsschreibung hingegen vom Besonderen.

S. 469 *37 Fermenta cognitionis:* Treibmittel, Sauerteig der Erkenntnis.

S. 470 *3 Den zwei und fünfzigsten Abend:* Die Wiederholung der »Brüder« fand nicht am 28. 7., sondern am 11. 8. statt. – *7ff. Hanc ...:* Es heißt, dieses Stück sei als zweites aufgeführt worden, weil damals der Name des Dichters noch nicht berühmt war: daher sei es auch als ›die Brüder des Terenz‹ und nicht als ›des Terenz Brüder‹ angekündigt worden, weil bis dahin eher der Name des Autors von der Fabel als die Fabel vom Namen des Autors empfohlen wurde. – *12f. herausgegeben:* Sammelausgabe 1761.

S. 471 *3 polierten:* gesittet. – *36 Επιτ. ...:* »Auszug des Vergleichs zwischen Aristophanes und Menander«.

S. 472 *6ff. »Genie! Genie! ...«:* L. war voller Skepsis gegenüber dem heraufziehenden Genie-Wesen des ›Sturm und Drang‹. Die folgende harte Attacke meint jedoch speziell die Verlautbarungen in der »Deutschen Bibliothek der schönen Wissenschaften« des alten Widersachers Klotz, die eine Kritik des ersten Bandes der »Dramaturgie« gebracht hatte.

S. 473 *1ff. »Unser Theater ...«:* Zitate aus der »Deutschen Bibliothek«; s. o.

S. 474 *11 sagt Pope:* bei Hurd als von Pope stammend zitiert, jedoch von Warburton.

S. 476 *8 Perserinnen:* richtig: Perser.

S. 477 *9 Schule der Väter:* Untertitel des Stückes. – *14 Pater ...:* Vater zu sein lerne von jenen, die es wirklich zu sein wissen.

S. 478 *21f. nam ...:* Denn für beide sorgen bedeutet fast, den zurückfordern, den du mir gegeben hast.

S. 479 *22ff. Illius ...:* Durch sein Bemühen lebe ich jetzt. Das freundschaftliche Herz, das meinem Wohl alles Seine hintansetzte: Schmähungen, bösen Ruf, meine Liebe und Sünde nahm es auf sich.

S. 480 *33ff.* AE. *Hoc ...:* AE.: Das schmerzt mich, daß wir es beinahe zu spät erfahren haben: und daß es beinahe dahin gekommen wäre, daß wir dir beim besten Willen nicht mehr hätten helfen können. CL.: Ich schämte mich. AE.: Ach, das ist Torheit, nicht Scham, wegen solch einer Kleinigkeit beinahe aus dem Vaterland zu fliehen: es ist eine Schande. Ich bitte die Götter, daß sie so etwas verhindern.

S. 481 *1f. Argentum ...:* Er zählte sogleich das Geld hin: Und darüber hinaus gab er noch eine halbe Mine als Trinkgeld. – *16 emanzipierenden:* im alten Sinne: sich aus der (Schutz-)Herrschaft des Familienoberhauptes begeben.

S. 482 *24ff. utinam ...:* Möchte er doch – und zwar mit bester Gesundheit – sich so ermüden, daß er diese drei Tage nicht aus dem Bett aufsteht.

S. 483 *3ff. Rogabit ...:* Er wird mich fragen, wo ich gewesen bin, denn ich habe ihn heut den ganzen Tag noch nicht gesehen. Was soll ich sagen? SY.: Fällt dir nichts ein? CT.: Überhaupt nichts. SY.: Desto liederlicher! Hast du keinen Klienten, keinen Freund, keinen Gast? CT.: Durchaus; aber weshalb? SY.: Von so einem mußt du in Anspruch genommen worden sein! CT.: Und wenn ich nicht in Anspruch genommen worden bin? So geht's nicht!

S. 484 36 *Quod ...:* Was soll diese Liebhaberei? Was ist das für eine plötzliche Freigebigkeit?

S. 485 3 *obseçundare ...:* Am rechten Orte Nachsicht üben. – 8 *Diphilus:* Vertreter der ›neuen‹ Komödie, aus dessen »Synapothneskontes«. – *13ff. Synapothnescontes ...:* »Die Miteinandersterbenden« heißt eine Komödie des Diphilos ... Im Griechischen ist es ein Jüngling, der zu Beginn des Stückes einem Kuppler eine Dirne entreißt ... Diese Stelle hat der Poet sich in den ›Brüdern‹ angeeignet. – *27f. Menander ...:* Menander hat erfunden, daß er sterben, Terenz, daß er fliehen habe wollen. – *31ff. Videat ...:* Der aufmerksame Leser möge sehen, ob nicht statt Menander Diphilos zu lesen sei. Gewiß ist entweder die ganze Komödie, die hier behandelt wird, oder ein Teil ihres Inhalts, wörtlich aus dem Diphilos übersetzt. – Da beim Diphilos die Komödie den Namen vom Miteinandersterben hat und dort gesagt wird, daß ein Jüngling habe sterben wollen, was Terenz in ›fliehen‹ geändert hat: so werde ich letztlich dahin geführt, anzunehmen, daß diese Veränderung dem Diphilos, nicht dem Menander entlehnt wurde, und daß von jenem Wunsche des gemeinsamen Sterbens mit einem Mädchen dem Stück der Name »Synapothneskontes« gegeben wurde.

S. 486 *20ff. Nam ...:* Denn ich übergehe das, was vorher geschehen ist: aber was hat er ausgefressen? – – Türen hat er eingeschlagen, und in ein fremdes Haus ist er eingedrungen – – Alle schreien, es sei eine höchst unwürdige Affäre. Wie viele haben es mir bei meiner Ankunft erzählt? Es ist in aller Munde.

S. 491 13 *ἑυρητικως:* aus eigener Erfindung. – 37 *Deponens:* passive Verbform mit aktiver Bedeutung.

S. 492 20 *Dodsley und Compagnie:* Der Leipziger Engelbert Benjamin Schwickert hatte unter Mißbrauch des Namens der angesehenen Londoner Buchhändlerfirma Dodsley und Compagnie einen Raubdruck der »Dramaturgie« veranstaltet.

S. 493 1 *Poeta ...:* Prolog von Terenz' »Andria«: Als es den Dichter zum Schreiben drängte. – *9ff. Ich stand ...:* Matth. 20, 3-7.

S. 494 *28ff. An opinion ...:* Leben und Meinungen des Tristram Shandy«, Bd. 5, S. 74: Eine Meinung, durch die John de la Casa, Erzbischof von Benevent, geängstigt wurde – diese Meinung war, – daß, wenn immer ein Christ ein Buch schrieb (nicht zu seinem persönlichen

Vergnügen, sondern) wobei er ehrlich die Absicht und den Vorsatz hatte, es drucken zu lassen und der Welt bekannt zu machen, seine ersten Gedanken immer Versuchungen des Bösen wären. – Mein Vater war sehr angetan von dieser Theorie des John de la Casa; und wenn sie ihn in seinem Glauben nicht etwas gehemmt hätte, vermute ich, er hätte einen halben Hektar besten Landes vom Shandy-Gut darum gegeben, ihr Erfinder gewesen zu sein. Aber da er diese Ehre nicht im Wortsinne der Lehre haben konnte, begnügte er sich mit dem allegorischen Sinn. Vorurteil in der Erziehung, pflegte er zu sagen, ist der Teufel etc.

S. 495 *31ff. Διδασκαλια …:* Didaskalien nennt man die Art von Schrift, in der dargelegt wird, wo, wann, wie und mit welchem Erfolg eine Geschichte aufgeführt worden ist. – Wie sehr die Kritiker durch diese Sorgfalt den alten Chronologen zu Hilfe kamen, werden allein jene anerkennen, die wissen, welch unsichere und gebrechliche Hilfsmittel die hatten, die als erste sich dieser Messung der flüchtigen Zeit widmeten. Ich zweifle nicht daran, daß Aristoteles vor allem hierauf sein Augenmerk gerichtet hat, als er seine »D.« zusammenstellte.

S. 496 *1f. Lione Allacci:* Leon Allations (1586-1669): »Dramaturgia osia cathalogo di tutti li Drammi, Comedie, Tragedie«. – *5f. breviter …:* kurz und zierlich abgefaßt.

S. 498 *4 Locus communis:* Gemeinplatz.

S. 499 *1 Elemente des Euklides:* Euklids »Stoicheia« als Beispiele für unverbrüchliche, ›selbstevidente‹ Wahrheiten.

S. 500 *31 Eine Tonne ..:* Anspielung auf naturkundliche Geschichten, daß Seeleute, um Walfische von ihrem Schiff abzulenken, Tonnen ins Wasser werfen. – *34 Salzwasser zu Halle:* Der Widersacher Klotz (s.o. zu S. 472, *6ff.*) lebte in der Salinenstadt Halle.

S. 501 *2 Stl.:* Chiffre des L.-Kritikers in der Klotzischen »Deutschen Bibliothek«. – *6 bunten Jäckchen:* Das bunte Jäckchen trägt der Narr. – *12f. Trotz der Magd:* Apostelgeschichte 16, 16-18: Paulus treibt einer Magd einen bösen Wahrsagegeist aus. – *19 verliebt:* Die »Deutsche Bibliothek« deutete an, daß es für das Urteil über Madame Löwen und Mademoiselle Felbrich (S. 67, 29 u. 77, *37f.*) »geheime Ursachen« gebe. – *24f. mit solchen Kälbern pflügen:* Buch der Richter, 14, 18.

S. 502 *14f. Geschmeiß des bösen Feindes:* Mohammed über die Dämonen (Sure 37, Vers 10). – *16f. dem Narren nach seiner Narrheit …:* Sprüche Salomonis 26, 4 und 5.

S. 505 *9f. unter ihren wahren Namen:* s.o. zu S. 492, 20. – *25f. getreulich nachdrucken …:* Dies geschah, mit einer Stellungnahme der Nachdrucker. – *33 Pasquillchen:* ›Schmähschriftchen‹.

S. 506 *7 coup de main:* Diebstahl. – *11f. das bekannte Leibnizische Projekt:* Leibniz hatte in seinen Plänen zur Gestaltung des Buchwesens auch den Vorschlag gemacht, die Gelehrten sollten eine Vereinigung zur Herstellung und zum Vertrieb ihrer Werke gründen. (Vgl. auch »Leben und leben lassen«, S. 723 ff.)

LITERATURKRITIK

REZENSIONEN (S. 509)

1748, als 19jähriger, versuchte Lessing als freier Schriftsteller zu leben; die Möglichkeit dazu gab ihm die Zunahme der periodischen Presse. Er siedelte nach Berlin über und begann, für verschiedene Blätter zu rezensieren. Es waren dies: ›Der Naturforscher‹, ›Das Neueste aus dem Reiche des Witzes‹, ›Kritische Nachrichten aus dem Reiche der Gelehrsamkeit‹ und vor allem die wöchentlich dreimal erscheinende ›Berlinische privilegierte Zeitung‹, in der er 1751 und ab November 1752 die Redaktion des ›Gelehrten Artikels‹ innehatte. Mit der Übersiedlung nach Leipzig 1755 endete die Rezensententätigkeit.

Die zahlreichen, meist nicht sehr umfangreichen Rezensionen Lessings, von denen mit einiger Sicherheit seine Autorschaft angenommen werden kann (die Beiträge erschienen bis auf eine Ausnahme anonym), standen bisher weitgehend im Schatten der größeren kritischen Arbeiten. Die hier gegebene Auswahl aus den Rezensionen soll nicht nur einen Eindruck von der Ausdehnung des literarischen Interesses Lessings geben, sondern auch die frühen Ansätze für die später wiederkehrenden Themen zeigen: Urteilsfähigkeit und kritische Geschmacksbildung, Kampf gegen dogmatische Erstarrung für geistige Erneuerung, Toleranz. Gleichzeitig kann hier die wachsende Sicherheit im Urteil, im Einsatz der sprachlichen Mittel und deren Zielgenauigkeit beobachtet werden, die die Grundlagen für die folgenden, massiveren Auseinandersetzungen schufen.

S. 509 4 *Meier:* Schüler Baumgartens, paktierte im Leipzig-Zürichschen Literaturstreit mit den Schweizern, bes. durch sein Eintreten für Klopstock. L. beweist in dieser Rezension seine Unabhängigkeit in der Kontroverse. – *5f. Messias:* Die drei ersten Gesänge von Klopstocks »Messias« waren 1748 in den »Neuen Beiträgen zum Vergnügen des Verstandes und Witzes« (den sogen. »Bremer Beiträgen«) erschienen. Die Herausgeber der Zeitschrift waren ehemalige Gottsched-Schüler, die sich von der Leipziger Diktatur freigemacht hatten und bei aller Unabhängigkeit mit der Schweizer Position sympathisierten. – *13f. über beide:* Der letzte (20.) Gesang erschien erst 1773.

S. 510 *33f. Art du Theatre:* L.s Übersetzung dieser 1750 erschienenen Abhandlung von Francesco Riccoboni, dem Sohn von Lodovico Riccoboni, stand in seinen »Beiträgen zur Historie und Aufnahme des Theaters«.

S. 511 *32ff. Instant ...:* Sofort, rief er, endet euren weibischen Streit, ihr tatenlosen Prahler! Und hört dem Gesange zu: Gehorcht dem süßen Zwang und entweiht nicht durch Mißklang die zarte, melodiöse Weise.

S. 512 *5 Verfasser:* Bodmer.

S. 513 *17f. Verfasser des Frühlings:* Ewald von Kleist (1749). – *17 Lateinische Buchstaben:* Bodmer verwendete Antiquaschriften (»lateinische Buchstaben«), um Ausländern die Lektüre zu erleichtern.

S. 514 *5 übersetzt:* Der Übersetzer ist Ferdinand Wilhelm Beer. – *16f. Gelehrtenlexikon:* Christian Gottlieb Jöcher, »Allgemeines Gelehrtenlexikon« (1750-51). L. kritisierte Jöcher wiederholt. – *15f. neue Ausgabe:* sofern sich Jöchers Werk als Bearbeitung und Ergänzung von J.B. Menckes »Kompendiösem Gelehrtenlexikon« (zuerst 1715) verstand. – *24 billiger:* gerechter. Tatsächlich wurde L. durch seine Kritik in einen persönlichen Streit mit Jöcher verwickelt. – *26 spanische Bibliothek:* Nicolaus Antonius, »Bibliotheca hispana, sive Hispanorum qui scripto aliquid consignaverunt notitia« (1672). – *26 Siber:* Urban Gottfried Siber, »De illustribus Alemannis« (1710). – *26 Schediasma:* ein flüchtig verfaßtes Werk.

S. 515 *8 Hispalensem:* Einwohner von Hispalis, dem späteren Sevilla. – *10 natural vezino ...:* gebürtiger Bürger von Sevilla. – *12f. ministerii ...:* Verwaltung der königlichen Hofhaltung. – *13f. criado ...:* Bedienter des Königs Don Philippo III. – *22f. Algunas Traduciones ...:* Einige Übersetzungen von Horaz in vermischten Gedichten gesehen zu haben, berichtet Thomas Tamajus.

S. 516 *12 Lazarillo de Tormes:* der erste spanische Schelmenroman, anonym, 1554, vielfach nachgeahmt. – *20f. Chappuis:* Eine Übersetzung von Gabriel Chappuys ist nicht nachweisbar. – *22f. d'Alfarache:* »Le Gueux, ou la vie de Guzman d'Alfarache«, übersetzt von Jean Chapelain (1621). – *24 neueste ... Übersetzung:* wohl die von Le Sage, 1732. – *30 Albertinus:* »Der Landstörtzer Gusman von Alfarache oder Picaro genannt« (1615). Albertinus übersetzte und bearbeitete auch span. Erbauungsschriften, u. a. von Antonio Guevara.

S. 517 *4 der Rest:* Der zweite Band erschien 1752.

S. 519 *23 Benennung eines Orts:* Erscheinungsort war Rostock. Es handelt sich um einen unautorisierten, fehlerhaften Druck, der Klopstock veranlaßte, im Jahr darauf den korrekten Text zu veröffentlichen. – *32f. cui mens ...:* Horaz, Satiren, I, 4, 43 f.: der einen göttlicheren Geist besitzt und einen Mund, der große Klänge verheißt. – *36 ein anderer Dichter:* Canitz, »Klag-Ode über den Tod seiner ersten Gemahlin«.

S. 520 *6 wo er wohnt:* Klopstocks richtiger Wortlaut: »Daß du auch hier, wo ich weine, Gott! bist« (1. Strophe). – *34 Dichter:* Haller, »Über den Ursprung des Übels«, I, 65 ff. – *39 f. O imitatores ...:* Horaz, Episteln I, 19, 19: o imitatores, servum pecus (O Nachahmer, Herdenvieh).

S. 521 *4 Herrenhutische Grund-Irrtümer:* Vgl. L. s. Aufsatz über die Herrnhuter, Bd. 3, und die Anmerkungen dazu. – *19 symbolische Bücher:* offizielle Glaubenslehren der christlichen Kirchen.

S. 522 *5 in einer ganz verschiednen Sache:* Plinius d. J. in einem Brief an Kaiser Trajan über die Christen. – *5 f. nihil aliud ...:* nichts anderes habe ich gefunden als schlimmen und maßlosen Aberglauben. – *8 Cicero:* nicht zu ermitteln. – *8 f. opinionum ...:* die Zeit zerstört den Aberglauben. – *11* ἑασατε αὐτους: lasset sie gewähren. – *13 ff.* Apostelgeschichte, 5, 34-39. – *16 Philaleth:* Christian Philaleth, »Hundert Fragen über D. C. G. Hofmanns Schrift von den vermeinten Herrnhutischen Irrtümern ...« (1750).

S. 523 *12 in Wien:* Anspielung auf den Empfang Gottscheds (1749) am Wiener Hof, der streng auf spanisches Zeremoniell hielt. – *35 Dyadik:* Zahlensystem, das auf der Reduktion komplexer mathematischer Verhältnisse auf nur zwei Ziffern (1 und 0) beruht. – *38 Analysis infinitorum:* Infinitesimalrechnung, von Leibniz (und Newton) begründet.

S. 524 *5 Scheyb:* Franz Christoph von *Scheyb,* Verfasser der »Theresiade« (1746). – *11 f. Anmerkung:* »Gedichte« (1751), II, S. 556, Anmerkung zu dem poetischen Schreiben an Franz Christoph von Scheyb.

S. 525 *17 Flavel:* John Flavell, »A Practical Treatise of Fear« (1682). – *21 Betrachtung:* John Tillotson, »The Reasonableness of Fearing God more than man« (1748). – *24 Prüfung menschlicher Urteile:* wohl »Toetssteen van een Christens Oordeel« von Willem Salden (†1694).

S. 526 *9 Junker:* Christian Juncker, »Wohlinformierter Briefsteller« (1708). – *10 Neukirch:* Benjamin Neukirch, »Galante Briefe« (1695); »Unterricht von teutschen Briefen« (1707). – *27 topisch:* auf allgemein anerkannte Begriffe bezüglich. – *31 auf us:* Latinisierung des Namens. – *31 f. de conscribendis epistolis:* Über die Abfassung von Briefen; von Erasmus (1521), häufig wiedergedruckt.

S. 528 *13 Schmidt:* Johann Lorenz Schmidt, Übersetzer der fünf Bücher Moses, »Die göttlichen Schriften vor den Zeiten des Messie Jesus frei übersetzt« (1735; sog. Wertheimsche Bibel); wegen seiner theologischen Anschauungen in Wertheim und Ansbach inhaftiert. –

13 Collins: Anthony Collins, englischer Freidenker, »A Discourse of the Grounds and Reasons of the Christian Religion« (1724), »The Scheme of literal Prophesy Considered« (1726). – *13 Parvish:* Samuel Parvish, »An Inquiry into the Jewish and Christian Revelation« (1739). – *26 Hugo Grotius:* Der Jurist und Historiker Hugo Grotius (1583-1645) trat auch mit Schriften hervor, in denen er sich mit Argumenten der Vernunfttheologie der Zeit für die Toleranz einsetzte. – *29 Calovius:* Abraham Calovius, orthodoxer lutheranischer Theologe (1612-1686).

S. 529 *15f. übersetzt:* zuerst von Ägidius Albertinus, 1599.

S. 530 *8f. Epistolas ... libro ...:* »Güldene Sendbriefe«, übers. v. Ä. Albertinus, 1598-1600; »Gülden Büchlein«, übers. von Ä. Albertinus, 1600. – *18 Briefsteller:* vgl. die Rezension von Gellerts »Briefen«, o. S. 526ff. – *27 f. Balzac ... Milton:* als Briefschreiber oder Benutzer der Brieffiktion bekannt. – *29 G** R** ...:* Gellert, Rabener, Johann Christoph Stockhausen (Verfasser eines Briefstellers), Bodmer, Naumann, von Schönaich. – *35f. wolfische Philosophie:* Der Leibnizianer Christian Wolff (1679-1754) legte seine Aufklärungsphilosophie in zahlreichen kompendiösen systematischen Darstellungen nieder, die in der Schulphilosophie des 18. Jh.s großen Einfluß hatten.

S. 532 *1 Verfasser:* Klopstock. Wie aus der Besprechung der Parodie auf die »Drei Gebete« hervorgeht (vgl. o. S. 531 f.), hält L. diese für das Werk eines Nachahmers Klopstocks, aber keineswegs Klopstocks selbst. – *16 Salomon:* vgl. 1. Könige, 3, 6ff. – *23 J. V. C.:* juris utriusque consultus (beider Rechte Kundiger). – *24 Versuch in Gedichten:* erschienen in zwei Teilen, 1753 und 1754. – *28 Gröbenscher Actus:* Die Familie von der Gröben war in Ostpreußen ansässig. – *30 horresco referens:* Vergil, »Aeneis« II, 204: ich berichte es mit Schaudern.

S. 533 *22 Marigny:* Die Übersetzung stammt von L. selbst.

S. 534 *27 Genet:* Edme-Jacques Genet. Popes »Letters« waren zuerst 1735 erschienen. – *37f. Wycherley ... Buckingham:* William Wicherley, Komödienautor; William Walsh, Kritiker, Dichter; William Lord Hamilton, Antiquar und Diplomat; Richard Steele, Dramatiker, Mitherausgeber des »Tatler«, »Spectator« und »Guardian«; John Sheffield, Duke of Buckingham, Dichter und Politiker.

S. 535 *13 der jüngere Racine:* Louis Racine, Sohn Jean Racines, von betont jansenistischer Gläubigkeit.

S. 536 *3 le Fort:* François Lefort, Günstling Peters des Großen. – *35 Chrestomathien:* Johann Matthias Gesner, »Chrestomathia ciceroniana« (1717), »Chrestomathia pliniana« (1728), Neudruck Zelle 1753.

S. 538 *6 Araber ... Scholastiker:* Aristoteles-Kommentatoren und -Kritiker, namentlich Avicenna, Averroës, Albertus Magnus und Thomas von Aquin. – *8 seit der Zeit:* Wiederentdeckung der aristotelischen Poetik in der Renaissance. – *10 Peripatetiker:* Aristoteles und seine Schüler, nach *peripatos,* Wandelhalle. – *12 Hedelin:* Hédelin d'Aubignac, »Prâtique du théatre« (1657). – *19 Curtius:* Vgl. »Hamburgische Dramaturgie« S. 395, Anmerkung.

S. 539 *2 St. Evremont verlangt:* Gemeint ist wohl die Bemerkung in dem Essay »De quelques livres espagnols, italiens et français«, daß er von der spanischen Literatur nur den »Don Quixote« gelten lasse (»Œuvres«, 1740, III, S. 88). – *12 Verfasser:* Wilhelm Ehrenfried Neugebauer (vgl. Faksimile-Ausgabe Stuttgart 1971). – *36 übersetzt:* von Herrmann Andreas Pistorius. Original: »The Female Quixote« von Charlotte Lennox (1752).

S. 540 *8 Scudery … Calprenede:* Madelaine de Scudéry, »Ibrahim« (1641), »Artamène« (1644-53), »Clélie« (1654-60). Gautier de Coste, Sieur de Calprenède, »Cassandre« (1642-60), »Cléopâtre« (1647-58). – *10 Spöttereien:* Boileau, »Dialogue des héros de roman«, um 1665 geschrieben, 1713 gedruckt. – *10f. La fausse Clélie:* Die falsche Clélie. Von Adrien-Thomas Perdou de Subligny (1670). Parodie auf Scudérys »Clélie«.

S. 541 *4 der beste Romanenschreiber:* Fielding im »Covent-Garden Journal«, 24. März 1752. – *11 Oden mit Melodien:* von Karl Wilhelm Ramler und Christian Gottfried Krause (1753). – *14 Glas:* Spiegel, häufiges anakreontisches Motiv. – *16f. Gräfische Bemühungen:* Johann Friedrich Gräfe, »Sammlung verschiedener und auserlesener Oden, zu welchen von den berühmtesten Meistern in der Musik eigne Melodien verfertigt worden« (1737).

S. 542 *6 übersetzt:* von Joh. Dan. Titius (Tietz). – *31ff. Joannis Wiclefi …:* Des Johannes Wiclef vier Bücher Dialoge usw. mit einem Verzeichnis der wichtigsten Schriften über Wiclef, anschließend sein Leben nach den besten Quellen in deutscher Sprache dargestellt. Frankfurt und Leipzig, Verlag Vierling 1753. – Erstes Indiz für L.s Interesse an dem englischen Reformator.

S. 543 *17 Fasmann:* David Faßmanns populäre »Gespräche in dem Reiche derer Toten« (1718-39). Faßmann gehörte dem Tabakskollegium Friedrich Wilhelms I. als eine Art Hofnarr an. – *30 donatistischer Irrtum:* die für häretisch erklärte Anschauung der Anhänger des Bischofs Donatus von Karthago (im 4. bis 7. Jahrhundert), daß die Gültigkeit der Sakramente abhängig sei von der Würdigkeit des Spenders.

S. 544 *14 cave faxis …:* Horaz, Satiren, II, 3, 38f: Hüte dich, etwas deiner Unwürdiges zu tun! – *18 Rowe:* Elizabeth Rowe, »Friendship in Death, in Twenty Letters from the Dead to the Living« (1728). – *34 Sie haben …:* Lukas, 16, 29-31.

S. 545 *7 Die Verdienste:* Johann Albrecht Bengel (1687-1752), pietistischer Theologe am Tübinger Stift, verfaßte einen einflußreichen Kommentar »Gnomon Novi Testamenti« (1742). – *32 f. das traurige Schicksal des Wertheimischen Übersetzers:* s. o. zu S. 528, 13.

S. 546 *21 haec nugae ...:* Horaz, »Ars poetica«, 451: Diese Kleinigkeiten führen zu ernsten Dingen.

S. 547 *13 Die Geistlichen auf dem Lande:* Komödie von Johann Christian Krüger (1743). Von ihm auch »Die Kandidaten oder Die Mittel, zu einem Amte zu gelangen« (1748). – *14 Die Ärzte:* Komödie von Christlob Mylius (1745).

S. 548 *12 Tantum abest:* So viel fehlt. – *18 parum adest:* Zu wenig ist da(rin). – *25 I. und IIter Band:* vgl. die Besprechung des 3. und des 5. Bandes u. S. 558 und 564 f. Der Übersetzer ist wahrscheinlich Gellert. Das Original erschien 1753-54. – *34 Pamela:* 1740; dt. 1742. –

S. 549 *4 Clarissa:* 1747-48; dt. 1748-51. – *27 Zergliederung der Schönheit:* »The Analysis of Beauty« (1753). Der Übersetzer ist Christlob Mylius.

S. 550 *22 Schönheit:* vgl. L.s Vorbericht zur Neuausgabe 1754: »Hr. Hogarth zeiget, daß alle körperliche Schönheit in der geschickten und mannichfaltigen Anwendung der *Wellenlinie* liege, und der schwankende Geschmack ist glücklich durch diese Entdeckung auf etwas gewisses eingeschränkt. Ich sage eingeschränkt, aber festgesetzt noch nicht. Man betrachte einmal die Reihe verschiedner Wellenlinien, welche er oben auf der ersten Kupfertafel vorstellig macht. Eine jede derselben hat einen Grad von Schönheit: doch nur eine verdient den Namen der eigentlichen Schönheitslinie; diejenige nämlich welche weder zu wenig, noch zu sehr gebogen ist. Allein welche ist dieses? Hr. Hogarth bestimmt sie nicht, und da er sie nicht bestimmt, so ist es gewiß, daß er die Streitigkeiten des Geschmacks nur auf einige Schritte weiter hinaus schiebt, besonders, wenn es auf das *wenigere* oder *mehrere* in der Schönheit ankömmt. Wann es aber unmöglich sein sollte, wie ich es beinahe selbst dafür halte, die eigentliche Mitte anzugeben, in welcher die Linie weder zu platt noch zu gekrümmt ist: so sollte ich doch meinen, daß es wenigstens möglich sei, die äußern Grenzen anzugeben, jenseits welcher sie den Namen der eigentlichen Schönheitslinie verlieren müsse. Doch auch dieses läßt unser Verfasser unausgemacht.

Zwar seine Entschuldigung ist nicht weit herzuholen. Er sahe es vielleicht ein, daß in dieser Untersuchung ohne Hülfe der höhern Mathematik nicht fortzukommen sei, und daß weitläuftige und schwere Berechnungen sein Werk wohl gründlicher, aber nicht brauchbarer machen könnten. Er ließ also seinen Faden, als ein Künstler, da fahren, wo ich wollte, daß ihn ein philosophischer Meßkünstler ergreifen und weiter führen möchte.

Die ganze Sache würde, ohne Zweifel, auf die Berechnung der punctorum flexus contrarii ankommen, doch so, daß man die metaphysischen Gründe der Schönheit niemals dabei aus den Augen lassen müßte. Die Vollkommenheit bestehet in der Übereinstimmung des Manichfaltigen, und alsdann wenn die Übereinstimmung leicht zu fassen ist, nennen wir die Vollkommenheit Schönheit. Der Berechner müßte also vornehmlich darauf denken, an der eigentlichen Schönheitslinie solche Eigenschaften zu finden, von welchen man sagen könnte, daß sie geschwinder und leichter zu begreifen wären, als die Eigenschaften der übrigen Linien dieser Art. Und nur dieses glaube ich, könnte einen Philosophen in Ansehung der Ursache befriedigen, warum diese Linie eine so angenehme Gewalt über unsre Empfindungen habe.« Vgl. auch u. S. 553, *17f.* und Anm.

S. 552 *2f. zwei Übersetzungen:* »Theophrasts Kennzeichen der Sitten nebst des ... Johann de la Bruyères moralischen Abschilderungen der Sitten dieser Zeit«, Regensburg u. Wien 1743; »Die Charaktere des Theophrast und de la Bruyère«, Nürnberg 1754 (hg. von Joh. Siegm. Kießling). – *13 Schlüssel:* Bald nach Erscheinen der »Caractères« wurden mehrere Entschlüsselungsversuche unternommen, die La Bruyère selbst zurückwies: es handle sich um Typen, nicht Individuen. – *20 vor weniger Zeit:* vgl. o. S. 549f. und Anm.

S. 553 *17f. verbesserten Abdruck:* im August 1754 bei Voß erschienen. L. hatte die Revision der Übersetzung übernommen. S. auch o. S. 549ff. – *29 Vermehrung:* »Briefe des Herrn [Jean André] Rouquets an einen seiner Freunde in Paris, worin er ihm die Kupferstiche des Herrn Hogarths erklärt«. Zuerst 1746 (frz.). – *36 Marigny:* vgl. die Besprechung o. S. 533 und Anm.

S. 554 *5 Hegire:* »Hedschra«, arab. Auswanderung (Mohammeds von Mekka nach Medina; 622 n.Chr.); Beginn der islamischen Zeitrechnung. – *28f. Überlassung eines Philosophen:* bezieht sich auf die Bemühung des Kalifen Mamon beim byzant. Kaiser Michael d. Stammler um die Überlassung des Bischofs Leo, der in Konstantinopel lebte.

S. 555 *1 Felsenburg:* »Die Insel Felsenburg«, Robinsonade von Johann Gottfried Schnabel, 1731-43.

S. 556 *2f. Gottschedianer:* Der Verfasser ist Christoph Otto Frhr. von Schönaich; hauptsächlich gegen Klopstock und die Schweizer, besonders Haller, gerichtet. – *4f. Das Neueste ...:* Gottscheds Zeitschrift. Tatsächlich hat sich Gottsched gerade in dieser Zeitschrift von dem Werk seines Schülers distanziert. – *11 meine Sprachkunst:* Gottscheds »Grundlegung einer deutschen Sprachkunst« (1748), postulierte den obersächsischen Sprachtypus als deutschen Standard. – *25 Herrmann:* das von Schönaich als Gegenstück zum »Messias« verfaßte Heldenepos (1751), Vorrede von Gottsched. – *26 Grimms Tragödien:* Friedrich

Melchior Grimms »Banise« hatte Gottsched 1743 in seine »Deutsche Schaubühne« aufgenommen. – *26f. Lichtwehrs Fabeln:* Magnus Gottfried Lichtwer, »Vier Bücher äsopischer Fabeln« (1748). Lichtwer hatte vorübergehend dem Gottschedschen Kreis angehört. – *27 Atalanta:* Schäferspiel von Gottsched, 1741 im 3. Band der »Deutschen Schaubühne«. – *27f. Rosts Schäfergedichte:* »Schäfererzählungen« (1742; 1744 als »Versuch von Schäfergedichten«) von Johann Christoph Rost, der von einem Bewunderer zu einem Gegner Gottscheds geworden war.

S. 557 *4 Verfasser:* vermutlich Schönaich, Antwort auf die Kritik an seiner »Ganzen Ästhetik ... oder Neologisches Wörterbuch« (vgl. die vorstehende Rezension), hauptsächlich gegen L. gerichtet. – *25 drei Alphabete:* d.h. 69 Bogen (à 16 Oktav-Seiten). – *34f. ipse ...:* Persius, Satiren, III, 117f.: selbst der dumme Orest als Werke eines Toren bezeichnet.

S. 558 *10 Geschichte ...:* vgl. o. S. 548 und S. 564. – *26f. erste Zugabe:* vgl. die Rezension von Schönaichs »Neologischem Wörterbuch« o. S. 555f. Als mögliche Verfasser sind Schönaich, G.F. Meier und Barthold Joach. Zink in Erwägung gezogen worden.

S. 559 *17 Recepisse:* Schönaich schrieb Gottsched am 22. Okt. 1754, er habe in einem »Traum« L. Wahrheiten gesagt, die ihm noch nie gesagt worden seien; er habe ihm diesen geschickt und um eine Empfangsbestätigung in seiner Zeitung gebeten. – *18 Haller:* »Antwort an Herrn Johann Jakob Bodmer«.

S. 560 *10 Zachariä:* Justus Friedrich Wilhelm Zachariä. Friedrich von Hagedorn war im Oktober 1754 gestorben. Das »Gedicht« erschien ohne Jahresangabe noch 1754. – *15 Epopeen:* »Scherzhafte epische Poesien« (1754), auch das komische Heldenepos »Der Renommiste« (1744).

S. 561 *4 Gedichte:* »Gedichte eines Bauernsohnes« (1752). – *7 Duns:* nach dem engl. *dunce* (Dummkopf; vgl. Popes »Dunciade«, 1728); seit der Jahrhundertmitte eingedeutscht (zuerst 1744 von Hagedorn). Hier ist Gottsched gemeint. – *25f. Collegium Carolinum:* das Gymnasium in Braunschweig, wo Zachariä später (von 1761 an) lehrte.

S. 562 *2 S***:* Schönaich. – *3 Zesen:* Philipp von Zesen war einer der Wortführer der sprachlichen Reinigungsbestrebungen des deutschen Barock. – *24 erste Ausgabe:* von L. im 135. Stück der ›Berlinischen Privilegierten Zeitung‹ vom 11.11.1749 rezensiert.

S. 563 *20 Der vierte [Brief]:* 1754 an Herrn Hofrat C[hrist]; poetische Beschreibung eines Traums von den »Kabalen« auf dem »deutschen Parnaß«. – *27f. Schönaich:* vgl. o. S. 555ff. und 558f.

S. 564 *3 Lehrmeister:* Gottsched. – *33 V. Band:* vgl. o. S. 555f. und 558ff.

S. 565 *30 Bewandtnis:* Übersetzung des »Trinummus« von Plautus. – *32 Possenhafte:* Anspielung auf Gottscheds Ästhetik, in der das Possenhafte verpönt war. – *36 ein Wort:* In der 4. Aufl. der »Kritischen Dichtkunst« schlägt Gottsched diese Bezeichnung, neben »adeligem Trauerspiel« und »Tragikomödie«, für die »comédie larmoyante« vor (S. 644).

S. 566 *23f. whose mind ...:* dessen Geist eine Welt enthält und alle Dinge zu fassen scheint. Motto des Buches.

S. 567 *19 Die Hofmeisterin:* hg. von Johann Traugott Schulze. – *22 Der Hofmeister:* Leipzig 1751-53, hg. v. Isaak Mentor (Ps.). – *29 Wendischer Sänger:* Schönaich. – *32 Addison ... Milton:* Addison verfaßte mehrere empfehlende Aufsätze über Milton, die er im »Spectator« und »Guardian« veröffentlichte.

S. 568 *18 Philosoph genug:* Anspielung auf den ersten »Discours«.

S. 569 *11f. Übersetzung:* von Moses Mendelssohn (1756). – *21f. reimreiche Antipoden:* Gottschedianer.

S. 570 *5 Tejer:* Anakreon (aus Teos). – *15 erkennen wird:* Gottsched. – *16 Aristarch:* A. von Samothrake (ca. 217-145 v. Chr.), bekannter griechischer Textkritiker und Kommentator. – *26 Lauder:* William Lauder behauptete 1750 in seinem »Essay on Milton's Use ...«, Milton habe mehrere Autoren plagiiert. – *27 der deutsche Lauder:* Gottsched. – *32 Der Dichter:* J. F. W. Zachariä.

S. 571 *3 Verfasser:* Moses Mendelssohn.

S. 572 *5 Wolf:* Christian (Frhr. von) Wolff, s. o. zu S. 530, 35f.

S. 573 *13f. Ankündigung ...:* von C. M. Wieland. Die »Dunciade« selbst ist nicht erschienen. Gottsched hielt L. für den Verfasser und beabsichtigte, ihn deswegen vor Gericht zu ziehen. – *14 Hermann:* Schönaichs Epos. – *14 Sero sapiunt Phryges:* Die Phrygier kommen spät zu Verstand. – *20 Possenreißerei:* Anspielung auf die »Possen im Taschenformate« (s. o. S. 557). – *35 Haufen Idioten:* Gottschedianer.

S. 574 *2 Duns:* s. o. S. 561 7 und Anm.

Rettungen des Horaz (S. 575)

Als ein ›deutscher Horaz‹ hatte sich Samuel Gotthold Lange (1711–1781), der dem Züricher Dichterkreis nahestand, wegen seiner Horaz-Übersetzungen titulieren lassen. Ihretwegen genoß er ein beträchtliches Ansehen, das er mit großer Selbstgefälligkeit den Vorzügen seiner Arbeit zuschrieb – einer Arbeit voller Fehler.

Lessing, seit seiner Schulzeit Verehrer des römischen Dichters, mußten die Mängel der Übersetzung um so mehr zur Kritik herausfordern, als sie mit Arroganz behauptet wurden und Lange wegen seines Einflusses beim preußischen Hof nicht gut anzugreifen war. Mit außerordentlicher stilistischer Bravour, Sensibilität für das Dichterische und exakter Philologie erledigte Lessing 1754 den mit plumpen Unterstellungen reagierenden Lange gründlich.

Das geschah zunächst in dem »Vademecum für den Hrn. Sam. Gotth. Lange«, sodann in einer Form, die für Lessing bezeichnend war, der Rettung. Der Anlaß für die ›Rettungen des Horaz‹ war eine bei Lange abgedruckte ›Vita Horatii‹ (= Leben des Horaz) des römischen Historikers Sueton. In ihr hatte Horaz Züge eines unmoralischen Feiglings erhalten, die Lessing zu widerlegen unternahm. Neben den reichhaltigen philologischen Auseinandersetzungen im Bereich der lateinischen Literatur, die von der modernen Forschung nur selten als unrichtig, meist aber als zutreffend angesehen werden, ist dieser Höhepunkt der Literaturkritik des jungen Lessing bemerkenswert als sein erster Versuch, die Eigenständigkeit der Dichtung theoretisch einsichtig zu machen.

Die »Rettungen des Horaz« erschienen zusammen mit anderen »Rettungen« im 3. Teil von Lessings »Schriften« 1754; im 3. Bd. der »Vermischten Schriften« von 1784 konnte Karl Lessing Korrekturen berücksichtigen.

S. 575 2 *Quem rodunt omnes:* Horaz, Satiren, I, 6, 46: Den alle bekritteln.

S. 576 2*f. Schulknabe:* Samuel Gotthold Lange. – 9 *Donat:* Aelius Donatus (4. Jh. n. Chr.), röm. Philologe, Verfasser einer bis ins 18. Jh. benutzten lat. Grammatik.

S. 577 2 *beschmitzt:* beschmutzt. – 18 *moralisch:* geistig. – 21*f. Schildereien:* Gemälde.

S. 578 36 *Müller:* Gottfried Ephraim Müller, »Historisch-kritische Einleitung zu nötiger Kenntnis und nützlichem Gebrauche der alten lateinischen Schriftsteller« (1747-51).

S. 579 1*f. Bodlejanischen Bibliothek:* in Oxford. L. irrt sich hier; die bezeichnete Handschrift ist nicht in der Bodleian Library. – 14 *Porphyrion:* Pomponius Porphyrio (4. Jh.), Verfasser eines Horaz-Kommentars. – 27*ff. Ad res veneras …:* L.s Übersetzung u. S. 580 und S. 581. – 35*f. traditur, dicitur:* es wird überliefert, man sagt.

S. 581 1 *Gartengott:* Priapus, Fruchtbarkeitsgott. – 16*f. te puer …:* Oden, I, 5, 1 f.: Welch ein schlanker Gesell ist es, o Pyrrha, der / Hin auf Rosen gestreckt, duftenden Öles voll / Dich in traulicher Grotte küßt?

(F. Burger) – *21 Gratus ...:* Oden, I, 9, 22: das holde Lachen des Mädchens. – *23 f. oscula ...:* Oden, I, 13, 15 f.: der Kuß, in den Venus / Ein Fünfteil ihres Nektar träufelte. – *26 Athenäus:* Verfasser der Symposiumsgespräche »Deipnosophistai« (um 200 n. Chr.).

S. 582 *8 f. speculatum ...:* bespiegeltes Gemach ... mit Spiegeln geschmücktes Gemach. – *19 scorta deponere:* Dirnen hinlegen. – *20 f. scorta disponere:* Dirnen gruppieren. – *28 August:* der röm. Kaiser Augustus. – *29 f. purissimum penem ...:* saubersten Penis ... niedlichstes Menschlein. – *31 Lange:* Lange hatte Suetons »Vita Horatii« übersetzt und in seiner Horaz-Übertragung veröffentlicht.

S. 583 *15 ff. speculato cubiculo ...:* im bespiegelten Gemach soll er Dirnen gruppiert haben ... beim Buhlen soll er im Zimmer Spiegel so angeordnet haben, daß usw. – *29 f. natürliche Fragen:* Seneca d. J., »Naturales Quaestiones«, I, 16. – *37 Fromondus:* Libertus Fromondus, »Scholia ad Senecae quaestiones naturales« (1632). – *37 honestius ...:* Es wäre anständiger gewesen, wenn du geschwiegen hättest, Seneca.

S. 584 *17 Sesterzien:* Sesterz, röm. Münze. – *38 Tode des Cato:* Der jüngere Cato, Gegner Caesars, tötete sich nach Caesars Sieg bei Thapsus 46 v. Chr.

S. 585 *23 indignum vindicta:* der Rache unwürdig. – *30 Ovid:* wurde von Augustus nach Tomi am Schwarzen Meer verbannt, wahrscheinlich weil er mit einem Skandal um den unsittlichen Lebenswandel der Kaiserenkelin Julia in Verbindung gebracht wurde.

S. 586 *9 Einschiebsel:* Neuere Forschung sieht hier tatsächlich eine Interpolation. – *19 Dacier:* André Dacier brachte 1681-1689 eine zehnbändige annotierte Horaz-Übersetzung heraus. – *21 Baxter:* William Baxter, »Horatii Eclogae« (1701). – *22 ff. quae hic ...:* Was hier ausgelassen wird, ist von irgendeinem Wirrkopf eingeschmuggelt worden, denn es ist offensichtlich nicht nur unanständig, sondern auch läppisch und ohne rechten Zusammenhang.

S. 588 *9 Äneas:* Richtig: Odysseus. – *17 Neära:* Horaz, Epoden, XV, 1.

S. 589 *3 De la Chapelle:* Jean de La Chapelle, »Les Amours de Catulle« (1680-81) und »Les Amours de Tibulle« (1712-13), Romane. – *9 les Amours d'Horace:* von Pierre Joseph de La Pimpie Solignac (1728). – *27 Exempel der Europa:* Anspielung auf die griech. Sage von der Entführung der Europa durch Zeus in Gestalt eines Stiers. – *31 f. Sis licet ...:* V. 13 f.: Ja, sei glücklich, wo du auch immer sein magst! / Und gedenke mein, Galatea, immer! (R. Helm) – *37 f. daignez ...:* mögest du immer die Erinnerung an meine Zärtlichkeit bewahren.

S. 591 *12 f. Ligurin und Lyciscus:* Oden, IV, 1 und 10; Epoden, 11. – *19 ff. Foecunda ...:* V. 17-20: An Sünden reich hat unsere Zeit zuerst /

Den Ehebund und Haus und Gechlecht befleckt: / Aus diesem Urquell floß des Unheils / Strom auf das Land und das Volk der Römer. (F. Burger)

S. 592 *3ff. Nonne ...:* Satiren, I, 2, 111-13: Ist es nicht nützlicher zu fragen, welches Maß Natur der Sinnenlust gesetzt hat, auf was sie ohne Not, auf was sie nur mit Schmerz verzichtet, und so den leeren Wahn vom wahren Kern zu scheiden? (W. Schöne) – *11ff. tument tibi ...:* V. 116-18: All deine Sinne sind in Aufruhr, und ein Dirnchen, ein junger Sklave ist zur Hand, die dir sogleich zu Willen sind; magst du dann lieber bersten vor ungestillter Gier? – *17 parabilem ...:* V. 119: Liebe, die rasch bereit und leicht sich gibt. (W. Schöne) – *19f. Haec ubi ...:* V. 125f.: Wenn ich nun zu ihrer Rechten liege und sie sich von der andern Seite zärtlich an mich schmiegt, dann ist sie meine Ilia, meine Egeria; die schönsten Namen geb ich ihr. (W. Schöne) – *24f. ut neque ...:* V. 123f.: so eine, die nicht größer und nicht weißer scheinen will, als die Natur sie schuf. (W. Schöne)

S. 593 *15ff. Sed cur heu ...:* Oden, IV, 1, 33-40: Doch was, ach, Ligurinus, was / Rinnt dir heimlich die Trän' über die Wang' herab? / Was doch hemmt die Beredsamkeit, / Daß unrühmlich im Wort lallend die Zunge stockt? / Bald im nächtlichen Traumgesicht / Halt' ich schon dich umarmt; bald dem Entflatternden / Folg' ich über das Rasenfeld / Des Mars, folg' ich, wo Flut, Grausamer, dich umwallt. (Voß) – *30ff. Non aliter ...:* Epoden, 14, 9-12: Also, sagt man, entbrannt' um den Samierknaben Bathyllus / Anakreon der Teier, / Der zur gewölbten Laute so oft ausweinte die Sehnsucht, / Nicht nach der Regel strengem Fuß. (Voß) – *36 Flevit:* weinte.

S. 594 *22f. der Tejer:* Anakreon, nach seinem Geburtsort Teos. – *28f. Cur facunda ...:* Oden, IV, 1, 35f.: Was doch hemmt die Beredsamkeit, / Daß unrühmlich im Wort lallend die Zunge stockt? (Voß) – *31 Sappho:* 2. Fragment, Vers 9. – *35ff. nihil est ...:* Catull, LI, 7ff.: bleibt im Mund von Stimme / Mir nichts mehr übrig, / Sondern erstarrt die Zunge.

S. 595 *31 de adulteriis ...:* über Ehebruch und Keuschheit. – *32 de maritandis ...:* über die Förderung der Ehe in den Ständen der Bürgerschaft.

S. 596 4 *Sueton:* »Vita Augusti«. – *18ff. Nullis ...:* Oden, IV, 5, 21–24: Nicht schamlose Begier kränket ein keusches Haus; / Strenge Sitt' und Gesetz tilgte des Frevlers Schmach; / Vatergleiches Geschlecht ehret die Wöchnerin, / Strafe folget der Schuld gesellt. (Voß) – *24 maculosum nefas:* wörtl.: unnatürliches Laster. – *30 Sueton:* »Vita Augusti«, Kap. 68. – *32ff. Sex. Pompejus ...:* Sextus Pompejus schalt ihn einen weichlichen Weibskerl; Marcus Antonius [warf ihm vor], er habe sich die Adoption durch den Onkel mit seiner Unschuld erkauft. – *35 bald darauf:* Kap. 71. – *35ff. ex quibus ...:* Den schimpflichen Vorwurf der widernatürlichen Unzucht, der ihm neben anderen Anschuldigungen und Verleumdungen gemacht wurde, widerlegte er am leichtesten durch die Reinheit seines damaligen und späteren Lebens.

S. 597 *4ff. Adulteria ...:* Kap. 69: Seine Liebschaften mit verheirateten Frauen stellen selbst seine Freunde nicht in Abrede; doch sie fügen als Entschuldigung hinzu, er habe diese nicht aus Wollust, sondern aus Überlegung gepflegt, um die Pläne der Gegner durch deren Frauen leichter zu erfahren. – *7 ein neuer August:* A. der Starke von Sachsen.

S. 598 *10ff. Tecum ...:* V. 9-12: Philippi und die eilige Flucht hab' ich / Mit dir erlebt, wo schändlich der Schild mir blieb, / Da Mannesmut zerbrach und Prahler / Schimpflich das Haupt bis zum Boden neigten. (R. Helm)

S. 599 *1f. O saepe ...:* Oden, II, 7, 1f.: der oft mit mir in äußerste Not geriet. – *20 Dio Cassius:* Römische Geschichte des Cassius Dio Coccejanus (155 bis ca. 235). – *33f. Sed me ...:* Oden, II, 7, 13f.: Doch mich entführte – Zagen ergriff mich – rasch / Merkur in dichter Wolke durch Feindesschwarm. (R. Helm)

S. 600 *14 Herodotus:* Griech. Geschichte, Buch V, Kap. 95. – *14 Strabo:* »Geographica«, Buch XIII, Kap. 38. – *23 sieben Weise:* griech. Staatsmänner und Philosophen (7.-6. Jh. v. Chr.), denen man überlieferte Spruchweisheit zuschrieb. – *37f. primum ...:* den ersten seiner Genossen.

S. 601 *30ff. Unde ...:* Episteln, II, 2, 49-52: Den Abschied gab mir der Tag von Philippi. Gestutzt waren die Schwingen, gebeugt der Sinn, verloren das väterliche Haus und Grundstück: da hat Armut mir den Wagemut gegeben und den Trieb zum Dichten. (W. Schöne)

S. 602 *15 Artikel:* im »Dictionnaire historique et critique«. – *33 das Beispiel des Epaminondas:* Der thebanische Feldherr fiel 362 v. Chr. in der Schlacht gegen die Spartaner.

S. 603 *35 Rousseau:* Jean-Baptiste Rousseau.

S. 606 *3 Festus:* Sextus Pompejus F., röm. Gelehrter (2. Jh. n. Chr.), Verfasser eines Auszugs aus dem lexikograph. Werk des Verrius Flaccus, »De verborum significatu«. – *4f. infrequens ...:* »Infrequens« wird der Soldat genannt, der dem Dienst fernbleibt oder ferngeblieben ist. – *14 Climax:* Stufenfolge, Steigerung. – *35 Baxter:* irrtümlich für Richard Bentley; seine Horaz-Ausgabe erschien 1711. – *36 Scholiasten:* Kommentatoren antiker Autoren.

S. 607 *2ff. Diespiter ...:* Zeus teilt meist die Wolken mit blendenden Blitzen ... er treibt meist durch den heiteren Himmel die donnernden Pferde. – *18 Lubinus:* Horazausgabe von Eilhardus Lubinus (Lübben), 1612. – *18f. hisce vero diebus:* in diesen Tagen aber. – *20 souvent:* oft. – *30 ἀιδης:* ungesehen. – *34 τοπον ...:* dunklen Platz, wo die Sonne nie scheint. – *34 Lucian:* »Über die Trauer«, Kap. 9.

S. 608 *20 Die grause Höhle ...:* Langes Übersetzung der Stelle. – *32 Tanaquill Faber:* Tanneguy Le Fèvres Horazausgabe erschien 1671.

S. 610 *25f. purus aër:* klarer Himmel. – *27f. Quare ...:* Warum donnert es auch bei heiterem Wetter? Weil dann auch durch die dicke und trockene Luft der Hauch hervorspringt. – *33ff. mira fulminis ...:* Die Wirkungen des Blitzes, wenn du darauf achten willst, sind wunderbar und lassen keinen Zweifel, daß ihnen eine göttliche und feine Kraft innewohnt.

S. 611 *9 Tusker:* Etrusker. – *13ff. Hoc autem ...:* Dies aber unterscheidet uns von den Etruskern, die eine sehr genaue Kenntnis vom Ablauf des Blitzes haben. Wir glauben, daß Blitze entstehen, weil die Wolken sich aneinander reiben. Sie aber meinen, daß die Wolken sich aneinander reiben, damit Blitze entstehen. Denn da sie alles auf Gott zurückführen, sind sie der Überzeugung, daß die Blitze nicht etwas voraussagen, weil sie erfolgt sind, sondern daß sie entstehen, damit sie etwas voraussagen. Sie entstehen aber doch auf die gleiche Weise, ob die Vorbedeutung ihr Zweck oder ihre Folge ist. »Wie können sie denn eine Vorbedeutung haben, wenn sie nicht von Gott gesandt werden?« »Ebenso wie die Vögel, die nicht an uns vorbeifliegen, um uns eine günstige oder ungünstige Voraussage zu machen.« »Auch sie läßt Gott so fliegen«, antwortet [der Etrusker]. Damit macht man jenen allzu beschäftigt und zum Diener einer unbedeutenden Sache, wenn er dem einen die Träume, dem andern die Eingeweide [der Opfertiere] ordnet. Nichtsdestoweniger ist dies alles auf eine göttliche Kraft zurückzuführen. – Der Lauf des Schicksals, das überall teils uns vertraute, teils unbekannte Anzeichen für das Kommende vorausschickt, läßt sich auf andere Weise erklären. – – Bei Dingen, die eine bestimmte Ordnung haben, ist auch eine Voraussage möglich.

S. 612 *1 sed ...:* aber ... den Wipfel. Vgl. o. S. 605, 4 und *21f.* – *13 cursus relictos:* V. 4 f. der Ode: verlassene Pfade.

S. 613 *12ff. Tonitrua ...:* Blitze und Donner fürchtete er überängstlich, so daß er immer und überall die Haut eines männlichen Kalbes als Schutzmittel bei sich trug: und sobald ein größeres Gewitter im Anzug zu sein schien, zog er sich an einen verborgenen und überwölbten Ort zurück. – *27 Als August:* Sueton, »Vita Augusti«, Kap. 95. Das folgende betrifft die Zeit unmittelbar vor dem Regierungsantritt des Augustus. – *29 Zirkel:* Kreis.

S. 614 *7 insanam sapientiam:* die unsinnige Weisheit; aus dem 2. Vers der Ode.

Briefe, die neueste Literatur betreffend (S. 615)

Zehn Jahre nach dem Beginn seiner Rezensententätigkeit, 1759, setzte Lessing erneut zu einem kritischen Unternehmen an: ›Briefe, die neueste Literatur betreffend‹. Sein Arsenal ist größer geworden, aber die Zielrichtung ist im wesentlichen gleich geblieben: der Kampf gegen Anmaßung und geistige Unsauberkeit, die sich am deutlichsten in der Sprache zeigen, und für literarische Erneuerung geht weiter.

Das Anwachsen der Wochenschriften, Journale und Zeitungen in der ersten Hälfte des 18. Jahrhunderts und neu erschlossene Kreise des bürgerlichen Lesepublikums hätten eigentlich günstige Voraussetzungen für einen Aufschwung der Literatur geboten. Aber die weitere Entwicklung von kritischem Geschmack wurde bei den Autoren und im Publikum von der dogmatisch-starren Auseinandersetzung zwischen den ›Leipzigern‹ und ›Zürichern‹ seit Jahrzehnten behindert. Gottsched mit seinem Kreis in Leipzig, ein Literaturpapst, hatte seine Position 1730 mit seiner ›Kritischen Dichtkunst‹ bezogen gegen Bodmer und Breitinger in Zürich mit ihren ›Diskursen der Malern‹ von 1721-1723, denen 1740 Bodmers »Kritische Dichtkunst« und Breitingers »Kritische Abhandlung vom Wunderbaren in der Poesie« folgten.

In den vierziger Jahren gewannen die Züricher ein Übergewicht, als sich Klopstock auf ihre Seite schlug und die ›Neuen Bremer Beiträge‹ (mit J. A. Cramer, Ebert, Giseke, 1744) sich von Gottsched distanzierten. Dieser stand für die Regelhaftigkeit der Literatur im Bereich des Wirklichen und Nützlichen, jene traten ein für das Recht der Einbildungskraft im Bereich des Möglichen, für Gefühlhaftigkeit und bildliche Rede. In Berlin hatte sich in den 50er Jahren eine dritte literarische Gruppe gebildet um Ramler, Mendelssohn und Nicolai und ihre ›Bibliothek der schönen Wissenschaften und freien Künste‹, die Nicolai 1758 aber an Chr. F. Weiße abgab, und hier, im Freundeskreis, wurde mit Lessing das Projekt einer neuen, eher privaten Literaturzeitschrift entworfen: Sie sollte den Herausgebern: Lessing, Mendelssohn und Nicolai die Möglichkeit bieten, in bewußt subjektiver Auswahl ohne Rücksicht auf einen etwa vollständigen Überblick über die Gesamtproduktion der Zeit sich theoretisch und kritisch zu ihnen wichtig erscheinenden Themen zu äußern. Die Veröffentlichung in der damals durchaus üblichen Form fiktiver Briefe fand sofort starkes Interesse, das auch nicht nachließ, als sich Lessing später mehr und mehr zurückzog; im Herbst 1760 trat er in den Dienst des Generals Tauentzien in Breslau.

Die ›Literaturbriefe‹, deren Beiträge anonym erschienen, wurden zur oft gefürchteten kritischen Institution par excellence.

Lessings Interesse galt allem, was die Literatur der Zeit weiterbrachte, aber auch dem geistigen Klima, das dafür Vorbedingung war. Deshalb griff er wiederholt Themen auf oder gebrauchte Methoden, die nicht direkt oder nur in losem Zusammenhang mit Literatur zu stehen scheinen. – Sein Anteil an den ›Literaturbriefen‹ betrug mit 55 Beiträgen rund ein Fünftel. Als wichtigste Autoren, die sämtlich konsequent anonym blieben, lieferten Moses Mendelssohn insgesamt 83, Friedrich Nicolai 63 und Thomas Abbt, der Lessings Aufgabengebiet übernahm, 64 Beiträge.

Die »Briefe, die neueste Literatur betreffend«, erschienen vom 4. Januar 1759 bis zum 4. Juli 1765 wöchentlich donnerstags im Umfang von je einem Druckbogen, im Verlag von Nicolai in Berlin. Sie waren in 24 Teile gegliedert. Die Teile I-XII erschienen in Berlin 1761-1763 in einer Neuauflage, die Teile I-VI, die fast ganz von Lessing stammen, sogar (in Berlin und Stettin) 1767-1769 in einer dritten Auflage.

S. 616 4 *Herr von N.**:* der fiktive Adressat der »Literaturbriefe«, wahrscheinlich der L. eng befreundete Dichter Ewald von Kleist, der später als Offizier in preußischen Diensten während des Siebenjährigen Krieges in der Schlacht bei Kunersdorf am 12.8.1759 tatsächlich verwundet wurde und am 24.8.1759 in »Fr**« (= Frankfurt an der Oder) starb. – 6 *Schlacht bei Zorndorf:* Sieg über die russischen Armeen am 25.8.1758. – *11f. in B**:* in Berlin, wo die Initiatoren und Verfasser der »Literaturbriefe«, L., F. Nicolai und M.Mendelssohn, lebten. – *15 Herrn Fll.:* das von L. am häufigsten gebrauchte Autoren-Zeichen in den »Literaturbriefen«. – *17 mir, dem Herausgeber:* wie der Adressat nur fiktive Person; eine in der Lit. des 18. Jh.s häufige Verfahrensweise.

S. 617 *13 neues Genie:* hier so viel wie vielversprechendes Talent auf dem Gebiet der schönen Wissenschaften und freien Künste. – *34f. neue Xenophons, neue Polybe:* die, wie die beiden antiken Autoren Xenophon (um 430 bis um 354 v. Chr.) und Polybios (etwa 210 bis etwa 127 v. Chr.), die Kriegsereignisse zum Anlaß bedeutender Geschichtswerke nehmen.

S. 618 *12f. unsere Übersetzer ...:* Die Flut von Übersetzungen sollte insbesondere die Interessen neu erschlossener Leserkreise im Bürgertum für ›schöne und gelehrte‹ Literatur befriedigen. Damit kam den Übersetzungen eine eminent geschmacksbildende Aufgabe zu – auch für die deutschen Autoren. Nach Jahrzehnten der ›Verkümmerung‹ bedurfte die deutsche Literatur der Anstöße und Vorbilder aus anderen Nationalliteraturen. – *15 einen vor mir:* Johann Jakob Dusch, Autor komischer Heldengedichte und guter Prosaiker, hatte 1758 in seinen »Vermischten kritischen und satirischen Schriften« L.s »Miß Sara Sampson« scharf kritisiert.

S. 619 6 *aufmutzen:* vorwerfen, wegen etwas tadeln. – *19 Pope vergleicht ...:* in dem seinen »Pastorals« (= Hirtengedichten) vorangestellten »Discourse on Pastoral Poetry«. – *24 Eklogen:* Bezeichnung der Hirtengedichte Vergils.

S. 620 *22f. »Bibliothek der schönen Wissenschaften ...«:* Von F. Nicolai 1756 begründete, 1765-1806 von Christian Felix Weiße als »Neue Bibliothek« fortgeführte Zeitschrift, in den ersten Jahrgängen das viel beachtete kritische Sprachrohr der »Berliner Aufklärung« um Nicolai und Mendelssohn. L. schrieb nur wenige Artikel und hatte im wesentlichen beratenden Anteil.

S. 621 *1f. Man hat ihr ...:* bezieht sich wohl auf J. J. Duschs Vorwurf der Parteilichkeit (s. 2. Literaturbrief) in der Vorrede zu seinen »Vermischten kritischen und satirischen Schriften« (1758) und deren anonyme Besprechung in den »Freimütigen Nachrichten« (1758). – *29 mir sind sie ...:* was L. u. a. zu den weitaus aggressiveren »Literaturbriefen« veranlaßte. – *33f. Erinnerungen:* Einwände. – *38f. »Nötigem Vorrate ...«:* Verzeichnis von deutschen Originalstücken und Dramenübersetzungen, 1757 erschienen (Ergänzungsband 1765).

S. 622 *4 Hans Rosenblüts ...:* Autoren deutschsprachiger Fastnachtsspiele und Schwänke im 15. und 16. Jh. – *21 seines Mylius:* Christlob Mylius (1722-1754). L.s Vetter und Freund gehörte während seiner Leipziger Studentenjahre zunächst zu den Anhängern Gottscheds. – *26f. den Verfasser der »Alten Jungfer«:* Der Autor ist L. – *30 Κοπϱοφοϱῳ:* Mistträger, Lumpensammler. – *32f. der »Ehestand« ...:* Die beiden vermißten Stücke »Der Ehestand« und »Der Kranz der gewesenen Jungfer Bergen op Zoom« sind im 2. Bd. von 1765 nachgetragen. – *34ff. »Anne Dore ...«:* Johann A. Schlegels Parodie auf das Schäferstück »Elise« (1744), das Gottsched in seine Dramensammlung »Deutsche Schaubühne« aufnahm. – *38 »Schaubühne«:* »Die Deutsche Schaubühne« (1740-1745), sechsbändige Sammlung von Dramen, die Gottsched als mustergültig betrachtete.

S. 623 *3 die Verfasser der Bibliothek:* Nicolai und Mendelssohn, die Hauptbeiträger der »Bibliothek der schönen Wissenschaften«. Die scharfe Polemik dieses Briefes zeigt, wie L. Sachargumente gelegentlich zugunsten effektvoller Attacken hintansetzt, wenn es gilt, die Machtpositionen der ›Großen‹ des literarischen Lebens zu erschüttern. – *12 die Neuberin:* Friederike Caroline Neuberin, geb. Weißenborn (1697 bis 1760). Ab 1728 Mitglied, später Prinzipalin einer Schauspielertruppe, die Gottsched für seine Pläne zu einer Reform der deutschen Bühne einsetzte. – *16 Staats- und Helden-Aktionen:* am Inhalt orientierte Bezeichnung für das Drama des ›hohen Stils‹ im 17. und in der ersten Hälfte des 18. Jh. – *17 Pöbelwitz:* der im Gegensatz zum ›philosophischen‹ und ›dichterischen‹ Witz weder die Einbildungskraft anregt, noch zu geistiger Beweglichkeit erzieht. – *26f. ein schweizerischer Kunstrichter:* J.J. Bodmer, der den »Sterbenden Cato«, Gottscheds Nachdichtung der Addisonschen Tragödie verspottet hatte. – *28ff. er ließ den ...:* Die folgenden Stücke sind keine Nachdichtungen, sondern Originalwerke deutscher Autoren, die Gottsched in seine »Schaubühne« als Musterstücke aufnahm. – *32 extemporieren:* aus dem Stegreif sprechen. – *32f. er ließ den Harlekin ...:* Gottsched sprach sich zwar gegen die ex-tempore-Späße des Harlekins aus; mit der ›Vertreibung‹ durch die Neubersche Truppe – 1737 wurde der Hanswurst öffentlich auf der Bühne verbrannt – hatte er allerdings nichts zu tun. L. wiederholt seine Behauptung im 18. Stück der »Hamburgischen Dramaturgie« und geht dort weiter auf die Rolle des Harlekins auf der deutschen Bühne ein.

S. 624 2 *Eines Französierenden:* Zu L.s Auseinandersetzung mit der französischen Theaterliteratur, besonders den Tragödien, vgl. die »Hamburgische Dramaturgie« (Stücke 75-81). Mit wachsender Distanz zum französischen Drama setzt sich L. immer nachhaltiger für die Orientierung des deutschen Theaters am Vorbild Shakespeares und seiner Nachfolger ein. – *19 mit den Augen der Franzosen:* Addisons Tragödie folgt dem Vorbild der klassizistischen französischen Dramen. – *32f. der Natur zu danken:* An diesem Argument setzt 12 Jahre später die Bewunderung Goethes für Shakespeare an (s. »Zum Shakespeares-Tag«).

S. 625 *6f. Gewalt über unsere Leidenschaften:* Zentrale Forderung L.s an die Wirkung des Trauerspiels. – *9 die »Zayre«:* Voltaires Tragödie erschien 1732, vgl. dazu das 15. Stück der »Hamburgischen Dramaturgie«. – *16f. »Doctor Faust«:* L. bezieht sich hier wohl auf das ›Volksschauspiel‹, das von Christopher Marlowes Drama (um 1588) ausgeht. – *20f. Einer von meinen Freunden ...:* Fiktion L.s; er selbst ist der Autor des folgenden Szenenentwurfs, der nur wenige Jahre zuvor entstanden sein dürfte (s. Bd. 1, S. 747ff.). – *31 zweite Band des »Messias«:* Kopenhagen, 1755. – *31f. in der Bibliothek:* Nicolais Rezension in der »Bibliothek der schönen Wissenschaften« findet sich auf S. 297-331.

S. 626 *3f. Der Abhandlung ...:* 1755 im zweiten Band der Kopenhagener Ausgabe des »Messias«. – *19 superfiziell:* oberflächlich. – *22 Vortrag:* Schreibart, Stil. – *26 ohne Pedanterie:* ohne ›gelehrte‹ Umständlichkeit, deutlich. – *29 poetischen Perioden:* des poetischen Satzes bzw. Satzbaus. – *37f. der erste sei ...:* Bereits um 1340 sind erste Versuche eines deutschen Hexameters nachweisbar.

S. 627 2 *Heräus:* Karl Gustav Heraeus (1671-1730) gab 1713 seinen »Versuch einer neuen teutschen Reimart nach dem metro des sogenannten lateinischen Hexametri und Pentametri« heraus. – *4 dem deutschen Übersetzer:* Johann Fischart. Seine »Affenteuerliche und Ungeheuerliche Geschichtschrifft« (1575) ist eine Nachdichtung von Rabelais' »Gargantua und Pantagruel«. – *13 Künstlichkeit:* kunstvolle Form. – *13f. Karmina:* Lieder, Gedichte. – *14 Anstellung:* Anwendung, Gebrauch. – *16f. das Mus:* die Speise, das Gemüse. – *18f. Prosodie:* Lehre vom Verhältnis der Silbenlängen und Akzente im Vers als Grundlage des Versmaßes. – *22 sondere angeartete:* besondere eigentümliche. – *26 Fahr sittiglich:* Verhalte dich ruhig und gesittet. – *28 fährst auf hohen Sande:* gibst dich stolz und hochfahrend. – *29 Wisart:* Pseudonym Fischarts. – *32 Reimenweiß understan:* im Reimen auf (uns) genommen haben.

S. 628 *5 fruchtwarlich:* fruchtbringend, erfolgreich. – *8 ergaistert:* begeistert, inspiriert. – *23f. deutsche Bienenkorb:* Fischarts Übersetzung »Bienenkorb des Heil. Römischen Immenschwarms« (1579) der Satire »Bienkorf der H. Rommsche Kercke« (1569) von dem Brüsseler Staatsmann und Schriftsteller Philipp v. Marnix von St. Aldegonde (1538-1598). – *30 Hemistichion:* Halbvers.

S. 629 *13 Harpffenweis Orpheus:* des Harfenspiels kundiger Orpheus. – *19 baß:* besser. – *26f. Alsted in seiner ...:* Johann Henrich Alsted (1588-1638): »Encyclopedia septem tomis distincta«. – *35 Alkaischen:* elfsilbiges Versmaß der Oden des griech. Dichters Alkaios (um 600 v. Chr.).

S. 630 2 *unsern »Messias«:* Die 1748 erschienenen ersten drei Gesänge hatten Klopstocks Ruhm begründet. L. ist Klopstocks Dichtung mit Hochachtung, aber nie ohne kritische Einschränkung begegnet. Vgl. hierzu L.s Besprechung von G.F. Meiers Rezension (S. 509) und die Kritik zu Klopstocks »Ode an Gott« (519) sowie zu den »Drei Gebeten« (ebda., S. 531f.). – *6 folgendes Beispiel:* VIII, 17f. – *12 erit mihi magnus Apollo:* wird mir der große Apoll sein. Nicolai meint soviel wie: nicht einmal der Gott der Dichtkunst findet den Zusammenhang. – *13 Phyllida solus habeto:* Er soll allein die Phyllis haben (bezieht sich auf Vergils »Eclogae«, III, 104 und 107: zwei Hirten tragen um den Preis der Phyllis einen literarischen Wettstreit aus). – *24 das alte Lied:* Luthers Kirchenlied nach Psalm 67. – *29 Eloa:* hebr. für ›Gott‹, Figur im »Messias«.

S. 631 4 *die Originalausgabe:* die sog. Kopenhagener Prachtausgabe, mit Unterstützung des dänischen Königs gedruckt. – *3f. Hallischen*

Nachdrucke: Die rechtmäßigen Nachdrucke erschienen in Halle 1749 bzw. 1756.

S. 632 *13f. Menge Participia:* In der Sprachdiskussion des 18. Jh.s gehört der Gebrauch der Partizipien zu den kontroversen Fragen. – *7ff. Daß er noch ...:* II, 241f.; die folgenden Zitate beziehen sich auf II, 242, 281f., 234; III, 296; II, 406ff., 408ff., 691ff., 697, 615ff., 618ff., 845ff., 846f., 881ff. – *29f. eine einzige Stelle:* III, 649.

S. 634 *20 Adramelech:* Teufelsfigur im »Messias«. – *36 Geist der Orthodoxie:* Rechtgläubigkeit, Übereinstimmung mit der Kirchenlehre. – Im 18. Jh. auch Bezeichnung für die konservative Theologie und Morallehre des Protestantismus.

S. 635 *16 Seraph:* ein sechsflügeliges Wesen, Jahwe umschwebend; später wurden die Seraphime zu den Engeln gerechnet. – *29 schielend:* zweideutig. – *31f. heidnischen Verstand:* heidnischen Sinn, Bedeutungsgehalt.

S. 636 *12f. unterirdischen Herkulano:* Die antike Stadt Herculaneum wurde 79 v. Chr. bei einem Vulkanausbruch des Vesuv verschüttet. Bei den Ausgrabungen entdeckte man 1752 die genannte Bibliothek. – *16 Ερωτοπαιγνια des Alciphrons:* Alkiphron (2. Jh.) verfaßte 118 fingierte Briefe – darunter die Hetärenbriefe –, 'Ερωτοπαιγνια (»Liebeslieder«) hieß eine verlorene Gedichtsammlung des Laevius, eines Zeitgenossen Ciceros. L. gibt das Originalwerk Heinrich Wilhelm v. Gerstenbergs zunächst scherzhaft als Übersetzung eines unbekannten berühmten Werkes aus. – *24 Grazien:* Göttinnen der Anmut. – *26 acidalische Quellen:* Acidalia ist ein Beiname der Schönheitsgöttin Venus, zu deren Gefolge die Grazien gehörten.

S. 638 *20f. Cremoneser Saiten:* Die italienische Stadt Cremona ist berühmt für ihren Geigenbau. – *27 »Tändeleien«:* Gerstenbergs »Tändeleien« – 1759 in Leipzig erschienen – waren ein Erstlingswerk mit scherzhafter Liebeslyrik im Geschmack der ›Rokoko-Zeit‹. In der 2. Auflage von 1760 hat Gerstenberg L.s kritische Anmerkungen für Verbesserungen berücksichtigt. – *32 eines Gresset:* L. bezieht sich vermutlich auf die »L'Ode sur l'amour de la patrie« (1734) des franz. Lustspieldichters und Novellisten Jean-Baptiste L. Gresset (1709-1777).

S. 639 *7 der Alp:* mythologische Figur, meist als häßlicher Zwerg dargestellt, der sich gern Schlafenden auf die Brust setzt und dadurch ›Alpträume‹ entstehen läßt. – *12 dem Gabalis:* Die Satire »Der Graf Gabalis oder Unterhaltungen über die geheimen Wissenschaften« (Paris 1760) des Abbé Montfaucon de Villars verspottet die Geister- und Wunderwelt der im 18. Jh. vor allem in Frankreich populären ›Feenmärchen‹. – *36 Sohn der Cythere:* Amor galt als Sohn der Fruchtbarkeitsgöttin. – *39 gotischer:* ›Gotisch‹ wird im 18. Jh. häufig im Gegensatz zum ›klassischen‹ Ideal von der Schönheit des Einfachen, Klaren und Natürlichen für das Skurrile, Düstere, Überladene, Absonderliche, ›Barbarische‹ gebraucht.

S. 640 *19 f. Kalmucke:* Angehöriger eines sprichwörtlich unzivilisierten Nomadenstammes der vorderasiatischen Steppe. – *23 f. in den neuen Gedichten …:* Ewald von Kleists »Neue Gedichte« erschienen 1758 in Berlin. Etwa zu dieser Zeit setzt das Interesse am Volkslied ein. – *30 Zama:* Region in Nordafrika.

S. 641 *17 bei dem Scheffer:* Johann Scheffers »Lapponia sive Gentis Regionisque Lapponum Descriptio accurata cum Figuris« (Frankfurt 1673). – *20 f. die Nachahmungen eines solchen Meisters:* L. schätzt Kleists ›kunstfertige‹ Bearbeitung höher ein als das Original, sieht es jedoch nicht als Muster für lyrische Dichtungen. – *25 Ruhigs Litauischem Wörterbuche:* zu Philipp Ruhigs »Betrachtungen der litauischen Sprache in ihrem Ursprunge, Wesen und Eigenschaften« (Königsberg 1745). Das Wörterbuch erschien als Ergänzung 1747. – *28 Dainos:* die Bezeichnung der Litauer für ihre Volkslieder.

S. 642 *8 Weberlein:* im Original und bei Ruhig: Weberin. – *13 zerschauert:* gescheuert. – *29 gehaubet:* Die Haube war das Zeichen für die verheiratete Frau.

S. 643 *20 f. Der fromme Mann:* Ruhig war Pfarrer in Walterkehmen (Ostpreußen). – *27 Zwei hiesige Gelehrte:* Ramler und L.; s. 43. und 44. Literaturbrief.

S. 644 *13 f. einen Band von nur …:* L. bezieht sich auf den Titel der Ausgabe von 1654 »Salomons von Golaw Deutscher Sinn-Getichte Drei Tausend«, die insgesamt 3553 Epigramme enthielt.

S. 646 *27 anakreontischer:* im Stile der im 18. Jh. häufig nachgeahmten, dem Anakreon zugeschriebenen Gedichte über Liebe, Wein, Spiel und Vergänglichkeit.

S. 648 *30 ff. »Parnassum …«:* Schlesischen Parnaß oder Besprechung sämtlicher schlesischer Dichter, die in der Heimatsprache oder in fremder Zunge den Musen geopfert haben. – *33 erste Centurie:* das erste Hundert.

S. 649 *8 f. quae quidem …:* Diese Epigramme werden wegen ihrer Anmut und ihres Witzes nicht hintan gestellt. – *15 f. Herr Professor Gottsched:* der ihn in der »Kritischen Dichtkunst« nur beiläufig behandelt. – *19 seltsame Vermischung:* des Pseudonyms »Salomon von Golau« mit dem Namen »Friedrich von Logau«. – *22 f. Jöchersche … Gelehrtenlexikon:* 1750/51 erstmals erschienen. – *25 Peirescius:* Nicolas-Claude Fabry, Seigneur de Peiresc, (1580-1637) machte sich einen Namen durch seine gelehrte Korrespondenz und als Mäzen auf dem Gebiet der Literatur. – *29 Balthasar Friedrich von Logau:* Lebte von

1645-1702. – 37 *fruchtbringenden Gesellschaft:* Erste der Gesellschaften zur Pflege der deutschen Sprache und Literatur; 1617 vom Fürsten Ludwig von Anhalt-Köthen gegründet.

S. 650 2 *der Sprossende:* Georg von Neumark (1621-1681), Sekretär der »Fruchtbringenden Gesellschaft«. – 5 *S.v.G.:* Salomon von Golau; unter diesem Pseudonym ließ Logau seine Epigramme erscheinen.

S. 651 32 *aufmutzen:* ankreiden, vorwerfen. – 35 *Canitzen und Bessern:* Friedrich Rudolf Frhr. v. Canitz (1654-1699) und Johann v. Besser (1654-1729), renommierte Autoren des ›galanten‹ Zeitalters.

S. 652 3 *H.M. zum Verfasser:* Der Autor ist J. v. Besser. – 3 *f. Ein Menantes:* Pseudonym für Christian Hunold (1680-1721), Verfasser ›galanter Romane‹. – 14 *neuesten zärtlichen Dichtern:* die ›empfindsame‹ Liebespoesie der Rokokozeit. – 23 *George von Logau:* Kaiserlicher Rat und Breslauer Domherr (1486-1553). – 28 *Wilhelm von Logau ...:* Literarisch unbedeutender Nachkomme Friedrichs v. Logau. – 33 *f. Sammlung von ...:* »Erste Hundert Teutscher Reimensprüche« (1638). – 37 *f. vollständige Sammlung:* s. zu S. 644, 15 f.

S. 656 9 *f. einen Martial, einen Catull ...:* Für L. die bedeutendsten Epigrammatiker der Antike. – 13 *der bloße Logau:* Logau allein. – 20 *kritischen Erythräi:* Der Venezianer Nicolaus Erythraeus veröffentlichte 1565 seine kommentierte Vergil-Ausgabe »Scholia et Indicem in Virgilium«.

S. 657 13 *Kunstwörter:* Fachausdrücke. – 18 *Purist:* Sprachreiniger. – 19 *f. Neuerungen des Zesen:* Philipp v. Zesen (1619-89) gibt in seiner 1641 veröffentlichten Poetik »Hochdeutscher Helikon« einen ganzen Katalog teilweise unsinniger Eindeutschungen, doch sind seine Bemühungen um die deutsche Sprache durchaus ernstzunehmen. – 20 *zu gottschedisieren:* verfahren wie Gottsched nach L.s Meinung: autoritativ und nach einseitigen Regeln, ohne Rücksicht auf die ›natürlichen‹ Umstände. – 33 *f. der Sprache ... einen Dienst tun:* Aus altem Sprachmaterial die Sprache seiner Zeit aufzufrischen, war für L. neben dem historischen Interesse Ziel seiner Beschäftigung mit der »altdeutschen Literatur«. – 38 *f. callidam juncturam:* kluge Verbindung.

S. 661 1 *Flitte:* richtiger: ›Fliete‹; ein Messer zum Aderlaß.

S. 662 9 *»Nordische Aufseher«:* Die von Johann Andreas Cramer herausgegebene Zeitschrift erschien von 1758 bis 1761 in Kopenhagen und Leipzig. – 12 *wöchentliche Moralisten:* ironisch für die oft trivialen ›Moralischen Wochenschriften‹, die – in der Nachfolge ihrer berühmten englischen Vorbilder »Spectator«, »Tatler« u.a. – nach 1725 ein breites Publikum fanden und zu allen Erfahrungsbereichen des bürgerlichen Lebens kommentierend und belehrend Stellung nahmen. – 14 *dem*

»Fremden«: herausgegeben von Johann E. Schlegel, erschien nur 1745/46. – *20ff. unsere besten Köpfe ...:* Dank der großzügigen Förderung König Friedrichs V. wurde Kopenhagen zur Heimat vieler bedeutender deutscher Literaten und Gelehrter. L.s Verbitterung über die Tatsache, daß deutsche Autoren vor allem im Ausland Unterstützung fanden, richtet sich insbesondere gegen Friedrich II., der die deutsche Literatur nur gering achtete und die einträgliche Stelle des Hofbibliothekars mit Franzosen besetzte. – *21f. sich expatriieren:* das Vaterland verlassen.

S. 663 *12f. seine Mitarbeiter:* u.a. Klopstock, dessen Frau Meta und Johann Bernhard Basedow (1723-90), der später das reformpädagogische »Philanthropinum« in Dessau gründete. – *18 des Nestor Ironside:* Unter diesem Pseudonym gab Richard Steele (1672-1729) 1713 die moralische Wochenschrift »Guardian« heraus. Auf den Titel (Guardian = Wächter, Vormund) bezieht sich der »Nordische Aufseher«. L. spielt im folgenden darauf an. – *21 Negozianten:* Kaufmanns.

S. 664 *30 strenge Verehrer der Religion:* L. vertritt in der Auseinandersetzung mit dem »Nordischen Aufseher« meist die Argumente der ›orthodoxen‹ Theologie und Religionsauffassung. Damit soll aber nicht der eigene Standort beschrieben werden, sondern L. bezieht – um der deutlicheren Kritik willen – eine Gegenposition zu dem schöngeistigen und empfindsamen ›Reden‹ über Religion.

S. 665 *15 Socinianer:* Anhänger der Lehre der italienischen Theologen Lelio F.M. Sozzini (1525-1562) und Fausto P. Sozzini (1539 bis 1604), die sich u.a. gegen den Anspruch der ›Göttlichkeit‹ Christi wandten. – *28 des Kanzlers Daguesseau:* Der französische Jurist Henri François d'Aguesseau (1668-1751) gehört nicht zu bedeutenden Literaten seiner Zeit; L. zitiert hier den »Aufseher«, um dessen überschwengliche Urteile anzuprangern. – *34f. wie Ramler und Ebert:* Ramler hatte sich vor allem als Horaz-Übersetzer einen Namen gemacht; J.A. Ebert übersetzte zeitgenössische englische Literatur, u.a. Edward Youngs »Nachtgedanken«. – *35 Lodde:* Barthold Johann Lodde, angesehener und vielseitiger dänischer Übersetzer (1706-1788).

S. 666 *8f. Bischof Buttlers ...:* Joseph Butlers (1692-1752) »Analogy of Religion« (1736) wendet sich gegen die Deisten. – *9f. Heinrich Beaumonts ...:* Pseudonym von Joseph Spence (1699-1768). Seine »Moralities or Essays, Letters, Fables and Translations« erschienen 1753. Der »Polymetis« von Spence ist für L.s »Laokoon« wichtig. – *11f. des Marquis von Mirabeau ...:* Victor Riquetti, Marquis de Mirabeau (1715-1789), Philosoph und Nationalökonom, veröffentlichte 1756 die Schrift »L'Ami des Hommes, ou Traité de la Population«. – *13 des Hrn. Tullin:* Christian B. Tullins (1728-1765) Gedicht »Majdagen« (1758) zeigt den Einfluß Thomsons und Klopstocks.

S. 667 *9 heterodoxe Lehrart:* der offiziellen Kirchenlehre widersprechend. – *10ff. itzt ein guter Christ ...:* s. zu S. 664, 30.

S. 669 *5 Gradation:* Steigerung.

S. 670 *8 Intension:* Nachdrücklichkeit.

S. 671 *15 Arten, über das erste Wesen ...:* Das 25. Stück »Von den besten Arten über Gott zu denken« stammt von Klopstock.

S. 672 *13f. denken ... empfinden:* Die Rolle von ›Denken‹ und ›Empfinden‹ im Erkenntnisprozeß wie in der ästhetischen Erfahrung war ein wichtiges Thema in der philosophischen und kunsttheoretischen Diskussion des 18. Jh.s. Klopstocks Formulierung »wenn die ganze Seele [...] so erfüllt ist [...]« beschreibt eine Form des ›Enthusiasmus‹, die nicht nur zur Grundlage religiöser Lyrik wurde, sondern auch – ›säkularisiert‹ – die Naturdichtung des späten 18. Jh.s bestimmte.

S. 673 *23 daß Er:* Das »Er« wurde von L. hervorgehoben, der Kl. als Autor des Beitrags erkannt hatte. – *30 ein Böhme, ein Pordage:* Der Mystiker Jakob Böhme (1575-1624) wurde aufgrund seiner eigenwilligen philosophischen und theologischen Lehren von den Vertretern der ›Aufklärung‹ ebenso abgelehnt, wie wegen seiner unsystematischen Darstellungsweise und seines ›dunklen‹ Stils. Der englische Mystiker John Pordage (gest. 1698) wurde von Böhme stark beeinflußt.

S. 676 *43 Vapeurs und Humeurs:* Blähungen und Launen. Zu L.s Zeit Modekrankheiten der Damenwelt.

S. 678 *13 desjenigen von den Mitarbeitern:* J. A. Cramer. – *16 Homileten:* Predigers. – *16 Pneumata:* Eingebungen des Heiligen Geistes. – *37 Gesicht:* Sehvermögen.

S. 681 *7 ein geistliches Lied:* der Autor ist J. A. Cramer. – *11 das zweite:* unter dem Titel »Dem Allmächtigen« in Klopstocks Werken; später in vierzeiligen Strophen.

S. 682 *18 Tirade:* Wortschwall.

S. 683 *36 prosodisch:* auf das Metrum bezogen.

S. 684 *6f. Trauerspiele in Prosa:* L. bezieht sich auf das ›bürgerliche Trauerspiel‹, für das mit den Prosadramen »The London Merchant« (1731) von George Lillo und L.s »Miß Sara Sampson« (1755) in England und Deutschland Vorbilder gesetzt wurden. – *23 das sechs und zwanzigste:* »Von der Sprache der Poesie«, der Autor ist Klopstock. – *38f. Petitsmaiters:* Modenarren.

S. 686 *17f. Regel ... eine Ausnahme leiden:* L.s grundsätzliche Einstellung zu den »Regeln« in der Poesie wird wiederum deutlich: »Regeln« und Vorschriften sind nur dann sinnvoll, wenn sie nicht starr angewandt und stets auf das innere Gesetz des jeweiligen Kunstwerks bezogen werden; s. auch u. Z. 35f. die Gegenüberstellung des »korrekten« Racine und ›natürlichen‹ Shakespeare. – *28 stören dadurch die*

Illusion: Die Illusion ist nach L.s Auffassung vom Drama die wichtigste Voraussetzung für die Erregung der Leidenschaften und damit für die Wirkung des Dramas; die »Hamburgische Dramaturgie«, u.a. im 4. Stück.

S. 687 5 *Der Verfasser ...:* Christian Felix Weiße. Seine »Scherzhaften Lieder«, ohne Verfasserangabe 1758, 1759 in verbesserter Auflage wurden in der »Bibliothek der schönen Wissenschaften« positiv rezensiert. – 9 *höheren Sphäre:* nach der bis ins 19. Jh. hinein geltenden Zuordnung von Gattungen und Stilebenen; die Tragödie gehörte in den Bereich des ›hohen Stils‹ (genus grande). – 9 *f. In der tragischen:* L.s Äußerungen zum Theater und zur Poetik des Dramas in den »Literaturbriefen« gehen von keiner festen theoretischen Position aus. Sie sind Zwischenstationen auf dem Weg zum Programm und der kritischen Bestandsaufnahme der »Hamburgischen Dramaturgie«. – 23 *a priori:* von vornherein. – 25 *Nativitätsstellung:* Zukunftsprophezeiung aufgrund der Stellung der Gestirne zur Zeit der Geburt.

S. 688 3 *tragischen Genie:* Talent zur Tragödie. – 9 *f. Herren von Cronegk und von Brawe:* Johann Friedrich Frhr. v. Cronegk (1731 bis 1757) hatte sich ebenso wie Joachim Wilhelm von Brawe (1738-1758) an dem 1756 in der »Bibliothek der schönen Wissenschaften« angezeigten Preisausschreiben für ein deutsches »Originalstück« beteiligt. Cronegk gewann mit seiner Tragödie »Codrus« den Preis, während der Lessing nahestehende und von ihm favorisierte Brawe mit dem »Freigeist« unterlag. – 12 *ein Trauerspiel in Versen:* der »Brutus«, den L.s Bruder Karl und Ramler 1768 in Berlin herausgaben. – 39 *Hedelin:* François Hédelins »Prâtique du Théâtre« (1652) lehrt die Regeln des französischen klassizistischen Dramas und fordert die Einhaltung der drei Einheiten des Ortes, der Zeit und der Handlung.

S. 689 3 *f. ein neuer französischer Schriftsteller:* Denis Diderot (1713-84) in »Entretiens sur le Fils Naturel« (1757). Mit Diderot hat sich L. immer wieder beschäftigt. Im 84. und 85. Stück der »Hamburgischen Dramaturgie« bezieht sich L. in der Erörterung des Themas »Nachahmung und Illusion« ausführlich auf Diderots »Bijoux indiscrets« (1748). Vgl. auch L.s Vorreden zum »Theater des Herrn Diderot«, S. 25. – 10 *Bühne des Scaurus:* Marcus Aemilius Scaurus hatte um die Mitte des 1. Jh.s v. Chr. in Rom ein Theater bauen lassen, das rund 80000 Menschen Platz geboten haben soll. – 32 *f. der Deutsche kaum Buden hat:* Das französ. Theater hatte an den Fürstenhöfen, vor allem aber in Paris, repräsentative Bühnen und erfuhr entsprechende Förderung, das deutsche Sprechtheater kannte im wesentlichen nur Wanderbühnen mit oft nur schnell aufgeschlagenen Buden als Spielort.

S. 690 12 *unsere Schauspieler:* Die Rolle der Schauspieler, ihre

›Kunst‹, Illusionen zu realisieren und damit den von L. geforderten Einfluß auf die Leidenschaften der Zuschauer zu nehmen, gehört zu den wichtigen Punkten in L.s dramentheoretischen Überlegungen; vgl. das 4. Stück der »Hamburgischen Dramaturgie«. – *18 Repräsentarii:* Darsteller. – *22 »Eduard der Dritte«:* im 1. Bd. der Sammlung »Beitrag zum Deutschen Theater«; der englische König Eduard III. kam 1327 mit 15 Jahren auf den Thron und regierte bis 1377. – *30 bei dem Rapin:* Paul Rapin, Sieur de Thoyras (1661-1725) in seiner »Histoire d'Angleterre« 1724 ff.

S. 693 *27 Ökonomie:* hier ›Aufbau‹. – *32 f. Schlegelsche Versifikation:* Die metrische Kunstfertigkeit Johann Elias Schlegels in seinen Dramen wurde hoch geschätzt.

S. 694 *14 f. Contours ... Colorite:* Über L.s später differenzierteren Gebrauch von Begriffen der bildenden Kunst zur Beschreibung von Dichtung s. »Laokoon« (Bd. 3 dieser Ausgabe).

S. 695 *19 f. Der Verfasser ...:* Johann Nikolaus Meinhard (1727 bis 1767); Theologe, dann Hauslehrer, Hofmeister und Privatgelehrter, war an keine Partei des literarischen Lebens gebunden, so daß L.s Lob ausschließlich seinen Fähigkeiten als Übersetzer gilt. Vgl. a. S. 618, 12 f.

S. 696 *7 Den Marino:* Giambattista Marino (1569-1625) gab mit seinem preziösen und ornamentalen Stil (»Marinismus«) – der in der Aufklärung mit dem Stilideal der ›natürlichen Schreibart‹ nicht mehr akzeptiert werden konnte. – *8 Der Adonis:* »L'Adone«, ein umfangreiches mythologisches Epos, wurde 1623 veröffentlicht. – *8 f. Posteln und Feinden:* beide Verfasser von Libretti für Opern des italienischen Stils, die in Musik und Ausstattung ebenso dem ›Dekor‹ verpflichtet waren wie Marinos Dichtung. – *14 Concetti:* (ital.) Verzierungen, geistreiche Bilder, Einfälle. – *17 den Sprachmeistern:* Die italienischen Sprachlehrer gaben ihren Unterricht weiterhin an den ›klassischen‹ Autoren und mieden die Mode-Literatur der ›Marinisten‹. – *22 Commercium:* Geschäft, Umgang. – *29 zweideutig schimmert:* in zweifelhaftem Ansehen steht. – *30 malerische Dichter:* Zu der sich bei L. in der Folgezeit stärker ausbildenden Abwertung des malerischen Elements in der Dichtung s. vor allem den »Laokoon«. – *33 Niederländische Schule:* Die holländische Malerei des 17. Jh.s wurde im Gegensatz zur ›römischen‹ (der italienischen Renaissance) vom 18. Jh. gering geschätzt und gleichsam dem ›niedrigen Stil‹ in der Dichtungslehre gleichgesetzt. – *35 Szenen von Schäfern und Hirten:* Sie kamen in der Literatur des 18. Jh.s der Freude am ›Verkleiden‹, am Rollenspiel ebenso entgegen wie den utopischen Vorstellungen des Einfachen, Natürlichen und Idyllischen. – *35 f. komische Epopeen:* komische Heldengedichte, oft als Travestie des ›hohen‹ Heldenepos. – *36 Bambocciade:* ital. bamboccio

= Krüppel. Bambocciaden sind auf das Milieu von Bauern und Kleinbürgern bezogen.

S. 697 4 *imaginieren:* so viel wie: eine Situation, Szenerie entwerfen. – 21 *Esprit:* im 18. Jh. meist mit ›Witz‹ übersetzt, jedoch ohne die poetologische Dimension des ›Witz‹-Begriffs als Nachahmungsprinzip.

S. 698 12 *Medices:* Die Medici, Florentiner Patriziergeschlecht; förderten im großen Stil Künste und Wissenschaften. – 20 *f. den Einfluß der Großen auf die Künste:* Ebenso hielt L. wenig davon, literarische Blütezeiten nach Herrscherhäusern zu bestimmen. – 29 *f. Einer der größten heutigen italienischen Dichter:* Pietro Metastasio (1698-1782), berühmter Librettist des ital. Singspiels, war Sohn eines armen Webers (nicht Bäckers).

S. 699 28 *den Machiavell:* Niccolo Machiavelli (1469-1527), Schriftsteller, Staatslehrer, Politiker: eine der bedeutendsten Persönlichkeiten der Renaissancezeit. Das von L. ausgewählte Zitat nennt folgende Werke »Il Principe« (1532), »Istorie fiorentine« (1532) und die »Discorsi sopra la prima deca di Tito Livio« (1531). – 30 *f. ›Calandra‹ des Kardinals Bibiena:* Die Komödie »Calandra« des Kardinals Bibiena (1470-1520) wurde 1513 zum ersten Mal aufgeführt. – 31 *ein paar Komödien:* Die berühmteste ist »Mandragola« (1524), in der die Laster der Dummheit und Scheinheiligkeit verspottet und die moralische Heuchelei attackiert werden.

S. 700 8 *f. Präsidenten Montesquieu:* Charles de Secondat, Baron de Montesquieu (1689-1755), französischer Staatslehrer und Schriftsteller, gab die theoretische Begründung der konstitutionellen Monarchie. – 20 *f. schielend ... affektiert:* von einer klaren Konzeption abweichend, ... gekünstelt, unnatürlich. – 29 *Prädilektion:* Vorliebe. – 32 *Heinrich Homes:* der englische Moralist und Ästhetiker Henry Home (1696-1782); sein Hauptwerk »Elements of criticism« (zur Ästhetik) erschien 1762-1765.

S. 701 6 *»Petrarchischer Gedichte«:* in der Nachfolge der Liebeslyrik Petrarcas, die von der idealisch stilisierten Liebessehnsucht zur unerreichbaren Geliebten bestimmt sind und im Gegensatz zur scherzhaft-tändelnden Liebesdichtung des Rokoko standen. – Der Autor der erwähnten Sammlung ist J. L. W. Gleim, der als einer der führenden Autoren der Anakreontik alles andere als petrarkische Gedichte zu schreiben gewohnt war. – 20 *f. Elementglase:* bei physikalischen und chemischen Untersuchungen von Substanzen für die Trennung der einzelnen Grundbestandteile (= Elemente) verwendet.

Der Rezensent braucht nicht besser machen zu können, was er tadelt (S. 703)

Die kurze Abhandlung wurde vermutlich im Rahmen der Arbeit an der »Hamburgischen Dramaturgie« 1767 oder 1768 entworfen. Die Forderung Lessings, daß der »Kunstrichter« seine Wertung im Gegensatz zum bloßen Geschmacksurteil mit zusätzlichen Gründen belegen können muß, bestimmt freilich Lessings kritische Verfahrensweise schon seit den ausgedehnteren Rezensionen der »Literaturbriefe«.

Erstdruck aus dem Nachlaß in »Nebenstunden«, St. 1, S. 90-95; hrsg. von Fülleborn 1799.

S. 704 5 *Knoten deiner Fabel:* Mittelpunkt des dramatischen Geschehens, in dem die einzelnen Stränge der Handlung zusammengeführt werden. ›Den Knoten schürzen‹: die dramatische Verwicklung auf diesen Mittelpunkt hin anlegen. – 15 *Anschlägen:* Vorschläge, Pläne. – 22 *Pallet:* Palette.

S. 705 10 *Stichblatt:* Schutz gegen Hiebe und Stiche.

PHILOLOGIE UND ALLGEMEINES

Gedichte von Andreas Scultetus (S. 709)

Auf Scultetus war Lessing schon 1751/52 während seines Studiums in Wittenberg durch Zufall gestoßen, das Interesse wuchs noch während der Vorbereitung seiner Ausgabe der ›Sinngedichte‹ Logaus (1759), um so mehr, als zunächst kein umfangreicheres Material zu finden war. Erst der Aufenthalt in Breslau, einem der Zentren der schlesischen Dichtung des frühen 17. Jahrhunderts, brachte Lessing 1761 in seinen Nachforschungen weiter, so daß sich nun eine Veröffentlichung, und zwar von sechs verschiedenartigen Gedichten, lohnte. Sie kam jedoch erst 1771, in der Sammlung des Braunschweiger Freundes J. F. W. Zachariä zustande, der sich als Autor und auch als Herausgeber von Dichtungen des 16. und 17. Jahrhunderts einen Namen gemacht hatte.

Lessings Enthusiasmus für Scultetus ist heute angesichts des – im

Vergleich zu Lessings Lebzeiten – in weitaus größerem Umfang bekannten und damit besser zu wertenden Textmaterials der Dichtung des 17. Jh.s nur mit Einschränkungen nachzuvollziehen. Lessing faszinierten vor allem die sprachliche und stilistische Eigenwilligkeit des Schlesiers sowie seine ›seltenen‹, aber doch natürlichen Bilder. Die Begeisterung für Scultetus ist über den behandelten Autor hinaus auch als Plädoyer für die nähere Beschäftigung mit der nachopitzianischen Literatur des 17. Jh.s zu werten, die von der Kunstkritik der Aufklärung meist in Bausch und Bogen verdammt wurde. Lessings biographische Informationen und Vermutungen sind heute in fast allen Punkten bestätigt.

Auch als ›Wieder-Entdecker‹ des Scultetus hat Lessing einen Platz in der Geschichte der deutschen Literatur, doch blieb seine Veröffentlichung – von einigen bald darauf erschienenen ›Nachlesen‹ anderer Editoren abgesehen – ohne größere Folgen für die Wirkung des Schlesiers.

Bezeichnend für Lessing ist die Erinnerung an Ewald v. Kleist, die Scultetus in ihm hervorgerufen hat.

Erstdruck: »Gedichte von Andreas Scultetus: aufgefunden von Gotthold Ephraim Lessing« in: »Auserlesene Stücke der besten deutschen Dichter von Martin Opitz bis auf gegenwärtige Zeiten. Mit historischen Nachrichten und kritischen Anmerkungen versehen von Friedrich Wilhelm Zachariä. Zweiter Band« (Braunschweig 1771), S. 325-424. Im gleichen Jahr auch eigens paginierter Sonderdruck. Erst 1792, im 8. Teil der »Sämtlichen Schriften«, die Vorrede und eigene Anmerkungen.

S. 709 *11 unser Ebert:* J. A. Ebert, Professor am Collegium Carolinum in Braunschweig, hatte L.s Berufung nach Wolfenbüttel vermittelt und war einer der häufigsten Gesprächs- und Briefpartner in L.s letztem Lebensjahrzehnt. – *18f. Scultetus:* (lat. Schultheiß) – Sein eigentlicher Familienname war ›Scholtz‹. – *20f. bei dem Neumeister, noch John:* in »De poëtis Germanicis Hujus Seculi precipuis dissertatio compendiaria« des Theologen Erdmann Neumeister (1671-1756), zu John s. S. 648, *30ff.* – *25 zu Wittenberg:* Im Dezember 1751 siedelte L. von Berlin nach Wittenberg über, um an der dortigen Universität sein Studium formell mit der Magisterpromotion (April 1752) abzuschließen. – *28 Bombast:* ebenso wie »Schwulst« von der Literaturkritik der Aufklärungszeit als abwertendes Stilkriterium für die Literatur des 17. Jh.s gebraucht; Gegenbegriff zum ›plain style‹, der ›natürlichen Schreibart‹.

S. 710 *29 wahre Ton des Opitz:* Bis in die zweite Hälfte des 18. Jh.s genießt Opitz sowohl als Autor der ersten eigenständigen ›deutschen‹ Poetik wie als Verfasser exemplarischer Werke in den meisten der dichterischen Gattungen hohe Achtung. L. schätzt insbesondere die männliche, d. h. die klar und überschaubar formulierende Sprache des Opitz.

S. 711 *13 Ziegelknechte:* vgl. 2. Moses, 5, 8: Die Israeliten mußten in der ägyptischen Gefangenschaft für den Pharao Ziegel brennen. – *15 Amalek:* vgl. 2. Moses, 17, 8: Enkel Esaus. – *21 f. den trüben Sinai ...:* 2. Moses, 18 ff. – *30 ff. den überschifften Ort ...:* Anspielung auf Jesaja 38, 8.

S. 713 *15 der Telamoner Frucht:* nicht eindeutig zu identifizieren (Telamon = Vater des Ajax). – *18 der Zypern Blume:* die Rose. – *35 Zephyrus:* sanfter Wind.

S. 714 *4 Deliens Losier:* Deliens Wohnung. – *4 Zinken:* hier eine Art von Orgelpfeifen, die den Ton des alten Blasinstrumentes gleichen Namens nachahmen. – *15 letzte ohne eine:* vorletzte. – *18 Sagt nicht auch Kleist:* in »Tod und Leben. Rhapsodie II« (1758). – *33 Zu der Zeit:* 1757/58; Ewald von Kleist war zu Beginn des Siebenjährigen Krieges als Offizier der preußischen Besatzungstruppen in Leipzig stationiert und stand dort im ständigen Kontakt mit L.

S. 715 *17 Andenken eines Freundes:* Kleist starb nach der Schlacht von Kunersdorf am 24.8.1759 an seinen Verletzungen. L.s Briefe aus diesen Tagen zeigen die tiefe menschliche Verbundenheit mit dem ihm am nächsten stehenden seiner Freunde. – *30 nach Schlesien:* Von 1760-1765 war L. Sekretär des Generals Tauentzien in Breslau.

S. 716 *12 Arletius und Klose:* Johann Caspar Arletius (1707-1784) war ab 1761 Rektor am Elisabethgymnasium in Breslau, dessen reichhaltige Bibliothek L. während seines Breslauer Aufenthaltes (1760-65) nutzte. Zu diesem Studium in Bibliotheken und privaten Büchersammlungen gab auch der Rektor Samuel Benjamin Klose (1734-1798), der selbst eine umfangreiche Geschichte Schlesiens schrieb, viele wertvolle Hinweise. – *13 Opitianis:* Werke von Opitz. – *18 Virtuosen:* Künstler, Dichter. – *30 an den ... Colerus:* Christoph Colerus (gest. 1658) stammte wie Scultetus aus Bunzlau.

S. 717 *2 Matrikel:* hier: Schülerverzeichnis. – *10 inscribieret:* eingeschrieben, in die Schule aufgenommen. – *31 ekele Pedanterei:* kleinkrämerische Gelehrsamkeit. – *33 wollüstigen Auswüchsen:* so viel wie ›üppig wuchernde Auswüchse‹.

S. 718 *19 Ihnen bewußten Absicht:* wohl die Vorarbeiten zu einem »Deutschen Wörterbuch«.

Zur Geschichte und Literatur. Aus den Schätzen der herzoglichen Bibliothek zu Wolfenbüttel. Vorrede (S. 719)

Nach dem finanziellen Debakel der Hamburger Verlagsgründung, für die er auch seine wertvolle Büchersammlung geopfert hatte, gab Lessing seine bisherige Unabhängigkeit auf und nahm 1769 die ihm angebotene feste Anstellung als Bibliothekar der berühmten Wolfenbütteler Bibliothek an. Für den Verlust an Gedankenaustausch und Geselligkeit in der stillen Kleinstadt hoffte er durch die Schätze der Bibliothek entschädigt zu werden. Außerdem war es seine Absicht, die Bibliothek indirekt zu öffnen und die Bestände zugänglich zu machen und so durch einen weiten Kontakt die Gefahr des Abgeschlossenseins in einem Versorgungsamt zu umgehen. So plante Lessing u. a., eintreffende Anfragen von Gelehrten ›öffentlich‹ zu beantworten. Eine Grundlage dazu sollte die 1773 neu begründete Reihe ›Zur Geschichte und Literatur‹ sein, die auch dem Interesse seines Landesfürsten, des Herzogs Karl I., dienen sollte, denn dieser hatte Lessing auch mit der Absicht berufen, vom Ruhm des weitbekannten Autors für sein vom Staatsbankerott bedrohtes Herzogtum etwas profitieren zu können.

Die ersten drei Beiträge der Reihe erschienen – bei Voß in Berlin – 1773 und 1774 in rascher Folge, der vierte erst 1777, dann verhinderten die theologiekritischen Schriften Lessings das Erscheinen des fünften und sechsten Beitrags (– von geplanten zwölf), die posthum veröffentlicht wurden. Die in diesen Publikationen enthaltenen Aufsätze sind – ebenso wie der 1770 gesondert veröffentlichte »Berengarius Turonensis« – mit Freude dargebotene Funde aus recht verschiedenen Gebieten der Bibliothek, später auch Arbeiten aus der immer bitterer empfundenen persönlichen Situation Lessings, über der doch die alles durchdringende Verpflichtung gegen sich und andere steht, richtigzustellen und die Wahrheit zu finden, wo er Ignoranz und Nachlässigkeit als Ursache von Irrtümern sieht.

Inhaltliche Schwerpunkte der Beiträge bilden historische Informationen und Stellungnahmen zu theologischen Fragen sowie literarische Funde und philologische Korrekturen. Seltsamerweise haben die Wolfenbütteler ›Beiträge‹ innerhalb Lessings Gesamtwerk wenig Aufmerksamkeit gefunden und sind öfters als ›Gelegenheitsarbeiten‹ abgetan worden. Doch schon die ›Entdeckungen‹ aus der mittelalterlichen Literatur (I. und XXI. der Reihe) erweitern nicht nur das Bild von Lessings Interesse an der ›alten Literatur‹ überhaupt, sondern weisen auch auf die später erfolgende Differenzierung der Philologie voraus und stehen an der Schwelle zur Konstitution der Germanistik. Und selbst für die Kunstwissenschaft gehört der von Lessing aufgefundene ›Theophilus Presbyter‹-Traktat (»Über das Alter der Ölmalerei« im sechsten Beitrag) längst zur unverzichtbaren Grundausstattung mittelalterlicher Quellenschriften.

S. 719 *13 Augustus:* August II., der Jüngere (1579-1666), ab 1635 regierender Herzog zu Braunschweig und Lüneburg. Als begeisterter Sammler betrieb er nicht nur die Beschaffung der Bücher und Handschriften, sondern entwarf auch den Plan ihrer Aufstellung und katalogisierte sie eigenhändig in Riesenfolianten. – *16 Burckhard, einer meiner Vorweser:* Jakob Burckhard (1681-1753), war bis 1753 Hofrat und Bibliothekar in Wolfenbüttel, seine »Historia bibliothecae Augustae, quae Wolfenbutteli est« erschien 1744. – *23 itzt regierenden Herzogs:* Herzog Karl I., regierte von 1735 bis 1780; die Büchersammlung wurde laufend vermehrt, L. hatte freilich bei der angespannten Finanzlage des Braunschweigischen Hofes um einen nach seinen Vorstellungen ausreichenden Etat für Ankäufe zu kämpfen.

S. 720 *5 den Gelehrten genutzt:* L. macht von Anfang an deutlich, daß er in der Wolfenbütteler Bibliothek mehr sieht als ein repräsentatives Objekt für das Mäzenatentum der Braunschweigischen Herzöge oder ein stilles Archiv für kostbare Literaturschätze. Sein Bemühen um ›Öffentlichkeit‹ und Gemeinnützigkeit (s. u. S. 722) zeigt, daß die ›öffentliche Kommunikation‹ durchaus nicht selbstverständlich war. – *13f. Leibniz, Eckard ...:* Leibniz war selbst ab 1676 Hofbibliothekar des Braunschweiger Herzogs Johann Friedrich und seines Nachfolgers Ernst August; die anderen Gelehrten machten sich einen Namen als Editoren und wissenschaftliche Schriftsteller: Johann Georg von Eckhart (auch: Eccard) (1664-1730), Philologe und Sprachwissenschaftler; Jacques Lenfant (1661-1728), Theologe und Berliner Hofprediger; Gottlieb Corte (1698-1731), Editor lat. Autoren; Christian August Salig (1692-1738), Verfasser wichtiger Arbeiten zur Kirchengeschichte. – *25f. eine Literär Geschichte derselben:* Aufzeichnungen dazu hat sich L. tatsächlich gemacht. – *18 Knittel und Heusinger:* konnten tatsächlich für die Mitarbeit gewonnen werden. – *19 Geheime Rat von Praun:* Georg Septimius Andreas von Praun (1701-1786), L.s direkter Dienstvorgesetzter als Kanzlei- und Konsistorialpräsident in Wolfenbüttel.

LEBEN UND LEBEN LASSEN (S. 723)

Die Erschließung eines breiten bürgerlichen Leser-Publikums, die Kommerzialisierung und Kapitalisierung des Buchmarktes, die beginnende Differenzierung der Autoren in Berufs- und ›Nebenstunden‹-Schriftsteller brachte im Laufe des 18. Jahrhunderts in Deutschland eine veränderte Konstellation in Verlagswesen und Buchhandel. Die Probleme des Urheberrechts, die Besitzverhältnisse auf dem Gebiet ›geistiger Arbeit‹ wurden vor allem nach 1760 zu drängenden Fragen. Ihre Lösung war entscheidend erschwert durch die staatliche Zerrissenheit des deutschsprachigen Kulturraums und die dadurch völlig unübersichtlichen Rechtsverhältnisse. Neben den finanziell meist unbefriedigend gelösten Beziehungen zwischen Autoren und Verlegern, den Fragen des Gewinnanteils des Buchhandels zählte vor allem das Unwesen der unautorisierten und damit ›räuberischen‹ Nachdrucke zu den größten Mißständen. Lessing hatte die schwerwiegenden Folgen solcher, oft sogar durch landesherrliche Konzessionen legitimierten Nachdrucke am Beispiel seiner »Hamburgischen Dramaturgie« so deutlich erfahren, daß er das Erscheinen der Zeitschrift einstellen mußte (s. das 101.-104. Stück der »Dramaturgie«). Auch die Sammelausgaben seiner »Schriften« waren vom Nachdruck und damit von oft beliebig vorgenommenen Textveränderungen bedroht. Doch nicht nur diese Folgen dieser ›deutschen Misere‹ bestimmten ihn, in den Jahren 1768-1773 Pläne zu einer Neuordnung des Verlagswesens zu formulieren. Auch der finanzielle Zusammenbruch des gemeinsam mit Bode betriebenen Hamburger Verlags- und Druckereiunternehmens war wohl Anlaß, die traditionellen Beziehungen im Dreieck Verleger–Autor–Buchhändler neu zu durchdenken. Schon der Titel des Projekts »Leben und leben lassen« deutet an, wie Lessing sich – allerdings in einem undurchführbaren utopischen Entwurf – die Neuordnung des Verlagswesens und Urheberrechts vorstellte.

Die Niederschrift ist zwischen 1772 und 1779 anzusetzen. Auf jeden Fall nahm Lessing Ende 1779 die Aufzeichnungen nochmals zur Hand, um sie nach Ergänzung und Überarbeitung in Lichtenbergs »Göttingischem Magazin« abdrucken zu lassen, veröffentlichte sie jedoch nicht und schloß sie auch nicht mehr ab.

Lessings Projekt ist neben Klopstocks umfassenderen Plänen und Entwürfen zu einer Neuorganisation des geistigen und literarischen Lebens in Deutschland (vgl. »Deutsche Gelehrtenrepublik«, 1774) eines der interessantesten Dokumente für die Geschichte des Verlagswesens im 18. Jahrhundert. Erste Denkanstöße hatten gut hundert Jahre zuvor Leibnizens Pläne zur Neugestaltung des Buchwesens, u. a. in der Schrift »De vera ratione reformandi rem literariam« (1668), gegeben. Seine Erwägungen »über den echten Weg, das Buchwesen zu erneuern«, führen später zum Vorschlag, eine Gelehrtenvereinigung zu gründen, die sich in Herstellung und Vertrieb ihrer Werke unterstützt. Nach 1750 wurden mit der Ausweitung des Autorenkreises durch Verfasser belletristischer und moralerzieherischer ›Massenliteratur‹ die Probleme des Verlagswesens und der Gewinnbeteiligung der Schriftsteller weiter verschärft. Die Lösungsversuche kleinerer Autorengruppen – vor allem über den Weg von Selbstverlagen – mußten aufgrund der begrenzten Wirksamkeit und der allgemeinen Rechtsunsicherheit durch die Kleinstaaterei scheitern. So ist Lessings Projekt vor allem als Dokument der literarischen Konstellation in der zweiten Hälfte des 18. Jahrhunderts und als einer der ersten Versuche der materiellen Selbstdefinition des ›freien Schriftstellers‹ zu verstehen, der auf den Ertrag seiner geistigen Arbeit in ganz anderer Weise angewiesen war als seine Vorgänger, die das Verfertigen von ›schöner Literatur‹ als Aufgabe ruhiger ›Nebenstunden‹ ansahen.

Erstdruck nach heute verschollenem Manuskript durch G. G. Fülleborn in seinen »Nebenstunden«, 2. Stück, Breslau 1800, S. 37-48.

S. 723 *10 in bürgerlichen Bedienungen:* Die gleichsam öffentliche Relevanz des Schriftstellers und seiner Arbeit ist ein Resultat der ›aufgeklärten‹ Bemühungen um die Erziehung der Gesellschaft (in den Bereichen des Denkens, des moralischen Handelns, des Geschmacks etc.). Unter diesem Aspekt konnte Schriftstellerei nicht mehr einfach ›nebenbei‹ betrieben werden von Autoren, die als Prinzenerzieher und Hauslehrer, Staatsbeamte und Bibliothekare ›versorgt‹ waren. – *23 sein ganzes Vermögen:* L. spielt wohl auf eigene Erfahrung mit der kostspieligen Anschaffung und Vergrößerung seiner Privatbibliothek an.

S. 724 *2f. verbutten:* nach Adelung: klein und unansehnlich werden. – *14 Eckhard de Edit. ...:* Der Lehrer und Bibliothekar Johann Friedrich Eckhard (1723-1794) gab unter diesem Titel 1772 in Eisenach eine kürzere Abhandlung heraus, der 1777 eine umfangreichere Darstellung zum gleichen Thema folgte. – *16f. Gestit numos ...:* Epist., II, 1, 175: (freie Übersetzung von Wieland:) Der arme Dichter kann nicht schnell genug sich sputen, um sein Geld im Beutel klingen zu hören. – *18 seine Agave:* eines der Dramen des römischen Dichters Publius Papinius Statius (etwa 45-95). – *24 Quoque minus ...:* Ovid, »Tristia«, II, 507: Je Mindres der Dichter schreibt, desto mehr bringt das Theater ihm ein. – *28 Ädilen:* Sie waren als Staatsbeamte für die öffentlichen Spiele verantwortlich. – *34 ff. Eunuchus meruit ...:* Sueton, »Vita Terentii«, Kap. 2: Der »Eunuchus« brachte einen Gewinn, den keine seiner Komödien zuvor erzielte, nämlich 8000 Sesterzen.

S. 726 *25 in Kontribution zu setzen:* abgabenpflichtig zu machen. – *26 der Sächsische Verleger:* Johann Wendler (Leipzig), den der Verlag von Gellerts »Fabeln« reich gemacht hatte. – *28 Kux:* Bergwerksanteil.

S. 727 *4 Subskription:* Vorausbestellung von Büchern, deren Erscheinen vorgesehen ist. Die Subskription war im 18. Jh. für den sich ausweitenden ›Büchermarkt‹ ein verbreitetes Verfahren zur Ermittlung des Käuferinteresses und in Verbindung mit der Vorauszahlung (Pränumeration) ein wichtiger Faktor der Kalkulation. – *13 ablangen:* erreichen. – *32 bis Leipzig:* das Zentrum des deutschen Buch-Marktes, wo alljährlich zweimal die große Buch-Messe stattfand.

S. 728 *6 f. billigen Manne:* ›billig denkendem‹ Mann, d. h. einer, der die Verhältnisse gerecht beurteilt. – *14 ohnedies hinreiset:* zur Buchmesse, s. o. zu S. 727, 32. – *18 Pränumeration:* s. zu S. 727, 4. – *33 besprochen:* bestellt.

S. 729 *10 f. umständliche Nachricht:* detaillierte Nachricht.

Selbstbetrachtungen und Einfälle (S. 731)

Die Aufzeichnungen sind wohl im wesentlichen von 1770 bis hin zu Lessings Todesjahr entstanden. Sie wurden zusammen mit anderen Aufzeichnungen nach einem heute verlorenen Manuskript von G. G. Fülleborn nach eigener Zusammenstellung und Anordnung im 1. Stück seiner »Nebenstunden« 1799, S. 80-89, erstmals gedruckt. Viele der Bemerkungen nähern sich dem Aphorismus (wie ihn z. B. Lessings Zeitgenosse Lichtenberg meisterhaft praktizierte); anderes wieder kann als Kern zu neuen, allerdings nicht weiter ausgeführten ›Sinngedichten‹ gewertet werden. Ausführliche Selbstdarstellungen waren nicht Lessings Sache.

Selbst in seinen Briefen legt sich Lessing in allen persönlichen Fragen Zurückhaltung auf. Wo er sie durchbricht, sind die Darstellungen des persönlichen Gefühls von einer Eindringlichkeit, die annehmen läßt, daß Lessings Zurückdrängen aller persönlichen Lebensumstände in seinen literarischen Äußerungen wohlbedachtes Element der Selbstdarstellung und Konsequenz des ernst genommenen ›öffentlichen Amtes‹ des Schriftstellers war.

S. 731 2 *Ich bin nicht gelehrt:* Um eine Universitätslaufbahn hat sich L. nie bemüht und auch gelegentliche Angebote ausgeschlagen, die »kalte Buchgelehrsamkeit« bedeutete ihm nichts (s. im »Nathan« das Gespräch zwischen Sittah und Recha zu diesem Thema; Bd. 1, S. 722 ff.). Auch seine Darlegungen zum Wesen des Genies betonen die Distanz zur bloßen Schulweisheit (s. 34. Stück der »Hamburgischen Dramaturgie«). – 24 *Er füllt Därme mit Sand ...:* nach Samuel Butlers komischem Epos »Hudibras« (1663-1678), I, 1, 157 f.: »... denn er flocht Stricke von Sand, so fest, / als der gelahrtste Sorbonnist« (Übs. D. W. Soltau).

S. 732 24 *verschlagen:* nützen.

S. 733 4 *Raisonnement:* Beurteilung, Erwägung. – 18 *des Barclaius:* der Schotte John Barclay (1582-1621) in »Argenis« (1621); seine politischen und satirischen Werke schrieb er in Latein. – 20 *ff. Pone vero ...:* Setze aber den Fall, eine Monarchie leide wie eine Republik infolge der Lasterhaftigkeit der führenden Männer wie an einer Krankheit. Bei welcher der beiden Staatsformen läßt sich leichter eine Abhilfe für die öffentliche Gesundheit erwarten? Natürlich wird den Monarchen samt seinen schlechten Eigenschaften schließlich der Tod aus dem Weg räumen, und man kann von den Fähigkeiten seines Nachfolgers bessere Zustände erhoffen. Jedoch das Gebrechen einer heruntergekommenen Aristokratie tilgt nicht der Tod eines jeden einzelnen Mitgliedes, vielmehr verschlechtert sich die einmal angeschlagene Moral immer weiter, bis sie [die führenden Männer] das öffentliche Wohl in ihrem eigenen Untergang begraben. – 29 *katholischen Kirche:* die Hedwigskirche, die 1773 vollendet wurde. – 30 *f. Stelle aus dem Statius:* aus der Gedichtsammlung »Silvae«, I, 1, 22. Sie bezieht sich auf das Reiterstandbild des Kaisers Domitian, der Statius protegierte. Der Dichter rühmt das Forum Romanum als »würdige Umgebung«. – 31 *Par operi sedes:* Der Standort ist dem Werke angemessen. – L. will wohl ausdrücken, daß der neue Kirchenbau sich würdig in die Umgebung von Opernhaus und Prinzenpalais (die spätere Universität) einfügt. Der Hinweis auf die Nachbarschaft der Kirche zum Opernhaus könnte jedoch auch spöttisch gemeint sein.

S. 734 1 *Besold:* Christoph Besold (1577-1638) in »Axiomatum de consilio politico appendicula quae ad pietatem inprimis ducit« (1622). – 3 *den Dampf antat:* »Dampf« soviel wie Ärger. – 4 *ff. Vanissimum ...:* Glaube mir: Ein völliger Unsinn ist das Sprichwort: »In allem etwas und vom Ganzen nichts«. Denn wer nicht im Ganzen etwas ist, der ist im Einzelnen eine Null. – 10 *Ist es besser ...:* Hier bezieht sich L. wohl auch auf die eigene Neigung, sein Interesse und seine Aktivität einer Vielzahl von Sachgebieten zuzuwenden.

ZU DIESEM BAND

Die Anmerkungen zu den Schriften dieses Bandes sind – gekürzt – den Bänden 3, 4 und 5 der achtbändigen Lessing-Werk-Ausgabe im Carl Hanser Verlag, München entnommen. Für die Vorrede zu den »Beiträgen zur Historie und Aufnahme des Theaters«, die »Rettungen des Horaz« und für die Rezensionen (in der Gruppe »Literaturkritik«) stammen sie von *Karl S. Guthke,* für die Vorreden zu Thomsons Trauerspielen, den Diderot-Übersetzungen und für die »Hamburgische Dramaturgie« von *Karl Eibl,* für die Literaturbriefe und die darauf folgenden fünf Texte von *Jörg Schönert.* Auch die einleitenden Bemerkungen zu den einzelnen Schriften beruhen auf den Einführungen der genannten Bandbearbeiter in der großen Ausgabe, doch mußten sie aus Umfanggründen auf die nötigsten sachlichen Hinweise beschränkt werden. – Die redaktionelle Arbeit an diesem »Anhang« besorgte *Udo Zöller.*

H. G. Göpfert

INHALTSVERZEICHNIS